LA
BELLE GABRIELLE

PAR

AUGUSTE MAQUET.

PARIS,
IMPRIMERIE DE SCHILLER AINÉ,
FAUB. MONTMARTRE, 11.

1854

LA BELLE GABRIELLE.

I.

Famine au camp.

Au revers du monticule qui domine la Seine entre Triel et Poissy, s'étendent plusieurs villages cachés à demi sous les roches ou dans les bois.

Les roches se sont peu à peu recouvertes de vignes, et c'est pour ainsi dire le dernier raisin que le soleil de France consent à échauffer, comme si, ayant épuisé la vigueur de ses rayons sur le Rhône, la Loire et la Haute-Saône, il n'avait plus qu'une stérile caresse pour le Vexin et un froid regard pour la Normandie.

Ces pauvres vignes dont nous parlons eussent pu se réjouir au soleil de l'année 1593. Jamais plus chaude haleine n'était venue les visiter depuis un siècle. Certes les raisins pouvaient bien mûrir cette année et donner à flots le petit vin taquin de Medan et de Brezolles — mais ce que le soleil voulait faire, la politique le défit — au mois de juillet il n'y avait déjà plus de raisins dans les vignes. La petite armée du roi de France et de Navarre, du roi Béarnais, du patient Henri IV campait dans les environs depuis une semaine.

Depuis quatre ans, Henri, roi déclaré de France après la mort d'Henri III, disputait une à une toutes les pièces de son royaume, comme si la France se fût jouée au jeu d'échecs entre la Ligue et le roi. Arques, Ivry, Aumale, Rouen et Dreux avaient sacré ce prince, et pourtant il n'eût pu entrer à Reims pour recevoir la Sainte-Ampoule. — Il avait des soldats, et pas de sujets; un camp, pas de maison; quelques villes ou bourgades, mais ni Lyon, ni Marseille, ni Paris! A grand peine s'était-il établi à Mantes avec une cour dérisoire, mi-partie chevaliers, mi-partie lansquenets et reîtres. Une brave noblesse l'entourait. Le peuple lui manquait partout. — Qu'il se fasse catholique! disaient les catholiques. — Qu'il reste huguenot! disaient les réformés. — Qu'il disparaisse catholique ou huguenot! disaient les ligueurs.

Henri, bien perplexe, bien gêné, parce qu'il se sentait gênant, bataillait et rusait, toujours soutenu par l'idée que le ciel l'avait fait naître à onze degrés loin du trône, et que, si huit princes morts lui avaient aplani ces onze degrés, ce devait être pour quelque chose dans les desseins de la Providence.

En attendant, replié sur lui-même pour méditer de nouveaux plans, comme aussi pour reposer ses partisans ruinés par l'attente et irrités par la guerre, il venait d'accepter une trêve proposée par les Parisiens. Paris est une ville qui aime bien la guerre civile pourvu qu'elle ne dure pas longtemps.

Or, tandis que M. de Mayenne se débattait contre ses bons alliés les Espagnols qui l'étouffaient en l'embrassant, et cherchait à pendre en détail ses amis les Seize, qu'il avait réduits à douze, Henri, pauvre, mais fort, affamé, mais sain d'esprit, sans chemises, mais cuirassé de gloire, négociait avec le pape sa réconciliation avec Dieu, et faisait fourbir ses canons pour se réconcilier plus vite avec son peuple. Il riait, jeûnait, courait l'aventure, pensait en roi, agissait en chevau-léger, et tandis qu'il s'accrochait ainsi aux buissons plus ou moins fleuris de la route, ses destinées marchaient à pas de géant sous le souffle invincible de Dieu.

Donc, une trêve venait d'être signée entre les royalistes et les ligueurs, — une trêve ardemment désirée par ceux-ci qui avaient bien des blessures à cicatriser.

Pendant trois mois, les mousquetades allaient se taire, des négociations allaient se nouer de Mantes à Rome, de Paris à Mantes. Courriers de courir, curés et ministres de s'interposer, prédicateurs de réfléchir, — car les plus fougueux qui tonnaient pendant la guerre contre cet hérétique, ce parpaillot et ce Nabuchodonosor, avaient peur des éclats de leur voix depuis le silence de la trêve. — La campagne était libre et les gens de guerre laissaient leur casque pour un chapeau de feutre. Les ligueurs s'épanouissaient dans leurs bonnes grosses villes, et les royalistes de l'armée réduits au rôle de chiens chasseurs que l'on a muselés, erraient dans le Vexin, en jetant des regards affamés sur les châteaux, les métairies, les bourgs ligueurs, tout reluisans et rians, dont les cuisines lançaient d'insolentes fumées.

Ces deux loisirs existaient de par l'article IV de la trêve qui commandait sous peine de mort l'inviolabilité des personnes et des propriétés depuis Mme de Mayenne jusqu'à la dernière faneuse des champs, depuis le trésor de la ligue jusqu'à l'épi de blé qui jaunissait dans la plaine.

Le roi tenait Mantes et ses environs, voilà pourquoi à Medan les royalistes dans leurs promenades désespérées gaspillaient le raisin vert, ou l'écrasaient en cherchant quelque lièvre ou quelque perdreau encore trop faible pour traverser la Seine.

Mais ces ressources avaient été bien vite épuisées, et tous ceux de l'armée royale qui n'avaient pas obtenu de congés ou de permissions, commençaient à ressentir ce que les Parisiens avaient si bien connu les années précédentes — disette et famine.

Au commencement de juillet, disons-nous, deux compagnies du régiment des gardes, commandés par Crillon, avaient reçu ordre d'aller camper, et de former ainsi l'avant-garde de l'armée, entre Medan et Vilaines. Pour ne pas incommoder les habitants, ce corps avait dressé des tentes. Crillon absent la plus grande partie du jour, se reposait du service sur son premier capitaine. Un petit parc d'artillerie, installé sur la hauteur, amenait en inspection dans ces parages M. de Rosny, le futur Sully d'Henri IV, dont les prétentions sur ce chapitre étaient des plus impérieuses. Comme les gardes se recrutaient parmi les plus braves cadets des bonnes maisons, la compagnie était choisie, dans ce poétique séjour. Toutefois, on y mourait d'ennui et de misère. Adossés au monticule, ayant en face la Seine verte et calme, qui caressait comme un ruban de moire des îles pittoresques, les pauvres gardes, brûlés par le radieux soleil, éblouis par la luxuriante verdure des trembles et des saules, se demandaient entre eux pourquoi les oiseaux fendaient l'air si joyeux, pourquoi les poissons sautaient si allégrement dans l'eau, pourquoi les agneaux bondissaient si gracieusement dans les pâturages, alors qu'il était défendu aux soldats royalistes de toucher à toutes ces choses qui sont si bonnes, et que Dieu, dit-on, a créées pour le plaisir et les besoins de l'homme.

Parmi les plus désespérés de ces fantômes errans, il en était un surtout qui se distinguait par ses hélas lugubres accompagnés d'une pantomime plus active que celle d'un moulin à vent. Ses deux bras battaient le vide lorsqu'ils n'étaient point occupés à ranger sur sa hanche gauche une longue épée pendue à un flasque baudrier de vache, laquelle épée, impatiente comme son maître, revenait toujours en avant pour interroger, en la heurtant du pommeau, certaine pochette qui ne contenait qu'un petit couteau et un bout de mèche pour l'arquebuse.

Ce garde — c'était un jeune homme de vingt ans au plus, trapu, nerveux, au teint de bistre, ombragé par de longs cheveux noirs que les huiles du parfumeur n'avaient pas assouplies depuis le siége de Rouen, — c'est à dire depuis près d'une année ; ce jeune homme, disons-nous, lorsqu'il avait bien tourmenté ses bras et son épée, mettait sa main en guise de visière sur deux yeux dilatés et fixes comme ceux d'un aigle, et il fouillait de ce regard inquisiteur tout l'horizon de Medan à St-Germain — demi-cercle immense où Dieu s'est plu à accumuler les plus riches échantillons de ses œuvres.

— Eh bien ! Pontis, notre recrue, lui dit l'officier-capitaine qui se faisait coudre du ruban frais par son laquais, à l'ombre d'un tilleul chargé de fleurs, que voyez-vous de si beau dans les nuages ? apercevrait-on d'ici le donjon de messieurs vos ancêtres ? qui sait ? ces nuages ont peut-être passé au-dessus ?

— Sambioux, mon capitaine, repartit le jeune homme avec un sourire contraint, Pontis en Dauphiné est trop loin pour qu'on l'aperçoive. D'ailleurs, je n'y songe point, Pontis est à M. mon frère aîné, qui m'en a mis poliment dehors. Et c'est heureux pour moi, ajouta-t-il en forçant de plus en plus son sourire, car si je me gobergeais chez moi, je n'aurais pas l'honneur de servir le roi sous vos ordres.

— Stérile honneur, grommela une voix sourde partie d'un groupe de gardes gentilshommes huguenots, pittoresquement vautrés au penchant d'un tertre.

Ni Pontis, ni le capitaine ne feignirent d'avoir entendu. Celui-ci frisa ses rubans jonquille, celui-là reprit sa contemplation en murmurant :

— Oh ! non, ce n'est pas les nuages que je regarde.

— Quoi donc, alors ? dirent ensemble plusieurs compagnons qui se soulevèrent à demi autour de Pontis.

— J'admire, messieurs, toutes ces fumées noires, bleues et blondes qui montent des cheminées de Poissy.

— Eh ! qu'avez-vous affaire de fumées ? reprit le capitaine ; fumée est vide !

Pontis, comme plongé dans une mélancolique extase :

— Oh ! dit-il, la fumée bleue me représente une eau bouillante dans laquelle se peuvent cuire œufs, poissons et menus abattis de volailles ; la rousse me semble née d'un gril chargé de côtelettes et de saucisses ; la noire vient tout simplement des fours de boulangers... On fait de si bon pain à Poissy !

— Nous ne sommes pas à Poissy, répondit philosophiquement un des gardes qui s'étendit sur l'herbe brûlée ; nous sommes sur les terres de Sa Majesté.

— Dirai-je très chrétienne ? demanda un autre d'un ton goguenard.

— Pas encore, mais bientôt, j'espère, dit vivement Pontis. Le roi nous fait mourir de faim parce qu'il n'est pas catholique. Que ne l'est-il ?

— Eh ! eh ! monsieur de la messe, crièrent au jeune homme plusieurs huguenots réveillés par ce souhait de Pontis, si vous n'êtes pas de la religion, n'en dégoûtez pas les autres.

Le capitaine s'éloigna en chantonnant, pour ne point se compromettre.

— Ma foi ! messieurs, dit Pontis, ne chicanez pas pour si peu ; nous sommes bien tous de la même église, allez.

— Bah ! firent les huguenots, depuis quand ?

— Sambioux ! nous sommes tous d'une religion dans laquelle personne ne boit ni ne mange.

Un famélique éclat de rire accueillit funèbrement cette saillie de Pontis.

— Je disais donc, continua-t-il encouragé, que toutes ces fumées de là-bas sont catholiques, que Paris est catholique, que ces châteaux qui nous environnent et nous narguent sont catholiques. — Je veux être pendu si tout ce qu'il y a de bon dans la vie n'est pas catholique romain. — Voilà pourquoi je voudrais que Sa Majesté entrât dans une religion nourrissante. — Ah ! vous avez beau murmurer, vous ne ferez jamais autant de bruit que mon estomac.

— Si le roi se convertit à la messe, s'écria un huguenot, je quitte son service.

— Et moi, répliqua Pontis, je le quitte s'il ne se convertit pas...

— Ventre du Pape ! s'écria le huguenot en se levant à moitié.

— Tiens, vous avez encore la force de vous mettre en colère ? Eh bien, moi, je garde mon souffle pour une meilleure occasion. Huguenots ou catholiques devraient, au lieu de se quereller, aviser au moyen de vivre.

— Quelle idée a-t-il eu, le roi, poursuivit le huguenot grondeur, d'accorder une trêve à ce gros Mayenne ? Nous serions en ce moment sous Paris ; mais non... au lieu d'exterminer la ligue, on la ménage. — Tout cela finira par des embrassades.

— Pourquoi ne pas commencer tout de suite ? s'écria Pontis, — au moins nous serions de la fête, — tandis que si l'on tarde nous serons tous morts. — Sambioux ! que j'ai faim.

Un nouvel interlocuteur s'approcha du groupe, c'était un jeune garde nommé Vernetel.

— Messieurs, dit-il, je fais une réflexion : Puisqu'il y a une trêve, pourquoi ne sommes-nous pas à Mantes avec la cour ? on y mange, à Mantes.

— Quelquefois, grommela le huguenot.

— Au fait, dit Pontis, l'idée de Vernetel est bonne ; pourquoi sommes-nous ici où l'on ne fait rien, et non à Mantes où est le roi ?

— Parce que le roi n'est pas à Mantes, dit Vernetel. Tenez, en voici la preuve.

Et il montra aux gardes un petit homme qui passait fort affairé, portant un paquet recouvert d'une enveloppe de serge, comme s'il eût été tailleur d'habits ou pourvoyeur de la garde-robe.

— Quel est celui-là, demanda Pontis, pourquoi vous fait-il croire que le roi n'est pas à Mantes ?

— On voit bien que vous êtes nouveau chez nous, répliqua le huguenot, vous ne connaissez pas maître Fouquet la Varenne.

— Qui cela, la Varenne ? demanda Pontis.

— Celui qui est partout où doit venir mystérieusement le roi, celui qui lui ouvre les portes trop bien fermées, celui qui reçoit les étrivières que mériterait souvent Sa

Majesté, enfin celui qui porte les poulets du roi?

— Eh! l'honnête homme! cria le jeune cadet, servez-en un par ici!... Nous sommes plus pressés que le roi.

— Voilà d'indécentes plaisanteries, jeunes gens, interrompit une voix mâle et sévère qui fit retourner les gardes.

— M. de Rosny! murmura Pontis.

— Oui, monsieur, répliqua gravement l'illustre huguenot qui traversait la clairière en lisant une liasse de papiers.

— Monsieur a l'oreille fine, ne put s'empêcher de dire Pontis; nous n'avons pourtant pas la force de parler bien haut.

— Encore mieux vaudrait-il vous taire, repartit Rosny tout en marchant.

— Nous ne demandons pas mieux, monsieur; mais fermez-nous la bouche.

Et le cadet compléta sa phrase par une pantomime à l'usage de toutes les nations qui ont faim.

Rosny haussa les épaules et passa outre.

— Vieux ladre, grommela Pontis; — il a dîné hier, lui, et il est capable de dîner encore aujourd'hui!

— Comment, vieux, dit le huguenot; savez-vous l'âge de M. de Rosny?

— Sept cents ans au moins.

— Trente-trois à peine, monsieur le catholique, sept ans de moins que le roi.

— C'est singulier, répondit Pontis, depuis vingt ans que j'existe, j'ai toujours entendu parler de M. de Rosny comme d'Abraham ou de Mathusalem. — Croyez-moi, c'est un homme qui a commencé avec la création.

— C'est que voilà longtemps qu'il travaille à devenir célèbre, dit le huguenot; c'est une de nos colonnes, c'est la manne de nos esprits.

— Que ne l'est-il de nos estomacs! Moi, voyez-vous, je n'ai pas les mêmes raisons que vous d'adorer le grand Rosny. Vous êtes huguenot comme lui, moi catholique. Je suis entré aux gardes par amour pour notre mestre-de-camp Crillon, qui est catholique aussi. Vous n'osez rien demander à votre idole Rosny, vous; tandis que moi, M. de Crillon serait ici, au lieu d'être je ne sais où, j'irais lui emprunter un écu. Je ne suis pas fier, moi, quand j'ai faim. Sambioux! que j'ai faim!

Comme il achevait ces mots entrecoupés de soupirs, un pas de cheval retentit sur la terre sèche, et l'on vit s'avancer, portant deux paniers, un gros bidet pansu, précédé du maître-d'hôtel de M. de Rosny, et suivi d'un paysan et d'un laquais.

Le cortége défila au milieu des cadets, qui dévoraient des yeux les paniers et la bête, et bientôt après, à l'ombre de ces beaux tilleuls dont nous avons parlé, une table se dressa, sur laquelle le maître-d'hôtel rangea certaines provisions d'une couleur et d'un parfum insultans pour les affamés.

M. de Rosny, toujours avec ses papiers et sa gravité, s'avança vers la table, s'y installa en compagnie du capitaine des gardes, du capitaine des canons et de quelques seigneurs privilégiés au nombre desquels on remarquait ce même Fouquet la Varenne porteur des poulets royaux.

Au grand bruit de conversations et de vaisselle, ces messieurs commencèrent leur festin, frugal si l'on considère la qualité des convives, mais sardanapalesque eu égard à la détresse des gardes qui y assistaient de loin.

Pontis n'en put supporter longtemps la vue.

— Quand je vous disais qu'il dînerait encore aujourd'hui! Sambioux! s'écria-t-il, que la paix est une sotte chose pour les gens qui n'ont pas de maître d'hôtel! En guerre, au moins, l'on chasse et l'on pille, — si l'on ne mange que de deux jours l'un, au moins, ce jour venu, fait-on bombance pour deux jours?

— Il y a des vivres aux environs, dit un huguenot qui léchait une croûte bien sèche frottée d'ail; que n'en achetez-vous?

— Que n'en achetez-vous vous-même, répliqua Pontis exaspéré, au lieu de grignoter vos croûtes comme un rat maigre?

— Mieux vaut une croûte que pas de croûte, répliqua le huguenot. Ne faites pas tant d'embarras, mon jeune monsieur, et si vous n'avez pas d'argent, serrez-vous le ventre!

— Est-ce qu'on a de l'argent, s'écria Pontis. En avez-vous, Castillon? en avez-vous, Vernetel? en avez-vous, les uns ou les autres?

Tous, par un mouvement spontané comme à l'exercice, mirent la main à des poches qui rendirent un son mat et plat.

— Pourquoi aurions-nous de l'argent, dit Vernetel, le roi n'en a pas.

— Mais le roi mange.

— Quand on l'invite à dîner. Faites-vous inviter par M. de Rosny.

— Ou priez-le de vous laisser ses miettes.

— Sambioux! j'aimerais mieux..... Ah! messieurs, une idée. Qui a faim ici?

— Moi, répondit un chœur imposant.

— Partons quatre et allons nous faire inviter dans le voisinage —nous sommes gens de bonne mine.

— Eh! eh! grommela le huguenot en détaillant les habits râpés de ses camarades.

— Nous sommes bons gentilshommes, poursuivit Pontis... et gardes du roi.

— D'un roi contesté — c'est incontestable.

— Il est impossible que nous ne trouvions pas dans les environs un ami, une connaissance, un cousin, un proche plus ou moins éloigné. — Voyons, varions les nationalités pour nous donner plus de chances de trouver des compatriotes : — De quel pays est Vernetel?

— Tourangeau.

— Je vous prends. — Et Castillon?

— Poitevin.

— Prenons Castillon. — Moi je suis Dauphinois; il nous faudrait un Gascon. L'arbre généalogique d'un Gascon pousse des racines aux quatre coins du monde.

— Quel dommage que le roi ne soit pas là, dit Vernetel, nous l'emmènerions; c'est lui qui a des cousins— et des cousines, bon Dieu!..

Et chacun de rire. — Henri IV eût bien ri lui-même s'il eût entendu ces jeunes fous.

— Ainsi, continua Pontis, c'est convenu, nous allons demander à dîner sans façon dans la première gentilhommière que nous trouverons. Regardez les jolies maisons qui montrent leur tête blanche parmi les arbres. A gauche, là-bas, ce château avec pelouses. Mais il faudrait passer l'eau, et c'est trop loin.—A droite... Ah!... voyez à droite, au milieu de ce jeune parc, le charmant donjon bâti de briques et de pierre neuve... Voilà notre affaire... un petit quart de lieue à peine... partons!... Que j'ai faim!

Pontis serra la boucle de sa ceinture avec une facilité déplorable.

— Partons, répéta-t-il, sinon j'arriverai squelette.

— Mais il faut la permission, dit Vernetel; demandons-la au capitaine.

— Ne faites pas cela! s'écria Pontis.

— Pourquoi?

— Parce que s'il refusait, nous serions forcés de mourir de faim, et que je ne le veux pas. Il y a plus — s'il refusait, je ne pourrais m'empêcher de passer outre, et alors ce sont des désagrémens à n'en plus finir.

— Oui, on est pendu, par exemple.

— Non pas, parce qu'on est gentilhomme, mais arquebusé, ce qui n'est pas moins désagréable.

— Bah! répliqua Pontis avec la résolution de son âge; tandis que nous allons chercher ce repas indispensable, nos camarades feront le guet; on leur rapportera quelques reliefs pour leur peine. Si le capitaine demande où nous sommes, on lui répondra que nous avons aperçu un levraut se remettre dans la vigne, et que nous allons faire un tour.

— Et s'il y avait une prise d'armes pendant votre absence? dit Vernetel.

— Bon! en trêve?

— Le roi doit venir... remarquez que son porte-poulets est ici,— c'est signe qu'on attend Sa Majesté. — Et puis M. de Crillon peut arriver.

— Notre mestre-de-camp est sans façons avec ses gardes. — S'il vient, il dira, selon son habitude, en faisant signe de la main : là, là, assez tambour, — et on rompra les rangs sans que nous ayons été appelés. — D'ailleurs, j'ai faim, et si le roi était ici, je le lui dirais à lui-même : Sambioux! partons!

Vernetel et Castillon commencèrent à allonger le pas, entraînés par la fougue de leur camarade. Mais Pontis leur fit observer qu'en courant ils seraient remarqués, rappelés, peut-être, qu'il fallait, au contraire, s'éloigner lentement, en se dandinant, en regardant le ciel et l'eau ; puis, à un détour du chemin, prendre ses jambes à son cou, et faire le quart de lieue en cinq minutes.

Tous trois se mirent en marche, secondés par les camarades, qui, se levant et s'interposant entre la table des officiers et les fugitifs dérobèrent ainsi leur départ à tous les yeux. Mais soudain, derrière une haie, parut un cavalier qui leur barra le passage.

II.

D'un lapin, de deux canards, et de ce qu'ils peuvent coûter dans le Vexin.

C'était un beau jeune homme de vingt ans, fringant, découplé en Adonis, avec des cheveux blonds admirables, une fine moustache d'or et des dents brillantes comme ses yeux. Il montait un bon cheval rouan chargé d'une valise respectable. Son costume de fin drap gris bordé de vert, moitié bourgeois moitié militaire, annonçait l'enfant de famille, un manteau neuf roulé sous le bras, une large épée espagnole bien pendue à son côté complétaient l'ensemble, et tout cela, monture et harnais, habit et figure, bien que poudreux, supportait victorieusement l'éclat du grand jour et répondait aux rayons du soleil par une rayonnante mine que, Phébus lui-même, ce Dieu de la beauté, eût empruntée assurément, s'il fût jamais venu à cheval, parcourir le Vexin français.

— Pardon, messieurs, dit le jeune cavalier en arrêtant les trois gardes au moment où ils allaient prendre leur volée : c'est ici le campement des gardes, n'est-ce pas ?

— Oui, monsieur, dit Pontis, et il se disposa à reprendre son élan.

— Et M. de Crillon commande les gardes? continua le jeune homme.

— Oui, monsieur.

— Je vous demande encore pardon de vous arrêter, car vous semblez être pressé, mais veuillez m'indiquer la tente de M. de Crillon.

— M. de Crillon n'est pas au camp, dit Vernetel.

— Comment! pas au camp... où donc alors le trouverai-je?

— Monsieur, nous avons bien l'honneur de vous saluer, dit Pontis avec volubilité en faisant signe à Vernetel.

Et comme Vernetel et Castillon se récriaient, Pontis les prit par la main et les emmena ou plutôt les emporta pour couper court à la conversation.

— Ne voyez-vous pas, leur dit-il, que si ce dialogue eût duré, j'allais tomber d'inanition.— Courons ! le chemin descend, et mon corps roule tout seul vers le dîner.

Le cavalier souriant regarda les trois enragés qui pirouettaient dans la pente rocailleuse, et sans avoir rien compris à leur précipitation, il s'achemina vers le campement des gardes.

Pontis avait bien tort d'envier à M. de Rosny son repas et son maître d'hôtel. Ce repas était abreuvé d'amertume. M. de Rosny s'évertuait à demander sous toutes les formes à la Varenne comment et pourquoi il était venu seul à Médan, lui qui ne marchait jamais sans son maître, et la Varenne, affectant les airs les plus mystérieux, répondait à ces questions avec une fausseté diplomatique dont Rosny enrageait, malgré toute sa philosophie.

Plus d'une fois il frappa sur la table dans sa colère, et, oubliant l'étiquette, fronda les légèretés et les caprices vagabonds de son roi. C'est à ce moment que les gardes amenèrent le jeune cavalier qui venait d'entrer dans le camp.

— Qui êtes-vous, et que voulez-vous, demanda M. de Rosny, qui pliait sa serviette avec méthode.

— Je voudrais parler à M. de Crillon, répliqua poliment le jeune homme.

— Qui êtes-vous? répéta Rosny. N'arrivez-vous pas de Rome?

— Monsieur, je voudrais parler à M. de Crillon qui est mestre-de-camp des gardes françaises, continua du même ton le jeune homme dont la parfaite douceur ne s'altéra point au contact de cette curiosité.

— Libre à vous de ne vous point nommer, dit le flegmatique Rosny ; c'est peut-être une affaire de service qui vous amène, auquel cas, ayant l'honneur de me trouver au même lieu que M. de Crillon pour les intérêts du roi, j'eusse pu vous écouter et vous satisfaire.—Voilà pourquoi je vous questionnais,—je suis Rosny.

Le jeune homme s'inclina.

— Ce qui m'amenait près M. de Crillon, c'est affaire particulière, dit-il, quant à mon nom, monsieur, je m'appelle Espérance, et j'ai l'honneur d'être votre serviteur, je n'arrive pas de Rome, mais de Normandie.

Rosny subit, malgré lui, le charme tout puissant qui s'exhalait de ce jeune homme.

— A bonne mine, dit-il, voilà un beau nom.

— Qui n'est pas un nom, murmura le capitaine.

Rosny reprit :

— M. de Crillon n'est point céans, monsieur ; il inspecte les autres compagnies de son régiment, qui est disséminé le long de la rivière ; mais il doit revenir bientôt. Attendez.

— Espérez ! ajouta le capitaine en souriant.

— C'est ce que je fais toute ma vie, répliqua le jeune homme avec son enjouement plein de grâce.

Rosny et le capitaine se levèrent.

—Espérance ! dit Rosny à l'oreille de son compagnon, le beau nom pour les aventures !

Et tous deux descendirent vers le rivage pour aider à la digestion par la promenade.

Espérance attacha son cheval à un arbre, plia son manteau proprement et s'assit dessus, les jambes pendantes, en se tournant avec l'intelligent instinct des rêveurs ou des amoureux vers le plus poétique côté du panorama.

Un quart-d'heure était à peine écoulé lorsqu'il entendit une explosion de rires joyeux à l'extrémité de la circonvallation. C'étaient les gardes qui se pressaient en tumulte autour des trois pourvoyeurs que nous avons vus partir pour la provision.

Pontis élevait en l'air sur ses deux mains un plat de terre d'une honorable dimension. Il tenait sous son bras, par un miracle d'équilibre, un pain de plusieurs livres ; deux canards et des pigeons étranglés pendaient en sautoir à son col.

Vernetel avait pour trophée un long et gras lapin de clapier, un pain rond et un faisceau de boudins et de saucisses. Castillon ne portait qu'une dame-jeanne; mais elle suffisait à la vigueur d'un seul homme.

La joie générale se changea en admiration, quand, Pontis abaissant son plat à la hauteur du vulgaire, on découvrit qu'il contenait un pâté de hachis, bouillant encore dans un jus solide et généreux.

L'escouade s'attroupa, se groupa; les uns eurent les canards et le lapin qu'ils se mirent à préparer ; les autres, plus heureux, s'attablèrent immédiatement, c'est à dire qu'on fit sur l'herbe une belle place nette, qu'on en marqua le centre avec ce noble pâté, et que douze convives invités par le magnanime Pontis, reçurent la permission d'étaler sur des tranches de pain homériques une couche odorante de hachis.

Espérance regardait de loin, en souriant, ce festin et ces intrépides mangeurs; il admirait aussi le roi de la fête, Pontis, dont la physionomie radieuse éclairait joyeusement tout le groupe, lorsque soudain on entendit comme un cri lointain. Ce cri fit dresser l'oreille à Espérance et l'étonna. Mais les convives l'entendirent à peine, éperdus qu'ils étaient de faim et de bonheur.

— Tiens, on crie, dit Vernetel la bouche pleine.

— Oui, répliqua Pontis, ils se seront aperçus au château de la disparition de leur dîner.

— Racontez-nous donc, Pontis, comment vous avez fait cette râfle ? dit un des gardes en plumant les volailles.

— Cela me ferait perdre bien des bouchées, dit le jeune Dauphinois. En deux mots, le voici : Nous avons poliment montré notre nez à la porte et demandé à présenter nos hommages au maître de la maison. Un bourru de concierge entr'ouvrant la grille, nous a dit qu'il n'y avait personne. Nous avons insisté, nous déclarant gentilshommes et gardes de Sa Majesté. Le butor a répliqué qu'il n'y avait ni Majesté, ni gardes en France, et qu'il n'y avait qu'une trêve.

— Des ligueurs ! des Espagnols ! s'écrièrent tous les convives.

— C'est ce que nous nous sommes dit tout de suite, ajouta Pontis qui profita de l'indignation générale pour remplir à la fois sa bouche et sa tartine. Alors j'ai passé ma jambe entre les portes de la grille, ce qui a empêché le ligueur de la fermer; puis, je suis entré; ces deux messieurs m'ont suivi. Il y avait dans la cuisine des parfums à faire évanouir Saint-Antoine. Puisqu'il n'y a personne au château, ai-je dit, voilà un dîner qui sera perdu. Aussitôt j'ai allongé la main vers ces volailles que venait d'apporter la fermière. Le concierge a crié, deux valets sont accourus, de là des broches et des lardoires. Nous autres gentilshommes, nous n'avons pas tiré l'épée, non, mais j'ai avisé dans l'âtre des tisons ardens sur lesquels je me suis jeté et que j'ai lancés sur cette canaille. Eblouis par une pluie de feu, ils ont battu en retraite. Alors j'ai saisi le plat que voici, jeté à mon cou ce St-Esprit de ma façon. Vernetel et Castillon n'osaient seulement bouger tant l'admiration les paralysait ; j'ai indiqué à l'un cette amphore, à l'autre ce lapin, nous avons fait retraite en triangle sans être inquiétés, et nous voici.

Pontis fut congratulé par un tonnerre d'applaudissemens auxquels Espérance, toujours assis à la même place, mêla ses plus francs éclats de rire.

Tout à coup les cris devinrent plus vifs et se rapprochèrent. Sans doute ils avaient été interceptés pendant quelques secondes par la convexité du monticule. Ces cris étaient poussés par un homme qu'on vit apparaître brusquement à l'entrée du quartier des gardes.

Essoufflé, gesticulant avec énergie, les yeux troublés par la colère, il attira d'abord l'attention de tous les spectateurs.

— C'est quelqu'un du château que nous avons dîmé, murmura Vernetel à l'oreille de Pontis.

Celui-ci interrompit son repas. Les autres gardes s'interrompirent également dans leurs préparations culinaires. On en vit cacher derrière leur manteau la volaille aux trois quarts plumée.

Espérance, comme tout le monde, fut frappé de l'altération empreinte sur les traits du nouveau venu, dont le visage jeune et caractérisé s'était contracté jusqu'à la laideur. Ses cheveux, plutôt roux que blonds, se hérissaient. Un frisson de fureur courait sur ses lèvres minces et pâles.

C'était un homme de vingt-deux ans à peine, svelte et grand. Ses formes fines et nerveuses, annonçaient une nature distinguée, rompue aux violens exercices. Dans son pourpoint vert, de forme un peu surannée, d'étoffe quasi grossière, il conservait des façons nobles et délibérées. Mais le couteau trop long pour la table, trop court pour la chasse, qui brillait sans gaîne dans sa main tremblante, révélait une de ces indomptables fureurs qui veulent s'éteindre dans le sang.

Ce jeune homme avait gravi si rapidement la colline qu'il faillit suffoquer et put à peine articuler ces mots : « Où sont les chefs ! »

Un garde, qui essaya d'arrêter le furieux en lui opposant le rempart d'une pique, fut presque renversé.

Un enseigne, accouru au bruit, s'interposa en voyant bousculer son factionnaire.

— Plaisantez-vous, maître, s'écria-t-il, d'entrer ainsi le couteau à la main chez les gardes de Sa Majesté ?

— Les chefs ! cria encore le jeune homme d'une voix sinistre.

— J'en suis un ! dit l'enseigne.

— Vous n'êtes pas celui qu'il me faut, répliqua l'autre avec une sorte de dédain sauvage.

Et comme une exclamation générale couvrait ses paroles, comme, excepté Pontis et ses convives, chacun menaçait l'insulteur,

— Oh ! vous ne me ferez pas peur, dit-il d'un accent de rage concentrée, je cherche un chef, un grand, un puissant, qui ait le pouvoir de punir.

Rosny et le capitaine s'étaient approchés lentement pour savoir la cause de ce tumulte.

Le jeune homme les aperçut.

— Voilà ce qu'il me faut, murmura-t-il avec un fauve sourire.

— Qu'y a-t-il ? demanda Rosny, devant qui s'ouvrirent les rangs.

Et il attacha son regard pénétrant sur ce visage décomposé par toutes les mauvaises passions de l'humanité.

— Il y a, monsieur, répondit le jeune homme, que je viens ici demander vengeance.

— Commencez par jeter votre couteau ! dit Rosny. Allons, jetez-le !

Deux gardes, saisissant brusquement les poignets de cet homme, le désarmèrent. Il ne sourcilla point.

— Vengeance pour qui ? continua Rosny.
— Pour moi et les miens.
— Qui êtes-vous ?
— Je m'appelle La Ramée, gentilhomme.
— Contre qui demandez-vous cette vengeance ?
— Contre vos soldats.
— Je n'ai point ici de soldats, dit M. de Rosny, blessé du ton hautain d'un pareil personnage.
— Alors, ce n'est point à vous que j'ai affaire. Indiquez-moi le chef de ceux-ci.

Il désignait les gardes frémissant de colère.

— M. de La Ramée, reprit froidement Rosny, vous parlez trop haut, et si vous êtes gentilhomme, comme vous dites, vous êtes un gentilhomme mal élevé ; ceux-ci sont des gens qui vous valent, et que je vous engage à traiter plus courtoisement. Je vous eusse déjà laissé vous en expliquer avec eux, si vous ne paraissiez venir ici pour faire des réclamations. Or, en l'absence de M. de Crillon, j'y commande, ici, et je suis disposé à vous faire justice, malgré vos façons. Ainsi, du calme, de la politesse, de la clarté dans vos récits, et abrégeons !

Le jeune homme mordit ses lèvres, fronça les sourcils, crispa les poings, mais subjugué par le sang-froid et la vigueur de Rosny, dont pas un muscle n'avait tressailli, dont le coup d'œil incisif l'avait blessé comme une pointe d'épée, il respira, recueillit ses idées et dit :

— A la bonne heure ! J'habite avec ma famille le château que vous apercevez au bas de la colline, dans ces arbres à droite. Mon père est au lit, blessé.

— Blessé ? interrompit Rosny. Est-ce un soldat du roi ?

Le jeune homme rougit à cette question.

— Non, dit-il d'un air embarrassé.
— Ligueur, va ! murmurèrent les gardes.
— Continuez, interrompit Rosny.
— J'étais donc près du lit de mon père avec mes sœurs, quand un bruit de lutte nous vint troubler. Des étrangers étaient entrés de force dans la maison, avaient frappé et blessé mes gens, et pillé de vive force.
— Silence ! dit Rosny à des voix qui réclamaient autour de lui.
— Ces étrangers, poursuivit La Ramée, non contens de leurs violences, ont pris des tisons au foyer, ils les ont lancés sur la grange, qui brûle en ce moment, regardez !

En effet, tous se retournant, virent s'élever des tourbillons de fumée blanche qui s'élançaient en larges et ondoyantes spirales par dessus les arbres du parc.

Pontis et ses compagnons pâlirent. Un silence effrayant s'étendit sur l'assemblée.

— En effet, dit M. de Rosny avec une émotion qu'il ne put maîtriser, voici un incendie... il faudrait s'y transporter.

— Quand on arrivera, tout sera fini; la paille brûle vite. Tenez, voici déjà les toits qui brûlent?

Le jeune homme, après ces paroles, s'arrêta satisfait de l'effet qu'elles avaient produit.

— Et, demanda Rosny, votre famille vous envoie ici pour obtenir justice ?

— Oui, monsieur.

— Les coupables sont donc ici ?

— Ce sont des gardes.

— Du roi ?...

— Des gardes, répéta la Ramée avec une si visible répugnance à prononcer ce mot : le roi, que Rosny s'en trouva blessé.

— Une seule personne qui affirme, monsieur La Ramée, ne saurait être crue, répliqua-t-il, fournissez des témoins.

— Qu'on vienne à la maison, pas vos soldats, ils achèveraient de tout brûler et massacrer, mais un chef... et les blessés parleront, les murailles fumantes dénonceront.

Comme un murmure d'indignation s'élevait contre l'audacieux qui maltraitait ainsi tout le corps des gardes, Rosny révolté, dit au jeune homme:

— Vous entendez, monsieur, ce qu'on pense de vos injures. On voit bien que vous nous savez en pleine trêve, et que la parole sacrée du roi de France vous garantit.

— Elle m'a étrangement garanti tout à l'heure ! s'écria La Ramée avec une ironie amère. Oh! non, ce n'est pas pour qu'elle me garantisse, que je viens invoquer la trêve, c'est pour qu'elle me venge. J'offre toutes les preuves, j'ai entendu le rapport de mes domestiques, j'ai vu moi-même s'enfuir les larrons, et, au besoin, je les reconnaîtrais... Mais puisque vous êtes monsieur de Rosny, puisque vous mettez en avant la parole de votre roi... il faut que le sache bien si l'on me rendra justice, sinon j'irai droit à votre maître, et...

— Assez, assez, dit Rosny qui sentait la colère bouillonner en lui, pas tant de phrases et de coups d'œil furibonds, je suis patient, mais jusqu'à un certain terme.

— Oh!... vous me menacez, dit La Ramée avec son sinistre sourire; eh bien, à la bonne heure ! voilà qui achève l'œuvre, menacer le plaignant! vivent la trêve et la parole du roi!

— Monsieur, répliqua précipitamment Rosny mordant sa barbe, vous abusez de vos avantages ; je vois bien à qui j'ai affaire. Si vous étiez un serviteur du roi, vous n'auriez ni cette aigreur ni cette soif de vengeance. Vous êtes quelque ligueur, quelque ami des Espagnols...

— Quand cela serait, — dit La Ramée, — vous ne me devriez que plus de protection, puisqu'il y a huit jours vos ennemis pouvaient se défendre avec des armes, et qu'aujourd'hui ils n'ont que votre parole et votre signature.

— Vous avez raison, — vous serez protégé. — Tout à l'heure vous parliez de reconnaître les coupables, voilà tous les gardes, faites votre ronde, essayez.

— On aurait pu m'épargner cette peine, murmura méchamment ce plaignant farouche; des gens d'honneur se dénonceraient.

— Vous ne vous attendez pas à ce qu'ils le fassent, je suppose, dit Rosny. — Puisque vous invoquez la trêve, vous en connaissez les articles, et, la peine qu'ils portent contre l'espèce de violence dont vous vous plaignez est de nature à conseiller le silence à ceux que leur conscience pousserait à parler.

— Je connais en effet cette peine, monsieur, s'écria le jeune homme, et j'en attends la stricte application.

— Quand vous aurez reconnu les coupables et qu'ils seront convaincus.

— Soit! cela ne sera pas long.

En disant ces mots avec une joie qui rayonnait sur son pâle visage, La Ramée attacha ses regards sur le cercle des gardes, qui, machinalement, comme s'ils eussent senti brûlés, reculèrent et se formèrent en lignes irrégulières, au milieu desquelles le vindicatif ligueur commença de marcher lentement comme s'il passait une revue.

Rosny, agité de mille idées contraires, luttait contre sa fierté qui se révoltait, et contre un sentiment d'équité naturelle, que venait encore fortifier le principe de la discipline et du droit des gens.

Il finit par s'appuyer sur le capitaine, dont l'exaspération était au comble, et lui dit :

— Mauvaise affaire ! et je suis seul ici... Que n'avons-nous ici M. de Crillon — car enfin, c'est lui qui est responsable des gardes.

— Si on me laissait faire, répliqua le capitaine les dents serrées, j'aurais bientôt arrangé l'affaire.

— Comment, demanda Rosny.

— Avec un bel et bon nœud de chanvre et la branche que voici !

— Silence, monsieur, répondit le huguenot que cette imprudente parole de l'officier acheva de faire pencher en faveur du droit commun. Silence ! et qu'il ne vous arrive plus de traiter avec cette légèreté les conventions et actes signés du roi : où sera l'avenir de notre cause, monsieur, si, accusés d'agir de rapine et de violence, nous donnons raison aux plaignans en réparant par l'assassinat le vol de nos gens de guerre.

— Mais, balbutia l'officier, ce La Ramée est un petit scélérat, une vipère.

— Je le sais parbleu bien. Toutefois, il a été violenté, incendié. Justice lui sera faite. J'ai essayé de reculer le châtiment ou de le rendre impossible en forçant ce jeune homme à reconnaître lui-même les coupables. Je laissais à ceux-ci cette porte de salut. Mais en vérité, je crois que la voilà fermée; car le drôle s'arrête et fixe sur ce petit groupe des regards trop joyeux pour que bientôt nous ne soyons pas réduits à prononcer une sentence. Allons, venez, faisons notre devoir.

Pendant toute cette scène, Espérance avait écouté avec avidité de sa place et s'était imprégné des émotions les plus poignantes. Mais quand il eut entendu le colloque de Rosny et de l'officier, il fut saisi d'une immense pitié pour ces pauvres gardes qu'il avait vus partir si joyeux l'instant d'avant, et fut pris également d'une indicible colère contre le plaignant, dont l'air, l'accent, toute la personne, en un mot, le révoltaient malgré la justesse de ses plaintes.

Espérance s'approcha de Fouquet Lavarenne qui considérait la scène stoïquement, en bourgeois que les soldats intéressent peu.

— Monsieur, dit-il, pardon, que porte ce fameux article de la trêve au sujet des violences qui seraient commises par les gens de guerre?

— Eh! eh!... jeune homme, répliqua le petit porte-poulets, c'est la mort.

III.

**Comment La Ramée
fit connaissance avec Espérance.**

La Ramée avait déjà inspecté une bonne partie des gardes sans rien signaler, lorsqu'il s'arrêta tout à coup, comme Rosny venait de le dire au capitaine.

Il s'approcha du garde suspect, observa un moment, et se redressant vers Rosny, s'écria :

— En voici un !

C'était Vernetel qu'il désignait ainsi, en le touchant du doigt à la poitrine.

Presque au même instant il étendait son bras vers Castillon, en disant :

— Voici le deuxième !

Les deux inculpés se récrièrent ; une menace sourde grondait dans tous les rangs.

— A quoi reconnaissez-vous ces messieurs que vous dites n'avoir vus que par derrière? demanda simplement Rosny.

La Ramée, sans répondre, montra sur le buffle de Vernetel une gouttelette de sang à peine visible, à laquelle adhéraient quelques poils d'un gris fauve.

Quant à Castillon, il avait sur l'épaule droite une faible trace de ce sable humide des celliers sur lequel reposent les bouteilles.

En effet, Vernetel avait rapporté le lapin et Castillon la dame-jeanne.

Ces preuves suffisaient à des esprits déjà trop convaincus. Nul ne fit une observation, pas même les accusés.

Mais La Ramée n'était pas au bout. Il s'arrêta devant plusieurs gardes qu'il inspecta minutieusement jusqu'à ce que, avisant Pontis qui l'attendait de pied ferme, quoique un peu pâle, il lui prît la main.

Pontis le repoussa en disant :

— Ne touchez pas, sinon plus de trêve !

— Voici le troisième, dit La Ramée, et c'est le plus coupable. C'est celui-là qui a pris les tisons au feu, regardez ses mains, elles sentent la fumée.

— Vous ne supposez pas, interrompit le capitaine, que vos preuves nous satisfassent?

— Qu'on amène ces hommes au château alors, et qu'on les confronte avec mes gens.

— Inutile, s'écria Pontis, inutile, en vérité, c'est humiliant de rougir ou de pâlir devant un pareil accusateur. Depuis dix minutes tout le corps des gardes se laisse insulter par ce drôle, pour quelque volailles et un râble de lapin, c'est humiliant.

— Qu'est-ce à dire? demanda Rosny, et que concluez-vous?

— Je conclus que c'est moi qui suis allé au château, puisque château il y a,— une vraie bicoque. Je croyais avoir affaire à de bons serviteurs du roi, et demander place à table, ce qui se fait partout, entre bons gentilshommes qui voyagent. Je dis plus, en Dauphiné, chez moi, un châtelain court au devant des hôtes et les amène de force à son foyer. Mais puisqu'ici nous sommes en présence d'un mauvais Français, d'un Espagnol, d'un ladre, sambioux! et que la trêve nous lie les mains, supportons-en les conséquences. C'est donc moi qui, refusé par les gens de monsieur, ai cru devoir me procurer des vivres.

— Acheter, s'écria Vernetel, acheter!
— Oui, acheter, dit Castillon, nous avons acheté..
— Vous mentez, répliqua La Ramée d'une voix courroucée.
— J'ai jeté une pièce d'argent dans la cuisine, balbutia Castillon.
— Vous mentez! continua l'insolent accusateur.
— Eh! oui, dit Pontis avec douceur à Castillon et à Vernetel en leur prenant affectueusement les mains. Oui, monsieur a raison, vous mentez, mes pauvres chers amis, — nous n'avons pas acheté; est-ce qu'il y a de l'argent chez nous? Jamais! mais il y a de l'honneur, et je vais le prouver à ce soi-disant gentilhomme. C'est moi, Pontis, moi seul qui ai conçu le projet de la maraude; moi qui ai entraîné mes deux amis, sans leur dire mes desseins; moi qui les ai faits mes complices malgré eux. C'est moi qui ai lancé les tisons par la chambre, sans croire, hélas! qu'ils provoqueraient un incendie; mais enfin, je les ai jetés, il n'y a que moi de coupable. Je me livre, me voici.
— Monsieur, s'écrièrent Castillon et Vernetel, ne le croyez pas, nous en sommes!
— Pardieu! dit La Ramée.
— Ah! répliqua Rosny, révolté par l'esprit de vengeance qui animait si furieusement ce jeune homme, ah! il vous faudrait trois victimes!
— Une par volaille, ajouta Pontis.
— Vous les réclamez, n'est-ce pas? dit le capitaine.
— Je réclame justice.
— Posez vos conclusions.
— Elles sont toutes simples, la trêve a été violée, l'avouez-vous?
— C'est vrai, dit Rosny.
— Mais c'est convenu, s'écria Pontis, nous tournons dans les mêmes redites. Monsieur veut-il un morceau de ma peau équivalant à celle de ses canards?
— Il est écrit, articula La Ramée d'une voix brève et tranchante comme un coup de hache, que les infractions à la trêve, c'est-à-dire les rapines, les violences et l'incendie, seront punis de mort. Votre roi a-t-il signé cela, oui ou non?
— La mort! murmura Pontis, stupéfait de la féroce insistance de ce jeune homme.
— C'est écrit, vous deviez le savoir, répéta La Ramée.
— Pour deux canards, ce serait fort! s'écria Vernetel exaspéré.
— Il s'agira de voir, dit La Ramée d'une voix étranglée par la passion, si un serment est un serment, et, au cas où les articles d'une trêve auraient si peu de valeur qu'on les pût violer impunément, tout le pays saura que ce n'est plus avec des paroles qu'on doit accueillir les soldats royalistes quand ils se présenteront dans nos maisons, mais avec de bons mousquets dont nous ne manquons pas, Dieu merci! Et alors, on appellera guerre la bataille rangée, et paix, tous les massacres qui se feront dans les campagnes. Et alors, aussi, continua-t-il, entraîné par son éloquente fureur, tout sera bon pour détruire ces parjures. On les laissera voler les vivres, mais ces vivres seront empoisonnés. Voilà ce que produit l'injustice, messieurs; contre tout abus, l'excès. Venez nous piller, comme font les rats; nous vous donnerons, comme à eux, de l'arsenic. — Encore, s'ils rongent, au moins, n'incendient-ils pas!

Rosny, qui avait tenu la tête constamment baissée pendant cette harangue, sortit de sa méditation.

— Monsieur, dit-il, puisque vous persistez à demander l'exécution des articles, il sera fait selon votre désir. C'est peu chrétien, mais vous êtes dans votre droit.

La Ramée s'inclina, et son visage calmé parut alors ce qu'il était, magnifiquement noble et beau de hardiesse et d'orgueil.

— Je suis contraint, ajouta Rosny, en se tournant vers Pontis, de vous livrer au prévôt, qui vous retiendra prisonnier jusqu'à ce que la justice ait prononcé sur votre sort.

Pontis fit un geste d'assentiment. Sa résignation n'ébranla point La Ramée.

— Quant aux autres, dit-il comme si c'était lui qui dût être à la fois le juge et l'exécuteur, je n'ai pas de compte à leur demander. Quelques jours de prison me suffiront.

— Les autres, interrompit Rosny rouge de colère, j'en dispose, et non pas vous, monsieur! Les autres, je les décharge de toute responsabilité, ils sont libres, leur camarade aura payé pour tous. Ainsi, vous pouvez vous retirer, monsieur de La Ramée, et publier partout que le roi de France fait bonne justice, même à ses ennemis.

En disant ces mots, Rosny indiquait à La Ramée sa route; il le congédiait. Celui-ci, sans s'émouvoir:

— Un moment, je vous prie, dit-il, je crois que nous ne nous entendons pas.

— Plaît-il? demanda Rosny, fatigué dans sa fierté légitime de l'obsession d'un pareil adversaire.

Et il lui lança un regard de travers, précurseur de tempête. Ce mauvais regard de

Rosny était très connu et très redouté. Mais La Ramée ne s'effrayait pas pour un coup-d'œil.

— Non, monsieur, répliqua-t-il, nous ne nous entendons pas. Moi, je sais par cœur les articles de la trève, et vous les oubliez perpétuellement. Ainsi, il n'est pas convenu que le délinquant sera remis au prévôt de son parti, pour être jugé par les juges de son parti, non; il est établi, au contraire, qu'il sera livré à ceux qu'il aura offensés ou lésés, pour *justice en être faite*; voilà la teneur. Ainsi, monsieur, on devrait me remettre le coupable pour qu'il fût jugé par le bailli du lieu. Mais ce n'est point de jugement qu'il s'agit ici, le crime est constant, prouvé, avoué. La peine est écrite; passons à l'exécution.

Un cri de fureur et de dégoût retentit dans tous les rangs. Cet homme eût été déchiré s'il ne se fût trouvé des chefs énergiques et respectés pour contenir les gardes.

— Ah! coquin, murmura Pontis en montrant le poing à La Ramée, tu as raison de chercher à me faire arquebuser, car si j'étais libre, ou si la chance veut que j'en réchappe...

— Faites-moi le plaisir de tirer à l'écart, dit Rosny à La Ramée, je ne réponds pas sans cela de votre salut. M. de Crillon va venir tout à l'heure et certainement faire exécuter la loi. Il est le maître absolu de ses gardes; attendez son retour, et en attendant soyez prudent, car il pourrait arriver ceci : ou que M. de Pontis, qui n'a plus grand chose à risquer, vous passât son épée au travers du corps, — on n'est arquebusé qu'une fois, — ou qu'un de ses camarades vous cherchât une de ces querelles... Vous m'entendez; il y a des Allemands parmi ces messieurs.

— Je vous remercie de vos prudens conseils, monsieur, repartit La Ramée avec son aigre sourire; mais je ne crains ni celui-ci, ni celui-là, dans votre cantonnement. M. de Rosny ne laissera jamais assassiner un homme qui se plaint à bon droit.

En disant ces mots, il salua l'illustre baron huguenot, sans même essayer de réprimer l'insolente ironie de son accent et de son regard.

Soudain il sentit une main s'appuyer sur son épaule, et se retourna.

C'était la main d'Espérance qui, après des efforts prodigieux pour se vaincre pendant les débats révoltans dont il avait été témoin, venait de céder à la tentation d'entrer en scène et de jouer un rôle à son tour.

Il avait donc quitté sa place toute sillonnée des trépignemens d'impatience dont il l'avait labourée depuis dix minutes, et traversant les gardes irrités, venait suppléer Rosny dans ce fâcheux dialogue.

Il appuya, disons-nous, sa charmante main musculeuse et blanche sur l'épaule de La Ramée, qui se retourna de l'air fâché d'un chat qu'on interrompt lorsqu'il savoure une arête.

— Deux mots, monsieur, s'il vous plaît, dit Espérance avec un aimable sourire.

Ces deux visages se trouvèrent en présence. Beaux tous deux, l'un de sa pâleur nacrée sous laquelle couvait la colère; l'autre d'un frais vermillon qui dénotait cette heureuse santé du corps et de l'esprit, sans laquelle il n'est pas de véritable bonté ni de véritable force.

Aux premiers accens d'Espérance, La Ramée tressaillit, son instinct lui révélait un rude adversaire.

— Que voulez-vous? répliqua-t-il sèchement.

— Vous fournir un moyen de terminer votre affaire, monsieur. Dans les circonstances embarrassantes, on est souvent heureux de rencontrer la solution qu'on cherchait.

Espérance avait haussé la voix de telle façon, que Rosny d'abord, puis un certain nombre de gardes entendirent et se rapprochèrent, curieux de juger par eux-mêmes le mérite de la solution dont on parlait.

Espérance, du coin de l'œil, avait vu Pontis entouré par les archers du prévôt. Ce spectacle douloureux l'animait à obtenir un prompt résultat de sa conférence.

La Ramée, au contraire, blessé de ce retour offensif sur une question qu'il jugeait épuisée, voulait éconduire au plus tôt le conciliateur importun dont l'exorde venait de susciter autour d'eux une galerie nouvelle de curieux et de malintentionnés.

— Si vous teniez à me faire plaisir, dit-il à Espérance, vous vous occuperiez de vos affaires, non des miennes.

— Monsieur, répondit le beau jeune homme, tout ce que je viens d'entendre ne m'a pas disposé le moins du monde à vous faire plaisir. Mais je vous crois fort embarrassé par vos débuts en cette affaire. Vous avez tellement crié, vous avez tellement gémi, que vous vous serez exagéré à vous-même votre offense et votre souffrance. Cela se voit souvent. Et puis, vous craigniez la partialité de ceux à qui vous faisiez vos plaintes. Donc, vous avez demandé le plus possible pour obtenir quelque chose. J'explique cela ainsi.

— Et moi, monsieur, interrompit La Ramée insolemment, je n'ai aucun besoin de vos explications, et vous en dispense.

Aussitôt il lui tourna le dos. Mais Espérance, sans se déconcerter, tourna comme lui et se remit en face avec une fermeté si calme et un tour de pirouette si élégamment équilibré que l'admiration succéda à l'attention parmi les spectateurs.

— Je disais, reprit-il du même ton, que si vous eussiez été dans votre sangfroid, vous vous fussiez aperçu que des poules volées et de la paille brûlée ne suffisent pas pour qu'on fasse tuer un homme. C'est écrit dans la trève, je le veux bien; mais au fond de votre esprit, au fond de votre cœur, vous trouvez l'article barbare et digne des anthropophages. Cette pensée vous honore, je la lis dans vos yeux.

La Ramée, pâle comme un spectre, s'aperçut que son interlocuteur le raillait. Un éclair effrayant jaillit de ses prunelles rougies.

— Je viens donc vous aider, continua Espérance, à revenir sur les conclusions farouches que vous dictait d'abord la colère, et c'est ici que se présente naturellement ma solution. Pour tout le monde il est clair qu'un dommage a été causé, dommage qu'il convient de réparer.

— Ah çà! seriez-vous un avocat ou un prêcheur? s'écria La Ramée tremblant de colère sous le souffle ardent de la popularité qui caressait chaque parole de son adversaire.

— Ni l'un ni l'autre, monsieur, mais on s'accorde à trouver que je parle facilement. J'ai eu un excellent précepteur, un Vénitien à la fois théologien et légiste. C'est de lui que je tiens cet axiome latin que je vous traduis en français pour ne paraître pas un pédant. Le dommage d'argent se paie en argent; or, que vaut un canard, que valent cinq cents bottes de paille? Très cher, assurément, lorsqu'on les pille ou brûle en temps de trève. — Mais, entre nous, en temps ordinaire, cette affaire-là s'arrangerait pour deux pistoles. — Vous vous récriez; c'est vrai, j'oubliais qu'avec la paille on a brûlé la grange. Peste! c'est plus grave. Il y en a pour vingt écus au moins!

Un formidable éclat de rire des assistans écrasa La Ramée, qui serra les poings et chercha du regard à son côté le couteau qu'on lui avait pris.

— Ne riez pas, messieurs, dit gravement Espérance, car vous feriez oublier à monsieur qu'il s'agit de la vie d'un homme!

— Je trouve honteux, balbutia La Ramée dans le délire de sa rage, je trouve déshonorant de chercher ainsi deux cents auxiliaires contre un seul ennemi.

— Moi, votre ennemi? — je suis votre meilleur ami, au contraire. — Je veux vous épargner un remords éternel.

L'affreux sourire qui plissa les lèvres de l'autre fit comprendre à Espérance que ce mot remords n'a pas de sens pour tout le monde. La Ramée l'accompagna d'un geste méprisant, et rompit l'entretien par cette phrase:

— Nous nous reverrons!

Et il s'éloignait encore une fois; mais, pour le coup, Espérance perdit patience. Il allongea le bras, saisit La Ramée par la ceinture, et, tout grand qu'il fut, le retourna vers lui comme si cette créature de chair et d'os eût été un mannequin d'osier bourré de plume.

La Ramée étourdi chancela, et une imprécation, un blasphème qu'il proféra, fut étouffé par les applaudissemens de la foule.

— Maintenant, dit Espérance, j'ai épuisé avec vous les prières et les discussions courtoises. Venons au fait. Vous voulez que ce jeune homme meure.

Il désignait Pontis.

— Moi, je ne le veux pas. — Vous dites que l'on a incendié votre propriété; — c'est faux, la grange qui a brûlé tout à l'heure n'est pas à vous, elle est une dépendance de la métairie appartenant à M. de Balzac d'Entragues — dont votre père est l'ami, presque l'intendant, je le sais — mais enfin, la grange n'est pas à vous. Ah! cela vous étonne que je sache si bien vos affaires, moi, un voyageur qui passe — attendez, je vous en dirai plus encore: — Vous êtes un orgueilleux, un de ces vertueux catholiques, qui ont sucé au lieu de lait, le fiel et le vinaigre de sainte mère la Ligue; votre père est encore malade des suites d'une blessure qu'il a reçue en combattant contre le roi, pour les Espagnols,... un Français!.., vous ne seriez pas fâché, vous, de faire pendre quelques soldats du Béarnais, depuis que vous ne pouvez plus les tuer à l'affût derrière des buissons, comme cela s'est fait l'an dernier, pas plus tard, aux environs d'Aumale... Ah! ah! comme je vous étonne! Eh bien, mon maître, moi qui sais tant de belles choses sur votre compte, moi qui ne suis ni garde de Sa Majesté, ni sujet à la trève; moi qui, si vous y tenez, vais vous dire encore toute sorte de petits secrets devant ces messieurs, je vous répète mes conclusions: Pour les canards volés chez vous, pour la violation de votre domicile, j'évalue qu'il peut vous revenir vingt pistoles ; mais comme il s'agit de sauver un de nos semblables, cela vaut quatre-vingts pistoles de plus. Certainement, c'est peu priser un galant homme que de l'estimer quatre-vingts pistoles, mais enfin, je n'ai que cela dans ma bourse ; voici les cent pistoles, signez-moi votre désistement.

En disant ces mots, Espérance tira sa bourse bien brodée qu'il étala aux yeux de La Ramée.

Celui-ci était resté comme abruti par la surprise et la terreur. Cet inconnu qui le connaissait, et, après l'avoir convaincu de mensonge, dénonçait ainsi jusqu'à ses plus secrètes pensées ; cette vigueur, cette beauté, cette assurance, le cri terrible de la conscience et cette universelle réprobation lui ôtaient la faculté de penser, de parler, de se mouvoir.

Quant à Espérance, ses paroles chevaleresques, son esprit, sa hardiesse, et par dessus tout la magique bourse gonflée d'or, l'avaient transformé aux yeux des gardes, non pas en dieu, mais en idole. — C'était à qui se jetterait dans ses bras, et Pontis, tenu à distance par le respect et la modestie, aussi bien que par les archers, essuyait une larme ou du moins une vapeur au bord de sa paupière.

La Ramée en était encore à se répéter avec la ténacité d'un fou :

— Mais, par qui sait-il tout cela, et quel est cet homme ?

IV.

Comment M. de Crillon interpréta l'article IV de la trêve.

Cependant, comme la stupéfaction n'est pas de l'attendrissement, comme le silence n'est pas un consentement, quoi qu'en dise le proverbe, les affaires de Pontis ne marchaient pas, et il n'avait d'autre ressource qu'un prompt retour de M. de Crillon.

La Ramée ne put tenir contre la curiosité qui le dévorait.

— Vous connaissez donc M. de Balzac d'Entragues ? dit-il.

— Oui, monsieur, répondit Espérance.

Et comme il vit s'éclairer d'une flamme étrange la physionomie de La Ramée.

— Je le connais vaguement, dit-il.

— Cependant, tous ces détails que vous semez si familièrement, indiqueraient que vous connaissez dans l'intimité... soit lui,... soit...

— Qui ? demanda Espérance en attachant un regard assuré sur le visage de La Ramée, qui détourna les yeux comme s'il craignait d'en avoir trop dit.

— Evidemment, poursuivit Espérance fort du silence de son ennemi, je parle avec connaissance de cause, et j'ai puisé mes renseignemens sur vous à de bonnes sources.

— Vous en avez trop dit pour ne pas achever, monsieur, répliqua le pâle jeune homme. Et ces mêmes détails, fit-il en baissant la voix, ne vous ont pas tous été confiés pour que vous en abusiez comme vous venez de le faire.

Espérance, au lieu de se laisser engager dans cette explication particulière, haussa la voix sur-le-champ, et dit :

— Voyons, un refus ou un acquiescement.

— Je réfléchirai.

— Je vous donne dix minutes.

Ce ton bref et provocateur réveilla l'orgueil de La Ramée qui sur-le-champ s'écria :

— Soit. J'ai réfléchi. Le voleur sera mis à mort, et, quant à nous, nous causerons après.

— Du tout, nous causerons tout de suite. Je suis las de vos fanfaronnades et de vos férocités. Celui que vous appelez le voleur, n'est pour moi qu'un jeune homme affamé ; vous demandez sa mort, je demande sa vie, et, comme pour arriver à votre but, vous avez pris tous les chemins, même les moins dignes d'un gentilhomme, à mon tour j'userai de tous les moyens en mon pouvoir. Je vous préviens donc que je vous tiens pour un déloyal et méchant garnement, que tout à l'heure je coucherai sur l'herbe d'un coup d'épée, si Dieu est juste. Et parce que je pourrais avoir mauvaise chance dans ce combat, je veux avant de l'entreprendre vous ôter toute ressource et toute fuite. Si vous me tuez, je veux que vous soyez pendu. Cela m'est très facile. Ecoutez bien !

Il s'approcha de l'oreille de La Ramée.

— Je dirai à ces messieurs, ajouta-t-il tout bas, que l'an dernier, près d'Aumale, vous avez rapporté de l'affût certaine bague qu'assurément vous n'avez pas trouvée sur un lièvre ; car c'est un anneau de gentilhomme, et à le bien regarder, on reconnaîtrait les armoiries gravées sur le châton.

La Ramée fit un mouvement qui trahit toute son inquiétude.

— Et, quand j'aurais rapporté une bague, dit-il, en attachant un regard effaré sur la physionomie calme et sereine d'Espérance, en quoi cela me ferait-il pendre, comme vous dites ?

— Si cette bague avait appartenu à quelque seigneur huguenot tué ou plutôt assassiné d'un coup d'arquebuse lorsqu'il passait près d'Aumale dans un chemin creux bordé d'une double haie d'épines...

La Ramée devint livide.

— A la guerre, dit-il, on porte une arquebuse et l'on s'en sert contre les ennemis.

— Fort bien. Mais, lorsqu'on tombe aux mains de ces ennemis, ils vous pendent. Voilà ce que je voulais vous dire.

La Ramée, frissonnant et déconcerté :

— Vous prouveriez alors, dit-il, que j'ai...

— Assassiné le seigneur huguenot? Ce serait difficile. Mais, je prouverai que vous avez pris à son doigt l'anneau en question.

— Ah ?...

— Oui, et qui plus est, je dirai par quelle personne cet anneau avait été donné au gentilhomme, et à quelle personne vous l'avez rendu. Peut-être alors devinera-t-on pourquoi le gentilhomme a été assassiné ;— peut-être alors fera-t-on des découvertes dont le résultat vous fera pendre... Vous voyez que je reviens toujours au même point ; donc je suis dans le vrai et j'y reste.

La Ramée, au comble de l'épouvante, se mordait convulsivement les doigts en ravageant sa moustache rousse.

— C'est bien, murmura-t-il d'une voix saccadée après quelques secondes de réflexion. — Vous tenez un de mes secrets, — je cède, — le voleur vivra. — Mais, monsieur, après cette concession, si vous n'êtes point un lâche, au lieu de me faire massacrer par tous ces soldats que vous ameutez contre moi, vous me joindrez tout à l'heure au détour du chemin. Je connais un endroit fourré, désert, propre à l'entretien que nous pourrions avoir ensemble, et pour lequel il ne me manque que mon épée. — Dix minutes pour l'aller chercher chez moi, et je suis à vos ordres.

— A la bonne heure ! répliqua Espérance, apportez votre épée ; mais je vous préviens que je me défierai de l'arquebuse, et que j'ai un poitrinal attaché à ma selle.

Avant que La Ramée n'eût pu répondre à cette rude attaque, on entendit à plusieurs reprises prononcer le nom de Crillon.

Et en effet, sous les tilleuls, s'avançait, escorté par Rosny et les officiers, l'illustre chevalier, que trois rois successivement avaient surnommé le Brave, et qui n'avait pas de rival en Europe pour la vaillance, l'adresse et la générosité.

Crillon avait alors cinquante-deux ans : il était robuste et portait haut sa tête petite eu égard aux vastes proportions de son corps. Sans le feu qui jaillissait de ses yeux largement fendus, on l'eût pris avec son épaisse moustache grise, les fraîches couleurs et l'embonpoint de ses joues pour quelque honnête quartenier bourgeois encadré dans le hausse-col d'un colonel. Mais cette moustache se hérissait-elle, ces joues venaient-elles à frémir au vent de la bataille, apparaissait Crillon, et, de ce corps trapu, s'élançaient comme autant de ressorts, les muscles devenus élégans, nobles, irrésistibles : une flamme divine immatérialisait toute cette argile et de la gaîne vulgaire du quartenier bourgeois jaillissait le héros sublime.

Bon nombre de gardes suivaient à distance leur chef vénéré. Celui-ci se faisait raconter par Rosny la scène de l'accusation et l'acharnement de l'accusateur.

— Où est l'inculpé ? demanda-t-il.

— C'est moi, monsieur, répliqua piteusement Pontis.

— Ah ! c'est toi ; tu débutes mal, cadet dauphinois. Fouler le pauvre peuple, c'est défendu.

— Monsieur, j'avais faim, et ce n'est pas le pauvre peuple que je mettais à contribution, mais un riche gentilhomme qui eût dû m'offrir à dîner.

— Ah ! où est-il, ce gentilhomme ? demanda Crillon.

Rosny lui montra du doigt La Ramée près de qui se tenait Espérance.

— Lequel des deux ? ajouta Crillon.

— Pas moi, dit Espérance en se reculant.

— Ah !... c'est monsieur...

Et Crillon toisa l'accusateur avec cette froide autorité devant laquelle tout orgueil plie et se tait.

— Que lui a-t-on pris ?

— De la volaille, dit Pontis.

— Et une grange a été brûlée, dit brusquement Rosny.

— Pour laquelle ce généreux seigneur a offert de donner cent pistoles, s'écria Pontis avec précipitation comme s'il eût voulu empêcher son colonel de suivre une idée défavorable.

— Cent pistoles pour des volailles et une grange, c'est fort raisonnable, dit Crillon.

— N'est-ce pas, monsieur?

— Tais-toi, cadet. Eh bien ! qu'on donne les cent pistoles au plaignant et qu'il remercie.

— Bah ! interrompit Rosny, le plaignant veut autre chose.

— Quoi donc ?

2

— Il réclame l'exécution de l'article de la trêve.

— Quelle trêve ?

— Il n'y en a qu'une je pense, dit aigrement La Ramée, qui avait cru prudent jusque-là de garder le silence, et qui, d'après ses conventions avec Espérance, voulait bien céder la vie de Pontis, mais à condition qu'on lui en fît des remercîmens.

— Est-ce à moi que vous parlez ? demanda Crillon, en dilatant son grand œil noir qui rayonna sur le malheureux La Ramée.

— Mais, oui, monsieur.

— C'est qu'alors on ôte son chapeau, mon maître.

— Pardon, monsieur.

Et La Ramée se découvrit.

— Vous disiez donc, continua Crillon, que ce jeune homme veut autre chose que de l'argent pour ses volailles et pour sa grange.

— Il veut qu'on exécute l'article de la trêve, s'écria Pontis, c'est-à-dire qu'on me passe par les armes.

Crillon fit un soubresaut qui n'annonçait pas un grand respect pour la teneur de l'article.

— Par les armes ! dit-il. Pour des poulets !

— Pour des canards, monsieur ; et voyez, le prévôt m'avait déjà saisi.

— Qui a ordonné cela ? demanda Crillon se retournant d'une pièce.

— Moi, dit Rosny un peu gêné.

— Êtes-vous fou ? répliqua Crillon.

— Monsieur, il faut faire respecter la signature du roi.

— Harnibieu ! s'écria Crillon, vous voilà bien, vous autres gens de robe, qui vous croyez soldats parce que vous nous regardez faire la guerre. Donner un homme au prévôt parce qu'il a pris des canards....

— Et brûlé... interrompit Rosny.

— Une grange, nous le savons. Et c'est toi, dit-il à La Ramée, qui réclamais ce châtiment pour *mon* garde ?

— Oui, dit La Ramée, fort ému de ce subit tutoiement de Crillon ; mais l'orgueil parla encore plus haut que l'instinct de la conservation.

— Et l'on t'offrait cent pistoles de rançon ?

— Oui, continua La Ramée d'un demi-ton plus bas.

— Eh bien ! dit Crillon en s'approchant de lui les mains derrière le dos, avec un sourcil hérissé comme sa moustache, je vais te faire une autre proposition, moi, et je gage que tu ne réclameras pas après l'avoir entendue. M. de Rosny, que voilà, est un philosophe, un habile homme en fait de mots et d'articles. Il a eu la patience de t'écouter, à ce qu'il paraît, et vous vous êtes entendus et il t'a prêté mon prévôt, car c'est le mien. Moi, je vais te le donner tout à fait. Regarde un peu la belle branche de tilleul, dans trois minutes tu y vas être accroché, si dans deux tu n'as pas regagné ta tanière.

— Morbleu ! s'écria La Ramée épouvanté, je suis gentilhomme, et vous oubliez qu'au-dessus de vous est le roi.

— Le roi ? continua Crillon qui ne se possédait plus, le roi ? Tu as parlé du roi, ce me semble. Bon, je te ferai couper la langue. Il n'y a de roi ici que Crillon, et le roi ne commande pas aux gardes. Je t'avais donné deux minutes, mon drôle, prends garde, je t'en retire une !

Un geste de La Ramée, une vaine protestation se perdirent dans l'effrayant tumulte qui couvrit ces paroles de Crillon. Les gardes ne se possédaient plus de joie, ils battaient follement des mains et jetaient leurs chapeaux en l'air.

— Une corde, prévôt, continua Crillon, et une bonne !

La Ramée recula écumant de rage devant le prévôt qui faisait déjà siffler la corde demandée

— Pardon, monsieur, dit alors Espérance au malheureux propriétaire, emportez votre argent, il est à vous.

— J'emporte mieux que l'argent, répliqua La Ramée les dents tellement serrées qu'on l'entendait à peine ; j'emporte un souvenir qui vivra longtemps.

— Et notre entretien, monsieur La Ramée, dans ce fameux fourré désert ?

— Vous ne perdrez point pour attendre, dit La Ramée.

Et aussitôt il fit retraite, la face tournée vers les gardes, marchant à reculons comme le tigre devant la flamme.

Une immense huée salua son départ. La honte le saisit ; c'en était trop depuis une heure.

Poussant un cri sourd, un cri désespéré, un cri de vengeance et de terreur vertigineuse, il s'enfuit en bondissant et disparut.

— Vive M. de Crillon, notre colonel ! hurlèrent les deux compagnies dans leur ivresse.

— Oui, dit Crillon, mais qu'on n'y revienne plus ! car effectivement ce coquin avait raison ; vous êtes tous des drôles à pendre !

Crillon, après avoir abandonné ses deux mains à la foule qui s'empressait pour les lui baiser, se tourna vers Rosny, qui boudait et grommelait dans son coin.

— Çà, dit-il, pas de rancune. Vous voyez que tous vos scrupules sont de trop avec de pareils brigands.

— La loi est la loi, répliqua Rosny, et vous avez tort de vous mettre au dessus. Les esprits, échauffés par votre faiblesse d'aujourd'hui, ne sauront plus se retenir une autre fois, et au lieu d'un homme qu'il fallait sacrifier à l'exemple, vous en sacrifierez dix.

— Soit, je les sacrifierai. Mais l'occasion sera bonne, tandis qu'aujourd'hui c'eût été une cruauté stérile.

— Monsieur, dit aigrement Rosny, je n'agissais qu'en vue de faire respecter les armes du roi.

— Harnibieu ! ne les fais-je point respecter, moi ? répondit Crillon avec une vivacité de jeune homme.

— Ce n'est point cela que j'entends, et par grâce, si vous avez des observations à me faire, faites-les moi en particulier, pour que personne ne soit témoin des différends qui s'élèvent entre les officiers de l'armée royale.

— Mais, mon cher monsieur Rosny, il n'y a point de différend entre nous ; je suis prompt et brutal, vous êtes circonspect et lent. Cela seul suffit à nous séparer quelquefois. D'ailleurs, tout se passe en famille, devant nos gens, et je ne vois pas de témoin qui nous gêne pour nous embrasser cordialement.

— Excusez-moi, en voici un, répliqua Rosny en désignant Espérance à Crillon.

— Ce jeune homme, c'est vrai. N'est-ce pas lui qui a offert de payer cent pistoles pour Pontis ?

— Lui-même, et regardez avec quelle effusion Pontis lui serre les mains.

— C'est un beau garçon, ajouta Crillon, un ami de Pontis, sans doute ?

— Nullement ; c'est un étranger qui passait et qui a pris fait et cause pour vos gardes.

— En vérité ! il faut que je le remercie.

— Cela lui fera d'autant plus de plaisir que tout à l'heure, en arrivant, c'est vous qu'il cherchait dans le quartier des gardes.

— Il m'a trouvé alors, dit gaiement Crillon qui s'avança vers Pontis et Espérance.

Ces deux derniers étaient encore en face l'un de l'autre, les mains entrelacées, — Pontis, remerciant avec la chaleur d'un cœur généreux qui aime à exagérer le service rendu ; Espérance, se défendant avec la simplicité d'une belle âme qui craint d'être trop remerciée.

L'arrivée de Crillon mit fin à cet affectueux débat.

— Monsieur, dit Pontis à son jeune sauveur, je n'ai point terminé avec vous, et cela durera éternellement.

— Bien ! s'écria le mestre-de-camp, bien, cadet ! j'aime les gens qui contractent de pareilles dettes et qui les paient. Va-t-en !

Et il lui asséna sur l'épaule une caresse de cent livres pesant.

Pontis plia sous le double fardeau du respect et de ce poing mythologique ; il adressa un dernier sourire à Espérance et rejoignit ses camarades.

— Quant à vous, monsieur, dit Crillon à Espérance, je vous remercie pour mes gardes. Harnibieu ! vous me plaisez. Ce que vous voulez me dire serait-il une demande que je pusse vous accorder ?

— Non, monsieur.

— Tant pis. Qu'est-ce donc, je vous prie ?

— Monsieur, rien que de fort simple : je vous apporte une lettre.

— Donnez, dit Crillon avec bienveillance ; celui qui m'écrit a choisi un agréable message. De quelle part, s'il vous plaît ?

— Il me paraît que c'est de la part de ma mère.

A cette réponse empreinte d'une incertitude qui la rendait si singulière, Crillon arrêta sur le jeune homme un regard étonné.

— Comment, il paraît, dit-il, n'en êtes-vous pas certain ?

— Ma foi non, monsieur ; mais lisez, et vous en saurez autant que moi, peut-être plus.

Ces mots, prononcés avec une grâce enjouée, achevèrent d'intéresser Crillon, qui prit la lettre des mains d'Espérance.

Elle était cachetée d'une large cire noire, empreinte d'une devise arabe. On eût dit le type d'une de ces vieilles pièces orientales sur lesquelles les califes faisaient frapper un précepte du Khoran ou un éloge de leurs vertus.

La lettre était contenue dans une enveloppe de parchemin d'Italie. Il s'en exhalait un vague parfum noble et sévère comme celui de l'encens ou du cinamone.

Espérance se recula modestement, tandis que Crillon déchirait l'enveloppe. Mais, si peu curieux qu'il voulut être, il fut frappé de l'expression du visage de Crillon, dès la lecture des premières lignes. Ce fut d'abord de la surprise, puis une attention si profonde qu'elle ressemblait à de la stupeur.

Puis, à mesure qu'il lisait, le vieux guerrier baissait la tête. Il pâlit enfin, appuya sa tête sur sa main et poussa un soupir semblable à un gémissement.

On eût dit le passage d'une nuée noire sur un vallon doré de la Lombardie. Tout s'était assombri sur cette sereine et affable physionomie du chevalier.

Crillon releva comme avec effort sa main qui avait fléchi sous le poids de cette lettre si légère. Il la relut encore, puis encore, et toujours avec une émotion qui dégénérait en trouble, en anxiété.

— Monsieur, balbutia-t-il, en fixant sur le jeune homme un regard mal assuré, cette lettre me surprend, je l'avoue, elle me frappe. Je chercherais en vain à vous le dissimuler.

— Ah! monsieur, dit vivement Espérance, si la commission vous est désagréable, ne m'en veuillez pas. Dieu m'est témoin que si je l'ai acceptée, c'est malgré moi.

— Je ne vous accuse pas, jeune homme, tant s'en faut, repartit Crillon avec la même bienveillance; mais j'ai besoin de comprendre tout à fait les choses un peu obscures pour moi, qui sont renfermées dans cette lettre, et je vous demanderai...

— Vous vous adressez bien mal, monsieur, car j'ai reçu une lettre aussi, moi, et je ne l'ai pas comprise le moins du monde. Si vous voulez m'aider pour la mienne, je tâcherai de vous aider pour la vôtre.

— Très volontiers, jeune homme, dit Crillon d'une voix émue. Causons bien en détail, causons bien franchement surtout... n'est-ce pas? Vous êtes avec un ami, monsieur, tirons à l'écart, je vous prie, pour que nul ne nous entende.

En disant ces mots, Crillon entraîna le jeune homme par la main, et le conduisit à son quartier, d'où il renvoya tout le monde.

— Je fais de l'effet, pensa Espérance; j'en fais trop.

V.

Pourquoi il s'appelait Espérance.

Crillon alla vérifier lui-même si personne ne pourrait entendre, et revenant s'asseoir près d'Espérance :

— Nous pouvons causer librement, dit-il. Commencez par me dire votre nom.

— Espérance, Monsieur.

— C'est tout au plus le nom du baptême; encore ne sais-je point qu'il y ait un saint Espérance. Mais le nom de famille?

— Je m'appelle Espérance tout court. — De famille, je ne m'en connais point.

— Cependant, votre mère dont vous parliez... elle a un nom?

— C'est probable, mais je ne le sais pas.

— Eh quoi? dit Crillon avec surprise, vous n'avez jamais entendu nommer devant vous madame votre mère?

— Jamais, par une excellente raison, c'est que je n'ai jamais vu ma mère.

— Qui donc vous a élevé?

— Une nourrice qui est morte quand j'avais cinq ans, puis un savant qui m'a donné les notions de tout ce qu'il savait, et des maîtres pour le reste. Il m'a enseigné les sciences, les arts, les langues, et a payé des écuyers, des officiers, des maîtres d'armes pour m'apprendre tout ce que doit et peut savoir un homme.

— Et, vous savez tout cela? demanda Crillon avec une sorte d'admiration naïve.

— Oui, monsieur. Je sais l'espagnol, l'allemand, l'anglais, l'italien, le latin et le grec; je sais la botanique, la chimie, l'astronomie; quant à me tenir à cheval, à manier une épée ou une lance, à tirer un coup de mousquet, à nager, à dessiner des fortifications, je n'y réussis pas mal, à ce que disaient mes maîtres.

— Vous êtes un aimable garçon, dit le vieux chevalier; mais revenons à votre mère. Ce devait être une bonne mère pourtant, puisqu'elle a pris un pareil soin de votre éducation.

— Je n'en doute pas.

— Vous dites cela froidement.

— Certes oui, répliqua mélancoliquement Espérance; à force de vivre seul sous la direction d'un homme égoïste et avare, qui ne me parlait jamais de ma mère, mais de son argent, qui chaque fois que mon cœur s'ouvrait à l'espoir de quelque confidence sur cette mère que j'eusse tant aimée, se hâtait, non pas seulement de refermer, mais de glacer ce tendre cœur par quelque menace ou quelque diversion brutale, à force, dis-je, de considérer ma mère comme fabuleuse et chimérique, j'ai senti s'éteindre peu à peu le foyer d'affection qu'un seul mot délicat d'allusion eût entretenu en moi.

— Seriez-vous devenu méchant, dit Crillon, pris d'un douloureux serrement de cœur.

— Moi! monsieur, s'écria le jeune homme, avec un charmant sourire, moi, méchant! oh, non! ma nature est privilégiée. Dieu n'y a pas versé une goutte de fiel. J'ai remplacé cet amour filial par l'amour de tout ce qui est beau et bon dans la création. Enfant, j'ai adoré les oiseaux, les chiens, les chevaux, puis les fleurs, puis mes compagnons d'enfance; je n'ai jamais été triste quand il a fait du soleil et que j'ai pu causer avec une créature humaine. Tout ce que j'ai appris de la perversité du monde et des imperfections de l'humanité, c'est mon précepteur qui me l'a enseigné, et, je dois vous le dire, c'est pour ce genre d'étude que mon esprit s'est montré le plus rebelle. — Je n'y voulais pas croire, — je n'y crois pas encore tout à fait. — Un méchant m'étonne, je tourne autour comme autour d'une bête curieuse, et quand il montre la dent ou la griffe, je crois que c'est pour jouer, et je ris ; quand il égratigne ou qu'il mord, je le gronde, et si je le soupçonne venimeux et que je le tue, c'est uniquement pour qu'il ne fasse pas de mal aux autres. Oh! non, monsieur le chevalier, je ne suis pas méchant. C'est si vrai, que parfois on m'a dit de me venger d'une offense que je n'avais pas comprise, et alors on m'appelait poltron, lâche.

— Seriez-vous timide? demanda Crillon.

— Je ne sais pas.

— Mais cependant, pour supporter patiemment une offense, il faut manquer un peu de cœur.

— Croyez-vous? c'est possible. Moi je croyais que toutes les fois qu'on est certain d'être le plus fort, on devrait s'abstenir de frapper.

— Mais...., murmura Crillon, contre la force, les faibles ont l'adresse et peuvent battre un fort.

— Oui, mais si l'on est sûr d'être aussi le plus adroit, ne se trouve-t-on pas dans le cas des gens qui gagent à coup sûr? Or, gager à coup sûr n'est pas de la prud'homie, à ce que je pense. C'est donc parce que toute ma vie je me suis trouvé le plus adroit et le plus fort, que je n'ai pas poussé les querelles jusqu'au bout. Ah! s'il m'arrive jamais de rencontrer un méchant qui soit plus fort et plus adroit que moi, je le combattrai rudement, j'en puis répondre.

— C'est bien, je dirai plus, c'est trop bien. Car avec un pareil caractère il vous arrivera ce qui m'est arrivé à moi, une blessure par combat livré. Me voilà réconcilié avec votre caractère, et j'en voudrais presque à votre mère de vous avoir éloigné d'elle avec cet acharnement. Car voilà bien des années que cela dure. Quel âge avez-vous?

— J'aurais, dit-on, vingt ans.

— Quoi! pas même la certitude de votre âge?

— A quoi bon. Je compte du jour que mon souvenir peut aller atteindre, — la mort de ma nourrice ; cela est arrivé, m'a-t-on dit, quand j'avais cinq ans. — Eh bien ! j'ai vu passer quinze étés depuis cette époque.

— Un jour viendra où cette mère se révélera, comptez-y.

— Monsieur, je n'ai plus cet espoir. Il y a six mois, un matin, lorsque je me préparais à aller chasser, il faut vous dire que j'habite une petite terre en Normandie et que la chasse occupe beaucoup de place dans ma vie, j'allais dire adieu à mon précepteur, quand je vis entrer dans ma chambre un homme vêtu de noir, un vieillard d'une belle figure ombragée de cheveux blancs. Cet homme, après m'avoir considéré attentivement et salué avec une sorte de respect qui me surprit de la part d'un vieillard, voyant que j'appelais Spaletta, mon gouverneur, m'arrêta et me dit :

— Seigneur, ne cherchez point Spaletta, car il n'est plus ici.

— Où donc est-il?

— Je ne sais, seigneur ; mais je l'avais fait prévenir de mon arrivée par un courrier qui me précède, et quand tout à l'heure je suis entré dans la maison, votre laquais m'a répondu que Spaletta était monté à cheval et parti subitement.

— Voilà qui est singulier! m'écriai-je. Vous connaissez donc Spaletta? monsieur.

— Un peu, dit le vieillard, et je comptais sur lui pour m'introduire près de vous. Son absence me surprend.

— Elle m'inquiète, moi; car il s'éloignait peu, d'ordinaire — mais veuillez m'apprendre, puisque vous voilà tout introduit, le motif de votre visite.

Je n'eus pas plutôt prononcé ces paroles, que le front du vieillard s'assombrit, comme si je lui eusse rappelé une pensée amère, que mon aspect aurait d'abord écartée de son esprit.

— C'est vrai, murmura-t-il... le motif de ma visite... Eh bien, monsieur, le voici.

Sa voix tremblait, et l'on eût dit qu'il essayait de retenir un sanglot ou des larmes. Il me tendit alors une lettre enveloppée de parchemin comme celle que j'ai eu l'honneur de vous remettre tout à l'heure, monsieur le chevalier. Elle était fermée d'un cachet noir pareil à celui que vous venez de briser. Au fait, monsieur, la voici, prenez la peine de la lire.

Crillon, dont ce récit avait doublé l'émotion, se mit à lire à demi-voix la lettre suivante, dont les caractères grêles et incertains se dessinaient lugubrement sur le vélin.

» Espérance, je suis votre mère. C'est moi qui du fond de ma retraite où votre souvenir m'a fait supporter la vie, ai veillé sur vous et dirigé votre éducation avec sollicitude. J'invoque aujourd'hui votre reconnaissance, ne pouvant faire appel à votre tendresse. J'ai bien souffert de ne pouvoir vous appeler mon fils, mais j'ai tellement souffert de ne pouvoir vous embrasser, que mes années se sont consumées dans cette soif ardente comme une fièvre. Un pareil bonheur m'était défendu.

» L'honneur d'un nom illustre dépendait de mon silence. Chacun de mes soupirs était épié, le moindre pas que j'eusse fait vers vous m'eût coûté votre vie. Aujourd'hui, placée sous la main de la mort, dégagée à jamais des craintes qui ont empoisonné toute mon existence, sûre du pardon de Dieu et de la fidélité du serviteur que je vous envoie, j'ose vous appeler mon enfant et déposer pour vous dans cette lettre le doux baiser qui s'élancera de mes lèvres avec mon âme.

» On me dit que vous êtes grand, que vous êtes beau. Vous êtes bon, fort, adroit. Tout le monde vous aimera. Vos qualités, votre éducation vous conduiront aussi haut que votre naissance eût pu le faire. J'ai tâché que vous fussiez riche, Espérance ; mais, bien que depuis votre naissance, j'aie changé en clinquant mes joyaux et mes pierreries, afin d'amasser pour vous, la mort me surprend avant que j'aie pu vous composer une fortune digne de mon amour et de votre mérite. Cependant, vous n'aurez besoin de qui que ce soit sur la terre, et s'il vous plaît de vous marier, pas un père de famille, fût-il prince, ne vous refusera sa fille à cause de votre dot.

» Il faut que je vous quitte, Espérance, mon fils ; la chaleur de la vie abandonne mes doigts, mon cœur seul est encore vivant. Je vous recommande d'abord de ne me point maudire, et d'accueillir parfois mon fantôme triste et doux, qui viendra vous visiter dans vos rêves. Je fus une âme tendre et fière dans un corps que vous pouvez vous représenter noble et beau.

» Je vous adjure ensuite, si votre inclination vous porte à embrasser le métier des armes, de ne jamais servir une cause qui vous oblige de combattre contre M. le chevalier de Crillon. Mon serviteur vous remettra une lettre pour cet homme illustre. Vous la rendrez vous-même à M. de Crillon.

» Adieu ; je vous avais nommé Espérance parce qu'en vous était tout mon espoir sur la terre. Aujourd'hui encore vous vous nommez pour moi Espérance. Je vous attends au ciel pour l'éternité ! »

Il n'y avait pas de nom au bas de cette lettre ; rien qu'un large et long espace vide : soit que la mort, se hâtant d'enlever sa proie, lui eût assuré le secret éternel en l'empêchant de tracer un nom, soit que la mourante elle-même se fût arrêtée au moment de se nommer, et que, soumise encore à la loi mystérieuse qui avait dirigé toute sa vie elle eût voulu précipiter avec elle son secret dans le néant...

— En sorte, dit Crillon après un long silence, que vous ignorez qui était cette personne ?

— Absolument.

— N'importe. Voilà une lettre touchante, ajouta le chevalier de Crillon en proie à l'émotion la plus vive. C'est bien une lettre de mère.

— Vous trouvez, n'est-ce pas, monsieur le chevalier ?

— Continuez votre récit, jeune homme, et dites ce qu'était devenu votre précepteur.

— Vous allez le deviner, monsieur. Quand j'eus achevé cette lettre de ma mère, le vieillard me voyant touché, les yeux humides, me prit et me baisa la main.

— Puis-je savoir, lui demandai-je, si l'on vous a chargé de me dire le nom qui n'est pas écrit sur ce papier ?

Et je lui montrais la place vide de la signature.

— Monsieur, répliqua le vieillard, on m'a imposé l'obligation contraire.

— C'est bien, dis-je avec amertume, j'espérais encore que l'on aurait eu assez de confiance, sinon en ma discrétion, du moins en mon orgueil pour me confier un secret qu'il m'est si honorable de garder.

— Monsieur, ne sachant rien, vous ne serez jamais exposé à vous trahir et par conséquent à vous perdre. C'est pour elle que Mme votre mère s'est tue pendant sa vie, c'est pour vous qu'elle garde le silence après sa mort.

Je n'insistai plus. Le bon vieillard me remit alors la lettre qui vous était destinée. Je lui demandai pourquoi il m'était recommandé de ne jamais porter les armes contre M. de Crillon ?

— Parce que, répliqua le serviteur de ma mère, M. de Crillon n'embrasse jamais que les causes loyales et justes,—et puis, parce qu'il fut l'ami de quelqu'un de très grand dans votre famille.

Je n'avais rien à objecter. En effet, le brave Crillon est le plus loyal des chevaliers, et, ma mère n'eût-elle rien recommandé, jamais l'idée ne me serait venue de porter les armes contre lui.

Crillon rougit et baissa les yeux.

— Le vieillard, ajouta Espérance, me demanda ensuite à visiter la chambre de mon gouverneur Spaletta, pour savoir si celui-ci n'aurait pas laissé quelque avertissement de son départ. Mais non, il n'y avait rien.

Tandis que nous parcourions la maison, le serviteur de ma mère manifestait un étonnement, qui éclata en une sorte de colère, quand je lui eus fait voir tout l'ameublement et la vaisselle, qui étaient d'une simplicité que jusque-là j'avais appelée luxe.

Ce fut bien pis, lorsque, descendu aux écuries, le vieillard n'aperçut que mon cheval au ratelier, encore ce cheval était-il une bête commune quoique vigoureuse.

— Est-ce là, s'écria-t-il, est-ce bien là le genre de vie que l'on vous a fait mener? Quoi, un seul cheval! et toute cette maigre dépense!... Combien de gens avez-vous pour votre service? Vous thésaurisez donc?

— J'ai une femme de charge qui dirige la cuisinière et un laquais. Encore Spaletta trouvait-il l'entretien de tout cela bien cher, et il avait raison. La pension que nous faisait ma mère suffisait à peine depuis que j'avais désiré me faire une petite meute de sept chiens.

Le vieillard frappa du pied, furieux.

— Seigneur, s'écria-t-il, je comprends maintenant pourquoi Spaletta s'est enfui à mon approche. La pension de votre mère était, dites-vous, à peine suffisante?... Savez-vous bien le chiffre de cette pension?

— Mais, mille écus par chaque année, je crois, répondis-je.

— J'envoyais mille écus par mois! dit le vieillard, rouge d'indignation, et vous devriez avoir ici six laquais, autant de chevaux et un parc où chevaux et chiens se fussent fatigués tous les jours. Mais, voyez-vous, Spaletta vous a volé dix mille écus par an. Depuis dix ans que cela dure, il doit être riche!

— Je n'en suis pas plus pauvre, répondis-je en souriant. D'ailleurs, faute de chevaux de relais, j'ai été forcé d'arpenter à pied les vallons et les collines, et de fouler les marais; faute de laquais je me suis souvent servi moi-même, aussi voyez comme je suis devenu grand et fort. La médiocrité qui vous déplatt m'a rendu de grands services. Et Spaletta que vous maudissez, nous devrions au contraire le bénir de m'avoir volé mon argent. Avec le luxe dont vous m'eussiez entouré je fusse devenu gros et lourd.

— Peut-être, seigneur, me dit le vieillard. Mais c'eût été un grand chagrin pour la pauvre dame votre mère, d'apprendre que vous avez désiré ou regretté quelque chose. Pareil malheur ne se représentera plus. Je vous apporte le premier douzième de la pension qui vous est allouée désormais.

Et il me compta deux mille écus en or.

— Vingt-quatre mille écus par an! s'écria Crillon.

— Tout autant.

— Vous voilà bien riche, jeune homme.

— Trop. C'est une fortune royale dans un temps où personne n'a plus d'argent. Et il faut, disais-je au serviteur de ma mère, que cette somme qui m'est destinée soit bien considérable; car si j'allais vivre cinquante ans!

— Vos enfans continueront à la toucher, — répondit le vieillard avec un sourire. — Ne craignez rien, vous n'épuiserez pas votre cassette.

— Mon ami, murmurai-je, si ma mère a économisé tout cela sur ses pierreries, elle en avait donc beaucoup?

— Beaucoup, dit-il gravement, beaucoup en effet.

— Et j'ajoute, reprit Espérance en s'adressant à Crillon, que tout cela est bien étrange, n'est-ce pas?

— Oui, jeune homme, soupira le chevalier.

— Pour achever, monsieur, le vieillard passa près de moi la journée, me fit des caresses toujours respectueuses qui me le firent aimer tendrement; puis, après m'avoir fait promettre de ne le suivre point et de ne questionner qui que ce fût à son sujet, il repartit. Je ne l'ai plus revu; seulement, tous les mois les deux mille écus m'arrivent.

— Mais, ce Spaletta, demanda Crillon, il sait quelque chose, lui?

— Non pas, car le vieillard à qui je faisais la même observation, m'a répondu que Spaletta avait été engagé par lui pour me servir de gouverneur, et n'avait jamais correspondu qu'avec lui. Il me reste à vous demander maintenant, monsieur le chevalier, si mon récit vous a éclairci ce que vous trouviez d'obscur dans mes paroles, et si vous comprenez mieux la lettre de ma mère?

Crillon, sans répondre, rouvrit et relut cette lettre ; puis il dit à Espérance :
— Je crois que je la comprends.
— S'il y avait quelque chose qui m'intéressât et qui pût me satisfaire à mon tour, serait-il indiscret de vous interroger?
— Je ne sais trop encore.
— Je me tais, monsieur, excusez-moi.
Crillon réfléchit un moment :
— Pardon, dit-il, vous me disiez que cette lettre vous est parvenue il y a six mois.
— C'est vrai.
— Et, par conséquent, il y a six mois que vous gardez cette lettre qui m'était destinée ; vous n'avez eu guère de hâte !
Espérance rougit.
— Ai-je mal fait? demanda-t-il. Je ne me suis pas cru pressé. Qu'exigeait de moi la volonté de ma mère ? De ne point prendre parti contre M. de Crillon ; je ne l'ai pas fait. — De porter un message à M. de Crillon ; je viens de le faire. — Certes, j'eusse pu me hâter plus, mais vous faisiez la guerre çà et là, loin de moi. C'était un voyage à entreprendre qui, je l'avoue, m'eût gêné beaucoup en ce temps-là.
— Quelque amourette vous occupait, sans doute ?
— Oui, monsieur, répliqua Espérance en souriant de la plus charmante façon. Je vous supplie de me pardonner. Les jeunes gens sont égoïstes, ils ne veulent pas perdre une seule des fleurs que sème pour eux la jeunesse.
— Je ne vous blâme point, dit Crillon, mais ces amours sont donc terminées, ces fleurs sont donc fanées, que je vous vois aujourd'hui ?
— Non, monsieur, Dieu merci, car ma maîtresse est adorable.
— Cependant, vous la quittez pour moi.
— Eh bien, non, dit Espérance avec enjouement ; non, monsieur le chevalier, je n'ai pas même cette bonne action à compter. Vous m'excuserez en faveur de ma franchise. Je ne viens près de vous que pour suivre ma maîtresse.
— En vérité !
— Elle était venue habiter dans mon voisinage pendant près d'une demi-année. Son père la rappelle à une maison qu'il a dans les environs de Saint-Denis, et, faut-il encore l'avouer, quoique ce soit bien incivil, c'est en passant sur la route qui mène à St-Denis, en apprenant que vous campiez de ce côté, que j'ai demandé à vous voir, et fait, comme on dit, d'une pierre deux coups. Encore une fois, Monsieur le chevalier, je vous supplie d'être indulgent. Cette franchise n'est que de la grossièreté ; mais j'aime mieux être impoli envers le brave Crillon, que de lui mentir. A présent que mon message a été remis, je vais vous saluer avec bien du respect, et reprendre mon chemin.
— Si pressé !
— J'ai reçu en route certain petit billet de la personne en question. On m'y donne rendez-vous à un jour, à une heure, à un lieu précis. C'est un rendez-vous que je ne saurais manquer d'observer religieusement comme une consigne, sous peine des plus grands malheurs.
— En vérité... Serait-ce une femme mariée ?
— Non pas, c'est une demoiselle ; mais elle n'en est point plus libre. Or, il faut que je prenne toutes les précautions de prudence... et je n'ai pas trop de temps.
— Mais... fit Crillon avec tristesse.
— Vous ai-je déplu, monsieur ?
— Non, mais vous m'inquiétez, et je ne veux pas être inquiet à votre égard.
Espérance regarda Crillon avec surprise.
— Cela vient de ce que vous m'êtes recommandé, se hâta de dire le chevalier. A quand le rendez-vous ?
— A demain.
— Où cela ? Je ne vous interroge pas pour connaître le nom de votre maîtresse, mais seulement pour juger de la distance.
— C'est près d'un petit village qui s'appelle Ormesson.
— Je le connais ; je m'y suis battu et j'ai été blessé, dit Crillon.
— Ah ? vraiment. Fâcheuse connaissance.
— Oui, — les Balzac d'Entragues ont même une maison dans les environs — un petit château avec fossés.
Espérance devint pourpre. Mais comme le chevalier ne le regardait pas en face, il put dissimuler cette rougeur causée par le nom d'Entragues que venait de prononcer innocemment Crillon.
— Il faut huit heures pour aller là, continua le chevalier qui ne s'aperçut de rien ; vous avez plus que le temps nécessaire ; demeurez ici quelques momens. J'aurai à vous parler, je le crois.
— A votre souhait, monsieur, dit Espérance en s'inclinant respectueusement, mais que ferai-je en attendant vos ordres ?
— Rejoignez votre protégé Pontis, qui va rôdant là-bas, et vous espère comme l'âme en peine. Allez ! tandis que je vais ici recueillir mes souvenirs.
Espérance s'éloigna, Crillon le suivit d'un

regard affectueux, et quand il l'eut perdu de vue appuya son front dans ses mains et rêva.

VI.

Une aventure de Crillon.

Derrière ses paupières fermées passèrent une à une, lentement, les actions de sa vie déjà si longue et si bien remplie.

C'étaient d'abord ses exploits de jeune homme sous le roi Henri II ; les grandes guerres de religion et les égorgemens de la guerre civile sous François II et Charles IX ; la matinée d'Amboise, la nuit de la Saint-Barthélemy.

Tout cela passa, teint de pourpre et de sang, trois règnes tout rouges.

Cependant la mémoire de Crillon s'est arrêtée sur une journée — une journée splendide ; — le soleil embrase l'immensité de la mer ; cent voiles, cinq cents, mille, pavoisées de toutes les couleurs connues, se balancent sur les flots bleus du golfe de Lépante. Toute l'Europe est là représentée par ses chevaliers. Sultan Sélim II pousse contre les chrétiens sa flotte formidable. Le choc a lieu.

Crillon se voit, l'épée au poing, sur une mauvaise barque dont personne n'a osé prendre le commandement. Ce frêle esquif ouvre la marche aux grosses galères de don Juan d'Autriche. Crillon a tant frappé ce jour-là, qu'il est devenu immortel. Ce jour-là, toute l'Europe a connu l'éclair de son épée. C'est Crillon qui porte à Rome, au pape Pie V, la nouvelle de la victoire. Rome ! que c'est beau ! Et le vieux Pontife a serré Crillon dans ses bras, en le remerciant de sa vaillance au nom de toute la chrétienté.

Viennent ensuite d'autres combats, d'autres triomphes. Ce terrible duel avec Bussy, le siège de La Rochelle après les massacres de 1572 ; puis, le voyage de Pologne, entrepris pour escorter Henri d'Anjou, alors qu'impatient de posséder une couronne, il disait adieu à celle de France, que son frère Charles IX, devait lui céder si vite.

Charles IX, le troisième maître de Crillon, est descendu dans le tombeau ; Henri, roi de Pologne, jette sa froide couronne pour aller ramasser celle de France. Crillon l'aide à s'enfuir ; ils arrivent tous deux à Venise.

Ici s'arrête longuement la pensée du noble guerrier. Ici, son front devient plus pesant, et voilà que, sur cette tête courbée, descendent en foule, évoqués par une fidèle mémoire, les jeunes idées radieuses et embaumées, les souvenirs printaniers de la vie, la gloire unie au plaisir, l'amour se jouant parmi les écharpes et les armes.

C'est en 1574. Crillon a trente-trois ans ; il est victorieux, il est fier, il est beau. Son nom retentit comme une fanfare martiale à l'oreille du soldat, et fait tressaillir les femmes comme une caresse.

A l'arrivée du roi de France, Venise, riche et puissante alors, s'est levée pour faire honneur à son allié qui occupe le premier trône du monde. Les cloches du campanile de St-Marc, le canon des galères et les complimens du sénat saluent Henri III. Mais la foule applaudit Crillon le vainqueur de Lépante, et lorsqu'il passe sur la Piazzetta, pour entrer au palais ducal, les Vénitiens l'admirent et les Vénitiennes lui sourient.

Quelle faveur de la fortune et de la gloire peut valoir une caresse de Venise, alors que le soleil sème de poudre d'or, en s'abaissant sur eux, les monts Vicentins et la lagune, alors que les coupoles de Saint-Marc rougissent, qu'un diamant s'attache à chaque vitre des Procuraties et que les deux sonneurs d'airain de l'horloge sur la place lèvent avec mesure leur marteau de bronze qui frappe l'heure pour les navires mouillés en face des Esclavons ; alors que la procession sort lentement des voûtes dorées de Saint-Marc, jetant les roses et l'encens sur les têtes inclinées des fidèles.

Mais que sera-ce si la place dallée de marbre s'est remplie de spectateurs, si un tournoi s'y prépare dans lequel on verra combattre Crillon !

Le jour en est arrivé ; Venise, qui admire tant son guerrier de marbre, saint Théodore ; Venise, qui ne connaît que ses chevaux de bronze, bat des mains avec frénésie aux prouesses du chevalier français.

La vigueur, l'adresse, l'élan du maître, l'orgueil obéissant de son coursier, l'ardeur rivale de tous deux pour la victoire, le choc des lances fracassées, dix concurrens roulés dans le sable épais qui recouvre le pavé de la place, tout cet enivrement du combat monte aux cerveaux chauffés déjà par le soleil de juillet ; et, des fenêtres des Procuraties, des balcons du palais ducal, des rangs pressés de la foule s'élancent des frémissemens, des bravos, des cris qui vont épouvanter les colombes du sommet des Plombs jusque par delà les toits de la Giudecca.

Jamais rien de si grand et de si valeureux n'avait frappé Venise, alors féconde en gloires de tout genre. Crillon fut applaudi et adoré par cette cité, comme s'il eût été saint Marc ou saint Michel.

Ce qu'il trouva de fleurs à son logis, — et les fleurs sont rares à Venise, — ce qu'il reçut de présens magnifiques et de suppliantes invitations, comment l'énumérer froidement dans ces pages!

Vingt ans s'étaient écoulés depuis ce triomphe, et sous les couches successives des lauriers de cent victoires plus récentes, le héros sentait encore avec délices l'âpre parfum de ces fleurs écloses sous le baiser frais de l'Adriatique.

Un soir, il revenait de souper à l'arsenal après des régates splendides que le doge avait offertes à Henri III. La régate est la fête nationale de Venise. On n'offre rien de mieux à Dieu et à saint Marc. Cette régate, par sa splendeur et ses prouesses, avait effacé toutes les autres. Un soir donc, après souper, Crillon rentrait à son palais, seul et tout émerveillé d'avoir vu les *arsenalotti* tailler, cambrer, construire, gréer et faire naviguer devant le roi et lui, pendant qu'ils soupaient, une petite galère entièrement achevée en deux heures. Etendu sur les coussins, bercé par le mouvement moelleux de la gondole, il admirait aux lueurs du fanal, accroché à sa proue, le chatoiement de son riche habit de satin blanc brodé d'or et la perfection de ses jambes musculeuses, serrées dans des chausses de soie à reflets nacrés. Certes, il était beau et admirablement beau, ce gentilhomme illustré par des exploits qui jadis eussent fait du simple chevalier un empereur. Il avait la jeunesse, la santé, la fortune, la gloire : il ne lui manquait rien que l'amour.

Au moment où il passait sous le Rialto, bâti alors en bois, sa gondole côtoya une barque plus grande d'où partirent soudain les sons d'une douce musique. Crillon savait déjà que les barcarols de Venise aiment assez la musique pour s'attacher des nuits entières à suivre les concerts qui flottent sur l'eau. Il ne s'étonna donc point de sentir se ralentir la marche de la gondole, et s'accoudant à droite, à la petite fenêtre, il écouta comme les gondoliers.

Rien n'était plus suavement mélancolique que ces accords à demi voilés. Les musiciens semblaient ne chanter que pour les esprits invisibles de la nuit et dédaigner de parvenir jusqu'à l'oreille humaine. Les flûtes, les théorbes, la basse de viole soupiraient si doucement, que l'on entendait autour de la barque l'eau des avirons retomber dans l'eau en cadence.

Partout, sur le passage de cette barque, les fenêtres s'ouvraient sans bruit, et l'on distinguait vaguement dans l'ombre azurée des formes blanches qui se penchaient curieuses sur les balcons. Crillon ne connaissait pas les enivremens de cette fée qu'on appelle Venise ; il ne savait pas qu'elle profite de la nuit pour répandre sur l'étranger la séduction irrésistible de tous ses charmes, et que tout est bon à cette enchanteresse pour tenter celui qu'elle aime. Elle parle en même temps aux sens, à l'esprit et au cœur.

Obéissant comme dans un rêve, vaincu par l'oreille et les yeux, Crillon ne s'apercevait pas qu'il avait dépassé le palais Foscari où il logeait avec le roi, et que sa gondole suivait toujours sur le grand canal la mystérieuse harmonie dont les accens s'attendrissaient palpitans d'amour.

Déjà la douane de mer était dépassée, on arrivait à l'île St-George, où depuis trois ans le génie de Palladio faisait monter du sein de la lagune la magnifique église de Saint-George-Majeur. Les échafaudages gigantesques, les grues avec leurs bras noirs se profilaient bizarrement sur le ciel, et par delà ces entassemens de charpente et de marbre qui noircissaient de leur masse opaque une immense étendue du canal, on apercevait les eaux diaprées d'argent de la haute lagune.

La musique continuait. Crillon écoutait toujours.

Alors une petite gondole, avec son cabanon de drap noir à houppes soyeuses, s'avança silencieusement par le travers de la gondole qui portait Crillon.

Un seul barcarol, vêtu à la façon des gens de service et masqué, la dirigeait sans effort. Cet homme, après avoir rangé son esquif côte à côte avec l'autre, rama quelque temps de conserve comme pour donner la facilité à son maître de voir et de reconnaître Crillon dans sa gondole. Puis, sur quelque signe qui lui fut fait sans doute, il dit un mot aux barcarols du français, et ceux-ci s'arrêtèrent aussitôt.

Crillon n'avait rien vu de ce manège. Fâché de voir s'éloigner la barque du concert, il s'apprêtait à interroger ses barcarols sur leur halte, lorsqu'un poids nouveau fit incliner la gondole à gauche ; un frôlement singulier bruit devant le felce — c'est ainsi qu'on nomme la cabine — et une ombre, s'interposant à l'entrée, déroba au chevalier la lumière du fanal rose.

Avant que Crillon n'eût rien vu ou rien compris, une femme entra sous le dais, à reculons selon l'usage, et prit place à droite sur les coussins sans proférer une parole.

Aussitôt la gondole se remit en chemin et Crillon vit ramer à côté le silencieux barcarol de l'inconnue.

Devant les deux gondoles ainsi mariées marchait toujours la barque des musiciens.

Crillon, avec une galanterie toute française, s'était approché, méditant un compliment sur la beauté, la grâce et la politesse. Mais sa compagne était masquée, ensevelie dans une mante de soie toute cousue de dentelles épaisses de Burano. Pas un rayon du regard, pas un reflet de l'épiderme, pas même le bruit du souffle pour avertir Crillon qu'il n'était point en société d'un fantôme.

Lorsqu'il ouvrit la bouche pour interroger, la dame leva lentement son doigt ganté jusqu'à ses lèvres pour le prier de se taire; il obéit.

Alors elle laissa retomber sa main sur sa robe et rentra dans son immobilité. Mais à la lueur d'une large lanterne attachée au quai de la Giudecca, et qui égara son rayon furtif jusqu'aux gondoles, Crillon vit briller dans les trous du masque deux paillettes de flammes. L'inconnue le regardait. Elle le regardait avec toute son âme. Elle le regardait fixement, sans vaciller, comme font ces étoiles curieuses qui, cachées sous les plis d'un nuage noir, contemplent incessamment la terre.

Cependant les gondoles avançaient de front avec une lenteur calculée d'après la marche des musiciens. La symphonie, de plus en plus douce et caressante, courait sur l'eau d'une rive à l'autre du canal de la Giudecca; jamais plus pure nuit n'avait plané sur Venise. Le flot montait sans colère, et agitait lascivement les herbes souples et odorantes qui tapissent la lagune.

Toutes ces myriades de diamans qui constellent la voûte céleste, transparaissaient comme sous une gaze au travers des nuées pâles. En une pareille nuit, Joseph eût senti son cœur de bronze s'amollir et se fondre d'amour.

Crillon, lui, osa regarder à son tour l'inconnue qui ne baissa pas les yeux; il étendit la main pour saisir celle qui, l'instant d'avant, lui avait recommandé le silence. Mais, cette main se releva encore pour le même geste toujours froid et solennel. Puis, comme il traduisait son étonnement par une exclamation courtoise, l'inconnue se retourna vers l'entrée de la cabine, et se mit à contempler le ciel et l'eau, moins pour admirer que pour dérober au chevalier le spectacle de son trouble et les élans tumultueux d'un sein qu'on voyait battre sous la moire et la dentelle.

Crillon profita, en galant homme, de cette belle occasion d'analyser sa compagne, sans la gêner de son examen. Elle était grande et portait la tête avec une distinction naturelle aux Vénitiennes, qui partout semblent être nées pour s'appeler reines. Celle-là eût pu s'appeler reine même à Venise. Sous la résille brodée d'or dont les franges inondaient ses épaules, le chevalier vit briller les tresses énormes de ses cheveux; une ligne pure, noblement infléchie, dessinait son dos et son corsage, tandis que les reflets soyeux de sa robe couraient en longs frissons sur son flanc digne de la Cléopâtre antique.

Mais cette femme était-elle jeune, était-elle belle? Pourquoi cette étrange idée de venir s'asseoir, muette dans la gondole? Pourquoi toute cette réserve avec tout cet abandon?

On était sorti de la Giudecca; les musiciens tournèrent comme pour prendre le chemin de Fusine; puis doublant la pointe Sainte-Marie et longeant le Champ-de-Mars par l'étroit Rio-del-Secchi, gagnèrent le Rio-San-Andrea et rentrèrent dans le grand canal.

Pendant ce trajet qui fut long, la Vénitienne ne cessa de regarder Crillon qui, après quelques efforts pour la faire parler, s'était persuadé qu'elle était décidément muette. Il lui prit une seconde fois la main, que, moins farouche, elle laissa prendre. Bien plus, elle souleva elle-même de ses dix petits doigts gantés la main nerveuse du chevalier, l'examina bien attentivement, et l'approchant du rayon lumineux que projetait le fanal, elle palpa et fit rouler avec curiosité un anneau qu'il portait à la main droite.

Cet anneau parut éveiller en elle des idées d'un ordre moins tranquille. On put voir au jeu actif de ses doigts, à leur pression inquiète, que ce cercle d'or la gênait et la troublait. Lorsqu'elle l'eut bien froissé, bien tourmenté comme pour en épeler la gravure avec ses ongles, elle replaça doucement la main de Crillon sur son manteau, baissa la tête et ne chercha pas à dissimuler le profond abattement qui succédait à son agitation fébrile.

Le chevalier tenta vainement de provoquer des explications. — Une heure sonnait à l'église de Saint-Job. — L'inconnue frappa trois coups avec son éventail sur le petit volet sculpté de la gondole, et aussitôt, d'un seul coup d'aviron, le barcarol qui l'avait amenée, coupa le passage aux gondoliers de Crillon, et vint s'offrir à droite, tendant son bras à sa maîtresse.

Celle-ci se leva, salua le chevalier du geste, et légère comme un sylphe posa un pied charmant sur le bord de sa gondole où elle disparut sans que Crillon, qui cherchait à la retenir, rencontrât entre ses mains autre chose que le froid aviron du gondolier.

Cependant les deux barcarols, toujours immobiles, attendaient ses ordres, et déjà il leur commandait de suivre la gondole voisine, mais la barque longue des musiciens, se mettant en travers du canal, les arrêta une minute, pendant laquelle, gondole, inconnue, intrigue, tout s'évanouit comme un rêve.

Le désappointement de Crillon fut vif. Lorsqu'il questionna ses barcarols, ceux-ci, de l'air le plus naturel, et ils étaient naturels en effet, répondirent qu'ils avaient suivi la barque des musiciens parce que c'est l'habitude à Venise et que le seigneur français n'avait pas donné d'ordres contraires. Quant à la rencontre de la gondole mystérieuse, ils déclarèrent ne la connaître pas. Le barcarol masqué leur avait dit d'arrêter et ils l'avaient fait parce que c'est l'usage. La dame était entrée dans la cabine sans qu'ils se permissent de la regarder parce que cela eût été impoli. Enfin, il n'y avait dans toute cette affaire, aux yeux de ces braves gens, rien qui ne fût parfaitement dans l'ordre, attendu, ajoutèrent-ils, que cela se passe ainsi toujours à Venise, si ce n'est que d'ordinaire c'est le cavalier qui entre dans la gondole de la dame.

Crillon dut se contenter de ces explications. Tout ce qu'il tenta pour éveiller l'imagination de ses barcarols et leur faire deviner le nom ou la qualité de l'inconnue, fut parfaitement inutile.

— Elle était masquée, répondirent-ils.

Le chevalier, réduit à ses propres ressources, rentra au palais Foscari, où dormait déjà Henri III. Et en se mettant à son tour dans le lit magnifique que lui avait réservé l'hospitalité vénitienne, Crillon, pour se défaire du rêve qui l'obsédait, s'efforça de se persuader que son aventure était toute naturelle, et que cela se passait ainsi chaque jour à Venise.

D'ailleurs, pour achever de se consoler, il se disait que l'aventure témoignait peu en faveur de son mérite; que la dame, après l'avoir tant regardé, l'avait trouvé moins à son goût qu'elle n'espérait. Et il s'endormit en se posant ce dilemme : Ou c'est une banalité, auquel cas j'aurais tort d'y penser encore; ou c'est un échec, et alors il le faut oublier.

Il se rendormit donc aux sons mourans de la musique, qui, plus polie que l'inconnue, l'avait escorté jusqu'au palais Foscari, et lui avait servi ses plus gaillardes symphonies pour le bercer entre les bras du sommeil.

Cependant le lendemain, il n'avait rien oublié de la veille, et repassant en lui-même tous les détails de l'étrange visite qui lui était venue dans sa gondole, il s'arrêtait surtout à l'impression douloureuse que son anneau avait causée à l'inconnue.

Il reçut en se levant un magnifique bouquet de roses et de lys sur lesquels perlait encore la rosée du matin. Du milieu de ces fleurs embaumées jaillissait une large pensée aux pétales de velours, au calice d'or. Et, comme il en respirait encore les suaves parfums, un autre bouquet tout pareil lui arriva, puis un autre, l'heure suivante, puis un autre, ainsi à chaque heure de la journée. Cela signifiait si bien : Je pense à vous à toute heure, que Crillon, sans être un fort habile interprète du langage des fleurs, ne put s'empêcher de comprendre la phrase odorante qu'on lui répétait durant toute cette journée.

Au lieu de sortir, il resta enfermé chez lui pour attendre et accueillir chacun de ces messages. Mais, quoi qu'il pût faire, jamais il ne réussit à découvrir les messagers. Portes, fenêtres, voûtes, cheminées, balcons, escaliers, tout fut bon à la fée industrieuse pour lui faire parvenir ses présens anonymes, et toujours la pensée surmontait le bouquet comme un refrain passionné.

Enfin, furieux de la maladresse de ses gens, il faisait le guet lui-même, quand un dernier bouquet lui arriva le soir. Il était apporté par un enfant qui déclara l'avoir reçu d'un gondolier.

A la pensée, était attaché par une soie bleue un léger billet que Crillon ouvrit et dévora le cœur embrasé.

« Seigneur, disait la fine écriture, si l'anneau de votre main droite signifie que vous êtes marié ou lié par un serment à quelque femme, — brûlez ce billet et jetez-en les cendres. — Mais si vous êtes libre, faites-vous mener dans votre gondole en face des chantiers de l'Arsenal. — A dix heures, — si vous êtes libre, entendez-vous, Crillon ! »

Le chevalier poussa un cri de joie, il comprenait enfin que son aventure n'était pas banale comme ses barcarols voulaient bien le dire. Libre, jamais son cœur ne l'avait été comme ce soir-là.

A dix heures sonnées par les deux batteurs de bronze au Palais-Ducal, il attendait dans sa gondole, sous les platanes qui bordaient alors le quai des Chantiers, et dont l'ombre gigantesquement allongée sur l'eau le dérobait à tous les regards.

Il attendait depuis cinq minutes à peine, quand un léger bruit d'avirons lui annonça l'arrivée d'une barque. Bientôt il reconnut la gondole noire de la veille et la silhouette du barcarol masqué qui se courbait sur sa rame.

La gondole vint lui présenter le flanc comme elle avait fait la veille pour l'inconnue, et Crillon en pénétrant à la hâte sous le felce, fut bien surpris de s'y trouver seul.

Il allait commander à ses barcarols de rester à l'attendre, mais l'homme masqué leur dit de s'en retourner au palais, ce qu'ils firent immédiatement.

La gondole mystérieuse tourna vers la lagune et fila légèrement à travers les batteries de pilotis jetés çà et là pour servir de refuge et d'abri aux barques.

La nuit était sombre, le vent venait de la mer et soulevait une longue houle sur le dos de laquelle montait la gondole avec un doux balancement. Crillon vit paraître et disparaître dans les ténèbres les îles San-Lazaro, Saint-Michel et Murano, dont les fourneaux incandescens soufflaient du feu et de la fumée rouge par leurs longues cheminées de briques.

Puis, continuant à couper diagonalement la lagune, le barcarol arriva dans des eaux plus calmes, bordées de rivages fleuris — la barque divisait avec sa proue des touffes frémissantes de roseaux, de nénuphars, et plus d'une fois, l'éperon reluisant arracha de ses dents tranchantes les grenades enlacées de liserons, qui formaient une haie touffue de chaque côté du canal, et retombaient en jonchées dans la gondole, sur les pieds du chevalier.

— Où me conduit cet homme? pensait Crillon. Me voilà bien loin de Venise, il me semble.

L'idée ne lui vint pas qu'on pouvait lui tendre un piège. Il ne questionna pas même le barcarol qui, toujours avec la même rapidité, dirigea la gondole parmi les charmans méandres de ces déserts; et après avoir passé sous un pont de brique d'une seule arche hardiment cintrée, laissa glisser l'esquif dans les hautes herbes et les oseraies; jusqu'à ce qu'elle touchât le sol. Alors il sauta sur le rivage, et offrit silencieusement son bras à Crillon pour qu'il descendît.

Le chevalier mit pied à terre et regarda curieusement autour de lui. Il se trouvait sous une sorte de portique formé par un entrelacement de vignes sauvages et de lianes. Un grenadier au feuillage épais surmontait l'étroite baie d'une porte à peine visible, tant les fleurs et les branchages s'en disputaient la peinture et les gonds.

Le barcarol indiqua silencieusement du geste cette petite porte ouverte comme par enchantement. Crillon entra. La gondole s'éloigna du rivage et la porte se referma sur le chevalier, dont toutes ces précautions faisaient battre le cœur.

Il était alors dans un petit jardin sombre, irrégulièrement planté; pas une lueur ne guidait ses pas; déjà il hésitait et cherchait à tâtons un aboutissant quelconque, lorsqu'une clarté douce illumina soudain les arbres et en fit ruisseler les feuilles comme autant d'émeraudes. Une autre porte, intérieure cette fois, venait de s'ouvrir, et Crillon distingua l'entrée d'une maison.

En quatre pas, il fut au milieu d'un vestibule de marbre, au plafond duquel brûlait une lampe à chaînes d'argent. Une tapisserie fermait la communication de ce vestibule avec les chambres voisines. Chose étrange! à peine Crillon fut-il entré dans le vestibule, que la porte d'entrée se ferma aussi.

Le chevalier souleva la lourde portière et pénétra dans l'appartement. Là, sur une table d'ébène richement sculptée et incrustée d'ivoire, une collation était servie sur des plats de vermeil et dans des bassins d'argent magnifiquement ciselé. Tous les fruits de la riche Lombardie, les vins de l'Archipel dans des vases de cristal de Murano, des viandes froides et les plus rares poissons de l'Adriatique, promettaient à Crillon seul un festin qui eût rassasié vingt rois en appétit.

De la voûte en chêne sculpté pendait un de ces lustres vénitiens à fleurs de verres bleu, rose, jaune et blanc, dont les courbes élégantes, les merveilleux accouplemens, les spirales fantastiques, font encore aujourd'hui l'admiration de notre siècle orgueilleux et sans patience. Dans le calice de douze fleurs variées, douze cires bleues, roses, jaunes et blanches, selon la nuance des cristaux, s'élançaient avec leur étoile de flamme et dégageaient une odeur d'aloès qui parfumait la chambre en l'éclairant à peine.

Ce petit palais enchanté à colonnettes de cèdre était meublé de ces admirables fauteuils de frêne sculpté sur le bois desquels chaque artiste avait laissé tomber dix ans de son génie et de sa vie. Les bras en col de guivres et d'hydres enroulés de ronces et de lierres, les pieds en racines diaprées de coquilles et de fruits sauvages, les frontons peuplés de gnomes, de salamandres aux yeux d'émail, le dossier formé de bas-reliefs, d'un fouillis inextricable, composaient un de ces ensembles qui résument à la fois le caractère et la richesse d'une époque de civilisation et d'art — le caractère, parce qu'on y voit éclater dans sa libre toute-puissance la fantaisie de l'ouvrier, — la richesse, parce qu'un pareil ouvrage, n'eût-il été payé qu'avec le pain quotidien, vaudrait encore son pesant d'or.

Quant aux tapisseries, aux tableaux de Bellini, de Giorgion et du vieux Palma, tout cela disparaissait dans l'ombre moelleuse, comme si le maître du palais estimait peu ces trésors, et voulait attirer l'attention sur d'autres plus précieux.

Crillon admirait et s'étonnait de la solitude. Il s'assit dans un fauteuil, mit son épée en travers sur ses genoux, et attendit qu'une créature humaine vînt lui faire les honneurs de la maison.

En face de lui une porte s'ouvrit, dans la muraille et donna passage à une femme qu'il crut reconnaître pour la belle visiteuse de la veille. Même démarche, même taille, mêmes cheveux, l'éternel masque, et cette fixité du regard qui, dans la gondole, avait si fort surpris et gêné Crillon.

Cette dame s'arrêta au seuil de la chambre sans parler ni saluer. Elle portait sur sa poitrine une large pensée attachée à sa robe de damas de soie blanc. A voir les pesans bracelets de sequins qui tombaient jusqu'au milieu de sa petite main et tordaient ensemble leurs chaînons inégaux, l'on eût dit que tout son corps, entraîné par les bras, s'affaissait ainsi sous le poids de cette masse d'or. Cependant l'émotion de l'inconnue était la seule cause qui fît pencher sa tête, et bientôt, fléchissant comme si elle eût été saisie de vertige, elle fut forcée pour se retenir, d'accrocher ses doigts pâles aux sculptures d'un cadre qui se rencontra sous sa main.

Crillon courut à elle et s'agenouilla en discret chevalier.

Elle, sans quitter sa pose mélancolique et rêveuse :

— Vous parlez espagnol, je le sais, dit-elle d'une voix pénétrante et d'une vibration sonore ; eh bien, nous parlerons espagnol. Levez-vous et écoutez-moi.

Crillon obéit et resta en face d'elle, penché pour aspirer ses paroles et son souffle.

— Ainsi, continua l'inconnue, vous êtes libre puisque vous êtes venu.

Crillon s'inclina.

— Cet anneau, dit-il, est mon cachet, qui vient de ma mère.

— J'ai bien fait alors de ne pas vous le prendre hier pour le jeter dans le canal comme j'en avais l'envie.

— Assurément, madame, cela m'eût fort attristé.

— En sorte que si je vous le demandais...

— Je serais forcé de vous le refuser, madame.

— Il vient bien de votre mère ?

— Madame, Crillon ne dit jamais un mensonge et ne répète jamais une vérité.

— C'est vrai. Crillon est Crillon.

Elle garda le silence, et, plus hardie, se dirigea vers un des coussins où elle prit place en faisant signe au chevalier de s'asseoir en face d'elle.

— Puisque vous ne mentez jamais, reprit-elle enfin, dites si vous m'aimez.

— Presque, madame ; je dirais tout-à-fait si je connaissais votre visage.

— Oh ! mon visage... est-ce donc indispensable pour faire naître l'amour ? Moi, je connais une personne qui s'est éprise d'amour pour quelqu'un sur sa seule réputation... et il me semble que le souffle, le contact d'une femme ou d'un homme qui aime devraient suffire à opérer la réciprocité de l'amour.

— Assurément, balbutia Crillon. Toutefois, l'aspect d'un beau visage est bien puissant.

— Pourquoi donc alors certaines femmes laides sont-elles aimées ?

Crillon frémit.

— D'ailleurs, continua l'inconnue, la beauté est idéale. Belle pour d'autres, on peut paraître laide à celui précisément qu'on voudrait toucher.

— Il est vrai, soupira le héros de plus en plus tremblant.

— Tenez, dit vivement la Vénitienne en se levant pour montrer à Crillon une toile magnifique de Giorgion, où Diane se voyait au milieu des nymphes, dans le bain après la chasse. Voici plusieurs beautés, — les trouvez-vous telles ?

— Admirables, madame.

— Et ces madones de Jean Bellini, pour

être moins voluptueusement profanes, les aimez-vous aussi ?

— Ce sont des beautés achevées.

— Une Suzanne de Palma, qu'en dites-vous ?

En disant ces mots elle levait un flambeau pour éclairer les tableaux à Crillon. Cette pose forcée dessinait sous son bras une taille pareille à celle des Nymphes, et comme pour se hausser elle avait dû poser le pied sur une escabelle de cuir de senteur, son pied fin et cambré, une cheville d'enfant, une jambe ronde, le galbe élégant et riche de tout le corps qui repoussait les plis du damas, prouvèrent à Crillon que cette femme n'avait pas besoin de la beauté du visage pour être belle et exciter l'amour.

Il le pensait et le lui dit.

— Vraiment, s'écria-t-elle ; que me direz-vous donc quand vous m'aurez vue ?

— Ce que je disais des nymphes, des madones et de Suzanne.

— Allons donc, monsieur ! murmura la Vénitienne avec un superbe dédain, ne me comparez donc plus à ces faces vernies. Tout cela est gratté, froid, mort. Je suis bien plus belle que cela : regardez !

Et d'un frôlement de ses doigts elle fit voler son masque... Crillon poussa un cri de profonde admiration.

En effet, rien de si parfaitement beau ne s'était offert à ses yeux; et il avait vu les Romaines et les Polonaises.

Sous des sourcils noirs dessinés comme deux arcs irréprochables brillaient les yeux dilatés et chatoyans de cette femme. Le regard était brûlant comme un fer rouge. Quand ce regard parlait, tout le reste de la physionomie se transfigurait : l'ange devenait archange. Elle avait eu une pâleur mate, des lèvres d'un carmin si frais qu'il paraissait violent, le nez de la Niobé, des dents d'un million par perle, la tête d'Aspasie sur le corps de Vénus, et dix-huit ans.

— Je vous aime ! s'écria le Français ébloui et éperdu, à genoux.

— Et moi donc ! répondit la Vénitienne, qui, en le relevant, chancela dans ses bras.

Les cires consumées coulaient en larges nappes sur les plaques de cristal ; une pâle clarté, celle de l'aube, bleuissait les ténèbres. Crillon ouvrit des yeux appesantis, et chercha la Vénitienne à ses côtés.

Elle reparut, éblouissante de joie et de parure, vint à Crillon, qui déjà lui reprochait son absence si courte, et d'une voix plus caressante encore que son sourire,

— Désormais, dit-elle, nous ne nous quitterons plus. C'est pour la vie.

— Pour la vie, répéta Crillon enivré.

La Vénitienne lui saisit la main droite, baisa la bague, et dit :

— A nous deux, maintenant, cette bague de votre mère.

— Pourquoi ? demanda Crillon.

— Parce que maintenant nous partagerons tout ; ceci d'abord.

Elle lui montrait un coffret dont sa main adroite fit jouer le ressort, et qui contenait des poignées de joyaux et de pierreries qu'eussent enviées des reines.

— Mais... objecta Crillon.

— Et ceci ensuite, continua la Vénitienne avec une joie d'enfant ; regardez.

Une caisse de fer, longue de trois pieds, profonde de deux et pleine de sequins d'or.

Le chevalier pensa qu'il continuait son rêve.

— Et maintenant que vous connaissez la dot et que vous connaissez la femme, votre bras, Crillon,

Elle lui prit le bras avec une douce autorité.

— Où me conduit le bel ange, demanda-t-il.

— Tout près, tout près.

Elle l'entraînait vers la muraille où son petit poing nerveux heurta vivement un ressort d'acier.

La porte s'ouvrit qui donnait sur un long couloir sombre, au bout duquel on voyait dans les flots de lumière resplendir les colonnes de marbre et la mosaïque d'or d'une église. L'autel était orné, le prêtre agenouillé et attendant, deux assistans s'appuyaient sur la balustrade.

— Qu'est ceci ? s'écria le chevalier.

— Une belle église, des plus belles et des plus antiques.

— Mais, je ne comprends pas.

— Vous allez comprendre, seigneur. Je suis patricienne, riche, et je vous aime. Vous allez savoir mon nom. — Vous connaissez ma fortune — je vous ai prouvé mon amour. Ma famille veut m'imposer un mariage pour lequel je me sens de l'horreur. Si je choisis M. de Crillon, ai-je pensé, ma famille n'aura plus rien à dire ; et, au besoin, mon préféré saura faire respecter mon choix. Vous aurez eu peut-être mauvaise opinion de la jeune fille qui semblait accepter un amant ; rassurez-vous : c'est un époux que j'ai pris. Venez, Crillon, le prêtre nous attend à l'autel.

Si la foudre eût fait voler en morceaux le

lambris de chêne, si la maison fût disparue sous le jet d'une mine, si la sublime beauté de la Vénitienne eût fait place à Méduse, Crillon n'eût pas éprouvé ce qu'il éprouva en ce moment. Il vacilla comme étourdi du coup, et sa main se glaça dans celle de la jeune fille.

Cette brusque proposition, ces préparatifs, lui parurent un guet-apens dirigé contre son honneur. Toute la beauté de la jeune femme, son abandon délirant, ce mélange inconcevable de virginale innocence et d'audace vicieuse, cette richesse splendide, cette féérique retraite, n'étaient-ce pas autant de piéges du démon pour lui voler son âme et le damner à jamais, en lui faisant violer ses vœux?

Dans le trouble qui s'empara de lui, Crillon se figura qu'en gagnant une minute, il verrait se confondre et disparaître en fumée toutes ces sorcelleries, tout cet attirail infernal des tentations de Satan. La belle femme se changerait en couleuvre, les sequins en feuilles desséchées, les lumières en flammes sépulcrales. Au doux bruit des baisers d'amour succéderait le rire strident du mauvais ange qui triomphe, et Crillon demeurerait seul, écrasé, dans une effrayante solitude. Mais, du moins, il aurait, comme sur le champ de bataille, combattu jusqu'à la mort.

Comment exprimer à cette femme une seule des pensées qui se heurtaient dans son cerveau? Il la regarda fixement et se tut.

Elle, au contraire, le crut ivre de son bonheur.

L'idée ne pouvait pas venir à cette étrange créature, que son patriciat, sa richesse, sa beauté, son amour, la rendissent à ce point fabuleuse et incompréhensible qu'un amant la repoussât épouvanté de son triomphe.

Elle se croyait dans son noble cœur d'autant plus assurée d'avoir conquis Crillon, qu'elle s'était, sans réserve aucune de sa vie et de son honheur, livrée au plus hardi, au plus généreux chevalier du monde. S'il hésitait, ce devait être par délicatesse et magnanimité.

— Il faut l'encourager par de bonnes paroles, pensa la Vénitienne. Et, s'armant de son irrésistible sourire :

— Allons, il le faut ; il faut subir votre femme, malgré sa laideur et son obscure pauvreté.

— Impossible ! s'écria-t-il, la sueur au front, devant ce nouvel assaut du tentateur.

— Impossible ! pourquoi?

— Je suis chevalier de Malte.

— Vous l'étiez au berceau. Ce sont des vœux absurdes, et le Saint-Père, qui n'a rien à refuser au héros de Lépante, vous en relèvera quand nous voudrons.

— Madame, balbutia Crillon, qui avait pris sa résolution, ces vœux qu'on prononça pour moi, enfant au berceau, ainsi que vous venez de le dire, je les ai répétés à vingt ans, homme, et sachant ce que je faisais.

La Vénitienne pâlit comme une morte et reculant, les sourcils froncés,

— Vous ne m'acceptez pas?... murmura-t-elle d'une voix déchirante... Vous me repoussez !

— Dieu m'est témoin...

— Oui ou non... monsieur ! s'écria la jeune fille, qui sentit l'orgueil de son sang patricien lui monter tumultueusement au front.

Crillon baissa la tête, le cœur navré.

— On vous dit brave, prouvez-le donc, dit-elle avec ironie, — oui, ou non; c'est facile à dire, ce me semble.

— Eh bien... articula le chevalier en serrant les poings, jusqu'à les déchirer de ses ongles... Non !..

Le visage de la jeune fille prit une effrayante expression de désespoir. Pas un cri, pas un soupir ne s'exhala de sa poitrine. Son œil chargé d'éclairs, sa lèvre frémissante, éloquens interprètes de ce qui se passait dans cette âme, prononcèrent la muette imprécation sous laquelle Crillon se courba anéanti.

Elle passa devant lui lentement comme un spectre, et laissa tomber une à une sur la tête du chevalier ces sanglantes paroles :

— Crillon, vous n'étiez pas libre. Vous avez trompé lâchement une femme. Vous n'êtes plus Crillon !

Lorsqu'il releva la tête pour essayer de se justifier, il se trouva seul dans l'appartement. Il courut au vestibule, croyant avoir entendu marcher de ce côté. Il ouvrit même la porte et regarda dans le jardin.

Rien. — La porte se referma au moment où il cherchait à rentrer.

La porte extérieure, au contraire, était béante devant lui.

Crillon tomba plutôt qu'il ne s'assit sur un banc de pierre. Sa tête en feu roulait mille vagues projets, mille pensées contradictoires.

Irait-il se jeter aux pieds de cette femme offensée ? N'était-ce pas un crime de refuser la réparation après l'offense ?

N'était-ce pas sa bonne étoile, au contraire, qui le sauvait d'un piége où peut-être il eût péri honneur et bonheur.

Il fut tiré de sa rêverie douloureuse par une rauque exclamation. Le barcarol à son poste l'appelait et lui montrait le jour naissant.

Crillon obéit, se jeta dans la gondole, insensible désormais à ce spectacle splendide d'un lever du soleil par delà les grèves du Lido.

Venise dormait encore toute entière quand la barque aborda au palais Foscari et déposa son passager sur l'escalier de marbre.

Crillon glissa sa bourse pleine d'or dans la main du gondolier.

Celui-ci, avec un froid dédain impossible à décrire, étendit le bras, et la bourse alla tomber dans le milieu du canal. Le barcarol poussa au large et, se courbant sur son aviron, disparut en vingt secondes dans l'étroit et sombre Rio del Duca.

A partir de ce moment, ce ne fut plus du regret ni du repentir, ce fut du remords et du désespoir qui dévora le cœur du chevalier. Il était amoureux, idolâtre, fou, de cette belle et noble femme ; pour la revoir, il eût donné sa vie, il eût donné sa vie éternelle pour retrouver l'heure à jamais envolée de cet amour tel; qu'il était assuré de n'en plus trouver en ce monde.

Il courut Venise, il courut les îles voisines sans retrouver ni la gondole ni la petite porte mystérieuse. Il sema l'or, les espions, et pour tout résultat n'obtint pas même le coup de stylet qu'il espérait et invoquait sans cesse.

A la cour du doge, aux promenades, aux assemblées, aux fêtes, il épiait, dévorait tous les visages. Jamais il ne retrouva l'inconnue et lorsqu'il la voulut dépeindre pour aider à ses recherches, les mieux informés lui répondirent qu'assurément une telle perfection n'existait pas et qu'il avait rêvé.

Huit jours après, Henri III quitta Venise, rappelé en France, sans avoir pu assister aux fiançailles du fils du doge, que la république voulait marier à une de ses riches héritières, lorsqu'il aurait, disait-on, atteint sa majorité.

Crillon suivit son maître ; — le corps retourna en France, mais le cœur et l'âme étaient restés à Venise, dans cette maison perdue sous les althéas et les grenadiers en fleur.

Telle fut cette poétique aventure, à laquelle, vingt ans plus tard, le brave Crillon, le front caché dans ses mains, rêvait, et son généreux sang bouillonnait encore.

La lettre que lui avait remise le jeune homme ne contenait que ces mots :

« Je fais connaître mon fils Espérance à M. de Crillon, afin que le hasard ne les oppose jamais l'un à l'autre les armes à la main. Il est né le 20 avril 1575.

« De Venise, au lit de la mort. »

Voilà pourquoi la plaie s'était rouverte au cœur du héros; voilà pourquoi il tressaillait en regardant Espérance.

VII.

Ce qu'on apprend en voyageant.

Pontis faisait à son sauveur de sincères protestations, lorsque Crillon rappela près de lui Espérance.

Au coup d'œil bienveillant et attendri que le colonel des gardes attacha sur lui, le fils de la Vénitienne sentit que les méditations lui avaient été favorables.

— Eh bien ! monsieur, dit-il en s'approchant avec son air engageant et poli, avez vous découvert qu'il soit nécessaire de me faire pendre comme maître La Ramée, tout à l'heure ?

— Oh ! si l'on cherchait un peu, répliqua Crillon en souriant, on trouverait bien certaines peccadilles.

Et il passa son bras sous celui du jeune homme, heureux et surpris de cette douce familiarité.

— Mais, continua Crillon, ce n'est pas de cela qu'il s'agit. Vous courez les aventures, mon jeune maître, et fort imprudemment, ce me semble. Comment, en temps de guerre, un cavalier de votre mine et de votre qualité se risque-t-il à arpenter le grand chemin, seul, avec un cheval et un portemanteau qui tenteraient tant de gens désœuvrés?

— C'est que, Monsieur, répliqua Espérance, pour aller où je vais, je ne puis prendre de valet, ni d'escorte. Il ne manquerait plus que d'emmener des trompettes, et de faire sonner fanfares.

Crillon l'interrompit.

— Vous ne prendrez point mal mes questions, dit-il. On vous a recommandé à moi, et je me crois autorisé, vous sachant orphelin, seul, à vous offrir mes conseils, sinon ma protection.

— Monsieur, c'est trop de bontés, et soyez assuré que conseils et protection me sont bien précieux de votre part.

— A la bonne heure. Je continue donc : nous avons un rendez-vous et nous y allons ?

— Oui, monsieur.
— Vers St-Denis, près d'Ormesson.
— A Ormesson même.
— Et cela ne peut se remettre ?
— Oh ! monsieur, jamais...

Crillon se retournant vers son quartier :
— Un cheval ! dit-il.

Puis à Espérance :
— Je veux vous accompagner un bout de chemin ; justement j'ai affaire de ce côté. Est-ce que je vous gêne ?
— Le pouvez-vous croire, monsieur ? Mais quoi ! m'accompagner, vous, un si grand personnage ?
— Vous craignez que je ne traîne avec moi tout un cortège. Non, rassurez-vous, nous voyagerons côte à côte, comme deux reîtres.
— Mais, monsieur, c'est moi qui, à mon tour, ne vous laisserai pas seul par les chemins. S'il vous arrivait malheur...
— Il y a trêve ; et puis, pour ceux qui ne me connaîtront point, je vaux mon homme. Pour les autres, mon nom vaut une troupe ! D'ailleurs, je n'irai pas absolument seul. Holà, cadet !

Il appelait Pontis, qui se hâta d'accourir.
— As-tu un cheval ? dit-il.
— Moi, monsieur ! si j'en avais un, je l'eusse déjà mangé.
— C'est vrai ; fais-t'en donner un à mon écurie, tu m'accompagnes.
— Merci, mon colonel.
— Et j'accompagne M. Espérance.
— Sambioux ! quelle joie ! s'écria le Dauphinois transporté, qui courut à l'écurie comme s'il y devait trouver une fortune.

Dix minutes après tout était préparé. Espérance voulut tenir l'étrier à Crillon, mais celui-ci avant de monter fut arrêté par une réflexion.
— Nous oublions quelque chose, dit-il.

Et, faisant signe au jeune homme de le suivre, il alla trouver Rosny qui continuait sa promenade au bord de la rivière.

Le seigneur huguenot travaillait, comme toujours, faisant des plans ou prenant des notes.

Il vit du coin de l'œil Crillon descendre de son côté, mais il ne feignit pas de le voir. Il avait encore sur le cœur la rebuffade du matin.

Mais Crillon allait droit au but ; il lui barra la route, et, la bouche souriante, l'œil sincèrement affectueux :
— Monsieur de Rosny, dit-il en lui prenant la main, je m'en vais faire un tour du côté de St-Germain, où j'ai reçu avis d'aller trouver le roi notre maître, confidentiellement, ceci. — J'emmène avec moi ce garçon et le Dauphinois, vous savez, l'échappé de la corde. Je vous prie, monsieur de Rosny, de donner ici votre coup d'œil incomparable, de traiter les choses en maître, et de me regarder comme votre serviteur.

Rosny ne tint pas devant cette généreuse expansion ; il embrassa cordialement Crillon qui, profitant de la bonne veine, ajouta :
— J'ai voulu vous présenter moi-même ce jeune homme qui m'est recommandé par sa famille. C'est un aimable compagnon, n'est-ce pas, monsieur ? et vous me rendrez sensiblement votre obligé en lui accordant vos bonnes grâces.

Rosny allait répondre.

Crillon s'adressant à Espérance :
— Et vous, notre ami, dit-il, regardez bien ce seigneur qui sera fort grand parmi nous, car il s'y prend jeune.

Rosny rougit de plaisir.
— J'aurai beau faire, répliqua-t-il, je ne vous égalerai jamais.
— Il y a plus d'une gloire, monsieur de Rosny ; notre roi est le seul qui les ait toutes. Ainsi je compte pour Espérance, que voici, sur vos bonnes grâces.
— Que veut-il ? demanda Rosny.
— Rien, monsieur, que votre estime, dit le jeune homme.
— Gagnez-la, répondit le huguenot en homme de Plutarque.
— J'y tâcherai, monsieur.
— Soit ; mais pour qu'on vous y aide, que voulez-vous ?

Crillon, avec un rire joyeux :
— C'est plutôt lui, dit-il, qui nous offrirait quelque chose. Savez-vous que le compagnon est seigneur comme Zamet, non pas de dix-sept cent mille écus, mais de vingt-quatre mille par chaque année !
— Vingt-quatre mille écus de rente ! s'écria Rosny d'un ton qui annonçait le commencement de cette estime réclamée l'instant d'avant par Espérance.
— Tout autant.
— Si le roi les avait ! soupira Rosny.
— Monsieur, dit vivement le jeune homme, je suis tout à la disposition de Sa Majesté.
— A la bonne heure, à la bonne heure, vous êtes un brave cavalier, s'écria Rosny en serrant la main d'Espérance.
— Voilà qu'il l'estime tout-à-fait, pensa Crillon avec un sourire plein de finesse.

Ils prirent congé, et quand ils furent un peu éloignés :

— Vous auriez là une bonne connaissance si je venais à vous manquer, dit Crillon d'une voix pénétrée, dont Espérance ne put comprendre tout le sentiment et la portée. Mais à cheval et en route.

Le colonel partit, entouré de ses gardes qui, l'adorant comme un père, le suivirent pendant quelques cent pas avec des protestations et des vœux pour son prompt retour.

Pontis, fier d'avoir été choisi, se prélassait sur le grand cheval du colonel. Il laissa prendre l'avance à ses compagnons, et les suivit au petit pas hors de portée de la voix, comme un discret et délicat serviteur.

Le temps était magnifique, et la campagne protégée par la trêve épanouissait de jaunes moissons sur lesquelles se jouait le soleil. Les chevaux hennissaient de plaisir à chaque souffle de la brise tiède qui leur apportait l'arôme des foins frais et des pailles odorantes.

Lorsque Crillon eut respiré quelque temps en silence ce bon air de la paix, si doux aux braves soldats, il se rapprocha d'Espérance et lui dit :

— Encore une fois, je vous trouve imprudent de voyager seul et sans cuirasse ni salade quand vous êtes porteur de deux mille écus pour le moins.

— Moi? monsieur, deux mille écus! je n'ai pas cent vingt pistoles.

— Alors, vous n'avez donc pas reçu votre pension ce mois-ci ?

— Ce mois-ci et tous les autres, mais...

— Ah ! vous dissipez tant d'argent !

— Ce n'est pas pour moi, au moins, n'allez pas le croire, dit vivement Espérance.

— Pour qui donc, alors ?

Espérance ouvrit son juste-au-corps et en tira une petite boîte de cuir, d'une forme plate et longue.

— Un écrin !...

Espérance desserra les crochets pour faire voir le contenu à Crillon.

— Des pendans d'oreille... Oh! oh! les beaux diamans!

— Mes oreilles n'en seraient pas dignes, n'est-ce pas ? dit le jeune homme.

— Il faut de bien jolies oreilles pour mériter de pareils diamans, murmura Crillon. Ah !... mon pauvre ami... si Rosny vous voyait avec cette boîte, son estime baisserait singulièrement!

— A défaut de son estime, je me contenterai, pour cette fois, d'une autre...

Crillon secoua la tête.

— Oh ! ne la dépréciez pas, monsieur, dit Espérance avec enjouement, elle vaut son prix.

— Vous en savez plus que moi à cet égard, probablement ; mais, à ne considérer que les pendans d'oreille, je trouve la conquête d'un prix considérable. Vous avez payé cela au moins deux cents pistoles.

— Quatre mille livres.

— A un juif?

— De Rouen. Je n'avais pas le choix. En guerre, les diamans se cachent.

— Et il vous en fallait absolument.

— A tout prix.

— Peste! votre inestimable est bien exigeante.

— Ce n'est pas elle précisément.

— Qui donc, alors?

— Elle a une mère, monsieur.

Crillon, avec un mouvement qui fit rire Espérance :

— Une honnête mère, s'écria-t-il, qui prie Mlle sa fille d'avoir besoin de quatre cents pistoles de diamans.— Harnibieu!... la jolie drôlesse de mère. — Vous êtes dans la nasse.

— Là, là, monsieur, dit Espérance avec le même enjouement, comme vous arrangez cela! vous avez l'imagination trop vive. Eh non, ce n'est pas la mère qui exige les diamans.

— Vous venez de le dire.

— J'ai dit... elle a une mère. Cela signifie que la mère est une si grande dame...

— Que pour ne pas l'humilier dans la personne de sa fille, vous donnez à celle-ci des pendans de quatre cents pistoles.

— C'est un peu cela.

— Voilà d'impudentes pécores, et vous êtes un grand niais, mon cher protégé.

— Vous changeriez de langage si vous connaissiez Henriette.

— Elle n'est pas fille d'empereur, harnibieu!

— Elle pourrait être fille de roi!

— Plaît-il ?

— J'ai dit de roi, et si elle ne l'est pas, son frère a cet honneur.

— Ah çà, quels contes me faites-vous : est-ce que nous avons des fils de roi autres que notre roi ?

— Mais oui, Monsieur, dit Espérance avec une douce opiniâtreté.

— Harnibieu! s'écria Crillon en se frappant le front d'un coup si brusque que le cheval en fit un écart. Ah! malheureux que nous sommes... oui... c'est cela!...

— Vous auriez deviné?

— Plaise à Dieu que non. En fait de lignée

royale, vous n'entendez pas me citer le comte d'Auvergne, par hasard?

— N'est-il pas fils de Charles IX et de.....

— Quoi! C'est de lui que vous voulez parler?

— Mais, oui, monsieur.

— Et, alors, cette mère, cette grande dame, cette merveille à diamans, c'est Marie Touchet...

— Eh bien?...

— Maintenant, dame de Balzac d'Entragues.

— Sans doute.

— Et de sa fille, Mlle Henriette.

— Un chef-d'œuvre de beauté.

— Pauvre garçon!

Crillon après cette exclamation laissa choir sa tête sur sa poitrine.

— Mon Dieu, dit Espérance, vous m'épouvantez. Je vous vois consterné comme si j'étais tombé dans les griffes d'une goule.

Crillon ne répondit pas.

— S'il y a là quelque chose qui intéresse l'honneur, dit Espérance, soyez assez bon pour m'en instruire. Tout amoureux que je sois, je saurai prendre des mesures.

— Comment vous dire ma pensée sans calomnier des femmes, répondit lentement Crillon, ou du moins sans avoir l'air de calomnier. Or, c'est un métier bien révoltant pour moi, j'aime mieux me taire.

— Mais enfin, monsieur, dit Espérance, Mme Touchet a pu être aimée de Charles IX, sans qu'un déshonneur infranchissable la sépare à jamais des honnêtes gens. M. le comte d'Auvergne, fils du roi Charles IX, n'est sans doute pas un prince légitime, mais enfin il est né prince, quoique bâtard, et je ne sais pas trop si j'aurais bonne grâce à faire le dégoûté en pareille circonstance. Il y a au bas de la lettre de ma mère certain espace blanc, certain anonyme qui me dispose très fort à l'indulgence chrétienne envers les enfans illégitimes.

Crillon rougit, et sa conscience acheva de donner raison au jeune homme. Espérance reprit :

— Pour en revenir à M. le comte d'Auvergne, qui m'est parfaitement inconnu, du reste, sa part est encore très honorable. Il a été élevé dans le cabinet même du feu roi Henri III, et n'est pas mal traité du roi actuel. D'ailleurs je ne le fréquente pas, moi. C'est à la fille que j'adresse ma cour et non à la mère.

Crillon continuait à secouer la tête.

— Le poing y a passé, dit-il ; le bras entier, puis tout le corps y passeront. Ces Entragues ne sont pas des gens comme les autres ; ce qu'ils tiennent, ils le tiennent bien. Et voyez, vous en êtes déjà aux présens de noces... Harnibieu! vous épouseriez une Entragues, vous!...

— Pourquoi non? dit Espérance, frappé du ton de volonté presque colère avec lequel Crillon, un étranger, venait de lui parler de ses affaires de cœur.

— Voici mes raisons, mon ami : d'abord vous avez annoncé quelques bonnes dispositions pour le parti du roi, qui est le mien, — cela vous est recommandé, je crois, par Mme votre mère...

— Oui, monsieur, et je ne pense pas y contrevenir.

— Plus que vous ne croyez. La maison d'Entragues est ligueuse, ligueuse enragée. Pour faire votre cour à la fille, comme vous dites, il est impossible que vous demeuriez bon serviteur du roi ; impossible que vous ne complotiez pas un peu avec ses ennemis.

— Jamais cela n'est arrivé ; l'occasion même ne s'en est pas offerte. Henriette m'a bien parlé quelquefois d'un petit hobereau de leurs amis qui est un ligueur fanatique, ce La Ramée, vous savez, à qui vous offriez une corde tantôt. Mais les confidences qu'elle m'a faites sur ce drôle m'ont aidé à servir le roi, puisqu'en rappelant à ce La Ramée ses prouesses derrière les haies, prouesses qu'il ne croyait pas plus connues que lui-même, je l'ai forcé à lâcher le pauvre Pontis, dont il demandait la punition. Il est donc bon à quelque chose d'avoir sa maîtresse dans le camp ennemi, et pour achever de vous rassurer, mon noble protecteur, je vous proteste qu'Henriette et moi, quand nous sommes seuls, nous ne parlons jamais politique.

— Cela viendra. Si vous épousez la fille, il vous faudra bien entendre politiquer la mère. Or, la dame, la noble dame comme vous dites, n'admet pas d'autre roi en France que Charles IX. Il a beau être mort : pour elle, il n'en est pas moins le roi, attendu qu'il a été son roi. Tout au plus consentira-t-elle à couronner monsieur son fils, et encore! Je ne vous parle pas du père Entragues ; oh! celui-là est un type tellement curieux d'ambition, d'avarice, de vile admiration pour sa femme, que je conçois, par amour de l'art, que vous vous rapprochiez de la fille pour mieux étudier la mère. Rapprochez-vous donc : mais, harnibieu! n'épousez pas!

Espérance se mit à rire :

— Je ne le connais pas plus que sa femme, dit-il; tous ces gens-là, de si près qu'ils touchent à ma maîtresse, je ne les ai jamais vus.

— Comment est-ce possible?

— Voici... Vous savez que j'habitais un petit domaine loué par le seigneur Spaletta, mon gouverneur. Environ à une lieue est la maison d'une vieille tante des Entragues, fort avare. Quelquefois, en chassant, je forçais un lièvre ou je volais la pie sur la lisière de ses terres. Si la pièce tuée me paraissait d'une provenance équivoque, je l'envoyais à la vieille dame. Un jour, il y a sept mois environ, j'avais porté des perdrix rouges chez elle, quand je vis à table une jeune fille d'une éblouissante beauté. C'était sa nièce Henriette de Balzac d'Entragues, que ses parens envoyaient là pour lui épargner les dangers de l'assaut qu'alors le roi préparait à la ville de Paris.

— Eh! interrompit Crillon avec colère, c'est absurde; il n'y avait pas de dangers à courir si nous eussions pris Paris. — Le roi force les villes, mais non les filles!

— Enfin, on le disait, continua Espérance, et, je l'avoue, en voyant cette admirable fraîcheur, cette fleur si vivante, si vigoureuse, je me pris à approuver M. d'Entragues de ne point l'exposer au feu d'un siége et aux admirations flétrissantes des officiers ou des lansquenets.

— Oui, vous avez approuvé Entragues d'envoyer sa fille à point nommé pour vous distraire. — Eh bien, tenez, dit encore Crillon à qui démangeait la langue, la belle Henriette était envoyée là pour surveiller l'héritage de la tante et l'empêcher de tomber trop mûr en des mains prêtes à le cueillir.

— Je ne dis pas non, car la tante morte et l'héritage cueilli, comme vous dites, Henriette a été rappelée sur-le-champ par ses parens.

— Vous voyez bien! continuez.

— Le fait est que, comme je vous l'ai dit, je ne puis me décider jamais à voir le côté honteux des faits et gestes de l'humanité. Donc, je vis Henriette, elle rougit en me voyant, elle admira mes perdrix comme si elles eussent été des faisans, et quelque chose m'avertit dès cette entrevue que le temps allait passer pour nous plus agréablement, et plus vite.

Crillon frisa désespérément sa moustache.

— D'abord, reprit Espérance, nous nous vîmes à la chapelle, puis, de ma fenêtre à la sienne.

— Vous me disiez que vous habitiez à une lieue.

— Sans doute...

— Et vous vous voyiez d'une lieue?..... ô jeunesse!

— Elle a de fiers yeux noirs, allez!...

— Et vous de fiers yeux bleus!... dit Crillon avec une tendre complaisance. Après?

— Après... c'était en automne, vers la fin, il faisait bon pour la promenade, et elle sortait sur un petit cheval, et courait tout à travers les bois jaunissans...

— Surtout les jours où vous chassiez?

— Mon Dieu oui.

— Eh bien, que faisait le gouverneur, et que disait la tante?

— Spaletta avait souvent la goutte, et la tante n'était plus d'âge à courir à cheval. Cependant Spaletta grondait bien plus que la tante.

— Brave tante! comme elle est bien de la famille, hein? Donc, Spaletta gagnait un peu l'argent de votre mère; il vous gênait?

— Oui, mais à partir du jour où vint la lettre que je vous ai montrée, Spaletta disparut, vous savez?

— Harnibieu!... je me rappelle... il disparut, et alors vous ne fûtes plus gêné.

— Plus du tout, dit naïvement Espérance.

Crillon s'arracha une pincée de barbe, et poussa un soupir bien plus éloquent que dix harnibieu.

Le silence régna quelques momens entre les deux interlocuteurs.

VIII.

Mauvaise rencontre.

Crillon revint le premier à la charge.

— Ainsi vous aimez Mlle Henriette d'Entragues, dit-il?

— Mais oui.

— Passionnément? Vous en êtes fou?

— Elle me tient au cœur, et les racines sont longues.

— Quant à elle elle vous aime aussi?

— Je le crois.

— Essayez donc de me dire que vous en êtes sûr.

— Je vois, dit Espérance plus patiemment et plus gaîment que Crillon n'eût dû s'y attendre, que, pareil à saint Thomas, vous ne me croirez qu'après avoir touché mon côté —

— Touchez-le! du côté du cœur.

— Qu'est-ce encore? un autre écrin?

— Non, un billet.

— Tiens, elle écrit. — C'est plus honnête que je n'aurais cru.

— Vous avez une triste opinion des femmes, cher seigneur.

— De celles qui s'appellent Entragues ! dit Crillon impétueusement, non des autres. Mais que dit ce billet ?

« Cher Espérance, tu sais où me trouver ; tu n'as oublié ni le jour ni l'heure fixés par ton Henriette qui t'aime. — Viens. — Sois prudent ! »

— Il y a : *Ton Henriette ?* grommela Crillon.

— En toutes lettres. Tenez !

— Ni date, ni point de départ. Elle aussi est prudente : c'est la vertu des Touchet.

— Ecoutez donc, une jeune fille peut craindre de se compromettre.

— Lâcheté, c'est le vice des Entragues.

— Vraiment, monsieur, répondit Espérance d'un ton sec, vous manquez d'indulgence.

— Je vois, mon ami, qu'il faut tout vous dire, interrompit le chevalier ; c'est une tâche pénible que celle du froid vieillard qui dénoue le bandeau de l'amour. Ordinairement ce vieillard s'appelle le Temps, et je joue ici son rôle. Mais n'importe ; au risque de vous déplaire, je m'expliquerai. D'ailleurs, c'est un peu pour cela que je vous ai accompagné.

— Je brûle de m'instruire, dit Espérance avec une ironie sans fiel. Voyons les crimes de Mlle Henriette. Il faut qu'ils vaillent la peine d'être racontés, pour que le brave Crillon daigne s'en faire l'historien.

— D'abord, mon jeune ami, venons aux prises : tout-à-l'heure nous courrons la bague, si vous voulez. Dans l'énumération de votre famille d'Entragues, vous avez cité le père, la mère, le frère et une sœur ?

— Oui, monsieur.

— Vous avez oublié quelqu'un, je crois ?

— Qui donc ?

— Une seconde fille de Mme d'Entragues, la propre sœur de Mlle Henriette.

— Celle-là ne compte pas. Nul n'en parle. Voilà pourquoi je ne vous en ai pas parlé.

— Ah ? Nul n'en parle, dit Crillon avec un étrange sourire, pas même Mlle Henriette ?

— Non. A peine Henriette m'en a-t-elle touché quelques mots vaguement.

— Mlle Henriette avait peut-être ses raisons pour se taire. Mais, tout le monde ne s'appelle pas d'Entragues, et je vous prie de croire que tout le monde a terriblement parlé.

Crillon comptait avoir porté un rude coup à Espérance. Celui-ci ne chancela pas sur ses arçons. Souriant d'un air de finesse :

— Je sais ce que vous voulez dire, répliqua-t-il.

— Vous connaissez l'histoire ?

— Oui.

— Scandaleuse ?

— Le mot est peut-être bien gros, mais enfin il y a une histoire et je la sais.

— Voulez-vous me faire la grâce de me la conter comme vous la savez.

— Je suis en mesure de vous la dire telle qu'elle est, dit Espérance. M. d'Entragues avait pour page un jeune gentilhomme huguenot qui s'est oublié jusqu'à faire une déclaration d'amour à Mlle Marie d'Entragues, et on l'a chassé.

— Une déclaration ! s'écria le chevalier ; tout cela !

— N'est-ce pas assez ? La fin de l'histoire est plus grave et vous satisfera probablement davantage. C'est un secret, mais vous me faites l'effet de le savoir.

— Dites-moi toujours votre fin, je vous dirai mon commencement.

— Eh bien, Marie avait été légère avec ce page ; elle lui avait donné une bague.

— Tiens, tiens, tiens, Marie ?

— Et le page, une fois sorti de chez M. d'Entragues, s'en est vanté.

— Voyez-vous cela... Alors ?...

— Alors comme il fallait arrêter le tort que cette vanterie pouvait causer à l'honneur de la maison, Mme d'Entragues a pris à part un gentilhomme, fils d'un ami de la famille, et l'a prié d'appeler en duel ce page qui était devenu grand et servait dans les gardes du roi Henri IV ; vous devez bien le connaître, monsieur, Urbain du Jardin.

— Harnibieu ! si je le connaissais, le pauvre garçon ! dit Crillon, rouge de s'être si longtemps contenu. — Mais vraiment je me ronge à vous entendre ainsi débiter comme un geai bien élevé toutes les sornettes qu'on vous a fait souffler par cette petite couleuvre ; le gentilhomme huguenot n'a pas du tout été appelé en duel : il a été assassiné.

— Je le sais, et j'allais vous le dire.

— Un bravo — pardon, Espérance, c'est ainsi qu'à Venise on appelle les meurtriers à gages — un bandit a été dépêché à ce huguenot, qui était bien le plus charmant garçon du monde, et, le lendemain de la journée d'Aumale, où le pauvre garçon avait fait en brave homme, l'assassin l'a couché par terre de trois balles tirées derrière une haie.

— Je le sais.

— C'est moi qui l'ai ramassé, dit Crillon essoufflé de rage, et j'ai soupiré comme s'il eût été mon neveu ou mon fils...

— Assurément... essaya de dire Espérance.

— Mais vous trouvez cela très bien, poursuivit le chevalier trop lancé pour s'arrêter facilement, c'est loyal, c'est permis, puisque cela vient des Entragues.

— Pardon, interrompit enfin Espérance, c'est, je le sais, un abominable meurtre; mais il ne faut pas l'attribuer aux Entragues. Henriette elle-même, quand elle m'a tout raconté, détestait et maudissait l'assassin.

— Elle a fait cet effort!... Moi j'ai juré Dieu que je le ferais pendre—non—écarteler, si jamais je mets la main dessus.

— Eh! monsieur, vous êtes parjure; car tantôt vous l'avez eu sous votre main, et il vit encore.

— Quoi! ce brigand...

— C'est M. La Ramée, dit Espérance en riant de la fureur de Crillon.

— Harnibieu! je le flairais.

— Et moi qui l'avais reconnu quand il s'est nommé à M. de Rosny, j'avais aussi une démangeaison de le faire brancher par les gardes, mais la crainte de déplaire à Henriette m'a retenu, et je n'ai point dit ce que je savais sur son compte.

— L'infâme...

— N'est qu'un lâche vantard qui n'a pas osé s'adresser en face au huguenot, et qui a préféré voler à son cadavre la bague de Mlle Marie.

— Toujours la bague de Marie!... dit le chevalier en arrêtant son cheval et se croisant les bras.

— Voyons, jeune homme, continua-t-il avec un accent de compassion profonde, allez-vous m'écouter un peu maintenant? et si je vous raconte l'histoire telle qu'elle est... me croirez-vous?

— On croit toujours monsieur de Crillon, dit Espérance avec inquiétude. Mais, ajouta-t-il en reprenant peu à peu cette vivace gaîté que doublait en lui tout le charme comme toute la vigueur de ses vingt ans, quelle que soit l'histoire que vous savez, je ne m'embarrasse heureusement ni de Mme d'Entragues, ni de Mlle Marie sa fille. Que celle-ci ait donné sa bague, et peut-être mieux, au huguenot; que celle-là ait expédié M. de La Ramée pour assassiner le porteur de la bague, et ensevelir un secret déshonorant avec un cadavre, c'est abominable, je l'avoue; mais, ma foi, que ces vilaines gens-là s'arrangent. Moi, j'aime Henriette, la beauté, la grâce, l'esprit, l'honnêteté, toutes les perfections de l'âme et du corps. Elle m'aime aussi; elle a seize ans, j'en ai dix-neuf, et vive la vie!

Crillon prit doucement la main d'Espérance, et, la lui serrant avec une affectueuse mélancolie.

— Enfant, dit-il, vous ne m'avez pas laissé achever la confession du huguenot.

— Il y a encore quelque chose? s'écria Espérance, en affectant une liberté d'esprit qu'il n'avait plus depuis cette interpellation de Crillon.

— Il y a le principal. Remarquez donc que depuis le commencement de notre conversation vous parlez toujours de Mlle Marie d'Entragues, tandis que moi, je dis seulement Mlle d'Entragues.

— Eh bien! où tend cette distinction un peu subtile, je l'avoue, de la part de M. de Crillon?

— A vous faire observer que, suivant la leçon qui vous a été apprise, vous attribuez la faute à l'une des sœurs, tandis qu'elle appartient peut-être à l'autre.

— Oh! monsieur, ce doute sur Henriette...

— Ce n'est pas un doute, je vous disais *peut-être* par ménagement; c'est *certainement* que j'eusse dû vous dire.

— Mais la preuve?

— Urbain du Jardin l'a emportée dans le tombeau. Mais ce qu'il m'a confié, je me le rappelle; le nom qu'il m'a dit, j'en suis certain; la maîtresse pour laquelle on l'a assassiné, c'est Mlle Henriette d'Entragues. Entre deux demoiselles dont l'une mérite le respect d'un honnête homme, je regrette que vous ayez précisément choisi celle qui ne le mérite pas. Du reste, mon cher Espérance, ma tâche est terminée. Je savais un secret dont la révélation eût pu vous épargner bien des ennuis futurs. J'ai révélé, vous voilà averti; je me tais. Que m'importe, à moi, Mme d'Entragues et toute la séquelle? Suis-je assez désœuvré pour avoir besoin d'occuper mes loisirs à des commérages de vieille femme? Suis-je assez peu de chose en ce monde pour craindre qu'un Entragues me gêne? Allons donc! vous me faites injure. Mais, je vois que nous nous sommes tout dit. Brisons-là, faites ce que vous voudrez et ne retenez de mes paroles que celle-ci : Je suis votre ami, monsieur Espérance.

— Oh! Monsieur, s'écria le jeune homme, dont l'excellent cœur fut inondé de reconnaissance. N'ai-je pas à Dieu de grandes obligations! S'il me retire une illusion d'amour, au même instant il m'envoie le plus généreux, le plus puissant des protecteurs. Oui, je suis né heureux !

— Charmant enfant ! murmura Crillon attendri par l'élan de cette noble nature. Comment ne pas l'adorer !

Et pour cacher l'émotion qui peut-être se fût remarquée sur son visage, le brave chevalier se retourna en disant :

— Que cette forêt de Saint-Germain est belle !

Tous deux avaient oublié leur fidèle serviteur Pontis qui, depuis Vilaines, chevauchait sur leurs traces.

Espérance s'en souvint le premier et voulut le récompenser par quelque bonne parole ; mais lorsqu'il le chercha derrière lui, il ne trouva plus rien.

— Et M. de Pontis ? s'écria-t-il.

— C'est vrai, dit Crillon, le cadet manque à l'appel.

En vain cherchèrent-ils, appelèrent-ils, rien ne répondit. C'était aux derniers bouquets de la forêt de St-Germain. Les maisons d'Argenteuil apparaissaient dans la brume blanchâtre du soir qui commençait à envelopper la plaine.

Crillon impatienté d'attendre, voulait qu'on retournât jusqu'au carrefour afin de prévenir un bûcheron qu'ils y avaient vu et de faire ainsi donner à Pontis, s'il revenait, des renseignemens exacts sur leur route. Mais Espérance objecta timidement que six heures venaient de sonner à St-Germain, qu'il y avait encore deux grandes heures de chemin jusqu'à Ormesson, et que le rendez-vous convenu avec Mlle Henriette était pour huit heures précises.

— Ah ! ah ! reprit froidement Crillon. Eh bien ! n'attendons pas alors.

Puis, après une pause souvent coupée de mouvemens d'impatience,

— Vous êtes décidé à aller ce soir chez les Entragues, dit le chevalier d'un ton dégagé.

— Je vous avouerai, monsieur, que j'ai des explications si sérieuses à demander à Mlle d'Entragues, que, pour arriver plus vite je monterais sur un dragon de feu. Mais ce n'est pas chez les Entragues que je vais — oh ! non ! Henriette habite un pavillon sur les champs.

— Et vous avez la clé ?

— Inutile. Le balcon touche à un marronnier superbe. La porte la plus commode c'est la fenêtre.

— A merveille... Eh bien ! comme je ne puis aller rendre visite à toute cette mauvaise graine, — j'irais bien, mais enfin cela paraîtrait singulier, ils savent que je les exècre...

Enfin, non, je ne puis, dit le bon chevalier dont les angoisses qu'il cherchait si bien à cacher éclataient dans chaque mouvement, dans chaque parole, dans l'incohérence même de ses pensées.

Espérance comprit tout cela.

— Mon Dieu ! dit-il, que je suis un sot et un belître ; j'ai d'un côté la parole de Crillon, de l'autre celle d'une petite...

— Dites le mot ! s'écria le chevalier.

— Coquette !

— C'est faible, grommela Crillon.

— Et je balance...

— Mais non, vous ne balancez même pas, puisque vous continuez à vous rapprocher de la tanière de ces bêtes puantes. — Puantes n'est pas vrai, elles ne sont que trop fardées et parfumées, les sirènes. Allons, mon pauvre Espérance, marchez, ne vous égarez pas, ni dans les ornières, ni ailleurs... Adieu... au revoir... adieu !

Il s'agitait sur son cheval de façon à inquiéter sérieusement la pauvre bête, qui connaissait la calme et ferme assiette de ce modèle des cavaliers.

— Monsieur, s'écria Espérance, ne croyez pas que je vous laisserai aller seul ainsi !

— Et pourquoi non ?

— Parce que s'il m'arrive malheur à moi, ce sera bien fait, et chacun en rira, tandis que s'il fallait qu'un buisson vous égratignât... la France entière prendrait le deuil.

— Tenez, Espérance, il faut que je vous embrasse, dit le brave guerrier en se penchant vers le jeune homme, qu'il arrêta un moment sur sa poitrine gonflée. — Là, je me suis contenté. Maintenant, c'est fini, allez ! tous mes discours sentent le vieux et le podagre. Allez ! un homme de vingt ans ne doit pas faire attendre une belle fille de seize. Allez, dis-je, et faites-moi grand'mère l'illustre Marie Touchet... Mais n'épousez pas, harnibieu !

Espérance se mit à rire.

— Voilà parler, dit-il, et je reconnais Crillon ; mais je resterai avec vous jusqu'à ce que Pontis nous ait rejoints.

— Il s'est arrêté à quelque cabaret, l'ivrogne.

— Il aime le vin ?

— C'est la manie de tous ces jeunes gens. Celui-là est une véritable éponge. Vous souvenez-vous d'avoir aperçu un petit cabaret dans le bois, sur un carrefour ?.. Eh bien, le drôle est là. Nous avons passé devant dans la chaleur de notre conversation. Je vais l'aller tirer par la jambe sous quelque table, où il sera tombé.

— Je vous suis.

— Non, non ! allez à tous les diables, — c'est à dire à Entragues ! Adieu. Tenez, voilà d'ailleurs un galop de cheval ; c'est mon drôle qui revient. Il est bonne lame et mauvais comme teigne quand il a bu. Gare à ceux qui nous chercheraient noise !

— En effet, j'entends venir un cheval, dit Espérance qui brûlait de se remettre en route. Eh bien, monsieur, puisque vous me le permettez...

— Je vous l'ordonne.

— Je vais prendre un trot allongé. M'autorisez-vous à retourner vous dire les explications de Mlle Henriette ?

— Harnibieu ! si vous manquiez de me voir demain à Saint-Germain, où je serai, j'aurais de l'inquiétude. Venez demander de mes nouvelles et m'apporter des vôtres aux *Barreaux-Verts*.

— Etes-vous bon pour moi, qui ne vous cause que des ennuis !

— J'obéis à la recommandation de votre mère, répondit Crillon qui frappa de sa houssine le cheval d'Espérance et le lança ainsi par le chemin.

Le jeune homme rendit les rênes et partit comme un trait ; mais si rapide que fût sa course, si bruyante que fût la brise qui sifflait à ses oreilles, il entendit encore une fois la voix déjà éloignée de Crillon qui lui répétait :

— Harnibieu ! n'épousez pas !

Crillon regarda Espérance tant qu'il put le voir, et se retourna ensuite vers la forêt.

Le galop qu'il avait entendu retentissait toujours; il s'approchait, et le chevalier finit par apercevoir dans l'ombre quelque chose qui traversait les taillis à cent pas, écrasant, cassant et foulant avec autant de bruit qu'en eût fait une troupe.

— Ce n'est pas un cerf qui passe. C'est un cheval, il me semble. Que diable cet animal fait-il dans le fourré, pensa Crillon ? Est-il sans maître ?

Le cheval disparut laissant Crillon dans la perplexité.

— J'irai décidément, se dit-il, jusqu'au cabaret, c'est là que mon Dauphinois a pris racine.

Tout à coup le cheval reparut, il piaffait dans les fougères avec une joie et une aisance qui n'appartiennent qu'aux êtres libres.

L'animal était d'un gris-blanc. Il se mit à grignoter des branches de chêne, tout en se rapprochant du chevalier.

— Mais c'est mon cheval, dit Crillon, c'est bien Coriolan — sans Pontis — oh ! oh ! serait-il arrivé malheur au pauvre cadet ?

Crillon poussa son cheval vers le quadrupède fringant et libre. Il l'appela par son nom sur des tons affectueux et impérieux tout ensemble, qui rappelèrent l'indépendante créature aux leçons de discipline qu'elle avait reçues trop souvent. Coriolan revint, l'oreille basse, en frottant ses étriers à toute branche, et accrochant sa bride à ses pieds comme une entrave.

— Pontis, ivre-mort, sera tombé, se dit Crillon ; il faut le faire chercher par charité, puis, demain, je l'enverrai au cachot pour une quinzaine.

Soudain il entendit crier dans l'épaisseur du bois, et bientôt un homme en sueur, souillé de poussière, les habits en lambeaux, soufflant ou plutôt râlant à faire pitié, arriva près de Crillon, qui fut bien forcé de reconnaître son garde sous cet accoutrement de truand ou de sauvage.

— Ah ! s'écria Pontis, enfin !

— Eh bien, quoi ! tu as bu et tu t'es jeté par terre.

— J'ai bu, oui, et j'ai vu aussi.

— Quoi vu ?

— Deux hommes à cheval, vous avez dû les voir passer ?

— Non.

— C'est qu'ils ont pris la route à gauche au carrefour. C'est égal, sortons du bois vivement, je vous prie.

— Parce que ?

— Parce qu'en plaine nous verrons venir leurs arquebusades.

— Les arquebusades de qui ?

— Du coquin, du brigand de La Ramée.

— La Ramée !... il est ici ?

— Il traversait la forêt tout à l'heure ; du cabaret où je faisais rafraîchir votre cheval, je l'ai reconnu avec un autre de mauvaise mine. J'ai voulu les suivre et me suis coulé dans le bois ; mais, pendant ce temps-là, mon cheval s'est sauvé. — Que faire ? courir après les deux, impossible.

— Il fallait suivre La Ramée.

— Bah !..... tandis que j'hésitais entre l'homme et le cheval, l'homme avait disparu.

— Et le cheval aussi ; mais où peut aller ce La Ramée ?

— Sambioux ! vous le demandez ! Il suit M. Espérance.

— Tu crois ?

— J'en suis sûr ! Si vous aviez vu son dernier coup d'œil quand il lui a dit : Vous ne perdrez pas pour attendre.

— Harnibieu! s'écria le chevalier, tu as raison, il sait peut-être où le retrouver, où l'attendre. Oui, tu as mille fois raison : je devrais aller moi-même sur ses traces. Mais le roi qui m'attend! comment faire? Ah! monte à cheval, rattrape Espérance qui s'en va vers le village d'Ormesson, par Epinay.

— Bien, colonel.

— Rattrape-le; dusses-tu crever Coriolan et toi-même.

— L'un et l'autre, colonel.

— Et préviens Espérance, ou si tu ne le rattrapes pas, veille, veille autour de la maison d'Entragues, au bout du parc, du côté d'un balcon ombragé par un marronnier.

— Fort bien.

— Et souviens-toi, ajouta Crillon en appuyant sa robuste main sur l'épaule du garde, que s'il arrive malheur à Espérance, tu me réponds...

— Je me souviendrai qu'il m'a sauvé la vie, mon colonel, dit le garde avec noblesse. Où vous retrouverai-je?

— A St-Germain, où je coucherai.

Pontis enfonça les éperons dans les flancs du volage Coriolan, et disparut dans un tourbillon de poussière.

IX.

La Maison d'Entragues.

A cent pas du village qu'on appelle aujourd'hui Ormesson, s'élevait jadis un château dont on a fait un hameau, ou plutôt des morceaux de château. Mais à l'époque dont nous parlons, le château était bien entier, avec ses petites tours carrées montées en briques, ses fossés alimentés par des eaux claires et froides, et son parapet, bâti du temps de Louis IX.

Des fenêtres du donjon, de la terrasse même, la vue s'étendait charmée sur ces collines riantes qui forment à la plaine St-Denis une ceinture de bois et de vignes. Le château semblait fermer au nord la plaine elle-même, et son fondateur, qui était peut-être quelque haut baron chassant la bonne aventure, pouvait surveiller à la fois les routes de Normandie et de Picardie, et s'en aller après, soit à Deuil demander l'absolution à saint Eugène, soit à Saint-Denis faire bénir son épée pour quelque croisade expiatoire.

La situation du petit château était charmante. Les terres, fertilisées par les sources généreuses qui depuis ont fait toute la fortune d'Enghien, alors inconnu, rapportent les plus beaux fruits et les plus riches fleurs de la contrée. Cinquante ans après sa fondation le château était caché aux trois quarts sous le feuillage des peupliers et des platanes, qui, se piquant d'émulation, avaient lancé leurs têtes chevelues par delà les cimes du donjon.

Un parc plus touffu que vaste, des parterres plus vastes que soignés, un verger dont les fruits avaient eu l'honneur de figurer plus d'une fois sur les tables royales, l'eau murmurante et limpide dont l'efficacité pour les blessures avait été proclamée par Ambroise Paré, puis une distribution élégante et commode, qualités rares dans les vieux édifices, faisaient du petit domaine un bienheureux séjour fort envié des courtisans.

Le roi Charles IX, en revenant d'une chasse, était venu visiter mystérieusement ce château à vendre, et l'avait acheté pour Marie Touchet, sa maîtresse, afin que celle-ci, à l'abri de la jalousie de Catherine de Médicis, pût faire élever sans péril le second fils qu'elle venait de donner au roi, et qui pourtant était le seul enfant mâle de ce prince, puisque la mort, une mort suspecte au dire de beaucoup de gens, lui avait enlevé le premier fils de Marie Touchet et sa fille légitime qu'il avait eue de sa femme Elisabeth d'Autriche.

Mais Charles IX n'avait pas joui longtems des douceurs de la paternité. Il était allé rejoindre ses aïeux à Saint-Denis, et Marie Touchet, s'étant mariée à messire François de Balzac d'Entragues, chevalier des ordres du roi et gouverneur d'Orléans, apporta son fils et son château en dot à son mari.

Le fils avait été, nous le savons, soigneusement élevé par Henri III, le château fut entretenu convenablement par M. d'Entragues, et c'était là que les deux époux venaient passer les chaudes journées de l'été, quand ils n'allaient point à leur terre plus importante, qu'on appelait le bois de Malesherbes.

Ormesson, depuis la ligue, était devenu une position dangereuse, mais bien commode; dangereuse, si les maîtres eussent été bons serviteurs du roi Henri IV. Car la ligue, alliée aux Espagnols, poussait incessamment ses bataillons dans la plaine St-Denis pour protéger Paris incessamment menacé par le roi contesté. Et alors, gare aux propriétaires qui n'étaient point ligueurs. Mais les Entragues étaient grands amis de M. de Mayenne et fort bien avec la ligue et les Espagnols.

Ainsi que l'avait dit Crillon, Mme d'Entragues avait à peine toléré Henri III acclamé par toute la France, et elle profitait de l'opposition faite contre Henri IV pour ne pas reconnaître ce prince, lequel du reste se passait de son consentement pour conquérir vaillamment son royaume de France. Marie Touchet se consumait de chagrin à chaque nouvelle victoire, et son plus violent dépit venait de la conduite du comte d'Auvergne, son fils, qui suivait la fortune d'Henri IV, et s'était bravement battu à la journée d'Arques pour ce Béarnais qui lui volait le trône, à ce que prétendait Mme d'Entragues.

Le château, puisqu'il n'était pas dangereux pour ses maîtres, leur était donc d'autant plus commode. Sa proximité de Paris facilitait l'arrivée des nouvelles fraîches, et, quant aux visites, tout cavalier médiocre pouvait aisément au sortir d'un conciliabule de ligueurs, venir comploter contre le Béarnais à Ormesson et s'en retourner dîner à Paris sans avoir perdu plus de trois heures. Aussi voyait-on au château nombreuse sinon excellente compagnie, car les Entragues, dans leur ardeur de tout savoir, préféraient la quantité des visiteurs à la qualité.

Le jour dont il s'agit ici, vers six heures, quand la chaleur est tombée, et que l'ombre des arbres s'allonge sur les pelouses, Mme d'Entragues sortit de sa grande salle, appuyée sur un petit page de huit à neuf ans, qui, tout en supportant la main de sa maîtresse sur sa tête, tenait un oiseau sur son poing droit, et un pliant sous son bras gauche. Un autre page un peu plus grand, mais encore enfant, portait un coussin et un parasol. Deux grands lévriers bondissaient de joie et, se renversant l'un l'autre, saccageaient autour de leur maîtresse les bordures et les fleurs du jardin.

Marie Touchet avait alors quarante-cinq ans, et, belle encore de ce reste de beauté qui n'abandonne jamais les traits réguliers du visage, elle était loin cependant de son anagrame célèbre.

Ce fameux visage tant comparé au soleil et à tous les astres un peu qualifiés, et qui, du temps de Charles IX, était *plus rond qu'ovale avec un front plus petit que grand, une bouche plus mignonne que petite*, et *des yeux plus prodigieux que grands*, ce visage adoré s'était élargi, ossifié avec le temps. Le rond avait tourné au carré, et le front petit s'était peu à peu déprimé pour laisser aux pommettes cette saillie qui décèle la dissimulation et la ruse. Les yeux *prodigieux*, dont les cils charmans s'étaient raréfiés, n'avaient plus que la flamme sans la chaleur.

Deux plis obliques creusés profondément, remplaçaient les fossettes de la bouche mignonne, et achevaient d'enlever au visage toute cette grâce, tout ce charme séducteur qui avaient triomphé d'un roi. — Un caractère sérieux, presque viril de sécheresse majestueuse, de belles lignes, l'habitude de la dignité, c'est-à-dire la raideur, tout cela superbement vêtu et entretenu, complétait, avec des mains nerveuses et des pieds royalement paresseux et petits, non pas le portrait, mais le souvenir effacé de ce qui, vingt ans avant, s'était appelé justement : *Je charme tout*.

Aux côtés de Mme d'Entragues marchait, en se retournant à chaque minute vers la porte d'entrée comme s'il guettait l'arrivée de quelqu'un, un cavalier d'un âge mûr, et qui par une minutieuse recherche de coquetterie cherchait à dissimuler une douzaine des hivers qui avaient neigé sur sa tête demi-chauve.

Il portait l'écharpe rouge espagnole, et se dandinait en marchant avec cette prétention fanfaronne que les Trivelin et les Scaramouche savaient si bien habiller de leurs bouffonneries, quand ils représentaient un tranche-montagne espagnol.

Ce gentilhomme, dont les bottes de Cordoue étaient crevées de satin rouge bouffant, avec des semelles crevées aussi, par parenthèse, exhalait à chaque pas un mélange indescriptible de parfums que Marie Touchet, sans paraître y prendre garde, chassait de temps à autre avec son éventail de plumes.

L'hidalgo avait nom Castil. Il était l'un des capitanes que le duc de Feria, commandant la garnison espagnole de Paris, avait répartis aux portes de la capitale pour le service de son auguste maître Philippe II; et pour obtenir quelques politesses quand ils allaient à Paris, les Entragues recevaient chez eux cet officier-concierge-espion aux gages du roi d'Espagne.

A cette bienheureuse époque de haines politiques et religieuses, les partis ne se gênaient point pour convier l'étranger à les aider contre des compatriotes. La ligue, étant de fondation, régénératrice et conservatrice de la religion catholique, le très catholique roi d'Espagne Philippe II du fond de son noir Escurial, avait jugé l'occasion belle pour faire en France les affaires de la religion et allumer chez nous avec notre bois de beaux autodafés pour lesquels, chez lui, le bois devenait rare à cause de la grande consommation.

Par la même occasion, ce digne prince pensait à ses affaires temporelles et cherchait le moyen de réunir la couronne de France à toutes celles qu'il possédait déjà. Il avait donc envoyé avec un pieux empressement beaucoup de soldats et un peu d'argent à M. de Mayenne, pour l'aider à chasser de Paris et de France cet abominable hérétique Henri IV, qui poussait l'audace jusqu'à vouloir régner en France sans aller à la messe.

Et M. de Mayenne et toute la ligue avaient accepté ; et les Espagnols occupaient Paris au grand scandale des gens de bien, et le moment approchait où Philippe II, fatigué du rôle d'invité, allait prendre le rôle du maître de la maison.

Il va sans dire que la garnison espagnole de Paris était aguerrie, vaillante, comme il convient aux descendans du Cid. La plupart avaient combattu sous le grand-duc de Parme, illustre capitaine mort l'année précédente. C'étaient donc de braves soldats, mais ils étaient d'une galanterie opiniâtre dont les dames ligueuses elles-mêmes commençaient à se fatiguer. Je ne parle pas des maris ligueurs, ceux-là en étaient fatigués tout-à-fait : mais il faut bien souffrir un peu pour la bonne cause.

Cette pauvre petite digression nous sera pardonnée, puisqu'elle permet de comprendre mieux le personnage singulier qui accompagnait Mme d'Entragues dans le jardin, après un dîner fort délicat, qui, pourtant, n'était pas, comme on le verra bientôt, le motif le plus intéressant de sa visite.

Mais derrière l'Espagnol et la dame châtelaine venait M. d'Entragues, gentilhomme déjà vieillissant, suivi, lui aussi, de deux pages microscopiques.

Le successeur de Charles IX donnait le bras à une belle personne de seize ans au plus, qui écoutait avec distraction la phraséologie paternelle. C'était une fille brune, aux yeux d'un noir velouté, profond, aux cheveux d'ébène, à la bouche purpurine, aux narines dilatées comme celles des voluptueuses indiennes. Son front large et sa tête ronde recélaient encore plus d'idées qu'il ne jaillissait d'éclairs de ses yeux. Un fin duvet brun dessinait une ombre bistrée sur le tour délicat de ses lèvres frémissantes. Tout en elle respirait l'ardeur et la force : et les riches proportions de son corsage et de sa taille, la cambrure hardie de son pied, son bras rond et ferme, l'attache solide de son col d'ivoire sur des épaules larges et charnues révélaient la puissance d'une nature toujours prête à éclater sous le souffle à grand'peine contenu de son indomptable jeunesse.

Telle était Henriette de Balzac d'Entragues, fille de Marie Touchet et du seigneur qui avait par grand amour épousé la maîtresse du roi de France. Revenue la veille sous le toit paternel avec la succession de la tante de Normandie, elle rendait compte à M. d'Entragues de certains détails sur lesquels il l'interrogeait. Mais le lecteur peut croire qu'elle ne lui répondait pas sur une foule d'autres qui concernaient aussi son absence.

L'hidalgo don Jose Castil, dans sa voltige déhanchée, se retournait souvent pour lancer à cette belle fille en même temps qu'à la porte du château une œillade qui s'émoussait parfois sur le père Entragues ; car, nous l'avons dit, Mlle Henriette avait des distractions,—le mot n'est pas juste,—c'est préoccupations qu'il faudrait dire.

Elle aussi attendait quelqu'un, mais non pas du même côté que l'Espagnol, et elle voyait avec inquiétude la direction que sa mère imprimait à la promenade. Au bout des parterres on trouvait le parc, à cent pas, dans le parc, le pavillon où logeait Henriette, et dont les murs blancs s'apercevaient déjà sous les épais marronniers. Or, Henriette avait ses raisons pour que la société ne s'installât point du côté de ce pavillon à une pareille heure.

Cependant, Mme d'Entragues s'avançait toujours dans sa lente majesté ; Henriette passait de l'inquiétude au dépit. Par bonheur, le petit pied de la mère s'embarrassa dans sa robe, et un faux pas s'en suivit. L'hidalgo, M. d'Entragues se précipitèrent de chaque côté pour prêter leur appui à cette divinité chancelante. Henriette profita du moment pour s'écrier :

— Vous êtes lasse, madame. Vite... le pliant, page!

Le page au pliant lâcha l'oiseau, l'oiseau s'envola sur une branche ; le page au coussin jeta son coussin sur le page au pliant, les chiens croyant qu'on voulait jouer avec eux fondirent sur tout cela. Il y eut une bagarre désobligeante pour des maîtres de maison qui tiennent au bel air et au cérémonial.

Les pages furent tancés d'importance.

— Ils sont bien jeunes, dit l'hidalgo. Pourquoi si jeunes ? Quelle habitude singulière en certaines maisons françaises ? Pourquoi ne pas prendre plutôt de robustes jeunes gens bons au service, à la guerre, à tout ?

Ce malencontreux *à tout* fut accueilli par

un fauve regard de Marie Touchet, lequel ricocha sur Henriette et lui fit baisser la tête.

—Monsieur, répliqua la mère, les maisons françaises dans lesquelles il y a des demoiselles préfèrent le service des pages-enfans. J'eusse cru qu'on pensait de même en Espagne.

L'hidalgo comprit qu'il avait dit une sottise. Il s'apprêtait à la réparer, mais Marie Touchet changea aussitôt la conversation. Elle s'assit à l'ombre d'une grande futaie, près de la fontaine. Sa fille prit place auprès d'elle. M. d'Entragues offrit lui-même un siége au capitaine espagnol.

—Dites-nous, senor, quelques nouvelles de Paris, demanda Henriette, satisfaite de la halte, et jetant un coup d'œil furtif au pavillon que sa mère ne pouvait plus voir.

—Toujours les mêmes, senora, toujours de bons préparatifs contre le Béarnais, si jamais il revient. Mais il ne reviendra pas, nous sachant là.

Cette rodomontade ne persuada pas M. d'Entragues.

— Il y est déjà venu, dit-il, et vous y étiez, et c'était du temps de votre grand duc de Parme, lequel, aujourd'hui, ne peut plus effrayer personne. Moi, je ne crois pas qu'il se passe un mois avant le retour du Béarnais devant Paris.

— Si vous en savez plus long que nous, répliqua l'Espagnol avec curiosité, parlez, monsieur; sans doute vous êtes bien renseigné; car, en effet, M. le comte d'Auvergne, votre beau-fils, est colonel-général de l'infanterie des royalistes, et à la source des nouvelles.

—Monsieur mon fils, interrompit Marie Touchet, ne nous fait point part des desseins de son parti; nous le voyons très peu, d'ailleurs il nous sait trop fermes adversaires du Béarnais, trop dévoués à la sainteligue et vieux amis de M. de Brissac, le nouveau gouverneur donné à Paris par M. de Mayenne.

—M. de Brissac! Excellent choix pour nous Espagnols, dit le seigneur Castil que le nom de Brissac, prononcé en cette circonstance, sembla frapper d'une défiance nouvelle. Ne me disiez vous pas tout-à-l'heure, madame, que le seigneur gouverneur est de vos amis ?

— Excellens ! dit M. d'Entragues.

— Vous le voyez souvent ? demanda l'Espagnol.

— Non, malheureusement. Il est devenu bien rare depuis quelque temps.

L'hidalgo enregistra cet aveu.

— Il a tant d'affaires, maintenant, se hâta de dire Mme d'Entragues, qui ne voulait pas se laisser croire négligée. Mais absent ou présent, je suis sûre qu'il nous porte une affection vive. Et j'y tiens, car son amitié en vaut la peine.

—Assurément, dit l'Espagnol, le seigneur comte nous aide vaillamment, c'est un franc ligueur. Mais quelle étrange division dans les familles ! quel affreux exemple ! ajouta sentencieusement l'hidalgo. Voir M. le comte d'Auvergne combattre contre sa mère !

Mme d'Entragues se pinça les lèvres. Un violent dépit de paraître opposée à son fils, dont elle était si vaine, combattait en elle la crainte non moins grande de déplaire au parti régnant.

M. d'Entragues intervint, pour écarter de la déesse ce nuage fâcheux.

— Non, senor, dit-il, M. le comte d'Auvergne ne combat pas contre sa mère. Fils et neveu de nos rois, il croit rester fidèle à leur mémoire en servant celui que le feu roi Henri III avait désigné pour son successeur, car enfin c'est un fait; le feu roi a eu cette faiblesse à ses derniers momens de nommer roi le roi de Navarre.

— En est-on bien sûr? demanda l'hidalgo avec cet aplomb de l'ignorance victorieuse qui conteste volontiers tout ce qui la gêne.

— M. le comte d'Auvergne, mon fils, en a été témoin, répliqua Mme d'Entragues.

Don Castil salua en matamore. Henriette voulant ramener un peu de souplesse dans la conversation qui commençait à se tendre, réitéra sa question :

— Qu'y a-t-il de nouveau à Paris, sauf cette nomination de M. de Brissac par M. de Mayenne ?

Et elle ajouta :

— Excusez-moi, senor, j'arrive de voyage.

— Mademoiselle, rien de précisément nouveau, sinon l'attente des fameux Etatsgénéraux qui vont s'assembler.

— Quels Etats ?

— Excusez cette petite fille, senor, dit Mme d'Entragues, nous nous occupons si peu de politique entre nous. Ma fille, les Etats-généraux sont une réunion des trois ordres de l'Etat qui s'assemblent en des circonstances difficiles pour délibérer des mesures à prendre pour le bien public. Il s'agit d'abord de repousser le Béarnais, en quoi il y aura majorité je pense.

— Unanimité, dit le capitaine avec son assurance imperturbable.

— S'il y avait unanimité, fit observer Henriette, on n'eût pas eu besoin de convoquer les Etats-Généraux, ce me semble.

M. d'Entragues sourit à sa fille, pour la récompenser de cette réflexion judicieuse.

L'hidalgo riposta :

— D'ailleurs, ce n'est pas la nation française qui convoque les Etats-Généraux, c'est le roi d'Espagne, notre gracieux maître.

— Ah! dit Henriette surprise, tandis que les deux Français, son père et sa mère, baissaient honteusement la tête.

— Oui, senora; ce moyen vient de nous. Il peut seul mettre un terme à vos discordes civiles. Les Etats-Généraux vont trancher le nœud gordien, comme dit l'antiquité. S'il vous plaît d'assister aux séances, je vous ferai entrer.

— Qui verrai-je là?

— Mgr le duc de Feria, notre général; don Diégo de Taxis, notre ambassadeur; don…

— En fait de compatriotes, demanda Henriette avec enjouement.

— M. le duc de Mayenne, M. de Guise, répliqua d'Entragues.

— Qui délibèreront à l'effet d'exclure Henri IV du trône de France? demanda encore Henriette.

— Assurément.

— Mais ce ne sera pas tout que de délibérer, il faudra exécuter.

— Oh! cela nous regarde, poursuivit l'hidalgo; aussitôt que la nation française se sera prononcée, nous nous emparerons de l'hérétique et nous l'expulserons de France. Peut-être le mettra-t-on à Madrid dans la prison de François Ier. J'ai reçu d'un mien cousin alcade du palais, l'avis que les ouvriers réparent cette prison.

— Cela va bien, monsieur, continua Henriette, cependant, sera-ce facile de prendre l'hérétique?

— Oh! moins que rien, il court sans cesse par monts et par vaux.

— Alors, on eût peut-être dû commencer par là, au lieu de le laisser gagner tant de batailles sur les Espagnols.

— Ce n'est pas sur les Espagnols, senora, que le Béarnais a gagné des batailles, s'écria l'hidalgo rougissant, c'est sur les Français.

Henriette se tut, avertie par un sévère coup-d'œil de sa mère, et par l'inquiétude qui agitait M. d'Entragues sur son banc de gazon.

— Et, le Béarnais exclu, reprit Marie Touchet en s'adressant tout haut à sa fille comme pour lui faire leçon, les Etats nommeront un roi.

— Qui?

Cette naïve et terrible question qui résumait toute la guerre civile, avait à peine retenti sous la voûte de feuillage, qu'une voix enfantine, celle d'un page annonça pompeusement :

— M. le comte de Brissac!

Chacun se retourna. M. d'Entragues poussa une exclamation de joie et Madame rougit légèrement, comme si l'aspect du nouvel interlocuteur l'eût frappée un peu plus loin que la paupière.

— M. de Brissac, le gouverneur de Paris! s'écria Entragues, en se précipitant au-devant de l'étranger, qui arrivait par le jardin.

— Encore quelqu'un! pensa Henriette, avec un regard craintif au pavillon des marronniers. L'heure s'approche où je devrais être chez moi!

Le comte aperçut tout d'abord l'Espagnol et tressaillit.

— Quel heureux hasard amène M. le comte de Brissac chez ses anciens amis tant négligés, dit Mme d'Entragues.

— La trève, madame, qui laisse un peu respirer le pauvre gouverneur de Paris, et pendant la paix on se dépêche de faire ses civilités aux dames.

En même temps il la salua comme elle aimait à l'être. C'est-à-dire fort bas, et en lui baisant la main il lui serra sans doute involontairement les doigts, car elle rougit au point de redevenir presque belle.

Ensuite il complimenta Henriette avec conviction sur sa radieuse beauté.

L'hidalgo attendait gravement son tour. Il l'eut. Brissac ne l'embrassa point, il est vrai, mais le reconnut, et lui pressant les mains avec expansion :

— Notre brave allié, don Jose Castil, s'écria-t-il, un vaillant, un Cid Campeador!

Tout en s'acquittant de ces devoirs de politesse, grâce auxquels il divisa l'attention des assistans, il remettait son chapeau et ses gants à un grand laquais d'une tournure militaire, auquel il dit sans affectation à l'oreille :

— L'Espagnol a des pistolets dans ses arçons; prends-les sans être vu et ôtes-en les balles.

Le comte Charles de Cossé Brissac, homme de quarante-cinq ans, d'une haute et noble mine, était un grand seigneur de race et de manières, enragé ligueur, que les Parisiens adoraient parce qu'il les avait commandés contre le tyran Valois aux barricades, et les Parisiennes ligueuses l'idolâtraient parce qu'elles pouvaient avouer cette idole sans faire médire de leur patriotisme.

Il avait pour principe qu'on ne se fait jamais tort en clignant l'œil pour les dames; que les belles en sont flattées, les laides transportées.

Il avait tiré de cette conduite les plus grands avantages. Ses clins-d'œil placés avec adresse lui rapportaient de gros intérêts sans qu'il eût déboursé onéreusement. Parmi ses placemens on pouvait compter Mme d'Entragues, à laquelle, depuis quelque dix années, il payait trois ou quatre fois l'an un souper et un serrement de doigts. Mme d'Entragues, comme placement, offrait un certain avenir.

Brissac avait peut-être payé de la même monnaie Mme de Mayenne et Mme de Montpensier. Cette dernière pourtant, selon la mauvaise chronique, était plus dure créancière et partant plus difficile sur les termes de paiement et la qualité des espèces. Mais enfin, Brissac était bien avec toutes deux, puisqu'il venait d'être nommé par leurs maris gouverneur de Paris, c'est à dire gardien public de ces dames et de leur ville capitale.

Le comte, depuis sa nomination, s'était montré d'un zèle si farouche pour la ligue, que des gens clairvoyans l'eussent trouvé trop vif pour être sincère. D'autant plus qu'il avait signé la trève avec le Béarnais, au risque de déplaire à ses commettans les ligueurs. Il courait à ce moment-là des bruits sourds du mécontentement de M. de Mayenne, à qui les Espagnols ne donnaient pas assez vite la couronne de France, et comme le roi très catholique Philippe II savait à quoi s'en tenir sur la destination de cette couronne, puisqu'il la convoitait pour lui-même, il avait vu avec inquiétude le changement de gouverneur opéré par Mayenne, pris Brissac en soupçon, et recommandé à ses espions ledit Brissac, qui depuis la trève surtout, était surveillé dans ses moindres démarches avec cette habileté supérieure des gens à qui l'on doit l'invention du Saint-Office et de la très sainte Inquisition.

Brissac, fin comme un Gascon, c'est-à-dire comme deux Espagnols, avait pénétré ses alliés. Créature de M. de Mayenne, mais créature décidée à s'émanciper dans le sens de ses sympathies et de son intérêt, il ne voulait plus tenir les cartes pour personne, et jouait désormais à son compte. Aussi déroutait-il continuellement ses espions par des allures d'une franchise irréprochable; sa correspondance n'avait pour ainsi dire plus de cachets, sa maison pour ainsi dire plus de portes; il ne sortait qu'accompagné, annonçant toujours le but de chaque sortie, parlait espagnol et pensait en français. Il croyait pouvoir se flatter d'avoir endormi Argus.

Le matin du présent jour où il s'était décidé à prendre un grand parti, Brissac annonça dans ses antichambres, remplies de monde, qu'il suspendait dorénavant ses audiences pour l'après-dîner; que l'on était en trève, que chacun respirant, le gouverneur de Paris voulait respirer aussi, que d'ailleurs MM. les Espagnols faisaient si bonne garde que tout le monde pouvait dormir en paix. Et il conclut en commandant ses chevaux pour la promenade.

Puis, s'adressant familièrement au duc de Feria, le chef des Espagnols, il lui proposa de le mener souper à une maison de campagne où il avait certaine vieille amie. Il lui nomma tout bas Mme d'Entragues.

Le duc refusa discrètement avec mille civilités amicales. Et Brissac, en arrivant à Ormesson, fut mortifié, mais non surpris d'apercevoir l'hidalgo, l'un des plus déliés espions de l'Espagne, qu'on lui avait expédié pour savoir à quoi s'en tenir sur cette visite chez les Entragues.

Mais comme il était décidé à ne rien ménager pour assurer le succès de son entreprise, il ne songea qu'à assoupir les soupçons de l'hidalgo jusqu'au moment de l'exécution. Il congédia donc son valet, avec la consigne dont il s'aperçut bien que Castil avait remarqué l'importance, et, s'asseyant entre les deux dames de façon à ne point perdre de vue le visage du capitaine :

— Que c'est beau, la campagne, dit-il.— Beaux ombrages, belles eaux, — beautés partout !

Il décocha un de ses clins-d'œil à Marie Touchet. C'était l'appoint du trimestre.

L'hidalgo, distrait par le chuchotement de Brissac à l'oreille de son laquais, s'était levé. Brissac se leva à son tour.

— Que désirez-vous ? demanda M. d'Entragues ?

— J'avais prié tout bas mon valet de m'apporter à boire, et il ne vient pas.

— J'y cours moi-même, se hâta de dire Henriette, qui bouillait d'impatience et cherchait cent prétextes de fausser compagnie.

L'hidalgo se précipita au-devant d'elle :

— C'est moi, dit-il, qui veux épargner cette peine à la senora.

— Quoi! monsieur, dit Brissac, vous me serviriez de page!

Ces mots arrêtèrent le Cid, profondément humilié.

— Asseyez-vous, Henriette; asseyez-vous, capitaine, interrompit sèchement Marie Touchet. N'a-t-on pas ici des pages pour servir et un sifflet pour appeler les pages?

Elle siffla majestueusement dans un sifflet de vermeil, comme une châtelaine du treizième siècle.

Henriette vint se rasseoir avec dépit, l'Espagnol avec regret, Entragues essayant d'échauffer la conversation avec ses hôtes, Mme d'Entragues grondant les serviteurs tardifs, l'Espagnol rêvant au moyen de savoir ce qu'avait dit Brissac au laquais, Brissac songeant au moyen de sortir sans traîner après lui l'Espagnol, Henriette se creusant la tête pour s'évader avant huit heures.

En attendant on buvait frais sans que l'imagination de personne eût rien trouvé d'ingénieux.

Tout à coup deux pages sautillant, pour éviter les lévriers qui mordillaient leurs petites jambes, apparurent à l'entrée du couvert et annoncèrent pompeusement :

— M. le comte d'Auvergne vient d'arriver au château.

— Mon fils! s'écria Marie Touchet émue de surprise.

— Le comte! balbutia M. d'Entragues, effrayé de voir l'effet produit sur l'Espagnol par cette visite imprévue.

Celui-ci dévorait Brissac d'un regard ironiquement triomphant qui signifiait :

— Te voilà pris! tu avais donné ici rendez-vous à M. d'Auvergne. Je m'y trouve. Comment vas-tu sortir de là?

Brissac le devina et se dit :

— Attends, imbécile ; puisque tu prends ainsi le change, je vais te faire voir du pays. Et j'ai trouvé mon moyen.

Cependant, toute la maison était en émoi de cet événement. Mme d'Entragues n'entendait pas raillerie sur le cérémonial. Ses gens s'occupaient donc à recevoir M. d'Auvergne en prince.

Henriette faillit s'évanouir de rage à ce nouveau contretemps ; mais il lui fallut surmonter tout cela pour accompagner Mme d'Entragues.

Celle-ci, pareille à une statue assise qui se dresserait sur son siége, se leva pour aller à la rencontre de son fils. Le cérémonial de la maison de France veut que la reine aille aussi au devant de son fils roi.

L'Espagnol voyant Brissac immobile, le crut déconcerté ; il se rapprocha donc hypocritement pour lui dire :

— Trouvez-vous convenable, monsieur, que nous demeurions dans la société du colonel général de l'infanterie royaliste?

— Bah! en temps de trêve, répliqua Brissac, jouant la naïveté.

— On pourrait mal penser de cette rencontre, ajouta l'hidalgo avec insistance; et cependant vous semblez hésiter.

— J'hésite, j'hésite, parce que ce n'est pas poli en France de s'enfuir lorsqu'il arrive quelqu'un.

Cette feinte résistance avait déjà plongé l'Espagnol aux trois quarts dans le piége.

— Monsieur, dit-il, en y tombant tout-à-fait, je vous adjure, au nom de la Ligue, de ne pas vous compromettre en restant ici, car vous vous compromettez.

— Vous avez peut-être raison, répliqua Brissac.

— Partez, monsieur, partez !

— Eh bien, soit! puisque vous le voulez absolument. Vous êtes une bonne tête, don José!

— Je cours faire préparer vos chevaux.

— Nos chevaux! vous m'accompagnez, je suppose, don José?

L'admirable bonhomie de cette dernière invitation acheva l'Espagnol. Il se figura que Brissac, après avoir voulu un tête à tête avec M. d'Auvergne, voulait maintenant que nul ne fût témoin de ce qui se passerait entre M. d'Auvergne et sa famille. Complots, toujours complots qu'il était réservé à don José Castil de déjouer par la force de son génie.

Au lieu de répondre, l'Espagnol appuya mystérieusement un doigt sur ses lèvres.

Le désespoir de M. d'Entragues, au milieu de cette agitation, était un spectacle bien pitoyable. Que penserait la Ligue de la visite chez lui d'un royaliste aussi suspect? Et cela, quand il sortait de dire à Castil que M. d'Auvergne ne venait jamais à Ormesson! Brissac partait, scandalisé sans doute. Castil fronçait le sourcil. Quel désastre!

D'Entragues courut après les deux ligueurs pour leur faire mille protestations de son innocence. Il s'abaissa jusqu'à jurer à l'hidalgo que la visite de M. d'Auvergne était tout à fait imprévue.

— N'importe, dit Brissac, je ne puis me trouver avec lui sans inconvenance. Il vient d'entrer dans le parterre, prenons une contre allée, don José, pour qu'il soit dit que lui et moi nous ne nous sommes pas même salués. Vous êtes témoin, don José.

— Certes ! répliqua celui-ci.

Brissac pria d'Entragues d'offrir ses excuses aux dames qui comprendraient cette brusque retraite, et après l'avoir salué en affectant beaucoup de froideur, il le laissa désolé.

Castil alors dit à Brissac qui l'entraînait :
— Nous ne sommes pas dupes de cet imprévu, n'est-ce pas, et tandis que vous protesterez par votre départ, je resterai, moi, pour qu'on ne nous joue pas.

— Quoi ! vous me laissez seul, dit Brissac avec les plus affectueux serremens de main; mais c'est vous qui allez vous compromettre. Par grâce, venez.

— Moi, je ne risque rien, dit l'hidalgo, plus que jamais persuadé qu'il allait découvrir toute une conspiration royaliste.

M. de Brissac partit. L'Espagnol revint sur les pas de M. d'Entragues et arriva juste à la rencontre du fils de Charles IX et de Marie Touchet.

M. le comte d'Auvergne portait bien ses vingt ans et son titre de bâtard royal. Il était suffisamment humble et suffisamment insolent. Sa mère lui avait appris à se préférer à tout le monde, même à elle.

Il entra dans le château comme un vainqueur, mais un vainqueur dédaigneux, et saluant sa mère, qui lui faisait la révérence,
— Bonjour, madame, dit-il, — avouez-que je suis un événement ici. Ah ! c'est monsieur d'Entragues que j'aperçois. En vérité, il rajeunit. — Serviteur, monsieur d'Entragues.

D'Entragues s'inclinait ; — le jeune homme aperçut l'Espagnol.

— Don Jose Castil, capitaine au service de S. M. le roi d'Espagne, dit Marie Touchet, pour se hâter d'en finir avec cette désagréable présentation.

Le comte toucha légèrement son chapeau et demanda :
— Monsieur était-il à Arques ?

L'hidalgo grommela un non de mauvaise humeur et s'effaça derrière d'Entragues. Ce dernier, prenant par la main Henriette, la mena en face de son frère.

— Mademoiselle d'Entragues, dit-il, que vous ne connaissez point, monsieur le comte, car vous l'avez vue une seule fois lorsqu'elle était enfant.

Le comte regarda cette belle fille qui le saluait comme un étranger. Il la regarda avec une attention qui n'échappa point au père et à la mère.

— Mais, s'écria-t-il, je la connais, au contraire.

— Comment ! est-ce possible ? demanda Marie Touchet.

— Etait-elle ici hier ?

Ce ton familier, presque méprisant, ne révolta ni les Entragues ni la jeune fille elle-même, tant ils étaient curieux de savoir la pensée du comte.

— Henriette est arrivée seulement hier, répliqua M. d'Entragues.

— Venant de ?...

— De Normandie.

— Elle a passé à Pontoise ?

— Oui.

— Elle était accompagnée de deux laquais ?

— Oui.

— Et montait une haquenée noire, boiteuse du pied hors-montoir ?

— Oui. Comment savez-vous cela ?

— Attendez... En sortant du bac elle s'est accrochée par sa robe à un piquet et a failli tomber.

— C'est vrai ! dit Henriette surprise.

— Et en chancelant elle a montré une jambe très galante, ma foi.

Henriette rougit.

— Eh bien ! monsieur, dit-elle avec un sourire.

— Eh bien ? mademoiselle, vous pouvez vous flatter d'avoir une chance !... cette demi-chute vous a procuré une belle conquête !

— Ah ! dirent à la fois le père et la mère, en souriant aussi.

— Vous devez vous souvenir, continua le comte avec sa cynique familiarité, d'avoir vu trois hommes sous une petite échoppe, près de là, — la cabane du passeur.

— Je ne sais, balbutia Henriette.

— Eh bien, je vous l'apprends. — Savez-vous quels étaient ces trois hommes ? moi, M. Fouquet La Varenne, qui continuait sa route vers Médan, et enfin... ah ! ceci est le bon — le roi !

— Le Béarnais ! s'écria Mme d'Entragues.

— Non, le roi, reprit M. d'Auvergne, le roi, qui a vu Mlle d'Entragues et sa jambe — le roi qui a poussé des hélas ! d'admiration, et qui est amoureux fou de Mlle d'Entragues.

— Est-ce possible ?... dit Marie Touchet, avec une réserve du meilleur goût.

— Quelle folie ! balbutia Entragues, dont le cœur se mit à battre.

— C'est une folie peut-être, mais qui allait avoir des suites, si le roi n'eût été appelé par le passeur. Il s'est embarqué alors, en gémissant de ne pouvoir suivre l'incon-

4

nue, et nous n'avons parlé que de cette figure brune et de cette jambe ronde jusqu'à Pontoise, où nous devions coucher. Diable emporte si je me doutais que ce fût une jambe de famille!

Henriette était rouge comme le feu. Son sein battait, une sorte de vague ivresse montait à son cerveau. Elle, naguère si pressée de regagner son pavillon, s'assit alors près de sa mère en minaudant comme pour agacer son frère et le provoquer à de nouvelles confidences.

— Le roi de Navarre a bon goût, dit Marie Touchet.

— Le roi, — reprit le comte d'Auvergne, — oui, certes, il a bon goût, car Mlle d'Entragues est une petite merveille.

— Le roi sera bien surpris, dit le père, quand il saura de vous que cette inconnue est une fille de noblesse, sœur de son ami le comte d'Auvergne; il le saura, car vous le lui direz certainement.

— Pourquoi faire? murmura Henriette en coquetant.

— Eh! mordieu, s'écria le jeune homme, je gage qu'il le sait déjà, car c'est lui qui m'a envoyé ici aujourd'hui. Profitez de la trêve, m'a-t-il dit, et du voisinage pour aller voir votre mère, afin qu'on ne m'accuse pas de vous séparer d'elle.

— Il a dit cela… donc il ne savait rien, objecta Mme d'Entragues.

— Bah! il ne pouvait pas me dire : Allez annoncer à Mlle d'Entragues que je la trouve belle, non parce qu'il se gêne avec moi, mais enfin c'est la charge de Fouquet La Varenne de faire ces commissions-là.

— Mais pour vous envoyer ici dans ce but… de curiosité… comment *le roi*, dit Mme d'Entragues, aurait-il su le nom de ma fille?

Le jeune homme sourit malicieusement en remarquant les progrès de Marie Touchet qui, cinq minutes avant, ne pouvait appeler Henri que *le Béarnais*, et maintenant l'appelait *le roi* à la barbe de l'Espagnol.

— Est-ce que La Varenne, répliqua-t-il, ne connaît pas tous les jolis minois de France? Ils sont tout rangés, tout étiquetés dans sa mémoire, et, à l'occasion, il en tire un du casier, comme un sommelier tire un flacon de l'armoire.

— Il y a cependant des flacons sur table en ce moment, dit le père Entragues pour continuer la métaphore, sans s'apercevoir de l'inconvenance profonde d'un semblable entretien devant une jeune fille.

— Ma foi, non. Le roi a trop peu réussi près de la marquise de Guercheville, trop réussi près de Mme de Beauvilliers et il avait déjà ébauché une autre passion. Mais cela m'a l'air de vouloir finir avant d'avoir commencé.

— Qui donc? demanda Marie Touchet, aussi excitée que son mari.

Henriette dévorait chaque parole.

— C'est une demoiselle de la maison d'Estrées, à ce que je crois, on l'appelle Gabrielle — c'est une blonde incomparable, dit-on; je ne la connais pas.

— Eh bien? demanda le père Entragues.

— Oh! des complications à n'en plus sortir. Une fille qui se révolte contre l'amour — un père féroce capable de tuer sa fille comme je ne sais plus quel boucher de l'antiquité — le roi se lassera s'il n'est déjà las. Il soupire gros, notre cher sire, mais pas longtemps; le moment serait bien bon à prendre pour devenir…

— Quoi donc? s'écrièrent Marie Touchet avec une fausse dignité, Entragues avec une fausse surprise, Henriette avec une fausse pudeur.

— Reine, sans doute, répliqua ironiquement le cynique jeune homme, — aussitôt que notre roi aura rompu son mariage avec la reine Marguerite. Cela tient à un fil.

— Alors comme alors, murmura Entragues en s'agitant.

— Bah! à ce moment-là, le roi aura bien oublié sa belle inconnue, dit Marie Touchet.

— En admettant qu'il y ait songé jamais, ajouta Henriette rouge et pensive.

Huit heures sonnèrent lentement à Deuil. Le vent du soir apporta chaque coup comme un avis pressant à l'oreille de la jeune fille, sans la tirer de ses rêves. Il fallut que sa mère, changeant la conversation, s'écriât :

— Huit heures!

Alors Henriette réveillée fit un bond sur son siège.

Le père et la mère venaient d'échanger un regard qui signifiait :

— Renvoyons cette enfant pour causer plus librement avec le comte d'Auvergne.

Quelque chose comme le craquement d'une branche au fond du parc, et le hennissement d'un cheval du côté du pavillon des marronniers, troubla le silence général, et Henriette se leva le sourcil froncé.

La nuit commençait à descendre sur les grands arbres; les personnages assis sous le couvert ne se voyaient qu'à peine. L'Espagnol qui pendant toute cette scène curieuse avait constamment cherché aux paroles un sens mystérieux et essayé de lire dans les triviales provocations du comte d'Auvergne comme dans un chiffre diplomatique, se fatigua des mille combinaisons qui s'entrechoquaient dans sa cervelle, et annonça son départ, à cause, disait-il, de la fermeture des portes, qui avait lieu à neuf heures.

Mais son véritable motif, c'est qu'il voulait suivre Brissac, dont le départ si prompt commençait un peu tard à lui inspirer des soupçons.

— Je le rattraperai, se dit l'Espagnol, c'est par-là qu'est le complot.

Il prit donc congé, reconduit avec politesse par Entragues, mais sans l'empressement que d'ordinaire le châtelain savait manifester à ses confrères de la Ligue.

Ce refroidissement après tant de caresses parut maladroit à Marie Touchet, qui ne put s'empêcher de le dire tout bas à son mari.

— Il ne serait pas hospitalier, répliqua Entragues, de faire tant d'amitié à un ligueur en présence d'un royaliste. Le capitaine est Espagnol, c'est vrai, mais après tout M. le comte d'Auvergne est fils de roi, et votre fils !

Là-dessus, Entragues se hâta d'en finir avec Castil, qui ne demandait pas mieux.

Henriette se glissa dans l'ombre et partit sans dire bonsoir à personne, car elle se promettait de revenir bien vite.

Mme d'Entragues, demeurée seule avec le comte d'Auvergne, se préparait à le faire bien parler, quand un page accourant, annonça qu'un gentilhomme, venu en toute hâte de Médan, voulait parler à madame.

— Son nom ? demanda la châtelaine.
— La Ramée.
— Qu'il attende.
— Ne vous gênez pas, madame, dit le comte d'Auvergne, recevez-le.
— Il dit être porteur de nouvelles, ajouta le page.
— Bien importantes, madame, s'écria La Ramée qui avait suivi le page à quelques pas et contenait à peine son impatience.
— Venez donc, monsieur de La Ramée, dit Mme d'Entragues avec inquiétude, venez, puisque M. le comte d'Auvergne le permet...

X.

D'un mur mal joint, et d'une fenêtre mal close.

La Ramée, en se présentant, n'avait plus à bonne mine. Le voyage un peu rapide, les suites de son exaltation de la journée, l'incubation d'une mauvaise pensée avaient reflété une teinte sinistre sur son visage.

La dame d'Entragues qui brûlait de se trouver seule avec lui, n'osa cependant pas le prendre à part tout de suite. Elle fut aidée en cela par l'intelligence du jeune homme ou plutôt par sa méchanceté.

En effet, sachant qu'il était en présence du comte d'Auvergne, un royaliste, La Ramée débuta ainsi :

— Je vous apporte, madame, une fâcheuse nouvelle de la guerre.

— Comment, de la guerre ? dit M. d'Entragues, qui revenait de conduire l'Espagnol. Est-ce que nous sommes en guerre, monsieur La Ramée ?

Puis, se tournant vers le comte d'Auvergne, elle lui expliqua ce qu'était La Ramée — le fils d'un voisin de terres.

— Nous sommes en paix, ou plutôt nous y devrions être, monsieur, répliqua le jeune homme; mais c'est seulement en paroles et sur le papier. De fait, nous sommes en guerre, attendu qu'aujourd'hui même les soldats du Béarnais...

— Du roi ! dit M. d'Entragues, inquiet d'un froncement de sourcils du comte d'Auvergne.

— Des soldats, continua La Ramée avec une volubilité qui témoignait de sa colère, ont forcé l'entrée de notre maison, pillé les vivres et provisions, et enfin incendié...

— Incendié ! s'écria Mme d'Entragues.

— Votre grange, madame, où était rentrée toute la récolte de cette année pour votre consommation de chasse.

Mme d'Entragues se tut sur un signe de son mari, mais ce silence de tous deux était éloquent ; il demandait l'avis de M. d'Auvergne.

Celui-ci, sans avoir perdu un moment le froid sarcasme de son sourire :

— Quels soldats ont fait cela ? dit-il.
— Ceux qu'on nomme les gardes.
— Ah ! les gardes. Eh bien, mais il y a dans la convention de la trêve un article...

La Ramée répondant au sarcasme par le sarcasme !

— Dans notre pays, répondit-il, c'est avec le papier de cet article que les soldats mettent le feu aux granges.

— Vous êtes-vous plaint à un chef ? dit le comte d'Auvergne.

— Oui, certes, monsieur.
— Eh bien, demanda M. d'Entragues ?
— On m'a proposé de me faire pendre.

Le comte d'Auvergne partit d'un éclat de

rire si bruyant qu'il enflamma de fureur les yeux de La Ramée.

— M. le comte est bon royaliste, murmura-t-il en serrant les dents et les poings.

Marie Touchet parut bien un peu scandalisée de cette joie du fils de Charles IX, mais M. d'Entragues, perplexe entre la colère du propriétaire et la complaisance du courtisan, souriait d'un côté et menaçait de l'autre comme un masque de Chrémès.

— Je parie qu'il s'est adressé à Crillon ! ajouta M. d'Auvergne en se tenant les côtes.

— Précisément, dit La Ramée, et c'était une grande sottise de ma part, je l'ai éprouvé. Aussi ne me plaindrai-je plus dorénavant, je me ferai justice moi-même.

— Vous serez écartelé, mon pauvre garçon, dit le comte d'Auvergne en se remettant à rire. Ma foi, cela vous regarde.

Et avec son habileté ordinaire, quand la conversation devenait compromettante, il tourna les talons en prenant le bras de M. d'Entragues, tout consolé de sa paille brûlée, par l'espoir de reprendre avec son beau-fils une autre conversation.

La Ramée demeura seul avec la châtelaine. Celle-ci baissait la tête. Elle sentait l'affront, elle sentait les frémissemens de La Ramée. Cependant elle n'osait point s'irriter en présence de cette raillerie du comte d'Auvergne.

— Prenez-en votre parti, dit-elle au jeune homme. Après tout, le mal est réparable.

La Ramée baissant la voix :

— C'est vrai, madame. On peut éteindre un feu. Il s'éteint souvent de soi. Mais un secret qui court et qui dévore l'honneur d'une famille, comment l'éteindre ?

— Que voulez-vous dire, s'écria Marie Touchet avec un mouvement d'effroi.

— L'incendie de la grange est le moindre de nos malheurs, et ce n'est pas le motif de ma visite si rapide ; vous vous souvenez, madame, que vos terres en Vexin sont contiguës aux nôtres ; que mon père n'est pas un indifférent pour M. d'Entragues, et que j'ai été élevé, pour ainsi dire, avec vos filles.

— Sans doute, je m'en souviens.

— Pour l'une d'elles, pour l'aînée, pour Mlle Henriette enfin, j'ai pris, vous ne l'ignorez pas, une amitié si vive...

Marie Touchet fit un geste d'impatience.

— Vous m'y avez autorisé, dit aussitôt La Ramée, le jour où vous adressant à moi comme à un de vos proches, vous avez bien voulu me confier que la cadette, Mlle Marie — une enfant ! risquait d'être compromise par légèreté, ayant donné à l'un de vos pages, une bague... Oh ! Dieu m'est témoin que je ne m'alarmais pas comme vous, — elle avait douze ans à peine — et j'appelais cette faute une étourderie sans conséquence — mais comme vous fîtes appel à mon dévoûment...

— Oui, je sais tout cela, dit précipitamment la châtelaine. Vous avez repris et rapporté cette bague. C'est un immense service, que je saurai reconnaître comme il convient.

— Je l'espère, madame, dit La Ramée en tremblant, car j'ai compromis mon salut éternel pour venger votre honneur, j'ai tué un homme, et, depuis ce jour, bien des choses m'ont été révélées que j'ignorais.

— Comment ? fit Marie Touchet inquiète.

— Oui, madame, je croyais que l'homme une fois mort, on ne le revoit plus, que le secret une fois enseveli ne ressuscite jamais. Eh bien, je me trompais : le visage pâle et morne du gentilhomme huguenot reparaît incessamment à mes yeux, lumineux dans les ténèbres, livide et mat dans la lumière. Quant au secret, nous ne sommes plus seuls à le savoir vous et moi ; car, tantôt, dans le camp des gardes du Béarnais, où je m'étais rendu pour faire punir les voleurs et les incendiaires... ces gardes !... je voudrais les voir tous détruits, peut-être parmi tant de fantômes ne reconnaîtrais-je plus celui du huguenot ; eh bien, madame, dans le camp des gardes, un jeune homme s'est opposé à moi et m'a dit à l'oreille notre secret si chèrement acquis, notre secret de famille...

— Il vous a dit ?

— Aumale... la haie d'épines... le gentilhomme assassiné !

— Et... la bague ?

— La bague aussi, avec ses armoiries.

— Malheur !... qui donc est ce jeune homme ?

— Je ne sais pas son nom, mais je n'oublierai jamais sa figure, et quelque chose me dit que je le retrouverai.

— Il le faudra, dit Marie Touchet d'une voix sombre.

— Maintenant, madame, de qui peut-il avoir appris ce que nous deux seuls croyons savoir. Cherchons dans votre famille. — Mlle Marie a peut-être connu la vérité ?

— Jamais. Marie est dans un couvent. Destinée à faire profession, elle n'a plus besoin de s'intéresser aux choses de ce monde. — D'ailleurs, c'est une enfant qui ne se souvient plus...

— Elle a peut-être confié ses chagrins à sa sœur Henriette.

Mme d'Entragues avec une assurance étrange :

— Non, dit-elle, non. Ce n'est pas Marie, et si c'est Henriette, il faudrait donc qu'elle eût trouvé un confident bien sûr, bien intime.

La Ramée sembla comprendre, car son visage prit une expression de menace effrayante.

Mme d'Entragues se hâta de dire alors :

— Nous causerions mal de ce sujet en un pareil moment. M. le comte d'Auvergne passe ici la soirée, la nuit peut-être. Demeurez au château, et nous trouverons une occasion de renouer cet entretien.

La Ramée, profondément rêveur, écoutait à peine ces paroles. Il ne remarquait pas non plus avec quelle insistance Marie Touchet l'éloignait. Elle, plus clairvoyante ou moins distraite, observa cet air pensif et le prit pour un muet reproche.

Apparemment crut-elle dangereux de laisser partir La Ramée sur une mauvaise impression, car elle lui toucha légèrement le bras et lui dit :

— A propos, comment va monsieur votre père ?

— Toujours moins bien. Sa blessure est mal soignée. Nous n'avons pas de médecin et la chaleur de cette saison est bien mauvaise pour les plaies.

— Je ne vous prie pas de souper avec nous, dit Marie Touchet après cette réparation de politesse, M. le comte d'Auvergne n'aime pas les nouveaux visages, et d'ailleurs vous vous êtes montré à lui un peu trop ligueur.

— Vous plaît-il que je m'en retourne à Médan ? dit froidement La Ramée.

— Oh ! je ne dis pas cela.

— Ne vous gênez point, continua le jeune homme avec une amertume courageusement déguisée. Mon cheval est un peu las, mais j'en prendrai un frais ici. Je ne voudrais pas que M. le comte d'Auvergne fût attristé par mon visage funèbre. Seulement, avant de partir, je vous demanderai la grâce de saluer Mlle Henriette, que je n'ai pas vue depuis si longtemps, et qui doit être bien embellie.

Il y avait au fond de toutes ces paroles prononcées par une bouche calme quelque chose de sinistre comme le silence qui précède les tempêtes.

Mme d'Entragues ne trouva pas que ce fût acheter bien cher le départ d'un hôte gênant.

— Voir Henriette, dit-elle, mais c'est trop juste. Elle était là il n'y a qu'un instant. Je crois qu'elle s'est retirée chez elle, vous savez le chemin du pavillon, je crois ? Allez-y donc et heurtez à la porte, Henriette vous ouvrira ou descendra dans le parc. Je vous laisse pour retrouver mon fils.

La Ramée s'inclina presque joyeux. Il avait la permission d'aller voir Henriette. Mme d'Entragues partit satisfaite de son côté, car elle redoutait encore plus la complicité de La Ramée que celle de tout autre. La Ramée pour elle n'était plus seulement un confident, c'était un créancier envers lequel, dans un moment de détresse, elle avait contracté une dette qu'il lui était impossible de payer.

— Qui sait, se dit-elle en rejoignant son fils et son mari, si ce La Ramée ne me parle pas de son fantôme et de la résurrection de notre secret pour m'effrayer et me pousser à lui accorder Henriette. Mais à présent le péril est loin. Marie absente ne peut donner d'explication. Henriette ne se trahira pas elle-même et saura se défaire seule de ce fatigant La Ramée.

Elle marchait toujours, en rêvant ainsi.

— Evidemment, poursuivit-elle dans sa méditation, c'est La Ramée qui me tend ce piège. Ce jeune homme qui l'aurait tant effrayé au camp des gardes est un personnage d'invention, j'ai accusé Marie pour justifier Henriette, ma fille favorite, mon aînée, qu'il faut établir la première. Mais si Urbain avant sa mort avait tout conté à ce jeune homme, ce n'est pas le nom de Marie qu'il aurait prononcé. Donc, La Ramée croit me duper, et il est ma dupe. Ou bien, serait-ce Henriette qui aurait confié notre fable à quelqu'un, à ce jeune homme mystérieux... mais quand ? comment ? dans quel intérêt ? sous quelle influence ?

Mme d'Entragues se heurtait là comme tous les gens de ruse et d'intrigue à un écueil inconnu. Elle ne pouvait savoir le motif si simple qui avait forcé les fausses confidences de la jeune fille. Cette ignorance la rassura pleinement. Elle rentra dans sa sécurité. Le réveil devait être douloureux.

A peine eut-elle rejoint M. d'Entragues et le comte d'Auvergne, que toutes ses visions lugubres se dissipèrent. Elle trouva les deux courtisans occupés à tresser la chaîne fleurie de leur déshonneur. On se mit à discuter à trois les chances de succès, les chances de revers; on analysa les beautés, les défauts; on parla du passé, de la fameuse époque, de la gloire de la famille; on repassa les vers de Desportes et les vers de Charles IX.

Que ne devait-on pas attendre d'un prince nouveau, un peu avare encore, c'est vrai, mais dont le cœur ouvrirait la bourse !

Le roi, s'il abjurait, avait des chances. S'il restait huguenot, il ne finirait pas moins par se faire une très grande position en France avec son épée. S'il ne devenait pas roi, il serait toujours un héros, soutenu par l'Angleterre et l'immense parti des réformés. Son avenir ne pouvait décroître. Sa maison serait toujours un palais, si elle n'était même une cour. Quel danger y avait-il à suivre la fortune d'un pareil prince ? Le pis aller, c'était un bon mariage, et la royauté de Navarre après l'exclusion de la reine Marguerite.

Tant de rêves bâtis sur l'empreinte que le petit pied d'une jeune fille avait laissée en un peu de sable !

Les trois convives soupèrent gaîment. Ils parlaient de ces énormités à mots couverts comme des bandits parlent l'argot. On eut la pudeur des termes, pour ne point scandaliser les laquais, ou plutôt pour ne pas compromettre de si beaux projets en les vulgarisant.

Quant à l'objet de la combinaison, il n'était pas là ; inutile de la ménager. Henriette venait de se faire excuser près de sa mère de ne pas paraître au souper. Fatiguée, disait-elle, elle préférait se reposer seule dans sa chambre ; elle avait même congédié sa camériste. Marie Touchet la crut en conversation avec la Ramée, elle se garda bien d'insister. Le comte d'Auvergne ne se plaignait pas de la liberté qui résultait de cette absence. Il en profita de toutes les manières, car, après avoir mis à sac le buffet et la cave, il lança quelques attaques contre la caisse maternelle.

C'était un grand vaurien, bien dangereux que ce faux prince. Combien de fois n'eût-il pas été pendu dans sa vie, si son père se fût appelé Touchet ou même Entragues. Il commençait de bonne heure par le plus éhonté cynisme, cette carrière de petits vols, de sordides coquineries, qui ne s'élevèrent jamais assez haut pour lui mériter au moins la royauté des brigands.

Après avoir adroitement parlé de la faveur dont il jouissait près de Henri IV, il raconta quelques traits de la pénurie qui empêchait cette faveur d'être lucrative.

Il avait de l'esprit et la facilité de tout dire. Il divertit d'abord ses hôtes, et après les avoir fait rire, comme il avait su les intéresser pour eux-mêmes, il jugea que sa cause était gagnée.

En effet, Mme d'Entragues fit un signe à son mari, et le complaisant beau-père offrit le plus gracieusement du monde, comme il convient qu'on offre à un prince, deux cents pistoles de celles qu'il empilait avec force soupirs dans son bahut d'ébène, présent de Charles IX.

Le comte accepta, se remit à boire, et on renvoya décidément les laquais et les pages pour causer à cœur franc et à lèvres ouvertes.

M. d'Auvergne redit, avec des commentaires nouveaux, l'impression que la vue d'Henriette avait produite sur le roi. Il sacrifia en trois ou quatre épigrammes la blonde fille de M. d'Estrées à la brune enfant des d'Entragues. Il cita des prédictions — vieux hochets de famille — qui pronostiquaient la royauté à quelque branche de sa famille. Pour lui, déjà ivre, plus de difficultés, plus de retards. La première personne qui entrerait au château serait à n'en pas douter Henri IV venant demander Henriette à ses parens.

Déjà M. d'Auvergne appelait le roi beau-frère et M. d'Entragues lui eût dit : — Touchez-là, mon gendre.

Une demi-heure à peu près s'écoula dans cette charmante intimité. L'établissement de la sœur Henriette se construisait à vue d'œil.

Tout-à-coup, lorsque Mme d'Entragues savourait avec le plus de sécurité les poisons de ce tentateur, un bruit singulier sur la vitre de la grand-porte appela son attention de ce côté.

Elle seule avait le visage tourné vers cette porte, à laquelle Entragues et le comte se trouvaient adossés. La nuit au dehors était d'autant plus noire que la salle était plus éclairée.

Quelque chose de pâle, rehaussé de deux points de feu, vint se coller sur la vitre, et Mme d'Entragues reconnut le visage de La Ramée décomposé par une expression qu'elle ne lui avait pas encore vue.

Auprès de cette effrayante figure, un doigt inquiet répétait incessamment le signe qui appelle. Et quand on songe à l'impérieuse familiarité de ce signe, à son inconvenance eu égard à la dame châtelaine, on comprendra combien fut étonnée et épouvantée à la fois Marie Touchet qui, malgré sa majesté révoltée, voyait toujours derrière la vitre ce doigt maudit qui lui disait : Venez !

En proie à des craintes que l'événement ne devait que trop justifier, elle se leva, sans même avoir attiré l'attention des deux hommes, qui en ce moment unissaient leurs cœurs et leurs verres, elle obéit au geste de La Ramée et sortit dans le jardin.

— Qu'y-a-t-il encore, demanda-t-elle avec hauteur, êtes-vous fou, monsieur?

— Peut-être, madame, car je ne sens plus que ma tête m'appartienne.

— Que voulez-vous de moi ?

— Suivez-moi, je vous prie.

La Ramée frissonnait, ses mains glacées avaient saisi les mains de Mme d'Entragues.

— Où me menez-vous? dit-elle sérieusement, effrayée de cette voix rauque, de ce regard effaré.

— Au pavillon de Mlle Henriette.

Mme d'Entragues tressaillit sans savoir pourquoi.

— Qu'y verrai-je, monsieur ?

— Je ne sais si vous verrez, mais vous entendrez, à coup sûr.

— Expliquez-vous !

— Et d'abord, madame, savez-vous si Mlle Henriette n'attendait pas quelque visite ce soir ?

— Aucune, que j'aie autorisée du moins.

— Alors, venez, il le faut.

La Ramée appuya sur son bras le bras tremblant de Mme d'Entragues, et la guida plus vite que le cérémonial ne l'eût permis, vers l'extrémité du parc, à l'endroit où s'élevait le pavillon sous les marronniers.

— La porte est fermée, dit-il alors tout bas, et j'allais frapper tout à l'heure, lorsqu'il m'a semblé entendre là haut des voix, par une fenêtre maladroitement ouverte.

— Comment des voix, puisque Henriette est seule?

La Ramée sans répondre leva le bras vers le bâtiment, d'où s'échappaient voilés il est vrai, et inintelligibles, mais parfaitement reconnaissables, les accents d'une voix qui n'était pas celle de la jeune fille.

Marie Touchet entendit. Bientôt la voix de Mlle d'Entragues répondit à l'autre, et les deux voix se mêlèrent dans un duo des plus vifs qui n'annonçait rien d'harmonieux.

— Il y a un homme là haut, murmura la mère à l'oreille de La Ramée.

— Oui, fit celui-ci de la tête.

— Comment un homme se serait-il introduit chez Henriette ?

La Ramée amena Mme d'Entragues près du mur de clôture, au travers duquel, grâce à une crevasse, il lui montra dans les orties et le taillis de marronniers, de l'autre côté, un cheval qui broutait tranquillement en attendant son maître.

— Je vais appeler ma fille, dit Marie Touchet.

— Elle fera évader l'homme par la fenêtre, dit La Ramée ; avez-vous une clé de la porte du bas ?

— Assurément, et je vais la chercher.

La Ramée l'arrêta.

— Ils auront tiré les verrous peut-être, et le bruit que vous ferez pour ébranler cette porte les avertira.

— Que faire alors!

— Ce pavillon a-t-il deux issues?

— Non, à moins que vous n'appeliez issue la fenêtre qui donne sur les champs.

— C'en est une. Puisqu'on entre par là chez Mlle Henriette, on en peut sortir par-là.

— Eh bien, je n'en connais pas d'autre.

— Madame, vous allez heurter à la porte en bas. En reconnaissant votre voix, mademoiselle Henriette ne pourra manquer de vous ouvrir.

— Mais la fenêtre ?

— Je me charge de la garder, dit La Ramée, et je réponds que nul ne s'échappera de ce côté; frappez, madame.

Aussitôt il disparut à travers les arbres.

XI.

Or et plomb.

Ce cheval qui broutait derrière le mur avait pour maître Espérance, qui, arrivé au moment même où huit heures sonnaient à Deuil, s'était mis tout joyeux à reconnaître la place.

Les amans sont d'excellens topographes. Henriette avait décrit parfaitement son pavillon et tous les alentours. Espérance reconnut sans effort les indications de sa maîtresse. Comme il avait tourné autour du château, évitant les chemins trop frayés, la ligne des murs lui servit de guide, et le mena tout naturellement au pavillon, qui formait l'un des angles.

Nous l'avons dit, l'ombre descendait sous les feuilles touffues. Espérance promena un long regard autour de lui, ne vit que des paysans cheminant bien loin vers leurs chaumières, et sauta en bas de son cheval.

La pauvre bête attendait ce moment avec impatience. Elle se mourait de faim et de soif ; un ruisseau jaillissant pour ainsi dire sous ses pieds poudreux, de longues tiges d'herbe et de jeunes pousses qui s'offraient avec complaisance, indemnisèrent l'animal.

Il plongea ses naseaux fumans dans l'eau

fraîche et tout fut oublié, la chaleur du jour, la course forcée, l'éperon injuste.

Espérance, après s'être assuré que le licol était bon et d'une longueur suffisante pour laisser une heure de libre pâture à son cheval, s'occupa de son escalade. La tâche n'était pas difficile et le moment était bien choisi.

Personne aux environs; personne, il est vrai, au balcon pour l'attendre, mais à quoi bon? Henriette guettait peut-être derrière les rideaux. Le principal était que la fenêtre fût ouverte. Or, on voyait les deux battans ouverts.

Poser un pied sur la selle du cheval, s'accrocher des mains à une branche de marronnier, lancer son autre pied sur une autre branche, tout cela fut l'affaire de quatre secondes et s'accomplit d'un seul élan.

Il y eut bien un craquement dans le marronnier; il y eut bien quelques égratignures à l'habit et à la peau, mais qu'importe? Est-ce que la peau ne repousse pas, et la branche aussi? Les vieux marronniers ont tant de sève, et les jeunes gens, donc!

Une fois sur le balcon, Espérance regarda dans la chambre avec circonspection. Elle était vide.

Il s'y glissa pour ne pas rester en vue du dehors. Cette chambre tapissée de vieux damas vert, lui parut vaste et sombre. Un pêle mêle d'oiseaux effarouchés se culbutant dans une grande volière, fit peur d'abord à Espérance et puis le fit sourire. Il entendit son cheval qui hennissait comme pour le rappeler et lui dire adieu.

Le jeune homme, se voyant seul, passa en revue tout ce qui s'offrait à ses regards. Cette chambre n'avait qu'une fenêtre, celle-là même par laquelle Espérance était entré, et qui donnait sur le balcon. Ce n'était pas la chambre à coucher d'Henriette, car le lit se trouvait dans un grand cabinet à gauche, éclairé par une petite fenêtre sur le parc, avec des barreaux de fer entrelacés.

La chambre d'une femme aimée ! Ce n'est pas un spectacle qui laisse froid et sans palpitation un cœur de vingt ans. Les rideaux ont retenu son souffle; le tapis, ses pieds nus l'ont foulé. Chaque usage est poétisé par l'amour, chaque muet détail devient éloquent. Elle présente, il n'y a qu'elle; absente, elle s'y trouve cent fois.

Espérance contemplait cet appartement avec une sorte d'attendrissement vague. Déjà, pour lui, Henriette ne représentait plus l'adorable maîtresse, que notre orgueil d'amant divinise jusque dans sa chute qui est notre ouvrage. Les paroles de Crillon, retentissant encore à son oreille, enlevaient à Henriette son prestige le plus beau. Espérance l'accusait mentalement, non plus de faiblesse, mais de mensonge: la désirait-il? c'est possible—l'aimait-il encore? c'est douteux—l'aimait-il moins? c'est sûr.

Cependant il subissait l'irrésistible influence de cette retraite silencieuse, déserte. Au lieu de la liberté des bois et des plaines, qui fait deux amans égaux, puisque là le ciel est commun à tous deux, et qu'ils sont les hôtes de Dieu seul, Espérance se voyait emprisonné pour ainsi dire sous le toit de sa maîtresse, entouré d'objets inconnus qui l'accueillaient en étranger. Aussi les oiseaux, effarouchés par sa présence, le parquet, criant aigrement sous son pied, le rideau, rebelle à sa main, lui parurent-ils de mauvaise humeur. Il se trouva étrange dans le miroir de la jeune fille, et se figura que, s'il voulait s'asseoir, le siège le repousserait.

— Là-bas, pensa Espérance devenu triste, la forêt se faisait belle pour nous appeler ; je voyais poindre des violettes dans la mousse, à l'endroit où je conduisais Henriette, et les oiseaux, loin de s'enfuir, venaient au-dessus de nous se jouer sur les branches. J'avais fait amitié, dans certaine clairière, avec un chardonneret qui nous rendait exactement visite et amenait des camarades musiciens pour nous offrir le concert. Est-ce donc parce que là-bas il y avait la foi et qu'ici c'est le doute ; est-ce parce qu'ici j'apporte la défiance et que là-bas on apportait l'amour?

Il en était à soupirer, quand un verrou se ferma à l'étage inférieur. Un petit pas rapide retentit dans l'escalier. Espérance sentit tout son courage l'abandonner. Le pas d'une maîtresse qui accourt éveille toujours un écho dans notre cœur.

Il avait déjà oublié Crillon, les reproches et l'exorde de son interrogatoire préparé. Caché par prudence derrière les plis du rideau, car il faut tout prévoir, et Henriette pouvait n'être pas seule, Espérance quand il vit entrer la jeune fille, sans gardiens et sans servantes, sortit précipitamment de sa cachette, l'œil amoureux, les bras ouverts.

— Ah ! vous voilà, dit-elle d'un ton si étrangement sec et d'un air si distrait que le jeune homme en fut glacé malgré lui.

Mais nous savons qu'il ne pouvait croire le mal, et que chez lui tout nuage s'évaporait au souffle seul de sa vie.

— Qu'avez-vous? dit-il à sa maîtresse; êtes-vous poursuivie, avez-vous peur?

Elle ne répondit pas. Elle tournait et retournait sa tête avec plus d'embarras que d'effroi.

— Si vous voulez, ajouta-t-il, je vais redescendre par le balcon, et je remonterai quand vous serez tout-à-fait rassurée.

En disant ces mots, il joignait l'action aux paroles et gagnait la fenêtre.

Elle l'arrêta.

— Non, dit-elle, plus tard ; puisque vous êtes là, profitons de ce moment pour causer.

Ce *puisque vous êtes là* fit dresser l'oreille à Espérance. La phrase lui parut illogique sinon discourtoise; cependant sa provision de complaisance et de candeur n'était pas épuisée. Il prit le change et répondit :

— Oui, chère belle, causons.

Et il entoura Henriette de ses bras.

Elle fit, pour se dégager, un mouvement si adroit et si rapide, qu'il ne le sentit qu'en la voyant s'asseoir à deux pas de lui, sur une chaise.

Il détacha son épée, la posa sur un meuble près du balcon, et s'agenouilla près d'Henriette, accoudé sur le bras de sa chaise. Alors il attacha sur la jeune fille son regard profond dans lequel se reflétait toute son âme. L'image était parfaite, le miroir sans prix. Henriette, si elle eût regardé cette noble et adorable figure, cette bouche pensive à la fois et souriante, n'eût pas résisté au désir d'y coller ses lèvres ; mais elle aussi rêvait et ne regardait pas.

— Il me semble, dit Espérance avec douceur, que vous me payez mal mon voyage, Henriette, et la fatigue, et la soif, et tout l'ennui que j'ai eu de vous perdre ces trois jours passés. Au moins ai-je donné tout à l'heure à mon brave cheval de l'eau fraîche, de l'herbe tendre et mes caresses. A défaut du picotin, il s'est déclaré satisfait. Mais vous, méchante, vous ne me donnez rien.

Henriette poussa un soupir.

— Gageons que je suis meilleur que vous, continua Espérance, et que je n'ai rien oublié de ce qui peut vous plaire, ou du moins vous distraire. Vous ne vous souvenez peut-être plus qu'il y a dix jours, en Normandie, au bord de notre petite fontaine Eau claire, quand vous rouliez des gouttes d'eau sur des feuilles de noisetier, vous me fîtes admirer ces diamans, et me dites qu'ils ressemblaient à ceux de votre mère. Alors je versai ces gouttes brillantes sur vos beaux cheveux noirs, et elles tombèrent au bord de votre charmante oreille rouge, où je les bus, tout diamans qu'elles étaient.

— Eh bien ? dit Henriette.

— Eh bien, j'avais feint seulement de les boire. Le feu de mon baiser les a durcies. Je vous les rends assez solides pour demeurer à vos oreilles.

Il lui offrit les diamans que Crillon avait tant regrettés. Ils eurent le bonheur de lui plaire, et elle leur adressa un regard moins terne qu'à Espérance.

— Vous êtes bon, dit-elle.

— Ah ! vous en convenez, s'écria ce brave cœur avec une gaîté si franche que pour toute autre femme elle eût été irrésistible. Voyons, déridez-vous, et ne me faites pas voir une Henriette que je ne connais pas à la place de cette charmante maîtresse tant aimée.

Elle se leva presque, à ce mot, et, repoussant l'écrin, encore ouvert sur ses genoux :

— Il faut que je vous parle, dit-elle du même ton glacial qu'elle avait pris à son arrivée.

Espérance, surpris, ramassa les pendans d'oreille et les plaça sur la table.

— J'ignore absolument, dit-il d'un ton de dignité sans colère, ce que vous pouvez avoir à me dire avec un pareil accent. Il faut que le séjour dans la maison paternelle vous ait fait faire des réflexions. — C'est possible, après tout.

— C'est cela, monsieur Espérance, j'ai fait des réflexions.

— Monsieur ?... répéta le jeune homme, de plus en plus blessé. Alors je vous appellerai mademoiselle.

— Ce sera mieux, entre gens destinés à se séparer.

— Ah ! dit Espérance suffoqué, comme serait un homme qui s'enfoncerait pas à pas dans un lac de glace.

— La séparation est inévitable; elle est forcée. Vous devez voir à ma tristesse, à l'hésitation de chacune de mes syllabes, combien il m'en coûte pour vous l'annoncer.

— Aurait-on découvert notre intelligence? dit Espérance avec son inépuisable crédulité.

— A peu près.

— Avec de l'adresse, de la prudence, nous détournerons les soupçons.

— Cela ne suffirait pas, monsieur Espérance, et le danger évité une fois se représenterait infailliblement. Ce qu'il importe, c'est que notre secret meure à jamais entre nous ; c'est que vous m'aimiez assez pour m'oublier.

— Comment alliez-vous ces deux mots là,

mademoiselle? Aimer et oublier ne vont pas ensemble. D'ailleurs, pourquoi me demanderiez-vous de vous aimer encore si vous ne m'aimez plus?

— Je ne dis pas cela... Tous les jours on obéit à la nécessité.

— Quelle nécessité?

— Mais... il s'en rencontre de cruelles, dans la vie d'une femme.

— Voudriez-vous épouser quelqu'un?

— Si ce n'est moi qui le veux, c'est peut-être ma famille.

Henriette prononça cette réponse avec tant de sécheresse et d'orgueilleuse provocation, que le jeune homme se sentit mordu au cœur. Il lui sembla qu'il venait d'être attaqué, touché même, et que ce serait une lâcheté de ne pas répondre par un coup énergique à l'attaque sans pitié qu'on venait de lui envoyer. Ce coup vengeur, Crillon le lui avait enseigné pendant la route.

Il se redressa le front assombri, passa une main frémissante dans ses beaux cheveux, et dominant cette femme assise de toute sa taille, de toute sa beauté de corps et d'âme :

— Mais, mademoiselle, lui dit-il, je ne sais pas si vous agirez prudemment en laissant votre famille vous chercher un mari.

Elle le regarda, surprise.

— Un mari, continua-t-il, sera exigeant. Ce n'est plus un amant qui s'extasie et remercie à deux genoux, et, quand il ne le demande pas lui-même, accepte toujours le bandeau qu'une femme lui met sur les yeux.

Henriette, en écoutant ces étranges paroles, restait indécise entre l'étonnement et la colère.

— Un mari, poursuivit Espérance, vous demandera compte de toute votre vie, mademoiselle, et chacune de vos actions lui fournira matière à questions et à recherches.

— Je ne suppose pas, répliqua Henriette pâlissant, que ces questions et ces recherches puissent jamais tourner à mon déshonneur... Vous êtes un honnête homme, monsieur, je le crois du moins, et qui que ce soit vous ferait vainement des questions à mon sujet. Mon secret ne peut donc être révélé que par vous... dois-je craindre qu'il le soit jamais? Si vous vous défiez de vous-même, dites-le, du moins, pour que je sache à quoi m'en tenir.

Le cœur loyal d'Espérance battait au moment de porter le grand coup. Mais il reprit courage sous le regard venimeux de l'adversaire.

— Votre secret, mademoiselle, dit-il d'une voix émue, ne court aucun danger. Je parle du secret qui nous est commun. Celui-là, je vous le garantis, mais celui-là seul. Je ne puis m'engager pour les autres.

— Que prétendez-vous dire? s'écria Henriette avec un serrement de cœur qui retira de son visage le peu de sang que cette discussion y avait laissé. Quels autres secrets puis-je avoir?

— Cela ne me regarde pas, mademoiselle, mais votre mari s'en occupera; et au lieu de croire, comme je l'ai fait, à cette bague donnée par Mlle Marie d'Entragues, enfant de douze ans, au page de votre mère, il vous demandera si ce n'est pas vous plutôt qui aviez donné la bague qu'un assassin a volée pour vous au cadavre d'Urbain du Jardin.

Henriette devint livide, poussa un cri sourd et chancela sous l'autorité de ce regard ferme et de cette parole hardie. Espérance se croisa les bras et attendit la réponse.

— Qui vous a appris ce nom? murmura-t-elle avec angoisse.

— Peu importe. Je le sais, voilà l'essentiel.

— Mais enfin, de quoi m'accusez-vous, en rapprochant ce nom du mien?

— Je croyais vous l'avoir dit, mademoiselle, et votre égarement prouve assez que vous m'avez compris.

— Je sens une calomnie, une injure et je me révolte, voilà tout. D'ailleurs, comment se fait-il que vous veniez m'accuser aujourd'hui d'un crime que vous ne me reprochiez pas il y a trois jours?

— Parce que je ne le sais que depuis deux heures.

— Et alors, reprit-elle vivement, pourquoi il y a dix minutes étiez-vous à mes pieds me rappelant des souvenirs d'amour?

— Parce que il y a dix minutes j'espérais encore ce que je n'espère plus maintenant.

— Quoi donc?

— Vous trouver innocente.

— Nommez-moi les calomniateurs !

— Que vous sert-il de les connaître? Tout à l'heure vous m'avez congédié, c'est signe que vous ne m'aimez plus. Quand on cesse d'aimer les gens, s'occupe-t-on de ce qu'ils pensent?

— Evidemment, monsieur, je tiendrais peu à l'estime d'un homme qui manquerait assez de confiance envers moi pour m'attribuer...

— Ce qu'on attribue à votre sœur, à une pauvre absente que vous laissez accuser, que vous accusez vous-même.

— Mais, monsieur, vous m'insultez.

— La colère n'est pas une réponse.

— L'insulte n'est pas une preuve, et si vous n'êtes venu que pour m'insulter, vous eussiez mieux fait de ne pas venir.

Espérance était bon, mais il n'était pas faible. Cette nouvelle agression l'exaspéra.

— Je ne suis venu, mademoiselle, dit-il, que pour répondre à l'invitation que j'avais reçue de vous.—Car vous m'avez appelé, ne vous déplaise, et je porte heureusement sur moi ma lettre d'audience. — Peut-être me direz-vous qu'elle n'est pas de vous, car la personne qui vient de me traiter ainsi n'est pas celle qui écrivait :

« Cher Espérance, tu sais où me trouver, tu n'as oublié ni l'heure ni le jour fixés par ton Henriette qui t'aime. »

— N'est-ce pas, mademoiselle, ajouta-t-il en mettant le billet ouvert sous les yeux de la jeune fille frémissante, n'est-ce pas que vous ne vous comprenez pas d'avoir pu écrire ces lignes et d'avoir peut-être pensé ce que vous écriviez !

Henriette, en effet, venait de voir avec épouvante le billet dans la main d'Espérance. Lui, calmé par l'évaporation de la première colère, plia tranquillement la feuille et la remit dans la bourse brodée qu'il portait à sa ceinture. Les yeux d'Henriette dévoraient ce papier accusateur et brillèrent de fureur en le voyant disparaître.

— Ainsi, reprit le jeune homme, je ne suis venu vous voir que pour continuer notre rôle d'amans interrompu par votre absence. En route j'ai su votre faute et votre mensonge. On me conseillait de rebrousser chemin. Par faiblesse j'ai voulu obtenir de vous une explication. Me voici : vous refusez de vous expliquer, vous accueillez mes propositions conciliantes par des menaces, j'accepte la guerre. Adieu, mademoiselle, adieu.

Il se dirigea vers la fenêtre; sa décision était nettement écrite sur ses traits. En le voyant près de partir, Henriette au désespoir,—il emportait le billet,—s'élança vers lui et le saisit par les deux mains avec tous les signes du repentir et de l'humilité.

— Espérance ! s'écria-t-elle, reste, tu sais bien que je t'aime.

— Mais non, dit-il, je ne le sais plus.

— Comprends donc ma douleur, ma folie; comprends donc l'horreur de ma situation.

— Pourquoi m'avoir chassé ?

— Tu m'accusais.

— Pourquoi m'avoir menti ?

— Rappelle-toi en quelles circonstances. C'est ce La Ramée qui est cause de tout. Il ose m'aimer; j'ai ce malheur ! Il m'écrit chez ma tante une ridicule lettre entortillée, que le hasard fait tomber en tes mains; tu t'étonnes, tu m'interroges. Il était question dans cette lettre fatale de secret, de Marie, d'honneur de la famille. Je me confie à toi, je t'explique comment ce La Ramée s'arroge des droits sur moi pour se faire payer son dévoûment. Dans sa lettre il ne parlait que de la faute de Marie, puisque ma mère, par tendresse pour moi, ne lui avait parlé que de ma sœur. Voulais-tu que pour justifier ma sœur cadette, que tu n'as jamais vue, que tu ne verras jamais, j'allasse m'accuser inutilement et risquer de perdre ton amour ? — Ton amour plus précieux pour moi que l'honneur, tu le sais; toi pour qui j'ai tout oublié. Allons, pardonne, tu n'es pas méchant, aie pitié de ta maîtresse, dont tu es le premier amour. J'ai été légère, quelle jeune fille ne l'est pas ? mais une étourderie n'est pas un crime; ce n'est qu'une étourderie; qu'on me prouve autre chose... Pardonne, oublie... Je t'aime, Espérance, et n'ai jamais cessé de t'aimer.

Elle l'enlaçait de ses bras si beaux, elle embrassait de ses lèvres ardentes un visage qui trahissait toute l'émotion, toute la faiblesse magnanime du généreux Espérance.

— Vous me chassiez, cependant, dit-il tout troublé.

— Pardonne la colère à une âme noble que révolte une honteuse accusation.

— Vous me chassiez avant d'avoir été accusée.

— Oh ! pardonne encore plus à la pauvre jeune fille que ses parents circonviennent et qui se voit captive, isolée, séparée à jamais peut-être de celui qu'elle aime. Mon père est sans pitié, ma mère rêve pour moi des alliances au dessus de mon faible mérite. Un soupçon de leur part c'est pour moi la mort.

— Vous ne serez pas perdue cependant pour m'aimer, dit Espérance, et près de moi vous n'avez à craindre ni la pauvreté, ni le déshonneur !

— Vous ne connaissez pas vos parents, dit la jeune fille avec une hypocrite douceur; voilà pourquoi jamais les miens ne consentiraient à nous unir. Oh ! sans cela, je vous avouerais avec orgueil. Allons, vous voilà devenu raisonnable, vous n'êtes plus ce furieux qui maltraitait une pauvre fille dont le malheur est le seul crime. Je lis dans vos beaux yeux l'oubli — j'y lis plus encore — n'est-ce pas vous m'aimez toujours ?

— Il le faut bien, soupira ce tendre cœur.

Un éclair de triomphe illumina le visage pâle d'Henriette.

— Est-il possible, dit-elle, que l'orgueil fausse à ce point une belle âme, qu'elle devienne ingrate jusqu'à l'indélicatesse?

Elle enveloppa ce mot amer dans le miel d'un baiser.

— Comment cela? dit Espérance.

— Oui, vous me reprochez une preuve d'amour, une lettre.

— Je ne l'ai pas reprochée, je l'ai citée.

— Le rouge m'en monte au visage. Il me reprochait d'avoir été confiante... et moi, dans ma douleur, je me disais : S'il s'arme de cette lettre contre moi, aujourd'hui qu'il m'aime, quel usage en fera-t-il donc lorsqu'un jour il ne m'aimera plus?

Un nouveau baiser fit passer cette nouvelle goutte de poison.

— Me croyez-vous à ce point votre ennemi?

— Pas vous! mais on vous influencera; vous êtes faible pour tout le monde, excepté pour moi, et quand nous serons séparés... Oh! mon cher Espérance, si votre faiblesse, si un malheureux hasard fait tomber ce billet en des mains étrangères, je suis perdue, perdue par celui que j'ai tant aimé... Quel châtiment! il sera juste!

Elle s'attendrit en disant ces mots; Espérance la prit dans ses bras avec transport.

— Ne la redoute plus, cette lettre, dit-il, nous allons la brûler ensemble.

Pauvre Espérance! qui prit pour un sourire d'ange la joie infernale allumée dans les yeux d'Henriette, et pour une douce rançon d'amour son baiser de Judas!

Il fouilla dans sa bourse pour y prendre le billet. Henriette tendit une main tremblante d'avidité.

Soudain plusieurs coups pressés retentirent à la porte du pavillon, et une voix impatiente cria : Henriette! Henriette!

— C'est ma mère! dit celle-ci épouvantée.

Espérance courut au balcon, Henriette l'arrêta, songeant qu'il emportait avec lui la lettre.

— Dans ma chambre, dit-elle...

Elle y poussa le jeune homme, ferma la porte et descendit ouvrir.

XII.

Les habitudes de la maison.

Henriette n'était pas remise de son émotion quand elle ouvrit la porte de l'escalier à sa mère.

Il faisait sombre dans le vestibule, Marie Touchet avait la voix tremblante; en apercevant le trouble de sa fille elle se tut.

— Me voici, ma mère, dit Henriette en détournant les yeux.

— Pourquoi n'ouvriez-vous pas?

— J'allais dormir, je dormais déjà, je crois, mais à présent que me voilà réveillée, je puis aller souper avec vous, ma mère.

En disant ces mots, dans son ardeur de sortir et d'éloigner Marie Touchet du pavillon, elle poussait doucement celle-ci dehors.

Marie Touchet la poussant à son tour :

— Montons chez vous, dit-elle en passant la première.

— Je suis perdue, pensa Henriette, qui se repentit alors de n'avoir pas laissé fuir Espérance.

La mère, après un rapide coup-d'œil jeté autour d'elle, marcha tout droit à la fenêtre ouverte, et, apercevant en bas La Ramée qui veillait, lui demanda si personne n'était sorti de ce côté.

— Non, répondit La Ramée.

Alors Mme d'Entragues revenant à sa fille :

— Où est, dit-elle, l'homme que vous cachez ici?

— Qui donc? répliqua Henriette avec un horrible serrement de cœur.

— Si je le savais je ne vous le demanderais pas.

— Mais il n'y a personne, madame.

— J'ai entendu sa voix.

— Je vous jure...

La mère se mit à visiter chaque angle, chaque meuble de la chambre et les plis de la tenture, avec une vivacité fiévreuse. Il n'était pas question de majesté.

N'ayant rien trouvé, elle se dirigea vers la chambre à coucher, heurta violemment Henriette qui voulait lui fermer le passage, et entra.

Henriette espérait que le jeune homme se serait adroitement dissimulé, à la manière des vulgaires amans, sous le lit ou dans quelque armoire; mais Espérance était debout près de cette petite fenêtre grillée de fer. Il avait entendu tout et s'attendait à tout.

A l'aspect de cette figure noire perdue dans le crépuscule, Marie Touchet saisit à la hâte le fusil et la pierre pour allumer une bougie et voir.

Espérance, pendant ces préparatifs, contemplait le visage pâle et contracté par la fureur de cette mère offensée, dont il connaissait en pareil cas la justice férocement expéditive.

Henriette se cachait dans un grand fauteuil.

Marie Touchet leva la bougie jusqu'à la hauteur du visage d'Espérance, et frissonna de le voir si beau, si calme, si digne d'être adoré.

Un pareil amant près de sa fille renversait tous ses plans d'avenir. Encore une tache qu'il faudrait effacer. C'était donc l'inexorable destinée de sa famille : honte et sang !

— Que faites-vous là ? dit-elle d'une voix menaçante. Vous vous taisez... Répondrez-vous, au moins, mademoiselle !

Henriette, au comble de l'effroi, s'écria :
— Mais, ma mère, je ne connais pas monsieur...

— Un malfaiteur peut-être, dit Marie Touchet, exaspérée de la placide beauté d'Espérance.

L'œil noble et pur du jeune homme appela sans affectation le regard de la mère sur la table où scintillaient les diamans.

— Qu'est cela ? dit-elle avec un redoublement de fureur. Je ne vous connais pas ces joyaux, mademoiselle !

— Moi non plus, bégaya Henriette folle de honte et de terreur.

Emu de compassion, Espérance trouva le mensonge qu'il lui fallait pour sauver l'honneur de sa maîtresse.

— Voici la vérité, madame, dit-il enfin d'une voix doucement harmonieuse. Je passais à Rouen il y a six jours. J'y ai vu mademoiselle dont je suis tombé éperdûment épris sans qu'elle m'eût seulement aperçu. C'était jour de fête. Mademoiselle regardait à l'étalage d'un Juif les diamans que voici. L'idée m'est venue de les acheter, puisqu'ils avaient mérité son attention.

— Je vous trouve hardi d'acheter des diamans à ma fille.

— Permettez, madame, ce n'est pas un crime que d'éprouver de l'amour, c'en serait un alors d'en inspirer. Moi, qui ne voulais pas offenser ou compromettre mademoiselle, je l'ai suivie de loin, oh ! respectueusement jusques ici.

— Pourquoi faire ? dit Marie Touchet avec sa hauteur de reine.

— Pour savoir son nom et sa qualité, que je ne me fusse pas permis de demander à ses gens ; pour trouver une occasion favorable de lui faire tenir ces diamans qui ne sont pas un présent, mais un gage mystérieux des sentimens que je voulais un jour lui faire connaître. C'est permis, madame, d'essayer à plaire quand on est respectueux, quand on cherche à ne pas compromettre une femme ; c'est ce que j'ai fait. Depuis hier, j'ai étudié les êtres et les habitudes de ce château, et ce soir, croyant Mademoiselle sortie du pavillon pour souper avec vous je me suis risqué — c'est un grand tort de ma part — à pénétrer chez elle pour déposer les diamans sur sa table, cela l'eût fait rêver : cette pensée me souriait d'occuper son esprit, sinon son cœur. Or, mademoiselle, que je croyais absente, est rentrée tout à coup, m'a vu, a poussé un cri ; j'ai voulu la rassurer, lui expliquer la pureté de mes intentions, et j'étais occupé à combattre ses scrupules lorsque votre voix, madame, a retenti au bas de l'escalier. Voilà toute la vérité. Je vous supplie de me pardonner, et surtout de ne pas accuser mademoiselle, qui n'est pas coupable, et qui souffre en ce moment d'injustes soupçons. Seul je mérite vos reproches et m'incline très humblement devant votre colère.

A mesure qu'il parlait, la couleur et la vie revenaient sur les joues d'Henriette ; elle admirait cette présence d'esprit qui la sauvait. Le rôle devenait si beau pour elle qu'elle s'y cramponna, qu'elle l'adopta, qu'elle prit le masque pour le visage.

— Oui, s'écria-t-elle, oui, voilà la vérité.

Marie Touchet, elle, ne se laissa pas abuser. Sa colère augmenta lorsqu'elle vit l'adresse de la défense.

— Et c'est là, dit-elle, l'excuse qu'on ose invoquer pour s'être introduit chez ma fille par une fenêtre !

— La porte m'était fermée, répondit doucement Espérance. D'ailleurs, je ne voulais pas être vu de Mlle d'Entragues, et par la porte j'eusse été vu.

— Il reste à expliquer, dit la mère en froissant convulsivement ses doigts, pourquoi, à mon arrivée, vous vous êtes caché dans cette chambre au lieu de reprendre le chemin par lequel vous étiez venu.

Henriette plia sous ce nouveau coup.

— Mademoiselle m'avait congédié honteusement répliqua Espérance embarrassé ; mais moi j'ai voulu rester — un espoir me guidait. — Peut-être, me suis-je dit, aurai-je le bonheur de voir la mère de Mlle Henriette, et je saurai la convaincre de mes sentimens respectueux, et par l'excès même de ma témérité, cette dame jugera l'excès de mon amour et du désir que j'ai d'être approuvé dans ma recherche. Voilà pourquoi, madame, je me suis caché. Mademoiselle devait me croire parti... Mon stratagème a réussi en dépit de mademoiselle, puisque j'ai été assez heureux pour déposer à vos pieds ces sincères explications.

Henriette respira; Marie Touchet la regarda d'un œil plus calme. Mais l'effort de cette tempête tomba sur le malheureux Espérance.

— Votre recherche! s'écria la mère en donnant un libre cours à sa rage trop longtemps contenue. Votre recherche! mais, pour rechercher Mlle d'Entragues, vous ne vous êtes pas encore nommé. Qui donc êtes-vous?

Espérance baissa la tête avec une hypocrite humilité.

— Je ne suis pas pauvre, dit-il.
— Il s'agit bien de cela. Etes-vous prince? êtes-vous roi?
— Oh! non, madame.
— Votre nom! votre nom! dit Marie Touchet, de plus en plus animée par la feinte soumission du jeune homme... Il ne s'agit pas d'acheter des diamans; nous ne sommes pas des juives; mais vous, êtes-vous seulement bon gentilhomme?

Espérance prit le temps de respirer pour bien poser l'effet de sa réponse, et répondit:
— Je ne sais pas, madame.

L'effet fut effrayant. La mère se redressa comme une géante, et d'un geste superbe:
— Il faut que vous soyez un audacieux compagnon, dit-elle, pour venir ainsi affronter la potence. Pas gentilhomme!.. et l'on complote de séduire des filles de noblesse!.. Que dis-je, on ose avouer qu'on les recherche! Ah! malheureux! si je ne craignais d'attirer sur mon imprudente fille la colère de son père et de son frère, vous auriez déjà payé cette impudence.

— Mais, madame, je n'ai offensé personne, dit le jeune homme, enchanté de voir approcher le dénoûment sans que sa maîtresse eût été compromise.
— Taisez-vous!
— Je me tais.
— Et partez!... partez, misérable!
— Je l'eusse fait depuis longtemps sans le respect qu'on doit aux dames, dit Espérance avec un sourire mal déguisé.
— Et vos diamans, ajouta Marie Touchet, ne les oubliez pas; ils vous serviront près de vos pareilles!

En disant ces mots, elle lança l'écrin dans les jambes d'Espérance, qui riait de cette fureur féminine et ne se baissa pas pour le ramasser. Après une gracieuse révérence adressée aux deux dames, il se dirigea vers le balcon:

— Excusez-moi, dit-il, de reprendre le chemin défendu; mais mon cheval est en bas, et je tiens à ne pas causer de scandale en votre maison.

— Moi aussi, répliqua Marie Touchet avec fureur. C'est pourquoi je vous invite à ne point aller de ce côté: vous trouveriez en bas de cette fenêtre quelqu'un dont je veux bien vous épargner la rencontre. Certes, vous méritez d'être châtié, mais ce sera plus tard et plus loin. Souvenez-vous bien que s'il vous arrive jamais de regarder seulement cette fenêtre ou de parler de votre aventure, mademoiselle que voici entrera pour le reste de ses jours au couvent. Quant à vous...

— Oui, je sais ce que vous voulez dire, murmura Espérance avec un sourire moins joyeux. Eh bien! madame, soyez tranquille, à dater d'aujourd'hui je suis aveugle et muet. Par où faut-il que je sorte, s'il vous plaît?

— Attendez que je prévienne la personne qui vous guettait en bas.

Au moment où Marie Touchet s'approchait de la fenêtre pour avertir La Ramée qu'elle supposait être encore à son poste, au moment où Espérance cherchait dans les yeux d'Henriette un remerciment qu'il avait bien gagné par sa patience et son esprit, La Ramée apparut au seuil de la chambre l'œil brillant d'une ivresse sauvage, il vit Espérance et s'écria:

— J'étais bien sûr d'avoir reconnu sa voix!

Ces mots, l'accent haineux dont ils étaient empreints firent tourner la tête à Mme d'Entragues, elle accourut près de La Ramée pour lui en demander l'explication.

A l'aspect de son ennemi, Espérance comprit le danger, pressentit la lutte, et au lieu de continuer à marcher vers le balcon, il revint sur ses pas, jusqu'au milieu de la chambre. La Ramée le couvait d'un regard dévorant. Il fit quelques pas aussi à la rencontre de Mme d'Entragues. Henriette, à l'arrivée de ce nouveau témoin, s'était reculée jusqu'à la porte de sa chambre, comme pour mieux cacher sa honte.

— Ah! c'est monsieur, dit La Ramée d'une voix stridente qui fit tressaillir Espérance comme le sifflement d'un reptile.

Instinctivement, il songea à se rapprocher de son épée placée sur une console près du balcon. Mais la crainte de paraître inquiet enchaîna encore une fois sa résolution. « La générosité de l'adversaire, dit un proverbe arabe, est l'arme la plus sûre d'un lâche ennemi. »

La Ramée comprit cette hésitation. Il tourna lentement autour de la table comme pour retrouver Mme d'Entragues, et chemin faisant, il écrasa Henriette d'un regard menaçant et désespéré.

— Il me semble, madame, dit-il alors à la mère, que vous aviez querlle avec monsieur tout à l'heure. Si je puis vous être utile, me voici.

— Non, dit Mme d'Entragues humiliée de la protection d'un pareil personnage, monsieur a expliqué sa présence d'une manière satisfaisante, et il part.

La Ramée bondit jusqu'au balcon, de façon à se placer entre Espérance et son épée.

— Vous ne savez donc pas, madame, dit-il à Marie Touchet, quel est cet homme que vous laissez partir?

— Non.

— C'est celui qui m'a menacé tantôt, celui qui sait le secret... celui qui veut vous perdre tous... et qui n'est ici que pour cela!

Mme d'Entragues poussa une exclamation de surprise et d'effroi.

— Ce matin il m'a échappé, ajouta La Ramée, il ne faut pas qu'il m'échappe ce soir!

Pendant ce colloque, Espérance serrait sa ceinture et regardait avec un sourire méprisant l'habile manœuvre de son ennemi.

Marie Touchet, pâle et agitée :

— Cela est bien différent, dit-elle, et mérite explication.

— Et monsieur va s'expliquer, ajouta La Ramée en s'appuyant sur la console même où reposait l'épée.

Henriette, la lâche, joignit les mains et adressa un regard suppliant à Espérance, non pour qu'il fût patient, mais pour qu'il fût discret.

Celui-ci, sans s'émouvoir :

— Je ne comprends plus, dit-il. L'arrivée de monsieur embrouille tout.

— Tout se débrouillera, fit La Ramée en jouant avec la poignée de l'épée.

— Madame, c'est à vous que je m'adresse, poursuivit Espérance; je ne veux pas ici avoir affaire à monsieur. Vous me faisiez l'honneur, je crois, de me demander des explications. — Sur quoi?

— Sur les secrets prétendus dont vous auriez ce matin entretenu M. La Ramée... des secrets mortels!

Espérance regarda Henriette qui cachait son visage dans ses mains.

— Je devais, dit-il, donner ces explications à monsieur La Ramée au coin de certain bois fourré dont il me faisait fête alors.

Mais ce n'est pas ici le lieu, et les témoins ne me conviennent pas.

— Cependant, vous parlerez! dit Marie Touchet en s'avançant l'œil en feu, les poings serrés vers le jeune homme.

— Oh oui! vous parlerez! dit La Ramée en s'approchant également, la main sur un couteau qu'il portait à sa ceinture.

— Vous croyez, dit Espérance, souriant à la faiblesse de l'une et à la rage de l'autre.

— J'en suis sûr, répliqua La Ramée avec un affreux regard.

Henriette, stupide de frayeur, se mit à murmurer des prières devant son crucifix. Espérance demeura seul, les bras croisés faisant face à ses deux adversaires. La Ramée tira tout-à-fait son poignard du fourreau.

— Ah oui, dit lentement Espérance, j'oubliais où je suis et avec qui je suis. C'est l'habitude de la maison d'Entragues. Un porteur de secret gêne-t-il, on l'assassine!

— Monsieur! s'écria Marie Touchet livide vous allez nous y forcer!

— Voyez-vous qu'il le faut! hurla La Ramée en grinçant des dents.

— Bah! répliqua Espérance, je ne suis pas un petit page, moi, je ne suis pas Urbain du Jardin et je n'ai peur ni des mauvais yeux de madame ni du vilain couteau de monsieur. Oh! vous avez beau vous placer ainsi entre moi et mon épée, je la retrouverais si j'en avais besoin, mais avec de pareils ennemis l'épée est inutile. Allons! passage! arrière, madame! et vous, coquin, au large!

Henriette égarée s'enfuit dans sa chambre où elle s'enferma. Mme d'Entragues recula jusqu'à la porte; La Ramée, le couteau à la main, baissait la tête comme le taureau qui va fondre sur son adversaire.

Espérance prit son élan.

— Tu n'as pas été pendu ce matin, dit-il, tu vas être étranglé ce soir.

Et jetant ses deux bras en avant comme deux tenailles, il tordit le poing de La Ramée, le désarma, jeta le couteau sur le plancher et saisit l'homme à la gorge; ses doigts nerveux s'incrustèrent dans la chair vive. On vit, sous la terrible pression, les joues de La Ramée se rougir du sang qui refluait, ses yeux terrifiés grandir démesurément, et l'écume lui monter aux lèvres. Il tomba ou feignit de tomber.

Soudain, Espérance poussa un cri, ses mains s'ouvrirent, son corps plia. La Ramée libre, la sueur au front, sauta en arrière, laissant Espérance se débattre au milieu de la chambre, avec une large plaie d'où jaillissait le sang. L'assassin, en se baissant, avait ramassé son couteau et le lui avait enfoncé dans la poitrine.

Marie Touchet recula béante de terreur devant ce flot sinistre qui descendait sur le parquet jusqu'à elle.

Quant à Espérance, il voulut étendre la main pour saisir son épée, mais ce mouvement acheva d'éteindre ses forces, un brouillard passa sur ses yeux, ses jambes fléchirent et il tomba en murmurant :

— Crillon ! Crillon !

C'était un épouvantable spectacle : de chaque côté de ce cadavre, près du balcon et de la chambre d'Henriette, les deux assassins, livides et muets, se regardant comme en délire; dans la chambre voisine des cris étouffés, tandis qu'au dehors le rossignol saluait sur les marronniers le premier rayon de la lune.

Tout à coup deux voix rieuses et avinées, des coups bruyans frappés à la porte d'entrée retentirent dans le pavillon. On appelait Henriette et Mme d'Entragues.

— Oh ! s'écria celle-ci, mon mari et M. le comte d'Auvergne.

— Ouvrez ! ouvrez ! je veux voir la petite sœur, disait le fils de Charles IX trébuchant aux marches du pavillon, montrez-la moi... la jolie petite reine...

Et M. d'Entragues riait aux éclats.

Ces paroles réveillèrent Mme d'Entragues comme une trompette du Jugement dernier. Elle souffla les bougies dont l'une se ralluma malgré son souffle, et s'élança par les montées pour empêcher le comte d'Auvergne d'aller plus loin.

La Ramée, dont les dents claquaient de terreur, cherchait une issue à tâtons, comme s'il eût été aveugle. Il secoua dans son égarement la porte à laquelle Henriette, hurlant d'effroi, se cramponnait avec ses ongles. Alors La Ramée ouvrit le balcon, l'enjamba, et s'élança dans le vide.

On entendit, au moment de sa chute, un double cri de surprise et de rage, puis un bruit de poursuite furieuse qui s'effaça peu à peu dans le silence et les ténèbres de la nuit.

Espérance était tombé étourdi plutôt qu'évanoui. La secousse du choc acheva de lui rendre sa connaissance. Il rouvrit péniblement les yeux et se vit étendu au milieu de cette chambre à la lueur lugubre de la bougie qui semblait éclairer un mort.

Il avait appliqué une main sur sa blessure ; l'autre, appuyée sur le parquet, en recevait la fraîcheur. Les idées du malheureux jeune homme s'entrechoquaient confusément comme une légion de fantômes, comme un essaim désordonné de rêves.

Il lui sembla que la porte de la chambre d'Henriette s'ouvrait insensiblement et que la jeune fille elle-même apparaissait, le visage pâle, les yeux hagards, montrant d'abord sa tête seule, puis une main, puis tout le corps, qui se dégageait lentement de la chambre voisine.

C'était bien Mlle d'Entragues, Espérance la reconnut. Elle écoutait, elle regardait. Sa robe frôla les gonds et la serrure. Elle fit un pas et fixa un regard épouvanté sur le pauvre Espérance.

Ce dernier eût bien voulu parler, mais il n'en avait pas la force; il essaya bien de sourire, mais l'ombre enveloppait sa tête, et ce sourire sublime fut perdu.

Henriette s'avança, s'enhardissant par degrés. Espérance la bénissait tout bas.

— Elle vient, pensait-il pour fermer ma blessure, ou pour recueillir mon dernier souffle. C'est une charitable idée qui lui comptera près de Dieu, et pourra effacer quelques-unes de ses fautes.

Henriette, arrivée près du jeune homme, se baissa et étendit la main vers lui. Mais ce n'était point pour panser la blessure, ni pour chercher le souffle suprême aux lèvres de son amant.

Elle attirait de ses doigts tremblans la longue bourse où Espérance avait enfermé le billet de rendez-vous ; elle sentit le papier sous les mailles et se mit à dénouer les cordons qui retenaient cette bourse à la ceinture.

Dieu permit qu'Espérance, à la vue de cette profanation, recouvrât une seconde de vigueur et de vie.

Il fit un mouvement pour se défendre et un soupir s'exhala du fond de son cœur révolté.

En le voyant ressuscité, Henriette se releva éperdue. Elle ouvrit la bouche et ne put crier. Elle reculait à mesure que le mourant se redressait effrayant de colère et de pâle désespoir.

— Oh !... lui dit Espérance d'une voix sépulcrale, oh ! la lâche !... oh ! l'infâme qui dépouille les cadavres !... Il te faut donc le billet d'Espérance comme il t'a fallu la bague d'Urbain !... Mon Dieu, punissez-la !... Mon Dieu ! je ne demande pas à vivre, mais donnez-moi la force d'aller mourir loin d'ici !

— Sambieux ! s'écria une voix de tonnerre, en même temps qu'un homme sautait bruyamment du balcon dans la chambre —

qui est-ce qui parle de mourir... cher monsieur Espérance. Oh ! j'en étais sûr, le pauvre enfant, ce scélérat me l'a tué.

— Pontis !... sauve-moi !

— Sambioux de bioux ! cria le garde en s'arrachant les cheveux des deux mains.

— Emporte-moi, Pontis !

Aussitôt, Pontis saisit Espérance d'un bras d'Hercule, le plaça sur sa large épaule, se pendit d'une main au balcon, de l'autre à une branche qui craqua en pliant jusqu'au sol et disparut avec sa proie.

Henriette ferma les yeux, étendit les bras et tomba inanimée en travers de la fenêtre.

XIII.

Le Roi.

Peut-être le lecteur trouvera-t-il son compte à suivre M. de Brissac, depuis sa sortie de la maison d'Entragues, lorsqu'il avait tant peur d'être accompagné, c'est à dire gêné par l'Espagnol.

Le gouverneur de Paris entreprenait une grosse besogne, et toutes les conséquences d'un échec lui étaient parfaitement connues. La moindre était sa mort et la ruine d'une partie de la France.

Le succès, au contraire, représentait pour lui une fortune brillante parmi les plus splendides fortunes de ce monde, et le salut de la patrie.

Il s'agissait de décider entre la Ligue et le Roi, entre la France et l'Espagne. Mais pour faire ce choix il s'agissait aussi de bien connaître le fort et le faible des deux situations.

Cette perplexité avait fait passer à Brissac bien des nuits de fiévreuse insomnie. Mais un homme vaillant ne vit pas éternellement avec un serpent dans le cœur : il préfère engager une lutte, il meurt ou il tue.

Brissac avait résolu de combattre le serpent. Suffisamment renseigné sur le compte des Espagnols et de la Ligue par une fréquentation quotidienne et sa participation à leurs conseils, bien éclairé sur les perfidies de ceux-là et les niaiseries de ceux-ci, il voulait savoir à quoi s'en tenir sur l'autre parti qui revendiquait la France. Il voulait connaître par lui-même les forces et les idées de ce Béarnais tant combattu. Et il se disait avec son sens droit qu'un ennemi méprisable n'est jamais redouté à ce point.

Il fallait donc se choisir un maître, et dans ce maître un ami assez puissant pour faire la fortune de celui qui lui aurait donné le trône. Serait-ce Mayenne, serait-ce Philippe II, serait-ce Henri IV ?

Voici ce qu'imagina le gouverneur de Paris, homme, nous l'avons dit, éminemment ingénieux :

— La reconnaissance, pensa-t-il, n'est pas un fruit qui pousse naturellement sur l'arbre de la politique. Il faut l'aider à fleurir, à se nouer, à mûrir ; il faut, lorsqu'il est mûr, l'empêcher de tomber chez le voisin ou d'être dérobé par le premier adroit larron qui passe.

Plusieurs moyens se présentent à l'effet de forcer la reconnaissance d'un grand. L'obliger par tant et de tels services qu'il ne puisse, malgré toute la bonne volonté possible, en perdre jamais la mémoire, ou le jeter vigoureusement dans un tel danger, dans un tel dommage, qu'il ne puisse reculer devant le solde qu'on lui présente pour rançon.

Brissac choisit ce dernier moyen, parce qu'il avait ouï dire que le Béarnais était ingrat et court de mémoire. Il résolut donc de faire à ce prince une telle peur que jamais il ne l'oubliât : le paiement en serait plus prompt et meilleur.

Son plan était de s'emparer d'Henri IV pendant la liberté que donne la trêve. L'entreprise n'offrait aucune difficulté. Depuis huit jours, Henri parcourait seul ou à peu près les environs de Paris ; fort occupé de nouvelles amours, il négligeait toutes les mesures de prudence. Si Brissac ne mettait pas ce projet à exécution, nul doute qu'un jour ou l'autre le duc de Féria ne le réalisât pour le compte du roi d'Espagne. Ne valait-il pas mieux, se disait Brissac, faire profiter un Français du bénéfice. Avec douze hommes braves et d'autant plus braves qu'ils ne sauraient pas contre qui on les employait, Brissac ferait garder le chemin que prenait le roi tous les soirs ; Henri, toujours travesti, ne serait pas reconnu, et se garderait bien de se faire reconnaître. On amènerait le prisonnier à Brissac, dans quelque lieu bien écarté, bien sûr. Et là, selon les inspirations du moment, selon le tour que prendrait la conversation, le gouverneur de Paris trancherait enfin, et certainement à son profit, la grande question qui divisait toute la France et tenait l'Europe en échec. Henri serait livré à Mayenne, ce qui était de bonne guerre pour un ligueur, ou du moins, s'il était remis en liberté, ce serait contre de bons gages. Tel était le plan de Brissac, et nous n'avons pas exagéré en l'appelant ingénieux.

Les conditions de la réussite étaient d'abord un profond secret. En effet, si le prisonnier était connu d'un seul des assaillans, adieu le droit de choisir entre sa liberté et son arrestation définitive. Il faudrait rendre compte aux ligueurs, voire même aux Espagnols; on aurait travaillé pour ces gens-là, on ne serait plus un homme d'esprit. Il est vrai que le duc de Mayenne et le roi Philippe II pourraient être reconnaissans, mais ils pourraient aussi ne pas l'être. Or, quand on joue une pareille partie sans avoir tous les atouts, on perd, et la perte est grosse. C'était pour posséder bien intact cet important secret, que Brissac avait ainsi écarté l'hidalgo, en lui ôtant toute chance de nuire au cas où un conflit se serait présenté.

Il sortit donc de chez Mme d'Entragues vers sept heures et demie; le temps nuageux, ce soir-là, promettait une nuit sombre. Le comte, suivi de son valet, prit la route de Paris au petit pas, observant les environs avec l'habile coup d'œil d'un homme habitué à la guerre. Puis, ne voyant aucun espion sur la route, il tourna brusquement à gauche, traversa quelques bouquets de bois qui cachèrent sa nouvelle marche, et se dirigea vers la plaine de manière à tenir toujours Argenteuil et la Seine à sa gauche.

Son valet, sur la fidélité duquel il croyait pouvoir compter, était un soldat jeune et vigoureux qui lui servait d'espion depuis près d'une année, et lui avait rendu de grands services grâce aux intelligences qu'il avait su nouer dans le camp royaliste.

— Tu disais donc, Arnaud, demanda Brissac à cet homme, que nous devons passer la rivière au-dessus d'Argenteuil.

— Oui, monsieur, et la suivre jusqu'à Chatou; c'est là ou dans les environs que chaque jour passe *la personne* que vous cherchez.

— Pourquoi ce : dans les environs ? Sa route n'est-elle pas aussi certaine que tu le prétendais ?

— Cela dépend du point de départ, monsieur. Lorsque *la personne* venait de Mantes elle arrivait par Marly ; mais le but est toujours le même.

— Toujours cette maison de Mlle d'Estrées, au bord de l'eau, près Bougival ?

— Au village de la Chaussée, oui, monsieur.

— Mais, malheureux, *s'il* vient ce soir par Marly, mes guetteurs le manqueront, puisque, d'après tes renseignemens, je les ai échelonnés depuis Argenteuil jusqu'à Bezons.

— Ce soir *la personne* vient de Montmorency par le même chemin que nous, et vos guetteurs sont assurés de la rencontrer là.

Brissac réfléchit un moment.

— Je ne pense pas qu'il se défende, dit-il, et toi ?

— Non, monsieur. Il est seul.

— Tu en es sûr ?

— Vous le savez bien, monsieur, hier il était à Pontoise avec M. le comte d'Auvergne et M. Fouquet. Ce dernier est parti à Médan rejoindre les gardes, vous en avez reçu l'avis. M. d'Auvergne est à Entragues, vous venez de l'y voir, l'autre se trouve donc seul pour toute la soirée.

— Et déguisé ?

— Comme toujours. Depuis deux mois que je l'observe par vos ordres, il est allé six fois chez Mlle Gabrielle d'Estrées, jamais sans un déguisement quelconque. Oh ! sans cela le père le reconnaîtrait et serait capable de ne pas le laisser entrer..

Brissac reprit le cours de ses méditations. Depuis Epinay, les chevaux marchaient plus vite, et l'on aperçut bientôt le village d'Argenteuil. Là était un gué que le soldat fit prendre à son maître pour éviter le bac, et les deux cavaliers suivirent la berge déserte, en commençant à observer religieusement chaque ombre, chaque pli du terrain et chaque bruit.

Brissac témoigna sa surprise, ou plutôt son admiration. Rien ne paraissait. Il fallait que l'embuscade fût merveilleusement conduite.

— J'y serais pris moi-même, dit-il… Quelle solitude ! quel silence ! Et cependant nous voilà sur le lieu même que je leur ai indiqué pour s'embusquer.

On ne voyait, en effet, ni hommes ni chevaux; on n'entendait d'autre bruit que le murmure de l'eau, fort basse en cette saison, sur les cailloux et les bancs de sable de la rivière. L'endroit était désert, presque sauvage. D'un côté le fleuve, de l'autre une berge escarpée couronnée de broussailles et de petits bois coupés par des ravins et des fondrières.

— Voilà qui est étrange, pensa Brissac, le coup devrait être fait ; mes hommes devraient déjà revenir.

Arnaud suivait son maître sans faire de commentaires, son attention était ailleurs ; Brissac ne s'occupait que d'écouter ou de regarder en avant.

Tout à coup il s'écria:

— En voici un !

Un homme apparut en effet au détour

d'un sentier sous des habits simples et de couleur sombre.

Il avait certaine tournure martiale qui semblait justifier l'exclamation de Brissac. D'ailleurs cet homme venait droit au gouverneur qui, de son côté, hâta le pas pour l'aborder : il était impatient d'avoir des nouvelles.

Lorsqu'ils furent tous deux en présence :
— Bonsoir, monsieur le comte, dit l'étranger d'une voix enjouée ; me reconnaissez-vous ?
— Monsieur de Crillon ! s'écria Brissac saisi de stupeur à la vue d'un homme qu'il était si loin d'attendre à pareille heure, en pareil lieu.
— Votre bien bon serviteur, répondit le chevalier.
— Par quel étrange hasard rencontré-je monsieur de Crillon ?
—Il le faut bien, comte, pour obéir au roi.
— C'est le roi... le roi de Navarre... qui vous a envoyé ?...
— Le roi de France et de Navarre, dit tranquillement Crillon.
— Mais.... demanda Brissac dont l'inquiétude prenait les proportions de l'effroi. En effet, rencontrer Crillon dans un endroit où l'on pouvait avoir à se battre, c'était malencontreux ! — Pourquoi vous aurait-on envoyé ?...
— Pour vous arrêter, monsieur le comte, dit Crillon avec un flegme terrifiant.

Brissac était brave ; mais il pâlit. Il savait que Crillon plaisantait peu sur les grands chemins.
— Qu'en dites-vous ? continua le chevalier. Est-ce que vous auriez l'envie de faire résistance ?
—Mais oui, dit Brissac, car il n'est pas possible qu'un gentilhomme armé se laisse prendre par un seul ennemi sans être déshonoré.
—Oh ! dit Crillon, vous êtes si peu armé que ce n'est pas la peine d'en parler.
—J'ai mon épée, M. de Crillon.
— Bah ! vous savez bien que personne ne tire plus l'épée contre moi.
— C'est vrai, mais j'ai l'arme des faibles, l'arme brutale dont le coup ne se pare point, et je serais au désespoir, avec cette arme lâche, de tuer le brave Crillon. Cependant ! je le tuerais s'il me refusait le passage.

En même temps, il prit ses pistolets dans les fontes.
— Quand je vous disais de rester tranquille, dit Crillon. Rengaînez vos pistolets, ils ne sont pas chargés.

— Ils ne sont pas chargés ! s'écria Brissac avec une sorte de colère, en êtes-vous assez certain pour attendre le coup à bout portant ?

En disant ces mots il appuyait l'un des canons sur la poitrine du chevalier.
— Si cela vous amuse de faire un peu de bruit et de me brûler quelques poils de moustache, faites, mon cher comte, — dit froidement Crillon, sans chercher à détourner l'arme, — vos pistolets renferment de la poudre peut-être, mais ils n'ont plus de balles certainement.
— C'est impossible, s'écria Brissac confondu.
— Alors tirez vite pour vous en convaincre, et quand vous serez bien convaincu, nous nous entendrons mieux. Tirez donc, et tâchez de ne me pas crever un œil avec la bourre.

Brissac, après avoir vainement cherché le regard embarrassé d'Arnaud qui détournait la tête, laissa tomber sa main avec une morne stupéfaction. On lui avait joué le tour qu'il avait joué à l'Espagnol.
— Je comprends, murmura-t-il, Arnaud s'était vendu à vous !
— Vendu, non pas, répliqua Crillon, — nous n'avons pas d'argent pour acheter : il s'est donné.—Mais que cherchez-vous donc autour de vous, avec cet œil émerillonné ? vous ne songez pas à vous tirer de mes mains, n'est-ce pas ?
— Si fait bien, j'y songe, et c'est vous, chevalier de Crillon, qui vous êtes livré à moi sans vous en douter. En voulant prendre le maître, j'aurai pris aussi le serviteur, c'est un beau coup de filet.
— Je ne comprends pas trop, dit Crillon.
— Tout à l'heure, douze hommes que j'ai postés sur la route que doit suivre le roi, prendront le roi, et vous avec. Ainsi, faites-moi bonne composition en ce moment, je vous rendrai la pareille dans un quart d'heure.

Crillon se mit à rire, et ce rire bruyant troubla quelque peu la confiance de Brissac.
— Vous ne vous fâcherez pas si je ris, s'écria le chevalier, c'est plus fort que moi. Mais l'aventure est trop plaisante ; figurez-vous que vos douze hommes n'ont pas eu plus de succès que vos pistolets et votre épée. Ces pauvres douze hommes, ils ont fondu comme neige. Qu'est-ce que douze hommes bon Dieu ! une bouchée de Crillon.
— Vous les avez détruits ! s'écria Brissac, que cette prouesse n'eût pas étonné de la part d'un pareil champion.

— Détruits, non, mais confisqués, et ces braves gens s'en vont tranquillement à l'heure qu'il est vers Poissy, où ils coucheront, et demain ils auront rejoint notre armée, dont ils font partie désormais. Voyons, mon cher comte, ne vous assombrissez pas ainsi : descendez de cheval et venez avec moi dans un petit endroit charmant à trente pas d'ici; nous avons beaucoup de choses à nous dire. Vous êtes mon prisonnier ; mais j'aurai des égards. Arnaud gardera votre cheval. Soyez tranquille. Pardon... votre épée, s'il vous plaît.

Brissac, tout égaré, rendit son épée et se laissa conduire par Crillon. Il ne voyait plus et n'entendait plus. Abasourdi comme le renard tombé dans la fosse, un enfant l'eût mené au bout du monde par un fil.

— Allons! pensait Brissac, voilà des joueurs plus forts que moi, j'ai perdu.

Crillon, après avoir placé Arnaud en vedette sur le bas côté du chemin, conduisit Brissac dans une petite clairière située à peu de distance. Là, deux chevaux attachés côte à côte dialoguaient à leur façon au moyen de ces grattemens du pied et de ces ronflemens sonores qui sont le fond de la langue chevaline.

Sur l'herbe fraîche, couverte d'un manteau de laine, un homme était assis près de ces deux chevaux. Il avait la main gauche à portée d'une épée, dont la poignée seule se détachait aux naissantes clartés de la lune. Le manteau recouvrait le reste.

Cet homme, adossé à un jeune frêne, le genou droit relevé, le coude qui soutenait la tête, appuyé sur ce genou, semblait plongé dans une profonde rêverie. L'ombre du feuillage enveloppait son visage et ses épaules ; un point lumineux accusait sa ceinture : c'était une chaîne ou une boucle ; un autre révélait l'extrémité de sa jambe, c'était l'éperon. Cette figure toute sombre, frappée seulement de deux rehauts, avait un caractère imposant de mystérieuse grandeur. Rembrandt ou Salvator ne l'eussent pas dédaignée, fondue comme elle était dans un cadre de feuillages vigoureusement découpés sur un ciel pommelé cuivre et argent.

Brissac en l'apercevant demanda au chevalier quelle était cette personne assise.

— Le roi, dit simplement Crillon.

Et aussitôt il s'éloigna laissant Brissac en tête à tête avec Henri IV.

Il eût fallu posséder la triple cuirasse de chêne bardé de fer pour ne pas sentir une émotion vive en présence de cet imprévu. Tout ligueur qu'on soit, tout Gascon que l'on puisse être, on n'aborde pas sans un battement de cœur l'ennemi que l'on croyait tenir et qui vous tient, le prince qu'on niait et qui se révèle plus terrible et plus grand dans la solitude qu'il ne l'eût été sur un trône. Et Brissac avait sous les yeux cette épée qui avait vaincu à Aumale, Arques et Ivry !

Il restait muet, confus, désespéré, à deux pas du prince qui, soit distraction, soit besoin de chercher un exorde, n'avait pas encore relevé sa tête ni proféré une parole.

Et ce silence, cette immobilité laissaient encore un peu de calme à Brissac. Évidemment elle ne devait pas être flatteuse, la première parole de celui dont Brissac venait de menacer ainsi la liberté, la fortune, peut-être la vie, et qui tenait à son tour dans ses mains le sort de son imprudent adversaire.

Le comte salua profondément. Le roi, sortant de sa rêverie, leva enfin la tête et dit :

— Asseyez-vous, monsieur.

En même temps, il lui désignait une place à ses côtés, sur le vaste manteau. Brissac hésita un moment par politesse ; puis, sur une nouvelle invitation, il s'assit le plus loin possible.

Ce fut alors qu'il put voir le visage du prince : la lune avait gagné le sommet des arbres voisins; elle envoyait de là, au travers des rameaux entrelacés, une douce flamme qui teignait la clairière d'un reflet pâlissant.

XIV.

De deux Conversions célèbres.

Le roi, âgé de quarante ans à peine, avait déjà les cheveux rares et la barbe grise. S'il n'était pas de cette beauté fraîche et séductrice qui fascine et subjugue les femmes, il avait au plus haut degré la beauté imposante et persuasive à la fois qui prend les hommes par l'esprit et par le cœur. Ses yeux, vifs et grands, regardaient avec une fixité qui n'était point gênante, tempérée qu'elle était par une sincère bonté. Cependant, Brissac se sentit mal à l'aise quand ce regard lumineux et malin l'enveloppa comme une flamme destinée à éclairer le fond de son cœur.

— Monsieur Brissac, dit le roi, je sais que vous avez beaucoup désiré de me voir. Telle était votre intention, assurément, ce soir même, et je sais quels efforts vous avez faits pour y réussir. Moi, j'avais voulu vous voir également. Nous avons, chacun de notre côté, atteint un but commun.

Il était difficile de dire plus poliment et plus doucement ce que Brissac redoutait si fort d'entendre. Il s'inclina devant cette courtoisie délicate du vainqueur.

— Ne me répondez pas encore, continua Henri. Tout à l'heure, vous le ferez en pleine connaissance de cause.

— Vous vouliez aujourd'hui, monsieur, vous emparer de ma personne : c'était un beau projet. Non pas qu'il fût beau par la difficulté de l'entreprise, mais il offrait, au premier aspect, différens avantages qui ont pu vous séduire, passionné comme vous l'êtes pour votre parti; c'est naturel et je ne vous blâme pas.

Brissac se sentit rougir et chercha l'ombre pour dissimuler son visage. Le roi reprit :

— Je n'invoquerai pas, monsieur, la foi de votre signature qui est au bas de l'acte de trève auprès de la mienne. Gouverneur de Paris, vous vous êtes dit que votre véritable foi consiste à garder les intérêts qui vous sont confiés. Or, en me livrant à la Ligue, vous sauriez à tout jamais de moi votre ville que je menace continuellement d'un siége. Assurément, il n'y a pas un seul ligueur capable de vous reprocher votre dessein. Eh bien ! moi qui ne suis pas un ligueur, je ne vous le reprocherai pas davantage. J'en comprends toute la portée, je le trouve jusqu'à un certain point généreux. A quoi bon, vous êtes-vous dit, faire subir encore une fois aux Parisiens la misère, la famine, la mort ? Tous ces canons qui tuent et qui brûlent, les égorgemens du champ de bataille, les agonies de femmes et d'enfans déchirent mon cœur ; je les supprimerai en supprimant la cause ; je finirai d'un coup la guerre ; je rendrai Paris heureux et la France florissante ; je sauverai ma patrie en retranchant le roi. Voilà ce que vous vous êtes dit.

Brissac voulut répondre ; Henri l'arrêta d'un geste affable.

— C'est évidemment par suite de votre amitié pour M. de Mayenne, dit-il, que vous me faites cette rude guerre ; mais est-ce bien lui que vous servez, vous le croyez ? Je ne le crois pas, et voici mes raisons :

Le roi tira de son pourpoint un papier plié qu'il froissa dans ses doigts.

— C'est que l'Espagnol vous trompe et vous joue ; c'est que la convocation de ces Etats-généraux qui doivent nommer un roi de France est une mystification insolente.

M. de Mayenne croit que ce sera lui qu'on mettra sur le trône. Erreur ! Le roi d'Espagne y fera monter sa fille, l'infante Clara-Eugenia, à laquelle, si le Parlement et les Etats murmurent trop, parce qu'ils ne sont pas encore tout-à-fait Espagnols, on fera épouser le jeune duc de Guise, neveu de M. de Mayenne. Que le mari de la reine vienne à mourir, et c'est un fait commun dans l'histoire des mariages espagnols, l'Infante d'Espagne règne seule. — Vous m'objecterez la loi salique ! Erreur. — Philippe II n'en veut plus en France, il abrogera cette loi fondamentale de notre pays qui défendait au sceptre de devenir quenouille. Et alors, sans guerre, sans frais, par la volonté même des Etats français, le fils de Charles-Quint sera roi d'Espagne et de France. Il aura le monde ! On dirait que vous frissonnez, monsieur de Brissac ; c'est peut-être que l'esprit de la Ligue n'a pas tué tout à fait en vous le caractère français. Peut-être aussi est-ce que vous doutez de mes paroles. Eh bien ! prenez cette dépêche qu'un de mes fidèles a rapportée aujourd'hui d'Espagne, où j'ai aussi l'œil et la main, lisez-la, vous y verrez le plan de tout ce que je viens de vous dire : la nomination de l'Infante, son mariage, l'abrogation de la loi salique ; lisez, dis-je, cette dépêche, et montrez-la au duc de Mayenne, puisque vous êtes son ami ; ce sera pour vous deux un avertissement salutaire, et vous saurez désormais pour qui vous travaillez avec tant d'ardeur.

Le roi tendit en même temps à Brissac la dépêche, que celui-ci reçut d'une main tremblante et avide à la fois.

— Une pareille horreur ! murmura-t-il consterné, une déloyauté si infâme ! Oh ! le malheureux pays !... Tout cela ne fût pas arrivé, si nous eussions eu à opposer à l'Espagnol un prince catholique : l'hérésie a fait la Ligue...

— Prétexte ! monsieur, reprit Henri IV. Henri III, mon prédécesseur, était, je crois, un bon catholique, ce qui n'a empêché ni les outrages des prédicateurs de sa religion, qui l'appelaient vilain Hérodes, ni le couteau catholique de Jacques Clément. Quant à moi, je ne suis pas catholique, et voilà pourquoi on me repousse. Voilà pourquoi Paris m'est fermé, Paris la porte de la France! C'est parce que je suis hérétique que les ligueurs ont appelé l'Espagnol, lui ont livré leur patrie, et enseigné la langue espagnole à leurs enfans, qui un jour peut-être auront oublié la langue française. — Parce que je ne suis pas catholique! ventre Saint-Gris! prétexte! Si les ligueurs n'avaient celui-là ils en inventeraient un autre. Eh bien! monsieur, ils n'auront plus même celui-là; je vais le leur ôter. Il ne sera pas dit que j'aurai commis une seule faute et laissé un seul trou par où l'usurpation étrangère puisse se glisser en France.

Brissac, stupéfait, regarda le roi.

— Oui, continua Henri, mon peuple, mon vrai peuple, celui qui est Français, désire en effet un roi de sa religion; je me suis fait instruire dans la religion catholique; j'a appelé près de moi, dans les rares loisirs que me laissait la guerre, les meilleurs docteurs, les plus sages théologiens. Ils m'ont appris non pas que Dieu réside dans un seul culte et sur un seul autel, mais qu'il est plus noblement, plus splendidement adoré sur l'autel catholique romain. J'ai appris les beautés sublimes de cette religion, je me suis profondément pénétré de la sainte grandeur de ses mystères. Dieu, qui voyait mon zèle et mon amour, a béni mes efforts; il m'a envoyé sa lumière, il m'a donné la force, lui qui sacrifia son divin Fils au salut des hommes, de sacrifier un vain entêtement, une folle erreur au salut de mon peuple, et c'est aujourd'hui un converti sincère, un fervent adorateur du culte catholique, un Fils convaincu de l'Eglise romaine qui prend à témoin votre Dieu, monsieur de Brissac, et le confesse hautement la main sur un cœur loyal. Dans huit jours, à St-Denis, sous les voûtes de cette basilique où dorment les vieux rois de France, mon peuple me verra, entouré de ma noblesse, m'avancer calme et le front courbé vers l'autel. J'abjurerai sans honte une erreur que Dieu m'a pardonnée; je jurerai fidélité à l'Eglise catholique, sans oublier jamais la protection que je dois à mes anciens coréligionnaires, qui, assez malheureux déjà de n'avoir pas été comme moi éclairés par la grâce divine, n'en réclament que plus vivement le secours de ma compassion et mon appui. Voilà ce que je ferai, monsieur, et nous verrons ce que dira la Ligue! Nous verrons si elle cesse pour cela de charger ses canons et d'aiguiser ses poignards. Cependant, comte, boulets et balles, épées et couteaux, se dirigeraient alors contre la poitrine d'un prince catholique, catholique comme M. de Mayenne, catholique comme le roi d'Espagne!

— Une conversion! murmura Brissac, bouleversé à l'idée de cet immense événement politique.

— Tranquillisez-vous, répondit le roi avec un triste sourire, la guerre sera encore bien longue, Paris est bien fort, grâce à vous, et se défendra cruellement!

Le front d'Henri se voila d'une poétique mélancolie.

— Tenez, dit-il, monsieur de Brissac, bien des fois depuis cinq années je me suis demandé s'il n'était pas temps de remettre l'épée au fourreau, s'il n'était pas indigne d'un homme de cœur de disputer ainsi la possession d'un trône d'où l'exclut tout un peuple. Je me suis demandé où sont les avantages qui compenseront ces dégoûts, ces déceptions, ces fatigues et ce continuel travail de corps et d'âme qui use ma vie et me blanchit avant l'âge. Je m'écriais comme le prophète : « Assez de labeur pour mes mains, assez pour ma tête, assez de sacrifices pour les satisfactions d'un cadavre vivant qui aspire à s'appeler roi! »

Eh bien, cependant, j'ai repris l'épée, j'ai passé les nuits au travail, j'ai fatigué mes conseils. Tout ce qu'un homme peut lever pour sa part du fardeau commun, je l'ai fait sans vouloir me plaindre, et quand vous saurez pourquoi, peut-être direz-vous que j'ai bien fait.

C'est qu'il ne s'agit plus de disputer ma couronne contre un prince français, mais de l'arracher à un étranger qui parle assez haut pour que d'Espagne on l'entende jusqu'en France. C'est que je suis un enfant de ce pays, mon gentilhomme, et que je ne veux pas désapprendre la langue que m'a enseignée ma mère.

C'est que je souffre de voir se promener dans les campagnes ces bandes de soldats espagnols qui mangent le blé du paysan; dans les villes, ces cavalcades de muguets, toujours Espagnols, qui déshonorent les filles et les femmes; c'est que la France est un pays bien plus grand par le génie, par le courage, par la richesse que l'Espagne et que tous les autres pays de l'Europe, et que moi, fils de roi, roi moi-même, je ne veux pas, entendez-vous, M. de Brissac, je ne veux pas que ce magnifique pays devienne une province de Philippe II, comme la Biscaye, la Castille et l'Aragon, toutes contrées misérablement rongées par la paresse et la misère.

Voilà pourquoi je lutte et lutterai jusqu'à la mort. Les gens qui m'appellent ennemi sont les ligueurs ou les Espagnols; je suis leur ennemi, en effet, car ils conspirent la ruine de ma patrie. Je leur serai un ennemi si terrible, que villes, bourgs, hameaux, fer et bois, homme et bête, je brûlerai, je broierai, j'anéantirai tout, plutôt que de laisser un étranger absorber la sève et croiser le sang de la France.

En prononçant ces paroles, avec une généreuse véhémence, Henri s'était redressé, son œil foudroyait, et le feu de sa grande âme illuminait son visage, et dans l'élan d'un geste sublime il avait tiré de l'ombre sa glorieuse épée qui flamboya aux rayons de la lune.

Brissac cacha son visage dans ses mains, sa poitrine haletait comme soulevée par des sanglots.

— Maintenant, monsieur le comte, dit Henri devenu calme, vous savez tout ce que je pense. Mon cœur est soulagé. Je me réjouis de vous l'avoir ouvert. Depuis bien longtemps vous entendez parler espagnol à Paris, aujourd'hui vous venez d'entendre quelques mots de bon et de pur français. Relevez-vous, allez, vous êtes libre. Crillon va vous rendre votre épée.

Brissac se releva lentement, son visage était sillonné de larmes.

— Sire, dit-il en courbant la tête, quel jour Votre Majesté veut-elle entrer dans la ville de Paris?

Le roi poussa un cri de joie, il ouvrit les bras à Brissac.

— Oh! je suis Français, croyez-le, sire, et bon Français, dit le comte en se précipitant aux pieds de son roi qui le releva et le serra étroitement sur sa poitrine.

Au même instant deux coups de pistolet retentirent sur la route, à l'endroit où Crillon s'était placé pour assurer la sécurité du roi pendant son entretien avec Brissac.

Henri se baissa pour prendre son épée; Brissac courut en avant pour soutenir Crillon s'il en était besoin.

Il trouva le chevalier, riant comme toujours après une prouesse.

— Qu'y a-t-il? demanda Brissac, que le roi suivait de près.

— Un Espagnol que je viens de mettre en déroute, comte.

— L'Espagnol que M. le comte connaît bien, dit Arnaud, un espion du duc de Féria, qui, malgré nos détours, avait suivi nos traces et cherchait par ici avec grande inquiétude, et voulait à tout prix retrouver M. de Brissac.

— Et que j'ai arrêté pour qu'il n'allât point découvrir et déranger le roi, dit Crillon, et qui m'a manqué de ses deux coups de pistolet, l'imbécile!

Brissac se mit à rire à son tour.

— Arnaud avait fait pour ces pistolets, dit-il à Crillon, ce que vous lui avez fait faire pour les miens.

Ces mots furent, comme on le pense, accueillis par une hilarité générale.

— Fort bien, dit Crillon, mais il emporte quelque chose que vous n'avez pas eu, comte.

— Quoi donc?

— J'ai cru ses pistolets sérieux, et j'ai riposté par un coup de taille qui a dû entamer furieusement son pourpoint et la peau qui est dessous; le cheval même a dû en avoir sa part. Homme et monture ne sont pas morts, mais bien écorchés. Entendez-les courir!... Quel enragé galop!

— A-t-il reconnu Arnaud? demanda Henri IV.

— Je ne sais, sire.

— Vous voilà bien compromis, Brissac, dit le roi gaîment. Cet Espagnol vous dénoncera. Comment vous en tirerez-vous?

— En avançant le jour de votre entrée, sire, dit le comte bas à Henri.

— Nous allons y songer, comte. Mais commencez par bien prendre vos mesures pour que les Espagnols ne vous fassent point assassiner. Car s'ils vous soupçonnent...

— Votre Majesté est trop bonne de songer à moi. C'est moi qui la supplierai de bien veiller sur elle-même. Une fois l'abjuration prononcée, la Ligue sera aux abois, et alors gare les assassins!

— Je ferai mon possible, Brissac, pour arriver bien entier dans cette chère ville de Paris.

— Je vais faire préparer votre chambre au Louvre, sire.

— Et moi, je vais faire dorer votre bâton de maréchal.

Brissac, éperdu de joie, voulut parler. Le roi lui ferma doucement la bouche avec sa main, et lui dit à l'oreille:

— Pardonnez à Arnaud, qui est un honnête homme, je le sais mieux que personne, et gardez-le près de vous; il nous servira d'intermédiaire chaque fois que vous voudrez communiquer avec moi, ce qui, à partir d'aujourd'hui, va se répéter fréquemment. Allons, il faut se séparer; soyez prudent. N'ayez pas d'inquiétude pour votre ami Mayenne. — Je ne le hais pas. — Je ne hais pas même Mme de Montpensier, ma plus mortelle ennemie. — Je ne hais personne que l'Espagnol. Mayenne aura bon quartier, et tout ce qu'il voudra, s'il le demande. Ménagez-vous, et aimez-moi.

— Oh ! comme vous le méritez ! de toute mon âme.

— Prenez ce chemin au bout duquel je m'étais posté ; il mène à Colombes, vous pouvez par là, sans être vu, rentrer à Paris une demi-heure avant l'Espagnol si le coup de taille de Crillon lui permet d'aller jusqu'à Paris. — Il frappe si fort ce Crillon !

— Adieu, sire !

— Adieu, maréchal !

Brissac alla serrer les deux mains de Crillon, qui lui rendit cordialement son étreinte. Arnaud, indécis, restait derrière le roi ; Henri lui fit un petit signe amical en désignant Brissac. Aussitôt le jeune homme alla tenir l'étrier au comte, et partit derrière lui silencieux et calme, comme si, depuis une demi-heure, il ne se fût rien accompli de cet événement qui devait changer la face de l'Europe.

Restés seuls, Henri et Crillon se regardèrent.

— Il me paraît, dit le chevalier, que Votre Majesté n'est pas mal satisfaite de son entrevue avec Brissac.

— Tu as vu, Crillon, comment nous nous sommes séparés?

— Avec des baise-mains. Mais sire, Brissac est Gascon.

— Moi aussi, mon cher Crillon.

— Pardon, sire, je veux dire qu'il est à moitié espagnol.

— Il ne l'est plus. Tout est fini, conclu ; Paris est à moi, sans siége, sans assaut, sans artillerie. Rengaîne, brave Crillon, nous n'aurons plus toutes ces belles batailles, où tu brillais tant !

— Paris à nous ! Oh ! sire ! avez-vous bien remercié Dieu de ce qu'il vous rend votre couronne à si bon marché ?

— Vingt fois depuis cinq minutes, — ou, pour mieux dire, depuis le départ de Brissac, je n'ai encore fait que répéter la même prière. Plus de sang français à verser, brave Crillon; je suis heureux, bien heureux, le plus heureux des hommes !

— Sire, répliqua Crillon palpitant de bonheur, il ne faut jamais dire cela. On ne sait pas ce qui se passe dans le cœur des autres.

— Est-ce pour toi que tu parles, dit Henri, tant mieux alors, puisses-tu être encore plus heureux que moi ! Du reste, je le croirais presque à voir tes yeux brillans et ta figure épanouie.

— Le fait est que je ne me sens pas de joie. Et sous tous les rapports, je prétends être plus favorisé que vous, sire, car chez vous c'est la tête qui est satisfaite en ce moment; l'ambition a fait un bon repas, et elle se réjouit — chez moi, c'est le cœur qui tressaille et qui joue de la basse de viole, comme on dit.

— Tu m'aimes tant.

— Et j'aime encore autre chose, sire.

— Tu serais amoureux ?

— Ah bien oui !... Je ne serais pas content comme cela, si j'étais amoureux ; et puis, ce serait joli d'être amoureux avec la barbe grise.

— J'ai la barbe grise, et je suis terriblement amoureux, interrompit Henri IV.

— Oh ! mais vous, sire, vous êtes le roi, et vous avez le droit de faire toutes les folies imaginables.

— Tu appelles cela une folie ! Peste, si tu voyais ma maîtresse, tu te mordrais les doigts d'avoir parlé si légèrement.

— Je sais que Votre Majesté a bon goût, mais enfin chacun a le sien en ce monde.

— Ecoute, mon brave Crillon, dit le roi en passant son bras autour du col du chevalier, ma Gabrielle est la plus adorable fille qui soit en France... Et maintenant que le roi a fini ses affaires, et bien fini, je m'en vante, grâce à toi qui ce soir m'as tenu lieu de toute une armée, nous allons nous occuper un peu des plaisirs de ce pauvre Henri que je néglige trop depuis quelque temps. Viens-t'en avec moi à la Chaussée où demeure Mlle d'Estrées, tu la verras et tu avoueras qu'elle est incomparable.

— Je l'avoue dès à présent, sire; parce que ce soir j'ai promis d'aller coucher à Saint-Germain, et que j'irai certainement.

— Soit ; mais c'est ton chemin pour aller à St-Germain de passer devant la maison de Gabrielle ; tu me seras d'ailleurs fort utile.

— Ah ! dit Crillon, à quoi donc, bon Dieu ?

— A dissiper les soupçons d'un père intraitable.

— Le père Estrées? En effet, c'est un homme plein de volonté, un honnête homme.

— Il est féroce, te dis-je, et me réduit au désespoir.

— Parce qu'il ne veut pas que vous lui fassiez l'honneur de déshonorer sa maison.

— Crillon ! Crillon ! le mot est fort !

— Sire, voilà ce que c'est que de me confier des secrets, j'en abuse immédiatement. Mais, pardonnez-moi.

— Je te pardonne d'autant plus volontiers que l'honneur de Gabrielle est pur comme la première neige. Hélas ! le cœur de la fille est comme l'orgueil du père, intraitable. Croirais-tu que, pour être à peu près certain de voir Gabrielle ce soir, il m'a fallu dépêcher M. d'Estrées à Médan près de Rosny? Il m'y attend, ce brave gentilhomme, et malgré cela, je ne suis pas fort assuré que la fille consente à me recevoir.

— Eh bien! alors, je ne vois pas Votre Majesté si heureuse qu'elle le disait tout à l'heure.

— Tout malheur finit comme tout bonheur passe, répondit Henri avec un sourire. L'espoir est une de mes vertus. Mes ennemis l'appellent entêtement, mes amis l'appellent patience. Allons, montons à cheval; voilà une belle soirée après une journée bien rude. J'ai vaincu la Ligue et pris possession de mon royaume. Espérons que ma maîtresse me sera non moins soumise que la Ligue.

— Espérons, puisqu'il s'agit de satisfaire Votre Majesté, dit Crillon. Mais moi, je vais couper par la plaine pour arriver plus vite à St-Germain. Je ne me sens pas tranquille. Je prie le roi de me rendre ma liberté si je ne lui suis pas indispensable.

— Sois libre; adieu et merci, brave Crillon. A demain, sans faute, à notre rendez-vous!

Crillon aida le roi à monter à cheval et le vit s'éloigner rapidement. Il s'apprêtait à partir lui-même, lorsque sur la route, en arrière, au loin, il entendit retentir un galop rapide.

— Serait-ce l'Espagnol qui reviendrait avec du renfort? dit-il. — Mais non, il n'y a qu'un cheval, et à moins qu'il ne revienne seul, son maître ayant été tomber quelque part, je ne comprends pas ce que l'Espagnol pourrait venir chercher par ici. Mais d'ailleurs, le galop s'arrête.

En effet le cheval s'était arrêté.

— N'entends-je pas comme une voix... un gémissement... continua Crillon. Plus que cela... un cri et des gémissemens...

Il vit alors sur la pointe de la berge, à l'endroit où la lune éclairait, un homme qui descendait puiser de l'eau à la rivière et à sa gauche, près duquel, sur le sable, on eût dit voir un autre homme étendu.

— Un cheval gris! s'écria le chevalier dont le cœur s'emplit de sinistres soupçons.

L'animal poussa un hennissement lugubre et prolongé.

— Oh! pensa Crillon, il y a peut-être là un grand malheur... Ce cheval, c'est Coriolan qui m'a senti!... Courons!...

L'homme que Crillon avait vu descendre vers la rivière, se retourna au bruit des pas du chevalier, et comme si l'aspect d'une créature humaine lui eût rendu quelque courage, il se mit à crier :

— Au secours! au secours!

— Harnibieu! s'écria le chevalier que cette voix inonda d'une sueur froide, c'est Pontis!

— Monsieur de Crillon! dit le garde en accourant de toutes ses forces au devant du chevalier, qu'il avait reconnu au célèbre harnibieu!

— Eh bien! quoi? qu'y a-t-il? pourquoi cette épouvante? qui est cet homme étendu?

— Ah! monsieur, ne le devinez-vous pas, quand je vous ai dit que La Ramée était sur nos traces!

Crillon poussa une imprécation ou plutôt un sanglot et s'élança auprès d'Espérance, que Pontis avait déposé sur le talus de la berge, la tête un peu soutenue par l'herbe humide de rosée.

Le pauvre enfant fermait les yeux; une mortelle pâleur couvrait son visage, ses belles mains incolores et glacées retombaient avec cette grâce touchante que l'oiseau seul de toutes les créatures terrestres conserve jusque dans le sein de la mort.

Sous son pourpoint ouvert, on voyait, entassés à la hâte, le mouchoir et les lambeaux de la chemise d'Espérance, que Pontis avait serrés sur la plaie avec sa ceinture.

Crillon, à la vue de ce linge teint de sang, de cette immobilité du corps, à la vue du désespoir de Pontis, commença lui-même à perdre l'esprit, et s'agenouilla près du blessé en donnant toutes les marques d'un profond découragement.

Tout à coup il se releva en s'écriant :

— Malheureux! tu me l'as laissé tuer!

— Eh! monsieur, c'était fait quand je suis arrivé. Cependant j'avais été bien vite. Mais il ne s'agit pas de m'accuser, monsieur; il n'est pas mort. J'ai bonne idée, malgré tout, et si nous ne le laissons pas sans secours, si nous lui trouvons un bon médecin, il en sortira sain et sauf. Or, ce n'est pas sur le chemin que nous rencontrerons ce médecin et ces secours.

— Je ne connais point ce pays, dit Crillon avec un froncement de sourcils dont Pontis se fût fort effrayé en un autre moment.

— La première maison venue, dit Pontis.

— Il n'y a pas de maisons avant Bezons ou Argenteuil, et cette blessure par laquelle tant de sang a coulé, et cette secousse du voyage, car je ne te comprends pas, maudit, d'avoir amené si loin ce pauvre enfant!

— J'eusse mieux aimé le mettre en sûreté plus tôt, mais quand on est poursuivi...

— Tu as peur quand on te poursuit! s'écria le chevalier, heureux de laisser s'exhaler sa colère par un légitime prétexte, tu as peur, bélître!

— Quand j'ai un blessé dans les bras, quand je mène avec les genoux un cheval éreinté, quand au détour d'un bois j'entends siffler les balles à mon oreille, quand le cheval chancelle atteint d'une de ces balles, quand j'entends courir après nous l'assassin enragé qui recharge son arme, quand je me dis qu'une fois le cheval en bas, et moi tué raide, on viendra peut-être achever mon blessé, que M. de Crillon m'a recommandé, alors monsieur, c'est vrai, j'éperonne le cheval, tout mourant qu'il est, j'étreins plus fortement encore mon blessé sur ma poitrine, je me recommande à tous les saints du paradis, je vole sur la route sans savoir où je vais, jusqu'à ce que le cheval tombe; et j'ai peur, oui monsieur, j'ai peur, très peur!

En disant ces mots Pontis montrait à Crillon un trou saignant à la croupe du pauvre Coriolan, qui se roulait douloureusement sur les cailloux comme pour faire sortir la balle des chairs qu'elle déchirait de sa morsure de feu.

— S'il en est ainsi, dit Crillon, tu as raison. Mais ce La Ramée, on ne le tuera donc pas!

— Oh! que si fait, monsieur! patience. Mais emportons d'abord M. Espérance quelque part.

— Voilà un homme qui vient sur le chemin là-bas.

— Avec quelque chose au bras. J'y cours! Il nous indiquera une maison dans le voisinage.

Et Pontis de courir au-devant de cet homme aussi courageusement que s'il n'eût fait depuis deux heures l'ouvrage de dix hommes infatigables.

L'homme portait un panier à son bras, et dans ce panier un monstrueux poisson dont la tête et la queue dépassaient les deux couvercles; ce poisson s'agitait encore dans les dernières convulsions de l'agonie.

A l'aspect de Pontis, effrayant avec ses habits poudreux et teints de sang, cet homme poussa un cri de terreur et tendit le panier au garde, en disant d'une voix étranglée:

— Prenez mon barbillon et ne me tuez pas. Je suis Denis le meunier de la Chaussée, et je porte ce poisson de la part de Mlle Gabrielle d'Estrées, au prieur des Genovefains... à cent pas d'ici... Ne me tuez pas!

— A cent pas d'ici, s'écria Pontis, il y a un couvent à cent pas d'ici, est-ce bien vrai?

— A gauche de la rivière, derrière le bois que vous voyez sur cette petite colline, répondit le meunier, dont les dents claquaient.

— Brave homme! va, dit Pontis, n'aie pas peur, tu nous sauves la vie. — Viens! viens!

Crillon avait tout entendu, il s'écria de son côté:

— Viens, viens, et tu auras dix pistoles, si tu nous aides à enlever ce pauvre homme assassiné.

Le meunier ne se fut pas laissé prendre à cette amorce, mais Pontis le poussait à deux mains par derrière; il arriva jusqu'auprès du corps étendu, se signa d'effroi, mais fut un peu rassuré en voyant que les prétendus assassins, au lieu de jeter un cadavre dans la rivière, voulaient conduire un blessé au couvent des Genovefains.

Alors il accepta les pistoles de Crillon, passa son panier en sautoir sur son épaule et souleva la moitié du triste fardeau. Pontis portait l'autre moitié. Crillon tirait par la bride Coriolan, qui se traînait à peine et trahissait la souffrance à chaque pas.

Ils aperçurent au détour de la route, derrière le monticule boisé, les bâtimens trapus et grisâtres du couvent tant désiré. Crillon se pendit à la cloche. Bientôt une lumière parut au treillis de fer du guichet, et après le protocole d'usage en ce temps de violences et de défiances mutuelles, la porte s'ouvrit à la voix du meunier Denis, et le lamentable cortège disparut dans la sombre profondeur du couvent.

Cependant le roi marchait gaîment, dans son ignorance de tous ces malheurs. Il marchait dispos, rafraîchi par son succès, souriant à l'espoir d'une capitulation de sa belle maîtresse.

On appelait maîtresse, en ce temps heureux, la femme qu'aimait un homme; maîtresse alors même qu'elle était aimée et n'aimait pas. Aujourd'hui les hommes ont bien pris leur revanche, et comme ce sont eux qui règnent et gouvernent, ils n'ont plus laissé le titre de maîtresse qu'à la femme dont ils sont aimés.

Henri songeait donc à sa maîtresse Gabrielle, la pure et libre fille, que six mois d'assiduités royales n'avaient pas conquise, et qui régnait despotiquement sur le plus grand cœur de tout le royaume de France. Il avait, sous prétexte d'affaires graves, envoyé à Médan M. d'Estrées, père de la jeune fille, père rébarbatif, nous le savons, et sans avoir prévenu Gabrielle, de crainte qu'elle ne s'alarmât et ne refusât aussi sa porte. Il voulait la surprendre chez elle, bien assuré qu'elle n'aurait pas la cruauté de renvoyer spontanément un amoureux qui s'appelait le roi, n'était pas absolument haï, et ne demandait d'ailleurs qu'une heure de douce causerie, bon visage et peut-être une part du souper quotidien.

Henri voulait, il l'espérait du moins, une franche explication avec Gabrielle. Le temps était propice. Un ciel tiède, demi-voilé, semé d'étoiles et de vapeurs ouatées ; une de ces nuits qui fondent la rigueur des âmes les plus fermes, une de ces brises qui font éclore en réalités fleuries tous les rêves de l'esprit et des sens.

—Il faudrait savoir, pensait le roi, le vrai motif de cette longue résistance. D'ordinaire les rois sont plus également bien traités par l'amour que par la guerre. La fortune capricieuse a plus de vol sur un champ de bataille, elle échappe parfois ; mais dans l'étroite enceinte du boudoir de l'amante, la fortune perd l'usage de ses ailes ; elle est bientôt prise et vaincue.

Comment depuis six mois de ruses, de mystères, Gabrielle avait-elle pu résister ? Malgré la surveillance du père, Henri, recommandé par ses exploits et son grand nom à cette belle fille d'un esprit ardent et chevaleresque, d'un royalisme éprouvé, Henri, reçu chez M. d'Estrées, avec respect sinon avec confiance, avait mis à profit chaque entrevue pour faire connaître à Gabrielle ses sentiments de plus en plus brûlans pour une si belle idole.

Et comme l'amour ne trouve pas son compte à des entretiens par tiers, comme M. d'Estrées, à qui la réputation du roi était fort connue, se jetait habilement, soit dans la conversation entre deux galanteries, soit dans la promenade entre deux œillades ou deux serremens de mains, soit enfin dans les vestibules entre la main du messager porteur de lettres et la main de Gabrielle, que ces lettres passionnées attendrissaient malgré elle, Henri, peu avancé, avait eu recours à des visites moins officielles, et quelques fois déjà, flattée de la recherche d'un héros qu'elle admirait jusqu'à l'enthousiasme, Gabrielle avait accordé la faveur d'un chaste entretien sur la terrasse au fond du jardin. Là, en compagnie de Gratienne, jeune fille dévouée à sa maîtresse, Henri et son inhumaine Gabrielle avaient longuement débattu et rebattu l'éternelle syntaxe des amours, au premier chapitre, au plus doux, au plus beau. Et le roi, vieilli par tant de soins et d'ennuis, menacé par tant de périls mortels dans sa gloire et dans sa vie, se reprenait avec une recrudescence de jeunesse aux poétiques joies, aux innocentes douceurs de la passion naissante; il aimait, il adorait, il idolâtrait : fou de joie et d'orgueil quand, au départ, un petit doigt effilé, blanc et rose s'était appuyé sur ses lèvres, et alors il oubliait cet autre Henri, sombre amoureux de la couronne de France, qui poursuivait à travers le feu et le sang ce fantôme radieux, son fugitif amour.

Il faut dire que le ciel avait réuni tous ses dons sur le front charmant de Gabrielle. Jamais rien de si suavement pur, de si voluptueusement chaste ne s'était offert aux regards du roi; et il mesurait sa patience de conquérant à l'inestimable valeur de la conquête.

Toutefois, comme chaque bataille finit par avoir un résultat, succès ou revers, Henri, ainsi qu'il venait de le dire à Crillon, attendait l'événement de sa longue entreprise amoureuse, et il se sentait en veine de bonheur. Il lui semblait que le ciel et la terre ne s'étaient parés de tant de charmes, embaumés de tant de parfums, que pour lui faire une fête complète bien due aux cœurs passionnés qui n'accusent jamais Dieu dans leurs revers, et le glorifient au jour du succès dans le plus humble détail de l'universelle nature.

Henri arriva au hameau de la Chaussée vers dix heures et demie. Çà et là un chien aboyait sous une porte. Toute lumière était éteinte dans les huit à dix chaumières pittoresquement jetées sur le revers du côteau avec de petits chemins abominables et charmans qui aboutissaient à la rivière.

La maison de M. d'Estrées s'élevait à mi-côte avec une aile en retour sur la Chaussée. De grands arbres entouraient cette maison. On voyait aux rayons de la lune monter doucement une vaste prairie en pente qui, pareille à un lac nacré parsemé d'îlots, allait rejoindre une terrasse bordée de roches crayeuses sur lesquelles un bois touffu versait sa fraîcheur et son ombre.

Enfin, sur le bord de la Chaussée, une grange immense, au toit aigu, construite avec l'imposante solidité d'une forteresse, fermait, de son rempart, le verger, la basse-cour et les communs du château d'Estrées. La grande masse noire de cet édifice, qui avait vu plus d'un siége et supporté bravement plus d'un incendie, se profilait étrangement sur le ciel, et, dans la perspective, coupait, avec le vaste parallélogramme de son toit, cette pâle et souriante prairie en pente, dont nous parlions tout-à-l'heure.

Des rares fenêtres de la grange, on découvrait toute la rivière, et son autre bras par delà l'île située en face, et tout au loin la plaine fertile des Gabillons, et le Vésinet, et Saint-Germain, un tableau incomparable !

Henri savait, aux jours des rendez-vous illicites, s'approcher de certaine fenêtre du corps-de logis en retour sur la Chaussée. C'était la chambre de Gratienne. Il jetait dans la vitre de gros verre sombre un petit caillou qui claquait. La fenêtre s'ouvrait, une main blanche faisait un signe, et le roi, obéissant à ce signe toujours compris, allait, selon la direction du petit doigt, attendre Gabrielle, soit au bord de l'eau qui courait à dix pas de la maison même, soit à cette terrasse, près des roches, à laquelle il arrivait par un sentier dans les vignes, moyennant une ou deux rudes escalades.

Le soir dont nous parlons, il fit son manége accoutumé avec plus de confiance encore qu'à l'ordinaire. M. d'Estrées était absent, Gabrielle probablement couchée, puisque la lumière était éteinte dans la chambre de Gratienne. Mais par une si belle soirée, c'était plaisir de ne pas dormir. Henri avait fait sa provision de projectiles à tous les arbres de la route. Il se mit donc à jeter des petites pommes vertes dans la vitre avec un très grand désir de réussir promptement parce que la lune donnait en plein sur la Chaussée, et inondait d'une dangereuse lumière le cheval et le cavalier.

La vitre sonna, mais la fenêtre ne s'ouvrit point. Henri recommença. Pas de réponse. Il attendit sans succès. Dans la crainte d'attirer l'attention, il se promena de long en large sous le mur de la grange, espérant que Gratienne pourrait ou se réveiller ou revenir de chez sa maîtresse, qui peut-être la retenait pour son coucher.

Il revint donc à la vitre et recommença le bombardement.

Alors, un bruit singulier répondit à ses attaques, non pas du côté de la maison qui demeurait sourde et muette, mais du côté de la rivière, dont la moitié resplendissait de lumière, tandis que l'autre était couverte par l'ombre gigantesque des arbres séculaires entassés pêle-mêle sur le bord de l'île de Bougival.

Il sembla au roi qu'un rire de lutin, plusieurs rires même, accueillaient chacune de ses tentatives infructueuses, et ces ironiques lutins s'ébattaient sans doute dans la rivière tiède, car au bruit des rires se mêlaient des chuchottemens, les frémissemens de l'onde et ce cliquetis des gouttes qui jaillissent, et le clapotement des mains qui battent l'élément humide, et ces souffles joyeux qui décèlent le nageur triomphant.

Henri était-il aperçu de quelque baigneur, se moquait-on de sa contenance embarrassée ?

Personne dans le hameau ne veillait à cette heure ; personne, d'ailleurs, n'eût osé rire d'un voyageur qui s'adressait à la maison du seigneur d'Estrées.

En écoutant mieux, le roi crut reconnaître que les voix des lutins étaient des voix de femmes rieuses, des voix connues ; il distingua même, malgré la distance, son nom prononcé par des lèvres chéries, son nom qui glissait harmonieusement jusqu'à lui, porté sur les surfaces élastiques de l'eau.

Les éclats de rire se rapprochaient ; bientôt, de la raie sombre tracée par la ligne des arbres, sortirent en pleine lumière deux têtes qui s'aventuraient jusqu'au milieu du fleuve. Et alors, plus de doute, Henri reconnut Gabrielle et Gratienne, qui se jouaient comme deux ondines dans le tiède cristal de la plus belle eau du monde. Gabrielle et Gratienne, qui riant de leur éloignement, et fières de l'obstacle infranchissable, provoquaient par leur gaîté mutine le malheureux voyageur attaché au rivage.

Mais Henri provoqué ne connaissait pas de barrières. Cent canons ne l'eussent pas retenu. Il poussa son cheval dans le fleuve et se mit, en riant lui-même, à fendre les flots du côté des naïades imprudentes qui l'y avaient appelé.

Les rires alors se changèrent en petits cris d'effroi, en supplications touchantes. Le cheval nageait avec délices, il s'ouvrait fièrement le chemin. Henri s'avançait, les bras étendus vers la nageuse épouvantée, dont les grands cheveux blonds, roulés en tresses épaisses comme un turban, s'imprégnaient tour à tour et reparaissaient plus brillans, comme si Gabrielle se fût plongée dans un bain d'argent liquide. On voyait parfois son bras blanc, d'où ruisselaient les perles, et la fine draperie qui couvrait ses épaules comme la tunique d'Amphitrite, et l'extrémité d'un petit pied, qui, dans la précipitation, effleurait la surface du fleuve.

Henri envoyait de tendres baisers et avançait toujours.

— Par pitié ! sire, par pitié ! retournez,

dit Gabrielle avec une voix suppliante, et elle montra au roi un visage empreint d'un éloquent désespoir.

—Ma belle, vous m'avez appelé, dit Henri.

—Respectez une femme, sire! Pardon... pitié... Si vous faites un pas de plus, je me laisse glisser dans le fleuve!

—Oh! pitié pour moi-même, mon cher amour, dit Henri épouvanté, qui retourna aussitôt son cheval... nagez tranquillement, ma vie; plus d'effroi, plus de menaces. Oh! mais pour vous prouver mon respect, c'est moi plutôt qui m'abîmerais sous ces flots — voyez, je détourne la tête. — Où voulez-vous que j'aille — faut-il vous dire adieu?

— Voilà déjà que vous avez traversé les deux tiers de l'eau, dit Gabrielle, rassurée et calmée par cette docilité du prince; continuez, s'il vous plaît, et allez-vous sécher au moulin, sur le bord de l'île.

—Je m'en y vais, ma mie, mais vous...

—Oh! ne parlons plus de moi, je vous prie, et surtout n'y faisons plus attention. Vous me comprenez bien, cher sire.

—Oui, oui, je comprends, et j'entre au moulin.

— Où j'irai vous retrouver avec Gratienne, car nous y devons faire la collation pendant l'absence du meunier.

— Merci! oh! merci cent fois!

Le roi, amoureux et affamé, prit terre aux abords du moulin, laissa son cheval gravir la pente de l'île, où la bête se secoua librement, et commença un repas délicieux dans le petit potager du meunier.

Henri traversa la longue planche qui menait au bateau et s'assit, le cœur inondé de joie, le corps trempé d'eau, à l'extrémité de la roue, là où nul ne le voyait, et où par conséquent sa présence ne pouvait inquiéter Gabrielle.

Tandis qu'il admirait la beauté de la nuit et la splendeur du paysage, les nageuses gagnaient silencieusement une anse sablée, fleurie, impénétrable aux rayons de la lune. Et certes, en ce moment, les jambes pendantes au dessus de l'eau, l'oreille tendue au moindre bruit qui décelait sa bien-aimée, le roi de France était le plus heureux meunier de son royaume.

XV.

Le Moulin de la Chaussée.

Parmi les choses que l'homme fait poétiques sans le savoir, une des plus charmantes c'est le moulin à eau, l'ancien moulin, la vieille machine gothique sans élégance et sans art, un bateau bien carré qui porte une maison de bois, au flanc de laquelle s'attache un arbre qui tourne et fait écumer l'onde verte avec quatre grandes palettes de bois. C'est un joujou d'enfant primitif. Le bateau est laid, la maison est noire et rapetassée de planches comme une vieille étoffe cousue de pièces. Au premier coup d'œil, tout cela gêne et salit le regard. Puis, avec un peu d'attention, l'œil découvre en ce fouillis sordide des milliers de beautés qui ravissent. Les ais vermoulus sont drapés d'une mousse verdâtre dans laquelle, habitans parasites, les ravenelles sont venues s'incruster, s'agrandissant à chaque terme de loyer, repoussant hargneusement la planche qui les avait reçues, plongeant dans le cœur du chêne leurs racines affamées et jetant au vent humide leur tête insolente de fleurs. Sous la roue qui tourne d'un mouvement égal avec un bourdonnement monotone, jaillit une poussière humide enlevée aux flocons écumeux de la rivière irritée. Que le soleil illumine cette vapeur, vous avez l'arc-en-ciel avec sa magie; que la lune s'y arrête, vous voyez les vapeurs blanches danser autour du moulin comme un grand fantôme qui rôde incessamment, gardien de cette mystérieuse demeure.

Attirés par le bruit et le courant, les gros poissons montent sournoisement autour du bateau. A l'abri sous les planches inaccessibles, ils lèvent parfois leurs museaux béans et absorbent avec une bulle d'air le grain de blé ou de seigle chassé hors des fentes. Au-dessus d'eux, dans son élément, le chat, couché sur le rebord du bateau, dort ou fait semblant; oublieux de ses antipathies, il ouvre et ferme mollement tour à tour son œil vert pour regarder en bas le poisson qui le nargue et viendra tôt ou tard dans la poêle à frire lui offrir ses arêtes; ou bien il regarde en haut la cage, suspendue au soleil, d'un sansonnet bavard ou d'une pie inquiète.

Au dedans du moulin, tout est reluisant, glissant, le sapin enfariné toujours, toujours balayé, a conservé sa pureté native. Il a bruni, voilà tout, et ses larges veines courent en ogives moirées du plancher aux solives.

Dans la soupente, fermée d'un rideau de serge plus souvent blanc que vert, le meunier a son lit, dur, il est vrai, mais si doucement tremblotant à chaque tour de la roue, que le dormeur bercé n'y appelle jamais en vain le sommeil. Pour peu qu'il ait, le soir tiré à bord la planche qui lui sert de pont et le relie au monde, il est seul et inabordable sur son île. Alors sa lampe brille, phare modeste qui réjouit l'œil du passant sur la route voisine ; alors le meunier est libre ; il est roi.

Voilà ce que pensait Henri sur sa planche, au murmure suave de l'eau, qui descendait sans colère et sans bruit, car la roue du moulin ne tournait pas.

Toutes ces petites richesses que nous venons d'énumérer l'entouraient et lui faisaient fête. Le chat ronflait en se frottant le dos à la main de l'étranger; la table de chêne poli était dressée au fond de la salle, et dans le bahut à sculptures grotesques, se prélassaient les assiettes de faïence peintes d'animaux fabuleux et d'une flore fantastique. On nous pardonnera cette interprétation des pensées du roi, mais elle est juste : il envia le sort du meunier, sinon longtemps, du moins jusqu'à ce que le charme de la solitude eût été rompu par l'apparition de Gratienne.

Celle-ci, la première des deux baigneuses, sauta légèrement de la planche dans le moulin. C'était une jeune et joyeuse fille, un peu courte, un peu ronde, avec une voix aiguë et de bons gros bras tout fraîchement séchés des caresses de l'eau par les caresses de la brise. Elle connaissait le roi et l'aimait; c'était bien plus que de le respecter.

Henri alla prendre les deux mains de la belle enfant, et la fit sauter, comme au village, avec mille questions sur l'absence de Gabrielle. Gratienne répondit que sa maîtresse était honteuse ; qu'elle n'avait point d'habits convenables pour recevoir un grand prince, et que des filles qui s'attendent à souper seules après le bain, au beau clair de lune, n'ont pas d'atours; qu'ainsi tout le dommage est pour les indiscrets qui leur rendent visite sans s'être annoncés à l'avance.

Tout en causant de la sorte, Gratienne allumait une seconde lampe et tirait de l'armoire du meunier des chausses neuves et des bas blancs qu'elle offrit à S. M., sans plus de malice. Elle lui indiquait en même temps la petite chambre du meunier pour qu'il changeât ses habits mouillés, tandis qu'elle préparerait le souper de sa maîtresse.

— Mais que dira le maître de céans, demanda Henri du fond de la chambre où il procédait à sa toilette, si on lui ravage ainsi ses hardes neuves.

— Trop heureux serait Denis s'il savait à quel honneur on les réserve, dit Gratienne.

Mais Denis ne le saura pas, il ne faut pas qu'il le sache, le bavard ! Il est absent d'ailleurs.

— Pour longtemps ?

— Le temps d'aller porter de la part de mademoiselle, au prieur des Genovefains, près de Bezons, un monstre de barbillon qui s'est pris dans la vanne. C'est deux bonnes heures, s'il ne flâne pas en route.

— Enfin il reviendra et me verra.

— Votre Majesté sera monsieur Jean ou M. Pierre, qu'importe à M. Denis; votre royauté n'est pas écrite sur votre visage.

— Malheureusement! se dit Henri, peu satisfait du compliment, et qui se félicita de l'essuyer en l'absence de Gabrielle.

Mais, celle-ci avait entendu. Elle entrait au moment même, et, venant à Henri les mains ouvertes, la bouche souriante :

— Si la royauté n'est pas sur son visage, dit-elle, Gratienne, elle est profondément gravée dans son âme et dans son cœur !

— O ma belle ! ô mon amour ! s'écria Henri en se courbant, le cœur épanoui, sur les mains fraîches que la jeune fille lui tendait.

Certes, elle fut belle. — Le peuple, qui la voyait tous les jours, a gardé la mémoire de cette miraculeuse beauté comme il a gardé, en sa loyale et reconnaissante estime, le souvenir de la bonté du roi Henri. Mais peut-être la Gabrielle de la cour, la Gabrielle marquise, la Gabrielle duchesse ne fut jamais sous le velours et les broderies, sous l'or et les diamans aussi belle que le roi la vit ce soir-là, peinture idéale encadrée dans cette porte du moulin, ayant derrière elle la splendide lumière de la lune et le paysage argenté; en face, les deux lampes du meunier, qui envoyaient sur elle leurs feux rougeâtres et doucement pénétrans.

Qui donc pourrait peindre cette taille de déesse aux fermes et voluptueuses ondulations, que la draperie mal attachée de la robe accusait en larges plis? Et les bras d'ivoire encore humides dans leurs fourreaux ouverts ? Et ces torrens de cheveux blonds aux reflets d'or qui rompaient leurs liens et roulaient à flots sur l'épaule, en découvrant un cou veiné, transparent ? Et ce visage, d'un incomparable ovale, qu'éclairaient des yeux bleus fins, rieurs, tendres, dont la prunelle marquée d'un point noir, avait quelque chose de vaguement étrange qui lançait le trouble et la flamme dans tous les cœurs? Cette figure d'ailleurs était sereine et douce comme un beau jour; elle éveillait l'idée du printemps, elle vivifiait, elle consolait ; le moindre sourire de sa bouche vermeille aux coins profonds eût rajeuni le vieillard morose, et rafraîchi le mourant sur sa couche. Jamais ange égaré sur la terre n'y porta un plus pur et plus céleste reflet de la beauté d'en-haut ; jamais créature terrestre ne charma comme Gabrielle le regard du souverain créateur, qui dut se rappeler en la voyant, Eve, son plus charmant, son plus sublime ouvrage.

Belle avons-nous dit ! elle était bien plus — elle était bonne — ce sourire venait de son âme comme le parfum sort de la fleur : jamais d'envie, jamais d'ambition, jamais de colère, jamais d'hypocrisie. Il fallut des années d'orage et l'air empesté de la cour, il fallut la haine et l'envie des autres, souffles venimeux, pour apprendre à cette loyale figure l'usage du masque, seule défense contre tant de poisons mortels.

Mais, à dix-sept ans, Gabrielle ne savait pas mentir. Elle tenait Henri à ses genoux, le regardait avec des yeux de sœur, avec un respect de sujette, et, lui abandonnant ses deux belles mains, croyait sincèrement lui abandonner tout son cœur ; ce cœur inestimable, elle-même ne le connaissait point !

Lorsque le roi eut longtemps promené ses doigs veloutés sur sa bouche, avec une discrète et respectueuse ardeur, signe infaillible des passions vraies, Gabrielle ordonna à Gratienne de fermer la petite porte, et, passant au bout de la salle, elle offrit un siége de bois à son maître.

Il n'y en avait qu'un, et il revenait de droit au roi de France. Mais Henri s'assit gaîment sur un septier d'orge, et le siége échut à Gabrielle, qui prit bientôt son air sérieux.

— Encore une imprudence, sire, dit-elle d'une voix enchanteresse. Mon père est absent, mais il pourrait revenir. Votre Majesté ne risque rien, elle, de la part d'un de ses plus féaux sujets ; mais, moi, je serai grondée, menacée, j'aurai comme toujours à pleurer quand vous serez parti.

— Pleurer ! oh ! ma chère belle, dit Henri, non, vous ne pleurerez point. Mais, d'ailleurs, votre père ne reviendra pas. Je l'ai envoyé à Mantes.

— C'est vous ! sire, s'écria la jeune fille... Oh ! méchant roi !... pauvre père !...

— Sans doute, c'est moi ; puisque l'on ne peut vous voir quand il est là.

Gabrielle, avec une expression plus triste :

— Ni en son absence, ni en sa présence, sire, dit-elle. Le temps est venu de dire la vérité, quoi qu'il m'en coûte et beaucoup, mais il faut enfin que je parle, écoutez-moi.

— Quelle vérité ? s'écria le roi inquiet.

— Nous ne nous verrons plus...

— Oh !...

— Jamais... Mon père me l'a ordonné... Il m'a bien fait comprendre ma situation vis-à-vis de mon roi ; car ici vous êtes bien le roi, dans nos cœurs et dans nos vœux !

— Ce n'est pas comme à Paris, dit Henri, essayant d'égayer Gabrielle, qui se dérida, en effet.

— Allons, s'écria-t-elle, nous dirons cela plus tard. C'est inhumain de la part d'une fidèle servante d'affliger ainsi son maître, et ce serait cruel au maître d'empêcher sa servante de souper. Sire, le bain nous a retardées, il est onze heures et nous mourons de faim.

— Et moi donc, ma belle.

— Oh ! sire, je vais vous servir. Quelle joie ! j'aurai donné un festin au grand Henri ! un beau festin, vous allez voir. Gratienne !

Gratienne apparut.

— Apporte les cerises et les groseilles.

— Peste, fit le roi avec une grimace, quelle chère-lie !

— Nous avons du gâteau, mon roi, un gâteau léger, croquant comme Gratienne les sait faire.

— Du gâteau !... mais c'est complet.

— Et... oh ! mais c'est une friandise... il faut la pardonner, sire, nous sommes gourmandes. Il y a une petite fiole de liqueur de noyau : comme vous allez vous régaler !...

Le roi sentit frémir son robuste appétit de chasseur et de guerrier. Un frisson lui passa sur la peau à l'aspect des cerises purpurines amoncelées sur une assiette, et surtout des groseilles au parfum aigre, et dont les grappes rouges et blanches brillaient à la lumière comme un fouillis de rubis et de perles.

La table était mise. Henri offrit un morceau de gâteau à Gabrielle ; il en prit un lui-même en soupirant.

Elle le regarda et comprit :

— Sotte que je suis ! dit-elle ; le roi a faim, et je lui offre un repas de fille !

— La plus belle fille du monde, ma Gabrielle, répondit Henri, ne peut m'offrir que ce qu'elle a.

Gabrielle repoussa tristement le gâteau et les cerises.

— Il faut chercher, dit-elle. Gratienne !

— Mademoiselle ?

— Mène-moi dans le bateau jusqu'à la maison. Là certainement on trouvera des provisions.

— Non! non! s'écria Henri; j'aime mieux me rassasier de votre vue ; je soupe en vous admirant. Je mangerai vos mains mignonnes...

— Pauvre nourriture pour l'estomac, sire !

— J'y perds la faim !...

— Cherchons ! cherchons ! dit Gabrielle en repoussant doucement Henri, qui après avoir mangé les mains entamait les bras.

Il s'arrêta pour ne point déplaire à sa maîtresse, et faute d'alimens immatériels, se mit à songer aux alimens du corps.

— Il me semble, dit-il, que l'on parlait tout à l'heure des monstres qui se prennent dans les vannes du moulin. N'y a-t-il pas quelque nasse tendue ou quelque hameçon qui pende ? Les meuniers n'en font jamais d'autre.

— Je ne sais, dit Gabrielle.

— Je trouverai bien, moi. Plus d'une fois j'ai soupé à merveille dans le moulin — en maigre... Mais qu'importe.

Après quelques minutes d'une revue passée autour du bateau, le roi vit une ficelle vagabonde qui s'éloignait ou se rapprochait du plat-bord avec des tressaillemens et des convulsions de bon augure. C'était en effet une des lignes que maître Denis avait grand soin de tendre chaque soir. Une belle anguille avait mordu et cherchait à rouler ses spirales autour d'un pieu quelconque pour résister à la main qui l'attirait hors de l'eau; mais le roi joignit l'adresse à la force, et amena sa proie, sur laquelle Gratienne fondit joyeusement, tandis que Gabrielle reculait avec un sentiment d'effroi.

— Eh bien, voici la chair, dit Henri, mais le feu, mais le feu, mais l'assaisonnement?

— Un peu de lard, que voici, répliqua Gratienne, un oignon que voilà, une croûte comme on les a chez un meunier, et un demi-verre du petit vin de maître Denis, voici la cruche, et je demande un quart d'heure pour servir Sa Majesté.

En disant ces mots, elle disparut à l'avant du bateau, et bientôt s'éleva une flamme de copeaux et de charbons allumés sur un quartier de meule usée.

— Un quart d'heure que j'emploierai bien, dit le roi, car je vais me mettre aux pieds de ma Gabrielle, et lui dirai si souvent, si tendrement mon amour, que j'amollirai son cœur farouche.

La jeune fille, avec un mouvement charmant de la tête:

— Oh ! non, dit-elle, c'est impossible.

— Rayez ce mot, ma mie.

— Impossible, sire.

— Alors, vous n'aimez pas Henri?

— Beaucoup, au contraire. Mais s'il m'aimait comme il le dit, serait-il près de moi en ce moment?

— Qu'est-ce à dire? demanda le roi étonné. Mais si je ne vous aimais pas, il me semble au contraire que je ne serais pas ici.

— Aimer, signifie donc affliger?...

— Quoi, ma présence vous afflige ?

— Aimer signifie donc offenser?...

— Je vous offense ?

— Aimer signifie donc perdre et déshonorer ?

— Gabrielle ! Gabrielle !...

— Mon roi, vous m'affligez, vous m'offensez, vous me perdez, en effet, par votre présence.

— Voilà bien de grands mots, chère belle.

— Plus graves encore sont les choses... Causons, et la main sur le cœur.

— Sur le vôtre...

— Sire, soyons sérieux. Que voulez-vous de moi qui ne puis être votre femme, puisque vous êtes marié ?

— Si peu...

— Assez pour ne me pas épouser, ce que d'ailleurs je ne vous demanderais pas, ce que même je n'accepterais pas, bien que fille noble, car vous êtes un puissant roi.

— Roi, oui ; puissant, non.

— Croyez-vous donc que jamais mon père souffrirait mon déshonneur.

— Ma mie....

— Le souffrirai-je moi-même. Voilà donc la raison pour laquelle votre présence m'offense... Mais je vous attriste avec ce mot si dur... Passons. J'ai dit que vous me perdiez,

— Je vous défie de me le prouver...

— Facilement. Mon père m'a juré si je vous écoutais, ou si vous me poursuiviez, de me jeter dans un couvent... ou, ce qui pis est, de me marier.

Le roi fit un mouvement.

— Il faudrait voir, s'écria-t-il.

— Un père n'a pas besoin de la permission du roi pour marier sa fille... Mariée, je suis perdue et mourrai de chagrin.

Henri se mit à deux genoux, suppliant :

— Ne me dites pas de ces paroles sinistres, ma Gabrielle, vous perdue, vous mourante !

— Par votre faute.

— Me croyez-vous donc si faible et si timide, que je ne puisse, malgré un père, malgré le monde entier, sauver du désespoir la femme que j'aime, et seriez-vous assez faible vous-même, assez cruelle, cependant, pour vous abandonner à un autre quand vous m'avez repoussé, moi, votre ami et votre roi?... Ayez de la volonté pour moi, Gabrielle, et j'aurai de la force pour nous deux!... Ce n'est pas moi qui vous perds, c'est vous-même! Aidez-vous, je vous aiderai! Quant à vous reprendre, qu'on y vienne, lorsque je vous aurai prise! Vous le voyez donc, Gabrielle, c'est de vous seule que vous dépendez. — C'est à vous seule qu'il faudra rapporter les malheurs que vous voyez dans l'avenir. Si vous m'aimiez, vous auriez plus de courage.

— Oh! sire, je n'ai encore rien dit. M'offenser, me perdre, ce n'est rien ; mais vous m'affligez, voilà le crime.

— Et comment, bon Dieu! moi qui ne respire que par vous et pour vous.

— Cela est bien grave, et j'ai pour vous le dire une bouche d'enfant bien frivole.... Mais comme je prie Dieu tous les soirs pour vous, c'est Dieu qui va me dicter les paroles. Vous me demandiez tout-à-l'heure de sacrifier mon honneur et ma vie ; je le dois peut-être à mon roi, mais vous sacrifier mon âme et mon salut éternel, est-ce possible?

— Votre salut?

— Sans doute; une bonne catholique peut-elle accepter l'hérésie?

— Bon! êtes-vous docteur? s'écria le roi en riant.

— Ne riez pas, sire, c'est bien sérieux.

— Pas tant que cela, ma belle... et, entre nous, il n'est aucun besoin de parler hérésie ou messe.

— Il le faut, cependant ; car je ne composerai jamais avec l'enfer...

— Là, là... Laissons également l'enfer....

— Où vous tomberiez seul, sire, non pas. Je vous porte de l'amitié, je veux votre salut, et le veux d'autant plus opiniâtrément, qu'en vous sauvant je sauve toute la France, compromise par votre hérésie.

— Bien, voilà que nous attaquons la politique... Ah! Gabrielle, par grâce...

— Par grâce, sire, poursuivons ou rompons tout-à-fait.

La jeune fille prononça ces mots avec un accent de fermeté d'autant plus étrange que ses yeux s'étaient remplis de larmes. Le roi, attendri, surpris en même temps, lui saisit la main.

— Vous vous égarez, dit-il, en des pensées qui jamais n'eussent dû habiter votre charmante tête. Croyez-moi, laissez au roi sa conscience, et ne vous en prenez qu'à la conscience de l'amant. Je vous jure, Gabrielle, que votre salut et le mien ne sont pas en danger...

— Ce n'est pas l'avis de tout le monde, sire.

— Ah! qui donc vous a donné son avis?

— Un bien saint homme...

— M. d'Estrées?

— Non, non. Mon père gémit comme tous les honnêtes gens, mais il n'accuse pas Votre Majesté ; tandis que...

— Tandis que le saint homme m'accuse... Qui est-ce donc?... votre confesseur...

— Mon conseiller... un homme éminent.

— Vraiment.

— Une lumière de l'église.

— Bah!

— Un des plus célèbres orateurs de ces derniers temps.

— Hélas ! je les connais tous par les injures dont ils m'ont chargé. Comment s'appelle celui-là, qu'est-il?

— C'est le prieur du couvent des Genovéfains de Bezons.

— Oui, celui à qui Denis porte un barbillon. Et il s'appelle?...

— Dom Modeste Gorenflot.

— Je ne le connais pas, dit Henri en cherchant ; pourtant ce nom là ne m'est pas absolument étranger. C'est ce dom Modeste qui vous confesse et qui vous a dit que vous perdiez en m'écoutant... N'est-ce pas?

— Lui-même.

— Alors, Gabrielle, interrompit le roi plus sérieux, c'est à vous qu'il faut que je fasse un reproche. Vous avez été déloyale...

— Comment, sire? dit-elle effrayée.

— Vous m'aviez juré de ne point dire mon nom, de ne pas révéler ma présence à qui que ce fût, et vous m'avez trahi, vous m'avez nommé à des moines qui sont mes ennemis mortels.

— Sire ! mon cher sire, je vous jure que je n'ai rien dit..... que je n'ai rien trahi..... que je ne vous ai jamais nommé.

— Ce dom Modeste a donc des espions?

— Non, c'est un trop digne homme. Mais il est plein de finesse, et rien ne lui échappe. D'ailleurs, il ne vous hait point.

— Oh! fit le roi avec un sourire d'incrédulité.

— Il vous hait si peu qu'il me donne sans cesse des conseils bien différens de ceux que vous lui attribuez.

— Lesquels, ma chère?

— Aimez le roi, dit-il, aimez-le, car il est bon, il est né pour le bonheur de la France.

— Vraiment?... Voilà un bon moine.

—Mais, ajoute-t-il, au lieu de ce bonheur, c'est du malheur qu'il vous apportera s'il persévère dans l'erreur...

— Là ! dit le roi, voilà le mauvais moine.

— Oh ! sire, quelle parole païenne. On est mauvais parce qu'on veut votre salut? je suis donc mauvaise, moi ?

— Vous, Gabrielle, vous êtes un ange.

— Voilà le souper du roi ! s'écria Gratienne en apportant triomphante un plat de terre fumant sur lequel grésillait avec bruit dans un gratin odoriférant l'anguille couchée sur des croûtes appétissantes.

— J'ai bien faim! se dit le roi; mais le souper ne me fera pas oublier ce moine singulier qui conseille ainsi Gabrielle.

XVI.

Comment, dans le moulin, Henri tira deux moutures du même sac.

Henri n'avait pas été gâté par les moines : ces bons pères se montraient coriaces à l'égard des rois. Dans un temps de troubles et d'anarchie, l'écume qui monte à la surface se compose de toutes les corruptions du corps social malade en toutes ses parties. L'Église, il faut le dire, était malade alors comme l'armée, comme la magistrature, comme la bourgeoisie et le peuple. Derrière les prélats éminens qui traitaient avec une noble sollicitude les graves questions politiques si fatalement soudées aux questions religieuses, derrière ces illustres chefs, disons-nous, venait une cohue, cynique, turbulente, bassement ambitieuse, qui vivait de rapines, de querelles et de turpitudes, comme à la suite des armées vivent les traînards et les goujats, vils rebuts des nations les plus belliqueuses. Il y avait alors en France force moines sordides, effrontés, voleurs, qui travestissaient la sainte religion avec aussi peu de scrupule, avec aussi peu d'intelligence qu'il y a aujourd'hui de dévoûment et de science, même dans l'arrière-ban de l'Église. Les processions de la Ligue et l'assassinat prêché publiquement, telles étaient les œuvres de ces prétendus religieux ; et, sans compter le moine Jacques Clément, Henri avait bien vu défiler de ces bandits abrités sous le froc.

Aussi, tout en faisant honneur au mets friand de Gratienne, Henri voulut-il continuer la conversation sur ce moine bienfaisant, dont les conseils l'intriguaient fort, précisément à cause de leur bienveillance.

— Chère belle, dit-il, je ne sais si votre genovéfain mangera ce soir un plus délicat poisson, mieux accommodé, mais en tous cas, s'il a un cuisinier meilleur, il n'a pas meilleure compagnie. J'en excepte les jours où vous vous confessez à lui.

— Je ne me confesse pas à lui, dit Gabrielle.

— Pardon ; mais vous m'avez dit, il me semble...

— Que dom Modeste était mon conseiller, — oui, — mais non mon confesseur.

— Voilà une distinction... dit le roi.

— Importante, car le prieur ne peut plus confesser, et bien des fidèles s'en plaignent.

Henri l'interrompant :

— Je ne comprends plus du tout, ajouta-t-il. Pourquoi ce révérend, cette lumière de l'église, ne peut-il pas diriger les consciences ?

— Parce qu'il est affligé d'une paralysie sur la langue, et que par conséquent il ne saurait parler.

— Vous m'avez dit tout à l'heure qu'il vous *avait dit*...

— Il m'a fait dire.

— Par qui ?

— Par le frère parleur.

Henri fit un nouveau mouvement de surprise.

— Qu'est-ce encore que cela ? dit-il ; un frère parleur ! quelle fonction cela représente-t-il ?

— La fonction d'un frère qui parle. Le prieur, à cause de sa paralysie, ne peut s'exprimer.

— Bien, c'est convenu.

— Mais il pense, mais il sait, mais il juge, et il faut bien que ses idées, ses opinions et ses avis soient traduits... Traduire est la fonction du frère parleur.

— Voilà qui est particulier, s'écria le roi en repoussant son assiette, tant était vif l'intérêt que ce singulier frère parleur excitait en lui. Soyez assez bonne pour m'expliquer un peu le mécanisme de la conversation entre ce prieur, le frère parleur et la personne qui vient consulter.

— Rien de plus simple, sire.

— C'est qu'alors je suis stupide et enivré par vos beaux yeux. Je ne comprends vraiment pas.

— Supposez, dit Gabrielle, que je vais au couvent pour obtenir un avis du révérend prieur... Sachez d'abord, et sachez-le bien, que c'est un homme supérieur.

— Oui, une lumière... très bien.

— Oh !-ce fut, à ce qu'on dit, un orateur immense, un de ces rares génies qui gouvernent par la parole, un peu ligueur autrefois, du temps d'Henri III, mais bien amendé aujourd'hui.

— Depuis qu'il est muet.

— Depuis qu'il s'est courbé sous la main sévère de Dieu. Dieu lui a envoyé deux terribles épreuves.

— Quelle est la seconde?

— Une obésité formidable... une vraie maladie, une affliction... quelque chose qui rendrait ridicule tout autre que ce saint homme... sans le respect que lui concilient et sa patience et son illustre réputation.

— Comment, il est si gras que cela! dit Henri IV qui faisait tous ses efforts pour garder son sérieux.

— Je ne pense pas, ajouta Gabrielle d'un ton pénétré, que le digne prieur puisse passer par cette porte du moulin...

— Où passent les ânes avec deux sacs!... Peste! quelle affliction! s'écria Henri. Et vous dites qu'il la supporte?

— Héroïquement. Jamais on ne l'entend se plaindre.

— Songez qu'il est muet. Ce qui, soit dit sans vous déplaire, diminue un peu ses mérites.

— Oh! s'il se plaignait, on le saurait par le frère parleur.

— C'est juste, nous y voilà revenus. Eh bien, par grâce, continuez. Vous en étiez à expliquer comment le révérend communique sa pensée à l'interprète.

— Avec des signes de la main et des doigts. C'est un langage convenu entre eux. Souvent même un regard suffit. Le prieur a l'œil encore vif. Quant au frère Robert, — c'est le nom du cher frère parleur, — son œil est prompt comme celui d'un moineau-franc. L'éclair est moins rapide que cet échange entre le prieur et l'interprète, des idées les plus délicates, les plus compliquées.

— Vraiment?

— C'est à surprendre, c'est à renverser d'admiration ceux qui n'y sont pas habitués.

— Vous avez l'habitude, vous, n'est-ce pas?

— Sans doute... à force d'avoir consulté.

— Mais pour commencer à bien consulter, il vous a fallu un apprentissage. Comment ce désir de consultation vous est-il venu?

— C'est mon père qui le premier m'y a conduite, pour que j'eusse de bons conseils. Toute jeune fille un peu recherchée en a besoin. Or, la réputation du révérend l'avait précédé à Bezons. Il paraîtrait que primitivement il résidait en Bourgogne, dans un prieuré que le feu roi lui avait donné. C'est là que son accident s'est déclaré.

— La paralysie ou la graisse?

— La paralysie; mais, par grâce, sire, ne riez pas du pauvre prieur. Ses conseils vous seraient utiles à vous-même, je vous en réponds, malgré tous vos conseils royaux, de guerre et de finances, malgré l'assistance de MM. Rosny, Mornay, Ghiverny et autres sages!

— Si le prieur me conseille de vous aimer comme il vous l'a conseillé pour moi, j'accepte. Mais, j'ai bien peur qu'il ne prétende me conseiller autre chose.

— Oh! d'abord, répliqua Gabrielle, il vous imposerait l'obéissance à ses prescriptions.

— Qui sont?

— D'abjurer l'erreur, de reconnaître la perfection de l'Eglise catholique romaine, et de rassurer tous vos sujets par ce retour sincère aux bonnes doctrines.

Un fugitif sourire passa sur les lèvres du roi, qui se dit que la besogne était faite.

— Dom Modeste n'est-il pas bien hardi de confier ainsi ses théories politiques à ce frère bavard; non, frère parleur.

— Oh! leur confiance réciproque est fondée sur des bases solides.

— Soit; mais vous, pour conter ainsi toutes vos petites affaires au confident de dom Modeste, n'êtes-vous pas bien imprudente? Votre père peut apprendre tout ce que nous lui cachons; le frère parleur peut parler à M. d'Estrées.

— Nullement, puisque c'est lui qui me transmet l'ordre de vous aimer et de vous pousser vers la véritable Eglise. Il n'a garde d'aller avertir mon père; et je suis sûre de sa discrétion, malgré toute l'amitié qui existe entre mon père et les Genovéfains. Si mon père apprenait que l'on veut faire de moi l'instrument de votre salut, je n'aurais plus qu'à préparer l'instrument de mon martyre.

Le roi, souriant encore dans sa large barbe qu'il caressait;

— Je donnerais beaucoup, dit-il, pour entendre le révérend père muet et le digne frère parleur vous donner leurs conseils, et j'ajouterais encore quelque chose par dessus le marché pour voir comment vous écoutez. Profitez-vous au moins?

— Trop!...

— Vous ne supposez pas un seul instant que vous soyez la dupe de ces moines?

— On voit bien, dit Gabrielle en haussant légèrement les épaules, que vous ne connaissez ni le prieur, ni le frère Robert. Me duper? Et que leur importe? Quel serait leur bénéfice?

— Ne fut-ce que pour être au courant de ce que je fais... Un joli petit espion comme vous, c'est précieux, et Philippe II ou M. de Mayenne vous paieraient cher le rapport que vous donnez pour rien aux Genovéfains sur les faits et gestes du roi Henri IV.

— Encore une fois, je vous dis que je ne rapporte rien, dit Gabrielle piquée; je vous dis que vous ne faites point un pas, point un geste, que le père et le frère n'en soient instruits. Ce doit être le ciel qui avertit dom Modeste et qui l'inspire. — Vous vous souvenez du mystère que vous mîtes à vos premières visites chez mon père. Il s'agissait, lui disiez-vous, des secrets de l'Etat. Certes, M. d'Estrées se fût fait hacher plutôt que de vous trahir. Cependant vos visites le gênaient fort! Eh bien! qui m'a avertie de vos intentions sur moi, alors que moi-même je ne m'en doutais pas encore? dom Modeste. Qui m'a prévenue que vous m'alliez fixer un rendez-vous? dom Modeste. Qui m'a dicté la conduite que je devais tenir en ces rendez-vous? dom Modeste, toujours lui, interprété par le frère Robert.

— Ah! s'écria le roi, on vous dictait votre conduite?

— Certainement.

— Votre sévérité, vos résistances, tout cela était prescrit par avance, comme l'ordre et la marche d'une cérémonie?

— Oui, sire, et c'était bien prudent. J'ai si peu d'expérience que, par faiblesse, j'eusse perdu, peut-être, vous, la France et moi.

— Eh bien! mais ce sont mes ennemis furieux, que ces moines; de quoi se mêlent-ils?

— De votre salut et du salut de l'Etat.

— Et vous persistez à les écouter, malgré mes tendres supplications?

— Obstinément; je vous sauverai malgré vous.

— Vous ne vous adoucirez point?

— Je n'aimerai jamais qu'un prince catholique.

— Tout cela pour obéir à un moine stupide.

— Dom Modeste stupide! Frère Robert stupide! Il n'a point le vol de l'aigle, comme son prieur; mais pour traduire la pensée...

— Une plume d'oie suffit, n'est-ce pas?... Allons, ce frère Robert sera quelque cafard; quelque cheval de carrosse... court et lourd.

— Non, il est grand, sec, mince, et lorsqu'il est perché sur ses longues jambes, qui semblent vouloir couper sa robe comme deux bâtons, le pauvre homme fait l'effet d'un héron mélancolique. Mais s'il est simple, il est bien bon, et tout ce qu'il me dit a beau sortir d'un fonds étranger, je l'écoute et m'en pénètre... Et je l'aime, et je ne veux pas qu'on se moque de lui ou qu'on lui souhaite du mal!

— Allons, répliqua Henri, comme toujours, on vous obéira.

— Vous vous convertirez? sire, s'écria Gabrielle en frappant ses deux charmantes mains rosées l'une contre l'autre avec une joie ardente.

— Pardon, pardon! je n'ai pas dit cela, ma Gabrielle; oh! non, je ne l'ai pas dit. Il y aurait témérité à me le demander... Croyez-vous que jamais l'amour d'une femme puisse payer à un homme le sacrifice de ses convictions... et le repos de sa conscience?...

Le roi avait malicieusement appuyé sur chaque mot de sa phrase, en affectant un sérieux qui désespéra Gabrielle.

— Là! murmura-t-elle, voilà toute ma peine perdue... il ne se convertira jamais! Que je suis malheureuse! moi, une fille de noblesse! moi qui aime tant le roi! moi dont le père et le frère sont des serviteurs zélés de Sa Majesté, moi qui ai perdu un autre frère sous vos drapeaux, Sire! n'avais-je pas droit d'espérer que mon maître écouterait favorablement sa servante, et m'accepterait comme l'humble instrument du salut de tout un peuple?—Jeanne-d'Arc, disait dom Modeste par la bouche de frère Robert, a sauvé Charles VII des Anglais à la pointe de son épée. Vous, ma fille, vous sauverez Henri IV de l'Espagnol.

— Vous n'avez pas d'épée, chère belle.

Gabrielle rougit et baissa les yeux, belle au-delà de tout ce que peut rêver l'imagination des poètes.

— J'espérais, murmura-t-elle, que mon roi ferait par amour pour moi, ce que dix mille épées ne le forceraient point à faire... ce que l'appât d'une couronne, ce que toute la gloire de ce monde ne réussirait point à lui arracher...

— Eh bien! s'écria le roi, transporté d'amour, je ne promets rien — oh non... je ne puis rien promettre... sans de longues méditations; une conversion, ma mie... c'est si grave! Mais, croyez bien que le désir de vous plaire et de calmer votre chagrin sera pour moi le plus actif des aiguillons. Cependant, chère belle, pour me donner du courage, qu'avez-vous fait? Je n'ai jamais trouvé en vous que défiance. Vous venez de m'avouer que vos conseils vous enjoignaient de me désespérer... Comment voulez-vous alors que la persuasion m'arrive ?

— Non ! non ! s'écria Gabrielle prise au piége que le rusé Béarnais lui tendait depuis le commencement de l'entretien, non, il ne s'agit pas de désespoir, bien au contraire ; espérez, sire, espérez ; mais convertissez-vous.

Le roi triomphant :

— Des gages, ma mie ; votre farouche vertu m'a rendu soupçonneux, et des gages sont indispensables.

— J'offre ma parole..., sire.

Henri s'approcha de la jeune fille en la regardant tendrement.

— C'est quelque chose, dit-il, que la parole d'une demoiselle de votre qualité, de votre probité ; mais détaillons un peu, je vous prie. C'est mon habitude quand je signe des traités d'alliance.

— Je n'en ai jamais signé, dit Gabrielle avec une naïveté enchanteresse.

— Laissez-moi dicter, alors.

— Soit, mon roi.

— Divisons le traité en trois articles. C'est un nombre heureux. Article premier...

— Article premier, s'écria Gabrielle, le roi se convertira !

— Non, ce n'est point l'usage de poser l'ultimatum en premier lieu. Article premier... Mais, ma chère, nous nous sommes bien trompés tous deux. Il n'y a là-dedans et il ne peut y avoir qu'un seul article pour éviter tout ambage et toute fraude.

— Oh ! sire, faites le traité en prince, en gentilhomme, en honnête homme !

— Je le veux ainsi, Gabrielle.

— Faites un traité qui ne m'engage point sans vous engager... Car, je vous l'ai dit, une fille de ma race tient sa promesse, quand elle en devrait mourir. Faites de même, vous, un si grand roi ! un héros !

— Alors, dictez vous-même.

— Merci, j'accepte... Oui, sire, il n'y a qu'un seul article possible. Le voici :

« Entre très haut et très puissant seigneur Henri, quatrième du nom, roi de France et de Navarre, et Gabrielle d'Estrées, noble demoiselle, fille d'un bon et loyal serviteur du roi, a été convenu et juré ce qui suit :

» Le jour où le roi aura fait solennellement et publiquement abjuration de la religion prétendue réformée, pour entrer dans le giron de l'Eglise catholique, apostolique et romaine... »

— Eh bien !... dit le roi enivré.

— Ecrivez le reste, sire, balbutia Gabrielle en cachant son visage dans ses mains.

Et aussitôt son tendre cœur, ce cœur généreux s'emplit de sanglots qui débordèrent en larmes au travers de ses doigts de nacre.

Henri se précipita aux genoux de son idole.

— Vous inscrirez au traité, ajouta la jeune fille, que Gabrielle voulait sauver la France.

— J'inscrirai dans mon cœur que vous êtes un ange de bonté, de grâce, d'amour, et, si profondément je l'inscrirai, Gabrielle, qu'il faudra m'arracher le cœur pour effacer votre souvenir.

Il se releva et serra la jeune fille sur sa poitrine, avec un remords d'avoir trompé cette belle âme par le semblant d'une faiblesse d'amour.

Gabrielle radieuse, remercia le ciel d'avoir touché le cœur du roi, et, dans sa candeur elle remercia aussi le généreux prince qui lui faisait un tel sacrifice. Ah ! si elle eût pu savoir qu'une heure avant, le même article du même traité avait conquis Paris à Henri IV.

Deux pareilles conquêtes : Gabrielle et Paris ! Que de rois se fussent damnés pour l'un ou pour l'autre.

Mais Henri se promit au fond de l'âme de racheter la supercherie par tant de tendresse et de constance, que Gabrielle n'y perdît rien.

La main dans la main, tous deux avec un regard loyal scellèrent le traité.

— Et vous n'en parlerez pas au révérend prieur, ni au père Robert, dit le roi gaîment ; nous verrons s'ils le devinent. Eux qui savent tout, je les défie de savoir ce qui s'est passé dans le moulin.

— Quand toute l'Europe va retentir de cet acte immense, dit Gabrielle, j'aurai donc le noble orgueil de me répéter, cachée en un coin : Henri a fait cela pour moi !

Le roi embarrassé cherchait une réponse lorsque Gratienne entra précipitamment.

— Voici maître Denis qui revient, dit-elle.

En effet, des pas lourds et cadencés retentissaient sur la planche du moulin. Le roi se leva pour prendre un avis dans les yeux de Gabrielle.

— Appelez-vous monsieur Guillaume, dit-elle vivement, vous m'apportez des nouvelles de mon frère, le marquis de Cœuvres.

— Fort bien.

Denis entra.

Le digne garçon fut ébahi de trouver si bonne compagnie au moulin. Gabrielle fit son petit conte de l'arrivée imprévue de M. Guillaume; Gratienne, à son tour, conta la mésaventure de M. Guillaume, qui avait mouillé ses habits en tombant du bateau, et au lieu de l'incrédulité à laquelle toutes deux s'attendaient en présence de ces récits un peu extraordinaires :

— C'est aujourd'hui le jour des événemens, dit le meunier. En voilà-t-il de ces événemens, bon Dieu !

— Quoi donc? demandèrent les trois complices de la comédie.

— Il n'est rien arrivé aux bons pères? dit Gabrielle.

— Rien du tout, mademoiselle, rien à eux; mais c'est à moi qu'il est arrivé une chose... voilà-t-il pas qu'en mon chemin je trouve un homme assassiné !

Les jeunes filles poussèrent un cri d'effroi.

— Où cela ? demanda le roi inquiet.

— A cent pas du sentier de Colombes, au bord de l'eau.

Henri pensa à l'Espagnol, mais Denis le tira bientôt d'erreur.

— Un beau jeune homme... un vrai saint Sébastien !... Est-il possible qu'on ait tué une si belle créature, avec de si beaux cheveux blonds !

— Qu'en avez-vous fait ? demanda le roi, ému de la sensibilité de Gabrielle.

— Je l'ai porté au couvent avec les autres.

— Comment, avec quels autres ?

— Avec ses deux camarades.

— Deux autres morts ? s'écrièrent le roi et Gabrielle.

— Oh ! non, vivans, puisqu'ils portaient le blessé avec moi. Il y en a un petit et un gros.

— Le mort n'est donc plus que blessé, maintenant ?

— Oui, mais fièrement ! Figurez-vous que le petit est un garde du roi Henri.

Le roi tressaillit.

— Qui vous a dit cela ? s'écria-t-il.

— Lui-même... Et le gros est le colonel du petit.

Henri fit un mouvement si brusque qu'il faillit renverser la table.

— Le colonel des gardes !

— Sans doute, puisqu'une fois le garde l'a appelé mon colonel.

— Crillon !... Tu as vu Crillon? demanda le roi avec une anxiété qui fit peur au meunier.

— Je ne dis pas que ce soit M. Crillon, balbutia-t-il.

— Un homme carré, bien pris.

— Oui.

— Le sourcil noir, la moustache grise, l'œil ferme ?

— L'œil terrible: mais ce regard devenait bien triste quand il tombait sur le pauvre blessé !

— Ce ne peut être Crillon, dit le roi.

— Et à présent je crois bien que ce serait lui, s'écria Denis, à voir le respect de tout le monde au couvent, et l'empressement du frère Robert, qui bouge si peu d'habitude. Tiens, j'aurais vu Crillon, le grand Crillon ! Ces dix pistoles me viendraient de Crillon !

— Voyons, voyons, expliquons-nous, dit le roi. Raconte par ordre et en détail...

— Oui, raconte, dit Gabrielle.

Denis ouvrait sa large bouche avec la satisfaction d'un orateur attendu, quand une voix ferme et vibrante, venant de la Chaussée, traversa la rivière dans le silence de la nuit, et cria :

— Gabrielle ! Gabrielle !

Chacun tressaillit.

— La voix de mon père, dit la jeune fille épouvantée.

— Sitôt revenu !... Il a des soupçons, pensa le roi.

— C'est M. d'Estrées, en effet, ajouta le meunier, en regardant au petit volet du moulin.

— Je suis perdue !

— Silence ! dit le roi.

— Gabrielle ! appela encore la voix : envoyez le bateau, que j'aille vous chercher.

La jeune fille perdit la tête. Gratienne et elle couraient effarouchées dans le moulin comme deux oiseaux poursuivis.

Le roi, avec sang-froid, leur dit :

— Je vais passer dans l'île, ne craignez rien. D'ailleurs, si vous allez rejoindre M. d'Estrées, il ne viendra pas ici.

— Mais Denis...

— Denis se taira, dit Gratienne.

Denis regardait ébahi, ahuri, sans comprendre.

— J'apporte à Mlle de mauvaises nouvelles du marquis de Cœuvres, lui dit tout bas le roi, et il faut les cacher au pauvre père.

— Encore un événement, c'est le jour !... s'écria Denis. Pauvre M. de Cœuvres !... Oh! oui, ne disons rien au père.

— Maintenant passe vite Mlle d'Estrées pour que son père ne s'impatiente pas.

— A l'instant, dit le meunier, qui se jeta dans le batelet où déjà Gabrielle et Gratienne avaient sauté.

Tandis qu'il démarrait, le roi appuya son

doigt sur ses lèvres et Gabrielle en réponse mit une main sur son cœur. Le bateau s'éloigna. Henri, caché dans l'ombre, le suivit des yeux et de l'âme.

Comme le roi l'avait prévu, M. d'Estrées, aussitôt qu'il eut près de lui sa fille, ne demanda pas de passer au moulin. Henri les entendit échanger de ces questions et de ces réponses, au bout desquels il y a toujours victoire pour la femme qu'il n'est plus temps de surprendre. Puis le groupe s'éloigna et entra dans la maison de la Chaussée.

— Il serait trop tard pour aller au couvent des Genovéfains, pensa Henri; je coucherai au moulin, et demain j'irai savoir pourquoi Crillon escortait avec un garde ce jeune homme blessé; un jeune homme blond... Serait-ce le comte d'Auvergne, qui est roux? Cet honnête Denis peut bien avoir confondu les nuances... Il faut absolument que je sache à quoi m'en tenir... Je saurai surtout pourquoi mon Crillon a du chagrin.

XVII.

Les Genovéfains de Bezons.

Le soleil s'était levé radieux dans un ciel sans nuages. Une douce lumière tombait sur les vieux murs du couvent de Bezons et pénétrait les cours intérieures, les jardins et le cœur même de cette heureuse retraite, habilement placée par son fondateur à l'abri du vent du nord, derrière une colline boisée.

Bien qu'il fût déjà cinq heures, et qu'à ce moment, dans l'été, le jour ait commencé depuis longtemps pour les gens qui travaillent, la vie semblait encore endormie dans le couvent, et l'on voyait à peine un ou deux frères servans passer des bâtimens aux vergers pour y cueillir la provision du premier repas.

Cette communauté était bien calme et bien prospère. Limitée à douze religieux par la volonté intelligente de son directeur, mais à douze religieux assez riches, elle n'avait ni les élémens de désordre, ni les causes de ruine qui réduisaient alors à la mendicité une partie des ordres religieux de France. L'abondance et la paix régnaient chez les Genovéfains de Bezons. Il est impossible, même à des moines, de ne pas vivre heureux sous un régime pareil.

Nos Genovéfains n'étaient pas des lettrés comme les bénédictins ou les chartreux, ils n'étaient point des pèlerins vagabonds comme les cordeliers ou les capucins. Il s'agissait donc de les empêcher d'engraisser comme des bernardins ou de prendre l'exercice violent des jacobins et des carmes. Une discipline sage, humaine, présidait à chaque article du règlement, et les douze moines de l'abbaye de Bezons n'avaient pas eu depuis deux ans une querelle entre eux ou une punition du supérieur, lequel gouvernait despotiquement et sans appel, pour le plus grand bien de la communauté.

Il n'avait pas transpiré au dehors que ces religieux s'occupassent de politique, chose bien rare en un temps où dans chaque couvent il y avait une arquebuse et une cuirasse suspendues à côté de chaque robe de moine. Cependant le nombre de leurs visiteurs était grand et choisi. Ils s'étaient fait d'illustres amitiés: plus d'une fois de grandes dames avec leurs cortéges d'écuyers et de pages, des princes même étaient venus chercher à Bezons les douceurs d'une hospitalité champêtre.

On vantait le laitage des Genovéfains, dont les troupeaux et les ânesses paissaient grassement les berges du fleuve et les clairières du bois. On vantait les belles chambres du couvent, où toute la commodité du luxe mondain se rencontrait unie à la simplicité religieuse. La vue de ces chambres était superbe, l'air exquis, le service affable et la chère aussi abondante que recherchée.

Or, il y avait, de la part du public, une certaine curiosité provoquée par cette belle administration. Chacun savait que le prieur était muet, qu'il était incapable de se mouvoir, et l'on admirait d'autant plus le talent et la prudence de l'homme qui, privé des deux plus importantes facultés du surveillant et du chef, se multipliait néanmoins à ce point qu'aucun détail n'échappait à sa perspicacité sans compter que jamais un ordre n'était en retard.

Nous verrons plus loin s'expliquer ces merveilles, et nous rabattrons ce qu'il faudra de l'enthousiasme général. Qu'il suffise au lecteur, pour le moment, de pénétrer avec nous dans ce couvent modèle, et d'y respirer en entrant, l'air pacifique, le silence et la fraîcheur que d'un côté la colline, de l'autre la rivière envoyaient aux arbres et aux hommes.

On arrivait au corps de logis principal par une grande cour plantée d'ormes. A droite et à gauche de la principale entrée s'élevait un pavillon de forme quadrangulaire, habités, l'un par le frère portier, l'autre par le servant des écuries. Les communs composés de vastes greniers, d'écuries et d'étables, de pigeonniers et de crèches, disparaissaient à gauche sous les marronniers et les chênes séculaires.

Quant au bâtiment réservé à la communauté, il était vaste, peu élevé, sombrement percé de fenêtres ouvertes sur toutes les faces, de sorte que, pour les esprits rêveurs ou amis de la solitude, il y avait des vues charmantes sur la colline verdoyante et déserte qui montait doucement jusque par-dessus le couvent; et, pour les mondains, une vue de la route, du village de Bezons, de la plaine riante, de la rivière, ce grand chemin, toujours amusant à voir.

Au rez-de-chaussée, une immense salle en bois de chêne, avec une cheminée gigantesque. Le feu ne s'y éteignait jamais. C'était le parloir et le salon même pour les indifférens. On n'eût fait la cuisine, comme dans beaucoup de communautés religieuses; mais, par une disposition des plus prudentes, les Genovéfains avaient caché leur cuisine à l'angle du bâtiment, par derrière, prétendant, non sans raison, que la coutume n'est pas hospitalière d'étaler aux yeux et au nez de ceux qu'on n'invite pas les séductions odoriférantes du dîner. Il fallait aussi que, dans les jours de carême ou de maigre, le parfum d'un poulet ou d'une perdrix à la broche ne dénonçât point qu'il y avait des malades dans la maison, ce qui eût fait tort à la réputation de salubrité dont elle jouissait dans tous les environs.

Cette grande salle parquetée et lambrissée de chêne renfermait deux ou trois beaux tableaux donnés au révérend prieur par diverses personnes de qualité. De bons siéges la garnissaient, une lampe immense descendait du plafond, et par les grandes fenêtres à petites vitres enchâssées dans le plomb filtrait un jour moelleux, qui, intercepté au passage par d'amples tapisseries de Bruges, accusait timidement la lumière et l'ombre.

Un escalier conduisait de là aux appartemens du prieur. Un autre plus vaste menait aux chambres des religieux, séparées absolument de tout le reste. Et enfin le réfectoire s'étendait à droite, bien clos et calfeutré pour l'hiver, bien frais et aéré pour l'été, grâce aux dispositions de l'architecture. On trouvait là au complet cette minutieuse prévoyance du directeur qui semblait avoir partout écrit : netteté, clarté, abondance.

Il était, disons-nous, cinq heures du matin, et les premiers rayons du soleil se reflétaient dans le couvent. Ils éclairèrent au premier étage une belle chambre tendue de cuir espagnol gauffré et doré à la manière de Cordoue, avec des images de saints martyrs et de héros, représentés en creux et en relief, les uns avec leurs auréoles d'or, les autres avec leurs glaives également d'or, qui se détachaient sur le fond de couleur fauve.

Un grand lit à baldaquin de velours usé, mais dont les tons écrasés de rouge incarnat et de rose pâle avec des reflets violacés eussent fait la joie d'un peintre, s'adossait au milieu de la boiserie, abrité sous deux immenses rideaux de ce même velours, ornement de richesse royale à cette époque, et dont, malgré son état de délabrement, la présence en une maison aussi modeste ne pouvait s'expliquer que par un présent ou un souvenir.

Et de fait, c'étaient l'un et l'autre. Ce lit avait été donné au révérend prieur par une de ses bonnes amies, Catherine-Marie de Lorraine, duchesse de Montpensier, sœur des duc et cardinal de Guise, tués à Blois par ordre de Henri III.

La duchesse qui, en différentes circonstances, avait eu recours à l'obligeance et à la sagesse du prieur, lui avait sur sa demande envoyé, lors de l'installation des Genovéfains à Bezons, c'est-à-dire deux ans avant le commencement de cette histoire, le lit dans lequel son frère le cardinal avait passé sa dernière nuit avant l'assassinat; et ce lit mémorable garnissait l'une des chambres d'honneur du prieuré de Bezons.

C'est là que reposait, pâle et l'œil éteint, un jeune homme dont le regard cherchait avec une triste avidité le soleil et la vie. Espérance, après quelques heures de sommeil venait de se réveiller et de se souvenir.

Son cœur battait faiblement, sa tête était vide et douloureuse. Une âcre souffrance, pareille à la brûlure d'un fer rouge, dévorait sa poitrine et sollicitait chaque fibre de son corps. Il eut soif et fit une tentative pour chercher quelqu'un autour de lui et demander à boire.

Mais il ne vit d'abord personne dans la chambre, ce ne fut qu'après une minute d'efforts qu'il découvrit, sous un immense fauteuil, deux jambes poudreuses allongées qu'on eût prises pour celles d'un cadavre, sans certain ronflement pénible qui accusait la fatigue et le rêve pesant d'un dormeur.

Ces jambes appartenaient au pauvre Pontis, qui ayant voulu veiller lui-même le blessé, s'était, après deux heures de lutte contre le sommeil, laissé vaincre par une lassitude au-dessus des forces humaines, et peu à peu, glissant du fauteuil au bord, du bord dessous, avait fini par s'étendre et disparaître complétement enseveli.

Espérance respecta le plus qu'il put ce repos de son gardien, mais la soif desséchait son gosier, la douleur rongeait ses muscles, il poussa un gémissement.

Pontis, que le canon n'eût point réveillé, n'avait garde d'entendre cette plainte vaporeuse comme la voix d'un sylphe. Espérance voulut crier, mais aussitôt un déchirement de sa poitrine l'avertit qu'il fallait supporter la soif et se taire.

Mais tandis qu'il reposait sa tête avec découragement, la porte s'ouvrit sans bruit, une grande ombre passa entre le soleil et le lit, glissa plutôt qu'elle n'avança dans la chambre et s'approcha du lit d'Espérance, en lui faisant signe de garder le silence. En même temps, ce bienfaisant fantôme allongea le bras et Espérance sentit tomber sur ses lèvres sèches, entre ses dents contractées, le jus frais et parfumé d'une orange délicieuse que les doigts du fantôme pressaient au dessus de sa bouche. Une sensation de bien-être inexprimable se répandit dans tout son être, il but avec volupté, sans avoir eu besoin de faire un mouvement, et revenu à la vie, essaya de voir son bienfaiteur et de le remercier; mais déjà l'ombre avait tourné le dos et regagnait la porte après un regard donné aux jambes de Pontis. Espérance ne vit sous un capuchon qu'un bout de barbe grise, et sous la robe du moine qu'une taille qui lui parut gigantesque, et lui fit croire qu'il rêvait. Le fantôme, arrivé à la porte, se retourna pour regarder le blessé, lui faire une nouvelle recommandation de silence et d'immobilité; et cependant Espérance ne vit encore que deux doigts perdus dans une grande manche, comme il n'avait vu qu'un bas de barbe englouti sous un capuchon.

Tout à coup, Pontis, qui faisait sans doute un mauvais rêve, bondit sous son fauteuil, et en se relevant, il se heurta la tête. C'était un spectacle risible et dont Espérance eût bien ri s'il n'eût été si douloureux de rire. Le brave garde, se dépêtrant du milieu des franges du meuble, sortit comme un hérisson du terrier, avec les signes les plus marqués de colère contre le fauteuil et contre lui-même.

Il courut à son malade, dont il vit l'œil ouvert et presque bon.

— Ah! pécore que je suis, dit-il, j'ai dormi! Comment vous trouvez-vous? Parlez bas, tout bas!

— Mieux, dit Espérance.

— Est-ce bien vrai?

— Pontis, murmura Espérance, approchez-vous de moi, bien près, j'ai beaucoup de choses à vous dire.

— Beaucoup, c'est trop, puisqu'on vous a défendu de parler.

— Je serai bref, ajouta le blessé d'une voix aérienne comme un souffle. Répondez-moi seulement en brave soldat, en gentilhomme.

— Mais...

— Jurez d'être vrai.

— Enfin, de quoi s'agit-il?

— Hier, on a examiné ma blessure.

— Oui.

— Mourrai-je ou ne mourrai-je pas?... Ah! vous hésitez... Soyez vrai!...

— Eh bien! le frère qui vous a pansé a dit: S'il ne survient pas d'accident, il échappera.

Espérance attachait des regards pénétrans sur Pontis. Il comprit que ce dernier n'avait pas menti.

— Il y a beaucoup d'espoir, s'écria le garde, et quatre-vingt-dix-neuf chances contre une.

— C'est trop. Dans tous les cas, il y a une chance de mort, et pour moi cela suffit. Quand on m'a porté ici, qui vous accompagnait?

— M. de Crillon, qui nous a rencontrés, et qui se désespérait, et qui a failli me tuer.

— Où est-il? que fait-il?

— Il dort, comme je faisais tout à l'heure.

— Vous n'avez pas manqué à la recommandation que je vous fis là bas quand vous m'avez relevé et emporté?

— De ne rien dire de votre accident?

— Oui?

— Je n'en ai rien dit; mais M. de Crillon savait votre départ pour Entragues, votre rencontre probable avec ce La Ramée; il m'a beaucoup questionné. Je ne pouvais donc, sans danger pour le secret même, lui faire croire que vous vous étiez blessé par hasard.

— Que lui avez-vous dit, alors?

— Que vous reveniez d'Ormesson, que La Ramée vous avait attendu au coin d'un mur, et donné un coup de couteau.

— Bien, est-ce tout?

— Absolument tout, d'autant mieux que je sais très peu de chose du reste.

— Que savez-vous?

— J'étais au bas du pavillon, vous entendant vous quereller avec des femmes. Tout à coup un homme a sauté par la fenêtre, presque sur mes épaules, j'ai cru d'abord que c'était vous et j'allais vous embrasser et vous emmener, lorsqu'en regardant le sauteur que j'avais saisi, je reconnais ce coquin de La Ramée. Je l'accroche de mes dix doigts, il déchire son habit et s'échappe, je le poursuis, il disparaît dans les arbres et je le perds après une course furieuse où je me suis fait vingt égratignures aux jambes, et vingt bosses au front. Tout à coup en cherchant au clair de la lune je vois du sang sur mon pourpoint, à l'endroit où j'avais étreint La Ramée, une idée me vint qu'il était blessé par vous, ou vous peut être par lui. J'abandonne la poursuite, je retourne au pavillon, plus de bruit, c'était effrayant, on eût dit le silence de la mort. Bientôt une voix s'élève lugubre et qui me fit frissonner, c'était la vôtre; elle n'avait rien d'un vivant. Je bondis d'en bas à une branche, de la branche au balcon; je vous vois étendu, sanglant, je vous saisis, je vous emporte à cheval; je vous tenais sur les bras comme un enfant dans le dessein de gagner la première habitation venue pour vous y faire panser. Au coin du petit bois j'entends courir, c'était le La Ramée. A ma vue il pousse un cri; je réponds par un autre. Un canon d'arquebuse s'abaisse, la balle me siffle à droite par derrière; je pique, l'autre court toujours, et enfin j'arrive au bord de l'eau comme un fou. C'est là que j'ai trouvé M. de Crillon, qui m'a aidé à vous amener ici.

Espérance écoutait, et repassait douloureusement par chaque détail sinistre de toutes ses souffrances.

— Mais, dit-il, vous avez vu quelqu'un avec moi dans le pavillon.

— Oui, une femme, pâle, effrayante, collée au mur comme une statue de la terreur.

— Silence... Que je vive ou que je meure, ne dites jamais que vous avez vu là cette femme... Ecoutez, Pontis, vous avez de l'amitié pour moi?

— Oh!... pour mon sauveur!

— Eh bien! jurez-moi que jamais un mot sur cette femme ne sortira de vos lèvres. Cette femme n'est pas coupable; je ne veux pas qu'on l'accuse.

— Vous m'avez déjà prié de me taire. Je me suis tû avec M. de Crillon, malgré toutes ses instances ; mais je vous dirai à vous que cette femme était une scélérate de vous voir blessé, mourant, et de ne pas appeler, et de ne pas vous secourir... Je dirai qu'il faut qu'on la punisse...

— Assez!... vous ignorez tout cela; oubliez-le, Pontis. J'ai même à vous demander encore une grâce.

— A vos ordres, cher monsieur Espérance.

— Malgré vos quatre-vingt-dix-neuf chances, il est probable que je mourrai.

— Oh!...

— Laissez-moi finir. Fouillez dans ma bourse, ou plutôt prenez ma bourse elle-même. Elle renferme un billet que vous allez me garder précieusement; je le confie à l'honneur d'un gentilhomme, à la reconnaissance d'un ami.

— Plus bas! plus bas! dit Pontis ému en serrant affectueusement les mains froides du blessé.

— Prenez donc ce billet, et si je meurs brûlez-le immédiatement après que j'aurai rendu le dernier soupir ; si je vis, rendez-le moi; vous comprenez ?

— Monsieur, je vous jure d'obéir à vos volontés, mais vous vivrez, dit Pontis, d'une voix brisée par la douleur.

— Raison de plus, prenez vite ma bourse, pour que ni M. de Crillon ni personne ne la voie ici et n'y découvre ce que je veux cacher.

— Brûlons le billet tout de suite, alors.

— Non pas!... Je puis vivre et en ce cas j'en aurai besoin.

— Je comprends.

— Ni pour or, ni pour sang, ni demain, ni dans vingt années, ni vivant, ni mourant, vous ne donnerez cette lettre à d'autre qu'à moi!

— Je le jure! dit Pontis en saisissant la bourse, et je mourrai pour ce dépôt sacré comme je jure de mourir pour vous, si l'occasion m'en est offerte.

— Vous êtes un brave gentilhomme, merci. Cachez vite la bourse, quelqu'un vient.

XVIII.

Visites.

A peine Pontis avait-il caché la bourse sous son pourpoint que, dans la chambre d'Espérance entra M. de Crillon, suivi du frère chirurgien de la communauté, qui, dès leur arrivée, avait déjà examiné la blessure.

Crillon était inquiet, ému. Mais, en homme habitué à souffrir, à voir souffrir, il faisait bonne contenance, affectait un air de profonde satisfaction, et trouvait tout superbe, le temps, le visage du blessé, la chambre et les tentures. Le digne chevalier débuta par une phrase qui trahissait toute l'agitation de son esprit, car elle eût été stupide de la part d'un indifférent.

— Voilà, dit-il, un jeune homme bienheureux d'avoir reçu cette égratignure. Elle lui procure le plus beau gîte, dans la meilleure hôtellerie de France. Peste! un lit chez les Genovéfains de Bezons, quelle aubaine! et un lit de cardinal, dit-on!

Et comme Pontis riait du bout des dents :

— Si j'en eusse trouvé un semblable chaque fois que mon corps a été endommagé, continua Crillon, je me réjouirais de mes cinquante blessures.

Il cherchait et rencontra un faible sourire sur les traits pâlis d'Espérance.

Cependant le frère avait préparé sa trousse et se disposait à examiner la plaie. Crillon, pour occuper l'esprit du malade, voulut faire causer Pontis ou le chirurgien. Ce dernier répondit tant qu'il en fut aux opérations préliminaires ; mais au moment de lever l'appareil il se tut, et Crillon retomba dans le vide après tant de frais perdus.

Tandis que le frère examinait avec attention la blessure, où déjà la nature réparatrice avait commencé son merveilleux travail, quelques religieux, attirés par la curiosité, poussèrent doucement la porte, et regardèrent de loin cet émouvant spectacle.

Le chirurgien, sans dire un mot, acheva sa tâche, remit tout en ordre autour de lui, et il fût sorti de la chambre, si Crillon, impatient, ne l'eût arrêté en lui disant avec un visage riant :

— Eh bien! c'est un homme sauvé, n'est-ce pas?

— S'il plaît à Dieu, répondit le frère en s'esquivant avec un salut profond sur cette réplique évasive.

— Vous entendez, s'écria le chevalier qui s'approcha d'Espérance ; il le dit : vous êtes sauvé, mon jeune compagnon.

— S'il plaît à Dieu, murmura Espérance, à la sagacité duquel n'avait pas échappé l'ambiguïté de cette réponse.

— J'en étais sûr, continua Crillon. Je me connais en blessures — et j'en ai vu, je devrais dire j'en ai eu, de plus cruelles. Aujourd'hui, mon vieux cuir n'y résisterait pas, mais quand on a votre âge, on est vraiment immortel.

Cette superbe exagération ne rassura point Espérance ; cependant le sentiment qui la dictait était tellement affectueux, qu'il méritait sa récompense. Espérance étendit la main pour saisir celle de Crillon.

— Voyons, dit le chevalier en s'asseyant près du lit, à présent que je suis tranquille sur votre état, tout à fait tranquille,—il appuya sur ces mots — je vous annonce que le roi m'attend à St-Germain dans la matinée, sans doute pour quelque affaire. Je vous laisserai Pontis avec un congé de.... de ce qu'il vous faudra pour être tout à fait rétabli. Pontis apprendra le métier de garde-malade. Je le crois un brave garçon ; ce n'est pas que je lui pardonne d'être arrivé trop tard : je ne le lui pardonnerai jamais.

— Mon colonel, j'ai tant couru! s'écria Pontis.

— Jamais, bélître que vous êtes. Coriolan est un cheval que vous eussiez dû conduire à Ormesson de façon à devancer M. Espérance d'un bon quart d'heure, bien que vous fussiez parti une demi-heure après lui. Coriolan!... on voit bien que ces dauphinois n'ont pas de chevaux!... Qui vous a appris à monter à cheval? Quelque manaud... Quand on a dans les jambes une bête comme Coriolan, on arrive toujours où et quand on veut! Mais enfin laissons cela — le mal est fait. — Je disais donc que vous demeurerez ici, près de M. Espérance à qui je vous donne, entendez-vous bien? Je ne vous dis pas à *qui je vous prête*. Non! je m'entends, je vous donne à lui. M. Espérance est un très grand seigneur que vous me ferez le plaisir de traiter avec respect et considération.

— Monsieur, balbutia Pontis avec des larmes dans les yeux, vous me punissez quand je suis innocent, vous me blessez!...

— Comment cela, cadet?

— Vous voyez bien que j'aime tendrement M. Espérance, par conséquent il est inutile de me recommander du respect — c'est un sentiment moins fort que mon amitié.

— C'est assez bien répondu, dit Crillon en se tournant vers Espérance, — le drôle a du bon, et je le crois décidément brave homme. Seulement pas d'écarts! Que cette amitié-là soit disciplinée. Vous avez de l'amitié aussi pour moi, maître Pontis, je le suppose?

— Certes, oui, mon colonel.

— Eh bien! cela ne vous empêcherait pas de m'obéir aveuglément?

— Au contraire.

— Voilà que nous nous entendons. Vous ferez pour le service de M. Espérance tout ce que vous feriez pour mon service ou celui du roi, c'est tout un.

Pontis s'inclina respectueusement.

— La consigne? dit-il avec un sérieux comique qui dérida le front d'Espérance et fit sourire Crillon lui-même.

— Assiduité dans cette chambre. Conduite irréprochable en ce couvent. Obéissance aux ordres du prieur, qui est, dit-on, un grand esprit et un bon cœur.

Pontis s'inclina encore.

— Est-ce tout, monsieur?

— Ah!... une seule bouteille de vin par jour.

Le garde rougit.

— Enfin, continua Crillon en se rapprochant de Pontis, pas un mot du roi, ni des affaires de la guerre ou de la religion. Nous sommes en pays neutre, et ce n'est point séant que le blessé pansé par l'ennemi tourmente son hôte.

— Sommes-nous chez l'ennemi? demanda faiblement Espérance.

— On ne sait jamais où l'on est quand on est chez des moines, dit Crillon. Seulement il ne faut pas oublier de regarder la façade de la maison. On y voit une croix, n'est-il pas vrai?

— Oui, monsieur, dit Pontis.

— Eh bien, cela signifie que nous sommes dans la maison de Dieu. — Au dedans, paix et bonne volonté, voilà la consigne. Dehors, comme dehors.

Crillon prit dans ses mains la fine main d'Espérance, la serra tendrement, et d'une voix plus ferme :

— Maintenant, je songerai à vous venger, dit-il, car le crime en vaut la peine.

— Me venger...

— Harnibieu! comme vous faites l'étonné! Est-ce donc que mon idée tombe des nues? Vous êtes donc une fille? Quoi! un bandit vous attend au coin du mur, et vous envoie un coup de couteau : la coltellata, comme on dit à Venise... il vous tue, car enfin vous seriez mort si on ne vous eût pas emporté, et vous ne voudriez pas que j'appelasse cela un crime?

— Monsieur, je crois que l'affaire me regarde, et qu'une fois en santé...

— Vous me rendrez fou! Mais je ne veux pas parler si haut. L'affaire vous regarde! Qu'est-ce que cela signifie?

— Que je rendrai un coup d'épée pour un coup de couteau.

— Harnibieu! si je savais cela, je serais capable de vous laisser crever tout seul dans votre coin comme un cheval teigneux! Qu'est-ce que ces mœurs-là, mon maître? L'épée contre un poignard? mais on ne porte plus de poignard aujourd'hui. Vous vous battriez avec un assassin, vous! Je vous le défends! mais sur votre tête!

— Monsieur, il faut examiner les circonstances. Ce garçon a peut-être été provoqué.

— Provoqué, par un passant inoffensif; provoqué par un jeune homme qui s'en va bayer aux balcons, ou qui en revient; provoqué! mais alors on ne se cache pas à l'ombre d'un mur, on ne coupe pas le jarret de son provocateur!

— Je répète que peut-être tels ne sont pas les détails de cette rencontre.

Crillon se tourna vivement vers Pontis :

— Celui-ci m'a donc menti, alors?

— Je ne dis pas cela, ajouta Espérance.

— Si, si, les détails sont exacts, s'écria Pontis, — avec acharnement — c'est un assassinat! avec toute sorte de circonstances épouvantables, et qui font dresser les cheveux sur une tête de chrétien.

Espérance, vaincu, garda le silence.

— Tu conclus comme moi, cadet. Bien. Je m'en vais donc à Saint-Germain. Je raconterai la chose au roi. Le roi aime les histoires. Celle-là l'intéressera. Il a failli en voir une page... Et lorsqu'il saura tout ce qui orne cette histoire... Je me charge de la conter en détail...

— Monsieur, monsieur..., dit Espérance d'une voix suppliante, accordez-moi au moins une faveur.

— Je sais ce que vous allez dire... Vous allez demander grâce pour ces coquines de...

— Monsieur... pas de noms si haut!

— Des scélérates qui sont la cause première de tout le mal, qui peut-être ne sont pas étrangères au crime!

— Monsieur!...

— Au crime!... très bien! faisait Pontis en se frottant les mains.

— Au guet-apens! car je soutiens qu'il y en a eu un! continua Crillon s'exaspérant de plus en plus.

— Oui, au guet-apens! dit Pontis radieux.

— Et vous demandez qu'on ménage de pareilles créatures, après ce que je vous ai déjà conté sur elles!

— Par pitié! dit Espérance, vous ne voulez pas pousser ma vengeance plus loin que je ne la veux pousser moi-même...

— Bah!... pourquoi non?... Tous les jours un cœur faible pardonne, mais la justice ne pardonne pas.

— La justice! parfait, dit Pontis.

— Tous les jours, un chrétien excellent comme vous absout son meurtrier, mais le bourreau n'absout pas!

— Le bourreau! bon! s'écria Pontis en sautant de joie.

Espérance joignit les mains, ses yeux se cernèrent. L'effort violent qu'il faisait pour supplier, l'accabla de fatigue, et il pencha la tête comme s'il allait s'évanouir.

Crillon effrayé l'entoura de ses bras, le ranima, le caressa comme un enfant.

— Eh bien, dit-il, ne parlons plus des femmes, vous les défendez, vous leur pardonnez, soit. On ne fera pas mention d'elles.

— A personne, murmura Espérance.

— Pas même au roi. Etes-vous content?

— Merci, dit faiblement le blessé avec un regard de tendre reconnaissance.

— J'espère que vous faites de moi ce que vous voulez, continua Crillon. Donc, les femmes sont hors de cause, on les retrouvera tôt ou tard. Quant à l'homme, c'est différent, je ne vous le céderai point; de retour à Saint-Germain, je l'envoie chercher.

Espérance voulut faire un signe.

— Ah! ne discutons plus, dit Crillon, plus un mot, je vous comprends. Puisque vous désirez que cette affaire s'éteigne, vous craindriez le bruit d'un procès criminel dirigé contre l'assassin, vous craindriez des révélations, des confrontations, enfin tout le grimoire. N'est-ce pas votre pensée?

Espérance, épuisé, répondit oui, par un mouvement des paupières.

— Nous n'aurons ni juges ni greffiers, ajouta Crillon; nous ne ferons ni plainte ni enquête; j'arrangerai cela en famille, sans façon, avec M. La Ramée. Allons, Pontis, faites seller mon cheval. A propos de cheval, qu'est devenue la bonne jument d'Espérance?

— Ma pauvre Diane! murmura le blessé.

— Probablement, monsieur, dit Pontis, elle sera restée attachée à l'arbre où je la vis hier soir.

— Bah!... là où l'on assassine on peut bien voler un peu. Mais la jument se paiera en même temps que le coup de couteau. Adieu, Espérance; bon courage, ne pensez à rien qu'à moi. Mon cheval, Pontis!

Le garde s'élança dehors; mais il se heurta sur le seuil à un moine qui entrait, une lettre à la main.

— Pour M. de Crillon, dit le moine.

— Qu'y a-t-il? et comment sait-on que je suis ici? demanda le chevalier surpris.

— Un étranger a remis ce billet au frère portier, pour le chevalier de Crillon, répliqua le moine.

Crillon prit le papier et le serra vivement dans sa main dès qu'il eut reconnu l'écriture.

— Lui ici! se dit-il avec inquiétude; qu'est-il arrivé? comment sait-il que je suis en ce couvent?

Et il lut avidement. Son front s'éclaircit aussitôt.

— Fort bien, dit-il à Pontis d'un air calme, je ne partirai pas sur-le-champ.

Puis au moine:

— Voulez-vous demander au révérend prieur la faveur de laisser entrer au couvent, près de ma personne, un cavalier de mes amis, qui par hasard a su mon séjour dans cette maison, et voudrait me dire quelques mots d'importance?

— Monsieur, répliqua le frère, il m'est impossible de pénétrer auprès du révérend prieur, mais je m'adresserai, si vous le trouvez bon, au frère parleur?

— Le frère parleur! dit Crillon surpris, car ce titre singulier ne manquait jamais son effet.

— C'est lui, dit le moine, qui communique seul avec notre prieur, et qui peut lui transmettre votre demande.

— Va pour le frère parleur, mon cher frère, dit Crillon avec un salut plein d'onction.

Et se retournant vers Pontis:

— Qu'est-ce que c'est qu'un frère parleur? dit-il, le savez-vous?

— Non, monsieur, répliqua le garde.

Tous deux regardèrent Espérance.

— Ni moi, murmura celui-ci.

Le moine revint presque aussitôt.

— Voilà qui est expéditif! s'écria le chevalier.

— La cellule du frère est à deux pas de cette chambre, monsieur, répliqua le moine, et le digne frère a répondu qu'il allait immédiatement demander l'autorisation au prieur. Et, tenez, il descend; le voilà qui regarde par la fenêtre qui donne sur la grande cour. Sans doute il voit l'étranger qui vous attend à la porte, et il ne le fera pas attendre longtemps.

— Il faut que je voie un peu comment est fait un frère parleur, pensa Crillon, qui se pencha au-dehors pour suivre des yeux le personnage qu'on venait de lui signaler. Qu'il est long! qu'il est maigre! Harnibieu, qu'il est long!

— Le digne frère est quelquefois très grand, en effet, répondit le moine.

— Comment, quelquefois? dit Crillon, est-ce qu'il est quelquefois petit.

— Quand il se courbe, oui monsieur.

Crillon regarda le moine avec des yeux défians et pensa qu'on voulait se moquer de lui.

— C'est un peu ce qui arrive à tout le monde, dit-il, moi aussi, quand je me courbe je suis moins grand que quand je me tiens droit. Vous ne m'apprenez rien de nouveau, mon frère.

Le moine répondit avec une parfaite douceur :

— Personne ne ressemble au frère parleur, monsieur ; il a souvent des douleurs de goutte qui le plient en deux morceaux, et alors il est petit comme un enfant. En ses jours de santé il se redresse, et alors il touche à beaucoup de nos plafonds.

— Il se porte bien aujourd'hui, dit Crillon, j'en suis charmé.

On entendit alors un coup de clochette dans le corridor voisin.

— Voilà notre frère qui entre chez notre père, dit le moine — on m'appelle en bas pour que je rapporte la réponse. — Permettez que je m'y rende, ajouta-t-il avec un soupir en manière d'oraison funèbre.

— C'est toujours drôle un moine, dit Crillon à Pontis, que tout cela venait d'ébahir. Mais ceux-ci sont plus que drôles. Frère parleur !... Qu'il est long !... Je n'ai jamais connu qu'un homme aussi allongé... mais celui-là, aujourd'hui, serait un fantôme. — l'auvre Chicot !

— Il faut, dit Espérance d'une voix faible, que ce soit ce brave Genovéfain qui, tout à l'heure, quand tout le monde dormait, et que je pleurais de soif, est entré et m'a fait boire. Ce charitable frère m'est apparu comme un géant, et j'attribuais à la fièvre cette dilatation de ma prunelle, qui me faisait paraître son bras plus long que deux bras ordinaires.

Le moine rentra.

— La permission est accordée, dit-il à Crillon, et le cavalier que vous attendez peut entrer. Vous plaît-il qu'on l'amène ici, mon cher frère ?

— Non pas, non, dans ma chambre, si vous le voulez bien ; d'ailleurs, j'y vais moi-même, ajouta Crillon, qui craignait de trahir par trop d'empressement et de respect la qualité du visiteur qui lui arrivait, et dont le billet contenait à ce sujet les plus strictes recommandations d'incognito.

Le frère sortit pour chercher et conduire l'étranger dans la chambre où Crillon avait passé la nuit, et le chevalier tirant Pontis à part entre la porte et le corridor de façon à n'être pas entendu d'Espérance :

— Il y a, lui dit-il, dans les poches de M. Espérance, un billet.

Pontis tressaillit.

— Tu le prendras et me l'apporteras, dit Crillon, mais sans qu'il s'en doute...

Pontis, étourdi, cherchait une réponse.

— En fouillant dans son pourpoint, garde qu'il ne s'aperçoive de rien. On dirait qu'il nous observe : rentre vite, et fais ce que je t'ai commandé aussitôt que tu en trouveras l'occasion.

Après avoir dit ces mots au cadet, il envoya un sourire d'adieu à son blessé ; rejoignait le moine dans le corridor, non sans avoir adressé à la cellule du frère parleur un regard tellement curieux qu'il eût assurément percé la porte si elle n'eût été faite d'un bon chêne croisé de solides pentures.

Cette porte, du reste, n'était pas hermétiquement fermée, à ce qu'il paraît, car à mesure que Crillon descendait, elle s'ouvrit poussée par l'air sans doute, et ne se referma complètement qu'au moment où l'étranger, conduit à la chambre de Crillon, y fut introduit et s'y enferma plus vite qu'on n'eût pu s'y attendre.

Nous pourrions ajouter que par l'entrebâillement de cette porte, Crillon, s'il se fût retourné, aurait pu voir briller deux yeux capables d'éclairer l'escalier tout entier, bien qu'un capuchon gigantesque les ensevelît sous son ombre.

XIX.

Qui veut la fin veut les moyens.

Crillon, dès qu'il fut seul avec le roi, lui demanda avec empressement la cause de cette visite inattendue.

Henri jeta sur un meuble le chapeau dont il s'était couvert le visage à son entrée au couvent, il respira largement l'air pur de la vallée et répondit avec une tristesse qui frappa tout d'abord le chevalier :

— Il y a plusieurs causes, mon cher Crillon. La première, c'est mon inquiétude à votre sujet. — Qu'est-ce que cette histoire de blessé, de garde et de grand chemin ?... Tout cela est donc vrai, bien que raconté par un meunier ?

— Malheureusement vrai, sire.

— Et comme je vous vois hésiter, comme on vous a dit fort en peine, est-ce que le blessé serait M. le comte d'Auvergne ?

— Pas du tout, sire, malheureusement encore.

— Oh ! oh ! voilà qui est dur pour le fils de Charles IX.

— Je ne l'aime pas, sire, et je le voudrais dans le lit où, en ce moment, repose fort mal équipé, mon pauvre blessé.

— Vous soupirez... ce jeune homme est-il des vôtres ?

— Oui, sire. On me l'a recommandé ; je l'aime fort, répliqua Crillon en mâchant ses paroles comme un homme oppressé par le chagrin.

— Blessé... dans un combat? par un adversaire, par le garde qui l'accompagnait, peut-être?

— Non, sire; par un assassin.

— Si peu roi que je sois, mon brave Crillon, je le ferai écarteler.

— Je retiens votre parole, sire.

— Et le blessé vivra, n'est-ce pas?

— Je l'espère.

— Voilà qui est bien, dit le roi pensant déjà à autre chose.

— Sire! quelle que soit votre bonne volonté, se hâta de dire Crillon, vous n'êtes point venu ici seulement pour m'entretenir de mes affaires, et je soupçonne quelque chose d'urgent dans les vôtres.

— En effet, quelque chose de fort urgent. Quels sont les moines qui tiennent cette abbaye?

— Des Genovéfains, sire.

— Je le sais bien. Mais il y a moine et moine. Ceux-ci dirigent absolument la conscience de ma maîtresse, et la poussent à des rigueurs qui me contrarient.

— Je ne connaissais point nos hôtes, mais ce que vous me dites, sire, m'enchante. Nous sommes donc chez de braves gens?

— Allons! allons! maître sage, moins de vertu et plus d'humanité. Ces moines m'ont paru avoir d'étranges façons : l'un est gras, l'autre est maigre; l'un ne parle pas, l'autre parle toujours ; je flaire en tout cela quelque sournoiserie.

— Celui qui est maigre, s'écria le chevalier, me fait aussi un singulier effet... Le parleur, n'est-ce pas?

— Je veux absolument, puisqu'il parle à tout le monde, qu'il me parle à moi, dit Henri. D'ailleurs, on a piqué ma curiosité. Gabrielle prétend que le prieur sait d'avance tout ce que je fais, et comme en ce moment je me trouve moi-même ne pas savoir ce que j'ai à faire pour une chose des plus importantes, nous verrons, ventre saint-gris! si le frocard est aussi bon devin qu'il en a la réputation. Qu'il me tire de l'embarras où je suis, et je le proclame lumière. — C'est comme cela que modestement il se laisse appeler, l'illustre Dom Modeste.

En voyant le front assombri du roi, Crillon hocha la tête.

— Les jours ne se ressemblent pas, dit-il. Hier nous étions à la joie, on triomphait; aujourd'hui, brouillard et deuil! Cependant, sire, nous avions tout gagné, hier au soir.

— Nous pourrions bien avoir tout perdu ce matin, répondit le roi. Mais d'abord, avant de causer affaires, où est-on ici?

— Dans une belle chambre, comme vous voyez.

— Je n'aime pas les chambres de couvent — celles qu'on destine aux visiteurs surtout ; — elles ont toujours quelque cachette bourrée d'espions, ou quelque soupirail qui conduit la voix en des endroits où elle ne devrait point aller. — Parlons bas.

Crillon se rapprocha.

— Sache, mon ami, dit Henri IV, que peut-être, à l'heure qu'il est, tout ce que j'ai conclu hier avec Brissac est défait.

Crillon tressaillit.

— Quoi! dit-il, notre paix conclue, nos Espagnols battus sans combats, le royaume de France, ce beau gâteau que nous devions dévorer d'une bouchée... Allons, allons, sire, n'y a-t-il pas dans cette funèbre vision quelque nuage noir, de ceux qui vous montent au cerveau à chaque rigueur de vos maîtresses?

— Plût au ciel. Je gémis fréquemment, tu le sais Crillon, mais jamais pour les choses de peu de valeur. Or, écoute bien, je gémis en ce moment, et beaucoup.

Crillon devint attentif.

— J'attendais, ce matin, ma correspondance au pont de Chatou. J'avais choisi ce rendez-vous comme voisin de la maison d'Estrées, où, par parenthèse, j'espérais passer une belle nuit.

Le roi soupira.

— Où donc l'avez-vous passée, sire?

— Dans un moulin.

— Il y a des nuits aussi belles au moulin qu'ailleurs.

— Cela dépend de la façon dont tourne la roue, soupira encore l'amant infortuné; mais ne mêlons point les affaires d'Henri à celles du roi de France. Ce matin donc, La Varenne, venant exprès de Médan où je l'avais laissé pour dérouter M. d'Estrées, La Varenne m'a apporté mes dépêches. Il y en avait une d'Espagne.

— Encore? dit Crillon.

— Encore, dit le roi. Toujours l'Espagne. Affreux pays dont je rêve nuit et jour! Il est dans la destinée de ces maudits de me chagriner sans relâche, soit quand je les bats, soit quand ils me battent. Je les croyais bien battus hier, n'est-ce pas, et je t'avais communiqué cette heureuse dépêche surprise à la jésuitique congrégation de l'Escurial.

— Bien heureuse, en effet, et nous avions béni ensemble l'espion assez adroit pour tromper les inquisiteurs et voler des Espagnols. Harnibieu! est-ce nous qui serions volés, sire, ce ne peut être là cette nouvelle qui vous est arrivée ce matin par le courrier d'Espagne?

— Voilà précisément l'encloüure. C'est la propre dépêche de mon agent secret près de Philippe II, et il ne me dit pas un mot de ce qu'hier j'ai annoncé comme certain à Brissac. Tout au contraire, il annonce que les Etats nommeront M. de Mayenne.

Crillon ouvrit de grands yeux.

— En sorte, dit-il.

— En sorte que cette dépêche qui m'a été rendue hier sous le couvert de mon agent, comme venant de lui; cette dépêche qui annonçait le mariage projeté entre l'infante et le jeune Guise; cet événement, qui a révolté Brissac et l'a décidé à tourner pour nous, est une fausse nouvelle qui sera démentie bientôt, et paraîtra une mystification à Brissac, un misérable et plat artifice destiné à le convertir. En sorte que, joué moi-même par je ne sais quelle infernale combinaison, je vais perdre peut-être tout le gain de ce revirement du gouverneur de Paris, et assurément l'immense bénéfice du dégoût que le plan de Philippe II eût soulevé en France.

— Voilà un méchant tour, murmura Crillon, confondu. Mais, sire, comment vous seriez-vous laissé abuser...

— On croit ce qu'on désire. — et le parti ligueur se compromettait si heureusement pour moi par cette intrigue anti-nationale, que j'y ai cru.

— Il y avait un cachet, cependant, pour fermer cette dépêche...

— Celui même de mon agent.

— Alors, c'est la dépêche de ce matin qui est fausse.

— Je l'ai d'abord espéré, mais La Varenne l'a reçue de l'agent lui-même, qui arrive d'Espagne, où l'on a failli le découvrir comme espion à mes gages, et voulu le pendre. — Il arrive, dis-je, et tellement harassé qu'il n'a pu venir jusqu'à moi.

— Voilà de mauvaises affaires, sire.

— Oh! la vie, quelle bascule!... hier, nous touchions les nuages du front, aujourd'hui...

— Aujourd'hui, nous nous crottons dans une mare; mais, sire, il ne faut pas se désespérer pour si peu. M. de Brissac revirera encore, disiez-vous?

— Certes, oui, quand il saura que je l'ai berné.

— Eh bien, nous reprendrons la cuirasse, nous tirerons l'épée, et cette fois, M. de Brissac sera content, car nous lui ferons franc jeu.

— Encore se battre... encore tuer des Français...

— Qui veut la fin accepte les moyens.

— Je veux la fin, dit Henri d'une voix brève, et je l'aurai. En attendant, il importe que je parle à ces moines. Je vous répète, mon ami, qu'ils savent trop bien mes affaires et s'en occupent avec trop de zèle pour que je ne gagne point quelque chose à causer avec eux. Les conspirations de toute nature s'organisent aujourd'hui dans les couvens. J'en sais une ici, chez les Genovéfains, et, bien qu'elle ne semble intéresser que Henri dans la personne de sa maîtresse Gabrielle, elle intéresse aussi le roi, puisque les Genovéfains le poussent vers l'abjuration, en lui montrant Gabrielle comme récompense; moyen de moine dont s'accommode ma petite politique amoureuse. Mais, comment savent-ils que j'aime Gabrielle? pourquoi veulent-ils que j'abjure? Tout cela vaut qu'on les interroge. Veuillez donc, mon cher Crillon, demander, comme pour vous, audience au prieur, une audience secrète.

— J'y vais, sire.

— Vous pensez qu'ils ne me connaissent point?

— Rien ne le prouve jusqu'ici. Mais en vous voyant, peut-être vous reconnaîtront-ils.

— Peu importe. Je jouerai cartes sur table. Nous sommes ici dans un couvent gouverné par un prieur renommé pour ses lumières. Henri de Navarre, le huguenot, peut, sans rien compromettre, venir consulter ce prieur, comme il en a consulté tant d'autres de toutes robes et de toutes sectes. Voilà mon motif, s'ils me reconnaissent. J'irai plus loin dans mes investigations, s'ils ne me reconnaissent pas.

Crillon, ayant réfléchi un moment,

— Croiriez-vous, Sire, dit-il, à quelque parenté fâcheuse entre ces Genovéfains et celui de vos ennemis qui vous a fait parvenir la fausse dépêche d'hier?

— Je ne crois à rien et je crois à tout. C'est une logique dont je me trouve fort bien depuis que j'exerce l'état de prétendant à la couronne.

— Cependant vous soupçonnez une personne, sire?

— J'en soupçonne plusieurs; mais d'abord il y a là-dedans la main d'une certaine femme...

— Entragues, n'est-ce pas? dit vivement

Crillon, heureux de mordre sur son antipathie.

— Oh! répliqua Henri avec dédain, les Entragues n'ont pas assez d'esprit pour cela. Qu'est-ce que ces Entragues?... de plats intrigans. Non, chevalier; quand je dis une femme, je la comprends forte. Appelons-la Montpensier, si vous voulez, Crillon. C'est une terrible joûteuse, celle-là !

— Le feu roi en sut quelque chose, dit Crillon avec un accent pénétré.

— C'est une femme boiteuse qui fait de bien grands pas lorsqu'il le faut.

— C'est votre ennemie mortelle, sire.

— Sans doute, puisque je veux être roi, qu'elle veut être reine, et qu'elle sait que je ne l'épouserai pas. Je rapproche donc ce nom de Montpensier du nom des Genovéfains, parce qu'un instinct particulier m'y pousse, parce que ce nom d'ailleurs, s'accole toujours à quelque nom monacal, parce qu'on dit Montpensier et Jacques Clément !

— Hélas oui, sire, vous avez raison, comme toujours.

— Va donc demander pour moi cette audience au révérend prieur.

Crillon se dirigea aussitôt vers la porte.

— Attendez, dit le roi rêveur. Si l'on vous accorde cette audience, ne quittez point le couvent.

— Mais, je ne le quitterai que d'après vos ordres, sire, dit Crillon surpris de cette distraction presque mélancolique du roi.

— C'est que, voyez-vous, je songe à deux choses à la fois, mon brave chevalier : je voudrais vous avoir ici, près de ma personne, et, d'un autre côté, je voudrais vous prier de faire avancer dans les environs la petite troupe qui accompagnait La Varenne, ce matin et à qui j'ai donné l'ordre de louvoyer en m'attendant sur le bord de la rivière, après Chatou.

— Si ce n'est que cela, sire, rien de plus facile ; mais craignez-vous quelque chose avec moi ?

— Je crains pour vous et pour moi, Crillon, dit Henri avec calme, ou plutôt je ne crains ni pour l'un ni pour l'autre ; mais depuis que j'ai respiré l'air de cette maison, il me vient des idées de défiance que je ne saurais définir. Je ressemble à ces chats qui partout où ils entrent pour la première fois essaient l'atmosphère avec leur nez, le sol avec leurs pattes, et se rendent compte de chaque chose par le sens qui correspond à cette chose. Nous sommes chez des moines dont nos yeux ont vu l'habit; mais tâchons de voir sous la robe.

Tout-à-coup Crillon poussa une exclamation qui fit bondir le roi du siége où il était assis.

— Harnibieu ! dit-il, je suis un maroufle.

— Eh quoi !

— Un belître, un bœuf. J'allais dire un cheval ; mais c'est une bête trop sensée, pour être comparée à un animal de mon espèce.

— Crillon, vous vous maltraitez beaucoup, mon ami. Pour quelle cause, s'il vous plaît?

— Parce que, sire, j'avais oublié de vous dire que mon pauvre blessé, mon protégé, est couché, à l'heure qu'il est, dans un lit...

— Vous me l'avez dit, Crillon.

— Savez-vous dans quel lit, mon roi ?

— Vos yeux sont effrayans, mon chevalier!

— Dans le lit d'un Guise !... dans le lit du cardinal tué à Blois !... dans le lit donné par une amie à son ami, par Mme de Montpensier à dom Modeste Gorenflot, prieur. La duchesse a seulement changé de moine. En 1589, le Jacobin : le Genovéfain aujourd'hui !

— Qu'est-ce que je vous disais, Crillon ? fit le roi avec une froide tranquillité en se croisant les bras sur sa poitrine, je sentais ici une odeur de Guise !

— Nous sommes dans la caverne !

— Eh bien! tâchons d'en sortir, mais non pas sans avoir vu de près les habitans. Allez, sans rien manifester, chercher l'escorte dont je vous parlais.

— Vous quitter, harnibieu ! dans une maison où il y a le lit d'un Guise ! Non! J'ai là Pontis, qui fera la commission aussi bien qu'un autre, et qui ne vous défendrait pas aussi bien que moi.

— Qu'est-ce que Pontis ?

— Un de mes gardes.

— Ah ! le compagnon du blessé ?

— Précisément... mais j'y songe, à quoi bon causer avec ces enragés moines, qui n'attendent peut-être que cela... quittons-les sans causer... vous pourriez, au lieu des renseignemens, qu'on ne vous donnera peut-être pas, recevoir quelque bon coup qu'on vous donnera.

— Bah !... je parerai avec mon épée. Ce que vous venez de me dire de l'esprit de la maison, n'a fait que doubler ma curiosité.

— Gare la manche du moine !... les Genovéfains en ont d'énormes. Et puis, si vous m'en croyez, indépendamment de la manche, que vous secouerez, frappez leur sur le ventre, cela peut passer pour une caresse familière, et en même temps on sait s'ils cachent un poignard sous la robe.

— Oui, mon Crillon, oui.

Le roi souriant ouvrit la porte qui donnait sur le corridor dans lequel se promenait en long et en large un religieux courbé comme par le poids austère de la méditation.

— Veuillez, mon cher frère, cria Henri, demander au révérend père prieur un moment d'entretien de la part du chevalier de Crillon.

Le moine s'inclina sans répondre et descendit par un escalier voisin.

— Mais, sire, dit Crillon, quand ils verront que ce n'est pas moi.

— Il sera trop tard pour s'en dédire. — Envoyez votre garde où vous savez. J'attends ici la réponse du prieur.

Crillon recommandait pour la millième fois la prudence à son maître quand, dix minutes après, un enfant, jeune serviteur des Genovéfains, heurta doucement à la porte de la chambre, et annonça que le révérend père prieur serait honoré de recevoir chez lui M. le chevalier de Crillon.

Henri se leva, serra son ceinturon, s'assura que son épée jouait facilement dans le fourreau, abattit son large chapeau sur ses yeux jusqu'à la moitié du visage, et suivit le jeune guide, après avoir pressé dans ses deux mains la vaillante main de son colonel des gardes.

Celui-ci courut porter la commission à Pontis.

Henri n'eut pas un long chemin à faire. Au bout du corridor, il trouva un petit degré particulier, lequel aboutissait à l'appartement du prieur, précédé d'un vestibule.

L'enfant poussa la porte d'une grande chambre dont les contrevens étaient soigneusement fermés; il annonça de sa petite voix M. le chevalier de Crillon, et sortit après avoir tiré sur lui deux portes.

Le roi demeura quelques instans dans l'ombre, admirant cette précaution du prieur, qui voulait sans doute cacher à l'étranger le jeu de sa physionomie. C'est un artifice familier aux femmes et aux diplomates.

Cette précaution ne pouvait déplaire à un homme qui désirait précisément la même chose. Il fit deux pas en regardant autour de lui, et peu à peu sa vue s'accoutumant aux ténèbres, il distingua tous les détails de ce théâtre bizarre sur lequel allait se jouer une scène que le lecteur ne jugera peut-être pas indigne de sa curiosité.

XX.
Le frère parleur.

Le lit à colonnes d'ébène tordues et sculptées s'élevait dans l'angle de la chambre. Le roi y chercha tout d'abord son interlocuteur, ne pouvant croire qu'un prieur en santé voulût recevoir une visite dans de pareilles ténèbres. Mais le prieur était assis sur une chaise, ou plutôt sur une estrade, car la chaise était un véritable monument proportionné à la masse qu'il devait supporter.

Ce prodigieux prieur captiva l'attention du roi au point que, durant plusieurs secondes, il ne regarda autre chose dans la chambre. Gabrielle n'avait pas exagéré : jamais personnage mythologique, jamais fétiche de l'Inde ou lettré chinois, jamais bête engraissée pour les sacrifices n'avait acquis ce développement formidable.

Une section du volet qui s'ouvrit alors dans sa partie supérieure laissa entrer environ un pied carré de jour qui éclaira d'en haut la victime résignée de cet embonpoint pantagruélique.

Le crâne du prieur enfermé dans une noire calotte ne paraissait plus exister, on ne voyait que deux yeux flottans au milieu des amas adipeux qui recouvraient jusqu'aux tempes. Ses joues, d'une épaisseur et d'un poids énormes, tombaient sur sa poitrine qui montait elle-même jusqu'au menton. Ce quadruple menton, trop semblable à un triple goître, nous n'en parlerons pas par civilité; non plus que du ventre, montagne conique à base colossale dont cette ridicule tête faisait le sommet.

Dom Modeste essayait, mais en vain, de croiser sur son ventre deux mains pareilles à deux éclanches ; mais les doigts s'entredésiraient seulement, et leur principale occupation était de se retenir après les fentes de la robe ou de s'accrocher au cordon qui la ceignait.

Le prieur avait les pieds sur un tabouret semblable à une petite table pour la largeur et la solidité. Fortement étayé par des coussins sur sa chaise, il ne pouvait plus faire un mouvement, et ses yeux ternes clignotaient au reflet de ce jour bien faible assurément que l'autre moine avait laissé tomber du haut de la fenêtre.

Quand le roi se fut rassasié de ce désagréable spectacle, il chercha autour de lui le compagnon si fameux de Gorenflot.

Frère Robert, ce devait être lui, avait pris place aux pieds de son prieur sur une escabelle fort basse et disposée de telle façon que, tournant le dos à l'étranger, il était en communication directe avec le visage du révérend, condition indispensable sans doute de l'intelligence et de l'observation nécessaires pour recueillir chaque pensée dans chaque mouvement des traits ou chaque geste des grosses mains.

Frère Robert, enseveli dans sa robe et dans son capuchon, montrait donc au roi un dos convexe tout diapré des plis capricieux de la robe monacale, ce dos bombé devait être immense à en juger par la surface de sa convexité. Presque à la hauteur des épaules, le roi apercevait les genoux anguleux de frère Robert, et pourtant cette posture extraordinaire, cette nature si opposée à celle du prieur, cet entrelacement industrieux de deux grands bras et de deux immenses jambes pelotonnés sous un immense dos rond, ce squelette d'araignée habillé d'une étoffe de bure grise, ne furent pas ce qui piqua le plus vivement la curiosité d'Henri.

L'escabeau ou plutôt la petite table sur laquelle le prieur posait ses gigantesques pieds, servait de point d'appui à quantité d'objets bizarres sur lesquels se porta la vue du roi. On y voyait de la cire rouge et molle telle que l'emploient les modeleurs, des ébauchoirs de statuaire, une écritoire et une plume, une petite ardoise, un compas, deux ou trois volumes, du parchemin roulé, une petite fiole contenant une liqueur noirâtre, et une longue baguette de coudrier, qui contribuait à donner à tous les détails de cette scène certain air magique qui sentait singulièrement son capharnaüm de sorcier.

Tout à coup l'oreille du roi fut frappée par une voix rauque et criarde en même temps, une voix fêlée qui semblait écorcher chaque parole à sa sortie d'un gosier raboteux. Cette voix psalmodia sur le ton banal d'un cri de crieur public la formule suivante :

« Est prié le visiteur de consulter l'avis général contenu au présent tableau, et d'excuser l'infirmité du révérend père prieur des Genovéfains, qui reçoit avec une humble salutation l'honneur de sa visite. »

En même temps, et avant que le roi ne se fût remis de l'effet que cette abominable voix venait de produire sur ses nerfs, l'un des deux grands bras de l'araignée se détacha du corps par un mouvement en arrière semblable au jeu d'une mécanique, et tendit au roi stupéfait un petit tableau encadré de bois de chêne, sur lequel il lut les lignes suivantes tracées en caractères d'imprimerie :

« Les personnes qui visitent le R. P. prieur sont prévenues que Dieu l'ayant affligé d'une paralysie de la langue, il en est réduit à transmettre sa pensée aux interlocuteurs par la voix d'un frère habitué à le comprendre. Ces personnes sont priées de s'adresser directement dans la conversation au prieur, et jamais au frère interprète, afin d'éviter toute confusion. En effet, ce dernier est forcé, pour traduire exactement, d'employer toujours le pronom *je*, comme le prieur ferait lui-même s'il pouvait parler. Il est donc important que les visiteurs soient pénétrés de cette idée qu'ils ne parlent effectivement qu'avec le prieur, lequel leur répond en réalité ; la voix est empruntée, sans doute, mais sa pensée lui est propre. »

Quand le roi eut achevé de lire ces étranges lignes, frère Robert, comme s'il eût supputé lettre à lettre le temps nécessaire pour faire la lecture, allongea de nouveau sa main, reprit le tableau sans cesser de tourner le dos, et le replaça sur la petite table, aux pieds de son prieur.

Alors il tendit à celui-ci la baguette de coudrier, que dom Modeste prit machinalement de sa grosse main, et redressa la tête pour entrer en communication plus directe avec le prieur.

La baguette s'agita bizarrement entre les doigts de Gorenflot, frère Robert traduisit sur le champ de sa voix nasillarde et sans nuances:

— C'est un bonheur inespéré pour moi de recevoir ici l'illustre chevalier de Crillon que Dieu veuille garder de tout mal!

Ayant ainsi parlé, le frère parleur baissa la tête, et en attendant la réponse qui allait se produire, prit un peu de cire qu'il commença de pétrir entre ses doigts avec une extraordinaire vivacité.

— Il paraît que je suis bien Crillon, pour ces moines, pensa Henri IV. Ils feignent, du moins, de me croire Crillon. Ou ils me trompent ou je les trompe. En dépit de leurs simagrées, nous verrons s'ils sont plus Gascons que moi, et lequel de nous deux forcera l'autre à se compromettre.

— C'est un grand plaisir, répondit-il avec onction, pour votre hôte de converser avec un religieux si célèbre par son esprit et sa sagesse.

Gorenflot cligna béatement des yeux ; frère Robert ayant relevé la tête, répondit :

— Que désirez-vous de moi ?

— Beaucoup de choses, dit le roi en s'approchant comme pour voir d'un peu plus près tout l'étalage du frère parleur.

Celui-ci toucha le pied du prieur, qui semblait sommeiller. La baguette s'agita vivement aux mains de Gorenflot. Robert s'écria avec une égale vivacité :

— M. le chevalier de Crillon voudrait-il bien s'asseoir?

Le roi s'approchait toujours.

— Là! dit précipitamment le frère Robert; là, derrière, sur le fauteuil.

Et en même temps son bras interminable indiquait au roi un fauteuil placé en face de celui de Dom Modeste, mais immédiatement derrière l'escabeau du parleur. Le roi recula pour s'y placer bien à regret.

— Crillon a été indiscret, se dit-il.

La baguette de Gorenflot parla. Robert traduisit :

— Quelle est la première de ces questions que vous avez à m'adresser ?

— Elle est relative à mon maître le roi Henri IV. Ce prince a su les bons conseils que vous donniez souvent à une personne pour laquelle il a de l'estime, et il me charge de vous en remercier. Mais il voudrait savoir en même temps comment vous avez appris que c'était le roi qui fréquentait la maison de Mlle d'Estrées.

Les yeux de Gorenflot s'écarquillèrent. Robert, en fourrageant ses ustensiles sur la table, heurta encore une fois la sandale de Gorenflot, et aussitôt la baguette s'agita :

— Tout le monde connaît le roi, répondit le parleur, et il suffit d'une personne qui l'ait reconnu allant à la maison d'Estrées, si voisine de notre couvent, pour nous avoir donné avis de sa présence.

— En voilà bien long, pensa le roi. Est-ce que deux ou trois coups de baguette jetés dans l'air, à droite et à gauche, peuvent signifier tant de choses?

Il ajouta tout haut :

— Je croyais que peut-être, en raison même du voisinage, vous auriez pu voir vous même passer le roi et par conséquent, l'ayant reconnu, le signaler à Mlle d'Estrées.

— Je n'ai jamais vu Henri IV, traduisit Robert, donc si je le voyais je ne pourrais le reconnaître.

Cette réponse, au lieu de satisfaire Henri, redoubla, on le comprend, ses défiances. Tout ce dialogue, échafaudé sur des signes et des clins d'œil, lui paraissait d'ailleurs invraisemblable. Rompant la conversation :

— Permettez, s'écria-t-il, mon révérend père, que je vous fasse part d'une réflexion qui m'arrive.

— Faites, dit Robert, pétrissant sa cire sous son capuchon.

— C'est tellement admirable de vous voir vous exprimer avec tant de facilité par l'intermédiaire du frère parleur, que je demande à me remettre de l'émotion que j'en éprouve... Mais..

Le capuchon s'agita et le dos se recroquevilla comme celui d'un chat qui se roule.

— Mais, poursuivit le roi, il me semble que le révérend père pourrait converser aussi fructueusement et plus secrètement avec ses visiteurs... S'il voulait, puisqu'il n'est point paralysé les mains, écrire sur l'ardoise que je vois à ses pieds, tout intermédiaire lui deviendrait inutile, et sa pensée conserverait la fleur même de son épanouissement... cette fleur fugitive qu'on appelle le mystère.

Un certain malaise se peignit sur les traits boursouflés du prieur; sa baguette oscilla mollement entre ses doigts.

— Ma paralysie, dit Robert, n'est malheureusement pas bornée à la langue, elle gagne souvent les mains.

— Pas toutes deux, répondit le roi.

— La droite particulièrement, et je n'écris que de celle-là, glapit frère Robert.

— C'est fâcheux, mon révérend, parce que beaucoup de choses importantes pourraient vous être confiées par vos visiteurs, qui les gardent, se défiant du tiers qui les écoute.

Henri croyait forcer le capuchon à une révolte, mais Robert continua de modeler sa figurine avec la même tranquillité. Après avoir levé la tête pour prendre la réponse du prieur, qui remuait incessamment sa baguette avec des circonvolutions variées :

— Monsieur le chevalier, répondit-il sans trouble, et avec sa psalmodie ordinaire, la méthode que j'ai choisie pour correspondre avec le monde, est la meilleure par sa promptitude et sa sûreté. J'ai instruit le frère que vous voyez à comprendre mes signes et mes gestes ; la science mimique est une de celles que j'ai le plus curieusement étudiées. Depuis Cadmus, qui inventa l'écriture, jusqu'à nos jours, il s'est produit environ six mille cinq cents systèmes d'interprétations pour remplacer la parole.

Les Egyptiens y étaient maîtres passés. Vous aurez entendu parler de leurs hiéroglyphes. Je trace avec ma baguette des signes et des figures qui ont quelque rapport avec ces hiéroglyphes fameux, dont un seul équivaut souvent à une phrase tout entière.

"Il y a dans les alphabets indiens certains caractères d'une valeur aussi importante. Bien plus, mes études se sont portées sur les correspondances animales. Vous n'êtes point sans avoir observé, monsieur le chevalier, que toutes les bêtes de même espèce se comprennent à merveille, non point par le cri, qu'elles n'emploient qu'à distance, mais par des tressaillemens, des mouvemens de jambe ou de pied, des signes de tête ou d'oreille, des froncemens de sourcils, des lèvres, et par exhibition des dents. Ce dernier moyen surtout est leur agent favori de correspondance et fournit à l'homme lui-même des métaphores pour son langage. On dit : montrer les dents. Vous aurez parfois entendu prononcer ce mot.

— J'ai même vu se faire la chose, dit le roi, qui admirait l'ingénieuse prolixité de cette réponse, et ne savait s'il devait rire ou se fâcher. On m'a beaucoup montré les dents, révérend prieur.

— Il résulte, poursuivit le frère parleur, que de toutes ces matières élémentaires, soigneusement choisies et analysées, je me suis composé un langage fort riche et fort varié, comme vous le pouvez voir. En effet, il me semble que frère Robert qui n'est pas un homme d'esprit, tant s'en faut ; je dirai plus, c'est une pauvre intelligence...

Frère Robert courba humblement sa tête sous cette flagellation que lui infligeait le coudrier du prieur.

— Il me semble, continua le traducteur, que ce bon frère rend assez nettement ma pensée pour vous en donner une idée exacte; assez vivement pour ne pas fatiguer votre attention. J'ajouterai, quant au dernier point que vous avez effleuré, c'est à dire le secret de nos entretiens, que depuis longues années frère Robert a communiqué toutes mes pensées à bien des personnes placées dans des positions délicates, aussi délicates pour le moins que la vôtre, monsieur le chevalier, sans que jamais une plainte, un soupçon se soient élevés contre sa discrétion. Je répondrais de moi aussi bien que de lui; mais je réponds de lui comme de moi-même. Du reste, pour peu que le scrupule vous tienne, ne vous croyez obligé à me rien dire; et si vous préférez m'écrire, je saurais seul votre pensée. Seulement, vous serez assez bon pour faire quelques efforts d'intelligence afin d'arriver à comprendre la réponse de ma baguette; frère Robert détournera la tête pendant ce temps-là et ne saura rien de notre conversation.

Après ce discours, dom Modeste reposa sa main fatiguée par le jeu du coudrier. Le frère parleur reprit sa cire et son ébauchoir.

Le roi se frotta la barbe en murmurant :

— Décidément, dans ces deux hommes, il y en a au moins un qui est très fort ; mais je crois bien qu'il n'y en a qu'un. Lequel ?

Il prit son parti sur-le-champ.

— Je suis convaincu, dit-il, et je n'hésiterai plus à tout vous exposer. Si vous ne connaissez pas le roi Henri, du moins Crillon vous est assez connu pour que vous excusiez les boutades de sa franchise. J'avoue que les apparences du mystère dont on s'entoure ici m'avaient inspiré de la défiance.

— Quel mystère? psalmodia frère Robert.

— Ces ténèbres, à peine combattues par un pâle rayon de jour.

— Ma vue est faible, traduisit le parleur.

— L'obstination du frère Robert à cacher son visage.

Le capuchon tressaillit.

— Le frère Robert est disgracieux à voir, dit la voix rauque, et il cache son visage bien moins par amour-propre que par le désir de ne point blesser les yeux d'un étranger.

— Oh! si ce n'est que cela, s'écria le roi, pas de scrupules... est-ce que nous ne sommes pas tous plus ou moins laids en ce monde ?

Et il allongea une main pressée vers le capuchon.

— Montrez-vous donc au chevalier de Crillon, dit frère Robert, en s'adressant à lui-même ces mots, que venait de lui envoyer la baguette. Et du même temps il se tourna lentement vers le roi.

Henri se leva de surprise à l'aspect de ce visage étrange.

Frère Robert avait les joues caves comme s'il eût eu le don de les faire rentrer à volonté dans sa bouche. Ses yeux dilatés occupaient pour ainsi dire toute la tête, sans fournir ni expression ni lumière; la bouche pincée en bec de lièvre disparaissait dans une barbe plus blanche que grise. Un cordon de cheveux frisonnans venait border les sourcils en supprimant le front, et un nez aquilin recourbé jusque dans la bouche achevait de donner à la tête du frère un caractère bestial analogue à la physionomie de certains oiseaux de mauvais augure.

Le roi contempla cette figure qui s'offrait calme et immobile à son analyse. Puis, aussitôt qu'il eut détourné les yeux, pour se livrer à ses réflexions, frère Robert, consultant le prieur :

— Vous voyez que le frère n'est pas beau à voir, dit-il mélancoliquement, et que mieux vaut qu'il se cache. Maintenant, s'il vous plaît, nous continuerons la conversation, car vous ne m'avez encore rien dit des choses nombreuses que vous annonciez devoir me dire.

Le roi, rappelé à lui par la transparente ironie de ces paroles, répliqua vivement :

— Je l'avoue, et je commence : Il s'agit de l'abjuration du roi.

— J'écoute, traduisit Robert, qui avait repris sa place et la figurine déjà fort avancée.

— Le roi, mon maître, m'a chargé de vous demander pourquoi vous lui faisiez conseiller par Mlle d'Estrées de prendre la religion catholique ?

— Parce que c'est la vraie, traduisit Robert.

— Ce n'est pas pour cela, dit vivement le roi, résolu à brusquer l'aventure et à démasquer soit Gorenflot en l'effrayant, soit Robert en l'irritant ; c'est parce que vous voulez servir le roi, ou parce que vous voulez lui nuire.

La prunelle de Gorenflot clignota, et bien que la baguette eût à peine oscillé,

— C'est parce que je veux le servir, fut-il répondu.

— Je ne crois pas, mon père.

Le capuchon fit un mouvement.

— D'où vient ce soupçon ?

— Du lit de M. le cardinal de Guise, que j'ai vu en cette maison.

La physionomie de Gorenflot prit une expression de stupide frayeur qui anima le roi dans ses attaques.

— C'est un présent... dit Robert.

— De la mortelle ennemie du roi, dont vous vous dites l'ami.

— On ne peut refuser rien d'une si grande dame.

— Pas même le couteau de Jacques Clément, si elle l'offrait, dit le roi.

Gorenflot trembla, pâlit, ouvrit la bouche. Frère Robert se redressa.

— Elle ne me l'eût pas offert ! traduisit-il, avant que ni geste ni clin d'œil, ni baguette n'eussent fonctionné. M. le chevalier de Crillon a tort de suspecter mon attachement et mon respect pour le roi.

— On ne peut pas aimer à la fois la duchesse de Montpensier et le roi Henri IV ! s'écria le roi ; et plus on s'efforce de chercher à le prouver, plus on devient suspect, — et une fois qu'on est suspect à Crillon de trahison envers son maître, Crillon parle haut, et sa parole peut passer pour une menace... Gare aux menaces de Crillon, car il représente le roi et sait tout ce qui se passe dans les couvens !

A ces mots, prononcés avec une voix vibrante et irritée, Gorenflot, en proie à l'épouvante, se leva sur sa chaise, agita son bras et roula des yeux effarés qui semblaient supplier frère Robert, puis il retomba immobile en poussant une exclamation douloureuse.

— Tiens ! le muet parle... s'écria le roi.

— Il ne parle pas, il crie, répliqua vivement frère Robert, en se tournant vers Henri, avec une émotion qui, pendant une seconde, changea toute l'expression de son visage, toute l'attitude de son corps, et le rajeunit de dix ans.

— Oh ! pensa le roi frappé d'une révélation soudaine, est-ce possible, mon Dieu !... je jurerais que je viens de voir Chicot, si, il y a deux ans, je ne l'avais tenu mort entre mes bras !

Tandis que frère Robert s'empressait auprès de son prieur à moitié évanoui, et lui faisait respirer la liqueur du flacon, le roi s'absorbait de plus en plus profondément dans les réflexions que tant d'étrangetés avaient fait naître dans son esprit.

Ce n'était plus de la curiosité qui l'animait, ce n'était plus même cet instinct de conservation qui s'appelle génie chez les grands hommes, pour qui le salut du corps n'est rien en comparaison du salut de leur fortune. Henri ressentait une ardeur immodérée de connaître ou plutôt de retrouver un homme dans le fantôme qu'un caprice du hasard peut-être venait d'évoquer pendant un moment devant lui. Il lui semblait qu'en poursuivant cette œuvre, il dépasserait le but ordinaire des efforts de la simple humanité. Faire d'un homme une ombre, c'est aisé, dit Hamlet, mais il est moins facile de solidifier, de vivifier une ombre fantastique.

Pourquoi le prieur avait-il manifesté une pareille terreur ? Pourquoi frère Robert avait-il lui-même changé ainsi de visage? Qu'allait-il résulter de cet entretien commencé dans une simple spéculation d'intérêt privé?

Gorenflot bâillait et suffoquait comme un phoque aux derniers abois. Frère Robert se montrant à découvert, comme pour effacer tout soupçon chez le roi, avait repris sa figure d'oiseau et en variait à chaque instant, dans chaque grimace nouvelle, le type et l'expression de façon à ressembler à trente personnes ou plutôt à trente bêtes différentes en une demi-heure, affectation qui plus que jamais captiva l'attention du roi.

Le frère parleur, s'en apercevant, remit tant bien que mal Gorenflot en équilibre, avec quelques soins qui ressemblaient à des gourmades. Il lui rendit la baguette, se rassit sur l'escabelle, et poussant un hum ! hum ! d'appel pour inviter le roi à reprendre la conversation,

— Je suis mieux, dit-il de la part du prieur hébété, et en état de répondre aux questions de l'illustre chevalier de Crillon. Mon cœur sensible s'est ému des soupçons et des menaces d'un si noble personnage. Mais j'ai appelé à Dieu des injustes reproches qui m'étaient adressés. Dieu m'a fortifié. Causons, monsieur le chevalier, causons !

Rien n'eût pu distraire Henri de sa contemplation. Au lieu de répondre au prieur, il s'approcha de Robert, le regarda d'un air à la fois affectueux et triste, et appuyant une main sur son épaule décharnée,

— Regardez-moi encore comme tout à l'heure, dit-il, je vous en prie.

La baguette de Gorenflot s'agita convulsivement en décrivant festons et paraboles.

— Le révérend père, s'écria frère Robert avec une voix de chat irrité, demande si M. le chevalier est venu ici perdre son temps à se moquer d'un pauvre moine disgracié de la nature ? Ce n'est ni charitable ni décent.

Et il accompagna ces mots d'un coup d'œil oblique, en laissant voir un quart de figure tellement grotesque et disloquée, que le roi demeura debout, découragé, rêveur, et n'insista plus.

— Il faut m'excuser, dit-il en se rasseyant derrière frère Robert. Il faut me pardonner d'avoir un moment troublé la sérénité du révérend prieur par des menaces. La qualité d'ami de Mme de Montpensier ne saurait être qu'un sujet de suspicion et de colère pour l'ami du roi de France, et Crillon est un ami fidèle de ce prince.

— Moi aussi, répliqua le traducteur, au nom de Gorenflot qui peu à peu se calmait.

— Rien ne le prouve, dit Henri avec douceur, et tout prouve le contraire. Vous dirigez la conscience d'une jeune fille que le roi aime tendrement, et au lieu de laisser cette jeune fille céder aux sentiments favorables que peut-être le roi lui avait inspirés, vous l'en détournez en vous servant d'elle comme d'un levier politique pour déplacer toutes les résolutions du roi. Ce n'est point là un acte d'amitié. Ne vous en vantez pas. Non, le roi n'a pas d'amis en ce couvent, et c'est dommage. Entouré de pièges comme il l'est, guetté par des ennemis implacables, peu aimé de ses amis mêmes, il lui faut bien du courage, bien de la confiance en Dieu pour continuer la lutte qu'il a entreprise. Oh non ! il n'a pas d'amis.

Frère Robert, après avoir consulté la figure boursoufflée de dom Modeste,

— Vous calomniez bien des honnêtes gens, monsieur le chevalier, dit-il, et vous vous oubliez vous-même. Tout-à-l'heure vous vous annonciez comme un fidèle ami de Henri IV.

— Oh ! moi, cela ne compte pas, dit le roi rappelé à son rôle.

— Crillon, ne compte pas !... et Rosny, et Mornay ! et d'Aubigné... et Sancy !

— Rosny a de grandes qualités, mais il aime un peu le roi pour le gouverner. Mornay est un homme dur et sans indulgence. Sancy a rendu d'énormes services à Sa Majesté, mais si énormes qu'elle en sent le poids... peut-être parce qu'il le lui fait sentir. Quant à d'Aubigné... celui-là aime Henri IV comme un enfant aime son chien ou son passereau, pour lui arracher les plumes ou lui tirer les oreilles.

— Qui aime bien châtie bien, dit frère Robert d'une voix caverneuse.

— Tenez, poursuivit le roi avec un regard pénétrant, de tous les amis que ce pauvre roi a eus, je ne m'en rappelle qu'un. — Oh ! celui-là, une perle d'ami ! L'ami qui châtiait aussi, mais avec un rire si joyeux, avec une patte de velours si spirituellement armée de griffes innocentes !... C'était là un ami du roi ! Mon révérend père, je ne l'oublierai jamais.

En parlant ainsi, Henri se penchait vers le capuchon de frère Robert, qui plongeait à mesure que le regard et le souffle de son interlocuteur se rapprochaient de lui.

— Quel était donc ce phénix ? murmura la voix qu'on eût dit émue, tant elle avait pris de soudaine douceur.

— C'était un bon gentilhomme de Gascogne, un compatriote du roi, un brave, un sage, l'âme de Brutus dans le corps de Thersite, la probité d'Aristide et la froide valeur de Léonidas.

— Monsieur le chevalier est lettré, dit le frère Robert, dont le capuchon tremblait comme la parole. *Habemus Crillonem non inficetum*, eût dit Caton.

— Frère Robert, vous êtes bien savant vous-même, cria le roi entraîné vers cet homme par un élan de l'âme qu'il ne pouvait maîtriser.

Le frère parleur saisit aussitôt le tableau

placé aux pieds du prieur, et de ses longs doigts crochus montra au roi la phrase suivante :

« Il est important que les visiteurs soient pénétrés de l'idée qu'ils ne parlent effectivement qu'avec le prieur. La voix est empruntée, mais sa pensée lui est propre. »

Henri ayant lu, répondit en regardant la masse inerte qui gisait dans le fauteuil du prieur :

— C'est vrai. Mais vous conviendrez qu'on pourrait s'y tromper. J'en reviens à mon ami ; je veux dire à l'ami du roi. Mais il était aussi le mien, et vous ne serez pas étonné de m'entendre quelquefois dans la conversation employer le pronom *je*, comme notre excellent frère parleur.

La baguette parla.

— Continuez, nasilla Robert ; le panégyrique de ce gentilhomme que vous dites si dévoué au roi, m'intéresse au suprême degré. Amitié ! *Rara avis in terris !*

— Oiseau bien rare, en effet, dit le roi. Mais elle était la vertu dominante de ce brave dont nous parlons. Il avait eu d'abord pour le feu roi, pour Henri III, une de ces amitiés dévouées comme jamais peut-être souverain n'a su en inspirer: sollicitude constante, soins éclairés, vigilance pour la conservation de la couronne souvent menacée, vigilance plus sublime encore pour la défense des jours précieux de son roi.

Un rire strident, pareil à un gémissement funèbre, gronda un moment sous le capuchon comme dans la profondeur d'une caverne. Quant au visage du prieur, il s'était couvert d'une pâleur morne, et pour cette fois assurément sa physionomie exprimait une idée.

— De quoi ont servi cette sollicitude, ces soins et cette vigilance, murmura le frère parleur en s'abîmant dans une prostration douloureuse.

— Dieu avait compté les jours du pauvre roi, dit Henri avec une solennelle gravité; le dévouement d'un homme ne peut rien contre les desseins de Dieu; mais j'oubliais, s'écria-t-il tout à coup dans une de ces inspirations du génie, que je fatigue vos oreilles du récit de douleurs qui ne sont pas les vôtres; j'oubliais que je parle à des amis de Mme la duchesse de Montpensier, et que la mort du feu roi n'a pas causé grand deuil dans les couvents de France.

La sévère figure du frère parleur se dressa tout à coup comme si elle allait protester par un cri contre cette accusation. Henri attendait avec impatience l'effet de sa ruse. Mais frère Robert se rassit lentement sans avoir proféré une parole, et la baguette de Gorenflot ayant tracé quelques signaux, le traducteur ajouta :

— Ne parlons plus politique, s'il vous plaît, monsieur le chevalier.

— Ce n'est point de la politique, c'est de l'histoire, répliqua le roi. L'histoire du gentilhomme gascon qui vous intéressait tout à l'heure se lie étroitement à celle des rois Henri III et Henri IV. En servant le premier de ces princes, notre ami obéissait à une sorte d'intérêt personnel. Il servait sa propre haine.

— Ah ! sa haine... interrompit le capuchon. Cet homme parfait avait donc des passions terrestres ?

— Beaucoup, et c'est pourquoi il fut si grand et si bon. Les faiblesses de l'âme sont comme ces coussinets de chair molle que la sage nature a placés autour des tendons et des muscles. Ils amortissent la trop grande violence des mouvemens, qui sans cela deviendraient brutaux, et ils préservent les ressorts eux-mêmes d'un frottement qui les aurait trop vite usés. Les faiblesses d'ailleurs procurent à l'âme des satisfactions et la font consentir à habiter sur terre, insipide séjour, si parfois on n'y rencontrait un peu de variété.

Le capuchon approuva.

— Je répète cette phrase pour l'avoir trouvée belle, dit le roi. Elle n'est pas de moi. Notre ami la prononçait souvent. Eh bien ! puisque voilà ses faiblesses excusées, avouons qu'elles étaient justifiables. Il haïssait mortellement un homme qui l'avait offensé, offensé sans cause et d'une façon cruelle. Peut-être si l'objet de cette haine eût été un simple particulier en dehors des événemens de cette époque, le rôle du gentilhomme gascon en eût été amoindri ; l'offense eût été payée de quelque coup d'épée obscur au coin de quelque carrefour. Mais l'ennemi de notre ami était un grand personnage, un très grand et très puissant prince; c'était, voyez la bizarrerie du sort, un formidable ennemi du roi Henri III, en sorte que tout en faisant ses affaires personnelles, le Gascon travaillait à celles de son maître. — Je vous dirais bien le nom de ce prince qui fit tant de mal à Henri III, — mais vous avez ici dans votre maison certain lit qui me ferme la bouche.

— Parlez toujours, monsieur le chevalier, traduisit le frère parleur.

— Ce prince était de l'illustre maison de Guise, frère des Guises tués à Blois et de Mme de Montpensier, votre amie. Il s'appelait et s'appelle encore M. le duc de Mayenne. Jadis conspirant contre Henri III, il guerroie aujourd'hui contre Henri IV. C'est là l'ennemi que combattait à outrance notre ami le Gascon. Ce fidèle, ce brave, ce spirituel... — Cherchez bien, mon révérend, il n'est pas que vous ne sachiez un peu de qui je veux parler... et si vos souvenirs venaient à faillir, interrogez le frère Robert, il vous donnera peut-être des renseignemens sur l'homme incomparable qui, je l'ai dit, fut le seul véritable ami d'Henri de Navarre, aujourd'hui roi de France.

A ces mots, prononcés avec toute l'adresse et toute la véhémente chaleur de ce grand esprit, que fécondait un si grand cœur, l'étonnement stupide de Gorenflot fut poussé au comble. Ses yeux désorientés interrogèrent ardemment le frère Robert et le supplièrent d'intervenir en un si cruel embarras.

Celui-ci, après avoir réfléchi longtemps, malgré tous les titillemens de la baguette,

— Je ne sais pas encore très bien, dit-il, de qui monsieur le chevalier veut parler. Cette accumulation de louanges m'a d'abord fait perdre la voie. Si le personnage dont on s'occupe eût été un humble serviteur du feu roi, bien caché dans sa vie et ses actions, bien obscur, et... bien vite oublié... peut-être l'eussé-je reconnu plus facilement.

— Obscur !... s'écria le roi, obscur, celui qui, du temps où vivait la pauvre dame de Monsoreau, a aimé et servi Bussy d'Amboise contre le duc d'Anjou !... Mémorable et touchante histoire, que n'oublieront jamais ceux qui l'ont sue une fois ! — Humble ! celui qui tua de sa main Nicolas David et le capitaine Borromée, deux terribles champions des Guises !... Oublié ! celui dont la seule mémoire soulève, à l'heure qu'il est, des soupirs dans le sein de son roi... et qui, s'il était là, pourrait voir dans mes yeux combien on l'a aimé, combien on l'aime toujours, et comment on le pleure !...

Le roi prononça ces paroles avec un cœur brisé, les larmes roulaient dans ses yeux.

Le frère parleur se retourna furtivement, et surprit sur le visage d'Henri cette loyale et glorieuse émotion; puis, baissant de nouveau la tête, il répondit d'une voix entrecoupée,

— Les faits que vous venez de citer, M. le chevalier, m'ont éclairé complètement. La personne dont il s'agit est bien celle que j'avais soupçonnée d'abord. Ne s'appelle-t-elle pas...

— Chicot ! s'écria le roi d'une voix éclatante, comme s'il appelait.

Le capuchon ne frissonna point; mais Gorenflot, à ce nom, trembla sur son fauteuil comme un dieu de Jagrenat déraciné de sa base.

— Oui, dit le frère parleur froidement, c'est le nom que portait celui dont vous parlez, et nous nous comprenons parfaitement. Les louanges dont vous l'honorez me sont douces venant du grand chevalier Crillon ; elles me sont douces, parce que... je fus honoré aussi de l'amitié de M. Chicot.

Rien ne pourrait rendre l'expression que prit ce nom en passant par les lèvres du frère parleur.

— Vous avez été son ami ? demanda le roi. — Je me rappelle... vous êtes ce moine... son compagnon... Mais pardon, je croyais qu'autrefois on vous nommait Panurge.

— Panurge, ce n'était pas moi, c'était notre âne, traduisit Robert, et il est mort, mort comme M. Chicot. Car M. Chicot est mort, cela est bien connu. Plusieurs gens de guerre me l'ont annoncé, et, au fait, qui peut mieux le savoir que vous, monsieur le chevalier, puisque vous n'avez presque jamais quitté le roi, et que c'est près du roi que mourut M. de Chicot ?

— Oui, dit le roi.

— Vous y étiez peut-être ? demanda frère Robert.

— J'y étais.

Un silence profond accueillit ces paroles. Frère Robert interrompit un moment son travail de modeleur et rêva; puis, obéissant à la baguette:

— Je profiterais volontiers, traduisit-il, de l'occasion qui se présente pour obtenir quelques détails sur la mort de ce pauvre M. Chicot. Fournis par un témoin oculaire, ils auront une valeur bien précieuse pour son ancien ami. Est-ce que vous auriez l'obligeance de m'en conter l'histoire, M. le chevalier ?

— Volontiers, mon révérend. Chicot avait suivi la fortune du roi Henri IV au moment où tout le monde hésitait, et ces offres de service avaient été d'autant plus agréables au nouveau roi qu'il en savait toute l'importance, ayant par lui-même éprouvé combien Chicot devenait un dangereux adversaire lorsqu'il persécutait quelqu'un pour défendre son maître. Seulement Chicot ne fut pas pour Henri IV ce compagnon de tous les instans, ce commensal, cet ami antique qui couchait dans la chambre, mangeait à la table et participait à tous les secrets de la vie du maître. Chicot avait l'habitude de cette grande et splendide existence du roi Henri III. Le lit d'Henri IV était dur, sa vaisselle d'argent était souvent mise en gage et remplacée par des écuelles de terre chichement garnies.

Henri, par cette attaque indirecte, allusion amère à sa mauvaise fortune, espérait amener quelque découverte de l'adversaire, mais frère Robert répondit flegmatiquement :

— Il est vrai que Chicot était cupide, avare, gourmand et efféminé. Ce sont là des faiblesses excusables dans les hommes de trempe vulgaire et de condition obscure. Il avait été gâté d'ailleurs par la fréquentation de Sa Majesté Henri III, ce prince généreux, fastueux, magnifique, la main la plus facile à s'ouvrir, le cœur le plus reconnaissant, le monarque par excellence ! Le feu roi qui toujours se dépouilla pour enrichir ses serviteurs ; qui toujours prit sur sa table le pain sec pour offrir à ses amis les faisans sur leur plat d'or ; le feu roi qui était vaillant et fort s'oubliait lui-même comme tous les grands cœurs... Il avait gâté son ami Chicot !... Ce gentilhomme était devenu malhonnête sans doute, et matériel. Pardonnez, seigneur, au monarque et à son humble serviteur.

Gorenflot baissa la tête, frère Robert glissa de son escabeau ; il s'était agenouillé.

Le respect avait gagné Henri lui-même. Ce coup qu'il avait voulu porter dans une louable intention, lui était revenu sensible et direct en plein cœur.

— Je crois bien plutôt, répondit-il vivement, que le gentilhomme gascon ne voulut point nouer de familiarité avec Henri IV pour ne pas affaiblir ses souvenirs, pour ne point faire succéder à sa tendresse envers le feu roi une tendresse nouvelle : certaines amitiés sont un culte que les belles âmes entretiennent religieusement.

— Peut-être, répliqua le traducteur. Mais vous avez promis quelques mots sur les derniers momens de M. Chicot.

— Il combattait à la journée de Bures en vaillant soldat. Toujours ardent à se venger de M. de Mayenne, il fit prisonnier son ami, son parent, le comte de Chaligny, et tout triomphant me l'amena.

— A vous, monsieur de Crillon ? interrompit Robert, ou au roi ?

— J'étais si près du roi qu'il l'amenait à nous deux : — « Tiens, dit-il joyeusement, Henri, voilà un cadeau que je te fais. » Et il poussa Chaligny à mes pieds.

— Il tutoyait le roi ?

— Il ne tutoyait que le roi. Ces mots firent rire ; le comte de Chaligny furieux se retourna, et de son épée, que le généreux Chicot lui avait laissée, il lui fendit la tête.

— Je ne suis qu'un moine peu instruit des lois de la guerre, murmura le frère Robert ; mais il me semble que cette action fut lâche.

— Elle fut infâme.

— Et... le blessé ?

— Chicot tomba. Je le fis panser, soigner par de bons chirurgiens.

— Chez vous ?... dans votre tente, n'est-ce pas ? monsieur le chevalier, demanda Robert.

— Dans ma tente... dit le roi embarrassé... je n'en avais pas toujours.

— Dans le logis du roi, enfin... le roi logeait toujours quelque part... Lorsque le roi Henri III était en campagne, Chicot, il me l'a dit, fut souvent blessé près de lui, et toujours il fut soigné chez le roi. Il couchait à ses pieds... c'est le privilège des chiens fidèles.

Le roi rougit... ses yeux si loyaux et si brillans se troublèrent. Un remords soulevé par ces paroles si simples monta lentement de son cœur à ses lèvres et il balbutia :

— C'est vrai... j'oubliai de faire panser Chicot chez moi ; je l'avais envoyé dans une maison sûre... J'appris qu'il s'affaiblissait tous les jours... et enfin... on vint me prévenir qu'il était au plus mal... J'accourus... il était mort...

— De vous, c'était naturel, monsieur le chevalier, mais de la part du roi Henri IV... Oh ! si Chicot eût couché aux pieds du roi, murmura Robert d'une voix lugubre et déchirante, il eût eu du moins l'ineffable bonheur de rendre le dernier soupir en bénissant son maître, et tous ses services eussent été assez payés !

Le roi courba le front en proie à une émotion que jamais peut-être il n'avait ressentie.

— Enfin, continua Robert d'un ton solennel et les yeux fixés sur dom Modeste, M. de Chicot est mort. Paix à son âme. C'était un homme de bonne volonté, comme dit l'Ecriture ! et félicitons-le maintenant qu'il n'est plus au service des grands de la terre !

En parlant ainsi, le frère soulevait dans sa main la figurine presque achevée. Le roi la vit et fut frappé.

La figurine le représentait lui-même dans un costume de cérémonie avec sa large barbe et son long nez célèbre. C'était sa taille, son allure martiale et dégagée. Il était agenouillé, tenant en ses mains un missel sur lequel on lisait le mot : Messe.

Le roi saisi de stupeur à la vue de ce merveilleux travail, exécuté dans les intermittences du dialogue et des observations du frère parleur, joignit les mains et se penchant sur la statuette pour la voir de plus près:

— Mais c'est mon portrait, s'écria-t-il. Vous voyez bien que vous me connaissez.

Frère Robert, sans se retourner, écrivit rapidement avec la pointe de l'ébauchoir :

CRILLON. — EQUES. — MCLXXXIV.

Le roi se tut encore une fois, jeté loin du but par cette inaltérable présence d'esprit. Mais il se préparait à prendre sa revanche, lorsque la porte de la chambre s'ouvrit, l'enfant qui avait amené Henri chez dom Modeste accourut hors de lui et dit quelques mots tout bas au prieur.

Gorenflot devint violet; on eût dit qu'il allait être foudroyé d'apoplexie.

Frère Robert, sans se troubler, feignit de consulter son prieur et dit au roi :

— Il serait peut-être désagréable au chevalier de Crillon de rencontrer ici la personne qui nous rend visite. Montez le petit degré, monsieur, il aboutit à la chambre de frère Robert. J'y ferai conduire par une autre porte l'ami qui vous attend là haut. Allez, et tâchez de vous persuader que le roi a des amis ici.

Le roi tressaillit et regarda les deux moines comme pour leur demander s'ils comptaient le prendre dans un piège.

La main sur son épée, il monta l'escalier à reculons, l'œil toujours fixé sur le prieur et son acolyte. Il atteignit bientôt la chambre désignée, s'y enferma, et presque aussitôt vit entrer Crillon par une autre porte donnant sur le corridor.

— Sire ! comme vous êtes pâle ! s'écria le chevalier. Est-ce que vous savez déjà son arrivée en cette maison ?

— L'arrivée de qui ?

— Mais, de la duchesse... de Mme de Montpensier.

— Elle ici !... Tu l'as vue ?

— Avec quatre Espagnols, deux gentilshommes, son écuyer et un petit jeune homme inconnu. Soyons sur nos gardes, Sire, en attendant le retour de Pontis et notre renfort.

— Voudrait-il se venger ainsi de mon ingratitude, murmura Henri, tout entier au souvenir du mystérieux frère parleur.

— Se venger de vous ?... Qui donc, Sire

— Silence ! s'écria Henri... Ecoute cette voix.

On entendait distinctement de la chambre le moindre mot prononcé au-dessous chez le prieur.

XXI.

La duchesse Tisiphone.

C'était bien la duchesse si célèbre à cette époque qui venait faire visite au prieur des Genovéfains.

Crillon ne s'était pas trompé. Elle avait une suite assez nombreuse pour commander le respect, et, par une barbacane industrieusement percée dans l'épaisseur de l'alcôve du prieur, frère Robert aperçut les Espagnols et le petit jeune homme dont le chevalier avait signalé la visite à Henri IV.

Les deux portes de l'appartement de Gorenflot s'ouvrirent comme pour l'entrée d'une reine, et frère Robert ayant, sans être aperçu, levé au plafond, par le moyen d'une bascule, certaine trappe qui en diminuait assez l'épaisseur pour que la voix parvînt à l'étage supérieur, la duchesse pénétra chez dom Modeste.

Catherine-Marie de Lorraine, duchesse de Montpensier, avait quarante et un ans environ, et conservait peu de restes de la beauté de visage dont elle avait été si fière. Ses yeux noirs, profonds et méchans, des sourcils épais dont les arcs se touchaient au dessus d'un nez fin et long, une bouche mince pleine d'astuce et de circonspection, le front fuyant comme celui des vipères, telle était la femme. Elle dissimulait l'inégalité de sa jambe boiteuse par un sautillement gracieux peut-être dans une jeune fille, mais assurément étrange dans une femme dont les cheveux grisonnent. Petite, maigre, elle furetait et rongeait partout comme une fourmi blessée.

Quant à son portrait moral, c'était encore une plus laide image. Ennemie mortelle d'Henri III, qui, disait-on, l'avait offensée par de secrets mépris, elle avait saisi l'occasion éclatante du meurtre des Guise, ses frères, tués à Blois, et, à partir de ce moment, avait poursuivi le roi à outrance, soudoyant des prédicateurs, soufflant le feu de la Ligue, et armant la main du fanatique Jacques Clément, que tout l'accuse d'avoir séduit par les plus honteux sacrifices. Après le meurtre d'Henri III, on l'avait entendue s'écrier : — Quel malheur qu'avant de mourir il n'ait pas su que le coup vient de moi !

Enfin, c'était elle qui, appelant les Espagnols en France, avait depuis la mort d'Henri III entretenu la guerre civile, pour faire entrer la couronne de France dans sa maison. Cette furie valait une armée par l'activité de sa haine dévorante et l'adresse infernale de ses combinaisons, qui ne reculaient devant aucun crime. Elle excitait Mayenne, souvent paresseux et tiède ; elle l'eût sacrifié lui-même, et comme à cette flamme il fallait toujours un aliment nouveau, Henri IV avait remplacé Henri III. Comme point de mire, c'était sur lui que tout se dirigeait.

Elle entra chez dom Modeste avec une précipitation qui témoignait de son inquiétude et de son impatience. On put voir à l'extrémité du corridor, près de la grande salle, ses gardes espagnols et ses ligueurs qui se promenaient en l'attendant.

— Fermez les portes, dit-elle, d'une voix impérieuse, à laquelle frère Robert se hâta d'obéir.

Les portes bien closes, il revint humblement et avec tous les signes d'un profond respect s'asseoir aux pieds de son prieur la cire et l'ébauchoir en main.

La duchesse arpentait la chambre, baissant la tête et frappant de sa houssine les meubles, et lorsqu'elle n'en rencontrait point, sa robe de drap qui traînait sur le plancher derrière elle.

Gorenflot faisait de gros yeux à son parleur, qui le calma par un petit clignement des paupières imperceptible pour tout autre que ces deux hommes si bien habitués à s'entendre.

Le frère parleur, voyant s'agiter la baguette, dit à la duchesse qu'elle était la bienvenue et que sa présence comblait d'honneur et de joie toute la communauté.

Elle, frémissant comme une tigresse en cage :

— Il n'en est pas de même de mon côté, dit-elle, et je ne suis pas venue pour vous faire des complimens, monsieur le prieur.

— Pourquoi? madame, demanda l'interprète.

— Oh ! cela est tellement grave, dit la duchesse en grinçant des dents, que je me suis demandé si je devais venir ici, ou vous faire venir chez moi.

— Madame la duchesse, sait que je ne puis me mouvoir, répliqua frère Robert.

— Vous êtes pesant, c'est vrai, monsieur le prieur, mais j'ai remué des masses plus lourdes, et je ne sais pourquoi je pense que dix de mes gens vous emporteraient comme une plume soit chez moi, à Paris, soit à la Bastille.

— A la Bastille ! s'écrièrent les yeux effarés de Gorenflot ; mais la voix de frère Robert dit froidement :

— Pourquoi à la Bastille, madame la duchesse ?

— Parce que c'est là qu'on s'explique sur des accusations de trahison.

Gorenflot sentit se dresser son bonnet sur ses rares cheveux ; une sueur froide perlant à grosses gouttes roula sur les pommettes de ses joues énormes.

— Je ne comprends point, dit frère Robert, avec un accent doux et placide.

— Et d'abord, s'écria la duchesse exaspérée, il est impossible de causer ainsi par l'entremise de ce butor !

Elle désignait frère Robert tapi sous son capuchon.

— Ce maraud, ce cuistre, poursuivit-elle en écumant de rage, me traduit vos paroles avec un flegme stupide ! Il ne sent donc rien, l'animal brute ! Au moins, vous pâlissez, vous, dom Modeste, et vous suez de peur ! Mais lui, c'est une solive, c'est un grès, c'est une carcasse bonne à pendre au plafond d'une sorcière, comme un lézard ! Mort de ma vie ! je le ferais écorcher vif, si j'étais sûre qu'on trouvât de la peau sur ses os !

Frère Robert, sans se déconcerter, répondit :

— Les reproches que madame adresse à mon interprète sont injustes. Il traduit exactement ma pensée. Il parle comme je sens.

— Vous n'avez pas peur, vous ?

— Pas le moins du monde.

— Vous ne suez pas à grosses gouttes ?

— C'est ma graisse qui fond à la chaleur.

— Vous ne tremblez pas de vous expliquer avec moi ?

— Je ne sais point trembler quand je me sens pur de toute faute. Et, d'ailleurs, ma force me vient d'en haut, et je redoute peu les puissans de la terre.

Rien n'était plus bizarre que cette traduction invraisemblable des émotions qui agitaient le prieur. Frère Robert parlait du calme et du courage de Gorenflot, Gorenflot semblait près de crouler sous sa chaise, et tous ses traits se décomposaient à vue d'œil.

La duchesse vint à Robert, le saisit par son capuchon et le secouant furieusement :

— Parle-moi toi-même, dit-elle.

— C'est défendu, répondit-il en la regardant avec calme.

— Je te l'ordonne.

Frère Robert rabattit son capuce et se tut. On vit la duchesse pâlir et rougir comme si elle eût eu un frein à ronger. Le silence des deux moines l'exaspérait, et elle ne voyait pas le moyen de faire cesser ce silence. Gorenflot, remis de sa frayeur par l'exemple de l'intrépide Robert, semblait lui-même braver la duchesse, et quelque chose comme un ironique sourire épanouissait sa large et pâteuse figure.

— Vous me menacez je crois du martyre! s'écria l'interprète d'une voix claire comme l'accent de la trompette. — Eh bien! madame, au martyre! au martyre! — Nous irons joyeusement au martyre comme frère David que vous avez fait tuer! comme frère Borromée que vous avez fait tuer! comme frère Clément que vous avez...

— Assez!... interrompit la duchesse, assez, vous dis-je!... Qui vous parle de martyre?...

— Vous avez nommé la Bastille...

— J'étais en colère.

— Péché mortel.

La duchesse haussa les épaules.

— Je sais bien que cela vous est égal, dit l'interprète; mais dans les casseroles et sur les grils de l'enfer, vous parlerez tout autrement!...

— Allez-vous prêcher?

— C'est mon métier, c'est ma vocation. Le prophète parla fièrement à la superbe Jézabel. Jézabel fut mangée par...

— Par les chiens; c'est ce que je venais vous dire. Et puisque je suis Jézabel, qui était reine, songez-y bien! nommez-moi les chiens qui me dévorent toute vivante... Mort de ma vie!

— Juron... blasphème; péché mortel.

— Dom Modeste!...

— Je sers le seigneur!... vous l'offensez, tant pis pour vous.

— Encore une fois! s'écria la duchesse ivre de rage, vous prêchez, mauvais moine; et vous ne répondez pas!

— Et vous, vous insultez, vous hurlez, vous écumez même, et vous n'interrogez pas.

A ces mots, qui firent frissonner de la tête aux pieds Gorenflot, leur éditeur responsable, la duchesse se retourna d'un bond. Elle était effrayante à voir. Ses cheveux tordus, prêts à se dénouer, semblaient siffler comme les serpens de Tisiphone.

— Vous vous oubliez, mon maître! murmura-t-elle avec un accent farouche. Croyez-vous donc qu'il ne vous reste plus assez de cou pour qu'on vous pende?

— Nous voilà revenus au martyre, dit froidement Robert; nous tournons dans un cercle vicieux: *vitiosum circulum tenemus!* pendez vite! mais changez de formule, l'entretien est monotone.

Ce calme dédaigneux abattit soudain la rage de la duchesse.

Elle s'approcha les bras croisés de Gorenflot et lentement, comme si elle eût pesé sur chaque parole:

— Quel jour suis-je venue vous consulter sur le nouvel embarras que suscitent à la Ligue les Etats-Généraux?

— Il y a aujourd'hui trois semaines, madame, dit l'interprète.

— Que m'avez-vous conseillé de faire?

— Vous le savez aussi bien que moi, princesse.

— Vous m'avez conseillé d'abandonner la cause de mon frère, M. de Mayenne, vous fondant sur ce qu'il avait trop peu de chances pour régner...

— C'est vrai, il en a fort peu, dit Robert.

— Docile à vos avis comme je l'ai toujours été, parce qu'il faut l'avouer, vous êtes d'une perspicacité remarquable... Vous m'en avez donné des preuves... vous qui aviez deviné Jacques Clément!...

Gorenflot devint livide.

— Docile, dis-je, j'ai abandonné la cause de mon frère et proposé à l'Espagne le mariage de l'infante avec mon neveu de Guise.

— Rien que de très naturel là-dedans, interrompit l'interprète, puisque le roi d'Espagne veut marier sa fille avec un prince français, et que M. de Mayenne est déjà marié.

— Et puis, la couronne de France, grâce à votre ingénieux conseil ne sort pas ainsi de la maison de Guise... Certes, le conseil est admirable, et je vous en remercie encore.

— C'est peut être pour cela, dit Robert, que vous me proposiez tout à l'heure de me faire pendre?

— Attendez! je n'ai pas fini. — Qui a rédigé la proposition de ce mariage au roi d'Espagne, vous, n'est-ce pas?

— Oui, je vous l'ai dictée après m'en être bien défendu; souvenez-vous-en! Je me défie de l'Espagnol; je vous l'ai assez répété.

— Quel jour suis-je venue vous rendre la réponse du roi d'Espagne, c'est-à-dire son acceptation.

— Avant-hier, en me raillant sur ma défiance...

— Combien de personnes savaient le secret?

— Ah! je ne puis vous le dire, madame.

— Mais je le puis, moi. Il y avait trois personnes dans la confidence: le roi d'Espagne, moi et vous. Je ne parle pas du moine que voici... puisque vous prétendez qu'il ne compte pas.

— Il ne compte pas, en effet, répliqua frère Robert. Eh bien! madame, où voulez-vous en venir?

— A ceci : au lieu de trois personnes instruites de notre combinaison, il y en a cinq aujourd'hui, et savez-vous quels sont les deux nouveaux adeptes ?

— Ma foi non, madame. Mais je le saurai si vous me faites la grâce de me le dire.

— L'un s'appelle M. de Mayenne, mon frère ; celui surtout qui devait ignorer notre secret.

— M. de Mayenne est instruit ! s'écria frère Robert. Eh bien ! alors, tout est perdu.

— C'est ce que je disais. Tout est perdu.

— Votre conspiration avorte.

— Oui, dom Modeste, je suis brouillée mortellement avec mon frère... la division est dans notre camp, une guerre sourde s'allume dans notre famille; mais, ce n'est encore rien... Devinez par qui M. de Mayenne a été instruit de notre complot ?

— Ah ! Madame...

— Par le roi de Navarre, par le Béarnais, qui lui a hier soir envoyé copie exacte du traité passé entre l'Espagne et moi au sujet du mariage de l'infante.

— Voilà qui est incroyable ! s'écria frère Robert avec une grimace intraduisible..... Quoi ! le Béarnais sait tout... Qui le lui a dit ?

— C'est ce que je venais vous demander, répliqua la duchesse d'une voix sombre, voilà pourquoi mon impatiente colère a commencé par menacer, voilà pourquoi enfin vous me voyez prête à tout faire, sinon pour réparer le mal énorme que me cause cette trahison, du moins pour découvrir et punir si cruellement le traître que l'horreur du châtiment s'en transmette aux siècles les plus reculés. Est-ce votre avis ? dom Modeste ?

— Complètement, répondit l'interprète d'un air dégagé.

— Avez-vous quelque idée sur le supplice qu'on pourrait lui infliger ?

— Nous prendrons, si vous voulez, toutes les tortures des Persans et des Carthaginois, j'en ai un livre assez gros tout rempli, avec commentaires et figures. Quelques-uns de ces supplices sont d'un ingénieux qui surpasse toute imagination.

— Vous me plaisez en parlant ainsi, dit la duchesse avec un rugissement de colère... Mais d'abord...

— Je sais ce que Votre Seigneurie veut dire, d'abord il faut connaître le coupable., *secundo* l'appréhender... *tertio* le convaincre...

— Ce ne sera pas difficile, monsieur le prieur.

— Procédons, alors, dit frère Robert en relevant les manches de Gorenflot avec un geste d'empressement bouffon. Quel est-il ?

— C'est vous, ou le frère Robert, s'écria la duchesse.

L'interprète se retourna vers Mme de Montpensier et lui dit froidement :

— Je ne crois pas.

— Comment ?...

— Je crois plutôt que c'est vous ou le roi d'Espagne.

— Quel intérêt aurais-je ?... s'écria la duchesse, étourdie de cette audacieuse confiance.

— Et moi, dit frère Robert, quel intérêt ?

— On ne sait pas. L'âme d'un moine est une caverne.

— L'âme des rois et des duchesses est un abîme, dit fièrement l'interprète. D'ailleurs, prouvez... Et comme vous ne pouvez pas, comme vous ne sauriez prouver... comme la femme est un esprit faible, pétulant, toujours cherchant les extrêmes quand il est si sage et si facile de demeurer au centre des choses, je vous prouverai, moi, que vous avez des traîtres chez vous.

— La dépêche d'Espagne ne m'a pas quittée.

— Alors l'Espagne vous joue, et a envoyé un double de sa dépêche soit au roi de Navarre, soit à M. de Mayenne. L'Espagne veut régner en France, sans votre neveu et sans vous ! Elle vous croit trop forte et veut vous affaiblir en fortifiant momentanément votre ennemi Henri IV.

La duchesse réfléchit, frappée de cette idée nouvelle.

— C'est possible, murmura-t-elle.

— C'est certain, et je vous engage fortement à faire écarteler S. M. très catholique, si mieux vous n'aimez faire décapiter cette perfide Catherine de Lorraine, duchesse de Montpensier, pour la punir de s'être trahie elle-même, en prenant l'intermédiaire des Espagnols.

— Vous avez raison, dom Modeste.

— Il fallait faire vos affaires vous-même.

— Cela m'a toujours réussi, et c'est ce que je ferai.

— Il est vrai que vous vous êtes mise aujourd'hui en un grand embarras.

— J'en sortirai.

— Je ne vous demanderai pas comment, de peur que demain vous ne m'accusiez encore d'avoir prévenu le Béarnais..., le Béarnais, qui a juré de faire rouer et brûler vif tous ceux qui ont trempé dans la mort du feu roi!... le Béarnais, dont le triomphe serait ma perte comme la vôtre!

— Pardonnez-moi, la douleur égare...

— Jusqu'à insulter et menacer des amis tels que moi, jusqu'à les suspecter!... Allez, allez, madame, je vous l'avais dit souvent : Rompons! rompons!... Il n'y a plus d'amitié entre gens qui se défient l'un de l'autre.

— Vous vous défiez donc de moi ?

— A cause de vos fautes, oui, madame; vous en commettez qui perdront vos amis.

— Je n'en commettrai plus, dom Modeste.

— Vous venez de fortifier Henri IV par une alliance avec l'Espagne, qui vous dépopularise aux yeux de toute la France, par une brouille avec M. de Mayenne, et vous ne vous en relèverez pas.

— Tout cela sera réparé demain.

— Que le roi abjure, et vous êtes perdue, vous et toute la Ligue.

— J'y ai pensé, le roi n'abjurera pas.

— On annonce la cérémonie, à St-Denis, pour dimanche.

— Demain le roi sera enfermé dans quelque bonne forteresse.

— Par vous? s'écria frère Robert.

— Oh! non, je n'y essaierai même pas, moi, mais ses amis feront la besogne.

— Ses amis l'enfermeront?

— Ses amis les huguenots. Oui, furieux des bruits qui courent sur l'abjuration de leur chef, ils ont fait un petit complot, et l'enlèvent aujourd'hui même dans la retraite qu'il s'est choisie... chez sa nouvelle maîtresse, Mlle d'Estrées.

— Ils ont eu cet esprit ?

— On le leur a soufflé. Ils enlèvent donc précieusement Henri IV, le gardent à vue, pour l'éloigner de la messe, leur antipathie, et pendant sa captivité j'aurai regagné les avantages que la trahison de l'Espagnol m'a fait perdre.

— C'est parfaitement ingénieux, interpréta Robert, d'utiliser ainsi les amis de son ennemi. Mais avez-vous la certitude que les huguenots enlèveront le roi avant l'abjuration?

— Son escorte elle-même s'en est chargée. Il a fait venir aux environs de Chatou une troupe pour protéger ses excursions amoureuses. C'est un galant, notre Béarnais. Eh bien ! on le protégera si bien qu'il n'aura plus de risques à courir.

Frère Robert leva les yeux au plafond, qu'un léger bruit venait d'agiter.

— Je vois que les mesures de madame la duchesse sont bien prises, dit-il, comme pour obéir à la baguette de Gorenflot; mais enfin, après avoir tenu Henri prisonnier, les huguenots lui rendront la liberté, ne fût-ce que pour livrer bataille. — ne fût-ce que pour faire le siége de Paris, — car vous avez prévu le cas où il assiégerait Paris, n'est-ce pas, madame?

— Oui, mon révérend.

— Et le cas même où il prendrait Paris ?

— Je n'ai pas prévu cette circonstance — c'est inutile — Henri III assiégeait Paris comme Henri IV peut le faire, et il ne l'a point pris.

— Ah!.. dit frère Robert d'une voix vibrante qui alla frapper les voûtes — c'est qu'entre Paris et Henri III.... il s'est rencontré...

— L'évènement de Saint-Cloud...

— Oui, madame, et il n'y a qu'un Saint-Cloud aux environs de la capitale.

— C'est probable ; mais ce qui s'est fait à Saint-Cloud se fût fait tout aussi bien ailleurs.

Là dessus la duchesse leva le siége, et, saluant amicalement Gorenflot :

— Ne me gardez pas rancune, dit-elle. J'avais perdu la tête à la suite de ma querelle avec mon frère Mayenne. Si vous saviez comme j'ai été confondue quand ce matin il est entré chez moi et traité espagnol à la main! Je m'en fusse prise à moi-même. Mais vous avez raison, c'est l'Espagne qui nous trahit et pactise peut-être avec le Béarnais pour m'affaiblir.

— Voilà ma pensée, dit frère Robert.

— Eh bien, soyez calme, ajouta la duchesse. Le Béarnais ne régnera pas, fût-il allié à vingt Philippe II ; il ne régnera pas, je vous en donne ma parole.

— Eh eh ! dit frère Robert en traduisant par ce doute le signe de Gorenflot... s'il abjure, s'il prend Paris....

— Nous avons ses huguenots pour l'empêcher d'abjurer... Nous aurons notre évènement de Saint-Cloud pour l'empêcher de prendre la ville; et si tout cela manque, nous aurons encore autre chose... que je garde là, dit-elle en se touchant le front avec un infernal sourire ; quelque chose qui vous fera revenir de votre opinion un peu défavorable sur les femmes. Adieu, mon cher prieur ; nous nous sommes expliqués, nous voilà bons amis. Adieu, je vous enverrai des confitures.

La figure de Gorenflot prit une expression d'épouvante qui faisait peu d'honneur aux confitures de la duchesse et fit rire sous cape le frère Robert.

Le parleur escorta Mme de Montpensier

jusqu'aux portes. Elle donna ses ordres, et souriant au petit jeune homme blond qui l'attendait dans un coin avec les Espagnols.

— Aidez-moi à monter à cheval, monsieur Châtel, dit la sirène avec une provocante familiarité.

Le nouveau favori s'élança, rouge de plaisir, pour offrir sa main au petit pied de la duchesse.

— Quel est ce jeune gentilhomme? demanda frère Robert à l'écuyer.

— Ce n'est pas un gentilhomme, dit ce dernier, c'est le fils d'un marchand drapier qui vend des étoffes à Mme la duchesse.

Frère Robert sourit silencieusement à son tour et regarda le jeune homme jusqu'au fond de l'âme en pétrissant dans ses doigts un nouveau morceau de cire qu'il attaqua de son ébauchoir.

XXII.

Comment Henri échappa aux Huguenots, et comment Gabrielle échappa au roi.

Le silence régnait chez le prieur. Mme la duchesse était déjà hors du couvent que le roi et Crillon, penchés sur le parquet de la chambre haute, écoutaient encore, stupéfaits.

Crillon se tordit la moustache. Henri s'assit dans un fauteuil.

— Je crois bien, sire, dit le chevalier, que j'aurais encore le temps de rattraper cette scélérate et de lui rompre sa bonne jambe... A quoi pensez-vous, harnibieu, que vous ne parlez pas?

— Je pense que voilà de bons moines, dit le roi attendri, et que les hommes valent mieux qu'on ne pense.

— Les hommes, peut-être; mais les femmes, non. Je suppose, sire, que nous n'allons pas nous endormir pendant que les ligueurs agissent?

— Oui, il faudra vérifier ce qu'elle a dit des projets de mon escorte... Allons au plus pressé.

Le roi achevait à peine, lorsqu'on frappa vivement à la porte du corridor. Crillon ouvrit, et Pontis parut.

Il était agité, rouge. Pour qu'il n'aperçût pas le roi, Crillon tint la porte entrebâillée et intercepta au garde la vue de l'intérieur de la chambre.

— Eh bien, dit-il, cette escorte, vient-elle?

— Monsieur, elle vient. Mais, ce n'est pas seulement une troupe de huit hommes, c'est une armée, si je ne me trompe.

— Comment, une armée? s'écria le chevalier, tandis que le roi attentif prêtait l'oreille et se rapprochait de la porte pour mieux entendre.

— Monsieur, continua Pontis, j'ai compté au moins quatre vingts cavaliers, marchant par petits groupes sur le bord de la rivière.

— De nos cavaliers à nous?

— Oui, monsieur. Mais, voilà qui est bizarre. Tous huguenots! comme si on les avait appareillés.

Crillon tressaillit et envoya un regard furtif au roi.

— Mais la Varenne?

— Il n'y était point.

— Qu'as-tu dit alors?

— J'ai prié le premier piquet de se diriger vers le couvent, de votre part. Aussitôt un cavalier que je ne connais pas s'est écrié: Si M. de Crillon y est, le roi pourrait bien s'y trouver aussi. Est-ce que c'est vrai, monsieur le chevalier, ajouta Pontis, que le roi se trouve au couvent?

— Que t'importe! continue.

— Il y a eu des pourparlers parmi les huguenots; j'ai entendu prononcer des noms: la Chaussée, Bougival, M. d'Estrées. On se querellait, on s'échauffait; bref, tout le détachement s'est mis en marche, en sorte qu'au lieu d'une escorte de huit hommes, vous allez dans une demi-heure en avoir plus d'un cent.

Une légère pâleur passa sur le front du roi. Crillon, sans changer de couleur, s'arracha deux ou trois poils de barbe en réfléchissant.

— Est-ce tout, monsieur dit Pontis, car j'ai hâte d'aller voir mon blessé, mon pauvre Espérance, qui se plaignait d'avoir faim tout à l'heure. Y puis-je aller?

Crillon, touchant du doigt la manche de Pontis, comme si par le contact du plus brave homme de l'Europe il eût voulu centupler la valeur de son unique soldat:

— Tu as une bonne épée? demanda-t-il.

— Je crois que oui, monsieur, dit Pontis surpris.

— Tu vas la tirer du fourreau. Tu te planteras au bout de ce corridor, au débouché de l'escalier.

— Oui, monsieur.

— Le passage est facile à défendre, puisqu'il n'y peut passer qu'un homme à la fois.

— C'est vrai.

— Eh bien, tout homme qui voudra pas-

ser là, et qui ne sera pas bon catholique....
— Je l'arrêterai ?
— Tu le tueras.
— Tiens! c'est donc une saint Barthélemy ! s'écria Pontis avec une de ces joies fébriles, vieux charbon des haines religieuses que tant de pleurs et de sang n'avaient pas éteintes.
— Une St-Barthélemy, si tu veux, dit Crillon.

Le garde s'inclina sans répondre et s'alla placer au poste indiqué par le colonel. Son épée flamboya aux reflets pourprés qui embrasaient la fenêtre du corridor.

— Que prétends-tu faire? dit le roi rêveur que Crillon était venu retrouver. Ce garde, à lui seul, n'abattra pas cent hommes?

— Il n'est pas seul, répondit Crillon, et moi donc? et vous?... est-ce que nous n'avons pas souvent croisé le fer avec cent hommes dans nos mêlées? — ne l'avez-vous pas fait seul à la journée d'Arques, où je n'étais pas?

— Ecoute, dit le roi, évitons, soit la honte d'une défaite, soit le scandale d'une pareille victoire. Tuer mes soldats, c'est faire les affaires de Mme de Montpensier... négocions.

— Et pendant ce temps là les huguenots. ces enragés, entreront ici et vous dicteront leurs conditions... Harnibieu !..

— Crillon, mon ami, sommes-nous les plus forts ?

— Non, ce dont j'enrage.

— Eh bien ! il faut être les plus fins. J'ai une idée.

— Cela ne m'étonne pas, sire.

— Nous avons quelque garnison ici près?

— Trois cents hommes à St-Denis.

— Huguenots ?

— Harnibieu non !... Ce sont des catholiques.

— Au lieu de rester ici, fais-moi le plaisir d'aller prévenir ces catholiques de ce que veulent faire les huguenots. Ceux-ci veulent m'empêcher d'aller à la messe, mais ceux-là ont bien le droit de m'y conduire.

— Le fait est que c'est admirable ! s'écria le chevalier, vous êtes un grand roi !

— N'est-ce pas ?

— J'y cours. Mais j'y pense, pendant ce temps que se passera-t-il ? Je serais coupable de vous abandonner ainsi.

— Il ne peut rien se passer, les huguenots, que peuvent-ils faire ? Me mener au prêche, j'y ai été mille fois déjà. Une fois de plus n'y ajoutera rien. Ou bien ils me tiendront prisonnier dans ce couvent. Mais je saurai m'en échapper. J'ai ici des intelligences. Ou bien encore ils m'emmèneront, mais les catholiques que tu amènerais leur feront lâcher prise. Gagnons du temps, Crillon, et ne versons pas une goutte de sang.

— On en versera des flots, sire, la moitié de votre armée détruira l'autre, s'il faut vous tirer de la forteresse où les huguenots vous auront mis.

— Crois-tu donc que je me laisserai prendre et enfermer ?

— Votre Majesté se fera tuer plutôt, je le sais bien.

— Pas du tout, mon Crillon. Ma Majesté va tout à l'heure se faire indiquer par les Genovéfains une porte dérobée.

— Vous fuirez...

— Pardieu ! si c'était devant des Espagnols qui me menacent, jamais. Devant des amis trop zélés, qui veulent me faire faire une sottise, toujours !... Va donc m'attendre à Saint-Denis, au milieu des catholiques; je t'y aurai rejoint avant ce soir.

— Sire, je pars. Et, chemin faisant, je veux dérouter ces huguenots, et leur faire supposer que vous êtes ailleurs, par cela même que je serai sorti d'ici, où ils ne voudront jamais croire que je vous laisse seul. Tout au moins, je leur remontrerai la nécessité de respecter un couvent, la trève, et je les réduirai à vous bloquer chez les Genovéfains, tandis que vous courrez les champs en liberté.

— A la bonne heure, voilà parler, mon Crillon.

— On apprend à l'école de Votre Majesté, répondit le chevalier.

Ce dernier alla lever la consigne de Pontis, descendit, fit seller son cheval et sortit du couvent. Henri le vit se diriger vers l'escadron des huguenots qui s'approchait peu à peu. Sans doute on le reconnut, on l'entoura, Henri le perdit bientôt de vue dans la foule.

— Oui, je parle bien, murmura le roi, dont le visage était collé sur les vitres du corridor; mais quelqu'un parle encore mieux que moi... digne frère parleur !...

Un léger froissement d'étoffe au seuil de la chambre le fit retourner. Frère Robert modelant toujours sa cire était adossé au chambranle de la cheminée. Le roi courut à lui et ferma la porte : ils demeurèrent seuls.

— Quelqu'un est en bas pour M. de Crillon, dit tranquillement frère Robert, sans lever les yeux de dessus son ouvrage.

8

— C'est bon, qu'il attende ! répliqua le roi. Mais vous ne devez pas attendre vous, que j'ai à remercier si cordialement...

Frère Robert ne bougea pas, ne parla point.

— Vous, continua le roi, qui m'avez rendu aujourd'hui un service si grand, qu'il efface peut-être celui que vous me rendîtes hier.

Le moine garda son silence et son active immobilité.

— C'est vous, n'est-ce pas, qui, hier, m'avez fait tenir la copie du traité conclu entre Philippe II et la duchesse ?

Les yeux de frère Robert exprimèrent l'étonnement, et il répondit :

— Quel traité ?

— Vous nierez, c'est logique, puisque vous me servez dans l'ombre ; mais c'est vous encore, tout à l'heure, qui m'avez placé de façon à ce que j'entendisse l'entretien du prieur avec Mme de Montpensier; les complots, les menaces de ma mortelle ennemie. Ce nouveau service, je vous défie de le nier comme l'autre.

— Il était trop naturel de supposer que la présence de Mme de Montpensier ne serait pas agréable au chevalier de Crillon, voilà pourquoi je vous ai fait passer dans ma chambre.

— Vous savez bien que je ne suis pas le chevalier de Crillon ! s'écria le roi... Vous me connaissez comme je vous connais..... Voyons, par grâce! jetez ce masque. Un seul homme est capable de faire tout ce qui s'est fait ici; un seul homme possède cette finesse, cette habileté, cette vigueur; un seul homme au monde est de force à jouer ce rôle.

Le moine resta impassible, les sourcils froncés.

— Chicot ! s'écria le roi avec une expression de tendresse indéfinissable... Chicot ! mon vieil ami, je t'ai deviné, je t'ai reconnu. Pardonne-moi ; j'ai été ingrat, dis-tu, ce n'est pas ma faute. Il y a dans ma tête tout un univers dont les détails, en se heurtant, font tant de bruit qu'ils m'empêchent parfois d'entendre les battemens de mon cœur. Si je t'ai paru oublier, si je ne t'ai pas réchauffé près de moi, comme tu le méritais, je t'en supplie encore, pardonne; tu t'es assez vengé en ne m'embrassant pas dès que tu m'as vu, tu m'as assez puni. Sois un grand cœur, ouvre-moi tes bras.

Frère Robert se détourna. Une contraction douloureuse crispa un moment ce visage de bronze. On eût dit que de chacun des pores allait jaillir du sang ou une larme.

— Chicot, continua le roi en écartant le capuchon du moine, c'est bien toi; tu le nierais en vain; tiens, je sens à ton front la cicatrice de ta blessure. Avoue.

— Quoi ? dit frère Robert, d'une voix étranglée.

— Que tu es mon ami, que tu n'as jamais cessé d'aimer Henri.

— Ce serait pour moi un trop grand honneur d'être l'ami du brave Crillon. Quant à aimer Henri IV, c'est mon devoir.

— Encore une fois, tu m'offenses, je suis ton roi, et je t'ordonne de m'embrasser.

— Si vous êtes le roi, sire, un pauvre moine vous manquerait de respect en vous touchant.

— Oh ! murmura Henri en reculant avec tristesse, plus que jamais, dans cette opiniâtreté, dans cette rancune, je reconnais Chicot, dont la mémoire de fer n'a jamais oublié ni un bienfait, ni une injure. Eussé-je encore douté que tu fusses mon vieux compagnon, je n'en douterais plus, à te voir aussi implacable. Ne sois pas mon ami, si tu veux, mais tu es bien Chicot!

— Chicot est mort, répliqua solennellement le moine, et Votre Majesté sait bien que les morts ne reviennent pas.

— En tout cas, ils parlent, dit le roi, et ils rendent des services. Ils font même des portraits... Qu'as-tu fait du mien, de cet ingénieux conseil en cire, par lequel tu m'avertissais tout à l'heure de mettre mes habits de cérémonie, de m'agenouiller devant un autel catholique, un livre de messe à la main et d'embrasser la religion catholique... C'était une statue charmante.

— Je l'ai remplacée par ceci, répondit le moine en montrant à Henri IV une nouvelle figurine qu'il venait d'achever.

— Un jeune homme... d'une aimable figure.

— N'est-ce pas ?

— Je ne le connais point.

— Puissiez-vous toujours en dire autant...

— Tu lui as mis un couteau à la main, s'écria Henri ; pourquoi ?

— Pour que vous le reconnaissiez, si vous le rencontrez jamais dans cette attitude.

— Qu'est-ce donc que ce jeune homme ?

— Un petit Parisien qui promet... répondit Robert en plaçant la figurine entre les mains du roi. Pour le moment c'est un fournisseur de Mme la duchesse.

— Bien, murmura le roi en regardant la figurine avec émotion. Je me rappellerai ces traits et ce couteau. Merci, Chicot !

— Plaise à Votre Majesté me laisser mon

véritable nom, dit Robert avec un accent de volonté immuable qui fit frissonner Henri comme le souffle d'un être surnaturel. Pour un caprice de prince, caprice bienveillant d'ailleurs, et qui m'honore puisque vous me comparez à un brave homme, je ne veux perdre ni mes derniers jours de repos en ce monde ni mon éternité de salut en l'autre. J'ai eu l'honneur de dire à Votre Majesté qu'une personne attendait en bas, apportant des nouvelles intéressantes au chevalier de Crillon.

Le roi frappé du ton avec lequel frère Robert venait de lui parler, comprit que la décision du moine était irrévocable.

— Soit, ajouta-t-il. Quelle que soit ma peine de n'avoir pu ressusciter un ami si regretté... je n'insisterai plus. Il y a peut-être au fond de cette opiniâtreté des raisons que je n'ai pas le droit d'approfondir. Vous êtes frère Robert — c'est bien — mais rien ne m'empêchera de reporter sur frère Robert l'affection et la reconnaissance inaltérables que je vouais à celui dont je vous ai parlé. J'attends de vous un dernier service : indiquez-moi une issue par laquelle je puisse sortir du couvent sans être découvert.

— Rien de plus aisé. Suivez-moi. Nous avons une porte sur les champs, elle sera peut-être gardée dans une heure, maintenant elle ne l'est pas encore.

— Partons... Mais d'abord frère Robert, embrassez-moi.

Le moine se pencha lentement. Henri, dans un élan de tendresse, s'appuya sur les épaules de cette bizarre créature, qu'il sentit frémir et palpiter entre ses bras.

La sonnette retentit dans le corridor.

— C'est M. le comte d'Estrées qui s'impatiente sans doute, dit frère Robert en s'écartant bien vite pour dissimuler son émotion.

— M. d'Estrées ! s'écria le roi qui ne put entendre froidement ce nom chéri. Est-il donc ici ? qu'y vient-il faire ?

— Je vous l'ai dit, parler au chevalier de Crillon.

— Oh ! mon Dieu ! serait-il arrivé quelque malheur à Gabrielle ? dit le roi éperdu d'inquiétude.

— Aucun, à moins que ce ne soit depuis dix minutes, répliqua flegmatiquement le moine ; car il y a dix minutes je l'ai vue fraîche et belle à miracle.

— Tu l'as vue ?... Elle est donc en cette maison ?

— Sans doute, puisque son père y est.

— Courons ! courons la voir, cher frère !

dit Henri qui avait déjà tout oublié pour ne songer qu'à son amour.

— Peut-être Votre Majesté ferait-elle sagement de ne pas paraître, dit Robert. M. d'Estrées est venu demander l'hospitalité en notre maison, la sienne étant je crois envahie par des gens de guerre qui vous cherchent. Peut-être même a-t-il encore d'autres raisons pour placer sa fille ici. Le révérend prieur, qui aime fort M. d'Estrées, lui a fait donner tout de suite les clés du bâtiment neuf au fond du jardin, et, en ce moment, Mlle d'Estrées s'y installe avec ses femmes. Or, si Votre Majesté se montrait avant la fin de l'installation, peut-être M. d'Estrées emmènerait-il sa fille.

— Par défiance de moi ! s'écria Henri, c'est vrai.

— Sinon par défiance, sire, du moins par respect, et pour ne pas déranger le roi en logeant sous le même toit que lui.

— Qu'il me dérange ou non, je ne partirai certes pas à présent que je suis près de Gabrielle.

— Et je crois, moi, dit tranquillement frère Robert, que le roi n'en partira que plus vite ; car il ne voudrait point perdre sa couronne et ruiner ses amis pour une œillade. Il ne voudrait pas rendre les Genovéfains suspects à M. d'Estrées, qui a pleine confiance en eux. Enfin, le roi et Mlle d'Estrées ne peuvent habiter ici en même temps.

— Vous avez raison, frère Robert, Henri oublie toujours qu'il s'appelle roi ! Je pars, mais, un dernier adieu à Gabrielle ; où logera-t-elle, je vous prie?

— Là bas ! dit le moine.

Henri s'approcha alors de la fenêtre qui donnait sur les jardins. A l'extrémité du potager, c'est-à-dire à cent pas environ, s'élevait au milieu des arbres un pavillon octogone à deux étages, dont les contrevens venaient de s'ouvrir, et que le soleil radieux inondait de lumière et de chaleur.

Par les fenêtres béantes, Henri vit s'empresser Gratienne et une autre fille de service qui secouaient les tentures ou emplissaient d'eau des vases pour lesquels Gabrielle, assise au balcon de la fenêtre principale, préparait des roses et des jasmins fraîchement cueillis dans le parterre.

Le cœur d'Henri s'emplit d'une tristesse amère quand il se vit si près de sa belle maîtresse, dont, grâce à ce beau temps sans souffle et sans nuages, il entendait la douce voix se mêler dans les feuillages au chant des pinsons et des fauvettes.

— Oh mon trésor d'amour ! s'écria-t-il, je reviendrai ! et je reviendrai catholique ! ajouta-t-il avec un significatif sourire.

Déjà frère Robert avait devancé le roi. Ils passèrent devant une porte entr'ouverte, par laquelle, au bruit de leurs pas, sortit une voix qui criait :

— Pontis ! j'ai faim.

— N'est-ce pas le blessé de Crillon qui parle ainsi ? demanda le roi.

— Lui-même.

— Pardieu, il faut que je profite de l'occasion pour voir ce fameux lit des Guise.

Henri passa sa tête par la fente de la porte et dit :

— Il y a dedans un beau garçon, ma foi, et qui a l'œil excellent. Il n'a pas envie de mourir, le compère.

Cinq minutes après, frère Robert revenait seul. Le roi était hors du couvent. Mme de Montpensier avait perdu la partie.

XXIII.

Querelles.

M. d'Estrées, las d'attendre Crillon qui ne revenait pas, et ne pouvait pas revenir, était allé rejoindre sa fille. Il la trouva au milieu de ses fleurs et de ses dentelles, riant à Gratienne pour dissimuler aux yeux de son père la profonde inquiétude que lui causait un déménagement si précipité.

Ne pas questionner M. d'Estrées, c'eût été une imprudence ; les jeunes filles s'accusent souvent par ce qu'elles ne disent pas aussi bien que par ce qu'elles avouent. Se taire à propos des événemens qui intéressaient le roi devenait donc impossible. Gabrielle interrogea.

— Monsieur, dit-elle au comte, vous avez vu dom Modeste, n'est-ce pas ? est-il mieux instruit que nous ? Qu'a-t-il dit de ces rassemblemens de huguenots qui ont entouré notre maison de la Chaussée.

— Il a pensé qu'il se préparait quelque expédition de ce côté, et que j'avais bien fait de quitter la maison où vous eussiez été exposée.

Gabrielle, piquée de la réserve que son père gardait avec elle, répondit :

— Mais ces huguenots sont les troupes royales.

— Assurément.

— Et nous sommes bons serviteurs du roi.

— Qui en doute ?

— Tout le monde en doutera, quand on nous verra fuir devant les royalistes comme devant des Espagnols pillards ou des ligueurs.

M. d'Estrées frappé de cette réponse faite avec tant de calme et de sens,

— C'est bon, c'est bon, dit-il, ma fille, — votre père sait ce qu'il a à faire, et nul ne lui en remontrera pour remplir un devoir.

— Dès que vous le prenez ainsi, monsieur, ajouta Gabrielle devenue plus sérieuse, dès qu'il ne s'agit plus de raisonner avec un père, mais d'obéir à un maître, je me tais et j'obéis. Mes œillets, Gratienne !

M. d'Estrées aimait cette charmante fille, et redoutait précisément de lui paraître un tyran. Mais la faiblesse paternelle luttait en ce moment contre une impérieuse nécessité de se montrer surveillant sévère : cette nécessité l'emporta.

— Vous voulez me forcer à vous parler du roi, dit-il, et je le sens bien ; mais comme je découvre chaque jour que pour parler du roi, ou même pour parler avec lui vous n'avez aucun besoin de votre père, il est inutile que je me fasse votre interprète ou que je vous apporte les nouvelles. Vous les apprendrez bien sans moi.

Gabrielle rougit.

— Monsieur, murmura-t-elle... Voilà encore vos soupçons...

— Osez me dire que vous n'étiez pas avec le roi au moulin... quand je vous ai tant appelée du bord de l'eau ?

Gabrielle devint pourpre et baissa la tête.

— Si vous aviez du moins la pudeur de mentir...

— Eh ! monsieur, refuse-t-on d'entendre un roi qui parle ? Chasse-t-on un roi qui vous rencontre ?

— On fait tout pour obéir à son père, mademoiselle. Le père est au-dessus du roi.

— D'accord, monsieur. Je ne l'ai jamais contesté. Je ne crois pas vous avoir jamais prouvé que je fusse mauvaise fille et désobéissante.

— Je sais à quoi m'en tenir à cet égard. Au temps où nous vivons, beaucoup d'époux et de pères font aussi bon marché de l'honneur de leurs familles que les filles et les femmes, pour peu que le galant soit riche et titré. Un roi c'est la fleur des galans, n'est-ce pas, même lorsqu'il est marié, même lorsqu'il est fameux par ses aventures, même lorsqu'il grisonne. Eh bien, mademoiselle, que le roi vous agrée ainsi ; je m'en soucie peu. Je ne suis pas le père de Marie Touchet, moi, je ne suis pas un complaisant, et vous l'éprouverez : que dis-je, vous l'éprouvez déjà.

Gabrielle regarda son père avec des yeux pleins de larmes.

— Pour un bon serviteur du roi, dit-elle, vous traitez mal Sa Majesté.

— Il y a en moi un père et un sujet. Le père est libre de juger la prud'homie du prince qui menace l'honneur de sa fille. Quant au sujet, il est dévoué, il est fidèle.

Gabrielle secoua sa tête charmante.

— Beau dévoûment, murmura-t-elle, qui se cache au jour du danger! belle fidélité qui déserte la maison où peut-être un roi fugitif eût trouvé son plus sûr asile !

M. d'Estrées commençait à s'irriter. L'œil brillant, la main tremblante :

— Je vous trouve hardie, s'écria-t-il, de âmer votre père en ses desseins.

— Mon père ne m'avait pas accoutumée à traiter le roi comme un ennemi.

— Il fallait m'obéir quand je vous ai défendu de recevoir le roi.

— Il fallait que vous eussiez le courage de chasser le roi quand il nous a fait l'honneur de sa visite.

— Peut-être aurai-je ce courage plus tard. Mais pour n'avoir pas besoin de recourir à de pareilles extrémités, j'ai pris mes mesures.

— Nous nous cachons dans un couvent d'hommes !...

— J'irai, moi, mademoiselle, prendre place aux côtés du roi, s'il y a bataille. Mais au moins le surveillerai-je en le défendant. Et tandis que nous sommes en paix, je défends mon honneur contre ce roi lui-même. J'amène ma fille en un couvent, d'où elle ne sortira...

— Que le roi mort, peut-être, dit Gabrielle essuyant ses larmes.

— Que mariée ! s'écria M. d'Estrées, en observant la portée du coup sur sa malheureuse fille.

Le coup fut terrible. Gabrielle se leva comme si elle eût été frappée au cœur.

— Mariée... balbutia-t-elle... est-ce possible !

— C'est certain. Votre mari se défendra du roi comme il pourra. Si vous le secondez, tant mieux pour lui; s'il vous abandonne, cela le regarde.

— Oh ! monsieur, dit Gabrielle en s'approchant les mains jointes de son père, qui arpentait la chambre à grands pas, aurez-vous cette cruauté de sacrifier votre fille..... Me marier!... mais je n'aime personne...

— Si vous n'aimez personne, il vous sera indifférent de vous marier.

— Voilà votre morale...

— Chacun pour soi ; je sacrifie tout à mon honneur.

— Ayez pitié de votre enfant.

— C'est parce que j'en ai pitié que je la marie.

— Vous me réduirez au désespoir.

— Votre désespoir me fera moins souffrir que votre honte.

— J'en mourrai.

— Mieux vaut que vous mouriez de cette douleur que de mourir de ma main, ce qui fût arrivé si je vous eusse convaincue d'ignominie.

Gabrielle se redressa, blessée.

— Un père romain,... dit-elle ; c'est beau. Mais la fille est française.

— Elle se vengera à la française, n'est-ce pas ?

— Elle se vengera comme elle pourra.

— Cela regarde votre mari, mademoiselle.

— Le mari sera-t-il aussi romain ?

— Non, il est Picard. Il ne vaut pas un roi, mais c'est un seigneur de mérite. Il ne vous plaira peut-être pas, mais il me convient.

— Il s'appelle ?

— Il s'appelle de Liancourt, seigneur d'Armeval, gouverneur de Chauny.

Gabrielle poussa un cri d'épouvante. La délicatesse de la femme se révoltait.

— Il est bossu, monsieur, dit-elle.

— Il se redressera à votre bras.

— Il a les jambes de travers.

— Et vous l'esprit.

— Les enfans le suivent quand il marche.

— Il ira à cheval.

— Monsieur, c'est un crime, c'est une atrocité... Il est veuf et a onze enfans.

— Autant que de mille pistoles de revenu.

Gabrielle, indignée, se dirigea vers la porte de la chambre voisine.

— Ce n'est plus mon père le gentilhomme qui parle, dit-elle avec un dédain superbe, c'est Zamet le prêteur et le financier. Je pouvais discuter avec M. d'Estrées au sujet du roi de France, mais je n'ai rien à dire à Zamet sur les pistoles et les turpitudes de M. de Liancourt.

En achevant ces paroles, elle poussa la porte, et entra toute pâle chez elle.

— Soit, dit le père en la suivant, révoltez-vous, mais vous obéirez ! et dès ce soir vous recevrez la visite de M. de Liancourt.

— Vous me mépriseriez vous-même, si j'obéissais, dit-elle.

— Pas de bruit, pas de scandale ici, ajouta M. d'Estrées un peu inquiet — car Gabrielle avait élevé la voix, et quelques éclats de cette scène avaient pu franchir les limites du parterre attenant au bâtiment neuf. Commencez par fermer les fenêtres.

— Bien, faites-les mûrer, dit Gabrielle.

M. d'Estrées grinça des dents, Gabrielle continua :

— Si l'on demandait à dom Modeste une place pour moi dans l'in-pace du couvent!

Et après cette surexcitation qui avait brisé ses nerfs, la pauvre Gabrielle s'assit, toute pantelante et ruisselant de larmes.

Gratienne s'élança, la prit dans ses bras, et la couvrit de ses baisers en grommelant mille malédictions contre le tyran qui faisait mourir sa chère maîtresse.

M. d'Estrées, après s'être rongé les doigts et avoir mis ses manchettes en pièces, sortit furieux contre sa fille et plus encore contre lui-même.

— Allons, dit-il, voilà que tout le monde se met aux fenêtres—il ne me manquait plus que cela... du scandale dans un couvent où l'on me reçoit par faveur!

Plusieurs fenêtres s'étaient ouvertes, en effet, soit dans les chambres des religieux, donnant sur les jardins, soit dans le corridor, où l'on vit apparaître çà et là une figure de genovéfain curieux.

Mais ce qui contraria le plus M. d'Estrées, ce fut d'apercevoir en compagnie d'un jeune homme à l'une des fenêtres du premier étage, la sévère et longue silhouette du frère Robert, dont on devinait sous le capuchon le regard inquisiteur.

Le père féroce rougit, se sentit mal à l'aise et s'enfonça dans le taillis qui avoisinait le bâtiment neuf, pour cacher sa confusion et dévorer en paix sa mauvaise humeur.

Ce jeune homme qui regardait de loin avec Robert, c'était Pontis, distrait des soins qu'il prodiguait à Espérance par l'éclat des voix qui se querellaient dans le bâtiment neuf.

Frère Robert fit son profit de cet incident, et questionné par le garde, lui répondit quelques banalités avec la plus parfaite indifférence. Puis il sortit de la chambre.

Pontis fut questionné à son tour par Espérance.

— Qu'y a-t-il là-bas, demanda le blessé, et qu'as-tu été voir avec le frère à la fenêtre?

— Rien, des femmes qui se disputent.

— Il y a donc des femmes en ce couvent? dit Espérance.

— Malheureusement oui. A ce qu'il paraît il faut qu'on en trouve partout.

— Et elles se disputent ?

— Est-ce que cela ne dispute pas toujours. Quelle espèce !

Espérance sourit tristement.

— Vous êtes payé pour en penser du bien, des femmes, ajouta Pontis. Hein ! comme vous allez les aimer !

— Le fait est que je m'y sens peu de penchant

— Sambioux ! rien que la vue, rien que l'idée d'une femme me met en fureur.

Pontis ferma violemment la fenêtre.

— Pourquoi me prives-tu d'air et de soleil ? dit Espérance.

— Tiens, c'est vrai. Eh bien, c'est encore la faute de ces enragées créatures.

— Là ! là ! ne crie pas si haut ; tu me fais mal à la tête, elle est vide, ma tête, vois-tu, puisque par crainte de la fièvre, mes chirurgiens me refusent à manger.

— Ils ont raison. Fuyons la fièvre comme nous fuirions une femme. La fièvre est femme ! Sambioux ! dit Pontis en approchant sa chaise du chevet d'Espérance, causons des crimes de la femme ; j'en sais quelques abominables scélératesses que je vais vous raconter pour vous entretenir dans de bonnes dispositions. Allons ! allons ! vous riez, c'est bon signe !

C'était bon signe en effet, Henri avait pronostiqué juste. Espérance n'avait aucune envie de mourir, et il vécut. Les soins combinés du frère chirurgien et du frère parleur éloignèrent de lui la fièvre, et à mesure que celle-ci fuyait, la faim arrivait à grands pas. Les élixirs de l'infirmerie que prodiguait Robert et les blancs de poulet que Pontis allait voler à la cuisine rétablirent peu à peu la poitrine et restaurèrent l'estomac. La flamme revint dans les yeux, une vapeur rosée remonta sur les pommettes jaunes.

A quelques jours de là Crillon reparut chez les Genovéfains. Il raconta de la part du roi au frère Robert l'enthousiasme des catholiques qui gardaient Henri et faisaient tendre la cathédrale de Saint-Denis. Il raconta la rage des huguenots qui rôdaient toujours autour de leur proie, et la fureur de Mme de Montpensier dont le premier coup avait échoué.

Puis il alla vers son malade qu'il trouva en voie de guérison.

— Grâce aux bons soins de Pontis et des frères Genovéfains, dit Espérance, grâce à l'intérêt dont m'honore M. le chevalier de Crillon— cela seul suffirait pour ressusciter un mort!

Crillon était pressé, il combla d'amitiés le

blessé, remercia militairement Pontis et leur dit à tous deux.

— Dépêchons-nous de guérir ; il faut être sur pied bientôt pour une belle occasion. Entre nous, et bien bas, il s'agit d'aider Sa Majesté à entrer dans Paris ! Chut !... Rétablissez-vous bien vite, Espérance, car vous priveriez ce garçon qui vous veille, de l'honneur du premier assaut que je réclame ce jour-là pour mes gardes. Ce sera un grand spectacle, Espérance, et je veux que vous en jouissiez. Je veux que vous voyiez Crillon, l'épée à la main sur une brèche! Chacun dit que c'est beau à voir.— Rétablissez-vous !

Le cœur du vieux soldat palpitait d'orgueil à l'idée d'un nouveau triomphe qu'il remporterait devant le fils de la Vénitienne.

Pontis, en songeant à cette prise de Paris, bondissait comme un jeune lion.

— Oui, dit-il, oui ; rétablissez-vous bien vite, monsieur Espérance.

— Ah çà, dit Crillon au blessé, vous êtes toujours content de ce drôle ?

Espérance prit la main de Pontis en souriant.

— Il ne crie pas ? il ne boit pas ? il est sage comme une fille ?

— Sambioux ! s'écria Pontis, si j'étais sage comme de certaines filles, ce serait joli !

Espérance lui ferma la bouche d'un regard que surprit Crillon.

— Mes coquins s'entendent à ce qu'il paraît, se dit-il ; nous allons bien voir....

— Allons, allons, s'écria-t-il d'un air dégagé ; tout va bien. Adieu, Espérance; à bientôt. Venez, Pontis, me tenir l'étrier. J'ai bien ici la Varenne, qui m'a accompagné au couvent par ordre du roi, mais le porte-poulets de Sa Majesté est sans doute occupé quelque part... Venez.

Pontis suivit Crillon l'oreille basse ; il se doutait bien du motif qui poussait le chevalier à le mener à l'écart. Dès qu'ils furent au fond du corridor, dans un endroit bien désert :

— Et ma commission ? dit Crillon.

— Quelle commission, monsieur?

— Ce billet, que je t'avais chargé de prendre...

— Ah ! oui, dans les habits de M. Espérance. Eh bien, monsieur, je n'en ai pas trouvé...

— Tu mens ! dit Crillon.

— Je vous assure, monsieur...

— Tu mens !

— Enfin, monsieur, il se peut qu'en chemin ce billet ait été perdu.

— Je te dis que tu es un menteur et un maraud ! tu as été conter à Espérance ce que je t'avais ordonné de lui taire. Le généreux Espérance t'a fait promettre de me dépister comme un vieux limier....

— Mais, monsieur...

— Assez !... je n'aime pas les gens qui me bravent ou qui me trahissent.

— Trahir, monsieur le chevalier, moi !

— Sans doute, puisque tu as révélé ce que je t'avais confié —tu me devais deux fois obéissance, comme à ton colonel, comme à ton protecteur... tu me devais la vie si je l'eusse demandée, et je te croyais assez brave homme pour payer ta dette à l'occasion.

— Ah ! monsieur, épargnez-moi.

— Si nous étions au camp, dit Crillon, s'animant par degrés et tortillant sa moustache, je te ferais arquebuser... Ici, de gentilhomme à gentilhomme, je te blâme... de maître à serviteur, je te chasse ! Ramasse tes hardes, si tu en as, et sors !...

— Oh ! monsieur de Crillon, dit Pontis pâle et décontenancé, ayez pitié d'un pauvre garçon sans défense!

— Je le veux bien... Donne moi ce billet.

Pontis baissa la tête.

— Donne... ou non seulement tu perdras le poste de confiance que je t'avais fixé ici, mais tu perdras encore ta pique de garde... Je suis ton colonel et je te casse ! Tu n'es plus au service du roi !

Pontis s'inclina humblement, les traits bouleversés par le désespoir.

— Le billet ? demanda encore une fois Crillon.

Pontis se tut.

— Monsieur de Pontis, ajouta Crillon furieux de cette résistance, je vous donne huit jours pour avoir regagné votre province. Je vous donne cinq minutes pour avoir quitté le couvent !

Les larmes débordèrent des yeux du jeune homme, et il put à peine murmurer ces mots :

— Permettez au moins que j'embrasse M. Espérance pour la dernière fois.

Crillon ne répondit pas.

— Une seule minute et je reviens, ajouta Pontis, en se dirigeant vers la chambre du blessé.

Il entra le cœur gonflé, se pencha sur le lit de son ami.

— Qu'as-tu donc? s'écria Espérance.

— Rien... rien... dit Pontis, d'une voix entrecoupée. Reprenez votre billet, reprenez-le vite... cachez-le bien.

— Pourquoi? demanda Espérance en se soulevant.

— M. de Crillon me chasse, s'écria Pontis, éclatant comme un enfant en soupirs et en sanglots.

Espérance poussa un cri et serra Pontis entre ses deux mains tremblantes.

— Eh non! animal, dit tout à coup le chevalier, qui apparut en poussant la porte d'un coup de poing; non, je ne te chasse pas. Reste... tu es un honnête garçon. Voilà-t-il pas qu'ils pleurent tous les deux, les imbéciles... Gardez vos petits papiers, puisque cela vous convient. Harnibieu! que ces garçons là sont bêtes!

Et il s'enfuit à grands pas, honteux de sentir lui-même une vapeur humide au bord de ses paupières. Après qu'Espérance eut tout fait raconter à Pontis, les deux amis demeurèrent longtemps embrassés.

— Oui, je me rétablirai vite, dit Espérance — pour bien t'aimer d'abord — pour assister au siége ensuite.

— Et pour nous venger des femmes! dit Pontis.

XXIV.

Le seigneur Nicolas.

Le lendemain Pontis, qui était tout rêveur et tout préoccupé, demanda au frère Robert, lorsqu'il rendit sa visite à Espérance, s'il ne serait pas possible d'échanger la chambre du premier étage contre une autre au rez-de-chaussée, attendu que le blessé auquel on permettrait bientôt quelques pas dans le jardin n'aurait plus d'escalier à descendre.

Frère Robert répondit que précisément au dessous, au rez-de-chaussée, se trouvait une chambre moins belle sans doute et dont le lit n'était pas historique, mais qui offrirait à ces messieurs la facilité qu'ils désiraient.

La journée fut employée au transport d'Espérance dans cette nouvelle chambre. Le soir, Espérance venait de se remettre au lit, après quelques heures passées sur un fauteuil. C'était la première faveur de son médecin. Il était un peu las, un peu étourdi. Il avait besoin de repos, et, ni les charmes puissans de la soirée, si belle et si fraîche, ni l'attrait d'une collation préparée par Pontis ne réussissaient à le distraire des promesses d'un bon sommeil.

— Tu souperas seul, près de mon lit, dit-il à son compagnon; tu me conteras quelque bonne histoire, pendant laquelle je m'endormirai. Allons, installe-toi à table, et fais honneur au bon vin du couvent, toi qui n'a pas été blessé par M. La Ramée.

Pontis posa un doigt sur ses lèvres.

— Silence! dit-il; à présent que nous sommes au rez-de-chaussée, il faut parler bas. Non, dit-il, je ne souperai pas: merci.

Espérance le regarda, étonné.

— Je vous demanderai même, ajouta Pontis, la permission de rester à la fenêtre, et par conséquent de tenir la fenêtre ouverte. Tâchez de vous garantir du frais pour ce soir — mais il faut que la fenêtre reste ouverte.

— Je ne comprends pas, mon cher Pontis.

— Plus tard, plus tard, dit le garde.

— Ah çà, mais, s'écria Espérance en se soulevant, tu as depuis hier des allures de mystère qui m'étonnent. Hier soir, tu regardais déjà comme aujourd'hui par la fenêtre de notre ancienne chambre; tout-à-coup je t'ai vu te pencher, observer, puis faire le plongeon, puis éteindre la lampe et recommencer à guetter.

— C'est vrai, dit Pontis, agité.

— Et aujourd'hui, ton refus de souper, cette demande d'ouvrir encore...

Pontis prit la lampe qu'il cacha tout allumée dans l'alcôve d'Espérance, de façon à tenir la chambre obscure, sans se priver pour cela de lumière à l'occasion.

— Voilà que tu recommences ton manége... Il y a quelque chose, Pontis!

— Sambioux! s'il y a quelque chose, répliqua le garde à voix basse. Mais il y a des choses qui ne regardent pas les gens blessés, les gens à qui les émotions peuvent nuire.

— C'est donc bien terrible, ce qu'il y a?

— Cela peut le devenir.

— Serait-ce pour cela que tu as demandé au frère Robert de nous déménager, car le prétexte de l'escalier m'a paru un peu frivole?

— Il y a un fait, monsieur Espérance, c'est qu'au premier étage on a plus de chemin à faire qu'au rez-de-chaussée, si l'on veut tout à coup sauter dans le jardin.

— Eh! mon Dieu! sauter dans le jardin! Vite, vite, conte-moi ce dont il s'agit.

— Plus tard! après l'événement.

— Tu vois bien qu'en me tenant ainsi en haleine, tu me fais cent fois plus de mal; l'impatience est une fièvre. Tu me donnes la fièvre.

— Eh bien! voici, monsieur Espérance.

Espérance l'arrêta.

— Avant tout, nous sommes convenus que puisque je t'appelle Pontis, tu m'appellerais Espérance ; pas de monsieur.

— C'était le respect... Mais puisque vous le voulez absolument, j'en raconterai plus vite.

— Qu'y a-t-il ?

— Il y a que depuis deux jours, chaque soir, un homme se glisse dans le parterre.

— Quel homme?

— Si je le savais, je vous prie de croire que je n'aurais ni ce frisson ni cette incertitude.

— Il faut prévenir les frères...

— Ah ! bien oui, pour me faire manquer mon coup. Quelque sot !

— Quel coup ?

— L'homme apparaît là bas, tenez, au bout du petit mur. Vous saisissez bien la topographie, n'est-ce pas ?

— Parfaitement — j'ai passé aujourd'hui toute la journée derrière la fenêtre, et j'ai vu, j'ai admiré ces beaux jardins.

— Vous savez que nous avons en face le bâtiment neuf.

— Où l'on se querelle ?

— Oui, ces oiseaux méchans qu'on appelle femmes. Eh bien ! ce bâtiment est tout à fait séparé du couvent par un mur, ce mur couvert de ces beaux pêchers...

— Fort bien. Mais cependant une porte ouvre dans ce mur pour communiquer du couvent aux bâtimens neufs.

— Porte fermée du côté des habitans du pavillon. Ce ne peut-être par là que se glisse l'homme en question. Non. Il vient de droite, comme s'il entrait par le couvent.

— Mon Dieu, tu te tourmentes bien vainement. Partout où il y a des femmes, il vient des hommes. Qui dit femme, dit intrigue. Qui dit homme, dit papillon nocturne, phalène. Quelque lumière brille dans ce bâtiment neuf, ne fut-ce que dans les yeux de ces femmes, vite une phalène arrive, et s'y mire en attendant qu'elle s'y brûle.

— Oh ! je me suis fait tous ces raisonnemens-là, répondit Pontis, et avec des variantes beaucoup moins flatteuses pour les femmes. Mais, il faut bien se rendre à l'évidence. Si l'homme en question venait pour les gens du bâtiment neuf, c'est au bâtiment neuf qu'il irait, n'est-ce pas ?

— Je crois que oui.

— Eh bien ! pourquoi l'ai-je vu hier sous nos fenêtres à nous ?

— Ah ! fit Espérance.

— Regardant, marchant comme un chien d'arrêt qui sent le gibier, faisant le gros dos et choisissant les touffes de lilas ou les orangers pour s'y cacher.

— C'est bizarre.

— Vous croyez que cet homme vient pour le bâtiment neuf, et moi je crois qu'il vient pour nous.

Espérance se redressa.

— Cherchez bien, dit Pontis, si quelqu'un n'a pas intérêt à savoir ce qu'est devenu M. Espérance depuis son singulier départ d'un certain balcon caché sous les marronniers ?

— Mais, oui ; tu as raison.

— Cherchez bien si quelqu'un n'a pas un intérêt plus cher encore à finir ici ce qui a été si bien commencé là-bas ; c'est à dire, à défaire tout le bel ouvrage de nos bons Genovéfains, et à remplacer M. Espérance, le ressuscité, par un beau jeune homme tout à fait et à jamais couché dans la bière.

— Pontis ! murmura Espérance, tu n'as pas eu en ce cas une bien heureuse idée en nous logeant à la portée du bras de ce misérable.

— C'est que j'ai voulu le mettre à la portée du mien. Or voici mon idée. Si le rôdeur nocturne est, comme je le suppose, La Ramée ou un de ses complices, il reviendra, il s'embusquera au même endroit, il aura même fait quelque amélioration à son plan, afin de se rapprocher de nous. Tout à coup je lui tombe sur le dos par cette fenêtre, qui n'est qu'à trois pieds du sol. Ce sera un joli coup-d'œil, mon bon monsieur, mon cher Espérance ! un coup-d'œil qui ne vaudra pas certainement le spectacle de Crillon sur la brèche, mais tant vaut l'homme, tant vaut la terre ; du creux de votre lit vous aurez de l'agrément.

— Oh ! j'en serai, dit Espérance, avec une sombre colère.

— Vous me ferez le plaisir de rester coi, calme, et de ne pas seulement accélérer d'une pulsation les battemens de votre cœur. Je ne cours pas le moindre danger ; je n'y mettrai pas la moindre courtoisie. Quand on a affaire à un pareil assassin, on ne met pas des gants de gentilhomme. Voici la marche : boum ! je saute ; crac ! je le saisis à la gorge pour bien constater son identité ; prrrr ! je lui passe mon épée au travers du corps jusqu'à la garde. Et je ne vous demande qu'une demi-minute pour faire tout cela.

— D'ailleurs, ajouta Pontis, il faut tout prévoir. Si dans ce combat, le malheur voulait que je fusse vaincu, — c'est difficile, c'est impossible, — mais avec les lâches il faut toujours redouter quelque trahison : le pied peut me glisser ; je puis m'enferrer dans quelque couteau dont ces coquins ont toujours plein leurs poches ; en ce cas, prenez ma dague ; vous aurez toujours bien assez de force pour la tenir droite de vos deux mains comme un clou. Le bandit, après m'avoir terrassé, viendrait vous achever. Il rencontrera la pointe et terminera ses destins, comme on dit, entre vos bras. Si je respire encore, avertissez-moi par un cri, et mon dernier souffle sera un joyeux éclat de rire.

— Que d'imagination ! allait répondre Espérance.

Neuf heures sonnèrent à la chapelle du couvent.

— Chut ! dit Pontis, silence absolu d'abord ! c'est à peu près l'heure.

Pontis s'agenouilla devant la fenêtre ouverte, après avoir enveloppé Espérance dans ses rideaux et lui avoir mis le poignard dans les mains.

La nuit était magnifique. Les fenêtres du bâtiment neuf scintillaient des premiers rayons de la lune ; tout le jardin attenant au couvent était plongé dans une obscurité d'autant plus profonde.

La tête seule de Pontis dépassait l'appui de la croisée ; encore l'avait-il cachée derrière un gros vase de faïence à fleurs qui contenait des plantes grasses.

Espérance, lui aussi, passait sa tête curieuse par l'ouverture de ses rideaux, et avait allongé hors du lit son bras armé.

Pontis, comme un braconnier à l'affût, étendit derrière lui sa main droite, ce qui voulait dire à Espérance :

— Je vois quelque chose.

En effet, un homme dont les longues jambes arpentaient le sentier près du mur, dont le gros dos se courbait comme pour laisser moins de prise à la lumière du ciel, traversa le parterre et entra dans l'allée bordée d'orangers, qui longeait le bâtiment du couvent.

Il vint s'arrêter à vingt pas de la fenêtre où guettait Pontis.

On eût pu entendre craquer ses pas sur le sable.

Le cœur des deux jeunes gens battait de telle force qu'en dépit de toutes les précautions de Pontis, la santé d'Espérance ne devait pas s'en trouver meilleure.

L'homme s'accroupit derrière un oranger dont la vaste caisse le cachait tout entier — puis, après des regards multipliés qu'il adressait, tantôt devant, tantôt derrière, soit au zénith, soit au nadir, comme font les passereaux qui craignent d'être pris en flagrant délit de vol, il se rapprocha de la maison, à une distance de cinq ou six pas de la fenêtre.

Pontis, bouillant d'impatience, de colère, de toutes les passions féroces qui allument chez l'homme la soif du sang naturelle aux tigres, n'attendit pas plus longtemps. Son épée nue dans les dents, se ramassant pour prendre un élan plus nerveux, il alla sauter presque sur le dos du mystérieux visiteur, le saisit d'une main à la gorge, selon son programme, de l'autre à la ceinture, et, l'élevant en l'air, l'apporta et le jeta comme une masse dans la chambre d'Espérance. En un clin d'œil il ferma la fenêtre, et approchant ses yeux ardens du visage de l'ennemi dont sa pointe menaçait le cœur :

— Nous te tenons, brigand ! murmura-t-il.

Espérance dégagea promptement la lampe de l'alcôve, et alors s'offrit à leurs yeux un bien singulier spectacle.

— Ce n'est pas lui ! s'écria Espérance en apercevant une maigre et bizarre figure, hideuse de pâleur et d'effroi, un dos voûté, des genoux cagneux, qui s'entrechoquaient avec épouvante.

— C'est un bossu ! dit Pontis.

— Sans armes ! ajouta Espérance.

— Oui, sans armes, messieurs, sans armes et sans mauvaises intentions, articula faiblement une voix chevrotante, tandis que les jambes se redressaient, que l'homme se relevait et que les deux amis le considéraient, prêts à éclater de rire, en présence de cette cigale qu'ils trouvaient à la place de l'hydre.

Pontis mit son épée sous son bras, ajusta ses cheveux hérissés et dit à l'étranger :

— D'abord, qui êtes-vous ?

— Un honnête gentilhomme, monsieur.

— Il me semble que les honnêtes gens ne se promènent pas la nuit, en rampant dans les jardins. Vous me faites plutôt l'effet d'un voleur.

L'étranger tira de sa poche une énorme bourse dont la rotondité, la sonorité métallique firent dire à Pontis :

— Ce n'est point en effet la bourse d'un voleur ; mais cependant, vous ne méditiez pas une bonne action en rôdant ainsi sous nos fenêtres !

— Vos fenêtres, dit l'étranger... Ah ! monsieur, ce n'est pas à vos fenêtres que j'en voulais.

— Cependant, vous étiez dessous.

— Parce que, monsieur, c'est d'ici qu'on

peut le mieux guetter l'endroit où je guettais.
— Quel endroit ?
— La petite porte du bâtiment là-bas, celle qui donne dans le jardin.
— Le bâtiment neuf ? dit Espérance, se mêlant pour la première fois à l'entretien, celui où il y a des femmes ?
— Précisément, monsieur, répliqua l'étranger en adressant un salut courtois au malade, qui le lui rendit civilement.
— Quand je te disais, ajouta Espérance en regardant Pontis. Monsieur vient pour...
— Bah !... interrompit Pontis brutalement, car il lui en coûtait trop d'abandonner ainsi tout de suite ses beaux rêves de vengeance. Monsieur ne nous fera pas accroire qu'il muguettait au bâtiment neuf. Un amant, avec ce dos et ces jambes !...
— Pontis !... dit Espérance.
L'étranger fit la grimace pour essayer de bien prendre la plaisanterie et répondit :
— Ce n'est pas comme amant, monsieur, que je viens, c'est comme mari.
— Ah ! s'écrièrent les deux jeunes gens, dites-nous donc cela tout de suite.
— Vous guettez votre femme ? ajouta Pontis.
— Ma future femme.
— Une personne qui criait l'autre jour très fort contre un homme assez vieux ?
— Mon futur beau-père, le comte d'Estrées, dit l'étranger. Quant à moi, messieurs, je ne suis pas un voleur, comme vous avez pu vous en convaincre, ni un homme de mauvaises mœurs ; je m'appelle Nicolas d'Armeval de Liancour.
— Très bien ! très bien ! monsieur ; prenez donc la peine de vous asseoir, s'écria Pontis en offrant un siège à l'étranger.
— Et recevez tous nos regrets, ajouta Espérance. Nous vous avions pris pour un malfaiteur...
— Nous avions formé le projet de vous massacrer, monsieur, dit Pontis. Ce m'est une joie sensible de vous voir sain et sauf. Une seconde de plus vous étiez mort.
Nicolas d'Armeval de Liancourt se frotta en souriant les genoux et le dos.
— Vous êtes peut-être froissé ? demanda Espérance.
— Je le crains. Mais cela se passera. Il me restera, messieurs, l'éternel plaisir d'avoir fait votre connaissance.
Et il se frotta la peau de plus belle.
— M. de Pontis, dit Espérance en présentant son ami, garde de Sa Majesté, favori de M. le chevalier de Crillon.

Nicolas d'Armeval se leva pour saluer.
— Le seigneur Espérance, l'un des plus riches gentilshommes de France, dit Pontis à son tour.
— Qui regrette que sa blessure ne lui permette pas de vous saluer debout, ajouta Espérance avec sa riante et séduisante physionomie. Mais maintenant que nous vous connaissons mieux, pourrions-nous faire quelque chose qui vous fût agréable ?
Le seigneur de Liancourt se tournant vers les deux amis alternativement :
— Oui, messieurs, vous pourriez d'abord me laisser accomplir paisiblement la tâche que je m'étais imposée.
— De surveiller votre future femme ? dit Pontis. Faites, monsieur, faites, et prenez-la en faute, monsieur, je vous le souhaite de tout mon cœur.
Nicolas d'Armeval salua gracieusement.
— Mais, dit Espérance, je ne vois pas bien ce que monsieur pouvait surveiller derrière cette caisse d'oranger. Le bâtiment où loge mademoiselle sa future est très loin. De loin on voit mal.
— Messieurs, vous me paraissez de si aimables jeunes gens, dit le seigneur de Liancourt, que je me sens pour vous plein de confiance.
Il se frotta l'épaule avec une grimace de douleur.
— Nous la justifierons, dit Pontis.
— Il faut vous dire d'abord que M. d'Estrées et moi, nous désirons vivement ce mariage, mais que la future ne paraît pas aussi enchantée.
— Les jeunes filles ont parfois des caprices, dit Espérance.
— Mais savez-vous pourquoi Mlle d'Estrées me refuse ?...
Espérance et Pontis, après avoir toisé M. de Liancourt de la tête aux pieds, échangèrent un regard qui signifiait :
— Nous le devinons bien !
— Elle refuse, poursuivit le futur mari, parce qu'en ce moment quelqu'un lui fait la cour.
— Bah !
— Un très grand personnage qui lui envoie des messagers, des billets.
— Etes-vous bien sûr ?
— L'autre jour j'en ai surpris un.
— Un billet ?
— Non, un messager. Un homme trop connu, messieurs, pour qu'on ne le reconnaisse pas.
M. de Liancourt poussa un soupir.
— M. de La Varenne, dit-il.

— Le porte-poulets du roi, s'écria Pontis.
— Lui-même, dit piteusement le futur.
— Eh bien ! alors le galant serait donc...
— Chut ! dit M. de Liancourt en se tournant vers le jardin.
— Qu'y a-t-il ?...
— Pendant que nous causons, la chose que je voulais empêcher s'est faite.
— Quelle chose, cher monsieur Nicolas ? demanda Espérance.
— Mlle d'Estrées avait dit au messager : « Demain, à neuf heures et demie, ma réponse à la petite porte !
— Eh bien !
— Eh bien, j'avais projeté de m'embusquer, de surprendre La Varenne. Or, il est neuf heures et demie, la petite porte vient de se refermer et la réponse est donnée ; je suis perdu !
— Bon !... Cher monsieur, dit Pontis, vous rattraperez cela... Est-ce que vous vouliez tuer La Varenne, par hasard ?
— Non, oh ! non. Tuer un officier de Sa Majesté ! non, certes, telle n'était pas mon intention.
— Je comprends, dit Espérance, vous vouliez profiter de la surprise pour tout rompre avec votre beau-père.
— Oh ! pas davantage ! rompre avec M. d'Estrées, perdre Mlle d'Estrées ! une si charmante fille, un si beau parti !
— Alors, que vouliez-vous donc faire, demanda Pontis, voyant Espérance froncer le sourcil.
— Je voulais être sûr... bien sûr... cela m'eût servi plus tard.
Les deux jeunes gens se regardèrent.
— Ne vous affligez donc pas, répliqua Pontis, c'est comme si vous l'étiez.
— Je recommencerai mon épreuve, dit le seigneur d'Armeval, et maintenant que nous sommes amis, vous m'aiderez au besoin.
— Pour être désagréable à une femme. dit Pontis, il n'est rien que je ne fasse.
— Merci, merci, mon cher monsieur; et vous, seigneur Espérance?
— Moi, je suis blessé, je ne puis bouger de mon lit, dit Espérance d'un ton sec.
— Ainsi, je circulerai tant que je voudrai dans le jardin, la nuit, vous n'y ferez pas obstacle ?
— Pas le moins du monde, répliqua Pontis.
— Alors donc je m'en retourne pour cette fois, je serai plus heureux demain. Adieu messieurs, adieu. Bonne santé, seigneur Espérance ; gardez-moi le secret, n'est-ce pas ?

— Oh! sambioux! je le jure, dit Pontis.
— Et moi non, murmura Espérance, tandis que le garde faisait repasser obligeamment le seigneur Nicolas par la fenêtre.
Pontis rentra en se frottant les mains.
— Bonne affaire, s'écria-t-il, voilà déjà que nous nous vengeons des femmes. Et d'une !
— Viens ici, Pontis, dit Espérance, tu parles comme un croquant, comme un bélître, comme un Nicolas d'Armeval, mais non comme un gentilhomme ; assieds-toi près de moi, je vais te le prouver en deux mots.
— Tiens ! dit Pontis surpris et calmé dans ses transports.
Et il s'assit au chevet d'Espérance.

XXV.

Service d'ami.

Pontis semblait ne pas comprendre pourquoi Espérance avait interprété autrement que lui la scène précédente.
— Nous étions résolus, dit-il, à profiter de toutes les occasions pour rendre aux femmes ce qu'elles nous ont fait.
— Et d'abord, répliqua Espérance, que t'ont-elles fait, à toi, les femmes ?
— Elles m'ont tué mon ami, ou à peu près.
— Ceci est une raison ; mais toutes n'ont pas commis ce crime, et, du jour où je leur pardonnerai, force te sera bien de leur pardonner aussi.
— Ainsi vous pardonnez ! s'écria Pontis avec un grognement de colère, dites-nous cela tout de suite, et alors au lieu de garder dans notre âme cette mémoire du mal qui fait l'homme fort et respectable, nous nous mettrons à écrire des rondeaux, des triolets et des virelais en l'honneur de ces dames ; nous leur ferons des guirlandes entrelacées, nous broderons le chiffre d'Entragues avec celui de La Ramée — un couteau en sautoir — sambioux !
— Tu es ridicule, mon pauvre garçon, dit Espérance, et si tu t'en vas toujours ainsi aux extrêmes, nous ne nous rencontrerons jamais. Oui, je hais les femmes, oui, j'en suis las, oui, je me vengerai lorsque l'occasion se présentera, mais la bonne occasion, entends-tu ? Et pour réparer le dommage que l'une d'elles a fait à ma peau, je n'irai pas endommager mon honneur, ma conscience. D'ailleurs, apprends une chose, si tu ne la sais pas, un gentilhomme se laisse

battre par les femmes, mais il ne bat que les hommes.

— Ah ! grommela Pontis, voilà une théorie que ces dames mettront à la mode si vous la produisez. L'impunité ! Très bien !

— Qui te parle d'impunité ? Impunie la femme qu'on méprise ? Oh ! tu verras si celle dont nous parlons ne se trouve pas cruellement punie....

— Si elle a fait ce qu'elle a fait, c'est qu'elle ne vous aimait pas. Admettez-vous ?

— Soit. Eh bien ?

— Eh bien, si elle ne vous aime pas, que lui importe que vous la méprisiez ?

Espérance frappa doucement sur l'épaule de Pontis.

— Gageons, dit-il, que dans ta province tu n'as connu que des chambrières ?

Pontis fit le gros dos.

— Des couturières, allons, ajouta Espérance, je veux bien faire cette concession à ton juste orgueil. Mon cher, il en est de certaines femmes comme de certains chevaux. Pour punir ceux-ci, tu prends ton plus gros fouet, ton plus lourd bâton, un nerf de bœuf ; — mais cette bonne jument que j'avais, qu'on m'a volée là-bas, sans doute, essaie de la battre !... Je n'avais, pour la mettre au désespoir, qu'à dire : Voilà une bête paresseuse, je la vendrai. — Diane eût fait alors le tour du monde. C'est qu'elle est de race noble et qu'elle sent l'outrage. Proportionne donc toujours la peine à la créature.

— Belle créature que celle d'Ormesson.

— Il a été dit, mon maître, qu'on n'en parlerait jamais, reprit Espérance avec une sorte de hauteur qui témoignait chez lui d'un vif déplaisir. Ainsi, plus un mot. Parlons de la dame qui habite le bâtiment neuf, et à laquelle ton bossu tend des pièges nocturnes, ce qui est laid et indigne d'un homme. Je n'ai jamais aimé l'affût, même à la chasse. Il me faut la lutte. Je veux que mon ennemi, fût-ce un sanglier, me voie en face et choisisse parmi ses chances de salut ou de défense celle qui lui paraît la meilleure. Ici, la bête est inoffensive. Le chasseur est un petit monstre dont l'âme, j'en ai peur, est difforme comme l'échine. Mais, la partie est inégale entre ces deux adversaires. Rétablissons l'égalité.

Pontis allait s'écrier, gesticuler, Espérance lui saisit les bras.

— Je sais ce que tu vas dire, je vois les mots s'arranger sur tes lèvres : Ce brave bossu est sur le point d'épouser une femme, et on le trompe.

— Précisément.

— Mais triple Pontis que tu es, il veut épouser de force, puisque la future ne veut pas de lui.

— Elle a un amant.

— Raison de plus pour qu'elle refuse ce bossu.

— Elle le refuse par vanité, par ambition, car, entre nous et bien bas, le roi n'est pas un beau seigneur : il a le nez prodigieux, les jambes sèches, le cuir basané ; il est gris de poil comme un hérisson. Toujours à cheval et suant sous le harnais, c'est un étrange mignon de couchette. Il a quarante ans...

— Je donnerais cent écus pour que M. de Crillon fût caché dans un coin, s'écria Espérance, il t'écorcherait vif, et tu l'aurais bien mérité, petit Iscariote qui trahis ton maître.

— Oh ! dit Pontis confus et effrayé, bien que le ton d'Espérance n'eût pas annoncé la colère, ce n'est point trahison, c'estraillerie ; — mon cœur est bon, si ma langue est mauvaise.

La boiserie craqua comme un fugitif éclat de rire.

Pontis, effaré, fit un bond dans la chambre. Espérance, égayé par cette terreur, eut toutes les peines du monde à empêcher le garde d'aller sonder tous les coins et recoins.

— Cela t'apprendra, dit-il, à proférer des blasphèmes qui révoltent jusqu'aux murailles. Chaque fois qu'on dit du mal d'une femme ou d'un roi, il y a là une oreille pour entendre. Tu disais du mal de cette demoiselle du bâtiment neuf, et elle t'a peut-être entendu.

— Impossible, dit Pontis avec une crainte naïve. C'est plutôt du roi que j'aurais dit certaines choses qui ne sont pas du tout l'expression de ma pensée.

— A la bonne heure ! s'écria Espérance en riant aux larmes. Rassure-toi, je vais te fournir l'occasion de réparer tout cela. Demain matin, tu vas aller au bâtiment neuf.

Pontis ouvrit de grands yeux.

— Tu demanderas à parler à Mlle d'Estrées. Tu es un garçon d'esprit, tous les gens de ton pays sont orateurs. Tu raconteras à la demoiselle purement et simplement la scène de ce soir. Tu ne nommeras pas M. Nicolas de Liancourt. Tu ne diras pas non plus qu'il est bossu. Tu ne feras aucune allusion à Fouquet La Varenne, ni par conséquent à celui qui l'envoie.

— Mais alors, que dirai-je, s'écria Pontis, si vous me défendez tout ?

— Tu ne peux nommer M. de Liancourt, parce qu'il est incivil de paraître savoir à fond les affaires d'une demoiselle qui va se marier. Tu ne diras point qu'il est bossu, parce que si elle l'épouse, c'est qu'elle ne s'en est pas aperçue jusqu'à présent. Quant à La Varenne et au roi, si tu en parles, c'est que décidément tu ne tiens pas à ce que ta tête reste sur tes épaules.

— Eh bien! alors, monsieur Espérance, interrompit Pontis piqué, dictez-moi ce qu'il faudra dire.

— Voici : Mademoiselle, j'habite dans ce couvent une chambre avec un gentilhomme, mon ami ; nous avons remarqué que chaque jour un homme vient observer ce que vous faites, et que son attention se dirige particulièrement sur cette porte de communication. (Tu lui désigneras la porte.) Cet homme est petit, il a le dos un peu voûté, et il fait sa ronde à neuf heures et demie précises. J'ai pensé que ces renseignemens pourraient vous être de quelque utilité. Veuillez les prendre en bonne part, et me croire, mademoiselle, votre bien respectueux serviteur. — Là dessus, tu feras la révérence et t'en reviendras.

— Respectueux ! murmura Pontis... respectueux pour la future de M. Nicolas!... J'aime mieux les laisser démêler leur écheveau de fil !

— Respectueux cent fois, mille fois, un million de fois pour la femme que ton prince honore de son amitié. Ne vois-tu pas, malheureux, combien d'affreuses catastrophes sont suspendues à ton silence? Si le roi vient ou ce couvent! si on le guette !... si le bossu, qui t'a paru un niais et à moi aussi, est un traître ; si sous couleur de punir un rival, l'esprit religieux, l'esprit politique, ces furies altérées de sang, armaient le bras d'un assassin... Pontis !... tu n'as donc ni cœur ni intelligence !... Tu n'aimes donc et ne devines donc rien !... Je voudrais avoir deux jambes capables de me porter, je voudrais qu'il fût jour, je donnerais la moitié de ma vie pour que ces mots que je t'ai dictés fussent déjà parvenus à l'oreille de cette demoiselle.

— Sambioux ! s'écria Pontis, voilà qui est vrai ! Le roi...

— Eh bien! puisque tu es convaincu, observe qu'on gagne toujours quelque chose à ne pas accabler les femmes. Souhaite-moi le bonsoir et dormons vite afin que demain tu sois plus tôt debout pour faire ta commission.

— Dès que l'aurore sera levée, dit Pontis.

— Non pas l'aurore, mais la demoiselle, répondit Espérance qui s'endormit bientôt d'un doux sommeil.

Et la nature réparatrice avait prolongé ce sommeil jusqu'à neuf heures du matin, et le blessé ouvrait des yeux brillans et tout chantait autour de lui, oiseaux, zéphirs et cascades, lorsqu'il aperçut Pontis, le coude sur son genou, le menton sur son coude, près de la fenêtre, sur laquelle les orangers versaient la neige odorante de leurs pétales trop mûrs.

Espérance avait le teint si reposé, si uni, un coloris incarnat vivifiait si heureusement sa poétique physionomie, que Pontis s'écria en le voyant :

— Lequel de nous deux a été blessé, mon maître ?

— J'ai faim, dit Espérance, j'ai soif, j'ai envie de me promener, je chanterais volontiers avec les bouvreuils et avec l'alouette. Mon âme est légère et nage dans ce beau ciel bleu.

Pontis ouvrit la porte par laquelle deux religieux apportèrent la petite table garnie du déjeuner de malade qu'on permettait à Espérance.

Celui-ci dévorait, avec le regret de ne pas faire plus pour son estomac irrité, lorsque le frère parleur entra, regarda silencieusement son blessé, et tirant de sa manche un flacon assez long et assez rond pour charmer l'œil d'un convalescent, fit signe à l'un des frères servans de lui donner un verre.

Le verre était d'un cristal mince et gravé. Svelte, s'évasant comme une campanule, il reposait sur un pied tordu en délicate spirale. Déjà le soleil en dorait les facettes et y allumait ses feux prismatiques, lorsque le frère parleur versa lentement dans le cristal un vin jauni, velouté, qui changea l'opale en rubis, et embrasa de ses reflets les lèvres d'Espérance, à qui on présenta le verre.

Les yeux de Pontis brillèrent comme des escarboucles, mais le frère parleur reboucha soigneusement son flacon, le remit dans sa manche, et sortit après avoir admiré l'effet de son vieux vin de Bourgogne sur les joues du convalescent.

— Je ferais bien un marché avec le frère parleur, dit Pontis: un verre de mon sang pour un verre de ce généreux nectar!

— Le vin est plus vieux que votre sang, mon frère, répondit un des religieux en souriant de voir le garde promener sa langue sur ses lèvres.

— Et s'il est aussi rare que les paroles du

frère parleur, ajouta Pontis, je n'ai pas de chance d'y goûter jamais. Quelle singulière idée a-t-on eue, dans le couvent, d'appeler parleur un homme qui n'ouvre jamais la bouche !

Les religieuses desservirent, et nos deux amis restèrent seuls.

— Et bien ! s'écria Espérance tout aussitôt, qu'en penses-tu ?

— Je pense que ce doit être du Pomard, dit Pontis.

— Je te parle de la future... Qu'a-t-elle dit ?

— Ah ! oui.... Eh bien elle n'a rien dit. Je suis arrivé juste au moment où elle se querellait avec son père. Il paraît que c'est leur habitude. En sorte que je n'ai vu qu'une camériste.

— Jolie ?

— Ah ! très jolie, la misérable, répondit Pontis. Il est à remarquer que beaucoup trop de femmes sont jolies, c'est l'appât que le diable nous présente.

— Nécessairement. Et cette camériste ?

— M'a caché aux premiers mots que je lui ai dits. Ces rusées sont tellement habituées aux intrigues ! Elle m'a fourré tout de suite sous un escalier pour causer plus à l'aise; et quand j'ai eu annoncé de quelle part je venais... Figurez-vous qu'elles nous connaissent.

— Nous ?

— Est-ce que les femmes ne savent pas tout. Ah ! s'est écrié la jolie scélérate... c'est de la part du blessé. Très bien !... Et vous dites que l'affaire est grave — des plus graves. Un homme rôde, vous observez... il y a piége... Enfin je lui ai fait une peur si épouvantable qu'elle a répondu : en ce moment et pour toute la journée impossible de causer avec mademoiselle, son père la garde, mais tantôt, à la brune, vers neuf heures, neuf heures et demie — c'est leur heure à ce qu'il paraît.

— Tu pourras y retourner ?

— Inutile — on viendra.

— Comment, on viendra ? la camériste ?

— Il ne manquerait plus que ce fût la maîtresse... Au fait, je n'en répondrais pas.

— Tu es fou !

— A neuf heures et demie, on s'approchera de la fenêtre ; il fera nuit : on entendra ce que tu as à dire, et voilà ma commission faite.

Espérance baissa la tête.

— Tu trouves cela bien aimable, n'est-ce pas ? dit Pontis ironiquement. — Ces demoiselles qui se dérangent pour que nous ne nous dérangions pas !

— Je trouve cela très aimable et très prudent, dit Espérance d'un ton sec. Cette demoiselle sait que je suis blessé, que je ne puis me remuer... Et puis elle ne veut pas qu'une lettre indiscrète promène ainsi la confidence... Eh mais ! s'écria-t-il tout à coup, je ne sais vraiment pourquoi je m'évertue à défendre cette demoiselle. Elle n'en a pas besoin. Qui t'a donné rendez-vous ? Est-ce elle ? Si tu trouves la démarche inconsidérée, à qui la faute ? N'est-ce pas la suivante qui t'a parlé ? Cette invention est de la camériste... N'est-ce pas la camériste qui viendra ? Quelle nature sévère, bon Dieu !

— Voilà que j'ai tort, murmura Pontis ; allons j'ai tort.

Ils passèrent la journée à essayer les forces d'Espérance, soit dans la chambre, soit devant la maison, sous les orangers en fleurs. L'expérience fut heureuse. S'asseyant à chaque instant, humant l'air à longs traits, donnant quelques minutes au sommeil quand les forces s'épuisaient trop vite, ils atteignirent ainsi la soirée. Le mal de tête inséparable des premiers efforts du convalescent avait à peu près disparu. Espérance se sentit assez frais et robuste pour s'étendre sur deux chaises devant la fenêtre, au lieu de reprendre le lit.

Quand l'obscurité fut assez profonde pour que tous les détails se fussent éteints, soit dans le parterre soit dans les bâtiments, les deux amis attendirent paisiblement auprès de leur lampe, sur laquelle venaient tourbillonner les mouches de nuit et les papillons roux.

Il leur sembla entendre un pas léger dans l'allée voisine ; ce pas s'approcha rapidement, et Pontis dit tout bas à Espérance :

— La voici.

Gratienne accourait en effet, se glissant derrière les arbustes. Elle arriva devant la fenêtre et dit d'une voix presque fâchée :

— Mais, si vous avez de la lumière, mademoiselle ne pourra pas approcher.

— Mademoiselle ! s'écria Pontis... Elle est donc là ?

— Tenez... entre ces deux caisses.

Espérance aperçut une ombre. D'un revers de main il aplatit la lampe. Gratienne retourna vers sa maîtresse.

— Eh bien ! quand je le disais, murmura Pontis, les femmes sont des serpens.

— Et vous, Pontis, un imbécile, répliqua Espérance, qui se releva sur ses coussins.

Les deux femmes s'arrêtèrent devant la fenêtre. L'une, plus près, c'était Gratienne; l'autre, à moitié cachée par sa compagne, sur l'épaule de laquelle elle s'appuyait.

— Allons, dit Espérance à Pontis immobile, offre un siége.

Pontis enleva une chaise qu'il fit passer par-dessus l'appui de la croisée, et qu'il déposa devant la tremblante visiteuse.

— Veille, Gratienne, dit celle-ci.

Gratienne s'avança avec précaution dans le jardin.

— Veille, Pontis, dit Espérance, au garde qui, enjambant la fenêtre, rejoignit la jeune camériste à quelque distance du bâtiment, et on eût pu les voir tous deux, pareils à deux statues, se dessiner en noir sur le fond gris de l'horizon.

Espérance, voyant que Gabrielle n'avait pas encore osé s'approcher:

— Mademoiselle, dit-il, veuillez vous asseoir, on vous verra moins que si vous demeuriez debout. Je vous prie de m'excuser si je ne vais à vous; mais le froid du soir est mauvais pour les blessures, et je reste bien à regret dans la chambre.

L'ombre était si épaisse, que le jeune homme ne put rien distinguer sous la mante dont Gabrielle enveloppait sa tête.

— Ah! monsieur, murmura une si douce voix qu'elle pénétra jusqu'au cœur d'Espérance, c'est donc vous qui voulez m'avertir d'un danger? Vous vous intéressez donc à une pauvre jeune fille sans défense?... — Votre secours imprévu m'a donné bien du courage... — Il peut me sauver... le voulez-vous, monsieur?...

— Oui, mademoiselle; mais je vous prie, asseyez-vous.

— M'asseoir!... oh! je ne sais pas même si j'aurai le temps d'achever ce que je voulais vous dire! Vous trouvez ma démarche bien hardie, n'est-ce pas? Si vous saviez combien je suis malheureuse!

Espérance se rapprocha d'elle attendri par ces accens qui n'avaient rien d'humain.

— Je devine, dit-il.

— Oh! non, vous ne pouvez deviner... Mon Dieu! qui vient là? n'est-ce pas mon père?

— Non, ce n'est personne; ne craignez rien, nos gardiens veillent!

— C'est que mon père vient de me quitter seulement pour quelques minutes. Il est allé voir sur la route si ces détachemens de huguenots occupent toujours les environs... et il pourrait revenir à l'improviste. Voyons, que je rassemble mes idées.

Gabrielle cacha son visage dans ses mains. Espérance eût donné beaucoup pour voir si les traits étaient aussi doux que la voix.

— Je voulais vous instruire, dit-il, de l'espionnage qu'une certaine personne dirige contre vous.

Et en peu de mots il conta ce qu'il savait à Gabrielle. Il énuméra les dangers qu'il avait entrevus. Elle l'interrompit.

— Oui, dit-elle avec précipitation, oui, ce sont des dangers, mais j'en cours bien d'autres encore, et de bien plus terribles. Ce mariage dont mon père m'a menacée, ce n'est plus dans quinze jours, dans huit jours que M. d'Estrées veut me l'imposer, c'est tout de suite!

Gabrielle, en prononçant ces paroles, fut prise d'un tremblement nerveux, et suffoquée par les larmes.

— Du courage! mademoiselle, s'écria Espérance, ne pleurez pas ainsi, vous me déchirez le cœur. Vous disiez tout à l'heure que mon secours pourrait vous sauver... Comment?... Quand?... Quel secours!... Parlez, ne pleurez pas.

La jeune fille s'approchant à son tour s'assit ou plutôt se pencha sur l'appui de la fenêtre, et joignant les mains:

— Promettez-moi de m'écouter favorablement, dit-elle avec véhémence, sinon je suis perdue, car tout m'abandonne et me trahit.

— Oh! mais de toute mon âme... Mais qui donc vous trahit?

— Jugez-en. Mon père m'a déclaré aujourd'hui qu'il avait tout préparé pour mon mariage. Eperdue, j'ai couru consulter mon vieil ami dom Modeste, le prieur, assisté de l'excellent frère Robert, qui a tant de fois été ma providence. Je leur ai expliqué ma triste situation. J'espérais en eux; ils ont tant de pouvoir sur l'esprit de M. d'Estrées!

— Eh bien! mademoiselle?

— Ils m'ont abandonnée! Ils m'ont déclaré qu'ils n'iraient jamais contre la volonté d'un père! J'ai eu beau prier, supplier, ils sont demeurés inflexibles. Alors, le désespoir m'a inspiré de venir vous trouver, vous, monsieur, protecteur inconnu qui ce matin m'aviez fait donner un avis par Gratienne. J'ai su que vous étes gentilhomme, que vous êtes garde du roi.

— Pas moi, mon ami, interrompit Espérance.

— N'importe, j'ai su que vous étiez ami de M. de Crillon, le plus loyal et le plus généreux chevalier qui soit au monde. Un ami de Crillon, me suis-je dit, ne laissera jamais une pauvre femme dans la douleur, dans l'embarras, et au lieu de vous envoyer Gratienne, je suis venue vous demander avec franchise un service qui peut seul me sauver. Promettez-moi de consentir...

— Si ce que vous demandez est possible.

— C'est facile. Toutefois il faudrait bien du secret et de la diligence. Je n'ai qu'un seul ami, mais c'est un ami puissant. Il est absent et ignore à quelle extrémité je suis réduite. S'il le savait, il accourrait ou m'enverrait délivrer... Il peut tout, lui !...

— Ah !... le roi? dit Espérance, avec une légère nuance de froideur qui n'échappa point à Gabrielle.

— Oui, monsieur; le roi, dit-elle en baissant la tête.

— Je croyais qu'hier M. de la Varenne était venu en ce couvent. N'a-t-il point apporté des nouvelles de Sa Majesté ?

— Hier, balbutia Gabrielle, il n'était pas question de précipiter ainsi ce mariage. Et d'ailleurs, M. de la Varenne ne reviendra plus ici avant que le roi n'y vienne lui-même. Quand sera-ce ?... Le roi est tout entier aux préparatifs de son abjuration... Si j'allais être mariée pendant son absence !... pauvre prince!

Espérance étouffa un soupir.

— Que ne résistez-vous? dit-il.

— Je l'ai tenté, mais la lutte m'a brisée. Je n'ai plus de force. On ne résiste pas à son père, quand il s'appelle M. d'Estrées... Et si le roi ne vient pas à mon aide, c'est fait de moi.

— Que faut-il faire, mademoiselle ? demanda Espérance.

— J'ai écrit à la hâte quelques lignes qu'il faudrait faire tenir à Sa Majesté sur-le-champ. Ah! monsieur, quel service !... et comme je vous bénirai toute ma vie.

— Ce sera peut-être un bien mauvais service, mademoiselle, murmura Espérance ; mais je n'ai pas le droit de vous faire part de mes observations. Vous aimez le roi.

— C'est un si grand prince ! un héros !

— Je comprends votre enthousiasme, votre amour !

— Mon admiration pour sa majesté...

— Vous n'avez pas à vous en défendre, mademoiselle. Pour moi, je partirais sur-le-champ porter au roi votre billet. Mais je suis blessé, mademoiselle, souffrant... Je ne saurais me tenir debout, à plus forte raison monter à cheval ;... mais mon ami est libre et capable de galoper à cent lieues si vous voulez lui confier le billet. Je réponds de sa discrétion, de sa promptitude.

— Oh ! comment payer jamais tant d'obligeance? Voici le billet. Je vous souhaite la santé, monsieur.

— Mademoiselle, je vous souhaite le bonheur.

On entendit aboyer des chiens du côté du bâtiment neuf ; les deux surveillans se replièrent avec précipitation comme des sentinelles sur le poste.

Les tremblantes mains de Gabrielle assurèrent par une affectueuse pression la petite lettre dans la main d'Espérance.

Déjà les deux jeunes filles s'étaient envolées comme des hirondelles et la tiède pression, au lieu de s'effacer, dégénérait en une brûlure dévorante, qui montait du bras au cœur.

— Ce billet, murmura Espérance surpris, c'est donc du feu qu'il renferme !

Il se souvint alors qu'avant de passer dans sa main le papier s'était échauffé sur le sein de Gabrielle.

Le lendemain matin Espérance s'habillait mélancoliquement, roulant mille pensées ternes dans son esprit qui lui paraissait plus malade que son corps; soudain la porte s'ouvrit et un capuchon apparut.

Il n'y avait qu'un seul capuchon au monde qui eût cet air pédant et ces balancemens majestueux. Espérance reconnut frère Robert, qui apportait le cordial accoutumé.

Celui-ci promena ses regards dans la chambre comme quelqu'un qui cherche.

— Je ne vois pas, dit-il, votre aimable compagnon, mon cher frère?

— Pontis est sorti, mon cher frère, répliqua Espérance.

— Ah ! sorti... je le regrette. Il y a ici pour faire les commissions de nos hôtes des servans et des valets... on eût épargné un dérangement à monsieur votre ami.

Espérance se tut. Il ne savait pas mentir.

— D'autant mieux, ajouta frère Robert, que M. de Pontis a dû monter à cheval. Car, en faisant ma ronde aux écuries, — c'est le jour de provision, — je n'ai plus vu son cheval... au râtelier.

Frère Robert attachait, en parlant ainsi, un regard pénétrant sur Espérance, toujours muet.

— Il paraîtrait qu'il va loin, dit le moine.

— Assez loin, cher frère.

Le moine s'assit sur la fenêtre, à l'endroit où la veille Gabrielle avait serré la main d'Espérance.

— M. de Crillon, ajouta frère Robert, lui avait bien recommandé de ne vous pas quitter. N'est-ce pas un tort que la désobéissance aux ordres de M. de Crillon?

Espérance rougit.

— Souvent, poursuivit le moine, les jeunes gens font bien des fautes, par trop peu d'esprit ou par trop de cœur. Ne va droit que qui va simplement.

Espérance fort embarrassé répliqua :

— Croyez, mon cher frère, que Pontis ira toujours droit.

— Tout dépend du chemin, dit frère Robert.

Espérance tressaillit.

— Vous savez tout? demanda Espérance, à qui le secret pesait, et qui eût voulu en être soulagé.

— Je ne sais absolument rien, dit froidement le moine, sinon que M. Pontis est parti à cheval, mais je conjecture que pour vous avoir abandonné ainsi, il devait avoir de sérieux motifs.

— Très sérieux !

— Tant pis ! répéta le moine, mauvais ouvrage !

— Jugez-en, cher frère, dit Espérance, heureux de se dégager d'une part de responsabilité, plus heureux encore de ne pas mentir : deux gens de cœur pouvaient-ils voir de sangfroid les injustices qui se commettent ici ?

— Il se commet des injustices? demanda frère Robert avec candeur.

— Vous y êtes bien pour quelque chose, vous qui les avez sinon conseillées, du moins interprétées; vous qui pouviez sauver cette jeune fille et qui la laissez sacrifier.

— Je ne comprends pas un mot, mon cher frère...

— Au malheur de Mlle d'Estrées? A la violence qu'on lui fait?

— J'ignorais que vous connussiez cette demoiselle, dit le moine avec un regard qui fit rougir Espérance.

— Je la connais maintenant.

— Et vous blâmez son père?

— Moins encore que son futur mari. Se faire l'instrument avec lequel un père torture sa fille, c'est odieux !

— Un remède qui sauve n'est jamais trop amer.

— Soit ; mais un mari est quelquefois trop bossu.

Frère Robert prit un air béat et répondit :

— Voilà des distinctions trop mondaines pour de pauvres moines comme nous, dont le devoir est de ne pas prendre parti dans les affaires d'autrui.

— Heureusement, s'écria Espérance, que je ne pense pas comme vous.

Frère Robert leva la tête comme s'il avait mal entendu.

— A l'heure qu'il est, continua Espérance, bien des choses que vous avez nouées se dénouent, et je vous en fais l'aveu sans remords, persuadé qu'au fond du cœur vous m'approuvez, car vous êtes un digne religieux, humain, charitable, spirituel, et votre capuchon ne sait qu'à moitié votre pensée sur nos faiblesses mondaines. Cependant, dussiez-vous me blâmer, je répondrai que je ne suis pas moine, que j'ai eu compassion d'une pauvre jeune fille sacrifiée, et que j'ai fait un petit complot contre son futur mari.

— Un complot?...

— A l'heure qu'il est, Pontis a prévenu quelqu'un... quelqu'un de très puissant, qui prend ses mesures.

— Il faudra qu'elles soient promptes, dit laconiquement frère Robert.

— Elles le seront... et décisives aussi. Ce soir vous l'avouerez..

— N'avez-vous besoin de rien ce matin, mon cher frère; pour remplacer près de vous votre compagnon, vous faut-il de la société?

— Merci, dit Espérance, qui devina le désir du moine et laissa tomber la conversation.

Tout à coup on heurta la porte et une voix aigrelette cria du dehors:

— Cher frère Robert, êtes-vous là?

— Entrez, dit Espérance.

Le seigneur Nicolas d'Armeval entra, tout sautillant, tout effarouché.

— Ah ! je vous trouve enfin, cher frère, dit-il au moine ; j'ai couru depuis une demi-heure... ce que j'ai à vous dire était si grave.... Non, ne sortons pas.... Bonjour, monsieur Espérance, comment va, ce matin ?... Très bien ! j'en suis charmé... Et votre ami aussi?... Allons, c'est à merveille... Non, cher frère Robert, ne sortons pas pour causer, nous ne saurions avoir de plus aimable compagnie que celle de monsieur... monsieur est de mes amis... Il faut donc vous dire, mon très cher frère, que nous avons découvert un complot... Quand je dis nous, c'est M. d'Estrées... ce n'est pas même M. d'Estrées, c'est un ami anonyme qui lui a fait donner avis... je soupçonne ce cher prieur... un avis de la plus haute importance... Ce doit être le révérend dom Modeste, l'homme qui sait tout et qui est pour moi une Providence !... Enfin, je vous cherchais, je vous trouve... tout est arrangé.

Ce flux de paroles et cette bruyante pantomime n'arrachèrent au moine ni un geste ni un mot. Il regarda et attendit.

— Qu'y a-t-il d'arrangé, demanda Espérance ?

— Cela se devine — nous agissons — on attaque, nous parons. Allez, cher frère Robert, donner les derniers ordres, je vous prie.

— Quels ordres, demanda le moine.

— M. d'Estrées a été de grand matin trouver le prieur ; mais dom Modeste n'était pas visible. M. d'Estrées lui a fait remettre alors l'avis mystérieux, en demandant un conseil sur la situation qui est critique. En effet, si le donneur d'avis est bien renseigné, si l'on nous enlève Mlle d'Estrées avant le mariage.....

Espérance fit un mouvement que le futur époux interpréta comme un geste de condoléance.

— Oui, monsieur, dit-il, rien que cela ! On veut nous l'enlever ! Et sans l'ami inconnu, c'était fait !

Espérance regarda le moine impassible sous son capuchon.

— Qu'a répondu le prieur ? dit Espérance dont le cœur battait.

— Deux mots seulement ; mais quels mots ! — *Avancez l'heure !* Et nous l'avançons !

Espérance se leva effrayé.

— Les brusques mouvemens sont nuisibles, dit frère Robert, en contenant le jeune homme par le simple contact de son doigt.

— Ah ! ajouta-t-il en se tournant vers le seigneur d'Armeval, nous l'avançons ?

— Et je viens au nom du prieur et au nom de M. d'Estrées vous prier de tout ordonner à cet effet.

— J'obéirai au révérend prieur, dit frère Robert. Venez, monsieur de Liancour.

— Je voudrais dire deux mots à monsieur, s'écria Espérance, en arrêtant le futur époux. Mais, je ne vous retiens pas, cher frère.

— J'attendrai que vous ayez fini, dit le moine tranquillement.

— Avez-vous aussi un avis à me donner? demanda le seigneur d'Armeval à Espérance.

— Peut-être.

— Je vous écoute.

— C'est un bon avis, en effet, ajouta Espérance, que d'engager un gentilhomme à réfléchir au moment de prendre une si dure résolution.

M. de Liancour ouvrit des yeux étonnés.

— Il y va de votre honneur, continua le jeune homme.

— N'est-ce pas, s'écria le futur, n'est-ce pas qu'il y va de mon honneur ? Figurez-vous que tous mes amis attendent la fin de cette ridicule affaire. On me sait fiancé à Mlle d'Estrées ; on peut avoir deviné les poursuites du roi. Chacun se dit en raillant, vous savez, l'épousera-t-il ? l'épousera-t-il pas? C'est fatigant. Au moins, quand ce sera fini, nous verrons.

— Vous vous méprenez sur le sens de mes paroles, dit Espérance ; il y va de votre honneur si vous épousez une femme qui refuse votre alliance.

— Oh ! par exemple ! dit le petit homme, voilà qui m'est bien égal ! C'est toujours de même avec les jeunes filles. Monsieur, ma première femme a fait les mêmes difficultés ; il a fallu la contraindre à se marier. Un mois après elle se serait jetée dans le feu pour me suivre. Allons, frère Robert, allons faire nos préparatifs.

— Je vous supplie encore une fois de réfléchir, dit Espérance, il se pourrait que vous vous fissiez des ennemis mortels...

— Nous avons des lois ! dit le petit homme avec emphase.

— Les lois ne vous sauveront pas du mépris public, dit Espérance indigné.

— Monsieur ! si vous n'étiez pas blessé... malade !... s'écria M. d'Armeval en se dressant sur ses ergots avec une pantalonnade toute gasconne.

Espérance allait s'irriter. Frère Robert intervint, arrêtant le petit homme d'un regard.

— Mon frère, dit-il au futur, vous ne comprenez point les sages paroles de M. Espérance. C'est un gentilhomme trop bien élevé pour provoquer des querelles dans une sainte maison dont il est l'hôte. Il veut vous dire seulement que si, par hasard, votre femme se vengeait plus tard, il en résulterait pour votre considération un ou plusieurs échecs...

— Très bien ! très bien ! dit le petit homme, vaincu par l'attitude calme et inoffensive que venait de prendre Espérance. Oh! plus tard comme plus tard, je réponds de la seconde madame de Liancour comme de la première. Et puisque M. Espérance n'a que de bonnes intentions pour moi, rien ne m'arrête plus pour lui dire en ami : — Venez ce soir souper avec nous à Bougival chez le beau-père où nous nous rendrons après la cérémonie. Pour ne point attirer imprudemment l'attention, nous aurons peu d'amis à l'église, beaucoup au festin de noces ; on rira, c'est moi qui en réponds, on rira et l'on narguera les envieux ! C'est convenu, monsieur Espérance, vous êtes des nôtres, vous et l'autre gentilhomme, le garde du roi ! Ah ! j'aurai à ma noce un garde du roi ! c'est piquant. Je ne le vois pas, ce gentilhomme, où est-il donc ?

— En courses, dit vivement frère Robert.

— Il n'est pas moins bien invité. Vite, cher frère, obéissons au révérend prieur, et que dans une heure tout soit terminé. Monsieur Espérance, au revoir. Ne vous fatiguez pas à venir à la chapelle. Réservez vos forces pour la soirée.

Il partit en disant ces mots. Frère Robert attacha sur Espérance un long regard, comme pour lire au fond de son âme, et il suivit le futur époux.

— J'ai fait tout ce que j'ai pu pour elle, se dit Espérance lorsqu'il fut seul. — C'est au roi de la secourir. — C'est à elle de se défendre, de gagner du temps. — Oh ! elle saura s'en tirer, — les femmes ont toujours quelque ressource.

Il n'avait pas achevé qu'un léger coup frappé sur les vitres de sa fenêtre le fit tressaillir ; il regarda, vit Gratienne qui montrait sa tête derrière une caisse d'orangers. Aussitôt il ouvrit et un petit paquet vint tomber au milieu de la chambre. Déjà Gratienne fuyait dans l'allée ombreuse, et il la perdit de vue en un moment.

Espérance ouvrit d'abord une enveloppe qui renfermait une lettre ; l'écriture heurtée, trempée de larmes, lui révéla les angoisses du cœur qui l'avait pensée, le tremblement de la main qui l'avait écrite. Il lut avidement :

« J'ai été trahie. Pour m'enlever ma dernière ressource, après une nouvelle discussion, violente et décisive, mon père me traîne à l'autel. Je fusse déjà morte si je n'avais à expliquer ma conduite à quelqu'un qui a reçu mes serments. Merci, monsieur, pour votre générosité. Remerciez votre ami qui aura pris une peine inutile. Je n'ai plus à vous demander qu'une grâce. Tout à l'heure à cette chapelle où Dieu même m'abandonnera, ne m'abandonnez pas. Que j'aie près de moi un ami dont la compassion soulage ma peine. Et comme je n'ai jamais vu votre visage, comme je veux vous connaître pour ne jamais vous oublier, tâchez de vous trouver sur mon passage dans le jardin que je vais traverser — que je vous voie assis au banc de la fontaine, mes yeux en pleurs vous diront tout ce qu'il y a de reconnaissante amitié dans mon cœur.

Au fond de l'enveloppe, Espérance trouva un bracelet sur l'agrafe duquel était écrit en petites perles le nom de Gabrielle.

— Moi non plus, pensa-t-il, je ne l'ai jamais vue, faut-il que nous nous connaissions en un si triste jour !

Déjà la cloche tintait — le jeune homme attendri se dirigea vers le lieu du rendez-vous, et s'assit rêveur sur le banc de la fontaine.

A peine avait-il laissé s'engourdir sa pensée au murmure de l'eau que des voix retentirent dans le parterre du bâtiment neuf. La porte s'ouvrit, et l'on vit s'avancer par la grande allée dont cette fontaine formait le centre, tout le cortège qui accompagnait les époux à la chapelle.

M. d'Estrées donnait la main à sa fille. Il était soucieux, inquiet. On lisait sur son visage la fatigue du combat dont il était sorti vainqueur.

Gabrielle pâle, les yeux brillans de colère et de désespoir, regardait autour d'elle, soit pour chercher un secours inattendu, un miracle du ciel, soit au moins pour trouver l'ami qu'elle avait convoqué. Elle atteignit enfin la fontaine que masquait un massif d'églantiers et de lierres.

Espérance se leva pour qu'elle le vît mieux. Mais alors il l'aperçut lui-même. Tous deux, en échangeant leurs regards, furent frappés du même coup. Jamais elle n'avait soupçonné cette beauté noble, cette expression de douleur touchante, cette grâce majestueuse de tout le corps.

Quant à lui, la femme qui resplendissait à ses yeux était au-dessus de tous les rêves d'un poète : l'ensemble parfait de cette divine créature ne s'était jamais rencontré depuis la création. Ebloui, éperdu, il fit un pas vers elle. Elle s'arrêta sous son regard, fascinée, ravie. Ses yeux désolés avaient voulu dire : Adieu ! Ils s'épanouirent pour dire : Au revoir !

M. d'Estrées emmena sa fille qui, la tête tournée, regardait toujours en arrière. Espérance, entraîné par ce regard, ne s'aperçut pas même que M. de Liancour le conduisait par les mains vers la chapelle.

Une demi-heure après, Gabrielle s'appelait Mme de Liancour. Espérance priait, la tête cachée dans ses mains.

Le beau-père et le gendre se félicitaient avec effusion.

—Maintenant, s'écria M. d'Estrées, l'honneur est sauf. A vous de le maintenir, mon gendre !

— Maintenant, disait le gendre, qu'on nous l'enlève ! qu'on y vienne !

Gabrielle éplorée, appuyée sur un des piliers de la chapelle, échangeait avec le frère parleur quelques mots qui la ranimèrent peu à peu comme la rosée redresse les fleurs.

— Allons, mes amis ! s'écria le seigneur d'Armeval, de la joie ! et faisons tant de bruit autour de la nouvelle épouse, qu'elle oublie tout à fait les petits chagrins de la jeune fille.

— Ma fille, dit M. d'Estrées à Gabrielle, il n'était qu'un moyen de vous sauver l'honneur, je l'ai employé. Pardonnez-moi. Je vous aimais trop pour supporter votre honte. Maintenant vous ne me devez plus l'obéissance. Accordez-moi toujours votre amitié. L'estime publique vous dédommagera de quelques songes ambitieux... Retournons à notre maison de Bougival.

Frère parleur s'approcha de M. d'Estrées.

— Pas encore ! lui dit-il tout bas avec mystère. On a vu des cavaliers suspects rôder autour du couvent. Attendez d'avoir parlé au prieur et gardez soigneusement votre fille au bâtiment neuf.

Et il s'éloigna lentement, après avoir fait un signe à M. de Liancour, qui le suivit hors de la chapelle.

— Qu'y a-t-il donc ? demanda ce dernier, papillonnant autour de frère Robert.

— Presque rien ; sinon que les cavaliers du roi sont arrivés.

— Quels cavaliers ? dit le petit homme, fort ému au nom du roi.

— Ceux qui devaient enlever Mlle d'Estrées.

— Ils arrivent trop tard ! s'écria M. de Liancour en riant du bout des dents.

— Pour l'enlever, elle, oui, mais assez à temps pour vous enlever, vous.

— Moi !

— Sans doute ! c'est leur plan, et ils vous cherchent à cet effet.

— Ils me cherchent ! s'écria le bossu épouvanté ; mais alors, je vais m'enfuir, et je gagnerai la maison de Bougival par certains détours que je connais.

— J'ai bien peur qu'une fois dehors ils ne vous saisissent, dit tranquillement frère Robert.

— Mais c'est odieux !

— C'est abominable...

— Que faire ?...

— A votre place, je serais embarrassé.

— Si je demandais au révérend prieur de me cacher ici ?... Un couvent, c'est un asile.

— L'idée est bonne... Mais ne manifestez rien, car il y a peut-être des espions ici !

— Cachez moi ! cachez moi ! dit le seigneur Nicolas éperdu de terreur.

— Je le veux bien, puisque vous le demandez, dit frère Robert en marchant devant le petit homme qui le poussait pour accélérer son pas.

Arrivés dans un couloir sombre, derrière la chapelle, ils descendirent quelques degrés et le moine ouvrit la porte d'un réduit obscur.

— Comme c'est noir ! murmura le petit homme, grelottant d'avance.

— Noir, mais sûr, répondit frère Robert en y poussant le marié. Tenez-vous coi, je vous apporterai à manger moi-même jusqu'à parfaite sécurité.

— Vous êtes un ange ! balbutia le petit homme, dont les dents claquaient d'épouvante.

Frère Robert ferma sur lui la porte à triple tour et monta les degrés avec un silencieux sourire.

XXVI.

L'abjuration.

Le dimanche 25 juillet 1593 fut un grand jour pour la France.

Dès l'aube, on entendait au loin dans la campagne les volées mugissantes des cloches de St-Denis qui vibraient en passant sur chaque clocher de village, et allaient, jointes au bruit du canon, solliciter Paris et ses faubourgs défians et silencieux.

Des courriers à cheval se croisant sur toutes les routes, traversant les hameaux et semant des billets aux portes même de Paris, avertissaient le peuple de la conversion du roi et invitaient chacun, de la part de Sa Majesté, à venir assister dans St-Denis à cette cérémonie, sans passe-ports ni formalités aucunes, garantissant à tous liberté et sécurité.

Aussi fallait-il voir l'empressement, la surprise, la joie de ceux qui avaient trouvé des billets ou entendu le rapport des courriers royaux.

A Paris, un ordre de Mme de Montpensier avait fait fermer les portes et défendre à tout Parisien, quel qu'il fût, de sortir et d'aller à Saint-Denis, sous les peines les plus rigoureuses. Cependant bon nombre de ces audacieux volontaires, qui ne risquent rien et ne craignent rien, pas même la potence, lorsqu'il s'agit d'un curieux spectacle, s'étaient déterminés à franchir les murs par des brèches, en sorte qu'on voyait courir dans la campagne, de tous les points de l'immense ville, des bandes d'hommes et de femmes qui, une fois dehors, riaient, chantaient, sautaient de joie et narguaient par leur nombre les soldats espagnols et les bourgeois ligueurs, qui les regardaient avec rage du haut des murs.

Si l'ardeur d'assister à la cérémonie tenait ainsi les gens de Paris à St-Denis, elle n'était pas moindre dans le rayon de pays libre qui s'étendait de St-Germain et Pontoise à l'Abbaye de Dagobert. Partout, invités par le roi et le soleil du plus beau mois de l'année, les hommes et les femmes, en habits de fête, traînant les enfans sur des ânes ou dans des chariots, désertaient les bourgs, les villages et par tous les sentiers de leurs campagnes s'avançaient au milieu des blés mûrs, comme des fleurs mouvantes qui diapraient de blanc, de vert, de rouge et de bleu ces immenses tapis d'un jaune d'or.

Au château d'Ormesson, chez les Entragues, dès six heures du matin les chevaux attendaient, sellés et harnachés dans la grande cour ; ils semblaient regarder avec dédain un cheval suant et poudreux qui venait d'arriver et soufflait encore. Pages et valets richement vêtus, donnaient les derniers soins à leur minutieuse toilette. On n'attendait plus pour partir que la châtelaine encore enfermée, dans son cabinet, avec trois femmes acharnées contre les quarante-cinq ans de la maîtresse.

M. d'Entragues, radieux comme un soleil, descendit de chez lui le premier pour donner le coup d'œil du maître aux équipages. Il fut satisfait ; sa maison devait fournir de lui bonne idée à Saint-Denis. Alors il se tourna vers le pavillon des marronniers, pour savoir s'il y avait lieu d'être aussi satisfait de sa fille.

Chemin faisant, sous les arbres, à dix pas du pavillon d'Henriette, il se trouva face à face avec La Ramée, en habit de chasseur-voyageur, comme toujours. Le jeune homme, plus pâle et plus farouche que d'ordinaire, salua M. d'Entragues sans le regarder.

— Eh ! bonjour, La Ramée, dit le père d'Henriette. Vous voilà si matin à Ormesson ! Vous êtes donc converti aussi, vous, ligueur enragé, puisque vous venez voir la conversion du roi ?

La Ramée pinça ses lèvres minces.

— Je ne suis pas converti le moins du monde, répondit-il, et je ne désire point assister à cette conversion dont vous me faites l'honneur de me parler. Mme d'Entragues m'a chargé de lui apporter des nouvelles de mon père, je lui en apporte. J'ignorais absolument que vous allassiez voir la cérémonie du renégat à St-Denis.

— Ecoutez, La Ramée, dit M. d'Entragues avec colère, vous êtes de nos amis à cause de votre père que ma femme et moi nous aimons, mais je vous préviens que vos expressions sentent le païen et le ligueur d'une façon insupportable.

— J'ai cru, dit La Ramée, verdissant de dépit, que M. d'Entragues était ligueur aussi il y a quinze jours.

— Si je l'étais il y a quinze jours, cela ne vous regarde pas. Toujours est-il que je ne le suis plus aujourd'hui. J'aime mon pays, moi, et je sers mon Dieu. L'opposition que j'ai pu faire à un prince hérétique, je n'ai plus le droit d'en accabler un roi catholique. Maintenant, libre à vous de vous liguer et religuer, mais ne m'en rompez point les oreilles, et ne compromettez pas ma maison par vos blasphèmes.

La Ramée s'inclina tremblant de rage ; ses yeux eussent poignardé M. d'Entragues, si le mépris assassinait.

Celui-ci continuait à marcher vers l'escalier d'Henriette.

— Puisque vous cherchez Mme d'Entragues, dit-il à La Ramée, ce n'est point ici que vous la trouverez.

— Je l'ai crue chez Mlle Henriette, murmura La Ramée, pardon.

Et il se retournait pour partir lorsque parut Henriette en haut de l'escalier.

— Bonjour mon père, dit-elle en descendant avec précaution pour ne pas s'embarrasser dans les plis de sa longue robe de cheval que soutenait un page et une femme de chambre.

Au son de cette voix, La Ramée demeura cloué sur le sol, et tous les Entragues du monde, avec leurs injures et leur profession de foi, n'eussent pas réussi à le faire reculer d'une semelle.

Henriette était resplendissante de toilette et de beauté. Sa robe de satin gris perle, brodée d'or, un petit toquet de velours rouge, duquel jaillissait une fine aigrette blanche, et le pied cambré dans sa bottine de satin rouge, et le bas de sa jambe ferme et ronde qui se trahissait à chaque pas dans l'escalier, firent pousser un petit cri de satisfaction au père et un rugissement sourd d'admiration idolâtre à La Ramée.

— Tu es belle, très belle, Henriette, dit M. d'Entragues ; à la bonne heure, ce corsage est galant, penche un peu ta coiffure, cela donne aux yeux plus de vivacité. Je te trouve pâle.

Henriette venait d'apercevoir La Ramée. Toute gaîté disparut de sa physionomie. Elle adressa un long regard et un grave salut au jeune homme, dont l'obsession avide mendiait ce salut et ce regard.

— Ta mère doit être prête, allons la chercher, dit M. d'Entragues qui, tout en marchant, surveillait le jeu des plis et chaque détail de la toilette, à ce point qu'il redressa sur l'épaule de sa fille les torsades d'une aiguillette qui s'était embrouillée dans une aiguillette voisine.

Quant à La Ramée, il était oublié. Henriette marchait, inondée de soleil, enivrée d'orgueil, respirant avec l'air embaumé des lys et des jasmins les murmures d'admiration qui éclataient sur son passage dans les rangs pressés des villageois et des serviteurs accourus pour jouir du spectacle.

M. d'Entragues quitta un moment sa fille pour aller s'informer de la mère. La Ramée profita de ce moment pour s'approcher d'Henriette et lui dire :

— Vous ne m'attendiez pas aujourd'hui, je crois ?

Elle rougit. Le dépit et l'impatience plissèrent son front.

— Pourquoi vous eussé-je attendu ? dit-elle.

— Peut-être eût-il été charitable de m'avertir. Je me fusse préparé, j'eusse tâché de ne pas déparer votre cavalcade.

— Je n'ai pu croire qu'un ligueur convaincu comme vous l'êtes se fût décidé à venir à Saint-Denis aujourd'hui.

— Vous savez bien, dit La Ramée avec affectation, que pour vous, Henriette, je me décide toujours à tout.

Ces mots furent soulignés avec tant de volonté, qu'ils redoublèrent la pâleur d'Henriette.

— Silence, dit-elle, voici mon père et ma mère.

La Ramée recula lentement d'un pas.

On vit descendre alors, majestueuse comme une reine, éblouissante comme un reliquaire, la noble dame d'Entragues, dont le costume flottait entre les souvenirs de son cher printemps et les exigences de son automne. Elle n'avait pu sacrifier tout à fait le vertugadin de 1573 aux jupes moins incommodes, mais moins solennelles de 1593, et malgré cette hésitation entre le jeune et le vieux, elle était encore assez belle pour que sa fille, en la voyant, oubliât La Ramée, tout le monde, et redevînt une femme occupée de trouver le côté faible d'une toilette de femme. M. d'Entragues enchanté put se croire un instant roi de France par la grâce de cette divinité.

La dame châtelaine fut moins dédaigneuse qu'Henriette pour La Ramée. Du plus loin qu'elle l'aperçut elle lui sourit et l'appela.

— Qu'on amène les chevaux ! dit-elle, tandis que je vais entretenir M. de La Ramée.

Tout le monde s'empressa d'obéir. M. d'Entragues le premier, qui dirigea lui-même les écuyers et les pages.

Marie Touchet resta seule avec La Ramée.

— Votre père, dit-elle, sa santé ?

— Le médecin m'a prévenu, madame, qu'il ne passerait pas le mois.

— Oh! pauvre gentilhomme, dit Marie Touchet; mais si vous perdez votre père, il vous restera des amis.

La Ramée s'inclina légèrement en regardant Henriette qui s'apprêtait à monter à cheval.

— Quoi de nouveau sur le blessé? dit vivement Marie Touchet en lui frappant sur l'épaule de sa main gantée.

— Rien, madame. J'ai eu beau, depuis ce jour, chercher, m'enquérir assidûment, je n'ai rien trouvé. Les traces de sang avaient été, comme vous savez, interrompues par la rivière, et je me suis aperçu qu'à force de questionner sur un blessé, sur un garde du roi, je devenais suspect. On me l'a fait sentir en deux ou trois endroits. Il m'a bien fallu renoncer à pousser plus loin les investigations. Une fois, j'avais rencontré un meunier qui paraissait avoir eu connaissance de l'événement. Il avait, dans un cabaret de Marly, parlé d'un jeune homme blessé, de M. de Crillon, d'un cheval boiteux ; mais lorsque j'ai voulu faire parler cet homme, il m'a regardé si étrangement et s'est tenu avec tant de défiance sur la réserve, il a même rompu l'entretien si brusquement, que je l'ai soupçonné d'aller chercher main-forte pour m'arrêter. J'ai craint de vous compromettre en me compromettant moi-même, et j'ai retourné au galop chez moi.

— Vous m'avez rendue bien inquiète!

— Vous comprenez ma situation, madame : impossible d'écrire, impossible de quitter mon père, impossible de venir ici, où l'on ne m'appelait pas... car on ne m'appelait pas, et j'avoue que j'étais surpris.

Marie Touchet embarrassée :

— On était bien occupé ici, dit-elle. Et puis, il nous faut prendre grand soin de n'éveiller aucun soupçon : l'affaire a transpiré, malgré toutes mes précautions.

— Oh! cela ne devrait pas empêcher Mlle Henriette d'être un peu plus affable envers moi, ajouta La Ramée avec une sombre douleur.

— Pardonnez-lui, ça été un grand choc pour l'esprit d'une jeune fille.

— Non, je ne lui pardonne pas, répliqua-t-il d'un ton presque menaçant. Certains événemens lient à jamais l'un à l'autre ceux qui s'en sont rendus complices.

Marie Touchet frissonna de peur.

— Prenez garde, dit-elle, voici qu'on vient à nous.

M. d'Entragues s'approchait en effet, un peu surpris de voir ainsi se prolonger l'entretien de La Ramée avec sa femme.

Quant à Henriette, dans sa fébrile impatience, elle torturait sa monture pour l'obliger à faire face aux deux interlocuteurs, dont elle surveillait ardemment la conversation.

— Je demandais à M. La Ramée, se hâta de dire Marie Touchet, pourquoi il ne nous accompagne point à St-Denis ?

— Bah! monsieur veut faire le ligueur ! s'écria M. d'Entragues. D'ailleurs, il est en habits de voyage, et lorsqu'il s'agit d'assister à une cérémonie, l'usage veut qu'on prenne des habits de cérémonie.

La Ramée s'approcha du cheval d'Henriette, comme pour rattacher la boucle d'un étrier.

— Vous voyez qu'on me chasse, dit-il tout bas; mais moi je veux rester!

Et il s'éloigna sans affectation, après avoir rendu son service.

Henriette hésita un moment, elle avait rougi de fureur à l'énoncé si clair de cette volonté insultante. Mais un regard de la mère qui avait tout compris, la força de rompre le silence.

— Monsieur La Ramée, dit-elle avec effort, peut très bien nous escorter jusqu'à St-Denis sans pour cela y entrer ni assister à la cérémonie.

— Assurément, répliqua-t-il avec une satisfaction hautaine.

— Comme vous voudrez, dit M. d'Entragues. Mais partons, mesdames. M. le comte d'Auvergne vous a dit, souvenez-vous-en, qu'il fallait, pour être bien placés, que nous fussions avant sept heures et demie devant l'église.

Toute la cavalcade se mit en marche avec un bruit imposant. Les chiens s'élancèrent, les chevaux piaffèrent sous la porte, pages et écuyers demeurèrent à l'arrière-garde, deux coureurs gagnèrent les devans.

Henriette, par une manœuvre habile, se plaça au centre, ayant sa mère à droite, son père à gauche, de telle façon que, pendant la route, La Ramée, qui suivait, ne put échanger avec elle que des mots sans importance.

De temps en temps, elle se retournait comme pour ne pas désespérer tout à fait sa victime, qui, se rongeant et contenant sa bile, voulut cent fois s'enfuir à travers champs, et cent fois fut ramené par un fatal amour sur les pas de cette femme qui semblait tirer à elle ce misérable cœur par une chaîne invisible.

A Saint-Denis, il fut laissé de côté pendant que les dames placées par les soins du comte d'Auvergne pénétraient dans la cathédrale. Il eût dû partir. Il resta lâchement perdu dans la foule.

A huit heures sonnant, au son des cloches et du canon, parut le roi vêtu d'un pourpoint de satin blanc, de chausses de soie blanche, portant le manteau noir, le chapeau de la même couleur avec des plumes blanches. Toute sa noblesse fidèle le suivait, il avait Crillon à sa gauche comme une épée, les princes à sa droite. — Ses gardes écossais et français le précédaient, précédés eux-mêmes des gardes suisses. — Douze trompettes sonnaient, et par les rues tapissées et jonchées de fleurs, un peuple immense se pressait pour voir Henri IV, et criait avec enthousiasme : Vive le roi !

L'archevêque de Bourges officiait. Il attendait le roi dans l'église, assisté du cardinal de Bourbon, des évêques et de tous les religieux de St-Denis qui portaient la croix, le livre des Evangiles et l'eau bénite.

Un silence solennel éteignit dans la vaste basilique tous les frissons et tous les murmures quand l'archevêque de Bourges allant au roi lui demanda :

— Qui êtes-vous ?
— Je suis le roi ! répondit Henri IV.
— Que demandez-vous ? dit l'archevêque.
— Je demande à être reçu au giron de l'église catholique, apostolique et romaine.
— Le voulez-vous sincèrement ?
— Oui, je le veux et le désire, dit le roi qui, s'agenouillant aussitôt, récita d'une voix haute, vibrante, et qui résonna sous les arceaux de la nef immense, sa profes-

sion de foi qu'il livra écrite et signée à l'archevêque.

Un long bruit d'applaudissemens et de vivats éclata malgré la sainteté du lieu, et, perçant les murs de l'église, se répandit au dehors comme une traînée de poudre, enflammant partout la joie et la reconnaissance de la foule. Désormais rien ne séparait plus le peuple de son roi; rien, que les murs de Paris.

Le reste de la cérémonie s'acheva dans le plus bel ordre, avec la même majesté simple et touchante.

Le roi à sa sortie de l'église, après la messe, fut assailli par le peuple qui s'agenouillait et tendait les bras sur son passage : les uns lui criant joie et santé! les autres criant : à bas la ligue et mort à l'Espagnol. A tous, surtout aux derniers, le roi souriait.

Crillon, les larmes aux yeux, l'embrassa sous le portique de la cathédrale.

— Harnibieu! dit-il, nous pourrons donc désormais ne nous quitter plus! Autrefois quand j'allais à l'église vous alliez au prêche, c'était du temps perdu!... Vive le roi !

Et la foule non plus de répéter, mais de hurler, vive le roi à faire mourir de rage les Espagnols et les ligueurs qui durent en recevoir l'écho.

Tout à coup, quand le roi rentrait à son logis, envahi par les plus avides de contempler une dernière fois leur prince, Crillon, qui gardait la porte, aperçut le comte d'Auvergne fendant la foule et cherchant à entrer.

Crillon, de son œil d'aigle, aperçut en même temps Marie Touchet, sa fille et M. d'Entragues qui dominaient la foule du haut d'un perron où les avait placés le comte d'Auvergne pour qu'ils vissent mieux ou fussent mieux vus.

—Monsieur, dit le comte à Crillon, je suis bien heureux de vous rencontrer ; j'ai là deux dames fort impatientes de présenter au roi leurs respects et leurs remercîmens. Elles sont trop bonnes catholiques pour ne pas être admises des premières à féliciter S. M.

— Harnibieu! pensa Crillon qui savait bien de quelles dames le comte voulait parler, les pécores enragées veulent déjà manger du catholique ! attends, attends !

— Monsieur le comte, dit-il au jeune homme, le roi m'a mis à sa porte pour empêcher qu'on n'entre.

— C'est ma mère et ma sœur...

— Je suis au désespoir, monsieur, mais la consigne est pour Crillon ce qu'elle serait pour vous. Si j'étais dehors et vous dedans, vous me refuseriez, je vous refuse.

— Des dames...

— Et d'illustres dames, je le sais, — je dirai même de fort belles dames, — mais c'est impossible.

— Plus tard, monsieur, vous m'accorderez bien...

— Vous perdriez le temps de ces dames. Plus tard je serai parti, car j'ai une affaire importante, et si le roi part aussi...

Le comte d'Auvergne comprit qu'il échouerait en face de Crillon. Il salua donc et se retira dépité, mais cachant soigneusement sa mauvaise humeur.

Comme il rejoignait les dames fort inquiètes du résultat de ces pourparlers il se heurta à La Varenne.

— Est-il donc vrai, demanda-t-il, que le roi parte sitôt qu'on ne puisse l'aller saluer ?

— Aussitôt qu'il sera botté, monsieur le comte.

— Et l'escorte?... A-t-on des ordres ?

— Sa Majesté ne prend pas d'escorte et n'en veut pas prendre.

— C'est dangereux. Où donc va le roi ?

— Faire une tournée dans les couvens voisins.

— Il n'y a pas d'indiscrétion à savoir lesquels ?

— Nullement. S. M. commence par les Genovéfains de Bezons. Puis, nous irons à...

— Merci, dit le comte.

Et il s'empressa de rejoindre les dames.

— Nous avons été expulsés par M. de Crillon, dit-il. C'est un brutal, un sauvage qui, je ne sais pourquoi, nous en veut tout bas. Mais raison de plus pour voir le roi aujourd'hui même. Ne manifestons rien. Venez vous reposer quelques momens à mon logis, et, quand la chaleur sera passée, je vous conduirai en un endroit où nous verrons S. M. tout à fait à l'aise. Venez, mesdames, au frais et à l'ombre, pour ménager vos toilettes.

— Ce Crillon est jaloux ! murmura M. d'Entragues.

— Jaloux ou non, dit le cynique jeune homme, il n'empêchera pas le roi de voir Henriette, qui n'a jamais été si belle qu'aujourd'hui.

La Ramée s'était glissé de nouveau derrière les dames, comme un chien battu qui boude, mais revient. Il entendit ces paroles.

— Ah! je comprends, murmura-t-il tout pâle, pourquoi l'on a amené Henriette à Saint-Denis! Eh bien! moi aussi j'irai chez les Genovéfains de Bezons, et nous verrons!

XXVII.
Où le roi venge Henri.

Le roi, accompagné seulement de La Varenne et de quelques serviteurs privilégiés, parcourait rapidement la route de Saint-Denis à Bezons. Las d'avoir travaillé pour la couronne, il voulait consacrer le reste du jour à son ami Henri.

Il respirait, le digne prince; après tant de professions de foi et de cérémonies, tant de plain-chant et de clameurs assourdissantes, il se reposait. Tout en lui se reposait, hors le cœur. Ce tendre cœur, épanoui de joie, volait au-devant de Gabrielle, et devançait l'arabe léger que son escorte avait peine à suivre.

Cependant un peu d'inquiétude se mêlait à son bonheur. Chemin faisant, Henri s'étonnait de l'attitude étrangement hostile de M. d'Estrées. Il osait improviser ainsi un mari! brusquer si rudement des accordailles, épouvanter une pauvre fille jusqu'à la forcer d'appeler au secours! En effet, le roi avait reçu le message apporté par Pontis et répondu sur-le-champ par le même courrier, qu'il arriverait le lendemain, après son abjuration, que Gabrielle pouvait bien tenir ferme jusque là et qu'on verrait.

Pontis, selon le calcul du roi, avait dû revenir au couvent dans l'après-dînée. Gabrielle, forte du secours promis, aurait résisté. Rien n'était perdu, et l'arrivée d'Henri allait changer la face des choses, sans compter l'appui secret du mystérieux ami le frère parleur.

Telles étaient les chimères dont le pauvre amant se repaissait en poussant son cheval vers Bezons. Certainement l'absence de M. d'Estrées à la cérémonie de Saint-Denis, celle plus douloureuse de Gabrielle, que les yeux du roi avaient partout cherchée, n'étaient point des indices rassurans; mais comme tout peut s'expliquer, le roi s'expliquait facilement la conduite d'un père rigoureux qui ne veut pas rapprocher sa fille de l'amant qu'il redoute pour elle. Ces différentes alternatives de tant mieux et de tant pis conduisirent Henri jusqu'au couvent dans une situation d'esprit assez tranquille.

Comme il arrivait sous le porche, la première personne à laquelle il se heurta fut M. d'Estrées lui-même, qui, pour la dixième fois depuis la veille, sortait pour aller s'enquérir de son gendre disparu. Le comte fut si troublé par l'aspect du roi, qu'il demeura béant, immobile, sans un mot de complimens, lorsque tout le monde s'empressait à saluer et féliciter le prince.

Henri sauta à bas de son cheval avec la légèreté d'un jeune homme, et de son air affable tempéré par un secret déplaisir, il aborda le comte d'Estrées.

— Comment se fait-il, monsieur notre ami, dit-il, en lui touchant familièrement l'épaule, que seul de tous mes serviteurs et alliés, vous ayez manqué aujourd'hui au rendez-vous que je donnais ce matin à tout bon sujet du roi de France?

Le comte, pâle et glacé, ne trouva point une parole. Il voulait répondre sans colère et la rancune bouillonnait au fond de son cœur.

— Que vous ayez perdu ce beau spectacle, ajouta le roi, c'est d'un ami tiède; mais que vous en ayez privé Mlle d'Estrées, ce n'est pas d'un bon père.

— Sire, dit le comte avec effort, j'aime mieux vous dire la vérité. Mon absence avait une cause légitime.

— Ah!... Laquelle? je serais curieux de vous l'entendre articuler tout haut, répondit le roi pour forcer le comte à quelque maladresse.

— J'étais inquiet de mon gendre, sire, et je le cherchais.

— Votre gendre! s'écria Henri avec un sourire ironique, voilà un mot bien pressé de passer par vos lèvres. Gendre s'appelle celui qui a épousé notre fille. Or, ajouta-t-il en riant tout à fait, la vôtre n'est pas encore mariée, je suppose?

Le comte répondit en rassemblant toutes ses forces:

— Je vous demande pardon, sire, Mlle d'Estrées est mariée depuis hier.

Le roi pâlit en ne voyant aucune dénégation sur le visage des assistans.

— Mariée hier!... murmura-t-il le cœur brisé.

— A midi précis, répliqua froidement le comte.

Aussitôt le roi entra dans la salle, d'où tout le monde, sur un geste qu'il fit, s'écarta respectueusement.

— Approchez, monsieur d'Estrées, dit-il au comte avec une solennité qui fit perdre, à ce dernier, le peu d'assurance qu'il avait eu tant de peine à conserver.

Henri fit quelques pas dans la salle, et en proie à une agitation effrayante pour l'interlocuteur, si au lieu de s'appeler Henri IV, le roi se fût appelé Charles IX ou même Henri III, il s'arrêta tout à coup en face du comte.

— Ainsi, Mlle d'Estrées est mariée, dit-il d'une voix brève, et c'est à n'y plus revenir.

M. d'Estrées s'inclina sans répondre.

— Le procédé est étrangement sauvage, dit le roi, et je n'y croirais point si vos yeux incertains et votre voix tremblante ne me l'eussent à deux fois répété. Vous êtes un méchant homme, monsieur.

— Sire, j'ai voulu garder mon honneur.

— Et vous avez touché à celui du roi! s'écria Henri. De quel droit? monsieur.

— Mais, sire... Il me semble qu'en disposant de ma fille je n'offense pas Sa Majesté.

— Vrai Dieu! dit Henri sans donner dans le piége, allez-vous jouer aux fins avec moi, par hasard? Quoi, je vous ai fait l'honneur de vous visiter chez vous, de vous nommer mon ami, et vous mariez votre fille sans même m'en donner avis! Depuis quand, en France, n'est-on plus honoré d'inviter le roi à ses noces?

— Sire...

— Vous êtes un méchant homme ou un rustre, monsieur, choisissez.

— L'irritation même de Votre Majesté me prouve...

— Que vous prouve-t-elle, sinon que j'ai été délicat lorsque vous étiez grossier; patient quand vous étiez féroce; observateur des lois de mon royaume, quand vous violiez toutes les lois de la politesse et de l'humanité. Ah! vous aviez peur que je ne vous prisse votre fille! Ce sont des terreurs de croquant, mais non des scrupules de gentilhomme. Que ne me disiez-vous franchement : Sire, veuillez me conserver ma fille. Croyez-vous que je vous eusse passé sur le corps pour la prendre! Suis-je un Tarquin, un Heliogabale? mais non, vous m'avez traité comme on traite un larron; s'il vient, on cache la vaisselle d'argent ou on la passe chez le voisin. Ventre saint gris! monsieur d'Estrées, je crois que mon honneur vaut bien le vôtre!

— Sire, balbutia le comte éperdu, écoutez-moi!...

— Qu'avez-vous à me dire de plus? Vous avez sournoisement marié votre fille, ajouterez-vous qu'elle vous y a forcé?

— Comprenez les devoirs d'un père.

— Comprenez les devoirs d'un sujet envers son prince. Ce n'est point français, c'est espagnol ce que vous avez fait là. Pousser, le poignard sur la gorge, une jeune fille pour qu'elle aille à l'autel, profiter de l'absence du roi que cette jeune fille pouvait appeler à l'aide... Monsieur d'Estrées, vous êtes père, c'est bien ; moi, je suis roi, et je me souviendrai !

Après ces mots, entrecoupés de gestes furieux, Henri reprit sa promenade agitée dans la salle.

Le comte, la tête baissée, le visage livide, la sueur au front, s'appuyait à l'un des piliers de la porte, honteux de voir dans le vestibule grossir le nombre des témoins de cette scène, témoins bien instruits désormais, tant le roi avait parlé haut dans la salle sonore.

Tout à coup, Henri, dont la véhémente colère avait cédé à quelque réflexion, aborda brusquement le comte par ces mots :

— Où est votre fille?

— Sire...

— Vous m'avez entendu, je pense ?

— Ma fille est chez elle... c'est-à-dire...

— Vous êtes bien libre de la marier, mais je suis libre d'aller lui en faire mes complimens de condoléance. Allons, monsieur, où est-elle ?

Le comte se redressant,

— J'aurai l'honneur, dit-il, de diriger Votre Majesté.

— Soit. Vous voulez entendre ce que je vais dire à la pauvre enfant? Eh bien ! j'aime autant que vous l'entendiez.— Montrez-moi la route.

M. d'Estrées, les dents serrées, les jambes tremblantes, s'inclina et passa devant pour ouvrir les portes. Il conduisait Henri du côté du bâtiment neuf.

— Prévenez le révérend prieur, dit Henri à des religieux groupés sur son passage, que je lui rendrai ma visite tout à l'heure.

Gabrielle, depuis les terribles émotions de la veille, avait gardé la chambre, veillée par Gratienne, qui lui rendait compte exactement du moindre bruit, de la moindre nouvelle. C'est par Gratienne qu'elle avait reçu la réponse du roi, apportée deux heures après le mariage par Pontis, et plus que jamais elle avait déploré sa défaite en voyant le roi si tranquille sur sa fidélité. Maintenant, il ne s'agissait plus que de lutter pour demeurer chez les Genovéfains, au lieu de retourner, soit chez son père, soit chez son mari. En cela, elle avait reconnu la secrète coopération du frère parleur. M. d'Armeval disparu, rien ne la forçait plus d'aller à Bougival, tout l'engageait à rester au couvent, autour duquel M. d'Estrées, effaré, cherchait son gendre, dont il attribuait l'étrange absence à quelque piége tendu par le roi.

Gabrielle ressemblait au patient, dont le

bourreau ne se retrouve pas à l'heure du supplice. Levée avant le jour, habillée depuis la veille elle s'était mise à la fenêtre et interrogeait avec anxiété, tantôt la route pour voir si son père ramènerait le mari perdu, tantôt les jardins pour recueillir les signaux ou les messages que pourraient lui envoyer ses nouveaux amis.

L'agitation de Gabrielle envahissait par contrecoup la chambre d'Espérance. Pontis avait trouvé son blessé dans un état de surexcitation si incroyable, qu'il ne voulait pas croire que le mariage improvisé d'une fille inconnue avec un bossu pût amener de pareilles perturbations dans le cerveau d'un homme raisonnable. Il assemblait donc les plus bizarres combinaisons pour découvrir la vérité. On le voyait, sautant et ressautant par la fenêtre, courir en quête d'un éclaircissement, comme un renard en chasse, et son ami, au contraire, restait couché, la tête ensevelie sous les oreillers, comme pour étouffer une secrète douleur.

Ce fut Pontis qui, au point du jour, apprit à Espérance que le petit mari n'était pas encore retrouvé.

Pourquoi Espérance se redressa-t-il avec une joie manifeste? pourquoi, ranimé par cette nouvelle, se leva-t-il allègre, souriant? pourquoi accabla-t-il de sarcasmes et de bouffonnes malédictions le seigneur Nicolas, indigne pourtant de sa colère? c'est ce que Pontis chercha vainement à deviner. Espérance y eût peut-être été fort embarrassé lui-même.

En attendant, les deux amis, après leur repas, s'allèrent installer sous les arbres de la fontaine, où Espérance, sous prétexte de faire une plus heureuse digestion, se plongea dans l'engourdissement d'une rêverie mélancolique, tandis que Pontis, taillant des pousses de tilleuls, s'en confectionnait des petits sifflets destinés, disait-il, à fêter le retour de M. de Liancour.

Sans doute, la nuit, cette mère féconde des songes, avait soufflé sur Espérance et Gabrielle quelques-uns de ces rêves qui, lorsqu'ils éclosent simultanément sur deux âmes les font sœurs et amies malgré elles, par la mystérieuse intimité d'un commerce invisible. Car, pendant toute cette matinée, Espérance regarda par une éclaircie des arbres la fenêtre de Mlle d'Estrées, et son regard eut la force d'attirer là Gabrielle, qui, à partir de ce moment, ne détourna plus les yeux de la fontaine.

Elle y était encore, pensive et larmoyante, pareille à la fille de Jephté, quand un bruit de voix dans l'allée principale changea tout à coup l'attitude des jeunes gens sous le berceau. Ils se levèrent avec des marques de surprise et de respect qui furent aperçues de Gabrielle; et au même moment Gratienne accourut en s'écriant :

— Le roi !

Gabrielle vit dans le parterre M. d'Estrées qui s'avançait lentement ; le roi venait à sa suite, et derrière eux, quelques religieux et les serviteurs de Henri formaient un groupe, discrètement écarté d'environ trente pas.

La jeune fille, oubliant tout, se précipita par les degrés, et vint folle d'émotion jusqu'à la séparation des deux jardins. Là elle tomba agenouillée aux pieds d'Henri, en s'écriant avec un torrent de larmes :

— Oh ! mon cher Sire !...

Le roi si tendre et si affligé ne put tenir à un pareil spectacle, il releva Gabrielle en larmoyant lui-même et murmura :

— C'en est donc fait !

Qu'on se figure l'attitude de M. d'Estrées pendant ces lamentations. Il en mordait de rage ses gants et son chapeau.

— Mademoiselle, dit le roi, voilà donc pourquoi vous n'êtes pas venue à Saint-Denis aujourd'hui, joindre vos prières à celles de tous mes amis !

— Mon cœur a dit ces prières, sire, répliqua Gabrielle, et nul en votre royaume ne les a prononcées plus sincères pour votre bonheur.

— Pendant que vous étiez malheureuse ! car vous l'êtes, n'est-ce pas, du mariage que l'on vous a fait faire.

— J'ai dû obéir à mon père, sire, répliqua Gabrielle en redoublant de soupirs et de larmes.

— Un roi, reprit Henri d'un air courroucé, ne violente pas les pères de famille dans l'exercice de leurs droits. Mais quand les femmes sont malheureuses et qu'elles se viennent plaindre à lui, le roi est maître d'y porter remède. Adressez-moi vos plaintes, mademoiselle. Hélas ! je dois dire, madame... mais telle a été l'incivilité de cette maison que j'ignore jusqu'au nom de votre mari.

M. d'Estrées crut devoir intervenir.

— C'est un loyal gentilhomme, serviteur dévoué de Sa Majesté. D'ailleurs, je crois pouvoir hasarder que vous le connaissez maintenant, sire.

— Je ne vous comprends pas, Monsieur, dit le roi avec hauteur.

— Mon père veut dire que M. de Liancour

a disparu depuis le mariage, s'écria Gabrielle, dont l'excellent cœur voulait à la fois rassurer l'amant et protéger le père.

— Disparu ! dit le roi charmé.

— Et M. d'Estrées, ajouta Gabrielle avec un malicieux sourire, semble vouloir dire que Votre Majesté pourrait en savoir quelque chose.

— Qu'est-ce à dire ? demanda Henri.

— Le roi sait toujours tout, dit M. d'Estrées, fort gêné.

— Quand je sais les choses, Monsieur, je ne les demande pas. A présent, grâce à madame, je sais que son mari s'appelle Liancour, qui est, si je ne me trompe, une maison picarde.

— Oui, sire, dit M. d'Estrées.

— Mais le seul Liancour que je connaisse est bossu.

— Précisément, s'écria Gabrielle.

— Je m'en attriste, dit Henri, cachant mal sa bonne humeur ; mais ce dont je me réjouis, c'est qu'il ait eu le bon goût de disparaître pour ne point gâter, papillon difforme, une si fraîche et si noble fleur.

M. d'Estrées grinçant des dents :

— J'oserais pourtant, dit-il, supplier Votre Majesté de donner des ordres pour que M. de Liancour soit retrouvé. Une pareille disparition, si elle vient d'un crime, intéresse le roi, puisque la victime est un de ses sujets ; si elle n'est que le résultat d'une plaisanterie, comme cela peut être, la plaisanterie trouble et afflige toute une famille; elle porte atteinte à la considération d'une jeune femme. C'est donc encore au roi de la faire cesser.

— Ah, par exemple ! s'écria Henri, vous me la baillez belle, monsieur. Que je m'inquiète, moi, des maris perdus, des bossus égarés !.... Dieu m'est, témoin qu'en un jour de bataille je cherche moi-même, bien bas courbé, bien palpitant, mes pauvres sujets, couchés blessés ou morts sur la plaine. Et je ne m'y épargne pas plus que le moindre valet d'armée. Mais, quand vous avez marié votre fille sans dire gare, me forcer à fouiller le pays pour retrouver votre gendre, moi qui suis enchanté de le savoir à tous les diables...., ventre saint-gris, vous me prenez pour un roi de paille. M. d'Estrées. Si je savais où est votre favori, je ne vous le dirais pas ; ainsi, allumez toutes vos chandelles, bonhomme, et cherchez !

Gabrielle et Gratienne, entraînées par cette verve irrésistible, ne purent s'empêcher, l'une de sourire, l'autre de rire immodérément. M. d'Estrées, plus pâle et plus furieux que jamais :

— Si c'est là, dit-il, une réponse digne de mes services, de ceux de mon fils et de notre infatigable dévouement... Si c'est là ce que je dois rapporter à tous mes amis qui attendent dans ma maison, où je n'ose retourner de peur des railleries...

— Si l'on vous raille, monsieur, répliqua le roi d'un ton de maître irrité par ces imprudentes paroles, vous n'aurez que ce que vous méritez, vous qui vous êtes défié du roi de France, d'un gentilhomme sans tache ni tare ! Quant à vos services, que vous me reprochez, c'est bien, gardez-les ! A partir de ce moment, je n'en veux plus ! Demeurez chez vous ; je vous renverrai demain votre fils, le marquis de Cœuvres, qui pourtant est un honnête homme, et que j'aimais comme un frère, tant à cause de son mérite, que par amitié pour sa sœur. Restez tous ensemble, monsieur, vous, votre fils et votre gendre. Je suis né roi de Navarre sans vous, devenu roi de France sans vous ni les vôtres, et je saurai m'asseoir sur mon trône en mon Louvre, sans votre service si mesquinement reproché.

— Sire ! s'écria M. d'Estrées en se prosternant éperdu, car il voyait s'écrouler, ruinés à jamais, la fortune et l'avenir de sa maison, vous m'accablez !...

— Çà ! dit le roi, livrez-moi passage..... C'est rompu entre nous, monsieur.

Le comte s'éloigna suffoqué par la honte et la douleur.

— Et entre nous ? demanda plus bas Henri à Gabrielle.

— Loyal vous avez été, sire, dit la pâle jeune femme ; loyale je serai. Vous avez tenu votre parole, et vous voilà catholique; je tiendrai la mienne, je suis vôtre ; seulement, gardez votre bien.

— Oh ! gardez-le moi, vous ! s'écria Henri avec les transports d'un amour passionné. Jurez-moi encore fidélité, en notre commun malheur ! Si votre mari se retrouve... ne m'oubliez pas !

— Je me souviendrai que j'appartiens à un autre maître. Mais abrégez mon supplice, sire.

— Soyez bénie pour cette parole... Votre main.

Gabrielle tendit sa douce main, que le roi caressa d'un baiser respectueux.

— Je pars cette nuit même pour entreprendre contre Paris, dit le roi ; avant peu vous aurez de mes nouvelles. Mais comment avez-vous pu me donner des vôtres, et par un de mes gardes encore.

— C'est l'un des deux jeunes gens logés au couvent, dit Gabrielle, deux cœurs généreux, deux amis pleins de courage et d'esprit.

— Ah ! oui. L'un d'eux est ce blessé amené par Crillon, un beau garçon dont j'aime tant la figure !

Gabrielle rougit. Espérance, debout devant une touffe de sureaux, la regardait de loin immobile et pâle, un bras passé autour du col de Pontis.

Le roi se retourna pour suivre le regard de Gabrielle, et apercevant les jeunes gens,

— Je les remercierais moi-même, dit-il, si ce n'était vous trahir. Remerciez-les bien pour moi.

Et il fit un petit signe amical à Pontis dont le cœur tressaillit de joie.

— Sire, dit Gabrielle autant par compassion pour son père que pour détourner l'attention du roi, dont un mot de plus sur Espérance l'eût peut-être embarrassée, vous ne partirez point sans pardonner à mon pauvre père. Hélas ! il a été dur pour moi, mais c'est un honnête et fidèle serviteur... Et mon frère !... souffrirait-il aussi de mon malheur ?... Le priveriez-vous de servir son roi ?

— Vous êtes une bonne âme, Gabrielle, dit Henri, et je ne suis point vindicatif. Je pardonnerai à votre père d'autant plus volontiers que le mari est plus ridicule. Mais je veux qu'il vous doive mon pardon, et que ce pardon nous profite. Laissons-lui croire jusqu'à nouvel ordre que j'ai conservé mon ressentiment. D'ailleurs, j'en ai du ressentiment.

Le coup vibre encore dans mon cœur.

— Ce sera vous honore aussi, continua la jeune femme, que de ne point faire de mal à ce pauvre disgracié, mon mari. Continuez à le retenir loin de moi sans qu'il souffre autrement, n'est-ce pas ?...

— Mais ce n'est pas de mon fait qu'il est absent ! s'écria le roi, j'ai cru que vous lui aviez joué ce tour.

— Vraiment ? dit Gabrielle, j'en suis innocente ; que lui est-il donc arrivé alors ?

Elle fut interrompue par l'arrivée de frère Robert qui, pour venir à la rencontre du roi, avait laissé quelques personnes qu'on apercevait de loin sous le grand vestibule du couvent.

— Il est bien triste, dit le roi, d'être forcé de partir à jeun lorsqu'on venait dîner chez des amis.

— Le révérend prieur, répliqua frère Robert, a préparé une collation pour Sa Majesté. Ai-je eu raison de la faire servir sous le bel ombrage de la fontaine ?

— Ah, oui ! s'écria Henri, en plein air ! sous le ciel. On se voit mieux, les yeux sont plus sincères, les cœurs plus légers. Vous me ferez les honneurs de cette collation, n'est-ce pas, madame, ce sera votre premier acte de liberté ?

— Permettez, sire, ajouta Gabrielle, que j'aille un peu consoler mon père.

— Bien peu !... revenez vite... car mes instans sont comptés.

Gabrielle partit. On vit des religieux dresser une table sous le berceau, d'où Espérance et Pontis s'étaient discrètement éloignés à leur approche.

Le roi s'avança vers le moine et le regarda d'un air d'affectueux reproche.

— Voilà donc, murmura-t-il en désignant du doigt Gabrielle, comment l'on m'aime et l'on me sert en cette maison ! J'avais un trésor précieux, on le livre à autrui ! oh ! frère Robert, j'ai décidément ici des ennemis !

— Sire, répliqua le moine, voici ce que répondrait notre prieur à Votre Majesté :— C'est un crime odieux d'enlever une jeune fille à son père. C'est seulement un péché d'enlever sa femme à un mari ; et lorsque la femme a été mariée par force, le péché diminue.

— Alors à tout péché miséricorde, répliqua le roi en soupirant ; mais en attendant, Gabrielle est mariée.

— Votre Majesté ne l'est-elle pas ?

— Oh ! mais moi, je ferai rompre quelque jour mon mariage avec Mme Marguerite.

— Si vous en avez le pouvoir sur une grande princesse soutenue par le pape, à plus forte raison pourrez-vous rompre l'union de Mme Gabrielle avec un petit gentilhomme. Jusque-là, tout est pour le mieux.

— Si ce n'est qu'un mari est un mari, c'est à dire un danger pour sa femme.

— Présent, c'est possible, mais absent ?

— Oh ! celui-là reviendra.

— Croyez-vous, sire ? Moi je ne le crois pas.

— La raison ?

— Votre Majesté est trop en colère, et si ce malheureux se présentait il sait bien qu'il serait perdu.

— Il se cache ! s'écria le roi dans un élan de gaîté gasconne. Où cela ? dis !

— Ouais !... déclama le moine avec un

sérieux comique, pour que je le livre à votre vengeance, n'est-ce pas? C'est là une question de tyran. Mais j'ai promis de sauver la victime, et je la sauverai, dussiez-vous me demander ma tête!

En disant ces mots avec majesté, il remuait un formidable trousseau de clés à sa ceinture.

— Oh! frère Robert! que vous êtes bien toujours le même!... murmura le roi, riant et s'attendrissant à la fois.

— J'oubliais d'annoncer à Votre Majesté, interrompit le moine, que M. le comte d'Auvergne attend votre bon plaisir avec des dames et des cavaliers...

— Le comte d'Auvergne... que me veut-il? demanda le roi surpris.

— Il vous le dira sans doute, sire, car le voilà qui vient avec sa compagnie.

XXVIII.

Coups de théâtre.

Sur un signe du frère parleur, les dames qui accompagnaient M. d'Auvergne s'avancèrent. Dieu sait la joie; elles étaient au comble de leurs désirs.

Henri se sentait trop heureux pour ne pas faire bon visage. Il accueillit gracieusement le comte d'Auvergne et salua les dames par un : « Voilà de bien aimables dames! » qui acheva de lui conquérir M. d'Entragues, déjà fort disposé au royalisme le plus ardent.

— J'ai l'honneur de présenter à Votre Majesté Mme ma mère, ajouta le comte en désignant Marie Touchet.

Le roi connaissait l'illustre personne, il salua en homme qui sait pardonner.

— Mon beau père, M. le comte d'Entragues, poursuivit le jeune homme.

Le beau-père se courba en deux parties égales.

— Et mademoiselle d'Entragues, ma sœur, acheva le comte en prenant par la main Henriette, toute frémissante sous l'œil attentif du roi.

— Une personne accomplie, murmura Henri, qui parcourut en connaisseur la toilette et les charmes de la jeune fille.

M. le comte d'Auvergne se rapprochant du roi avec un sourire :

— Votre Majesté, dit-il, la reconnaît-elle?

— Non, je n'avais jamais vu tant de grâces.

Le comte se pencha à l'oreille d'Henri, et lui dit tout bas :

— Votre Majesté ne se souvient donc pas du bac de Pontoise et de cette jolie jambe qui nous occupa si longtemps.

— Si, pardieu! s'écria le roi, voilà que je me rappelle... Eh bien, est-ce que cette charmante jambe...

— Ce jour-là, sire, Mlle d'Entragues, revenant de Normandie, eut l'honneur de se rencontrer à Pontoise sur le chemin de Votre Majesté.

— Vous ne me l'avez pas dit, d'Auvergne.

— Je ne connaissais point encore ma sœur.

Pendant toute cette conversation, pour le moins singulière, Henriette, les yeux baissés, rougissait comme une fraise. M. d'Entragues faisait la roue, et Marie Touchet, dans sa gravité majestueuse, feignait de ne rien entendre, pour être moins gênée et n'être pas gênante.

Le roi, que deux beaux yeux enivraient toujours, comme certains vins capiteux qu'on fuit et qu'on aime, s'écria :

— Vous avez bien fait, d'Auvergne, de ne pas être avare de vos trésors de famille; d'autant mieux que la présence de ces dames ici dément certains bruits de ligue mal sonnans avec les noms d'Entragues et de Touchet.

Ce fut au tour des grands parens à rougir.

— Sire, balbutia M. d'Entragues, Votre Majesté pourrait-elle soupçonner un seul instant notre respectueuse fidélité?

— Eh! eh!... en temps de guerre civile, dit le roi avec un sourire, qui peut répondre de soi?

— Sire, répondit Marie Touchet solennellement, le roi catholique est le roi de tous les bons français, et nous avons fait quatre lieues à cheval pour venir le déclarer à Votre Majesté.

— Eh bien, s'écria gaiement Henri, à la bonne heure; j'aime cette réponse, elle est franche. Hier, je n'étais pas bon à jeter aux Espagnols; aujourd'hui, Vive le roi! Ventre saint-gris! vous avez raison, madame; et mon abjuration, ne m'eût-elle valu que d'être reconnu et salué des belles dames, je m'en réjouirais encore. Allons, allons, aujourd'hui n'est plus hier; enterrons hier, puisqu'il ne plaisait point à mes belles sujettes.

— Vive le roi! s'écria M. d'Entragues en délire.

— Oh! le roi, d'un seul mot, gagne les cœurs, dit Marie Touchet d'un air précieux qui eût donné de la jalousie à Charles IX, et contraria Henriette.

— Mademoiselle ne parle pas, fit remarquer le roi.

— Je pense beaucoup, sire, répliqua la jeune fille avec un regard près duquel ceux de sa mère n'étaient que feux follets.

Le roi, que toutes ces escarmouches galantes transportaient d'aise, remercia Henriette par un salut plus que courtois.

— Il me semble que nous allons bien, murmura le comte d'Auvergne à l'oreille de M. d'Entragues.

Frère Robert, qui pendant cette scène avait tout vu sans paraître rien voir, détacha un des religieux pour annoncer au roi que le couvert était mis.

— C'est vrai ; j'oubliais la faim dit Henri avec une galanterie à double adresse. La collation attend ; venez, mesdames ; la route doit vous avoir bien disposées. Nous goûterons le vin du couvent.

Cette invitation faillit suffoquer les Entragues. L'orgueil, l'avarice et la luxure se regardèrent radieux, suant la joie par tous les pores. Déjà ils se croyaient couronnés.

— Et voici une charmante hôtesse qui nous en fera les honneurs, continua Henri en désignant Gabrielle, qu'on voyait s'avancer splendidement belle sous l'allée ruisselante d'un soleil qu'elle effaçait.

La scène changea, les Entragues pâlirent ; Henriette fit un pas involontairement, comme pour combattre cette rivale qui arrivait. Elle en dévora les traits, le maintien, la taille, les mains, les pieds, la parure en un seul coup d'œil, empreint de toute sa haine intelligente et, de pâle qu'elle était, Henriette devint livide, car tout ce qu'elle venait de voir était incomparable, inattaquable, parfait.

M. d'Entragues, effrayé, dit tout bas à son beau-fils.

— Qui est celle-là ?

— J'ai bien peur que ce ne soit la nouvelle passion du roi, dit le comte, cette d'Estrées dont je vous parlais.

— Elle est bien aussi, murmura M. d'Entragues, n'est-ce pas, madame ?

— Elle est blonde répliqua Marie Touchet avec un dédain qui ne rassura pas ces messieurs.

Le roi était allé prendre la main de Gabrielle et l'avait amenée à table. Les dames frissonnèrent de rage lorsque Henri, au lieu de leur présenter Gabrielle, les présenta elles-mêmes à la jeune femme, qui salua la compagnie avec une grâce modeste et une sécurité plus désespérante encore que sa beauté.

Le roi s'assit, plaçant Gabrielle à sa droite, Marie Touchet à sa gauche. Henriette s'alla mettre en face, entre son père et son frère. Elle avait la ressource de plonger ses regards comme des coups d'épée dans l'âme de cette inconnue, qui venait lui voler sa place à la droite du roi.

Henri, s'étant fait verser à boire :

— Je bois, dit-il d'abord, au bonheur de la nouvelle marquise de Liancour, qui s'appelait hier Mlle d'Estrées.

Chacun dut imiter le roi ; mais Henriette ne toucha pas même son verre de ses lèvres.

— Il va falloir déraciner cette fleur avant qu'elle n'ait pris croissance, murmura le comte d'Auvergne bas à sa mère, tandis que le roi souriait à Gabrielle, brusquez, et tranchez !

— Sire, dit Marie Touchet, notre visite avait un double but. Il s'agissait non-seulement de présenter nos humbles félicitations à Sa Majesté, — c'était là nous obliger nous-mêmes, — mais d'offrir au roi nos services au moment de la campagne qui va s'ouvrir. Il se répand partout que Votre Majesté marche contre Paris, or le roi n'a ni camp formé, ni quartier-général digne d'un si grand prince.

— C'est vrai, dit Henri, sans comprendre encore le but de ce discours.

— J'ai souvent ouï dire, poursuivit Marie Touchet, à des hommes expérimentés dans la guerre, qu'une des meilleures positions autour de Paris est l'espace compris entre la route de Saint-Denis et Pontoise.

— C'est encore vrai, madame.

— Nous y avons une maison assez simple, mais commode et fortifiée naturellement à l'abri de toute insulte. Quel honneur pour nous si Sa Majesté daignait la choisir pour asile !

— Ormesson, je crois ? dit Henri.

— Oui, Sire. Comblez de joie toute notre famille en acceptant. C'est une maison historique, Sire : le feu roi Charles IX s'y plut quelquefois, et bon nombre d'arbres ont été plantés de ses mains royales... Dites un mot, Sire, et cette maison sera à jamais illustre.

Henri regardait les yeux ardens de Mlle d'Entragues, qu'il fascinaient sous prétexte de le supplier.

— De là, s'écria M. d'Entragues, pour décider le roi, on a le pied sur toutes les routes.

— On vient même ici en une heure et demie, ajouta le comte d'Auvergne.

— Sans compter que le roi étant chez lui, s'il daigne accepter, reprit Marie Touchet, trouvera des appartemens à Ormesson pour toutes les personnes qu'il y voudra loger.

Cette dernière phrase contenait tant de choses ! Elle promettait si poliment une complaisance que réclament trop souvent les fausses positions amoureuses, que déjà Henri flottait, en interrogeant du regard Gabrielle.

Soudain il vit derrière Henriette, à quelques pas, osciller lentement le capuchon du frère parleur, comme si ce triangle de laine grise eût dit : Non ! non ! non !

Il regarda plus fixement, comme pour interroger le moine, et le capuchon répéta : Non ! non ! non !

— Chicot ne veut pas que j'aille à Ormesson, se dit Henri avec surprise. Il doit avoir ses raisons.

— Impossible, madame, répliqua-t-il avec un gracieux sourire. L'ordre de mes plans ne me permet point de faire ce que vous désirez. Je n'en reste pas moins votre obligé.

— Bien, fit le capuchon en s'inclinant de haut en bas jusque sur la poitrine du moine.

— Allons, se dit le roi avec un sourire que nul ne put comprendre, me voilà réduit au rôle du prieur Gorenflot, — avec cette différence que je parle pour le frère parleur.

Le désappointement qui se peignit sur tous les visages eût pu montrer à Henri combien était avancé déjà l'édifice que son refus venait de faire crouler.

— Encore battus cette fois, nous chercherons autre chose, se dit le comte d'Auvergne.

Gabrielle promenait autour d'elle, dans sa naïve innocence, des regards affables, caressans, qui eussent adouci de leur seul reflet tous ces fauves coups d'œil de tigres. Henriette allait se décider à battre en brèche l'esprit du roi puisque rien ne pouvait ébranler son cœur.

Et déjà elle commençait un de ces entretiens tout saccadés, où son génie brillant de malice et d'audace allait lui conquérir un triomphe. Déjà le roi, plus attentif, ripostait à ce bombardement, lorsque le frère parleur, s'approchant d'Henriette, lui dit avec bonhomie :

— N'est-ce point vous, madame, qui auriez perdu quelque chose ?

— Moi ? s'écria Henriette surprise.

— En route... un joyau.

— Mon bracelet peut-être.... Mais qu'importe ?

— Il vous est rapporté par un gentilhomme qui l'a trouvé.

— Un gentilhomme ? demanda le roi.

— Je ne sais pas son nom, dit naïvement frère Robert.

— Eh bien ! qu'il entre et rende le bracelet, dit Henri.

Frère parleur fit un signe au religieux, et l'on vit s'approcher à grands pas quelqu'un dont la présence arracha à Henriette et à sa mère un mouvement de colère bientôt réprimé.

C'était La Ramée, le bracelet à la main.

— Qu'a donc cet éternel La Ramée, murmura le comte d'Auvergne à l'oreille de M. d'Entragues, on dirait une mouche altérée qui suit nos chevaux depuis ce matin.

— Voilà une mauvaise figure, dit le roi tout bas à Gabrielle, en considérant le pâle jeune homme. Savez-vous à qui il ressemble ?...

— Non, Sire.

— Vous allez voir ! N'est-ce pas, madame, ajouta étourdiment Henri s'adressant à Marie Touchet, que ce jeune homme ressemble à feu mon beau-frère Charles IX ?

— En effet... quelque peu, répondit Marie Touchet en se pinçant les lèvres.

La Ramée ne s'avançait plus ; il restait à moitié caché par les arbres, tenant toujours le bracelet que Mlle d'Entragues ne lui redemandait pas. Ce qu'il avait tant souhaité il l'avait enfin ! Surveiller Henriette, même dans l'endroit où elle se fût le moins attendue à le voir.

Et en effet, l'obsession victorieuse de ce gardien infatigable commençait à épouvanter la jeune fille, qui cherchait du secours dans l'œil froid et impénétrable de sa mère.

Ce petit malaise passa pourtant inaperçu, grâce à l'habitude de dissimuler qui fait partie de toute éducation mondaine. La Ramée remit le joyau à Henriette, qui n'eut pas pour lui, même un remerciment. Le roi s'entretint encore quelques secondes de la ressemblance du personnage avec le feu roi. Les dames se rassurèrent, le comte d'Auvergne prit un parti, M. d'Entragues se promit de jeter à la porte sans rémission le malencontreux jeune homme qui se permettait d'avoir avec Charles IX un air, ou même un faux air de famille et, enfin, La Ramée profita de cette pause pour s'éloigner de quelques pas, et continuer, sans être remarqué, son rôle d'observateur.

Henriette, comme si, en se retirant d'elle, ce mauvais génie lui eût rendu l'esprit et la vie, recommença ses saillies ; plus hardie parce que le danger était plus grand, elle déploya tant de finesse et de méchan-

10

ceté divertissante que le roi, piquant et Gascon comme quatre, se mit à rire et rendit coup pour coup, épigrammes pour épigrammes, folie pour folie à cette sirène toujours l'œil alerte, toujours prête à la riposte, victorieuse souvent, vaincue jamais, et qui, plus sûre de son terrain, commençait, comme tout bon général après une heure d'équilibre dans la bataille, à faire charger sa réserve pour enlever la position et déloger l'ennemi.

Gabrielle avait ri d'abord comme tout le monde ; elle avait fourni son mot sensé, délicat, tendre à la conversation générale ; mais l'affaire dégénérant en un duel où Henriette et le roi s'engageaient seuls, elle se tut comme tous les esprits doux et graves auxquels le bruit fait peur, elle sourit des lèvres, puis ne sourit plus, et se contenta d'écouter, éblouie, fatiguée, gênée même par cet intarissable volcan d'explosions et d'étincelles.

— La blonde est battue, murmura Marie Touchet à l'oreille de son fils.

Tout à coup l'ombre du frère parleur s'interposa entre le soleil et Henriette.

— Sire, dit-il, ces jeunes gens que vous avez mandés sont là-bas qui attendent.

— Quels jeunes gens ? demanda Henri tout à fait distrait par l'enchanteresse, et qui peut-être même en voulut à frère Robert de l'avoir troublé, je n'ai mandé personne que je sache.

— Ceux que Votre Majesté voulait remercier, continua le frère sans s'effaroucher de l'étonnement du roi.

— Ah ! je sais, moi, dit tout bas Gabrielle rougissante à l'oreille d'Henri IV... ce garde... son ami...

— Très bien ! très bien !... s'écria Henri, oui, nos amis, appelez-les, frère Robert, ils ne sont pas de trop, et je les verrai volontiers avant mon départ.

Un religieux partit au signe du frère parleur.

Henri se retournant vers Mme d'Entragues et Henriette :

— Je veux que vous les voyiez ; l'un d'eux, surtout, dit-il ; l'autre est dans mes gardes, et n'a rien que de très ordinaire ; mais le blessé est ce qu'on peut appeler un charmant garçon.

— Le blessé ?... dirent à la fois plusieurs voix, il est blessé ?...

— Oui ; Crillon qui l'aime et le protège, — entre nous, c'est une excellente recommandation, — l'a fait conduire ici, où ces dignes religieux l'ont guéri et rétabli comme par miracle. Et vraiment c'est une bénédiction du ciel qu'il ait échappé ainsi à la mort, car la blessure était, dit-on, affreuse ; n'est-ce pas, frère Robert ?

— Un grand coup de couteau dans la poitrine, dit le moine qui, froidement, promena ses regards autour de lui, sans paraître remarquer ni le tressaillement d'Henriette, ni la rougeur de sa mère, ni le soubresaut convulsif que fit La Ramée derrière l'arbre qui l'abritait.

— Tenez, mesdames, ajouta le roi, voici ces jeunes gens qui arrivent ; jugez vous-mêmes si celui dont je parle n'est pas d'une beauté à rendre les femmes jalouses.

— Voyons cette merveille, dit Marie Touchet.

— Admirons ce phénix, dit Henriette avec enjouement.

Tout à coup Marie Touchet pâlit et laissa tomber le verre qu'elle tenait à la main. Henriette, qui s'était retournée pour voir plus tôt, se leva comme à l'aspect d'un danger terrible. Elle poussa un cri, et ses doigts crispés se cramponnèrent convulsivement à la table qui retenait tout son corps cambré en arrière.

Espérance et Pontis, conduits par un servant, débouchaient de l'allée, et venaient d'entrer sous le berceau. Espérance, qui marchait le premier, s'était incliné pour saluer son hôte illustre. Lorsqu'il se redressa, il vit en face de lui, à trois pas, la figure livide d'Henriette, dont la terreur raidissait les lèvres et dilatait les yeux. Il saisit la main de Pontis et resta cloué au sol.

Au cri de la jeune fille, une rauque exclamation avait répondu sous les arbres. La Ramée aussi venait de reconnaître le fantôme d'Espérance et le couvait d'un regard épouvanté, comme Macbeth regarde l'ombre de Banquo, comme le remords regarde le châtiment.

Ni M. d'Entragues, ni M. d'Auvergne ne semblaient rien comprendre à cette scène. Quant au roi, après quelques mots vagues adressés à Espérance, il avait, pour s'instruire, attaché ses yeux sur le moine qui, en ce moment, rejeta son capuchon en arrière, pour mieux dévorer chaque détail du spectacle, et sa physionomie curieuse et maligne fit dire à Henri :

— Il faut qu'il se passe ici quelque chose d'extraordinaire, car notre ancien ami vient d'oublier un instant le rôle de frère Robert.

Henriette, après avoir essayé vainement de dominer son émotion, après avoir tenté de repousser l'apparition par toutes les forces de sa volonté, de sa nature énergique, ne résista plus au feu terrible qui jaillissait des prunelles d'Espérance. Elle chancela, la main qui lui servait d'arc-boutant fléchit, tout le corps s'affaissa, et sans le secours des deux bras de son père, elle fût tombée à la renverse.

La pâleur de Marie Touchet s'expliqua aussitôt par l'état douloureux de sa fille, et Gabrielle s'étant avec une vive compassion emparée de Mlle d'Entragues pour lui faire reprendre connaissance, le comte d'Auvergne ne s'occupa plus que de remettre en bonne voie l'esprit du roi qui faisait déjà des questions embarrassantes.

— Que peut avoir cette jeune fille? disait Henri en regardant frère Robert. Serait-ce la vue de notre Adonis qui l'aurait ainsi férue d'amour?

— Mademoiselle a vu sans doute quelque énorme araignée, dit tranquillement le moine, ou bien une chenille de celles que nous appelons *hirsuta*; elles sont communes dans nos jardins.

— C'est cela, s'écria M. d'Entragues en essayant de redresser sa fille et sa femme, n'est-ce pas, madame, que c'est cela?...

— A la bonne heure! dit le roi de plus en plus défiant à la vue du trouble général. Marie Touchet balbutia quelques mots sans suite.

— Laissons les dames prendre soin des dames, dit Henri. Je vais remonter à cheval. Que nul ne se dérange. Tout le monde est trop occupé ici.

— Nous accompagnerons au moins Votre Majesté jusqu'aux portes, dirent le comte et son beau-père en se faisant force clins d'yeux désespérés.

Henri baisa tendrement la main de Gabrielle et se mit en route suivi des deux Entragues et du frère parleur.

Espérance et Pontis, les bras entrelacés, se montraient l'un à l'autre La Ramée immobile à distance, comme un serpent tenu en arrêt par un lion.

Deux traits de plume suffiront pour expliquer la position de chacun des personnages de ce tableau.

Gabrielle suivant des yeux le roi, et regardant avec curiosité soit Mlle d'Entragues, soit Espérance; Marie Touchet empressée de faire revenir sa fille; Henriette plus à l'aise depuis que le départ du roi empêchait toute explication.

Au fond du berceau Espérance et Pontis, et en face d'eux La Ramée.

— Voilà bien le scélérat, dit Pontis à son ami; il nous brave!

— Tu te trompes, répliqua Espérance; il est à moitié mort de peur.

— Il faudrait qu'il fût mort tout à fait, monsieur Espérance.

— Ah! souviens-toi de nos conditions. Pas un mot qui révèle jamais le secret d'Henriette. Vois sa pâleur; vois cet évanouissement, et avoue qu'elle m'a pris pour un fantôme. Crois-tu que je me venge!

— Médiocrement, dit Pontis.

— Cela me suffit, compagnon.

— Pas à moi, murmura le garde. En tout cas, si vous n'avez rien à demander à la demoiselle, j'ai encore un compte à régler avec le garçon. Il a voulu me faire pendre, moi!

— Vous me ferez le plaisir, Pontis, dit sévèrement Espérance, de laisser votre épée au fourreau! C'est une affaire qui me regarde seul.... Ah! pas de discussion, pas de coup de tête, — l'épée au fourreau!

— Soit, répliqua Pontis; il sera fait comme vous le désirez.

— Tu le promets?

— Je le jure!

— Eh bien! suis-moi, nous allons prendre le drôle dans quelque coin, je lui dirai deux mots qu'il n'oubliera de sa vie.

Pontis, que les pourparlers impatientaient dans cette circonstance, où les coups lui paraissaient le seul dénoûment possible, haussa les épaules en grommelant une diatribe contre ces généreux absurdes qui sont l'éternelle pâture des lâches et des méchans.

Espérance lui prit le bras et commença de marcher avec lui vers La Ramée, dont les joues devenaient plus pâles à mesure que ses ennemis s'approchaient de lui.

Mais avant qu'ils ne se fussent joints, Henriette, qui avait compris sans l'entendre chaque nuance de ce dialogue, s'arracha des bras de sa mère et de Gabrielle. Elle courut à Espérance, lui saisit la main et l'entraîna, par un geste rapide comme la pensée, hors du berceau où l'intelligente Marie Touchet retint Gabrielle. Le champ demeura libre de cette façon à toutes les explications possibles.

Espérance essaya bien de résister, mais Henriette, cette fois encore, fut irrésistible. Pontis ne se sentit pas plus tôt libre, qu'il traversa le jardin à la course et disparut dans le rez-de-chaussée du couvent, en se disant avec une sombre ironie :

— Avec mon idée, Espérance n'aura rien à dire et l'épée restera au fourreau!

Ce qu'il allait faire si vite et si loin, nous le verrons tout à l'heure. Il est certain que La Ramée ne s'en doutait pas, et qu'Espérance en le voyant fuir si vite ne s'en fût jamais douté non plus quand même son attention n'eût pas été absorbée tout entière par Henriette.

Celle-ci, une fois hors de la portée des voix, arrêta Espérance, et le regardant avec des yeux noyés de larmes, qui n'étaient pas feintes :

— Pardon ! s'écria-t-elle. Oh ! pardon, monsieur, vous ne m'accusez point, n'est-ce pas de l'horrible aventure qui a failli vous coûter la vie.

— Je ne vous accuse, assurément, mademoiselle, dit Espérance d'un ton calme, ni de m'avoir assassiné vous-même, ni de m'avoir jeté sous le couteau.

— De quoi m'accuserez-vous alors ?

— Mais il me semble que je ne vous ai rien dit, mademoiselle. Je suis en ce couvent pour me rétablir. Je ne vous y a pas appelée ; vous arrivez par hasard... Vous me voyez, c'est tout simple, puisque j'y suis.

— Vivant ! Oh ! Dieu merci, ce remords va donc cesser d'empoisonner mes nuits.

— Enchanté, mademoiselle, d'avoir involontairement contribué à vous rendre le sommeil meilleur. Mais, puisque vous êtes rassurée, et que désormais vos nuits, comme vous dites, vont devenir charmantes, nous n'avons plus rien à nous raconter. Saluons-nous donc poliment. Pour ma part, je vous tire ma révérence. Tenez, voilà madame votre mère qui regarde de ce côté comme si elle vous rappelait.

— Ma mère ! ma mère ! Il s'agit bien de ma mère. Elle doit être trop heureuse que je réussisse près de vous ! s'écria Henriette avec furie.

— Comme vous y allez ! Une mère si sévère, aux yeux de qui vous vous compromettez à me parler !

Cette ironie fit bondir Henriette comme un coup d'éperon.

— Par grâce ! dit-elle, ne m'épargnez point la colère, les reproches, l'insulte même, cela se pardonne chez un homme aussi cruellement offensé ; mais le sarcasme, le mépris.., oh ! monsieur !...

— Et pourquoi donc vous honorerais-je de ma colère? répliqua Espérance. Jalouse, un poignard à la main, vous m'eussiez troué la poitrine, — bien, je vous redouterais, je ne vous mépriserais pas. Mais vous rappelez-vous cette femme, cette hyène, cette voleuse, qui s'est penchée sur mon cadavre?... Vous l'avez peut-être oubliée,—je m'en souviens toujours. Je ne veux plus avoir rien de commun avec cette femme. Allez de votre côté, madame, laissez-moi vivre du mien.

— J'ai été lâche, j'ai été vile, j'ai eu peur.

— Que m'importe, je ne vous demande point de justification. Ma blessure est cicatrisée, ou à peu près; tenez...

Il ouvrit sa poitrine dont la blanche et douce surface était sillonnée par une cicatrice encore rouge et enflammée.

Elle frissonna et cacha son visage dans ses mains.

— Vous voyez bien, reprit-il, que je n'ai plus le droit de garder rancune à l'assassin. Souffrance du corps, morsures dévorantes, brûlure amère, douze à quinze nuits de fièvre, de délire, qu'est-ce que cela?... c'est le paiement des heures de volupté, d'ivresse, d'amour que ma maîtresse m'avait données. Nous sommes quittes. Quant à l'âme, oh ! c'est différent. Effaçons, effaçons...

Il salua de nouveau et chercha une allée de traverse, elle le retint avidement.

— Et si je vous aime ! s'écria-t-elle, si je vous trouve beau, juste, sublime, si je m'humilie, si je me dénonce et que je vous avoue... si toute ma vie est suspendue à votre pardon,... si, depuis que vous m'avez quittée,—oh ! quittée... comment hélas !—si depuis le terrible moment où je me suis réveillée, quand on n'a plus trouvé votre corps, quand ma mère et ce La Ramée maudissaient, menaçaient... si, depuis cette infernale nuit, Espérance, je n'ai pas dormi. Riez, riez... Si je n'ai pensé qu'à vous retrouver vivant ou mort. Mort, pour aller me rouler à deux genoux sur votre tombe et vous jeter mon cœur en expiation; vivant, pour vous prendre les mains comme je fais et vous dire : Pardonne, j'ai été infâme ! Pardonne encore, j'ai été ambitieuse, j'ai caressé les chimères qui dessèchent le cœur, pardonne, je suis tantôt un démon, tantôt une femme frivole, tantôt une créature capable de tout le bien que ferait un ange. Fais plus que pardonner, Espérance, toi qui n'es pas composé de fiel et de boue comme nous autres, aime-moi encore, et je m'élèverai par l'amour à une telle hauteur, que de ces sphères nouvelles nous ne verrons plus la terre où j'ai été criminelle, où j'ai failli mériter ta haine et ton mépris. Espérance, je t'en supplie, le moment est solennel ! Demain, ni pour toi ni pour moi il ne serait plus temps. Oubli, espoir, amour!

Il tenait ses yeux fixés sur le gazon comme l'ombre de Didon que suppliait Enée.

— Tu répondras, n'est-ce pas? dit-elle... Tu me fais attendre. Tu veux me punir, mais tu répondras.

— A l'instant, répliqua le jeune homme d'une voix ferme, et avec un lumineux regard qui effraya Henriette tant il pénétrait profondément dans les abîmes de sa pensée qu'elle venait de lui ouvrir. — L'amour que vous me demandez, vous ne l'éprouvez pas vous-même, ne m'interrompez point. — C'est un reste de jeunesse, un des derniers attendrissements de la fibre, que l'âge n'a pas encore eu le temps de pétrifier tout à fait. Cet amour n'est autre chose que votre repentir d'avoir causé la mort d'un homme. Cet attendrissement, c'est le résultat de la peur que vous a causée mon fantôme.

— Oh! vous abusez de mon humiliation.

— Nullement, je vous dis la vérité; c'est un droit que j'ai payé cher. Je n'en profiterais même pas, croyez-le bien, si je n'espérais que le miroir brutalement présenté attirera votre attention sur la réalité désolante de votre image, et vos progrès dans le bien, si vous en faites, serviront à d'autres, je m'en applaudirai de loin. Quant à moi, que vous dites aimer, et que vous sollicitez d'en faire autant, j'en suis pour le moins aussi incapable que vous-même. Cet amour que j'avais était une sève exubérante, qui a tari avec mon sang. Peut-être eût-il survécu, si quelque racine en eût été plantée dans le cœur; mais, je vous le déclare, et cela sans chercher les mots qui vous choquent, — je les évite au contraire soigneusement — en appuyant la main sur ce cœur tant de fois joint au vôtre, je ne sens rien qui batte, rien que le mouvement régulier et banal d'une vie tenace, il faut le croire, puisqu'elle a résisté à un si rude assaut. Je ne vous aime plus, mademoiselle, et je ne crois pas en conscience que vous soyez fondée à me le reprocher.

Henriette, les sourcils contractés par une souffrance inexprimable, tenta pourtant un dernier effort.

— Au moins, dit-elle, puisque vous me réduisez à demander l'aumône, au moins faut-il que je fasse valoir mes titres à votre charité. Tout-à-l'heure vous le disiez vous-même, vous évoquiez des souvenirs qui m'ont fait tressaillir. Ce temps à jamais évanoui de l'amour, ces heures d'étreintes où votre cœur, glacé aujourd'hui, battait si fort, ne plaideront-ils pas pour moi? Et au lieu de répéter avec moi : Oubli et amour; ne consentirez-vous pas à me tendre la main en répétant : Oubli et amitié!

Espérance attacha son regard sincère sur l'œil noir et profond d'Henriette. Il y lut une sorte d'avidité sinistre. Peut-être cette femme était-elle en ce moment sincère comme lui; mais Dieu, qui lui avait donné le pouvoir de brûler, d'entraîner les cœurs, lui avait refusé la douceur qui persuade, le charme qui endort les défiances. Si Espérance n'eût pas été l'esprit noble et choisi par excellence, on eût pu croire qu'il ne pardonnait pas à Henriette d'avoir tant surfait l'amour pour en arriver à l'amitié.

— Eh bien, répliqua-t-il lentement, j'ai le regret de ne pouvoir encore vous satisfaire, je ne suis pas de votre opinion quant aux degrés que vous établissez — l'amitié vaut à mes yeux autant que l'amour, sinon plus; elle n'est pas le reste usé, fané, racorni de l'autre. Pour accorder de l'amitié à quelqu'un, il faut que je sois absolument sûr de cette personne. Pour aimer d'amour, je ne prends mes informations que dans des yeux, une taille, un pied, un sein qui me séduisent. Je vous ai aimée, je ne m'en repens point — mais je ne serai jamais un ami pour vous — n'y pensons pas plus qu'à l'autre chose.

Elle pâlit et se redressa.

— Cette fois, dit-elle, vous ne ménagez même plus en moi la position ni le sexe. Vous m'insultez comme si j'étais un homme.

— Vous n'en pensez pas un mot. Ma nature n'est ni provocante ni hargneuse, vous le savez.

— En quoi mon amitié peut-elle vous nuire?

— En quoi la mienne peut-elle vous servir?

— Ne fut-ce que pour les jours où le hasard nous rapprochera.

— Oh! ces jours-là, mademoiselle, deviendront de plus en plus rares. Nos astres ne gravitent pas dans le même sens. Et puis, c'est chose facile : lorsque nous nous rencontrerons, comme vous savez que je ne suis pas mort, vous n'aurez plus cette émotion désagréable; je n'aurai plus cette première surprise assez naturelle, nous nous tournerons civilement le dos ou nous nous saluerons plus civilement encore, si vous y tenez.

— Je n'y tiens pas, si j'y tiens seule, dit Henriette avec une hauteur qui prouva bien vite à Espérance que le vernis de douceur n'était point épais sur cette rude écorce. Ainsi, je suis refusée, bien refusée, monsieur?

Espérance s'inclina.

— Sur tous les points?

Il s'inclina encore.

— Il ne nous reste plus, dit Henriette les dents serrées, qu'à cause d'affaires.

Il la regarda d'un air surpris.

— Oui, monsieur. Un refus d'amitié signifie promesse de haine. — Vous me haïssez, soit!

— Je n'ai pas dit cela, mademoiselle, et j'ai dit tout le contraire. Je répète ma profession de foi : — Pas d'amour — pas d'amitié — pas de haine...

— Phrases! subterfuges! subtilités auxquelles je suis intéressée à ne me pas méprendre. Ne me regardez pas de cet œil étonné. Vous n'êtes pas plus étonné que je n'étais amoureuse tout à l'heure. Nous jouons une partie, n'est-ce pas? eh bien, cartes sur table. Puisque vous allez être libre, puisque je renonce bien complétement à vous, votre intention ne saurait être de me retenir votre esclave?

— Mon esclave?

— Je la suis. Vous tenez un bout de chaîne qui gênera perpétuellement mes allures, ma liberté, ma vie, une chaîne qui me déshonore! Rompez-la, monsieur, lâchez-la!

— Je fais tous mes efforts pour comprendre, dit Espérance, et je n'y parviens pas.

— Je vais vous aider. L'amant qui conserve des gages de sa liaison avec une femme peut perdre cette femme, n'est-ce pas?

— Ah! s'écria Espérance, je comprends.

— C'est heureux.

— Votre billet, n'est-ce pas?

— Vous allez me répondre que vous ne l'avez pas sur vous...

— D'abord.

— Je le crois. Envoyez quelqu'un à Ormesson avec ce billet. Je remettrai en échange les diamans que vous avez oubliés chez moi.

— Inutile, mademoiselle, dit froidement Espérance, je n'enverrai pas chercher ces diamans, jetez-les dans la rivière, égrenez-les par les chemins, renvoyez-les moi pour que je les donne aux pauvres, faites-en ce que bon vous semblera. Quant au billet...

— Eh! bien.

— Vous ne le reverrez jamais. Il me plaît non pas de vous tenir esclave, comme vous disiez, ou de vous faire rougir à mon passage. Oh! je vous promets, je vous jure de tourner à droite quand je vous verrai à gauche. Non, mademoiselle, mais il me plaît de garder contre vous cette arme terrible.

— C'est lâche! s'écria Henriette avec un regard effrayant.

— Si j'en crois vos yeux, c'est plutôt téméraire.

— Vous ne voulez pas me rendre ce billet?

— Non.

— Eh bien! je vous le prendrai.

— Tant que vous ne m'aurez pas fait assassiner, tant que je serai debout, tant qu'il me restera une goutte de sang pour me défendre, je vous en défie.

— Encore une fois, réfléchissez!

Espérance haussa les épaules.

— N'ayez donc pas peur de moi, dit-il avec sérénité; vous voyez bien que je n'ai pas peur de vous.

— Oh! malheur, murmura la jeune fille avec un geste terrible. Adieu! je ne vous dirai plus qu'un mot... Espérance... je vous hais! prenez garde!

— Vous en avez dit deux de trop, répondit Espérance, tandis qu'Henriette regagnait rapidement le berceau.

Elle prit le bras de sa mère, ne salua pas même Gabrielle qui s'informait de sa santé, et traînant, avec une vigueur inouïe, la majestueuse Marie Touchet à la rencontre de M. d'Entragues et du comte d'Auvergne, qui revenaient au berceau après avoir assisté au départ de Henri IV, elle répéta plus de dix fois :

— Partons! partons!

Cependant elle jetait à droite et à gauche des regards inquiets.

— Que cherchez-vous, dit le comte d'un ton bourru, est-ce que votre syncope va vous reprendre?

— Maladroite syncope! murmura M. d'Entragues.

— Je cherche La Ramée, dit Henriette d'un ton farouche.

— Il s'agit bien de La Ramée, répondirent les deux courtisans de mauvaise humeur. Demandez-nous donc plutôt ce qu'a pensé le roi de votre évanouissement.

— Le roi, dit vivement Marie Touchet, sait bien qu'une jeune fille peut avoir des crises nerveuses.

— Et d'ailleurs qu'importe, interrompit fiévreusement Henriette. Il me faut La Ramée.

Un jardinier qui travaillait dans le parterre entendit la question. Il avait vu le jeune homme attendre et guetter longtemps près du berceau tandis qu'Henriette causait avec Espérance.

— Ne cherchez-vous pas le gentilhomme en habit vert qui était là tout à l'heure? dit-il.
— Précisément.
— C'est qu'on est venu l'appeler voilà dix minutes.
— Qui donc?
— M. de Pontis, le garde du roi, qui loge ici.
— Ah! fit Henriette.
— Oui, le jeune homme pâle regardait là bas au fond, du côté du berceau; alors M. de Pontis s'est approché, lui a frappé sur l'épaule. L'autre s'est retourné vivement, je ne sais pas ce qu'ils se sont dit, mais ils sont partis ensemble et d'un bon pas encore.
— C'est bien, c'est bien, dit Marie Touchet en serrant le bras de sa fille, on le retrouvera. Partons.
Toute la famille disparut sous le portique.
Espérance, à bout de forces, était tombé sur un banc.
Il cherchait des yeux Pontis, car il se sentait défaillir.
Gabrielle était retournée auprès de son père.
Soudain, un bruit pareil à celui du sanglier qui écrase un taillis, réveilla le pâle jeune homme; il vit ou plutôt il devina Pontis sous les traits d'un fou hagard, essoufflé, écorché, en haillons, trempé de sueur, qui faisait irruption dans le berceau par la charmille, et qui, l'embrassant à l'étouffer, lui dit d'une voix rauque :
— Adieu... à bientôt... mille complimens aux bons frères.
Et il s'enfuyait. Espérance le saisit par un des lambeaux de son pourpoint, et s'écria :
— Au nom du ciel! qu'y a-t-il, et dans quel état t'es-tu mis?

XXVX.

Chien et Loup.

Voici à quoi Pontis avait employé son temps.
Après sa conversation avec Espérance, nous l'avons vu disparaître. Cependant La Ramée, d'abord menacé par les regards hostiles des deux amis, s'était trouvé tout à coup libre et seul, à partir du moment où Henriette avait pris le bras d'Espérance.
Le jardinier ne s'était pas trompé. La Ramée suivait avec une anxiété bien grande chaque mouvement de la jeune fille, chaque geste d'Espérance. De quoi pouvaient-ils parler? Comment s'était-elle si vite remise de son émotion, elle, une femme, tandis que lui, fort et hardi, tremblait encore à l'aspect de sa victime échappée à la mort?

La tête de La Ramée se brouillait dans la contexture de toutes ces intrigues. Il ne pouvait suivre à la fois ni le génie astucieux des Entragues, ni le génie prime-sautier de la turbulente Henriette, et lorsque tout cela se compliquait de la présence d'Espérance, des serremens de mains que lui prodiguait la jeune fille, de la patiente complaisance de Marie Touchet, La Ramée n'y comprenait plus rien. Le comte d'Auvergne, le roi, Espérance, Ormesson, Saint-Denis, Bezons dansaient comme des visions de fièvre dans son cerveau vide, et, réellement, c'était trop d'impressions diverses pour la force d'une seule créature. La jalousie, la haine, la peur et le fanatisme religieux eussent suffi isolément à tourner quatre cervelles.

Le jeune homme s'appuyait donc à son arbre comme un captif à son poteau, et il attendait que le jour et le calme pénétrassent en maîtres dans son intelligence. Déjà même une idée lui apparaissait distincte, celle de marcher vers les deux interlocuteurs, Henriette et Espérance, de ramener celle-là près de sa mère, et d'en finir avec celui-ci par une explication décisive. Ce parti souriait à ses instincts de brutale domination. Henriette, subjuguée par la peur d'un scandale, céderait facilement. Elle y serait contrainte par sa mère. Quant à Espérance, on lui proposerait d'effacer ce coup de couteau par un coup d'épée lorsqu'il serait tout à fait guéri.

Soudain une main s'appuya sur l'épaule du jeune homme. Il se retourna et vit à un pied de son visage le visage souriant et narquois de Pontis.

C'était la seconde fois qu'il voyait en plein soleil cette mâle et bizarre figure. Dans leur rencontre nocturne à Ormesson, l'ombre les avait empêchés de se bien saisir l'un l'autre. Tout à l'heure au bras d'Espérance, Pontis n'avait été aperçu qu'à travers un rideau de feuillage. Ils ne s'étaient donc bien réellement trouvés face à face qu'au camp de Vilaines et dans le jardin du couvent des Genovéfains.

Ce que disait à La Ramée la figure de Pontis, beaucoup de lignes ne réussiraient pas à l'exprimer, cependant un seul regard le traduisit.

La Ramée se retourna, la main sur la garde de l'épée.

— Je vois, lui dit Pontis, que vous m'avez

compris tout de suite — c'est un plaisir d'avoir affaire aux gens d'esprit.

— Monsieur, répliqua La Ramée, je n'ai pas d'esprit du tout, et ne veux pas perdre de temps à essayer d'en faire. Vous avez à me parler, je suis prêt.

— Cette phrase vaut toutes les oraisons et harangues de l'antiquité, dit Pontis.

— Mais, interrompit l'autre, vous ne supposez pas que je vais tirer l'épée comme cela, en plein air, à deux pas des dames.....

— Bon!... Cela vous gêne-t-il? Monsieur de La Ramée, vous seriez donc bien changé depuis le dernier jour où nous nous sommes vus. Ce jour-là, sans reproche, vous avez tiré le couteau dans la poche même de deux dames.....

La Ramée, avec son regard venimeux :

— Criez cela bien haut, dit-il, vous me prouverez que vous cherchez à être entendu, pour qu'on nous empêche de nous battre.

— Erreur! il ne peut y avoir entre nous de scandale, monsieur; mon ami qui est là-bas me l'a défendu absolument. Il n'y aura qu'une muette explication. Si cependant vous refusiez de me suivre, oh! alors je prendrais un parti violent.

— Je vous répète que le lieu est mal choisi.

— A qui le dites-vous. Aussi j'en ai choisi un autre. Vous ne contestez point, n'est-ce pas?

La Ramée tressaillit.

— Marchons! dit-il.

Puis, se ravisant :

— Où allons-nous?

— Vous aurez remarqué, répliqua Pontis, que tout à l'heure, je vous ai vu, et qu'au lieu de venir droit à vous, j'ai pris le travers du jardin.

— Je l'ai vu.

— A la façon dont je courais, vous avez dû vous dire : Ce Pontis n'est pas un sot, il va préparer quelque chose pour moi.

— J'ai eu cette idée.

— Je vous répète que vous êtes plein d'esprit. Venez donc sans avoir l'air de rien. Tenez, marchons comme deux amoureux qui devisent; comme les deux amoureux de là-bas, chemin faisant, je vous expliquerai mes petites finesses.

La Ramée frissonna d'être obligé de quitter Henriette dont l'entretien avec Espérance atteignait en ce moment le maximum de l'animation. Mais Pontis le tenait galamment par le bras et le conduisait vers les bâtimens du couvent. Il fallait marcher.

— Voyez-vous, dit Pontis, j'habite ce couvent depuis assez de temps pour en avoir sondé, visité, éventé tous les bons coins et les cachettes; je ne saurais vous détailler ce qu'il m'a fallu d'artifices pour me glisser soit dans les offices, soit dans la cuisine, afin de dérober, à l'insu du frère parleur, les potages, bouillons, cuisses ou blanc de volaille, qui m'ont ainsi redressé, fortifié, enluminé le pauvre Espérance. Vous lui avez tiré tant de sang!

— Vous pourriez bien marcher sans tant de verbiage, grommela La Ramée.

— C'est pour que la route vous semble moins longue. Du reste, nous arrivons. Je réponds d'ailleurs à votre question : Où allons-nous? Eh bien, nous allons gagner un petit degré derrière la cuisine, tourner le long de l'office, puis autour de la chapelle, descendre à l'étage souterrain où se trouvent les bûchers. Rassurez-vous, les caves sont un étage plus bas. Ce couvent est supérieurement bâti, monsieur; il y a trois étages de caves.

A ce moment, en effet, les deux jeunes gens pénétraient dans le corridor où commençait l'escalier annoncé par Pontis, et que peut-être nos lecteurs se rappelleront pour y avoir vu descendre le frère parleur et M. de Liancour.

C'était, en effet, un endroit désert, sans communication utile, et qui prenait son jour ou plutôt son crépuscule par les soupiraux d'une cour intérieure.

La Ramée s'arrêta sur le point de descendre.

— Comme nous n'allons pas sans intention dans cet endroit, monsieur, dit-il à son guide, comme ces intentions ne sont pas caressantes, vous trouverez bon que je prenne mes précautions.

— Comment donc, monsieur, lesquelles?

— Je tire d'abord mon épée.

— Comme vous voudrez — moi je laisse la mienne au fourreau.

— Ensuite, vous passez le premier.

— Oh! mais, monsieur, c'est beaucoup exiger, dit Pontis. Car enfin, je suppose que le pied vous manque, et que, sans mauvaise volonté aucune, vous tombiez sur moi, vous étendrez la main pour vous retenir, et cette diablesse d'épée que vous tenez à la main m'entrera dans le corps, ce qui vous chagrinerait et moi aussi. Non, prenons d'autres arrangemens.

— Sais-je moi si vous n'avez pas préparé quelque piège dans cette obscurité.

— Vous avez raison, cela peut se supposer. Eh bien, gardez votre épée nue si bon vous semble. Mais pour vous prouver mon désir de vous être agréable, partageons le différend par la moitié : vous aurez les deux épées, voici la mienne, et vous descendrez le premier. Cela vous va-t-il? Si l'escalier était assez large nous descendrions de front, mais il ne l'est pas.

La Ramée prit les deux épées avec une satisfaction féroce, et il se mit à descendre à reculons, les épées sous le bras, l'œil avidement fixé sur le moindre mouvement de son adversaire.

Ils arrivèrent ainsi dans un corridor long et sablé de sable fin. Il y régnait une fraîcheur charmante. Le jour qui descendait par les guichets était bleuâtre, et se jouait en tons blafards sur les vieux murs.

— Voyez! s'écria Pontis, si l'on n'est pas ici à merveille. A droite et à gauche, des murailles. La porte que vous voyez là, et dont l'imposte est garnie de barreaux de fer, c'est sans doute une cave à vins fins.

— Eh bien, faisons vite, dit La Ramée. Mais ce corridor est trop étroit, nos épées toucheront les murailles à chaque parade.

Pontis, avec un sourire étrange.

— C'est assez large pour ce que j'en veux faire, s'écria-t-il. Mesurons d'abord les épées.

— Que de formalités, dit La Ramée ; on dirait que vous cherchez à gagner du temps; les voici, ces épées, mesurez.

Il les tendait en disant ces mots. Pontis les saisit toutes deux ensemble et les jeta derrière lui à plus de dix pas,

— Que faites-vous? s'écria La Ramée, reculant effrayé.

— Ah! lui dit Pontis, qui tout d'un coup changea de physionomie et de langage, tu crois que je tirerai l'épée contre toi! Parce que je t'ai appelé homme d'esprit, tu t'es laissé amener ici, triple imbécile!... Des épées!... ah! bien oui!... As-tu ton petit couteau sur toi?

— Monsieur! s'écria La Ramée, je vais appeler.

— Essaie, dit Pontis, qui d'un bond lui sauta à la gorge et le colla sur la muraille. Mais La Ramée était vigoureux, la frayeur doublait ses forces, il fit un effort surhumain et s'échappa des poignets nerveux qui avaient commencé à l'étrangler.

— De près ou de loin, dit Pontis en marchant sur lui les mains crispées, je t'atteindrai! Tu as beau reculer, le corridor n'a pas d'issue.

La Ramée, effrayant à voir, se pelotonna comme le chat sauvage qui va prendre son élan.

— Je ne te prends pas en traître, ajouta Pontis ; regarde cette porte et les barreaux de fer. Tu les vois ; remarque la corde qui s'y balance... Eh bien! je suis venu l'attacher là tout à l'heure. C'est la surprise dont je te faisais fête.

— Misérable! hurla La Ramée.

— De quoi te plains-tu, tu as vingt ans, moi aussi, je suis petit, tu es grand, nous n'avons d'épée ni l'un ni l'autre — tu m'as voulu faire pendre, je veux te pendre à mon tour — seulement tu as une chance que je n'avais pas au camp; si le prévôt m'eût tenu, je ne pouvais faire résistance, tandis que si tu veux bien résister, tu peux avoir la satisfaction de m'accrocher à la corde que je te destinais. Je t'avoue que je n'en crois rien, et j'espère bien que je serai le plus fort comme à Ormesson tu as été le plus traître..... Allons!... tiens-toi bien!..... défends ton cou!... allons!... égratigne, mords!... c'est le combat du chien Pontis contre le loup La Ramée!

Il n'avait pas achevé que son adversaire s'était précipité sur lui avec la rage et la vigueur du loup auquel on l'avait comparé. Ce fut un terrible spectacle. Ces deux hommes enlacés, tordus, égaux en courage, sinon en vigueur, luttèrent pendant quelques minutes qui épuisèrent leurs forces et ne firent qu'accroître leur fureur. Cependant La Ramée, plus grand et peut-être plus industrieux, roula sous lui Pontis qu'il maintint terrassé, grâce à l'appui que ses longues jambes et ses poignets surent prendre sur les deux murailles. Mais alors Pontis se ramassa en boule, saisit La Ramée par le milieu du corps, le lança en l'air comme eût fait une catapulte, et le voyant étourdi du choc, il le traîna vers la corde à laquelle il l'accrocha par le nœud qu'il avait préparé. Ni ongles, ni dents, ni coups de pieds désespérés, ne rebutèrent le garde. En vain le vaincu lui arracha-t-il des poignées de son épaisse crinière, en vain lui déchira-t-il les flancs et le visage à coups d'éperon, Pontis tira la corde et hissa jusqu'à l'imposte le misérable La Ramée, qui perdit bientôt la vue et la parole.

Mais alors, n'en pouvant plus, et arrivé à cet état d'exaltation nerveuse où les sens perçoivent toute impression décuple, Pontis entendit des pas dans l'allée du jardin que longeait ce corridor, il crut voir une ombre se pencher à l'un des soupiraux, il crut même entendre sortir de la porte un cri ou un frémissement d'horreur, et c'est alors qu'il remonta l'escalier en trébuchant à chaque marche, et nous l'avons vu arriver aveugle, sourd, brisé, sanglant, jusqu'au berceau où son ami l'attendait.

Espérance, en voyant ce désordre affreux, fut frappé de la seule idée qui pût l'expliquer à ses yeux.

— Tu as rencontré La Ramée? dit-il.

— Sambioux! je crois bien.

— Qu'en as-tu fait?... Où est ton épée?...

— Nous causerons de cela plus tard. Dépêche-toi de m'embrasser; donne-moi une ou deux pistoles, et adieu!... Il ferait mauvais ici pour moi.

— Parle, au nom du ciel! tu t'es battu avec ce misérable?

— Moi, pas du tout, c'était défendu.

— Il t'a battu alors?

— Allons donc — non, c'est un petit malheur qui m'est arrivé — nous discutions ensemble....

— Au sujet d'Henriette?

— Jamais, c'était encore défendu — nous discutions sur je ne sais plus quoi, tout à coup il s'est pris dans quelque chose qui traînait....

— Dans quoi donc, mon Dieu?

— Je crois que c'était une corde. Il est entêté, je le suis, il a tiré de son côté, moi du mien, de telle façon que j'aime mieux m'en aller. Adieu.

— Tu l'as tué malheureux!

— J'en tremble. Adieu. Excuse-moi près de cet excellent frère Robert; dis-lui que j'ai horreur des confrontations, des interrogatoires, des procès-verbaux...

— Tu me laisses...

— Tu es grand garçon, et la nouvelle mariée te servira de garde-malade. Embrassons-nous.

En achevant ces mots il s'enfuit. Puis ayant couru dix pas fit une glissade pour s'arrêter et revint dire :

— Je retourne près de M. de Crillon, je me confesserai à lui et il aura de l'indulgence.

Trois minutes après, il avait sauté par dessus une haie, puis par dessus le mur et n'était plus dans le couvent.

Espérance, demeuré seul, se demandait avec effroi quel parti lui restait à prendre ; il voulait aller trouver le frère Robert, il voulait tout lui dire et tout excuser, lorsque Gabrielle revint et poussa un petit cri à l'aspect du bouleversement qu'elle remarqua sur les traits du jeune homme.

— Je suis sûre, s'écria-t-elle, que la conversation de Mlle d'Entragues vous a fait plus de mal que de bien.

— Je crois que oui, madame, dit Espérance, à qui le son de cette douce voix, et l'enjouement de ce suave regard fit l'effet d'une musique après l'orage, d'un rayon de lune après l'éclair.

— Je voudrais être assez votre amie, ajouta Gabrielle, pour savoir ce qu'elle vous disait avec tant de véhémence. Vous étiez bien pâles tous les deux.

— Moi, d'abord, je suis toujours pâle.

— Sans doute; mais elle... Enfin, je sens que ma curiosité vous gêne; excusez-moi.

— Oh! madame, répondit Espérance en serrant avec reconnaissance les doigts effilés qui venaient de presser les siens, vous n'êtes ni curieuse, ni gênante ; mais vos yeux sont si limpides, votre âme s'y reflète si pure que je craindrais de souiller ce beau cristal en y versant mes noirs chagrins.

— Vos chagrins ! cette femme vous fait souffrir?

— Elle m'a fait souffrir... Mais c'est fini.

— En partant, elle semblait vous menacer. Tenez, je m'accuse... mais tout en feignant d'écouter sa mère, c'est elle que j'ai écoutée ; elle vous a dit : Prenez garde!

— Il est vrai.

— Eh bien ! j'ai eu peur pour vous, et je me suis promis aussitôt que j'aurais fait ma paix avec mon père de revenir pour que vous me rassuriez.

— Merci, madame.

— Car nous sommes amis, n'est-ce pas? Vous m'avez rendu un service...

— Un si grand service, madame, dit Espérance en souriant, qu'il doit à jamais me mériter votre reconnaissance. Et malgré le serment que je m'étais fait de ne plus jamais sourire aux gracieusetés d'une femme, votre offre me séduit, je l'avoue, et je tenterai une dernière épreuve. J'accepte. Toute mon âme vole au devant de votre amitié.

— C'est conclu. Vous me direz toujours la vérité ; vous me donnerez des conseils... Lorsque je souffrirai aussi, vous me consolerez.

— Hélas ! dit tristement Espérance, vous aurez peut-être bien besoin que je vous console.

— Pourquoi? demanda Gabrielle, effrayée.

— Parce que... parce que vous êtes entrée dans le même chemin que cette femme dont nous parlons ; parce que vous lui faites obstacle, et que tout ce qui la gêne...

— Eh bien !

— Elle le foule aux pieds, sans daigner dire comme à moi : prenez garde !

— Oh ! alors vous me défendrez !

— Je ne serai plus là, madame ; il faut que j'aie quitté cette maison ce soir.

— Vous ! dit Gabrielle en pâlissant, car elle venait de sentir son cœur habitué à cette amitié d'un jour.

— Où va mon ami il faut que j'aille, répliqua le jeune homme, pour éviter d'épouvanter une femme par ses terribles confidences.

— Mais... il part donc, M. de Pontis ?

— Il est parti.

— Oh, mon Dieu ! murmura Gabrielle... En tous cas on se retrouve... nous nous retrouverons...

— Je n'irai pas où vous serez... Vous allez briller, vous allez régner, madame, l'éclat qui vous attend éblouirait mes yeux.

Elle baissa la tête en rougissant.

— Quoi, dit-elle d'une voix faible et harmonieuse comme un chant lointain, cette belle amitié promise tout à l'heure est morte déjà ! Oh ! monsieur, c'est qu'elle n'était pas née !...

Espérance fit un mouvement pour répondre ; mais comme il rencontra les yeux de Gabrielle et que ces yeux lui eussent arraché plus de paroles qu'il n'en voulait dire, il se détourna et ne répondit rien.

Soudain il vit au bout de l'allée apparaître frère Robert toujours enfoui sous son capuchon.

— Madame ! s'écria-t-il, il faut que je vous quitte, je dois tout avouer à ce bon religieux, et après, il me faudra partir, trop heureux si l'on ne me chasse point d'ici avec horreur.

— Mon Dieu ! mais qu'est-il arrivé, dit Gabrielle en suivant Espérance à la rencontre de frère Robert.

— Une dernière grâce, madame, n'écoutez pas ce que je vais dire.

— Vous m'effrayez tout à fait, murmura-t-elle.

— Pourquoi vous effrayer ? dit la voix perçante de frère Robert qui, à cette distance, avait entendu.

— Monsieur prétend qu'il veut partir d'ici, répondit Gabrielle.

Espérance tremblait.

— A quel propos ? dit tranquillement le moine. Monsieur n'est pas guéri, et nos soins lui sont encore nécessaires.

— Voyez-vous ! s'écria Gabrielle, vous restez ! nous restons.

Le moine saisit cette parole au passage.

— Madame, vous retournez ce soir à Bougival, dit-il. M. d'Estrées vient d'en faire prévenir notre révérend prieur. Les chemins sont libres et vous ne devez plus avoir aucune raison de rester ici.

Gabrielle pâlit à son tour.

— Mais mon père ne m'en a rien dit, balbutia-t-elle ; mais le roi me croit ici... mais si M. de Liancour revenait...

— M. de Liancour ne revient pas, interrompit gravement le moine. Quant aux dangers que vous pourriez courir, je crois qu'ils ne sont plus à Bougival.

En disant ces mots, frère Robert laissa tomber son vague regard comme un rayon lumineux qui fit rougir Espérance et Gabrielle.

Ils se saluèrent. L'un suivi du moine retourna vers sa petite chambre, l'autre regagna le bâtiment neuf. Leurs deux soupirs n'en firent qu'un à l'oreille du frère parleur.

XXX.

Au dernier les bons.

Les amis du roi ne s'étaient pas trompés. Son abjuration avait enlevé aux ligueurs leur dernier prétexte. Le peuple de Paris, sachant le roi catholique, ne se gêna plus pour témoigner hautement combien il préférait le joug d'un roi français à l'occupation espagnole.

Cette ville affamée, épuisée, avait dépensé depuis cinq ans toute sa force et tout son esprit. A Paris, quand on a si longtemps crié, chanté, promené des épigrammes et des anagrammes, on se demande si le sujet en valait la peine ; on cherche en quoi Mayenne vaut mieux que Crillon, Philippe II que Henri IV, et le procès est perdu pour les mousquets devant les chansons.

Mais l'Espagnol ne voulait pas perdre le procès ; Mme de Montpensier non plus. C'étaient donc à Paris de grandes agitations depuis le coup retentissant que le roi venait de frapper.

Un matin, Paris se réveilla cerné par de nouvelles troupes espagnoles, wallonnes et italiennes. On annonçait fastueusement l'arrivée de chariots remplis de doublons, pour allécher les rentiers et les pensionnaires. Et c'était entre les Espagnols triomphans et les Ligueurs enchantés un échange de civilités et des accolades à n'en plus finir.

M. de Brissac, qui tenait soigneusement les portes fermées, reçut bientôt la visite du duc de Feria, chef des troupes espagnoles, suivi d'un cortége trop nombreux pour être rassurant.

Le gouverneur de Paris, derrière ses rideaux, avait vu entrer dans la cour de sa maison cette troupe empanachée, brodée et pommadée, dans laquelle se faisait remarquer notre vieille connaissance, le seigneur Jose Castil, capitaine de l'une des portes de Paris.

Au premier mot que lui rapportèrent ses huissiers, il donna ordre qu'on introduisît les Espagnols.

Nous savons que Brissac avait soulevé contre lui quelques défiances, que sa dernière aventure avec Jose Castil avait encore envenimées. Cette visite matinale, dont il soupçonnait le but le trouva néanmoins poli et impassible.

Il alla recevoir gaîment les Espagnols et les introduisit dans sa salle de cérémonie, feignant de ne remarquer ni l'air embarrassé du duc de Feria, ni les sournois coups d'œil que don Jose, resté en arrière, échangeait avec l'état-major espagnol.

— Eh bien ! s'écria-t-il, messieurs, que dit-on ? Qu'il arrive du renfort ?

— Et de l'argent, monsieur, répondit le duc en s'approchant de Brissac.

— L'un et l'autre sont les bienvenus.

— Vos portes cependant sont fermées, dit M. de Feria.

— On les ouvrira, s'écria Brissac gaîment. Ce que nous avons à craindre, c'est que le convoi d'argent ne soit un peu écorné, s'il faut qu'on nourrisse tout ce peuple qui a faim.

— Ce n'est point à nourrir les Parisiens, monsieur, que le roi Philippe prétend employer les doublons d'Espagne, répondit M. de Feria d'un ton presque sec. Mais Brissac était décidé à ne pas se formaliser.

— Tant pis, répliqua-t-il, des estomacs creux se battent mal, et vous savez qu'il faudra en découdre. Le roi de Navarre approche, il resserre chaque jour ses lignes autour de Paris. Il va l'assiéger.

— Nos renforts suffiront à contenir les assiégeans et même à donner du courage aux assiégés, interrompt le duc.

— Vous me réjouissez avec toutes ces bonnes paroles, dit le gouverneur ; mais voudriez-vous me faire la grâce de me confier à quoi est destiné l'argent qui nous arrive ?

— A deux choses : la première à payer nos soldats; la seconde à lever les derniers scrupules de quelques membres du parlement.

Brissac fit un mouvement de surprise qui fit dire à l'Espagnol :

— Qu'avez-vous donc, monsieur ?

— J'éprouve un étonnement des plus vifs. Vous avez l'intention d'acheter le parlement et vous promenez comme cela l'argent devant tout le monde? Vous avez donc l'intention que votre négociation ne réussisse pas ?

— Pourquoi échouerait-elle ?

— Parce qu'un homme qu'on achète n'aime pas que la vente de son honneur et de sa conscience soit affichée en pleine rue. Moi j'aurais cru plutôt autre chose.

— Quoi donc ?

— J'aurais cru que cet argent, ainsi promené, servirait à ameuter la populace contre le parlement qui résiste.

— Je ne comprends pas bien, dit le duc troublé par l'habile manœuvre de Brissac.

— Je vais me faire comprendre, ajouta de son air souriant le gouverneur, sûr d'avoir touché juste. Le parlement de Paris est plein d'honneur, de loyauté, de patriotisme à sa façon, monsieur, à sa façon. Il prétend que le véritable maître de la France doit être un Français. Utopie de robins, monsieur. Il en résulte qu'il a fait traîner jusqu'ici toutes les négociations de l'Espagne tendant à donner la couronne à l'Infante. Vous n'êtes pas sans avoir remarqué cela.

— Eh! bien, monsieur... que concluez-vous ?

— Je conclus que le temps se passe, que l'argent de votre gracieux maître est dépensé, puisqu'il a fallu en faire venir d'autre. Bon nombre d'Espagnols gisent plus ou moins enterrés sur tous les champs de bataille de France, il a fallu aussi en faire venir d'autres. Cependant, au lieu d'avancer, votre but se recule ; l'ennemi, c'est le roi que je veux dire, fait chaque jour des progrès : il a été vainqueur assez brillamment dans plusieurs rencontres. Son abjuration n'est pas d'un maladroit : il vient, il vient peu à peu. Que faire ?

— Comment, que faire ? s'écria le duc de Feria avec une raideur de blaireau qui se prend le col dans un piège.

— Pardon ! vous ne saisissez pas bien ma pensée. L'expression vous échappe. En français... que faire signifie : Que ferez-vous ?

— C'est ce que dirait un politique, un royaliste ; mais moi, Espagnol, je ne puis dire cela. Je sais bien ce que je ferai.

Brissac se mordit les lèvres, et se gratta le nez ; ce fut sa seule concession à la dévorante démangeaison qu'il éprouvait de jeter ce fanfaron gourmé par les fenêtres.

— Si vous savez ce que vous ferez, mon cher duc, dit-il, moi je ne le sais pas, et j'ai cru un moment que vous me faisiez l'honneur de me visiter pour me le dire.

— Je venais vous demander pourquoi les portes sont fermées?

— Elles le sont toujours, monsieur, vous le savez mieux que personne, puisque vous y avez des Espagnols.

— Vos Français ont refusé de les ouvrir.

— C'est une loi absolue de l'état de siége, vous ne devez pas l'ignorer davantage. Si une troupe française se fût présentée ce matin pour entrer, vos Espagnols l'eussent empêchée d'entrer, comme mes Français l'ont fait pour vos Espagnols.

— Je vous demande passage, alors.

— Voici les clefs, monsieur le duc, et vous ne ferez jamais entrer chez nous autant d'Espagnols que je le désire.

— Voilà une excellente parole, dont j'ai l'honneur de vous remercier, dit le duc froidement.

On apporta les clefs à l'Espagnol, c'était le congédier, mais il était loin d'avoir rempli sa tâche.

— Vous m'avez dit tout à l'heure, reprit-il plus bas en tirant Brissac à l'écart, quelques mots qui m'ont frappé.

— Bah! pensa Brissac.

— Cette attitude du Parlement est inquiétante — et pourtant il faut que les volontés de mon maître s'exécutent.

Le grand mot était lâché — Brissac sentit qu'il n'était plus temps de jouer aux fins.

— Quelles volontés? dit-il.

— Il faut, dit l'Espagnol en fixant sur le visage du gouverneur des regards pénétrants, il faut, entendez-vous, qu'aujourd'hui même le parlement ait accepté notre Infante.

— Et s'il ne l'accepte pas, demanda tranquillement Brissac.

— On lui donnera douze heures pour se décider.

— Et après ces douze heures?

— Il faudra qu'il accepte, dit le duc.

— Le parlement fera peut-être appel à la garnison parisienne?

— Ce n'est pas impossible, monsieur.

— Et la garnison naturellement obéira à son gouverneur.

Le duc, regardant Brissac en face :

— Le gouverneur, à qui obéira-t-il?

Brissac comprit alors plus que jamais pourquoi M. de Feria était venu chez lui si bien accompagné, pourquoi il avait demandé la clef des portes.

— J'obéirai à Mgr le duc de Mayenne, répliqua-t-il d'un air dégagé.

— Eh bien, monsieur, c'est au mieux. Veuillez être assez bon pour achever de vous habiller. Pendant ce temps, je vais faire entrer nos renforts, et dans une heure environ nous irons trouver ensemble M. de Mayenne, qui s'expliquera devant vous catégoriquement.

Brissac salua le duc avec sa courtoisie ordinaire et le reconduisit jusque sur le palier.

— Et d'un! dit-il en le voyant descendre l'escalier avec ses gardes. Il poussa même la bonne grâce jusqu'à envoyer un petit salut particulier à don Jose qui répondit par un sourire assez ironique.

Brissac s'était remis à son observatoire derrière les rideaux, lorsqu'il vit une litière entrer dans sa cour avec un cortège de soldats ligueurs et de pages. Les armes de Lorraine brillaient aux tapisseries de cette litière. Mme de Montpensier en descendit, de sorte que le duc de Feria et la duchesse purent échanger leurs compliments, l'un, descendant les degrés du perron, l'autre les montant appuyée sur son jeune favori, M. Chatel.

Cette rencontre donna, il faut le croire, quelques soupçons au duc; car il laissa dans la cour du gouverneur don Jose Castil avec un détachement. L'œil vigilant de Brissac y compta jusqu'à douze hommes.

Ce qui ne l'empêcha de courir à la rencontre de la duchesse, et de lui épargner, avec l'adresse exquise qu'il mit à la soutenir, le désagrément de boiter d'une manière visible.

La duchesse aussi, laissa en bas douze hommes qui se mêlèrent amicalement aux Espagnols.

— Mon cher Brissac, dit-elle, lorsqu'ils furent seuls, je viens vous ouvrir mon cœur. Nous sommes de vieux amis, nous autres.

— Pas si vieux, dit le comte avec une œillade assassine, car il y avait longtemps qu'il n'avait payé ses redevances à Mme de Montpensier.

— Le Béarnais nous gagne, l'Espagnol nous amuse, les Parisiens sont indécis ; il s'agit aujourd'hui de frapper un grand coup.

— Elle aussi, pensa Brissac.

— Il faut m'aider à forcer le parlement d'asseoir mon neveu de Guise sur le trône.

— Eh! eh! dit-il.

— Est-ce que ce n'est pas votre avis?

— Vous savez bien, duchesse, que mon avis est toujours le vôtre; mais c'est difficile. Les Espagnols en veulent aussi, de ce trône de France !

— Ce n'est pas là le plus difficile, car les Espagnols nous secondent sans s'en douter avec leur fantaisie de marier l'Infante; mais c'est M. de Mayenne qu'il va falloir faire consentir à couronner son neveu. Il ne s'y prête guère et on ne peut pourtant se passer de lui.

— Je le crois bien, c'est le maître à Paris.

— Il est si maître que cela? demanda la duchesse.

— Tellement, duchesse, que sans lui pas un des ligueurs ne marchera.

— Eh bien ! j'ai prévu cela: vous allez me faire le plaisir de le venir trouver avec moi. Vous êtes pour moi, n'est-ce pas? et non pour lui ?

— Pardieu !

— Vous êtes indépendant, vous, et vos troupes n'obéissent qu'à vous.

— Ventrebleu ! je voudrais bien voir qu'il en fût autrement.

— Cela me suffit. Déclarez purement et simplement à mon frère ce que vous venez de me dire là en quatre mots.

— Et il cédera ?

— Que ferait-il, pris entre vous et l'Espagnol ?

— Vous êtes un ange d'esprit. Je m'habille.

— Je vous attends, dit la duchesse en passant avec un sourire galant dans la pièce voisine.

— Et de deux, murmura Brissac.

Brissac était à peine sur pied que le duc de Feria revint. Il fut surpris de trouver encore la duchesse et bien plus surpris quand Brissac lui déclara que Mme de Montpensier leur faisait l'honneur de les accompagner chez M. de Mayenne.

Le duc fronça le sourcil et voulut adresser quelques questions à Brissac; mais ce dernier avait offert déjà sa main gantée à la duchesse. Il la conduisit à sa litière, monta à cheval, et les trois troupes se dirigèrent vers l'hôtel de Mayenne.

Nous disons les trois troupes, uniquement par politesse pour le parti parisien, car ce dernier n'était représenté que par Brissac, un laquais et un soldat.

Chemin faisant, Brissac causa librement, soit avec le duc, soit avec la duchesse, clignant de l'œil à celle-ci, souriant à celui-là de manière à les enchanter tous les deux.

On arriva chez M. de Mayenne. Là, un spectacle singulier s'offrit aux yeux des trois partis.

Force valets, sellant les chevaux, descendant des coffres et des portefeuilles, force gens affairés se croisant dans l'escalier, toutes les portes ouvertes, un désordre, une activité, un pêle-mêle général.

— Qu'est-ce que cela signifie? dit le duc de Feria.

— Nous l'allons savoir, s'écria madame de Montpensier en montant précipitamment les degrés qui conduisaient à l'appartement de son frère.

Elle trouva le duc tout habillé, son ventre énorme serré dans le ceinturon, le chapeau sur la tête, il achevait de fermer un petit coffret dont son valet de chambre allait prendre la poignée. Le duc de Mayenne, malgré son prodigieux embonpoint, était alerte, agile, et ses yeux brillaient d'un feu intarissable sous les épais sourcils qui les ombrageaient.

— C'est ma sœur ! s'écria-t-il avec une feinte surprise en voyant entrer la turbulente duchesse. Tiens ! le duc de Feria... Bonjour, ma sœur. Monsieur, je vous salue. Ah ! c'est toi, Brissac.

Tout en parlant ainsi, M. de Mayenne se faisait agrafer son manteau et mettait ses gants.

— On dirait que vous allez sortir, mon frère, dit la duchesse.

— Nous ne vous retiendrons pas longtemps, ajouta l'Espagnol.

— Oui, dit tranquillement M. de Mayenne, je sors.

— Désirez-vous que nous attendions votre retour ? s'écria le duc.

— Vous attendriez trop longtemps, monsieur, répliqua M. de Mayenne avec le même calme.

— Où donc allez-vous, monseigneur, dirent les deux visiteurs avec anxiété.

— En Artois.

— Vous partez ! s'écria la duchesse.

— Vous quittez Paris ! s'écria le duc.

— Comme vous voyez, répliqua l'énorme seigneur, tandis que Brissac, dans un coin, dévorait cette scène si curieuse.

— Mais... c'est impossible ! ajouta Mme de Montpensier.

— Vous ne pouvez abandonner vos alliés! dit l'Espagnol, blême de saisissement.

— Je n'abandonne personne, répliqua Mayenne, vous êtes assez forts ici pour vous passer de moi, tandis que la province a besoin de ma présence. Vous ne savez donc pas que M. de Villeroy a rendu Rouen au roi, que Lyon vient de se rendre elle-même. Si

Paris allait en faire autant, messieurs... écoutez donc !

— Oh ! jamais, hurla la duchesse.

— Nous sommes là, dit l'Espagnol avec furie.

— Si vous y êtes, interrompit Mayenne froidement, raison de plus pour que j'aille ailleurs.

— Mais enfin, mon frère, vous m'expliquerez...

— Je le veux bien, ma sœur.

— Monseigneur, ajouta le duc de Feria, au nom du roi, mon maître...

— J'ai l'honneur de vous répondre, monsieur, dit sèchement Mayenne, que le roi votre maître fait comme il veut, et moi comme je peux. Je ne suis pas Espagnol, que je sache...

— Mais il y a ici une garnison espagnole, votre alliée.

— On s'est bien passé de moi dans le cabinet, on s'en passera bien sur le champ de bataille, dit Mayenne.

— Monseigneur, entendons-nous...

— Je m'entends parfaitement. Serviteur !

L'Espagnol, furieux :

— Monseigneur... vous désertez donc ?

— Je vous trouve un plaisant personnage, s'écria M. de Mayenne, rougissant de colère, d'oser parler un langage dont vous vous servez si mal. — Déserter ? dites-vous... Apprenez qu'en France on appelle déserteur celui qui abandonne le service de France. Ça, défendez vos portes, vos murs et vos casernes; vous avez de l'argent et des soldats pour faire vos affaires. Quant à moi, je pars avec ma femme et mes enfans. Gardez-vous bien, je me garderai aussi.

Le duc de Feria se tournant vers M. de Brissac :

— Monsieur, dit-il, souffrirez-vous que le prince nous quitte en un tel embarras.

— Que voudriez-vous que je fisse, répliqua le gouverneur avec bonhomie. Monseigneur est mon maître.

— Représentez-lui du moins.

— Epargnez les discours à Brissac, ce n'est pas un orateur, et lui demandez ce qu'il sait faire. Or, je l'ai nommé gouverneur de Paris, qu'il le gouverne.

Puis se tournant vers la duchesse :

— Vous avez désiré des explications, dit-il, les voilà.

— J'en attends d'autres, murmura-t-elle, outrée de rage.

Le duc de Feria comprit qu'on le congédiait. Il se trouvait dans la plus horrible perplexité. Le départ de M. de Mayenne, c'était un coup mortel pour la Ligue. Comme elle se composait de deux élémens, le Français et l'Espagnol, dont le premier seul faisait tolérer le second aux ligueurs de bonne foi, cet élément retiré de la question changeait la Ligue en une occupation étrangère. Il n'y avait plus en présence des Français contre des Français : la France se dessinait d'un côté, l'Espagne de l'autre. Philippe II n'avait pas prévu cette solution.

La duchesse elle-même ne l'avait pas soupçonnée ; sa pâleur et son tremblement nerveux l'indiquaient suffisamment. Lorsque le duc espagnol, vacillant, hébété, tournait et retournait sans pouvoir se décider à sortir, malgré le triple salut que venait de lui adresser Mayenne,

— Veuillez, monsieur le duc, dit-elle tout bas, me laisser causer seule avec mon frère ; je le ramènerai.

Brissac s'inclinant fit mine de partir pour entraîner M. de Feria.

— Oh ! vous pouvez rester, s'écria-t-elle, monsieur le gouverneur.

L'Espagnol, piqué au vif, sortit sans dissimuler son trouble et sa colère.

Brissac, qui flairait l'orage, se mit dans le plus petit coin qu'il put trouver.

— Mon frère ! s'écria la duchesse avec l'impétuosité d'un torrent, vous êtes bien dans votre bon sens, n'est-ce pas ?

— Si bien, ma sœur, répliqua Mayenne, que je vais vous dire des choses qui vous surprendront.

— Si elles me prouvent qu'en partant vous ne laissez pas la couronne au Béarnais, j'accepte.

— Oh ! loin de là ! Mais, entre nous, en famille, on peut bien être franc. Oui, je laisse la couronne au Béarnais ; mais, qu'importe.

— Comment, qu'importe ! vociféra la duchesse, c'est un Guise qui parle ainsi ?

— Pardieu ! qu'ont fait toujours les Guise ? Ils ont voulu régner, n'est-ce pas ? Mon grand-père y a tenté, mon père aussi, moi aussi, vous aussi, ma sœur, et votre neveu aussi. Chacun pour soi, en ce monde. Tant que j'ai travaillé pour moi, j'allais bravement ; mais depuis qu'il s'agit de faire mon neveu roi de France, je renonce. Ecoutez donc, j'ai des enfans, moi, et je ne me soucie pas qu'ils soient au dessous de leur cousin.

— Ah ! voilà donc le motif, murmura la duchesse avec un sombre dédain.

— Assurément le voilà ; je n'en ai pas d'autre. Vous vous en étonnez ?

— J'en suis honteuse.

— Vous devriez garder cette pudeur pour vos propres intrigues. Que vous conspiriez contre un roi pour venger votre frère, passe encore ; mais que vous vendiez à l'Espagnol votre frère mille fois trahi, mille fois sacrifié, pour assouvir cette rage que vous avez de gouverner sous un enfant, je ne vous le passerai point. Vous complotiez avec l'Espagnol ; tirez-vous d'affaire avec lui.

— Vous vous repentirez.

— Moi ? jamais.

— Je triompherai seule.

— A votre aise.

— Et je prouverai qu'en notre famille il y a toujours un héros. Tant pis pour vous, ce sera moi !

— Je vous laisse mon casque et ma cuirasse.

— Le casque est trop petit, la cuirasse trop large.

— Je vous abandonnerais bien mon épée, mais elle est trop lourde, duchesse.

— J'ai mes armes, répliqua-t-elle avec une éclatante fureur.

— Oui, le couteau de frère Clément. Adieu ma sœur.

La duchesse, écrasée par ce mot terrible, ne trouva qu'un regard de serpent pour y répondre. Elle passa fièrement devant Mayenne et sortit la mort dans le cœur.

Brissac s'approcha du prince.

— Que ferai-je, moi ? dit-il.

— Tu feras qu'on ne m'arrête point au passage, répliqua Mayenne en rentrant.

— Vous pouvez y compter, dit Brissac.

Le duc rentra chez lui pour donner l'ordre de son départ.

— Et de trois ! fit Brissac en rejoignant lentement l'Espagnol et la duchesse, qui tenaient conseil dans la cour, où tout le monde s'était tumultueusement assemblé.

Sur l'escalier désert, il aperçut Arnault, ce fidèle agent du roi, qui l'attendait, déguisé en laquais.

— Ah ! dit-il ; tu arrives bien.

— Que veux-tu ?

— Quel jour le roi peut-il venir ?

— Demain.

— A quelle heure ?

— Trois heures du matin.

— Par quelle porte ?

— Par la porte de l'École.

Arnault se glissa dans les groupes et disparut.

— Au dernier les bons, murmura Brissac.

XXXI.
Les billets d'absolution.

Le duc de Mayenne était parti. Paris frémissait agité de souffles opposés. La ligue décontenancée par l'abandon de son chef, murmurait tout bas le mot trahison. Les royalistes ou politiques, comme on les appelait, relevaient la tête, et semblaient se dire les uns aux autres : les temps sont proches !

Quant aux Espagnols, livrés à leurs propres ressources, ils avaient redoublé de vigilance. C'était pour eux une question de vie ou de mort. Désignés par leurs habits, par leur langage, par la longue habitude du peuple parisien, ils se sentaient à la merci du premier caprice de l'émeute; l'indécision, la division des Parisiens avait jusque-là fait toute leur puissance.

Le duc de Feria et ses capitaines, concentrant leurs défiances et leur colère, faisaient la cour à Mme de Montpensier, qu'au fond peut-être ils soupçonnaient de complicité avec son frère, et que, d'ailleurs, ils avaient pour but de sacrifier comme lui à l'ambition de Philippe II. De son côté, la duchesse, n'ayant que Brissac pour appui, cajolait aussi les Espagnols pour qu'ils l'aidassent à éviter le malheur qu'elle craignait par dessus tout, c'est-à-dire l'entrée à Paris du nouveau roi catholique.

Il fallait la voir levée avant le jour, parcourir les rues de Paris à cheval, avec un cortége de capitaines. Partout, sur son passage, les ligueurs s'empressaient d'aller chercher un peu d'espoir. Elle criait à s'enrouer : Je reste avec vous, Parisiens ! Elle agitait des écharpes, elle inventait des danses, elle se donnait enfin plus de mouvement qu'il n'en fallait pour que les tièdes ligueurs la trouvassent souverainement ridicule.

Brissac l'animait à cette dépense d'activité. Il courait de son côté, les Espagnols couraient du leur ; et c'était un curieux spectacle que de les voir tous trois se trouver tout-à-coup nez à nez sur quelque place à laquelle, arrivés chacun par un chemin différent, ils se heurtaient au grand rire des badauds qui attendaient l'événement sans se donner autant de mal.

Telle fut une de ces rencontres le lendemain du départ de Mayenne. La duchesse venait de déboucher de la rue St-Antoine sur la place de Grève. Brissac arrivait par les quais, le duc de Feria venait avec son état-major par la rue du Mouton. Un grand peuple était rassemblé sur la place, car l'on allait y pendre un homme.

La potence était dressée. On n'attendait plus que le patient.

Brissac s'étant informé de ce qui se passait, le duc de Feria lui répondit que le coupable était probablement un émissaire du roi de Navarre pris une heure avant, et sur lequel on avait saisi un billet destiné à jeter l'alarme et la discorde dans Paris, à l'aide de promesses faites par le Béarnais.

— C'est bien imaginé, s'écria la duchesse. Qu'on le pende !

— Mais, dit Brissac, qui se voyait entouré d'une foule considérable dans laquelle il savait distinguer certaines figures plébéiennes peu bienveillantes pour l'Espagnol, a-t-on interrogé cet homme ?

Le groupe se rapprocha, chacun voulait entendre le dialogue des maîtres de Paris.

— Je l'ai interrogé, moi, dit le duc de Feria, et j'ai vu le billet.

— Bien, mais qui l'a condamné ?

— Moi ! ajouta l'Espagnol d'un ton hautain. Est-ce que le crime n'est pas flagrant ?

— Pardieu ! dit la duchesse.

— C'est que, répondit Brissac avec un petit coup d'œil à des robes noires qu'il voyait sur la place, l'usage de Paris est que tout criminel soit interrogé par ses juges naturels.

— Voilà bien des subtilités, dit l'Espagnol surpris, et autour duquel commençaient à murmurer les gens du petit peuple.

— Quelle chicane cherchez-vous donc au duc ? dit tout bas la duchesse à Brissac.

— Laissez-moi faire, répliqua ce dernier du même ton.

Au même instant parut à l'angle du quai le patient entouré d'une escouade de gardes wallons et espagnols.

C'était un brave bourgeois tout pâle, tout larmoyant ; une honnête figure bouleversée par le désespoir.

A la vue de la potence, il joignit les mains et se prit à gémir si pitoyablement en appelant sa femme et ses enfans, qu'un long frémissement de compassion courut dans la foule.

— Morbieu ! c'est triste à voir ! dit Brissac tout haut en se détournant comme si le spectacle eût été au-dessus de ses forces.

Les robes noires et quelques gros bourgeois s'étaient pendant ce temps rapprochés de lui et touchaient pour ainsi dire son cheval.

— N'est-ce pas, monsieur, dit un de ceux-ci, que c'est à fendre le cœur. Voir pendre un honnête homme, innocent !

— Innocent !... s'écria le duc de Feria pâlissant de colère. Qui a dit cela ?

— C'est moi, répliqua l'homme qui venait de parler, et qu'à son costume noir, méthodiquement attaché, brossé et compassé, le peuple reconnut vite pour un de ses magistrats ; — c'est moi, Langlois, échevin de cette ville.

— Langlois, Langlois, répéta le peuple en s'attroupant autour de son échevin, dont le calme et la froideur, en présence du furieux Espagnol, ne manquaient ni de noblesse ni de cette signification que le peuple saisit toujours dans les momens de crise.

— Innocent ! répéta le duc, l'homme qui colporte des promesses du Béarnais.

— Quelles promesses donc, demanda Brissac avec bonhomie, il faut pourtant tirer cela au clair.

Le duc chercha vivement dans sa manche un billet imprimé qu'il passa à Brissac en lui disant :

— Voyez !

Le comte, entouré d'une foule innombrable, qu'il dominait du haut de son cheval, et dont le silence était si profond qu'on entendait au pied de la potence les lamentations du patient à qui le bourreau laissait du répit pour ses prières, Brissac, disons-nous déplia le billet et lut à haute et intelligible voix :

« De par le roi, — Sa Majesté désirant de retenir tous ses sujets et les faire vivre en bonne amitié et concorde, notamment les bourgeois et habitants de Paris, veut et entend que toutes choses passées et avenues depuis les troubles soient oubliées.

— Monsieur ! monsieur ! interrompit le duc en grinçant des dents, assez !...

— Il faut bien que je sache — continua Brissac dont chaque parole était avidement recueillie par la foule. Et il reprit :

« ..... Oubliées... hum... défend à tous ses procureurs et autres officiers d'en faire aucune recherche, même à l'encontre de ceux qu'on appelle vulgairement les Seize.

— Quoi..., murmura le peuple, il pardonne même aux Seize !...

— Par grâce, comte, dit la duchesse, cessez.

— Laissez donc faire, répliqua Brissac, qui acheva sa lecture :

« Promettant, Sadite Majesté, en foi et parole de roi, de vivre et mourir en la religion catholique, apostolique et romaine, et de conserver tous sesdits sujets et bourgeois de ladite ville en leurs biens et priviléges, états, dignités, offices et bénéfices.

» Signé HENRI. »

La fin de cette lecture souleva comme un enthousiasme dévorant parmi le peuple.

— Si c'était vrai pourtant! s'écrièrent cent voix.

— Voilà donc ce billet, dit Brissac, le fait est qu'il est incendiaire, et s'il était répandu, je pense qu'il ferait tort à la Ligue.

— Vous en convenez un peu tard, répliqua le duc, je dis donc qu'il faut pendre le coquin qui l'a voulu propager.

En achevant il fit signe au bourreau de saisir la victime.

Langlois, l'échevin, se jetant à la bride du cheval de Brissac:

— Mais, monsieur, s'écria-t-il, il faut nous pendre tous alors.

— Pourquoi? dit Brissac.

— Parce que nous avons tous de ces billets.

— Comment ! s'écrièrent le duc et la duchesse.

— Tenez !... tenez !... dirent les échevins en tirant de leurs poches le pareil billet qu'ils élevaient en l'air.

— Tenez! tenez! tenez! s'écriaient les bourgeois et force gens du peuple, montrant le même billet et l'agitant de façon à éblouir l'Espagnol et Mme de Montpensier.

— C'est pourtant vrai qu'ils en ont tous, dit tranquillement Brissac, et je ne sais moi-même si je n'en ai pas un dans ma poche.

M. de Feria faillit s'évanouir de rage.

— Raison de plus, murmura-t-il.

— Non pas! non pas! dit l'échevin, ce brave homme qu'on veut pendre était dans la rue comme moi, comme nous, lorsque s'est faite la distribution de ces billets, on lui en a donné un comme à moi, comme à mes collègues, comme à tous ceux qui sont là.

— Oui, oui, dirent mille voix tumultueuses.

— Il n'est donc pas coupable, continua l'échevin, ou bien alors nous le sommes tous. Qu'on nous pende avec lui !

— Ce seraient trop de potences, dit Brissac, qui allant au duc lui glissa à l'oreille :

— Laissons cet homme, sinon on va nous le prendre.

— Demonios ! bégaya l'Espagnol ivre de fureur.

— Qu'on lâche ce brave homme, cria Brissac, dont la voix fut couverte par dix mille acclamations.

— Vous aviez bien besoin de lire tout haut ce billet, dit l'Espagnol.

— Pourquoi non, puisque tout le monde l'a lu tout bas... Tenez, monsieur, vous prenez au rebours le peuple de Paris. Faites-y attention ! Voyez-les emmener ce bourgeois pour le rendre à sa femme. Il y a là vingt mille bras, monsieur!

— Le duc, sans lui répondre, se tourna vers la duchesse, à laquelle il dit :

— Tout cela est bien étrange ; causons-en madame, si vous voulez bien.

Et tous deux commencèrent à voix basse une conversation animée qui ne promettait pas grande faveur à Brissac.

Celui-ci se sentit à droite toucher le bras par l'échevin Langlois qui lui dit :

— Après ce que vous venez de faire là, monsieur, je crois comprendre qu'on pourrait vous parler.

— Je le crois, dit Brissac.

— Quand?

— Tout de suite.

— Où ?

— Au milieu même de cette place qui est vide. Allez m'y attendre avec vos amis que je reconnais, et qui sont, si je ne me trompe, M. le procureur général Molé et le président Lemaître ?

— Oui, monsieur.

— Allez-y donc, au beau milieu. De là, nul ne pourra nous entendre; on pourra nous voir, c'est vrai, mais les paroles n'ont ni forme ni couleur.

Le président et les échevins obéirent, et sans rien feindre de ce qu'ils voulaient, s'allèrent promener au milieu de la place, que toute la foule avait désertée pour suivre le patient délivré ; le peu de peuple qui était resté entourait les chevaux du duc et de la duchesse. Les soldats espagnols eux-mêmes, à qui on avait arraché leur proie, se tenaient confus et dépités sous l'auvent du cabaret de l'Image-Notre-Dame.

Brissac, après avoir donné quelques ordres à la garde bourgeoise, voyant que le colloque dirigé contre lui durait toujours, mit pied à terre et alla joindre les trois magistrats parisiens au milieu de la place.

Ce fut une scène étrange, et que ceux-là même qui la virent n'apprécièrent point selon son importance.

L'échevin et les deux présidens s'étaient placés en triangle de telle sorte que chacun d'eux voyait et tenait en échec un tiers de la place.

— Me voici, messieurs, dit Brissac, qu'avez-vous à me dire?

Molé commença.

— Monsieur, il faut sauver Paris. Nous y sommes résolus. Et dussions-nous vous livrer nos têtes, nous venons vous supplier comme bons Français de nous aider dans notre entreprise.

— Je me livre comme otage, ajouta le président Lemaître.

— Je vous supplie de me faire incarcérer, dit l'échevin Langlois, car je conspire pour faire entrer le roi dans la ville.

Brissac regarda fixement ces trois vaillantes probités qui s'abandonnaient ainsi à son honneur.

— Eh bien! dit-il, quels sont vos moyens?

— Nous voulons ouvrir au roi une porte et notre garde bourgeoise est prévenue à cet effet.

Brissac regardait autour de lui du coin de l'œil.

— On est inquiet de nous là-bas? demanda-t-il.

— Oui, monsieur, et je crois qu'on va nous envoyer des espions. Mais nous les verrons venir.

— Faisons vite, dit Brissac; la porte qu'il faut ouvrir à Sa Majesté, c'est la porte Neuve.

— Pourquoi? dirent les trois royalistes.

— Parce que c'est celle que je lui ai fait désigner hier et vers laquelle il se dirigera cette nuit.

Les trois magistrats étouffèrent un cri de joie et éteignirent sur leurs traits la reconnaissance dont leur cœur était inondé.

— Voici des Espagnols qui viennent, dit Langlois.

— Ils ont encore deux cents pas à faire, répliqua Brissac. Sachez ce soir, quand vous assemblerez vos miliciens pour garder la porte, me réserver quelques places dans leurs rangs, pour des hommes à moi que j'ai fait entrer dans Paris.

— Bien! dit Molé.

— Des vaillans? demanda Lemaître.

— Vous les verrez à l'œuvre.

— Silence!

Brissac se retourna tout-à-coup : don José Castil s'approchait avec six gardes wallons.

— Oui, messieurs, dit le comte tout haut aux magistrats, je n'aime pas ces masses de terre qu'on a jetées ainsi devant les portes de Paris. Ce sont des remparts bons à rassurer des enfans.

— Quelles masses? et quelles portes, dit l'hidalgo, plongeant dans cette conversation comme une fouine dans un nid de lapins.

— Ah! bonjour, cher capitaine, s'écria Brissac. J'explique à ces messieurs, dont l'état n'est point la guerre, que Paris n'est pas défendu par ces ridicules amas de terres qu'on a fait entasser devant les portes. Trente pionniers du Béarnais avec des pelles et des pioches auront mis bas vos fortifications en deux heures. Faites-moi déblayer toutes ces terres inutiles et que, cette nuit même, on me bâtisse en belles pierres, avec du bon ciment, des enceintes capables de résister au canon. Demandez au seigneur don José Castil, qui s'y connaît, s'il ne dormirait pas plus tranquille derrière un mur de pierre que derrière ces gabions à moitié écroulés.

— Certes, dit l'Espagnol, dont la défiance n'était pas encore endormie.

— Eh bien! à l'œuvre, monsieur l'échevin, envoyez vos piocheurs, vos terrassiers.

— Où? dit l'Espagnol.

— A toutes les entrées qu'on a protégées par de la terre, à la porte Saint-Jacques, à la porte Saint-Martin, à la porte Saint-Denis, à la porte Neuve...

— Fort bien, monsieur, répliqua Langlois en s'inclinant, et qui partit suivi de ses deux collègues.

— M. le duc de Feria, tient conseil avec la duchesse et voudrait avoir votre avis, dit l'hidalgo en désignant le groupe formé par ces deux illustres, à l'extrémité de la place.

— Je m'y rends, dit Brissac. Ah! don José, quels ânes que les échevins!

— Vraiment? dit l'Espagnol avec ironie. Cependant vous avez mis de la complaisance à les entendre.

— Oh! pensa Brissac en couvant le capitaine d'un regard oblique, tu as trop d'esprit, toi, tu ne vivras pas!

Et il aborda d'un air dégagé la duchesse et son allié.

— Nous disions, monsieur le comte, dit Mme de Montpensier, que vous avez bien imprudemment agité cette foule.

— Et moi, dit Brissac, j'ajouterai que vous la provoquez bien impudemment.

— Plaît-il?

— Je dis que vous êtes fous, je dis que vous feignez de ne pas voir que vous êtes dix mille contre cinq cent mille, et que vous y succomberez si vous ne remplacez point la force par l'adresse,

— Oh! nos dix mille hommes battront vos cinq cent mille Parisiens.

— Vraiment? Essayez donc!... Vous ne savez donc pas qu'ici tout le monde conspire?

— Ah! dit le duc ironiquement avec un sourire malicieux à l'adresse de don José.

Brissac saisit l'intention et le regard.

— Vous ne savez donc pas, continua-t-il, que vous êtes trahis ?

— Par qui ?

— Par tout le monde, vous dis-je. Je quitte trois magistrats, n'est-ce pas,—trois zélés ligueurs, à ce qu'on pourrait croire ;—eh bien ! ils vous trahissent !

José Castil dressa l'oreille.

— Oui, poursuivit Brissac, et sans la crainte où je suis de soulever une sédition, je les eusse fait mettre en prison sur l'heure.

— Que savez-vous de nouveau? dirent vivement le duc et la duchesse.

— Je sais qu'on veut livrer une porte au roi de Navarre.

— Laquelle, dit froidement le duc.

— Si je le savais... répliqua Brissac.

— Eh bien moi je le saurai, répliqua l'espagnol.

— Et moi aussi, dit la duchesse.

— Et je saurai de même, ajouta M. de Feria, le nom de tous les traîtres quels qu'ils soient.

En disant ces mots il regardait Brissac qui lui répondit avec calme,

— Faites votre liste, je ferai la mienne.

— Et demain matin, continua l'Espagnol, je ferai arquebuser beaucoup de gens qui ne s'en doutent guère.

— Et moi, dit Brissac en souriant et en lui touchant familièrement l'épaule, je ferai rouer quantité de gens qui ne s'en doutent pas.

— Pour commencer, dit l'Espagnol, je change ce soir tous les postes.

Brissac répondit :

— J'allais vous le proposer, monsieur.

— Je ne me fie qu'à mes Espagnols.

— Et vous avez raison. Ils y sont bien intéressés, car si le roi entrait quel hachis d'Espagnols ! les cheveux m'en dressent sur le crâne. Tandis que vous avez vu le billet du roi: quartier pour tous les Français !

— Je suis très heureux de vous voir en ces dispositions, dit M. de Feria, et je vais distribuer mes ordres à l'effet d'exclure des postes toute la troupe française.

— A merveille ! à merveille ! s'écria la duchesse tandis que le duc parlait bas à ses capitaines.

— Seulement, dit Brissac à l'oreille de Mme de Montpensier, vous voilà dans le panneau, ma belle amie. Demain, vous vous réveillerez Espagnole.

— Comment cela, comte?

— Ah! vous vous défiez de moi au point de vous livrer toute à cet insolent ? — Vous êtes folle, et vous perdez la partie belle !

— Mais.....

— Vous ne savez donc pas ce que me disaient les échevins tout à l'heure, quand vous m'avez fait interrompre par l'espion Castil.

— Ma foi non, mais vous aviez bien l'air de conspirer tous ensemble.

— Ils me disaient : prendre un roi français, bien. Prendre M. de Guise, puisque M. de Mayenne nous abandonne, très bien, mais que ce soit tout de suite, et qu'on nous délivre des Espagnols.

— Ils disaient cela ?

— Faites les venir, et ouvrez-vous-en à eux. Voilà les gens que vous dégoûtez en les éloignant. Souvenez-vous donc que vous êtes française. La Lorraine est en France, duchesse !... Moi aussi, je suis français, et vous vous liguez contre moi avec l'Espagnol.

— Ecoutez donc, s'il est vrai que vous vouliez favoriser ce Béarnais.

— Propos de Feria ! Eh ! bien admettons cette absurdité. Mais lui, cet Espagnol, il va faire nommer son infante reine de France... et coffrer votre neveu.

— Oh ! nous verrons.

— Avec quoi le défendrez-vous, malheureuse aveugle, quand toute la garnison sera espagnole? Comment ! vous ne comprenez pas que je me tue à lui faire peur du fantôme de Henri IV, pour qu'il ait besoin de vous et de la Ligue, et voilà que d'un côté M. de Mayenne quitte Paris, et que de l'autre vous en livrez les clés à l'Espagne. Allons, faites comme vous voudrez; et puisque nous ne sommes plus amis, moi sans rien dire, je vais imiter M. de Mayenne, je vais faire mes paquets, et une fois dehors s'en tirera qui pourra.

En disant ces mots qui firent une impression profonde sur la duchesse, il tourna les talons et s'en alla rejoindre les quelques gardes qui l'accompagnaient.

Mme de Montpensier ayant réfléchi poussa son cheval vers celui du duc, à qui elle dit:

— Monsieur, nous ne pouvons exclure les Parisiens de la garde de leur ville.

— Pourquoi?

— Parce que ce serait leur déclarer la guerre.

— Et pourquoi non ? dit le duc.

— C'est votre politique, monsieur, s'écria la duchesse ; mais ce n'est pas la mienne. Aussi vous voudrez bien faire en sorte que les portes soient gardées cette nuit par des Espagnols et des Parisiens.

Le duc fut saisi de surprise.

— On voit bien que vous venez de causer avec M. de Brissac, dit-il.

— Oh ! je n'ai pas besoin d'une conversation avec Brissac pour prendre le bon parti.

— Vous croyiez l'avoir pris tout à l'heure, madame; mais, comme disait le roi François Ier, notre prisonnier : souvent femme varie !

Brissac s'était approché.

— Ce n'est pas poli, ce que vous dites-là, monsieur, s'écria-t-il.

— Laissez, Brissac, laissez ! interrompit la duchesse ; je vois bien que je contrarie monsieur le duc, et il se défend. Mais je tiendrai bon, et Paris sera gardé par les Parisiens comme par les Espagnols.

— A la bonne heure ! murmura Brissac.

— Vous entendez, monsieur, répéta la duchesse enivrée du plaisir de commander.

— J'ai entendu, dit l'Espagnol en prenant congé plus promptement que ne l'eût voulu la politesse.

— A ce soir, aux postes, que j'irai visiter moi-même, lui cria la duchesse.

— A ce soir ! répliqua le duc en s'éloignant.

— Soyez calme, Brissac, dit Mme de Montpensier en serrant la main du gouverneur. Ce n'est pas cette nuit qu'il proclamera son infante.

— J'en réponds ! répondit Brissac.

A ce moment, un page de la duchesse s'approcha d'elle et lui annonça qu'un gentilhomme arrivait de la campagne pour lui remettre une lettre importante.

— Connaît-on ce gentilhomme ? demanda-t-elle.

— Il s'appelle La Ramée, répondit le page.

XXXII.

La patrouille bourgeoise.

Le soir était venu après cette journée agitée. Les bourgeois paisibles, ceux qui n'ont d'autre souci que de dormir leurs dix heures, s'étaient retirés chez eux.

Il en était de même des ligueurs, qui déjà émus par la distribution des billets d'absolution, avaient été prévenus amicalement de rester dans leurs logis et de s'y bien barricader, attendu que les promesses du Béarnais cachaient quelque piège — une Saint-Barthélemy, peut-être.

Toute l'activité belliqueuse des Parisiens se déployait autour des portes. C'était l'heure à laquelle rentraient les retardataires, ceux qui, appelés par la promenade ou le négoce dans la banlieue, reviennent chaque soir avant le couvre-feu.

Et pour un observateur qui eût pu planer sur la ville, le spectacle eût été bizarre. Les figures qui rentrèrent ce soir-là par les différentes portes de Paris ne se fussent certainement pas hasardées à se présenter au grand jour.

C'étaient des tournures si raides sous l'habit bourgeois, des femmes d'une si prodigieuse hauteur, bien qu'elles marchassent courbées sous un fardeau ; c'étaient des meuniers montant de si beaux chevaux de guerre ou des colporteurs manœuvrant des caisses de forme si étrange, que le défiant Espagnol ne les eût pas laissé passer en plein jour sans un examen approfondi.

Tous ces visiteurs bizarres se dirigèrent par des routes bien différentes vers l'Arsenal, quartier désert, et prirent position en silence, comme des gens qui installeraient un marché, au bord de la rivière, au delà des contrescarpes de la Bastille.

Un marché à pareille heure et dans un pareil endroit, c'était peu vraisemblable ; aussi trouvèrent-ils dès leur arrivée un échevin préposé à l'ordre des subsistances et denrées qui les séparait en petits groupes et les envoyait à une petite maison située en face l'île Louvier.

Là, chose singulière, ils disparaissaient, et pour chaque groupe de douze hommes ou femmes qui étaient entrés, il sortait une demi-heure après une troupe de douze soldats de la garde bourgeoise, vêtus et équipés plus ou moins grotesquement, selon les traditions de cette respectable milice. Ces pelotons avaient chacun leur officier qui les guidait vers un poste quelconque, où ils prenaient position.

Quand l'échevin, qui présidait à toutes ces opérations mystérieuses, eut achevé sa tâche, il prit avec lui le dernier groupe de douze miliciens qu'il conduisit à la porte Neuve.

Chemin faisant, il regardait marcher au pas ces singuliers soldats qui, malgré eux, imprimaient à leur allure une telle régularité, un tel aplomb que, partis en trébuchant et se marchant sur les talons l'un à l'autre, ils avaient fini, au bout de cinq minutes, par ne plus former qu'un seul corps marchant sur vingt-quatre jambes dont le compas s'ouvrait d'un seul coup, dont le pas sonnait d'un seul coup sur le pavé.

Ils étaient pourtant bien ridicules pour

marcher si bien! Les uns, maigres, vêtus d'un pourpoint de velours, portaient dessus une énorme cuirasse qui eût tenu deux poitrines comme la leur; les autres, enterrés dans une vaste salade, semblaient n'avoir plus de tête sur le cou; d'autres pliaient sous les brassards et les cuissards d'une armure antique; quelques-uns avaient la rondache du temps de Charlemagne; aucun n'avait su attacher son épée à la longueur voulue; ceux-ci avaient l'arquebuse, ceux-là une hache ou une masse d'armes. Les enfans, s'il y eût eu des enfans à cette heure par les rues, n'auraient pas manqué de suivre cette troupe avec des cris de carnaval.

Mais l'officier surtout était remarquable. Son casque, contemporain de la dernière croisade, était orné d'une visière qui, détraquée, retombait perpétuellement sur le nez du patient. Les larges épaules et le ventre rond de ce digne bourgeois faisaient craquer un pourpoint jaune, à nœuds de rubans verts et rouges. Il portait le colletin et le baudrier de buffle brodé. C'était le plus bouffon des ajustements, la plus triviale tournure qui parfois, quand l'homme se redressait sous ce harnois grotesque, s'ennoblissaient soudain par le vigoureux élan des bras, et la fière cambrure de ses reins puissans.

Cet officier marchait sur le flanc de sa colonne et l'échevin venait immédiatement derrière lui. Tout à coup une patrouille espagnole déboucha d'une rue latérale et cria: que viva!

Il eût fallu voir se redresser ces douze bourgeois par un mouvement électrique, et leurs mains saisir l'arme, et leurs poitrines s'effacer, et leurs têtes prendre la fierté rapide du commandement à l'exercice.

Le chef espagnol et le chef bourgeois échangèrent le mot d'ordre, et les deux troupes continuèrent à marcher en sens inverse, non sans que l'Espagnol se fût retourné plus d'une fois pour admirer la tenue si militaire de ces gardes bourgeois.

L'échevin s'approcha vivement de l'officier milicien:

— Oh! monsieur, lui dit-il, prenez bien garde, vous êtes trop noble sous les armes, on vous reconnaîtra.

— Vous croyez, cher monsieur Langlois, répliqua le gros homme.

— Certes, monsieur. — Et vos soldats qui emboîtent le pas comme des gardes du roi! Pour des bourgeois, c'est invraisemblable.

Le gros officier sourit avec satisfaction.

— C'est que les Espagnols se retournent, monsieur, poursuivit l'échevin, et je ne serais pas surpris qu'ils vous fissent suivre.

— Je les défie bien de me reconnaître sous ce bât de bête de somme, murmura l'officier; je dois être abominable à voir. — Et ces malheureux, ajouta-t-il en regardant obliquement sa troupe, sont-ils humiliés!... Vous les avez habillés en Carême-prenant. Je les trouve ignobles.

— Mais non, mais non, dit Langlois.

— Nous sommes bientôt arrivés, n'est-ce pas? continua l'officier. J'ai assez de ma visière; elle me scie le front et finira par me couper le nez..... Je suis tout écorché, harni.....

— Chut!... fit l'échevin. Nous y voici.

— Rompez-donc le pas!... coquins, dit l'officier à voix basse.

Les douze hommes se mirent aussitôt à s'entrechoquer les uns les autres.

— A la bonne heure, dit Langlois.

On était arrivé sur une petite place entre la rue du Coq et la rue Saint-Honoré.

Là étaient rangés d'un côté environ cent hommes de la garde bourgeoise, et de l'autre un bataillon espagnol tout entier, au nombre d'environ deux cents hommes, armés de mousquets et d'épées.

Sur le milieu de la place se promenaient le président Lemaître et le procureur général Molé avec don José Castil, capitaine commandant le bataillon.

— J'amène du renfort, s'écria Langlois.

Lorsque parurent les douze miliciens amenés par Langlois, ce fut dans les rangs de ce bataillon un fou rire inextinguible qui gagna même les miliciens bourgeois rangés en face.

Il faut dire que jamais la parodie n'avait été poussée à un si haut degré de perfection. Les files en zig-zags, le cliquetis des fourreaux d'épée contre les canons de mousquets, la démarche vacillante, le bruit des cuirasses entrechoquées formaient un spectacle rare qui attira bientôt l'attention de don José.

— En voici de curieux, dit-il.

— Il faut leur pardonner, répliqua l'échevin Langlois, ce sont des apprentis tanneurs et quincailliers que j'ai fait armer pour la première fois et qui ne sont pas encore des Césars.

— Et voilà sur quoi vous comptez pour défendre votre ville? ajouta l'Espagnol avec un sourire de pitié.

Langlois plia humblement les épaules.

— S'il fallait que ces gens-là fissent feu,

ils se massacreraient les uns les autres, dit le président Lemaître.

— J'ai donné ce que j'avais de mieux, répliqua Langlois en achevant de placer ses hommes à la suite des cent autres.

Soudain on entendit un piétinement de chevaux du côté de la rue St-Honoré, et le duc de Feria déboucha sur la place, suivi de ses gardes et de plusieurs des Seize, qui ne le quittaient pas depuis l'annonce d'une attaque.

Brissac arriva, lui, par la Croix du Trahoir. Il était à cheval aussi et armé comme pour la bataille. Son premier regard fut pour Langlois, qu'il aperçut devant ses douze hommes.

L'Espagnol, à l'arrivée de Brissac, courut à lui, et d'une voix émue :

— Que viens-je de voir, dit-il, on démolit les remparts de terre qui fermaient la porte Neuve, et les ouvriers prétendent que c'est par vos ordres ?

— Oui, monsieur, répliqua Brissac. J'en ai averti ce matin le capitaine Castil. Je veux des pierres à la place de cette terre, et vous avez dû voir arriver déjà le ciment et la chaux que MM. les échevins y ont expédiés.

— Je trouverais cette mesure excellente, dit tout bas le duc de Feria à Brissac, si elle ne venait pas précisément aujourd'hui.

— En quoi aujourd'hui ne vaut-il pas hier ou demain ?

— C'est qu'aujourd'hui, à ce que l'on m'annonce, le roi de Navarre doit faire une entreprise contre Paris.

En parlant ainsi, l'Espagnol regardait Brissac jusqu'au fond de l'âme.

— Monsieur, lui dit le comte, vous avez une habitude des plus désobligeantes; vous dévisagez les gens avec vos yeux comme un chat ferait avec ses griffes. En France ce n'est pas l'usage; j'excuse votre qualité d'étranger.

— Oh ! ne l'excusez pas si vous voulez, dit insolemment le duc.

— Bien, monsieur le duc, nous nous en expliquerons quand j'aurai fini mon service; et je ne serai pas fâché de voir si votre épée entre aussi avant que vos regards; mais ne nous fâchons point pour le présent.

— Monsieur, on commencera par interrompre le travail de l'enlèvement des terres.

— Monsieur, on n'interrompra rien du tout.

— J'ai Paris à garder, monsieur, et j'en réponds.

— J'en réponds bien plus que vous, répliqua Brissac, puisque j'en suis le gouverneur.

— Et quand je devrais employer la force pour chasser les travailleurs...

— N'y essayez pas, dit Brissac froidement, car je vous avertis que si l'on touche à un seul de mes piocheurs, je fais sonner le tocsin et jeter tous vos Espagnols dans la rivière.

— Monsieur !... s'écria le duc blanc de colère.

— Tenez-vous pour averti ; — et ne vous avisez jamais de me menacer, car si je ne servais la même cause que vous, si je ne redoutais plus que vous l'approche du Béarnais, contre lequel j'ai besoin de votre garnison, il y a déjà longtemps que vous seriez tous enterrés dans les plus vilains endroits de ma ville.

Le duc, grinçant des dents :

— Nous verrons plus tard, dit-il.

— Bah ! nous sommes d'excellens amis, et plus tard nous oublierons tout cela. — Voyons, pensons au service de nuit, et ne donnons pas à nos hommes qui nous observent le spectacle d'une querelle entre les chefs. Nous sommes ici à la porte Neuve. Que mettons-nous ce soir pour garder la porte Neuve ?

Le duc essuya son front mouillé de sueur.

— Je verrai, murmura-t-il.

— Mettez-y beaucoup de monde, puisque vous avez de l'inquiétude à cause de cet enlèvement des terres.

— J'y mettrai beaucoup d'Espagnols, monsieur le gouverneur.

— Soit. Mais dépêchons-nous. Il y a seize portes à Paris, et si nous allons de ce train, la clôture ne se fera pas avant le jour.

— Je vais me consulter avec mes capitaines.

— Fort bien. Et moi avec mes bourgeois.

Le duc appela don José et ses officiers ; Brissac alla trouver Langlois et les deux magistrats.

— Tout notre monde est-il entré ? dit-il.

— Oui, monsieur.

— Sans soupçons nulle part ?

— Aucuns.

— A quelle heure le roi viendra-t-il avec ses troupes ?

— Vers trois heures et demie du matin.

— Pas avant ?

— Il ne part de Saint-Denis qu'à deux heures.

— Il suffit.

Brissac se retourna au bruit d'un commandement militaire. Le duc de Feria venait de désigner le détachement chargé de garder la porte Neuve.

— Soixante hommes, compta Brissac.
— Commandés par don José, dit Langlois.
— Hors les rangs, soixante hommes ! cria Brissac à ses bourgeois.

Le duc de Feria s'approcha vivement.
— Monsieur, dit-il, c'est trop.
— Vous avez mis soixante des vôtres, monsieur le duc.
— Mais je vous prie de me laisser la supériorité du nombre. Cette porte aura un grand service à faire.
— Raison de plus pour que j'y envoie autant d'hommes que vous.
— Tenez, monsieur, dit l'Espagnol, cédez-moi sur ce point.
— A cause de votre défiance éternelle, monsieur le duc. Eh bien ! soit, je n'enverrai que quarante hommes.
— C'est encore trop ; il n'en tient que soixante-douze dans le poste de la porte Neuve.
— Eh ! monsieur de Brissac, dit Langlois présent à ce colloque, prouvons à M. le duc toute notre sincérité, n'envoyons que douze hommes, puisqu'il le désire.
— Je choisis les derniers venus, s'écria don José en désignant avec un rire moqueur la troupe amenée par l'échevin.
— Va pour les derniers venus, dit Langlois en poussant le coude à Brissac au moment du défilé de ces douze hommes.

En effet, l'officier au gros ventre souleva sa visière en passant devant Brissac, et le comte, à l'aspect de ce visage, ne put retenir un tressaillement de surprise.
— Peste! dit-il à don José qui épluchait au passage chaque tournure et chaque accoutrement de ces douze bourgeois, vous avez eu la main heureuse, mon cher capitaine.
— N'est-ce pas, répliqua Castil, qu'il n'y en a pas de pareils dans tout Paris ?
— Ni ailleurs, dit Brissac.

Les douze hommes, suivis du capitaine espagnol, entrèrent dans le poste de la porte Neuve, dont les grilles se fermèrent sur eux.

Langlois et les deux magistrats échangèrent avec Brissac un coup d'œil furtif qui voulait dire aussi que don José avait eu la main bien heureuse.

A peine cette opération était-elle achevée que la duchesse de Montpensier apparut sur la place; elle faisait piaffer un cheval ardent, et traînait après elle toute une armée de serviteurs et d'officiers de toute espèce.
— Eh bien ! dit-elle à Brissac, partage-t-on la garde comme j'avais ordonné ?
— C'est fait pour la porte Neuve, répliqua le comte, et nous allons passer aux autres.
— Vous savez qu'on parle d'une alerte pour cette nuit ?
— On dit tous les jours la même chose.
— Comment sommes-nous avec le duc ?
— Au mieux.
— A propos, comte, si j'avais quelque message à vous transmettre, je vous enverrais mes aides-de-camp. En voici un nouveau ; regardez-le bien pour le reconnaître.
— Qui est monsieur ?
— M. de La Ramée, un gentilhomme qui vient de perdre son père, et m'est arrivé tantôt avec un zèle et une foi admirables pour la Ligue.
— Très bien ! dit Brissac.
— Il était aussi recommandé aux Entragues, mais il paraît que les Entragues sont devenus plus royalistes que le roi. M. de La Ramée a donc préféré venir me trouver à Paris, au centre de l'action. C'est d'un bon augure.
— Nous donnerons de l'ouvrage à monsieur, répliqua Brissac, dont le coup d'œil observateur avait toisé le nouveau venu des pieds à la tête.
— Surveillez bien l'Espagnol, dit tout bas la duchesse au comte ; j'ai ouï dire qu'il voulait vous jouer un tour.
— Merci, répliqua Brissac.

La duchesse caracolant disparut dans la rue Saint-Honoré, au milieu d'un tourbillon de canailles qui criaient à s'étrangler : Vive Guise !
— Elle s'enivre avec ce gros vin ! murmura Brissac en dirigeant son cheval du côté de la porte Saint-Denis.

Mais il fut rejoint par le duc de Feria, qui guettait tous ses mouvemens et lui barra le passage.
— Qu'y a-t-il encore ? demanda Brissac.
— Deux mots, comte. Est-il bien nécessaire que nous nous promenions tous deux dans Paris, lorsque le danger est à la fois dedans et dehors ?
— Non, dit Brissac, il y a de la besogne pour deux bons chevaux.
— D'autant plus, ajouta l'Espagnol, qu'il court un bruit très grave.
— Bah, lequel ?
— On assure qu'on a vu force cavalerie ennemie du côté de Saint-Ouen et de Montrouge.
— Voilà des chimères !
— L'homme que voici, dit froidement le duc en désignant un soldat wallon, a vu cette cavalerie.

Le soldat affirma.

— C'est différent, répliqua Brissac, et la chose mériterait examen.

— Voilà pourquoi je vous ai consulté, monsieur le comte. La chose mérite examen, et il faudrait l'examiner.

— Vous avez raison, monsieur le duc.

— Eh bien ! dit vivement l'Espagnol, est-ce que vous auriez de la répugnance à pousser une reconnaissance autour des remparts extérieurement?

— Moi ? répliqua Brissac un peu troublé, car il voyait clairement le piège de cette proposition. Je n'ai jamais de répugnance à faire ce qu'il faut pour le service.

— Eh bien, monsieur, soyez donc assez bon pour faire cette ronde.

— Très volontiers.

— Je ne vous dissimulerai pas ce qu'on dit.

— On dit encore quelque chose ?

— On assure que nous sommes trahis.

— C'est moi-même qui vous en ai averti tantôt, monsieur le duc.

— Et si réellement il y a de la cavalerie ennemie dans la campagne, c'est que la trahison existe, n'est-il pas vrai?

— Assurément.

Le duc écouta attentivement cette réponse, et parut la faire écouter aux hommes qui l'environnaient.

— Il n'y a pas de temps à perdre, continua-t-il, et puisque vous avez l'obligeance de faire cette ronde en personne, il est l'heure de partir, je crois.

— Partons, dit Brissac, dont le cœur battait. Mais je ne la ferai pas tout seul, je suppose, et il faut que j'aille chercher une escorte.

— Voici huit hommes sûrs que je vous donne, monsieur le gouverneur.

— Huit Espagnols !

— Castillans — tous gentilshommes, tous d'une bravoure et d'une fidélité dont je réponds ; tous gens qui ont la trahison en horreur.

Brissac examina ces huit physionomies assombries par le soupçon — ces huit regards tout brillans du feu d'une résolution inébranlable.

— Diable ! murmura-t-il, mais le vin est tiré, il faut le boire.

On était arrivé à la porte Saint-Denis, les huit hommes attendaient leur nouveau chef pour sortir derrière lui. La nuit était noire et pluvieuse. Un mauvais fallot du corps-de-garde éclairait seul les figures d'un reflet rougeâtre.

— Eh bien ! adieu, dit Brissac au duc ; faut-il que je vous dise au revoir?

Le duc conduisit la troupe hors des murs, et là, s'étant arrêté dans l'obscurité, le silence et la solitude :

— Au revoir, dit-il, si vous ne rencontrez pas en chemin la cavalerie du roi de Navarre ; autrement, adieu.

— Ah ! ah !... fit Brissac, je comprends... C'est-à-dire que si je la rencontre.....

— Ces huit gentilshommes vous tueront, répliqua froidement le duc en revenant vers la ville.

Brissac, après trois secondes de réflexion, haussa les épaules et poussa résolument son cheval dans la campagne. La troupe sinistre l'escorta sans prononcer une parole.

La cloche de Notre-Dame sonna lugubrement douze coups, que le vent portait dans la plaine sur ses ailes humides.

— C'est égal, pensa Brissac, si l'armée du roi n'est pas disciplinée comme une phalange macédonienne, ou si l'horloge de Sa Majesté avance sur celle de Notre-Dame, mon bâton de maréchal de France est bien aventuré.

XXXIII.

La porte Neuve.

La porte Neuve fermait Paris sur les bords de la Seine, au quai du Louvre, à peu près au point où la rue St-Nicaise venait aboutir à la galerie de ce château.

Comme la plupart des portes de Paris, c'était un bâtiment flanqué de tours propres à la défense. La principale de ces tours, à la porte Neuve, s'appelait la tour du Bois, elle était contiguë à une longue et étroite tourelle, qui renfermait l'escalier de la grande tour. Les meurtrières et les fenêtres donnaient sur l'eau assez profonde en cet endroit, encaissée qu'elle était par les fondations de la porte Neuve. Un pont-levis servait de communication, et c'est le terre-plein qui enterrait la porte, précédée par ce pont-levis, que Brissac avait fait démolir par ses ouvriers, en sorte que ces hommes n'avaient qu'à se tourner à droite pour jeter la terre de leurs pelles dans la Seine.

La tour, à son rez-de-chaussée, formait une salle ronde de trente pieds de diamètre environ. Au-dessus était le logement du concierge de la porte Neuve, vieux soldat éclopé que les discordes civiles avaient oublié dans ce poste peu fatigant et peu important, puisque la porte Neuve, remblayée comme nous l'avons dit, ne s'ouvrait jamais.

Du logement de ce bonhomme, la vue était belle sur la Seine et la campagne qui se développait sans obstacles dans tout le périmètre d'un horizon de plusieurs lieues.

Quant à la salle ronde qu'il avait sous les pieds, c'était le corps-de-garde. Les murs tout nus n'avaient pour ornement que des clous énormes destinés à supporter les armes, et la plus indépendante irrégularité avait présidé à la disposition de ces clous, fichés selon le caprice ou suivant la taille du soldat.

Le concierge descendait là par le petit escalier de la tourelle, lorsque la garde, altérée par le voisinage de la rivière, réclamait de lui certaine liqueur fermentée, composée de grain et de miel, qu'il était censé fabriquer et faire cuire au soleil de sa plate-forme, mais qu'il achetait bel et bien au plus prochain cabaretier, après avoir eu la précaution de l'adoucir par un raisonnable mélange d'eau de Seine.

Dans la nuit dont il s'agit, après que le poste de la porte Neuve eut été composé comme nous l'avons vu, par le duc de Feria et Brissac, le capitaine Castil, en vigilant officier et surtout en officier qui s'ennuie avec ses soldats, monta du rez-de-chaussée chez le concierge pour se rendre compte de la situation exacte de son poste.

Il vit dans un petit taudis, l'invalide occupé à transvaser du tonneau dans des pots d'étain la liqueur écumeuse que les hôtes du rez-de-chaussée allaient bientôt lui demander. Les parfums de ce breuvage étaient violens, ils saturaient l'air d'une forte odeur d'anis et de poivre, qui eût délicieusement caressé les narines d'un lansquenet allemand.

Mais don Josè était un homme sobre, il fronça le sourcil en respirant cette vapeur traîtresse.

— Mon capitaine, dit l'invalide, employant avec adresse toutes les ressources de la langue française mêlées aux séductions de quelques mots espagnols, vous plaît-il un verre de liqueur, vous en aurez l'étrenne, voyez comme elle est claire, et comme elle mousse à flocons brillans.

— Pouah! on s'enivrerait rien qu'à la respirer, ta liqueur maudite! s'écria don Josè. On suffoque dans ton laboratoire.

En disant ces mots, le capitaine s'approchait d'un petit balcon fermé par une tenture en lambeaux, par laquelle, lorsqu'il la souleva, s'engouffra une bonne brise fraîche venant de la rivière.

— Tiens, dit Josè, tu as du monde ici?

En effet, sur ce balcon formé par des ais mal joints que supportaient deux potences de fer, on voyait, l'un assis sur un escabeau, l'autre debout et appuyé sur la balustrade, deux hommes que le reflet de la lumière du concierge fit apparaître aussitôt que Castil eut levé la tapisserie.

Le personnage assis était vêtu d'une robe grise, la tête enveloppée de son capuchon, c'était un moine. Il surveillait avec l'attention la plus profonde le travail des piocheurs qui déblayaient le pied de la tour. Il ne se retourna point au son de la voix du capitaine.

L'autre était un grand jeune homme dont les cheveux blonds flottaient au vent mouillé; l'intérêt qu'il portait aux terrassiers n'était pas des plus vifs, et il parut accueillir avec assez de plaisir l'arrivée d'un nouvel interlocuteur.

— Qui sont ces deux personnes? demanda le défiant Espagnol au concierge.

— Le moine, seigneur capitaine, est un vieil ami à moi, presque un parent.—N'est-ce pas, frère Robert?

Le moine acquiesça imperceptiblement.

— Est-ce que les moines découchent? dit Castil.

— Il le faut bien, quand on leur ferme les portes, répliqua le concierge. Frère Robert n'a pu retourner à son couvent ce soir, et m'a demandé asile pour la nuit.

— Et son compagnon, ce grand garçon, est-ce aussi un moine?

Le jeune homme, se tournant vers Castil avec une assurance exempte de bravade.

— Vous faites-là, dit-il, monsieur, une question inutile; vous n'avez qu'à regarder mon habit et mon épée pour vous convaincre que je ne suis pas moine.

— Qui êtes-vous, alors?

— C'est mon neveu, répliqua le moine d'une voix creuse. Est-ce que nous vous gênons, ici?

Don Josè, au lieu de répondre, se mit à penser.

Les gens soupçonneux ont toujours beaucoup d'imagination.

L'invalide continuait à faire mousser sa marchandise.

— Vous saurez, dit Castil, que je ne veux pas d'ivrognes à mon poste, et que j'interdis toute espèce de boisson pendant ma garde.

L'invalide, saisi d'étonnement, voulut

hasarder l'éloge de sa liqueur ; mais l'Espagnol lui ferma la bouche par une défense si péremptoire, que le débitant reversa en soupirant tous les pots d'étain dans le tonneau.

— Quant à vos hôtes, ajouta Castil, je n'entends pas qu'ils restent ici. Un accident peut arriver. Votre lumière peut mettre le feu au plancher, et j'ai au-dessous de la poudre. Vous me ferez donc le plaisir de renvoyer ces deux seigneurs au corps-de-garde. Ils passeront la nuit près de nous.

— Je ne hante pas les soldats, répliqua le moine.

— Une nuit est bientôt passée, mon frère. D'ailleurs, les soldats espagnols ne sont pas des païens, et je ne tolère ni jurons ni blasphèmes chez moi.

— Mais moi, monsieur, répliqua le jeune homme avec une certaine hauteur, je n'ai pas d'ordre à recevoir de vous, et si vos soldats espagnols sont en odeur de bons chrétiens, ils n'exhalent pas moins des parfums de cuir et de vieux oint qui me déplaisent.

— Eh ! vous êtes bien dégoûté, beau sire, dit Castil en élevant la voix.

— Je suis comme je suis, seigneur espagnol.

— Allons, mon neveu, allons, dit le moine, ne faites pas la mauvaise tête ; monsieur le capitaine a raison. Un homme de guerre obéit à des exigences que les étudians comme vous et les moines comme moi ne comprennent point assez. Qui dit Espagnol, dit fervent catholique.

— Oui, mais le cuir ?

— La feue reine Catherine disait que le corps d'un ennemi mort sent toujours bon ; je dis, moi, qu'un bon serviteur de Dieu fleure toujours comme baume.

— Bien répondu, dit Castil ; je vous attends en bas d'ici à une demi-heure.

Et il sortit après ces mots.

A peine fut-il dehors que le jeune homme, s'adressant au moine avec une impatience manifeste :

— Vraiment, dit-il, frère Robert, j'admire votre sang-froid. Quoi ! vous voyez que je meurs d'ennui au couvent depuis le départ de Pontis, et la leçon que vous m'avez faite au sujet de Mme Gabrielle. Je cherche à fuir un danger et un ennui. Vous me proposez de me conduire près de M. de Crillon, chez qui je voulais me rendre, et voilà où nous aboutissons : à regarder jeter de la terre dans l'eau et à nous faire molester par un rustre espagnol !

— Cher monsieur Espérance, dit le moine, je ne commande point aux événemens. J'avais une mission du révérend prieur pour Mme la duchesse de Montpensier, à Paris, je vous voyais dépérir d'ennui. Je vous voyais aussi convoiter par désœuvrement la femme du prochain.

— Par désœuvrement ! murmura Espérance avec une profonde mélancolie.

— Du prochain, continua le moine qui avait remarqué l'altération des traits d'Espérance, au seul souvenir de Gabrielle. Ce prochain est un des amis de notre couvent... un brave seigneur.

— Un lâche coquin qui se cache pendant qu'on lui prend sa femme.

— Cela ne vous intéresse point, monsieur, dit le moine.

— Mais ce qui m'intéresse, c'est la stupidité de ce bélître qui vient se vanter à moi d'avoir coupé la corde à laquelle mon brave Pontis avait pendu l'assassin !... De quoi se mêlait-il, ce poltron, et que ne laissait-il accroché ce qui était accroché.

— Ecoutez donc, un corps tout en travers de ses barreaux, cela gênait sa vue.

— En attendant, voilà un brigand ressuscité, un scélérat qui me tuera encore si je ne le préviens. Oh ! votre prochain, comme vous dites, a fait là de bel ouvrage.

— Le fait est qu'il a perdu une corde toute neuve, dit le moine. Mais ce n'était pas une raison pour que vous lui prissiez sa femme. Ces choses là se font dans le monde, mais jamais dans les couvens. Donc, je vous ai emmené.

— Pour voir M. de Crillon.

— Patience.

— Vous êtes allé chez Mme de Montpensier que vous n'avez pas trouvée. Ce n'est pas là que vous espériez rencontrer M. de Crillon, je suppose.

— Est-ce qu'on sait jamais où sont les gens. Mais, voilà du monde qui vient à la porte Neuve.

L'invalide qui s'était penché au balcon :

— M. de Brissac ! dit-il.

— Il nous faut descendre, répliqua le moine. Si vous ne voyez pas M. de Crillon, au moins verrez-vous M. de Brissac. C'est toujours un homme de guerre.

L'invalide en soupirant :

— Si M. de Brissac voulait, dit-il, il autoriserait ma vente pour cette nuit.

— Ne vois-tu pas, compère, répliqua le moine, que cet Espagnol a peur qu'on n'endorme ses soldats avec sa liqueur ?

Ces mots firent réfléchir Espérance, à qui d'ailleurs il n'en fallait pas tant pour se croire dans des circonstances exceptionnelles.

Dans l'escalier, qui criait sous leurs pas, le moine se penchant à l'oreille du jeune homme, de façon à ce que les deux têtes fussent enveloppées sous le capuchon :

— Faites attention, dit-il, qu'avec les Espagnols il faut être prudent. Regardez, écoutez, et que pas un muscle de votre visage ne parle !...

Espérance fit un mouvement, comme pour demander la raison de ce conseil.

— L'Espagnol est défiant, répliqua le moine en appliquant son doigt sur ses lèvres.

— Tiens, tiens, pensa Espérance, y aurait-il en bas plus de chance de distraction qu'en haut ?

Tous deux pénétrèrent dans le corps de garde, sans que leur présence y produisît aucune sensation. Tous les assistans s'occupaient uniquement du gouverneur de Paris qui venait de se faire ouvrir, et que ses huit gardes du corps échinés, fangeux, trempés, avaient ramené à la porte du poste, n'ayant pas eu l'occasion de le poignarder comme ils en avaient reçu l'ordre.

— Eh bien ! capitaine, s'écria Brissac en abordant don José avec cet air d'enjouement qui ne l'abandonnait jamais, nous venons de faire une rude promenade, demandez à vos amis qui m'attendent là dehors. N'est-ce pas, messieurs, que vous en avez assez ? Vous êtes libres, allez dire au duc de Feria ce que vous avez vu !

Un multiple grognement du dehors répondit à son interpellation, et les huit Espagnols ne se firent pas répéter l'ordre ; ils disparurent.

— Nous avons fait au moins huit lieues, continua Brissac, sans rencontrer un seul éperon de tous ces cavaliers royalistes qui, au dire de M. le duc, inondaient la campagne.

— Ah ! dit Castil.

— Il fait trop mauvais temps pour les royalistes, poursuivit Brissac. La pluie, la bise, la boue, c'est bon pour les braves Espagnols. En voilà des centaures ! Ma foi, quant à moi, je suis roué. Je vais dormir, et je vous conseille, senor Castil, d'en faire autant, vous et les vôtres.

L'Espagnol avec un air rogue :

— Ces messieurs de la garde bourgeoise ronflent déjà, dit-il ; écoutez-les.

On voyait, en effet, sur les bancs et la table, qu'ils avaient accaparés, les douze bourgeois ensevelis dans un épais et bruyant sommeil.

Le moine avait compté les Espagnols pendant toute cette scène. Il s'approcha de Brissac et de Castil :

— Quoi ! dit-il, messieurs, vous n'avez pas même rencontré le grand convoi qui passe à Rueil cette nuit ?

— Quel convoi ? demanda Brissac en se retournant pour examiner l'étrange figure qui venait de se mêler à la conversation.

— Je croyais bien que vous auriez fait cette capture, continua le moine ; et je disais tout à l'heure à mon neveu que voici — au moment où le concierge vous a annoncé, — je lui disais : M. de Brissac a de la chance, c'est lui que Mme la duchesse aura envoyé à la découverte, et qui aura pris le convoi d'argent du Béarnais.

— Le convoi d'argent ! s'écrièrent à la fois Brissac et Castil.

Le moine, en s'approchant, frôla comme par hasard le bras du gouverneur.

— Seize cent mille livres, dit-il, en écus neufs.

— Peste ! le beau denier, s'écria Brissac avec un regard plein de convoitise, et un choc invisible de sa botte contre la sandale du moine. Mais ce convoi est une invention, comme la cavalerie.

— Comment savez-vous cela, d'ailleurs ? demanda don José au moine.

— Mon couvent est à Bezons, tout près de Rueil, où le convoi doit passer. Il doit passer, puisqu'on a ce matin préparé des relais pour quatre chariots, et qu'à cet effet on nous a même pris nos chevaux.

Les yeux de l'Espagnol devenaient de plus en plus brillans.

— Vous parliez de Mme de Montpensier ? interrompit-il.

— Oui, notre révérend prieur, qui est de ses amis, m'avait envoyé la prévenir du passage de ce convoi. Je n'ai pas trouvé la duchesse à son hôtel, mais j'y ai laissé un avis écrit. Voilà pourquoi, sachant M. de Brissac dehors, je me disais : Il aura été envoyé au-devant du convoi, et aura eu bonne aubaine.

— Seize cent mille livres ! dit Brissac, et la duchesse ne m'en a pas parlé !

— Et c'est en sortant de chez la duchesse que vous êtes venu ici ? dit Castil dont la curiosité redoublait.

— Oui, senor, et la porte était fermée.

— Vous savez bien qu'elle l'est toujours.

— Non, puisqu'on la débouche.

— Mais pourquoi prendre ce chemin pour retourner à votre couvent ?

— C'est le plus court.

Toutes les réponses du moine étaient si

nettes, si simples, l'accent dont elles étaient prononcées portait l'empreinte d'une si admirable sincérité que l'Espagnol fut troublé jusqu'au fond du cœur.

— Seize cent mille livres ! répéta-t-il.
— Je les ai manquées, s'écria Brissac, c'eût été un beau bénéfice.

Et il soupira.

— Allons dormir, dit-il. Quoi qu'il en soit, mon digne frère, je ne vous remercie pas moins de vos révélations. Si en chemin je trouve un ami ayant cheval frais et bourse vide, je lui passe l'affaire. Bonne nuit, messieurs, bonne garde don José ; je vais retourner chez moi.

— Est-ce que vous ne pourriez pas me faire ouvrir la porte, demanda le moine à Brissac, qui se retirait.

— Ah ! cela regarde le seigneur-capitaine moi je ne peux rien chez lui.

— Restez encore, glissa Castil à l'oreille de frère Robert, nous allons causer de cela.

— Il n'y résistera pas, il ira chercher le convoi, pensa Brissac, et dégarnira son poste. Brave moine, va !

— Si vous vous ennuyez, mon neveu, dit le moine béatement à Espérance, allez un peu faire la conversation avec ces messieurs de la garde bourgeoise, qui parlent français comme nous.

Espérance obéit au singulier regard de frère Robert, et, parvenu au groupe des miliciens dont la plupart dormaient avec tant d'éclat, il se sentit arrêté au passage par une main qui serra fortement la sienne, sous la table, à droite.

Il tressaillit et faillit pousser un cri en reconnaissant dans l'un de ces prétendus dormeurs, Pontis dont le bras gauche enveloppait la tête, tout en laissant à découvert, pour l'occasion, cet œil malin pétillant comme une escarboucle.

Il n'était pas encore revenu de sa surprise quand, à gauche de cette même table, deux genoux saisirent sa jambe comme les deux crampons d'un étau. Et l'officier des bourgeois, soulevant avec effort sa tête alourdie par le sommeil, montra sous la visière au jeune homme un visage à la vue duquel Espérance pensa tomber à la renverse.

Tous les mystères de la nuit lui étaient révélés. Il serra sans affectation la boucle de son ceinturon, et s'assura que la poignée de l'épée était bien à sa main ; puis il s'assit près de Pontis, laissant le moine à qui Castil, même avant le départ de Brissac, demandait encore des explications.

Tout à coup un galop rapide retentit ; une voix vive et claire, comme un homme décidé à tenter l'aventure, appela du dehors : Monsieur de Brissac ! monsieur de Brissac est-il ici !

Au même moment, un jeune homme couvert de sueur et trempé de pluie se jetait à bas de son cheval et se précipitait dans le poste en s'écriant :

— Monsieur de Brissac !
— Me voici, dit le gouverneur.
— De la part de Mme la duchesse : alarme ! la cavalerie ennemie paraît dans la campagne. Alarme !

— La Ramée ! s'écrièrent Espérance et Pontis qui bondirent au son de cette voix et se trouvèrent face à face avec l'aide-de-camp de la duchesse.

— Eux ici !... dit La Ramée, devenu pâle comme un spectre.

Au cri d'alarme, tout le poste avait couru à ses mousquets, à ses hallebardes. Les bourgeois debout s'étaient armés en un clin d'œil. Tous les visages respiraient la haine et la guerre.

— Messieurs !... s'écria La Ramée... en désignant son ennemi qui se serrait près d'Espérance, cet homme s'appelle Pontis, c'est un garde du roi !... Trahison !

— Misérable ! murmura l'officier bourgeois en assénant un coup de poing sur la tête de La Ramée.

— M. de Crillon ! hurla celui-ci en soulevant la maudite visière qui pendant une seconde n'avait pas voulu retomber malgré son habitude.

Au nom redouté de Crillon, don José, les Espagnols, le poste entier poussèrent un rugissement de terreur et de rage. On se montrait l'officier bourgeois, on apprêtait les armes.

C'était dans l'enceinte circulaire de la tour un de ces désordres passionnés comme les aimaient Bourguignon et Terburc.

— Harnibieu ! Oui, je suis Crillon, dit le chevalier d'une voix retentissante en jetant loin de lui, par un geste sublime, le ridicule armet qui cachait sa tête, je suis le brave Crillon ! A moi, mes gardes, et nous allons voir !

En disant ces mots, il avait mis l'épée à la main, cette terrible épée qui en jaillissant du fourreau sembla partager la tour en deux morceaux comme l'éclair coupe un nuage.

Derrière lui, à ses côtés, sa petite troupe s'était formée avec un ensemble, un aplomb, une vigueur qui firent reculer les Espagnols jusqu'au centre de la salle.

Le moine, froid et impassible, poussa dehors M. de Brissac qui dédaignait comme les autres et ferma les énormes verrous de la porte du corps-de-garde. Puis il s'adossa à cette porte, les deux mains appuyées sur une hache qu'il avait détachée de la muraille.

— Gardez la fenêtre, dit-il à Espérance, qui courut aussitôt de ce côté.

— Soixante contre douze! s'écria don José en désignant à ses hommes la poignée de Français qui lui barraient le chemin.

— Douze contre soixante! répondit Crillon avec une voix de lion rugissant. Et souvenez-vous, enfans, qu'il ne faut pas qu'un seul de ces coquins sorte vivant de la tour, car il ferait manquer l'entrée du roi! Espérance, je vous ai promis de vous montrer Crillon sur la brèche, regardez!

Une décharge des mousquets espagnols alla cribler la muraille. Crillon et les siens s'étaient jetés à plat-ventre; ils se relevèrent agiles comme des léopards.

— Maintenant, dit le chevalier, en avant! ils sont à nous!

Il s'élança; ses yeux de flamme avaient choisi deux hommes pour ses deux premiers coups d'épée. Les deux hommes roulèrent à ses pieds. Quand ses gardes et lui se retrouvèrent dans la fumée, dix Espagnols jonchaient le plancher de la salle, tous frappés à la gorge ou au cœur, tous tués raides. Pas un Français n'avait été touché.

La Ramée, au milieu des Espagnols, avait une épée à la main comme les autres; mais il ne frappait pas encore; on eût dit que ce spectacle effrayant l'avait privé de sa raison; il restait immobile, hébété, ne pouvant s'accoutumer à cette situation terrible.

Pontis l'appelait dans la mêlée, vociférant son nom, et il ne répondait pas.

Don José ramena les siens à la charge; il était quelquefois brave, ce ridicule senor, mais ce jour-là il tremblait comme tout animal qui sent le lion. Sa troupe vint se heurter en tumulte sur les ressorts d'acier des gardes; une nouvelle jonchée de morts s'entassa, la vapeur du sang et de la poudre s'épaissit sous les voûtes lugubres de la tour. Don José tomba expirant, la tête fendue. Les Espagnols hésitèrent.

— Allons! puisqu'ils ne vont plus, s'écria le chevalier en prenant l'offensive, et il fondit de nouveau sur la bande décimée; les uns, effarés, cherchèrent à ouvrir les verrous de la porte, mais ils trouvaient là le moine silencieux qui les assommait de sa masse; d'autres couraient comme des papillons à la fenêtre, d'où Espérance les faisait tomber à coups d'épée.

On en vit grimper le long des barreaux des meurtrières, d'autres cherchaient à s'accrocher aux parois de cette cage fermée, d'autres imploraient le vainqueur en jetant leurs armes.

La Ramée, se voyant perdu, prit une résolution sauvage, il avait trois fois reculé devant la porte défendue par l'assommoir du moine; il se jeta sur la fenêtre, en croisant le fer avec Espérance; puis, tout à coup, feignant d'être blessé, il tomba. Espérance, généreux, releva son épée. Alors La Ramée le saisit par les jambes et le renversa sur le plancher.

Pendant ce temps, d'autres blessés épouvantés ouvrirent la fenêtre et se précipitèrent dans la Seine, non sans avoir reçu en chemin de nouveaux coups.

Pontis furieux avait tout quitté pour voler au secours d'Espérance : il cherchait dans ces deux corps qui s'entrelaçaient et se roulaient une place pour enfoncer son épée; mais comment frapper l'ennemi sans blesser l'ami? Les têtes seules étaient reconnaissables dans cet affreux bourbier de sang et de débris. Pontis saisit le moment où la tête de La Ramée lui apparaissait bien distincte, et il frappa dessus un effroyable coup du pommeau de sa lourde épée.

Le misérable, étourdi, lâcha prise. Espérance se releva. Tous deux, Pontis et lui, par un mouvement spontané, saisirent l'ennemi sans connaissance et le précipitèrent par la fenêtre. Puis ils se jetèrent dans les bras l'un de l'autre en murmurant :

— Pour cette fois, il est bien mort.

A partir de ce moment, le combat se changea en massacre. Les rares blessés qui restaient furent poussés par le même chemin, et Crillon fumant de sueur et de carnage put se reposer avec ses compagnons sur un monceau de cadavres.

— Il est quatre heures, je crois que voici Sa Majesté, dit tranquillement frère Robert. Alors, il ouvrit la porte du corps-de-garde. On entendit au dehors le chant de la trompette, c'étaient les clairons de l'armée royale qui frappaient à la porte Neuve.

Frère Robert, d'un coup de hache, fit voler en éclats le bois qui soutenait les chatnes du pont-levis, et d'un revers de cette même masse il ébranla la lourde porte qui craqua en tournant sur ses énormes gonds.

Aussitôt, un cavalier ruisselant de pluie, une écharpe blanche sur la cuirasse, la physionomie radieuse, l'œil étincelant, les bras levés au ciel pour lui rendre grâces, poussa le premier sur le pont-levis, son cheval dont les pieds retentirent.—J'y suis! s'écria-t-il ; merci, mon Dieu!

— Vive le roi! dit d'une voix émue et solennelle le moine en retenant la porte par laquelle se précipita l'héroïque cavalier palpitant de joie.

— Vive le roi! répétèrent au seuil du corps-de-garde Crillon et ses hommes brandissant leurs épées rouges.

Henri IV entra ainsi dans sa ville, et ses yeux obscurcis par de douces larmes cherchèrent en vain l'ami qui lui avait ouvert la porte.

Frère Robert avait rabattu son capuchon sur ses yeux et repris lentement par la campagne le chemin de son monastère.

XXXIV.

L'échéance.

Ne voyant pas revenir La Ramée, n'entendant plus de bruit autour d'elle, et croyant à une fausse alerte, la duchesse de Montpensier s'était couchée à trois heures, bien fatiguée de sa nuit. Un général d'armée a tant à faire!

Après avoir congédié ses femmes et ses capitaines, elle dormait comme un simple soldat.

Tout à coup un bruit inaccoutumé retentit dans ses antichambres, des rumeurs confuses la réveillent, sa porte s'ouvre et son intendant effaré annonce :

— Un gentilhomme de la part du roi!

La duchesse se souleva.

— Quelle impudence ! dit-elle. De quel roi veut-on parler, et pourquoi ce roi, s'il y en a un, se permet-il de troubler mon sommeil?

Mais déjà le gentilhomme était arrivé au seuil de la chambre.

— Ordre de Sa Majesté, dit-il.

La duchesse furieuse s'écria :

— Je veux voir en face l'audacieux qui vient ici prononcer le mot Majesté, accolé à ce mot: ordre, s'adressant à ma personne.

— Madame, dit en saluant profondément le gentilhomme qui n'était autre que Saint-Luc, l'ancien ami du roi Henri III, c'est moins un ordre qu'une prière que j'ai l'honneur de vous transmettre de la part du roi. A peine aux portes de Paris, Sa Majesté a pensé à vous.

— Il est aux portes ! s'écria-t-elle, et on ne me le disait pas... Je m'en doutais !

En disant ces mots, elle se jetait dans sa ruelle, où ses femmes, tremblantes de ce qui allait arriver, l'habillaient précipitamment.

— Dieu merci, j'arriverai à temps, murmura l'amazone. Mon épée...

— Pourquoi faire, madame ? dit doucement St-Luc.

— Et d'abord, monsieur, retournez d'où vous venez ; dites à celui qui vous envoie que je n'ai à entendre aucunes propositions de sa part... Ajoutez que les Espagnols...

— Pardon, madame, mais, vous vous méprenez.

— Assez, vous dis-je, assez ! Où sont mes officiers, mes gardes ?... Comment a-t-on laissé pénétrer ici un envoyé du Béarnais ?

— Ni gardes, ni officiers ne répondront, madame, dit Saint-Luc avec un sourire, vous n'en avez plus besoin. Vous serez admirablement gardée. Quant à moi, je suis entré en même temps que mon maître, qui ne s'appelle plus le Béarnais, mais le roi de France, et je viens de son Louvre.

La duchesse pâlit.

— Le Louvre n'est à personne, que je sache, dit-elle.

— Mais pardonnez-moi, madame, il est bien au roi puisque Sa Majesté l'occupe.

La duchesse bondissant :

— Le roi occupe le Louvre ! s'écria-t-elle.

— Parfaitement, madame.

— Depuis quand, mon Dieu ?

— Depuis quatre heures du matin.

— Le roi est à Paris !...

— Vous pouvez vous mettre à la fenêtre, vous l'allez voir passer se rendant à Notre-Dame.

— Oh ! et je n'étais pas là ! murmura-t-elle. Je dormais !... Mais les Espagnols ?

— Vous auriez bien de la peine à en trouver dans ce moment, tant ils sont bien cachés.

— Le roi à Paris... balbutia la duchesse en cherchant un appui comme si elle allait s'évanouir.

Saint-Luc s'avança poliment.

— Je vous comprends, s'écria-t-elle en se redressant avec une énergie sauvage, vous venez accomplir les ordres du vainqueur. Vous venez me demander mon épée, m'arrêter ; mais dites bien à votre maître que je resterai dans les tortures ce que doit être une princesse de mon nom. Allons, monsieur, montrez-moi le chemin. Est-ce au Châtelet, est-ce à la Bastille que nous allons? Je vous suis.

— Mais, madame, votre imagination va trop loin, dit Saint-Luc, et au lieu d'une arrestation, c'est une simple invitation que j'ai l'honneur de vous apporter de la part de Sa Majesté.

— Expliquez-vous, monsieur, répliqua la duchesse un peu calmée par la parole d'un homme de cette qualité.

— Madame, le roi vous convie à faire la collation aujourd'hui en son Louvre, après l'office du soir.

— Quelle raillerie est-ce donc, monsieur de Saint-Luc?

— C'est tout le contraire d'une raillerie, madame.

— Le roi, comme vous dites, et moi nous sommes ennemis mortels, qui ne pouvons faire aucune collation ensemble.

— Ce n'est pas l'opinion de Sa Majesté à ce qu'il paraît, madame, car vous êtes attendue au Louvre, et Sa Majesté aurait, m'a-t-elle dit, grand déplaisir si vous n'y veniez.

En disant ces mots avec une courtoisie parfaite, Saint-Luc, sans paraître remarquer le trouble inexprimable de la duchesse, la salua profondément et s'en retourna, tandis que Mme de Montpensier courait comme folle à la fenêtre, l'arrachait plutôt qu'elle ne l'ouvrait, et, voyant l'émotion générale, les écharpes blanches, entendant les cris de joie, les souhaits de gloire et de paix au roi, tombait en une seconde défaillance dans les bras de ses femmes et de ses laquais, les seuls courtisans qui ne l'eussent pas quittée, parce qu'ils craignaient de perdre leurs gages.

Sur ces entrefaites accourut essoufflé, défait, le jeune favori de la duchesse, Châtel, qui traversa les antichambres, et vint tomber éploré aux pieds de son auguste souveraine.

— Mon pauvre Chatel, dit la languissante princesse, c'en est donc fait.

— Hélas ! madame.

— Vaincus !...

— Non, trahis !

— Par qui donc ?

— Par M. de Brissac ?

— L'infâme ! Mais on n'a donc pas résisté ?

— Le poste de la porte Saint-Honoré s'est rendu; les portes Saint-Denis et Saint-Martin ont été livrées par les échevins.

— Mais nos amis... le duc de Feria...

— En se réveillant il a trouvé son vestibule gardé par les chevau-légers du Béarnais.

— Qu'avait-on fait des Espagnols ?

— Ils étaient enfermés par les soldats royalistes.

— Mais le peuple ! mais la Ligue !

— Le peuple a lâchement abandonné la sainte Ligue; il chante, il rit, il crie vive le roi ! Veuillez prêter l'oreille.

En effet, on entendait dans le lointain des acclamations formidables mêlées au bruit du canon.

— Mais on se bat ! s'écria la duchesse.

— Non, c'est la Bastille qui se rend, et les canonniers royalistes en déchargent les pièces.

— Le roi ! le roi ! vive le roi ! crièrent un millier de voix enthousiastes dans la rue même, sous les fenêtres de l'hôtel.

— Qu'on me cherche M. La Ramée ! dit la duchesse d'un air sombre.

— Ah ! madame, répliqua le jeune drapier en baissant les yeux... ce pauvre gentilhomme...

— Eh bien ?

— Eh bien, madame, vous l'aviez envoyé à la porte Neuve.

— C'est vrai, pour prévenir M. de Brissac.

— Le poste de la porte Neuve a été massacré; les Espagnols qui le composaient, tués par les bourgeois, ont été jetés à la rivière.

— Mais La Ramée ?

— S'il n'est pas revenu, c'est qu'il aura partagé leur sort.

— Ah ! murmura la duchesse d'un air égaré, c'en est trop, c'en est trop, il faut mourir !

— Madame !

— Il faut mourir ! s'écria-t-elle avec rage. Voyons ! une épée, un poignard !...

— Madame, chère maîtresse, au nom du ciel...

— Quelqu'un aura-t-il pitié de mes souffrances, vociféra la terrible personne, se trouvera-t-il un ami qui m'épargne la honte de voir le vainqueur ? Par grâce, c'est un service à me rendre... la mort !...

Elle s'animait par degrés, et tous ses nerfs vibraient comme les cordes d'une harpe détendue.

— Tue moi ! comme s'est fait tuer Brutus, comme s'est tué Caton, tue moi, et je te bénirai ; j'implore cette grâce...

En disant ces mots, elle découvrit une poitrine encore plus blanche que son âme n'était noire.

Le naïf jeune homme, électrisé par cette fureur tragique et familiarisé par la lecture de Tite-Live avec les beaux dévoûmens de l'antiquité, se crut appelé à jouer le rôle d'un affranchi romain.

Il prit la duchesse au sérieux, et ce vacarme de cris lui montant à la tête, il tira sa petite dague et courut sur Mme de Montpensier pour la poignarder à l'antique.

Mais celle-ci, rappelée à la réalité par la vue du fer, repoussa Chatel avec force et le regardant en face :

— J'étais bien folle ! s'écria-t-elle. Crois-tu que ce soit moi qui doive mourir ?

L'accent dont ces paroles furent prononcées pénétra jusqu'au fond de l'âme du jeune homme. Il remit son poignard dans le fourreau.

— Vous avez raison, dit-il, madame ; je comprends.

Et leurs yeux achevèrent d'interpréter leur pensée.

Soudain, le peuple se ruant sur la place avec une joie qui tenait du délire, annonça l'arrivée du roi.

On vit paraître Henri, la tête nue, sans défense. Il était entouré de ses amis fidèles, Rosny, Crillon, St-Luc, Sancy, tous ses capitaines, tous ses conseillers. La foule venait baiser son cheval et ses habits. Le roi se rendait à Notre-Dame pour remercier Dieu de son succès.

Brissac était nommé maréchal de France.

— Il pleut, disaient les ligueurs, mauvais augure.

— Il pleut, disaient les royalistes, c'est une bénédiction du ciel pour éteindre les mèches des mousquets ligueurs, qui auraient pu assassiner le roi.

Cependant un magnifique spectacle attendait les Parisiens au sortir de la cathédrale ; le roi avait voulu en finir avec les Espagnols.

Ceux-ci, rassemblés tumultueusement au nombre de trois mille, leurs chefs perdant la tête, avaient préparé leurs armes et attendaient la mort.

Isolés entre l'immense population qui les haïssait, et la puissante armée du roi qui les tenait à sa merci, la moindre bravade pouvait les perdre. On entendait parmi le peuple ces sourdes rumeurs qui précèdent l'accomplissement des grandes vengeances.

Tout Paris savait déjà que les Espagnols réunis près de la porte St-Denis allaient enfin recevoir le châtiment dû à leurs longues tyrannies, à leurs déloyautés contre le prince qui ne les avait jamais combattus qu'en face.

La foule avide des sanglans spectacles se préparait à celui-là ; l'extermination d'une armée, quelles représailles ! Aussi les alentours de la porte St-Denis étaient-ils assiégés par cent mille spectateurs, qui n'attendaient qu'un signe pour devenir acteurs dans la tragédie.

Les soldats espagnols, appuyés sur leurs piques ou sur leurs mousquets, se courbaient sombres, découragés, honteux, sous le poids de tous ces regards irrités. Quelques-uns avaient leurs femmes, leurs enfans auprès d'eux ; les bagages rassemblés à la hâte, les chevaux épuisés complétaient le tableau. Sur chaque visage, on pouvait lire la terreur, le désespoir et la faim.

Le duc de Feria, tombé du haut de son orgueil, n'était plus qu'un rebelle, un voleur surpris, dont la grandeur consistait à subir le premier les volontés du vainqueur. Entouré de ses officiers pâles comme lui, il se taisait et ne songeait plus qu'à bien mourir.

On annonça le roi ; déjà un long cordon de gardes et d'archers, occupant toutes les issues, cernait la troupe espagnole et l'enfermait dans un cercle de fer et de feu. Devant le roi venait le maréchal de Brissac, escorté par un gros de cavalerie.

A l'arrivée de ces nouvelles troupes, il se fit dans la foule un mouvement pareil au reflux de la mer. Les vagues tourbillonnant et se poussant l'une l'autre laissèrent à sec les rues et les places ; les fenêtres seules et les portes et les remparts de la ville s'emplirent de spectateurs dont la plus grande partie étaient armés.

Les Espagnols ne virent plus autour d'eux que les soldats du roi et les pièces d'artillerie toutes prêtes à faire feu.

Le moment était solennel. Tous les cœurs palpitèrent. Les Espagnols recommandaient leur âme à Dieu.

Lorsque Brissac s'approchant, la tête nue, du duc de Feria, avec un visage impassible, chacun se figura qu'il lui venait annoncer l'arrêt fatal, et un silence de plomb comprima jusqu'au battement des cœurs.

— Monsieur le duc, dit le maréchal, le roi m'envoie à vous pour vous dire que ce jour de victoire est un jour de pardon. Vous êtes libre. Sortez de Paris sans crainte, vous et les vôtres, avec vos armes et bagages : les portes vous sont ouvertes, partez quand il vous plaira.

A peine eut-il achevé que, passant de la plus profonde terreur à la joie la plus folle, soldats et officiers, qui se croyaient déjà massacrés ou tout au moins prisonniers de guerre, jetèrent leurs chapeaux en l'air et firent retentir le quartier de leurs transports.

On voyait les femmes de ces malheureux, avec leurs enfans, s'agenouiller et adresser à haute voix au ciel des prières ferventes pour le monarque généreux qui les sauvait de la plus cruelle extrémité.

Le duc de Feria, touché profondément, s'inclina pour remercier Brissac. La parole expira sur ses lèvres. Toute la multitude des spectateurs oublia sa haine pour admirer la clémence du vainqueur. Si les Parisiens perdaient un spectacle difficile à remplacer, ils gagnaient la certitude d'être gouvernés par le prince le plus magnanime et le plus généreux.

On vit Henri IV se placer à l'une des fenêtres de la porte Saint-Denis, celle qui était précisément au-dessus de la porte, et plongeait dans toute la longueur de la rue Saint-Denis. Sur un signe des chefs, les soldats de l'armée étrangère prirent leurs rangs et se mirent en route quatre par quatre, les armes bas, les mèches éteintes, les enseignes ployées et les caisses derrière le dos.

Les Napolitains passèrent les premiers sous la porte, puis les Espagnols, et enfin les Wallons et les lansquenets; chacun, jusqu'au dernier valet de l'armée en regardant le roi à sa fenêtre, s'inclinait et saluait profondément le chapeau à la main. Quelques-uns, dans l'élan de la reconnaissance criaient : vive le roi de France ! et s'agenouillaient avec force souhaits de prospérité.

Lorsque le duc de Feria défila à son tour, il arrêta son cheval pour faire plus d'honneur au brave prince qui lui donnait la vie, et on l'entendit murmurer un compliment, dans lequel il remerciait Henri IV d'avoir épargné ses pauvres soldats.

Le roi toujours riant et spirituel :

— Voilà qui est bien, monsieur le duc, dit-il, recommandez-moi à Philippe II, votre maître ; mais n'y revenez plus.

Paroles qui firent fortune, on le comprend, chez le peuple le plus spirituel de la terre.

Les Espagnols furent reconduits avec la plus grande politesse jusqu'au Bourget par Saint-Luc, de là on les conduisit à la frontière, et ainsi se termina la prise de Paris.

Quant au roi, qui avait hâte de donner quelque distraction à Henri — le soir même, il reçut au Louvre la visite de Mme de Montpensier, avec laquelle il joua aux cartes, et il lui gagna son argent pour toute vengeance.

Mais si la distraction n'était pas des plus amusantes, au moins la vengeance était assez complète. La duchesse avait vu deux heures après l'entrée du roi, au lieu du massacre et de la terreur qu'elle espérait, se rouvrir toutes les boutiques, se tapisser et se fleurir toutes les maisons, les bourgeois se mêler et causer joyeusement avec les gens de guerre, le peuple rire et chanter avec les bourgeois, la Ligue se fondre comme la neige au soleil, et le dernier espoir de l'ambition des Guise s'évaporer comme fumée au vent. Elle rentra chez elle sérieusement malade, et se mit au lit sans que personne s'occupât d'elle ; on parla bien plus de la femme d'un boucher ligueur qui était morte de rage en apprenant l'entrée du roi dans la ville.

Vers dix heures du soir, La Varenne s'approcha du roi, lui dit quelques mots à l'oreille, et aussitôt Sa Majesté, avec un rayonnant sourire, quitta l'assemblée et se retira dans son appartement.

Le lendemain matin vers l'aube, dans une des salles du Louvre, bon nombre de gentilshommes autour d'un grand feu fêtaient joyeusement les restes d'un grand festin, et s'entretenaient avec vivacité non plus du passé, mais de l'avenir de la France ainsi régénérée.

C'étaient d'abord les gardes de service, puis quelques courtisans privilégiés, qui avaient obtenu la faveur de garder le roi dans son palais la première nuit qu'il venait d'y passer, après tant d'années d'exil et de combats. Et ces heureux, à voir le nombre des flacons vides, n'avaient pas dû s'ennuyer pendant que le roi dormait.

Parmi les gardes on remarquait Pontis, parmi les courtisans chacun admirait Espérance, que Crillon avait présenté au roi comme un des vaillans champions de la porte Neuve, et à qui sa faveur, sa bravoure et sa généreuse mine avaient fait tout d'abord quantité d'amis.

Mais un autre personnage attirait aussi l'attention : c'était le seigneur de Liancour, plus bossu, mais plus enchanté de lui que jamais.

Pontis, un peu agacé par le vin et fatigué d'avoir été discret toute une nuit, décochait à ce digne seigneur des traits que chacun entendait siffler et que lui seul ne sentait pas, bien qu'ils arrivassent tous en plein but.

Le bossu, portant pour la vingtième fois la santé du roi,

— Vous êtes donc bien réconcilié avec S. M. ? s'écria Pontis. Il me semblait vous avoir connus mal ensemble.

— Sans doute ; mais c'est fini. Le roi a

été clément, j'ai été spirituel; nous avons réussi à nous entendre.

— Contez-nous cela, dit Pontis, malgré tous les signaux d'Espérance.

— Je dois mon retour en grâce au conseil du révérend prieur des Genovéfains, répliqua M. de Liancour. C'est lui, par interprète, qui m'apprenant hier l'entrée du roi et la générosité de S. M. pour les Espagnols,

— Il est temps, me dit-il, de ne plus bouder le roi.

— Vous boudiez? s'écria quelqu'un.

— Monsieur s'était retiré dans ses caves; pardon, dans ses terres, s'écria Pontis.

— Mais pourquoi boudait-il? demanda un curieux impertinent.

— Affaires de famille, dit Espérance, qui tremblait d'entendre le nom de Gabrielle.

— Eh bien! continua le bossu, j'ai suivi le conseil du révérend, et hier soir, à peine délivré, je suis arrivé au Louvre pour saluer le roi. S. M. m'a reçu avec bonté, m'a souri, et au lieu de me laisser retourner à Bougival, m'a fait la faveur de me retenir à toute force au palais, parmi vous, où j'ai passé une nuit charmante, une nuit comme assurément le roi n'en a point passé une pareille.

Un malin sourire effleura les lèvres de la Varenne qui causait, dans une embrasure, avec le gros financier Zamet.

— Voilà le roi qui prend ce malheureux par la douceur, dit tout bas Pontis à Espérance; c'est bien plus dangereux.

— Heureusement pour lui, répliqua Espérance avec un rire forcé, que sa femme n'a pas encore, comme le roi, fait son entrée à Paris.

Il achevait à peine qu'un capitaine des gardes appela M. de Pontis pour affaire de service. La conversation se trouva ainsi rompue au grand plaisir d'Espérance qu'elle faisait souffrir.

Pontis sortit, mais au bout de quelques minutes il revint, et appela Espérance, qui s'empressa de courir à lui.

— Qu'y a-t-il donc? demanda le jeune homme.

— Une grande faveur qui m'est faite, mais une corvée : j'ai, de la part du roi, et dans le plus grand secret, quelqu'un à escorter à la campagne.

— Un prisonnier, sans doute?

— Probablement. Ce sera très ennuyeux. Veux-tu m'aider à faire la corvée. Au moins serons-nous à cheval ensemble, et nous causerons.

— Volontiers.

— Je vais faire seller ton cheval avec le mien; attends-moi dans cette allée, là-bas, près de la rivière; c'est par-là que le prisonnier va sortir. J'amènerai nos deux montures, ne t'occupe de rien.

— Bien, dit Espérance.

Et il s'achemina vers l'endroit désigné, le cœur pénétré du charme secret qui embellissait toute la nature.

Le jour naissait. La pluie de la veille avait cessé; une brise douce et fraîche ridait le fleuve et agitait avec un mystérieux murmure les arbres, qui se penchaient sur l'eau.

Une litière sortit du palais par une porte dérobée; elle était fermée de grands rideaux à fleurs, deux mules blanches la firent rouler moelleusement sur le sable.

— C'est un prisonnier pour lequel on a des égards, pensa Espérance quand la litière passa près de lui.

Les rideaux s'agitèrent au vent, et il en sortit une vapeur parfumée qui frappa le cerveau d'Espérance comme un soudain ressouvenir.

— Suivez la route jusqu'à Bougival, dit au cocher une voix de femme qui fit tressaillir le jeune homme.

Au même instant le rideau s'ouvrit, et une tête curieuse regarda dehors.

— Gratienne! s'écria Espérance.

— Monsieur Espérance! murmura la jeune fille qui, dans son ébahissement inconsidéré, retenait les rideaux ouverts.

En face d'elle était assise Gabrielle qui, au nom d'Espérance, avait caché son visage empourpré dans ses mains.

Le jeune homme pâlit et s'appuya sur un arbre, comme si la terre manquait sous ses pieds. Un voile noir s'étendit de ses yeux à tout l'univers. Il n'entendit pas Pontis arriver tout courant avec les deux chevaux.

— A cheval! dit le garde tout joyeux. — Vois la belle matinée! Après une veille si belle, nous allons faire une promenade enchantée… Eh bien! tu n'es pas encore en selle?

— Je ne suis pas garde du roi, répliqua Espérance d'une voix morne. Fais tout seul ton service… Adieu!

Et il s'enfuit le cœur navré, tandis que la litière se mettait en marche.

Les rideaux en retombant étouffèrent un soupir douloureux comme un sanglot.

— Quel caprice a donc Espérance? se demanda Pontis, forcé de suivre la litière.

Gabrielle avait tenu sa parole au roi.

FIN DE LA PREMIÈRE PARTIE.

LA BELLE GABRIELLE.

I.

A propos d'une égratignure.

Dix mois s'étaient écoulés depuis la reddition de Paris, l'année touchait à sa fin. Décembre semait sur les campagnes ses plus noirs brouillards, ses neiges les plus profondes. Depuis longtemps l'hiver n'avait sévi en France avec cette rigueur.

De Montereau à Melun, sur la route blanche au bord de laquelle se tordait çà et là, les bras au ciel, un arbre épargné par la hache, on entendait la nuit hurler les loups. Le jour tout était silencieux, les gens de la campagne avaient trop faim pour chanter, trop froid pour sortir; et la crainte de l'Espagnol n'était pas encore effacée. Des loups et des Espagnols à la fois, c'est trop sur une grande route et l'œuf de la poule au pot n'était pas encore pondu.

D'ailleurs, le maître était absent pour les affaires de la maison. Henri refoulait en Picardie M. de Mayenne, lutteur découragé. Quant au roi, tout l'encourageait. Partout Dieu lui faisait sentir sa protection : chacun de ses souhaits s'accomplissait à peine formé. Un fils venait de lui naître de Mme de Liancour, et cet enfant, né au milieu des victoires, allait être baptisé à Notre-Dame aussitôt que le roi serait de retour.

Cette nouvelle, promptement répandue partout, n'était pas accueillie sans commentaires, et, pour quiconque connaît l'esprit français, il est aisé de comprendre qu'elle préoccupait beaucoup plus les peuples que le froid, la disette ou la guerre.

Nous ne saurions dire si tel était le sujet de conversation qu'avaient choisi deux bizarres personnages qui s'acheminaient, en décembre, vers les portes de Melun. Tous deux à cheval, enveloppés, ou pour mieux dire ensevelis dans de vastes manteaux rayés semblables au burnous arabe, ils allaient côte à côte, dans la neige, alternant, non pas des distiques de Théocrite ou de Virgile, mais de belles et bonnes imprécations italiennes qui, basse-taille et soprano aigu, eussent fait fuir tous les loups de France.

La basse-taille s'exhalait des cavernes d'une large et puissante poitrine. Le cheval était petit, mais le cavalier superbe, rien qu'à en juger par l'œil noir et la barbe de jais que les plis du manteau ne dérobaient pas toujours au vent glacé.

Le soprano était une petite femme au regard tantôt mélancolique, tantôt brûlant comme un éclair. Elle grelottait sur sa mule, ne songeant qu'à se garantir de la brise, et interpellant avec fureur tantôt son compagnon, tantôt la route glissante, tantôt cet abominable pays de France où il gèle, tantôt ces odieuses portes de Melun qui n'arrivaient pas.

Cependant on y arriva enfin à ces portes.

La route, il faut le dire, était moins déserte à l'approche de la ville. Quelques voyageurs dépassèrent les deux Italiens, d'autres demeurèrent derrière, et tous s'accordaient à trouver singulière la figure de ces étrangers. Eux, trouvaient aussi bizarres ces Français curieux et railleurs, ils se le disaient probablement dans leur jargon, et s'ils ne le disaient pas, les yeux de la jeune femme et son ironique sourire parlaient assez.

Aux portes, il y avait un poste de soldats et un receveur de gabelle qui examinait chaque passant avec plus d'attention qu'il n'en eût fallu pour l'exercice des droits de péage.

La tournure des nouveaux venus frappa cet homme, il arrêta les deux étrangers qui hâtaient le pas de leurs montures, sans doute pour arriver plus vite au feu et au gîte.

— Holà! dit-il, comme nous sommes pressés! Examinons ces valises.

Et sur son geste plusieurs soldats prirent à la bride le cheval et la mule.

— Siamo forestieri ! cria la jeune femme en se montrant avec impatience.

— Oh ! oh ! des Espagnols ! dit le percepteur qui prenait pour de l'espagnol ce pur italien.

— Des Espagnols! répétèrent autour de lui les soldats, que l'habitude de la guerre disposait mal en faveur de leurs ennemis ordinaires.

On visita les valises, qui ne renfermaient rien de suspect. Beaucoup de gens s'attroupaient. Les prétendus Espagnols dialoguaient entre eux avec vivacité, sans pouvoir réunir deux mots de français pour les jeter en réponse aux questions du percepteur.

Pendant ce débat la femme, plus irritable, avait découvert entièrement son visage, qui était, comme nous l'avons dit, régulier, fin et fortement empreint du type méridional.

La malice de ses yeux, la mobilité de sa physionomie, le jeu de ses lèvres, qui laissèrent voir une double rangée de dents magnifiques, ne satisfirent pas le commissaire-percepteur, qui répéta plus opiniâtrement :

— Espagnols ! Espagnols ! vos papiers !

L'attitude du compagnon de la dame était, pendant toute cette scène, incroyablement calme, imperturbable. Il ne se donnait pas la peine de remuer. Etait-ce un effet de la terreur? On a vu souvent les poltrons ou les mauvaises consciences user de l'immobilité comme d'une ressource. Etait-ce seulement inintelligence de ce qui se passait? Mais en attendant, il restait roulé dans son manteau, qui lui partageait verticalement en deux le visage, et ne semblait vivre que par un seul œil, dont la prunelle roulait rapidement de l'un à l'autre des assistants, après qu'elle avait d'abord interrogé l'expression du visage de sa jeune femme.

Tout à coup le percepteur parla bas au chef des soldats, et celui-ci s'écria :

— C'est vrai, qu'il cache son œil.

— Découvrez votre œil, dit le percepteur à l'Italien qui ne comprenait pas.

— Il fait semblant de ne pas comprendre, murmurèrent les assistants.

— Votre œil, votre œil ! répétèrent vingt voix impatientes.

L'Italien étourdi regardait sa compagne et ne bougeait pas. Aussitôt le chef du poste, par un mouvement brusque, déroula les plis du manteau qui cachait la tête de l'inconnu dont le visage apparut à son tour. Il était beau, assez fier d'expression, malgré certaine trivialité qui n'exclut pas la beauté dans les classes inférieures des races orientales.

— Son œil est éraillé, cria le percepteur, c'est lui.

— C'est lui ! répétèrent plusieurs des assistans qui paraissaient être dans le secret.

— C'est lui ! c'est lui ! crièrent cent voix qui ne savaient pas même de quoi il s'agissait.

En effet, l'Italien avait l'œil droit sillonné sous la paupière par une excoriation un peu enflammée qui s'étendait jusqu'à la tempe.

Les soldats sautèrent sur cet homme qu'ils mirent bien vite à bas de son petit cheval, et sur la foi des soldats, bon nombre de spectateurs commencèrent à rudoyer et à gourmer le malheureux dont ils ne savaient ni le nom ni le crime.

Ce que voyant, la jeune femme sa compagne se mit à pousser des cris lamentables, perçans, entrecoupés d'interjections italiennes que la foule s'obstinait à vouloir dire espagnoles à cause des désinences.

— Ne le battez pas, disaient les soldats, nous allons le faire rôtir.

— Non pas, non pas, disait le percepteur, il faut qu'il avoue ses complices.

— Ah ! scélérat d'Espagnol ! criait l'un.

— Ah ! misérable assassin ! hurlait l'autre.

— Oïme ! o povero Concini ! gémissait la petite femme en disputant bravement à coups d'ongles son infortuné compagnon à tous ces furieux.

Mais elle n'était pas la plus forte, et peu à peu le torrent l'entraînait elle-même vers la petite échoppe du percepteur qui promettait de se changer pour tous les deux en chambre de torture.

Cependant, un grand jeune homme blond, monté sur un beau cheval turc et suivi d'un valet aussi bien monté que lui, était arrivé à la porte de Melun, et dominait toute cette mêlée dont les anneaux, en se heurtant, venaient battre le poitrail de sa monture.

Lorsqu'il vit cette scène dont le prélude présageait un si triste dénouement, lorsqu'il entendit les cris de détresse de la jeune femme, il fit faire deux pas à son cheval, et frappant sur l'épaule d'un soldat qui tirait par un bras la malheureuse cramponnée aux habits de son compagnon :

— Eh ! l'ami, dit-il, vous allez écarteler cette pauvre créature, voyez son petit bras à côté de votre rude poignet.

— Bah !. mon gentilhomme, répondit le soldat avec un certain respect pour la majestueuse apparence de l'étranger, il n'y a pas grand mal, c'est une Espagnole.

GABRIELLE. 183

— Pieta! pieta! signor, cria celle-ci en se raidissant à la vue d'un intercesseur qu'elle devinait.

— D'abord ce n'est pas une Espagnole, c'est une Italienne, répliqua le jeune homme, qui mit pied à terre rapidement et secoua le soldat avec tant de vigueur qu'il lui fit lâcher prise.

— Une Italienne! dit la foule surprise en se groupant du côté le plus nouveau de l'intérêt.

Le soldat, d'autant plus respectueux qu'il avait reconnu des muscles de maître, se rapprocha en disant:

— Voudriez-vous défendre les assassins de notre bon roi?

— Oh! oh! ceci est différent, répliqua le jeune homme. Mais la petite femme avait compris qu'il lui arrivait un interprète, et se mit à parler vivement en italien à l'étranger qui lui répondit dans la même langue.

La joie de la pauvre accusée fut si expressive, elle battit des mains avec une ivresse si triomphante que la foule en fut touchée et se dit:

— Voici un gentilhomme qui les connaît.

Quant à l'Italien, au premier son des syllabes italiennes, il avait tendu les bras vers l'étranger en criant:

— Qu'ai-je fait? que me veut-on?

Percepteur et soldats furent bien forcés de s'arrêter devant l'incident. Notre jeune homme fut entouré, regardé; ses beaux yeux resplendissaient de franchise, de courage, d'intelligence. Il avait du premier abord conquis toute l'assemblée.

— Monsieur, lui dit le percepteur, est-ce que vous comprenez le baragouin de ces Espagnols?

— Ce sont des Italiens, monsieur, répliqua le jeune homme, et ils parlent le plus pur toscan. Qu'ont-ils fait pour qu'on les malmène si durement?

— Regardez son œil droit, dit le percepteur.

— Il est un peu écorché, c'est vrai.

— Eh bien! monsieur, c'est le signalement qu'on nous a transmis d'un homme qui doit passer par ici pour aller assassiner le roi à Paris.

— Je ne croyais pas Sa Majesté dans la capitale.

— Le bon roi y est attendu pour le baptême de son fils.

— De quel fils? demanda l'étranger.

— César, monsieur, fils de la belle Gabrielle et du roi.

L'étranger pâlit.

— Fort bien, murmura-t-il, en étreignant avec effort sa poitrine gonflée. Ah! cet homme doit aller assassiner le roi... c'est donc toujours à recommencer?

— Tous les huit jours, monsieur, la vie de notre père est menacée, aujourd'hui c'est le tour du coquin que voici.

— Il vous l'a dit?

— Il n'en a eu garde, d'abord il feint de ne pas nous comprendre, et nous sommes de force à le deviner, dieu merci! Mais pardon, monsieur, ajouta le percepteur avec défiance, vous défendez trop ces coquins, seriez-vous ligueur ou Espagnol, car vous leur avez parlé leur langue?... Avez-vous des papiers?...

— Certes oui, monsieur, répliqua froidement le jeune homme, et je ne ferai aucune difficulté de vous les montrer.

— D'où venez-vous?

— Je viens de Venise où j'ai été me promener, monsieur.

— Où allez-vous?

— A Paris, où M. de Crillon m'appelle.

— M. de Crillon! exclama le percepteur avec un saisissement de respect.

— M. de Crillon, répétèrent les soldats en tressaillant à ce nom si cher.

— Voici sa lettre; faites-moi le plaisir de la lire, continua le jeune homme en tendant un papier déplié au péager.

Celui-ci courbant la tête, lut avec de profondes révérences et rendit la lettre au jeune homme, devant qui presque tout le monde se découvrit en murmurant:

— Un ami du brave Crillon!

Cependant les deux Italiens avaient pu respirer, se rajuster. La jeune femme, saisissant le bras de son protecteur, lui parlait avec volubilité.

— Madame, dit le jeune homme en italien, on vous accuse, vous et votre compagnon, de vous rendre à Paris dans de mauvais desseins.

Les deux Italiens pâlirent.

— Lesquels? balbutia la jeune femme.

— On prétend que vous voulez assassiner le roi.

— Nous! s'écria l'Italienne avec explosion. Nous, assassiner!... ah! bien au contraire.

— Qui êtes-vous? Tâchez de ne pas hésiter, car tout ce peuple vous observe. Tâchez de ne pas mentir, car moi-même je ne vous pardonnerai pas un mensonge en présence d'une si terrible accusation.

— Je m'appelle Leonora Galigaï, dit-elle

et mon mari que voici s'appelle Concino Concini.

— Que faites-vous ?

Elle hésita.

— Mon mari est fils d'un notaire de Florence.

— Mais vous ?

— Moi... je suis sa femme.

— Et que venez-vous faire en France ?

— Mais... ce que fera Concino.

— C'est répondre avec esprit, mais ce n'est pas répondre loyalement. Vous me cachez quelque chose, et tant pis pour vous; car j'aime le roi, et pour détourner de lui un malheur, je vous abandonnerai à la colère de cette foule dont vous vous tirerez comme vous pourrez.

Cette menace parut faire grand effet sur les deux Italiens.

— Réfléchissez, continua le jeune homme, qui se rapprocha du percepteur et du chef des soldats en leur disant :

— Ces gens ne me paraissent pas être des malfaiteurs, mais je les croirais volontiers des aventuriers qui se cachent. Je viens de les intimider, ils se consultent et nous allons savoir la vérité.

— Pourquoi a-t-il l'œil éraillé ? demanda l'opiniâtre percepteur.

— C'est vrai, je n'y songeais plus, interrompit le jeune homme qui se tourna vers les Italiens.

— Pourquoi cet œil écorché ? dit-il.

— Signor, dit vivement la petite femme, je suis jalouse. Concino est coquet, il a fait des œillades hier à certaine grande dame qui passait en litière, et je lui ai un peu arraché les yeux; mesurez, si vous voulez, l'écartement de mes ongles.

— C'est vraisemblable, répondit le jeune homme en considérant la main de l'Italienne, véritable petite griffe d'oiseau, armée de beaux ongles rosés et recourbés comme des serres. Il reste à me dire ce que vous venez faire en France ; je vous ai donné le temps nécessaire pour faire une réponse qui concilie vos intérêts avec la vérité. Prenez garde, il y a dans la cabane du percepteur un bon feu, et des fers sont si vite chauffés.

— Per che fare ! s'écrièrent les deux Italiens avec angoisse.

— Mais pour vous appliquer à la question, dit le jeune homme... Tout le monde ici est curieux, et je n'aurai pas plutôt tourné les talons que l'on saura vous faire parler.

— C'est un galant homme, dit l'Italien bas à sa compagne. Montrons-lui la recommandation.

— Essayons de différer encore, répliqua plus bas l'Italienne.

Mais le jeune homme voyait les assistans se fatiguer de tant d'hésitation, et grommeler entre eux. Lui-même se lassait.

— Adieu, dit-il, tirez-vous d'affaire.

Et il se tourna pour prendre la bride de son cheval que les soldats caressaient. L'Italienne bondit pour le retenir, et d'une voix troublée :

— Demandez, dit-elle, qu'on vous laisse entrer avec moi dans un endroit où nous soyons seuls.

— Que de mystères, signora !

— Vous comprendrez pourquoi, répliqua-t-elle.

Le jeune homme dit deux mots au percepteur, qui ouvrit sa porte. L'Italienne entra, vive comme un écureuil. Concino resta dehors impassible au milieu des gardes; le jeune homme avait suivi Léonora dans l'échoppe.

— Tournez-vous un peu, dit-elle en souriant.

Il obéit, mais pas assez vite pour ne pas voir qu'elle fouillait sous ses robes. Il distingua un caleçon de laine rouge, des jambes un peu fines mais gracieuses, et tout cela apparut et disparut avec la rapidité de l'éclair. L'Italienne se montra, un papier à la main.

— Tenez, dit-elle, voici une lettre de recommandation qu'on m'a donnée à Florence ; elle n'est pas fermée. Lisez, et, après avoir reconnu qui nous sommes, promettez-moi, foi de gentilhomme, d'oublier ce que vous aurez lu, noms et choses.

— Adressée au seigneur Zamet, dit-il.

— Vous le connaissez ?

— Je l'ai vu au Louvre.

— Ah ! vous allez au Louvre ! s'écria vivement l'Italienne.

— Comme tout le monde y va, pour apercevoir le roi, reprit le jeune homme qui s'était oublié. Il lut donc ces mots :

« Je recommande à Zamet ma Leonora et Concino, qui vont pour quelques affaires à Paris. Il faut se fier à eux ; ce sont mes serviteurs dévoués. MARIE. »

— Quelle Marie ? dit le jeune homme.

— Regardez ces armes si connues.

— Les tourteaux des Médicis.

L'Italienne posa un doigt sur ses lèvres.

— Ainsi, vous êtes au service de Marie de Médicis, nièce du grand-duc régnant de Toscane?

Leonora composant lentement sa réponse :

— Je suis sa sœur de lait, dit-elle, la fille de sa nourrice. J'ai épousé Concino ; nous sommes pauvres et nous cherchons fortune. La princesse, qui n'est pas riche elle-même, nous adresse au seigneur Zamet qui roule sur l'or, parce que, nous a-t-elle dit, on fait promptement fortune en France quand on a de bons yeux pour voir et de beaux yeux pour être vue.

— C'est bien, dit le jeune homme rêveur ; et il regarda longuement la petite femme qui déjà lui avait arraché la lettre et la cachait de nouveau sous son caleçon et ses jupes.

— Sommes-nous encore des assassins ? demanda en riant l'Italienne.

— Non, signora.

— Eh bien, veuillez le dire à ces brutes. Mais, rappelez-vous votre parole. Ni noms ! ni choses ! Vous seul savez, vous seul saurez.

Le jeune homme sortit de l'échoppe.

— Messieurs, dit-il, au percepteur et au chef de poste, qu'il prit à part, ces Italiens sont des marchands chargés de valeurs qu'ils n'osent laisser voir au peuple de crainte des larrons. Je sais leurs noms : Léonora et Concino. Ecrivez-les, je vous prie, sur votre registre, à côté du mien qui leur servira de garant. Je m'appelle, moi, Espérance. Je vous laisserai, si vous le désirez, la lettre de M. de Crillon comme caution.

— Je vous remercie, monsieur, dit le percepteur ; mais l'œil...

Esperance raconta le combat conjugal de la veille, et tout le monde daigna rire.

Les deux Italiens, réconciliés avec le peuple de Melun, reçurent même du percepteur le salut gracieux que l'octroi, de tout temps et de tout pays, n'a jamais refusé au voyageur riche.

L'Italien enfourcha son petit cheval, l'Italienne se fit placer sur sa mule par Espérance, dans les bras duquel elle s'était jetée avec toute la familiarité d'une ancienne connaissance. Et le fait est que si quelque chose peut faire marcher promptement l'intimité, c'est la vue d'un caleçon rouge et d'une jolie jambe en des circonstances délicates.

Cet événement avait fait oublier à l'Italienne la fatigue et le froid. On déjeuna dans une belle auberge, et deux bouteilles de vin de France chauffé et sucré achevèrent de dissiper le nuage sinistre suspendu un moment sur la tête des deux voyageurs. Heureux de trouver un interprète, ceux-ci questionnèrent Espérance, qui devenait moins communicatif à mesure que les interrogations se multipliaient.

La petite femme, affolée de ce beau gentilhomme dont elle exaltait les mérites, eût fini par donner de la jalousie à Concino, et, s'il eût été vindicatif, se fût attiré les représailles de plusieurs égratignures. Le nom d'Espérance, qu'elle appelait seigneur Speranza, lui caressait, disait-elle, les lèvres ; mais elle eût parlé plus vrai en disant qu'il lui caressait le cœur.

Concino, sans partager le délire de cet enthousiasme, ne tarissait pas sur le service qu'Espérance lui avait rendu.

— J'allais être déchiré, disait-il, mis en lambeaux par cette populace ; je sentais déjà leurs ongles et leurs dents... Ce doit être affreux de mourir ainsi ! Grâces soient rendues à l'ange que Dieu m'a envoyé.

Et il lui baisait les mains à la mode italienne, tandis que sous la table Léonora, non moins reconnaissante, enfermait ses deux petits pieds entre ceux du sauveur Speranza. Il est vrai qu'il fait très froid en France.

Le sauveur, plus ému qu'il n'eût voulu l'être, se leva pour en finir avec la reconnaissance. Il manifesta le désir d'arriver à Paris avant la fin du jour, et aussitôt Léonora guérie de ses fatigues, résolut de partir avec lui.

On commanda les chevaux, qui s'étaient rafraîchis, on s'enveloppa de doubles couvertures, et la caravane, augmentée, reprit le grand chemin.

Chaque fois que la jambe ou l'épaule purent se rencontrer, Leonora, toujours par gratitude, n'en perdit pas l'occasion. Ses yeux ne quittèrent pas un moment ceux de son nouveau compagnon. Concino rêvait philosophiquement ou admirait le paysage.

L'Italienne demanda mille détails à Espérance sur les coutumes françaises. Il y répondit avec la galante politesse d'un gentilhomme bien élevé.

Elle passa très habilement de l'esthétique à la politique, et il se refroidit.

Elle parla du roi. — Il ne tarit pas en éloges. Elle questionna sur la vieille femme de Henri IV, la délaissée Marguerite.

Espérance raconta ce qu'il savait.

Elle en vint à la nouvelle passion du roi pour Mme de Liancour, et, plus attentive que jamais, amena l'entretien sur le degré d'attachement que le roi pouvait avoir pris pour cette favorite. Espérance ne répondit que des monosyllabes. Leonora voulut savoir si ce feu durerait.

— Je n'en sais rien, dit le jeune homme.

— Elle est donc bien belle ? demanda l'Italienne, qu'on la nomme la belle Gabrielle.

— Je ne la connais pas, répliqua Espérance, qui rompit ainsi l'entretien.

Après mille et mille circonlocutions des plus adroites, Leonora ne tira rien d'Espérance sur ce chapitre qui paraissait lui tenir le plus au cœur. En revanche le jeune homme redevenait aimable et causeur quand la rusée Italienne lui prodiguait les caresses de son regard et de son langage.

Et comme Concino enfin réveillé surveillait d'un peu plus près, en désespoir de cause, on s'entretint des écus du seigneur Zamet.

C'est ainsi qu'on atteignit vers sept heures du soir, par une nuit éblouissante d'étoiles la barrière de Paris.

Espérance voulut conduire les voyageurs jusqu'au logis de Zamet, rue de Lesdiguières, derrière l'Arsenal.

— Cela vous dérangera peut-être de votre chemin? dit Concino inquiet des frôlemens perpétuels du genou de Leonora, qui rencontrait si souvent le genou d'Espérance.

— Nullement, je vais à l'Arsenal, répliqua le Français, c'est le même quartier.

Il leur indiqua la porte du riche financier, et les adieux s'échangèrent, empressés d'une part, polis de l'autre, tandis que Concino levait le lourd marteau.

— A rivedere, murmura Leonora en posant un doigt sur ses lèvres.

II.

Comment Espérance eut pignon sur rue.

Espérance en arrivant à l'Arsenal apprit que M. de Crillon n'était pas encore de retour d'une inspection qu'il avait dû passer de troupes nouvelles. Mais des ordres étaient donnés pour qu'on préparât une chambre à la personne qui se réclamerait de lui.

Le jeune homme vit par là que Crillon ne l'avait pas oublié. Il entra dans la vieille chambre gothique où brûlait un feu d'arbres sciés par la moitié. Son valet bassina les draps, servit le souper auquel il fit fête lui-même après que le maître harassé de fatigue se fut mis au lit avec cent chances de bien dormir.

Espérance ne se demanda pas pourquoi Crillon logeait à l'Arsenal. Le lendemain, il était à peine réveillé et s'habillait quand le chevalier entra dans sa chambre les bras ouverts, avec tous les signes d'une joie affectueuse.

— Eh bien, coureur, enfant perdu, ingrat, vous voilà donc, s'écria le héros en embrassant Espérance pour la deuxième fois. C'est donc une rage qui vous tient de fuir ceux qui vous aiment? Comment ! vous annoncez un petit voyage de quinze jours, vous nous quittez au milieu des fêtes de l'entrée à Paris, et vous restez dix mois absent? Tenez, mon ami, c'est vouloir nous persuader que vous manquez de cœur et de mémoire, car enfin on vous traitait bien ici.

Espérance, attendri par ces témoignages d'affection et ces reproches trop vrais, essaya d'abord de répondre en faux fuyans. Il cherchait à maîtriser ou tout au moins à dissimuler son émotion réelle.

— Monsieur, répliqua-t-il, vous savez ce que c'est que le voyage. On se promet de faire cent pas, on en fait mille. La route a des attraits mystérieux, les arbres semblent vous tendre les bras et vous appeler, de sorte que de l'un à l'autre on va très loin sans s'en apercevoir.

— Je ne vous connaissais pas ce goût pour la pérégrination. Selon moi, vous aimiez vos aises.

— Je les aime, monsieur, mais partout où je les trouve.

— Les avez-vous donc si bien trouvées? Il me semble que votre visage est pâli; vous avez maigri même.

— La chaleur.

— Il gèle à fendre les pierres.

— En France, mais non d'où je viens.

— D'où venez-vous donc? de Chine?

— Comment, M. le chevalier, dit Espérance surpris, vous ignorez d'où je viens?

— Puisque je vous le dis.

— Mais, vous m'avez écrit où j'étais.

— J'ai écrit, assurément, mais sans savoir où j'écrivais. Vous avez donc reçu ma lettre?

— Voilà qui est bizarre, s'écria Espérance; vous m'écrivez sans savoir à quel endroit, votre lettre me parvient et vous ne me l'avez pas envoyée.

— Ces choses-là n'arrivent qu'à vous, mon cher Espérance, dit Crillon gaîment. Mais pour ne pas vous intriguer trop longtemps, apprenez comment tout cela s'est fait. Vous aviez pris congé brusquement de Pontis et de moi, sous prétexte d'un voyage. Quinze jours après vous m'écriviez que vous iriez plus loin que vous n'aviez projeté. Pendant quatre mois, plus de nouvelles de vous, c'était affreux, car enfin on vous porte intérêt.

— Excusez-moi, j'avais écrit à Pontis.
— Attendez. Pontis courait le monde avec l'armée du roi. Pontis n'était plus à Paris ; on se battait ici aujourd'hui ; — là demain. Votre lettre a d'abord attendu Pontis à Paris, chez moi, pendant deux mois, ce qui fait six. Puis, par un hasard fort heureux, on me l'a envoyée à Avignon, dans ma famille, où j'étais. J'allais la renvoyer à Pontis, qui était en Artois, quand j'ai reconnu l'écriture et décacheté le billet. Malheureux que vous êtes, vous ne donniez seulement pas votre adresse.

— Voilà pourquoi je m'étonne si fort, dit Espérance en souriant, que vous m'ayez répondu, et que votre lettre me soit parvenue. Mais vous êtes si bon et vous avez le bras si long...

— Pas du tout, ne me faites pas meilleur que je ne suis. J'étais courroucé, je n'eusse pas répondu, lorsqu'au moment où je me dépitais le plus, en octobre dernier, je reçus la lettre que voici.

Crillon alla ouvrir un coffre placé sur son buffet chargé d'armes.

« Monsieur le chevalier, il importe de faire revenir M. Espérance de l'endroit où il est. Il y court de grands dangers. Veuillez le rappeler par une lettre que je me charge de lui faire parvenir. Vous seul avez autorité sur lui : fixez-lui un rendez-vous à Paris vers le mois de décembre. La présente n'a d'autre but que l'intérêt du jeune M. Espérance. Il faut à tout prix le garder près de vous. Je ferai prendre la lettre demain à votre logis.

— De qui est-ce signé ? s'écria Espérance.

— Ce n'est pas signé. L'écriture est belle, mais un peu tremblée comme celle d'un vieillard.

— Et vous m'avez écrit de revenir...

— Sur-le-champ, j'y voyais aussi votre intérêt. Mais où étiez-vous donc pour courir de si grands dangers ?

— J'étais à Venise, dit Espérance.

Crillon bondit sur sa chaise.

— A Venise — murmura-t-il, tandis que son sang généreux affluait à ses joues. — Mon Dieu, mon ami, qu'alliez-vous faire à Venise ?

— Mais, pour voyager, Venise est un but qui en vaut bien un autre.

— Espérance, vous ne me traitez pas en ami, dit Crillon, dont le cœur battait avec violence, vous êtes plein de réticences et de réserves. Parti sans explication, absent, perdu sans renseignemens, vous revenez défait, triste, allongé, vous le plus gai, le plus rose et le plus franchement jeune des jeunes gens que je connais. Je vous interroge, vous balbutiez, j'insiste, vous mentez, oui. Eh bien, soit, ne me dites rien. Parlons d'autre chose. L'amitié de Crillon... Bah !... Qu'est-ce que Crillon ? Un vieux soudard qui n'a plus souvenir de sa jeunesse...

— Oh ! monsieur, monsieur, s'écria Espérance, quelle cruauté ! Vous m'arrachez les secrets du cœur.

— C'est donc bien douloureux ?

— Hélas ! je serais tenté de le croire. Car moi qui n'ai jamais connu l'ennui, j'ai tellement souffert de m'ennuyer...

— La cause de cet ennui soudain ? Venise ? C'est une ville monotone, en effet.

— Oh ! non, je ne me suis pas ennuyé à Venise, dit lentement Espérance. J'ai vécu heureux... adorablement heureux.

— Le fait est qu'à tout prendre, dit Crillon d'une voix émue, c'est un joyeux séjour pour les jeunes gens.

— J'y ai bien pleuré, continua Espérance avec un charmant sourire.

— Ah ! mais vous m'embrouillez horriblement, mon jeune ami, dit le chevalier fort embarrassé de sa contenance, vous étiez heureux et vous pleuriez toujours, comment arrangez-vous cela ?

— Monsieur, dit le jeune homme, je n'avais jamais pleuré de ma vie. C'est un plaisir très grand. Cela m'a pris tout de suite.

— A propos de quoi ?

— Oh !... de beaucoup de choses.

— Mademoiselle de Verneuil, la coquine.

— Non, non, s'écria vivement Espérance.

— Je dis cela, parce qu'on l'a vue courir après vous chez les Genovéfains, elle voulait vous rattraper, la traîtresse, et moi qui connais vos faiblesses, je me suis dit : Il en tient toujours, et par un bon effort il cherche à s'en débarrasser, voilà pourquoi il voyage.

— Il y a bien un peu de cela, dit Espérance charmé de voir Crillon interpréter ainsi les choses.

— Mais ce n'est point une raison pour pleurnicher, harnibieu ! il y a assez d'eau à Venise.

— Aussi n'ai-je pas pleuré Mlle de Verneuil, M. le chevalier.

— Quoi alors ?...

— Eh bien ! monsieur, en considérant mon sort, en me voyant isolé sur la terre, — privé d'amour, — froissé dans mes premières illusions, j'ai conçu un ennui mortel. C'est que j'ai déjà été bien éprouvé, voyez-vous. Mon cœur et mon corps ont reçu de rudes coups. Avec quoi me consoler ? dans quel sein me réfugier ? Dieu ne peut pas s'occuper de moi ; j'ai trop de jeunesse, de santé, de bien-être. On n'a pas le droit de fatiguer Dieu de ses plaintes, lorsqu'on a vingt ans et des muscles pareils aux miens. Il y a bien vous qui m'aimez, mais je serais un belître d'aller semer mes misérables petites épines dans votre glorieuse carrière. Pontis m'aime aussi, mais c'est un écervelé. — Savez-vous à quoi j'ai pensé ?

— Ma foi, je ne me l'imagine pas, dit Crillon.

— J'ai pensé à ma mère.

Nouveau soubresaut du chevalier, qui rendit un regard effaré en échange du regard calme et plein d'innocence que le jeune homme attachait sur lui.

— Votre mère... articula sourdement le digne guerrier. Mais..... quelle singulière idée, puisqu'elle n'est plus de ce monde.

— C'est pour cela, précisément, que j'ai songé à elle.

— Pour qu'une pareille idée vous vînt, il vous a fallu un motif nouveau?

— J'ai relu de nouveau sa lettre d'adieu. Ah ! monsieur... un homme heureux a pu ne pas comprendre tout ce qu'il y avait dans cette lettre ; mais un cœur brisé l'a compris tout de suite. Voilà pourquoi j'ai été à Venise.

— Je ne saisis pas davantage, poursuivit Crillon. Vous avez donc quelque renseignement qui rattache à Venise le souvenir de votre mère? Il me semblait vous avoir ouï dire que vous ne saviez rien, et cette lettre dont vous me parlez et que vous m'avez fait lire, ne dit pas un mot à ce sujet.

— La mienne, non, répliqua Espérance ; mais souvenez-vous que je vous en ai porté une aussi à vous, une de la même écriture.

— C'est vrai, eh bien ?

— Celle-là, vous la teniez ouverte à la main, le premier jour que j'eus l'honneur de vous entretenir à votre camp.

— Peut-être ; qu'en concluez-vous ?

— Mes yeux, en s'y portant par hasard,— oh ! sans indiscrétion, je vous jure, ont lu ces mots : *de Venise, au lit de la mort.*

Crillon tressaillit.

— Et ces mots-là, monsieur le chevalier, je ne les ai jamais oubliés depuis, car ils avaient été tracés par la même main qui m'avait écrit à moi, — la main de ma mère! et ce lit de mort était celui de ma mère...

Crillon garda le silence.

— De sorte que l'envie de pleurer m'ayant pris, ajouta Espérance, j'ai été m'enfermer à Venise, et j'ai cherché avec les yeux du corps, avec ceux de l'âme, l'endroit où s'était exhalé le dernier soupir de ma mère infortunée. Nul ne me connaissait. Je ne voulais interroger personne. Il y avait un mystère sacré pour moi autour de cette tombe. Mais j'ai continué à chercher. Les palais, les églises, les couvens, tout ce qui est silencieux et sombre, tout ce qui est pompeux et bruyant, la basilique peuplée et le cloître désert, la ruine où pend le lierre, le jardin où vient le jasmin et la rose, j'ai tout exploré, tout questionné dans mes épanchemens douloureux. Je me suis fait une loi de fouler dalle par dalle toute la place St-Marc, toute la Piazzetta, tout le quai des Esclavons jusqu'aux Cantieri, persuadé qu'il n'est pas une âme à Venise qui n'ait promené là son corps, persuadé, par conséquent, que ma mère avait posé le pied là où je marchais. Combien de fois j'ai, le dernier, quand tous les bruits s'éteignent, promené ma gondole par les détours de la lagune, et regardé le ciel, et regardé les palais qui se mirent dans l'eau, et regardé le lion d'airain, ce ridicule mélancolique que ma mère avait regardé aussi. Que de fois, traversant par une belle lune les méandres fleuris des îles voisines, ne me suis-je pas dit que c'était une belle place pour une tombe mystérieuse, que ces oasis de joncs odorans, de grenadiers, d'aloès et de tamarins aux senteurs de miel, et là dans ces solitudes, partout où j'ai vu brûler la lampe tremblotante d'une obscure Madone, partout où j'ai vu monter les cyprès dans l'herbe derrière les contreforts d'une église en ruine, je me suis dit : Cette lumière est peut-être entretenue aux frais de ma mère. Peut-être elle dort sous ces grands arbres noirs ! Et je pleurais. Et j'aimais ma mère ! c'est si bon d'aimer quelqu'un...

Crillon s'était levé, tournait le dos à Espérance et marchait par la chambre en bousculant du pied, du coude et de l'épaule chaque meuble qui se rencontrait sur son capricieux chemin.

— Vous riez de moi, n'est-ce pas? dit Espérance.

Crillon, sans montrer son visage, sans répondre, haussa deux ou trois fois les épaules, et après s'être enseveli dans la cheminée :

— Il fume beaucoup, dit-il, dans cette chambre ; j'en suis aveuglé en vérité.

Et il ouvrit rudement les deux battans de la fenêtre. Apparemment c'était la fumée qui avait rougi les paupières du bon chevalier.

L'air emporta bientôt tout cela, fumée ou souvenir.

— Je suppose que vous avez assez pleuré comme cela, dit Crillon, puisque vous voilà revenu.

— Je reviens parce que vous m'appelez.

— Mais, moi, je vous appelais pour obéir à l'injonction de l'épître anonyme; — vous ne me parlez pas des dangers que vous avez courus?

— Moi, s'écria Espérance, je n'en ai couru aucun, et je fusse resté certainement là bas, sans deux causes qui m'en ont fait partir.

— Ma lettre, n'est-ce pas, — et puis?

— Et puis une raison... des plus prosaïques.

— Laquelle?

— Je n'avais plus d'argent.

Crillon se mit à rire.

— Vous avez été volé peut-être?

— Non pas. J'ai cessé de recevoir mes revenus.

— Quoi! cette magnifique régularité dont vous vous émerveilliez chaque mois...

— Evanouie. Voilà trois mois que je n'ai rien reçu. Voulez-vous que je vous dise mon sentiment?

— Un second Spaletta?

— Mieux que cela. Ma fortune était une chimère; le vieillard aux cheveux blancs sera mort, on aura servi mes rentes à quelque autre.

— Allons donc.

— Ruiné en amour, ruiné en finance, je suis ruiné partout, monsieur le chevalier.

— Voilà qui est bon, dit Crillon en lui frappant affectueusement sur l'épaule, n'ayant plus d'argent vous serez moins volage; vous resterez près de moi. Mais que dis-je, vous aurez toujours de l'argent, Espérance, puisque j'en ai toujours.

— Monsieur...

— Ah! je n'y vais pas par vingt mille écus comme le vieillard aux blancs cheveux; mais j'aurai sur lui l'avantage de tenir plus que je n'aurai promis. Ainsi donc, réconfortez-vous un peu; frappez-moi dans la main, et puisez dans ma bourse.

En disant ces mots, le brave Crillon ouvrait son coffre. Espérance l'arrêta.

— Pardon, dit-il, n'allez pas vous fâcher contre moi.

— Pourquoi me fâcherais-je? répliqua le chevalier en remuant ses pistoles.

— Parce que je n'accepterai pas vos offres généreuses, dit froidement Espérance.

Crillon lâcha la poignée d'écus, et se tournant vers le jeune homme avec un froncement de sourcils significatif:

— Holà! dit-il, vous allez trop loin. Me prenez-vous pour un croquant, mon maître?

— Voyez-vous que vous vous fâchez.

— Harnibieu! si je me fâche. Vous me faites cet affront de me refuser?

— Veuillez me comprendre. Je ne suis ni un grossier ni un sot. Assurément j'accepterai votre première poignée de pistoles.

— Eh bien! c'est tout ce qu'on vous demande.

— Mais je ne prendrai pas la seconde. Vivre dans la paresse aux dépens de celui qui paie de son sang chaque pièce d'or... Jamais.

— C'est un bon sentiment, mais que prétendez-vous faire? Ah! j'ai une idée. Entrez aux gardes. Avant six mois, je vous garantis une enseigne.

— Je n'aime pas la guerre, vous savez, et la discipline me fait peur.

— Je parlerai à Rosny; nous vous aurons un emploi à la cour.

— Merci. Rien de la cour.

— Vous avez tort. Elle est galante. Le roi a pris une jeune maîtresse qui mène fort les violons.

Espérance rougit.

— On va banqueter, danser et baptiser perpétuellement à la cour, poursuivit Crillon.

— C'est si gai que cela? dit funèbrement Espérance.

— C'est trop gai. Cela ne durera pas.

— Pourquoi? si le roi aime tant sa nouvelle maîtresse.

— Lui n'est pas tout le monde.

— Se fait-on un bonheur qui appartienne à tout le monde?

— Quand on est roi, oui.

— Alors, la nouvelle maîtresse déplaît à certaines personnes?

— A beaucoup.

— On la disait douce et... charitable.

— Eh, mon Dieu! elle l'est.

— Alors, pourquoi ne l'aime-t-on pas?

— Mon cher ami, ce n'est pas une maîtresse qu'il faut au roi; c'est une femme.

— Mais le roi en a déjà une.

— Oui, mais il lui en faut une autre; — et surtout ce qu'il lui faut, c'est un enfant, dix, vingt enfans.

— Il a un fils, ce me semble, murmura Espérance.

— Un bâtard!... la belle avance!

— Allons, dit le jeune homme, ce pauvre roi était heureux à sa guise, et voilà qu'on verse déjà du fiel dans son nectar.

— Bah! des bonheurs comme celui-là, il en aura tant qu'il voudra. Après la belle Gabrielle, une autre.

— Il se séparerait de... cette femme?

— On l'en séparera.

— Mais la pauvre abandonnée?

— Se remariera, pardieu, et bien dotée!

— Mais elle est déjà mariée, monsieur le chevalier.

— Ah bien oui; le roi a fait rompre tout de suite le mariage et elle est libre.

— Sous quel prétexte?

Crillon se mit à rire.

— Ce pauvre monsieur de Liancour, dit-il, a été déclaré par le tribunal incapable de perpétuer sa noble race.

— Mais il a eu, dit-on, de son premier mariage onze enfans.

— Raison de plus, a dit le juge, pour qu'il n'en puisse plus avoir.

Espérance, malgré son serrement de cœur, ne put résister à cette bouffonnerie.

— C'est pourtant la vérité, dit Crillon, et on en a tant ri par ici, que je m'étonne d'en pouvoir rire encore. J'espère que je vous apprends des nouvelles capables de vous remettre en belle humeur.

— Certes, monsieur, balbutia le jeune homme en serrant ses ongles dans ses mains. Mais malgré toute cette hilarité, je vois un roi malheureux et une femme bien à plaindre...

— Oh! le roi n'est pas de nature à se chagriner long-temps, et si l'on en croit les caquets de cour, il prend déjà ses mesures.

— Pour renvoyer Mme de Liancour?

— Ne l'appelez plus comme cela. Elle est marquise de Monceaux depuis la naissance du petit César, un admirable enfant, après tout. Eh bien! je ne dis pas que le roi veuille la renvoyer, il l'aime passionnément, mais il se distrait un peu, çà et là... Pourtant, la marquise est bien belle.... Ah! qu'elle est belle!... jamais elle n'a été plus belle.

— Monsieur le chevalier, interrompit vivement Espérance, si nous parlions un peu de ce cher Pontis... M'a-t-il oublié?

— Lui, oh! non pas. Mais depuis que vous n'êtes plus là, le drôle a repris ses allures. Il a beaucoup fait la guerre, c'est une excuse. Car avec le roi la guerre est maigre et nourrit peu le soldat. Il n'y a pas d'eau à boire.

— Pourvu qu'il y ait un peu de vin, dit Espérance.

— Oh! Pontis en trouve toujours. Il en a su trouver en Artois! Il est impayable pour flairer les dames-jeannes. En vérité, ce serait charitable de votre part d'entrer aux gardes, vous feriez de ce Pontis un sujet parfait. Il vous aime, il vous craint. Entrez aux gardes.

— N'insistez pas, monsieur, je vous prie, dit Espérance avec douceur; mon parti est pris sans retour. Tout ce que vous venez de me dire m'a étonné le cerveau. Je n'aime pas la cour, je n'aime plus le monde; je n'ai qu'un seul désir...

— D'aller pleurer encore?

— Oh! non, c'est fini cela, dit Espérance avec enjouement. Je veux aller chasser dans des pays très éloignés, des pays entièrement neufs. J'attends que Pontis revienne. Est-ce bientôt?

— Mais avec le roi; ce matin, vers dix heures au plus tard; pour le baptême.

— Très bien. J'embrasserai donc l'ami Pontis, et aussitôt je reprends ma route.

— Harnibieu! nous verrons cela, s'écria le chevalier. Que vous refusiez mon argent, — passe, — que vous refusiez une place aux gardes, un poste à la cour, — passe encore; — mais que vous retourniez en exil, je vous le défends!

— Monsieur le chevalier!

— Je vous le défends, dit Crillon en écrasant de sa botte un tison qui jaillit en myriades d'étincelles, je suis quelque chose, harnibieu! et votre mère vous a laissé à moi.

— Enfin, monsieur, si je suis malheureux!

— Vous serez malheureux à mes côtés tout à votre aise. Vous n'étiez pas un Jérémie quand j'ai fait votre connaissance, et vous voilà maintenant prêt à fondre en eau comme une nymphe des métamorphoses... Non pas,... je vous raffermirai la fibre.

— Faites attention que j'ai souffert.

— Vous avez reçu un coup de couteau, je n'en disconviens pas; j'en ai reçu plus de soixante, sans compter les balles et la menue grenaille; vous avez perdu trois litres de sang, j'en ai perdu un baril, et je ris, mordieu! et je fais les cornes à l'ennui, cordieu! et je danserai au baptême du petit César, harnibieu! nous y danserons ensemble.

Espérance pâlit à faire pitié.

Heureusement, son laquais, après avoir gratté à la porte de la chambre, passa timidement sa tête et son bras armé d'une lettre.

— De quelle part cela? s'écria le chevalier.

— De quelqu'un qui s'est informé si monsieur Espérance était arrivé céans, dit le laquais.

Espérance prit le billet, d'où tomba une petite clé dès qu'il fut ouvert.

— Est-ce déjà votre invitation au bal? demanda Crillon, voyant la stupéfaction se répandre sur les traits du jeune homme.

— Ma foi, monsieur, c'est encore plus extraordinaire, dit Espérance.

— Avec vous, c'est toujours du nouveau, mon cher ami. Mais ce nouveau est-il bon, du moins ?

— Jugez-en, monsieur.

Crillon lut à haute voix :

« Monseigneur...

— Il n'y a qu'une personne qui m'appelle ainsi, se hâta de dire Espérance, c'est le vieillard dont nous parlions tout à l'heure.

— L'homme aux vingt mille écus de rente; voyons son style :

« Monseigneur, puisque vous voilà dans Paris, qui est le meilleur séjour pour un homme comme vous, je pense que vous allez habiter bientôt la maison que vous venez d'acheter rue de la Cerisaie. »

— Vous avez acheté une maison ? dit Crillon saisi d'étonnement.

— Il paraît, répondit modestement Espérance. Mais continuez.

» ...... rue de la Cerisaie, sur vos économies des trois derniers mois. J'espère que vous la jugerez digne de vous, et que vous daignerez approuver les dispositions que j'ai cru devoir y prendre.

» Monseigneur trouvera dans un coffre, sur la cheminée de sa chambre, les titres de sa propriété — et ses autres clés qu'y a déposées son fidèle serviteur,

» Guglielmo. »

La lecture finie, Crillon laissa échapper le papier. Espérance et lui se regardaient béans.

— Ceci est très fort; dit enfin Crillon. — Est-ce que vous y croyez?

— Ma foi, oui, pourquoi pas? répliqua Espérance en tournant dans ses doigts la petite clef ciselée.

— Au fait, pourquoi pas; c'est égal... la rue de la Cerisaie n'est pas loin d'ici... c'est derrière la rue de Lesdiguières, où Zamet a son hôtel, vous savez, Zamet le financier italien.

— Je sais, dit Espérance, est-ce que vous auriez envie....

— D'aller voir votre maison ; j'en dessèche d'impatience.

— Eh bien, allons-y, monsieur le chevalier.

— Mon chapeau et mon épée ! cria le héros d'une voix de stentor ; et en route, harnibieu !

III.

Joie et festins.

La rue de la Cerisaie, dont le nom indique assez l'origine, aboutissait d'une part à la rue du Petit-Muse, de l'autre à une fausse porte de l'Arsenal, et, parallèle à la rue Saint-Antoine, se trouvait couper à angle droit la petite rue de Lesdiguières, dans laquelle Zamet, le riche financier, s'était bâti un hôtel d'une magnificence alors célèbre.

Ce quartier, presque perdu aujourd'hui, gardait, en 1594, des restes de splendeur et de vie. Ce n'était pas encore le beau temps de la place Royale, bâtie seulement dix ans après, mais on s'y souvenait du palais des Tournelles si longtemps habité par Catherine de Médicis, et bon nombre de riches hôtels de la noblesse peuplaient encore les rues St-Paul, St-Antoine et les environs de la Bastille.

Il était donc parfaitement raisonnable qu'un seigneur opulent choisît ce quartier pour s'y construire une demeure. Les jardins par là étaient nombreux, vastes et plantés de vieux arbres. Air pur, silence et solitude à deux pas du mouvement de la ville, voies assainies, larges pour le temps étaient de brillants avantages à une époque où les rues s'effondraient souvent sous le pied du passant, où le coin du mur se changeait plusieurs fois par nuit en coupe-gorge, où bien souvent le piéton était forcé de monter sur la borne pour éviter d'être écrasé par une mule.

Espérance, en pénétrant avec Crillon dans la rue de la Cerisaie, n'y aperçut que deux maisons assez modestes dans le bout qui touchait au Petit-Musc. Ces habitations, déjà vieilles, furent dédaignées par les deux visiteurs.

Mais bientôt, à l'extrémité d'un mur construit en belles pierres et surmonté d'arbres couverts d'une neige brillante, ils virent au fond d'une vaste cour s'élever un palais de style florentin, dont les fines sculptures et les merveilleuses fenêtres à petits vitraux de cristal faisaient l'admiration de quelques passans arrêtés devant ce nouveau chef-d'œuvre.

L'édifice était relié à la rue par deux ailes formant pavillons avec des balcons de pierre niellée et des balustres de fer forgé dont l'industrieux travail figurait des corbeilles de fruits et de fleurs.

Une porte de chêne massif sculpté dans son épaisseur, et dont chaque panneau à facettes comme celles d'un diamant, était armé d'un clou d'acier poli, — porte à l'épreuve du boulet, — défendait et ornait l'entrée sous sa niche de pierre à colonnes torses. C'était d'un aspect rassurant et séduisant à la fois.

Crillon et Espérance s'arrêtèrent comme les curieux, et cherchant des yeux aux environs, ne virent plus d'autre maison dans la rue.

— Si la lettre du vieillard aux vingt mille écus, n'est pas une plaisanterie, dit Crillon, ceci est votre château.

Et il se disposait à frapper, Espérance l'arrêta.

— Monsieur, dit-il, voilà le doute qui me prend, cette maison dont parle mon gouverneur, mon homme d'affaires, a été achetée, dit-il, avec les économies de trois mois, soit six mille écus ; est-ce que vous pensez qu'on puisse se procurer une habitation pareille pour une pareille somme ?

— La porte seule et son cadre ont dû coûter cela, répliqua Crillon. Mais qu'importe, entrons toujours.

— Permettez, dit Espérance, que nous questionnions ces honnêtes gens qui contemplent l'édifice.

— Vous avez raison. Holà ! monsieur mon ami, à qui appartient cette maison, je vous prie ?

— On ne sait pas, monsieur, répondit le bourgeois, et cependant nous sommes du quartier.

— Cela va bien, dit tout bas Espérance à Crillon, qui lui poussa le coude.

— Comment ne sait-on pas ? continua le chevalier ; un pareil monument honore tout un quartier. Il ne s'est point bâti tout seul, que diable !

— Oh ! non, dit un autre bourgeois d'un air fin ; mais quand bien même on saurait, si l'on ne peut dire ce qu'on sait, n'est-ce pas équivalent ?

— Bah ! si vous savez, dites toujours, mon cher monsieur, interrompit Crillon ; je suis bon homme, incapable de vous faire tort.

— Vous en avez l'air, monsieur ; et d'ailleurs, une supposition peut s'émettre sans crime de lèse-majesté.

— Pardieu !

— Où veut-il en venir, avec sa majesté lésée ? grommela Espérance.

— Eh bien, messieurs, poursuivit le digne bourgeois, qui brûlait de semer sa petite nouvelle, on dit, on prétend, — je n'affirme rien, — mais on assure que cette maison...

— Vous me faites frire à petit feu, mon brave homme.

— Que cette maison est bâtie par le roi.

— Aïe ! fit Crillon en regardant Espérance.

— Mais le roi a son Louvre, hasarda celui-ci.

— Pas pour y loger ses maîtresses, monsieur, dit le bourgeois, tandis qu'ici, à deux pas de chez M. Zamet, son ami, son compère, son...

— Oui, interrompit Crillon, son compère Zamet.

— Cela va mal, dit-il bas à Espérance.

— Vous comprenez, monsieur, continua le narrateur enchanté d'avoir ébranlé la conviction de son auditoire. Le roi entre par la rue Lesdiguières chez M. Zamet, c'est tout naturel. On croit qu'il va chez M. Zamet, n'est-ce pas, en tout bien tout honneur ?

— Eh bien, après...

— Eh bien, il va chez la dame de la rue de la Cerisaie ; l'honneur est sauf.

— Mais Mme la marquise de Monceaux loge rue du Doyenné près du Louvre, s'écria Crillon, quand elle ne loge pas au Louvre même. Vous voyez bien que pour aller chez elle, le roi n'a pas besoin de bâtir rue de la Cerisaie.

— Aussi ne parlé-je pas de la belle Gabrielle, riposta le bourgeois en clignant l'œil avec malice. Le roi est un vert galant ; le roi s'amuse, le cher sire ; le roi est capable de se bâtir dix maisons pareilles et de les occuper toutes.

— Si l'on frottait les oreilles à cet imbécile, dit Crillon à Espérance, que cette conversation mettait au supplice.

Mais pendant le colloque, qui avait amené devant la maison comme un rassemblement inusité dans ce tranquille quartier, un homme de haute taille, une sorte de gardien bien vêtu et bien armé, avait ouvert le guichet de la porte et regardait.

A la vue d'Espérance, il poussa un cri de surprise, et sortant précipitamment, vint saluer le jeune homme avec toutes les marques d'un empressement plein de respect.

— Que faites-vous ? demanda Espérance ?

— J'ouvre à monseigneur, répondit cet homme.

— Pourquoi ?... balbutia Crillon.

— Pour que monseigneur n'attende pas devant la porte au lieu d'entrer chez lui.

A ce nom, *monseigneur*, à ce mot *chez lui*,

les gens groupés se dispersèrent effarés de surprise et de peur, redoutant d'avoir avancé tant de suppositions compromettantes en présence du seigneur propriétaire de la maison.

Crillon et Espérance suivirent le gardien qui, après les avoir introduits, ferma sur eux la porte. Ils se regardaient l'un l'autre, hésitant toujours.

— Ah çà, dit Espérance au gardien, qui suis-je ?

— Monseigneur Espérance, notre maître.

— Fort bien; mais, comment me connaissez-vous? je ne vous connais pas.

— Je connais monseigneur, parce qu'il ressemble, comme on nous l'a dit, à son portrait

— Quel portrait ?

— Le portrait de monseigneur qui est dans la chambre de monseigneur.

Espérance faisait claquer nerveusement ses doigts l'un contre l'autre, signe précurseur de ses colères.

— Vous êtes bien sûr, dit-il, que vous ne raillez pas ?

Le visage du gardien passa du sourire à l'effroi.

— Moi, railler ! pourquoi donc?... parce que je prétends reconnaître monseigneur ? mais monseigneur va voir si toute sa maison ne le reconnaîtra pas comme moi.

En disant ces mots il agita une cloche qui fit de tous les points du palais accourir sous le vestibule immense une nuée de serviteurs du plus beau choix et de la plus riche livrée.

Le gardien leur montrant Espérance :

— Monseigneur ! s'écrièrent-ils d'une seule voix en saluant et se découvrant.

— Allons, dit Crillon, il n'y a plus à en douter.

— Qu'on me montre ce portrait, demanda Espérance.

Après une montée de vingt marches taillées dans le marbre et couvertes d'un tapis de Perse, il se trouva dans une admirable chambre d'honneur, où son portrait fidèle, irréprochable, vivant, apparaissait au-dessus de la cheminée, dans un cadre à feuillages dorés.

— Je comprends, dit-il, que tous ces gens me connaissent.

— Et moi aussi, ajouta Crillon en extase devant ce chef-d'œuvre.

— Mais ce que je ne devine pas, dit Espérance, c'est qu'on m'ait peint à mon insu. Où, quand, comment le peintre m'a-t-il saisi ?

Crillon, s'approchant pour examiner la signature :

« François Porbus, lut-il.—Venise, 1594. »

— Ah ! s'écria Espérance, m'y voici ! Un jour, adossé à l'un des piliers de la nef, paresseusement assis sur un banc, j'étais resté plusieurs heures dans Saint-Marc à rêver, à prier. Un peintre, entouré de spectateurs respectueux, dessinait en face de moi... Je crus qu'il peignait le baptistère... et j'entendis prononcer par des Vénitiens le nom illustre de Porbus.

— Il faisait votre portrait, dit Crillon. Mais tandis que les valets se sont retirés discrètement à la porte, n'oubliez pas ce que dit la lettre.

— Quoi donc ?

— Nous sommes dans votre chambre. Les titres de la propriété doivent se trouver sur la cheminée, dans un coffre, avec vos clefs.

Espérance s'approcha en souriant. La petite clef du billet ouvrait le coffre.

Là, Crillon et son ami recueillirent une liasse de parchemins en règle, qui établissaient authentiquement la possession du terrain et des bâtimens

Sous les parchemins était un trousseau de clefs portant chacune son étiquette. Le mot coffre-fort sauta d'abord aux yeux d'Espérance.

— Ce doit être ce bahut en bois de rose, cerclé de fer, dit Crillon.

— Justement, répondit Espérance qui venait d'y appliquer la clef.

Le coffre contenait des sacs couverts de cette inscription : *Dix mille écus.*

— Harnibieu ! s'écria le chevalier dans un transport d'admiration, si le roi en avait autant !

Espérance ne disait plus un mot. Tout cela le suffoquait. Il sortit de la chambre et parcourut avec le chevalier les galeries, la bibliothèque, les salles, les cabinets où tout respirait la splendeur et le haut goût d'un luxe de prince.

Un valet de chambre guidait les deux amis dans leur exploration. Après la maison et ses détails; après la revue des cristaux et de l'argenterie, on passa aux écuries où huit chevaux croquaient le foin et l'avoine sans honorer d'un regard leur maître futur dont sans doute on ne leur avait pas montré le portrait. Sous une remise voisine se prélassait un carrosse doré tapissé de velours. Ce dernier trait de magnificence arracha un cri au chevalier.

— Un carrosse ! et le roi n'en a pas ! dit-il. Le chevalier d'Aumale avait le seul qui fût dans tout Paris.

Harnais, équipages, chiens au chenil, armes aux crocs et vins à la cave, rien ne manquait; le dîner cuisait sur les immenses fourneaux de la cuisine.

— Passons aux jardins, dit Crillon.

L'hiver n'en avait confisqué qu'une partie. Des lauriers, des pins, des lierres, des buissons de rododendrons avaient secoué le givre et poli leur feuillage vigoureux comme pour récréer par un aspect printanier les regards du maître. Une longue serre fermée en plaques de verre, coûteuse prodigalité à cette époque, enfermait une allée de citronniers et d'orangers odorans. Le soleil riait sur tout cela; il versait à la cime des grands marronniers ses feux qui changeaient les glaçons en opales ou les fondaient en diamans lumineux. Des merles s'échappaient, avec leur cri guttural, des massifs dont ils secouaient la neige; le sable, fraîchement versé sur les allées, offrait partout une moelleuse promenade. Ce jardin, immense d'ailleurs, promettait un paradis au printemps.

Les deux amis étaient arrivés à l'extrémité. Ils virent que la clôture était une haute muraille dont un pan tout entier s'était écroulé sous la morsure de la gelée et le poids des lierres séculaires qui s'y étaient accrochés. Il y avait une brèche que des ouvriers s'apprêtaient à réparer.

Espérance ayant témoigné son étonnement,

— Monseigneur, dit le jardinier, ce mur menaçait ruine depuis longtemps, mais on le respectait à cause des beaux lierres. Il s'est écroulé il y a deux jours seulement. Pour le réparer, il eût fallu entrer chez M. Zamet, qui habite de l'autre côté. Or, M. Zamet est absent, et ses gens, un peu jaloux de la maison de monseigneur, n'ont pas permis l'entrée à nos ouvriers. Mais on attend, disent-ils, M. Zamet qui revient ce matin avec le roi, et sans doute il permettra.

— Je me charge d'obtenir sa permission, dit Crillon, et la brèche sera fermée demain. Dans tous les cas, une communication avec Zamet n'est pas bien dangereuse. Il craint les voleurs autant que nous.

— Oh! monsieur! répliqua le jardinier, on le dit bien riche, mais il ne peut l'être autant que monseigneur.

— Bon, murmura Espérance en revenant vers la maison, voilà que je vais détrôner l'homme aux dix-sept cent mille écus.

— Mon cher ami, lui dit Crillon, peut-être y a-t-il plus d'écus chez Zamet. Mais ici, cela sent la jeunesse, l'amour et l'art. La maison de Zamet est un coffre-fort, soit; la vôtre est un écrin. Quand vous voudrez séduire une femme, faites-lui voir cette maison là; jamais on n'aura vu ce que vous réunissez ici... Ah! interrompit-il, j'ai vu, moi, autrefois, une certaine chambre...

— Plus belle que celles-ci? demanda naïvement Espérance.

Crillon répondit par un coup-d'œil et un silencieux sourire.

Ils passaient à ce moment devant l'aile du rez-de-chaussée, longue et haute galerie dont toutes les fenêtres et les volets étaient soigneusement fermés. Espérance y attacha machinalement sa vue rassasiée de tant de merveilles.

Un valet parut et offrit au jeune homme une clef nouvelle sur un bassin d'argent doré.

— Qu'est-ce encore? dit Espérance.

— Monseigneur voudra certainement visiter son cabinet de méditation, répliqua le serviteur en indiquant une porte de citronnier incrustée d'ébène.

— Nous n'avons pas vu de ce côté, dit Crillon.

Espérance mit la clef dans la serrure.

Le serviteur salua et disparut.

A peine la porte était-elle ouverte, qu'un délicieux parfum d'aloès envahit jusqu'au vestibule où s'étaient arrêtés les deux amis. Espérance souleva une portière, et ne put retenir un cri de surprise.

Il voyait une vaste salle à boiseries et à colonnettes de cèdre, meublée de fauteuils en frêne sculpté d'un travail bizarre et prodigieux; un lustre de cristal de Murano, à fleurs de verre rose, bleu, jaune et blanc, où brûlaient des cires de pareilles couleurs, des tapisseries inestimables, des tableaux de Bellini, de Giorgion et de Palma-le-Vieux, des tables d'ébène incrustées d'ivoire, un dressoir garni d'aiguières et de plats d'or ciselé. Toute cette féerie illuminée avait ravi Espérance, qui rayonnait de joie et d'admiration. Mais lorsqu'il voulut faire partager ces sentiments à Crillon, il le vit pâle et tremblant tomber sur un fauteuil, les yeux dilatés, fixes, la sueur au front, comme s'il s'attendait à voir la muraille s'ouvrir en face de lui pour donner passage à une ombre.

— Qu'avez-vous, chevalier? s'écria-t-il; est-ce donc cette admirable Diane au bain, signée Giorgion, est-ce cette Madone de Jean Bellini, ou cette Suzanne de Palma qui vous écrasent?

Crillon respirait à peine et ne répondait pas.

— Vous avez vu, disiez-vous, une belle chambre, valait-elle celle-ci ?

Crillon se leva, promena un regard enivré sur tout ce qu'il voyait. Un soupir pareil à un sanglot s'échappa de sa poitrine en la déchirant.

— Dans celle que j'ai vue, murmura-t-il, était un trésor qui n'est pas ici et qui ne se retrouvera pas sur la terre! Sortons, sortons d'ici !

En disant ces mots d'une voix entrecoupée, il s'acheminait à grands pas vers la porte. Soudain, se retournant dans un brusque élan du cœur, il saisit Espérance entre ses bras et l'étreignit avec une tendresse passionnée.

— Adieu, dit-il, l'heure a passé. Le roi doit être de retour. Il m'attend. Adieu.

— Vous reviendrez, j'espère ?

— Oh! oui, je reviendrai, balbutia Crillon, qui s'enfuit dans un trouble inexprimable, car il n'avait pu sans frissonner et trembler comme un enfant retrouver vivant dans les meubles de cette chambre son poétique souvenir de Venise.

Espérance, demeuré seul, s'étendit sur les coussins, cacha son front dans ses mains et se demanda si tout cela n'était pas un rêve. Le feu pétillait dans l'âtre, les bougies se consumaient dans leurs girandoles, et quelques heures délicieuses, heures de mémoire et d'oubli tout à la fois, étaient tombées goutte à goutte sur son cœur blessé. Il repassait ainsi sa vie avec la douleur de n'y trouver que dégoût et ténèbres, lorsqu'une voix joyeuse, perçante, accompagnée d'un bruit d'éperons, retentit dans le vestibule. Cette voix appelait Espérance; elle sonnait, comme une fanfare, la défaite de la mélancolie et de l'ennui.

— Ah! s'écria Espérance, c'est Pontis !

Et il s'élança hors du cabinet pour embrasser son ami qui, en l'apercevant, fit voler son chapeau à trente pieds en l'air.

A peine Espérance fut-il rendu à la lumière du jour, aux étreintes jeunes et chaleureuses de son turbulent compagnon, qu'il crut renaître; les yeux pétillans du garde venaient de rallumer la cendre de son cœur.

— Sambioux! tu es donc prince, dit Pontis; embrassons-nous encore.

— D'où viens-tu ?

— De partout.

— Comment de partout?

— Oui, j'ai vu les chambres, les corridors, les écuries, le jardin, la cave.

— Quoi... tu as déjà...

— M. de Crillon m'a expédié tout de suite après la cérémonie; j'arrive ici, on me répond que tu es dans tes méditations, je me promène en t'attendant. Je vois, je vois... ô mon ami ! le Louvre est bien peu de chose près de ton château.

— Dis, près de notre château, car tu en auras ta part.

— Vrai !

— Tu as été un bon ami pour moi, je te serai un ami meilleur.

— J'aurai des chevaux ?

— Certes.

— Une de ces chambres ?...

— Choisis.

— Quelques-uns de ces écus ?

— Puise.

Pontis se jeta au cou d'Espérance.

— Tu es un vrai seigneur, dit-il, et Dieu a bien placé ses grâces... On mangera ici, n'est-ce pas ?

— Mettons-nous à table, si tu veux.

— Monseigneur est servi, dit le maître d'hôtel à Espérance.

— Marchons, Pontis.

— Tout de suite, et tu me raconteras ce beau voyage où tu as fait fortune. — C'est par héritage, n'est-ce pas ?

— Oui, par héritage.

— Je m'en doutais. Sambioux! que la belle Entragues se mordra les lèvres d'avoir perdu un si riche parti.

— A propos, qu'est-elle devenue?

— Elle tend ses gluaux pour prendre une belle proie.

— Peine inutile, n'est-ce pas ?

— Eh ! eh !... le gros gibier a l'aile téméraire. Si tu avais vu les yeux qu'elle faisait aujourd'hui au roi pendant le baptême... c'était scandaleux !

— Tu as vu le baptême ?

— J'étais de garde devant les fonts. L'enfant est gros comme un mouton. A propos, tu auras des dragées.

— Es-tu fou ?

— Est-ce que l'accouchée n'est pas notre amie? est-ce que la marquise de Monceaux peut nous faire oublier notre charmante Gabrielle des Génovéfains ?

— Tais-toi, tais-toi.

— Fais le dédaigneux tant que tu voudras, mais moi je veux mes dragées, et je les aurai, dussé-je m'adresser à M. de Liancour. — Il en a bien gagné sa part, lui qui a tant manqué d'être le père de l'enfant.

Espérance se mit à rire. Pontis, tout en riant, dévorait un excellent dîner.

— Egaye-moi, dit Espérance, car j'ai le cœur malade.

— Allons donc! avec tous ces trésors, avec ce vin-là?

— Je ne bois pas. Et tant de trésors ne servent de rien à un homme seul.

— Nous sommes deux, et si tu veux que nous soyons trois, tu n'as qu'à parler. Mon cher, j'ai vu aujourd'hui toute la cour. Il y a des femmes superbes! des femmes, vois-tu, à vous faire rêver tout éveillé. — Toutes ces femmes-là, tu peux les épouser si tu veux.

— Toutes?

— Tu choisirais au besoin. Oh! quelle gaîté! quel festin perpétuel! — quelles promenades! — Mon ami, tu as des chevaux étonnans.

— Vraiment?

— Les femmes adorent les chevaux — montre vite tes chevaux aux femmes. — Avec une figure comme la tienne, je ne voudrais pas en laisser respirer librement une seule, je voudrais en voir des bataillons s'égorger tous les jours à ma porte. De temps en temps tu inviterais des hommes — en l'honneur du vin — on illuminerait la maison — il y aurait bals, mascarades. — Ah! dieux! si j'étais à ta place, Espérance, ma maison serait si divertissante, que, dès demain, la belle Gabrielle quitterait pour moi le roi de France.

Espérance se leva tout pâle.

— Malheureux, dit-il d'une voix sombre, tais-toi, tu es ivre.

Pontis stupéfait laissa tomber sa main et son verre.

— Oui, répéta Espérance, vous avez beaucoup trop bu, Pontis. C'est votre défaut, et quand la tête est prise on parle à tort et à travers. Il ne convient pas qu'un garde du roi parle irrévérencieusement de son maître et des personnes qui lui sont chères... J'ai ici des valets qui peuvent vous entendre.

— C'est vrai, balbutia Pontis naïvement, mais je t'assure que je ne suis pas ivre.

— N'en aie donc pas les apparences.

— La preuve que je suis de sang-froid, c'est que je vais achever cette bouteille.

— Non, je t'en prie; M. de Crillon me disait ce matin encore de te surveiller, de t'empêcher de boire.

— Eh, sambioux!...

— Ecoute. J'ai besoin de toi : sois raisonnable. Tu sais que nous avons un secret à garder; tu sais que ce secret a failli me coûter la vie et a causé la mort d'un homme.

— Ah! dit Pontis à Espérance, tu veux parler de La Ramée. Il est mort, le beau malheur!

— Enfin, c'était une âme dont nous rendrons compte à Dieu.

— Il n'avait pas d'âme.

— Sois sérieux. Il reste ce billet, tu sais, le billet d'Henriette, la seule arme que j'aie gardée contre cette ennemie mortelle. Voilà dix mois que j'en suis embarrassé de ce billet. Je n'ai pas voulu t'en charger tant que tu tenais la campagne, car tu pouvais être tué, on l'eût trouvé sur ton corps. Mais aujourd'hui tu vas le reprendre à ton tour, car aussitôt qu'Henriette me saura revenu, son premier soin sera de me faire voler sa lettre.

— Donne, dit Pontis, je ne suis pas de ceux qu'on vole.

— Tu vois, je l'ai fait enfermer dans cette petite boîte plate comme un reliquaire; c'est commode à porter, à cacher; et la lettre y est restée fraîche comme si elle eût été écrite hier.

— Joli bijou qui parera au besoin les coups d'épée que Mlle d'Entragues nous fera donner. Je les attends, et la boîte est en sûreté sur ma poitrine, je te le jure. Maintenant, pour achever de te prouver ma raison, je te rappellerai que je suis de garde ce soir, et, tandis que tu resteras bien chaudement en face de ce brasier joyeux, fais-moi reconduire au poste.

— Volontiers.

— Oh! mais en cérémonie! dans le carrosse! sambioux! je veux aller en carrosse au Louvre. Etrennons le carrosse, mon prince. Et des flambeaux, s'il vous plaît!

— Va pour l'étrenne, dit Espérance rendu à toute sa belle humeur par cette fougue communicative. Va pour les flambeaux.

— Vous entendez! cria Pontis à un valet. Et demain, monseigneur, nous établirons un programme de fêtes qui fera danser hors de terre tous les pavés de Paris.

— Va pour les fêtes et la danse des pavés.

Un quart d'heure après, maître Pontis roulait en carrosse vers le Louvre, au milieu d'un grand concours de populaire qui, à l'aspect de cette nouveauté, poussait des acclamations comme sur le passage d'un empereur.

Espérance, pour se dégourdir, endossa une pelisse fourrée et se mit à arpenter ses belles allées, au clair de lune.

A ce moment, une litière remonta la rue de la Cerisaie jusqu'au passage de l'Arsenal et s'alla mystérieusement ensevelir dans l'ombre, à vingt pas de la maison d'Espérance.

IV.
Le Rendez-vous.

Dans cette litière bien fermée à cause du froid, il n'y avait que deux femmes dont l'une, enveloppée de fourrures, s'appuyait dans les bras de l'autre. Elles se préparaient à reconnaître la localité déserte où on les avait conduites, lorsqu'un homme de haute taille, svelte, à la démarche hardie, accourut rapidement du bout de la rue et vint, sans hésitation, entr'ouvrir les rideaux de la litière. Il y mit si peu de politesse et de ménagement que les deux femmes ne purent retenir un faible cri.

— Qui êtes-vous ? que voulez-vous ? demanda l'une d'un ton de voix mal assuré.

— Je suis, madame la marquise, celui qui vous a donné l'avis à la suite duquel vous êtes venue ici, et si je me permets de vous aborder ainsi c'est pour achever mon œuvre. Assurément ce que j'ai eu l'honneur de vous écrire n'était pas complet et a pu vous paraître obscur.

— En effet, répliqua celle des deux femmes que l'inconnu avait appelée marquise, j'ai mal compris...

— Et cependant vous êtes venue.

— Votre lettre me disait de me rendre rue de la Cerisaie pour une importante affaire concernant le roi...

— Le roi qui trompe la marquise de Monceaux, oui, madame.

— Et vous vous engagiez à le prouver ?

— C'est aisé : puisque vous avez bien voulu venir, vous verrez de vos propres yeux.

Il y eut dans la litière un soupir, accompagné d'un geste désespéré.

— Expliquez-vous, murmura une voix émue, mais d'abord quel est votre but ?

— Oh ! madame, je pourrais vous dire que c'est votre intérêt personnel. Mais je ne mens pas : c'est dans mon intérêt à moi que j'agis, et comme je vous sers en même temps, j'ai pensé que vous me viendriez en aide.

— Où tend votre intérêt, monsieur ? n'est-ce pas à quelque machination contre la personne sacrée de Sa Majesté ? Je vous avertis qu'en me déterminant à venir ici, j'ai prévenu main-forte, et je n'aurais qu'à appeler...

— Inutile, madame! je n'entreprendrai pas contre la vie du roi, dit amèrement l'inconnu ; je ne m'occupe que d'une chose, je ne tends qu'à un but : empêcher une certaine dame, que j'aime, de succomber à la tentation de remplacer Mme la marquise de Monceaux.

— Le roi y pense donc ?

— Vous allez vous en convaincre, madame. Le roi a soupé chez la marquise après la cérémonie, n'est-ce pas ?

— Ou plutôt il a feint de souper. Je me souviens qu'il n'a touché à rien que des lèvres.

— Il se réservait pour un autre souper, sans doute.

— Le roi a voulu s'aller coucher aussitôt après le repas, fatigué, disait-il. Et quand j'ai voulu pénétrer chez lui, on m'a refusé la porte.

— S. M. avait un rendez-vous chez M. Zamet ce soir. Là on soupera, là on aura bon appétit ; là on ne se rappellera plus la fatigue.

— Chez Zamet !...

— Soulevez-vous dans votre litière, madame, et voyez au loin, à travers ces jardins, les fenêtres enflammées de l'hôtel de la rue Lesdiguières ; entendez même les flûtes et les violes du concert.

— Le roi viendrait-là !...

— Le roi vient d'y arriver, madame. Il est entré masqué, avec un seul gentilhomme; mais je l'ai aussi bien reconnu que j'ai reconnu à son entrée la femme pour laquelle il vient chez Zamet. Cependant elle aussi a pris le masque.

— Le nom de cette femme, monsieur ?

— C'est mon secret, pardon, dit assez rudement l'inconnu. Que la marquise de Monceaux se conserve le roi, je le veux bien, mais je ne veux pas qu'elle perde cette femme.

— Hélas ! monsieur, si la marquise était plus prompte à la défense, si elle savait haïr et se venger, on la ménagerait plus qu'on ne fait tous les jours. Mais, puisque vous refusez de me nommer la complice du roi, il suffit.. En attendant, le roi est au milieu de cette fête avec celle que vous tenez tant à éloigner de lui.—Singulier plan que vous avez adopté, monsieur. Il eût été plus simple d'empêcher cette femme d'entrer.

— Je suis arrivé trop tard. Mais la fête sera troublée, madame, je vous en réponds.

— Comment cela ? s'écria la jeune femme avec inquiétude ; il n'arrivera rien au roi, je suppose.

— Il n'arrivera au roi que le désagrément d'être surpris au rendez-vous. — Il craindra un éclat public. Il craindra que le scandale n'arrive jusqu'à vous, il fuira. C'est alors que vous le verrez sortir et pourrez le convaincre d'infidélité.

— Il faut alors me placer en face de l'hôtel de Zamet.

— Rue de Lesdiguières ? à l'entrée commune ? là où les chevaux, les laquais et les gens de toute sorte abondent en ce moment ? là où vous pourriez être reconnue ? Non, non, madame; d'ailleurs, ce n'est pas par là que le roi sortira.

— Pourquoi ?

— Parce qu'il y a deux autres issues. D'abord une porte dérobée de l'hôtel Zamet. C'est moi qui m'y placerai pour que la dame en question ne s'échappe point par là et n'aille, on ne sait où, retrouver Sa Majesté.

— Quelle est la troisième issue ?

— Vous y êtes, madame ; c'est la porte de cette belle maison neuve dont vous ne connaissez peut-être pas bien la destination.

— Non... quelle est-elle ?

— Le bruit court que c'est une fondation du roi pour assurer le secret de ses infidélités.

— Mon Dieu !

— Et en effet, jusqu'à ce jour on n'a pu encore connaître le propriétaire de ce palais, dont la dépense et la beauté sont tout à fait royales.

— Je comprends : le voisinage de Zamet est le prétexte.

— Précisément; et de chez Zamet, par quelque passage, on va dans la maison nouvelle. Sortir par là est chose facile. Le roi sortira par là. Mais vous en gardez la porte, et, malgré leur masque, vous reconnaîtrez bien ceux qui sortiront.

— Certes !

— Maintenant, la cachette est éventée ; engagez Mme de Monceaux à veiller sur son bien.

— J'empêcherai le roi de s'exposer à des dangers mortels pour un bénéfice douteux.

— Ah ! le bénéfice est nul ! dit l'inconnu avec une sorte de rage injurieuse pour la femme à laquelle il faisait allusion, car le roi trompe une belle et bonne maîtresse pour..... Mais adieu, madame ; veillez de votre côté, je retourne à mon poste.

— Il faut que je vous remercie, monsieur.....

— Ce que je fais n'en vaut pas la peine, répliqua l'inconnu avec une ironie sauvage, car je vous déchire le cœur; mais le mien est en lambeaux. Cependant, si vous êtes jalouse, vous allez pouvoir savourer à longs traits cet affreux bonheur qui consiste à surprendre la personne qu'on aime en flagrant délit de trahison. — Adieu ! madame.....

En parlant ainsi, ce singulier personnage s'enfuit avec l'agilité d'un cerf poursuivi et disparut dans la courbe de la rue.

— Madame, madame, du courage, murmura l'autre femme en serrant sur son cœur la marquise tremblante.

— Toute ma vie est perdue, répondit celle-ci. Mais j'aurai du courage, Gratienne. Voyons, de l'endroit où nous sommes, nous plongeons obliquement dans cette rue. Ma vue est troublée par le froid.

— Et par les larmes, chère maîtresse.

— Enfin, je vois confusément. Il faut nous rapprocher.

— Et si le roi vous apercevait ! S'il se savait épié par vous, il ne vous le pardonnerait pas ! Quel éclat ! sans compter les risées de vos ennemis.

— J'ai des ennemis, c'est vrai ; et d'ailleurs, il ne faut pas donner au roi la satisfaction de me voir jalouse... C'est pour moi seule cette satisfaction, interrompit la pauvre femme avec un rire fiévreux, il faut que je voie et ne sois pas vue. Comment faire ?

— Me permettez-vous de vous donner un moyen ?

— Oui, Gratienne.

— Retournez chez vous, chère maîtresse, couchez-vous, calmez-vous, et vous me croirez bien si je vous dis que j'ai vu ou que je n'ai pas vu sortir le roi.

— Non, Gratienne, je ne le croirai pas, parce que je connais ton cœur. Et la réponse que tu me rapporterais de peur de m'affliger, je la sais d'avance.

— Je vous promets...

— Non, te dis-je, je verrai de mes yeux ! Et ce mortel bonheur, comme disait cet homme, je le boirai jusqu'à la dernière goutte !

— Alors, je chercherai une autre idée. Vous ne pouvez, dans votre état de convalescence, rester exposée au froid. Qui sait combien de temps vous allez attendre !

— J'attendrai s'il le faut jusqu'à la mort.

— Quel mot ! Laissez-moi descendre ; je vois de la lumière dans le pavillon. Laissez-moi, vous dis-je ; j'ai trouvé le moyen.

Elle s'élança légèrement hors de la litière et courut à la porte demeurée entr'ouverte, parce que le gardien attendait pour refermer, le retour du carrosse. Elle se glissa comme une belette par l'étroite ouverture. Quelques minutes après, elle accourait vers la litière.

— Venez, dit-elle, madame ; tout est arrangé.

— Quoi ?

— J'ai parlé au gardien de cette maison. Je lui ai annoncé une dame effrayée par des voleurs qui voulait reprendre connaissance près du feu, et surtout n'être pas vue.

— Mais...

— Mais de ce coin de ce feu vous verrez sortir ou entrer tout le monde, car la porte touche au pavillon de ce gardien.

— Allons ! dit la marquise qui à son tour pénétra dans la maison, il me verra peut-être, mais moi aussi je le verrai !

L'inconnu n'avait pas menti. C'était bien le roi, qui, sorti du Louvre quand chacun le croyait couché, s'était acheminé vers l'hôtel de Zamet.

Henri avait le cœur troublé comme un malfaiteur. Son escapade l'embarrassait. Le plus tendre et le plus infidèle des amans, il passait son temps à défaire à coups d'épingles les grands bonheurs de sa vie.

Quelque chose de nouveau s'offrait à lui, des yeux noirs après des yeux bleus, un esprit de démon après une âme d'ange, il croyait avoir tout sauvé en n'emportant que son cerveau et en laissant son cœur à la maison.

— D'ailleurs, se disait-il, c'est une heure, c'est une moitié de nuit ; c'est quelque gai refrain entre deux baisers folâtres, et tout s'éteindra avec la flamme des bougies de Zamet.

Ce Zamet, quel brave compère ! toujours au guet pour distraire son prince... Riche d'imagination plus encore que d'écus, il me rend la royauté amusante. Chacun me croit au lit, dormant ; ce Zamet va me faire rire... Demain matin, en me réveillant au Louvre, sous mon dais royal, je croirai avoir fait un charmant rêve... Et puis, après, comme j'aimerai ma douce Gabrielle !...

C'est dans de telles dispositions que le roi entra par la petite porte où l'attendait Zamet, qui lui dit à l'oreille :

— Elle est venue, elle est seule.

Il y avait fête chez Zamet le Florentin. Les danseurs choisis et peu nombreux s'escrimaient dans la grande salle à essayer des danses nouvelles. Quelques joueurs s'étaient attablés en un coin. Le masque couvrait la plupart des visages. Quand le roi fit son entrée, masqué aussi, nul ne bougea et ne sentit la présence du maître.

Henri n'était pas un danseur vaillant. Il n'aimait le jeu que pour gagner. Ces deux passe-temps ne lui agréant pas, il promenait autour de lui des regards découragés. Zamet, qui s'en aperçut, songea bien vite à lui en procurer un troisième.

Une femme masquée, enveloppée dans les fines draperies d'un voile oriental, était assise à l'écart, en face du roi, qui admirait déjà les riches contours de sa taille, sa cambrure hardie, la blancheur de ses épaules, sur lesquelles s'attachait un cou d'ivoire.

Zamet, en passant dans la salle, fit un signe imperceptible à cette femme, pour lui désigner le roi.

Elle se leva, lente et souple. Ses yeux lançaient deux rayons de flamme par les trous du masque. Sa robe, avant de retomber sur ses pieds délicats, laissa voir la cheville d'une jambe de nymphe.

Cette femme vint au roi et le regardant en face avec une fixité qui fascinait,

— Voilà, dit-elle d'une voix assourdie par le bruit des musiques ; voilà, si je ne me trompe, un cavalier qui s'ennuie.

— C'est vrai, répliqua le roi, mais je sens que l'ennui s'éloigne à mesure que vous approchez.

— Un cavalier, poursuivit l'inconnue avec une légère ironie, qui sans doute est las de la perfection.

— Hélas ! dit Henri, un peu lâchement, existe-t-elle cette perfection dont vous parlez ?

— Ce n'est pas à moi de répondre.

— Cependant, vous le pourriez plus que personne.

— Je n'ai qu'un mérite, c'est de bien vouloir ce que je veux. Si je prends le bras de quelqu'un, je le tiens ferme ; si je prends son esprit, je le garde.

— Mais son cœur ?

— Ne parlons pas de cela. On saisit un bras, on captive un esprit, mais le cœur, où est-ce ?

— Le cœur, dit Henri en abaissant son regard brûlant, doit être sous ces nœuds de rubans brodés d'or que je vois frissonner à votre côté gauche ; le satin s'agite : c'est qu'au dessous bat quelque chose. Appelons cela le cœur.

L'inconnue, troublée par cette galante attaque, baissa la tête, et les nœuds de ruban palpitèrent plus fort que jamais.

— Vous m'avez défié continua le roi. Voici mon bras. Quant à mon esprit, il vous écoute.

— Je prends donc votre bras, s'écria l'inconnue avec une sorte de triomphe. Cela d'abord. Et, pour causer plus librement, quittons, si vous voulez bien, cette salle pour la galerie des fleurs qui y aboutit. Je crois que j'ai à dire à mon cavalier beaucoup de choses qui l'intéresseront.

— Puissiez-vous ne pas mentir !

Ils entrèrent dans cette galerie à peine foulée par de rares promeneurs.

— Mais d'abord, interrompit cette femme étrange avec un regard qui fit courir le frisson dans les veines de Henri, comment convient-il que je lui parle à ce cavalier inconnu ? l'appellerai-je monsieur ?... Il rirait.

— Mais non, je ne rirai pas.

— Si je l'appelle sire, je n'oserai plus être franche.

— Il paraît que je suis reconnu, dit le roi. Eh bien, soit. D'ailleurs je vous connais aussi. Supprimons les qualités et en même temps l'artifice. Sous le masque, mademoiselle, on se doit la vérité.

— Je devrais me jeter aux pieds du roi pour le remercier de la faveur qu'il m'accorde.

— Si nous étions assez seuls, mademoiselle, c'est moi qui me jetterais aux vôtres. Seulement, au lieu de remercier, je demanderais.

— Sire, avant toute chose, pourquoi me haïssiez-vous ? Quelqu'un m'avait donc nui près de Votre Majesté ?

— Mais, dit le roi embarrassé, je vous assure...

— Oh ! vous me haïssiez. Vous affectiez de détourner de moi vos regards. Cette rigueur durerait encore si quelqu'un, à qui j'avais fait confidence de mon chagrin, si M. Zamet n'eût charitablement raconté à Votre Majesté que sa cruauté injuste me faisait mourir.

— Mademoiselle, j'aurais dû remarquer tant de grâces.

— Oh ! ce n'est pas cela qu'il fallait remarquer, s'écria vivement la femme masquée, c'était mon profond respect et mon ardent désir de complaire à mon prince... Cependant vous m'avez refusé toute occasion de vous les déclarer...

— Si cela était, répliqua Henri, tournant habilement cette position délicate, je ne mériterais point de pardon. Mais cela n'est pas. On comptait la maison d'Entragues parmi les alliés de la Ligue, et vous savez qu'aujourd'hui il n'y a plus de Ligue, même dans mon souvenir.

— Oh ! sire, ce n'est pas un pardon que je demande, c'est bien plus que cela, vous êtes tenu d'aimer vos fidèles, sire !

— Vraiment, s'écria le roi, subissant la brûlante influence de ce contact de plus en plus familier, vous voulez que je vous croie une amie ? vous pensiez au roi Henri ?

— J'en rêvais ! et c'est aujourd'hui le plus beau jour de ma vie, car j'ai ouvert mon cœur... Pour venir ici, j'ai bravé les plus grands dangers... Vienne maintenant une séparation douloureuse, vienne le bannissement, que Votre Majesté ne manquera pas de m'imposer...

— Moi ! je vous bannirais...

— Sinon vous, du moins mes ennemis. Vienne, dis-je, mon éternel exil... J'emporte un souvenir qui changera toutes mes heures en fêtes et en triomphes.

— Oh ! mais, je n'exilerai point ce charmant esprit, ces yeux divins, ce tendre cœur.

— J'ai donc un cœur, moi ? Ah ! c'est vrai. Sire, voilà la première fois que je le sens !

Elle s'était appuyée sur Henri, le dévorant avec ses yeux de flamme. Les parfums de cette éclatante beauté commençaient à enivrer le roi qui, sans s'en apercevoir, avait franchi le seuil de la galerie pour trouver plus de solitude.

Soudain Zamet accourut, troublé, tremblant.

— M. d'Entragues ! s'écria-t-il du ton qu'il aurait pris pour dire : Sauve qui peut !

— Mon père !... murmura la jeune fille étonnée en se serrant près du roi au lieu de s'enfuir.

Mais Henri se dégageant :

— Oh ! oh ! dit-il, que vient-il faire ?

— Il demande sa fille, il prétend savoir qu'elle est ici... Il s'irrite.

— On m'a trahie, s'écria Henriette ; mais le roi est là pour me défendre.

— Moi..., balbutia Henri avec un soubresaut de frayeur.

— Le roi est le maître, continua l'arrogante fille, et suffira à me protéger.

— Le roi ne se heurte jamais à l'autorité des pères de famille, répliqua Henri. — Un père !... du bruit !... Eh ! mademoiselle, cachez-vous au moins pour éviter le premier choc.

Henriette ne bougeait pas ; elle semblait provoquer l'orage.

— Ah ! compère, dit Henri bas au Florentin, ces gens-là veulent un esclandre, par où puis-je me dérober ?

— Sire ! dit encore Henriette qui voyait échapper sa proie, ne m'abandonnez point à la colère de M. d'Entragues.

— Mademoiselle, devant des Espagnols on resterait ; mais devant un père qui crie.... Adieu.

— Par le jardin, sire, dit Zamet en dirigeant les premiers pas du roi.

Henri disparut.

Cependant on entendait la voix de M. d'Entragues dans les vestibules; et Zamet, d'un seul coup frappé sur le plancher, avait fait monter une cloison qui tout à coup sépara la galerie de la salle. Lumières, musique, danseurs, jeux, tout disparut et s'éteignit comme touché par une fée. Henriette resta seule, désespérée, humiliée, sur un banc, dans une pénombre lugubre.

— Je me suis en vain perdue, dit-elle en arrachant son masque, et je ne pourrai dire ce qui m'amène ici.

Zamet, au lieu de répondre, ouvrit une porte dans la tapisserie, et montra Henriette à une jeune femme au teint pâle, aux yeux noirs, à laquelle il adressa quelques mots en italien. Cette femme s'assit près d'Henriette sans dire une syllabe.

On vit alors apparaître le père Entragues, échevelé, majestueux, se drapant dans son rôle de père. Il s'arrêta au seuil de la chambre, aperçut sa fille, et, quand il ne vit pas près d'elle ce qu'il y comptait trouver, son visage exprima le plus naïf désappointement.

Déjà sa bouche s'ouvrait pour crier: où est le roi?... Mais une lueur de bon sens, un reste de pudeur se firent jour dans son esprit troublé par d'ignobles ambitions; il se contenta de croiser les bras d'une façon tragique et de demander avec solennité:

— Que faites-vous ici, mademoiselle, quand on vous cherche chez votre mère?

Elle ne répondit rien.

— C'est à M. Zamet que je serai forcé de demander compte, ajouta M. d'Entragues, poussé dans ses derniers retranchemens.

— Monsieur, répliqua celui-ci, j'ai soixante ans, et ne puis vous inspirer de soupçons pour mon compte. Me demandez-vous sérieusement ce que mademoiselle est venue faire ici?

— Il le faut bien, balbutia le père.

— Alors, monsieur, je répondrai que j'ignorais absolument la présence de mademoiselle. Mes convives sont venus masqués, et mademoiselle n'était pas du nombre de mes convives, je ne l'eusse jamais devinée si elle n'avait pas quitté son masque.

— Dans quel but est-elle venue ici?

— Interrogez-la elle-même. Mais c'est une peine superflue quand vous voyez près d'elle Leonora.

— Qu'est-ce que Leonora?

— La célèbre devineresse italienne qui prédit l'avenir à toutes les dames de la cour.

Leonora froidement étalait des cartes sur la table, et de ses yeux hardis semblait rallumer le courage et la vie sur les traits pâles d'Henriette.

Celle-ci saisit le prétexte. Elle était sauvée.

— En effet, murmura-t-elle, je désirais avoir mon horoscope.

M. d'Entragues aussi se contenta du prétexte. Il se fût contenté à moins.

— A la bonne heure, dit-il en regardant autour de lui avec un soupir étouffé; mais pour satisfaire un caprice innocent, vous ne deviez pas craindre de prévenir votre père. Je ne vous eusse pas privée de cet horoscope.

— C'eût été bien dommage, dit Zamet en montrant au complaisant seigneur l'assemblage des cartes groupées par l'astucieuse Italienne, car il annonce pour mademoiselle une prodigieuse fortune.

— Laquelle?

— Ce seigneur demande quelle fortune est réservée à sa fille, dit Zamet à Léonora.

— Couronne! dit la Galigaï impassible comme une sybille sur son trépied.

Sur ce mot magique, elle rentra chez elle par la porte secrète. M. d'Entragues emmena sa fille en lui disant tout bas:

— Avouez au moins que le roi est venu ici et qu'il vous a parlé.

— Bah! répliqua Henriette avec une sourde fureur, avec une ironie farouche, peut-être le roi était-il occupé à placer la couronne sur ma tête; mais la vertu, la morale de la famille a fait irruption, et la couronne est tombée par terre.

— Je t'expliquerai comment j'ai été forcé de faire cet éclat, murmura le courtisan au désespoir.

Ils disparurent.

Cependant Zamet courait à la recherche du roi, qu'il supposait encore dans le jardin en attendant qu'on lui ouvrît la petite porte. Mais en dehors de cette porte veillait un homme dont la présence effraya Zamet. Le financier se hâta de rentrer pour questionner ses valets et retrouver la trace d'Henri IV.

Quant au roi, troublé par la crainte du scandale et complétement refroidi sur les mérites d'une conquête aussi disputée, il avait gagné à la course la plus sombre allée du jardin.

Il se trouva en face d'un mur ruiné dont la brèche semblait une vaste porte ouvrant sur la liberté. Il franchit cette brèche et courut encore. Il était sans le savoir chez le voisin.

A peine avait-il fait vingt pas qu'il fut arrêté par Espérance lequel, interrompu dans sa promenade, lui barrait le passage.

Le roi était masqué. Espérance voyant un homme qui ne répondait pas aux questions et cherchait à se dérober, demanda d'une voix ferme de quel droit on s'introduisait chez lui, masqué comme un malfaiteur, et il menaça d'appeler main-forte.

La lune se dégageant d'un nuage éclaira le visage d'Espérance, et le roi, avec un cri de surprise :

— Ventre saint-gris ! dit-il, il me semble que je vous connais.

En même temps il arracha son masque.

— Le roi ! murmura Espérance, saisi de stupeur.

— Oui, le roi qui est fort embarrassé de sa personne, le roi qui se sauve à toutes jambes et ne veut pas être vu. Avez-vous une sortie sûre, mon gentilhomme ?

— Oui, sire, répliqua Espérance avec empressement, quand je devrais démolir toutes mes murailles.

— Merci... Par où va-t-on ?

— Veuillez me suivre.

Ils arrivèrent à la cour immense que la lune frappait d'une lumière crue comme celle d'un soleil du pôle.

— Le temps de prendre mon épée, dit Espérance, et je rejoins Votre Majesté.

Henri arrêta le jeune homme.

— Ne m'accompagnez pas, dit-il, trop de respect me ferait reconnaître. Ne mettez pas non plus trop de mystère. Commandez de loin qu'on m'ouvre la porte. Voilà tout.

— J'obéis. Mais quelle imprudence. Sortir seul par la ville, exposé aux poignards... Ah ! sire... Et les gens qui vous aiment...

— Oh ! que ceux-là, dit le roi en soupirant, ignorent ma folie de ce soir; voilà tout ce que je désire.

— Ce n'est pas moi qui parlerai, répondit Espérance en s'inclinant.

Le roi lui tendit la main avec un loyal et affectueux sourire.

— Merci, dit-il, et adieu.

— La porte ! cria du dehors le cocher qui ramenait le carrosse vide.

Le roi traversa la cour rapidement en essayant de dissimuler son visage. La porte s'était ouverte, il la franchit comme un trait.

Mais par la fenêtre du pavillon, si rapide qu'eut été son élan, il avait été reconnu au passage.

— C'est bien lui, dit la marquise en étreignant le bras de sa compagne qui la reconduisait à la litière, ma vie est brisée. Gratienne, mon père avait raison de me maudire, et voilà mon pauvre enfant orphelin.

V.

Cœurs tendres, cœurs percés.

Le roi arriva heureusement au Louvre, rentra sans être vu par la petite porte de l'Ouest, et le lendemain, après le bon sommeil qu'il s'était promis sous le dais royal, il se leva comme d'habitude, aux lumières, pour faire sa part quotidienne du travail immense d'un conquérant organisateur.

Il avait déjà demandé plusieurs fois des nouvelles de Gabrielle et du petit César. La réponse fut que madame la marquise, fatiguée qu'il s'était de la cérémonie de la veille, s'était couchée de bonne heure et dormait encore profondément.

Henri s'était frotté les mains avec un sourire et remis de grand cœur à l'ouvrage.

Zamet se présenta aussi. Le roi avait donné ordre de le recevoir, et le financier satisfait du bon visage du prince commençait à s'informer des détails de sa disparition; Henri, de son côté, racontait la brèche, ses tâtonnemens, l'heureuse rencontre de ce jeune homme dans le jardin voisin, sa complaisance, sa délicate réserve, et il ajoutait que le secret de l'escapade se trouvait assuré, quand le médecin de service soulevant la tapisserie vint avertir le roi que Mme la marquise en se levant s'était trouvée mal et désirait entretenir le roi sans perdre de temps.

Henri se leva inquiet, congédia Zamet et ordonna que Sully ou Crillon, attendus pour le travail du matin, fussent envoyés chez la marquise aussitôt qu'ils arriveraient.

Le chemin n'était pas long du Louvre à l'hôtel de la marquise ; on le pouvait franchir entièrement par des passages ou des ruelles fermées au public. Henri, accompagné de deux serviteurs, fut bientôt près de Gabrielle.

La jeune femme, debout, pâle et portant sur son charmant visage les traces d'une altération profonde, attendait le roi en haut des premiers degrés.

Gratienne et ses femmes, à quelques pas, semblaient ne se tenir là que pour soutenir leur maîtresse dont le corps chancelait pareil à un roseau dans la tempête.

Le roi accourut, vit ce front assombri, ces yeux cerclés d'un nuage violet, et aussitôt, s'emparant de la main de Gabrielle, il la conduisit dans son appartement avec la plus touchante sollicitude.

— M'attendre ainsi, s'écria-t-il, au froid... debout quand vous souffrez !...

Elle s'inclina respectueusement.

— Pas tant de révérences pour moi, ma Gabrielle, et plus d'attention pour vous, ajouta-t-il; vous souffrez donc?

Elle congédia d'un signe Gratienne et ses femmes.

— Oui, sire, dit-elle, je souffre; mais ce n'est point ce qui m'occupe le plus. Je fusse allée au Louvre ce matin, si mes jambes affaiblies eussent pu me porter jusque-là. — Mais, ajouta-t-elle avec un pâle sourire, elles ont refusé le service.

— Me voici, me voici, ma belle adorée! qu'aviez-vous à me dire? Oh! nous rappellerons bien vite cette fraîche santé. Bonheur et santé ne se quittent guère.

— Voilà pourquoi je suis malade, sire, dit Gabrielle, permettez-moi de m'asseoir; approchez-vous et faites-moi la grâce de m'écouter sans m'interrompre, car je suis mauvais orateur, et mon pauvre esprit est fort troublé.

En achevant ces mots, elle s'assit avec un violent effort pour empêcher les larmes d'arriver jusqu'à ses paupières rougissantes.

Ce préambule avait embarrassé le roi. Il étendit les bras pour enfermer sur son cœur la chère affligée; elle écarta doucement ces bras et les contint de sa main glacée.

— Mon Dieu, mais qu'est-il arrivé, Gabrielle, s'écria Henri pâlissant lui-même.

— Sire, j'avais le bonheur de vous connaître lorsque vous luttiez encore pour le maintien de votre couronne, vous m'aviez honorée de votre recherche, vous m'aviez inspiré une tendre affection qu'à cette époque mes ennemis acharnés n'ont pu croire mêlée d'ambition... Alors vous partagiez vos instans entre la guerre et cet amour dont j'étais fière, et je régnais sur vous, je puis le dire, — et je pouvais vous rendre malheureux en refusant de vous appartenir.

— C'eût été, en effet, le malheur de ma vie. Mais vous avez été bonne et loyale; votre parole, librement donnée, vous l'avez courageusement tenue.

— N'est-ce pas? J'ai souffert les reproches, la colère, la haine de mon père. J'ai laissé abreuver de mépris un homme dont le nom, parce que je l'ai porté, est devenu ridicule. Enfin, j'ai inscrit le nom de d'Estrées parmi ceux que le peuple ne prononce jamais sans un sourire insultant.

— Ma mie... vous dominez l'insulte...

— Inutile de me consoler, sire. J'avais pris mon parti de tous ces malheurs. Etre l'amie, la confidente, la compagne de mon roi; adoucir ses peines, ses souffrances par mon sourire, par ma constante vigilance à lui plaire; faire du bien pour répondre au mal qu'on me fait, tel était le rôle que je m'étais tracé, avec la volonté inébranlable de n'y point faillir.

— Mais pourquoi tous ces discours, Gabrielle?

— Qu'il me soit permis de faire un peu mon éloge, continua la jeune femme dont le front s'éclaircit sous un rayon moins sombre. Rien ne plaide plus pour moi que moi-même.

— Je ne vous comprends pas.

— Vous allez comprendre, sire; et d'abord, avant que j'aborde le sujet principal, laissez-moi vous faire remarquer que je ne m'irrite pas, que je ne récrimine pas. On m'a bien dit que votre abjuration, dont j'attribuais l'initiative à mon faible mérite, avait été résolue par vous avant que je ne vous la demandasse; que, par conséquent, en me livrant à vous comme rançon de ce sacrifice, j'avais été dupe. Mais être dupe de son cœur, c'est un titre de gloire; je ne vous ai jamais inquiété à cet égard. Mes yeux vous sont restés rians et caressans, mon humeur ne vous a point contrarié, ma compagnie fut toujours affable et douce, n'est-ce pas, sire?

— Hélas! hélas! vous m'effrayez avec cette mélancolie, s'écria le roi, que l'allusion faite à sa supercherie de l'abjuration avait ému comme un reproche de conscience. Vous ne dites tout cela que pour en venir à un reproche plus sérieux.

— Oui, sire, et le voici. Malgré tout mon espoir de conserver votre affection par ma bonne conduite, il faut que je vous perde. Vous me trompez.

— Moi!

— Et c'est mal. Je n'ai ni défiance ni jalousie. Je crois ce que vous me dites. Comme un chien fidèle je puise chacun de mes sentimens dans vos yeux; triste quand vous souffrez, joyeuse quand vous souriez, toute et toujours à vous, j'avais droit de réclamer une affection réciproque.

— Tout mon amour vous appartient, Gabrielle, dit Henri le cœur plein d'angoisses.

— Non, sire!

— Je vous jure...

— Inutile. Le roi ne doit pas s'abaisser à mentir. Je suis la très humble servante de Votre Majesté, seule je dois souffrir des nuages qui s'élèvent dans notre ciel. Le roi fait selon sa volonté, selon son goût. Ses caprices doivent être sacrés pour tout le monde, pour moi toute la première. Je connais trop mes devoirs pour oser adresser un reproche à mon maître, et Dieu m'est témoin que mes lèvres ne dissimulent rien de ce qui se passe en mon cœur.

— Mais d'où vous vient cette fatale idée ?

— La vérité n'est pas une idée, sire.

— Voyons cette vérité, du moins, examinons-la bien tous deux.

— Puisque vous me faites cette grâce, volontiers. Hier, sire, Votre Majesté s'est retirée chez elle de bonne heure ?

— Mais, oui... vous avez vu.

— Et s'est mise au lit ?

— Immédiatement.

— Seulement vous vous êtes relevé vite, car une heure après Votre Majesté sortit du Louvre.

Le roi était sur les épines.

— Qui dit cela ? murmura-t-il.

— Votre Majesté avait rendez-vous hors du Louvre, chez Zamet.

— Marquise...

— Où vous vous êtes rendu fidèlement... Oh ! sire, ne niez pas, je vous en supplie !

— Il faut tout vous dire. Oui, j'avais à entretenir Zamet de diverses affaires.

— Votre Majesté est un cœur d'or; elle daigne me ménager encore, pauvre femme, et je ne sens que plus vivement le chagrin d'avoir perdu ce cœur généreux.

— Vous n'avez rien perdu, ma douce Gabrielle.

— Votre Majesté allait trouver chez Zamet une femme...

— Qui pourrait dire cela ?

— Votre Majesté, au lieu de sortir de chez Zamet, s'est glissée furtivement par une maison voisine...

— On m'espionne donc ! s'écria Henri, blessé d'être convaincu.

— A Dieu ne plaise ! murmura Gabrielle. Mais est-ce la vérité ?

— Qui vous l'a rapportée, madame ?

— Oh ! une personne bien instruite.

— Une seule a pu savoir...

— C'est celle-là, dit Gabrielle qui pour rien au monde n'eût avoué qu'elle avait guetté elle-même.

— Un jeune homme..., n'est-ce pas, dit Henri avec une sourde colère.

— Mettons que c'est un jeune homme, interrompit Gabrielle, désireuse de couper court aux explications qui la gênaient.

— C'est une trahison infâme, murmura le roi.

— Sire, la trahison, c'est vous qui vous en êtes rendu coupable envers moi, qui ne le méritais pas. Vous avez brisé mon cœur, d'où la confiance et la tendresse débordaient à votre seule pensée. Vous avez fait plus que de me tromper, sire, vous avez détruit à jamais le repos de ma vie. Que dis-je ? Ma conscience n'est plus tranquille.

— Comment, dit le roi éperdu de gêne, de colère, de douleur, votre conscience !

— Oui; forcé de vous cacher pour me tromper, comme si je vous épiais, vous vous échappez furtivement du Louvre, vous courez seul, sans défense, ce sombre Paris où respirent tant d'ennemis acharnés à votre perte, tant d'assassins ! Votre vie en danger, sire, pour moi, parce que vous avez besoin de vous dérober à ma surveillance ! Votre précieuse vie mise à la merci du premier bandit qui, pour arracher une bourse, ouvrirait le cœur du roi, ce cœur par lequel respire toute la France !

En disant ces mots, Gabrielle, vraie dans sa douleur, se répandit en larmes et en sanglots déchirans, et se renversa presque mourante sur les coussins de son fauteuil.

— Ah ! misérable délateur, grommela le roi, je reconnais jusqu'à ses expressions ! Gabrielle, ma vie, mon âme, reviens à toi ! Pardonne !

La jeune femme, oppressée, ne pouvait parler.

Le roi s'agenouilla, l'enlaça de ses bras, réchauffa de baisers brûlans ses mains tremblantes de fièvre.

— Veux-tu que je meure de regret, de honte, dit-il. Je m'accuse ; je te demande pardon. Un sot orgueil m'a emporté. Je suis un fol, un lâche cœur. Tout me prend : un œil qui supplie, un sourire qui promet. J'ai une mesquine vanité. Je fais le jeune homme. Oh ! mais si tu voyais le fond de mon cœur ! si tu savais comme je t'aime ! Est-il un ange plus doux que toi, plus riant, plus digne de tout mon amour ! Tu le possèdes sans partage, crois-moi. Mon imagination s'est égarée peut-être, mais je te jure que ce tendre cœur n'a pas même été effleuré. Gabrielle ! ma vie ! reviens à toi ! écoute-moi !

— Oh ! sire, que de bontés. Mais le coup m'a trop profondément atteinte.

— Tu oublieras... j'ai oublié moi-même !

— La blessure ne guérira pas.

— Ce n'est pas possible : je n'ai pas même été coupable d'intention. Parti étourdiment, sans but, courant après un caprice, je ne pourrais me reprocher une seule pensée mauvaise contre vous.

— Ecoutez, sire, une femme autre que moi vous remercierait et vous dirait qu'elle

vous croit et vous pardonne, mais je suis trop vraie pour cacher mon inconsolable douleur !
— Inconsolable ?
— Oui, ce que vous dites avoir fait par caprice, sans but et sans réflexion, c'est par nature que vous l'avez fait, sire, et un grand roi, si occupé d'intérêts gigantesques, ne peut travailler à corriger sa nature. D'ailleurs, je vous l'ai dit, vous êtes le maître, et rien ne doit entraver sur terre l'exercice de vos volontés. Vous me promettriez aujourd'hui de vous réformer, vous y essaieriez même, et demain, voyant combien le sacrifice est au-dessus du gain, vous reprendriez le cours de ces infidélités qui me tuent et vous exposent aux plus grands dangers.
— Que concluez-vous donc, Gabrielle, dit le roi très agité de cette persistance d'un esprit ordinairement sans obstination et sans rancune. Vous voudriez me voir me corriger, indiquez-moi le moyen.
— Je l'ai trouvé, sire, répliqua la jeune femme avec l'accent d'un morne désespoir, il faut laisser dans son ombre, dans son humble condition la femme que vous n'aimez plus, il faut renoncer à toute gêne, partant à tout mystère — il faut me quitter, sire.
— Parlez-vous sérieusement ? articula Henri d'une voix tremblante.
— Vous devez voir ma résolution écrite sur mon triste visage, elle s'exhale de mon cœur en sanglots.
— Tu veux me quitter ?
— J'y suis résolue, et demain, sans bruit, sans pleurs, sans éclat, j'irai, avec mon fils, me retirer à Monceaux en attendant que j'aie trouvé une retraite inviolable.
Le roi atterré ne put trouver une parole. Il se promenait tout bouleversé dans l'appartement.
— Vous ne m'aimiez pas ? dit-il enfin.
— Je ne l'ai point prouvé sire, murmura-t-elle.
— Une femme qui refuse même les assurances que je lui offre de ma fidélité !
— Qui a le cœur n'a pas besoin de garanties ; qui demande des garanties se défie ; qui se défie n'aime pas ! N'insistez plus, mon cher sire, rentrez dans vos droits, reprenez votre liberté.
— Mais vous pleurez, Gabrielle.
— Vous ne voyez que la moitié de mes larmes.
En ce moment on entendit dans la chambre voisine les faibles cris du petit César.
Gabrielle se leva chancelante comme pour aller consoler son fils. Mais Henri la retint, courut plus vite qu'elle ; il ouvrit la porte, et se baissant vers le berceau où reposait frais et vermeil l'enfant de son amour, il l'embrassa si tendrement que les pleurs lui vinrent aux yeux.
L'enfant étendit ses petites mains d'ange, qui caressèrent la barbe grise du bon roi.
Devant ce spectacle touchant, Gratienne attendrie se détourna et cacha son visage dans les rideaux.
Sully apparut au seuil de la chambre.
Henri se releva, les yeux humides. Son cœur défaillait. Il revint à Gabrielle qui, renversée, palpitante, étouffait convulsivement ses sanglots sur un coussin.
— Pardonnez-vous ? dit-il en lui tendant doucement la main.
— Vous voyez, Henri, répliqua-t-elle, j'y brise mon cœur sans pouvoir y parvenir. — Adieu !
— Adieu donc ! balbutia le roi en suffoquant.
Sully fit un pas vers son prince, qui lui dit :
— Tu vois, Rosny, Gabrielle me quitte.
Et il sortit précipitamment, le visage inondé de larmes.
En traversant le vestibule, on entendit Henri répéter entre ses dents, avec une colère exaltée :
— C'est ce jeune homme qui est cause de tout cela ! Le traître ! le lâche ! je lui avais serré la main ! Mais, Ventre-saint-gris ! je me vengerai !...
Sully alla saluer Gabrielle, et suivit son maître.

VI.

Bataille gagnée.

Henriette était rentrée chez elle la rage dans le cœur. Pendant le chemin, muette, concentrée, rudoyant M. d'Entragues, qui s'épuisait en sollicitations avides, en lâches excuses, elle l'avait dominé par l'ascendant de sa mauvaise nature. Depuis qu'elle avait deviné les ignobles calculs du comte, elle n'éprouvait plus auprès de lui ni crainte ni respect. Il était devenu pour elle un instrument, et comme l'instrument avait mal obéi et mal servi en cette circonstance, elle le punissait.
Le misérable père baissa la tête, et accepta cette humiliation nouvelle.
Henriette se mit au lit ; mais elle ne put dormir. Déjà cette enfant connaissait l'in-

somnie du remords, il ne lui manquait plus que celle de l'ambition déçue.

Elle recommanda soigneusement à sa camériste, fille dévouée comme il en faut aux femmes d'intrigue, de lui apporter tout message, de quelque nature qu'il fût, sous quelque forme qu'il se présentât. Elle ne pouvait s'imaginer que le roi, chevalier courtois, ne la dédommagerait pas de ce qu'elle avait dû souffrir pour lui. Elle s'estimait à un prix trop élevé pour ne pas attendre un regret ou une espérance de Sa Majesté. Les rois sont puissans, ingénieux, soit par eux-mêmes, soit par leurs serviteurs. Et la maison d'Entragues n'était pas fermée pour un billet ou même pour la visite de quelque mandataire.

Mais de toute la nuit rien ne parut. Henriette en fut pour son insomnie, qu'obscurcirent çà et là des rêves fugitifs, pareils à ces vapeurs sinistres qui marchent détachées en tons livides sur le fond noir d'un ciel d'orage.

Le lendemain, elle était encore au lit, quand son père entra dans sa chambre. Il prit un siége et s'approcha du chevet d'Henriette. Son visage avait perdu l'humilité de la veille. Sur son front moins bas, on eût pu distinguer quelque énergie semblable à un reflet de colère. A lui aussi, la nuit avait porté conseil.

Henriette, qui s'était préparée à continuer le rôle de plaignante, comprit qu'il fallait écouter avant de s'irriter. Elle écouta. M. d'Entragues débuta par le ton solennel.

— Vous ne m'avez pas bien expliqué, dit-il, le but de votre visite chez M. Zamet. L'horoscope est une invention plus ou moins adroite dont je ne suis pas dupe. Car, pour avoir un horoscope on n'a pas besoin, jeune fille, de se compromettre par des allures équivoques, de courir les rues au risque d'être insultée, de donner lieu à des scandales.

— Que fait-on, je vous prie? interrompit Henriette, blessée de ce ton sévère.

— On fait ce que j'ai fait, mademoiselle, on écrit à M. Zamet qu'on le prie d'envoyer sa devineresse au domicile de M. le comte d'Entragues, attendu que ces sortes de femmes font payer leurs consultations, et que, lorsqu'on paie, on a le droit d'attendre tranquillement chez soi.

— Vous avez écrit à M. Zamet? s'écria Henriette.

— Oui, mademoiselle.

— Pour faire venir Leonora?

— Oui. M. le comte d'Auvergne, votre frère, à qui j'ai conté, en tremblant, il est vrai, votre équipée, a jugé aussitôt, avec son tact parfait, que tout cela produirait un bruit fâcheux pour votre réputation, et, afin de perdre ce bruit dans un autre, il m'a engagé à convoquer chez nous la devineresse, de sorte que peu de gens seront tentés de vous reprocher ce qui se sera passé en présence de votre père et de votre frère.

— Qu'a dit ma mère? demanda Henriette.

— Madame votre mère ne sait rien, Dieu merci. J'ai prié M. votre frère de se rendre au Louvre par la même occasion, et d'y recueillir, tant de la part des courtisans que de celle du roi, les bruits et les impressions de la nuit. Ainsi, votre faute sera palliée, et vous ne demeurerez plus coupable qu'envers moi d'un manque de confiance qui, réitéré, pourrait vous perdre à jamais. Une jeune fille, si heureusement douée qu'elle puisse être, n'a point la maturité dans ses desseins, la précision dans ses plans et combinaisons. Elle court aveuglément là où reluit son but, but frivole et trompeur le plus souvent. Tandis que si elle acceptait les conseils, les idées d'un guide, rien de ce qu'elle entreprend n'échouerait.

Cette abominable morale, débitée sérieusement, n'était pas perdue pour la jeune fille. Elle sentait bien que le père Entragues cherchait à reprendre sur elle l'autorité, la direction; mais elle comprenait sa propre faiblesse, son insuffisance en des démarches difficiles; et d'ailleurs elle ne voulait pas repousser une composition qui lui assurait un allié pour son plan de campagne.

— Je suis loin, dit-elle, de refuser vos conseils, monsieur; mais vous ne me les avez pas offerts. C'est vous qui avez manqué de confiance envers moi; on m'a inspiré dans votre maison un violent amour pour quelqu'un, et des espérances... Puis on m'abandonne à moi-même.

— Le chemin où vous marchez, où nous marchons est semé d'obstacles et de périls. La personne que vous aimez n'est pas libre, et c'est de sa volonté qu'elle n'est pas libre... Obstacle! En vous obstinant, vous risquez de rencontrer des rivalités qui vous perdraient... Danger!

— Oh!... murmura la jeune orgueilleuse avec un sourire de dédain, ces obstacles, ces dangers sont bien peu de chose, tout au plus effraieraient-ils des cœurs pusillanimes. Mais moi! La personne en question n'est pas libre, dites vous? Mais c'est parce qu'on l'a confisquée. Cette personne se laissera toujours prendre par quiconque osera. Osons. Quant aux rivalités, permettez-moi de sourire encore. Si mince que soit ma valeur personnelle, je m'en connais une cependant. C'est une question de préférence, la préférence résulte nécessairement d'une comparaison. J'allais obtenir cette comparaison quand vous m'avez interrompue. J'allais essayer si l'esprit, le feu des reparties, la véhémence de la passion, secondés par quelques avantages physiques, peuvent combattre avec avantage la torpeur, la langueur, la douceur, soutenues par une certaine beauté, que les uns appellent blonde, les autres dorée, et que moi j'appelle fade. Quelque chose me dit que j'allais faire partager cette opinion *à la personne* dont il s'agit, lorsque mon prétendu allié a chargé sur moi et a tout mis en déroute. Et l'on dit maintenant que je manque de maturité, je m'en pique, — de combinaison, je le nie !

— Cela, dit froidement M. d'Entragues, nous ramène tout droit à l'explication de ce qui s'est passé hier. Comme je ne veux pas non plus être accusé par vous d'une faute, comme cette faute je ne l'eusse pas commise, comme il m'était facile, voulant vous surveiller et vous empêcher de tomber en quelque piége, comme il m'était facile, dis-je, de vous guetter sous le masque, de suivre vos entretiens et chacune de vos démarches, si j'ai crié, forcé les portes et fait esclandre, j'avais ma raison et la voici :

En disant ces mots, le comte d'Entragues jeta sur le lit de sa fille une lettre que celle-ci se mit à parcourir avidement.

« Monsieur, disait ce billet, votre fille Henriette est sortie du logis. Elle est allée chez M. Zamet à un rendez-vous du roi. Peut-être a-t-elle envie d'illustrer votre famille par une royauté pareille à celle de sa mère. Peut-être fermez-vous les yeux sur ce noble dessein. Mais j'ai moins d'indulgence et vous déclare que si vous n'allez de ce pas à retirer du gouffre, je signalerai votre complaisance à toute la cour; faites du bruit, sinon j'en vais faire.

» UN AMI. »

Henriette atterrée, rejeta la lettre.

— Veuillez me dire ce que vous eussiez fait, dit le père.

— Quel est l'infâme délateur qui me poursuit ainsi ? s'écria-t-elle.

— Ne pas faire ce que j'ai fait, reprit M. d'Entragues, c'était nous déshonorer. L'avouez-vous ?

— Oh ! rugit Henriette, en reprenant le papier maudit, quelle est cette écriture ?

Cependant, la porte s'était ouverte, et Marie Touchet, déjà plâtrée, vermillonnée et zébrée des nuances de la jeunesse, s'approchait majestueusement du lit de sa fille.

A son aspect, M. d'Entragues se leva ; Henriette voulut cacher la lettre. Mais sa mère l'arrêtant d'un geste,

— Je sais tout, dit-elle avec placidité. Mon fils m'a raconté l'évènement.

— Et... vous connaissez cette lettre aussi ? demanda Henriette avec un regard d'intelligence qui sollicitait de sa complice un plus attentif examen.

— La lettre aussi, ma fille... M. d'Auvergne avant de se rendre chez le roi m'a consultée, selon son habitude, sur le parti qu'il fallait prendre.

— Et, qu'avez-vous arrêté, demanda M. d'Entragues, à qui cette solennelle assurance imposait toujours malgré lui... car cette lettre émane d'un ennemi, elle semblerait indiquer une vengeance. J'y devine comme la suite de quelque intrigue.

Henriette pâlit. Marie Touchet interrompit son époux.

— Vous jugez sainement, dit-elle, c'est un ennemi, c'est une vengeance, voilà pourquoi M. le comte d'Auvergne a dû ce matin même aller rendre visite à la personne.

— A qui ? madame.

— Cela est simple à deviner. Cherche à qui il importe, dit l'axiome. A qui importe-t-il de garder la personne du roi ?

— La marquise de Monceaux ! s'écria M. d'Entragues.

— Précisément.

— Vous avez raison, je n'y avais pas songé.

— C'est vrai, murmura Henriette, trompée elle-même au calme de sa mère... Oui, elle seule a intérêt à m'éloigner.

— Sait-elle...

— Elle sait tout.

— Elle avait donc des soupçons ?

— Demandez à Henriette de quel visage farouche elle nous accueillit dans cette rencontre aux Génovéfains.

— Lorsqu'elle força le roi à refuser notre hospitalité, ajouta Henriette.

— C'est possible, dit le comte. Elle a des espions. Voilà qui serait sérieux.

— C'est pour cela que j'ai envoyé mon fils près d'elle ; il verra le roi en même temps, et nous rapportera les impressions des deux parties. N'ai-je pas raison ?

M. d'Entragues approuva sans réserve.

— Le comte d'Auvergne, dit Marie Touchet, m'a aussi instruite du désir que vous aviez eu de mander ici la devineresse. J'approuve. Recevez-la vous-même. Vous entendez l'italien, je crois ?

— Vous me l'avez appris, madame.

— Veuillez dès que cette Italienne arrivera, l'envoyer à ma fille, en ma présence, et que nos gens voient bien que nous n'en faisons pas mystère. Et puis, s'il venait quelque messager de la part de mon fils, qu'on me prévienne et qu'on l'introduise.

Le complaisant époux salua, et sortit.

A peine fut-il dehors que Marie Touchet, perdant un peu de sa gravité, alla s'assurer que nul n'écoutait aux portes. Puis, revenant près du chevet d'Henriette.

— Vous n'êtes pas dupe, j'imagine, dit-elle tout bas de ce que j'ai assuré à votre père ?

Henriette la regardant avec des yeux effarés.

— Vous ne supposez pas, continua Marie Touchet, que cette lettre vienne de Gabrielle d'Estrées ?

— Et de qui viendrait-elle ? murmura Henriette.

— Elle est terrible cette lettre, mademoiselle.

— Certes... ma mère.

— Elle est d'un ennemi mortel. Elle promet une implacable vengeance. Elle annonce un espion invisible, vivant dans votre maison, habitant pour ainsi dire votre pensée.

— Mon Dieu !

— N'avez-vous pas quelqu'un qui vous haïsse à ce point ? Cherchez bien dans votre passé, Henriette, dans votre passé déjà sanglant et sombre.

— Ma mère !

— Cherchez bien ! vous dis-je.

Henriette baissa la tête, et ses yeux trahirent par leur douloureuse fixité l'effroi d'une conscience où passaient lugubrement des fantômes.

— Vous ne trouvez pas ? Eh bien ! je vais aider votre mémoire. Ce jeune homme blessé ?

— Oh ! il est trop généreux pour avoir écrit ces lignes ! s'écria la jeune fille, qui rendit hommage involontairement à la noblesse de sa victime. D'ailleurs il a disparu; il est parti à jamais.

— Alors, si ce n'est pas celui-là, pourquoi ne serait-ce pas...

— Celui dont vous voulez parler, madame, serait peut-être capable d'une menace infâme, mais il est mort.

— Il faut croire que j'ai l'esprit troublé, mademoiselle, car hier, pas plus tard, en rentrant au logis, j'ai cru voir, comme on verrait une ombre, passer la figure de ce malheureux.

— Madame, il s'était jeté dans le parti de Mme de Montpensier, ne l'oubliez pas. Elle l'avait fait son secrétaire, M. de Brissac nous l'a dit, et, le jour de l'entrée du roi à Paris, il s'est trouvé enfermé dans la Tour-du-Bois à la Porte-Neuve, parmi tous ces Espagnols que M. de Crillon a massacrés et jetés à la rivière.

— Je sais cela, mais...

— Mais s'il eût survécu, madame, nous ne l'eussions pas ignoré longtemps. Celui-là n'est pas de ceux qui se laissent oublier.

Elle parlait encore lorsque derrière la tapisserie on entendit la camériste annoncer que M. le comte d'Auvergne venait d'entrer dans la maison.

La mère se leva. Henriette se jetant dans sa ruelle, dont les rideaux retombèrent, fut en un moment vêtue de sa robe de chambre ; elle pouvait se présenter quand le comte d'Auvergne entra chez elle suivi de M. d'Entragues :

— Eh bien ? demanda Marie Touchet.

— Eh bien ! mesdames, grand événement. Toute la cour est révolutionnée.

— Quoi donc ?

— Le roi quitte madame la marquise.

— Est-il possible ? s'écrièrent les deux femmes.

— Il y a eu bruit, larmes. On ne sait lequel a commandé, lequel a obéi. Mais ce qu'on sait, à n'en plus douter, c'est que le roi s'est enfermé chez lui, la marquise chez elle, et que les ordres sont donnés pour que ses équipages partent demain pour Monceaux.

Henriette et sa mère se regardèrent avec ravissement.

— Ajoutez, je vous prie, les commentaires, dit M. d'Entragues.

— Les commentaires, les voici. Le roi a un nouvel amour en tête. Il a été aidé par quelque ami fidèle. Un rendez-vous aurait eu lieu que la marquise a voulu troubler. colère du roi ; — je rapporte les on dit, vous comprenez ; — colère de la marquise ; scène violente.

— Et puis ? dit Henriette.

— Et puis conseils de M. de Rosny. La marquise aurait contre elle le ministre. On prétend que le roi aurait sacrifié sa maîtresse à M. de Rosny. Toujours est-il que le Louvre est plein de gens affairés, circonspects, encore flottans, mais tout prêts à prendre parti.

— Nomme-t-on quelqu'un pour ce rendez-vous? demanda M. d'Entragues.

— Eh! eh!...

— Et pour ce nouvel amour du roi, demanda Henriette.

— Eh! eh!...

— Ne faites pas le caché, mon frère.

— Instruisez-nous, mon fils.

— Un peu de confiance, monsieur le comte.

— Eh bien! oui, on nomme... mais tout bas...

— On nomme! murmura M. d'Entragues rayonnant... Mais qu'on ne nomme pas trop tôt, grand Dieu!

— Et M. Zamet, quel rôle joue-t-il dans ces commentaires? dit Henriette.

— On dit que le rendez-vous a eu lieu chez lui.

— Mais le roi se renferme, dit Marie Touchet, c'est donc qu'il a du chagrin.

— Oh! pour cela, oui; il ne faut pas se le dissimuler; oui, le roi a du chagrin.

Henriette fronça le sourcil.

— C'est preuve de son excellent cœur, de son noble cœur! s'écria M. d'Entragues. — Mieux vaut qu'il ait de l'attachement, le digne prince.

— Elle n'est pas encore partie, murmura Marie Touchet.

— Quelque démarche serait nécessaire, ajouta Henriette; il faudrait voir M. Zamet.

— Oh! prudence!... prudence!... dit M. d'Entragues.

— Ce qu'il faudrait, dit Marie Touchet, ce qui sauverait tout, ce serait l'éloignement du roi pendant vingt-quatre heures. Pendant ce temps, pas de réconciliation possible.

— Si l'on consultait la devineresse? dit M. d'Entragues. Ce serait le moyen de voir en même temps M. Zamet.

— Je l'attendais presque ce matin, murmura Henriette.

— Vous comprenez combien en ce moment il craint de se compromettre, dit le comte d'Auvergne. Allons le trouver, M. d'Entragues et moi, comme pour le remercier des explications qu'il a données hier, comme pour le prier de garder le silence sur la soirée. Il est possible que Zamet ait le pouvoir d'éloigner le roi de Paris jusqu'à ce que la marquise soit partie elle-même.

— Et puis, n'oublions pas, dit Henriette, que lui-même a fait remarquer hier que l'horoscope de Léonora signifiait: Couronne!

— Allez, messieurs, dit Marie Touchet, et rapportez-nous des nouvelles. Cependant Henriette va achever de s'habiller et sera prête à tout événement.

Le comte d'Auvergne et M. d'Entragues étaient partis, et les deux femmes dans leur joie infâme avaient oublié tout ce qui n'était pas le succès. La maison entière était encore troublée, émue, lorsque, par le corridor mal gardé, un homme s'avança jusque sur le seuil de la chambre d'Henriette. Il put voir la mère embrasser sa fille, — cette dernière prendre et froisser dédaigneusement, pour la jeter au feu, la lettre, leur effroi naguère. Alors, il heurta brusquement la tapisserie et entra dans la chambre.

Les deux femmes se retournèrent au bruit:

— La Ramée! s'écrièrent-elles ensemble.

— Moi-même, répliqua le jeune homme, dont le pâle visage faisait ressortir l'œil étincelant de tous les feux d'une résolution implacable.

VII.

Bataille perdue.

Les deux dames n'étaient pas encore bien revenues de leur stupeur, elles regardaient encore La Ramée avec une crainte superstitieuse lorsqu'il leur dit:

— Je vous parais une ombre, n'est-ce pas, mesdames?

Marie Touchet, la première, retrouva son sang-froid.

— Il faut avouer, dit-elle, monsieur, que si vous êtes bien une créature réelle et vivante, la façon dont vous vous êtes présenté annoncerait plutôt un fantôme.

— Voilà le véritable ennemi, murmura Henriette assez haut pour que La Ramée l'entendît.

Mais au lieu de répondre, il continua à s'adresser à Marie Touchet.

— Vous dites cela, madame, à cause de ma longue absence, de ma disparition.

— En effet, monsieur, on vous disait mort.

— J'aurai dû mourir si je n'avais reçu en partage qu'une dose ordinaire de vitalité. Mais, ajouta-t-il avec un effrayant sourire, j'appartiens à la classe des êtres surnaturels. Tout ce qui suffirait à tuer un autre homme me régénère et me rajeunit; ne me trouvez-vous point rajeuni, madame?

Marie Touchet prenait peu de goût à ce badinage, et d'autres sujets de conversation, des sujets plus sérieux lui convenaient mieux en un tel moment. Mais, au fond de cette plaisanterie sarcastique, elle sentait l'inimitié, la menace, et de la part de La Ramée, une menace avait sa valeur.

— Oui, continua-t-il, je suis de fer, d'airain, je suis sinon invulnérable, du moins immortel. Et je m'en réjouis, exposé comme je l'ai été, comme je le serai encore à tant de catastrophes. Mes amis s'en réjouiront avec moi.

— Vous nous expliquerez bien un peu cette absence et cette résurrection, dit Marie Touchet en redressant d'un coup d'œil Henriette abattue par l'inquiétude.

— Volontiers, madame. On vous aura dit que j'avais été jeté avec les mourans et les morts par une fenêtre de la Tour-du-Bois?

— On nous l'a dit, et votre silence nous avait confirmées dans cette triste conviction.

La Ramée se tut. Il regardait ou plutôt dévorait des yeux Henriette.

— J'avais, dit-il enfin, plusieurs motifs pour ne plus reparaître. Le premier de tous, celui-là eût pu suffire, c'était le soin de ma guérison. En tombant, je m'étais heurté la tête sur un pilotis à fleur d'eau... une affreuse blessure, mortelle pour tout autre. Pendant six mois j'ai été presque fou.

— Il en a gardé quelque chose, se dirent la mère et la fille du regard.

— Ensuite, lorsque je fus guéri, continua La Ramée, je ne m'appartenais plus. Je me devais à la personne généreuse qui m'avait couvert de sa protection.

— Ah! quelqu'un vous avait protégé! dit Marie Touchet.

— Vous ne supposez pas que je sois sorti seul de l'eau avec une tête fendue comme une grenade trop mûre, répliqua La Ramée brutalement. Certes oui, j'ai été protégé efficacement et grandement.

— Tout ce que vous dites, interrompit Marie Touchet, soulève en nous un intérêt profond. Vous savez combien nous avons d'amitié pour vous.

— Je le sais, dit la Ramée avec un étrange sourire, dont Henriette et sa mère furent visiblement embarrassées. Aussi n'ai-je donné au silence et à la retraite que le temps strictement nécessaire. Aussitôt qu'il m'a été permis de revenir à Paris j'y suis revenu.

— Vous revenez aujourd'hui?

— J'y suis venu plusieurs fois en secret déjà. Oh! sans que vous vous en doutassiez, je veillais sur vous.

— Comment, demanda Marie Touchet avec un vif sentiment d'orgueil froissé, vous veilliez?...

— Sans doute. — N'est-il pas naturel de s'occuper des gens qu'on aime, des amis qu'on regrette?

— Vous n'eussiez rien risqué à vous montrer, monsieur La Ramée, dit la mère en se pinçant les lèvres. Vous nous eussiez empêchées de regarder comme mort un vivant, et cette amicale préoccupation que vous aviez à notre sujet, nous vous en eussions été reconnaissantes.

— Je ne pouvais, madame, dit sèchement La Ramée, et je ne devais pas me montrer.

— Votre protecteur se cache, peut-être?

— A peu près, madame; ou du moins sans se cacher on peut désirer de rester à l'écart. Madame la duchesse, vous le savez, n'est pas bien vue à la cour nouvelle.

— Quelle duchesse? demanda tranquillement Marie Touchet, qui savait bien, mais voulait paraître ignorer.

— Madame la duchesse de Montpensier, répondit La Ramée avec une certaine emphase, ma protectrice!

— Vous avez là une illustre protection, monsieur La Ramée.

— N'est-ce pas, madame? Illustre et dévouée. J'en attends de grands avantages sous tous les rapports.

La façon dont il appuya sur ces derniers mots donna beaucoup à penser aux deux femmes. Elles en cherchèrent mentalement le sens. La Ramée jouissait de leurs angoisses. La conversation tomba tout à plat.

— Il vous reste à nous apprendre, reprit courageusement Marie Touchet, ou pourquoi vous nous avez si longtemps oubliées, ou pourquoi vous vous souvenez de nous aujourd'hui.

— Ah! voilà, dit La Ramée avec son aplomb cynique, nous touchons à la question, à la brûlante question.

— Expliquez-vous, monsieur, car, en vérité, je ne comprends plus rien à vos manières, à votre langage. Je vous ai connu très réservé, très civil, — plutôt obéissant que libre avec nous.

Elle faisait allusion à l'état d'infériorité, de vasselage dans lequel La Ramée avait toujours vécu par rapport aux Entragues; situation qu'il acceptait, on l'a vu, malgré sa complicité dans la plupart des secrets de famille.

— Il est vrai, répondit-il, que j'ai toujours été discret et soumis, madame; je m'y étudiais. J'espérais alors ; je sentais ma jeunesse, j'en avais la patience et la timidité. Je me disais : Mon tour viendra.

Il ponctua cette phrase d'un sinistre éclat de rire.

Henriette frémit.

— Pour avouer que vous n'êtes plus avec nous l'homme d'autrefois, monsieur, reprit la mère, vous nous accusez donc d'avoir changé pour vous ? En un mot, répondez à ma question : pourquoi revenez-vous aujourd'hui plutôt qu'il y a quatre mois ?

— Parce qu'aujourd'hui le moment est favorable à mes desseins. Mais, ainsi que je vous le disais tout à l'heure, ce n'est pas d'aujourd'hui que je suis revenu.

En parlant ainsi, il accablait Henriette du poids de son insoutenable regard.

Fascinée, écrasée, elle prit une résolution désespérée ; elle fit comme les coursiers fous de terreur qui se jettent sur le fer des piques.

— Comprenez donc, ma mère, s'écria-t-elle en serrant la main de Marie Touchet, monsieur veut dire que c'est lui qui a envoyé à M. d'Entragues la lettre d'hier.

De la main gauche elle tendit au jeune homme le papier froissé tout à l'heure.

Il y jeta un coup d'œil indifférent et répondit :

— C'est moi, en effet.

On peut se faire une idée de l'attitude que prirent les deux femmes en entendant cette déclaration de guerre.

— Ah ! c'est vous, murmura Marie Touchet toute pâle, vous qui commettez un pareil guet-apens !

— Et qui venez l'avouer, ici ! dit Henriette.

— Et qui signez : *Un ami*, la dénonciation la plus mortelle pour l'honneur d'une femme !

— Jamais ami sincère n'a rendu un plus grand service, jamais on n'a maintenu plus fermement une femme dans son honneur.

— Cette lettre est un tissu de mensonges et d'injures.

— Cette lettre est pleine de vérités, que j'ai adoucies.

— Monsieur la Ramée !...

— Est-il vrai que mademoiselle ait été hier chez M. Zamet ?

Les deux femmes voulurent placer une exclamation.

— De même, interrompit la Ramée, que je savais votre dessein d'aller rue de Lesdiguières, — de même je vous ai vue entrer chez Zamet. Ah ! je crois qu'ici une bonne réponse serait difficile.

— Si j'allais chez M. Zamet, mon père et ma mère en savent le motif.

— Et nous l'avons approuvé, dit Marie Touchet avec sa dignité de reine.

— Voilà qui est exemplaire, madame ! Vous savez que Mlle d'Entragues allait chercher le roi, lui faire sa cour ; vous savez les habitudes de cette barbe grise, qu'une vieillesse prématurée n'a pas refroidie pour le péché ; vous savez qu'une jeune fille à qui le roi parle deux fois de suite, est corrompue et perdue ; vous savez tout cela, dites-vous ! Mais, Madame, c'est invraisemblable ; si vous le saviez, vous ne l'approuveriez pas.

— Calomnie ! injure ! s'écria Henriette.

— Lèse-majesté ! dit Marie Touchet.

— Là ! là ! diminuez les mots, interrompit sourdement La Ramée ; plus gros, ils font plus de bruit, mais ne sont pas moins vides. D'ailleurs, votre déclaration est trop positive, vous venez de flétrir trop énergiquement cette spéculation pour que je ne rétracte pas mon écrit et mes paroles. Je m'étais trompé, vous êtes la plus honorable des mères, madame, comme mademoiselle est la plus vertueuse demoiselle de la cour. Voilà qui est entendu, je vous fais réparation d'honneur.

Marie Touchet ne comprit-elle pas, feignit-elle de ne pas comprendre l'amertume cachée sous cette palinodie ? Toujours est-il qu'elle répliqua :

— Ce n'était pas la peine, monsieur, de soulever un pareil ouragan pour aboutir à des soupirs de doléance. Nous savons mépriser les attaques, comme nous savons nous passer de justifications. Je m'applaudis que vous n'ayez pas rencontré ici M. d'Entragues ou mon fils, M. le comte d'Auvergne ; car ils n'eussent pas pris aussi patiemment que nous, la scène d'incroyable démence que vous venez de nous faire subir. Retournez donc, croyez-moi, près de votre protectrice qui est femme, et vous apprendra peut-être les égards qu'on doit à des femmes. Oubliez-nous puisque vous êtes heureux. Ce sera tout à la fois d'un galant homme et d'un esprit prudent. Adieu, monsieur La Ramée.

Au lieu d'obéir à ce congé, La Ramée fit deux pas en avant.

— Mais, dit-il, ce que vous venez de me déclarer, madame, me ferait rester éternellement près de vous. Depuis que je suis certain de la probité de la famille, de la pureté de cette jeune personne, rien ne s'oppose plus à la démarche que j'étais venu faire.

— Quoi donc? murmurèrent les deux femmes.

— Madame, continua La Ramée avec un cérémonial funèbre, j'aime passionnément mademoiselle Henriette de Balzac d'Entragues, votre fille aînée, et j'ai l'honneur de vous la demander en mariage.

Un coup de foudre éclatant sur la tête d'Henriette l'eût moins épouvantée que ces terribles paroles. Elle se jeta dans les bras de sa mère comme dans un asile sacré. Marie Touchet tremblait de fureur et d'effroi. Ni l'une ni l'autre ne répondit.

— Ai-je eu l'honneur d'être entendu? dit La Ramée après un long silence.

Marie Touchet, s'armant de toute son énergie, regarda fixement l'audacieux provocateur.

— Votre tête blessée, dit-elle, n'a donc pas été guérie complètement?

— Complètement, madame.

— Alors c'est une insulte que vous venez nous faire, en face, dans notre logis?

— Où est l'insulte? Me dites-vous cela parce que je suis le fils de M. La Ramée, obscur gentilhomme? mais il me semble qu'un La Ramée vaut une Entragues!

— Oh! comme vous abusez lâchement de notre faiblesse de femmes.

— J'ai eu affaire plus d'une fois à des hommes, et je ne me suis pas montré timide, vous le savez!

— Encore une lâcheté! vous faites allusion à nos secrets.

— Oui, madame.

— Vous vous en servez pour nous dicter vos lois.

— Je n'ai que ce moyen, je l'emploie.

— C'est une infâme noirceur!

— Non, c'est un infâme amour! Je vous dis que j'aime Henriette. Pourquoi? je n'en sais rien. On comprendrait mieux que je ne l'aimasse point. Tout enfant je l'aimais. Après avoir adoré sa beauté, j'ai admiré sa vigueur, son énergie, j'ai admiré l'élan qui la poussait au crime. Je suis une étrange créature, moi, et le démon a pétri mon âme du soufre et du feu les plus violens de son enfer! Henriette avilie, Henriette criminelle, ressemble mieux à l'ange déchu; son amour m'a rendu coupable, mais notre crime commun nous a liés l'un à l'autre. C'est une chaîne qu'elle essaierait en vain de rompre. Je l'ai tenté, moi, sans y pouvoir réussir. Et cependant, si vous saviez ce que j'ai fait! Si vous m'aviez vu pleurant, hurlant de rage, la maudire, l'exécrer, hacher à coups de poignard ses images, son nom même que j'écrivais sur les arbres de ma solitude!... Si vous pouviez voir repasser devant vous tous les songes de mes nuits haletantes, où elle m'apparaissait souriant à mes victimes, les caressant, tendant ses lèvres à ces beaux jeunes gens que je tuais dans ses bras, l'un d'une balle, l'autre d'un coup de couteau. Oui, madame, vous avez raison, un misérable homme devrait être devenu fou cent fois à l'idée seule des tortures que m'a infligées cet épouvantable amour. Mais je suis debout, je vois mon but, je vous dénonce clairement ma résolution, ma volonté. Cet amour, j'en boirai le poison jusqu'à ce qu'il m'enivre, jusqu'à ce qu'il me tue. Donnez-moi donc votre fille, madame, je l'ai payée assez cher, elle est bien à moi! Je la veux!

Marie Touchet et Henriette avaient reculé livides devant l'explosion de ce cœur brisé.

— Oh! n'hésitez pas, reprit La Ramée, ce serait inutile. Quand on a dit ce que je viens de dire, c'est qu'on a tout prévu, c'est qu'on n'a plus rien à ménager. Henriette ne sera pas malheureuse, ou si elle doit l'être, eh bien, elle subira sa destinée. J'ai bien subi la mienne. Vous êtes effrayée du visage que je viens de vous montrer; mais rassurez-vous, je reprendrai le masque. J'étendrai comme un fard joyeux, mon sourire de bonheur sur l'épouvantable ulcère qui s'est trahie un moment à vos yeux. Le protégé de Mme la duchesse deviendra un honnête mari, zélé pour la fortune et l'honneur de sa nouvelle famille; n'hésitez pas, vous ne pouvez faire autrement. Si vous continuez à hésiter, vous me laisserez croire que j'avais deviné vos projets sur le roi.

— Et quand cela serait? dit follement Henriette, qui espéra un moment faire reculer La Ramée par la menace d'un déshonneur nouveau.

Il sourit de pitié.

— Cela ne sera pas, répliqua-t-il. Vous voyez bien que je l'ai empêché une fois déjà; je l'empêcherai toujours.

— Vous? dit-elle avec un rire de défi.

— Cette fois, Henriette, je m'étais contenté de prévenir votre père et la marquise de Monceaux...

Les deux femmes tressaillirent.

— Mais à la prochaine occasion je préviendrai le roi lui-même.

— Oh!...

— Je dirai au roi tout ce que je sais, tout ce qu'il ignore; je lui expliquerai vers quels nuages s'est exhalée la fraîcheur de votre premier baiser.

— Misérable ! le roi saura que mon dénonciateur est un assassin.

— Oh ! je le lui dirai moi-même, car c'est une page de votre histoire. Et quand j'aurai convaincu le roi, je parlerai à la cour, à la ville ; j'apprendrai le nom d'Henriette à l'écho des places publiques, à l'écho des carrefours; je ferai retentir de mes cris, de mes accusations, de mes blasphêmes, tout l'espace infini qui s'étend de la terre au ciel.

— Et moi, rugit Henriette avec un regard dévorant, je...

— Vous me tuerez ?... Non, vous ne me tuerez pas, car je vous connais et je suis sur mes gardes. Ainsi, pas de projets chimériques, pas d'espoir insensé. Ce qui est fait est fait. Nous n'en pouvons rien changer. Flétrie, perdue, impossible pour tout autre que pour moi, vous serez à moi. Nul homme ne vous touchera la main, nul ne vous adressera deux fois des paroles d'amour. Vous ne serez ni la femme d'un Liancour quelconque, ni la maîtresse d'Henri IV. Vous n'aurez pas même recours à votre père qui ignore votre passé; pas même à votre frère qui exagérera bientôt pour vous le dégoût du roi. Tout à l'heure, vous me menaciez de leur vengeance. Qu'ils viennent, je suis prêt, je les attends.

Enfermées dans cette main de bronze, les deux misérables femmes palpitaient et passaient des sueurs de l'épouvante aux frissons de la colère.

— Eh bien, dit Marie Touchet à bout de force, ce n'est pas la peine de lutter, puisque vous voulez nous perdre. Soit. Nous préparerons à cet événement étrange M. d'Entragues, mon fils et le monde.

En disant ces mots, elle serrait la main d'Henriette pour lui communiquer un peu de courage.

— Ah ! vous voudriez gagner du temps, répondit la Ramée. Mais je n'en ai pas à perdre, moi. Vous aurez, s'il vous plaît, préparé ces messieurs pour ce soir, car, ce soir, j'épouserai Mlle Henriette et l'emmènerai chez moi.

— Ce soir ! Mais c'est de la démence, s'écria Marie Touchet.

— Ce soir, je serai morte, dit Henriette, avec un inexprimable désespoir.

— Vous, mourir !... Je vous en défie, répliqua la Ramée. Tant que vous aurez l'espoir que je vous connais, vous ne mourrez pas, et vous l'avez encore, ce fol espoir. Ce soir donc, je reviendrai vous prendre pour vous conduire à l'autel. De là nous partirons. Si MM. d'Entragues et d'Auvergne n'ont pas été prévenus avant, ils le seront après, peu importe.

— Ordonnez, monsieur, bégaya Henriette, aux yeux de laquelle venait de luire une chance de salut.

— Je vous devine bien, interrompit La Ramée ; vous essaierez de la fuite. Mais ce serait encore inutile. Je vous l'ai dit, toutes mes mesures sont prises. Vous avez vu si je savais toutes vos démarches, toutes vos pensées. Je les saurai de même jusqu'à ce soir. Votre maison est entourée de gens à moi. J'ai des amis, mesdames ; vous ne ferez ni un geste ni un pas que je ne le sache et que par conséquent je n'en prévienne les conséquences. Au surplus, essayez. L'épreuve vous convaincra mieux que tous mes discours. Essayez !

Après ces derniers mots, qui achevèrent de briser la malheureuse Henriette, il salua la mère et gagna lentement la porte. Arrivé sur le seuil, il se retourna, et d'une voix fatiguée, mais vibrante encore de son inextinguible passion :

— Rappelez-vous bien mes paroles, dit-il. Sur cette terre, moi vivant, vous ne serez à nul autre qu'à moi, je le jure ! Résignez-vous. Peut-être ne vous ferai-je pas attendre si longtemps que vous le redoutez. Cela regarde, non pas vous ni les vôtres, mais Dieu et moi. A ce soir nos noces !

En achevant de parler, il souleva la tapisserie et disparut.

— Pour cette fois, murmura Henriette, je crois que je suis perdue. Qu'en dites-vous, ma mère ?

— Je cherche ! dit Marie Touchet.

VIII.

L'héritier des Valois.

La Ramée, après son départ, se mit à organiser la soirée selon le programme qu'il en avait tracé à ses deux amies.

Il fit préparer les chevaux, distribua les consignes à ses agents et prévint le desservant d'une chapelle voisine.

Enfin allait s'opérer la réalisation de son rêve. Son visage rayonnant trahissait le triomphe; on eût dit que son mauvais génie, protecteur ce jour-là, le soulevait par les cheveux et l'empêchait de toucher trivialement la terre. Cependant il finit par se lasser et rentra chez lui pour se reposer un moment, c'est-à-dire rentra dans l'appartement qu'il occupait chez la duchesse, dont l'hôtel était alors inhabité.

Mme de Montpensier, depuis l'entrée du roi à Paris, ne s'y sentait plus à l'aise. La bonté généreuse du vainqueur l'avait médiocrement rassurée. Elle ne pouvait croire qu'on pardonnât tout à fait, elle qui ne pardonnait pas. Aussi, après les premières grimaces, fatiguée de s'incliner, ayant dépensé tous ses sourires, elle avait prétexté les beaux jours, sa faible santé, des affaires en province, et, à petit bruit, s'était retirée dans ses terres.

En ce temps-là, le royaume de France s'administrait péniblement. La politique était difficile à faire en pratique à cause des difficultés matérielles. Recouvremens pénibles, distances infranchissables, division entre les provinces, mélange de royalisme et d'espagnolisme d'une localité à l'autre, partage des villes entre différens suzerains, constituaient à chaque pas une impossibilité pour la surveillance. La duchesse de Montpensier, retirée en Lorraine ou dans le Blaisois, était bien plus éloignée de la main d'Henri IV, qu'un ennemi politique ne le serait aujourd'hui de son ennemi par une distance de mille lieues.

Aussi la duchesse, à l'abri d'un coup d'Etat, s'était-elle repris à respirer. Les griffes limées avaient retrouvé leurs pointes. La sécurité d'une campagne semblable à un petit gouvernement, avait ramené chez la sœur de M. de Mayenne Espagnols, ligueurs, mécontens de toute sorte. On avait commencé, en se retrouvant, par se regarder avec des soupirs. Puis, comme les soupirs n'étaient pas assez éloquens, on avait gémi, puis on avait critiqué, puis on avait menacé, puis, après s'être compté, on avait conspiré comme de plus belle.

C'était là-bas un concert qui eût empêché Henri IV de dormir si le héros n'eût pas dormi chaque soir au bruit du canon de l'ennemi.

Divisant les catholiques de France en vieux et en nouveaux, la duchesse, aidée des bons pères jésuites, avait inventé force argumens ingénieux pour établir que tout catholique nouveau était un hérétique. L'abjuration du roi se trouvait supprimée par ce sophisme, et de là, liberté pleine et entière à tout bon ligueur de recommencer la Ligue et de courir sus à l'hérétique converti.

Il va sans dire que dans ces combinaisons nouvelles figuraient avantageusement tout ce que Philippe II avait pu lancer sur la France d'Espagnols gangrenés par l'avarice et le fanatisme. On avait renoué avec M. de Mayenne, dont l'esprit flottant et l'ambition instinctive n'avaient jamais su dire leur dernier mot. Enfin, depuis que le roi était rétabli en France, tous ces ennemis rampans, volans, glissans, insectes furieux, reptiles affamés, féroces rongeurs, avaient chacun fait leur trou dans ce trône auguste, que les boulets de dix batailles n'avaient pas réussi à entamer.

De temps en temps, la duchesse expédiait à Paris un espion. La Ramée, dont nous savons la faveur près d'elle, avait obtenu ce poste et se servait de l'autorité supérieure pour surveiller ses petites affaires privées. On sait comment il les avait conduites, et son dénoûment approchait, parallèlement à celui que la souveraine maîtresse avait ménagé à ses intrigues politiques.

Donc, La Ramée était rentré à l'hôtel par la petite porte dont il avait la clé, et qui, ouvrant l'allée d'une maison adossée à l'hôtel communiquait sans que nul le sût avec le quartier-général de la duchesse. En ces temps d'astuce et de guet-apens, c'était une ressource familière aux grands conspirateurs d'acheter la plupart des maisons qui avoisinaient la leur. Ils avaient ainsi autant d'entrées secrètes qu'il leur en fallait pour admettre les initiés, autant de portes inconnues pour les faire échapper en cas d'investissement ou d'alarme: madame de Montpensier n'avait pas négligé cette intéressante précaution.

La Ramée voulait, disons-nous, se reposer un moment, rassembler toutes ses ressources, et, lorsqu'il en aurait fini avec les Entragues, lorsqu'il aurait épousé Henriette, emmener sa femme, la conduire auprès de la duchesse, la lui présenter et prendre un congé définitif.

— J'ensevelirai quelque temps, pensait-il, mon bonheur dans une solitude où rien ne le puisse troubler. Puis, lorsque s'éveilleront les regrets et les instincts ambitieux d'Henriette, lorsque ma folle passion sera bien assouvie, lorsque le délire m'aura quitté, alors nous reparaîtrons, moi guéri, elle domptée.

Le malheureux comptait sans la destinée. Les impies, les scélérats appellent ainsi les actes de la Providence quand elle frappe. Que deviendrait un criminel s'il avait la conscience ou la crainte de Dieu?

La Ramée pénétra dans son appartement. La nuit, qui vient vite en décembre, tombait rapidement sur Paris du haut d'un ciel sombre et bourré de neige. La Ramée comptait trouver à l'hôtel obscurité, silence et solitude. Il fut bien surpris d'entendre des bruits de pas dans les corridors, et en ouvrant la porte qui communiquait avec l'intérieur, il fut plus surpris encore de trouver l'hôtel aussi éclairé en dedans qu'il était noir et fermé à l'extérieur.

Les corridors, les vestibules, les antichambres s'emplissaient peu à peu de visiteurs silencieux, introduits sans doute par ces issues secrètes dont nous venons de parler; car la grande porte de l'hôtel était fermée et verrouillée en dedans. La Ramée regarda dans la cour d'honneur et la vit sillonnée de groupes noirs, au sein desquels reluisait çà et là, sous les manteaux, un fourreau d'épée ou le canon d'une arme à feu.

Majordome, valet de pied, huissier étaient à leur poste dans l'intérieur.

— Qu'est-ce que cela signifie? pensa le jeune homme, est-ce que la duchesse serait revenue?

— Son Altesse vient d'arriver, répliqua mystérieusement l'huissier, à qui La Ramée avait adressé la question.

— Il faut que je lui parle, se dit le jeune homme, et que je sache pourquoi elle revient de cette façon. Est-il arrivé quelque nouvelle? Se trame-t-il quelque chose? Je le saurai. Il faut aussi que j'instruise la duchesse de mes projets, car les lui taire serait un manque d'égards. Fermons d'abord la porte par laquelle je suis entré.

La Ramée, en s'approchant de cette porte, la vit gardée par plusieurs hommes qui s'étaient postés aux différens étages de l'escalier.

— Voilà qui est étrange, pensa-t-il. Avertissons la duchesse de cette nouvelle singularité.

Il assura son manteau, prit ses gants, et s'achemina vers l'autre porte de son appartement.

Là il trouva l'huissier, qui, d'un ton respectueux, l'invita, de la part de la duchesse, à se rendre dans la grande salle.

Chemin faisant, il voyait affluer aux environs de l'appartement ducal les mystérieux visiteurs qu'un même signal avait attirés au même rendez-vous.

La Ramée entra dans la grande salle où Mme de Montpensier tenait ses audiences solennelles.

Cette salle immense, garnie des portraits de l'illustre maison de Lorraine, avait ce soir-là, aux flambeaux, un caractère de majesté sombre que La Ramée ne lui avait jamais connu jusqu'alors. On eût dit que les murs chargés de figures menaçantes, d'armes aux feux sinistres, préparaient leur écho à quelque terrible événement. La princesse, assise près de la cheminée, les yeux tournés vers la flamme, attendait, le front dans ses mains. Les reflets rouges du brasier se jouaient sur les rubans violets et le jais de sa robe. L'huissier annonça M. de La Ramée, et la duchesse se leva aussitôt avec un étrange empressement.

— Vous ici! madame, s'écria le jeune homme; faut-il que vos amis se réjouissent ou s'alarment de ce retour imprévu?

— Ils peuvent se réjouir, dit-elle.

— Dieu soit loué. Alors, les alarmes que m'avait causées tout ce que je vois...

— Dissipez-les.

— Et... la présence de ces hommes dans l'escalier dérobé par lequel j'arrive à mon appartement?...

— Ces hommes sont placés là par mon ordre.

— Pardon, madame, je n'en fais mention que parce qu'ils semblaient me garder et me fermer le passage.

— Ils vous gardent en effet, répliqua la duchesse avec la même affectation de courtoise déférence qui bouleversait toutes les idées de La Ramée depuis le commencement de l'entretien.

Pourquoi le gardait-on? Pourquoi ne l'appelait-on ni La Ramée, comme d'habitude, ni monsieur, ni mon cher? Cent questions se pressaient sur les lèvres du jeune homme, qui n'osait en formuler une.

Mais le temps marchait et ne permettait ni hésitation, ni scrupules de diplomatie. La Ramée sentait approcher l'heure à laquelle il devait se rendre chez Henriette.

— Madame, dit-il à la duchesse, quand vous m'avez fait appeler, je me disposais à vous demander audience.

— Vous ne saviez pourtant pas que je fusse à Paris, répliqua-t-elle.

— Je venais de l'apprendre, et le devoir me commandait de vous dire ici ce que je fusse allé vous communiquer à la campagne.

— Parlez.

— J'ai besoin d'un congé pour ce soir, madame, et vous prie de vouloir bien me l'accorder.

— Pour ce soir, impossible, dit la duchesse.

La Ramée tressaillit.

— Il me le faut pourtant, madame; car

j'ai des engagemens qui ne souffrent pas de retard.

— Je vous connais des engagemens près desquels ceux dont vous me parlez ne sauraient compter.

— Madame, je me marie.

La duchesse tressaillit à son tour.

— Vous vous mariez!... Est-ce possible?

— Dans une heure, madame.

— Avec qui donc, bonté divine?

— Avec Mlle Henriette de Balzac d'Entragues.

— Mais, vous êtes fou.

— Je le sais bien, madame, mais, je me marie.

— Je vous ai laissé, à votre aise, courtiser, épier, assiéger cette fille, mais parce que je croyais qu'il ne s'agissait, de vous à elle, que d'une amourette, d'un passe-temps.

— Un passe-temps! de Mlle Henriette d'Entragues à moi! d'une fille de noblesse, d'une fille de grande maison à un pauvre petit gentilhomme de province..., un passe-temps! Non, non, madame, c'est bel et bien une passion sérieuse, qui ne peut avoir de satisfaction que par le mariage, et encore !

— Je vous répète que c'est une folie, dit froidement la duchesse, et je ne vous laisserai pas faire une folie.

— Enfin, madame, répondit La Ramée, je sais ce que je fais peut-être!...

— Non!

— J'ai engagé à madame la duchesse mes services et mon épée, elle peut disposer de moi comme instrument, comme serviteur, bras, esprit, âme, je lui ai tout promis, mais non mon cœur.

La duchesse haussa les épaules.

La Ramée avec une sourde irritation:

— Peut-être suis-je utile en ce moment, murmura-t-il, et mon absence peut paraître une désertion, quand tous les serviteurs de votre maison sont assemblés; mais daignez songer, madame, que je ne demande qu'une heure : dans une heure je serai marié, tous mes préparatifs sont faits à l'avance. Dans une heure, après la célébration, je comptais partir et emmener ma femme, mais je ne partirai pas, je ne l'emmènerai pas ; dans une heure je serai de retour ici, aux ordres de Votre Altesse... Seulement, je le déclare, il faut que je sois marié ce soir, et je le serai !

La duchesse, au lieu d'éclater avec colère, comme c'était son habitude quand on lui tenait tête, et comme La Ramée s'y attendait après cette déclaration, ne s'émut pas, ne cria pas. Regardant fixement le pâle jeune homme :

— Je vous ai dit, articula-t-elle avec calme, que vous n'épouseriez pas Mlle d'Entragues..... Vous ne l'épouserez pas..... pas plus demain que tout-à-l'heure..... pas plus dans un an que demain...

— Parce que? dit insolemment La Ramée.

— Parce que c'est impossible.

— Vous appelez impossible toute chose que vous ne voulez pas, s'écria-t-il tremblant de colère.

— Non, dit-elle de plus en plus tranquille. Ce mariage ne se fera pas, parce que vous même le refuserez tout à l'heure.

— Voilà ce qu'il faudra me persuader, madame.

— C'est ce que je vais faire; aussi bien le moment en est venu, et je ne vous mandais auprès de moi que dans ce dessein.

La duchesse frappa sur un timbre qui emplit la vaste salle de sa vibration argentine.

La Ramée, maîtrisé par ce sang-froid inouï, resta immobile, muet, dans l'attente de l'événement que ces bizarres préludes lui promettaient.

Au son du timbre, les tapisseries de la salle se soulevèrent, et l'on vit entrer par les trois portes colossales une douzaine environ d'hommes dont les visages et les noms étaient bien connus de La Ramée.

C'étaient les principaux chefs ligueurs un moment dispersés sous le souffle de la réaction royaliste; quelques-uns de ces prédicateurs fanatiques chassés de Paris par le retour du roi et trop généreusement épargnés par sa clémence ; c'était un jésuite professeur du collège où la duchesse avait fait entrer Jean Châtel ; c'étaient des Espagnols délégués par le duc de Feria ou par Philippe II lui-même; c'était enfin, avec quelques bourgeois incurables et deux ou trois membres de la faction des Seize, tout l'état-major de la révolution que Mme de Montpensier tenait sans cesse suspendue comme un nuage destructeur sur la France, à peine remise de tant d'orages surmontés !

Devant ce flot de puissans personnages, la Ramée avait reculé jusqu'à la porte que gardaient plusieurs hallebardiers et mousquetaires de Lorraine ; la duchesse remarqua son mouvement, et d'un coup d'œil ordonna aux gardes de serrer leurs rangs.

— Approchez-vous, je vous prie, dit-elle à la Ramée qui fut contraint d'obéir.

Quand le silence se fut établi dans la

salle, Catherine de Lorraine, orateur prétentieux comme elle était général d'armée, fit un pas vers l'assistance, s'appuya d'une main au dossier de son fauteuil, et après s'être recueillie :

— Seigneurs, dit-elle, et vous, messieurs, qui composez la véritable force de notre religion et de notre patriotisme, vous savez pour la plupart nos desseins, puisque vous partagiez notre douleur et nos espérances. mais vous ignoriez comment et sous quelle forme ces espérances pourraient se réaliser. Nous ne nous dissimulons ni les uns ni les autres combien est précaire le nouveau règne sous lequel la France s'est courbée. Bien des circonstances le peuvent abréger : la guerre a ses hasards, la politique d'usurpation a ses dangers, le nouveau roi peut tomber sur un champ de bataille ; il peut tomber aussi frappé par le ressentiment public. Je ne parle pas des chances de mort que fournit une vie dissolue, aventureuse : on meurt aussi vite, et plus sûrement peut-être, d'un excès, d'une orgie que d'une balle ou d'un coup de poignard.

Dieu m'est témoin et vous l'avez tous vu, plusieurs même m'en ont blâmée, que pour le bien du pays j'ai fait taire mes inimitiés, oublié les malheurs de ma famille, et reconnu le nouveau roi. Cependant je ne puis m'aveugler sur l'avenir : le roi n'a pas d'héritier — un enfant bâtard ne compte pas ;— si le roi mourait, que deviendrait la France ? S. M. Philippe II, dans un sentiment de glorieuse générosité, a renoncé à ses droits au trône. M. de Mayenne aussi abdique. Je renonce pour mon neveu de Guise, qui n'a pas rallié la majorité des vœux du peuple français. Mais, du sein de cet abandon général, la bonté divine a suscité un miraculeux et providentiel moyen de salut. Messieurs, écoutez religieusement la parole qui va sortir de mes lèvres. Il existe un rejeton de la branche royale, messieurs ; la France possède un légitime Valois !

A ces mots, on entendit frémir l'assemblée, dont les têtes oscillèrent sous un ouragan de passions mal contenues. Çà et là, quelques visages sérieux, ceux des principaux initiés, du jésuite, entre autres, examinaient avec soin l'attitude générale.

— Un Valois ! murmura-t-on de toutes parts.

— Vous savez, continua la duchesse, que du mariage du roi Charles IX avec Elisabeth d'Autriche, naquit, à Paris, le 27 octobre 1572, un enfant présumé être Marie-Elisabeth de France. Le roi attendait, espérait un fils, ce fut une fille que lui présenta sa mère Catherine de Médicis — une fille qui ne vécut même pas et dont la mort fut déclarée le 2 avril 1578. Eh bien, seigneurs, eh bien messieurs, ce n'était pas une fille qui était née au roi Charles IX, mais bien un fils, que par jalousie et pour assurer le trône à son fils favori, le futur Henri III, Catherine de Médicis avait soustrait et fait disparaître en l'échangeant contre une fille.

Un silence glacé s'étendit sur l'assemblée après les paroles de la duchesse. Pour ses partisans, qui la connaissaient si bien, le moyen providentiel dépassait les limites du prodige.

— Oh ! reprit-elle en profitant habilement de ce silence, vous vous taisez, vous êtes atterés ; le crime énorme de cette substitution vous épouvante ! Que sera-ce lorsque vous aurez sous les yeux les preuves complètes, irréfragables, les documens minutieusement naïfs qui établissent, sans une ombre de doute possible, tout le complot de Catherine de Médicis contre la postérité de son propre fils, un attentat, messieurs, qui, sans le secours de la Providence, éteignait à jamais une des plus illustres races qui aient paru dans le monde.

Tenez, messieurs, tenez seigneurs, dit la duchesse en dénouant sur la table une liasse de parchemins, de lettres et de mémoires ; approchez vous, prenez connaissance de ces titres. Habituez-vous à l'idée qu'il vous reste un maître légitime, un véritable roi Très Chrétien, et quand la conviction se sera fait jour dans vos âmes, remerciez Dieu qui vous sauve de l'usurpation et de l'hérésie.

On vit s'approcher, en effet, avec une crainte superstitieuse ou plutôt avec une salutaire défiance les ligueurs et les prêtres fanatiques. Les Espagnols, le jésuite, dans le secret, se tenaient à distance.

— Ceci, dit la duchessse, en désignant un mémoire, est le récit de la substitution, et révèle le lieu obscur où Catherine alla chercher la fille destinée à remplacer le jeune prince. Cet autre document vous montre Catherine faisant porter l'enfant mâle chez un gentilhomme du Vexin, son affidé, son féal, lequel gentilhomme éleva l'enfant parmi les siens, dans sa maison de Vilaines, aux environs de Medan.

La Ramée, jusqu'alors immobile, frissonna.

— Lisez maintenant, poursuivit la duchesse, lisez la déclaration du gentilhomme à son lit de mort, et toutes les preuves qu'il fournit, et, à l'appui de ces preuves, le témoignage du prêtre auquel il avait confié le terrible secret. Lisez, et confrontez !... Ne craignez rien... Pénétrez-vous de la conviction sacrée !

— En effet, murmurèrent des voix auxquelles d'autres faisaient écho ; en effet, les preuves sont éclatantes, irrécusables.

— Et, les ayant vérifiées, contrôlées, vous n'hésiterez plus à dire comme moi : Miracle !

— Miracle ! s'écrièrent les fanatiques, dont le principal but était de renouer la guerre civile.

— Ainsi, seigneurs, ainsi, messieurs, vous sentez pourquoi le roi d'Espagne, pourquoi l'illustre maison de Lorraine se sont désistés de leurs prétentions, en face des droits acquis d'un Valois ?

— Vive Valois ! cria l'assemblée.

— Désormais, acheva la duchesse, dont le front ruisselait de sueur après cette furieuse harangue, désormais il vous reste à connaître le prince miraculeusement sauvé, la victime de Catherine de Médicis, le fils de Charles IX, votre maître et le mien ! car il vit, seigneurs, car vous l'avez près de vous, messieurs ! car il a déjà versé son précieux sang pour notre cause, et il s'ignorait lui-même. Dieu permet que je le tire de son ombre et que je présente son front à la couronne de ses pères ! Hier, il n'était rien; aujourd'hui, il est roi de France. Apparaissez, mon roi ! votre nom d'hier était La Ramée.

— Je rêve !...... balbutia le jeune homme ivre, éperdu, fou de voir s'agenouiller devant lui la duchesse et toute l'assemblée.

Il sentit le sang abandonner ses tempes et affluer à son cœur. Il pâlit, et, dans la morne majesté de l'éblouissement et de la démence, il apparut vivante image de ce sombre Charles IX, dont la capricieuse fortune lui avait légué quelques traits, et dont le souvenir se dressait encore à la pensée de la plupart des assistans.

— Le roi chancelle ! s'écria la duchesse, qu'on le conduise à son appartement !

— Et qu'on l'y garde bien, dit-elle tout bas à ses Espagnols.

— Le peuple, ajouta l'héroïne en s'adressant au reste des conspirateurs, ne niera pas en le voyant qu'il soit le fils de son père. Maintenant, messieurs, à partir d'aujourd'hui, tenez-vous prêts. Depuis longtemps chacun de vous connaît son poste et a choisi son rôle. Quelque chose me dit que l'événement est proche. Voilà votre chef. Et derrière celui-là, j'espère, nul Français ne refusera de marcher pour le triomphe de la bonne cause ! Je vous connais assez pour n'avoir pas besoin de vous dire qu'une indiscrétion est le signal de notre mort. Adieu, messieurs, et vive le vrai roi !

— Vive le vrai roi ! répétèrent les gueux en défilant devant la duchesse.

Le jésuite passa le dernier, et, pendant qu'il faisait sa révérence :

— Et notre écolier ? demanda tout bas la duchesse, est-il prêt aussi?

— C'est pour demain, dit le jésuite, qui se perdit dans la foule des conjurés.

IX.

Ambassades.

Le lendemain, jour fixé par Gabrielle pour son départ, le soleil apparaissait à peine que deux hommes enveloppés de manteaux se promenaient en long et en large dans le parterre qui précédait la maison de la marquise.

Il faisait froid, un froid brillant qui blanchissait la terre. On l'entendait résonner sous l'éperon de ces deux cavaliers qui causaient ensemble d'un ton aussi échauffé que leurs mains et leurs figures étaient froides. De temps en temps, l'un ou l'autre levait la tête vers l'appartement de la marquise où rien encore ne remuait.

— Je vous assure, M. Zamet, que le roi notre maître m'a donné une triste commission, dit le plus petit et le plus gelé des deux personnages. Empêcher une femme de faire un coup de sa tête !...

— Il y va donc aussi de la tête du roi, M. de Rosny, répliqua le florentin Zamet.

— On le dirait, monsieur, et je vous ai mandé pour que nous en causions sérieusement. Je sais tout votre zèle pour la personne de Sa Majesté, et vous remercie de vous être dérangé si matin pour venir me trouver ici, où j'étais envoyé par le roi. Oh ! le cas est grave.

— Si grave que cela?

— Le roi a le cœur tendre, monsieur Zamet, et depuis que sa maîtresse menace de le quitter il ne vit plus. A propos, vous qui avez la vue excellente, ne voyez-vous rien bouger chez la marquise?

— Rien encore, M. de Rosny.

— Nous aurons le temps de causer un peu avant qu'elle ne s'éveille.

— Mais pourquoi quitte-t-elle le roi ?

— Oh ! vous le savez mieux que personne, vous qui êtes involontairement la cause de cette rupture.

— Bien involontairement, monsieur, s'écria Zamet, comme s'il eût redouté qu'on n'entendît l'accusation des étages supérieurs. En conscience, je ne suis pas responsable de ce que fait le roi.

— Eh! ne vous en défendez pas tant, monsieur Zamet. Ce ne serait pas un si grand mal que le roi sût et pût se distraire.

Rosny, après avoir lancé ces paroles, regarda obliquement Zamet pour en apprécier l'effet. Mais Zamet était Italien, c'est-à-dire rusé. Il ne laissait pas lire sur son visage à première vue.

— Certes, continua Rosny, la marquise est une charmante femme — la meilleure des femmes. Jamais le roi ne saurait trouver une plus raisonnable maîtresse. Elle ne fait pas trop de dépenses, elle n'a pas trop de morgue ni d'ambition...

— Voilà bien des qualités, monsieur.

— Eh mordieu! j'aimerais mieux qu'elle en eût moins, j'aimerais mieux que le roi eût affaire à quelque diable incarné qui se ferait maudire trois ou quatre fois par jour... Le roi s'attache trop facilement, voyez-vous, et il lui faudrait des cahots, des tempêtes dans le ménage. Est-ce que vous ne connaîtriez pas cela, monsieur Zamet, un diable féminin assez joli pour que notre cher sire s'en laissât charmer d'abord, assez méchant pour qu'il le chassât ensuite, cela nous rendrait service?

— Mais, monsieur de Rosny, si le roi est féru d'amour pour la marquise de Monceaux...

— Puisqu'elle le quitte.

— Est-ce bien sûr? demanda Zamet en regardant fixement Rosny. Votre présence ici, ce matin, indique des projets de réconciliation.

— Vous avez deviné juste. Le roi m'a prié de fléchir sa cruelle.

— Et vous la fléchirez; vous êtes si éloquent.

— Voilà précisément ce que je me demande. Faut-il être éloquent? Est-ce un service à rendre au roi?

— Au cœur du roi, oui.

— Mais à ses intérêts?

— C'est autre chose. Il n'y a d'intérêts que ceux de l'amour pour un homme amoureux.

— Je ferai de mon mieux, dit Rosny, afin de contenter le roi. Mais enfin, il faut prévoir le cas où Mme de Monceaux serait inflexible. Elle a du caractère.

Sully prononça ces mots avec un accent qui promettait peu de zèle pour la négociation.

— Et en ce cas, monsieur?

— En ce cas il faudrait distraire le roi bien vite avec quelque idée divertissante.

— Eh! eh!... c'est plus aisé à dire qu'à faire.

— Cependant j'ai compté sur vous, M. Zamet, pour deux raisons...

— Parlez, monsieur.

— La première, c'est que le nerf de toute distraction est comme celui de la guerre, l'argent. Nous n'en avons pas.

Zamet fronça le sourcil.

— Et vous, vous en avez beaucoup, continua Sully.

— Oh! je vous assure que la moitié au moins de ce que je possède...

— Est placée à Florence, chez le grand duc, je le sais. Ce qui vous met très bien avec ce prince, je suppose.

— Comment, s'écria Zamet avec inquiétude, vous savez...

— Je sais toujours où est l'argent, répliqua Sully, ce que je ne sais pas, c'est la façon de l'attirer chez nous. Oui, vous avez un million d'écus là-bas... Que ne sont-ils ici!

— Monsieur, je vous assure...

— Ah çà! monsieur Zamet, si vous tombiez malade, ne laissez pas tout cet argent à Florence... J'en ai trouvé un placement bien plus avantageux pour vous.

— Lequel donc?

— Supposez que le roi soit tout à fait séparé de Mme la marquise; supposez qu'il se divertisse un peu çà et là, tandis que l'on romprait son mariage avec la reine Marguerite; supposez encore que le roi se remarie...

— Ah! ah! dit Zamet en regardant de nouveau Sully qui grattait de sa canne avec indifférence les corbeilles semées de givre.

— Est-ce que vous auriez quelque chose contre un mariage du roi? reprit Sully.

— Mais, selon,... dit le Florentin en promenant ses yeux autour de lui, dans la crainte des espions.

— J'entends un bon mariage, cher M. Zamet, avec une princesse jeune, belle, si c'est possible, et riche surtout...

— Cela peut se rencontrer.

— Vous n'avez personne en vue?

— Mais...

— Il y a une infante d'Espagne.

— Une moricaude, une guenuche.

— Il y a une princesse de Savoie.

— Les sept péchés capitaux, plus la misère.

— Il y a... ma foi, il y a la reine Elisabeth d'Angleterre.

— Voilà soixante ans que les médecins exigent qu'elle meure vierge.

— Peste! ce n'est pas le roi qu'il lui faut pour mari. Nous avons passé en revue toute l'Europe plus ou moins nubile, n'est-ce pas?... Eh! mais non... mais en vérité non, cher monsieur Zamet, nous oublions quelqu'un...

— Qui donc? demanda le Florentin avec une naïveté qui faisait honneur à sa diplomatie.

— Mais quelqu'un de votre pays même... Est-ce qu'à Florence vous n'avez pas une princesse?

— Il est vrai.

— La fille du grand-duc de Médicis.

— La princesse Marie.

— Qui doit avoir... cette année?

— Quelque vingt ans.

— Et qui est belle?...

— Oh! une merveille.

— Un bon État; un peuple dodu... que la maison de Médicis a su engraisser à point.

— Les Médicis sont habiles.

— Je le crois bien; des gens qui ont un million d'écus à M. Zamet!... A propos quel caractère a-t-elle cette belle princesse-là?

— Je ne sais, et n'oserais dire...

— Vous devez savoir... Quelqu'un me racontait hier que vous avez chez vous sa sœur de lait—la fille de sa nourrice...

En parlant ainsi, Rosny attachait sur Zamet son œil gris, d'une trempe à fouiller jusqu'au fond d'une âme.

— Vous savez tout, monsieur, répliqua le Florentin en s'inclinant.

— Tout ce qui peut intéresser mon maître, oui, cher monsieur Zamet. Ainsi, voyez comme tout cela s'enchaîne sans effort. Mettez les unes au bout des autres nos suppositions de tout-à-l'heure : la rupture du roi avec la belle Gabrielle, ses passe-temps avec tous les masques qu'on lui fera trouver; car on peut lui faire trouver de jolis masques, n'est-ce pas? Puis la dissolution du mariage avec Mme Marguerite; puis, nécessairement, un nouveau mariage... Et admirez comme votre princesse florentine vient s'adapter à tout cela avec ce million d'écus qui vous rapporteraient, soit un marquisat, soit un duché, soit de bons gros intérêts hypothéqués sur de bonnes terres...

— J'aime trop le roi, dit Zamet palpitant de joie, pour repousser toutes ces suppositions. Mais que de difficultés à vaincre.

— On dit votre petite compatriote un peu magicienne...

— C'est la maladie de notre pays.

— Il faudra que je me fasse faire par elle mon horoscope, dit Sully.

— A vos ordres, monsieur.

— Il suffit, vous pouvez être certain, monsieur Zamet, que je vous tiens pour un galant homme, bon ami de notre bon roi.

Zamet s'inclina encore.

— Vous prêterez bien cinquante mille écus à la fin de ce mois, n'est-ce pas? Il va falloir distraire S. M. soit par la guerre, soit autrement.

— Je chercherai la somme, monsieur.

— Grand merci. Cette nouvelle va réconforter un peu le cher sire, qui ne sort pas de tristesse ou de colère depuis avant-hier; c'est la première fois que je l'ai entendu parler de se venger.

— Se venger de qui?

— Mais de celui qui a prévenu la marquise. Je crois, Dieu me pardonne, que le pauvre hère paiera pour tout le monde, mais, bah! si cela a pu divertir le roi, qu'importe! Monsieur Zamet, nous voilà au 27 décembre, j'ai bien envie d'envoyer chercher demain nos cinquante mille écus.

— Oh! demain. C'est bien tôt.

—Voilà la marquise qui appelle ses gens. Je vous quitte, monsieur Zamet. Eh bien! à demain soir, le prêt, en attendant tous ces intérêts que vous savez.

— Bien, monsieur.

— N'oubliez pas mon horoscope. Au revoir!

En disant ces mots, Sully, qui avait serré la main à Zamet d'un air significatif, se fit annoncer chez la marquise de Monceaux.

Il était temps. Gabrielle, levée depuis le jour et habillée, avait déjà commencé ses préparatifs, et, sans être vue, derrière les rideaux, guettait le ministre, absorbé par son entretien avec Zamet.

Lorsqu'il entra chez elle tout était fini. Gabrielle donnait ses ordres pour qu'on attelât les mules.

Le ministre après avoir exprimé ses regrets et son étonnement par quelques mots de politesse, expliqua la commission qu'il avait reçue du roi, et plaida la cause de son maître, mais ce fut bien languissamment et son éloquence tant vantée ne fit pas de frais ce jour-là.

Gabrielle, radieuse d'une beauté mélancolique, ne cessa, pendant que Sully parlait, de caresser et d'embrasser son fils. Puis, après le discours du ministre.

— Je me sépare du roi, dit-elle, l'aimant toujours d'une très tendre amitié. C'est pour son bonheur que je le quitte; peut-être si je le voulais, pourrais-je rester encore, mais le roi a besoin d'être libre et tout le monde désire sa liberté et me reprocherait son esclavage. Je supporterais avec peine qu'on me congédiât plus tard, c'est pourtant ce qui ne manquerait pas de m'arriver ; j'aime mieux prendre les devans. Etes-vous de ceux qui me diront que j'ai tort ?

Sully était net lorsqu'il le voulait bien. Les harangueurs le trouvaient harangueur et demi ; mais, avec les gens d'exécution, il se montrait laconique comme au bon temps de Lacédémone.

— Non, madame, répliqua-t-il, je ne vous dissuaderai qu'autant que la bienséance l'exige.

— En politique, monsieur de Rosny, la bienséance ne compte pas. Conseilleriez-vous au roi de m'arracher mes habits pour me retenir ?

— Eh bien, dit-il, non. Ce n'est pas que je n'aie pour vous une amitié, une estime que vous pourrez mettre à l'épreuve, mais...

— Mais vous m'aimez mieux à Monceaux qu'au Louvre ?

— Oh ! madame, ce n'est pas vous qui gênez : c'est la maîtresse du roi.

— Je n'ai pourtant pas été gênante depuis mon avènement à la couronne, dit mélancoliquement Gabrielle. J'ai tenu bien peu de place sur le trône, et je souhaite que le roi et ses ministres ne soient jamais plus incommodés désormais qu'ils ne l'ont été par ma présence. Adieu, monsieur de Rosny. Je perds le roi parce que je fus amie tendre. Il me remplacera, mais ne me retrouvera pas. Je fus douce au pauvre peuple, qui ne maudira pas ma mémoire. Adieu, monsieur de Rosny, acheva-t-elle en sanglotant, au moins m'avez-vous assez estimée pour n'être pas hypocrite avec moi. Adieu.

Cette angélique bonté fit plus d'impression sur l'austère huguenot qu'il ne s'y était attendu lui-même. En regardant la généreuse créature essuyer ses larmes, dont pas une n'était mêlée de fiel, il se dit en effet que jamais Henri ne retrouverait un ange comme celui-là, et se reprocha vivement de n'avoir pas été prodigue de baume pour guérir une si noble plaie.

Il se trouva brutal, il chercha le moyen de revenir sur ses paroles, il s'avoua qu'il avait fait tout le contraire de ce que le roi l'avait chargé de faire chez Gabrielle. Mais comme sa conscience le félicitait d'avoir rendu service à l'Etat et au prince, comme elle ne lui reprochait qu'un peu de dureté, il s'arrêta au moment de réparer sa faute.

— Je m'en vais donc, madame, acheva-t-il avec un respect qui n'avait rien d'affecté, rapporter à Sa Majesté que je n'ai pas réussi à vous retenir.

— Allez, monsieur, dit-elle avec un sourire, et ne vous vantez pas trop du mal que vous vous êtes donné.

Ce fut sa seule vengeance. La douce femme tendit sa main blanche à cet exécuteur qui s'échappa précipitamment, emportant la victoire et un remords.

Il n'était pas dans l'antichambre où Gabrielle l'avait reconduit, qu'on entendit monter un homme essoufflé qui criait :

— Hé là !... les mules, ne sonnez pas si haut, vous n'êtes pas encore parties, harnibieu !

C'était Crillon, que le roi venait de dépêcher à son tour, devinant bien, le pauvre Henri, que son premier ambassadeur pourrait manquer d'enthousiasme.

— Ah ! monsieur de Rosny, dit-il en joignant le huguenot sur le palier. Eh bien ! madame est-elle convertie ?

— Non, monsieur, répliqua Rosny, dépité de voir surgir ce nouveau champion. Madame persiste et va descendre.

Gabrielle, s'armant de courage :

— C'est vrai, dit-elle, je pars.

— Oh ! mais non, madame, interrompit Crillon. Il faut d'abord que vous m'écoutiez, j'ai aussi mon discours à faire.

Rosny était revenu vers l'appartement, curieux de surveiller cet orateur dont la verve et les saillies imprévues ne laissaient pas de lui causer quelque inquiétude.

— Mon cher monsieur, lui dit Crillon en le repoussant doucement dehors, le roi vous attend avec grande impatience ; vous lui manquez. Il veut que vous preniez le galop, s'il vous plaît. Pendant ce temps-là, je vais donner un nouvel assaut à madame.

Rosny hésitait encore.

— Ah ! mais vous n'avez donc pas de charité, lui dit-il ; le roi est là-bas qui vous attend et qui pleure.

Rosny, mâchonnant sa moustache, alla retrouver son cheval.

— Oui, continua Crillon en prenant les mains de la marquise, et la conduisant près de la fenêtre, oui, il pleure !... il se désole, cela fend le cœur, harnibieu, est-ce que vous souffrirez cela ?... Un roi de France avec des yeux rouges !

— Et moi ! ai-je les yeux secs ?

— Bah !... une femme... et pourquoi toute cette colère, tout cet esclandre, parce que le roi a été au bal masqué, parce qu'il vous a trompée. Mais madame, il vous a peut-être trompée déjà trente fois, et vous ne vous êtes pas fâchée pour cela... Bon! je dis de belles sottises, reprit-il en voyant s'assombrir encore le visage de Gabrielle. C'est de l'invention pure. Le roi ne vous a jamais trompée, pas même avant-hier. Il m'a raconté cela en détail. Cela ne vaut pas un froncement de sourcils! Harnibieu! quand votre fils sera grand, est-ce qu'il ne trompera pas les femmes, et vous en rirez. Riez donc!

Gabrielle balbutia quelques mots entrecoupés de soupirs. C'étaient les mêmes plaintes, les mêmes résolutions toujours empreintes de cette douce opiniâtreté qui distingue les bons cœurs, injustement froissés.

— Si c'est par amour propre que vous partez, dit Crillon, vous avez tort. Qu'a fait la pauvre roi? il vous a priée lui-même, il vous a fait prier; votre amour-propre est cent fois à couvert. Mais prenez-y garde, vous exagérez!... Quoi! ce cher sire a un enfant, un beau petit enfant tout frais baptisé. Il s'est déjà habitué à ses caresses, et voilà que vous lui ôteriez cet enfant, son petit compagnon!... Harnibieu! c'est dur, c'est mal! Ne faites pas cela, car je vous appellerais un méchant cœur.

— Cher monsieur Crillon, n'augmentez point ma peine. N'ébranlez pas ma résolution. Il ne me reste plus que mon enfant et Dieu...

— Et moi, donc! s'écria le brave chevalier attendri; çà! j'ai promis au roi que vous resteriez; et quand je devrais coucher en travers de la porte, vous ne sortirez pas.

Crillon parlait encore, qu'au bas de l'escalier retentit une voix haletante qui criait:

— Je veux parler à M. de Crillon.

— Au diable l'animal, grommela le chevalier dérangé dans sa péroraison.

— Dites que je suis un de ses gardes.

— Qu'est-ce que cela me fait, pensa Crillon.

— Que je m'appelle Pontis, et que je viens pour un très grand malheur.

— Il n'en fait jamais d'autres, ce coquin-là, dit Crillon à Gabrielle; mais son grand malheur attendra.

— Ajoutez, hurla la voix, que c'est de la part de M. Espérance.

Crillon bondit jusqu'à la rampe de l'escalier, se pencha en dehors et cria d'une voix de tonnerre.

— Monte, bélître!

— Espérance, murmura Gabrielle, dont un souvenir innocent et frais traversa l'esprit fatigué par tant de larmes.

Crillon et Pontis étaient déjà face à face.

— Monsieur, dit le dauphinois rouge, tremblant et suffoquant à chaque mot... où est Espérance?

— Pardieu, est-ce que je le sais?

— Comment, vous ne le savez pas? Mais, monsieur, hier au soir des archers sont venus chez lui.

— Des archers? pourquoi faire?

— Des archers, répéta Gabrielle en s'avançant.

— Oui, madame, des archers, au nom du roi.

— Eh bien, après? demanda Crillon.

— Après, ils ont emmené Espérance.

— Où? cria le chevalier.

— Puisque je vous le demande, monsieur!

— Mais, tu t'es informé, continua Crillon en secouant son garde qu'il tenait par le buffle.

— Pardieu!

— Aux gens, aux voisins, à Zamet?

— Il est voisin de Zamet, demanda Gabrielle.

— Oui, madame, rue de la Cerisaie.

— Rue de la Cerisaie, se dit la jeune femme, frappée d'une idée subite.

— Mais, reprit Crillon, pourquoi ces archers? que lui voulaient-ils? qu'a-t-il fait?

— Rien.

— Qui a-t-il vu, reçu?...

— Personne, qu'un homme enveloppé d'un manteau, qu'on l'a vu reconduire avant-hier du jardin dans la cour à neuf heures et demie du soir.

Gabrielle tressaillit.

— Au moment, continua Pontis, où je paradais dans son carrosse.

— Mais cet homme, quel est-il?

— Eh! le sait-on!

— Je crois que je le sais, interrompit Gabrielle saisie d'un tremblement nerveux... Cette maison qu'habitait M. Espérance, elle est belle?

— Oui.

— Neuve?

— Toute neuve.

— Une grande cour, un jardin qui communique...

— Avec ceux de Zamet. Eh bien?

— C'est là que M. Espérance a reconduit un homme avant-hier?

— Oui, madame.

— Eh bien, cet homme c'était le roi.

— Ah! je comprends! s'écria le chevalier, le roi sortait de chez Zamet par la brèche du mur.

— Et le roi, dit Gabrielle, s'est figuré que j'avais été avertie par le pauvre Espérance, et il s'en est vengé.

— Je ne comprends plus.

— Vous comprendrez plus tard.

Crillon allait répondre lorsqu'un valet se précipita dans la chambre de Gabrielle, en lui offrant un paquet de forme étrange et en lui disant à l'oreille :

— Tenez, madame, examinez vite ceci d'où dépend, dit-on, la vie du roi !

Gabrielle déchira à la hâte l'enveloppe qui recouvrait une figure modelée en plâtre; à la statue était attaché un billet qu'elle dévora en pâlissant.

— Ah ! monsieur de Crillon, dit-elle, vite, vite, courez au Louvre chez le roi !

— Que lui dirai-je ?

— Que je reste à Paris, que je ne le quitte plus, que je vais le trouver... Allez, allez, je vous suis !

— Le roi ne pleurera plus, et il me dira en même temps ce qu'est devenu Espérance, s'écria le chevalier en descendant l'escalier avec la célérité d'un jeune homme.

X.

Au Louvre, le 27 décembre 1594.

La salle du roi, au Louvre, était pleine de gens affairés, inquiets : gens d'épée, gens de robe, qui s'entretenaient, en arpentant la galerie, de cette disparition du roi et de sa tristesse depuis sa rupture avec Gabrielle.

Cet événement avait pris les proportions d'une catastrophe. Mille bruits circulaient qui annonçaient, les uns le départ de la marquise, les autres la consolation prochaine du roi. Tout à coup M. de Rosny traversa cette salle, pour entrer dans le cabinet de Sa Majesté.

Sa froide et impénétrable physionomie fut curieusement interrogée. Mais nul n'y put lire la vérité. Sully eût été fort embarrassé lui-même de dire ce qu'il pensait en ce moment.

Il ne croyait pas que Crillon pût réussir à retenir Gabrielle, mais il ne voulait pas non plus annoncer à Henri le refus définitif de sa maîtresse. Ainsi perplexe, il marchait lentement, pour se donner le temps de trouver une réponse mixte.

Mais le roi ne lui en laissa pas le loisir. A peine l'aperçut-il sous la tapisserie de son cabinet qu'il courut à lui, et de la voix, des yeux, de l'âme, il l'interrogea sur le résultat de son ambassade.

— Elle vous a refusé ! s'écria-t-il en voyant les traits compassés du ministre.

— Il faut que je l'avoue, sire, répliqua celui-ci.

Henri découragé laissa retomber ses bras.

— Ce coup m'est douloureux, murmura-t-il, et sera mortel. J'aimais tendrement cette ingrate... Que dis-je, ingrate ! C'est moi qui fus ingrat... Elle se venge de ma trahison... Elle fait bien.

— Tout cela, pensait Sully, ne va pas trop mal et l'explosion est raisonnable. Je n'en ai dit ni trop ni trop peu. Si la marquise persiste à partir, c'est annoncé. Si elle cédait à Crillon, je ne me suis pas avancé de manière à reculer honteusement. Mais pour éviter en ce cas le premier choc, éloignons le roi.

— Sire, dit-il alors, du courage. Votre Majesté ne restera pas en cette prostration.

— Non certes, s'écria Henri, et ma résolution est prise.

— Vraiment ? dit Rosny avec une certaine joie.

— Oui. Je vais de ce pas dire à la marquise tout ce que j'ai sur le cœur.

— Mais, sire, vous exposez la dignité royale à un échec. — Il était sans importance que je ne réussisse point, que M. de Crillon ne réussît pas...

— Oh ! mais j'ai réussi, s'écria le chevalier en faisant irruption dans le cabinet, sur les pas de l'huissier qui l'annonçait.

A la vue de Crillon, au bruit de ces douces paroles, le roi poussa une exclamation de joie et embrassa son heureux ambassadeur, tandis que Rosny se mordait les lèvres.

— Elle reste ? mon Crillon, elle reste ? demandait le bon roi dans un transport difficile à décrire.

— Elle fait plus, elle vient !

— Ah ! dit le roi éperdu de bonheur, allons à sa rencontre... Viens Crillon, venez Rosny.

— Sire, par grâce, de la modération, dit le huguenot retenant Henri par une main.

— Un moment, sire, dit le chevalier le retenant par l'autre. Mme de Monceaux sera au Louvre dans quelques minutes, et j'ai fait vos affaires en conscience, n'est-ce pas ?

— Oui, oui, mon Crillon.

— Faites-donc un peu les miennes.

— Que veux-tu ?

— Vous avez envoyé arrêter un jeune homme, rue de la Cerisaie ?

— Oui ; un drôle qui m'avait brouillé avec

Gabrielle; un traître à qui je m'étais confié pour sortir sans être vu de chez Zamet, et qui m'a dénoncé à la marquise.

— C'est impossible, dit Crillon.

— Comment?

— C'est plus qu'impossible, c'est faux ! Ce jeune homme est un garçon loyal, et non un traître.

— Tu le connais donc ?

— Harnibieu ! si je connais Espérance !

— Au fait, c'est vrai ; je me souviens, maintenant... le blessé des Génovéfains, ce beau blessé. Je savais bien que cette figure-là ne m'était pas inconnue. Eh bien ! mon Crillon, ton protégé m'a trahi ! et je lui avais serré la main ! Ah ! vois-tu, si j'eusse été comme lui un simple gentilhomme, je lui eusse fait avaler sa félonie à la pointe de mon épée ; mais je suis roi et j'ai dû me venger en roi !

— Votre Majesté, dit Crillon tout pâle de colère, trouve donc ma garantie mauvaise ?

— Ta garantie ?

— Je réponds que ce jeune homme ne vous a pas plus trahi que moi-même, et je somme ses accusateurs de me prouver en face...

— Tu seras satisfait, car c'est Gabrielle qui me l'a dit, et puisqu'elle vient, elle te le répétera.

— A-t-on vu pareille duplicité ! s'écria le chevalier. Tout-à-l'heure elle m'a dit à moi qu'il n'était pas coupable. En vérité, la cour est un repaire de fourbes et de méchans.

— La voilà ! interrompit le roi en soulevant de sa main la portière du cabinet pour voir plus tôt la marquise, qu'un murmure flatteur des courtisans accueillait à son entrée dans la galerie.

Gabrielle, dont l'émotion doublait la beauté, marchait rapidement, et sur son passage toutes les plumes balayaient la terre.

Le roi ne put se retenir plus longtemps. Il lui tendit la main, puis les bras, et l'attira dans le cabinet avec une physionomie où la joie éclatait par le rire et les larmes.

Sully, dont la retraite pouvait s'appeler discrétion, sortit en étouffant un soupir. Crillon laissa un moment le roi se repaître de la vue de son idole. Il laissa s'exhaler les tendres reproches de Henri, ses soupirs, ses protestations et ses promesses ; puis, prenant le bras de Gabrielle :

— Pendant que vous êtes heureux, dit-il, un innocent souffre par votre faute. Voyons, madame, il faut de la franchise : vous avez accusé Espérance ; persistez-vous ?

— Mon Dieu ! s'écria Gabrielle, j'oubliais ; oh ! c'est excusable, dans le trouble où je suis et avec tout ce que j'ai à dire au roi. Mais je vais me souvenir.

— Vous m'avez dit, reprit le roi, que vous aviez appris tout par ce jeune homme.

— Je vous ai dit, sire, tout ce qu'une femme peut dire quand on lui ment et qu'elle ment elle-même. Le fait est que j'étais instruite de votre sortie, avant votre sortie. La lettre est d'un homme que je ne connais pas. Le fait est que, pour vous épier, — je m'en accuse, — je m'étais cachée rue de la Cerisaie, et que c'est moi qui de mes yeux vous ai vu sortir. Enfin, je dois à la vérité de n'accuser que moi ; j'ai appris seulement aujourd'hui que M Espérance demeurait rue de la Cerisaie et que Votre Majesté lui avait parlé avant-hier au soir.

— Quand je vous disais, sire ! s'écria le chevalier en baisant la main de Gabrielle. Maintenant, qu'avez-vous fait de ce pauvre garçon, loyal, innocent et calomnié ?

— C'est honteux à dire, répliqua le roi avec embarras, je l'ai fait enfermer au Châtelet.

— Harnibieu !... dit Crillon... en prison !... comme un coquin !... mon brave Espérance !... Ah ! madame, il est capable d'en être tombé malade... d'en être mort !... en prison !... voilà ce que c'est ! les femmes mentent et cela retombe toujours sur quelqu'un.

— C'est un désespoir pour moi, répliqua Gabrielle.

— Mettons-le en liberté, dit le roi.

— Pardieu ! cela ne sera pas long, s'écria le chevalier, qui s'enfuit comme un trait, laissant les deux amans ensemble.

— Sire, n'avez-vous pas, comme moi, un remords, dit Gabrielle, dont Henri pressait passionnément les mains.

— Je n'ai dans l'âme que tendresse et joie, depuis que je vous ai revue. — Ah ! mon Dieu, interrompit le roi avec un soubresaut.

— Qu'y a-t-il? demanda-t-elle, effrayée.

— Il y a que ce fou de Crillon est parti sans ordre signé de moi et que le gouverneur du Châtelet ne lui rendra pas le prisonnier à lui seul, tout Crillon qu'il est.

— Ecrivez promptement cet ordre, sire, nous l'allons expédier par un page. Puis Votre Majesté voudra bien écouter ce que je venais lui dire.

Le roi se mit à écrire. Il tenait encore la plume quand Sully reparut, essayant du sourire à Gabrielle.

— Sire, dit-il, la galerie est pleine de

monde, et j'annonce à Votre Majesté une bonne nouvelle.

— C'est un effet du retour de l'ange gardien, dit galamment le roi, qui signait l'ordre d'élargissement que Gabrielle couvait des yeux. Mais de quelle nature, cette nouvelle ?

MM. de Ragny et de Montigny, gentilshommes picards, viennent faire leur soumission. C'est une économie de canons et de poudre. Ils attendent le moment d'embrasser les genoux de Votre Majesté.

— Des rebelles?... Mais, mon cher Rosny, j'ai là bien près de moi une rebelle qui vient de se soumettre aussi ; je lui dois bien quelques instans pour faire mes conditions.

— Le véritable soumis, je crois que c'est Votre Majesté, répondit gravement le ministre.

— Et par conséquent c'est moi qui ai des conditions à faire, interrompit non moins sérieusement Gabrielle. Oh, vous pouvez les entendre, M. de Rosny.

— Madame...

— La première, c'est que le roi ne quittera plus le Louvre... sans moi.

— Madame la marquise va devenir jalouse, dit Sully, et la jalousie exagère... même ses triomphes.

— Je ne suis jalouse que du salut du roi, Monsieur, et comme sa vie est menacée s'il sort du Louvre...

— Qui dit cela? fit en souriant un peu dédaigneusement le ministre.

— Ceci, répliqua Gabrielle en montrant la lettre qu'elle venait de recevoir chez elle.

— De qui ?

— Lisez la signature.

— Frère Robert... je ne connais pas...

— Oh ! mais je connais, moi, s'écria le roi, en s'emparant du billet, qu'il lut à haute voix :

« Ma chère fille, ne quittez point le roi, ne le laissez point sortir du Louvre, et ne laissez pas approcher de lui la figure que voici, au cas où vous la rencontreriez sur votre chemin. »

— Voici la figure, ajouta-t-elle, en tirant de dessous sa mante la statuette de plâtre peint avec une merveilleuse vérité.

— Ventre Saint-Gris ! s'écria le roi, frère Robert m'avait déjà fait voir cette figure...

— Armée d'un couteau, dit Sully. Mais c'est un épouvantail... une vraie invention de moine.

— Le moine qui a inventé cela, répliqua le roi pensif, n'est pas de ceux qu'on épouvante ou qui cherchent à semer la peur.

Rosny haussa imperceptiblement les épaules.

— Soit, dit-il. Sa Majesté ne sortira pas du Louvre ; et quant à la figure signalée, on veillera... Mais en attendant, madame, le roi a des affaires urgentes. Bien des gens réclament sa présence dans la galerie ; la galerie est dans le Louvre ; nous ne sortons pas de vos conditions en nous y rendant.

— J'y vais, interrompit le roi. Rosny, vous allez sceller ici même cet ordre que je viens d'écrire pour le gouverneur du Châtelet, et madame le prendra.

— Je l'attends, sire.

— Moi, je vais faire le tour de la galerie.

— Et vous revenez !

— Sur-le-champ.

— Vous me jurez que vous ne sortirez pas !

— Je suis trop intéressé à vous obéir, dit le roi en serrant la jeune femme sur son cœur, tandis que le ministre préparait flegmatiquement cire et cachet. Henri souleva la tapisserie.

L'huissier de service frappa du pied, selon la coutume, pour avertir le capitaine des gardes qui, à ce signal, cria dans la salle :

— Le roi, messieurs !

Henri parut, le sourire sur les lèvres, le front radieux, l'œil étincelant de bonheur comme en un jour de victoire.

Il s'avança vers les courtisans, dont le nombre avait grossi et qui l'entourèrent bientôt avec une respectueuse familiarité.

Gabrielle le suivait des yeux. Elle le vit se diriger vers le groupe des gentilshommes picards, dont Sully lui avait annoncé la soumission. L'un de ceux-ci adressa au roi une courte harangue, au nom de ses amis. Henri répliqua par quelques mots d'oubli et de clémence. La scène était touchante et intéressa Gabrielle, qui la contemplait de loin.

Sully venait, dans le cabinet, de sceller l'ordre et le tendit à la marquise, dont l'attention fut distraite un moment. Mais aussitôt qu'elle eut pris l'enveloppe, elle retourna à son observatoire. Les gentilshommes remerciaient le roi, le front courbé, le genou ployé. L'assemblée louait Henri de sa générosité par un murmure de reconnaissance.

Tout-à-coup, un cri partit du fond de la salle, au seuil de laquelle accourut un moine, les bras étendus, les habits en désordre.

— Prenez garde ! il est ici ! cria-t-il d'une voix lugubre qui fit gémir les voûtes.

— Frère Robert ! s'écria Gabrielle, dont

les yeux cherchèrent Henri. Mais le roi se baissait pour relever les supplians, et au-dessus de lui, sur sa tête même, brillait un couteau dans la main d'un jeune homme pâle.

Gabrielle poussa un cri déchirant. Elle venait de reconnaître dans l'assassin la figure annoncée par le Génoféváin. Jean Châtel s'était glissé dans le groupe, et, profitant de l'occasion, avait frappé.

Le coup adressé à la gorge du roi le rencontra plus haut, près de la bouche. Il se releva blessé, étourdi, au milieu de la foule pâle et muette d'horreur à la vue du sang qui inondait le visage du roi.

Gabrielle tomba inanimée sur le parquet. L'assassin, pendant ce tumulte, allait s'échapper. Frère Robert le saisit au cou, l'enleva d'un bras nerveux et le jeta aux gentilshommes et aux gardes, dont les épées étaient déjà tirées.

— Gardez-vous de le tuer, dit-il ; il faut qu'il parle !...

Cependant Sully, tremblant, livide, faisait emporter le roi dans son cabinet. L'assemblée se lamentait, c'était une confusion, une douleur, une rage inexprimables. Frère Robert pénétra dans le cabinet où Sully, dans son trouble, eût laissé entrer tout le monde.

Henri essayait de rassurer ses amis. Il demandait des nouvelles de la marquise, qu'on venait d'amener près de lui. Il souriait à la pauvre femme qui, revenue à elle, pleurait de voir couler le sang.

Derrière les portes on entendait bruire la foule émue. Frère Robert, gardien sombre et inflexible, avait fait fermer les portes par un cordon de gardes, et lavait la blessure du roi, et de ses doigts tremblans rapprochait les chairs tranchées.

— Oh ! la statue ! murmura Gabrielle, oh ! frère Robert.

— Je n'ai pu arriver à temps ! répondit le moine d'une voix sourde.

— Qu'est-ce que c'est que cette blessure ? demanda Henri, qui voyait que personne autour de lui n'osait adresser cette question.

— Légère, n'est-ce pas ? dit Sully les larmes aux yeux.

— Oui, dit le moine.

— Eh bien ! s'écria le ministre, il faut se hâter de l'aller annoncer partout !

En disant ces mots, il courut vers la porte. Frère Robert le saisit au passage et l'arrêta de sa main de fer.

— Vous êtes fou, mon frère ! demanda Rosny, peu habitué à se voir ainsi contrarié.

— Restez ! dit froidement le moine.

— Mais, sire, s'écria Rosny, entendez toutes les voix qui gémissent, la ville est dans le deuil, dans l'angoisse ; c'est faire courir un danger réel à l'État que de tarder une seconde à proclamer la bonne santé du roi. Mêlez-vous de vos prières et de vos compresses, et laissez-nous gouverner les affaires publiques.

— Je vous dis, répondit le moine, qu'il faut que ce bruit sinistre circule dans la ville : je vous dis qu'il y a danger pour l'État à faire croire que le roi n'est pas mourant. Je vous dis que la blessure est mortelle, que le couteau était empoisonné...

En parlant ainsi il serrait tendrement la main du roi et lui souriait ainsi qu'à Gabrielle, qui comprenaient bien tous deux le sens de la pression et du sourire.

— Mais cet homme est fou ! dit Rosny dans le paroxysme de la colère.

— Vous êtes plus fou que moi, vous qui criez si fort, repartit à demi-voix et précipitamment frère Robert. Quoi, vous êtes homme d'État et vous ne comprenez pas ce qui se passe ! Vous ne comprenez pas que Mme de Montpensier vient de jouer sa seconde partie, et que vous allez l'empêcher de jouer sa troisième et sa dernière ! Regardez le roi, il ne dit rien, il ferme les yeux, vous voyez bien qu'il est mort.

Cette sombre figure éclairée du feu du génie n'avait en ce moment rien d'humain : on eût dit l'un de ces sublimes prophètes dont la pensée et la parole illuminaient comme l'éclair et ébranlaient comme le tonnerre les multitudes béantes devant leurs sinistres révélations.

Sully regarda le roi, qui de son doigt posé sur sa lèvre ensanglantée lui commandait la soumission et le silence. — Après quoi il se laissa doucement aller dans les bras de Gabrielle.

Alors le moine entr'ouvrit les portes, que les serviteurs d'Henri refermèrent sur lui. Il entra dans la galerie, et toute la foule se porta à sa rencontre pour obtenir quelque nouvelle.

— Que dit-on ?... qu'y a-t-il ?... le roi !... le roi !... comment va le roi ?... demandèrent cent voix haletantes.

— Le roi est mort !... murmura le moine avec un accent de délire qui fit courir des frissons de terreur dans toute l'assemblée.

— Le roi est mort !... répéta la foule... avec des gémissemens et des larmes.

En même temps, les gardes faisaient sortir de la galerie la noblesse et le peuple ivres de désespoir.

On entendit courir sous le balcon, et s'étendre par les rues, comme un souffle lugubre, ce lamentable cri : Le roi est mort ! Et frère Robert, silencieusement voilé par son capuchon, sortit du Louvre, suivant avec avidité cette trace funèbre qui s'allongeait devant lui à chaque pas envahissant la ville immense!

XI.
Parade et riposte.

Nous avons laissé Marie Touchet et sa fille dans une situation difficile. Peut-être ne serait-il pas inutile de retourner vers elles pour voir comment leur industrie essaya d'en sortir.

D'abord elles ne virent aucune ressource. La Ramée les avait enfermées dans l'alternative infranchissable d'un silence qui les livrait à lui, ou d'une révélation qui les déshonorait sans retour et terminait à jamais les rêves d'ambition de la famille.

Sortir de ce cercle était la première condition. Mais ni la mère ni la fille, l'une avec la rage du désespoir, l'autre avec le flegme de sa vindicative réflexion, n'y put parvenir.

Elles virent qu'en effet la maison était gardée, que la fuite était impossible, que d'ailleurs eussent-elles fui, leur persécuteur les retrouverait tôt ou tard et que ce serait à recommencer.

D'un éclat, d'une révélation, qui eût averti le roi et appelé l'attention sur la conduite d'Henriette, elles n'en supportèrent pas l'idée un seul moment. Marie Touchet, au bout d'une heure de lutte et de tâtonnemens douloureux dans cet obscur labyrinthe avoua, humiliée, à sa fille qu'elle n'avait rien trouvé; que la position n'avait pas d'issue et que le seul moyen, non pas de parer les coups de l'agresseur mais de les amortir, c'était de tout avouer à MM. d'Entragues et d'Auvergne, lorsqu'ils reviendraient de chez Zamet et du Louvre.

Nouvelle source de désespoir pour Henriette. Mais dans les circonstances extrêmes la douleur extrême devient acceptable. Tout, dans les plus débiles organisations, s'élève alors à une puissance jusque-là inconnue. La fière Henriette courba la tête devant cette nécessité.

Et quand son père et son frère reparurent le sacrifice était résolu. Marie Touchet prit la parole, et dans les plus ingénieuses subtilités de son éloquence, avec les plus adroites circonlocutions de l'euphémisme, elle raconta aux deux gentilshommes stupéfaits la demande en mariage de La Ramée et les causes de cette hardiesse inouïe.

Pendant ce récit, qui fut sommaire, on le conçoit, et qui n'attribua que deux légèretés de jeune fille à Henriette, celle-ci, la tête ensevelie dans ses mains, sanglotait et essayait d'émouvoir les auditeurs par cette pantomime du suppliant que Cicéron recommande à l'orateur comme un des plus efficaces argumens d'un plaidoyer.

Tandis que Marie Touchet parlait du page huguenot et de l'inconnu de Normandie, M. d'Entragues, en deuil de ses illusions sur l'innocence de sa fille, arpentait la chambre en se rongeant les ongles avec colère. M. d'Auvergne, le sourcil froncé, regardait les boucles noires et brillantes des petits cheveux frisés qui paraient le col si blanc et si rond d'Henriette. Et il se disait qu'il avait là une petite sœur gaillardement lancée dans la carrière des aventures.

Marie Touchet finit son discours. Un silence plus cruel que la colère en couronna la péroraison. Henriette, qui comprit ce silence, redoubla de soupirs et de larmes, cachant de plus en plus son visage.

— Il résulte, dit enfin le comte d'Auvergne, que ce La Ramée veut profiter de la mauvaise position de mademoiselle.

— Oui, mon fils.

— Il sait donc tout, ce La Ramée? Vous avez donc confié ou laissé voir à ce drôle...

— Nous y avons été contraintes, dit solennellement Marie Touchet.

— Contraintes ! répéta le comte en haussant les épaules, comme si jamais on était contraint à faire une sottise.

Le mot était aussi peu filial que fraternel. Mais, dans les grandes occasions, qu'est-ce qu'un sentiment?

— Ce n'était pas une sottise, dit Marie Touchet, puisqu'il s'agissait d'une vengeance.

— C'est différent, reprit le comte. Eh bien, que fera-t-il, voyons, ce La Ramée?

— Je le crains déjà moins depuis que j'ai eu le courage de tout vous avouer, s'écria habilement Marie Touchet, car mon principal chagrin venait de l'ignorance où vous étiez sur ce qui concerne Henriette.

— J'eusse aimé mieux l'ignorer toujours, murmura le père Entragues d'une voix sombre.

— Eh ! monsieur, par grâce ! n'accablez pas une coupable qui se repent, lui répondit la mère avec un coup d'œil suppliant à son fils.

— C'est vrai, reprit le comte ; sortons d'embarras ces pauvres femmes. Vous craignez, n'est-ce pas, que, si vous refusez ce coquin, il n'aille tout dire au roi, et que le roi ne se dégoûte?

— Voilà tout.

— Eh ! alors le moyen est facile ! s'écria le père Entragues. Il faut faire prendre ce misérable, et on le tuera comme un chien, n'est-ce pas, monsieur ?

— Mon Dieu, je ne vois que cela, répondit M. d'Auvergne. Une fois mort, il ne dira rien au roi.

— Oh ! monsieur, murmura Marie Touchet, ce La Ramée est un homme bien adroit. Il s'est arrangé sans aucun doute de manière à ce que son secret surnage. Il aura déposé quelque écrit bien détaillé, bien appuyé de preuves, entre les mains d'un complice qui le viendra produire après sa disparition.

— Ah ! si vous craignez cela... dit M. d'Auvergne un peu découragé.

— Mais, hasarda le père, un papier n'est jamais fort quand un homme n'est plus là pour l'appuyer. Je persiste dans mon dire. Se débarrasser de La Ramée, c'est d'abord détruire un ennemi, — et surtout c'est détruire celui qui veut épouser mademoiselle. Ses complices, s'il en reste après lui, ne seront pas des épouseurs ; ils demanderont de l'argent, ou toute autre chose possible; on les satisfera, tandis que satisfaire La Ramée en lui donnant Henriette, c'est monstrueux.

— Soit : qu'on le tue, répliqua tranquillement M. d'Auvergne. Cela d'ailleurs arrange tout momentanément.

Marie Touchet prit un air encore plus désolé.

— Eh, messieurs, ce moyen même ne saurait être employé, dit-elle.

— Pourquoi? demandèrent les deux hommes.

— Parce que La Ramée le connaît bien, — il le connaît trop.

— Il sait que vous voulez le tuer ? vous le lui avez donc annoncé?

— J'avais oublié de vous dire, balbutia Marie Touchet, que dans les deux fatales circonstances dont j'ai eu à vous faire part, ce La Ramée nous avait prêté son bras...

Henriette s'affaissa de plus en plus.

— Quoi ! s'écria M. d'Auvergne, le page huguenot et le gentilhomme normand... tous deux...

Et son geste termina sa phrase.

— Oui, monsieur, dit modestement la mère.

— Mort de ma vie ! murmura le jeune homme en regardant avec admiration le tableau de famille qui s'offrait à sa vue, vous faites bien les choses, mesdames.

— Tout pour l'honneur, répliqua Marie Touchet avec emphase.

M. d'Entragues se retournait sur lui-même comme un serpent sur des charbons ardens.

— Je conçois, reprit le comte après une minute de réflexion, que ce La Ramée se défie. Il sait vos façons. Peste !... Ah ! mais vous allez avoir là un dangereux adversaire.

Marie Touchet leva les yeux au ciel.

— Si dangereux, poursuivit le comte se refroidissant à vue d'œil, que je ne vois pas bien clairement l'issue d'une pareille lutte.

— Bah ! s'écria M. d'Entragues, on a beau se défier de la mort, on a beau connaître ses ennemis, il faut toujours que l'on succombe.

— Ce n'est pas mon avis, monsieur d'Entragues, et je vous jure bien que si je me défiais de quelqu'un comme La Ramée doit se défier de ces dames, ce quelqu'un-là ne me tuerait pas.

— Que feriez-vous, je vous prie ?

— D'abord je ne viendrais pas chercher moi-même ma future épouse dans sa maison. Je la ferais venir, par un billet, à la chapelle où je dois l'épouser, et il faudrait bien qu'elle y vînt. En sorte que si l'on me tuait, du moins ne serait-ce qu'après le mariage. Et croyez-le bien, c'est ce que va faire La Ramée.

— Puisqu'il a dit qu'il viendrait, murmura Henriette.

— Bon ! il a dit cela, et il fera ce que je viens de vous dire.

— Mais Henriette n'ira pas à cette chapelle, s'écria M. d'Entragues, et il faudra que La Ramée arrive ici lui-même.

— Oh ! mais alors, c'est du bruit, du scandale, c'est un échange de lettres ou de messagers, c'est la divulgation du secret, et, ma foi, quant à moi, je ne me mêlerai pas dans ce chaos.

— Oh ! monsieur ! s'écrièrent les dames avec un profond désespoir, en tendant vers le comte des mains suppliantes comme les Ihetides d'Eschyle.

— Monsieur, vous ne nous abandonnerez point, dit M. d'Entragues avec humilité.

— Si, par la mordieu !... je vous abandonnerai parfaitement. Que dirait le roi en apprenant qu'il y a dans votre maison tous ces amours, tous ces assassinats, tous ces complots, et que chaque jour en allant le voir au Louvre, je lui porte un pareil bagage enveloppé dans mon manteau.

— Le roi ne saura rien, monsieur, dit Marie Touchet, si nous vous avons pour guide, pour appui. Oh, monsieur, ne réduisez pas à cette extrémité une jeune fille plus légère que coupable.

— Deux hommes tués et un troisième condamné à mort, quelle légèreté!

— Pour la famille, monsieur, pour vous-même, secourez-nous!

— Ah! pour moi, c'est différent. Oui, pour moi, je ne dis pas. Car je risque de me compromettre, et, à vrai dire, je ne vois que moi d'un peu intéressant dans toute cette affaire. Mais le moyen?...

— La Ramée viendra, dit Henriette, j'en répondrais. Il m'aime, et, fût-ce au prix de sa vie, il ne perdra pas une occasion de me voir. Et puis, il ne croit pas que nous osions jamais, madame et moi, vous instruire de la vérité. Il nous croit donc sans appuis, sans ressources.

— Vous l'êtes pardieu bien, mademoiselle ; car lui mort je ne saurais empêcher le secret d'aller au roi.

— Pourquoi le tuer? dit Henriette. Il m'aime, vous ai-je dit, et vous voyant uni à nous... Tenez, monsieur, daignerez-vous me permettre, à moi pauvre esprit indigne, de vous faire part d'une idée?

— Parlez! parlez!... Votre idée doit être bonne!... Sachez que je professe dès aujourd'hui la plus grande estime pour vos lumières!

— Voyons votre idée, mademoiselle, dit M. d'Entragues.

— J'oserais proposer, messieurs, qu'au lieu de menacer M. La Ramée quand il viendra, on le reçût poliment; qu'au lieu de le désespérer, on lui donnât de la confiance; qu'au lieu de le tuer, en un mot, on l'éloignât.

— C'est fort judicieux, dit aigrement Marie Touchet, mais comment l'éloigner? Est-ce un homme à se contenter de l'ombre?

— J'avais ouï dire, murmura Henriette que tout mariage fait par violence pouvait être annulé ; or, si jamais violence fut manifeste, c'est dans cette occasion.

— Mais, ma chère demoiselle, si vous êtes une fois mariée, dit le comte avec un rire cynique, il n'y aura plus à s'en dédire.

Henriette rougissant :

— Le mariage à la chapelle satisferait M. La Ramée, dit-elle.

— Bah! répondit le comte riant de plus en plus, ce n'est pas cela qu'il faut à votre homme. Du diable si je m'en contenterais, moi! Non, ce n'est pas tout cela qu'il faut faire.

— Ecoutons! dit M. d'Entragues avec empressement.

— Vous dites qu'il viendra vous chercher, reprit le jeune homme. Je l'admets. Ne paraissons ni M. d'Entragues ni moi. Soyez toutes les deux, seules ; ayez l'air de l'attendre et d'être préparées.

— Bien, murmurèrent les trois auditeurs.

— Je vais vous envoyer quatre de mes gardes qui happeront le drôle...

— Permettez que je vous interrompe, dit Marie Touchet. Il a, lui, des agens cachés autour de la maison, des espions qui guettent chacune de nos démarches. Ils verront entrer vos gardes et empêcheront La Ramée de paraître, ou, s'il vient, il y aura lutte, et une lutte, c'est du bruit, c'est une chance qui peut être défavorable.

— J'enverrai vingt, trente gardes, cinquante, s'il le faut, qui n'entreront qu'au moment où La Ramée sera monté ici, et contre lesquels il n'y aura pas de résistance possible. Laissez-moi achever. Il essaiera de faire du scandale, il révélera, il accusera. Nous verrons alors. Ce La Ramée est un protégé de Mme de Montpensier, disiez-vous, nous irons trouver Mme de Montpensier. On s'expliquera, mais on n'épousera pas.

— J'ai un moyen meilleur, dit Marie Touchet.

— Voyons.

— Les espions de La Ramée sont dans la rue. Ils ne sont que dans la rue. Faisons ouvrir dans le mur qui nous sépare du bâtiment voisin une brèche par où M. d'Auvergne fera entrer ses hommes. La Ramée est trop amoureux pour ne pas craindre la mort, ou pour ne pas se rattacher à la vie si on lui laisse quelque espoir de posséder Henriette. Les gardes de M. d'Auvergne occuperont notre maison par ce passage secret. Ils saisiront La Ramée lorsqu'il se présentera. Celui-ci se verra tout à coup en face de la mort, d'une mort stérile, et capitulera peut-être, ou tout au moins nous fera gagner du temps.

— Et puis, s'il faut qu'on le tue, dit M. d'Entragues, on le tuera ; car, je le répète, lui mort, toutes ses révélations perdront la moitié de leur valeur.

— Voilà qui est convenu, interrompit M. d'Auvergne ; j'enverrai les hommes nécessaires. Mais par où entreront-ils ?

— L'hôtel n'est séparé que par une maison de la petite rue de la Vannerie; les gardes entreront déguisés par cette maison dont M. d'Entragues fera prévenir les maîtres. La brèche de notre mur sera faite tantôt, dussions-nous l'ouvrir de nos mains.

— A merveille. Maintenant, sortons, M. d'Entragues et moi, le visage calme, la mine insouciante, et rendons-nous à nos affaires. Je ne dis pas que le moyen soit parfait et qu'il réussisse; mais enfin, dans la triste position où je vous vois, mieux vaut un à peu près que rien. Et ne dussiez-vous gagner à cela que d'être débarrassées de La Ramée, ce sera une consolation.

Les deux femmes se précipitèrent sur les mains du comte. Marie Touchet en serra une noblement; Henriette baisa l'autre avec reconnaissance.

Tel était le plan combiné dans la maison d'Entragues. Nous savons comment il fut annihilé par le plan combiné chez Mme de Montpensier.

Le soir se passa, les gardes furent introduits en vain. La Ramée ne parut pas. Toute la nuit se passa pour les deux femmes dans des angoisses mortelles.

M. d'Entragues acheva d'y perdre le peu de cheveux qui lui restaient. Non seulement La Ramée ne parut pas, mais on observa avec surprise que ses espions et agens disparurent du quartier. Cette désertion, ce silence qui eussent dû combler de joie ces misérables femmes, redoublèrent leurs appréhensions; dans tout, même dans le salut, elles voyaient un nouveau piége.

Après la nuit, qui les favorisait de son ombre épaisse, le jour revint. La matinée s'écoula encore sans nouvelles. Un billet de M. d'Auvergne reçut pour toute réponse — Rien!

Cette inexplicable absence de La Ramée inquiéta M. d'Entragues à tel point qu'il n'y put tenir, et s'en alla chez Mme de Montpensier pour s'informer de ce qui se passait.

Sur ces entrefaites eut lieu l'événement que nous avons raconté, au Louvre, et déjà se répandait par tout Paris l'horrible nouvelle lorsque M. d'Auvergne, presque pâle, égaré, accourut au logis de sa mère pour lui annoncer la mort du roi.

Qu'on juge de l'effet produit sur ces ambitions par le seul coup qu'elles n'eussent pas prévu. Le roi mort!... Tous les plans renversés, la fortune des Entragues évanouie. Désormais, qu'importait le passé d'Henriette, qu'importait la colère de La Ramée;

qu'était-il cet obscur, cet imperceptible atôme? A quoi bon tant de rage amassée, tant d'armes aiguisées? Le roi était mort.

M. d'Auvergne raconta comment, dans la galerie du Louvre, où toute la cour venait de voir rentrer la marquise de Monceaux, l'assassin avait frappé à deux pas de lui le malheureux prince qui venait de lui sourire. Il raconta le deuil, l'horreur, qui suivirent cette scène, et l'épouvantable désolation qui fit déserter le Louvre après qu'un moine inconnu, un Génovéfain qui avait donné les premiers soins au roi, fut venu annoncer que tout était fini et que le trône était vide.

La stupeur, la muette consternation des deux femmes, rien ne saurait l'exprimer. Elles passèrent de la surexcitation la plus violente à la prostration la plus inerte. On eût dit que chez elles le faisceau complet des nerfs qui sont la vie venait de se briser d'un seul coup.

Le comte, lui aussi, ne pouvait s'en remettre. Le roi l'avait protégé, élevé. Avec le roi, il perdait tout. Qui allait régner en France? Qui combattrait l'Espagnol, qui proclamerait ou repousserait la Ligue? Jamais nation ne s'était trouvée dans un si douloureux veuvage de tant d'espoir, de tant de prospérités, de tant de gloire promises par ce règne.

Le comte, pour rafraîchir son front brûlant, s'approcha de la fenêtre. Les cris lamentables montaient de la rue de la Coutellerie jusque dans les maisons; le peuple, disséminé comme les fourmis éperdues, pleurait, criait, se signait; déjà les boutiques commençaient à se fermer, on entendait le bruit des verrous et des barres à l'aide desquelles les plus prudens ou les plus peureux se barricadaient précipitamment.

Soudain, de grands coups retentirent à la porte de l'hôtel, un cavalier se précipita dans la cour, c'était M. d'Entragues qui revenait de chez Mme de Montpensier où on ne l'avait pas reçu, et qui, arrêté dix fois en route par le peuple parce qu'on le prenait pour un courrier, tant il se hâtait, aiguillonnait sa monture sous la double impression de la terreur et de la curiosité.

Les deux dames, le comte s'empressèrent autour de lui. Il parlait à peine, il était haletant, il tremblait.

— Eh bien! eh bien! lui dit-on, vous savez?...

— Oui, oui; mais vous, savez-vous?

— Quoi?

— Savez-vous qui va succéder au roi ?
— Non.
— Un prince de la maison de Valois, que Mme de Montpensier gardait caché, prêt à tout événement.
— Un Valois... mais lequel ?
— Un fils de Charles IX.
— Vous êtes le seul, mon fils, s'écria Marie Touchet en saisissant le bras du comte d'Auvergne.
— Non, madame, dit M. d'Entragues, pâle de rage ; non ! Je l'ai cru d'abord, mais on parle d'un fils légitime de Charles IX et de la reine Elisabeth.
— Légitime ?
— Oui, ce bruit court déjà dans toute la ville, et l'on assure que le nouveau prince va être montré au peuple et conduit en grande pompe par les Guise au parlement.

A ce moment un bruit confus, vibrant comme le fracas des houles marines avant l'orage, ébranla tout le quartier, du sol au faîte des maisons.

XII.

Où Crillon fut incrédule comme Thomas.

Ce bruit annonçait au peuple l'approche du nouveau maître que la Providence lui avait miraculeusement conservé.

Ce cortége parti on ne sait d'où, escorté par des ligueurs et des gentilshommes de la maison de Lorraine, recrutait chemin faisant un grand concours de peuple, et l'on n'eût su dire si tous ceux qui faisaient partie de l'escorte étaient des curieux ou des partisans. Les rumeurs de surprise dans la foule, l'immobilité absolue et le silence des gentilshommes qui s'avançaient, formaient un contraste bizarre avec la douleur bruyante et les mouvemens tumultueux de gens qui apprenaient pour la première fois la mort du roi.

Au milieu du cortége, à cheval, venait La Ramée, dont le visage, plus pâle que de coutume, rappelait d'une manière frappante celui de Charles IX. Ses partisans avaient eu soin de l'habiller de manière à rendre plus sensible encore cette ressemblance, et en dépit de la mode, ils promenaient devant le peuple le pourpoint long et serré comme une taille de guêpe, la fraise gauffrée et le toquet à plume du célèbre auteur de la Saint-Barthélemy.

Quelques émissaires, habilement répandus dans la foule, faisaient ressortir cette ressemblance du fils avec le père ; et, dans ces flots de populace superstitieuse où bouillonnait encore l'écume du fanatisme religieux, le nouveau prétendant récoltait déjà quelque faveur en sa qualité d'héritier d'un prince qui avait voulu extirper l'hérésie en France.

La Ramée avait pris sa route par la place de Grève pour traverser la rue de la Coutellerie, où demeurait la femme dont plus que jamais il eût voulu devenir le maître. L'ardeur de sa passion s'accroissait de l'ivresse d'un succès inespéré. On eût pu voir monter à son cerveau cette double flamme dont les reflets coloraient parfois son visage d'une teinte sinistre.

Il traversait, disons-nous, la place de Grève au milieu du concours immense de peuple qui se ruait là de toutes les extrémités de la ville, et ses yeux, brillant d'un feu contenu, dévoraient déjà la maison d'Henriette, qu'il cherchait de loin à son balcon.

Il la vit enfin ; elle aussi l'aperçut ; Marie Touchet, le père Entragues et le comte d'Auvergne reconnurent aussi ce sombre cavalier environné d'un respect étrange comme sa royauté. Leur stupeur, leurs bras levés au ciel, l'expression et le mouvement de toute ces physionomies qui contemplaient son triomphe, causèrent à La Ramée la plus poignante joie qu'il eût ressentie de sa vie. Cette surprise, cette exclamation des Entragues vengeaient toutes ses humiliations passées, effaçaient tous ses chagrins. Encore un instant, et il serait sous la fenêtre d'Henriette, et celle qui la veille le chassait fiancé obscur, allait le saluer illustre et roi.

Mais tandis que La Ramée s'engageait avec son escorte dans la rue de la Coutellerie par la petite rue Jean de l'Epine qui la précède, un grand mouvement s'opérait en sens inverse, c'est-à-dire à l'autre extrémité de la rue, à l'endroit où elle bifurque avec celle de la Vannerie. Là était une foule assez compacte, assez vacillante, et dont les hésitations formaient un engorgement, une sorte de remou tournant autour des premières maisons au lieu d'aller joindre le grand courant qui entraînait la multitude à la rencontre du triomphateur.

Au centre de ce groupe était un homme à cheval, gesticulant, se démenant, communiquant à ses auditeurs le feu qui éclatait dans ses regards et dans ses paroles. Cet homme c'était Crillon, Crillon, qui, du Louvre, avait couru au Châtelet pour délivrer Espérance, et qui, sans ordre du roi, n'ayant pas trouvé le gouverneur, occupé pour lors à l'Hôtel-de-Ville avec les architectes, allait chercher ce gouverneur et lui redemander son prisonnier.

Mais chemin faisant, le brave chevalier venait de voir courir les effarés qui criaient: Le roi est mort! Il avait vu la consternation rouler et grossir devant lui comme un tourbillon, et ces mots: Le roi est mort! l'avaient arrêté dans sa course en le frappant au cœur.

Çà et là fuyaient des gens pâles, les yeux pleins de larmes, d'autres couraient vers le Louvre, et pas un de tous ces gens ne doutait de la réalité. Jamais l'homme n'est incrédule à l'avertissement lugubre des plus grandes calamités. C'est en cela surtout que se révèle sa nature craintive et éphémère.

— Le roi est mort! se dit Crillon comme les autres en arrêtant son cheval à la rue des Arcis, mais c'est impossible... je quitte le roi; il était plein de vie et de santé: c'est impossible.

Le chevalier, en songeant ainsi du haut de sa selle, pareil à une statue, ne s'apercevait pas qu'il parlait haut, et qu'un groupe se fermait autour de lui, un groupe d'honnêtes bourgeois, saisis de respect et de compassion pour cette noble figure, pour ces cheveux gris et cette épaisse moustache du gentilhomme que tout Paris connaissait, admirait et adorait.

Il ne s'apercevait pas non plus, le digne guerrier, qu'en parlant seul, en réfléchissant à la possibilité de cet affreux malheur, il avait peu à peu laissé tomber ses bras, pencher sa tête, et que le vent venait d'enlever son chapeau.

Une femme tout en pleurs s'approcha du cheval immobile, qui flairait la terre durcie, elle appuya sa main sur l'arçon, et dit au chevalier :

— Hélas! M. de Crillon, ce n'est que trop vrai, notre bon roi est mort!

— Qui l'a dit? murmura Crillon encore engourdi par la stupeur.

— Tenez, voici mon mari et mon fils, qui sont au service de M. de Ragny.

Elle montrait deux hommes dont les yeux rougis annonçaient le désespoir.

— Ils ont vu le coup, mon bon monsieur.

— Je vous répète que je quitte le roi, il y a une demi-heure.

— Il y a un quart d'heure qu'un écolier scélérat a poignardé le roi dans son Louvre.

— J'étais avec mon maître au bout de la galerie, dit l'un des hommes; j'ai vu tomber Sa Majesté; on l'a emportée. Tenez, voici de son sang que j'ai recueilli sur le parquet.

Il montrait une large tache rouge sur son mouchoir.

— Du sang de ce bon roi! gémirent tous les assistans avec un redoublement de pleurs et de sanglots... Qu'allons-nous devenir!

Crillon poussa un soupir si douloureux qu'on eût dit que son âme allait s'échapper avec. Puis brisé, anéanti, il pâlit et deux grosses larmes roulèrent de ses yeux sur ses joues mâles.

— Ah! pauvre sire! murmura-t-il, pauvre cher ami! il faut que je le voie encore.

En parlant ainsi, le chevalier tournait son cheval pour regagner le Louvre.

— Et l'on pense déjà, dit un des bourgeois, à lui donner un successeur.

— Comme si c'était possible! ajouta un autre.

Crillon fit volte-face à ces mots.

— Quel successeur? demanda-t-il.

— Vous entendez ces cris, monseigneur? dit une femme.

— Oui, certes.

— Eh bien, ils annoncent l'arrivée du nouveau roi qui se rend au parlement.

— Quel roi?

— Le fils de Charles IX.

— Ah çà, braves gens, que me dites-vous là? s'écria le chevalier se remettant peu à peu. Quoi! l'on nomme roi M. le comte d'Auvergne?

— Oh! non, monseigneur; celui-là est un bâtard, tandis que l'autre est le vrai fils de la reine Elisabeth, conservé par Mme la duchesse de Montpensier.

— Oh! oh! mes enfans, vous battez la campagne, dit Crillon; et votre fils de Charles IX ainsi conservé commence à me faire douter de la mort de notre roi.

— Voyez au bout de la rue, on l'annonce, il vient; regardez tout le monde qui se précipite!

— Ah! je suis curieux de voir cela, et, pour mieux voir, je vais à lui.

En disant ces mots, Crillon poussa son cheval dans la rue de la Coutellerie, qu'envahissait la tête du cortège à son autre extrémité.

Crillon ne pouvait encore rien voir, mais déjà il avait conçu des doutes: son cœur, solide comme celui du lion, s'était retrempé; sa tête fière se redressait.

— Mes amis, disait-il à ceux qui marchaient autour de son cheval, on dit que le roi est mort, mais moi je n'en sais rien. On m'a montré de son sang; mais si vous saviez tout ce que j'en ai versé, moi, de sang riche et vermeil, et pourtant je ne suis pas mort, comme vous pouvez voir. Harnibieu! quelque chose me dit que si le roi, mon bon ami, avait cessé de vivre, son âme avant de partir m'en aurait donné la nouvelle. Nous nous aimions trop pour qu'il ne me dît pas adieu! Harnibieu! mes enfans, le roi ne peut pas être mort.

Ce discours, vigoureusement coupé de gestes hardis, de vaillans regards, d'attendrissemens que comprenait la foule idolâtre du héros, avait amassé autour de Crillon une troupe déjà réconfortée par ses paroles.

— Non, disait le chevalier, tant que je n'aurai pas vu mort celui que tout à l'heure j'ai tenu vivant dans mes bras, tant que je n'aurai pas vu ses yeux éteints, sa bouche muette, je dirai le roi est vivant, mes amis, et je ne connais pas d'autre roi que lui. Allons un peu regarder l'autre en face.

— Suivons Crillon! vive Crillon! répétait la foule, qui portait l'homme et le cheval dans la rue étroite, et s'avançait lentement à l'encontre de la troupe du prétendant caché alors par le coude que faisait la rue à cet endroit.

Mais après le détour de cette courbe les deux partis se trouvèrent face à face. Les yeux enflammés de Crillon cherchèrent et découvrirent sur-le-champ le triomphateur, au centre de son groupe, qui essayait déjà à crier : Vive le roi fils de Charles IX!

— Harnibieu! s'écria d'une voix tonnante le chevalier, en se dressant sur ses étriers, qui est-ce qui crie vive un autre roi que le roi Henri IV, le vôtre et le mien?

Cet éclat, cette apparition, cette formidable catastrophe étouffa tout murmure. On vit La Ramée blêmir au son de cette voix, comme le chacal tremble au rugissement du lion. Mais il était sous le balcon d'Henriette; elle le voyait; il eût bravé le ciel et l'enfer.

— Je suis le fils du roi Charles IX, dit-il de sa voix stridente et hautaine..... Je suis roi, puisque le roi est mort.

La foule, qui le suivait, applaudit à ses paroles.

— Oh!... s'écria le chevalier d'un accent d'ironie insultante, c'est là votre roi à vous autres? Mais je le connais. Ah! voilà le champion de la Ligue! Eh bien! il est galant!... Et vous suivez ce drôle, tas de belîtres que vous êtes, et vous donnez du vive le roi à ce larron!... Attends, attends, Crillon est tout seul, mais il va te montrer comment on défait les rois de ta trempe!... Çà, vous autres qui m'entourez, suivez-moi au nom de notre maître. Quant à vous, traîtres ou idiots, qui entourez le vôtre, haut la main, et qu'on vous voie!... Aux épées!... harnibieu! et vive le vrai roi!

A ces mots, dont rien ne saurait rendre l'irrésistible élan, la dévorante énergie, Crillon fit jaillir du fourreau son épée, et voulut prendre du champ pour lancer son cheval. Mais la rue était tellement gorgée de peuple, que le cheval ne pouvait avancer.

On vit les femmes, les enfans fuir et se cacher dans les allées, sous les portes. La Ramée mit bravement l'épée à la main. Mais une troupe de ses partisans, qui s'étaient concertés depuis l'arrivée de Crillon, l'entraîna, l'enleva de cheval et lui fit rebrousser chemin pour sauver ses jours ou pour ne pas compromettre sa dignité nouvelle par un conflit qui pouvait ne rien amener de bon.

En effet, autour de Crillon, nombre de bourgeois reprenant courage s'étaient armés à la hâte. Les bâtons ferrés, les hallebardes, les mousquets commençaient à briller dans la rue. Un combat était imminent.

— Mais, monseigneur, disait-on au chevalier, si le roi est vraiment mort, il lui faut bien un successeur.

— Harnibieu! je ne veux pas que ce soit celui-là. D'ailleurs, voyez comme ses partisans déménagent, voyez comme ils disparaissent! Son armée a déjà fondu. Et lui, où est-il? où le mène-t-on? se cacher dans quelque cave! Ah! malheur! faut-il que cette rue soit ainsi encombrée! Oui, le lâche, il s'abrite derrière des murailles... Il s'est sauvé dans une maison... Et je ne puis courir le reprendre.

En effet, après s'être un moment consultés, les Entragues avaient conclu que le roi était bien mort, puisque M. d'Auvergne l'avait vu assassiner, que La Ramée n'était plus un homme à tuer ou à laisser tuer par cet écervelé de Crillon, et qu'en bonne politique il fallait lui ménager une retraite. Telle avait été l'inspiration de Marie Touchet, appuyée par le père Entragues et par M. d'Auvergne lui-même, lesquels, à la vue de Crillon, s'étaient hâtés de quitter le balcon pour n'être point remarqués et compromis.

Il résulta de la délibération, que M. d'Entragues envoya prévenir les partisans de La Ramée qu'on lui offrait un asile dans une maison voisine. L'offre, on le conçoit, fut acceptée d'autant plus volontiers, que dans la maison, La Ramée savait trouver Mme d'Entragues et Henriette.

C'est ainsi que l'héritier de Charles IX disparut aux yeux de Crillon, lequel, plus animé que jamais, lança toute sa troupe au siége de cette maison maudite.

Cependant La Ramée, une fois dans l'hôtel d'Entragues, avait pu entendre les portes résonner sous l'effort des assiégeans. Guidé par ses amis, il arriva sans s'en douter au fond des cours, à vingt pas tout au plus de la brèche faite la veille dans le mur pour donner accès aux soldats chargés de le prendre ou même de le tuer.

La fortune tant de fois capricieuse à son égard lui offrait aujourd'hui pour moyen de salut ce qu'hier elle lui préparait comme chance infaillible de ruine et de mort.

Mais La Ramée voulait expliquer à Henriette et son absence de la veille et sa nouvelle position. Il n'en trouva pas le temps, pressé qu'il était par les gentilshommes commis à sa garde.

Ceux-ci lui représentaient l'instabilité du souffle populaire, le danger de séjourner dans une maison que dix minutes suffisaient à prendre d'assaut. Les gens de l'hôtel lui expliquaient qu'en restant, il perdait sans retour les maîtres de la maison, qui lui avaient donné asile.

— Crillon ne ménage rien, disait-on, et la foule qui seconde son aveugle colère saccagera, pillera et tuera tout ce qui va lui tomber sous la main.

La Ramée appelait opiniâtrement Mll d'Entragues ; rien ne le détournait de cette idée, ni le craquement des gonds qui cédaient peu à peu aux coups des assaillans, ni les cris du chevalier, dont la terrible voix dominait le tumulte de mille voix. Il voulait, disait-il, rester ou mourir jusqu'à ce qu'il eût vu Henriette.

Celle-ci apparut enfin, pâle et tremblante, entraîna par la main le jeune homme incertain, le conduisit à la brèche cachée par une tapisserie, sous l'escalier, l'y poussa, secondée par un nouvel effort de ses partisans.

— Là-bas, dit-elle, est un jardin, puis une cour, puis la rue de la Vannerie. Allez !... allez, et n'oubliez pas que vous êtes sauvé par celle que vous vouliez perdre !

— Bien, répliqua-t-il, bien ! je paierai ce service, je le paierai d'une couronne. Le passage que vous m'ouvrez, Henriette, je l'accepte comme le plus court chemin pour me rendre au Parlement. Là m'attendent mes amis, mes sujets. C'est là qu'il faut arriver, dussé-je franchir à pieds joints tous les obstacles, même la honte.

— Une couronne ! pensa la jeune fille illuminée par ce mot prestigieux. La devineresse me l'a prédite. Pourquoi ne me viendrait-elle pas aussi bien de La Ramée que de celui qui est mort?

— Adieu, prince, s'écria-t-elle, au revoir !

— Merci, murmura-t-il radieux en lui serrant les mains.

Il mit dans cette pression d'une main perfide tout le feu de son âme à jamais désarmée par ce qu'il croyait être une preuve d'amour. Le malheureux ! Il valait mieux que sa complice, puisqu'il la croyait meilleure que lui !

Cependant, après l'évasion de La Ramée, les Entragues, embarrassés, avaient à se justifier près de Crillon. Le père Entragues parut à une fenêtre basse aux treillis de fer, et appela près des barreaux le chevalier, qui accourut.

— Ah ! mordieu ! s'écria celui-ci en voyant M. d'Entragues ; j'eusse dû m'en douter. Il y a trahison, puisque vous êtes ici.

— Monsieur, dit le rusé gentilhomme, ne perdez pas de temps à nous calomnier, nous avons été envahis chez nous, malgré nous ; une troupe de ces partisans du prétendant a forcé nos portes et escaladé nos murs, ils ont pratiqué un trou dans la muraille pour faire fuir leur maître, hâtez-vous, hâtez-vous, sinon nous sommes perdus.

Tout à coup, une clameur auprès de laquelle tous les bruits de la matinée n'étaient que des bourdonnemens, s'engouffra dans la rue du côté de la place de Grève, Crillon, dans la crainte d'une attaque dirigée en queue sur sa troupe, dont il était tout au plus sûr, se retourna pour faire face aux nouveaux flots de peuple qu'il voyait s'amonceler dans les environs.

— Vive le roi ! hurlait la foule avec des trépignemens et des élans indéfinissables.

On vit alors déboucher de la place de Grève un carrosse dont les rideaux et mantelets levés laissaient tout l'intérieur à découvert.

Quatre chevaux traînaient d'un pas pesant la lourde machine entourée de gardes françaises, de gardes suisses, et d'une foule éblouissante de pages, de gentilshommes et d'officiers.

Au fond du carrosse, vêtu de noir, le cordon bleu au col, la tête nue, les joues pâles, était assis Henri IV, souriant malgré sa lèvre fendue, que les chirurgiens avaient recousue et pansée. Il tendait ses mains au peuple, qui, de chaque côté du carrosse, se ruait entre les pieds des chevaux, entre les mousquets des gardes, et bénissait Dieu du bonheur inespéré qui lui rendait son roi.

L'air ébranlé par les applaudissemens et les cris d'allégresse alla porter cette nouvelle à Crillon, qui tout frissonnant d'orgueil et de joie s'alla jeter avec la foule à la rencontre d'Henri IV.

— Quand je vous disais, s'écria-t-il, en s'adressant aux bourgeois qui lui avaient prêté mainforte. Vous voyez bien que le voilà et qu'il n'est pas mort!

Ce spectacle tout imposant, tout merveilleux qu'il fut n'approchait pas cependant de celui qu'un observateur intelligent eût trouvé sur le balcon des Entragues.

A la vue du roi ressuscité, du vrai propriétaire de la couronne, Marie Touchet et son mari faillirent s'évanouir de peur. Le comte d'Auvergne s'élança par les degrés pour aller complimenter Henri. Henriette poussa un grand cri qui attira l'attention de tous, et tomba sans connaissance aux bras de son père, dans une attitude des plus scéniques.

— Ma fille en mourra de joie, s'écria le père... Mais vive le roi! vive le roi!...

Henri, en passant, ne perdit pas un seul détail de cette scène et salua gracieusement le balcon, malgré les mouvemens de colère et les haussemens d'épaule de Crillon, à qui ses gardes venaient de faire place dans le cortége.

XIII.

Où le roi s'endort, où Gabrielle se souvient.

Lorsque le roi rentra au Louvre après cette promenade qui avait rassuré toute la ville et confondu ses ennemis, Sully l'attendait avec les principaux de son conseil, et l'on vit arriver bientôt le Génovéfain qui, lui aussi, avait fait sa promenade et se tenait modestement à l'écart, derrière les plis épais de la tapisserie.

Le roi, un peu souffrant, envoya de sa main au moine un baiser en forme de bonjour gascon, silencieux salut qu'eux seuls comprirent. C'était le paiement mystérieux de cet immense service si mystérieusement rendu par l'ami invisible.

Sully, triomphant et nageant dans la joie, vint à la rencontre de son maître, l'aida dans sa marche un peu lente, en même temps que Gabrielle, accourue aux premiers bruits du retour d'Henri, présentait son front et son bras, une caresse et un appui.

Crillon ne tarda pas à se joindre au groupe, et son bon sens accoutumé lui fit dire à Sully :

— Je pense qu'il y aura quelque chose à faire pour nous.

— Oui, mes amis, interrompit le roi; mais, vous le voyez, je parle si difficilement, et les médecins m'ordonnent si impérieusement le silence, que, ce qu'il y aurait à faire vous allez être forcés de le deviner.

— Nous devinerons! s'écria Sully. Applaudissons-nous d'abord du succès de cette sortie que j'avais conseillée au roi.

Henri, regardant son ami le moine, qui souriait de loin sans répondre,

— Applaudissez-vous d'abord, dit-il, du conseil que le père génovéfain m'a donné de faire le mort. Sans cette heureuse inspiration, le complot du faux Valois n'eût pas éclaté.

— C'est vrai, harnibieu! s'écria le chevalier. Mais où est-il, ce brave Génovéfain? est-ce qu'on ne le remerciera pas un peu? J'ai des amis, moi, aux Génovéfains de Bezons.

Henri indiqua du doigt le capuchon sauvage qui, plus que jamais, cherchait l'ombre. Mais Crillon l'y poursuivit, et, transporté de joie,

— C'est mon brave compère de la Porte-Neuve! c'est mon frère Robert! s'écria-t-il. Oh! nous sommes en bonnes mains; et s'il prête au roi un peu de son élixir pour les blessures, le roi parlera beaucoup demain, et trop après-demain. Ça, Messieurs, remercions frère Robert; n'est-ce pas, M. de Sully?

— Ne me remerciez pas tant, murmura le moine; car, moi, je ne me sens pas de force à vous faire des complimens.

— Qu'y a-t-il? bégaya le roi, à qui Gabrielle posait sa douce main devant la bouche.

— Notre frère génovéfain n'est pas encore content, dit Sully avec une légère nuance d'aigreur; nous avons cependant suivi ses conseils, ses ordres. C'est un moine qui aujourd'hui a gouverné le royaume de France. Aujourd'hui, Henri IV s'est presque appelé Henri III.

— On avait quelque esprit sous Henri III, répliqua frère Robert avec une froide gravité, et lorsque le roi se laissait conseiller de bonnes choses par les moines, au moins trouvait-il des serviteurs qui exécutaient l'ordre qu'ils avaient reçu et l'exécutaient avec intelligence.

— Qu'est-ce à dire? demanda le ministre

avec émotion, car l'allusion lui semblait trop directe pour qu'il n'y répondît pas.

— Je veux dire, répondit le moine en attachant sur Rosny son regard ferme et lumineux, que S. M. avait ordonné qu'on écoutât mes avis et qu'on exécutât mes ordres; cependant on y a manqué.

— Oh! oh! messire génovéfain, vous êtes amer! Voyez comme l'autorité est enivrante, elle vous a monté tout de suite à la tête; qu'ai-je négligé, s'il vous plaît de ce que vous aviez prescrit? Vous avez voulu qu'on épargnât ce misérable écolier — ce petit Châtel — il est en bonnes mains au For-l'Evêque. Vous avez voulu que le roi passât pour mort,—on l'a cru mort,—qu'il sortît et se montrât — il est sorti — que vous faut-il de plus?

— Je voulais, répliqua frère Robert, que la mine creusée par les ennemis du roi se découvrît tout à fait et que ces ennemis fussent convaincus.

— Ne le sont-ils pas? N'est-il pas acquis que le traître imposteur La Ramée, soi-disant Valois, a conspiré contre l'Etat?

— Où est-il?

— On le cherche.

— Où sont ses complices et instigateurs?

— Patience, messire Génovéfain, messieurs du parlement feront leurs enquêtes, et on vous répondra.

— Eh! monsieur, si vous eussiez fait ce que je disais au roi, l'enquête serait finie. Si vous eussiez fait envahir l'hôtel de Mme de Montpensier...

— Il était vide.

— Oui, quand vous vous êtes décidé à y envoyer vos gentilshommes gantés et confits en politesses. Ils ont frappé, n'est-ce pas, montré dents blanches et patte de velours aux portiers. On leur a dit que madame n'était pas revenue de ses terres.

— Précisément.

— Il fallait envoyer-là M. de Crillon avec cent gardes comme je lui en connais quelques-uns. Il fallait enfermer tout le quartier dans un réseau d'épées et de mousquets; entrer par les fenêtres, enfoncer les portes, se jeter dans chaque cave par le soupirail; et alors, monsieur, vous eussiez trouvé la dame au fond de quelque alcôve avec ses papiers, ses grimoires et ses acolytes; vous lui eussiez demandé ce qu'elle faisait-là, cachée, avec des jésuites. Au lieu de cela, tandis que vous grattiez à ses portes comme on fait pour les reines, elle s'est sauvée par des issues secrètes; elle se moque de vous; elle vous défie de la convaincre, et, tout à l'heure, vous la verrez arriver de province avec des officiers poudreux, un glaçon à chaque poil de la moustache, car elle a des moustaches, la noble dame, et quand vous l'accuserez, elle vous dira que vous la prenez pour une autre. Voilà ce qui ne fût pas arrivé sous le roi Henri III, monsieur; et j'en appelle au souvenir de M. de Crillon, qui a eu l'honneur de servir ce prince.

— Harnibieu! murmura le chevalier, tout ce que vient de dire ce révérend frère est d'une vérité flamboyante. Nous avons fait une sottise, monsieur de Rosny! et voilà le roi qui ne peut pas parler, c'est vrai, mais qui rit sous cape — allons, allons, c'est une balourdise.

— Eh! monsieur, répliqua Rosny, je n'accepte pas votre expression, j'attendrai pour me condamner moi-même...

— Vous n'attendrez pas longtemps, murmura le moine en rabattant son capuchon jusque sur sa barbe. Et, en effet, il avait à peine achevé ces mots, que le capitaine de service accourut empressé, pour annoncer au roi que Mme la duchesse arrivait, et désirait offrir ses complimens à Sa Majesté.

Rosny rougit, Crillon frappa dans ses mains, le moine ne bougea pas.

— Ah! mon cher Rosny! dit le roi bas au ministre, en lui montrant frère Robert. C'est qu'il la connaît bien, allez. Qu'on fasse entrer la duchesse! Reste ici, Crillon!

Le moine s'inclina aussitôt devant le roi et se retira par une porte latérale. Gabrielle le suivit.

— Voilà une impudente princesse, grommela Crillon, et je ne suis pas fâché de voir comment elle expliquera son Valois devant un Bourbon.

— Oh! elle l'expliquera, répliqua Henri. Mais ce n'est pas moi qui parlerai. J'ai la lèvre heureusement fendue. Rosny, vous qui êtes un Démosthène, vous parlerez!...

— Je vais prendre ma revanche, se dit Rosny, en s'assurant de la flexibilité de sa voix.

On annonça Mme de Montpensier.

Frère Robert ne s'était pas trompé. La dame était couverte de cette poussière fine que soulève la grande gelée sur les routes. Les glaçons promis avaient dû fondre au feu de ses yeux ardens. Quand elle traversa rapidement la longue galerie, en essayant de donner l'équilibre à ses deux jambes inégales, on vit les plus braves gentilshommes s'écarter du tourbillon de ses jupes traînantes comme d'une atmosphère chargée de peste. Mais elle, insensible à ce mépris mêlé de crainte, poursuivit sa route, faisant baisser les yeux aux plus hardis. Le roi lui-même fut embarrassé de sa contenance même quand les portières de son cabinet se furent refermées derrière la duchesse.

— Eh quoi! sire, s'écria de loin la duchesse, c'était donc vrai!... Votre Majesté a donc couru un grand danger!

Henri montra le taffetas noir qui fermait sa plaie.

— Ne parlez pas, ne parlez pas! se hâta-t-elle de dire; oh! l'horrible assassinat!

— Montrez le couteau, murmura tout bas le roi à ses serviteurs.

Sully s'en saisit, et s'approchant de la duchesse, le couteau de Châtel à la main:

— Voici le couteau, dit-il.

— Comme il ressemble à celui de Jacques Clément! dit froidement Crillon, dont le regard fier et provocateur parlait plus clairement encore que sa voix.

La duchesse voulut aussi braver ce regard, mais ce fut en vain; elle abaissa les yeux sur la calme et railleuse figure du roi.

— C'est moi, madame, dit alors Rosny, qui aurai l'honneur de vous entretenir, au nom de Sa Majesté à qui les médecins ordonnent le silence, et d'abord, si vous ne fussiez venue, j'allais vous mander de la part du roi.

Henri fit un signe; on apporta un tabouret à la duchesse, que ces derniers mots ne semblaient pas avoir effrayée.

— J'en suis honorée, monsieur, dit-elle, mais je vous demanderai d'abord des détails sur l'événement.

— N'en savez-vous pas?

— En route.... oui.... j'ai recueilli quelques paroles çà et là; mais des bruits.

— Vous connaissez l'assassin, madame?

— Moi, monsieur?

— Sans doute, puisqu'il a été votre familier pendant six mois.

La duchesse contracta ses sourcils et ses lèvres.

— Vous faites allusion, je pense, aux étoffes que m'a vendues le petit Châtel.

— Tous les jours?

— Mais, monsieur, on dirait que vous m'interrogez?

— Parfaitement, madame, et je pense que c'est aussi l'avis du roi.

La duchesse regarda Henri en pâlissant. Celui-ci faisant un effort:

— Il le faut, ma cousine, murmura-t-il, pour que vous nous aidiez à dénouer chaque fil du complot.

— Ah! s'écria la duchesse, s'il en est ainsi, je suis prête à subir tous les interrogatoires possibles. Nous en étions au petit Châtel?

— Qui ne vous quitta pas durant six mois, reprit Rosny.

— Mais que j'ai renvoyé il y a un an.

— Pour le placer aux Jésuites?

— Je crois que oui. Ai-je mal fait?

— Peut-être, madame, car on prétend que déjà Châtel avoue beaucoup de choses qui compromettent...

— Qui donc?

— Les jésuites, répliqua Rosny tranquillement. Mais nous ferions mieux de laisser un moment ce Châtel, qu'on saura bien faire parler assez pour nous éclairer, et de parler un peu du conspirateur son complice.

— Il a un complice?

— Ce prétendu Valois.

— La Ramée, n'est-ce pas, monsieur?

— Vous savez déjà?

— Oui, l'on m'a conté cette bizarrerie.

— Harnibieu! vous appelez cela une bizarrerie, madame la duchesse, s'écria le chevalier; une bizarrerie qui fera brûler l'un et rouer l'autre, sans compter qu'il pourrait y avoir un certain nombre de décapités.

— Monsieur de Crillon, dit sèchement la duchesse en soutenant cette fois le regard de son loyal ennemi, je suis venue ici pour parler au roi. — A défaut de Sa Majesté, je parle à M. de Rosny,—mais je ne vous parle pas, et vous prie de ne m'y pas contraindre.

— Oh! oh! répondit Crillon avec une ironie dédaigneuse, quand j'adressais la parole à votre frère de Guise, il n'était pas toujours aimable, mais il savait être toujours poli. Mais, par la mordieu! puisque vous n'en voulez pas, moi je n'y tiens guère et ne recommencerai plus. Je me tais, seulement, j'écoute.

Henri appela le chevalier près de lui d'un petit signe, et pour le calmer s'appuya sur son épaule.

— Le roi, dit vivement la duchesse, est fatigué de ce verbiage, sans doute, et nos discussions...

— L'éclairent! reprit Sully, en la retenant doucement sur son siège. Nous disions, s'il vous plaît, que vous avez ouï parler du crime de cet imposteur.

— On m'a tout conté. Oui, monsieur.

— La Ramée, aussi était au nombre de vos serviteurs?

— Je le nierais vainement.

— C'est un malheur étrange, madame, et là, réellement, je remarque une bizarrerie: voilà deux hommes accusés, l'un d'avoir assassiné le roi... il fut à vous six mois ; l'autre, de vouloir détrôner S. M., il était des vôtres encore hier.

— N'est-ce pas, ma cousine, que c'est singulier, murmura le roi.

— C'est douloureux, sire !

— Vous devez en être au supplice.

— J'en tomberai malade.

— Eh ! eh ! moi, j'en ai failli mourir, dit Henri, incapable de résister au plaisir de lancer une gasconnade.

— Sire !... silence ! cria le chevalier du ton d'un huissier de la Tournelle.

— Eh bien ! madame, reprit Sully, dans le procès qui va résulter de ces événemens, il sera impossible que vous ne figuriez pas.

— Monsieur !... interrompit la fière Lorraine.

— Comme témoin, madame. Ainsi ne direz-vous pas d'avance à Sa Majesté ce que vous savez ?

— Mais je suis prête.

— Et d'abord, ce prétendu Valois, qui l'a inventé ?

— Mais il s'est inventé seul, je suppose. D'ailleurs, vos juges le lui demanderont.

— Harnibieu ! s'écria le chevalier, elle sait bien que.... mais pardon, sire, je me tais.

— M. de Crillon voulait dire, madame, que cet imposteur a échappé.

— Ah ! dit-elle froidement, mais vous le rattraperez sans doute ?

— On fera tout pour cela. Quel peut être son plan ? De se jeter dans les provinces, où, trouvant plus d'ignorance, de besoins, de crédulité, il exploitera quelques misérables et soulèvera des séditions.

— Cela est possible ; la province est mal confirmée dans le devoir.

— Mais ne pensez-vous pas, madame, que son imposture doive tomber devant l'examen de ses titres ?

— Je pense que vous vous trompez sur ce point, dit la duchesse en regardant tranquillement Henri et Crillon. L'examen de ses titres soulèverait plus de faveur que de répulsion.

— Vous les connaissez ? demanda vivement le roi malgré la douleur de sa blessure.

Cette question renfermait tout le procès. La duchesse l'accepta bravement. Avec de tels ennemis, elle ne pouvait faire longtemps la petite guerre.

— Sire, répondit-elle, connue pendant longues années pour une adversaire des rois de France, je ressemble à ces aimans qui attirent, dit-on, et le fer et l'orage, on oublie que j'ai eu le bonheur de me réconcilier avec Votre Majesté, on m'apporte tout ce qui est une plainte, un grief, une arme contre vous.

— Et elle s'en sert vilainement, harnibieu ! grommela Crillon dans sa moustache.

— Il résulte, continua la duchesse sans feindre de remarquer l'étonnement où son audace jetait Sully et Henri lui-même, que ce La Ramée m'a communiqué, l'autre jour toutes ses idées de race, toutes ses prétentions à la royauté. D'abord, je traitai cela de rêverie.

— D'abord, dit le roi. Mais ensuite ?

— Je commence par affirmer au roi que ce La Ramée ne m'était pas connu, que je ne l'avais vu jamais, que je m'intéressais à cette figure à cause de la ressemblance avec un prince que j'ai connu, mais qu'en dehors de ce vague intérêt, je traitais La Ramée comme tous mes serviteurs et officiers de troisième ordre. Cependant, aussitôt qu'il m'eut révélé sa condition, qu'il m'eut fait voir ses titres...

— Il a des titres ! s'écria Rosny.

— Sans doute, répondit froidement la duchesse. Sans cela, comment le croirait-on ?

— C'est juste, murmura Henri.

— Oui, harnibieu ! il a des titres, s'écria l'incorrigible chevalier. Il en a ; je les connais, moi ! Il est voleur, assassin, et des plus fieffés.

— Silence ! dit le roi à son tour. Laisse parler ma cousine, qui a vu les preuves.

— Je dois avouer, sire, qu'elles ébranleront beaucoup d'esprits.

— Le vôtre, peut-être, madame la duchesse ? demanda Rosny en contenant Crillon qui trépignait.

— Je ne le nie pas absolument, sire ; mais j'ai promis fidélité à Votre Majesté, et je ne m'en croirai dégagée que...

— Que quand je serai mort, ma cousine.

— Elle s'est cru dégagée ce matin, murmura Crillon.

— Oui, sire, dit l'audacieuse, je vous dois fidélité jusqu'à la mort. C'est ce qui fait que malgré les apparences, je n'ai pas même écouté les prétentions de La Ramée, et je défie qu'il se dise autorisé par un mot de moi qui étais encore dans mes terres quand il a commencé son entreprise.

Crillon, Sully et Henri IV se regardèrent, en mémoire du frère Robert, qui leur avait prédit l'effronterie de la duchesse.

— Il résulte aussi de tout cela, dit Rosny, que les preuves dont dispose cet imposteur sont brillantes et peuvent éblouir, et que, sans l'immuable fidélité de madame à son roi, elle eût accueilli ce prétendant...

— Pourquoi non? si c'eût été un Valois! et que le malheureux évènement de cette matinée nous eût enlevé Henri IV, qui n'a pas d'héritier.

— Oh!... s'écria Sully entraîné par la colère et par le sentiment du danger que venaient de lui révéler ces paroles, le roi n'a pas d'héritiers légitimes, non! mais je jure Dieu qu'il en aura!

— C'est ce que je souhaite de tout mon cœur, répondit la duchesse en se levant. De cette façon, je ne serai plus soupçonnée d'ambitionner une couronne que Dieu n'a pas daigné mettre dans ma famille; de cette façon, au premier péril du roi, mes ennemis ne m'accuseront pas de collusion ou même de complicité, comme certains audacieux se permettent de le faire.

Crillon haussa ses puissantes épaules pour secouer cette flèche féminine.

— Et de cette façon, répliqua-t-il, personne ne sera tenté par disette de greffer des Valois sur des La Ramée. Oui, harnibieu! sire, ayez des enfans! ayez de quoi faire reculer tous les Châtel qui se présenteraient.

— Cette fois, monsieur parle d'or, dit aigrement la duchesse. — Je termine en souhaitant à Sa Majesté toute la prospérité qu'il mérite.

La duchesse salua et se dirigea vers la porte du cabinet, puis, après une nouvelle révérence, traversa aussi majestueusement qu'à son arrivée la galerie pleine de murmures et de regards sombres.

— Vous voilà battu, Rosny! dit le roi épuisé de fatigue, en se renversant sur son fauteuil. Cette scélérate nous cache encore quelque trame.

— Oui, il y a péril, murmura le ministre; mais je me charge de l'intérieur.

— Et moi de l'extérieur, s'écria le chevalier; je monte à cheval pour suivre la bande de ce coquin de Valois, dont la duchesse paie certainement les relais. Je cours donc et le ramène ici perdu ou pendu.

— Allez, mes bons amis, allez, dit le roi tout pâle; moi, je suis fatigué. Je suis triste de toutes ces horreurs. Qu'on prie madame la marquise de vouloir bien venir me réjouir un peu les yeux par sa bonne présence. Et puis, je dormirai, et demain, j'espère me retrouver un homme.

En effet, dix minutes après, Sully parcourait la ville avec ses gens, et Crillon courait la campagne avec ses gardes.

Le roi s'endormit doucement, après avoir vu son petit César, et reçu les tendres soins de Gabrielle.

Celle-ci quitta la chambre royale, et, secouant sa tête alourdie par tant d'évènemens.

— Tout va mieux, murmura-t-elle: les ministres pensent à la tranquillité des peuples, Crillon au châtiment des coupables, il est temps que je songe, moi, au pauvre innocent que tout le monde oublie en cette bagarre.

Elle prit sur sa table l'ordre signé le matin par le roi pour la mise en liberté d'Espérance, et qui, depuis le matin, était resté là, oublié.

— Il souffre par moi, murmura-t-elle, c'est par moi qu'il sera guéri.

XIV.

Le prisonnier du Roi.

Le Petit-Châtelet, où le roi avait envoyé son prisonnier, était situé au bout du Petit-Pont, dans la Cité, un peu plus loin que l'endroit où depuis nous avons vu l'Hôtel-Dieu.

Sa tour massive fermait le Petit-Pont, et sous la voûte qui traversait cette tour s'ouvrait un passage qui servait de porte à la ville.

Le Petit-Châtelet, sombre édifice, tout empreint de cette lèpre hideuse qui est comme la pâleur des monumens, n'avait cependant point la triste réputation de son aîné le Grand-Châtelet. Les prisons de ce dernier étaient, disait-on, tellement affreuses que l'imagination des plus hardis coquins reculait devant une captivité dans ces tombes. On y parlait d'un certain cachot nommé la Chausse-d'Hypocras, où la victime était descendue par une poulie, comme un seau dans le puits. Et là, les pieds dans une eau glacée, le corps brisé par la forme conique de ce réceptacle où l'on ne pouvait se tenir ni couché ni debout, le prisonnier expirait fatalement dans la première quinzaine.

Au Petit-Châtelet, les prisons, quoique plus humaines, devaient toutefois offrir de bien tristes séjours, à en juger par la partie de l'édifice consacrée à la liberté. En effet, les appartemens habités par le gouverneur ne recevaient d'air et de jour que par d'étroites fenêtres avarement percées dans les massifs de pierre. Et chacun, disent les historiens de ce temps, détournait la tête avec effroi en passant devant l'antique forteresse.

C'était là que les gens du roi avaient conduit Espérance. Le gouverneur, après avoir lu l'ordre royal et considéré attentivement la figure sereine et charmante du prisonnier, qui marquait plus d'étonnement que de crainte, plus de curiosité que de colère, se contenta de lui désigner une chambre de la prison ordinaire; et tandis que les archers sortaient avec un geôlier pour exécuter cet ordre, Espérance demanda au gouverneur, avec sa politesse persuasive, s'il voudrait lui faire la grâce de répondre à quelques questions, notamment à celles-ci :
— Où suis-je, et pourquoi y suis-je ?

Le gouverneur, qui était un petit vieillard affable, gentilhomme huguenot, répondit tranquillement :
— Vous êtes au Petit-Châtelet — prison d'Etat — quant à la cause de votre arrestation, vous la devez savoir mieux que personne.
— Monsieur, je l'ignore absolument.
— Alors le roi la sait, cela suffit.

Et le gouverneur, après avoir écrit le nom du prisonnier sur son registre, lui tourna poliment les talons.

Espérance, abasourdi malgré sa fermeté habituelle, ne trouva plus rien à demander ou à objecter. Son geôlier vint le prendre et le conduisit dans une sorte de chambre carrée, noire, sale, et meublée de quelques débris honteux, échappés à la fureur des Bourguignons, lorsqu'en 1418 ils égorgèrent les prisonniers du Petit-Châtelet.

Le geôlier tenait à la main une lampe dont la fumeuse clarté avait seule permis à Espérance de distinguer ces affreux détails. Mais quand il eut emporté avec lui cette pauvre lumière, le jeune homme se trouva plongé dans la plus horrible obscurité. Il frappa aussitôt à la porte pour rappeler le geôlier qui s'éloignait. Celui-ci revint.

— Pardon, mon ami, dit Espérance, vous oubliez de me laisser la lampe.
— Si c'est pour cela que vous me rappelez, mon jeune seigneur, répliqua le geôlier, c'était bien inutile. On n'a pas de lampe en prison; une lampe c'est du feu.
— Excusez-moi; c'est que je voulais écrire, et pour cela il faut voir clair.
— Ecrire ! Est-ce qu'on écrit ici ?
— Eh bien ! mon ami, répliqua tranquillement Espérance, s'il est défendu d'écrire, je n'écrirai pas. Mais il ne vous est pas défendu à vous de me rendre service, un service bien simple et qui sera bien payé.
— Cela dépend, monsieur. De quoi s'agit-il ?
— D'aller trouver M. de Crillon.
— Le brave Crillon ? s'écria le geôlier.
— Lui-même.
— Vous le connaissez ?
— C'est mon ami. Dites-lui seulement que je suis au Petit-Châtelet. Vous vous rappellerez bien mon nom : Espérance.
— Un beau nom de prisonnier, dit le geôlier avec un sourire railleur.
— N'est-ce pas ? répondit Espérance, sans témoigner ni chagrin, ni amertume. Eh bien, ferez-vous ce que je vous demande ?
— Je verrai, dit le geôlier, qui sortit pensif, car tant de patience, de douceur et de beauté l'avaient frappé d'un respect involontaire.

Cet homme n'alla pas trouver Crillon, mais il conta au gouverneur sa conversation avec le prisonnier, et le gouverneur, en qui déjà la figure du prisonnier avait éveillé quelque sympathie, arriva quelques heures après dans la chambre d'Espérance.
— Vous vous dites ami de M. de Crillon ? dit-il.
— Oui, monsieur.
— Mais alors vous êtes un grand coupable, car M. de Crillon vous abandonne, puisque vous voilà en prison, et ce n'est pas un homme à laisser ses amis dans l'embarras. Je le connais, moi, qui ai fait la guerre avec lui pendant dix ans.

Espérance raconta ce qu'il savait, ce qu'il faisait, qui il était. Il mit dans son récit la sincérité, la pureté de son âme tout entière. Il s'étonnait d'une arrestation sans motif et l'attribuait à un malentendu qui ne pouvait manquer de s'éclaircir aux premières explications.

— En attendant, ajouta-t-il, je vous supplie, monsieur, de ne pas me laisser ici dans ce taudis noir et nauséabond. Je quitte le grand air, le soleil, et si j'étais une femme, je vous dirais que j'ai peur ici. D'ailleurs, le logement que vous me donnerez je ne l'occuperai pas longtemps, et sitôt que M. de Crillon sera prévenu...
— Mais, jeune homme, il ne le sera pas. Tout prisonnier d'Etat entre ici inconnu. Je n'ai pas le droit de révéler sa présence à qui que ce soit. Car ce peut être un secret entre le roi et ce prisonnier; un secret que le roi me fait l'honneur de me confier, et que je n'ai pas le droit de trahir. Ici, je n'af-

faire qu'au roi puisqu'il a signé l'ordre de votre arrestation.

Espérance baissa la tête. Il lui sembla que la porte un instant ouverte, et par laquelle il revoyait le jour et la liberté, se refermait plus lourdement que jamais.

— Comme il vous plaira, monsieur, murmura-t-il. Je ne veux point vous causer de gêne ou heurter vos scrupules Je souffrirai, et ne dirai plus rien.

Le vieux gentilhomme se connaissait en prisonniers, il savait distinguer la résignation d'avec l'hypocrisie, la patience d'avec la lâcheté.

— Voilà un aimable caractère, pensa-t-il. C'est peut-être un enfant gâté que le roi veut redresser par quelques jours d'abstinence. Ne forçons point la dose. Il a déjà pris son parti le pauvre garçon; il s'est installé sur le grabat.

Il frappa du poing sur la porte, le geôlier reparut.

— Conduis monsieur, au comble, dit-il.

Espérance se leva, et devinant qu'une faveur venait de lui être accordée, remercia le gouverneur avec effusion. Il serra la main du vieillard qui lui dit en se dégageant doucement :

— La chambre du comble est bonne. J'y mettais mon fils en pénitence. C'est une prison patronelle.

— Vous avez un fils, monsieur?

— J'en avais un... qui serait de votre âge...

— Vous l'avez perdu?

— A dix-huit ans, d'un coup de mousquet... après la bataille d'Aumale. M. de Crillon le connaissait bien, car il l'avait pris dans ses gardes. Mon pauvre Urbain!...

— Urbain, s'écria Espérance, Urbain du Jardin, peut-être ?

— Vous l'avez connu ?

— Oh ! le page huguenot assassiné par La Ramée, pensa le jeune homme.

— Monsieur, murmura-t-il, M. de Crillon m'en a parlé quelquefois.

Le vieillard, ému, se hâta de répondre :

— C'est le brave Crillon qui a relevé Urbain expirant et a reçu son dernier soupir. Qu'il ne soit pas dit que le nom de Crillon a été devant moi invoqué en vain. Allez, monsieur, allez avec le guichetier.

Et il redescendit sans ajouter une parole laissant Espérance plongé dans sa surprise douloureuse. Quoi ! lui victime échappée au couteau dirigé par Henriette, il allait remplacer dans sa chambre la victime tombée sous le plomb du même assassin.

Cette prison du comble, effrayante pour un enfant rebelle, sembla un paradis à Espérance, après l'enfer qu'il venait d'habiter. La voûte en était basse, le carreau glacé, mais l'air y circulait librement, largement, le soleil couchant l'emplissait de ses rayons rouges, et par deux fenêtres semblables à des yeux de pierre, le prisonnier, en se haussant, voyait à travers les barreaux ce magnifique panorama de la ville antique, et ses collines, que la brume du soir commençait à baigner, et, sur la droite, Notre-Dame, qui dominait, et la Seine, charriant ses glaçons sous les arches.

Espérance poussa un cri de joie. Son palais, trouvé la veille, lui avait fait moins de plaisir.

Ce fut bien autre chose encore lorsque le guichetier, désormais aussi empressé à plaire qu'il l'avait été peu d'abord, ouvrit les barres d'une porte massive qui donnait sur un petit balcon entièrement fermé de barreaux comme une cage. De là la vue était admirable et facile, pour peu que le prisonnier s'assît sur le banc formé par la saillie circulaire. Le treillage de ce balcon était disposé de façon à ce que nul du dehors ne pût voir à l'intérieur ; mais l'habitant du donjon, suspendu au-dessus du vide, voyait et respirait sans danger et sans gêne.

Espérance fouilla dans sa poche et donna au guichetier la moitié des pistoles qu'elle renfermait.

Cet homme prépara le lit, alluma le feu dans la cheminée, déposa sur une table assez propre un souper raisonnable, et se retira en fermant les verrous dont Espérance charmé ne remarqua pas même le grincement lugubre.

La nuit était venue. Un silence glacé montait de la ville au faîte du Châtelet. Le jeune homme, après avoir rempli ses poumons d'air pur, ferma la porte du balcon et vint s'asseoir devant le feu, dans un fauteuil où le pauvre Urbain avait sans doute passé plus d'une nuit de pénitence.

Et là, malgré l'odeur du souper qui fumait dans un grand plat de terre, malgré la bonne apparence d'une bouteille aux flancs larges, au long col, malgré la douce influence du feu qui pétillait joyeusement et ronflait dans l'âtre sonore, Espérance perdit peu à peu son humeur sereine, et sa gaîté, retrouvée un instant, s'envola par bouffées avec les tourbillons gris de la fumée qui escaladait le ciel.

Il pensait, le pauvre enfant, à cette punition si prompte que lui envoyait Dieu après

16

un bonheur exagéré. La compensation ne s'était pas fait attendre. On n'atteint pas impunément le sommet des prospérités humaines, à plus forte raison quand on le dépasse, doit-on s'attendre à recevoir avant tous les éclats de la foudre.

Espérance, cherchant à creuser les causes de sa disgrâce, ne trouvait obstinément que ceci : Une imposture lui avait donné la jouissance du palais de la Cerisaie, cette imposture, qui cachait peut-être un crime, avait été découverte. Le roi, instruit de tout et honteux d'avoir été un moment protégé par ce faux propriétaire, s'en vengeait en réduisant le fanfaron à l'état d'un simple voleur.

Quant au silence de Crillon, comment l'interpréter, sinon par le même motif? Crillon aussi avait pu se considérer comme le jouet d'une supercherie destinée à usurper sa protection, et convaincu par le roi, il se taisait. Quant à Pontis... hélas ! le noble Espérance accusa Pontis d'ingratitude ou de faiblesse!

Mais ce qui domina toutes ses douleurs, ce qui résista aux luttes que soutenait le jeune homme contre sa mauvaise fortune, ce fut l'idée qu'il allait être raillé, méprisé partout, et que le bruit de son écroulement parviendrait aux oreilles d'Henriette et de Gabrielle. Henriette rirait et se réjouirait. C'était une vengeance. Gabrielle se dirait que l'aventurier Espérance ne valait plus un souvenir. Alors, du haut de sa grandeur, du sein de sa beauté bienheureuse, elle laisserait tomber la sentence infamante qui, à jamais, exclurait Espérance de son esprit et de son cœur. Cette figure du blessé de Bezons, auquel pendant trois jours elle s'intéressa, auquel, naïvement tendre, elle demanda et offrit une éternelle amitié, cette figure s'effacerait souillée, et Gabrielle chercherait autour d'elle d'autres amis, dans cette foule de beaux gentilshommes moins délicats qu'il ne l'avait été à ménager les amours et l'amour-propre du roi.

Cette idée arracha non pas des larmes mais du sang aux yeux gonflés du pauvre jeune homme, car il s'avoua, en présence de cet affreux malheur, que depuis une année son cœur n'avait battu sans qu'un seul battement n'eût répété comme écho une syllabe du nom de Gabrielle. Cette immense douleur, cette soif de mouvement et de sanglots, c'était la maladie d'amour : le besoin d'appeler une mère à jamais perdue, c'était le tourment de l'âme en peine; et cette folle joie de revoir Paris après une absence volontaire, c'était l'espoir mal dissimulé de retrouver la femme qu'il avait fuie par-delà les mers.

Un moment il s'était dit en se mirant dans l'or et le marbre de son palais, que Dieu semblait compatir à ses chagrins d'amour; que Gabrielle, dans sa cour du Louvre, dont les rayons éblouissaient, ne serait pas plus brillante ni plus recherchée que lui ; qu'elle entendrait parler de sa richesse, du goût de sa maison, du bien qu'il ferait aux pauvres, et que le concert des louanges et des bénédictions arrivant aux oreilles de cette femme adorée, conserveraient à son âme le doux et poétique souvenir qu'elle avait dû garder de son ami d'un jour.

Il s'était bercé de ces rêves charmans, s'excusant de son orgueil sur la complaisance de Dieu, qui les lui avait envoyés, et voilà que d'un revers terrible de sa main, Dieu renversait l'édifice et l'architecte, et tout cela s'en allait, poussière et fumée, rejoindre dans l'éternité passée tous les rêves d'ambition qu'a fait naître et qu'a détruits l'amour.

Plus de palais, plus de louanges, plus de richesse, plus de bruits caressans pour l'oreille de Gabrielle. Rien que le silence de la honte ou le bruit d'un écroulement scandaleux, que couvrent d'ordinaire les éclats de rire de la foule.

Telles étaient les pensées d'Espérance. Cependant les heures marchaient. La braise sifflait avec de petits murmures et se couvrait de flocons blancs, précurseurs d'une extinction prochaine. Déjà la lampe exhalait ses dernières lueurs; bientôt l'obscurité, le froid, allaient envahir la chambre.

Espérance demanda pardon à Dieu de sa vanité, se recommanda pieusement à sa miséricorde, et s'étendit sur le lit en songeant au pauvre Urbain du Jardin, dont l'ombre mélancolique venait peut être chaque nuit visiter cet asile heureux de ses premières années. Le sommeil succéda à ces agitations, et le seigneur de la Cerisaie oublia sous la voûte de pierre le velours, l'ébène et les franges d'or de son lit de prince.

Le lendemain fut un jour malheureux. Espérance après avoir reçu son déjeûner et sa provision de bois vit disparaître le guichetier qui ne reparut pas, même à l'heure du dîner. Il vit comme un mouvement étrange dans les rues éloignées, car il ne pouvait voir que loin, tout ce qui avoisinait le Châtelet lui étant caché par la convexité de la tour. Il remarqua des gens qui levaient les bras au ciel, d'autres qui semblaient s'essuyer les yeux; il entendit un bruit d'armes dans la forteresse; d'autres bruits également belliqueux autour des portes. Bon nombre de cavaliers, à la tête desquels il crut reconnaître vaguement M. de Rosny, traversèrent le quai, à l'extrémité du Petit-Pont, et se perdirent dans la Cité. Que signifiaient ces bruits, ces promenades militaires? Que signifiait surtout l'oubli dans lequel on le laissait, sans feu, sans vivres, sans nouvelles, sans amis, même irrités? M. de Crillon, Pontis, que ne lui faisaient-ils traduire au moins leur mécontentement?

La journée parut bien longue au pauvre prisonnier; tous ses fantômes noirs que le jour avait dissipés revinrent lorsqu'il sentit que dans une ou deux heures la nuit allait revenir. Cette vie serait-elle donc sa vie? Dormir, souffrir, c'était donc désormais pour lui le chemin et le but! Peu s'en fallut qu'il ne tombât dans le désespoir quand il vit le soleil, tournant derrière le Louvre, abaisser ses rayons de pourpre sur les cheminées des maisons et venir caresser de son adieu quotidien les treillis de fer et le balcon de sa chambre.

— Quoi! s'écria-t-il, personne ne m'aimait donc en ce monde? Quoi! des pierres entassées suffisent à séparer un homme de tous ceux qui l'ont connu, et pas un cœur n'aura eu la force de lancer un soupir qui franchisse ces murailles et parvienne jusqu'à mon cœur! Je fais bien voler, moi, mes vœux et mes prières par delà l'horizon, ne se trouvera-t-il personne qui me le rende?...

En disant ces mots, il s'assit découragé sur le banc derrière le treillage du balcon, et appuya dans ses mains, en la serrant bien fort pour qu'elle n'éclatât point en sanglots, sa tête lourde de douleurs qu'il n'avait pas méritées.

Cependant, les verrous avaient grincé, la porte s'était ouverte, le guichetier avait traversé toute la chambre pour venir frapper sur l'épaule du prisonnier.

Ce contact de la grosse main qui voulait être caressante réveilla Espérance.

— Ah! s'écria-t-il, vous voilà enfin.
— Un peu tard, n'est-ce pas, monsieur? mais j'avais bien d'autres soucis, allez!
— C'est peu poli, dit Espérance en souriant.
— Vous ne savez donc pas, vous, qu'on a failli tuer le roi?
— Mon Dieu! s'écria le jeune homme avec consternation, est-ce possible!
— Un roi si bon!

— Oh! oui, dit le généreux Espérance, la perle des rois!
— Et vous comprenez qu'en apprenant cela je n'avais plus le cœur à nourrir les prisonniers, ajouta naïvement le guichetier.
— Pas plus que les prisonniers n'auraient eu de cœur à manger... Mais, le roi, comment va-t-il?
— Trève de détails... on monte, et vous en saurez assez long tout à l'heure.
— On monte?... ici?... quelqu'un vient me voir?
— Le gouverneur.
— Ah! dit Espérance, désappointé... Le gouverneur.
— Oui, il accompagne naturellement les visites qui arrivent.
— Il m'en arrive donc, des visites?
— Pardieu! sans cela notre seigneur se dérangerait-il? Le donjon est trop élevé pour ses vieilles jambes.
— Oh! mon ami, laissez-moi aller au-devant de ceux qui viennent.
— Inutile, dit le geôlier, ils sont arrivés.

Espérance dévorait des yeux l'entrée de sa prison. Il y vit apparaître le gouverneur, et puis, derrière le vieillard, une femme dont la mante de velours cachait la tête, dont un masque couvrait le visage. Cette femme, à l'aspect du triste réduit, fit un geste d'effroi et de compassion. Elle s'arrêta comme si ses petits pieds eussent refusé de la porter plus loin.

Le gouverneur s'avança, le visage riant, vers Espérance, qu'il amena par la main en face de la dame inconnue. Celui-ci se laissait guider, le cœur doucement ému de reconnaissance et de curiosité. Lorsqu'il fut à deux pas de la visiteuse, le vieillard salua, et partit laissant le cachot ouvert, tandis que le guichetier, sur un signe de l'inconnue, s'asseyait au seuil de la porte.

— Vous êtes libre, monsieur Espérance, dit la dame d'une voix tremblante qui fit courir un frisson dans les veines du prisonnier.

Il s'avança, les bras étendus; elle ôta son masque dont la pression, sans doute, avait rougi légèrement son visage d'ange.

— Gabrielle!... s'écria Espérance en joignant les mains... Oh! pardon, madame!...

Et il recula éperdu devant son rêve, qui surgissait vivant et embaumé du sol de l'obscur cachot.

XV.

Un des mille couplets de la chanson du cœur.

Espérance et Gabrielle se regardèrent un moment en silence, cédant, l'un et l'autre à l'irrésistible attrait d'une beauté que ni l'un ni l'autre n'avait jamais trouvée aussi complète ailleurs.

Le jeune homme revoyait Gabrielle femme accomplie après l'avoir laissée jeune fille parfaite. Rien de plus suavement pur que les lignes de son visage, dont la pensée et les soucis avaient, s'il eût été possible, ennobli l'expression. Quant au corps, type autrefois irréprochable de grâce et de finesse virginales, il avait gagné en se développant, ce charme voluptueux qui change en frénésie chez l'amant les mélancolies de l'amour. Espérance en voyant ces cheveux dorés aux riches tresses de soie, cette peau d'un blanc frais et moelleux sous laquelle courait l'existence en longs rameaux d'azur, l'œil bleu dont la langueur fascinait, les lèvres rouges comme un fruit, le sein palpitant qui repoussait la dentelle, Espérance recula, nous l'avons dit, et appuya ses deux mains sur sa poitrine où s'allumait le triple amour de l'imagination, de l'âme et des sens.

Elle aussi avait admiré dans le prisonnier cette douce noblesse des traits, leur éloquente pâleur, l'expression de tristesse amère qui avait plissé un instant les coins délicats de sa bouche. La vigueur élégante de cette mâle jeunesse lui rappelait les images des dieux anciens, dont le seul aspect révélait la céleste origine.

Espérance avait rejeté en arrière les cheveux magnifiques qui ombrageaient son front, et ce mouvement gracieux et fier avait remué le cœur de Gabrielle comme tremblait l'Olympe dans Virgile au simple geste de Jupiter.

Le jeune homme rompit le silence.

—Vous ici, madame, murmura-t-il, dans une prison ?

— C'était mon devoir, dit-elle vivement. Si je me fusse contentée de vous envoyer délivrer, si je ne vous eusse donné moi-même des explications, peut-être la faute que j'ai commise se fût-elle à bon droit appelée d'un autre nom... Or, vous avez déjà assez de sujets de m'en vouloir.

— Moi, madame?

— Je suis donc venue... la faute subsiste, mais j'espère que vous voudrez bien me la pardonner.

— J'ignore absolument, madame, dit Espérance, de quelle faute vous voulez parler.

— Mettez-y de la discrétion, monsieur, je mérite cette réserve, mais n'exagérez pas, je vous prie, car sans méchanceté vous blesseriez un cœur ami, malgré tout ce que vous pouvez croire.

— Je ne crois rien... je vous jure.

— Oh ! vos yeux parlent un langage contraire. Je sais combien ces yeux disent franchement votre pensée..... Vous m'en voulez..... Je vous assure cependant qu'en répondant au roi, j'ignorais que vous fussiez établi dans cette maison de la rue de la Cerisaie ; j'ignorais plus : j'ignorais même votre retour à Paris, et, à propos de ce retour, je pourrais parler aussi de votre départ, départ étrange, brusque, mystérieux ; mais ce sont des affaires qui ne regardent que vous, monsieur, ainsi, je n'insisterai pas.

—Mon Dieu ! madame, s'écria Espérance, je proteste devant vous que je ne comprends pas un mot à ce que vous me faites l'honneur de me dire..... Vous daignez vous accuser de torts que je n'eusse jamais songé à vous reprocher. Ces torts, je vous demanderai même de vouloir bien me les expliquer, si toutefois ils existent.

— Mais, dit Gabrielle embarrassée, car elle croyait encore cette ignorance affectée, je veux parler de votre arrestation.

— Elle n'est pas votre fait, je suppose, le roi m'a fait arrêter pour des motifs que je ne connais pas, mais qui doivent vous être absolument étrangers.

Gabrielle raconta au jeune homme le malentendu qui avait irrité le roi et l'avait poussé à la vengeance. Elle s'accusa de n'avoir pas éclairci ce quiproquo, source de la désagréable aventure d'Espérance.

— Mais, ajouta-t-elle, à partir du moment où votre nom a été prononcé, où j'ai su que vous étiez celui à qui le roi avait parlé, celui que la colère royale avait injustement frappé, oh ! à partir de ce moment je n'ai plus rien à me reprocher, pas même un retard. En effet, je fusse venue plus tôt sans l'horrible événement qui a failli enlever le roi à son Etat.

— J'ignore même cet événement, dit Espérance, un prisonnier ignore tout.

Gabrielle fit le récit de l'assassinat et des troubles qui l'avaient suivi. Elle glissa sur le prétendant, sur le faux Valois, tout au plus quelques mots. Ce n'était là que de la politique, et Gabrielle semblait chercher un autre sujet de conversation.

— Eh bien! dit Espérance en remuant tristement sa tête, voilà comment, soit qu'on habite une prison, soit qu'on parcoure des pays lointains, on vit, le temps passe et change tout sans que nous le sachions, fortunes, existences, affections.

Il étouffa un soupir, et prenant un visage indifférent.

— Enfin, madame, continua-t-il, bénissons le ciel. Le roi est sauf, et vous êtes plus heureuse et plus belle que jamais.

Elle ne répondit pas. Elle avait penché sa tête charmante. D'un bras elle s'appuyait au dossier de la grande chaise. L'autre retombait languissant.

— Vous venez de prononcer, reprit-elle, des paroles que j'ai trouvées amères.

— Moi, madame!

— Oui, le sens ne m'en a pas échappé. Vous venez de dire que dans l'absence, les cœurs sur lesquels on comptait sont changés.

— L'ai-je dit?

— Je l'ai entendu. Ce n'est pas à moi, je suppose, que ce reproche s'adresse?

— Oh! madame... et pourquoi aurais-je la témérité de vous adresser même l'ombre d'un reproche?.. De quel droit?... Dans quel but?.. un reproche!... Mais j'étais pour vous tout respect, et depuis que je sais votre bonté pour moi, je suis tout reconnaissance.

— Monsieur, dit-elle avec une angélique douceur, le temps me manque pour subtiliser avec vous sur ce texte. Je suis d'ailleurs trop ennemie des circonlocutions en usage à la cour. Tenez, regardez le soleil qui se couche et qui jette sur nous ses dernières clartés; il m'avertit que j'ai une demi-heure au plus à passer ici, et qu'après cette demi-heure je ne retrouverai peut-être jamais l'occasion de vous convaincre.

— De quoi? madame.

— De mon regret de vous avoir causé tant d'ennuis.

— Ils sont oubliés, s'écria Espérance; votre démarche eût comblé les vœux d'un prince, d'un empereur. Moi, pauvre étranger obscur, vous m'en voyez ébloui de joie et d'orgueil.

Il mit peut-être à ces mots une véhémence dont elle s'étonna, car aussitôt, se repliant avec la réserve habituelle aux femmes qui se sont laissées entraîner par le cœur, elle reprit :

— Je devais à M. de Crillon de vous voir et de vous faire mes excuses. Il m'a reproché mon étourderie. Il a couru, ce matin, pour vous chercher, sans rencontrer le gouverneur, et, en ce moment, forcé par le service de vous négliger encore, il me saura gré de ne pas avoir oublié toute l'amitié qu'il vous porte. Allons, monsieur, vous êtes libre. Tout le grand air de cette ville vous appartient. Retournez à votre petit palais; soyez heureux... Eh, bien! vous hésitez? Ressembleriez-vous déjà à ces prisonniers dont j'ai ouï parler, qui regrettaient leur cachot et refusaient la liberté?

Ce ton d'enjouement affecté fit froncer le sourcil à Espérance. Il s'assombrit.

— Voilà, dit-il, madame, que vous vous repentez d'avoir été trop bonne et trop familière avec moi. Vous vous excusez de la grâce que vous m'avez faite. Cependant, je ne voulais pas en abuser. Je vous écoutais,... je me payais par chaque syllabe tombée de vos lèvres des heures tristes que j'ai passées ici... Mais puisque vous l'ordonnez, je suis prêt à sortir.

Elle reprit sa douce humeur à mesure qu'Espérance perdait la sienne. Rêveuse, souriante, le visage illuminé par les feux roses du soleil mourant, elle fit quelques pas vers la fenêtre, en franchit le petit seuil, et trouvant le banc de pierre qui, l'instant d'avant, servait de siége à Espérance, elle s'y plaça, les mains pendues au treillis de fer, la tête adossée à la muraille. Puis son visage changea graduellement d'expression. Il pâlit, les prunelles s'éteignirent.

Alors le jeune homme, qui la suivait comme si elle eût été l'âme et lui le corps, s'arrêta près d'elle et s'agenouilla sur le seuil en la regardant, les mains jointes.

— Vous vous dites, n'est-ce pas, madame, que l'on peut être bien heureux en prison ?

— Oui, c'est précisément cela que je pensais, répondit-elle.

— Et cette idée vous est venue...

— En regardant ma prison à moi...

Elle lui montra le Louvre profilant sur l'eau glacée sa colonnade noire, abandonnée par le soleil.

— Vous allez sortir de celle-ci, murmura-t-elle, et moi je vais rentrer dans celle là !

Il poussa un soupir douloureux, et dit :

— On n'est pas reine sans être un peu esclave.

— Je ne suis pas reine, s'écria-t-elle amèrement, mais esclave... Oh! oui, je le suis bien !...

— Par votre volonté, ajouta-t-il le cœur palpitant.

— C'est vrai.

— Vous ne vous repentez pas, j'espère?

— Non, dit-elle si bas et d'une voix si brève que les lèvres seules parlaient.

Mais se remettant avec effort,

— Vous avez une délicieuse habitation, monsieur Espérance, reprit Gabrielle.

— On vous l'a dit, madame?

— Je l'ai vue.

— Vous?

— Sans doute, ne vous ai-je pas expliqué tout à l'heure que pour mieux surprendre le roi, j'étais entrée chez vous?

— Je n'avais pas bien compris.

— Je vous ai dit que j'avais surpris le roi dans votre maison.

— C'est à dire sortant de chez moi.

— C'est à dire sortant par votre maison, tandis qu'il était entré par la rue Lesdiguières.

— Je ne sais d'où S. M. venait...

— Pas de délicatesse. Il l'a avoué lui-même. Il venait de voir chez Zamet une femme...

— Ah! madame, si vous laissez pénétrer dans votre cœur ce serpent qu'on nomme la jalousie!

— Je ne suis pas jalouse! s'écria-t-elle.

— Alors, pourquoi vouliez-vous surprendre le roi?

— Vous avez raison, dit-elle froidement.

Et son regard vacillant chercha l'Arsenal comme pour découvrir derrière, les arbres de la Cerisaie.

— Je cherche votre maison, interrompit-elle, la voit-on d'ici?

— Non, madame.

— Vous allez être bien heureux là, n'est-ce pas? C'est riche, c'est charmant.

— On le dit.

— Le jardin est-il beau?

— Très beau.

— Vaut-il celui des Génovéfains? Vous savez... à Bezons?

Espérance tressaillit.

— Avec ses lys qui semblent de grands cierges la nuit, avec ses roses et ses jasmins qui embaument au soleil, et ces œillets enivrans qui retombaient dans les bordures de thym, où vers midi bourdonnaient tant d'abeilles. Vous rappelez-vous ce beau jardin?

— Oui, madame, dit Espérance, frissonnant.

— J'oubliais les grands orangers, dans l'allée, près du couvent;... je ne me promenais pas de ce côté là sans être inondée de leurs fleurs. Un soir, en revenant à ma chambre, j'en trouvai qui étaient tombées dans mes cheveux et dans ma gorgerette. Ce fut le soir où vous me rendîtes service. Vous étiez bien souffrant, alors; je vous trouvai fort bon pour moi et très délicat.

Espérance se renversa derrière l'angle de la porte. Il était devenu si pâle, qu'il le sentait et ne voulait pas laisser voir sa pâleur.

— On était heureux dans ce temps-là, dit Gabrielle.

— Ne l'êtes-vous plus? murmura-t-il. Vous avez, dit-on, un fils beau comme vous?

— Un petit ange! dit-elle en rougissant.

— C'est plus qu'il n'en faut pour être heureuse.

— Voilà trois fois que vous me répétez le même mot, dit Gabrielle en se retournant vers Espérance, et vous savez pourtant que vous me faites mal.

— Moi!...

— Me croyez-vous heureuse? est-ce possible?... Appuyez la main sur votre cœur, et répondez.

— Oh! madame, je ne sais pas, moi.

— Puisque vous ne savez pas, ne dites pas que je suis heureuse. Si je vous ai parlé de votre bonheur à vous, c'est que j'ai la certitude qu'il n'est troublé par aucun nuage, c'est que je sais...

— Que savez-vous vous-même, je vous prie?

— Que vous avez voyagé gaîment, insoucieusement, au point d'oublier tous ceux qui s'inquiétaient de vous à Paris. M. de Crillon l'a dit souvent en ma présence. Et au retour, vous avez trouvé toute prête la maison que vous vous étiez bâtie. Riche, jeune, libre, que vous manquait-il? La liberté, je vous la rends. Et si désormais je passe encore devant votre porte, je me dirai avec certitude : là demeure un homme heureux.

— Vous venez de parler comme je parlais tout à l'heure, dit Espérance, et vos calculs vont être bien dérangés, madame, car si vous passez encore devant ma maison, ce n'est pas cela que vous direz.

— Pourquoi?

— Parce que d'abord, je n'y demeurerai pas.

— Qu'est-ce à dire?

— J'y coucherai ce soir pour la dernière fois, ajouta Espérance.

— Je ne vous comprends pas, monsieur... Quel logis plus charmant trouverez-vous dans Paris?

— Demain, poursuivit-il, j'aurai quitté Paris.

— Par exemple!...

— Je m'y ennuie. Oui, madame, l'homme heureux par excellence s'ennuie...

— Ah!... et... vous retournez à vos voyages, peut-être.
— Probablement, madame.
— Pour longtemps?
— Mais pour toujours.

Elle fit un mouvement plein de trouble et d'inquiétude.

— A votre âge, dit Gabrielle, a-t-on des affaires si sérieuses qu'elles prennent toute la vie?

— Je n'ai pas d'affaires, non.

— Ah! je comprends..... Pardon, c'est qu'en vérité, j'ai l'air de vous questionner. Mais, si je suis curieuse, c'est un peu par amitié. Nous avions fait certain pacte d'amitié, autrefois; vous l'avez oublié sans doute?

— Non, assurément, murmura Espérance.

— Je disais donc que cette absence éternelle ne peut avoir pour cause qu'un établissement... éternel aussi.

— Je ne saisis pas bien.

— Peut-être vous vous mariez, voilà ce que je veux dire, ajouta-t-elle d'un ton bref.

— Nullement.

— Il est vrai que sans se marier on peut aller rejoindre pour ne les plus quitter des personnes qu'on aime.

— La personne que je veux rejoindre, dit gravement Espérance, je l'aime en effet; mais c'est ma mère et elle est morte.

— Oh! alors, s'écria Gabrielle en lui prenant les mains, alors vous ne pouvez partir, car rien ne vous y force et tout vous le défend.

— Qui donc, madame, m'ordonnerait de rester en une ville où chaque bruit, chaque voix m'apporte une souffrance nouvelle. Je vous ai dit que je suis malheureux ici, que j'y mourrais de douleur. Pourquoi donc y resterai-je?

— Mais vous y êtes revenu... mais vous y étiez installé hier?

— Hier, c'était possible... Aujourd'hui, plus.

— Mais vous avez des amis ici!

— M. de Crillon et Pontis : un protecteur et un protégé... deux mémoires éphémères.

— N'en avez-vous pas d'autres?

— Qui ne pensaient pas à moi hier, qui m'auront oublié demain.

Elle baissa la tête avec une mélancolie profonde.

— Vous avez raison, dit-elle. Il faut savoir se passer d'appui en ce monde. Elle est rude, mais salutaire, votre leçon!

— Vous ne dites point cela pour vous, madame, vous toute puissante.., vous que le monde invoque, et qui n'avez besoin de personne.

— Ah! s'écria-t-elle le cœur brisé, nommez-moi donc un seul ami!... nommez!... Je n'ai pas même mon fils, car ses yeux sont encore fermés pour moi comme son cœur. Tout le monde m'attaque, tout le monde me hait. Nul ne me défend, nul ne peut même faire cet effort de mentir poliment pour m'offrir un peu d'amitié. Vous qui me l'aviez jurée, vous reprenez votre serment!

— Ah! madame, dit Espérance d'une voix éteinte, il est des serments qui engagent au delà de notre puissance, et l'homme est parfois une créature trop faible pour tenir ce qu'il promet.

— Quoi! vous m'abandonnerez! vous me verrez souffrir et vous ne me tendrez pas votre main?

— Si je voyais ce triste spectacle je ne le supporterais pas, aussi refusé-je de le voir.

— Ainsi, quelqu'un de vos amis serait menacé de mort, vous craindriez ce triste spectacle; et pour ne pas le voir, vous partiriez, abandonnant au lieu d'aider. Je vous croyais un cœur.

— J'en ai un, madame, que vos reproches injustes déchirent. En effet, pourquoi resterai-je, à quoi puis-je vous servir? Est-ce vous qui désirez de me voir souffrir.

— Souffrir... De quoi?

— Par grâce, ne m'arrachez pas une parole de plus. Vous voyez combien je lutte.

— Dites-moi votre souffrance, et vous verrez si je suis lâche et faible pour vous seconder ou vous guérir.

— Eh bien! s'écria-t-il, vaincu par la passion, vaincu par la généreuse opiniâtreté de Gabrielle, je vais vous le dire puisque vous m'y forcez; aussi bien, après m'avoir entendu, ne pourrez-vous plus m'arrêter dans mon dessein, ni me reprocher ce que vous m'aurez contraint de faire. Si je suis parti brusquement, étrangement, l'année dernière, c'est que je vous avais vue sortir de chez le roi le lendemain de la prise de Paris, c'est que déjà mon courage était épuisé, c'est que je vous accusais de trahison et de mensonge, c'est que je vous maudissais de m'avoir promis l'amitié et de ne pas m'avoir donné l'amour; je sais bien qu'en parlant ainsi je me sépare à tout jamais de vous; mais la destinée m'entraîne, ce que je vous dis, je ne le répéterai plus, mon cœur y perdra tout son sang, mais avec le sang la douleur s'échappe. Oui je suis parti malheureux, et plus malheureux je suis revenu. Si je vous eusse trouvée heureuse, enivrée, sans mémoire, oh ! je l'espérais, j'avais préparé à mon cœur la consolation de l'oubli, celle du mépris... Oui du mépris... pardonnez-moi si je me perds tout à fait, madame...—Mais au lieu de cela, vous m'apparaissez douce, tendre et bonne; je vous vois malheureuse; tout en vous intéresse mon cœur et mon âme; je sens que je vais vous aimer si follement que j'en perdrai le respect comme j'en ai perdu le repos. Or, vous n'êtes pas libre et vous aimez le roi... c'est donc pour moi deux fois la mort au bout de chaque pensée; et qui sait si ma mort même ne vous perdrait pas ? J'ai fini; mon cœur est vide; encore un jour, et peut-être j'y sentirais entrer le désespoir. Ne vous irritez pas, plaignez-moi; faites-moi la grâce de me laisser ensevelir ma folie dans un coin du monde où vous ne m'entendrez pas si je soupire, où vous ne saurez pas si je vous aime.

Gabrielle, pâle et la tête renversée, avait fermé les yeux. On eût dit que cet ouragan de passion l'avait brisée, qu'elle ne respirait plus, qu'elle était morte.

Espérance, honteux de sa faiblesse, cachait son visage dans ses mains. Il ne vit pas la jeune femme se ranimer peu à peu, passer une main glacée sur son front, et se tourner vers lui pour lui dire :

— Vous m'aimiez donc, à Bezons ?

— Oui, madame.

Elle leva les yeux au ciel et soupira. Sans doute elle se disait que des deux routes ouvertes alors devant ses pas, elle avait choisi la moins heureuse. Mais cette âme ne savait pas composer avec la loyauté.

— Je m'étais promise au roi, répondit-elle simplement, comme pour se répondre à elle-même.

— Oh ! voudriez-vous dire, s'écria Espérance, que sans cela vous m'eussiez aimé ?

— Oui, et il y a plus, je vous aime tendrement.

— L'amitié, toujours !

— Je ne sais pas si c'est de l'amitié ou de l'amour, je n'y cherche point de différence. Je ne savais même pas que je vous aimais. Seulement, quand vous m'avez dit que vous alliez partir pour ne plus revenir, je m'en suis aperçue. Ne partez point.

— Vous m'avez entendu, et vous parlez ainsi !

— Pourquoi non ? Que vous m'aimiez à mille lieues ou ici, qu'importe ? C'est mon âme que vous aimez, puisque ma personne ne vous appartient pas. Oh ! rien ne vous empêchera d'aimer mon âme. Quant aux souffrances dont vous avez peur, est-ce que mon sourire, est-ce que ma voix, est-ce que la pression de ma main ne vous guériront pas ? Quand vous serez sûr d'être mon ami le plus cher, d'occuper ma pensée, d'embellir ma triste vie, quand vous me consacrerez toute la vôtre, m'aidant, me conseillant, me défendant, n'aurez-vous point assez de plaisir et de peine pour défrayer les journées ? Ne me quittez pas, je n'ai plus de père ; le mien m'a reniée, il ne m'aime plus, il ne m'estime même pas, puisqu'il use de ma protection pour avoir une charge à la cour. J'ai le roi, me direz-vous. Eh bien, il me trompe, vous le savez mieux que personne, et sans mon enfant à qui je me dois, sans la blessure faite par l'assassin d'hier, j'allais me séparer à jamais du roi et m'ensevelir dans une retraite éternelle. Maintenant, voyez tout ce qui m'entoure, des ambitieux que je gêne, ou des ambitieux que je sers, des femmes qui m'envient ma place, des prétendus amis du roi qui lui conseillent de me quitter; ici des perfidies, là des embûches, plus loin des coups de poignard ou du poison, voilà ma vie, en attendant la mort... Oh ! ne jugez-vous pas que j'ai besoin d'un ami qui soutienne mon cœur et m'empêche de désespérer à mon âge ? J'ai lu, dès le premier jour, dans votre âme, et vous avez cru comprendre la mienne, vous ne vous êtes pas trompé ; je suis tendre, je suis fière, j'ai de la force pour aimer. N'êtes-vous pas de même, et ne donnerons-nous pas à Dieu le spectacle de deux cœurs si tendrement unis, si noblement dévoués, qu'il ne puisse refuser à notre amitié sainte ses bénédictions et son sourire ? Oh ! depuis hier cette idée a grandi dans mon sein, elle m'a épurée comme une flamme divine, elle me dévore ; c'est une joie ineffable !... Si vous saviez comme je vous aimerai !... Vous sentirez les rayons de cette tendresse qui vous ira chercher partout pour vous pénétrer comme un soleil vivifiant. Songez que mon cœur déborde, que j'ai vingt ans et que je mourrai jeune. Aimez-moi ! secourez-moi !... ne me laissez pas seule en ce monde, vous dont l'âme, je le sens, a été faite pour la mienne !

— Ah ! s'écria Espérance éperdu de joie et de douleur tout ensemble, vous me demandez-là toute ma vie !...

— Toute !

— Bien ! vous l'aurez ! C'était ainsi qu'il

fallait me parler pour être comprise. Je me donne à vous pour jamais; mon esprit, mon corps et mon âme, prenez!... mais voici mon marché, je fixe le salaire.

—Dites.

— Vous me parlerez quand vous pourrez, vous me sourirez quand vous ne pourrez pas m'adresser la parole, vous m'aimerez quand vous ne pourrez pas me sourire.

—Oh! murmura Gabrielle les yeux mouillés de larmes, Dieu est bien bon de vous avoir créé pour moi.

Des pas pesans l'interrompirent. Le guichetier, engourdi sans doute d'être resté longtemps assis, marchait dans la chambre et cherchait à rallumer le feu.

— Nous avions oublié cet homme, dit Espérance.

— Allons!... s'écria Gabrielle radieuse, la liberté est là bas! Allumez un flambeau, brave homme, et nous éclairez l'escalier...

Le guichetier se hâta d'obéir. Tous trois descendirent. Gabrielle, précédée du porte-flambeau, précédait elle-même Espérance. Tout en descendant, elle se retournait lui souriant incessamment, comme eût fait un ange; et rien n'était si beau que cette lumière et cet amour rayonnant sur ces deux jeunes fronts.

Arrivée aux portes, où le gouverneur l'attendait pour la conduire jusqu'à sa litière, elle jeta sa bourse pleine d'or aux pauvres qui regardaient et admiraient l'équipage.

— Jour de joie! dit-elle.

Quand elle eut monté dans sa litière, et que ses gens à cheval commencèrent à marcher, elle tendit ses deux mains brûlantes à Espérance, et l'attira si près d'elle qu'il respira son souffle parfumé.

— A ma libératrice, merci! dit-il à haute voix en s'inclinant avec respect.

— Merci à mon ami, dit-elle tout bas.

Et en se baissant elle appuya ses lèvres sur la main d'Espérance.

Sa litière était déjà loin, que le jeune homme cherchait encore ses idées et son chemin.

XVI.

Droit de chasse.

Quand Espérance rentra chez lui, croyant surprendre son monde, il fut surpris lui-même, on l'attendait. Un avis envoyé deux heures avant était parvenu au maître-d'hôtel qui, sur-le-champ, passant, ainsi que toute la maison, d'une vive inquiétude à une joie immodérée, avait préparé le service comme si le maître n'eût fait qu'une absence ordinaire et rentrait pour dîner.

A cette prévenance du donneur d'avis, Espérance reconnut bien sa libératrice, qui ne voulait pas l'exposer aux hasards d'un retour en plein désordre.

C'était bien la même femme qui venait de lui promettre une vigilance de tous les momens, et qui, avant de promettre, avait déjà tenu parole.

Il remercia ses gens de leur intérêt, de leur empressement, se laissa soigner, adorer, et s'assit devant un admirable repas, auquel il ne toucha que des yeux, parce que, à chaque bouchée, le cœur, gonflé de sa secrète joie, contrariait par ses bonds et ses battemens fous, les volontés de l'estomac. Doux supplice de l'inanition, bien connu de la jeunesse amoureuse, ces Tantales mourant de faim et de bonheur tout à la fois!

Quel homme ne se souvient d'avoir, au milieu du festin le plus joyeux, repoussé l'assiette ou reposé le verre, en songeant au baiser promis ou reçu de la maîtresse absente. Quiconque une heure après ou avant le rendez-vous ne sent pas son cœur monter jusqu'à ses lèvres, sera peut-être un heureux convive, mais n'est pas un heureux amant.

Espérance se hâta de rentrer dans son appartement pour dormir, disait-il, mais, en réalité, pour songer sans trouble et sans témoins. Son esprit frais et tenace, comme il est à vingt ans, lui répéta fidèlement mot par mot, geste par geste, signe par signe, toute la scène de la prison. Le sourire, l'intonation du : oui, je vous aime! — celle du : comme je vous aimerai! repassèrent à ses yeux et à son oreille. Tout son corps frissonna quand il se rappela la pression des mains de Gabrielle et son ineffable regard dans l'escalier. Quant à cette caresse de l'haleine suave de son amie, quant à la pression chaude des lèvres qui avaient effleuré sa main, ce furent, lorsqu'il se les rappela, lorsqu'il en retrouva la sensation par la mémoire, des élans de bonheur, des extases d'amour, dont Espérance savoura vingt fois de suite la volupté toujours nouvelle.

Désormais, quelle occupation dans sa vie! comme elle serait courte et meublée cette vie, soit par le souvenir, soit par l'espoir! Que de trésors à joindre aux trésors déjà recueillis! Quelle source intarissable de jouissances dans cette idée qu'il avait été choisi par Gabrielle, et que rien ne pourrait interrompre la poétique et chaste communication de ces deux âmes à jamais unies; rien, pas même la distance, pas même les obstacles du vouloir et du pouvoir.

Le sommeil qui suivit ces réflexions fut délicieux et continua le rêve, et le lendemain, au réveil, Espérance se rappelant combien il allait être heureux, se figura qu'il vivait pour la première fois, et que jusque là il n'avait fait que végéter.

Une surprise bien douce encore l'attendait au sortir de sa chambre. Pontis vint l'embrasser avec l'effusion d'un cœur dévoué. Puis, ce fut le tour de Crillon, qui avait été averti par Gabrielle, et à peine revenu de son expédition, avait voulu revoir celui qu'il appelait l'infortuné prisonnier.

Jamais gaîté pareille ne s'était assise au foyer d'un simple mortel. Espérance rayonnait. Pontis fit admirer au chevalier sa bonne mine et sa faconde intarissable. Pontis trouvait sublime la démarche de Gabrielle. Crillon soutenait qu'elle n'était que dûe. — Espérance souriait, et disait oui à l'un et à l'autre.

Il fut très fort question ce jour-là, non plus de Gabrielle, car Espérance rompit habilement l'entretien chaque fois qu'il errait de ce côté, mais du faux Valois, de la rusée duchesse, et de tout le tracas qui allait résulter encore pour le roi de cette complication nouvelle de la politique.

Après qu'Espérance et Pontis eurent longuement exprimé leur rage contre La Ramée, et admiré cette puissance vivace de l'ennemi qui, toujours terrassé, se relevait toujours, Espérance demanda au chevalier comment il était possible qu'un pareil drôle occasionnât des ennuis au roi.

Le moucheron était-il à ce point le tyran du lion ?

— Le roi, répliqua Crillon, en est fort préoccupé.

— Le roi a pourtant la tête bonne, dit Espérance.

— La tête... la tête... murmura Crillon.

— Si mon colonel me permettait de parler, dit Pontis...

— Parle, cadet; mais parle bien.

— Eh ! monseigneur, on dit partout que le roi a été blessé à la tête et que le cerveau s'en ressent.

— C'est un peu exagéré, repartit Crillon, mais le roi paraît affaibli de raisonnement, voilà qui est sûr. Croiriez-vous que nous faillîmes nous quereller hier ensemble à propos de cette coquine d'Entragues?

— En vérité ! dit Espérance en rougissant.

— Oui... Le roi soutenait que cette fille s'était réellement évanouie au balcon par amour pour lui, et que je la calomniais en prétendant le contraire.

— Vous prétendiez donc le contraire, monsieur ? demanda Espérance.

— Oh !... dis-je au roi, si j'eusse voulu la faire revenir à elle, je n'avais qu'un mot à dire, un nom à prononcer.

— Vous n'avez rien dit, j'espère, monsieur le chevalier, répondit Espérance, car ma délicatesse y est engagée.

— Non, je n'ai dit que cela. Le roi a froncé le sourcil, frotté de baume sa lèvre malade et marmonné dans ses dents :

— Chaque fois qu'un pauvre prince est aimé, chacun s'empresse de lui persuader qu'il est...

— Comment ? dit Espérance.

— M. le colonel a voulu dire trompé, se hâta d'ajouter Pontis. Mais il est bien dommage que le cher sire ignore ce que M. La Ramée est à Mlle d'Entragues et réciproquement. Car, du caractère qu'a le roi c'est tôt ou tard un commerce qui s'établira. M. le comte d'Auvergne y pousse, toute la famille y pousse et tant pis pour la marquise de Monceaux.

— Un clou chasse l'autre, dit Crillon.

— Monsieur le chevalier, s'écria Espérance, je vous supplie d'être meilleur pour la plus estimable et la plus charmante femme de la cour.

— Il dit cela, parce qu'elle l'a tiré de prison. Mais, malheureux généreux que vous êtes, si elle ne vous y eût pas mis, elle n'aurait pas eu besoin de vous en faire sortir.

— Enfin, permettez-moi de vous faire observer, dit Espérance, qu'entre Mlle d'Estrées et Mlle d'Entragues, il y a la différence d'un ange à une furie. Le jour où Mlle d'Entragues régnera sur le roi, je plains la France,

— Et je plains nous autres, s'écria Pontis, car nous sommes mal notés par là. Tandis que la marquise nous protège, c'est évident, n'est-ce pas, Espérance ?

— Encore un mot de La Ramée, interrompit le jeune homme. Est-ce qu'il a des partisans, est-ce que son histoire se propage ?

— Tous les Ligueurs, tous les Espagnols, bon nombre de prêtres ou de moines, et les jésuites surtout le soutiendront.

— C'est un gros parti, murmura Espérance. Mais il faudra combattre.

— A propos de combats, dit tout à coup Crillon, vous savez que le roi en s'éveillant ce matin a songé à vous et parlé de vous.

— Un peu soufflé par Mme la marquise, peut-être bien, dit Pontis, car elle aura voulu raconter ce que tout le monde savait, sa visite au Petit-Châtelet.

— Précisément.

— Et le roi, qu'a-t-il dit?

— Le roi a paru un peu surpris que vous eussiez eu les honneurs d'une telle intervention ; puis il s'est ravisé et a trouvé qu'on n'avait pas assez fait pour vous ôter le mauvais goût de la disgrâce passée.

— Pas assez fait?

— Oui, le roi est généreux en de certains jours. Certes, a-t-il dit, le jeune homme doit être flatté de la protection de madame la marquise, mais cela ne lui retire ni la prison qu'il a faite, ni la laide couleur de cette arrestation imméritée.

— Il a dit imméritée, c'est bien ! s'écria Pontis.

— Harnibieu ! ai-je dit au roi, voilà comment le meilleur prince du monde fait toujours un peu de mal sans s'en apercevoir.

— Il faut lui pardonner, a répondu Sa Majesté, s'il fait le bien en s'en apercevant. Je m'étais trompé sur ce jeune homme, je lui ferai réparation.

— C'est fort beau ! dit le garde.

— C'est noble, en effet, ajouta Espérance.

— C'est juste, dit Crillon.

— Mais je ne vois pas trop pourquoi tout ce récit vous est venu à propos de combats, demanda Espérance au chevalier.

— Voici : c'est que Sa Majesté est capable de vous offrir une compagnie en quelque régiment. Il pousse fort à la culture des officiers, notre grand monarque, et s'il les trouve beaux, braves, riches, il s'en empare. Avis à vous, vous voilà prévenu.

— Je le défie bien de m'éblouir, dit Espérance.

— Oh ! ne dites pas cela ; il est séduisant quand il veut affiler sa langue. Je me souviens que cent fois il nous faisait faire, à nous ses amis, des tours de force avec un seul mot prononcé d'une certaine façon. S'il vous offre une compagnie, vous voilà enrôlé.

— Pas encore, dit Espérance en souriant, d'ailleurs, il n'est pas là pour m'offrir...

— Il n'est pas là, non ; mais vous serez bientôt au Louvre, et le moyen de refuser? Oui vous serez au Louvre. S. M. m'a commandé de vous amener le plus tôt possible, et ce sera aujourd'hui même, s'il vous plaît.

— J'irai donc, dit Espérance avec une secrète joie de rencontrer sitôt une occasion de revoir Gabrielle.

— Quelle chance ! si l'on offrait quelque chose à Espérance dans les gardes, dit Pontis, et si j'étais désormais sous ses ordres; le doux service, les beaux congés que j'aurais ! quelles aubaines, et qu'on se donnerait de bon temps !

— Là, là, là ! dit Crillon, paresseux que tu es ; ne prévoyons pas de si loin. Si Espérance entre aux gardes, il sera d'abord sous mes ordres, et je lui défendrai absolument de gâter un drôle comme toi : ta gangrène est déjà bien assez profonde.

— Eh ! mais notre palais, reprit Pontis, il le faudrait donc abandonner ? Et nos cuisiniers, et notre cave, et toutes les douceurs de la vie, sambioux ! Espérance, pas de faiblesse, au moins ; n'accepte pas les honneurs à la place du bonheur ! Comment irais-je, si vous étiez mon chef, dans le carosse de mon chef ? Comment dirais-je : toi à celui qui pourrait me mettre aux arrêts ? Pas de faiblesse ! Espérance.

— Ne crains rien, repartit celui-ci avec un sourire. Je me garderai comme du feu de ces tentations d'orgueil. Les honneurs! ah bien, oui. Ceci est du foin pour les gens heureux.

— Du vrai foin, répéta Pontis. Fœnum, en latin.

— Voilà de plaisans philosophes ! s'écria le chevalier.

— Désintéressés, monseigneur, comme Aristide et Curius.

— Marauds ! quand vous ne serez plus jeunes, quand vous perdrez vos cheveux ou ne les pourrez plus perdre, — ainsi des dents, — quand vous ne ferez plus baisser les yeux à une seule femme, vous verrez si l'ambition ne vous pousse pas ! Que faire dans cette vie, sans cheveux, sans dents et sans amour, si l'on n'avait pas les glorioles et les sonnettes de l'ambition ? D'ailleurs je ne sais pas pourquoi ce Pontis parle toujours pour deux. — Tu es gueux, cadet, tu es râpé, raflé ; tu as pour perspective un lit gratis sur quelque champ de bataille, un de ces lits d'où l'on ne se relève pas, à moins que tu n'ailles retrouver la paille d'avoine de ton castel en poudre. Espérance, au contraire, est riche, reluisant et renté ; il a tout ce que tu as et tout ce que tu n'as pas. Parle pour toi seul, cadet.

— Mais non, interrompit Espérance, Pontis, au contraire, à tout ce que j'ai.

— C'est juste, dit le garde.

— Allons donc ! aura-t-il l'héritière qui tôt ou tard sera trop heureuse d'épouser Espérance?

— Tard! dit Espérance en riant de si bon cœur, que Pontis fit chorus, et que le chevalier, forcé de les imiter, s'écria :

—Je ne sais ce qu'il y a aujourd'hui dans les yeux du seigneur Espérance, mais on dirait de la flamme vive.

— C'est le contentement, monsieur.

—Harnibieu! le contentement d'avoir été en prison! Vous n'êtes pas difficile. Si la prison vous profite ainsi, pourquoi ne demanderions-nous pas au roi qu'il vous en fasse tâter de temps en temps, pour vous remettre en belle humeur? Voilà un chrétien qui m'arrive d'Italie tout blême, tout lugubre; il soupirait à fendre des arbres; il ne parlait que de choses mortuaires;—tout-à-coup on le jette en prison comme un bohême, — je me figure qu'il en mourra, vu les dispositions que je lui connaissais à la mélancolie... je n'en ai pas dormi deux jours! et, regardez... le voilà...

Espérance continuait à rire, et Pontis s'en crevait sans savoir pourquoi.

— Quels bélîtres! s'écria le chevalier; on voudrait les égayer qu'on n'y parviendrait pas, et pour une pauvre fois qu'on veut les assombrir, ils rient comme un tas de mouches au soleil. Allons, mordieu! allons au Louvre regarder la moustache grise du roi et sa lèvre fendue. Cela vous fera penser d'abord à La Ramée qu'on écartellera quelque jour s'il ne vous a pas dévorés avant, puis au petit serpenteau de Châtel qu'on est en train d'écorcher tout doucement pour extraire de lui quelques bonnes vérités. Vous penserez aussi à votre amie d'Entragues, qui vous veut tant de bien, aux petits couteaux de la mère Touchet — toutes choses gaies, — et si vous riez au nez du roi, nous le verrons bien, et le Châtelet est toujours là-bas avec son brave homme de gouverneur... A propos, il s'appelle du Jardin! Et il était le père de son fils, vous savez ce que je veux dire, Espérance... Riez encore de celui-là si vous voulez!

Les deux jeunes gens se calmèrent pour faire plaisir à Crillon, et l'on partit pour le Louvre où Pontis vit bien que l'égalité est une fiction sur cette terre, car il resta dehors tandis que ses deux compagnons entraient dans le cabinet du roi.

Espérance eut lieu d'être satisfait de sa visite. Henri, tout en le caressant beaucoup, ne lui fit aucune ovation publique. L'attirant à part:

— L'affaire, lui dit-il avec son aimable sourire, s'est passée entre nous, qu'elle reste entre nous. On ne sait pas que vous avez été jeté dans les fers par Henri, le tyran, ne l'apprenons pas au monde. Il faudrait aussi lui dire, à ce monde bavard et curieux, que le roi s'est conduit comme un écolier, que l'écolier s'est conduit en roi. Or, ma royauté n'est pas assez solide pour affronter de tels chocs. Demeurons bons amis, jeune homme. J'ai eu besoin de vous, et vous m'eussiez rendu un grand service sans le démon familier des femmes qui trahit toujours les maris. Cependant, votre bonne volonté comptera pour le fait. Ainsi demandez-moi ce que vous voudrez, pourvu que je puisse vous l'accorder, c'est acquis. Es-tu content, Crillon?

—Espérance l'est-il? demanda le chevalier.

— Je suis comblé, répondit le jeune homme en fléchissant le genou.

— Allons, demandez, mon beau confident, s'écria le roi, pourvu que ce ne soit pas de l'argent!

— Eh! sire, il vous en prêtera si vous voulez, dit Crillon.

— Peste! je n'ai garde de refuser, répliqua le roi. Mais que veut-il?

— Rien, sire, que l'honneur de vos bonnes grâces.

— C'est trop peu, dit Henri, un peu gêné de n'avoir rien à offrir.

Espérance sentit cette nuance avec son exquise délicatesse.

— Sire, dit-il, je suis grand chasseur, et n'ai pas présentement de terres.

— Vous aimeriez chasser sur les miennes? dit Henri.

— De temps en temps, sire, avec l'agrément de Votre Majesté.

— C'est accordé, répliqua le roi, sans voir que derrière la tapisserie, un divin profil, visible pour Espérance tout seul, venait d'apporter au jeune homme le sourire promis à défaut de la parole.

Le sourire était malicieux et mutin à faire le désespoir d'un lutin. Car Gabrielle avait entendu cette autorisation donnée à Espérance de chasser sur les terres du roi. Craignant de rire au point d'être découverte, et de rougir si elle était aperçue, Gabrielle aima mieux disparaître, et la vision échappa aux regards avides d'Espérance.

L'audience était finie, Crillon emmena son protégé.

— Maintenant, dit-il, vous voilà commensal du roi. Le droit de chasse dans les bois de Sa Majesté vous ouvre les maisons royales... en tout temps.

— Ah! dit Espérance avec une feinte naïveté; en tout temps?

— Oui, que le roi y soit ou n'y soit pas. C'est un privilége que n'ont pas toujours les princes du sang. Il vous plairait courir un cerf la nuit, aux lanternes, que le roi ne vous en empêcherait pas.

— J'userai, répondit Espérance avec un soupir, et tâcherai de n'abuser jamais.

— Je verrai Gabrielle quand je voudrai, pensa-t-il, sans même qu'elle le sache. Je la verrai sans que nul puisse croire que je la cherche... Allons, c'est du vrai bonheur!

Au sortir du cabinet royal, Crillon et le jeune homme se quittèrent. Pontis reprit son compagnon, et le voyant aussi radieux qu'à l'arrivée :

— Puisque tu es dans une bonne veine, dit-il, joue quitte ou double.

— Qu'est-ce à dire ?

— Amusons-nous.

— Soit. Mais comment ?

— J'ai une idée. Donne une fête pour inaugurer ton palais. Nous y recevrons tous les bons compagnons et toutes les aimables femmes de Paris ; il faut se faire un cercle, sambioux !

— Oh ! oh ! tant de monde...

— Crois-moi, Espérance, répandons-nous un peu, je te conterai pourquoi.

— Conte.

— C'est mon tour de garde et je n'ai pas le temps aujourd'hui, mais fais préparer un bon déjeûner demain et je veux t'en raconter de belles.

— C'est conclu.

Espérance rentra chez lui par le chemin le plus long, lentement, à petits pas, incapable de contenir son ivresse s'il n'eût pas respiré le grand air pendant deux longues heures.

Dans son vestibule il aperçut, attachée à la table de marbre et broutant des fleurs dans une corbeille, une charmante biche portant collier de cuir de Cordoue avec une plaque d'argent sur laquelle était gravée cette inscription: Chasse du roi.

Ses gens lui annoncèrent orgueilleusement que c'était un présent qui venait d'arriver du Louvre.

— Encore Gabrielle ! tant d'esprit avec tant d'âme, murmura-t-il, dans une si parfaite beauté. Oh! mon Dieu, est-ce que je ne suis pas trop heureux !

XVII.

Intrigues de bal et autres.

On sera peut-être surpris que nous n'ayons pas encore ramené le lecteur chez ce voisin d'Espérance, le riche Zamet, seigneur des fameux dix-sept cent mille écus, dont l'hôtel, rue de Lesdiguières, avait à Paris une réputation universelle.

Zamet, que sa fortune faisait rechercher de toute la noblesse et des ministres, qui lui empruntaient de l'argent, était une de ces étranges figures dont l'histoire ne suffit pas toujours à bien crayonner la ressemblance. Ce qu'un pareil personnage fait ouvertement tient peu de place dans les annales d'une époque, mais quiconque retrouverait ses traces dans les marches souterraines qu'il a faites pour arriver à son but mystérieux, quiconque saurait éclairer ce type obscur d'un reflet de la vérité, s'étonnerait, d'après l'importance de l'œuvre, des proportions gigantesques que prend tout à coup la figure de l'ouvrier.

Zamet, florentin, dévoué aux Médicis, et leur agent en France, les servait avec un dévouement dont il attribuait la cause à la reconnaissance, et qu'on peut, sans calomnie, attribuer à l'ambition la plus effrénée comme la plus intelligente. Il devait sa fortune à Catherine de Médicis, et s'était promis qu'une autre Médicis décuplerait cette fortune. Seulement, pour atteindre un tel résultat, les forces d'un homme eussent à peine été suffisantes. Il n'y avait plus de Médicis en France. Catherine était morte avec toute sa postérité peu regrettée, il faut le dire, et la nation française ne paraissait pas disposée à replacer son front sous le joug des Italiens.

Médicis était un nom qui signifiait alors : Guerre religieuse, Saint-Barthélemy, guerre civile, guerre étrangère. Il signifiait encore : Famine, corruption, crimes de famille. Trente ans de meurtres, de spoliations faisaient un cortége sanglant et infâme à ce nom, devenu à peu près impossible. Cependant, Zamet avait besoin de rapprocher les besans d'or de la fleur de lys de France. Il prit ses mesures ; l'histoire est là pour nous apprendre s'il se trompa.

Quelque temps après les scènes que nous avons tracées dans nos derniers chapitres, le seigneur Zamet, en son hôtel de la rue de Lesdiguières, se promenait un soir de long en large dans la grande salle voisine de sa galerie. Il était soucieux, et méditait avec soin l'analyse d'une lettre qui lui était arrivée de Florence.

Assise auprès d'une table, sur laquelle ses deux coudes étaient appuyés, la senora Leonora méditait aussi, et son œil pétillant de génie, interrogeait vaguement par les airs le démon rebelle de l'inspiration.

A l'angle de la salle, un homme plus somnolent que rêveur, un beau paresseux, ayant tournure de gentilhomme et timidité de laquais, attendait un mot de Zamet ou de Leonora pour se décider à mettre en mouvement son corps voluptueusement engourdi par la chaleur et le farniente.

— Le courrier attend, murmura Zamet en italien, et il faut que la dépêche soit expédiée ce soir même. Que dire de nouveau là-bas ! Avez-vous une idée Leonora ?

— J'en aurais si nous voulions mentir, répondit la Florentine. Mais à quoi bon mentir ? Ce qu'il faut là-bas, c'est la vérité.

— La vérité, c'est que le roi n'est pas mort.

— Cela peut s'écrire, et faire plaisir à Florence.

— La vérité, c'est aussi que le roi est revenu plus que jamais à la marquise de Monceaux. Quand on a été si près de les voir brouillés ! Quand j'avais déjà entamé des négociasions avec M. de Sully !

— Voilà qui sera désespérant, dit Leonora. Cependant il le faut mander à Florence.

— On verra chez nos princes que rien de nouveau n'a été fait. En attendant, le temps passe.

Léonora haussa les épaules d'un air qui signifiait....

— Qu'y puis-je faire ?

— La lettre sera bientôt écrite alors, dit Zamet.

— Et bientôt lue surtout !

— Ecrivez donc, répéta Leonora. Les premières nouvelles que nous enverrons seront meilleures. Ecrivons !

Zamet en rechignant grommela :

— Faites !

— Vous ne me le diriez pas deux fois, si je savais écrire, dit Leonora. Prenez la plume, vous.

— Moi, j'ai ma goutte, répliqua Zamet.

Leonora souriant :

— Voilà une goutte qui n'oserait pas se montrer si vous aviez de belles nouvelles à envoyer. Allons, Concino, tu n'as pas la goutte, toi, écris.

Le paresseux étendit les bras et fit craquer toutes ses articulations comme un chien au sortir du chenil. Leonora lui tendit la plume qu'il prit de la main gauche.

— Vous dicterez, au moins, dit-elle à Zamet.

Celui-ci, en effet, dicta un résumé des faits qui s'étaient accomplis dans la dernière période : la blessure du roi, sa réconciliation avec Gabrielle, la déclaration du prétendu Valois.

Concino écrivait lentement, mal, et avec hésitation, de la main gauche. Zamet le lui ayant reproché, il prétexta une brûlure au pouce droit.

Le fait est qu'il voulait que son écriture ne pût être reconnue en cas de surprise, et il y réussissait à merveille ; son grimoire n'eût pas été déchiffrable pour un des plus rusés greffiers de la Tournelle.

Lorsqu'il crut comprendre que la lettre était finie, il jeta la plume et se secoua comme après une rude corvée.

— Suis-je libre ? demanda-t-il.

— Va ! dit Leonora.

— Où va-t-il tous les soirs ainsi avec tant de précipitation dans sa lenteur ? demanda Zamet.

— Il va jouer, répliqua Leonora, pour nous amasser une dot, que nul ne nous donnera, je le vois bien, si nous ne la gagnons nous-mêmes.

Cette attaque au coffre-fort de Zamet n'eut pas de succès, mais elle décida la fin de l'entretien. Concino se leva et sortit.

Zamet relut la dépêche, la scella d'un certain cachet composé de plusieurs lettres juxta-posées, et Léonora se chargea de la remettre au courrier prêt à partir.

— Maintenant, dit Zamet, il est temps, je crois, que l'on m'habille si je veux assister au bal que donne le voisin, ce voisin tombé du ciel et qu'on dit plus riche que moi.

Il rentra chez lui en disant ces mots avec une amertume manifeste. Léonora fut à peine seule, qu'elle ouvrit délicatement la dépêche, y écrivit d'une main rapide deux ou trois lignes sous le revers de l'enveloppe, sans rompre le cachet, et descendit pour donner elle-même le message à celui qui l'attendait.

Elle remontait dans le vestibule quand un bruit de chevaux retentit au dehors. Léonora se hâta de rentrer chez elle, où, dix minutes après, une voix jeune et vibrante l'appela par son nom.

C'était Henriette, enveloppée d'un manteau, pâle comme si elle eût souffert, embarrassée comme si elle fût venue dans quelque grand dessein.

Léonora l'accueillit avec cette politesse empressée des Italiennes, la fit asseoir, la caressa, lui plaça une peau de loup sous les pieds, et lui fit mille compliments sur sa beauté. Henriette écoutait d'un air distrait, ou plutôt n'écoutait pas.

— Qu'avez-vous, lui dit enfin Léonora, qui vous amène ?

— Mon père d'abord, répliqua Henriette en italien. Il est chez M. Zamet avec lequel il cause un peu tandis que je vais t'entretenir. Faisons vite, et surtout faisons bien.

— Qu'y-a-t'il, signora ?

— Oh !... presque rien, mais ce rien, me sera utile si tu veux l'entreprendre.

— Je suis prête.

Henriette recueillit ses idées, ou plutôt les disposa en bon ordre pour ne les exposer qu'avantageusement. Tactique de diplomate qui se propose à mentir pour faire dire la vérité à l'adversaire.

— M. Zamet, dit-elle, ne va-t-il pas au bal ce soir ?

— Oui, signora.

— Chez un seigneur voisin ?

— Mur à mur. Un très beau bal, dit-on, dont tout le monde se promet merveille. C'est un événement dans le quartier.

— Qui donc a invité M. Zamet ?... Le seigneur voisin, probablement ?

— Je ne crois pas... C'est un grand guerrier ; illustrissima spada... qui vint ici l'autre soir.

— M. de Crillon, peut-être ?

— Précisément.

— En sorte que tu n'as pas vu ce voisin ?

— Jamais, et ne sais pas même comment il s'appelle.

— C'est inutile. J'espérais seulement que tu l'aurais vu.

— Pourquoi faire ?

— Pour le reconnaître au besoin.

— N'est-ce que cela ? je puis le voir ce soir, si cela me fait plaisir.

— Comment donc ?

— En plaçant une échelle au long du mur de notre jardin qui est contigu au sien. La fête aura lieu dans les jardins. Le seigneur en question s'y promènera, et je le verrai.

Les yeux d'Henriette étincelèrent.

— C'est une idée, dit-elle. Oui, en effet, une échelle...

Puis amèrement :

— Le moyen n'est pas noble, ajouta-t-elle, mais quand on n'est pas invité on s'arrange comme on peut.

— Voilà qui m'étonne, demanda Léonora. Beaucoup de personnes de la cour sont conviées, dit-on. Pourquoi ne l'êtes-vous pas avec votre famille ?

Henriette rougit.

— Je ne sais, mais que m'importe, Léonora ; il ne s'agit pas de cela.

— Il paraîtrait que cela lui importe beaucoup, pensa l'Italienne en voyant se froncer les sourcils de Mlle d'Entragues.

— Nous disons, reprit Henriette, que tu peux voir ce personnage... c'est beaucoup déjà que de le voir, mais cela ne suffit pas.

— Ah !

— Quand tu l'auras bien vu, de façon à être certaine de le reconnaître partout et toujours, il faudra que tu étudies la maison.

— Sa maison, à lui ?

— Et que tu puisses observer ses démarches ou les faire observer.

Léonora devint sérieuse.

— Vous ne m'en dites pas assez ou vous m'en dites trop, répliqua-t-elle. L'ordre que l'on ne comprend qu'à demi est presque toujours mal exécuté. Observer est un mot vague ; précisez-le. Quand observerai-je ? Où ? Pourquoi ?

Henriette regarda fixement la pénétrante italienne.

— Je te croyais, Léonora, qu'en m'adressant à une devineresse, je serais dispensée de la moitié des explications.

— Avec une moitié d'explications, je devinerai un tout, mais avec un quart je ne devinerai qu'une moitié tout au plus.

— Eh bien ! dit Henriette en cherchant avec soin chaque parole, je suis chargée par une de mes amies qui aime ce jeune homme....

— C'est un jeune homme ?

— Je le suppose. Je suis chargée, dis-je, de savoir si elle peut espérer d'être aimée. Il faut te dire que mon amie doute.

— Est-elle belle ?

— Mais oui.

— Eh bien ! pourquoi ne l'aimerait-il pas ?

— Ce n'est pas une raison.

— Oh ! cela dépend du genre d'amour que votre amie réclame.

— Elle n'est pas des plus exigeantes ; cependant, Léonora, si le cœur du jeune homme est pris d'ailleurs ?

— Ah ! voilà.

— C'est ce que je veux savoir... pour mon amie.

— C'est entendu. Et pour savoir cela, vous désirez que j'observe ou fasse observer le jeune homme ?

— Précisément.

— Que je sache où il va.

— Oui, Léonora.

— Qui il voit ?

— Oui.

— Qui il aime ?

— Tu as deviné. Mon amie te sera reconnaissante. Je lui ai dit que tu habitais à cent pas de la maison du seigneur en question.

— A trente pas, signora.

— Que tu plongeais de ta fenêtre dans son jardin.

— Presque dans sa maison.

— Et ces nouvelles ont tellement enchanté mon amie qu'elle m'a donné pour toi ces vingt ducats, en attendant la récompense des peines que tu vas prendre.

Leonora prit les ducats, qu'elle serra dans sa poche avec une cupidité mal dissimulée.

— Je ferai mieux que de regarder par dessus un mur, dit-elle, j'irai dans la maison.

— Tu le peux ?

— Rien de plus aisé : M. Zamet y entre bien, et il est quatre fois plus gros que moi ?

— Mais s'il t'y rencontrait ?

— Je saurai l'éviter. D'ailleurs, quand il me verrait ? Ne suis-je pas libre ?

— Mais tu n'es pas invitée ?

— Je vais partout où je veux. Et quand une fois j'aurai pénétré chez le jeune seigneur, je serai bien sotte si je ne parviens pas à lui parler, et il sera bien fin s'il parvient à me cacher quelque chose.

— Leonora, tu es une perle ! Quand commences-tu ?

— Ce soir...

— Un jour de bal ?

— Précisément. Si le jeune homme aime quelqu'un, cette personne ne peut manquer d'assister au bal. Pour qui donne-t-on bal, sinon pour sa maîtresse. Or, si la maîtresse est là, je vous la nommerai avant qu'il soit minuit.

Henriette, avec une joie concentrée ;

— Tu as raison, dit-elle. Chacune de tes paroles est une maxime de sagesse. Eh bien! tandis que tu manœuvreras ainsi, je veux me donner le plaisir de te suivre du regard. Tu m'as éveillé les idées et cette échelle me tente. Ton jardin est noir, désert, n'est-ce pas ?

— D'autant plus que M. Zamet sera absent; Concino aussi. Les gens joueront entre eux, ou se coucheront de bonne heure.

— Eh bien... je vais dire à mon père que tu me donnes une leçon de chiromancie, qu'il peut retourner à l'hôtel et m'envoyer prendre dans deux heures. Cependant, tu feindras de t'installer ici avec moi ; M. d'Entragues parti, tu pars et te glisses chez le voisin, après m'avoir conduite au mur du jardin et accommodée sur la bienheureuse échelle. Ce sera une partie piquante.

— Assurément, et vous verrez la fête comme si vous y étiez invitée.

Henriette se pinça les lèvres.

— Tu n'y vois aucun obstacle, aucun mécompte, Leonora ?

— Aucun. Mais comme il faut tout prévoir, je prendrai mon bel habit florentin, qui me fait si belle, et je réponds d'attirer l'attention d'un roi, s'il s'en trouve au bal.

— Il ne serait pas impossible que le roi y assistât, dit vivement Henriette.

Elles furent interrompues par l'arrivée de M. d'Entragues, qui cherchait sa fille. Tout se passa comme les deux femmes l'avaient concerté. Le père consentit à partir, laissant Henriette plongée dans les explications savantes des lignes de vie et de l'étoile de fortune.

A peine fut-il dehors que Léonora se fit habiller par sa compagne. Elle couvrit ses beaux cheveux de la coiffure aux longues aiguilles, enferma sa taille dans le corsage broché d'or, et sa jambe fine brilla sous les jupes à bandes bigarrées dans les bas de soie rouge. Ainsi vêtue, elle était belle de ce charme étrange devant lequel s'effacent toujours les beautés régulières ; et Henriette avoua que jamais regard plus enchanteur n'avait recelé tant de flammes périlleuses pour le repos des cavaliers.

Leonora conduisit sa compagne au fond du jardin sombre, leva de ses petites mains nerveuses une échelle lourde pour un bras d'homme. Henriette y monta, s'arrangea de manière à voiler à demi sa tête sous des lierres tombant d'un vase sur le chaperon du mur.

— Je vois !... merci ! murmura-t-elle en se penchant vers Leonora qui voulait connaître le résultat de l'épreuve.

Le manteau bien roulé autour de son corps, les bras commodément appuyés sur le mur, la jeune fille se promit d'être patiente. Léonora lui promit de ne pas tarder longtemps à revenir.

De l'autre côté du mur on entendait les instrumens préluder, on voyait s'allumer des flambeaux dans les allées.

La nuit était magnifique ; les premiers souffles du printemps avaient échauffé la terre; les violettes, pressées d'éclore, envoyaient leur parfum du sein de l'ombre où elles se plaisent. La flamme des torches et des lampes de couleur faisaient briller à l'extrémité des branches les premières bourres des feuilles d'un vert d'émeraude ; les charmilles alignées dessinaient ainsi leurs courbes élégantes.

Au loin, la maison resplendissait ; les vitres ressemblaient à des gerbes de feu. La foule des conviés se répandit hors du foyer de l'incendie et gagna peu à peu le jardin.

Le souper destiné aux danseurs étalait ses magnificences dans la grande salle du rez-de-chaussée. On eût dit un de ces festins gigantesques mis en scène par Paul Véronèse. L'amphytrion qui s'annonçait sous de pareils auspices ne pouvait manquer d'avoir un jour beaucoup d'amis.

Pontis, dans un costume d'une splendeur extravagante, rôdait autour des buffets comme s'il montait sa garde; peut-être se réservait-il certains morceaux ou certaines bouteilles.

Quant à Espérance, frais et charmant comme à l'ordinaire, il parcourait les groupes de ses hôtes, et recueillait çà et là les félicitations et les accolades. Une biche, inquiète et éblouie par les lumières, le suivait, cherchant à rencontrer sa main caressante. Quand il traversait les allées, pour donner ses ordres ou pour accompagner quelque femme qui lui parlait bas, un murmure d'admiration s'élevait sur son passage.

Zamet aussi parcourait les jardins, non sans avoir longuement supputé les frais de cette réception royale. Il avait cherché et accaparé Crillon, dont toute la malice s'exerçait à prouver au financier que désormais on l'appellerait Job, et qu'Espérance serait Crésus.

Zamet, un peu ébranlé, voulut s'en éclaircir et vint faire comme les autres ses complimens à Espérance. Crillon les laissa marcher quelques momens ensemble et parler finances. Cependant cette conversation embarrassait le jeune homme, malgré ses habitudes de naïve franchise. Plus, il s'avouait pauvre et incertain de sa richesse, plus Zamet s'effrayait de la rivalité.

Tout-à-coup Zamet poussa un cri de surprise, et, tout agité, quitta le bras d'Espérance.

— Qu'y-a-t-il, seigneur Zamet ? demanda celui-ci.

— Avez-vous vu passer là, derrière ces arbres, une femme en costume italien ?

— Non, mais on peut chercher...

— Voilà qui serait étrange, se dit Zamet à lui-même, oui... la voilà, la voilà !

En effet, Léonora égarée venait de passer comme une ombre.

— Cette petite femme qui nous tourne le dos ?

— Oh! j'ai bien vu son visage.

— Vous la connaissez ?

— Certes, et je ne comprends pas comment elle pourrait être ici. Permettez, seigneur, que je satisfasse ma curiosité.

En disant ces mots Zamet se dirigea rapidement vers l'allée où venait de disparaître l'Italienne.

Espérance avait eu à peine le temps de se demander qui était cette femme, quand il la vit tout à coup s'élancer de derrière un arbre qui lui avait servi de cachette pour éviter et dépister Zamet.

Elle vint droit au jeune homme, s'arrêta en face de lui avec une expression indéfinissable de surprise et de ravissement.

— Speranza ! s'écria-t-elle.

— La Florentine au caleçon rouge, se dit Espérance, par quel hasard !

— Quoi ! reprit vivement Leonora, vous êtes le maître de cette maison ?

— Mais oui.

— Vrai, bien vrai ?...

— Demandez-le, ma chère, au seigneur Zamet qui vous a vue et vous cherche en ce moment.

— Oh !... s'écria-t-elle en lui saisissant le bras, conduisez-moi un peu à l'écart et donnez-moi quelques minutes, il faut que je vous parle !...

XVIII.

Fais ce que dois, advienne que pourra.

C'était l'heure où les danseurs fatigués songent à se rafraîchir, où les instrumens s'enrouent. Le souper déployait toutes ses séductions, les tables s'emplissaient de convives affamés. Espérance, attachant sur la jeune Florentine un regard scrutateur, s'aperçut bien qu'elle avait quelque chose de sérieux à lui dire.

Il lui demanda un moment pour paraître au souper et présider à l'installation de ses hôtes. Et tandis qu'il s'éloignait avec promesse de revenir bientôt, Leonora se remit à marcher seule dans l'allée d'arbres verts au bout de laquelle s'élevait la partie du mur que Mlle d'Entragues avait choisie pour en faire un observatoire.

Cependant, à l'un des angles de cette allée, Leonora rencontra tout-à-coup Zamet qui la guettait depuis un moment et se tenait prêt à lui couper le passage. Le visage du financier trahissait l'inquiétude de son esprit.

— Leonora, s'écria-t-il en s'approchant de l'italienne, pourquoi êtes-vous ici, et en conversation si particulière avec ce jeune homme?...

— Je pourrais vous répondre, dit-elle en souriant, que cela ne vous regarde pas.

— Non, vous ne le pouvez pas. Car la moindre démarche suspecte que vous ferez à Paris je serai obligé d'en instruire Leurs Altesses à Florence.

— Ainsi que je serais forcée moi-même de le faire, dit tranquillement Leonora, si vous m'étiez suspect de votre côté — pourtant je vous laisse assez de liberté, n'est-ce pas? vous croisez en tous sens les fils de vos affaires, et je ne le trouve pas mauvais.

Zamet, un peu étourdi par cet aplomb de la jeune femme, répliqua qu'on ne se justifie jamais en accusant.

— Je ne vous accuse pas, seigneur Zamet, je me défends. Si je suis venue ici, c'est que je connais le maître de la maison. C'est, vous le savez, le jeune homme que ma bonne étoile me fit rencontrer si miraculeusement aux portes de Melun, lorsque l'on voulait m'arrêter; il me protégea, me sauva mon secret et la vie...

— Ah! c'est différent, dit Zamet. Cependant vous eussiez pu m'en avertir.

— Je ne le savais pas si voisin de nous.

— Vous ne saviez pas, il y a une heure, qu'il fût notre voisin et vous le savez à présent?

— Oui.

— C'est bizarre, convenez-en?

— J'en conviens; mais y a-t-il dans ma destinée autre chose que des bizarreries. J'ai lu dans nos vieux poètes que ces trois déesses qui filent la vie des mortels, emploient selon le besoin du fil d'or pour le bonheur, du fil sombre pour l'infortune. Mon écheveau, à moi, doit être bigarré d'une étrange manière.

— Tout cela ne m'explique pas, continua Zamet opiniâtrément, comment vous avez su, en une minute, que vous connaissiez le seigneur Espérance?

Elle prit un air riant.

— Speranza! murmura-t-elle; le beau Speranza! Avouez qu'il est bien beau, et que, si près de lui, le cœur d'une femme doit recevoir des avertissemens rapides!

— Tu es amoureuse, Leonora!

— Pourquoi non?

— Et Concino?

— Nous ne sommes pas encore mariés.

— Raison de plus, scélérate, pour que tu ne le trompes pas.

— Concino est trop paresseux pour s'occuper de ces sortes de choses. Mais, d'ailleurs, reprit la jeune femme d'un ton plus sérieux, voilà bien des sottises que je débite, Speranza va revenir, et je veux vous parler sérieusement.

— Comment! il va revenir? ici?... près de toi?

— Oui.

— Il quittera tout son monde pour un tête-à-tête avec toi?

— Oui.

— On en jasera. Tu vas faire tort à ce pauvre seigneur.

— Impertinent! dit Leonora, dont le regard lança une flamme. Je vaux bien celles avec qui il causerait si je n'étais pas là.

— Sans doute, répliqua Zamet, mais...

— Et je vaux bien, surtout, celle qui m'envoie ici pour lui parler.

— Ah! s'écria Zamet, on t'envoie... qui?

— La signorina, la signorinetta, la regina futura.

— Henriette d'Entragues?

— Silence!... Ne dites pas ce nom assez haut pour qu'il aille frapper le mur que vous avez en face.

— Elle guette... oh! très bien.

— Et en rentrant chez vous, ne vous heurtez pas à son échelle, vous rompriez le col à sa future majesté.

— Oh! brava Leonora... que tu as d'esprit!

— Vraiment.

— Quoi! la d'Entragues t'envoie parler à Espérance?

— Pour le compte d'une amie, dit Leonora avec un clin d'œil malin.

— C'est-à-dire qu'elle en est amoureuse folle... Bon!... Et que dois-tu dire à Espérance?

— Beaucoup de petites choses.

— Aie des preuves, surtout!...

— Laissez faire.

— Ah! Leonora... Celle-là, une fois que nous l'aurons assise où elle veut s'asseoir, ne sera pas si difficile à renverser que la marquise de Monceaux.

— Je l'espère bien.

— Elle est bien vicieuse, cette Henriette, continua Zamet avec mépris... Pas même de tenue!... au moment où elle veut détrôner une femme qui se tient si bien!...... Mais prends garde, Leonora, de la compromettre trop tôt avec Espérance...

— Oh! n'ayez pas peur, dit l'Italienne en souriant.

— C'est que, vois-tu, le moment est bon pour nous; le roi y mord; elle l'a ensorcelé, toute scélérate qu'elle est. Hier, il m'a demandé tout bas de ses nouvelles... et non content de cela, il a envoyé son La Varenne s'informer de la santé de ces dames. L'affaire marche, ne l'entravons pas.

— Ne craignez rien, vous dis-je... seigneur Zamet. Speranza est trop charmant pour que je le laisse dévorer par cette Française. Oh! non... Pauvre cher Speranza... elle ne l'aura pas ainsi.

— Tu le gardes pour toi, n'est-ce pas? dit le vieux Florentin avec un rire équivoque.

— C'est ce qui pourrait lui échoir de plus heureux, mon maître. Mais, j'entends bien des éclats de rire, là-bas...

— Oh! le vin est généreux.

— Comme l'amphitryon. Il vient, il vient!

— Je me sauve.

— Au contraire, restez... J'aime mieux que nous n'ayons pas l'air d'être en mystère. Vous m'aurez surprise ici, tant mieux.

— Mais, qui es-tu pour lui? Il faut que je le sache.

— Je suis Leonora Galigaï, femme de Concino, protégée de Marie de Médicis.

Zamet fit un mouvement d'effroi.

— Malheureuse! dit-il, tu lui as dit ce nom !

— Que voulez-vous, il a bien fallu lui montrer que je n'étais ni une Espagnole ni une aventurière indigne de sa protection.

— Mais il peut deviner que tu sers ici la princesse.

— Quoi?... N'êtes-vous pas Florentin aussi, vous, et en même temps bon ami du roi, et bon ami de Mme de Monceaux, comme vous le serez de Mlle d'Entragues à son tour et de toutes les autres jusqu'à ce que...

— Tais-toi, il pourrait entendre.

Espérance arrivait, cherchant son Italienne. Il la vit au bras de Zamet, dont la rusée s'était emparée.

— Eh quoi! s'écria-t-il avec enjouement, le seigneur Zamet a donc pris au vol sa colombe florentine?

— Les colombes florentines, seigneur Speranza, interrompit Leonora en quittant le bras de Zamet pour prendre celui d'Espérance, sont blanches, avec des yeux roses. Moi je suis noire, avec un œil plus noir encore. Je ne suis qu'un petit corbeau.

— Cette petite fille, dit Zamet, a voulu venir ici à toute force. Elle y est... vous êtes le maître de la maison... je vous laisse...

Espérance riant :

— Elle est en sûreté avec moi, dit-il.

Leonora le regarda singulièrement comme pour lui reprocher cette parole, dont une autre se fût rassurée.

Zamet fit la révérence et partit.

— Me voici à vos ordres, petit corbeau, dit Espérance, mais une question d'abord.

— Voyons.

— Zamet vient de dire que vous aviez désiré de venir chez moi. Et en m'apercevant vous vous êtes écriée comme si vous ne vous fussiez pas attendue à me voir.

— C'est vrai.

— C'est singulier alors.

— Je ne dis pas non. Mais vous allez m'écouter, n'est-ce pas ?

En disant ces mots, elle serra tendrement le bras du jeune homme.

— Je suis venue, dit-elle, pour vous rendre un service, ou du moins pour vous épargner un ennui.

— Merci.

— Vous ne doutez pas de l'intérêt que vous m'avez inspiré... c'est de la reconnaissance.

— La vertu des cœurs généreux.

— Je cherchais bien impatiemment l'occasion de payer cette dette... l'occasion s'est offerte, je la saisis.

— Mais, dit Espérance, vous ne m'avez toujours pas expliqué comment vous veniez me rendre service sans savoir que vous vinssiez chez moi.

— Cher seigneur, ne nous étendons pas trop sur ce chapitre ; il entraînerait des commentaires oiseux. Voyons le résultat, rien de plus. Cependant, je veux être franche avec vous, parce que, voyez-vous, seigneur Speranza, quand on vous parle, l'esprit commence, puis le cœur s'en mêle et chasse l'esprit.

— Bonne Leonora !

— Je dis donc que j'étais venue vous apporter probablement un ennui.

— Ah !

— Oui. Je ne savais pas que ce fût pour vous, pour Speranza ! Vous comprenez.

— Pas bien.

— Oui, je venais près du maître de cette maison avec de certaines idées et un certain message...

— Ennuyeux ?

— Certes. Lorsque tout-à-coup j'ai vu Spéranza.... un visage qu'on n'oublie jamais... et alors, mes idées ont changé de nature. Au lieu d'un ennui, j'apporte un service.

Leonora, mal satisfaite de tenir Espérance avec un seul bras, appuya sur lui ses deux mains aussi éloquentes que ses yeux.

— On m'avait chargée, dit-elle, de de-

mander au maître de cette maison... Notez que ce n'est pas à Speranza...
— De demander ?...
— Quelle est la femme qu'il aime, articula lentement l'Italienne en plongeant son lumineux regard dans les yeux troublés d'Espérance.

Celui-ci se remit promptement, mais son trouble n'avait pas échappé à Leonora.
— Speranza, dit-elle avec émotion, n'est pas forcé de me répondre.
— Cette question, ma belle amie, varie d'importance selon la personne qui la fait... Est-ce vous qui la faites ?
— Je ne dis pas que l'envie m'en manque, Speranza, répondit-elle avec un accent passionné — mais je vous suis trop dévouée pour mentir. Ce ne serait pas vous rendre service... Et, vous en êtes sûr, n'est-ce pas, je veux vous rendre service — je le dois.
— C'est moi qui vous en serai reconnaissant, dit Espérance avec empressement, car il ne cherchait plus à dissimuler l'intérêt que cette question soulevait pour lui. Qui donc, en effet, cherchait à savoir le nom de celle qu'aimait Espérance? Qui donc pouvait lire et avait peut-être lu ce nom doux et terrible au fond de son cœur ?
— M'en saurez-vous gré ? répliqua Leonora, en proie à une ardeur indéfinissable qu'elle puisait sans s'en rendre compte, dans les yeux et le contact d'Espérance ; dites que vous m'en saurez gré.

Il prit la main de l'Italienne, l'ouvrit doucement et y appuya ses lèvres. Elle pâlit, et la brûlante effluve parcourut ses veines qu'elle embrasa comme un de ces poisons qui foudroient :
— Il me serait impossible, murmura-t-elle, de vous résister quand vous me commandez d'obéir. Vous voulez savoir quelle est la personne qui m'envoyait vous questionner. La délicatesse m'empêche de proférer son nom... mais, faites ce que je vais vous prescrire, et vous serez instruit.

Il la regarda étonné.
— Je suis un peu magicienne, dit-elle, ne l'oubliez pas. Voilà un homme qui passe portant un flambeau : c'est un de vos valets, n'est-ce pas ?
— Oui, et un Napolitain justement. Il vous comprendra.
— Commandez-lui de faire ce que je lui dirai.

Espérance appela le valet et lui parla bas. Cet homme s'approcha respectueusement de Leonora, qui à son tour lui dit à l'oreille :
— Allez jusqu'au dernier sapin de l'allée, à droite, et quand nous serons à vingt pas de vous, mettez, comme par mégarde, avec votre flambeau, le feu à la première branche de ce sapin. Vous couperez la branche ensuite.

Le valet la regarda, stupéfait.
— Faites ! dit Leonora.
— Je vous ai dit d'obéir à madame, ajouta Espérance.

Le valet s'inclina et partit.
— Maintenant, dit-elle à Espérance, regardez bien où nous sommes.
— Dans l'allée des sapins et des mélèzes.
— Au bout de laquelle est un mur?
— Celui de Zamet.
— Sur le mur, que voyez-vous ?
— Nous sommes bien loin et l'ombre est un peu noire, mais je crois pourtant distinguer un vase de pierre d'où tombent des flots de lierre... Eh bien, mais cet animal de Napolitain va mettre le feu à mes arbres.
— Regardez toujours à cet endroit, sans affectation, et approchons-nous.

Tout à coup la flamme jaillit de la branche résineuse et inonda d'un reflet rouge le pâle visage d'Henriette, qui regardait sous son abri de feuilles, et apparut ainsi, à Espérance, masque effrayant, contracté par la haine et la jalousie.

Il allait s'écrier. Leonora, lui serrant le bras avec force, le fit tourner sur lui-même et continuer la promenade en sens inverse, avec l'apparente tranquillité d'un insouciant promeneur.
— Henriette !... murmura le jeune homme... C'est Henriette qui vous envoie !...

Leonora ne répondit pas.
— Henriette, qui veut savoir le nom de la femme que j'aime... elle s'en doute donc !
— Ah ! demanda Leonora, est-ce qu'elle aurait des raisons de s'en douter?
— Nullement, dit Espérance en proie à une agitation facile à concevoir.
— Cependant vous êtes troublé... Que faudra-t-il que je lui réponde?
— Mais... ce que vous voudrez, Leonora.
— Il faut que je lui réponde quelque chose, Speranza ; et quelque chose de vraisemblable, car elle n'est pas crédule ni facile à tromper.
— Répondez-lui... répondez-lui, dit tout à coup le jeune homme avec enjouement, que je suis amoureux de vous, mon petit cerbeau.

Un éclair jaillit des prunelles de l'Italienne.
— Vous le voulez bien? dit-elle avec passion.

Il la regarda. Cet élan lui avait fait peur.

— Ah! vous vous refroidissez vite, seigneur.

— Mais non... c'est vous qui enflammez tout avec votre irrésistible gaîté.

— Vous appelez cela de la gaîté, dit-elle?

— Mais...

— Tenez, Speranza, continuons sur le ton de la franchise : il est certain que la vue de ce visage que je vous ai montré au faîte du mur, vous a causé une frayeur bien grande.

— Je ne le nierai pas. Frayeur est un mot bien fort, cependant.

— Donc, la signora Henriette a touché juste. Vous redoutez qu'elle ne pénètre vos amours.

— Je n'ai pas d'amours, s'écria vivement Espérance.

— Il est indispensable de le prouver à cette femme, Speranza, car, je me connais en physionomies, et celle que nous venons de voir était bien menaçante pour votre repos. Comment m'autoriserez-vous à prouver à Henriette qu'elle s'est trompée ?..... Vous hésitez ?... Voulez-vous que je vienne à votre aide, ajouta l'Italienne, avec un de ces sourires dont rien ne peut rendre l'expression, je crois avoir trouvé une idée.

— Je le veux bien.

— C'est le service que je me proposai de vous rendre sitôt que je vous eus reconnu.

— J'accepte.

— Il n'est qu'un moyen. Aimez quelqu'un en effet, et je dirai à la signora le nom de cette personne, et je lui prouverai... que je ne mens pas... Voyons, est-ce qu'il vous est bien difficile, Speranza, de trouver un nom à dire. Il y a bien des femmes ici... Je les regardais tout à l'heure, et beaucoup sont belles... Si vous vouliez choisir...

Elle parlait ainsi le sein haletant.

— Peut-être, continua-t-elle d'une voix à peine intelligible tant l'émotion l'oppressait, peut-être n'avez-vous pas besoin de chercher bien loin, car vous devez savoir que Dieu vous a créé de telle sorte qu'au lieu de respirer comme les autres hommes et d'exhaler seulement un souffle, vous exhalez le feu d'amour ; vous avez le charme, comme on dit chez nous. Quiconque vous voit s'échauffe, quiconque vous touche, brûle.

En disant ces mots, elle frissonnait, et son âme tout entière avait passé dans son regard et dans sa voix.

— Le danger est grand, pensa Espérance, pour moi et pour Gabrielle, voilà deux femmes liguées contre moi : l'une est ma mortelle ennemie, l'autre m'aime. Avec celle-ci je détruirais toute l'influence de celle-là ; si je voulais, j'assurerais mon secret, que dis-je, je perdrais Henriette. Que faut-il pour faire de Leonora une alliée invincible ? un serrement de main, un baiser, une promesse ; sur mille hommes pas un n'hésiterait, et chacun d'eux croirait avoir agi en galant homme.

Il passa une main glacée sur son front.

— Eh bien ! dit Leonora, qui le voyait combattre douloureusement les angoisses de l'incertitude, répondez-moi un mot, comme à une sincère amie...

— Allons, pensa Espérance, est-ce que par hasard je serais lâche ? Ainsi ferai-je, Leonora, dit-il en se redressant. Oui, je vais vous traiter en amie. Leonora, vous m'êtes envoyée pour savoir si j'aime quelqu'un. Vous êtes la femme que j'aimerais avec le plus de joie si mon cœur était libre. Mais il ne l'est pas. J'ai quelque part, à Venise, laissé une femme que j'aime avec idolâtrie. Je lui ai juré de l'aimer toujours et sans partage. Mon âme est ainsi faite que je mourrais plutôt que de manquer à ce serment. Oh ! je sais bien que l'on rirait de moi si cette absurde fidélité à une absente était connue du monde. Mais je parle à une femme dont le cœur vient de me parler aussi. Vous me comprendrez, Leonora, quand je vous dirai qu'avec un peu d'adresse ou de complaisance, je vous eusse trompée, que je vous eusse pendant quelques heures, quelques jours peut-être, donné le semblant d'un amour qui n'est pas à vous. Vous me comprendrez encore mieux quand j'ajouterai que je ne me dissimule pas la difficulté de ma situation, le péril si vous voulez, auquel m'expose ma sincérité brutale. Mais si, pour conjurer ce péril, je m'excusais de manquer à mon serment, je ne me pardonnerais jamais de donner mes lèvres, mon corps à d'autre qu'à celle qui possède mon âme. Et elle, ne me le pardonnerait pas non plus, dût son salut résulter de mon infidélité. Elle en mourrait de douleur et moi de honte. Le saurait-elle jamais ? dira le monde, non, peut-être ; mais je le saurais, moi, et n'oserais jamais plus regarder en face ses yeux dont chaque mouvement dirige les mouvemens de ma vie. Voilà ma réponse, Leonora. Je n'aime jamais qu'une femme à la fois ; peut-être un jour n'aimerai-je plus celle qui me possède aujourd'hui... Qui sait si cela n'arrivera pas demain !... Alors, c'est moi qui vous irai supplier, Leonora, de m'accorder ce qu'aujourd'hui je ne puis recevoir de vous, c'est-à-dire le don du plus charmant amour qu'un galant homme soit fier d'avoir inspiré.

En achevant ces mots, avec une douce politesse, il souleva jusqu'à ses lèvres la main froide de l'Italienne, qui le regardait, pâle, mais sans colère, et dont l'ivresse se dissipait peu à peu pour faire place à une sauvage admiration.

— Bien ! dit-elle après un long silence. Mais est-ce là ce que votre amie devra rapporter à Mlle d'Entragues?

Espérance, la regardant avec une expression touchante de généreux abandon,

— Quand on a le bonheur, dit-il, de posséder une amie aussi spirituelle, aussi délicate que vous, on ne lui dicte pas ce qu'elle doit faire ; on se confie à son esprit et à son cœur.

Leonora serra les deux mains du jeune homme et s'éloigna en murmurant avec une sombre douleur :

—Voilà comment je voudrais être aimée. Oh ! mais je vais savoir le nom de celle qui jouit d'un pareil bonheur. Je le saurai, si ce n'est pour le dire à Henriette, ce sera du moins pour moi. Il faut que dans huit jours Concino m'ait appris ce nom.

— Voilà comment je voudrais être aimée ! Oh ! mais celle-là est parfaite sans doute... Une femme digne de Speranza !... Je comprends qu'Henriette en soit jalouse et cherche à la connaître. Qu'elle cherche de son côté ; moi, je trouverai du mien !... Oui, je trouverai... A partir de ce moment, je me donne huit jours pour savoir le nom de cette femme !

XIX.
Ulysse et Diomède.

Aussitôt après le départ de Leonora, Espérance se replongea dans les tristes réflexions qui l'avaient assailli au commencement de l'entretien.

— Le danger serait immense, pensa-t-il, si j'avais pour Gabrielle un de ces amours vulgaires qui se révèlent inconsidérément par des preuves matérielles, et, comme dans une déroute de soldats, laissent toujours traîner sur leurs champs de bataille, quelque débris de leur bagage. Mais, entre nous, comment découvrir ce qui s'agite profondément au fond de nos cœurs ? Quelle Henriette collectionnera mes soupirs pour les porter à Henri IV ? Quelle Leonora saisira comme pièce de conviction sur les lèvres de Gabrielle le sourire qu'elle m'envoie et l'insaisissable baiser qui va de son ame à la mienne? Jamais une lettre, jamais un rendez-vous compromettant, jamais un messager porteur de ces accablantes révélations sous lesquelles succombent tôt ou tard les amans ordinaires. Je défie donc mes ennemis de me perdre ou de nuire à Gabrielle avec ce que nous leur fournirons.

Voilà, ajouta-t-il avec une joie mélancolique, voilà le bénéfice des dévoûmens chevaleresques, et peu de gens les comprennent assez pour les reconnaître et les suivre à la trace. Nul ne peut les atteindre et les souiller à la hauteur où ils s'élèvent. Allons, allons, ce n'est ni la haine de Mlle d'Entragues, ni la passion de Leonora qui m'empêcheront de bien dormir quand tout le monde va être parti, quand je serai seul, et je pourrai me livrer tout entier à Gabrielle, en les défiant d'aller deviner son nom dans les impénétrables replis de mon cœur.

En parlant ainsi, Espérance avait rejoint les groupes de ses hôtes, qui déjà se préparaient au départ. Les vides se firent peu à peu dans les quadrilles, les musiques se turent, les dernières bougies, vacillant au souffle frais du matin, se renversèrent mourantes. Ce qu'Espérance avait désiré arriva ; il se trouva seul.

Cependant il regrettait de n'avoir pas dit adieu à ses deux amis partis sans doute comme les autres, et comme l'intendant s'était approché pour demander à monseigneur s'il était satisfait de la fête, Espérance, après l'avoir félicité, s'informa de l'heure à laquelle s'était retiré M. de Crillon.

— Monseigneur, dit l'intendant, il y a deux heures environ, M. de Crillon s'est trouvé fatigué par le bruit et les mouvemens des danseurs ; il avait la tête pesante et m'a demandé la clé du grand cabinet de monseigneur. Il y doit être encore.

— Ouvrez-moi, répliqua Espérance.

L'intendant obéit. Alors on aperçut Crillon étendu dans un grand fauteuil, et dormant d'aussi bon cœur que s'il eût été dans son lit, après avoir exécuté à lui seul toutes les danses de tous les danseurs ensemble.

Espérance se garda bien d'interrompre ce sommeil sacré : il y avait tant de noble sérénité, tant de calme religieux sur le front du brave chevalier !

Il repoussa doucement la porte et le laissa sur son fauteuil.

—Et Pontis ? demanda-t-il à l'intendant s'est-il bien diverti ?

— Oh! oui, monseigneur; je le crois du moins.

— Où s'est-il retiré? chez lui, ou bien au quartier des gardes?

— Non, monseigneur, non, pas si loin. Ici tout près, au contraire.

Espérance chercha des yeux dans la salle. L'intendant, souriant d'un air narquois, souleva l'un des coins de la nappe, sous laquelle Espérance aperçut deux pieds qu'à leur parure extravagante de bouffettes d'un rouge feu, il reconnut pour ceux de son ami.

Sans pouvoir réprimer un éclat de rire il tira à lui ces deux pieds et amena ainsi le corps qui essayait de se révolter et maugréait des imprécations contre les perturbateurs de son repos.

Espérance redressa l'ivrogne et l'assit après l'avoir tancé vertement. Pontis ouvrit un œil morne et balbutia quelques excuses.

Il avait, bégaya-t-il, essayé de faire le galant et le beau près des femmes. Il avait déployé toutes les séductions de son costume éblouissant; mais ni le velours nacarat, ni la soie cerise, ni l'orfévrerie dont il s'était chamarré ne lui avaient rapporté un bénéfice honnête. Les dames, ce soir-là, n'avaient de regards et de sourires que pour le maître de la maison.

— J'ai eu beau dire que j'étais ton ami, continua Pontis, pas une ne m'a supporté pendant plus de deux minutes. Il est vrai que je danse mal; mais enfin je suis ton ami. Bref, me voyant éconduit sans aubaine ni espoir, j'ai recouru à la consolation infaillible.

— Tu as bu!

— Quel bon vin!

— Tu en as trop bu!

— Avare!

— Vous êtes un ivrogne et un butor... vous me faites rougir de vous devant mes gens.

Pontis voulut protester, mais ses jambes refusèrent de prendre part à sa colère. L'ivresse l'envahissait, il retomba sur le siége où Espérance l'avait assis.

— Demain, murmura-t-il... menaçant.

— Oui, oui, demain, dit Espérance qui ne put s'empêcher de rire.

A ce moment un valet de chambre s'approchant d'Espérance lui annonça qu'un moine venait d'entrer et demandait à lui parler.

— Un moine? A pareille heure? Un moine mendiant peut-être, attiré par les reliefs du souper?

— Non, monseigneur, il n'a rien mendié.

— C'est sans doute un quêteur, reprit Espérance. Il s'est dit qu'après le plaisir on a le cœur plus disposé à la charité, et je trouve son idée ingénieuse. Malgré l'heure avancée, qu'il entre.

— Oh! monseigneur, il est entré, dit le valet, et sans attendre notre réponse il s'est dirigé vers le jardin comme s'il eût habité cette maison toute sa vie.

Espérance consulta sa bourse et s'avança à la rencontre du moine.

Celui-ci, objet de curiosité pour la plupart des serviteurs d'Espérance, se promenait tranquillement sur la terrasse parmi les arbustes et les lampes mourantes. Sa haute taille, son capuchon bien clos, le mouvement heurté de ses épaules, qui ressemblait à l'élan de certains grands oiseaux quand ils sautent, cet ensemble grotesque et solennel à la fois frappa les yeux d'Espérance comme un souvenir familier.

— Le Génovéfain! s'écria-t-il. Frère Robert!

— Moi-même, repartit le moine. Bonjour, seigneur Espérance.

— Soyez le bienvenu, cher frère... Quel heureux événement vous amène?

— Je passais, dit celui-ci, sans s'inquiéter de ce qu'il y avait d'invraisemblable dans ce passage de Bezons à la rue de la Cerisaie vers trois heures du matin.

— J'eusse aimé mieux, repartit Espérance en souriant, que vous fussiez venu exprès pour moi.

— Je viens aussi pour vous, sans doute... et pour M. de Crillon. Il est ici, je crois?

— Oui, mon frère.

— J'étais allé pour le voir en sortant de chez le roi. On m'a dit que vous donniez bal, et que le seigneur chevalier s'y trouvait.

Espérance fit signe à l'un de ses gens d'aller réveiller M. de Crillon, tandis que le Génovéfain regardait avec sa froide curiosité Pontis, qui, sur sa chaise, faisait mille tentatives désespérées pour retrouver ses idées et ses jambes.

Frère Robert le désignant du doigt:

— Oui, dit Espérance, c'est Pontis; le camarade Pontis, un horrible ivrogne qui ne vous reconnaît même pas, tant il s'est laissé abrutir par le vin.

— Oh!... murmura Pontis en écarquillant ses yeux avec lesquels il comptait parler à défaut de la langue.

— Il m'a reconnu, dit tranquillement le moine en lui tournant le dos pour aller à la rencontre de Crillon qui arrivait tout empressé.

— Frère Robert ici !... s'écria le bon chevalier.

— Oui, seigneur. On ne m'invite pas, je m'invite.

A ces mots prononcés avec le flegme particulier à cet étrange personnage, Crillon et Espérance échangèrent un regard qui signifiait :

— Il a quelque chose à nous dire.

— Si nous allions nous asseoir dans mon cabinet, dit Espérance.

Frère Robert l'arrêta.

— Nous sommes bien ici, dit-il.

— Fermez les portes au fond ! cria Espérance à ses gens.

Tout l'espace compris entre les salons et cette salle demeura libre et désert. Pontis ronflait sur sa chaise.

— Voyons, mon frère Robert, dit Crillon impatient d'entrer en matière, parlez-nous un peu de ce qui vous amène.

— Mais... le plaisir de vous voir.

— Sans doute, sans doute... et après ?

— Oui, interrompit Espérance, il me semble voir sur le visage de ce cher frère, un peu de tristesse.

— Je suis triste, en effet, répliqua le Génovéfain, qui profita de la réplique.

— Le motif ?

— Je sors du Louvre, où j'ai trouvé le roi bien désespéré.

— Bien désespéré ! s'écrièrent à la fois Espérance et Crillon.

— Sans doute... Croyez-vous que ce soit peu de chose que la résurrection de la guerre civile en France ?

— Eh ! mon Dieu ! dit Crillon, où donc la guerre civile ?

— En ce moment dans la Champagne, chevalier, demain en Lorraine, après-demain partout.

— Mais qui la souffle ?

— Le nouveau Valois.

— Ce croquant de La Ramée ?

— Il va se faire sacrer à Reims.

— Etes-vous fou, mon frère, s'écria le chevalier avec un éclat qui réveilla Pontis, La Ramée sacré à Reims !

— La Ramée ! grommela Pontis en cherchant son épée d'une main engourdie.

— Par grâce, contez-nous comment cela est possible, dit Espérance en pressant le moine, qui ne demandait pas autre chose.

— La Ramée ou Valois, comme vous voudrez, répliqua-t-il, s'est enfui de Paris. Il a trouvé dehors un noyau de troupes que la duchesse lui avait ménagées. A cette troupe se sont joints des Espagnols envoyés par Philippe II. — Puis, des mécontens ; il n'en manque jamais en France. Toute cette canaille a reconnu ou feint de reconnaître le nouveau prince, et lui, pour se donner sur-le-champ l'autorité d'un roi de France, marche sur Reims avec son armée et prétend s'y faire sacrer. Voilà tout ; rien n'est plus simple.

— Harnibieu !... Et le roi ! dit Crillon.

— Il y en aura deux en France, repartit tranquillement frère Robert.

— Et l'armée royale !

— Il y en aura aussi deux en France. Que dis-je ? il y en aura trois, car M. de Mayenne a toujours la sienne.

— Enfin, on fera quelque chose j'imagine, dit Crillon exaspéré.

— Quoi ? demanda le moine avec son flegme imperturbable.

— Le roi n'a pas une idée ? on me fera croire cela ?

— Le roi a des idées, soit ; mais si le moyen de les exécuter lui manque ?

— Bah !... d'ailleurs, toute cette sacrerie est peut-être un mensonge.

— Non, dit avec fermeté frère Robert.

— Ah ! c'est différent ; si vous en êtes sûr... Mais d'où tenez-vous ce bruit ?

— Ce serait long à vous conter. Qu'il vous suffise de savoir que j'en suis sûr.

— Racontez, que diable ! cela en vaut la peine...

— Non. C'est un secret de confession, dit béatement frère Robert.

— Le roi le sait-il ?

— A peu près. Mais je n'ai pas voulu désoler le cher prince, qui déjà s'afflige outre mesure. Et le fait est qu'il a raison. Une armée en Lorraine, une en Picardie, une au midi, n'était-ce point suffisant pour épuiser la France ?.. Voilà qu'il en va falloir conduire une quatrième en Champagne...

— Sans compter que, pendant ce temps, on fera quelque mauvais coup à Paris, si le roi en bouge, dit Espérance.

— Précisément, fit vivement le moine.

— Vous êtes là tous deux, s'écria le chevalier, à énumérer les chances de ruine, et vous ne diriez pas un mot des moyens de salut.

— Salut !... murmura Pontis redressé sur ses reins, et luttant pour élever son intelligence d'un degré au-dessus du niveau des fumées qui l'absorbaient.

— Tâche de te taire, toi, dit Crillon en le regardant de travers, ou je te fais sortir du ventre tout le vin que tu as bu.

— Notre frère Robert, reprit Espérance,

n'a-t-il pas quelque bon expédient à nous offrir?.. Sa sagesse, si je ne me trompe, doit lui fournir des ressources.

— La sagesse, répondit le moine, dit ceci : Détruis la cause et tu supprimes l'effet.

— Parbleu ! la belle affaire, on le sait bien, répondit Crillon. Détruis La Ramée tu n'as plus de guerre civile. Mais, comment le détruire?

— C'est difficile, articula frère Robert sans manifester la moindre émotion. Il est dans son camp bien gardé, bien veillé au milieu d'une armée, c'est-à-dire de deux ou trois régimens de ligueurs.

Crillon ravageait avec colère sa moustache, qui n'en pouvait mais.

— Jolie armée, murmura-t-il. Qu'on me donne deux cents hommes, et je fais pendre tout cela.

— On ne vous donnera pas deux cents hommes, dit le moine; et d'ailleurs, vous les donnât-on, ces rebelles ne vous attendraient pas, ils se replieraient devant vous jusqu'à ce qu'ils eussent grossi au point d'accepter la bataille.

— Eh bien, après, bataille !

— Guerre civile, dit froidement frère Robert. C'est précisément ce qu'il faut éviter.

— Voudriez-vous par hasard détruire une armée sans la combattre ? demanda ironiquement Crillon.

— Oui, je le voudrais, répondit le moine en attachant ses regards pénétrans sur le guerrier.

Espérance comprit que le Génovéfain avait son idée prête, et réunit toute son attention pour la deviner.

— Si l'on était géant, poursuivit Crillon, on dévorerait ou l'on écraserait ces pygmées... mais nous ne sommes plus au temps des Myrmidons.

— Vous êtes aussi géant que l'étaient les héros d'Homère, dit le Génovéfain, et tout ce qu'ils ont fait, vous êtes capable de le faire.

— Croyez-vous ? demanda Crillon avec bonhomie.

— Chevalier, dans le cours de votre carrière héroïque, vous avez souvent fait plus que d'entrer dans un camp pour enlever des chevaux.

— Les chevaux de Rhésus, dit Espérance.

— J'ai appris cela dans mon jeune âge, dit Crillon, oui, Ulysse et Diomède au milieu de toute une armée... c'était bien beau, mais c'est difficile.

— Un homme est bien plus facile à détruire que trois chevaux à emmener, dit tranquillement le moine.

— Je comprends, s'écria Espérance, il faudrait aller casser la tête à ce coquin au milieu même de son armée, et la guerre civile est finie.

— C'est vrai, dit simplement Crillon.

— C'est vrai, répéta le Génovéfain, seulement le tuer ne suffirait pas.

— Comment cela? Que voudriez-vous y ajouter?

— J'aimerais mieux, pour la sécurité de l'Etat, que l'imposteur fût traduit devant des juges et bien publiquement jugé, condamné.

— Et exécuté, fort bien, dit Crillon. C'est juste, harnibieu ! je m'appellerai Diomède !

— Moi, Ulysse, dit Espérance.

Le moine se leva.

— Je pourrais, si vous y consentiez, vous rendre un assez important service, dit-il. Je vous ferais arriver au cœur même de l'armée en question.

— Comment cela? dirent Crillon et Espérance.

— J'ai en ce moment au couvent trois officiers espagnols munis de bons passeports et de recommandations pour le nouveau prince. Ces braves gens viennent de l'Angoumois ; ils vont en Champagne. Ils se sont un peu découverts à notre révérend prieur dom Modeste, qui est, comme vous savez, la perspicacité même. Le peu qu'ils ont laissé voir de leurs desseins lui a suffi pour deviner tout. Il m'a expédié à Paris sur-le-champ pour avertir le roi. Mais j'ai trouvé Sa Majesté tellement découragée que je n'ai pas eu la force de l'instruire complétement de son malheur. J'espérais me retremper auprès de vous, et Dieu m'a fait réussir.

— Harnibieu ! je le crois bien. Mais ces brigands d'Espagnols ne vont pas vous attendre, et tandis que vous êtes ici, ils vont gagner du pays là-bas.

— Ils m'attendront, dit tranquillement le moine.

— Comment pouvez-vous en être sûr ?

— Je les ait fait enfermer.

— Des gens d'épée ! ils forceront les portes.

— Je leur ai fait ôter leurs épées.

— Ils sauteront par les fenêtres, emportant leurs papiers.

— J'ai pris soin qu'on leur enlevât leurs habits. Ce sont gens très modestes, les Espagnols ; ils ne voudront pas courir les champs tout nus.

Crillon se mit à rire et embrassa frère Robert de toutes ses forces.

— Harnibieu! dit-il, vous n'êtes pas un moine vous, vous êtes un vrai St-Michel.

— Eh bien! partons, s'écria Espérance.

— Partons, dit le chevalier, prenant le moine par le bras.

Tout à coup quelque chose leur barra le passage, c'était Pontis trébuchant qu'ils avaient oublié et qui leur dit :

— J'en suis, sambioux !

— Ah ! c'est toi, malheureux, dit Espérance. Dors !

— Au large! dit Crillon.

— Mais... j'ai compris... balbutia Pontis, on va se battre... j'en suis.

— Nous n'emmenons pas les ivrognes, un ivrogne est un ennemi. Va-t'en ! Et puisque tu as compris la chose importante que nous avons projetée, que ce soit un châtiment capable de te corriger à jamais.

— Espé...ran...ce... bégaya Pontis en cherchant à s'accrocher à son ami.

— Va dormir, te dis-je ! nous montons à cheval et tu ne tiens pas même sur tes pieds!

En effet, rien qu'en cherchant à se dégager, le jeune homme fit rouler l'ivrogne tout à travers la chambre. Pontis poussait des gémissemens douloureux et cherchait à joindre ses mains pour supplier.

— Je t'avais défendu, dit gravement Espérance, de jamais boire au point de perdre la raison. Tu me l'avais juré. Tu as faussé ton serment. Dieu te punit.

Pontis sanglotait à faire pitié, dompté par l'ivresse il gisait incapable de faire un mouvement.

— Le coquin a du cœur, dit Crillon ; mais il est saoul comme un charretier bourguignon. Tout à l'heure il va se rendormir. Laissons-le. En route, nous autres.

Espérance et le moine sortirent rapidement et se dirigèrent vers les écuries.

Ils aidèrent eux-mêmes les valets à seller les chevaux. Espérance calmait ses chiens, qui, en voyant les préparatifs du départ, criaient de joie pour qu'on ne les oubliât pas.

— Tout beau, Cyrus ! tout beau., Rustaut ! dit le jeune homme, vos amis les chevaux s'en vont, mais à une chasse où les chiens sont inutiles. Tout beau ! restez à la chaîne ; nous causerons chasse à mon retour.

Il caressa la biche dans sa cabane, murmura bien bas le nom de celle qui la lui avait envoyée, et sauta en selle dès qu'on lui eut amené son cheval.

Quelques minutes après, les trois cavaliers, en tête le Génovéfain, couraient sur la route de Bezons. Espérance avait jeté un manteau sombre sur la robe et le capuchon du moine, qui, déguisé de la sorte, n'avait plus rien de religieux. Son cheval dut s'en apercevoir.

Cependant Pontis, se cramponnant des doigts après la table, avait réussi à se lever. Tout tournait dans sa tête. C'était une ronde effrayante de verres, de plats d'argent et de flacons d'or.

Sa raison ressuscitée changeait en horreur le ridicule de cette situation.

— Misérable ! murmurait-il en cherchant à se tenir, tu es ivre... tu es tremblant... tu tournes.

Et il se frappait au visage.

— Lâche ! tu es déshonoré... On va se battre, et tu n'en es pas. Tu dégoûtes tes amis. Tiens, bélître ; tiens, ivrogne; tiens, pourceau immonde !

Et il accompagnait chaque épithète d'un furieux coup de poing. Les valets, cachés à l'angle des portes, le regardaient avec un mélange d'effroi et de respect.

— S'il allait rencontrer un couteau sur la table, pensaient-ils, il est capable de se tuer !

Mais à force de se gourmer, Pontis avait fait ruisseler le sang de son visage; il chancelait encore, mais la main s'accrochait plus fermement crispée au bord de la table, il se tenait, il regardait avec bonheur couler ce sang avec lequel s'enfuyait son ivresse.

— De l'eau ! dit-il d'une voix effrayante, de l'eau pour le misérable Pontis!

On lui tendit une carafe qu'il but avidement, non sans en avoir versé une bonne moitié sur sa moustache et sa poitrine.

— C'est bien, me voilà fort. Ah ! ils sont partis ! Eh bien ! je pars aussi. Place! un cheval !

Il se dirigea en décrivant des courbes vagabondes vers l'écurie qu'on essayait de lui fermer. Mais sa fureur eût brisé tous les obstacles, on fut contraint de lui seller un cheval pour le satisfaire, seulement on espérait qu'il ne pourrait jamais l'enfourcher.

Mais la volonté formidable de cet homme commanda même à la rebelle matière. Dix fois il essaya, dix fois il retomba. Pleurant de rage, ivre de désespoir, il mit l'épée à la main, et, s'adressant aux valets éperdus :

— Scélérats ! dit-il, si vous ne m'aidez je vais faire ici un massacre !... Par grâce, mes bons amis... je vous en supplie !

Les valets attendris, car ils aimaient ce

brave homme et n'avaient pour l'ivrognerie la même sévérité que leur maître, s'approchèrent et voulurent persuader à Pontis qu'il faisait d'inutiles efforts.

— Vous ne retrouverez jamais ces messieurs, lui dit l'intendant, ils sont partis sans dire le but de leur voyage, et déjà ils sont loin. Restez, monsieur, restez !... nous aurons soin de vous.

Pontis faillit perdre courage à ce nouvel obstacle qui se dressait devant lui. Mais, au bruit des aboiemens qui recommençaient de plus belle,

— Les chiens ! s'écria-t-il... Oh ! mon Cyrus ! oh ! mon Rustaut ! ils sauront bien retrouver Espérance... Lâchez-les, lâchez-les, je les suivrai.

Aussitôt il se hissa en selle, les chiens détachés bondirent fous de joie jusqu'aux naseaux du cheval leur ami, et dès que la porte eut été ouverte, ils s'élancèrent, fouillant du nez la trace qu'ils eurent bientôt rencontrée.

Pontis baissa la main gauche, s'accrocha de la droite au pommeau pour ne pas tomber, et le cheval se précipita impétueusement dans le froid courant de la bise matinale.

XX

Le roi te touche, Dieu te guérisse !

Le nouveau roi de France, La Ramée, avait assis son camp près de Reims, dans une vieille maison de campagne abandonnée, qui lui servait à la fois de forteresse et de palais.

C'était là qu'il se repaissait de chimères, là qu'il rêvait à la fortune et à l'amour. Entouré de soldats qui le gardaient avec soin, et dont le nombre se grossissait à chaque instant, il s'occupait en homme actif et intelligent à les armer, à leur donner quelque éducation militaire, en même temps qu'il s'efforçait de faire croire au peuple que la légitimité, dernier espoir de la France, était venue en sa personne honorer la ville de Reims, où se font les rois.

Bon nombre d'oisifs, crédules comme quiconque n'a rien à faire, le visitaient et s'en retournaient enchantés. Il avait cette noblesse de taille et de visage qui accompagne l'idée qu'on se fait de la royauté ; il avait le regard clair et superbe, un peu cruel même, des princes Valois dont il se disait le successeur. N'était-ce pas assez pour que les badauds qui, de toute éternité, ont foisonné dans ce beau pays de France, lui accordassent quelque droit et beaucoup de révérences ?

La Ramée songeait beaucoup plus au solide. Autour de lui on faisait bonne garde. Dans un rayon d'environ une lieue, ses quinze cents hommes étaient échelonnés, non sans une certaine habileté stratégique, et les communications de ces lignes au quartier général où se trouvait le chef, avaient été établies de manière à ce que, comme dans une toile d'araignée, pas un fil de la conférence ne fût touché sans avertir le centre.

Par une soirée de printemps, fraîche et pure, le château du nouveau prince offrait un coup d'œil plus bizarre que royal. On voyait rangés dans la grande cour, convertie en cour d'honneur, les gardes particuliers de Sa Majesté La Ramée, c'est-à-dire environ deux cents Espagnols ou ligueurs enragés, parmi lesquels l'observateur eût reconnu plusieurs des visages que nous avons vus chez la duchesse de Montpensier, le jour de la proclamation du dernier Valois.

Au milieu de la cour, sous un grand marronnier dont les pousses vigoureuses commençaient à faire jaillir des panaches verts de leurs gaînes visqueuses, s'élevait une sorte de trône, dont l'élévation compensait la mesquinerie. Pauvre vieux fauteuil magnifique encore dans l'ombre de la grande salle poudreuse d'où on l'avait exhumé, il semblait s'effrayer de l'honneur que lui faisait le grand jour, malgré la tapisserie détachée du mur, et drapée ingénieusement aux branches du marronnier pour servir de dais au dessus de ce trône.

La tapisserie qu'hélas on n'avait pas choisie, car elle était unique au château, représentait un martyre de saint. Le patient se tordait, une corde au col, fatal augure, au milieu d'une troupe de bourreaux et de légionnaires romains ornés de casques incroyables, çà et là, sur le sol, l'artiste avait semé des clous, des fers rougis, des haches, des masses, des coutelas et des flèches, tout l'attirail enfin du martyrologe. Il n'y avait qu'à se baisser pour en prendre.

Mais, bien que curieuse à voir, cette tapisserie maussade était négligée par les spectateurs pour un spectacle encore plus singulier. On voyait arriver dans la cour, sur des civières ou sur des chariots garnis de matelas ou de paille, des malades de piteux aspect que suivait une foule de paysans et de citadins vulgaires. Les officiers du nouveau roi faisaient ranger ces malades sur une file à la droite du trône, les spectateurs à la gauche, et tous les regards appelaient le monarque qui d'un simple attouchement devait guérir ces malheureux, s'il était réellement roi de France.

Deux jours avant, La Ramée avait reçu de Paris un billet qui renfermait ce peu de mots :

« Il faut guérir les écrouelles. »

Et comme il ne pouvait méconnaître la main qui avait tracé cette ligne, comme aussi ce billet était accompagné d'une bonne somme destinée aux frais de la cérémonie, La Ramée voulut obéir à sa protectrice; c'était le moyen de frapper un grand coup sur les esprits superstitieux de la province; c'était l'usurpation du privilége le plus spécialement essentiel d'un roi de France. La Ramée allait donc guérir les écrouelles devant son peuple.

On chercha, et l'on trouva des gens atteints de l'horrible maladie. Peut-être, à Reims, s'en trouvait-il un dépôt pour les grandes occasions, Reims étant la ville des cérémonies et de la mise en scène royales. C'étaient ces malades que nous venons de voir alignés à la droite du trône, attendant la présence du nouveau roi.

Celui-ci accomplissait-il l'épreuve en charlatan ou dupe la foule? Non, il avait pris son rôle au sérieux. La folie amoureuse de ce malheureux développait en lui les manies de la grandeur et de la représentation. Aux prises avec une femme orgueilleuse par excellence, il voulait la dominer, s'en faire admirer, et le seul moyen était de l'asseoir sur un trône, puisqu'elle convoitait un trône. La Ramée, jouet de la destinée, ressemblait, depuis son avènement, à ce personnage du conte arabe dont un calife tout puissant accomplit, par dérision, chaque souhait ambitieux. Or, festins, palais, couronne, il lui donne tout pour un jour, et le soir, quand il retire sa main, la pauvre dupe retombe de ces hauteurs sur un peu de paille où l'attendent le désespoir et la morne folie.

La Ramée rêvait ainsi tout éveillé. Il se croyait sincèrement roi, parce qu'il avait besoin de l'être, et nul ne fut aussi crédule à sa royauté que lui-même.

Lorsqu'il parut sous le vestibule de son palais, avec le costume rétrograde de Charles IX; quand les fanfares l'accueillirent, et que les murmures de la foule, murmures d'étonnement respectueux, frappèrent son oreille, il se redressa fièrement, et Charles IX n'eût pas renié un pareil successeur.

Ses gardes contenaient difficilement la multitude. Il leur commanda de la laisser approcher. Puis, se dirigeant d'un air majestueux vers les malades qui se prosternaient, il leur toucha le front et le col avec un doigt blanc et nerveux, en prononçant d'une voix ferme les mots sacramentels :

—Le roi te touche; Dieu te guérisse.

En pareille occurrence, le merveilleux est de bonne guerre. Ceux qui s'exposent à le rencontrer ne demandent pas autre chose. Parmi les malades de Reims, il s'en trouva d'assez habilement préparés pour que leur guérison fût immédiate. Ils se redressèrent, et, avec des cris d'enthousiasme, montrèrent au peuple leur corps guéri, purifié comme par enchantement. Le miracle était manifeste. Ces cures merveilleuses avaient peut-être coûté cher à Mme de Montpensier, mais le succès passa la dépense, et les spectateurs convaincus crièrent : Vive le roi ! avec une énergie contagieuse.

La Ramée ne douta pas un moment de sa vertu royale. Le malheureux ! il aimait tellement Henriette !

Aussi, après la cérémonie, quand il eut reçu les félicitations de son armée, de quelques notables; quand certaines dames de la ville de Reims lui eurent fait leur présent, qui consistait en un manteau royal avec l'habit complet, le jeune homme, avide de faire part de ses triomphes à son idole, se renferma chez lui, et au lieu de remercier Dieu ou de lui demander grâce, l'aveugle, écrivit à Mlle d'Entragues une lettre destinée à étendre jusqu'à ce cœur sceptique l'impression favorable produite par la cérémonie de Reims.

« Oui, lui disait-il, me voilà roi, — A cette heure j'entends crier partout : Vive le roi ! vive Charles X ! Mon cœur en est doucement remué — c'est que ces cris signifient plus qu'ils ne disent — c'est que, ma belle et tendre amie, ils veulent dire : Vive la reine Henriette ! la perle de beauté, — la noble épouse du nouveau prince. — Vous l'aurez donc bientôt, cette couronne, qui seule peut ajouter quelque chose aux grâces de votre front. Je la vais conquérir en de rudes combats, peut-être, mais tant mieux, puisqu'il doit en résulter la gloire pour mon nom et que vous aimez la gloire.

» Que je suis fier et heureux ! Naguère je doutais. Votre cœur me semblait fermé à jamais. J'ignorais que vous êtes prudente autant que belle, et que vos surveillans sont impitoyables et nombreux. Mais dans cette dernière épreuve, où vous vous êtes révélée à moi, j'ai vu enfin luire votre pensée. Vous m'avez souri, vous m'avez sauvé; vous m'avez serré la main. Cependant, je vous avais presque offensée la veille ; et si vous ne m'eussiez aimé, la vengeance vous eût été facile... Merci ! je n'oublierai pas votre miséricorde et votre douce promesse de bonheur. Je n'oublierai pas non plus les encouragemens que vous avez su me faire parvenir jusqu'ici depuis mon arrivée. Il fallait tout votre esprit et un peu de votre cœur pour surmonter tant de difficultés.

» Désormais tout m'est facile. Aussitôt que j'aurai fait assez de progrès pour tenir la campagne, vous pourrez venir me joindre. Il me tarde de vous entourer du faste et de la splendeur royale. Mes officiers m'avertissent des complots qui chaque jour se trament contre la personne de l'usurpateur, du renégat Henri de Navarre. Hier encore plusieurs soldats me sont venus proposer de l'aller frapper à mort au milieu même de son Louvre, dans le sein des plaisirs de Sardanapale qu'il savoure sans pudeur.

» Mais la couronne qu'il a portée un moment me le rend sacré. De roi à roi les crimes sont impossibles. Je n'entreprendrai pas contre sa vie ailleurs que sur les champs de bataille. Là, c'est autre chose, et je brûle de prouver à ce prétendu héros et à ses gardes, prétendus invincibles, que le bras d'un Valois sait manier victorieusement une épée.

» Vivez cependant sans crainte, ma chère âme ; à mesure que le temps marche, je crois sentir que je me rapproche de vous. Beaucoup de sombres idées, de sinistres souvenirs s'effacent devant la radieuse lumière qui m'environne. Cette ténébreuse nuée du passé va se fondre aux éclats de la foudre.

» Les combats ne peuvent beaucoup tarder maintenant. J'attends un renfort prochain. Le roi d'Espagne m'envoie trois de ses meilleurs officiers qui précèdent un corps de troupes embarqué depuis huit jours. Je me concerterai avec ces officiers pour lier des intelligences dans Paris même, où, m'assure-t-on, se remue déjà ostensiblement l'ancienne Ligue que je veux régénérer en ma qualité de prince catholique purifié par le baptême de la Saint-Barthélemy.

» Aussitôt que mes affaires ici seront décidées, je me fais sacrer à Reims. N'y viendrez-vous pas, ma chère âme ? Ne me donnerez-vous pas ce jour, pour effacer celui, de douloureuse mémoire, où le Béarnais fit son abjuration à Saint-Denis, où vous y allâtes en compagnie de vos parens, où j'étais obscur, maudit, abandonné ; où nous allâmes ensuite au couvent de Bezons... Cruel souvenir, que tant de gloire devait venger, mais qui brûle encore le fond de mon cœur ?

» Oui, vous viendrez à Reims, n'est-ce pas ? quelque chose me dit que vous êtes brave comme vous êtes belle, et que vous serez fière de me prouver votre générosité. D'ailleurs, vous voilà intéressée à mon triomphe, et vous le pouvez avancer par vos conseils et votre présence.

» Si vous avez formé quelque projet pour le voyage, s'il est nécessaire que vous trompiez la vigilance de vos parens, dites un mot, je vous enverrai par l'un de mes trois officiers espagnols de l'argent, des chevaux et des passeports pour arriver jusqu'à moi. J'attends ces officiers d'heure en heure. La présente lettre vous sera remise demain. Vous pouvez m'avoir répondu sous trois jours. Faites-le sans crainte, le messager sera sûr.

» Adieu, ma chère âme. Conservez-moi votre cœur. Je vous aime avec tant de force, que si j'emploie seulement une part de cette ardeur à conquérir, dans un an j'aurai conquis le monde.

» Signé : CHARLES, roi. »

Le pauvre La Ramée venait de mettre toute son âme dans ces pages. Il y avait peint fidèlement sa vie : remords, honte, effroi, il n'avait rien oublié du passé. Espoir, orgueil, amour sans frein, il n'oubliait rien pour l'avenir.

L'image de cette belle Henriette, de ce démon, tourmentait sa solitude ; elle lui apparaissait plus désirable à travers les obstacles. Pour l'avoir près de lui, il entrait en lutte contre toute la France. Peut-être pour la conserver, eût-il foulé aux pieds toutes les couronnes de l'univers. C'était dans cette âme profonde un combat déchirant entre la raison et la folie. Tantôt, dans sa logique implacable, il sentait parfois le néant de son rêve. En d'autres momens, il s'enivrait de ses désirs comme d'un breuvage qui le poussait à la frénésie, au délire. A de pareils songes, qui brisent l'organisme, la sagesse divine ménage presque toujours de prompts réveils.

La Ramée, lorsqu'il eut lu et relu sa lettre, corrigeant avec soin ce qui lui semblait trop tiède, ajoutant çà et là un mot capable de piquer l'émulation ou l'avidité d'Henriette, confia la dépêche à un de ses affidés, avec ordre de la porter sans retard à son adresse.

Puis il monta à cheval pour faire une revue de son camp et assurer la tranquillité de toute la nuit.

Il y avait dans cet insensé l'étoffe d'un bon capitaine et d'un brave homme, si le démon n'eût pas soufflé ses feux au fond de cette âme. La Ramée parcourut à la nuit tombante les postes avancés, visita chaque corps de garde, donna des instructions précises pour que les lignes ne pussent être forcées par quelque soudaine attaque.

D'ailleurs, il avait reçu le rapport de ses éclaireurs. Nul corps d'armée, nul détachement ne paraissait dans la campagne. Aucune nouvelle ne parlait d'une formation de troupes dans un rayon d'au moins vingt lieues.

La Ramée recommanda aux chefs des postes d'avant-garde de laisser pénétrer jusqu'à lui, s'ils se présentaient, trois officiers espagnols, porteurs de passeports en règle, dont il exhiba le cachet et formula la teneur. Si ces officiers arrivaient à pied, on leur fournirait des chevaux; s'ils arrivaient à cheval, on leur ferait escorte avec considération, sans toutefois apporter de désordre dans la disposition des campemens, et surtout on donnerait avis de leur arrivée au quartier général.

Pour tout autre que l'un de ces officiers les lignes étaient closes. Les courriers, on n'en parlait pas, ils avaient le mot d'ordre.

La Ramée s'assura du bon effet qu'avait produit sur ses troupes la guérison des écrouelles. Il recueillit là des renseignemens favorables sur l'esprit de la population, et annonça en s'éloignant l'arrivée prochaine d'un puissant renfort et de sommes importantes.

Ainsi tout allait bien; le nouveau roi, acclamé par ses soldats, regagna son quartier général au petit pas, en savourant à longues gorgées l'orgueil et l'amour, la double ivresse du cœur et du cerveau.

Un souper l'attendait, auquel il avait invité ses principaux chefs d'armée. La chère était bonne, les vins à portée de la main. En Champagne, quiconque ne veut pas boire est mal regardé.

Mais La Ramée, homme sobre, se contenta de verser à boire à ses convives.

On but à la gloire du trône, à la conquête de la France, à la santé du roi Catholique ; on parla drapeaux, équipemens de troupes, on parla batailles et siéges, on parla surtout contributions et corvées. La guerre coûte si cher... la guerre civile surtout !

Enfin, le repas malgré la réserve du roi dura jusqu'à onze heures du soir et menaçait de se prolonger au-delà de minuit, lorsque le pas rapide d'un cheval retentit dans la cour, et bientôt après un soldat fut introduit qui annonçait à La Ramée l'arrivée aux premiers postes, des officiers espagnols qu'il avait signalés lui-même.

Il se leva de table et congédiant aussitôt ses convives,

— Messieurs, dit-il, le renfort que je vous avais promis se présente. Je vais sans doute passer la nuit à entretenir ces officiers, qui sont gens de mérite, envoyés à moi par Sa Majesté le roi d'Espagne. — Faites bonne garde au dehors, messieurs, et donnons bonne opinion de notre vigilance et de notre discipline aux alliés qui vont se présenter.

L'assistance salua respectueusement, le roi passa dans la salle de cérémonie, et donna les ordres nécessaires pour que les officiers lui fussent amenés dès leur arrivée au château.

XXI.

La Griffe de Proserpine.

Trois hommes s'étaient présentés le soir aux avant-postes de La Ramée.

A cheval tous trois, empreints tous trois de ce type de gentilhomme soldat que la France était accoutumée depuis trop longtemps à reconnaître dans les Espagnols, ils avaient été conduits au lieutenant qui commandait, et l'un d'eux, un jeune homme de belle mine, ayant pris la parole en espagnol pour déclarer que ses compagnons n'entendaient pas un mot de français, avait exhibé recommandations et passeports, selon l'usage.

A l'inspection de ces pièces, le lieutenant reconnut les trois officiers étrangers qu'on lui avait signalés. Il donna ordre à quelques cavaliers de les conduire au quartier général.

Ces Espagnols, dont la contenance calme et réservée s'accordait bien avec le caractère de leur nation, traversèrent ainsi les lignes formées par le régiment de garde. Ils observaient curieusement chaque poste, et, sans parler, s'entendaient en échangeant des signes ou des pressions de main et de genou quand leurs yeux avaient rencontré quelque chose qui en valait la peine.

Le service se faisait bien. Le mot d'ordre s'échangeait à chaque instant. Une petite demi-heure suffit aux cavaliers pour arriver au quartier général.

Là, l'escorte s'éloigna pour donner quelques renseignemens aux sentinelles curieuses qui veillaient autour du palais. Les Espagnols demeurèrent seuls, tandis qu'on allait prévenir La Ramée.

Ils en profitèrent pour se grouper en triangle de façon à surveiller l'approche de tout espion, et là, pendant quelques secondes au plus, ils parurent converser vivement, chuchotant tous trois à la fois, et fermant le dialogue par une énergique poignée de main qu'ils se donnèrent.

Ces officiers espagnols ayant mis pied à terre, on put mieux juger leur tournure et leur visage.

L'un était plus âgé, le chef sans doute. Il se tenait frileux dans son manteau comme tout vrai Espagnol ; il était trapu, grisonnant. Les deux autres, plus jeunes, assuraient, l'un son épée, que la course avait dérangée, l'autre son éperon : il en avait perdu un en route.

Tous trois, sans affectation, regardaient le bâtiment appelé palais du roi par les gens de La Ramée ; ils en toisaient, pour ainsi dire, la hauteur et l'épaisseur en purs Espagnols dont le génie, comme on sait, est frondeur, algébriste et enclin à estimer au-dessous du cours toute propriété qui n'est pas la leur.

D'ailleurs, à ne supposer que de bonnes intentions, comment voulait-on que ces braves gens passassent le temps, dans cette cour ouverte à tous vents ? L'un d'eux, le frileux, s'était, il est vrai, avancé jusqu'au vestibule, mais nul ne l'avait engagé à y entrer, La Ramée ne l'ayant pas prescrit, un peu par défiance de la médiocre apparence du logis.

On vint enfin les avertir que le roi leur accordait audience. Il se regardèrent comme pour savoir qui marcherait le premier. Le plus âgé s'empara immédiatement de la tête et les deux autres le flanquèrent sans prononcer une syllabe.

Ils entendirent du vestibule une voix qui disait :

— Vous assurez que ces officiers ne savent point un mot de français. — Je l'ai prévu, et sais assez d'espagnol pour me faire entendre d'eux. Allez donc, et veillez à ce que nul ne nous trouble. Si j'ai besoin de quelqu'un, j'appellerai.

Cette voix les fit tressaillir. L'un des jeunes officiers, un petit homme, carré d'épaules, rougit et poussa le coude de son compagnon, qui répondit froidement :

— El rey !

— Oui, seigneurs, dit le planton, c'est effectivement le roi que vous venez d'entendre.

Le sourire qui effleura leurs traits à cette réponse était déjà effacé, quand le guide vint à eux et dit :

— Entrez ! messieurs.

La Ramée était assis près de sa table, sur laquelle brûlaient des flambeaux. Il feuilletait avec attention les papiers des Espagnols ; il trouvait dans le texte même de la recommandation du roi d'Espagne des signes non équivoques de l'intérêt qu'on lui portait par delà les Pyrénées.

Préoccupé comme il l'était, et aussi dans le but de se poser plus dignement, il attendit que le bruit des pas sur le parquet se fût arrêté pour lever la tête et regarder ses nouveaux hôtes. De cette façon, il coupait court à tout cérémonial.

— Soyez les bien venus, senores, dit-il en espagnol.

Les officiers s'étaient avancés lentement. Ils s'arrêtèrent ; La Ramée leva les yeux, et comme s'il eût aperçu des spectres, sa bouche s'ouvrit, son sang se figea dans ses veines. Il avait en face de lui Crillon, à droite Espérance, à gauche Pontis. Un moins brave se fût évanoui de peur. La Ramée se pencha en avant comme pour percer un brouillard magique qui se serait interposé entre lui et de vrais Espagnols, mais comment s'y tromper plus longtemps ? La figure de Crillon était sombre, celle d'Espérance grave, celle de Pontis railleuse avec une nuance de haine féroce.

— D'abord, lui dit Crillon, puisque vous nous avez reconnus, ne remuez ni ne criez, car vous sentez bien ce qui arriverait, et vous avez assez d'intelligence pour deviner notre dessein.

En disant ces mots, il avait fait signe à Pontis, qui s'approcha de La Ramée un long poignard à la main.

— Parlez-nous, si vous avez quelque chose à nous dire, continua le chevalier, mais que ce soit à voix basse, et de façon à n'amener personne ici. Sinon, après vous avoir expédié, nous en ferions autant de cette personne, et je crois tant de meurtres inutiles.

La stupeur, l'épouvante de La Ramée ne sauraient se décrire. C'était, d'ailleurs, beaucoup moins de la frayeur qu'une prostration absolue. L'audace d'une pareille tentative, d'un coup à ce point insensé, suspendait en lui jusqu'à l'intelligence. Esprit et corps se soutenaient, il est vrai, mais paralysés, comme sont ces cadavres que la foudre a calcinés, et qui, monceaux de cendres, conservent encore l'apparence de la vie.

Cette stupéfaction fut telle, qu'il laissa Pontis lui détacher le ceinturon de son épée et le désarmer ainsi, sans rencontrer même l'instinct de la résistance.

Enfin, les vapeurs de cette ivresse se dissipèrent; le sang reprit son cours; le courage inné dans cet homme revint calmer les battemens du cœur.

— Si vous êtes venu pour me tuer, dit-il à ses ennemis, pourquoi n'est-ce pas déjà fait?

— Nous ne sommes pas venus pour cela, répliqua Crillon. C'est une extrémité devant laquelle nous ne reculerons cependant pas, si vous nous l'imposez. Mais, jusqu'à présent, je ne la vois pas nécessaire.

— Il peut arriver qu'elle le soit, dit La Ramée, car je ne suis pas un mouton pour me taire toujours comme je viens de le faire dans le premier mouvement de surprise.

— Surprise naturelle, et que je ne blâme pas, reprit le chevalier. Le plus brave peut être surpris, je dois même vous dire que vous n'avez pas mal accepté la chose.

Pendant qu'il parlait, La Ramée avait recueilli ses idées. Semblable au lutteur qui terrassé d'un premier choc se relève et prend mieux ses mesures,

— J'entrevois, dit-il, messieurs, que vous avez commis une grave erreur, et que vous vous êtes perdus.

Espérance ne bougea pas, Pontis redoubla d'ironique menace, Crillon secoua doucement la tête.

— Ne le croyez pas, dit-il.

— Pardonnez-moi. Il dépend de moi de vivre ou de me faire tuer, avez-vous dit.

— Parfaitement.

— Eh bien! c'est là tout votre calcul. Vous vous êtes dit : il aura peur de la mort et se taira.

— Nous nous le sommes dit en effet.

— De deux choses l'une : ou je me tairai, que ferez-vous de moi? ou je crierai, et vous me tuerez... Que ferez-vous de vous?

— Je ne comprends pas bien, dit Crillon.

— Oui. Si je me tais, vous voudrez me faire signer quelque chose, ma renonciation, par exemple... J'admets que je la signe. Comment ferez-vous pour sortir du camp. Et si vous me tuez ce sera bien pis, que diront mes soldats? Votre sûreté est de tout point mal aventurée.

— Monsieur, repartit Crillon, vous raisonnez si bien que c'est plaisir de discuter avec vous.

— Oui, mais il ne faut pas que la discussion soit longue, dit La Ramée, car vous allez vous faire surprendre.

— Merci, restez calme et ne songez pas tant à nous, car nous sommes sûrs de notre affaire. Oui, nous vous eussions tué si dans le premier mouvement vous eussiez appelé à l'aide ; nous vous tuerions même encore si vous le faisiez, parce que les soldats sont portés tout d'abord à se jeter comme des dogues sur ceux que leur maître leur désigne, et que nous ne voulons pas être massacrés avant explication. Mais faites une chose, appelez tranquillement par la fenêtre, ou laissez l'un de nous aller appeler vos principaux officiers, les soldats même si cela vous plaît mieux... Nous sommes prêts.

— A vous battre trois contre mille! s'écria La Ramée riant forcément, mais riant de cette fanfaronnade.

— Non pas, monsieur, il ne faudrait pas m'en défier cependant. Seulement, j'y succomberais. Non, nous ne nous battrions pas contre votre armée ; nous lui lirions certains papiers qui sont dans ma poche, et le combat deviendrait impossible.

La Ramée, froidement :

— Que disent ces papiers? demanda-t-il.

— Appelons vos gens, si vous voulez, et vous l'apprendrez en même temps qu'eux. Vous hésitez. C'est le bon parti. Je vois que vous êtes un homme sage.

— J'ai compris, dit La Ramée, que vous essaieriez de débaucher mes soldats par quelque promesse du roi ou même par des calomnies.

— Je leur prouverai tout simplement que vous n'êtes pas plus Valois que je ne suis La Ramée, et cela les refroidira.

— Monsieur! s'écria le jeune homme pâle de colère, prouvez!

— Je veux bien, dit Crillon en s'approchant de la fenêtre — en même temps que Pontis appuyait la pointe de son arme sur la chair frissonnante de La Ramée qui s'arrêta.

On entendit heurter doucement à la porte. Les trois compagnons s'apprêtèrent. — Le front de La Ramée s'éclaircit, il allait pousser un cri d'alarme, Pontis raidit sa main — la lame mordit. — Espérance étendait déjà les bras pour recevoir un cadavre.

— J'avais fermé les verrous, dit Crillon ; ouvrez-les, Espérance, et laissez entrer chez monsieur tous ceux qu'il voudra recevoir. Vous, Pontis, rengainez.

Le visage de La Ramée devint livide. Par excès de bravoure il n'avait pas crié, mais cette assurance de ses ennemis l'accabla. Il perdit contenance.

— Si je voulais, murmura-t-il, nous péririons tous ensemble ; mais j'ai ma destinée, vous ne l'arrêterez pas dans son essor. Il est écrit que je serai heureux et glorieux malgré vos papiers et vos poignards.

Crillon sourit et haussa les épaules.

Un majordome se présenta :

— Sire, dit-il, le messager qu'avait expédié ce soir Votre Majesté, est revenu au quartier.

— Revenu ! balbutia La Ramée déconcerté par l'éclair de joie qui brilla dans les yeux de ses ennemis, et pourquoi revenu ?

— Oh ! sire... et dans un état...

Crillon s'approcha de La Ramée.

— Vous ne comprenez pas, lui dit-il à l'oreille ; voulez-vous que je vous explique pourquoi il n'a pas continué sa route vers Paris ?

La Ramée tremblait.

— C'est parce que nous l'avons arrêté au passage, continua Crillon, et que nous lui avons pris son message.

— Va ! murmura La Ramée éperdu au majordome, qui attendait un mot du maître, va !

Les portes se refermèrent.

— Oui, poursuivit Crillon, cette lettre si tendre et si explicite à la fois, ce chef-d'œuvre d'amour et de politique, est entre nos mains ; il n'arrivera pas à son adresse. Voilà pourquoi votre courrier est revenu.

La Ramée n'en pouvait croire ses oreilles, tout en lui tressaillait ; ses yeux semblaient crier avidement : Parlez ! expliquez-vous ! instruisez-moi !

— Nous arrivions vers votre camp avec défiance, dit Crillon, et chaque figure nous était suspecte, comme vous pensez bien. Soudain, nous rencontrâmes votre courrier qui galopait. Le pauvre diable ! nous barrions le chemin à nous trois. Il nous compta, et dit, pour nous sonder : « Je parie que ce sont les Espagnols que nous attendons à Reims. — Oui, répliqua en espagnol Espérance, qui le sait à merveille. — Et moi, continua votre homme, je suis attendu à Paris. — Là-dessus, il n'y avait plus à hésiter, c'était un des vôtres, nous arrêtâmes le drôle, et lui prîmes la lettre adressée à votre maîtresse. Une jolie fille, ma foi.

— Quoi ! vous la connaissez ? articula péniblement La Ramée en essuyant la sueur qui coulait de son front.

— Si nous connaissons Mlle d'Entragues ! la perle de beauté, comme vous dites. Demandez à Espérance s'il la connaît, lui, que vous avez assassiné pour elle !

— Oh ! rugit La Ramée, touché au cœur plus sûrement par la jalousie que par le poignard.

— Chevalier, dit tout bas à Crillon le généreux Espérance, ménagez ce malheureux.

— Allons donc ! s'écrièrent Pontis et le colonel.

— Par grâce !

Cette compassion fut le dernier coup pour La Ramée, il tomba presque inanimé sur un fauteuil.

— Henriette !... murmura-t-il.

— Vous l'avez mise dans une jolie situation, continua Crillon. La voilà votre complice.

— Ma complice !

— Sans doute, complice de rébellion, d'attentat contre la sûreté de l'Etat et la personne du roi, de faux et d'imposture, de tous vos crimes enfin qui sont énumérés dans cette bienheureuse lettre.

— Ah ! mon Dieu !... s'écria La Ramée.

— Et le moins qui puisse arriver à cette délicieuse personne, c'est d'être pendue jusqu'à ce que mort s'en suive, mais je crois bien qu'elle sera brûlée...

— Vive ! ajouta Pontis avec un ricanement farouche.

— C'est vrai ! c'est vrai... dit La Ramée en se levant avec agitation ; on pourrait la compromettre. Mais cette lettre, vous l'avez ?

— Pardieu !

— Eh bien ! hurla le jeune homme, nous allons tous mourir ici, car je vais appeler ; je vous ferai tuer ou vous tuerai moi-même. Je ne sais pas ce que je ferai, mais ce sera terrible. Je ne veux pas que cette femme souffre seulement un soupçon à cause de moi.

— Oh ! oh ! dit Crillon, eh bien, égorgeons-nous, allons...

— Je reprendrai cette lettre sur vos cadavres ! ajouta La Ramée écumant de colère. Donnez-la moi, ce sera mieux.

— Mais vous nous prenez donc pour des idiots ? dit doucement le chevalier. Est-ce que nous l'avons, cette lettre ? Aurions-nous commis cette imprudence de vous rapporter une pièce si intéressante ?... Oh ! que non pas !

— Où donc est-elle, et qu'en avez-vous fait ? demanda le jeune homme, à qui ces paroles ne paraissaient que trop vraisemblables.

— A l'heure qu'il est, un brave homme de notre suite l'a dans ses mains pour nous

18

la remettre à notre retour. Si nous n'étions pas revenus demain à midi, comme j'y compte, ce messager, plus sûr que le vôtre, continuera son chemin, et rendra la lettre du roi de Reims au roi de Paris. C'est alors que Mlle d'Entragues aura maille à partir avec MM. les présidens de la Tournelle et autres.

— Elle est perdue ! s'écria La Ramée en proie au plus touchant désespoir. Messieurs ! messieurs ! c'est là le coup qui m'abat. Messieurs ! épargnez cette jeune fille innocente. Elle est innocente, je vous jure !

— Vous êtes aveugle, mon cher monsieur, dit Crillon, c'est une coquine !...

— Messieurs ! vous êtes gentilshommes, vous ne ferez pas usage de vos forces contre une femme... Elle serait punie pour avoir été généreuse... Elle était ma fiancée, seigneurs !...

— Cela n'empêche pas une femme d'être pendue, dit flegmatiquement Pontis.

— Oh ! seigneur chevalier... Ah ! brave Crillon ! Voyez si je demande quelque grâce pour moi. Non, tuez-moi... je tends la gorge... frappez ! mais, épargnez une pauvre femme.

— Cela n'est' plus possible, dit Crillon, nous allons être obligés de faire ici un scandale enragé. Vous, mort, on va débiter des phrases entrecoupées de moulinet d'épée, le contre-coup s'en fera sentir peut-être bien loin: nous ne serons pas à midi à l'endroit où nous attend notre compagnon, et ma foi, demain matin la lettre sera donnée à Henri IV. Ainsi, vous aurez beau vous faire tuer ici, j'aurai beau dire à tous vos hommes que vous êtes un faux prince, j'aurai en vain exterminé les Espagnols, car ils ne se rendront pas ainsi ; — ils savent trop bien ce qui les attend, — je me serai inutilement fait écharper avec mes deux compagnons, votre destinée, comme vous dites, n'en rejaillira pas moins sur votre complice, et gare le gibet pour toute cette jolie couvée de reptiles qu'on appelle les Entragues.

— Eh bien ! dit La Ramée avec un geste sublime, pas de scandale, pas de bruit, pas de combats. Vous serez à midi à l'endroit indiqué. Vous y serez dans deux heures, s'il n'y a que deux heures de chemin d'ici à cet endroit.

— Ah ! voyons, fit le chevalier, frappé ainsi que ses amis de l'auréole majestueuse qu'un splendide amour jetait au front du coupable.

— C'est moi que vous voulez, n'est-ce pas, dit le jeune homme, ce n'est pas elle.

Vous avez besoin de mon déshonneur et de ma condamnation, non pas du supplice de la pauvre créature que j'aime. Je vous accorde ce qu'il vous faut. Je pourrais me faire tuer ici, vous n'auriez qu'une demi victoire. Prenez-moi vivant, vous me dégraderez, vous me condamnerez. Je me livre. Seulement, épargnez-la !

Les trois hommes se regardèrent saisis d'étonnement.

— Oh ! ne soupçonnez aucun piége, interrompit le jeune homme. Il n'y en a pas. Franc jeu. Mais d'abord, jurez-moi par le nom de Crillon que vous n'avez point cette lettre ici, cachée sur l'un de vous.

— Je le jure ! dit Crillon, et ne me parjure jamais.

— Je le sais, il suffit. Nous allons partir tous quatre. Vous voyez si je me fie à l'honneur, moi. Nous rejoindrons votre compagnon, il vous rendra la lettre que vous lui avez confiée, vous me la livrerez, et ensuite je vous appartiens. Faites.

— Voilà un homme ! ne put s'empêcher de dire Crillon.

— Qui eût été un brave homme, ajouta Espérance.

— Si Proserpine ne lui avait appliqué sa griffe, grommela Pontis, mais elle la lui a appliquée, et à qu'elle profondeur, sambious !

— Eh bien, messieurs, acceptez-vous ? demanda La Ramée, tremblant d'être refusé.

— C'est dit ! s'écria le chevalier, et bien vous prendra d'avoir été rond en affaires. je vous épargnerai toute souffrance inutile. Mon projet était de vous dégrader de vos titres usurpés, et de vous en fouetter le visage en présence de votre armée ; j'avais toutes les preuves nécessaires pour vous infliger cette torture. Je ne le ferai pas. Vous êtes entré roi pour ces coquins, roi vous sortirez; Jouissez de votre reste. Une fois dehors, je ne reponds plus de rien.

— Je n'ai demandé qu'une grâce, dit froidement La Ramée. Je l'ai ; que m'importe le reste !

— Eh bien, partons ! reprit Crillon.

— Partons ! répétèrent ses amis.

La Ramée appela ses gens, et d'une voix calme :

— Les chevaux de ces messieurs et le mien, dit-il,

— Veillons toujours ! murmura Pontis à l'oreille d'Espérance, le drôle a déjà échappé à des cordes plus solides que celles-ci.

— Monsieur de Pontis, répliqua mélancoliquement La Ramée qui l'avait entendu, ne veillez pas, c'est inutile ; la chaîne par laquelle vous me tenez cette fois, je n'essaierai pas même de la rompre.

Puis s'adressant à ses officiers, qui peu à peu apparaissaient dans la cour :

— Je vais faire une reconnaissance avec ces messieurs, dit-il. Bonne garde !

Et comme il était salué de quelques cris de : Vive le roi ! qui faisaient bondir Crillon sur sa selle :

—Adieu, royauté! murmura-t-il avec une expression si touchante qu'Espérance en fut remué jusqu'au fond de l'âme.

Quelques minutes après la cavalcade traversait silencieusement le camp, conduite par La Ramée.

XXII.

Comment la Ligue servit à battre l'Espagne, et réciproquement.

La petite troupe arriva ainsi au bourg d'Olizy où devait attendre le compagnon mystérieux, possesseur de la lettre. La Ramée appelait de ses vœux les plus ardens le terme du voyage.

Sans armes, impassible, plongé dans une rêverie profonde, il avait accompli le trajet conduit par son cheval qui suivait les autres, et n'avait donné aucun signe d'inquiétude à ses gardiens.

A Olizy on trouva dans une hôtellerie celui que Crillon y attendait. C'était frère Robert qui, pour se désennuyer, avait pris place à une fenêtre du premier étage, et contemplait le spectacle toujours animé d'un marché de petite ville.

La Ramée ne parut pas surpris quand il se trouva en présence du moine. Il comprit l'alliance secrète de ces hommes, il sentit que sa destinée se brisait contre un écueil inévitable. Résigné comme les fanatiques arabes, il ne manifesta ni amertume ni défiance.

— Nous avons réussi, dit Crillon au Génovélain, grâce à votre concours. Et je crois la duchesse vaincue. Elle n'a plus rien à faire désormais.

La Ramée étouffa un soupir, tandis qu'on racontait l'histoire de son dévouement et de sa défaite.

Le moine prenant Crillon à part:

— Vous prendrez garde, dit-il, qu'on ne vous l'enlève en route ; si secrète que nous ayons tenu cette expédition, le bruit peut en être arrivé aux oreilles de la duchesse, et une embuscade est bientôt tendue. Vous comprenez facilement l'intérêt des complices à empêcher les révélations du coupable. Avez-vous été suivi en venant de Reims?

— Je ne crois pas. Nous avons marché vite.

Cependant La Ramée, impatient, dit à Espérance :

— Pourquoi se consulte-t-on ainsi ? Nous sommes arrivés. Voilà votre compagnon. Où est la lettre ?

— C'est juste, répliqua Espérance, qui alla troubler aussitôt l'entretien de Crillon et du moine.

Crillon s'empressa de demander la lettre à frère Robert. Celui-ci la tira d'une poche intérieure de sa robe ; mais, au lieu de la donner à La Ramée, qui étendait une main avide,

—Quand il aura la lettre, dit-il tout haut, vous ne le dominerez plus.

— C'est vrai, mon frère, répliqua Crillon; mais j'ai promis.

— Cette lettre, continua opiniâtrement le moine sans s'inquiéter de la colère convulsive qui commençait à agiter La Ramée, c'est à la fois la conviction de son crime et la preuve de ses intelligences avec les plus cruels ennemis du roi. Il n'est pas le seul qui mérite d'être puni.

— Je l'ai achetée de ma vie ; elle est à moi, s'écria La Ramée.

— Et je l'ai promise, répéta Crillon. Il faut la rendre.

— Ce devrait déjà être fait, chevalier de Crillon, dit La Ramée en se déchirant les doigts à coups d'ongles.

— Ne la rendez que lorsqu'il sera mis en sûreté à Paris, messieurs, interrompit le moine.

— Ce serait manquer à ma parole, dit Crillon. Donnez, frère Robert, donnez la lettre à ce jeune homme.

— Au-dessus de votre parole, il y a le salut de l'Etat et du roi, s'écria frère Robert.

— Au-dessus d'une parole donnée, il n'y a rien, dit Espérance.

Le Génovélain, s'approchant de ce dernier :

— Cette lettre, lui dit-il à demi-voix avec un regard pénétrant, c'est la perte d'une femme ou plutôt d'un monstre qui, si vous ne l'étouffez pas, perdra elle-même Gabrielle.

Espérance tressaillit. Pourquoi frère Robert lui disait-il cela, à lui, avec ce mystère ? Il savait donc tout, il devinait donc tout, cet étrange personnage?

Pontis approuva le moine très haut et très vivement.

— Avec les traîtres, disait-il, toute ruse est légitime.

Mais Crillon rougissait déjà sous le regard dédaigneux de La Ramée. Il prit la lettre des mains de frère Robert et la donna au vaincu sans condition ni commentaire.

La Ramée l'ouvrit précipitamment, la lut et demanda du feu. Espérance se hâta d'aller lui chercher une lumière dans la pièce voisine. Alors le prisonnier brûla le fatal papier, et en dispersa au vent les cendres ou plutôt la fumée, qu'il suivit du regard jusqu'à ce que tout se fut évanoui.

A partir de ce moment il s'assit et ne donna plus signe d'inquiétude ni même d'attention à ce qui se passait autour de lui.

Mais Crillon et le moine avaient délibéré et discuté. Plus d'une fois le chevalier avait paru en désaccord avec son interlocuteur; cependant celui-ci finit par céder. Crillon, s'approchant de Pontis et d'Espérance, qu'il prit à part :

— Vous allez, dit-il, conduire le prisonnier à Paris ; frère Robert vous suivra. Vous hâterez le pas, et à la moindre tentative de rébellion, à la moindre apparence de secours qui serait offert à La Ramée, pas d'hésitation, cassez lui la tête.

— Soyez tranquille, colonel, dit Pontis.

— Il ne tentera rien, répliqua Espérance. Désormais c'est un homme mort : mais pourquoi nous quittez-vous, monsieur ; est-ce une indiscrétion de vous le demander?

—Nullement. J'ai fait observer au Génovéfain que c'était un crèvecœur pour moi de quitter ce pays en y laissant un millier d'hommes armés contre notre roi Henri IV. Le frère prétend que sans chef ils se dissiperont tout seuls. Moi je dis qu'il suffit de la duchesse, ou de l'Espagnol, ou de M. de Mayenne, pour donner une vie dangereuse à ce corps de mutins. Je les veux réduire.

— Vous seul ?

— J'ai mon plan, ne vous mettez pas en peine. Il me reste une recommandation à vous faire, Espérance, c'est de vous défier de votre tendre cœur. Songez qu'il faut que ce La Ramée soit roué vif en place de Grève.— Pas de négligence.

— Le pauvre insensé !

— Quant à vous, Pontis, on vous a pardonné votre débauche de l'autre soir; vous l'avez réparée par un bon service à partir du moment où vous nous avez rejoints. Cependant vous remarquerez que le chien Rustaut s'est le mieux conduit en cette circonstance. Mais si vous touchez d'ici à Paris un verre qui sente le vin, je vous fais pendre comme un coquin.

— Monsieur, monsieur, murmura le garde, épargnez-moi et faites-moi l'honneur de me corriger autrement que par des menaces.

Après avoir ainsi tout réglé, Crillon mit la troupe en chemin. La Ramée marchait entre Espérance et Pontis; frère Robert suivait, armé d'un long pistolet qu'il cachait sous sa robe.

Crillon donna une lettre au Génovéfain pour le gouverneur de Château-Thierry, qu'il priait d'accorder une escorte au prisonnier et de fournir un chariot couvert pour l'enfermer, de peur que sa ressemblance avec Charles IX n'éveillât quelque soupçon chez les malintentionnés du pays.

Au premier embranchement de la route, le chevalier quitta ses gens et retourna en arrière pour accomplir sa mission à Reims. Le prisonnier, avant de prendre congé, salua civilement Crillon et lui dit :

— Si nous ne nous revoyons pas, monsieur, tenez-vous pour remercié. Pardonnez-moi et oubliez-moi.

—Peut-être ferai-je mieux que cela pour vous si vous continuez à être sage, répliqua Crillon, ému par cette résignation,— à tout péché miséricorde.

Et il tourna bride.

— Que veut-il dire ? demanda La Ramée; il me répond comme si j'avais sollicité une grâce.

— Taisez-vous, pauvre orgueilleux, interrompit Espérance d'une voix douce et grave. Le chevalier veut dire que jamais un bon chrétien ne doit désespérer ni des hommes ni de Dieu. Vous êtes jeune; l'horizon vous semble un peu borné peut-être, en ce moment; mais après celui-là il y en a d'autres. Marchons, et vous les verrez se dérouler devant vous.

La Ramée le regarda surpris. Lui qui ne comprenait pas le pardon des injures, il ne pouvait y croire chez les autres.

On arriva à Château-Thierry, et le gouverneur ayant fait droit à la requête de Crillon, le voyage s'acheva plus rapidement, sans événement digne de remarque.

Cependant Crillon avait retrouvé le camp de La Ramée dans une inquiétude mortelle. La disparition du chef ne s'expliquait pas. On voyait les officiers chercher, s'enquérir, causer à voix basse, et les soldats commençaient à se regarder les uns les autres, en demandant qu'on leur montrât le roi Charles X.

Les Espagnols, isolés au milieu des Français, voulaient savoir ce qu'étaient devenus les trois envoyés de leur nation, dont tout le camp, la veille, avait célébré l'arrivée, et la garde des postes avancés ne savait dire autre chose que ce qu'elle avait vu, c'est à dire La Ramée partant au petit jour avec ces officiers, qui l'accompagnaient pour une reconnaissance.

L'inquiétude devint de l'effroi. L'effroi se changea en panique. Il fut décidé qu'on enverrait prendre des nouvelles auprès des chefs secrets de l'entreprise, chez M. de Mayenne, chez la duchesse de Montpensier. En attendant, on fouilla les environs, on poussa jusqu'à Olizy, où s'était faite la première halte de La Ramée et de ses ravisseurs.

Les nouvelles qu'on apprit là étaient accablantes. Le roi marchait sur Paris. Le roi semblait plutôt un captif qu'un maître. Le roi avait disparu. Ces nouvelles apportées au camp y produisirent l'effet d'un coup de pied de cheval dans une fourmilière.

Le tambour bat, les hommes prennent les armes, on accuse les Espagnols de trahison, puisque le roi a disparu avec des Espagnols.

Ceux-ci se retranchent, après avoir donné des explications d'autant moins satisfaisantes qu'elles étaient des interrogations véritables, puisqu'ils comprenaient moins encore que les Français ce qui venait d'arriver. Ils protestent que si les trois Espagnols envoyés par Philippe II ont emmené le roi, c'est pour quelque dessein important. On leur répond que l'action d'emmener le chef et de le cacher, sans donner de ses nouvelles, est une trahison palpable. Des mots on en vient aux injures, — le vocabulaire espagnol en est riche. Des injures on passe aux coups.

La mêlée commence. Les vieilles dettes se paient. Les Espagnols, moins nombreux et très décontenancés, se laissent entamer, par suite d'une mauvaise disposition de leurs commandans. Le sang coule et aveugle les combattans.

C'est le moment où Crillon arrivait sur le lieu de la scène. Un blessé qu'il rencontre lui explique de quoi il s'agit ; cet homme était intelligent, il raconte au chevalier que, si ces gens-là pouvaient seulement s'entendre une minute, ils cesseraient de se battre.

Mais, le bon chevalier ne partage pas l'opinion du blessé. Il trouve le spectacle agréable. Il est bien placé sur un tertre qui domine l'action. Voir des Espagnols et des ligueurs s'entre-déchirer, c'est une bénédiction du ciel. Crillon juge les coups, mord de plaisir sa moustache grise, on dirait un vieux chat se pourléchant à l'odeur des viandes que le boucher dépèce, et que lui, chat, se propose d'entamer.

Mais les Espagnols, bons soldats, exercés par une longue guerre, ne se laissent pas malmener sans riposte. Ils reprennent du champ et se renferment dans les maisons du village voisin ; ils s'y barricadent tandis que leurs meilleurs carabiniers tournent et retournent, abattant çà et là les plus acharnés ligueurs. Crillon, de plus en plus heureux, sait gré aux Espagnols de décimer si généreusement les gens de la Ligue.

Ceux-ci plient, le moment de l'explication va avoir lieu, car ils énumèrent leurs blessés et leurs morts. Mais ce n'est pas là le compte de Crillon.

— Des Français ! s'écrie-t-il battus par des Espagnols, harnibieu !

Et il s'élance au milieu des combattans.

Ce terrible harnibieu avait grande réputation en France et à l'étranger. Crillon le poussait d'une façon particulière, avec des poumons si puissans qu'il dominait partout le bruit du combat.

Les ligueurs, déjà furieux d'avoir été battus, plus furieux encore de se l'entendre reprocher, demandent quel est cet homme inconnu qui se met ainsi tout à travers les mousquetades, quand il n'y a que faire.

— Eh ! mordieu, je suis Crillon, dit le vieux guerrier, ne me reconnaissez-vous pas ?

— Crillon ! répètent les Français surpris et effrayés à la fois.

— Nous sommes donc attaqués par les troupes du roi ? demande un officier ligueur.

— Vous allez l'être, répond Crillon, je précède l'avant-garde.

— Par la trahison des Espagnols ! s'écrie l'officier.

— Vous l'avez dit, mon brave.

— Sus aux Espagnols ! crient cent voix autour du chevalier.

— En avant ! rugit Crillon, dont l'épée de flamme électrise toute la troupe française.

A sa voix, sous ses ordres, chacun se précipite. Les maisons sont enfoncées, déjà elles brûlent ; les Espagnols écrasés, égorgés, battent la chamade. Mais Crillon fait la sourde oreille. Le carnage continue, les morts s'entassent, l'écharpe rouge d'Espagne disparaît sous les flots de sang. En vain quelques fuyards essaient-ils de gagner la campagne : on les rattrape, on les assomme sans pitié. Et Crillon se contente de dire à ceux qui demandent quartier :

— A votre sortie de Paris, le roi vous avait pardonné, vous avait renvoyés en vous enjoignant de n'y plus revenir, et vous êtes revenus : c'est votre faute!

Quand tout est fini, quand il ne reste plus debout que des Français, ceux-ci, bien que glorieux de leur victoire, regardent avec inquiétude le chevalier, qui attend du haut de son cheval que le silence et l'ordre se soient rétablis. Crillon est satisfait, la journée a été bonne, plus un Espagnol et trente ligueurs de moins.

— Eh bien! ligueurs, dit-il, savez-vous ce que vous venez de faire? Vous avez signé votre paix avec le vrai roi. Vous en aviez un faux hier. C'était un fantôme envoyé par ces traîtres Espagnols, et vous fûtes assez sots, assez mauvais français pour le servir... Vous vous demandez ce qu'il est devenu. Il s'est rendu au vrai roi de France, et ce matin, avant le jour, il a quitté votre camp ; il est sur la route de Paris pour aller faire sa soumission à notre maître.

Un silence de désespoir et d'effroi régnait dans la foule qui se sentait à la merci de cet audacieux vainqueur. Quant à Crillon, tranquille comme s'il avait eu derrière lui cent mille hommes :

— Que craignez-vous? ajouta-t-il. Je vous déclare libres. Partez dans vos foyers si vous en avez le désir ; je vous engage ma foi que nulle poursuite ne sera faite. Mais, direz-vous, que devenir? voilà bien des carrières finies. Faites mieux : revenez avec moi à Paris. Vous vous êtes comportés en braves et vous serez traités comme tels. S'il vous faut de l'argent, vous en aurez; de l'avancement, je vous en promets : cela vaut mieux, je crois, que la réputation d'assassins, de traîtres et la misère. Votre chef vous a abandonnés, l'Espagnol vous dupait, un vrai Français vous appelle. Suivez Crillon, harnibieu! vous savez ce que vaut sa parole.

On vit les têtes s'agiter confusément, se consulter par des regards prompts et avides. Puis comme si une même pensée eût jailli soudain de ces mille cerveaux :

— Plus d'Espagnols! vive la France! s'écrièrent-ils.

— Et vive le roi! ajouta Crillon, sinon il n'y a rien de fait.

— Vive le roi! répétèrent les nouveaux convertis.

Crillon sentit qu'il n'y avait pas de temps à perdre. Il fit plier le camp à la hâte, réunit les officiers, les caressa, leur promit ce qu'ils voulurent et les emmena derrière lui, laissant la masse à elle-même, bien assuré que le corps suit toujours la tête.

Cette troupe d'officiers fut entraînée avec une telle précipitation, Crillon, sur la route, leur fit donner tant de soins, il y eut dans cette marche tant d'ordre et d'adresse à la fois, le rusé guerrier sut si habilement, à chaque ville que traversaient les détachemens, les entourer de troupes fidèles qui achevaient ou maintenaient la conversion, que, dans un délai invraisemblable, on vit entrer à Paris tout ce qui naguères s'appelait l'armée du roi Charles X.

Crillon rangea cette troupe en bataille au faubourg Saint-Martin ; il eut soin de lui donner la plus favorable apparence, et, se mettant à la tête avec une bonne humeur irrésistible, il conduisit au Louvre ces ligueurs qui menaçaient, huit jours avant, de mettre à feu et à sang toute la France.

— Sire, dit-il au roi qui n'en pouvait croire ses yeux, j'amène à Votre Majesté un régiment de volontaires qui ont détruit en Champagne les garnisons espagnoles. Ils voudraient bien savoir ce qu'est devenu un certain La Ramée soi-disant Valois, qui fomentait là-bas une sédition et se faisait appeler Majesté.

— Il est en prison au Châtelet, dit le roi avec un sourire, et on instruit son procès en ce moment.

XXIII.

Première chasse.

Le roi était parti pour chasser à Saint-Germain. Mais la pluie étant venue, la chasse ne put avoir lieu.

On passa la journée assez tristement dans le vieux château, et le roi au lieu de parcourir la forêt, travailla, joua ou dormit. La cour s'ennuya plus que lui.

Le lendemain matin seulement, arrivèrent les dames. Henri alla au devant de Gabrielle qu'il trouva mélancolique et froide, malgré les efforts qu'elle faisait pour se vaincre. Le temps ne disposait pas à la gaîté, il était gris, aigre ; les nuages couraient chargés de neige, qu'ils n'osaient envoyer sur terre parce qu'on était au printemps, et que c'eût été contre les lois de la guerre ; mais cette neige parcourant l'espace, se vengeait en promenant partout sur son chemin la rigueur d'un froid de décembre.

Cependant les arbres poussaient déjà leurs feuilles vertes et l'oiseau chantait dans les bois. Dans la forêt on voyait s'ouvrir ces longues perspectives riantes dont l'œil est charmé, les tapis d'émeraude émaillés de fleurs se déroulaient sous les voûtes verdoyantes des chênes. Il ne manquait au tableau qu'un sourire du soleil. Il eût sans doute tout animé sur terre, les feuillages et les cœurs.

Henri conduisit Gabrielle dans les parterres où l'art des jardiniers essayait de faire fleurir trop tôt ces lilas et ces roses qui, quinze jours plus tard, se fussent épanouis magnifiquement tout seuls. La marquise était enveloppée d'une mante fourrée, le roi, en guerrier qui brave les saisons, se promenait dans une tenue printanière, pourpoint de satin mauve et haut de chausses blanc. C'était d'une fraîcheur à faire frémir.

— Comme vous voilà sombre, marquise, dit le roi en prenant une des mains de Gabrielle, vous grelottez et vous boudez. — C'est la représentation exacte du temps qu'il fait.

— J'avouerai, sire, qu'en effet j'ai froid et aux épaules et à l'esprit.

— Et au cœur?

— Je n'ai pas parlé du cœur, sire, dit doucement Gabrielle.

— C'est toujours cela de sauvé!..... Vous m'en voulez de vous avoir fait quitter Paris, marquise... Vous préférez Paris?

Gabrielle rougit. Peut-être le vent devenait-il plus froid.

— Je n'ai jamais, répondit-elle, de préférence sans consulter le bon plaisir du roi.

— Oh! comme cette parole serait douce et bonne, si la résignation n'en faisait tous les frais, s'écria Henri... Voyons, marquise, ouvrez-moi ce cher petit cœur. Depuis quelque temps vous me recevez avec trop de réserve. Que me reprochez-vous? Ai-je changé? Avez-vous conservé quelque levain des jalousies passées?...

En parlant ainsi, Henri suivait d'un œil pénétrant chaque nuance de la physionomie loyale de Gabrielle; et cette curiosité ne dénotait pas chez le bon roi une parfaite tranquillité de conscience.

Gabrielle ne manifesta rien qui donnât raison aux suppositions d'Henri.

— Non, sire, dit-elle avec un accent dégagé qui rassura tout à fait le roi.

— Cela m'eût étonné, ajouta-t-il; car si jamais conduite fut exemplaire, c'est la mienne.

Gabrielle sourit sans amertume.

— Vrai, dit le roi, j'ai rompu avec tout ce qui peut vous affliger ; vrai. D'ailleurs n'ai-je pas l'âge de me montrer raisonnable? suis-je pas un grison? et n'ai-je pas près de moi la plus angélique des femmes?

Les deux mains se pressèrent affectueusement, mais les nuages ne s'envolèrent pas du front pur de la marquise.

— Ce n'est pas la faute du roi, murmura-t-elle, si je suis triste.

— A qui donc la faute?

— A moi, à moi, qui m'alarme de tout, et qui suis une nature malheureuse.

— Mais quelle sorte de chagrins pouvez-vous vous faire, marquise? Laissez cela aux pauvres martyrs couronnés, sur lesquels vingt fois par jour tombe une souffrance imprévue. Ceux là ont le droit d'avoir l'esprit sensible. Mais vous, n'êtes-vous pas entourée de gens qui ôtent les épines de votre sentier? Ainsi, à moins que vous ne les cherchiez vous-même, selon l'habitude des femmes...

— Je ne crois pas, dit vivement Gabrielle. Non, mes chagrins ne sont point aussi chimériques que Votre Majesté veut bien le supposer. N'ai-je pas d'abord cette plaie incurable du mépris de mon père?

— Oh! votre père!... Voilà un mépris dont je ne m'inquiéterais guère. Depuis qu'il est nommé grand maître de l'artillerie, par préférence à Sully, M. d'Estrées ne devrait plus tant vous mépriser, ce me semble.

— Sire, c'est un grand ressentiment qu'il nourrit au fond du cœur contre moi, et une fille ne peut voir sans regret changer ainsi le plus tendre père...

— Ne me dites donc pas de ces choses-là, marquise, ce tendre père était un féroce gardien qui vous eût fait damner. Rappelez-vous Bougival et le bossu Liancour. Allons, allons, si vous regrettez ce père-là, au point de me bouder, je vous accuserai de n'être plus naturelle, et de me chercher noise, pour quelque grief caché.

Gabrielle tressaillit.

— En vérité, sire, répondit-elle, vous vous obstinez à ne pas comprendre ma situation. Faut-il que je l'explique à un esprit aussi délié, à un cœur aussi délicat que le vôtre? Quoi! maîtresse du roi! moi, qui étais une fille irréprochable, et de bonne maison. Maîtresse du roi!... Un honneur dont je dois être fière et qui me déshonore. Si vous saviez comment le peuple m'appelle!

— Le peuple vous aime pour votre grâce et votre bonté.

— Non; le peuple me hait d'occuper une place où il voudrait voir une femme légitime vous donner des dauphins et des princesses. Le peuple se marie, sire, et respecte le mariage.

— Ah! si vous me reprochez cela, dit Henri abattu, si ma douce Gabrielle me querelle au sujet de choses convenues...

— A Dieu ne plaise, sire! Suis-je ambitieuse? suis-je avide? me suis-je jamais mêlée des affaires de votre Etat? suis-je âpre à la curée des places et des largesses? me croyez-vous assez vaine, assez sotte pour oublier mon humilité? Sire, jugez-moi bien, je n'ai que votre opinion pour me consoler de celle des autres; rendez-moi du moins justice, et n'attribuez pas à des calculs le peu d'amertume qui s'exhale de mon cœur.

— Je sais, je sais, murmura Henri qui croyait au désintéressement de cette âme généreuse. Mais une plainte prouve que vous souffrez, et vous voir souffrir c'est me torturer moi-même.

— Je n'en demande pas plus, dit vivement Gabrielle, et ce seul mot de mon roi me suffit. Dès que vous avez compris que je souffre, dès que vous me plaignez, je me déclare satisfaite, et vais travailler à me consoler, à me guérir de cette tristesse qui offusque vos regards.

En disant ces mots, elle redressa la tête et parut secouer dans la bise ses longs cils humides de quelques larmes.

— Ma pauvre Gabrielle, articula sourdement le roi, dont l'excellent cœur s'était pris à cette innocente supercherie, tu souffres, oui, je le sais; on te fait endurer en ce moment des injustices dont je m'aperçois plus que je ne le puis dire — à toi, la meilleure, la plus parfaite des femmes qui aient jamais approché d'un trône. Les coquins! ils ne savent pas apprécier cette âme qui, au lieu de se venger, pleure et puis se hâte de cacher ses larmes. Mais patience! je ne suis pas le maître chez moi, Gabrielle. Tout me presse et me domine. J'ai le Valois La Ramée, j'ai la duchesse scélérate avec tous ses Châtel. J'ai Mayenne en campagne. Il faut parer à tout. Ce n'est pas le temps de songer aux affaires de mon cœur. Patience... un jour viendra, marquise, où je serai au faîte : ce jour-là, c'est moi qui ferai la loi aux autres, et je ferai respecter Gabrielle... Je m'entends... je m'entends!

— Sire! s'écria la marquise, votre bonté va plus loin que ma douleur elle-même..... pardonnez-moi. J'étais folle... j'étais misérable... Devrais-je ainsi jeter du fiel dans la coupe où Votre Majesté puise l'oubli de ses importans travaux!... Non, Sire, je suis heureuse, très heureuse... J'ai dit tout cela par caprice, par humeur de femme... Je ne me plains de rien... pardonnez-moi... Et d'ailleurs, tenez, voilà le soleil qui perce les nues; il éclaire tout dans la nature... tenez, mon œil brille; le rayon joyeux descend jusqu'au fond de mon cœur...

— Vous êtes une excellente femme, Gabrielle, murmura le roi ému en la baisant au front, et j'ai dit ce que j'ai dit.

Il achevait à peine lorsqu'à l'extrémité de l'allée où ils se promenaient apparut le petit La Varenne, le digne messager secret d'Henri, dont la réputation était trop connue à la cour. Ce vertueux personnage tournait le dos discrètement et regardait des primevères et des giroflées avec une attention qui témoignait de ses goûts champêtres.

Le roi l'avait vu, mais s'était bien gardé de le remarquer tout haut.

La marquise l'aperçut et se mit à rire.

— Ah! dit-elle, le porte-poulets de Sa Majesté...

— Bon! s'écria Henri, où donc?

— Là bas, tenez, sire, il se baisse jusqu'à mettre le nez sur des violettes. Qu'il prenne garde, le pauvre homme.

— A quoi donc?

— En se baissant ainsi, il retourne ses poches et les billets doux s'en vont échapper.

— Toujours railleuse, ma Gabrielle.

— Sans malice, sire, je vous jure. Mais appelez-le, il a peut-être quelque chose à vous dire.

— De sérieux, c'est possible. Je l'avais chargé de m'apporter des nouvelles du procès de Paris.

— Vous gagnez toujours les vôtres, dit en riant Gabrielle, qui entraîna le roi au-devant du petit La Varenne.

Celui-ci, tout baissé qu'il était, avait vu ce mouvement par l'angle du V que formaient ses deux jambes. Il crut prudent d'éviter la rencontre de Gabrielle, et, sans affectation, s'éloigna en herborisant, pour gagner un couvert de lilas voisin.

— Oh! oh! dit Gabrielle, je crois que je lui fais peur.

— Double brute, grommela le roi dans ses dents. Dirait-on pas qu'il se cache de vous? Holà, Fouquet! holà, drôle!

Fouquet était le vrai nom du personnage qui, en s'enrichissant, jadis maître-d'hôtel de Catherine de Navarre, avait orné ce nom du marquisat de La Varenne, ce qui avait fait dire à Catherine, sœur du roi, que La Varenne avait plus gagné à porter les poulets du roi qu'à piquer les siens.

Quand on l'appelait Fouquet, le nouveau marquis comprenait que le temps était à l'orage. Il dressa l'oreille et accourut près du roi en faisant mille et mille excuses à Gabrielle, dont l'hilarité allait toujours croissant

Henri, qui avait tant d'esprit, n'eût-il pas dû remarquer qu'une femme aussi rieuse lorsqu'il s'agit de jalousie, ne peut être une amoureuse bien brûlante. Mais hélas! les gens d'esprit ne sont-ils pas les plus aveugles?

— Çà, dit le roi, tu as l'air de fuir quand on t'appelle. Est-ce un jeu?

— Oh! sire, je n'avais pas vu Votre Majesté ni Mme la marquise. Ces touffes me dérobaient leur auguste présence. Sans cela je ne me fusse pas permis de respirer l'odeur des fleurs.

— Il me fera mourir de rire, dit Gabrielle. Sortez-le d'affaire, il se noie.

— Mais non, interrompit le roi, il ne saurait être embarrassé, il n'en a pas sujet. Voyons, m'apportes-tu des nouvelles du procès?

— Oui-dà, sire, mais tout n'est pas fini, les juges délibèrent encore sur la peine.

— Que présume-t-on?

— Une condamnation, sire.

— Et l'accusé?

— Ce La Ramée se tient fort bien aux débats. Il pose comme si quelque peintre était là pour le dessiner, mais il a beau faire, sa tête n'est pas solide sur ses épaules. Au surplus, sire, quand la délibération sera close, M. le premier président m'a promis d'envoyer un exprès à Votre Majesté pour l'instruire avant que l'arrêt soit prononcé. Cela ne peut tarder.

— Vous voyez, dit le roi à Gabrielle, que le porte-poulets est cette fois simple huissier du parlement.

— Bah! bah! répondit la marquise; fouillez bien dans ses petites poches. Voulez-vous que je vous y aide?

La Varenne prit un air de componction qui redoubla la belle humeur de Gabrielle; mais il eût été bien embarrassé de répondre lorsqu'on entendit un coup de feu retentir sur la lisière de la forêt, et les échos de la vallée le répétèrent jusqu'à l'horizon. La voix des chiens éclata au loin comme une fanfare et se tut.

— Oh! oh! dit le roi, on chasse chez moi, et on tue, à ce qu'il paraît! Qui donc chasse à St-Germain quand mes chiens sont au chenil et mon arquebuse au croc?

— Sire, dit La Varenne, c'est M. de Crillon qui, ce matin, avant le dîner de Votre Majesté, est venu courre un lièvre.

— Crillon!... tiens, tant mieux, s'écria le roi en s'épanouissant; nous dînerons ensemble. Est-il seul?

— Il est avec ce beau jeune seigneur, si riche, à qui Votre Majesté a donné droit de chasse.

— Espérance, peut-être, dit le roi sans malice, et par conséquent sans regarder Gabrielle qui, à ce nom, sentit la flamme monter jusqu'à ses cheveux.

— Oui, sire, M. Espérance.

— Eh bien, montons à cheval, pour les aller surprendre, dit le roi. Voulez-vous, marquise? il fait beau, et nous gagnerons de l'appétit.

— Volontiers, répliqua Gabrielle, dont le cœur battit de joie.

— Je vais prendre un habit de cheval et me botter, dit le roi. Viens, La Varenne.

— Moi, je suis tout habillée, dit Gabrielle, et j'attendrai mon cheval en me promenant à ce bon soleil.

— Je vous demande quelques minutes, s'écria le roi. Hâtons-nous la Varenne, hâtons-nous, pour ne pas faire attendre la marquise.

Gabrielle, ivre d'un doux espoir, s'appuya sur la balustrade de pierre, inondée de lumière chaude, et remercia Dieu, dont la providence et la riche bonté n'éclatait nulle part aussi splendidement que dans ce lieu, la plus merveilleuse de ses œuvres.

Tandis qu'elle s'absorbait dans ses rêves passionnés, Henri poursuivait sa route vers le château, et La Varenne déployait ses petites jambes pour le suivre.

Ils ne furent pas plutôt dans les appartemens où les valets de chambre habillaient Sa Majesté, que le porte-poulets, profitant de chaque sortie des gens de service,

— Sire, dit-il tout bas, Mme la marquise m'a fait bien peur avec sa plaisanterie de me fouiller.

— Pourquoi donc, La Varenne?

— Parce qu'elle eût trouvé quelque chose dans mes poches, sire.

On tendit les bottes au roi.

— Quoi donc? demanda Henri dans un intervalle.

— Votre Majesté sait bien où j'ai été de sa part.

— Sans doute; mais tu n'as pas dans ta poche les complimens dont je t'avais chargé, ou même ceux qu'on t'a rendus en échange?

— Non, mais...

On attacha les éperons et le manteau.

— La Varenne me donnera mon fouet et mon chapeau, allez ! dit le roi. Continue, La Varenne.

— Mais on m'a remis ceci pour Votre Majesté.

Et il tendit un billet au roi qui le lut avec empressement :

« Cher sire,

» Votre souvenir trouble mes nuits et mes jours. Comment peut-on vivre en souffrant ainsi? Comment pourrait-on vivre sans ces tortures délicieuses ? Le cœur généreux d'Henri me comprendra, car je ne me comprends plus moi-même.

» HENRIETTE. »

— Quel trouble! dit le roi enchanté.

— C'est de la passion folle, ajouta tout bas La Varenne.

— Vraiment?

— Du délire. — Figurez-vous, sire, une Bacchante, oh ! mais une belle !...

Et les yeux effrontés du petit homme s'écarquillèrent pour imiter le regard du tigre ou de la chatte.

Le roi inflammable, comme on sait, frissonna de tout son corps. Il se rappelait sans doute cette jambe de nymphe au bac de Pontoise.

— Oui, murmura-t-il, elle est bien belle.

— Que m'ordonne Votre Majesté ?... Que répondrai-je ?

— J'y vais rêver.

— Madame la marquise attend le bon plaisir de Sa Majesté, vint dire un écuyer.

Le roi tressaillit, et se hâtant,

— Cette chère marquise, s'écria-t-il, — partons. Retrouve-moi à l'écart, La Varenne, je te ferai réponse... Ah ! le billet...

Il le jeta au feu, après l'avoir relu encore, et, courant dans sa galerie comme un jeune homme, gagna les degrés en répétant :

— Ne faisons jamais attendre les dames !

Quelques momens après il était à cheval, après avoir tenu lui-même l'étrier à la marquise, qu'il combla de prévenances et de délicates caresses, pour compenser sans doute l'infidélité de son incorrigible esprit.

Le roi et Gabrielle n'avaient pris avec eux qu'un seul écuyer et un page. Henri connaissait tous les carrefours de la forêt et chassait bien. Lorsqu'il se fut orienté, il piqua droit vers la chasse.

Rustaut et Cyrus, ces braves chiens, avaient attaqué un chevreuil, et, suivis de quelques autres, s'en donnaient à cœur joie sur les terres royales.

Henri coupa droit au milieu de la voie et Gabrielle le suivit à quelque distance. L'écuyer à sa droite écartait les branches avec un épieu. Henri, qui savait le passage de l'animal, rencontra bientôt Crillon qui attendait à pied, l'arquebuse de chasse à la main, et lui cria :

— Oh ! brave Crillon, ne prends pas le roi pour un chevreuil !

— Harnibieu ! Sire, la belle rencontre! dit le chevalier en courant les bras ouverts et l'œil joyeux vers son maître.

Henri mit pied à terre aussitôt. A l'arçon du cheval de Crillon pendaient deux faisans et un lièvre.

— Ah !... compagnon... voilà comme tu secoues mon gibier, dit le roi.

— Ce n'est pas moi, Sire, je n'ai pas encore brûlé une amorce. — C'est Espérance. Voilà un tireur !

— Il dévastera mes domaines, dit le roi en riant. Où est-il, que je lui fasse mon compliment ?

Un coup d'arquebuse retentit à cinq cents pas.

— Tenez, dit Crillon en étendant la main de ce côté, ajoutez un chevreuil à la liste.

Les chiens se turent.

On vit bientôt dans le fourré un homme écarter les branches d'une main, tandis que de l'autre il traînait la victime dans les herbes. C'était Espérance, que la vue du roi surprit et embarrassa.

Crillon riait aux éclats.

— Marquise, dit Henri à Gabrielle qui débouchait en ce moment sur la clairière, voyez comme on fourrage chez ce pauvre roi !

Espérance poussa un petit cri à l'aspect de sa belle amie. Celle-ci lui avait déjà envoyé le sourire promis. Elle était rose de joie, il était pâle. Toute cette émotion fut mise sur le compte du flagrant délit de braconnage.

— Un beau brocard, dit le roi palpant l'animal, et gras malgré la saison.

— Je l'ai tiré à l'intention de Sa Majesté, répliqua Espérance. A tout seigneur tout honneur.

— Voilà qui va bien, s'écria Henri joyeux. Vous en mangerez votre part, jeune homme. Viens, Crillon, que je te parle.

Et passant un bras autour du cou de Crillon, il l'emmena à quelques pas, laissant Espérance et Gabrielle seuls en face l'un de l'autre, au centre de la clairière éblouissante de lumineuse verdure. Ils furent bientôt réunis, et, sous les yeux de l'écuyer et du page, qui se tenaient à une respectueuse distance, ils purent, le cœur palpitant, mais avec toutes les apparences de la plus cérémonieuse politesse, échanger le dialogue suivant :

—Bonjour, ami.
—Bonjour, amie.
— Vous voilà donc ici ?
— J'espérais vous y rencontrer.
—Vous avez déjà mon sourire, n'est-ce pas ?
—Il a pénétré mon cœur.
— Notre seconde condition était de vous parler quand je pourrais ; — je le puis, que voulez-vous que je vous dise ?
—Toute parole de vous est une harmonie qui me charme.
— Parce que toute parole de moi vous dit la même chose, n'est-ce pas, Espérance ?
— Plus ou moins clairement, Gabrielle.
— Eh bien ! soyons claire, puisque vous y tenez... Je... vous... aime...
— Oh ! murmura Espérance en fermant les yeux sous le feu de ce dévorant sourire, et en appuyant ses mains sur son cœur, comme s'il eût été frappé d'une balle... Oh ! pitié...

On entendit le pas du roi et de Crillon qui se rapprochaient.

— N'importe, disait le roi, tu t'exposais trop en allant seul ou à peu près arrêter le faux Valois dans son camp. Ne recommence pas, je te le défends !

— Oui, répondit Crillon, ce pauvre La Ramée m'eût donné bien du mal s'il eût fallu le prendre de force au milieu de ses gens. Mais, je vous le répète, sire, je savais son côté faible, j'en ai abusé, et je l'ai eu ainsi à bon marché. Ce n'est pas un méchant homme, au fond.

— Son côté faible ? dit Gabrielle se mêlant à la conversation pour qu'Espérance eut le temps de se remettre. Dites-le nous, M. de Crillon.

— Eh ! eh ! cela étonnerait bien le roi, fit en riant malicieusement le brave chevalier.

— Dites, dites ! demanda Henri.

— Monsieur, interrompit Espérance en posant un doigt sur ses lèvres, laissez-moi vous rappeler que c'est un secret que vous avez juré de respecter.

— Oui, harnibieu ! oui, et je le respecterai !

— Que le diable emporte ces gardeurs de secrets, dit Henri. Bah ! je finirai bien par le savoir, celui-là, et je vous le dirai, marquise.

Gabrielle regarda du coin de l'œil Espérance comme pour lui dire :
— Si je voulais bien le savoir...

Soudain on entendit trois sons de trompe dans le bois.

— Voilà quelqu'un qui m'arrive, dit le roi, on me cherche... il faudrait répondre.

Espérance sonna trois coups pareils accompagnés chacun d'une phrase de fanfare.

Bientôt La Varenne accourut sur un énorme cheval : un courrier l'accompagnait.

—Pour le roi ! dit La Varenne en poussant le courrier près de Sa Majesté.

Henri brisa le sceau de l'enveloppe et dit froidement :

— La Ramée est condamné à mort.

Espérance baissa la tête avec autant de respect que s'il se fût agi d'un ennemi digne de pitié.

— Eh bien, il ne l'a pas volé, dit Crillon. Qu'on le pende !

— N'est-ce pas au seigneur Espérance que j'ai l'honneur de parler ? dit La Varenne.

—Oui, monsieur, reprit le jeune homme.

— Monsieur, le condamné vous fait prier par l'huissier de La Tournelle d'obtenir la permission de converser un moment avec lui dans sa prison.

Espérance regarda le roi, qui avait entendu.

— Tiens, il vous connaît donc ? demanda Henri avec une curiosité bien naturelle.

— Oui, oui, il le connaît, s'écria le chevalier, éclatant d'un gros rire ; ou plutôt il l'a connu, n'est-ce pas, Espérance ?

Espérance supplia Crillon par un geste.

—Soit, nous ne dirons rien, ajouta le chevalier.

Espérance attendait toujours l'autorisation du roi.

— Allez, allez ! dit Henri, je vous permets tout ce que vous voudrez. Carte blanche ! Fais signer cette permission, La Varenne !

Crillon suivit le roi et la marquise. Espérance remonta à cheval et prit congé de Sa Majesté. Il salua aussi profondément Gabrielle qui, pour calmer une petite toux, appuyait en le regardant deux de ses doigts sur ses lèvres.

— Dieu bon, murmura Espérance, bénissez cette amie fidèle, qui me donne plus qu'elle n'avait promis.

Et il retourna à Paris, avec la permission signée, se demandant pour quelle raison La Ramée le mandait près de lui en une extrémité si cruelle.

XXIV.

Miséricorde.

La Ramée, depuis son arrestation, s'était courbé sous la main de Dieu. Il semblait avoir accompli sa tâche sur la terre.

Tous ceux qui le virent, magistrats, courtisans, peuple, rendirent justice à sa tranquillité, à sa noblesse d'attitude et de langage. On ne lui reprocha que la majesté affectée d'un état qui n'était pas le sien. Il eût été sublime si le sang des Valois eût réellement coulé dans ses veines.

Mais en vain se présenta-t-il aux juges avec tant d'assurance, en vain allégua-t-il les preuves que nous connaissons et que la duchesse lui avait fournies. De plus amples renseignemens eurent beau s'offrir au tribunal pour établir la substitution mensongère que Catherine de Médicis avait faite dans le berceau de son petit-fils : tout cet échafaudage, habilement préparé par une main invisible — celle de la duchesse, — et soutenu par ses partisans, qui de leur influence secrète protégèrent encore La Ramée devant ses juges ; tout ce pénible labeur des ennemis du roi s'écroula, disons-nous, sous les efforts de l'accusation.

Alors apparurent des preuves authentiques, d'irréfragables documens qui, fournis également par une main cachée, établirent toute l'imposture et dévoilèrent une partie de ses ressorts. Plusieurs des juges s'entretinrent longtemps, dit-on, avec certain moine génovéfain qui demeura inconnu, mais non pas muet, et répandit des flots de lumière sur cette intrigue mystérieuse.

En présence des charges terribles qui s'élevaient contre les instigateurs du complot, le parlement s'arrêta effrayé. Le crime remontait à sa source, et quelle source ! Les maisons les plus illustres, une femme dont le nom avait été populaire et qui avait presque régné à Paris. Le roi fut consulté, il s'effraya lui-même, et déclara que pour faire un scandale de cette mise en accusation de Mme de Montpensier, il désirait avoir des preuves incontestables, éclatantes, comme serait, par exemple, l'aveu et la dénonciation de La Ramée lui-même.

Les juges ne demandaient que cela. La Ramée fut mis à la torture. On ne connaissait alors rien de plus convaincant que la parole même de l'accusé ; on ne s'inquiétait pas de savoir comment cette parole avait été obtenue. Mais La Ramée, soumis à la question de l'eau et à celle du feu, n'avoua rien, et cria plus haut encore qu'il était Valois et prouverait sa naissance par son courage dans les tortures.

Le roi fut très mortifié de cet échec. Il le reprocha durement à ses gens de la Tournelle. Il résultait de la fermeté stoïque du patient une confirmation des faits que la discussion logique et modérée des débats avait suffi à détruire. La Ramée, en soutenant qu'il était Charles de Valois, absolvait Mme de Montpensier et se rendait intéressant jusqu'à l'échafaud.

Nous n'avons pas besoin de dire combien la duchesse en triompha. Elle répandit dans le public que ce n'était pas sa faute si un Valois survivait, si ce jeune homme avait eu le courage de réclamer ses droits à la succession de Charles IX. Elle niait effrontément l'avoir aidé. Elle défiait les preuves, et, sachant la scrupuleuse timidité du roi pour des débats nouveaux, elle s'étonnait bruyamment qu'on l'accusât, elle, d'une crédulité qui avait été un moment le crime de tout Paris.

Quant à servir plus efficacement le malheureux jeune homme, quant à essayer de le sauver soit de la condamnation, soit de la prison, elle n'en fit rien. Lâche et sans cœur comme tous ceux qui vivent par l'ambition seule, elle ne voulait pas s'aventurer à une lutte dans laquelle tous ses soutiens avaient successivement disparu.

La Ramée, cependant, comptait sur elle. Il devait espérer que, pour prix de son silence et de sa fidélité, il recevrait quelque avis, quelque secours, la liberté même. Durant les longs jours de sa captivité, de son interrogatoire, de ses tortures, il écouta constamment les bruits, surveilla chaque pierre, interrogea chaque mouvement de son geôlier. Il lui semblait, à ce malheureux, que tout à coup le cachot allait s'ouvrir, que tout à coup le geôlier lui allait remettre une arme et une clé ; il lui semblait enfin que madame de Montpensier veillait incessamment, suivait chacune de ses pensées, et que le retard apporté à sa délivrance venait uniquement du choix délicat qu'on faisait des voies et moyens.

Cependant, rien ne paraissait, et le temps avait fui ; et les douleurs du corps, celles plus poignantes de l'âme, augmentaient à chaque instant.

Au moment où La Ramée fut pris par le doute, l'habileté de ses juges essaya de l'ébranler et de surprendre un aveu contre la duchesse ; mais le prisonnier fut honnête, il fut généreux, et, malgré les plus brillantes promesses, garda un secret qui le perdait.

Peut-être La Ramée espérait-il encore en la duchesse. Nous ne le nierons pas. Mais il y a déjà bien de la noblesse à ne pas désespérer en de pareilles circonstances.

Le jeune homme souffrait, dans sa prison du Châtelet, de bien violens assauts! Cette liberté qu'on lui offrait par moment, c'était la possibilité de retrouver Henriette: retrouver Henriette n'était-ce pas vivre en plein paradis!

Jamais La Ramée ne se trouva plus malheureux et plus content de lui-même. Son sacrifice héroïque le réhabilitait à ses yeux. Henriette le saurait sans doute, elle y trouverait de nouveaux encouragemens à aimer son sauveur. Le noble souvenir de sa belle action et cette image suave de sa maîtresse entretinrent la joie et le courage au fond d'un cœur que les bourreaux de la Tournelle cherchaient à amollir. La Ramée éprouva un bonheur pareil à l'ivresse en s'obstinant à conserver ce titre de Valois qui le faisait seigneur et maître d'Henriette. Et puisque le destin s'acharnait à l'empêcher de faire une reine, du moins pour la femme qu'il aimait resterait-il éternellement prince et roi.

Mais le jour de la condamnation arriva. C'est une heure solennelle, qui fait courber les fronts les plus audacieux. Condamnation sans appel possible, — le bourreau suivant de près le juge, — et pas de nouvelles de ses amis, pas de secours, — pas même un signe mystérieux!

Qui pourrait décrire l'effrayant travail d'une cervelle humaine dans le silence de la prison, quand mille conjectures naissent et meurent comme les fantômes de fièvre, quand les plus horribles craintes se heurtent contre les plus folles espérances; alors que les minutes prennent la proportion et la valeur de longues années, alors que tout le passé sombre comme un navire brisé et que l'avenir s'éclaire des feux menaçans de la colère céleste.

La Ramée sentit qu'il était perdu. Un prêtre envoyé vers lui le lui fit comprendre. La Ramée n'eut pas même la suprême joie d'épancher ses douleurs dans le sein de la religion; cette religion lui commandait un aveu complet de ses fautes, et le prisonnier ne voulait rien avouer. Il eût fallu, aux pieds de Dieu, dépouiller les misérables passions de la vie, et La Ramée tenait à ses passions plus qu'à la vie, l'orgueil et l'amour étaient sa chair et son sang. Il se tut quand le prêtre lui offrit le pardon en échange d'une confession sincère, et comme dans les paroles du ministre de paix, La Ramée avait cependant remarqué ces mots: « Oubliez ceux que vous avez aimés et réconciliez-vous avec vos ennemis, » le malheureux voulut au moins satisfaire à l'une de ces lois divines, il écouta l'un des cris de sa conscience et fit demander à entretenir Espérance, son plus mortel ennemi.

Néanmoins, il comptait peu sur la présence d'un homme qu'il avait si cruellement traité; il commençait à se connaître; et ce fut avec une véritable explosion de reconnaissance qu'il accueillit l'entrée du jeune homme dans son cachot. Espérance, toujours le même, n'avait pas perdu une minute pour se rendre à l'appel d'un ennemi vaincu qui l'implorait.

Le gouverneur du Châtelet, ce vieillard que nous avons vu si bon pour Espérance, reconnut son ancien prisonnier et le conduisit en souriant auprès de La Ramée.

Ce fut une scène touchante.

Le condamné était dans un de ces bouges affreux, semblables à des cercueils de pierre. L'art des geôliers ne s'y était appliqué qu'à rendre toute évasion impossible. Partout le génie de l'homme et l'instinct de la conservation reculaient devant ces masses de granit à soulever, devant ces portes de fer à briser. Espérance frissonna en entrant et s'avoua qu'il fût mort plutôt que de passer une seule nuit dans cet enfer.

La Ramée était libre de ses mouvemens; les chaînes, en un pareil endroit, devenaient superflues. Il alla au-devant du visiteur généreux que le gouverneur lui amenait. On leur laissa une lampe, les geôliers se retirèrent.

Ainsi l'avait demandé La Ramée, ainsi l'avait accepté Espérance, en qui ne s'éveilla pas même un soupçon d'inquiétude.

Une froide attente précéda entre eux les premières explications. L'homme libre et vainqueur regardait son misérable ennemi, il essayait de donner à son attitude assez d'humilité délicate pour ne pas offenser le malheur.

Le prisonnier attachait sur Espérance un regard attendri.

—Merci, murmura-t-il, merci, monsieur.

— Je vous écoute, monsieur, dit Espérance.

La Ramée soulevant ses bras amaigris, passa lentement deux mains blanches sur son pâle visage. Il faisait un effort pour dompter les dernières convulsions de l'orgueil.

— Je n'ai pas voulu quitter la vie, dit-il d'une voix sourde, sans obtenir le pardon d'un homme que j'ai injustement frappé... et j'avouerai plus librement aujourd'hui que jamais, combien mon crime fut indigne de pardon, car aujourd'hui je connais la générosité d'un ennemi.

Il ne put en dire davantage, l'émotion étranglait sa voix, Espérance d'ailleurs l'arrêta.

— Vous faites en ce moment, dit-il, une bonne action, qui en rachète beaucoup d'autres moins bonnes. Depuis longtemps, monsieur, je vous avais pardonné. Je savais déjà que la plupart de vos crimes sont nés de votre aveuglement.

— Mes crimes, murmura La Ramée surpris de cette rude parole.

— Il faut bien appeler de ce nom le meurtre et la rébellion, dit doucement Espérance. Mais, je le répète, vous n'êtes pas aussi coupable pour moi que vous le paraîtriez à d'autres. Je connais, vous dis-je, le démon qui vous a perdu.

— Oh! monsieur, s'écria La Ramée d'une voix ferme et presque menaçante, n'accusez pas Henriette lorsque je ne puis plus la défendre.

— Et vous, repartit Espérance, ne dépensez pas vos forces en un vain éclat de fausse générosité. Vous vous êtes perdu pour cette femme, pauvre insensé, voyez comment elle vous paie.

— Elle fût venue ici, interrompit La Ramée, si je l'eusse exigé; mais le devais-je? eût-il été d'un honnête homme de compromettre par une faiblesse à mes derniers momens la femme que j'ai sauvée aux dépens de ma vie. Elle se tait, elle se cache, je l'approuve. Elle appartient au monde, à sa famille; elle ne peut accepter, même le reflet de ma triste célébrité. Ne l'accusez pas quand je l'absous.

— Comme il vous plaira, dit Espérance.

— Vous, d'ailleurs, ajouta la Ramée avec un sombre regard, vous en avez le droit moins que tout autre.

Espérance rougit à cette allusion jalouse. Evidemment le souvenir de sa liaison avec Henriette vivait encore dans le cœur du prisonnier.

— A Dieu ne plaise, dit-il, que j'accuse Mlle d'Entragues... Mais enfin je ne puis fermer mes yeux à la lumière. Elle m'a laissé assassiner, elle vous laisse mourir. Tout cela ne témoigne pas d'un cœur bien tendre; mais puisque vous vous déclarez satisfait, je n'ajouterai plus un mot.

— Que vouliez-vous qu'elle fît ! s'écria La Ramée avec une vivacité qui révélait le trouble de son âme.

— Ce qu'on fait dans les circonstances terribles où son imprudence, sa coquetterie l'ont trop souvent placée ; on rachète alors ses fautes par un généreux dévouement. Mais non, vous dis-je, elle n'a pas de cœur.

Et il baissa la voix.

— Demandez-lui, murmura-t-il, si elle a pleuré Urbain du Jardin... Voyez si elle a versé autant de larmes que j'ai pour elle perdu de sang. Et quand vous agonisez, seul, en ce cachot, elle devrait pousser des sanglots capables de traverser ces murailles.

— Je ne saurais l'entendre, dit La Ramée, mais je suis sûr qu'elle pleure.

Et en parlant ainsi, le malheureux sembla remercier Henriette absente par un regard d'une ineffable douceur.

— Je n'ai rien vu qui fût plus respectable que la folie de cet homme, pensa Espérance.

— Monsieur, ajouta La Ramée, tout le monde m'abandonne, en apparence. Croyez-vous pourtant que personne ne pense à moi? Mais le Châtelet ne se prend pas d'assaut facilement : vous êtes venu ici, vous, parce que M. de Crillon vous fait obtenir du roi tout ce que vous désirez, j'y comptais bien en vous mandant près de moi. Tout autre, eût-il été aussi généreux que vous, ne se fût pas introduit comme vous dans ma prison. Je vous ai donc enfin revu, vous m'avez pardonné, vous me rendrez encore un service.

— Lequel ?

— Oh ! le plus grand de tous ; un service qui fera disparaître pour moi les vulgaires horreurs de la mort et changera mes derniers momens en une douce extase. Henriette sait-elle que je l'ai sauvée en me livrant à vous? Sait-elle que si j'eusse agi pour moi seul, je pouvais me faire tuer et tomber avec une sorte de gloire, et qu'alors je me fusse épargné la honte d'une captivité, les douleurs de la torture et l'échafaud? Le sait-elle, monsieur?

— Je ne pourrais vous l'affirmer. Car trois personnes seulement eussent pu le lui dire, et pas un de nous trois n'a parlé à Mlle d'Entragues.

— Eh bien, monsieur, s'écria La Ramée en se soulevant pour saisir la main d'Espérance, voici le service que je réclame de vous. Instruisez-la... instruisez-la, non pas quand je serai mort... mais maintenant. Non pas pour qu'elle se décide à manifester une démarche en ma faveur... mais pour qu'elle fasse un signe et prononce tout bas un mot que vous me rapporterez et qui me rafraîchira au moment de subir la dernière épreuve. Vous comprenez cela, n'est-ce pas, monsieur, qu'on ne soit pas désintéressé quand on aime aussi passionnément une femme? Ce que je demande est d'ailleurs bien peu de chose — un signe — un mot... Demandez-les-lui pour moi, et veuillez me les rendre quand je sortirai de cette prison pour aller mourir. Je vous impose une pénible tâche, n'est-ce pas? ajouta-t-il en pressant convulsivement les mains de son ennemi. Mais vous êtes un grand cœur, et peut-être avez-vous sondé toute la profondeur du mien... faites cela pour moi. Dieu, qui vous a béni déjà, continuera pour vous ce qu'il n'a pas voulu faire pour moi, maudit. Je lis dans vos yeux que vous m'accorderez ma demande... Oh! mais ce n'est pas encore tout ce que je réclame du généreux Espérance... dit-il avec un gémissement qui fit tressaillir le jeune homme de compassion et de respect.

— Parlez encore, répliqua-t-il.

— Il faut me promettre plus que tout cela, poursuivit La Ramée en s'exaltant par degrés à mesure qu'il sentait croître la sympathie de son interlocuteur. Oui, vous parlerez à Henriette de mon sacrifice, et vous reviendrez me dire ce qu'elle vous aura confié pour moi, — mais, après?... après, entendez-vous bien ces terribles paroles!... je serai mort après; je ne serai plus là pour veiller sur mon trésor, pour le défendre comme toute ma vie s'y est employée. Oh! vous êtes beau, elle vous a aimé, dit-il avec un rugissement farouche, elle vous aimera peut-être encore si elle vous revoit, et qu'elle compare votre triomphante jeunesse, la splendeur de votre prospérité, la sève féconde de votre existence avec la froide et abjecte dépouille de ce criminel mort dans les supplices... Oh! qu'elle ne vous aime pas!... que son cœur, que son corps n'appartiennent plus à aucun sur la terre, que je n'aie pas à subir du fond de ma tombe l'horrible torture de la jalousie! Les morts ont une âme qui souffre encore, monsieur... Promettez-moi que vous ne me prendrez pas Henriette. Demandez-lui pour moi de renoncer au monde, de s'ensevelir dans un cloître, elle le fera, n'est-ce pas? elle ne peut faire autre chose. Comment brillerait-elle, soit à la cour, aimée du roi, soit au bras d'un époux, avec le souvenir de l'homme qui est mort pour lui sauver le repos et l'honneur? Henriette fera des vœux, promettez-le moi! Elle ne verra plus après moi le visage d'un homme... c'est le moins qu'elle me doive pour prix de mon dévoûment. Je sais bien que je demande des choses difficiles... mais je souffre... Il faut avoir pitié de moi; vous devez comprendre l'horreur de ma situation. Cette femme que je laisse si belle, si désirable, si recherchée... Henriette... fragile créature... qui peut-être m'oubliera demain!.... Ah! la femme lâche qui ne descend pas avec moi au tombeau!

En disant ces mots, l'infortuné secouait furieusement sa tête meurtrie, et des larmes de désespoir roulaient avec le sang dans ses yeux.

Espérance fut remué jusqu'au fond des entrailles par l'égoïsme si douloureusement sincère de cet inextinguible amour. Quel désordre dans ce cœur, quelle tempête, quels éclairs effrayans illuminaient ce chaos! Ainsi, rien pour Dieu, rien pour la vie, pas de remords, pas de regrets; rien que cet amour! La Ramée, semblable à ces furieux idolâtres, qui, dans le délire, abattent et brisent les statues muettes de leurs divinités honteuses, La Ramée en était venu à injurier son idole. L'homme qui insulte ainsi ce qu'il aime est perdu sans ressource; il n'a plus qu'à mourir.

Espérance s'approcha du prisonnier; il lui prit la main. Une immense pitié soulevait son cœur. Ce pauvre jeune homme était absous à ses yeux. Désormais en présence d'une pareille infortune plus de haine, plus de mépris. Cet homme avait pleuré, s'était accusé, il devenait un ami pour le généreux Espérance.

— Ecoutez, dit-il, je vous trouve si malheureux que je ferai tout pour vous. Comment au lieu de penser à mourir ne pensez-vous pas plutôt à vous sauver?

La Ramée, honteux de ses larmes, releva la tête à ces étranges paroles.

— Me sauver! murmura-t-il, que voulez-vous dire?

— Oui, le roi n'a pas de colère contre vous. J'ai entendu sa voix, qui disait: Allez voir La Ramée, — carte blanche... Si vous voulez m'entendre, je vais faire changer d'un mot votre ciel d'enfer en un firmament radieux.

La Ramée écoutait avidement.

— Faites quelque chose pour vous-même, continua Espérance, aidez le roi dans sa clémence.

— Que puis-je?

— Attendez. Vous avez persisté, dans les

débats, à soutenir que vous êtes Valois, et vous ne l'êtes pas.

La Ramée fronça le sourcil.

— Vous ne l'êtes pas, vous dis-je. Je sais bien que, pour l'affirmer, vous avez une raison, — l'orgueil; — vous ne voudriez pas passer pour imposteur aux yeux d'Henriette. Je comprends tout d'une passion comme la vôtre.

La Ramée rougit de voir ce clair regard lire ainsi au fond de son cœur.

— Eh bien, poursuivit Espérance, si vous y tenez tant, ne dites pas que vous reconnaissez avoir menti. Soit, persévérez dans votre mensonge...

— Je crois être Valois, dit fièrement La Ramée.

— Je l'admets. Dites que vous le croyez, mais dites en même temps qui vous l'a fait croire.

La Ramée fit un mouvement.

— Une lâcheté! interrompit-il, une trahison!

— La duchesse ne vous trahit-elle pas? Où sont les secours qu'elle vous envoie?

— Patience!

— Insensé! attendrez-vous que le bourreau vous incruste cette vérité dans la gorge?... Vous êtes trahi, vous dis-je... Eh bien! puisque la duchesse ne songe qu'à ses misérables intérêts, songez aux vôtres... Voulez-vous la liberté?... Voulez-vous ce soir courir au grand air de la route, sur un bon cheval, au devant de cinquante années d'existence?

— Moi!...

— Je vous offre la liberté,... dussé-je sacrifier ma vie à vous la rendre. Car vous m'avez touché ici, et je suis pour quelque chose dans votre malheur.

— Vous êtes une belle âme, dit La Ramée attendri.

— Ecrivez que vous avez été de bonne foi, que vous vous êtes cru et vous croyez encore Valois, parce qu'on vous l'a fait croire. Nommez bravement l'instigateur de ce complot. En un mot, soyez aussi loyal envers le roi qu'on a été vil et lâche contre lui. Votre conscience doit appuyer mes paroles, si vous êtes sincère. En échange de cet écrit je vous donne la liberté, la vie. J'en jure Dieu qui m'entend.

— Me donnez-vous Henriette? s'écria La Ramée dont le cœur bondissait, à l'idée de cette résurrection inespérée.

— C'est à elle-même non à moi qu'il faut la demander, répliqua Espérance. Sais-je ce qu'il y a dans le fond de son cœur?

— Vous m'aviez promis d'aller la trouver, tout à l'heure.

— C'est vrai. J'irai.

— Eh bien! demandez-lui qu'elle m'accompagne, et j'accepte.

— Et vous écrirez au roi ce que je vous dictais?...

— A l'instant. Fuir avec Henriette! oh! mais pour cela je vendrais mon âme!

Espérance tendit la main à La Ramée.

— Jurez-moi ce que vous venez seulement de dire.

— Je le jure, par Henriette d'Entragues, s'écria La Ramée les yeux étincelans.

— Mais, murmura Espérance, si elle refusait?

Un nuage passa funèbrement sur le front du prisonnier.

— En ce cas, dit-il, je serai trop heureux de mourir. Mais elle m'aime! elle acceptera! Oh! monsieur, à présent que j'ai recommencé à espérer, je brûle d'impatience, Ménagez mon temps... Hâtez-vous. Chaque minute sera un siècle d'angoisses... Sauvez-moi, rendez-moi Henriette... et je vous adorerai à genoux!

Espérance serra la main du malheureux.

— Vous ne m'aurez pas vainement appelé, dit-il. Silence, fiez-vous à moi, et que mon nom vous porte bonheur!

— Dans combien de temps reviendrez-vous? murmura La Ramée pâle de joie.

— Priez Dieu jusqu'à mon retour.

— Je ne saurais, je ne saurais... le trouble est dans mon âme, je n'ai plus une idée, ou plutôt je n'en ai plus qu'une seule: répondez-moi quand je vous reverrai.

— Comptez lentement jusqu'à dix mille, répliqua Espérance.

Et ayant frappé à la porte de fer qui lui fut ouverte, il envoya un sourire à La Ramée qui le suivait d'un avide regard et disparut.

XXV.

L'île Louvier.

Espérance n'avait pas fait cent pas hors du Châtelet, que toutes ses mesures étaient prises.

L'idée de sauver La Ramée avait fini par dominer chez lui toutes les autres. Il y emploierait toutes ses ressources, sa fortune, le crédit de ses amis, celui de Gabrielle même.

Mais le temps pressait. La condamnation prononcée, la torture subie, il ne restait au prisonnier que bien peu d'heures à vivre.

Espérance songea d'abord à se procurer avec Henriette l'entretien qu'il avait promis à La Ramée d'obtenir. Cette démarche révoltait le cœur d'Espérance ; mais, nous l'avons dit, nul moyen n'offrait une somme de dégoûts et de difficultés supérieure à la grandeur d'âme du jeune homme.

Ce dernier avait l'esprit fécond comme le cœur. Il se dit que pour obtenir vivement un entretien de Mlle d'Entragues, sans se compromettre, sans écrire, sans aller chez elle, c'était à Leonora qu'il lui fallait s'adresser.

Il écrivit donc à l'Italienne un billet en langue toscane, qui contenait à peu près ces mots :

« J'ai besoin de voir à l'instant la personne que vous m'avez montrée le jour du bal, sous les lierres du mur de Zamet. Je me fie à votre amitié pour m'amener cette personne. Vous l'accompagnerez pour qu'elle ne redoute pas un piège, et vous pouvez lui dire que son intérêt le plus cher sera engagé dans cet entretien de quelques minutes. Qu'elle choisisse le lieu de l'entrevue.

» Vous rendrez ainsi service à deux personnes, dont l'une, celle qui vous parle, vous promet toute sa reconnaissance. »

Il signa Speranza, et ne douta pas du succès.

— Ainsi, pensa-t-il, ce monstre viendra. Je la persuaderai ou ne la persuaderai pas, peu importe ; mais comme je veux sauver le prisonnier, je le ferai sortir dans tous les cas de sa prison.

Pour cela, que faire ?

Aller trouver le brave Crillon, qui peut tout sur le roi, Crillon, le seul capable d'aborder le roi à toute heure, et d'enlever à la pointe de l'épée une grâce aussi difficile.

Espérance réfléchit ensuite qu'il pouvait bien avoir besoin, pour l'exécution, d'un bras robuste et dévoué ; il fit tenir un mot à Pontis pour le mander près de lui dans la soirée.

Toutes choses étant ainsi réglées, Espérance s'achemina vers l'Arsenal, où ce jour-là Crillon devait souper en grande cérémonie chez Sully. On comptait presque sur le roi, et il se faisait de beaux préparatifs.

Le chevalier causait avec ses amis quand on l'appela de la part d'Espérance. Il descendit, et vit bien, à la mine longue du jeune homme, qu'il s'agissait de quelque importante affaire.

Espérance emmena Crillon dans le parterre, et sans préparation, sans détour, comme il convenait entre gens de cette trempe,

il conta sa visite au Châtelet, la compassion dont il avait été saisi en voyant un homme souffrir à ce point, et il termina par ces mots : J'ai pensé qu'il y avait chrétiennement quelque chose à faire pour vous et pour moi.

— Et quoi donc, mon Dieu ? demanda Crillon.

— Obtenir sa grâce.

Crillon fit un mouvement qui faillit décourager Espérance.

— Ah bien ! en voici d'une autre, s'écria le chevalier, détruire la plus belle occasion qui se présente de renvoyer en enfer ce démon que le diable nous avait lâché ! — Vous êtes fou, je pense, de venir me demander cela.

— Non, monsieur, je vous jure que j'y ai mûrement réfléchi, au contraire, et que je deviendrais fou de honte et de douleur si je ne réussissais pas dans mon entreprise.

Crillon fronça ses noirs sourcils.

— Vous avez une manie, dit-il, la connaissez-vous ? On ne se connaît pas ordinairement soi-même. Je veux bien vous présenter le miroir. Vous avez la manie de la générosité. Vous me faites l'effet du pieux Enéas de Virgile. C'est un héros de votre connaissance, mon ami, chaque fois qu'il donnait un coup d'épée, il pleurait, et pourtant il en a donné beaucoup. J'ai toujours trouvé ce héros souverainement ridicule et maussade. L'incendie de Troie et la joie d'avoir perdu sa femme lui avaient sans doute brouillé la cervelle ; mais vous, Espérance, je ne vous connais pas de semblables motifs. Guérissez-vous de la générosité.

Espérance devenait d'autant plus sérieux que le bon chevalier perdait plus de minutes en railleries.

— Monsieur, interrompit-il, je ne vous ai jamais rien demandé, bien que votre bonté m'ait souvent offert des grâces de toute espèce. Aujourd'hui je demande, me refuserez-vous ? D'ailleurs, il ne s'agit pas de moi seul ; vous êtes engagé à faire ce que je réclame.

— Engagé ! moi !

— Rappelez-vous à Reims, lorsque touché de la douceur et de la générosité du malheureux — celui-là aussi a la manie de la générosité — vous lui avez dit ces mots, qui me sont encore présens : *Peut-être ferai-je mieux pour vous, si vous êtes sage.* Il a été bien sage, l'infortuné.

— Certes, j'ai dit cela, dit Crillon embarrassé, mais...

— Vous l'avez dit, il faut le faire, répliqua Espérance avec une douce fermeté.

— Harnibieu ! jeune homme, tu me donnes des leçons, je crois.

— Non, monsieur, je vous rafraîchis la mémoire.

— Eh ! pardieu ! croyez-vous que je n'y aie point pensé, en voyant ce matin le roi si bien disposé. Tout le temps qu'a duré notre voyage de retour, nous avons parlé de ce misérable instrument de la Montpensier, et j'ai soutenu au roi que La Ramée n'est pas un scélérat endurci, mais, au fond du cœur, je suis enchanté qu'il disparaisse de ce monde. Nous lui rendons justice, nous l'absolvons : il a graissé ses bottes pour le grand voyage, qu'il parte.

— Je lui ai promis qu'il vivrait, reprit Espérance opiniâtrément, et je vous supplie d'obtenir du roi la ratification de cette parole. Le roi, dit-on, soupera ici.

— Oui, il y soupe. Il soupe même sans moi en ce moment.

— Eh bien, monsieur, je ne vous retiens pas et vous conjure de me pardonner mon importunité. Je demeure, vous le savez, à deux pas. Cette grâce, il me la faut ce soir.

La voix d'Espérance, de son cher Espérance, alla au cœur de Crillon.

— Attendez, attendez, dit-il. Non, l'on ne soupe pas encore. Je vois tout le monde dans la bibliothèque, et l'on couvre seulement la table. Attendez quelques minutes, je vais trouver le roi, et, oui ou non, vous emporterez la réponse.

Espérance s'écarta le cœur palpitant.

— Non, dit Crillon, asseyez-vous sur ce banc, derrière la charmille. Je vais amener le roi par ici, vous l'entendrez comme s'il vous parlait à vous-même.

En effet, quelques instans après, le roi, vêtu de noir, la tête nue, le visage sérieux et attentif, descendit le perron avec Crillon et vint se promener dans l'allée contiguë à la charmille qui cachait Espérance.

Henri écouta la chaude pétition du chevalier. Celui-ci se peignait tout entier dans son style. Il bouillait de satisfaire Espérance, et, en même temps, priait le roi de bien examiner l'intérêt de l'Etat.

— Eh ! mon brave Crillon, dit Henri, l'Etat n'est plus pour rien dans cette affaire. La Ramée est Valois ou La Ramée. S'il se dit Valois et que je le tue, vois quelle tache ! S'il ne l'est pas, et qu'il s'entête à me créer des embarras, pourquoi ferais-je la sottise de l'épargner ? Le seul argument que j'aie pour prouver qu'il n'est pas Valois, c'est de le faire accrocher à une potence.

— C'est vrai, dit Crillon.

— C'est vrai, pensa Espérance, rendant justice à la sagacité royale.

— Votre Majesté, continua Crillon, ne peut-elle pas braver?...

— Braver quoi ?... Est-ce que les rois ne bravent pas toujours quelque chose... Seulement il s'agit pour eux de choisir... Veux-tu qu'à propos de ce fétu, de cet atôme, je remue des montagnes?.... Braver !... j'en ai assez de bravades, mon ami.

— Eh bien! alors, dit Crillon, qu'on le pende et que ce soit fini.

Espérance frissonna en écoutant l'étrange plaidoyer de son auxiliaire.

Le roi était devenu pensif et son œil profond cherchait la terre.

— Que m'importe à moi, dit-il, que cet homme vive s'il m'est prouvé qu'il n'est qu'un instrument repentant de la Montpensier! D'ailleurs, je n'ai pas besoin de lui faire grâce, ce qui serait d'un mauvais exemple. S'il tient tant à te faire plaisir, qu'il fasse un trou dans un mur et qu'il se sauve. Je ne suis pas là pour garder les prisonniers.

Espérance tressaillit de joie.

— Oui, mais vous pouvez les faire poursuivre et reprendre.

— Diable emporte si je m'occuperai jamais de ce qu'il sera devenu. Je n'ai pas l'humeur tracassière, et les gibets me soulèvent le cœur.

— Mais le gouverneur qui l'aura laissé fuir....

— Ce bon vieux du Jardin, un ancien coreligionnaire, un digne homme que j'aime comme mes petits boyaux... Non, Crillon, je ne tourmenterai pas ce pauvre du Jardin, pourvu toutefois qu'à la place du prisonnier envolé, il me montre une bonne déclaration dudit, portant que c'est bien La Ramée et non Valois qui a percé mon mur, De cette façon j'y gagne ; j'économise une corde, et la duchesse rira tout jaune quand je lui ferai voir cette déclaration.

— Il faut qu'elle en pleure, dit Crillon en jetant un coup d'œil sur la charmille.

— Je répète, ajouta le roi tranquillement, qu'il n'y a pas d'inconvénient à ce qu'un La Ramée se sauve, je n'en dirais pas autant d'un Valois!

— J'ai compris, dit Crillon en reconduisant le roi jusqu'au perron, où l'attendaient déjà plusieurs seigneurs.

Là, il le quitta et Espérance revint serrer la main du chevalier.

— Merci, dit-il, merci, j'avais prévu cette nécessité de la déclaration. Je l'aurai même plus complète que le roi ne la demande. Maintenant, les moyens?

— J'irai trouver du Jardin ce soir, dit Crillon.

— Et l'on mettra La Ramée dans la petite chambre d'en haut, celle où j'ai été.

— Soit.

— De façon qu'avec une corde à nœuds il puisse s'échapper cette nuit sans soupçon de connivence.

— Arrangez cela comme vous voudrez.

— Merci encore! s'écria Espérance dont le cœur débordait de joie.

— Seulement, vous faites une sottise, murmura Crillon; mais vous m'avez parlé un langage irrésistible. C'était la première grâce que vous me demandiez; je ne pouvais vous la refuser.

En disant ces mots, il prit Espérance dans ses bras et l'étreignit avec une tendre admiration.

De fait, jamais le visage de ce jeune homme n'avait été d'une beauté plus radieuse. Toute bonne action émane d'en haut. Comment la beauté ne deviendrait-elle pas sublime, éclairée par un rayon divin?

Il restait à Espérance la partie la plus fâcheuse de sa mission. Il soupira, mais se décida à l'accomplir.

Leonora avait déjà répondu. Le seigneur Speranza trouva en rentrant Concino qui sommeillait sur un fauteuil et lui dit:

— Ce soir, huit heures et demie, île Louvier.

Il était huit heures et un quart. La moitié du délai fixé à La Ramée s'était déjà écoulée.

Ce ne fut pas sans une émotion poignante qu'à huit heures et demie précises, Espérance, qui s'était rendu sur le champ à l'endroit indiqué, vit un bateau traverser le petit bras de rivière en face de l'Arsenal et paraître sous les ormeaux une femme soigneusement enveloppée dans une mante légère qui s'enroulait comme un voile autour de sa tête. Sous ce tissu brillaient les yeux noirs d'Henriette.

A l'entrée de l'île était restée Leonora, moins agitée que sa compagne, souriante, et qui, après avoir fait un signe au jeune homme, s'assit sur un tronc d'arbre renversé.

L'île Louvier était à cette époque une propriété particulière, un jardin, et souvent elle a porté le nom d'Entragues, car elle fut achetée par cette famille.

Espérance s'avança à la rencontre de la jeune fille, dont l'attitude gênée, la démarche roide n'annonçaient pas de bien favorables dispositions. Elle avait choisi un lieu de rendez-vous commode pour elle, et rassurant pour Espérance qui, en cas de piége, se sentait de tous côtés une retraite facile. Il ne s'agissait que de sauter dans la rivière.

— Vous m'avez appelée, dit-elle la première avec un accent froid et saccadé, me voici.

Il s'inclina.

— Vous devez supposer, mademoiselle, que pour vous causer ce dérangement il m'a fallu de graves motifs.

— Sans doute. Leonora m'a parlé de mon intérêt personnel, et je me suis demandé comment, par vous, mon intérêt pouvait être mis en jeu. Je me le demande encore.

— Ce n'est point par moi, mademoiselle, répliqua Espérance, décidé à ne pas perdre les minutes en de vaines précautions oratoires, c'est par M. La Ramée.

Henriette pâlit et trembla. Espérance alors la regarda en face et fut frappé de l'aspect sinistre de cette physionomie si belle pour quiconque ne savait pas sous les traits voir transparaître l'âme.

— Je vous épargnerai, dit-il, les questions, je vais les devancer toutes. Voici en deux mots ce dont il s'agit. M. La Ramée est emprisonné, condamné à mort, il va être exécuté, vous le savez.

Henriette, d'une voix à peine intelligible,

— Tout le monde le sait, dit-elle.

— Ce que tout le monde ignore, mademoiselle, c'est la façon dont ce malheureux a été pris, au milieu de son camp, et pris sans lutte, lui un homme brave.

— Contre le brave Crillon et ceux qui l'accompagnaient, contre de tels ennemis, dit Henriette avec une froide ironie, quelle lutte ne serait pas insensée!

— Ce n'est pas par prudence pour lui, mademoiselle, que La Ramée s'est rendu à nous. C'est un autre sentiment, bien plus noble, bien plus touchant, qui l'a guidé. Nous en avons été émus. Vous allez être émue vous-même.

— J'écoute l'analyse de ce sentiment, dit Mlle d'Entragues en s'efforçant de conserver son sang-froid, bien compris par l'impassible mépris qui s'exhalait de chaque parole d'Espérance.

— La Ramée n'a cédé, mademoiselle, qu'à la crainte de vous compromettre, ajouta-t-il en la regardant fixement.

— Moi ! me compromettre... monsieur La Ramée... qu'est-ce que cela signifie ?

Attends, serpent, je vais t'empêcher de siffler, pensa le jeune homme.

— Mademoiselle, il vous avait écrit une longue lettre pleine de son amour, de sa reconnaissance ; il vous remerciait de l'encouragement que vous aviez donné à ses projets, il vous offrait la moitié de sa couronne, il vous appelait sa reine, et signait : Charles, roi.

Henriette, à chaque mot, se dressait plus inquiète et plus troublée.

— Cette lettre, poursuivit Espérance, vous arrivait en droite ligne, à Paris, par un courrier de La Ramée, lorsque M. de Crillon et moi nous avons arrêté le courrier, pris la la lettre, et soigneusement approfondi le contenu.

Henriette devint livide et machinalement chercha un appui autour d'elle. Espérance eut comme un éclair de compassion, mais l'horreur de toucher cette femme l'emporta sur le mouvement d'humanité, et il la laissa froidement s'adosser au tronc d'un arbre.

— Vous comprenez, continua-t-il, mademoiselle, l'effet que cette lettre, adressée au roi, comme nous en avions l'intention d'abord, eût produit sur Sa Majesté ; voyez un peu quels dangers on court parfois sans le savoir.

Il se croisa les bras. Henriette chancelait ; la sueur coulait à larges gouttes de son front.

— Eh bien, dit-il, La Ramée eut pitié de vous, il supplia ses ennemis de lui rendre cette lettre, promettant en échange de se livrer sans coup-férir, et de n'attenter pas à ses jours. Il se perdait pour vous sauver.

— Et... qu'a-t-on répondu ? dit la pâle Henriette.

— On a accepté.

— De sorte que la lettre...

— Est brûlée. Vous n'avez plus rien à craindre.

On eût cru voir cette flamme illuminer les joues et les regards de Mlle d'Entragues.

— Oui, dit Espérance, mais le malheureux, victime de son dévouement, est prisonnier et va mourir. Savez-vous que l'exécution est fixée à demain matin, huit heures ?

— Que faire à cela ? demanda-t-elle, est-il un moyen d'éviter ce malheur ?

— La Ramée l'a trouvé, mademoiselle, et m'envoie près de vous pour vous l'apprendre.

Henriette sentit qu'un nouveau choc se préparait, un choc plus terrible peut-être.

Elle avait lu dans le regard assuré d'Espérance que la plus importante partie de sa mission n'était pas encore accomplie. Elle se replia sur elle-même pour se préparer au combat.

— J'écoute le moyen, dit-elle, et contribuerai par toutes les voies possibles à sauver celui qui m'a sauvée.

— Voilà de bons sentimens, mademoiselle ; ils aplanissent le terrain devant moi.

— Que demande M. La Ramée ?

— Il vous aime passionnément...

— Ce n'est pas cela que vous vous êtes chargé de venir me dire, je suppose.

— Ne m'interrompez point, je vous prie. Il vous aime, dis-je, au point de ne pouvoir vivre sans vous, et il désire que vous vous engagiez à lui formellement.

Henriette regarda Espérance avec une surprise qui n'était pas jouée.

— Quel engagement puis-je prendre, dit-elle, avec un malheureux dont les instans sont comptés ? Vivre sans moi, ce n'est pas la question, hélas ! puisqu'il va mourir.

— Admettez qu'il vive, dit tranquillement Espérance.

Elle fit un bond.

— Qui donc le sauverait ?... s'écria-t-elle avec une expression d'épouvante qui la fit paraître hideuse à Espérance.

— Moi, mademoiselle.

— Vous raillez.

— J'affirme que La Ramée sera sauvé.

— Mais le roi !

— Le roi consent. Vous voyez bien que rien ne peut empêcher La Ramée de vivre ; rien au monde, entendez-vous !

Henriette allait s'écrier ; elle sentit qu'en se dévoilant ainsi, dans l'horreur de son égoïsme, elle empêcherait le jeune homme de continuer sa confidence. Mais elle s'était déjà trahie ; il était trop tard, Espérance l'avait comprise ; il savait lire la vérité au fond de cette fange.

— Je sais bien, dit-il révolté, que vous aimeriez mieux voir mourir celui-là comme les autres ; mais je ne le veux pas. Il vivra, et je vous apporte son vœu : il demande que vous l'accompagniez dans son exil.

Cette fois Henriette ne se posséda plus.

— Mais c'est du délire, s'écria-t-elle, et ce prétendu sauveur ne m'aurait donc sauvée que pour me perdre plus sûrement !

— Je n'examine pas ses intentions. J'obéis à sa volonté qui, d'ailleurs, est devenue la mienne.

— Plaît-il !... rugit la tigresse.

— C'est ma volonté ! répondit le lion.....

Assez de crimes comme cela !... Assez de sang sur lequel surnage votre ambition lâche comme votre amour !..... La Ramée, pardonné par le roi, s'évade cette nuit du Châtelet.... Vous l'accompagnerez.... Il appelle cette réunion une récompense de son sacrifice !..... Moi, je sais bien que ce sera pour vous et pour lui le plus effroyable châtiment..... Mais, soit !..... Quand une fois Dieu a résolu de se venger, il fait bien les choses. Vous partirez donc avec cet homme ou sinon, m'affranchissant des sottes délicatesses qui m'ont jusqu'à présent retenu, je vous démasque, je vous accuse, j'appelle en témoignage Crillon et Pontis, je traîne vos crimes devant le tribunal du roi, et nous verrons si vous ne regretterez pas alors l'exil que vous propose votre malheureuse victime.

— Je suis perdue, pensa Henriette, — perdue surtout si je fais voir toute ma pensée.

Elle cacha son visage dans ses mains comme si ses sanglots l'étouffaient. Elle sanglotait bien réellement. La situation en valait la peine.

— Monsieur, dit-elle, je sais bien que je me dois à ce malheureux. Je sais bien que je suis perdue pour le monde. Mais ne croyez-vous pas que j'aie droit de pleurer sur un déshonneur qui va éclater avec tant de scandale et rejaillir sur toute ma famille... Coupable, je l'ai été, mais faut-il que je sois si atrocement punie?..

— Je ne vois pas d'autre moyen, dit Espérance, de racheter vos crimes. Tant de sang versé ne se lave pas en un jour. Vous souffrirez, mais il le faut.

— Eh bien, dit-elle, si rigoureux que soit mon devoir, j'obéirai.

— A partir de ce moment, répliqua Espérance, je vous pardonnerai, je vous estimerai.

Elle le regarda d'un air étrange.

— Et le lendemain de votre mariage avec La Ramée, ajouta-t-il, vous recevrez de moi, en quelque endroit que vous soyez, cette lettre de vous que vous m'avez si opiniâtrement demandée, et qu'alors je ne me reconnaîtrai plus le droit de retenir.

L'œil fauve d'Henriette se ranima. Il faut bien de la haine, bien de la rage pour produire une pareille étincelle.

— C'est bien ! murmura-t-elle en grinçant des dents. Maintenant que faut-il que je fasse ? comment cette fuite aura-t-elle lieu ?

— Connaissez-vous le Châtelet ? dit-il.
— Oui.

— Au-dessus de la porte qui traverse le Petit-Pont, tout en haut, dans les combles, est une petite chambre, où l'on va mettre le prisonnier cette nuit. C'est de là qu'il s'enfuira. Je l'attendrai en bas avec des chevaux, ou plutôt nous l'attendrons, mademoiselle, car vous m'accompagnerez.

Henriette frémit comme si elle allait se révolter de nouveau.

— Cette chambre, dit Espérance pour achever de briser les dernières indécisions de la lâche fille, elle vous rappellerait encore un souvenir. La Ramée heureusement ne s'en doute pas, car il n'oserait y pénétrer dans cette chambre fatale !

— Qu'est-ce donc ?

— C'est là que logeait dans sa jeunesse, dans son insouciante et heureuse jeunesse, le fils du gouverneur du Châtelet, un beau gentilhomme huguenot qui est mort, Urbain du Jardin ; vous rappelez-vous ce nom?

Henriette poussa un cri qu'Espérance dut prendre pour de l'effroi.

— Urbain du Jardin, murmura-t-elle, était fils du gouverneur actuel du Châtelet ?

— Hélas, oui ! répliqua Espérance sans remarquer l'horrible expression de triomphe qui s'alluma et s'éteignit sur le visage livide d'Henriette, — oui c'était son fils, et j'ai vu les larmes du vieillard quand, pendant ma captivité si courte, il m'a fait asseoir dans le fauteuil où dormait autrefois son malheureux enfant et où peut-être, sans le savoir, il fera reposer l'assassin cette nuit !

— Assez, assez, dit Henriette avec une précipitation fébrile qui fit croire à Espérance que ce dernier souvenir l'avait persuadée, — à demain ! Faites-nous savoir l'heure, et comptez sur moi.

— D'autant mieux, pensa Espérance, qu'elle ne saurait faire autrement.

— Adieu, dit-il, je retourne auprès de La Ramée.

Elle lui montra du geste le bateau qui l'avait amenée. Il partit après avoir furtivement serré la main de Leonora.

XXVI.

La vengeance du père.

Espérance rentra chez lui pour faire préparer armes, chevaux et argent. Il distribua ses ordres avec une prévoyante rapidité. Il roula autour de son corps une longue corde de soie, fine et solide, et aussitôt il prit le bras de Pontis, stupéfait à la vue de ces préparatifs. Pontis, prévenu par le billet, attendait son ami depuis quelques instans. Tous deux se dirigèrent à la hâte vers le Châtelet.

Chemin faisant, Espérance raconta au garde les événemens si importans de la journée; lorsqu'il en fut arrivé à Henriette et à la démarche qu'il venait de faire près d'elle pour sauver La Ramée, il vit Pontis lever les bras au ciel et gesticuler avec furie.

— Ah! çà, mais vous êtes fou, dit-il à Espérance, quoi, vous pensez sérieusement à sauver ce brigand de la potence? Un scélérat qui a failli me faire arquebuser, qui a failli vous assassiner, qui...

— Tout cela est connu, Pontis, interrompit Espérance; pas de redites.

— Et tu as été faire des conditions avec cette Entragues!..... Tu as reparlé à cette créature!...

— Heureusement, car tout est conclu.

Pontis se mit à rire avec ironie.

— Honnête Espérance, dit-il, qui croit qu'on peut conclure quelque chose avec une pareille femme!... Elle s'est jouée de toi!... Elle t'échappera!...

— Je te défie de me le prouver.... Je te défie de trouver une seule porte par laquelle Henriette puisse échapper comme tu dis...

— Quelle nécessité, murmura Pontis, lorsqu'on est heureux, de s'aller mêler dans les affaires de cette bande de voleurs?

— Si je raisonnais comme toi, d'après un mesquin égoïsme, j'aurais encore raison de ton argument. En me mêlant des affaires d'Henriette et de La Ramée, maître Pontis, je fais les miennes; et je ne sache rien de plus adroit, de plus utile, que cette combinaison d'un départ qui me débarrasse pour toujours de La Ramée et de sa digne complice. Oui, Pontis, dit-il avec une intention profonde, tu ne sauras jamais à quel point il m'est nécessaire qu'Henriette s'éloigne de France et n'y revienne plus. Mais cependant Dieu sait que mon intérêt ne m'a pas guidé dans la résolution que j'ai prise. Ce qui en résultera de bon pour moi, je l'attribuerai uniquement à Dieu.

Pontis fut frappé de ces considérations, mais ne répliqua pas moins en grondant que Mlle d'Entragues n'était pas encore partie, qu'elle avait de l'imagination, et saurait bien trouver un moyen de ne pas quitter Paris.

— Tu oublies toujours, répondit Espérance d'un ton ferme, que nous possédons un talisman qui brisera toutes les volontés d'Henriette. Tant que cette petite boîte d'argent sera suspendue à mon col ou au tien, Pontis, Mlle d'Entragues nous obéira comme une esclave.

— Ah! s'il en est ainsi, je me rends, dit Pontis, et tu me fais souvenir que ton mois est expiré. C'est à mon tour de porter le médaillon, puisque nous nous partageons également ce dangereux dépôt.

— Quand même ton tour n'eût pas été arrivé, Pontis, je te l'eusse rendu aujourd'hui même, car je vais me trouver cette nuit près d'Henriette, et il serait imprudent de garder le médaillon sur ma poitrine; un malheur est sitôt arrivé! une chute de cheval, un coup inattendu, un évanouissement. Tu sais comme elle dépouille bien les cadavres!...

Pontis prit et cacha autour de son col la boîte plate et mince qui renfermait le billet de Mlle d'Entragues, ce billet dont nos lecteurs n'ont certainement pas oublié la sanglante origine.

— Moi, dit-il, je ne m'évanouirai pas, sois tranquille!

— Exécute scrupuleusement mes ordres, reprit Espérance, ne néglige aucun détail. L'évasion de La Ramée doit avoir lieu avant le jour, sois prêt quand j'aurai besoin de toi. Avant une heure je t'aurai rejoint.

En parlant ainsi, le jeune homme quitta Pontis et entra au Châtelet, se fit conduire d'abord chez le gouverneur, avec lequel il s'entretint quelques instans, pour s'assurer que, suivant la promesse de Crillon, tout était bien convenu: après quoi il retourna au cachot de La Ramée, qui, dans son impatience, avait mille fois brouillé son compte de minutes, et croyait toucher au point du jour.

Le bruit des verrous retentit délicieusement à ses oreilles; il courut à la porte et serra dans ses bras, avec une tendresse dont lui-même ne se fût pas cru capable, le libérateur loyal qui revenait lui apporter la vie ou la mort.

— Eh bien! demanda La Ramée en tremblant, qu'a-t-elle dit?

— Elle consent.

La Ramée joignit les mains avec ivresse.

— N'est-ce pas qu'elle m'aime?

— Du fond du cœur, dit Espérance.

— Savez-vous que c'est sublime ce qu'elle fait pour moi, monsieur! Quitter tout, parens, fortune, avenir, pour un malheureux prisonnier!

— C'est très beau, répliqua Espérance avec un sangfroid imperturbable; mais vous aurez le temps de témoigner plus tard à Mlle d'Entragues votre admiration et votre reconnaissance, tandis que nous sommes très pressés pour prendre nos arrangemens.

La Ramée fit un geste d'approbation.

— Je sors de chez le gouverneur, poursuivit Espérance. M. de Crillon lui a parlé. Le roi veut bien, non pas vous faire grâce — il ne le peut ; — mais fermer les yeux sur votre fuite. Vous en serez quitte pour soulager la conscience du roi par la déclaration dont nous sommes convenus.

— J'en ai arrêté les termes, dit La Ramée. Faut-il écrire ?

— Attendez... Rien pour rien. On va vous changer de chambre, on vous conduira aux combles du château. Là est une terrasse fermée de barreaux de fer. Voici une lime avec laquelle vous en scierez deux. Vous êtes mince, ce passage vous suffira. Maintenant, voici une corde de soie, on y suspendrait le Châtelet tout entier... attendez que je m'en débarrasse... c'est fini... elle a cent pieds, dix de plus que l'édifice ; vous l'attacherez vous-même et vous laisserez glisser, en roulant autour de vos mains, pour ne les point couper, votre chapeau de feutre.

La Ramée prit avec une joie convulsive les objets que lui présentait Espérance.

— Et Henriette, dit-il, comment la trouverai-je ? Ce n'est pas un leurre que vous m'offrez, n'est-ce pas, elle a bien promis ?

— J'ai prévu cette objection, monsieur. Vous la verrez vous attendre à l'extrémité du Petit-Pont. Vous avez bonne vue, je crois.

— Je reconnaîtrais Henriette d'une lieue, la nuit !

— Ne descendez donc que quand vous l'apercevrez. Elle aura, d'ailleurs, avec elle des chevaux, dont le mouvement vous aidera à la reconnaître. Je vous préviens que, pour ne pas exciter de soupçons, nous descendrons au bord de la rivière à l'ombre du quai.

— Vous y serez donc, vous monsieur ?

— Je ne me fierai qu'à moi pour vous sauver. J'y ai engagé ma parole.

— On dit que parfois les anges du ciel ont pris la forme humaine pour protéger des malheureux, murmura La Ramée avec une expression de repentir et de reconnaissance ineffable. Je le crois fermement à partir d'aujourd'hui.

— Ainsi, interrompit Espérance, tout est bien convenu ; quand les matines sonneront au cloître de Notre-Dame, à trois heures, vous descendrez. La sentinelle se promènera de façon à ne pas vous voir.

— Et j'aurai d'ici là scié les barreaux et attaché la corde.

— Bien entendu.

— Maintenant, monsieur, quand écrirai-je la déclaration ?

— Vous trouverez dans la chambre là haut tout ce qu'il faut pour écrire, et le gouverneur, avant votre départ, sera venu vérifier si les termes de la déclaration sont convenables.

— Le gouverneur viendra ?

— Oui, dit Espérance avec un frisson involontaire, car il songeait que ces deux hommes n'eussent jamais dû se rencontrer et se sourire. Ce gouverneur est un bon vieillard, doux avec les prisonniers, obéissant à M. de Crillon, envers lequel il a de la reconnaissance. Vous ne le connaissez pas, ce vieillard ?

— Non, je ne l'ai jamais vu ; j'étais si troublé en entrant dans la prison. Je crois seulement me rappeler que le geôlier m'a dit une fois qu'il était huguenot.

— Huguenot ou catholique, qu'importe, pourvu qu'il vous laisse partir ! s'écria vivement Espérance, dont ces détails brisaient le cœur.

— Je ne vous en parle, reprit La Ramée, que pour une raison. Un huguenot pourrait voir d'un mauvais œil le Valois dont le père a fait la Saint-Barthélemy.

— Puisque vous signez que vous n'êtes pas Valois, dit brièvement Espérance ; d'ailleurs, laissons cela. Vous n'avez pas un mot à dire au gouverneur, et celui-ci ne vous ouvrira pas la bouche. Il prendra la déclaration et s'en ira.

— J'eusse pu vous donner tout de suite cette déclaration, dit La Ramée, et partir à l'instant.

Espérance fut frappé de cette insistance de La Ramée. Etait-ce un pressentiment sinistre qui poussait ainsi le prisonnier au-devant de l'heure fixée ?

— J'ai cru bien faire, répliqua-t-il, en vous donnant toutes les garanties désirables, vous vouliez être sûr de la présence de Mlle d'Entragues, vous l'avez ; vous ne vouliez donner votre déclaration que contre une liberté assurée, c'est convenu. Maintenant il faut le temps de vous transporter dans la chambre d'en haut. Il faut le temps de scier les grilles, il faut le temps d'écrire, et puis de notre côté, nous ne sommes pas prêts. L'heure du rendez-vous n'est pas encore envoyée à Mlle d'Entragues, celle-ci a ses préparatifs à faire, songez donc que trois heures du matin seront bientôt arrivées !

— C'est vrai, je dévorerai les instans, s'écria La Ramée ; pardonnez-moi de vous importuner ainsi. Je cherchais, voyez-vous, à éviter les approches d'un jour qui devait être mon dernier jour, car le geôlier me l'a dit, c'est pour demain huit heures... et de trois à huit, l'intervalle est si court !

— A huit heures vous serez plus loin de la mort que vous ne l'avez jamais été, répliqua Espérance avec un sourire capable de rendre la vie à un agonisant. Mais, pour arriver à temps, prenons-nous-y d'avance. Je vous quitte.

— Soyez béni ! dit La Ramée.

— Rappelez-vous toutes nos conventions!

— Elles sont gravées ici, dit le prisonnier en touchant son front, comme vos bienfaits sont inscrits dans mon cœur.

La Ramée à ces mots s'agenouilla, prit la main d'Espérance et y appliqua ses lèvres brûlantes.

Le bienfaiteur s'éloigna ému, en remerciant le ciel qui lui faisait la faveur de rendre un homme à ce point heureux.

A peine Espérance fut-il parti que La Ramée se redressa et rétablit le calme dans sa tête pour faire face à toutes les éventualités.

Tout s'accomplit d'ailleurs comme on en était convenu ; deux guichetiers vinrent chercher le prisonnier, le conduisirent à la chambre d'en haut, et l'y laissèrent avec de la lumière.

La Ramée scia les barreaux, attacha solidement la corde, prépara le feutre qui devait ménager ses mains pendant la descente; puis après avoir jeté un regard brûlant d'impatience sur l'horizon encore sombre et silencieux, il revint près de la table, et écrivit sa déclaration aussi nette, aussi loyale que le souhaitait Espérance. Il y joignit ce qu'on ne lui demandait pas : ses regrets d'avoir été assez orgueilleux et simple pour que l'intrigue d'une méchante femme, la duchesse, l'eût poussé à la révolte contre son roi.

En ce moment suprême, La Ramée sentait son âme se régénérer sous les flots de joie qui l'inondaient. Il était bon, il était noble : l'amour heureux le transformait en héros.

A peine avait-il achevé d'écrire, qu'il entendit résonner des pas pesans dans l'escalier de sa chambre. La porte s'ouvrit. Un vieillard parut sur le seuil.

La Ramée reconnut le gouverneur, au portrait que lui en avait tracé Espérance. Il se leva et salua respectueusement, résolu, selon l'avis de son protecteur, à ne point parler si on ne lui parlait pas.

A cet effet, il se tourna vers la fenêtre, contemplant avec délices cette première brume si pâle et si subtile qui s'élève sur l'eau à l'approche de l'aube. Une petite cloche sonna matines dans le quartier Saint-Martin ; celle de Notre-Dame ne pouvait tarder à sonner aussi.

En même temps, l'œil perçant du jeune homme découvrit, au bout du Petit-Pont, au bord de la rivière, dans l'ombre la plus noire, certain mouvement pareil à celui de chevaux qui descendent une pente.

Il n'y tint plus, et, revenant vers la table, voulut supplier le gouverneur de se hâter d'emporter la déclaration et de refermer la porte. Mais, à sa grande surprise, il vit le vieillard debout, un papier à la main, et ce papier n'était pas la déclaration ; il ne l'avait pas même regardée.

La physionomie du vieux gentilhomme n'annonçait point cette douceur obligeante dont Espérance avait fait l'éloge. Les traits pâles et profondément altérés, l'œil brillant d'une expression sombre, le tremblement étrange des lèvres trahissaient au contraire un ressentiment caché, presque une menace.

— Monsieur, dit La Ramée inquiet, voici la déclaration convenue... Je la crois suffisante, et, si elle l'est, je puis partir.

— Ce n'est pas de cela qu'il s'agit, répondit le vieillard d'une voix sépulcrale, avant de partir avez-vous interrogé votre conscience ?

— Je me suis accusé devant Dieu...

— Du crime de rébellion, de lèse-majesté — oui — et le roi vous a pardonné sans doute, puisqu'il m'a fait prier de vous laisser fuir; mais sont-ce là les seuls crimes que vous ayez à vous reprocher ?

L'heure convenue sonna à Notre-Dame, La Ramée tressaillit et fit un mouvement pour courir à la fenêtre; le vieillard l'arrêta par le bras.

— Répondez-moi d'abord, dit-il.

— Que voulez-vous que je vous réponde, murmura La Ramée, que cette inquisition sauvage étonnait, et qui craignit d'avoir affaire à un insensé.

— Dites-moi simplement si vous vous appelez bien La Ramée ?

— Certes, je l'ai signé sur ce papier.

— Dites-moi si vous êtes l'homme qui après la bataille d'Aumale avez assassiné dans un chemin creux, derrière une haie un cavalier sans défiance ?

La Ramée devint livide, et recula devant l'œil étincelant du vieillard.

— Répondez donc ? s'écria celui-ci avec une véhémence terrible.

— Monsieur,... si j'ai été criminel, balbutia La Ramée dans son égarement, c'est à Dieu et au roi de me le reprocher... de m'en punir... Voilà donc qu'au dernier moment, mes ennemis me tendent ce nouveau piège... En quoi mes actions privées regardent-elles d'autres que moi, et de quel droit me questionnez-vous?

— Parce que je m'appelle le baron du Jardin, et que vous avez assassiné mon fils!

La Ramée poussa un cri déchirant, et, glacé d'horreur, tomba sur le fauteuil en cachant son visage dans ses mains.

— L'avis était donc vrai, murmura le vieillard; voilà le meurtrier d'Urbain à la place où tant de fois j'ai embrassé Urbain... Monsieur, continua-t-il avec une majesté sombre, le roi vous avait fait grâce, mais moi je ne pardonne pas. Vous avez tué mon fils, vous mourrez. Trop heureux que je vous permette de finir comme un rebelle, quand je pourrais vous faire condamner comme assassin.

Le gouverneur frappa du poing sur la porte, et à l'instant parurent plusieurs archers qui envahirent la chambre.

— J'avais, par compassion pour le condamné, leur dit le vieillard, changé son cachot en un meilleur gîte; mais voyez, il a scié ses barreaux et préparé une corde pour fuir. Gardons-le, mes enfans, gardons-le bien jusqu'à huit heures, pour qu'il n'échappe pas à la justice de Dieu!

Les archers se placèrent entre le prisonnier et la fenêtre. Le gouverneur s'assit en travers de la porte et ajouta :

— Si quelqu'un m'appelle, pas de réponse; je ne bougerai pas d'ici avant l'arrivée du bourreau!

A ces mots, un frisson parcourut les veines du criminel. Il releva la tête, et comme si la menace de mort eût retrempé son courage, rallumé son orgueil et mis fin à ses terribles angoisses, il dit au vieillard en lui montrant la déclaration restée sur la table près du flambeau mourant qui coulait en larges nappes :

— Le misérable qui m'a dénoncé à vous, prétendrait-il bénéficier de ma dépouille et me déshonorer après ma mort! Je reste Valois puisque je meurs, et cet écrit devient inutile, je suppose.

Le gouverneur lui tendit le papier sans répondre une parole. Alors La Ramée brûla ce qu'il avait écrit et rapprocha le fauteuil pour s'asseoir. Mais au souvenir des paroles qui étaient échappées au malheureux père, La Ramée eut horreur de cette place. Il repoussa le siège et resta debout, la tête inclinée, les bras croisés sur sa poitrine, au milieu des archers qui surveillaient tous ses mouvemens.

Tel fut le sombre tableau qu'éclairèrent les premiers rayons du jour.

Cependant Espérance, fidèle à sa promesse, attendait à l'endroit désigné. Henriette avait obéi; elle avait suivi dans une litière les chevaux préparés pour La Ramée, et la litière cachée dans la petite rue voisine était surveillée par Pontis à cheval.

Au signal convenu, Espérance s'approcha du Châtelet croyant en voir descendre le prisonnier; mais les momens s'écoulèrent, on sait pourquoi l'évasion ne put avoir lieu. Espérance attendait toujours.

Le jour venu, Henriette, dont le visage trahissait une infernale joie, déclara que rien ne l'obligerait à se donner en spectacle dans un quartier semblable, qu'Espérance l'avait trompée, qu'une évasion ne se faisait pas à la lumière du soleil, et ces raisons parurent sans réplique aux deux jeunes gens. Ils durent laisser la perfide femme retourner à son logis; d'ailleurs, elle ne pouvait que les gêner puisque La Ramée ne venait pas.

Espérance avait essayé dix fois de pénétrer au Châtelet, on lui en avait interdit l'entrée avec une rudesse des plus significatives. Il se demanda si le roi n'avait pas changé d'avis. Il se figura que La Ramée n'avait pas voulu écrire la déclaration assez explicite. Enfin tout ce qu'un cerveau prêt à éclater peut entasser de conjectures plus ou moins raisonnables, Espérance aux abois, le ressassa pendant trois mortelles heures d'attente.

Il ne pouvait comprendre comment La Ramée, du moins, ne se montrait pas. Il comprenait encore moins comment, si les obstacles venaient du roi ou de Crillon, ce dernier n'en avait pas donné avis.

Pontis, expédié par Espérance chez le chevalier, rapporta que rien, à sa connaissance, n'avait été changé par le roi. Le chevalier offrait de venir lui-même au Châtelet, pour en donner l'assurance.

En attendant, la place de Grève s'emplissait de spectateurs, le gibet se dressait, réclamant sa proie, et à six heures et demie arrivèrent au Châtelet l'exécuteur et une nouvelle troupe d'archers.

Justement le chevalier venait de céder aux messages réitérés d'Espérance. Il entra dans la prison et fit entrer avec lui Espérance et Pontis.

Le condamné était déjà placé en bas, dans

la geôle, entouré du funèbre cortége de la mort. A la porte de cette salle se tenait l'implacable vieillard, décidé à ne plus abandonner sa vengeance.

Crillon s'étant approché de lui pour lui demander l'explication de cet étrange malentendu, le gouverneur lui montra une lettre d'une écriture bizarre, inconnue, qui disait :

« Baron du Jardin, le prisonnier que vous devez laisser fuir cette nuit est l'assassin de votre fils Urbain. »

— Et c'est vrai? murmura Crillon furieux en regardant à la fois le gouverneur et Espérance qui parcourait la lettre et pâlissait.

— Il l'a avoué, dit le vieillard.

— Oh! alors je ne me mêle plus de ce scélérat, s'écria le chevalier.

— Jamais on n'eût imaginé une pareille infamie!.. murmura Espérance, qui devina le véritable auteur de la dénonciation.

— Jamais plus beau coup de la justice céleste, dit Pontis.

— Par grâce, essayons encore... allons au roi ! supplia Espérance.

— Si le roi voulait sauver ce misérable, je me ferais justice moi-même, interrompit le gouverneur...

— Tout est dit, répliqua Crillon. Venez, Espérance, nous n'avons plus rien à faire ici.

— Vous, peut-être, dit le jeune homme dont les yeux humides trahissaient l'émotion; mais moi je ne puis me sauver ainsi sans avoir dit à ce malheureux tout ce que je souffre.

Crillon haussa les épaules et partit.

Déjà le cortége se mettait en marche. La Ramée passa la tête haute, le regard ferme, entre une double haie des soldats de garde et des employés de la prison.

Lorsqu'il fut en face du gouverneur, il ferma un instant les yeux et murmura tout bas : Pardon !

— Je pardonnerai dans une demi-heure, dit du même ton le vieillard.

Tout-à-coup La Ramée aperçut Espérance, qui fendait la foule pour arriver à lui. Au lieu de remercier, d'adorer ce loyal défenseur, dont les nobles intentions éclataient à ce moment suprême dans le plus affectueux regard :

— Ah !... traître, dit La Ramée, te voilà ! Ah ! délateur misérable, tu viens après m'avoir abusé lâchement, tu viens insulter à mon agonie. Et puis, tu te convaincras que je suis bien mort pour me voler tranquillement Henriette. Je savais bien, ajouta-t-il, avec une colère effrayante, que tu l'aimais encore et que jamais tu ne me la céderais ! Je savais bien que tu ne la laisserais point partir avec moi !

Espérance, éperdu, voulut l'interrompre.

— Lâche !... lâche !... continua La Ramée... mais je serai vengé..... Elle m'aime et te reprochera ma mort !...

Et il fit un mouvement comme pour lever le poing sur Espérance.

— Quoi ! s'écria Pontis en serrant les mains de son ami avec un rugissement furieux, tu te laisses insulter ainsi ? toi !... Réponds donc à ce brigand qui t'accuse !... Dis-lui donc la vérité sur cette femme...

— Silence !... dit Espérance avec une douceur sublime. Ce malheureux n'a plus qu'un moment à vivre... Si je faisais ce que tu dis, il mourrait désespéré... Silence !... Qu'il conserve sa foi, son dernier amour... Qu'il se croie aimé... qu'il me croie lâche et traître... mais qu'il meure en paix !...

La foule s'écoula, suivant, sans l'outrager, le condamné qui marchait avec courage vers la place de Grève, et cherchait encore, dans cette multitude muette, soit des partisans apostés pour sa délivrance, soit plutôt le dernier sourire de sa misérable fiancée.

Rien. — L'heure fatale avait sonné, le jeune homme monta en triomphateur sur l'échelle, se livra au bourreau et rendit l'âme en murmurant le nom d'Henriette.

XXVII.

Le sang pour le sang.

Le jour même de la mort du malheureux La Ramée, lorsqu'au Louvre chacun en parlait encore, et que les uns applaudissaient, que les autres s'apitoyaient, car pour tout le monde il était évident que le bourreau n'avait puni qu'un instrument des intrigues de la duchesse de Montpensier, ce jour-là, disons-nous, toute la noblesse se pressait au palais pour féliciter le roi et lui renouveler les témoignages de son dévoûment et de son respect.

Deux carrosses s'arrêtèrent devant l'entrée de la maison royale. De l'un, descendirent M. d'Entragues et le comte d'Auvergne, offrant la main à Marie Touchet, plus majestueuse, et à Henriette, plus brillante que jamais. Cette dernière, depuis huit heures du matin, n'avait plus rien à craindre de son plus dangereux complice, de celui qui, si longtemps, avait menacé à la fois sa personne et sa fortune.

De l'autre carrosse sortit, fière et l'œil assuré malgré l'accueil glacé qui lui fut fait, la duchesse de Montpensier, dont le cortége était nombreux et magnifique. Celle-ci était moins tranquille. La Ramée, en mourant, avait laissé surnager trop de secrets. Les deux troupes s'étant jointes au bas des degrés, Henriette et son père, qui déjà commençaient à monter, s'arrêtèrent un moment et s'effacèrent pour laisser passer la terrible Lorraine.

Celle-ci attacha son regard perçant sur la jeune fille, et comme si elle l'eût devinée digne de poursuivre et d'achever son œuvre, elle l'honora d'un sourire et d'un salut.

A l'agitation qui se produisit au palais, dans les salles et la galerie, à la mine sombre de Sully, à la fugitive pâleur qui voila un moment les traits du roi, chacun comprit que la scène ne pouvait manquer d'être intéressante.

Catherine de Lorraine cependant, montait lentement et arrachait des saluts à tous ceux qui avaient l'imprudence de la regarder en face. Elle parvint ainsi à la galerie, et tout d'abord, cherchant le roi, remarqua qu'il parlait bas à son ministre et au capitaine des gardes.

Après quoi Henri se remit à jouer, et ne donna plus signe d'émotion.

La duchesse s'avança jusqu'à la table de jeu, et le murmure qui se fit d'abord, puis le silence qui lui succéda, avertirent le roi qu'il était temps de détourner sa tête, d'ailleurs la duchesse allait débiter un de ces complimens comme elle savait les tourner, et dont les premières syllabes commençaient à sortir de ses lèvres.

— Sire, dit-elle, j'ai dû venir, malgré mon état de faiblesse, féliciter Votre Majesté...

Le roi l'interrompit aussitôt. Il avait l'air froid et sec qui chez lui, visage affable et gracieux, révélait les grandes colères. Car Henri, lorsqu'il s'irritait, savait encore se contenir assez pour conserver tous ses avantages.

— Ma cousine, dit-il, au milieu du profond silence de toute l'assemblée, si je m'attendais ce soir à une visite, ce n'est pas à la vôtre.

La Lorraine changea de couleur. Elle avait espéré que la longanimité d'Henri se contenterait encore cette fois d'une formule de politesse et que les relations diplomatiques, comme on dit, pourraient subsister.

— Pourquoi, répliqua-t-elle avec émotion, Votre Majesté ne m'eût-elle pas dû attendre ?

— Parce que ce soir, ce n'est pas ici la place d'une honnête princesse comme vous, le Louvre étant habité par un roi qui fait périr ses parens sur l'échafaud.

— Sire, que signifient ces paroles de Votre Majesté ?

— Ces paroles sont les vôtres, ma cousine, et non les miennes. Vous avez toujours considéré La Ramée comme un Valois, vous lui avez fourni titres, argent, crédit. Il s'ignorait lui-même, ce malheureux, vous lui avez révélé son origine.

— Sire, voilà des accusations...

— Que je devrais vous faire adresser, direz-vous, par mes présidens, assistés de greffiers, dans une bonne chambre de ma Bastille. Mais vous êtes femme et je ne fais la guerre qu'aux hommes. Il y a plus, j'épargne aux femmes, quand je le puis, tout ce que je sais leur être désagréable. Je vous dispenserai donc, désormais, de vous présenter au Louvre. Vos domaines sont spacieux, demeurez-y, ma cousine. Vous êtes de ces voisins dangereux qu'on aime à éloigner de son territoire.

Aussitôt, Henri se levant, salua la duchesse, éperdue de honte et de rage, et lui annonçant ainsi qu'il la congédiait, se rassit et reprit ses cartes au milieu d'un murmure de bruyante satisfaction.

La Lorraine chancela. Ses traits s'étaient décomposés. La bile montait à flots de son foie à son visage, et c'était chose horrible à voir que ce front jaune sous lequel deux yeux d'un noir rouge étincelaient hagards comme deux flammes vacillantes.

Elle partit en suffoquant. Mais aux premiers degrés la force lui manqua. Ses gens la relevèrent et la portèrent dans son carrosse.

A peine eut-elle disparu que toutes les poitrines se dilatèrent. On eût dit que le roi et la France n'avaient plus d'ennemi, et que rien n'obscurcissait plus l'avenir.

Henri quitta son jeu et vint parcourir les groupes de courtisans, au sein desquels M. d'Entragues, plus bruyant dans sa joie que deux douzaines d'enthousiastes ordinaires, essayait d'attirer l'attention de Sa Majesté.

Le roi aperçut ce digne seigneur, et lui sourit. Il aperçut aussi Henriette. Elle était si belle, et, en regardant le prince, son sein se soulevait avec une si amoureuse agitation, que le roi ne trouva qu'un remède au trouble qu'il ressentait lui-même; il fit ses complimens à la roide et majestueuse figure de Marie Touchet, éteignant par les glaces de ce demi-siècle les feux excessifs des dix-huit ans qui l'embrasaient.

Le comte d'Auvergne voltigeait sur les flancs de ce groupe, décochant çà et là, toujours à propos, sa flèche auxiliaire.

Cependant, à une des extrémités de la salle, riait et charmait Gabrielle, dont une cour nombreuse mendiait les regards. La marquise de Monceaux ne voyait rien, n'entendait rien, malgré son apparente liberté d'esprit. Elle s'était placée de manière à voir entrer chaque nouveau visage dans la galerie, et celui qu'elle attendait n'arrivait pas. Plus scrupuleux que Mlle d'Entragues, il n'avait pas cru devoir aller triompher au Louvre de la mort d'un ennemi.

Quand le roi eut coqueté à loisir auprès des Entragues, s'assurant furtivement par un coup d'œil que la marquise ne le surveillait pas, il retourna près de Gabrielle ravi de n'avoir été ni gêné, ni surpris dans son petit manège, et La Varenne qui, d'un coin de la salle, observait chaque mouvement de son maître augura favorablement pour l'intrigue nouvelle, de la réserve et de l'adresse que le roi avait déployées, lui qui d'ordinaire ne savait pas se modérer quand il s'agissait de satisfaire un caprice.

— Il faudra savoir, dit le roi bas à Sully, ce qu'est devenue la duchesse, car elle m'a paru sortir d'ici comme une louve enragée. Elle pourrait mordre... gare !

Une demi-heure après, le capitaine des gardes, envoyé pour surveiller le départ de la Lorraine, revint dire au roi qu'à peine arrivée elle avait été prise d'une syncope, et qu'en attendant les médecins elle était étendue sur son lit, sans connaissance.

— Le fait est que j'ai été rude, dit Henri. Pourvu qu'on ne me reproche pas de l'avoir voulu tuer.

— Par réciprocité? répliqua Sully, laissez dire.

— En supposant qu'elle persiste à demeurer sans connaissance, demanda le capitaine des gardes, faut-il toujours que Mme de Montpensier quitte Paris?

— Eh! mon ami, s'écria le roi en riant dans sa barbe grise, que n'a-t-elle toujours été sans connaissance, je ne la renverrais pas aujourd'hui.

Et il ajouta, toujours riant, à l'oreille de Gabrielle et de Sully :

— Qu'elle s'engage à ne plus bouger, à ne plus parler, à ne plus penser, je la tiens quitte.

— La méchante bête, grommela Sully, pour laquelle on se croit encore obligé de faire des façons! qu'elle rende sa vilaine âme à Dieu, s'il en veut, et que tout cela finisse.

— Eh! eh! tout cela est loin d'être fini, dit Henri avec un soupir qui n'échappa point à Gabrielle; après la duchesse, il nous restera Mayenne, et celui-là bougera, parlera et agira encore longtemps. Quel chiendent que cette ligue... Plus on lui arrache de têtes, plus il en repousse.

Gabrielle, au nom de Mayenne, sourit malicieusement, et répondit en appuyant sa main blanche sur le bras du roi :

— Il n'est si petite main qui ne puisse arracher une grosse épine. Holopherne a été vaincu par Judith.

— Que voulez-vous dire par ces sentencieuses paroles? demanda Henri, fort curieux de sa nature.

— Rien, répliqua la marquise, sinon que M. de Mayenne a un trop gros ventre pour être toujours un méchant homme. Sa sœur est maigre, Sire, voilà pourquoi elle vous donne tant de mal.

— Dirait-on pas que cette marquise a mis le gros Mayenne dans un sac dont elle tient les cordons? Voyez un peu cet air de triomphe !

Henri fut interrompu par l'arrivée du comte d'Auvergne, qui apportait des nouvelles de la duchesse.

— Sire, dit-il, les médecins ont déclaré que les jours de la malade étaient en danger, qu'elle ne saurait être transportée impunément, et, bien qu'en revenant à elle, Mme de Montpensier ait commandé qu'on l'emportât, ses officiers envoient chercher les ordres de Votre Majesté.

Henri ne parut pas entendre. — Sully, prenant la parole :

— Le roi n'est pas médecin, répliqua-t-il. Et il tourna le dos.

Il était vrai pourtant que la duchesse avait été frappée d'un coup mortel. A peine remise de son émotion, elle sentit la paralysie du corps énergique et obéissant qui jusque-là s'était plié à tous ses caprices et avait secondé vaillamment toutes ses volontés. Seule dans l'horreur de sa situation, immobile et livrée au supplice de vivre seulement par la pensée, elle passa des heures d'inexprimables angoisses sans avoir trouvé un seul moyen d'échapper à la main royale qui pour la première fois s'appesantissait sur elle avec l'intention de l'écraser.

Plus de ressources. Le passé ne lui offrait que défaites et l'avenir ne lui réservait que la mort. Successivement avaient disparu ses instrumens brisés par une fatalité impérieuse. Chicot l'avait bien dit au roi. Elle n'avait plus que trois moyens dont le dernier venait d'échouer contre le gibet de La Ramée.

La duchesse comptait encore sur son frère Mayenne, non pas pour elle, car ce frère ne l'aimait pas, mais contre Henri, que Mayenne menaçait encore. Elle lui avait envoyé un ambassadeur à propos du complot de La Ramée et lui proposait une jonction des troupes qu'il possédait avec celles de l'imposteur. Grâce à Crillon, ces dernières avaient été dissipées ; mais Mme de Montpensier espérait encore que Mayenne, par esprit de famille, en rassemblerait les débris et renouerait plus intimement que jamais avec l'Espagne.

Cependant le duc n'avait rien répondu aux communications de sa sœur, et celle-ci n'y pouvait rien comprendre. Le courrier avait-il été saisi? le message intercepté?... Mayenne, par prudence, s'était-il absteau momentanément? Dans son impatience, et de son lit de douleur, la duchesse expédia au duc son dernier agent fidèle, avec ordre de rapporter une réponse à tout prix.

— Hâtez-vous, lui dit-elle, d'annoncer à mon frère que je m'en vais mourant, et que je n'ai pas de temps à perdre.

Le courrier fit diligence; il trouva au retour sa maîtresse luttant plus encore contre les souffrances de l'esprit que contre la maladie du corps. Toujours couchée, toujours enveloppée d'ombre et de silence, on eût dit qu'elle cherchait à se faire oublier comme la panthère blessée qui s'enfuit sous les feuilles dans un antre et demeure là de longues nuits, n'ayant rien de vivant que les yeux.

A la cour, on ne parlait plus d'elle que pour se demander si la duchesse était enfin morte. Elle, pendant ce temps, se ranimait peu à peu, et attendait la réponse de Mayenne, réponse favorable, elle n'en doutait pas, pour aller jeter dans son camp et lui souffler les ardeurs de sa rage et de son désespoir.

Enfin le messager reparut. Il avait mis quelques jours à faire un trajet difficile, parmi les espions et les postes de l'armée d'observation qui enfermait Mayenne à l'extrémité de la Picardie.

La duchesse se souleva sur son lit, ouvrit en palpitant de joie la bienheureuse lettre qu'on lui apportait: elle en eût baisé les caractères, tant l'écriture de Mayenne lui promettait de nouvelles chances de recommencer la lutte.

Mais voici ce que lui écrivait son frère :

« Ma sœur, chacun pour soi en ce monde. Vous avez mis constamment cette maxime en pratique. Vous vous affaiblissez, dites-vous, moi je n'ai plus de force. Vous êtes très malade, moi je me considère comme enterré.

Dans toutes ces dernières affaires, vous avez sans doute songé à vos intérêts, je commence à penser aux miens, et me ménage un bon repos en cette vie, en attendant le repos éternel. Vivez en paix, ma sœur, comme je vais tâcher de le faire moi-même. »

Et, au bas de cette foudroyante épître, s'étalait le paraphe obèse de l'homme au gros ventre, qui rappelait ainsi la prétendue mourante aux œuvres de charité chrétienne.

La duchesse fut frappée au cœur. Elle eut une syncope semblable à celle qui l'avait saisie au sortir du Louvre, et, cette fois, les ressorts de la vie se trouvèrent sérieusement atteints.

Bien plus, le phénomène étrange, effrayant, qui au même mois de mai, en 1574, avait épouvanté le château de Vincennes, se produisit, comme si, pour les mêmes crimes, le souverain juge voulait appliquer les mêmes châtimens.

Dans la nuit qui suivit cette crise, la duchesse s'était assoupie, malgré les aiguillons de la fièvre, elle se reveilla baignée de sueur, elle appela, elle cria pour que ses femmes vinssent l'arracher à ce bain brûlant, dans lequel glissaient ses membres amaigris.

Les femmes accoururent avec des flambeaux, et reculèrent d'épouvante en voyant dégoutter du front de leur maîtresse une sueur de sang. C'était un fleuve de sang qui ruisselait dans son lit et jaillissait incessamment de chacun de ses pores dilatés par la fièvre. Les médecins appelés déclarèrent que la duchesse était en proie à ce mal mystérieux et terrible, qui, vingt-deux ans avant, avait couché Charles IX dans le tombeau.

Désormais plus d'espérance, plus de remède. La duchesse s'ensevelit dans un morne et farouche silence. On la voyait, un miroir au pied de son lit, regarder d'un œil fixe, avec une sinistre expression de terreur, les gouttes de sang qui, toujours étanchées, reparaissaient toujours sur ses joues, ses tempes et le long de ses bras humides.

A chaque transport de colère, à chaque émotion plus caractérisée, la sueur grossissait et une nappe rouge s'étendait sur le visage et le corps de la coupable si cruellement châtiée.

Les médecins se retirèrent consternés; les serviteurs eux-mêmes craignirent le contact de la maudite. On envoya chercher des prêtres qui, à l'aspect de ce cadavre sanglant, s'évanouirent de saisissement ou s'enfuirent d'effroi.

C'était la nuit, la dernière nuit de souffrance. La duchesse râlait sur son lit souillé; elle appelait à l'aide, et personne ne s'approchait d'elle. Soudain elle aperçut un moine de haute taille qui traversait lentement la chambre voisine et devant lequel se courbaient les serviteurs que l'épouvante tenait à l'écart. Ce moine arriva jusqu'au lit de la mourante et contempla silencieusement l'effrayant spectacle de cette agonie.

En le voyant pensif sous son capuchon baissé, la duchesse le remercia du regard, car elle n'osait plus remuer ses mains de peur d'y sentir l'humide chaleur du sang.

— Je veux l'absolution de mes fautes, dit-elle d'une voix lugubre encore empreinte de cette autorité hautaine qui avait présidé à chaque mouvement de sa vie.

— Pour être absoute, dit le moine, confessez-vous!

— Faites d'abord retirer, dit-elle, tous ces gens qui pourraient m'entendre.

Le moine ne répondit pas, et ne fit pas un mouvement.

Ce que voyant, la duchesse :

— J'ai péché dit-elle à voix basse, par avarice, par ambition, par orgueil.

— Après? dit le moine.

Elle le regarda avec surprise.

— Si j'ai d'autres péchés à me reprocher, mon corps souffre, ma mémoire faiblit... ma voix expire, n'exigez pas trop en un pareil moment. Le châtiment passe, je crois, les fautes... Absolution !

— Vous ne parlez pas des crimes? demanda le moine.

— Les crimes?... murmura-t-elle avec stupeur.

— Oui, les crimes? poursuivit le confesseur d'une voix éclatante. La force vous manque, je le crois, mais je puis vous aider. Vous avez confessé la vanité et l'orgueil. Mais la luxure!... Ce crime hideux qui a rongé votre jeunesse et jusqu'à votre âge mûr... Ce péché mortel que vous avez arboré comme un étendard pour vous créer des légions d'assassins !

— Moine ! s'écria la duchesse en se soulevant d'une main sur son lit.

— Confessez! dit solennellement le religieux; confessez, si vous voulez qu'on vous absolve!

Frappée de terreur, la duchesse, au lieu de répondre, cherchait à voir, sous le capuchon, les traits de l'homme qui osait lui parler ainsi.

— Passons à l'homicide ! continua l'implacable confesseur. Comptons : Henri III assassiné, Henri IV frappé deux fois, Salcède roué sur un échafaud, La Ramée mort sur un gibet, et ces milliers de soldats tombés sur les champs de bataille, et ces victimes expirant dans les ténèbres des prisons, et ces enfans morts de faim avec leurs mères, et ces familles de spectres qui pendant le siége de Paris ont rongé des cadavres pour soutenir leur misérable existence, tandis que vous buviez dans votre palais à l'usurpation du trône de France ! confessez, duchesse, confessez! si vous ne voulez pas paraître au tribunal de Dieu avec cette épouvantable escorte de victimes qui vous maudissent.

La duchesse voyait de ses yeux hagards tous les assistans s'approcher avidement de l'embrasure des portes et guetter sa réponse à ce terrible interrogatoire.

— Qui êtes-vous donc ? murmura-t-elle.

Le moine rabattit lentement son capuchon et se fit voir à la mourante qui, en le reconnaissant, poussa un cri et joignit les mains.

— Frère Robert; dit-elle... Oh ! je comprends par qui j'ai été vaincue ! pitié!

— Avouez vos crimes alors...

— Pitié !

— Dites oui seulement chaque fois que j'accuserai ; cela suffira aux hommes et à Dieu. — La luxure et vos abominables calculs?

— Oui, dit la duchesse d'une voix étouffée.

— Les affamés de Paris, les soldats tués, les prisonniers étouffés?...

— Oui.

— Salcède et La Ramée poussé par vous sur l'échafaud?

— Oui, murmura-t-elle après un silence entrecoupé de convulsions.

— Henri IV tant de fois frappé?... Ah !... vous hésitez ; prenez garde, un seul mensonge effacerait le mérite de vingt aveux. Avouez!

— Oui, dit-elle si bas que le moine eut peine à l'entendre.

— Et Henri III, votre roi, votre ancien

ami, assassiné par votre amant Jacques Clément?...

— Jamais! jamais! s'écria-t-elle en se tordant les mains, d'où le sang s'exprimait à grosses gouttes.

— Vous niez?

— Je nie.

— Osez donc nier à Dieu lui-même que vous allez voir face à face dans quelques instans, et dont vous devez déjà entendre gronder la colère!

— Pitié!... j'avoue, j'avoue, dit la duchesse en se cachant livide et palpitante sous ses oreillers.

— Eh bien, alors, reprit le moine d'un ton solennel, je vous absous au nom de Dieu sur cette terre et je le prie de vous absoudre dans le ciel. Mourez doucement, mourez en paix!

Il étendit le bras vers le lit, les yeux de la mourante reflétaient encore une flamme sinistre, celle de la colère, peut-être... peut-être celle des châtimens éternels.

Peu à peu cette lueur s'éteignit, la tête se pencha, les bras se roidirent pour une dernière menace; mais le souffle de Dieu brisa ce misérable cadavre.

La duchesse de Montpensier proféra un cri sourd et rendit l'esprit.

— Maintenant, murmura le religieux, Henri IV n'a plus à craindre d'autre ennemi que lui-même. Ma tâche est finie. A mon tour de songer à Dieu.

Et, se couvrant la tête, il traversa lentement la salle au milieu des assistans agenouillés.

FIN DE LA DEUXIÈME PARTIE.

LA BELLE GABRIELLE.

I.

Ayoubani.

Le temps avait marché. Les huit jours que s'était donné Leonora pour surprendre le secret d'Espérance avaient passé, puis d'autres semaines encore, et rien n'était venu apporter à l'Italienne la preuve désirée.

Espérance qui savait les projets d'Henriette et devinait la curiosité de Leonora, s'était tenu sur ses gardes. D'ailleurs, se disait-il, avec toute l'adresse et l'habileté des meilleurs espions, que pourraient découvrir ces deux femmes ?

En effet, lorsqu'il allait chez le roi, soit avec Crillon, soit tout seul, quoi de plus naturel ? D'autres n'y allaient-ils pas comme lui ? Quand il chassait dans les forêts royales, soit seul, soit en compagnie du roi, cela pouvait-il s'appeler un indice ? Et en admettant même que Gabrielle vînt au rendez-vous de chasse, ou suivît à cheval le daim et le renard, n'y avait-il pas des dames avec Gabrielle, et quelqu'un pouvait-il se flatter d'avoir surpris jamais un serrement de main, ou un baiser, ou une parole suspecte ? Espérance vivait donc heureux et tranquille.

D'ailleurs, ses ennemis ou ses espions ne donnaient pas signe de vie. Quelquefois, il est vrai, dans les premiers jours de curiosité de Leonora, Espérance avait cru voir derrière lui, à distance, quand il faisait une excursion quelconque, la silhouette du paresseux Concino, perché sur un cheval et galopant ; mais Concino paraissait avoir renoncé à un exercice qui ne rapportait rien et coûtait cher. Des chevaux éclopés, des maux de reins, et çà et là quelque bonne chute dans des chemins impraticables, telles avaient été les aubaines ; car Espérance, bien monté, cavalier intrépide, infatigable, s'amusait à conduire son espion d'un train d'enfer, et à lui faire sauter des fossés, franchir des barrières et traverser des rivières : Concino avait dû renoncer.

Le jeune homme savourait donc le bonheur d'être aimé sans remords et sans obstacles ; mais, pour ne rien omettre de ce que conseille la prudence, il avait acheté une petite maison dans le Faubourg, feignant de s'y rendre avec un mystère que tout le monde était libre de surprendre, et il n'était bruit dans ce quartier isolé que des mules, des panaches, des mantes grises, des jolis pieds furtifs et des aventureuses pèlerines qui apparaissaient et disparaissaient dans cet ermitage. Le bruit courait, et Espérance n'en demandait pas davantage.

Gabrielle apparemment savait à quoi s'en tenir sur ces infidélités, et tout allait pour le mieux puisque les espions devaient être déroutés.

Nous ne dirons pas que le bonheur d'Espérance fut complet. Les amans s'engagent toujours au désintéressement, et l'essence même de l'amour est l'ambition et l'avarice. On ne demande rien, on désire tout, et pour peu que l'âme ne soit pas aussi parfaitement trempée que celle d'Aristide ou de Curius, le désir s'exhale et parle un langage qui contredit bientôt l'engagement qu'on avait pris.

Espérance recevait chaque matin de Gabrielle un souvenir. L'ingénieuse amie avait su varier ses envois avec cette délicate subtilité des femmes, qui ne sont jamais embarrassées en présence de l'impossible.

La biche et son collier avaient été suivis de fleurs d'Afrique, rapportées par le célèbre voyageur Jean Mocquet. La collection en était riche et avait défrayé plusieurs semaines. Puis, dans les intervalles, c'étaient une dentelle, un chien de race choisie, un bijou dont le travail ou l'antiquité étaient la seule valeur, — une arme rare, une médaille, un marbre, un dessin, un manuscrit, un livre — quelquefois une étoffe, — un jour des poissons bleus de Chine, — une autre fois une carpe de Fontainebleau avec ses anneaux aux nageoires. Et chaque matin, Espérance attendait l'envoi avec un battement de cœur, et se demandait quelle idée aurait ce jour-là Gabrielle.—L'idée était-elle plaisante, il riait ; affectueuse, il soupirait. Quant aux messagers, c'étaient des marchands, des valets, des colporteurs, des femmes, qui apportaient l'objet sans même voir Espérance, toutes gens qui, s'ils eussent été questionnés, n'eussent pu rien répondre, ne sachant rien.

Mais pour un amant jeune et tendre comme Espérance, le dédommagement de ce souvenir quotidien pouvait-il suffire? Aristide ne désirerait-il pas autre chose? Curius en acceptant les médailles, les biches et les carpes, ne penserait-il pas que Gabrielle possédait d'autres moyens de séduction plus séduisans encore ? Enfin, le moment ne devait-il pas arriver où l'homme, naturellement insatiable, s'éveillerait, demanderait le double, le décuple de ce qui lui était offert, et changerait sa médiocrité, douce, inattaquable, heureuse, cette médiocrité dorée, contre une existence de soupirs, de vœux, de démarches périlleuses, de faux mouvemens, qui trahissent vite l'amant et perdent l'amante? Peut-être ce moment était-il déjà venu ?

Peut-être les ennemis d'Espérance ne s'endormaient-ils que sur cette probabilité.

Un soir d'été que Pontis, compagnon fidèle, suivait dans le jardin son Oreste impatient, et que tous deux semblaient embarrassés comme il arrive quand on a trop de choses à se dire qu'on voudrait taire, ou qu'on se gêne l'un l'autre, Espérance, après plusieurs tours de promenade, au bout desquels il espérait voir Pontis prendre congé, se jeta sur un gazon moelleux, et les mains sous la tête, les yeux attachés sur la nappe immense de l'azur des cieux, il parut oublier l'univers.

Pontis l'avait imité. Tous deux, côte à côte, se plongeaient dans la vague volupté de l'extase.

Le silence qu'ils gardaient n'était interrompu que par les murmures des oiseaux occupés à retrouver leurs nids.

— Espérance, dit enfin Pontis, ou je te gêne, ou il me semble que tu me caches quelque chose.

— Et quoi donc? demanda Espérance sans trop s'inquiéter d'une question que son ami lui avait cent fois adressée.

— Tu t'ennuies?

—Moi! je n'ai jamais trouvé la vie si douce.

— Tu es fatigué, sans doute ?

— Frais comme seront demain les oiseaux qui se couchent.

— Espérance, tu vas trop souvent dans l'ermitage du faubourg !

— Bah !

Et le jeune homme détourna la tête pour cacher un malicieux sourire.

— Tu fais trop parler de toi, Espérance, ajouta Pontis en marquant chaque parole, et quelque jour tu trouveras avoir sur les bras une légion de pères, de maris, d'amans qui présenteront leur compte.

— Pontis, tu exagères.

— Je te parle comme on parle. J'étais de garde hier aux petits appartemens. On racontait tes prouesses chez le roi.

— Eh bien ! le roi aussi n'a-t-il pas ses prouesses ?

— Il en a le droit, personne n'ayant de droits supérieurs aux siens.

— Ah çà ! mais, tu moralises ?

— Je t'apporte la morale de M. de Crillon, qui trouve que tu te caches trop mal, et qu'avant peu tu seras découvert... Tu ne couvres pas assez ta trace.

— Nomme-t-on quelqu'un? demanda Espérance avec curiosité. Voyons, dis-moi un nom, un seul?

— J'en dirais trente si je répétais tout ce qui court sur toutes tes bonnes fortunes.

Espérance haussa les épaules.

— Il faut que jeunesse se passe, dit-il en étouffant un léger soupir, parce qu'en effet il regrettait un peu sa jeunesse.

— En sorte, continua Pontis, que j'ai fait un plan.

— Un plan ? A propos de moi ?

— Oui, mon ami, je me suis dit que mon devoir est de veiller à ce que tu n'éprouves aucune disgrâce.

— C'est penser sagement.

— La disgrâce te viendrait d'un abus de visites à l'ermitage du Faubourg. Déjà tu parais fatigué, pâli, tu as des inquiétudes : avoue que tu en as.

— Mais...

— Il faut couper le mal dans sa racine. J'ai résolu de m'aller installer dans ta petite maison. De cette façon, je te surveillerai à mon aise, et tout danger me trouvera sous les armes.

— Quel gâchis est cela ? s'écria Espérance en se relevant pour mieux voir la figure de Pontis. Quoi ! tu parles sérieusement.

— Sérieux comme le masque de la tragédie.

— Tu prétends t'installer dans la maison du Faubourg?

— Pour faire fuir les grâces et les disgrâces, c'est l'avis de M. de Crillon.

— Mon bon ami, j'aime tendrement M. de Crillon, dit Espérance jouant le dépit, je t'aime d'une affection très profonde, mais je vous supplierai tous deux de ne pas vous mêler de mes affaires.

— Quand on a des amis, on ne s'appartient pas.

— Ne rions plus, Pontis.

— Je ne ris pas! demain, je quitte le superbe logement que tu m'as donné ici, je m'en arrache à regret, parce qu'enfin, vivre auprès de toi est mon principal bonheur; — mais il le faut, et je plie toujours sous le devoir, on est soldat, on sait sa discipline. Demain, je m'installe au Faubourg.

Espérance se leva tout à fait, saisit Pontis par les bras et l'enlevant du gazon où il continuait à se rouler moelleusement, le remit sur ses pieds et lui dit:

— Tu me feras le plaisir de ne plus dire de sottises. Tu es logé ici, restes-y. Quant à M. de Crillon je me charge de redresser ses idées avec tout le respect et toute l'amitié qui lui sont dus. Cesse donc de penser à habiter la maison du Faubourg. Tu n'y mettras pas le pied.

Pontis, habitué à faire ses volontés, regarda Espérance avec surprise. Il ignorait que rien n'est tenace comme une fausse volonté.

— Ainsi, dit-il, tu me refuses?

— Je te défends d'y songer.

La figure de Pontis prit une expression si bizarre de désappointement, qu'Espérance faillit perdre son sérieux, qui, pourtant, lui était bien nécessaire.

— Laisse-moi te dire, ajouta Pontis en prenant le bras de son ami, mon installation au Faubourg n'était pas seulement un devoir que j'accomplissais envers toi, pour ton salut.

— Ah! qu'était-ce donc?

— Tout en faisant tes affaires, je travaillais par occasion aux miennes.

— Bah!

— Je te sauvais, mais j'avais mon bénéfice.

— Conte-moi cela, dit Espérance en riant.

— Je crois que je suis amoureux, murmura Pontis avec un visage déconfit et présomptueux tout ensemble.

— Oh! mon pauvre Pontis! De qui?

— C'est toute une histoire. Je te la raconterai quelque soir.

— Nous n'aurons jamais une plus belle occasion. Nous sommes seuls, sous les arbres, en face d'un ciel bleu. L'air est parfumé, les oiseaux se taisent, l'eau fait son petit murmure railleur, accompagnement charmant. — Parle.

— Mon ami, c'est une Indienne.

— Hein? s'écria Espérance, comment dis-tu?

— Une Indienne... Vois-tu, il me semble que je fais un rêve.

— Il y a donc des Indiennes à Paris?

— Oh! mon cher ami, celle-là se cache, elle s'est enfuie de là-bas.

— De quel là-bas?

— Des bords du Gange.

— Pourquoi cela?

— Je ne sais pas au juste, mais je suppose que c'est parce qu'on voulait la forcer à se brûler sur le tombeau de son mari.

— Ah! elle est veuve.

— Il paraît.

— De qui?

— Eh! tu m'en demandes trop. Je ne le sais pas moi-même. On ne fait pas tant de questions quand on est amoureux.

— Excuse-moi, je n'ai pas voulu t'offenser. Donc c'est une fugitive qui se cache.

— Tu veux dire que c'est une aventurière, n'est-ce pas? Je te vois venir.

— A Dieu ne plaise.

— Si tu avais vu ses plumes, ses diamans, ses perles et son costume indien!...

— Je me figure tout cela. Mais est-elle belle?

— Elle est un peu jaune... mais ce n'est pas sa faute — elle est un peu petite, mais je ne suis pas grand. Elle a des yeux noirs... Oh! quels yeux!... et une petite patte d'oiseau avec des ongles!... A quoi penses-tu?

— Je me demande comment tu as fait pour rencontrer une Indienne dans les rues de Paris.

— Quand je te le conterai, tu seras saisi d'admiration. Il n'y a que moi pour avoir de ces chances-là.

— Et tu es amoureux?

— Passionnément... d'autant plus que l'Indienne n'est pas libre et que les occasions me manquent pour la voir.

— Cependant tu l'as vue?

— Oui, mais par hasard.

— Tu lui as dit que tu l'aimais?

— Oh! tout de suite.

— Comment a-t-elle répondu?

— Voilà la difficulté. En sa qualité d'Indienne, tu conçois qu'elle ne parle pas français.

— Et tu ne sais pas l'indien ? Quelle langue prenez-vous pour vous entendre ?

— On fait ce qu'on peut. On a des signes, des mines, des petits gestes ; on invente un langage ; chacun y met du sien. C'est très gentil.

— Ce doit être charmant ; mais incomplet. La pantomime est impuissante à expliquer les détails politiques, les questions litigieuses et les particularités de famille. Comment s'appelle-t-elle?

— Oh! un nom délicieux : Ayoubani.

— Ayoubani est délicieux, en effet.

— En sorte que je voulais, reprit naïvement Pontis, t'emprunter la maison du Faubourg. Je ne puis aller chez Ayoubani, qui est surveillée par ses femmes, et par je ne sais plus quel prince Mogol, jaloux comme un jaguar. S'il me voyait chez elle, il la tuerait.

— Pauvre Ayoubani! Mais, s'il la voit chez toi, est-ce qu'il ne la tuera pas de même ? Explique-moi un peu cela.

— Tu me demandes des choses incroyables, s'écria Pontis, quand je te dis que nous ne pouvons presque pas nous entendre elle et moi. Comment veux-tu que j'entame avec elle de pareilles subtilités ? Je l'aime, voilà tout. Et je crois bien qu'elle m'aime aussi. Veux-tu oui ou non me servir dans mes amours ?

— Mon ami, tu te méprends sur mes intentions, dit Espérance riant de voir Pontis ainsi courroucé, je brûle de te servir, mais je voudrais savoir comment. Le devoir d'un ami est de veiller sur son ami. Tu me l'as déclaré tout à l'heure et je suis convaincu. Or, si le prince Mogol vient te demander des comptes, que feras-tu ?

— Dans ta maison, je saurais me défendre et protéger Ayoubani.

— Prends donc ma maison.

— A la bonne heure.

— Et tu me feras voir cette Indienne-là. Je n'en ai jamais vu.

— Malheureux! elle ne quitte presque jamais son voile.

— Je suppose que tu le lui feras quitter quelquefois, quand ce ne serait que pour voir ses yeux noirs.

— Je connais son caractère, si elle savait que je la montre à quelqu'un, elle serait capable de ne plus me revoir ! Attends un peu, laisse-moi l'apprivoiser. Plus tard, nous te présenterons.

— Comme tu voudras, dit Espérance. Mais pardonne-moi, il me vient encore une idée ridicule.

— Dis-la toujours.

— Si vous n'usez tous deux que de la pantomime, comment Ayoubani a-t-elle pu t'expliquer une chose aussi compliquée que celle-ci : Je suis veuve, et l'on a voulu me brûler vive ; je ne veux pas que personne me voie, et si vous me faites voir à quelqu'un, je vous quitte à jamais. Du reste, j'irai si vous voulez, dans une autre maison, à la condition que le prince Mogol, qui est jaloux de moi, ne saura pas ma démarche. Je t'avoue, Pontis, que voilà des explications difficiles à donner sans parler, et, pour ma part, je ne me chargerais ni de les fournir, ni de les comprendre. Il y a surtout le mot : Mogol, que jamais je ne saurais rendre par un geste.

Pontis haussa les épaules à son tour.

— L'indien n'est pas une langue aussi difficile qu'on le croit, répliqua-t-il, j'en comprends beaucoup de phrases ; je dois même dire que chaque fois qu'un embarras se présente, Ayoubani trouve un mot qui rend sa pensée. Elle est fort intelligente et forge des locutions suivant ses besoins.

— Il y a miracle, murmura Espérance.

— D'ailleurs, interrompit Pontis, il ne s'agit pas de tout cela. Nos difficultés ne regardent que moi, et pourvu que je les lève...

— C'est vrai, mon ami. Eh bien, prends donc ma maison du Faubourg.

— Et promets-moi de ne m'y pas compromettre par quelque indiscrétion. Tu es fort indiscret, Espérance !

Le jeune homme sourit silencieusement.

— C'est un défaut, dit-il ; mais je m'en corrigerai.

— Tu ne chercheras pas à voir Ayoubani avant qu'elle n'en ait donné la permission?

— Je te le promets. Est-ce que tu la vois demain ?

— Peut-être... je ne sais... rien n'est sûr.

— Ne te tourmente pas ; demain je ne serai pas à Paris.

— Ah!... tu chasses ?

— Oui, je chasse.

— Où cela?

— Je ne sais trop. A Saint-Germain, à Fontainebleau, au bois de Sénart.

— Et tu pars de grand matin ?

— De très grand matin.

— Veux-tu alors me donner les clés de la maison du Faubourg?

— A l'instant.

— Veux-tu que j'aille dès ce soir faire des préparatifs ?

— Tout ceux que tu voudras.

Espérance siffla d'une certaine façon. Ses

chiens accoururent bientôt en bondissant de joie, et derrière les chiens un valet, que ce signal appelait plus particulièrement.

— Les clés du Faubourg à M. de Pontis, dit-il. Va, Pontis, suis ce garçon, et bonne chance !

— Tu es le roi des amis ! s'écria Pontis en l'embrassant ; un peu indiscret, mais je te pardonne.

— Merci.

— Te reverrai-je ce soir ?

— Je serai couché quand tu rentreras.

— Eh bien ! si je couchais là-bas ?

— Quel là-bas ? demanda en souriant Espérance.

— Au Faubourg ?

— Tu es le maître. Désormais, la maison est à toi.

Pontis enchanté partit comme une flèche.

Aussitôt qu'Espérance se trouva seul, il rêva quelques momens à tout ce que venait de lui dire Pontis. Puis, la nuit étant arrivée, il feignit de se coucher comme à l'ordinaire.

A deux heures du matin il se releva. Tout dormait dans la maison. Il fit seller un de ses meilleurs chevaux, se choisit une bonne courte épée, prit sa carabine de chasse, de l'argent et sortit à petit bruit.

II.

Où le tonnerre gronde.

Quelques heures après le départ d'Espérance, deux jeunes femmes se promenaient dans le jardin de Zamet. C'étaient Henriette et Leonora.

Mlle d'Entragues avait deux jours par semaine pour rendre visite à sa devineresse, que des relations suivies avaient faite son amie. Henriette choisissait les matins, parce qu'on était dans la belle saison, que le jardin de Zamet était vaste et beau, que le matin tout le monde dort encore, et que c'est une heure aussi commode que le soir, moins le mystère à gagner, qui va toujours mal à une réputation de jeune fille. D'ailleurs, ainsi l'avait décidé le conseil de la famille d'Entragues, juge souverain de chacune des actions d'Henriette. Depuis qu'il s'agissait d'une couronne, on permettait les sorties du matin à l'innocente jeune personne.

Mais, chez Henriette, ces deux visites par semaine avaient un double but. Le roi lui écrivait deux fois tous les huit jours, et La Varenne apportait ses lettres à huit heures du matin, chez Zamet, pour que, dans le quartier populeux qu'habitaient les Entragues, le porte-poulets trop connu ne fût jamais signalé.

Ainsi, Henriette et Leonora se promenaient dans le jardin de Zamet en attendant la lettre du roi. Leurs sujets de conversation ne variaient guère; il s'agissait toujours de Gabrielle, des progrès de la tendresse royale, des faits et gestes d'Espérance.

Leonora, pressée par les événemens, avait donné à toute l'intrigue une impulsion rapide. Dans ce cercle d'ennemis acharnés de la favorite, on prédisait le moment précis où succomberait la marquise. L'esprit pénétrant d'Henriette venant en aide à la ruse de Leonora, les deux femmes avaient soupçonné bien vite tout ce que le pauvre Espérance mettait tant de soin à cacher. Et, bien qu'il n'y eût encore que des présomptions, elles suffisaient à préparer les élémens d'une surprise complète.

Ainsi, en remontant à la première démarche significative de Gabrielle, sa visite au Châtelet pour délivrer Espérance, Henriette, qui d'ailleurs avait vu Gabrielle près du jeune homme à Bezons, s'était dit, qu'une femme dans la haute et difficile position de la marquise, ne va en personne délivrer un prisonnier que si elle porte à ce prisonnier un intérêt plus fort que toutes les convenances mondaines.

Et elle avait raison.

A partir de ce moment, dégagée d'ailleurs de tout nuage depuis la mort de La Ramée, Henriette avait observé Gabrielle, et dans son sourire, dans son accent, indices vains pour toute autre qu'une femme jalouse, elle avait lu ce même intérêt de plus en plus passionné qui liait la marquise de Monceaux à Espérance.

Il est vrai que, à part ces sourires, rien ne prouvait leur intelligence, mais doit-on s'arrêter quand on soupçonne ? et néglige-t-on les preuves même frivoles qui peuvent se grouper autour de ce soupçon quand on est décidé à forger au besoin toutes les preuves possibles ?

Les chasses d'Espérance, ses visites furent épiées. Leonora joignit ses observations à celles d'Henriette. Fidèle à son plan de politique, sauf quelques réserves de conscience, l'Italienne apporta dans l'arsenal commun toutes les armes que son intelligent espionnage lui fournit contre les deux amans destinés à succomber.

Espérance avait cru jouer un jeu habile en attirant l'attention sur sa petite maison du Faubourg. Il y avait à grand peine appelé des visites féminines pour dérouter les espions. Mais un jour ou plutôt un soir l'audace de Leonora déjoua sa combinaison par une seule manœuvre.

L'Italienne ayant cru remarquer dans le rapport de ses agens, comme aussi par ses propres yeux, que ces femmes se ressemblaient toutes malgré leurs voiles, malgré leurs équipages différens, malgré la variété de leurs costumes et l'inégalité des heures de rendez-vous, Leonora, disons-nous, aposta Concino débraillé comme un homme ivre au coin de la rue du Faubourg. Et l'Italien, en jouant l'ivresse, écarta la mante dans laquelle s'enveloppait une de ces mystérieuses dames ; celle-ci cria, s'enfuit, appela son laquais à l'aide, mais Concino avait battu en retraite après avoir reconnu Gratienne, la dévouée Gratienne de Gabrielle.

Quelle révélation ! Il était hors de doute que les hommages d'Espérance ne pouvaient s'adresser si bas. A lui, le plus beau, le plus riche, le plus recherché de la cour, une servante quasi meunière !

Impossible. Gratienne venait donc apporter soit des lettres, soit des rendez-vous au jeune homme de la part de sa maîtresse.

Cette supposition, toute vraisemblable qu'elle fût, ne fut pas accueillie par Leonora qui savait de la bouche d'Espérance lui-même son projet de rester fidèle à une Vénitienne qu'il aimait. Mais Espérance avait pu mentir. Il n'était pas assez imprudent pour se laisser apporter des lettres par une femme, par Gratienne, si facile à surprendre, à dévaliser. Non, Gratienne n'allait pas à la maison du Faubourg comme messagère munie de billets et autre menue monnaie amoureuse saisissable en cas de surprise, elle venait chez Espérance pour faire croire que le jeune homme recevait des femmes et entretenait des intrigues d'amour. Gabrielle, jalouse de son amant, ne lui avait permis d'autre fantôme que Gratienne. Espérance, pour bien rassurer sa maîtresse, n'avait rien exigé de plus, et la délicatesse de ces deux parfaites créatures devenait la plus forte preuve que leurs ennemis pussent invoquer contre eux.

Aussitôt que Leonora eut trouvé la clé de cette combinaison, sa tâche devint plus facile. Vainement, des gens moins habiles eussent-ils soutenu que Gratienne était assez agréable pour plaire une heure ou deux à un jeune homme, en vain eût-on allégué que Henri IV, un roi, aimait fort les meunières, les jardinières et les femmes appétissantes de toute condition : Leonora connaissait Espérance et ne pouvait se méprendre à ses goûts. Espérance, lui, aimait les princesses, les duchesses et les reines, au besoin. Il se fût contenté d'une marquise, peut-être, mais tout au plus. Gratienne, en ses bonnes grâces, était invraisemblable.

Il ne s'agissait donc plus que de trouver l'heure décisive où les amans donneraient prise sur eux, cette heure que nul amoureux n'évite, et autour de laquelle il tourne fatalement comme les papillons autour de la flamme qui les appelle.

Tout pressait, disons-nous ; les partisans d'un mariage politique du roi voyaient avec désespoir se développer les racines de son amour pour Gabrielle. A la tête de ces confédérés, quoique éloigné de toute intrigue misérable, Sully ne cessait de répéter que la marquise était pour Henri la plus dangereuse de toutes les séductions. En effet, disait le sage huguenot, jamais le roi ne se laissera prendre que par le cœur. Il a trop d'esprit, trop de sens, trop d'égoïsme raisonnable pour ne pas deviner des calculs d'intérêt, plus ou moins déguisés sous l'habileté d'une maîtresse. Mais contre un désintéressement vrai, contre une douleur sincère, contre une affection honnête, il est sans force. Il subit le charme. Il aime la paix du ménage, la chaste égalité d'âme d'une bonne femme. Gabrielle, qui ne veut rien, qui ne demande rien, qui refuse toujours, qui rit toujours et ne querelle jamais, cette terrible femme parfaite empêchera éternellement le roi de se marier. Si même, ajoutait-il avec colère, elle ne l'amène, malgré elle, à la faire reine de France.

Ces idées, en passant de Sully à Zamet, de Zamet aux Entragues, soulevaient chez ces derniers des tempêtes furieuses. Leonora y contribuait par un souffle énergique. Et Henriette, la forte, l'orgueilleuse, l'infaillible, ne s'apercevait point que sans cesse poussée par ce souffle invisible, elle était devenue l'esclave de son instrument.

Leonora contait toujours à Henriette ce qui pouvait exciter la colère de celle-ci, et la forcer à toute action dont l'Italienne eût craint d'assumer la responsabilité. Pourvu que son intrigue fît un pas, Henriette ne reculait jamais — *Avancer*, telle était la devise des Entragues.

Le rôle de Leonora se dessinait aussi nettement, avec une nuance tout italienne : — *Faire avancer*, voilà quelle était la devise de l'association florentine.

Toutes choses ainsi établies, suivons les

deux femmes dans le jardin de Zamet, qu'elles parcouraient en arrachant çà et là quelques fleurs humides encore de la fraîcheur matinale.

Le messager du roi, ponctuel comme un rayon de soleil, arriva au moment où Leonora racontait à sa compagne le départ d'Espérance au milieu de la nuit. Cette circonstance relatée seulement comme un détail de la surveillance quotidienne, ce simple rapport de la police des alliés n'émut pas Henriette, accoutumée à entendre dire que tel jour Espérance était allé chasser, tel autre jour essayer un cheval, tel autre jour enfin s'ensevelir dans la maison du Faubourg.

L'arrivée de La Varenne offrait donc un intérêt plus immédiat. Le porte-poulets était radieux ; il exhalait une odeur d'ambre et de rose dont la combinaison eût fait honneur à l'Europe et à l'Asie réunies pour former un seul parterre.

Henriette avait pris la lettre pour la lire à l'écart. Aux premiers mots elle poussa un petit cri de joie. Ce cri appelait Leonora près d'elle. Les deux jeunes femmes entrèrent dans une allée ombreuse qui les déroba un moment aux yeux de La Varenne.

— Sais-tu ce que le roi me propose, Leonora ?

— Je m'en doute, dit la malicieuse Florentine ; mais dites toujours.

— Une collation à St-Germain, ce soir.

— Oh ! oh ! que dirait M. d'Entragues ? Collation... soir... St-Germain.. Voilà trois terribles mots pour la vertu d'une jeune fille !

Un sourire étrange d'Henriette prouva bien vite à Leonora que sa vertu était à l'épreuve de si misérables dangers.

— Je sais bien, répliqua l'Italienne, qui comprenait même le silence, je sais bien que vous n'aurez pas la maladresse d'accorder quelque chose avant la chute de votre rivale. Mais enfin, il y a danger. Et d'ailleurs, si la marquise vous faisait surprendre avec le roi ?

— La marquise, Leonora, est partie ce matin de bonne heure pour Monceaux.

— Partie seule ? dit l'Italienne.

— Sans doute, puisque le roi veut profiter de son absence pour m'offrir cette collation.

— Partie seule ! répéta Leonora pensive.

— Et je ne vois qu'avantage, continua Henriette, à profiter de cette absence pour passer une heure avec le roi et lui glisser quelque bonne vérité.

— Il est vrai, dit Leonora toujours absorbée.

— A quoi rêves-tu ?

— A ce départ pour Monceaux.

— Penses-tu qu'il soit une ruse de Gabrielle pour surprendre le roi ? La marquise est incapable d'une pareille petitesse, c'est bon pour nous autres pécores, ma chère, la marquise est une grande âme, comme dirait M. Espérance, qui est une âme énorme. Les grandes âmes n'espionnent pas et ne surprennent pas, fi donc !

— En effet, ce n'est pas pour vous surprendre que Mme la marquise s'en va seule à Monceaux.

— En vérité, tu rêves éveillée. Que font tes grands yeux fixes ?

— Ils essaient de suivre Speranza, qui ce matin aussi est parti, madame.

Henriette, avec dédain :

— Ces parfaits amans se voudraient rencontrer ? jamais !—Ce serait contraire à leur perfection, et ils ne nous donneront pas cette victoire. M. Speranza, comme tu dis, s'en va amoureusement relever dans des touffes d'herbes sales, ce qu'on appelle les fumées d'un quadrupède quelconque,— puis il arpentera passionnément cinq à six lieues de forêt en s'égratignant les mains et le visage aux épines. — Enfin, dans un paroxysme de tendresse, il enverra une balle ou du gros plomb à la bête.—Voilà ce que fera Speranza, l'idéal des amans.—Voilà ce qu'il fait à l'heure où je te parle. — Puis, poudreux et suant, il s'attablera avec deux soudards, MM. de Crillon et Pontis. On videra force bouteilles, et les hoquets se mêleront harmonieusement aux soupirs.— Tel est son amour.

Leonora sourit. Henriette, ravie d'avoir exhalé sa haine en quelques mots âcres, continua d'un ton plus sérieux :

— Rien n'empêche donc une femme imparfaite comme moi de passer une heure à St-Germain auprès du roi, qui a soif de me voir et dont j'ai l'éducation à faire. Education complète ! Mon père ne me quittera pas, sois tranquille. Il a plus peur encore que toi-même de ma faiblesse. — Oh ! ma faiblesse ! murmura-t-elle avec un éclair sinistre dans les yeux. Il fut un temps où mon cœur était faible... Alors, chacun le torturait à sa guise... Maintenant, à mon tour !... Assez de mépris, assez d'insultes, assez de souffrance ! La faiblesse aux autres, la force et le triomphe à moi !

— Vous parlez comme doit parler une reine, dit Leonora tranquillement avec cet aplomb qui fait pénétrer la flatterie jusqu'au fond des cœurs les mieux cuirassés. Qu'allez-vous donc répondre à La Varenne?

— Qu'à l'heure indiquée je me rendrai à St-Germain.

— Quelle est l'heure?

— Quatre heures du soir. Je n'ai que le temps de me mettre à ma toilette. On dit que la marquise a seule du goût en France. Nous verrons si le roi dit cela ce soir. Allons vite répondre à La Varenne. Mais je vois quelqu'un près de lui, ce me semble.

— C'est Concino.

— Botté, poudreux. Est-ce qu'il chasse aussi ton Concino?

— Non, madame; mais il a suivi ce matin Speranza et revient me donner des nouvelles.

— C'est au mieux. Avant de partir, je les saurai.

Concino, après avoir serré les mains de La Varenne, s'avançait pour chercher les dames. Il les joignit au tournant de l'allée.

— Eh bien? dit Leonora.

— Eh bien, il a pris la route de Meaux.

— Il chasse sans doute à Livry, dit Henriette.

— C'est par Meaux qu'on va à Monceaux, je crois? demanda froidement Leonora.

— C'est vrai, dit Henriette en tressaillant.

— A quatre lieues d'ici, à Vaujours, il s'est arrêté, continua Concino, et il a attendu.

Les deux femmes se regardèrent.

— A sept heures un carrosse est arrivé, venant de Paris, le carrosse de la marquise.

Henriette fit un mouvement.

— Celle-ci, ajouta l'Italien, n'était accompagnée que de deux piqueurs. Le signor Speranza s'est approché de la portière, tout à cheval, et a causé dix minutes avec la marquise; puis, s'arrêtant de nouveau, il a laissé partir le carrosse et a tourné bride.

— Il revient à Paris? demandèrent à la fois les deux femmes.

— Non, il a pris à droite, à travers champs.

— Et tu ne l'as pas suivi! s'écria Leonora.

— En plaine il m'eût vu; d'ailleurs, j'étais là, pour suivre Speranza quand il monte son cheval noir, c'est impossible ; il montait son cheval noir. Je vais me coucher.

Ayant ainsi parlé, Concino tourna flegmatiquement les talons et rentra, en effet, sans que rien eût pu le retenir.

Henriette et Leonora demeurèrent un moment stupéfaites.

— Ils se sont donné rendez-vous à Monceaux, s'écria Henriette la première.

— C'est probable.

— C'est sûr. Et pour n'être pas vus ensemble, ils se séparent; l'un prend le plus long, l'autre va droit : ils se retrouveront sous les ombrages ce soir.

— Tandis que vous serez aussi sous les ombrages avec le roi. On appelle cela quadrille, dans notre pays.

— Et nous manquerions une occasion pareille, dit Henriette avec véhémence. Nous n'avertirions pas le roi!

— Puisque vous allez avec lui à St-Germain. Il ne peut être à la fois en deux endroits.

— Nos agents que l'on enverra à Monceaux feront leur rapport.

Leonora sourit dédaigneusement.

— Un rapport d'espions!... Est-ce que cela peut suffire à un roi contre une femme adorée, contre une femme adorable comme la marquise?

Henriette bondit sous ce coup d'aiguillon terrible.

— C'est vrai, dit-elle, il faut faire prendre la femme adorable par celui qui l'adore.

— Mais votre rendez-vous, interrompit l'Italienne, dont les yeux brillaient d'une compassion hypocrite.

— J'aurai le temps d'avoir des rendez-vous, quand la marquise sera chassée du Louvre.

— Très bien! répondez donc à La Varenne qui attend.

— Réponds-lui toi-même, moi je voudrais chercher...

— Nullement, dit Leonora, ce n'est pas à moi que le roi écrit, lui répondre serait une inconvenance préjudiciable.

— Eh bien! je me charge de La Varenne; mais tu peux bien faire avertir le roi du rendez-vous de sa belle amie?

— Le moyen? demanda l'Italienne comme si les idées lui manquaient.

— Une lettre...

— Anonyme?... toujours! C'est usé.

— Tu ne veux cependant pas que j'aille dénoncer moi-même?

— Et moi donc! quelle qualité aurais-je pour cela ?

— Mais le temps se passe! s'écria la fougueuse Henriette, et nous ne faisons rien.

— Est-ce ma faute?... Donnez-moi une idée.

— J'ai la tête perdue...

— Remettez-vous, remettez-vous... On ne peut pas écrire, c'est vrai, mais on peut parler, ou faire parler au roi; ce sera plus sûr.

— Qui se chargera de parler?
— Eh! mon Dieu, La Varenne.
— Ce peureux, qui craint toujours de se compromettre!
— Tout dépendra de ce qu'il aura à dire.
— Aide-moi.
— Vous n'avez besoin de personne... Dites à La Varenne quelque chose comme ceci...... Mais non, ce serait vous découvrir.
— Cherche... Tu as tant d'esprit.
— C'est difficile. Ah! voyons... Refusez le rendez-vous parce que vous craignez un piége de la marquise.
— Oui.
— Ajoutez que vous savez de science certaine que la marquise a donné rendez-vous à un de ses fidèles amis pour lui préparer des relais, afin de revenir ce soir à Saint-Germain.
— Mais alors le roi restera à St-Germain.
— Cela dépendra du portrait que vous ferez de l'ami de Gabrielle. Si ce portrait pouvait inspirer quelque jalousie au roi?
— Je comprends! tu es un démon d'esprit.
— Allons donc, madame, vous me faites honneur du vôtre. Parlez vite à La Varenne.

Henriette s'approcha aussitôt du petit homme.
— Monsieur, dit-elle, je me vois forcée de refuser le rendez-vous du roi. La prudence m'empêche même de lui écrire. On nous guette, la marquise est partie ce matin pour Monceaux, non pas seule comme le roi l'a cru, mais en compagnie d'une personne avec laquelle, sans doute, elle complote de nous surprendre à St-Germain, ce soir.

La Varenne ouvrait des yeux effrayés.

— Ajoutez, continua Henriette, que cette personne est l'activité, la force, l'adresse mêmes; c'est le surveillant le plus dangereux, c'est Espérance!
— Espérance, ce charmant seigneur qui chasse toujours.
— Oui, sur les terres de Sa Majesté! Allez donc prévenir le roi bien vite.
— La marquise partie avec le seigneur Espérance! dit La Varenne, saisi de surprise. Le roi va un peu dresser l'oreille.
— Qu'il en dresse deux! s'écria Henriette. Allez! allez!

La Varenne ne se fit pas répéter l'ordre et partit de toute la vitesse de ses petites jambes.

— Maintenant, dit Henriette à Leonora, je rentre et me tiens coi. Que faut-il faire?

— Attendre, répondit l'Italienne.
— Tu crois donc le roi assez jaloux de Gabrielle pour courir ainsi la surprendre à Monceaux? demanda Henriette avec une amertume visible.
— Oui, je le crois; mais quand bien même il n'irait pas à Monceaux par jalousie, il ira par crainte d'être soupçonné de la marquise. Il voudra la rassurer par sa présence. En un mot, il ira, c'est tout ce que nous voulons, et il arrivera ce soir, juste au moment favorable.

Henriette bouillant d'impatience :
— Le misérable rôle pour une femme telle que moi, s'écria-t-elle, ramper comme un ver de terre!
— Le ver devient papillon. Mais, séparons-nous. Ne vous attardez pas dans ce quartier, adieu, dit l'Italienne en reconduisant Henriette, qu'elle dominait de plus en plus, jusqu'à lui dicter un pas et un geste.

Henriette obéit et retourna précipitamment chez elle.

Alors Zamet, qui attendait l'issue de tous ces pourparlers, sortit de ses appartemens et vint retrouver Leonora.

— Marchons-nous? dit-il. D'après ce que vient de me dire Concino, nous devons avoir un résultat aujourd'hui même.
— Je l'espère, répliqua la Florentine.
— Un bon éclat suffira. Que le roi arrive à temps et qu'un de ses amis, zélé comme il nous les faut, donne du pistolet dans la tête de cet Espérance, le scandale précipite à jamais la marquise.
— Doucement, dit Leonora en fronçant le sourcil, je vous abandonne la marquise; mais Speranza m'a défendue; il m'a sauvée, je ne veux pas risquer un cheveu de sa tête.
— Ah! si tu fais aussi du sentiment; si tu ménages un ennemi, parce qu'il est beau!
— Pourvu que je réussisse, que vous importe?
— Réussis vite, alors!
— J'y arriverai par des moyens adroits plus vite que par la violence. Déjà je suis parvenue à savoir par Pontis chaque démarche de Speranza. Laissez faire la Florentine Leonora et l'Indienne Youbani. Nous avançons! Seulement j'exige que Speranza sorte sain et sauf de l'épreuve,— à moins de nécessité absolue. Je l'exige. vous entendez.
— Soit, tu règleras ce compte avec Concino le jour de vos noces.
— Ce jour-là, dit l'Italienne avec un rire insolent, en faisant le compte de ma dot, Concino me donnera quittance de l'arriéré!

III.

Les trois ours d'or.

Gabrielle, qui se plaignait jeune fille, de n'avoir pas de liberté, venait d'éprouver depuis son élévation toutes les misères de l'esclavage.

Ce n'était pas que le roi fût un tyran soupçonneux, un inquisiteur gênant ; mais il était assidu près la femme aimée, il fuyait l'étiquette, la régularité ; il recherchait la vie familière, et Gabrielle le voyait toujours arriver au moment où elle s'y attendait le moins.

Mais là n'était pas le supplice. Gabrielle avait de l'amitié pour ce caractère facile et joyeux ; elle aimait les saillies de cette humeur divertissante, les élans de ce cœur généreux. La société du roi ne pouvait donc la fatiguer ; seulement, après le départ du roi arrivaient les courtisans, les femmes, la foule. Après cette obsession inévitable, venaient les surveillans plus humbles, fournisseurs, solliciteurs, et enfin les valets, espèce bien autrement tenace dans sa curiosité.

Et comme Gabrielle sentait le besoin d'être quelquefois maîtresse de son temps ; comme elle avait à cacher ses démarches, même innocentes, de peur qu'on ne les rapprochât des démarches faites par Espérance, il arrivait souvent que, découragée, épuisée, elle regrettait sa chaîne de Bougival et les longs discours paternels, et l'escapade du moulin.

Toute contrariété se changeait bien vite en chagrin pour cette âme si douce et si sensible. Henri n'y pouvait rien. S'il eût connu cette gêne de sa maîtresse, il eût essayé le premier d'y remédier. Car nul autant que lui n'aimait l'indépendance. On le voyait chercher tous les moyens de distraire Gabrielle, beaucoup par tendresse, un peu par égoïsme, car en la faisant plus libre, il allongeait sa propre chaîne, et nous savons qu'il avait de secrets besoins de liberté.

C'est pourquoi Henri avait accueilli avec plaisir la demande inopinée faite par la marquise d'aller à Monceaux respirer pendant quelques jours.

— Vous avez beaucoup de travail, sire, et je vous verrais peu, dit Gabrielle ; nous commençons à nous lasser des environs de Paris. Je voudrais faire respirer au petit César un air moins vif et aussi pur que celui de Saint-Germain, qui le fait tousser et l'agite. Monceaux, dans sa plaine riante, reposera mes yeux éblouis des immenses perspectives de Saint-Germain. Je voudrais bien aller à Monceaux.

— Allez, chère belle, répliqua le roi, qui avait ses raisons pour être seul. J'ai en effet à organiser une armée pour en finir avec M. de Mayenne, dont les nouvelles menaces ne me laissent dormir ni jour ni nuit. Vous seriez rebutée par ce flot de soldats mendians dont je passe chaque jour une revue, et qu'il me faut toiser, habiller et restaurer, comme un recruteur que je suis. Allez à Monceaux, et revenez vite avec notre César, grandi et enluminé à neuf.

Gabrielle fit ses préparatifs sans ostentation, comme toujours. Elle envoya ses femmes et son fils en avant sur les mules, avec ordre de l'attendre à moitié chemin. Pour garder son fils, elle demanda au roi quelque escorte ; quant à elle, préférant un peu de solitude, elle commanda son carrosse, avec deux piqueurs, qui avaient ordre de la suivre le plus irrégulièrement possible.

On remarqua que la veille de son départ la marquise avait eu un entretien fort long avec le prieur des Génovéfains, qu'elle était allée voir à Bezons. On la vit ensuite se promener au jardin côte à côte avec frère Robert, qui lui offrit les fleurs et les fruits qu'elle aimait. Les yeux perçans — et il n'en manque jamais autour des grands — observèrent que l'entretien du Génovéfain et de Gabrielle fut sérieux, que la marquise y prêta une attention extrême, que le frère semblait répéter avec insistance ses conseils développés comme s'il traçait un plan de conduite, et que l'attitude de Gabrielle annonçait la soumission d'une écolière docile.

Les seuls mots que purent surprendre les Argus furent ceux-ci, au départ :

— Merci encore, mon ami, *pour eux deux* et pour moi.

Il ne faut pas demander si ces mots furent commentés. Quelle pouvait être cette trinité qui devrait de la reconnaissance au frère Robert ?

Nous allons peut-être le savoir en suivant Gabrielle à Monceaux.

Donc, elle se mit en route, munie dès la veille des adieux du roi et de ses familiers. Elle voulut partir en soldat, avec l'aube. Aussi le soleil paraissait à peine sur l'horizon, quand les femmes sortirent de l'hôtel du Doyenné avec le petit César. Une demi-heure après, le lourd carrosse de Gabrielle traversa Paris encore endormi. Les portes n'en étaient point ouvertes. Gabrielle put jouir du coup d'œil incomparable de la ville immense, pittoresque comme elle était à cette époque, avec ses milliers de cabanes et de monumens accrochés bizarrement les uns aux autres, sans qu'on aperçût un seul habitant.

A peine la fraîcheur du matin avait-elle dissipé les vapeurs de la vie parisienne, tourbillonnant sans cesse en invisibles spirales dans ces carrefours percés de rues immenses, au dessus de ces ponts, de ces aqueducs, de ces cloaques, les chiens errans fuyaient en troupes devant le fouet des écuyers, les chats effarouchés grimpaient comme des écureuils sur l'entablement des maisons de bois, et, s'accrochant aux saillies des piliers ou des balcons, regardaient ironiquement le cortége avec leurs gros yeux verts.

On rencontrait çà et là quelques patrouilles de bourgeois au harnais mal sonnant, qui frottaient leurs yeux lourds de sommeil et voyaient avec plaisir approcher l'heure du retour au logis.

Bientôt Gabrielle arriva aux portes encombrées de paysans et de chariots chargés d'approvisionner la ville. Elle passa au milieu des ânes et des paniers dont les parfums potagers la firent sourire, tandis qu'en voyant cette dame dans son carrosse, en admirant cet incomparable regard d'azur et cette fraîcheur de beauté qui est demeurée populaire, tout ce peuple campagnard répétait : La belle Gabrielle !

Bientôt, quand le carrosse eut dépassé une lieue, et que l'air échauffé de Paris fit place aux brises fraîches de la plaine, Gabrielle respira librement et sentit une joie enfantine. Pour la première fois depuis bien longtemps elle était seule sur une route, elle pouvait descendre de carrosse, marcher, courir. Ses écuyers, jeunes gens de vingt ans, profitant de la permission, buissonnaient pour arracher les noisettes. Le cocher veillait sur ses chevaux, et Gabrielle commença, ouvrant les mantelets, à regarder partout, comme si elle eût guetté l'arrivée de quelqu'un ou cherché à découvrir des espions.

Elle attendait réellement Espérance à qui, la veille, par Gratienne, comme nous le savons maintenant, elle avait fait fixer un rendez-vous depuis si longtemps réclamé.

Ce ne fut pourtant qu'à Vaujours, au milieu des bois, qu'Espérance se montra tout à coup dans l'équipage d'un chasseur. Il portait sa carabine à la main droite et menait de la gauche un admirable cheval toujours frémissant. Depuis l'entrée au bois, les jeunes écuyers avaient disparu pour reparaître par intervalles, se poursuivant l'un l'autre en leurs jeux ; Espérance put s'approcher du carrosse sans être aperçu que du cocher.

Mais on sait combien les carrosses d'alors étaient hauts, longs et larges. Les flancs bombés de cette boîte empêchaient les voix de l'intérieur de glisser jusqu'aux oreilles du cocher enseveli dans la cavité du siége. Espérance profita, en habile tacticien, de cette merveilleuse conformation du carrosse, et se tenant un peu en arrière, se baissant jusque dans l'intérieur, il étouffa complétement ses paroles comme il déroba sa vue au cocher, d'ailleurs peu curieux, de Gabrielle.

D'autres yeux voyaient de loin cette scène, mais de loin, nous l'avons appris par le rapport de Concino. Ce dernier, prudent et paresseux, eût payé bien cher le droit d'entendre sans risque les phrases qui s'échangèrent sous la voûte rembourrée du carrosse.

— Savez-vous, Gabrielle chérie, que vous êtes bien imprudente !

— Savez-vous, mon Espérance aimé, que vous êtes bien peureux, ce matin !

— Il vous a donc fallu de graves motifs pour sortir à pareille heure et me mander ainsi au grand jour à la barbe des espions ?

— Ils nous verront peut-être, mais ils ne nous entendront pas, j'imagine. Regardez un peu si vous voyez mes écuyers.

Espérance sortit sa tête du carrosse et interrogea la route qui tournait dans le bois.

— J'en vois un là-bas, dit-il, qui poursuit l'autre à coups de branches qu'il a cueillies. Je gage qu'ils ont dix minutes d'avance sur nous.

— Rien ne vous empêche donc de prendre et de serrer ma main. Serrez-la bien, cette main, car chacune des fibres qui la traversent aboutit à mon cœur, qui se fond de plaisir quand je vous vois, quand je vous touche.

Espérance prit la tiède main de Gabrielle et la promena sur ses yeux, sur sa bouche, en la caressant d'un continuel baiser.

— On est plus calme, à présent, dit Gabrielle, dont les joues avaient pris la teinte nacrée des roses blanches. Assez, Espérance, assez ! nous avons besoin de raison, moi pour parler, vous pour entendre.

— Vous allez à Monceaux, reprit le jeune homme docile en replaçant lentement la main de Gabrielle sur ses genoux.

— A Monceaux, oui, ce soir, à la nuit tombante. Vous viendrez me rejoindre.

Il tressaillit, et la flamme qui brilla dans

ses yeux fit à la fois plaisir et peine à Gabrielle, qui devina le sens donné par l'amant à ces imprudentes paroles.

— Là! dit-elle avec mélancolie, voici que ces mots si simples, si naturels, allument le cerveau de mon ami et lui font oublier qu'il ne saurait être question entre nous ni de ces rougeurs enflammées ni de ces rêves qui incendient l'imagination.

— C'est vrai, repartit Espérance du même accent doux et triste, de vous à moi, le mot: nuit, signifie seulement: ténèbres, — et le mot: se rejoindre, ne veut dire que: causer affaires et sourire. Je l'avais oublié un moment, pardonnez-moi. Vos yeux sont si éloquens qu'on se croit toujours appelé à leur répondre!

Gabrielle baissa la tête, en proie à une émotion que sa noble loyauté ne cherchait pas à cacher.

— Oui, murmura-t-elle, j'ai tort de vous regarder ainsi. Mais comment empêcher les yeux de refléter chaque mouvement du cœur? J'y tâcherai cependant, si vous l'exigez.

— Tout ce que vous faites, tout ce que vous dites est bien, Gabrielle, et je vous en remercie. C'est moi qui suis coupable de désirer plus quand je devrais me trouver si heureux! — mais voilà, ce me semble, les piqueurs qui m'ont aperçu et se rapprochent.

— Alors, abrégeons, dit vivement Gabrielle, qui s'arracha à la douce torpeur de son corps et de son âme. Je vous ai mandé, Espérance pour obtenir de vous un service que vous seul pouvez me rendre, dévoué, discret et brave comme vous l'êtes.

— Commandez.

— Je vais à Monceaux, où j'attends quelqu'un.

— Le roi?

— Non. Quelqu'un dont la présence près de moi pourrait donner lieu à des suppositions dangereuses, à des incidens graves.

Espérance la regarda.

— Vous me comprendrez en voyant la personne dont il s'agit. Connaissez-vous La Ferté-sous-Jouarre?

— J'y ai passé. La Marne est à gauche, des bois à droite.

— A une portée de mousquet de la ville, en deçà, se trouve une hôtellerie qu'on appelle les *Trois Ours d'or*. Vous entrerez, vous apercevrez dans un petit jardin au fond des bâtimens, un homme, un paysan, très gros et blanc de visage. Vous lui direz seulement votre nom, Espérance, et il vous suivra.

— Tout cela est facile.

— Ce qui peut l'être moins, c'est de l'amener à Monceaux sans que nul vous voie entrer. Au bout du parc passe un chemin creux, tellement effondré d'ornières que peu de gens s'y aventurent. En face de l'endroit le plus profond de ce chemin, vous trouverez ce soir une brèche dans mon mur. Entrez-y avec votre compagnon. Gratienne vous amènera tous deux.

— Je proteste que tout cela, si mystérieux que je me le figure, n'est pas difficile à faire, dit Espérance.

— J'oubliais un détail, mon ami; je l'oubliais parce qu'il blesse mon cœur. Il se peut qu'en chemin des espions apostés, des gens armés, — je ne sais quelles gens, enfin, — veuillent s'emparer de l'homme à qui vous servirez de guide. En ce cas, mon bien-aimé, vous êtes jeune, courageux, adroit, il faudrait sauver cet homme au péril de vos jours, et ne pas souffrir qu'on lui fît la moindre violence, la moindre insulte.

— Bien, dit simplement Espérance. Voici les piqueurs à vingt pas, la curiosité les prend, ils vont nous entendre.

— J'ai fini... Rendez-moi ce service, qui est immense, et conservez-vous pour moi; je vous en serai reconnaissante.

— Payez-moi d'avance, avec un regard pareil à ceux de tout-à-l'heure. —Merci. — A quelle heure ce soir, à la brèche du mur?

— Dès qu'il fera nuit.

Les piqueurs s'étaient remis à leur poste, examinant le nouveau venu avec étonnement.

Espérance salua respectueusement Gabrielle, et après s'être orienté avec le rapide coup-d'œil du chasseur, il tourna son cheval sur la droite et le lança en plaine.

De là, bien découvert, mais découvrant tout lui-même, Espérance regarda souvent si quelque tête d'espion apparaissait derrière lui. Il ne vit rien qu'un cavalier planté bien loin à l'horizon, et qui marcha bientôt vers Paris au lieu de le suivre dans sa course téméraire à travers plaine.

Il y a loin de Vaujours à La Ferté-sous-Jouarre, surtout par la traverse. Espérance prit par Annet. Il changea son cheval à Précy, en prit un second à la poste de Villemareuil, et arriva en trois heures, bien fatigué, en vue de la petite ville où l'envoyait Gabrielle.

Là il se reposa, calculant que de La Ferté-sous-Jouarre à Monceaux la distance est de deux heures au plus; et qu'il lui restait plus que le temps nécessaire pour bien accomplir sa tâche.

Rafraîchi, restauré, Espérance se mit à songer plus profondément à la commission que sa maîtresse lui avait donnée. Quel était cet homme à la vie, à la liberté duquel on tenait tant? Gabrielle n'avait pas de secrets de famille qui fussent inconnus à Espérance. Jamais on ne l'avait accusée de se mêler d'intrigues politiques. Elle n'était pas de ces esprits brouillons qui nomment et renversent les ministres, et se font buissons d'épines pour accrocher un lambeau du manteau royal.

Quel pouvait être cet homme et que résulterait-il de sa visite à Monceaux?

Mais comme Espérance n'était pas non plus de ces songe-creux qui se brisent le crâne pour enfanter des chimères, comme au contraire il aimait en toute chose les idées nettes et les chemins éclairés, il se dit que Gabrielle devait savoir ce qu'elle faisait, et que les deux beaux yeux limpides de la charmante femme suffisaient à rassurer le plus aveugle des hommes dans tous les casse-cou possibles.

Il s'achemina donc gaîment vers la ville en méditant le mot reconnaissance par lequel Gabrielle avait clos l'entretien, en rapprochant ce mot des mots *nuit* et *réunion* dont il avait fait trop bon marché d'abord; et à partir de cette hypothèse, il vit se changer le parc de Monceaux en jardins d'Armide, auxquels rien ne manquerait, ni les enchantemens ni l'enchanteresse. Il rêva tout éveillé, et fut encore heureux.

Déjà il apercevait à droite du chemin les ours d'or de l'enseigne se balançant à la tringle rouillée avec un grincement criard. Il arrêta son cheval essoufflé, en jeta la bride aux mains des garçons toujours prêts en ce temps-là à bien recevoir les voyageurs; puis il traversa la cour comme s'il eût toute sa vie habité cette hôtellerie, il passa sous la voûte d'une grange et entra dans le jardin indiqué.

C'était un petit clos où fourmillaient, parmi les carrottes et les salades, des roses, des œillets et des chèvrefeuilles. De grandes lianes de haricots à fleurs rouges s'enroulaient autour de longues perches, la vigne chargée de grappes vertes tapissait un mur en ruines.

Des chiens jappèrent, un gros hérisson privé se mit en boule sous la botte d'Espérance, qui, occupé à chercher son paysan, regardait partout ailleurs qu'à ses pieds.

Enfin un bruit de feuillages appela l'attention du jeune homme dans un angle de ce petit fouillis que Gabrielle avait honoré du nom de jardin.

Sous un paquet confus de houblons et de vignes vierges, à côté d'un tonneau enterré en guise de citerne, où les grenouilles vertes piquaient des têtes dans l'eau croupie, Espérance aperçut un homme de vaste corpulence, aux bras énormes, aux jambes colossales, dont un chapeau de paysan couvrait la tête et cachait entièrement le visage.

Ce singulier admirateur des beautés de la nature eût paru inanimé, on l'eût pu prendre pour un de ces épouvantails protecteurs des cerisiers, sans la faible oscillation d'une petite baguette de coudrier, avec laquelle sa main grasse et blanche sollicitait l'eau du tonneau pour en tourmenter les grenouilles.

Espérance ayant bien considéré ce personnage, dont le signalement s'accordait avec la description fournie par Gabrielle, crut pouvoir, puisque l'inconnu persistait à cacher sa tête, hasarder de prononcer le mot cabalistique destiné à provoquer la confiance de ce défiant villageois.

— Espérance, murmura-t-il, en cueillant une double cerise à un arbuste voisin.

Aussitôt le gros homme leva la tête et montra un visage calme et scrutateur à la vue duquel Espérance ne put s'empêcher de se dire:

— Je comprends.

L'examen que l'inconnu avait prolongé fut apparemment à l'avantage d'Espérance, car le gros chasseur de grenouilles sourit avec finesse et se levant du siège de gazon sur lequel il avait laissé une empreinte de longtemps ineffaçable,

— Quand il vous plaira, dit-il, monsieur.

— A vos ordres, monsieur, répondit Espérance.

Le gros homme conduisit son guide à une petite porte de ce jardin, lui montra deux chevaux frais qui attendaient, et le pria courtoisement de lui aider à se mettre en selle.

Espérance enleva cette masse avec une puissance de muscles qui arracha un nouveau sourire de satisfaction à l'inconnu.

— Je vois, dit-il, qu'on m'a choisi un bon compagnon.

— Très honoré de vous rendre service, répliqua Espérance avec respect.

— Eh bien! partons, ajouta le gros homme.

Espérance passa devant sans répondre, la main gauche sur sa carabine, l'épée à portée de sa main droite.

A la nuit tombante, tous deux entrèrent

par la brèche du mur de Monceaux, et Gratienne, qui attendait à l'intérieur, les ayant guidés jusqu'à une grotte charmante située au plus épais du parc, dit à l'un :

— Par ici, monseigneur.

Et à l'autre :

— Vous, monsieur, à cette porte, et bonne garde !

IV.

Les Bains de Gabrielle.

Au milieu du parc de Monceaux, dans un vallon couronné par un amphithéâtre planté de marronniers, de platanes et de chênes, s'élevait une grotte de roches moussues que Catherine de Médicis avait fait apporter à grands frais de Fontainebleau, et qui, adossées au côteau dont nous venons de parler, servaient de retraite à la nymphe de Montceaux.

Pour parler en prose, les eaux d'un ruisseau voisin, tiédies par un long parcours au soleil sur le gravier, parmi les roseaux, se précipitaient dans la grotte où les attendait un bassin plus large et plus profond. C'était là que sous la voûte festonnée de lierres et de fleurs sauvages, Gabrielle venait dans les jours brûlans de l'été, se rafraîchir et se reposer. Plus d'une fois, pareille à Diane sous la garde des nymphes, elle s'y baigna dans le bassin au sable doux comme du velours, et pour éviter après le bain, soit de rencontrer dans le parc des hôtes curieux, soit de retrouver trop tôt la chaleur et le grand jour, elle rentrait au château sans être vue, au moyen d'une galerie creusée sous l'amphithéâtre, et qui, par une porte dont le roi seul avait la clé, venait d'une grande allée voisine aboutir à la grotte des bains.

Embellie ou gâtée, comme on voudra, par du marbre et des ornemens d'architecture, cette grotte, aujourd'hui ruinée, s'appelle encore les Bains de Gabrielle.

Nul séjour n'était plus propre à consoler du bruit et des embarras de la cour. La solitude l'environnait, l'ombre et le silence y tombaient à flots. Sous les arbres touffus de la vallée, au fond des massifs rafraîchis par le ruisseau, les heureux habitans de la grotte voyaient les merles et les loriots passer en sifflant comme de noirs projectiles. C'étaient partout des pepitemens d'oiseaux fourrageant les branchages, et le craquement des bois secs tombant dans ce désert sur une mousse qui absorbait tous les bruits.

La grotte que la nature eût créée moins complaisamment que l'architecte pour les usages du monde et pour l'étiquette, formait une grande et haute salle ovale dans laquelle ouvrait cette porte secrète que nous avons décrite. La salle était précédée du côté du parc d'une sorte de vestibule en forme d'S, dont la sinuosité interceptait pour tout indiscret la vue de l'intérieur et le bruit même des paroles qui s'y prononçaient.

Il résultait de cette savante combinaison de l'optique et de l'acoustique, que Diane en son bain ne pouvait être surprise par un Actéon quelconque, ni même aperçue dans la grotte par le surveillant placé à l'entrée du vestibule.

Telle était la situation d'Espérance, lorsqu'il fut mis en sentinelle par Gratienne dans l'ombre des rochers derrière lesquels l'inconnu avait pénétré avant lui.

L'extérieur de la grotte était doucement éclairé par des flambeaux de cire parfumée, dont pas un souffle n'agitait la flamme. Des sièges, une table, meublaient la salle. On voyait dans l'eau fraîche du bassin nager des fioles au long cou grêle destinées à la collation du soir, tandis que les plus beaux fruits entassés en pyramide sur une large corbeille, exhalaient dans leur coin obscur des parfums enivrans.

Gratienne ayant, pour faire entrer l'inconnu, soulevé une longue colonne de lierre qui pendait du haut du rocher comme un rideau frémissant, se retira et laissa sa maîtresse seule avec le mystérieux personnage.

Gabrielle, en robe blanche, ses beaux cheveux blonds reluisant comme des fils d'or au feu des cires, s'avança à la rencontre de son hôte, dont elle prit la main pour le conduire jusqu'à un siège.

— Soyez le bien venu, M. le duc, dit-elle, et excusez-moi de vous recevoir dans un endroit si mythologique, mais j'ai ouï dire que les grands capitaines aiment les positions découvertes, où leurs mouvemens sont libres, et je n'ai pas eu la prétention d'enfermer le duc de Mayenne pour le tenir à ma merci.

Mayenne, car c'était lui, répondit à ce compliment avec une bonne grâce qui lui était naturelle et que commandait impérieusement l'irrésistible sourire de Gabrielle.

— Vous voyez, madame, dit-il ensuite, que je ne crains pas de me mettre à votre merci, et sous ces roches le plus grand guerroyeur du monde serait pris aussi facilement qu'un oiseau entré dans une cage, surtout quand la porte est gardée par un compagnon comme celui que vous m'avez envoyé. — Hercule avec la tête d'Adonis.

Gabrielle se sentant rougir offrit un siège et s'assit elle-même.

— Monsieur, dit-elle, vous êtes ici plus en sûreté qu'au milieu de votre armée. Le roi est à Paris ; je n'ai pas une épée dans tout Monceaux ; ma foi vous garantit sauf et libre. Quant au guide qui vous a amené, s'il eût existé en France un plus loyal et plus brave gentilhomme, je l'eusse choisi pour vous escorter et vous protéger dans la démarche que vous avez bien voulu faire, et dont je sais apprécier la généreuse confiance.

— Vous m'en aviez donné l'exemple, madame, en me venant trouver, il y a quinze jours à la Ferté-sous-Jouarre où je me cachais, et où pouvant me faire surprendre, vous vous êtes confiée à ma prudhomie. Vous avez entamé ainsi les conférences, je me dois de vous payer par la réciprocité.

— Ah ! monsieur ! je voudrais au prix de mon sang réconcilier deux princes qui tiennent dans leurs mains le bonheur de la France.

— Cela ne dépend pas de moi seul, madame, dit Mayenne. Le roi me hait.

— Vous vous trompez, s'écria vivement Gabrielle. Le roi vous craint. Voilà tout.

Cette flatterie éclaircit le front du duc.

— S'il était vrai, dit-il, tout serait bientôt concilié. Mais votre délicatesse ne m'empêche pas de voir l'animosité qu'on met à me faire la guerre.

— Monsieur, répliqua Gabrielle, si je pouvais, sans vous affliger, citer un nom de votre famille... un nom encore enveloppé de deuil.

— Ma sœur... murmura Mayenne.

— Oui, monsieur... Mme de Montpensier, elle est la seule personne de votre maison qui ait mérité l'inimitié du roi.

Mayenne garda le silence.

— Nul n'ignore ajouta la charmante diplomate, combien le roi est bon et prompt à oublier les offenses.

— Cependant, il arme encore maintenant, et au lieu de laisser tomber peu à peu la guerre, il se prépare à ruiner mes dernières ressources.

— Vous n'êtes pas un adversaire qu'on puisse ménager.

— Si vous saviez, madame, comme je suis fatigué de ces querelles, dit le duc en s'essuyant le front, d'où ruisselait la sueur, malgré la nuit, malgré la fraîcheur de la grotte ; si vous saviez, depuis la mort de ma sœur surtout, combien je sens le vide de toutes ces prétentions... Roi ! je n'ai jamais voulu l'être... seulement, duc et prince je suis né, je voudrais mourir dans mon état.

Gabrielle se tut à son tour. Elle offrit à Mayenne un flacon de vin, des biscuits et des fruits.

— Ma démarche vous a prouvé, dit-il en acceptant le verre, que je désire entrer en arrangement, mais non pas comme un rebelle vaincu, j'ai une armée encore, et s'il survivait en moi une seule goutte de ce fiel ambitieux qui animait ma malheureuse sœur, j'arriverais à me faire offrir des conditions meilleures. Ah ! madame, Dieu vous préserve de comprendre jamais ce qu'il en coûte pour gagner le nom de grand capitaine ! Le roi a eu ce bonheur de s'illustrer en invoquant le bon droit. Moi, je suis un révolté. Je fais bonne mine aux Espagnols, qui me détestent et que j'exècre. Chaque fois qu'on se bat, mes alliés me voudraient voir mort et je voudrais les voir tous tués. Tous mes amis tombent les uns après les autres, ou, fatigués me quittent. Je me trouverai bientôt seul. L'âge vient. Je suis gros, lourd, et il a fallu pour venir ici que votre guide me hissât sur mon cheval. Quand trouverai-je un bon accord qui me rende le repos, la considération publique et des amis heureux de m'avouer. Hélas ! tout cela, il le faut conquérir par la guerre, et je ne serai vraiment honoré, vraiment tranquille que du jour où une balle d'arquebuse m'aura couché sur le champ de bataille.

Mayenne, en parlant ainsi, essuyait la sueur de son visage, et Gabrielle s'étonnait de le trouver si mélancolique et si abattu.

— Que je voudrais, s'écria-t-elle, que le roi vous entendît ; la paix serait bientôt faite ! Un ennemi malheureux est presque un ami pour lui.

Mayenne se leva, l'œil enflammé.

— Si cela arrivait, dit-il, si le roi entendait mes paroles, j'en mourrais, je crois, de honte et de douleur. Mais le roi ne m'entend pas, n'est-il pas vrai, madame, continua le duc en promenant autour de lui un regard inquiet et sombre, vous ne m'auriez point tendu ce piège pour m'exposer humilié aux sarcasmes de mon ennemi.

Et il faisait déjà un pas vers l'issue de la grotte.

— Ah ! monsieur, dit Gabrielle en lui prenant la main, vous m'offensez ; n'êtes-vous pas ici sur la foi jurée, suis-je une âme perfide ?... Rassurez-vous, seule j'ai entendu vos paroles, seule je sais votre secret, et vous pouvez me confier les conditions de la paix que je veux proposer au roi en votre nom.

Elle achevait à peine, qu'un pas précipité retentit à trois pas d'elle, une serrure cria, la porte secrète s'ouvrit et le roi apparut, un flambeau à la main, le visage altéré, les yeux brillans de colère.

— Avec qui êtes-vous ici, Gabrielle? demanda-t-il en cherchant à reconnaître les visages autour de lui.

— Oh! trahison! murmura Mayenne qui recula pour mettre l'épée à la main.

— M. de Mayenne! dit Henri, tellement stupéfait à la vue du Lorrain, que sa main tremblante laissa échapper le flambeau.

— Monsieur! monsieur! s'écria Gabrielle en étendant les mains vers Mayenne, ne m'accusez pas; je suis innocente... S'il y a trahison, elle vient du roi...

— Je comprends, madame, répondit Mayenne avec un dédaigneux sourire. La scène est jouée à merveille; vous n'attendiez pas le roi. Le roi arrive à l'improviste. Il vous trouve par hasard avec M. de Mayenne, et, comme par hasard aussi S. M. est bien accompagnée sans doute, l'on s'empare du rebelle..... La guerre est terminée.... Bien joué, madame...

— Oh! sire, dit Gabrielle en versant un torrent de larmes, voilà une offense que je n'oublierai de ma vie! Vous avez raison, monsieur le duc, tout m'accuse. Vous avez ce droit de m'appeler lâche et perfide. Oui, c'est justice de me traiter avec cette rigueur.

Mayenne, étonné au milieu même de sa fureur, contemplait en silence la scène étrange qui s'offrait à ses regards.

D'un côté, Gabrielle en pleurs, se tordant les mains avec l'expression la plus sincère d'une douleur loyale; de l'autre, Henri IV, pâle, atterré, le front courbé, plus semblable à un vaincu qu'à un vainqueur, et sur le visage duquel on lisait la honte et le regret d'une faiblesse qui le dégradait à ses propres yeux.

— Dites donc au moins, sire, s'écria Gabrielle, que je n'ai pas trempé dans le guet-apens dont M. le duc est victime... Rendez-moi l'honneur, sire, à moi qui voulais vous donner la paix et l'amitié de ce galant homme.

Le roi comprit à ces mots toute l'étendue de sa faute. Il venait, par cette brusque surprise, de renverser l'édifice élevé si péniblement par Gabrielle. Quelle honte et quel malheur!

— Ainsi ferai-je, murmura le roi d'une voix entrecoupée... Je suis seul coupable... Sur un avis qui m'a été donné que Mme la marquise avait rendez-vous à Monceaux avec un amant, j'ai pris de la jalousie et me suis mis en route. J'arrive il n'y a qu'un moment; je trouve ou crois trouver des visages embarrassés. Nul ne me veut apprendre où se cache madame. Personne dans les appartemens. Je heurte et j'appelle, rien. L'idée m'est venue que la marquise cherchait la solitude en ses bains. J'ai la clef de l'entrée secrète. Je suis accouru, et le bruit de deux voix m'a fait ouvrir vivement la porte...

Mayenne gardait son attitude à la fois calme et méprisante, un sourire forcé contractait ses lèvres; il avait remis son épée au fourreau.

— Il ne faut pas douter, monsieur, dit le roi avec douceur — voyez mon trouble, ma peine, et persuadez-vous que je ne sais point mentir... Je dois d'abord des excuses à la marquise que, par trop d'amitié, j'ai follement et indignement soupçonnée.... Quant à vous, qui, jusqu'à un certain point, avez le droit de suspecter sa franchise et la mienne, je ne vois qu'un seul moyen de vous prouver l'injustice de vos accusations. La scène a lieu entre nous, sans témoins, vous étiez venu librement, vous êtes libre de retourner, et je vous offre non seulement mes chevaux, mais une escorte avec ma parole de roi. J'y ajouterai mes excuses, mon cousin, car j'ai tort, et voudrais pour un royaume, racheter l'opinion que je vous ai laissé prendre un moment de ma maîtresse et de moi !

A ces mots que prononça Henri en se redressant peu à peu de toute la hauteur de son âme si généreuse, Gabrielle sécha ses larmes et le duc regarda en tressaillant ce visage ouvert, ces yeux limpides où respirait la loyauté.

— Ce qui vient d'arriver nous dégage, monsieur, nous n'avons rien dit, s'écria Gabrielle en se rapprochant de Mayenne. Reprenez vos paroles, duc, nul que moi ne les saura jamais.

Cette candeur et l'élan de cette âme délicate et probe firent sur Mayenne une impression profonde. Il baissa la tête à son tour, et tourna son chapeau dans ses mains, comme un vrai paysan gêné par les bontés de son seigneur. Un combat acharné se livrait dans cette âme altière entre l'orgueil et la reconnaissance. Il demeurait immobile, impuissant pour le bien ou pour le mal.

Henri prit cette hésitation pour un reste de défiance. Surmontant le chagrin qu'il en éprouvait :

— Il se pourrait, dit-il vivement, que vous craignissiez une embuscade hors du château. Après ce qui s'est passé, vous avez le droit de tout craindre, mon cousin. — Je vous accompagnerai donc moi-même tant que vous le jugerez à propos, ma personne vous répondra de la vôtre, et si l'otage vous suffit, faites un signe, je suis à vos ordres.

—Vraiment, s'écria Mayenne emporté par la noblesse d'un pareil procédé, voilà trop de façons avec moi, sire, je suis votre sujet et sens bien qu'il vous faut servir. D'ailleurs, j'étais plus qu'à moitié gagné par la bonté, par l'éloquence de madame. Vous venez d'achever l'œuvre, sire ; c'est moi qui demande pardon à Votre Majesté, et me voilà à vos genoux, seulement je ne sais pas si je m'en pourrai relever.

A ces mots, il s'agenouilla tremblant d'émotion.

— Ventre Saint-Gris! je m'en charge, dit Henri les yeux pleins de larmes. Et il releva en effet Mayenne, en l'embrassant si tendrement, que les cœurs les plus durs n'eussent pas été à l'épreuve d'une pareille scène.

— Encore! et encore! s'écria le roi en recommençant, et toujours!... Mon cousin, voilà une grande joie qui m'arrive. Plus de guerre civile en ce royaume et un bon ami de plus !

— Que de grâces à rendre à Dieu ! dit Gabrielle, en joignant les mains avec ivresse.

— Croyez-vous donc qu'on doive vous oublier vous-même, dit Henri en quittant Mayenne pour courir à Gabrielle qu'il serra sur son cœur. Voici, mon cousin, l'ange de miséricorde et de réconciliation! Voici mon ange gardien, la plus parfaite femme qui soit en France!

— Ce n'est pas moi qui dirai le contraire! s'écria Mayenne avec chaleur.

— Et on la calomniait ! reprit le roi; et je venais de la surprendre, l'outrager!

— J'en bénis le ciel, dit Gabrielle.

— J'en ai bien souffert, ma chère âme; mais voilà qui est fini. Après cette épreuve douloureuse, nous sommes trop heureux pour récriminer...

— Je demanderai une récompense pour mes dénonciateurs, dit Gabrielle en souriant, car ils sont la cause du succès que je n'eusse jamais obtenu toute seule. Que cherchez-vous donc autour de vous, sire?

— Je cherche si le duc est venu ainsi...

— Seul?... Oui, sire, répondit Mayenne.

J'ai confiance, moi, aux anges que je rencontre.

— Bien plus, dit Gabrielle, monsieur le duc avait accepté un garde de ma main.

Gabrielle conduisit le roi hors de la grotte et lui montra Espérance adossé à un rocher, son épée à la main.

— Voilà donc le galant dont on me faisait fête, murmura le roi en reconnaissant son rival. C'est là celui qui devait vous préparer des relais pour venir me surprendre à Paris ! C'est là celui que vous me préfériez! Ah! maître La Varenne! Allons, allons, c'est à moi de rougir.

Il ne vit pas combien de vermillon ces imprudentes paroles faisaient monter aux joues de Gabrielle. Espérance aussi se détourna pour cacher non pas sa rougeur, mais une douleur insurmontable que lui causait la présence du roi, et ce rude réveil après tant de beaux rêves !

Cependant, comme en passant près de lui Gabrielle lui prit la main pour le remercier, il rappela son courage et exhala toute l'amertume de son cœur dans un inoffensif soupir.

— Il me reste à vous demander, mon cousin, dit Henri à Mayenne, quelles sont vos intentions pour ce soir. Vous plaît-il souper avec nous, comme de bons amis, à la barbe des traîtres et des coquins, qui enrageront de nous voir réconciliés ? — aimez-vous mieux retourner chez vous et réfléchir ?

— Réfléchir... s'écria le duc, ah! Dieu m'en garde, sire — assez de réflexions j'ai faites — assez de nuits j'ai passées sans dormir. — Il doit y avoir ici de bons lits et de bon vin.

— J'en réponds, dit Gabrielle.

— Daignez m'offrir l'un et l'autre pour cette nuit, répliqua le duc, — et demain...

— Et demain nous causerons affaires, voulez-vous dire, ajouta le roi. Pardieu, ce sera bientôt fait; comme j'accorde d'avance tout ce que vous me demanderez...

— Tout ? dit le Lorrain avec un sourire.

— Et encore quelque chose avec, dit Henri, pourvu que ce ne soit pas madame ; car en ce cas feriez-vous mieux de me demander ma vie.

— Je n'aurai garde, sire, et pourvu que madame me veuille honorer de son amitié, je me déclare satisfait.

— J'ai trop de reconnaissance pour ne vous point aimer de tout mon cœur, dit Gabrielle.

— En vérité, pensa Espérance, qui les suivait à distance, ces gens-là s'arrachent tellement ma Gabrielle qu'il ne m'en restera plus rien.

On se dirigea vers le château, que l'arrivée subite du roi avait rempli de confusion et de tumulte.

Déjà les commentaires allaient grossissant. On supposait Gabrielle surprise, chassée. On désignait la prison qui lui serait assignée. Le parti Entragues triomphait avec un commencement d'insolence. Plus d'un serviteur prévoyant de la marquise faisait ses paquets.

Henri était parti vite de Paris ; mais ses officiers l'avaient rejoint à Monceaux, et leur arrivée augmentait le désordre, comme l'huile jetée sur un brasier double la flamme.

Lorsque cette foule inquiète, émue, curieuse, en tête de laquelle était le comte d'Auvergne, aperçut le roi débouchant tranquillement de la grotte dans le parc, appuyé d'un bras sur Gabrielle, de l'autre sur un homme encore inconnu, tandis qu'Espérance et Gratienne venaient ensemble à leur suite, personne ne put comprendre ce calme et la présence de ce tiers à Monceaux.

Mais Henri, riant dans sa barbe, et méditant le coup qu'il allait frapper :

— Messieurs, dit-il du plus loin qu'il lui fut possible, commandez vite un bon souper pour moi et mon cousin de Mayenne, qui veut boire aujourd'hui à ma santé.

Le nom de Mayenne retentit dans cette assemblée comme un éclat de tonnerre, et quand à la lueur des flambeaux chacun reconnut le duc au bras du roi, la stupéfaction s'exhala par un murmure qui caressa doucement le cœur de Gabrielle. M. d'Auvergne en pâlit de désappointement.

— Oui, messieurs, dit le roi en pénétrant dans la grande salle du château, mon cousin de Mayenne me signifie que je n'ai pas de meilleur ami que lui, et je déclare ici qu'il n'aura pas désormais de meilleur ami que moi.

— Grâces en soient rendues à Dieu, dit Sully en s'approchant avec un visage rayonnant de joie.

— Et grâces surtout à madame, répliqua le roi en désignant Gabrielle, car c'est elle qui a tout fait par son esprit, par son cœur et son amitié pour moi. Je lui dois la paix et la fortune de mon royaume.

Puis, au milieu du silence qui planait sur l'assemblée bouleversée par un dénoûment si imprévu,

— Allons, dit le roi, qu'on serve Mme la duchesse !

— La duchesse ! demandèrent quelques gens surpris par ce titre nouveau. Car Monceaux n'était qu'un marquisat !

— Oui, répéta le roi, Mme la duchesse de Beaufort, marquise de Monceaux et de Liancour. C'est le nom que Madame doit porter à compter d'aujourd'hui.

— Oh ! sire, dit Gabrielle, où s'arrêteront vos bontés ?

— Plus loin ! répondit tout bas le roi. Mais nous sommes servis. Donnez-moi le bras, mon cousin. — Ah ! Gabrielle, quelle idée vous avez eue là de me réconcilier avec Mayenne !

— Elle n'est pas de moi tout-à-fait, sire, dit modestement la jeune femme.

— Qui donc vous l'a inspirée ?

— L'âme de toute bonne œuvre. — Frère Robert.

— Frère Robert !... s'écria le roi. Lui !... c'est lui qui vous a inspiré de me réconcilier avec M. de Mayenne ?... Oh ! ce serait sublime !

— Qui donc est ce frère Robert ? demanda Mayenne, surpris de l'agitation du roi.

— Je vous conterai cela quand nous serons seuls, mon cousin, l'histoire en vaut la peine, et plus que tout autre vous saurez l'apprécier. Oh ! frère Robert !... Et je ne lui paierais point ce service ! Ventre-saint-gris ! nous y songerons !... A table, mon cousin, à table ! Duchesse, invitez notre ami Espérance, et buvons frais, car il fait chaud !

Et comme Gabrielle voyait *leur* ami s'assombrir involontairement :

— Je comprends, lui dit-elle tout bas ; vous trouvez que j'ai reçu ma récompense, tandis que vous n'avez rien, comme à l'ordinaire. — Eh bien ! ce ne serait pas juste. Venez samedi à ma maison de Bougival. Nous y passerons une belle soirée avec Gratienne.

— Avec Gratienne ! Vous vous défiez donc de moi ?

— Non ! c'est de moi que je me défie. — A samedi ! Quant à ce soir, buvons à la santé du roi et à la confusion de nos ennemis !

— Tope ! dit Espérance.

V.

Conseil de Famille.

Le retour du comte d'Auvergne dans sa famille et les nouvelles qu'il y apporta jetèrent la consternation dans l'intéressante société.

— Voilà, dit-il, comment vos plans ont

tourné. La marquise est duchesse et a pour allié désormais M. de Mayenne, le héros du jour. Quant au seigneur Espérance, on se l'arrache, le roi l'a embrassé et lui confierait toutes les clés de sa maison. Il faut avouer que vous êtes d'adroites princesses, de m'avoir exposé à recevoir un pareil soufflet en plein visage.

A ces mots Marie Touchet fit une grimace roturière. Henriette rongea ses ongles si beaux. Le comte d'Entragues s'en prit au peu de cheveux qui avaient survécu à tant de déceptions.

— Alors, tout est perdu, dit-il avec désespoir.

— A peu près.

— On essaiera de s'en consoler, répondit Henriette, pâle de rage. Cependant, moi qui ne suis pas un homme, je ne perdrai pas courage aussi vite.

— Cela vous est aisé à dire, mademoiselle, dit le comte d'Auvergne, qui, dans les bonnes veines seulement, l'appelait *petite sœur*. Vous n'avez pas les mortifications, vous. J'eusse voulu vous y voir, hier, quand toute l'assemblée me riait au nez, et que le roi me regardait par-dessus l'épaule.

— Nous vous demandons bien douloureusement pardon, monsieur, interrompit le père.

— Votre peine fait la nôtre, mon fils, dit la mère.

—Attendons la fin, ajouta Henriette, pour qui cet orage n'était qu'une pluie d'été. Elle en avait vu bien d'autres.

— Oh! vous n'attendrez pas longtemps, dit le jeune homme avec insolence.

— Cependant, il y a toujours la prédiction de la devineresse, articula sourdement Marie Touchet.

— Une couronne, n'est-ce pas? s'écria le comte d'Auvergne en riant. Oui, comptez-y, vous en prenez bien le chemin.

— Si ce chemin n'est pas le bon, répliqua aigrement Henriette, nous en choisirons un autre.

Les trois conseillers furent frappés de la résolution invincible qui éclatait dans ces paroles.

— Tant que vous voudrez, mademoiselle, répliqua le comte. Mais s'il s'agit des grands chemins, par exemple.....

— Monsieur!...

— Eh! nous sommes ici en famille, et nous pouvons nous dire nos vérités. Moi, j'ai assez de ces échecs perpétuels ; à force d'être battu, le dos me cuit. Je m'étonne que vous y résistiez; c'est de l'héroïsme.

Après cette déclaration si franche, le silence le plus décourageant régna dans l'assemblée.

Soudain on entendit un cheval piétiner dans la cour de l'hôtel, et les valets annoncèrent M. de La Varenne.

Jamais le porte-poulets n'était venu chez les Entragues en plein jour. Il fallait que la circonstance fût solennelle. La frayeur de la famille s'en augmenta. Ce fut bien pis quand le petit homme entra d'un air froid et le sourcil froncé.

Chacun courut à sa rencontre, trois siéges lui furent offerts à la fois. Il se laissa tomber sur le plus large avec un gémissement arraché par la lassitude.

— Ouf! dit-il, votre serviteur, mesdames. Aïe! votre bien dévoué, messieurs. La présence de M. le comte d'Auvergne m'annonce que vous êtes au courant.

— Hélas! soupira le père, tandis que Marie Touchet levait les yeux au ciel.

— Nous l'avons échappé belle, dit La Varenne.

—Nous avons donc échappé? s'écria Henriette en secouant le petit homme avec une vigueur masculine.

— C'est miracle!

— Oh! contez, contez-nous cela, demandèrent quatre voix avides.

La Varenne prit un air imposant.

— Vous savez la surprise du roi et la fête donnée à M. de Mayenne, et la duché conférée à la marquise, et...

— Oui, oui, passez.

— J'attendais le moment des explications. Le roi en soupant me lançait des regards farouches... J'en ai été malade, et le suis encore, mesdames.

Marie Touchet chercha des élixirs dans sa cassette, et en offrit une collection au porte-poulets.

— Pouvez-vous continuer? demanda Henriette.

— Oui, mademoiselle. Ce matin, le moment fatal arriva. Je tournais autour du grand vestibule, le roi me fit signe et m'emmena au jardin. « Voilà donc, s'écria Sa Majesté, les rapports qu'on me fait! voilà donc les intrigues de la marquise... — c'est duchesse qu'il faut dire à présent! — voilà donc... » Ah! mesdames, j'en ai entendu de cruelles pour l'oreille d'un gentilhomme.

Les Entragues essayèrent de ne point rire en songeant à cette gentilhommerie qui piquait des poulets chez la sœur du roi.

— Qu'avez-vous répondu, monsieur de La Varenne? demanda le père.

— Ce que j'ai pu.

— M'auriez-vous accusée ? dit Henriette.

— J'ai eu l'habileté de ne le point faire. Sire, ai-je répondu, ce n'est pas ma faute.

— C'est la faute de ceux qui vous ont instruit, alors, a répliqué le roi.

— Voyez-vous, qu'on nous accusait! s'écria Marie Touchet.

— Sire, ceux qui m'ont instruit croyaient ce qu'ils disaient. — Que croyaient-ils? dit Sa Majesté avec colère. — Sire, ils savaient le départ de M. Espérance avec Mme la marquise — la duchesse, — et vu l'intime amitié de madame la duchesse et de ce seigneur… — Vous êtes un belître, a dit le roi ; — un belître! à moi!… — Enfin, sire, ai-je répondu, Mlle d'Entragues avait bien le droit de craindre que Mme la marquise — la duchesse — ne cherchât à surprendre Votre Majesté, puisque déjà pareille chose avait eu lieu chez Zamet.

— Bien ! bien ! bravo ! s'écrièrent les Entragues. Voilà répondre !

— J'ai trouvé cela, dit modestement La Varenne, en faisant la roue ; j'ai eu cette inspiration miraculeuse.

— Et le roi, qu'a-t-il dit?

— Le roi, frappé de ce souvenir, a baissé la tête, et comme c'est un esprit juste : il est vrai, a-t-il ajouté, la chose était à craindre, et l'on ne pouvait soupçonner les desseins de Mme la duchesse, sur ma réconciliation avec Mayenne.

— C'est la précipitation de Votre Majesté qui a fait tout le mal, ai-je cru devoir ajouter.

— Tout le bien, animal, a répliqué le roi en riant, et il m'a donné un coup de poing dans l'épaule. Jugez de ma joie ! Quand le roi m'appelle animal et me rudoie, c'est qu'il est enchanté. Aussitôt j'en ai pris avantage.

— Votre Majesté, ai-je reparti, ne voit pas que la personne la plus malheureuse de ceci est la pauvre demoiselle d'Entragues.

— J'aviserai à la consoler, a répondu le roi.

Une joie folle éclata dans les yeux du père et de la mère. Un sourire dédaigneux plissa les lèvres d'Henriette.

— Consoler… murmura-t-elle, tout cela !

— En sorte que l'échec n'est pas pour nous, dit le père.

— Non, Dieu merci ! fit La Varenne en s'éventant avec son chapeau. Mais grâce à qui ?

— Nous vous serons reconnaissans, dit Marie Touchet avec intention.

— C'est du bonheur, interrompit le comte d'Auvergne.

— Henriette le disait bien, mon fils, il y a dans tout cela prédestination.

La jeune fille n'était pas aussi satisfaite que ses parents. Dans cette prétendue victoire, il n'y avait rien pour son orgueil.

— Quoi, monsieur, dit-elle à La Varenne, voilà tout ce que le roi a jugé à propos de faire pour moi?

— Ce que j'ai à ajouter, répondit le porte-poulets, ne s'adresse qu'à vous seule, mademoiselle.

En parlant ainsi, avec une impudence cynique il prit la main de la jeune fille et la conduisit près d'une fenêtre, tandis que les parents s'excusaient de leur lâcheté sur le respect dû à un message du roi.

Mais le père Entragues ne cessait d'observer le visage d'Henriette. Marie Touchet elle-même suivait sur les traits de sa fille l'effet de chaque mot prononcé par La Varenne.

Henriette rougit et ses yeux rayonnèrent. Le sourire de joie rusée et voluptueuse qui éclaira son front eût inspiré à un peintre la véritable expression du démon femelle chargé de tenter un saint.

Ayant achevé son ambassade, La Varenne partit, non sans avoir reçu un gage de la reconnaissance de Marie Touchet. C'était une boîte de perles d'or, présent compact, d'un prix certain, comme il convient au salaire de ces spéculateurs positifs.

Henriette semblait rester en extase après le départ du porte-poulets. Son père et son frère vinrent lui prendre les mains en minaudant.

— Eh bien ! dirent-ils.

— Eh bien !… dit-elle charmée de les faire languir.

— Que nous veut le roi?

— Une misère.

— Dites cette misère, petite sœur.

— Un simple rendez-vous, pour explications.

— Oh ! oh !… fit M. d'Entragues en se redressant avec orgueil. Il paraît que Sa Majesté ne peut se passer de nous. Et qu'avez-vous répondu?

— Bien des choses.

— Vous n'aurez pas manqué de dire qu'une fille de votre condition n'accepte point de rendez-vous?

— Certes…

— Sans garanties pour son honneur, se hâta d'ajouter Marie Touchet, qui rentra ainsi dans la conversation.

— Oui, madame.

— Et qu'a dit La Varenne ? demanda le comte d'Auvergne. Approuve-t-il ces stipulations ?

— Qu'il approuve ou non, dit M. d'Entragues, c'est à nous de juger...

Le jeune homme, surpris de ce ton tranchant du comte, si respectueux d'ordinaire envers lui :

— L'opinion du roi est bien pour quelque chose dans tout ceci, dit-il, et moi qui le connais, je ne le crois pas disposé à se laisser dicter des conditions d'avance.

— Le roi est trop léger, mon fils, pour qu'on se fie à sa parole. Tel n'était pas le roi Charles votre glorieux père.

— Il me semble, interrompit M. d'Entragues, qu'un bon douaire, bien assuré... Trente ou quarante mille écus par exemple, donneront de la consistance à la parole du roi.

— Il m'en fut assuré cinquante mille en un temps où l'argent était plus rare qu'aujourd'hui, dit Marie Touchet.

— Qu'est-ce que l'argent, murmura Henriette avec mépris? un moyen de se dégager sans scrupule de la parole donnée.

— Pas d'argent, s'écria Marie Touchet.

— Mais, mordieu! dit le comte d'Auvergne, que vous faut-il donc, voulez-vous que le roi l'épouse avant de lui avoir parlé ?

— Pourquoi non, dit Henriette, puisqu'il en faut toujours arriver là ?

— Eh! faites donc rompre d'abord le mariage de la reine Marguerite. Le roi est bien et dûment marié, ma chère.

— On rompra le mariage.

— Il faut du temps. Et cependant ferez-vous que le roi soit un homme de patience? Vous le dégoûterez au profit de gens moins serrés que vous.

— Il y a du vrai, dans ce que dit M. le comte, murmura Entragues. Je maintiens donc qu'un douaire de quatre-vingt mille écus...

— Mettez-en cent mille, et concluez quelque chose, s'écria le jeune homme.

Henriette haussa les épaules avec colère.

— C'est un encan, dit-elle.

— Vous êtes une sotte, reprit le père. Aimez-vous mieux rien, comme Doyelle, Tignonville, Fleurette, Corisande d'Andouins, Antoinette de Pons, et tant d'autres ?...

— J'aime mieux une couronne, monsieur.

— Eh! mordieu, dit le comte d'Auvergne, si c'est un hochet qu'il vous faut, achetez un cercle d'or, et amusez-vous à vous le mettre au front quand vous serez devant votre miroir. Vous ressemblez à ces petites filles qui veulent porter des boucles d'oreilles et ne veulent point avoir l'oreille percée. Arrangez-vous, et pendant toutes vos façons, le caprice du roi ira ailleurs.

— Caprice?.. dit Henriette piquée.

— M. d'Auvergne a cent fois raison, repartit le père. Cent mille écus forcent un homme à réfléchir, et valent bien les marquisats et les duchés qui se prodiguent.

— J'ai une idée qui conciliera tout, dit Marie Touchet avec la majesté d'un oracle. Grâce à mon moyen, le roi fera voir si c'est par caprice ou par amour qu'il recherche mademoiselle. Le roi s'engagera pour l'avenir sans compromettre le présent. Le roi garantira l'honneur de cette maison, sans rien perdre des droits de son amour.

— Peste ! c'est la panacée universelle que votre moyen, madame, dit le comte d'Auvergne. Veuillez nous le communiquer.

— C'est une promesse de mariage, faite par le roi à Mlle Henriette de Balzac d'Entragues.

— J'accepte ! dit Henriette.

— De cette façon, interrompit Marie Touchet qui jouissait de son triomphe, le roi est libre de ne se point marier, s'il veut, après la mort de la reine Marguerite ; mais alors il n'épousera personne, et les rivalités ne seront point à craindre pour Henriette.

— En effet, dit M. d'Entragues, une promesse serait efficace.

— Si le roi signait, dit le comte d'Auvergne ; mais signera-t-il ? Cela me rappelle l'homme qui eût passé la rivière à sec si son cheval en eût bu toute l'eau. — Mais la boira-t-il ?

— Si le roi ne signe pas, c'est qu'il n'y a aucun fonds à faire sur sa tendresse, et j'y renoncerai, dit Henriette.

— Vous ferez bien, ma fille, l'honneur avant tout ; mais cela n'empêche point le douaire de cent mille écus, ajouta le père Entragues.

— Au contraire, dit le comte d'Auvergne.

Marie Touchet compléta ainsi son discours :

— En agissant de la sorte, nous sommes à jamais délivrés de nos perplexités. Un oui ou un non bien articulé, l'affaire est faite ou rompue à jamais.

— Vous tenez au roi la bride bien haute, mesdames.

— Qui nous en empêche désormais, repartit Marie Touchet fière de se rappeler les dangers passés, et cette mort de La Ramée qui avait rendu libre à jamais Henriette. — Rien ne nous fait plus obstacle. Et plus on demandera au roi, plus il aura bonne opinion du trésor qu'il recherche.

— Un vrai trésor, dit le comte d'Auvergne avec un sourire et un salut des plus galamment outrageans pour sa sœur.

— Un trésor sans prix ! ajouta le digne père en baisant avec componction le front virginal éprouvé par tant de honteuses rougeurs.

Un valet, grattant à la porte, annonça que la signora Galigaï attendait ces dames dans leur cabinet.

— La devineresse ! s'écria le comte d'Auvergne, je me sauve !

— Non, demeurez, dit le père Entragues, pour méditer avec moi l'acte de donation et la promesse de mariage.

— Je tiens à en surveiller la rédaction, s'empressa d'ajouter Marie Touchet en s'asseyant près de son fils et de son mari.

— Allons vite trouver Leonora, pensa Henriette toute tremblante, sa visite aujourd'hui m'inquiète.

Elle passa dans le cabinet où Leonora, un coude sur la table, et son front dans la main, suivait du doigt sur le tapis les arabesques capricieuses de la broderie de laine. Elle était soucieuse et oublia de prodiguer ses baise-mains comme à l'ordinaire.

— Qu'y a-t-il encore? demanda Henriette, habile à deviner les impressions de sa confidente.

— Une grave affaire, dit l'Italienne. M. de Pontis s'est battu hier au soir.

— Que nous importe ! Et d'abord comment connais-tu cet homme ?

— Je le connais. C'est notre intérêt à tous. Quant au sujet de ce combat... faut-il vous le dire?

— Tu m'effraies avec tes précautions oratoires. Serais-je pour quelque chose dans la querelle ?

— Jugez-en. Pontis était au cabaret où dînent les gardes de service. On parlait des amours du roi et de la succession de la marquise de Monceaux, aujourd'hui duchesse de Beaufort...

— Eh bien ?

— Plusieurs personnes vous nommèrent. C'est un droit de votre beauté.

— Quand tu me fais un compliment, Leonora, je frissonne. Passe ! passe !

— Messieurs, dit Pontis, étourdi par le vin, cette personne que vous nommez ne sera jamais rien au roi... On lui demanda pourquoi.

— Oui, pourquoi? murmura Henriette, de plus en plus inquiète

— Parce que JE NE LE VEUX PAS ! a répliqué Pontis.

Les deux femmes se regardèrent. Leonora continua son récit.

— Quoi ! dit un des gardes à Pontis, Mlle d'Entragues, belle, noble et irréprochable, ne mériterait pas l'amour du roi ?

— Irréprochable ! s'écria Pontis avec un rire amer. Ah ! sambious !... si c'est à sa vertu que le roi s'adresse, je peux lui en donner des nouvelles.

— Le misérable ! balbutia Henriette. Et que lui a-t-on répondu ?

— Les épées sortaient du fourreau, lorsque M. de Crillon appelé à temps à paru.

— Il a fait justice de l'insolent, je suppose?

— Voici ce qu'il a dit aux gardes, ajouta Leonora : Vous êtes aussi bêtes les uns que les autres et vous garderez tous les arrêts.

— Ceci est une insulte, dit Henriette livide.

— Plus dangereuse que vous ne croyez, repartit Leonora, car ce bruit peut aller jusqu'au roi. Il est temps que vous y mettiez ordre par quelque plainte énergique.

Mais elle se tut en voyant Henriette, l'œil fixe, les lèvres serrées, baisser la tête et méditer profondément sous le double poids de la honte et de la peur. Leonora comprit que Mlle d'Entragues ne s'humiliait pas à ce point sans motifs.

— Après tout, qu'importe l'accusation de ce Pontis, reprit-elle, s'il ne peut la prouver.

En même temps, elle fouillait du regard l'âme troublée d'Henriette, toujours silencieuse.

— Est-ce qu'il peut la prouver ? murmura-t-elle.

— Peut-être, articula faiblement Mlle d'Entragues.

— Et, comment? demanda Leonora.

— Il existe une lettre de moi.

— A qui donc, mon Dieu?

— A... à l'ami de ce Pontis.

— A Speranza? s'écria l'Italienne.

— Oui.

— Et vous ne me l'aviez pas dit... quel désastre !... Cette lettre, il faut la ravoir.

— Oh ! j'ai tout essayé, pleurs, menaces, prières. Il n'a pas voulu me la rendre. Il me tient en échec... Je ne songe qu'à cela nuit et jour. Mais où la trouver ? où l'a-t-il cachée ? Que de fois j'ai pensé à faire incendier sa maison, que de fois j'ai voulu le faire poignarder lui-même, ce lâche Espérance!... Mais la lettre est-elle bien dans sa maison? la porte-t-il sur lui? n'aurais-je pas commis une violence inutile? que faire?... Comme je souffre! J'en deviendrai folle!...

— Et qu'a dit votre mère? demanda Leonora.

— Crois-tu donc que je lui aie avoué cette faute... n'ai-je pas fait assez d'aveux; n'ai-je pas bu assez de honte en sa présence?... Tu es la seule, Leonora, qui sache mon secret; mais sauve-moi! Toi qui découvres tout, cherche dans tes cartes où est cette lettre... reprends-la... sauve-moi!

— Elle est donc bien compromettante, la lettre?

— Qu'elle tombe entre les mains du roi, je suis perdue.

— Vraiment? s'écria l'Italienne avec une expression singulière. Eh bien! calmez-vous, signora, je vous sauverai.

— Tu la retrouveras?

— Oui, mais retournez près de votre mère — plus un mot!... laissez-moi faire! vous aurez bientôt de mes nouvelles.

Henriette embrassa l'Italienne avec une effusion qui ressemblait au délire.

— Ce que les cartes ne me diront pas, pensa Leonora souriante, je le saurai par Ayoubani.

— J'ai été trop loin, pensa Henriette, et je suis à la merci de Leonora; mais je la surveillerai.

Elle rentra près de sa mère. L'Italienne partit par l'escalier dérobé.

VI.

La Réparation.

M. de Mayenne passa une nuit moins tranquille à Monceaux, que si sa conscience eût été parfaitement nette. Il eût dû cependant bien dormir sous le toit d'une hôtesse loyale comme Gabrielle. Mais le Lorrain savait l'histoire, et se rappelait bon nombre de vainqueurs qui avaient payé par la prison les folles équipées du vaincu.

Il lui tardait que le jour vînt, et qu'une assurance nouvelle de Henri IV confirmât les générosités de la veille. La nuit aurait-elle porté conseil?

Il trouva le roi aussi calme, aussi affable qu'après la scène de la grotte. Une troupe nombreuse de courtisans assistait à l'entrevue des nouveaux amis. Henri prit le bras du prince lorrain, et le promena d'un pas rapide dans le parc.

— Causons affaires, comme il était convenu, mon cousin, dit le roi.

— Votre Majesté m'a dit que ce ne serait pas long, répliqua Mayenne.

— Cela durera autant que vous voudrez, mon cousin; l'entretien sera court, si vous demandez peu; long, si vous demandez beaucoup; la chose vous regarde.

Le duc s'assura par un regard pénétrant de la bonne foi d'Henri, et fixa ses conditions avec autant de politesse et de fermeté qu'il le put.

Il demanda, selon l'usage, des villes de sûreté, non pour lui, disait-il, mais pour ses gens pendant six ans.

— Combien vous en faut-il? dit le roi.

— Trois. Est-ce trop, sire?

— Trois, soit. Avez-vous des préférences?

— J'aimerais Châlons, si Votre Majesté n'y a pas de répugnance; puis la ville de Seurre en Bourgogne, et enfin Soissons.

— Vous avez bon goût, mon cousin; prenez. Est-ce tout?

— Sire, il y a eu bien de mes amis engagés dans cette malheureuse guerre.

— Vous les voudriez voir exempts de toutes répétitions, accusations et reproches pour le passé?

— C'est cela même, sire, car il me serait cruel de laisser des braves gens dans l'embarras d'où votre bonté m'a sorti.

— Accordé, mon cousin, est-ce tout?...

— Je suis honteux de demander tant, mais cette guerre avait été entreprise pour le bien de la religion catholique, et je ne voudrais pas, pour mon honneur, qu'il fût dit que, dans un traité de paix fait avec Votre Majesté, l'ancien chef de la ligue n'a rien stipulé pour...

— Pour les ligueurs, c'est trop juste, voyons ce qui pourrait vous rendre agréable à ces messieurs, vous, entendez-vous bien, mon cousin, car, pour ce qui me concerne, je ne tiens pas du tout à leur faire plaisir.

— Oh! sire, un tout petit article, une ombre d'article contre les huguenots.

— Je ne suis plus de la religion réformée, mon cousin, et, par conséquent; j'ai le droit d'accorder ce que vous voulez, à condition pourtant que ce ne sera pas une Saint-Barthélemy.

Tous deux se mirent à rire.

— Ecoutez, ajouta le roi: vous avez vos trois villes, faites-y ce que bon vous semblera.

— Je demande, dit Mayenne, que tous les fonctionnaires et officiers publics de ces trois villes soient catholiques.

— Pendant six ans, mon cousin.

— Oui, sire.

— Eh bien, si c'est là tout le tort que vous faites aux calvinistes,—accordé.

— On ne dira pas, ajouta Mayenne en s'éventant, car le roi le faisait marcher à grands pas au soleil, et il ruisselait de sueur, — les malveillans ne diront pas que j'ai agi en égoïste.

— Non, mon cousin, dit Henri en regardant malicieusement le gros homme essoufflé, mais en redoublant de vitesse. Les catholiques seront contens de vous.— Sont-ce toutes vos conditions?

— Me sera-t-il permis, dit Mayenne, de parler un peu de moi, maintenant que j'ai assuré le repos et la considération des autres.

— Parlez, duc, parlez de vous.

— Sire, voici le point délicat. J'ai bien compromis ma fortune pendant cette guerre.

— Je le crois, dit Henri. Mais enfin, les villes que vous occupiez ont bien contribué un peu, par-ci, par-là... mes villes.

— Oh! sire — pour si peu de chose — tandis que moi et les miens nous nous ruinions.

— Pauvre cousin.

— Votre Majesté m'a coûté gros, ajouta le lorrain avec un soupir de désolation en même temps que de fatigue.

Le roi allongeait toujours le pas, montant les collines et arpentant les vallées, en vrai chasseur du Bearn.

— Combien donc avez-vous pu dépenser à peu près? demanda Henri qui flairait un total proportionné aux soupirs de Mayenne — et il s'arrêta un moment pour écouter ce total. Le duc au lieu de répondre poussa un ouf bruyant.

— Si je le laisse réfléchir, pensa Henri, il doublera la somme.

Et il reprit sa course avant que le duc n'eût repris sa respiration.

— Sire, Votre Majesté serait épouvantée si j'accusais le chiffre exact. Et moi-même, je n'oserais jamais prier le roi d'entrer dans mes folies. Il y a en armes, munitions et solde de troupes seulement, plus d'un million.

— Oh! oh! fit le roi en fronçant le sourcil.

— En transactions, pertes sèches et non-valeurs, un autre million.

— Mon cousin...

— Et enfin, en sommes enlevées par vos troupes victorieuses, en contributions levées sur mes domaines, en confiscations et occupations militaires, un autre million tout au moins.

— Vous êtes plus riche que moi, mon cousin, si vous avez perdu tout cela, dit le roi un peu sèchement; car s'il me fallait payer une pareille somme, je ferais banqueroute.

Le Lorrain vit qu'il avait été trop loin.

— Sire, dit-il, à Dieu ne plaise que je veuille faire payer à Votre Majesté les fautes que j'ai commises. C'est le vaincu qui paie, non le vainqueur.

— Il n'y a ici ni l'un ni l'autre, répliqua Henri avec douceur. Nous sommes amis.

Et de courir.

— Eh bien, si nous sommes amis, sire, dit le duc rouge comme un coquelicot et pouvant à peine tourner sa langue desséchée, faites-moi la faveur de vous arrêter un moment, car je vais suffoquer si vous ne me faites miséricorde!

— Mon pauvre cousin! s'écria Henri en riant, voilà la seule vengeance que je veuille tirer de vous. Arrêtons nos jambes et nos comptes. Tenez, voici un bon siége de gazon, et remarquez que je vous ai ramené à cent pas du château où, dans les offices de la duchesse, se trouve en abondance ce joli vin d'Arbois que vous aimez tant. La paix, cousin. Et pour en finir, quelle somme vous faut-il pour vous remettre à flot?

— Avec trois cent mille écus, sire, je paierai le plus gros; mais s'il y en avait trois cent cinquante...

— Nous ajouterons cinquante mille écus, mon cousin.

— Eh bien, sire, dit le duc joyeux, c'est tout.

— Donnez-moi la main, Mayenne, c'est fini.

Le duc s'essuya le visage en homme sauvé de la mort.

Henri envoya chercher son sommelier pour que le duc fût rafraîchi. En même temps, les courtisans s'approchèrent, et, avec eux, la duchesse de Beaufort.

Mayenne se leva pour offrir ses complimens à la belle hôtesse. Gabrielle était éblouissante de beauté, de bonheur.

— Vous voyez, duchesse, dit le roi, que si mes batailles avec M. de Mayenne eussent pu se décider à la course, comme aux jeux Olympiques, je l'eusse battu chaque fois.

— Et mis au tombeau, madame, ajouta le duc; car, sans la bonté du roi, j'étais tout-à-l'heure un homme mort.

— Mais serait-ce que vous voulez courir

aussi, duchesse? reprit le roi. Vous voilà en habit de cheval, ce me semble.

— Sire, j'avais fait vœu d'une neuvaine, si Dieu m'accordait votre paix avec M. le duc, et je me prépare à accomplir mon vœu.

— Ce n'est pas à St-Jacques-de-Compostelle, au moins? dit le roi.

— C'est à Bezons, sire, et je profiterai du voisinage pour visiter la maison de mon père à la chaussée de Bougival.

— Bezons! c'est vrai, j'avais oublié, murmura le roi rêveur.

— Bezons? est-ce donc une communauté religieuse si célèbre? demanda le duc.

— De Génovéfains, oui, mon cousin, répliqua Henri avec une intention marquée. C'est la communauté dont fait partie ce religieux que la duchesse vous nommait hier.

— Mon conseiller de paix... M. le duc... le premier auteur de notre tranquillité présente.

— Frère Robert, je crois.

— Oui, duc, dit-il... Eh bien, continuez vos préparatifs, duchesse. Il serait possible que nous fissions route ensemble... de ce côté-là.

Gabrielle étonnée allait s'enquérir. Le roi lui fit un petit signe qu'elle comprit et elle passa pour le laisser seul avec Mayenne.

— Mon cousin, reprit le roi après un court silence, nous croyions tout à l'heure avoir terminé nos affaires, eh bien! non, ce n'est pas fini encore, car il me reste, sinon une condition à vous poser, du moins une demande à vous faire... Tranquillisez-vous, c'est une délicatesse qui ne coûtera pas, je l'espère, à un galant homme tel que vous.

— Je suis tout attention, sire. — A quel propos?

— A propos de frère Robert.

— Je ne le connais pas, sire.

— C'est vrai; mais il vous connaît, je crois. D'ailleurs, ce n'est pas ainsi qu'il convient de traiter avec vous cette affaire. Il faut que je remonte plus haut. Vous m'écoutez, n'est-ce pas, mon cher cousin?

— Que va-t-il me dire, pensa Mayenne, surpris de l'air sérieux du roi après tant d'expansion et de familiarité amicale.

Henri, le front appuyé sur une de ses mains, semblait absorbé dans la préoccupation de trouver une entrée en matière convenable. Mayenne attendait les premières paroles, non sans une certaine anxiété.

— Vous me promettez de m'accorder ce que je vais vous demander, mon cousin, dit le roi.

— Si cela dépend de moi, sire, je le promets.

— Eh bien, c'est aussi facile que d'arracher cette mauvaise herbe, duc. — Oui, vous arracherez ce mauvais souvenir du cœur de quelqu'un... Mais je commence.

Mayenne était sur les épines.

— Mon cousin, j'avais près de moi autrefois un bon ami, — un brave gentilhomme qui avait aussi servi mon frère le feu roi Henri III. Bon ami, digne et excellent gentilhomme gascon.....

— Qui s'appelait? demanda le duc.

— Je ne me rappelle pas bien son nom en ce moment, dit le roi avec un léger trouble, il me reviendra plus tard, et à vous aussi peut-être. Ce Gascon n'était pas heureux; il avait éprouvé au début de sa carrière un terrible malheur.

— Ah! fit le duc.

— Jugez-en, mon cousin. Le pauvre gentilhomme avait quelque part à Paris, à l'angle de la rue des Noyers, je crois, une fiancée, jeune et charmante créature. Un soir qu'il la venait voir, certain prince jaloux de lui, fit entourer la maison, saisir le jeune homme et le bâtonner si rudement que le malheureux passa par la fenêtre et sauta du balcon dans la rue... au risque de se tuer... L'insulte était de celles qu'un brave homme n'oublie pas, et le prince qui l'avait commise...

— Sire, interrompit M. de Mayenne, dont les couleurs trop vives avaient fait place à une extrême pâleur.... l'action de ce prince était lâche, et il en a plus d'une fois demandé pardon à Dieu, d'autant plus humblement que le pauvre offensé ne pardonna jamais, et qu'il a, dit-on, fini par mourir misérablement.

— Vous savez de qui je veux parler, mon cousin; je le vois à votre émotion.

— Oui, sire, je connais ce Gascon, et je connais le prince. Pauvre Chicot, que ne peux-tu pardonner à Mayenne!

— Il s'appelait Chicot; vous avez raison, dit le roi. Venez un peu à l'écart, mon cousin, car j'ai peur qu'on ne finisse par nous entendre; venez, pour que j'achève mon récit; mais, à votre douleur, à votre repentir, je pressens que nous allons tomber facilement d'accord.

Les deux interlocuteurs disparurent pendant près d'un quart d'heure sous les ombrages, et lorsqu'ils revinrent, le visage de M. de Mayenne portait les traces d'une altération profonde. Celui du roi était radieux, et les courtisans, toujours aux aguets, ne purent saisir que ces mots de Mayenne ;

— Votre Majesté sera satisfaite.

Henri lui serra affectueusement la main.

— Eh bien, messieurs, dit-il à voix haute, nous allons à Bezons, pour obéir à Mme la duchesse. Elle a fait un vœu. Nous l'aiderons à l'accomplir. Et comme mon cousin de Mayenne est du voyage, nous ferons une charmante route, par ce beau temps, avec l'aimable compagnie de madame.

En effet, toute la cour quitta Monceaux et alla coucher à St-Denis où l'on arriva tard. Dès le lendemain, après déjeuner, cette troupe brillante se remit en marche, grossie par tout ce qu'on avait recruté de gentilshommes et de dames.

Le roi avait défendu à Gabrielle de faire prévenir les Génovéfains. La cour fit halte devant le couvent au moment où la cloche appelait les religieux à vêpres.

La surprise de la communauté fut grande. Déjà le roi et les courtisans avaient pénétré dans la chapelle, et Gabrielle cherchait des yeux frère Robert qu'un des servans était allé appeler dans le jardin ; deux autres avaient roulé dom Modeste sur sa chaise jusqu'à la première place du chœur.

Frère Robert arriva sans rien savoir, sinon que le roi venait rendre visite au couvent, et déjà il se dirigeait vers Gabrielle, reconnaissable à sa robe de soie verte et aux riches dentelles de son corsage, lorsque tout à coup il s'arrêta comme si ses pieds eussent pris racine dans la dalle de pierre.

Ses yeux perçans avaient dû rencontrer quelque obstacle étrange, car une pâleur effrayante envahit peu à peu son front. Ses narines dilatées soufflaient une vapeur brûlante, et le capuchon, renversé en arrière par cette secousse imprévue, laissait à découvert un visage livide.

C'était Mayenne que frère Robert regardait ainsi, et dont il semblait ne pouvoir détourner sa vue.

Le duc, étonné lui-même, essaya vainement de soutenir ce regard à la fois doux et terrible. Mayenne détourna la vue et parut contempler avec intérêt l'architecture de la chapelle.

Le capuchon du Génovéfain retomba sur ses yeux.

Cependant Gabrielle agenouillée priait avec ferveur, le roi priait aussi, la tête courbée. Autour d'eux, la cour imitait ce recueillement, et l'on n'entendait que la psalmodie des deux religieux qui alternaient chantant les versets au chœur. L'office se termina bientôt, et les religieux se préparèrent à sortir de la chapelle.

Mais le roi s'était placé à la porte ayant le duc à ses côtés. Celui-ci, pensif, cherchait timidement et à la dérobée le regard désormais insaisissable de frère Robert toujours agenouillé près d'un pilier, bien que tout le monde se fût relevé à la fin de l'office.

Les assistans comprenaient vaguement l'approche de quelque scène solennelle.

— J'ai bien prié, dit le roi d'une voix claire, pour remercier Dieu de la faveur qu'il vient de faire à ce royaume. Je l'ai prié pour mes sujets, pour mes amis. Et vous, monsieur le duc ?

— Moi, Sire, répliqua M. de Mayenne, je l'ai prié pour mes ennemis qui sont nombreux, et dont je voudrais éteindre l'inimitié. Oui, messieurs, ajouta-t-il, c'est au moment où la protection du plus grand roi du monde me rend invulnérable, c'est en ce jour où j'ai été pardonné, que je voudrais avoir la conscience purifiée par le pardon de tous ceux que j'ai offensés dans ma longue carrière d'orgueil et de violence.

Les courtisans s'entreregardèrent surpris. Le roi se taisait, il baissait les yeux pour éviter le regard étonné de Gabrielle. Dom Modeste écarquillait ses yeux dans la direction du pilier où gisait frère Robert.

Quant au Génovéfain agenouillé, sans doute il n'avait pas entendu ces paroles, car après un mouvement machinal, il continua, courbé jusque sur la dalle, son oraison silencieuse au pied du pilier.

— Messieurs, reprit Mayenne en faisant un pas de ce côté, beaucoup d'entre vous comprennent que je fais allusion aux méchantes actions de ma vie. Ma rébellion contre mon prince en est une ; mais qu'il me permette de le lui dire, tout énorme qu'elle est, ce n'est pas celle que je me reproche le plus. Le roi était fort et se défendait jusqu'à être vainqueur ; alors j'étais rebelle et non pas lâche. Mais plus d'une fois je me suis trouvé la face fort avec des ennemis moins illustres que j'écrasai de ma puissance. C'est à ceux-là que je veux demander pardon.

Un silence de plomb comprimait jusqu'au souffle de tous les assistans. Le moine releva lentement sa face voilée qui touchait la terre. Les yeux du gros prieur étincelèrent d'un rayon d'intelligence.

— Parmi ces malheureux que j'opprimai, continua Mayenne, il en est un que je voudrais retrouver ici, au pied de l'autel, à la face de Dieu, en présence du roi. C'était un honnête et brave gentilhomme qui méritait toute mon estime, tout mon respect. Je l'outrageai lâchement. Cependant, il valait mieux que moi. Il est mort, dit-on, en me maudissant.

Le moine, redressant sa haute taille, se releva tout à fait, s'adossa au pilier, son capuchon toujours couvrant sa tête.

— Oui, il est mort, poursuivit le duc en s'approchant peu à peu du moine ; mais si Dieu voulait le ressusciter, car rien n'est impossible à Dieu, je viendrais me courber humblement devant ce gentilhomme, comme je le fais devant le religieux que voici. Je lui demanderais pardon d'une offense injuste autant que cruelle, et je lui offrirais comme je l'offre à ce frère, le bâton que j'ai à la main, en disant : Je vous ai offensé, Chicot, vengez-vous sur moi, et reprenez votre honneur. Je vous fais réparation.

En disant ces mots, Mayenne étendit une main tremblante et présenta sa canne à frère Robert. Celui-ci, quand le nom de Chicot frappa son oreille, se découvrit soudain le visage ; ses yeux limpides regardèrent avec une bonté qui tenait de l'extase, et l'assemblée, et le duc et le roi, et Gabrielle, tous profondément émus de ces paroles auxquelles la qualité de celui qui les prononçait prêtait tant de solennité.

Mayenne baissa la tête. L'œil de frère Robert le fixa quelque temps avec un inexprimable sentiment de pardon et de bonté. Puis le Génovéfain se renversa palpitant sur le pilier, les mains appuyées sur ses yeux d'où s'échappèrent deux grosses larmes le long de ses doigts amaigris.

On vit dom Modeste lever les mains au ciel et retomber dans sa torpeur.

Après sa déclaration, dont les assistans cherchaient en vain le sens, Mayenne se retira lentement. La cour attendait un pas du roi pour sortir à son tour, mais le roi fit signe qu'il ne voulait pas qu'on l'attendît, et demeura dans la chapelle, d'où tout le monde s'écoula peu à peu derrière Gabrielle et le duc.

Resté seul avec frère Robert, qui semblait une statue pétrifiée sur la colonne de pierre, le roi lui prit la main avec une douce violence, et d'une voix attendrie :

— Eh bien ! dit-il, ai-je retrouvé mon ami ? t'appelles-tu toujours pour moi frère Robert ?

Le moine poussa un sanglot et tomba aux pieds du roi en murmurant avec effort :

— Je m'appelle Chicot, et je remercie mon roi. Il m'a payé toutes ses dettes, puisque tout est pardonné.

Henri le releva pour l'embrasser encore et sortit précipitamment de la chapelle de peur d'éveiller la curiosité autour d'eux. Alors Chicot courut à dom Modeste qu'il secoua dans un transport de joie délirante.

— A présent, dit-il, sois heureux aussi, sois libre !... Parle !

— Oh !.. merci, répondit le prieur en soufflant comme un des phoques de Protée après un siècle d'immersion.

VII.

Des dangers de la jalousie.

Cependant, au milieu de la joie universelle, quand tous les cœurs français savouraient pour la première fois depuis tant d'années, les douceurs de la paix et de l'union, lorsque les gens de guerre envoyaient leurs derniers coups au parti espagnol expirant en France, et que Sully, à la tête des organisateurs, rouvrait toutes les sources du crédit et de la richesse, un homme, en cet heureux pays, était resté malheureux.

C'était Espérance, à qui cette nouvelle prospérité n'avait rien apporté que chagrins et craintes. L'élévation de Gabrielle semblait mettre plus de distance entre eux deux ; les dangers croissaient ; autour de la favorite s'aiguisaient des haines plus acérées — une envie mortelle. — D'ailleurs, n'était-il pas assez difficile déjà d'approcher Gabrielle sans le surcroît d'honneurs qui allait rendre sa maison moins accessible encore ?

Et puis, en y réfléchissant — et il réfléchissait, le pauvre Espérance — quel profit l'amant avait-il tiré de son laborieux et délicat amour ? On donne son cœur, on prodigue sa vie, on s'absorbe, on s'anéantit dans une seule et unique pensée, on quitte tout, gais amis, folles amours — on perd tout, repos, gloire et fortune pour se tenir toujours prêt à obéir au signe imperceptible, à l'invisible caprice de la femme aimée, et qu'en résulte-t-il ? Les joies pacifiques de la conscience finissent par s'user. La jeunesse parle, elle traduit éloquemment ses inspirations fougueuses, ses besoins dévorans. Elle pare de charmes inexprimables les images d'une volupté moins éthérée, et la sève brûlante refoulée dans les veines s'exhale en vapeurs mélancoliques, en poisons qui calcinent le cœur.

Tel était souvent le désespoir d'Espérance

lorsqu'il entendait bruire autour de lui la jeunesse et circuler la vie. Esprit généreux, âme tendre, il n'accusait pas sa douce maîtresse, mais il s'en prenait à la destinée qui ne souffre jamais qu'un homme soit parfaitement heureux.

C'était surtout pendant ses longues promenades aux champs et dans les bois, quand le soir tombe et que les fleurs se confondent avec les feuilles dans la vaste étendue des perspectives, alors que tout est parfum, silence et mystère ; que l'oiseau suit l'oiseau sans chanter, que les bêtes fauves se réunissent et respirent sous le hallier sombre, et qu'il s'élève dans toute la nature un souffle harmonieux qui dit aux créatures: reposez-vous et aimez.

Espérance alors rentrait abattu, fatigué des mensonges et des divagations de sa vie. Qu'est-ce alors qu'un festin somptueux où l'on boit seul, qu'une maison où l'on dort seul ? Qu'est-ce que le cheval qui vous porte toujours seul, quand il serait si doux de courir à deux sous les allées tapissées d'herbe et de mousse, de boire le vin vermeil dans le même cristal et d'entendre sur les tapis moelleux craquer le pied léger de la femme qu'on aime ?

Espérance n'était pas heureux. Il n'avait pas même cette consolation vulgaire, de pouvoir se plaindre ou se faire plaindre par un confident. Trop de dangers entouraient Gabrielle pour qu'il fût permis à l'amant de confier à quelqu'un le secret d'où dépendait l'honneur et la vie de sa maîtresse. Aussi, toujours épié, jamais soutenu, passait-il de misérables heures à mentir même à Pontis, que son indolent égoïsme entraînait ailleurs, même à Crillon plus clairvoyant peut-être, mais aussi plus sévère. Espérance tombé dans le voisinage de Zamet, sous la surveillance de Leonora liguée avec les Entragues n'avait plus un mouvement libre et sentait le moment approcher où ses ennemis, avec ceux de Gabrielle, ayant forgé dans l'ombre les armes dont ils avaient besoin, passeraient de l'expectative à l'offensive sans qu'il pût éviter un seul de leurs coups.

Certes, c'était une rude épreuve pour ce caractère hardi dans son calme, pour cette nature droite et inflexible, que Dieu avait créée pour marcher insoucieusement au but, grâce à la force toute puissante de ses muscles et à la trempe de son âme. Mais que faire? Seul, Espérance eût tout brisé autour de lui, et les intrigues et les complots d'Henriette eussent été pour son bras un ridicule réseau de fils d'araignée, mais on tenait Espérance par Gabrielle, il le sentait et s'en désespérait, sans pouvoir l'empêcher.

— Il n'y avait, pensa-t-il souvent, qu'une femme en France dont l'amour pût me paralyser à ce point, et c'est cette femme que j'ai choisie. Mais, Dieu merci, je l'aime avec courage, et la préserverai tant que je pourrai. Que dis-je de mon courage ! Si j'en avais, je serais déjà parti sans rien dire à Gabrielle, et elle serait libre de tout ce que mon amour lui suscite de périls et de chagrins.

Puis, il réfléchit que sans lui, Gabrielle eût peut-être été déjà perdue; que Mlle d'Entragues, soutenue par les envieux, fût parvenue à détrôner la favorite.

Il aimait à se répéter que sa présence auprès de Gabrielle était indispensable, forcée; que sans la crainte qu'il inspirait à Henriette, sans la menace incessante du billet et des révélations qui eussent dégoûté le roi, ce monstre, cet assassin d'Urbain, d'Espérance et de La Ramée, eût déjà mordu au cœur la douce Gabrielle.

— Oui, disait-il avec énergie, je te combattrai jusqu'à la mort, lâche hypocrite, sirène venimeuse ; oui, je défendrai contre toi la meilleure des femmes. Malheur à toi si tu lèves la tête ! malheur si j'entends siffler ta langue fourchue, car peu à peu la pitié s'est éteinte en mon âme, et je t'écraserai d'un coup de pied.

Nous avons dit qu'Espérance avait été créé bon, confiant et fort. Ces trois vertus ne laissent pas de place en un cœur pour de longues tristesses. La force exclut la crainte, la bonté exclut la haine, la confiance exclut les soupçons. Espérance, chaque fois qu'il s'était attristé ainsi, se rassérénait au seul nom de Gabrielle, au seul souvenir de son sourire, et recommençait à être heureux en songeant qu'il était utile, et que sans aucun doute, il était aimé.

Le roi, après la visite faite à Bezons, était revenu à Paris pour signer les articles du traité de Mayenne, aussi pour laisser Gabrielle un peu libre et seule dans la maison paternelle. Le rendez-vous était fixé par la duchesse au samedi soir. Samedi arriva enfin.

Le jeune homme, en se préparant au départ, espéra beaucoup plus de cette entrevue que des autres. Il se sentait disposé aussi à plus d'ambition. Ses droits avaient grandi depuis le service rendu à Monceaux, et Gabrielle l'avait plaint. Donc elle le croyait lésé. C'est là un avantage dont tout amant profite. Qu'une femme nous remercie d'avoir été désintéressé, elle s'expose à un retour d'exigence.

Avant de partir pour Bougival, ce qu'il comptait faire sans mystère, attendu que tout homme espionné l'est aussi bien en se cachant qu'en se montrant, Espérance fit appeler Pontis pour savoir un peu l'état de ses affaires. Pontis, depuis l'algarade du cabaret, se tenait à l'écart, craignant d'être grondé. Il n'avait pas été indiscret complétement, pas ivre absolument, mais il est certain qu'il eût pu se taire tout-à-fait sur le compte d'Henriette et ne pas boire du tout, ainsi qu'il l'avait promis. Cette quasi-infraction en partie double était-elle assez grave pour jeter du froid entre les deux amis? Espérance ne le pensa pas, et d'ailleurs Crillon lui avait conté toute l'affaire sans trop charger Pontis, tant il exécrait les Entragues. Le bon chevalier, faut-il le dire? avait ajouté bien bas à l'oreille d'Espérance:

— Le drôle a la langue trop courte, et à son âge, moi, à sa place, j'eusse bavardé trois jours durant sur ce sujet si riche..... Harnibieu!... je ne sache pas d'épée assez affilée pour couper la langue d'un gentil-homme qui veut parler! Mais vous êtes de pauvres gens aujourd'hui. Une vieille tête paraît et vous ordonne de vous taire, et vous vous taisez. On vous commande de rentrer les épées, et vous rengaînez. Pauvres gens!

Cette singulière diatribe contre la jeunesse trop discrète et trop disciplinée réjouit considérablement Espérance et le disposa mieux pour Pontis qui arrivait rue de la Cérisaie, l'œil fanfaron, le cœur timide, s'attendant à être tancé par son ami.

— Eh bien! s'écria Espérance, comme nous voilà beau.

En effet, Pontis reluisait comme une boutique de la foire. Il s'était enrubanné, ciré, pommadé, comme un galant à cent mille écus de rente.

Pontis jeta sur sa toilette un regard négligent et satisfait à la fois.

— Tu me donnes de l'argent, répliquat-il, je le dépense.

— Dépense, Pontis, dépense; ne sois avare que de deux choses.

— Ah! je sais, je sais, dit le garde en grondant; avare de vin et de paroles, voilà ce que tu veux dire.

— Comme tu devines facilement.

— Eh sambious! je ne suis pas un délicat, moi, c'est à dire un imbécile.

— Peste! ou prenez-vous ces théories sur la délicatesse, maître Pontis, elles sont au moins légères.

— Seigneur Espérance, les gens qui rencontrent un loup enragé, et par délicatesse vont lui offrir leur main à mordre, sont des niais. J'aime mieux mordre qu'être mordu. Et malgré le reproche que je vois sur vos lèvres à propos de mon emportement au cabaret, je vous dirai que chaque fois qu'il s'agira de cette louve, de ce chacal, de ce rat empoisonné qu'on appelle Entr...

— Vous allez me faire le plaisir de vous taire, dit Espérance en s'approchant de Pontis avec un regard de dompteur... Je ne vous parle pas de ces gens là. Quelle mouche vous pique?

— Mouche est encore une épithète que j'oubliais, grommela Pontis.

— Parlons d'animaux plus ragoûtans. Tes amours où en sont-ils?

— Oh! ils vont à merveille. Comment pourrait-il en être autrement?

— Tu n'es pas mal fat.

— Ce n'est pas de la fatuité, c'est de l'esprit de conduite. Les femmes vous emportent quand vous n'êtes pas sur vos gardes, Il en est de même des chevaux.

— Voilà que tu retombes dans le genre animal, dit en riant Espérance, c'est ta pente. Ainsi donc, l'Indienne ne t'emportera pas?

— Sambious! non.

— Ce doit être cependant sauvage une Indienne. Après cela la tienne est peut-être fort apprivoisée.

— Il ne faudrait pas s'y fier, dit Pontis d'un air avantageux.

— Enfin, tu l'as domptée, et tu es heureux.

— Je n'en suis encore qu'au caractère.

— Elle te résiste?

— C'est la vertu même.

— Allez donc chercher des Indiennes pour avoir si peu de chance. Mais, mon pauvre garçon, si une femme qui ne parle pas, qui ne comprend pas, et qui n'est pas blanche, est vertueuse par dessus le marché, quelle espèce de satisfaction te reste-t-il pour compenser tant de disgrâces?

— Oh! beaucoup. Figure toi bien qu'une femme avec laquelle on se dispute n'ennuie jamais.

— Vous vous disputez?

— Nous nous battons.

Espérance éclata de rire.

— Tu es mon ami, dit-il, conte-moi cela.

— D'abord elle est jalouse.

— Les femmes jaunes le sont toutes. Mais

tu lui donnes donc des sujets de jalousie, volage?

— Elle s'en forge.

— Est-elle jalouse en indien ou en français?

— Tu veux rire. Elle l'est à la façon des plus enragées Parisiennes. Veux-tu que je t'en donne un exemple?

— Donne, mon ami, donne.

— Aujourd'hui, tiens, il n'y a qu'une heure... Mais d'abord regarde mon pourpoint.

— C'est du satin vert à huit francs l'aune.

— A dix. Vois comme il est froissé.

— En effet.

— Et les coups d'ongles, compte-les !

— Je les trouve nombreux.

— *Fructus belli*, mon ami. Ce sont mes blessures.

— Comment ! l'Indienne se défend de cette façon ?

— C'est moi qui me défends.

— Ah ! Pontis, je ne comprends plus, explique...

— Je voulais l'embrasser, elle refusait en se débattant. Elle s'arrête tout à coup. — Qu'avez-vous là, sous votre pourpoint ? dit-elle du geste. — Tu sais ce que j'y cache. — D'un coup d'ongle elle découvre ma poitrine et aperçoit la boîte d'or.

Espérance devint sérieux.

— Qu'est-ce que cela? demandèrent les yeux avides d'Ayoubani, tandis que je refermais mon pourpoint en riant.

Espérance, froidement :

— Ah, tu riais ? dit-il.

— Si tu avais vu sa colère ! Elle me fit signe que c'était le portrait d'une maîtresse; je riais; — que c'était un souvenir d'amour; je riais de plus en plus fort. Enfin elle se précipita comme une tigresse sur moi pour me l'arracher. Et il y eut bataille... entremêlée de trèves et de pourparlers.

— A qui est restée la victoire? demanda Espérance, le sourcil froncé.

— Est-ce sérieusement que tu me fais cette question ? dit Pontis.

— Mais oui.

— Je vais donc te répondre sérieusement. Ma chère Ayoubani, lui dis-je, si vous toucher à cela, moi taper sur les petits doigts à vous, et si vous persister, moi brouiller moi avec vous.

— Elle a compris ?

— Admirablement. Elle a boudé, elle a fait mine de vouloir partir. Mais c'est ici que je te veux prouver l'avantage de la fermeté en amour. Ayoubani a senti que ma décision était irrévocable et n'a plus insisté. Nous nous sommes quittés les meilleurs amis du monde. Je lui ai juré seulement que c'était une relique de saint Laurent.

— Pontis, — dit Espérance, que cette narration burlesque n'avait pas déridé un instant, — rends-moi la boîte.

— Plaît-il ?

— Rends-moi, te dis-je, ce billet. Je ne le trouve plus en sûreté dans tes mains.

— Es-tu fou ?

— Je suis sage ; rends-le-moi.

— Ah çà ! mais, Espérance, on dirait que tu te défies de moi.

— Parfaitement. L'homme qui appartient à une femme ne s'appartient plus. Aujourd'hui tu as résisté à la curiosité d'Ayoubani, demain tu y succomberas.

— Tu m'offenses.

— Pas du tout, je t'avertis.

— Espérance, ce n'est pas raisonnable. Comment veux-tu que cette Indienne soupçonne le billet et son importance, elle ne sait peut-être pas seulement lire l'indien.

— Je ne crois pas à ton Indienne, je ne crois pas à Ayoubani, je ne crois à rien. Donne-moi la boîte.

Il prononça ces paroles avec un ton décidé qui glaça le sang dans les veines de Pontis.

— D'ailleurs, ajouta Espérance, ce n'est pas seulement ta maîtresse qui est à craindre. Tu aimes les soupers et les longues nuits.

— Le vin, n'est-ce pas ?

— Oui, le vin.

— Tu m'insultes tout-à-fait, s'écria Pontis les yeux étincelans. Suis-je ivre en ce moment? Non, n'est-ce pas ?

— De colère, peut-être.

— Assurément, de colère, car votre injustice me révolte. Eh bien ! puisque vous voulez reprendre votre confiance à celui qui ne l'a jamais trahie, à celui qui pour vous eût donné sa vie, soyez satisfait.

Il arracha son pourpoint et chercha d'une main tremblante la boîte d'or cachée sous sa chemise. Dans ses efforts irrités il labourait sa poitrine dont le sang apparut sur la toile fine et blanche.

— Seulement, murmura-t-il en cherchant à briser le lacet de soie qui retenait la boîte, à l'avenir restons séparés !... Je vais vous rendre la clé de votre petite maison.

Espérance fut touché. Il voyait le sang sortir du cœur, les larmes jaillir des yeux de son ami.

— Je ne peux lui expliquer, pensa-t-il,

que ce billet garantit Gabrielle encore plus que moi-même. Il me prendra pour un peureux, pour un égoïste, et ne comprendra pas. Faut-il donc rompre avec un vieil ami pour un danger peut-être chimérique ?

— Assez, dit-il à Pontis, assez, n'en parlons plus, j'ai tort, tu es un bon et brave garçon; à la grâce de Dieu. Va, rattache ton pourpoint, calme tes nerfs, ne t'irrite plus contre moi.

Pontis demeurait incertain, encore boudeur peut-être parce que l'émotion l'avait brisé.

Espérance ferma tranquillement le pourpoint sur la boîte, pressa les mains de Pontis et lui ayant adressé un affectueux sourire, regarda l'horloge qui avait déjà sonné l'heure du départ.

— Bonne chance et joyeuses amours, dit-il à Pontis, et aussitôt montant à cheval il disparut.

Toutefois, il se disait :

— Le temps m'a manqué aujourd'hui, mais demain je saurai ce que c'est que l'Indienne, et pourquoi elle est jalouse de Pontis. Aujourd'hui encore laissons cette prise au malin démon, puisque nous ne pouvons faire autrement; mais demain, oh! demain, plus d'imprudence. Demain, sans secousse, sans affectation, je reprendrai la boîte d'or à Pontis pour la mettre en sûreté chez M. de Crillon.

Quant à Pontis :

— Espérance devient quinteux, pensait-il. C'est la trop grande richesse qui change ainsi les caractères. Un homme à qui tout réussit devient bien vite un homme insupportable. Se défier d'Ayoubani ! On voit bien qu'il est gâté par les femmes de la cour, toutes scélérates à la peau blanche. Ne me parlez pas de ces peaux blanches.... Fi !.... Mais voici bientôt l'heure d'aller porter mon bouquet à l'Indienne... Puisqu'elle est si docile à mes volontés, soyons au moins exact. Pauvre chère colombe... jaune !

Et il s'achemina vers la petite maison.

Espérance et Pontis avaient disparu chacun de son côté lorsque Leonora, qui se disposait à sortir, fut saisie à l'improviste par l'arrivée d'Henriette.

Mlle d'Entragues, introduite avec hésitation par une camériste, força la porte et pénétra aussi vite que la servante chez Leonora, qui causait tout bas avec deux femmes inconnues auxquelles d'après ce que put recueillir le rapide coup-d'œil d'Henriette, l'Italienne semblait donner des instructions intéressantes.

La vue de Mlle d'Entragues arrêta court Léonora, qui demeura embarrassée malgré sa présence d'esprit habituelle.

Une idée traversa l'esprit d'Henriette, dont la surveillance ne quittait pas l'Italienne depuis quelques jours.

— Achevez ce que vous avez à dire à ces dames, dit-elle précipitamment. J'ai oublié d'ordonner à mes gens de mieux cacher mon carrosse. Un mot à mon laquais, et je reviens.

Elle sortit de l'appartement, appela son laquais, homme de confiance des Entragues et lui dit :

— Deux femmes vont sortir de cette maison, vêtues de telle et telle façon, vous les suivrez pour me dire qui elles sont, ce qu'elles vont faire, et où elles demeurent.

Puis, le laquais étant parti, elle rentra calme et l'air dégagé chez l'Italienne, qui, de son côté, congédiait les deux femmes sans affecter ni soupçon ni inquiétude. Henriette crut comprendre qu'elle leur fixait un rendez-vous, mais elle n'en put saisir l'heure.

— Vous me pardonnerez, dit Leonora ; ma qualité de devineresse m'expose à des visites continuelles : ces deux dames me consultaient... et votre présence au moment des explications...

— Vous a gênée, peut-être ?...

— Non pour moi, mais pour vous, qui n'aimez pas être vue ici. Je crois, dit l'Italienne avec adresse, que vous me saurez gré d'avoir abrégé la consultation.

— Merci, répliqua Henriette, dont l'avide curiosité, si habilement dissimulée qu'elle fût, n'échappa point à l'œil pénétrant de Leonora.

— Pour que vous arriviez à cette heure et si précipitamment, ajouta-t-elle, ne faut-il pas qu'il soit survenu quelque nouveauté ?

— Oui. Vous savez que la duchesse est à sa maison de la Chaussée?

— Je le sais.

— Savez-vous aussi que *l'autre* vient de partir?

Henriette désignait ainsi celui qu'elle n'osait nommer, Espérance.

— Je le sais encore, répliqua froidement Leonora; je l'ai vu sortir de chez lui.

Henriette, étonnée de ce calme quand il s'agissait de leurs affaires :

— Eh bien ! vous allez, j'espère, savoir ce qu'il adviendra de cette double absence? Si je m'étonne d'une chose, c'est que vous ne soyez point partie vous-même.

— Je le saurai parfaitement sans cela, dit Leonora du même ton assuré. J'ai dû hier envoyer Concino à la Chaussée. La duchesse n'y est que d'avant-hier; elle n'aura pas été perdue de vue un moment; c'est moi, ajouta l'Italienne avec un regard malicieux, qui vous trouve bien tiède et bien indifférente de n'être point en ce moment à la Chaussée ou dans les environs.

— Moi! s'écria Henriette.

—Sans doute. Que pourrais-je faire, moi, pauvre étrangère, au cas même où je découvrirais le rendez-vous de Speranza et de la duchesse. De quoi servirait mon témoignage, à moi, qui ne tiens à rien en ce pays. Vous, au contraire, vous qui aspirez à convaincre le roi que vous êtes seule digne de lui, vous qui pourriez amener sur les lieux des témoins imposans par leur rang et leur autorité, c'est vous, signora, qui devriez être ce soir à la Chaussée.

Henriette se pinça les lèvres.

— Nous nous renvoyons la corvée, dit-elle, et, si je ne me trompe, vous m'expédiez où je comptais vous prier d'aller ce soir.

Elle appuya sur ce dernier mot. Leonora comprit l'intention. Elle se sentit soupçonnée; mais son visage n'accusa aucun mécontentement.

— Je ne trouve pas la corvée nécessaire, répondit-elle, et ce soir, d'ailleurs, je ne pourrais l'entreprendre.

— Ah! vous êtes occupée ce soir? demanda Mlle d'Entragues.

— Oui signora, et pour vous.

—Vraiment?... dit Henriette d'un ton qui trahissait la plus complète incrédulité.

— J'ai ce soir une conjuration des plus importantes à faire, au sujet de la lettre dont vous m'avez parlé l'autre jour.

Henriette tressaillit.

— Je vais savoir bientôt où elle se trouve, ajouta Leonora.

— Par une conjuration?

— Oui signora.

— A laquelle je ne pourrais assister, ma bonne Leonora? demanda Henriette hypocritement caressante.

— Oh! non, votre présence romprait le charme. Depuis quand les puissances consentiraient-elles à parler devant l'objet intéressé à leurs aveux? Le meilleur moyen de ne rien apprendre serait de vous présenter. Voilà pourquoi peut-être eussiez-vous fait sagement d'aller à la Chaussée suivre avec les yeux du corps la partie matérielle de nos affaires, tandis que je m'entretiendrai avec les esprits.

Henriette, faisant sur elle-même un effort bien pénible pour son indomptable orgueil, prit la main de l'Italienne et lui dit amicalement :

— Je t'obéirai, bonne Leonora. J'irai ce soir à la Chaussée. Concino y est allé, dis-tu?

— En maugréant, le paresseux, mais il y est, et il a de bons yeux, quand il consent à ne pas dormir.

— J'irai aussi. Ce n'est pas bien utile, car peut-être ne surprendrai-je rien du tout. Tu sais qu'on ne surprend jamais une femme qui se défie... Mais c'est une agréable promenade,—et pour que tu sois bien seule ce soir, bien tranquille, pour que ta conjuration réussisse,—j'irai.

Elle mit dans ces dernières paroles un naturel, une affable douceur qui trompèrent Leonora et lui firent croire qu'elle avait persuadé sa complice.

— Demain, dit l'Italienne, pour récompenser cette docilité, pour entretenir cette confiance d'Henriette, demain j'irai vous apprendre le résultat de la mystérieuse opération. A partir de demain, vous ne tremblerez plus pour ce billet qui vous a causé tant d'insomnies!

En disant ces mots elle baisa la main de Mlle d'Entragues, qui l'embrassa selon toutes les lois de la reconnaissance et prit congé.

Quand elle eut regagné son carrosse, sachant bien que Leonora devait la suivre du regard derrière quelque rideau, elle ne perdit pas une minute, et ses chevaux détournèrent dans la rue Saint-Antoine.

Là, son valet l'attendait, et vint causer avec elle à la portière.

— Eh bien! dit Henriette.

— Ces deux femmes sont allées chez le célèbre apothicaire du roi, Mocquet, le grand voyageur, et en ont rapporté des plumes d'autruche, des colliers de verre, des flèches sauvages et des étoffes orientales.

— Pourquoi faire? demanda-t-elle étonnée, comme si elle se fût parlé à elle-même.

— Je n'en sais vraiment rien, dit le laquais, elles riaient fort, en sortant, de considérer toutes ces sauvageries.

— Et elles n'ont rien dit que tu aies pu recueillir?

— Rien; sinon qu'il fallait qu'elles fussent habillées de bonne heure pour être de bonne heure à la petite maison.

— Elles ont dit cela! s'écria Henriette les yeux brillans de joie.

— Oui mademoiselle.
— Bien! bien!... à la petite maison!..... C'est là que Leonora va conjurer les esprits. J'en sais un sur lequel elle ne compte pas, et qui sera de la partie!

VIII.

La Grange de la Chaussée.

Si l'on cherche la plus riche expression de la beauté humaine, elle est assurément sur les traits et dans l'attitude de l'homme de vingt ans qui marche au combat ou à un rendez-vous d'amour.

Il est brave : il aime. Son sourire est fier et doux. Pas une pensée qui ne soit éprouvée par la générosité du cœur, pas un mouvement qui ne participe de l'action réunie de toutes ses facultés. Il a besoin de prudence, on le voit à son regard actif et réfléchi; de force, son pas est ferme et son geste souple; il est heureux; son front rayonne, et quiconque apercevrait dans la brume du soir ce cavalier rapide, devinerait qu'une pensée au-dessus des nuages de l'humanité vulgaire, transporte ainsi resplendissans l'homme et le cheval.

C'est qu'il est doux de songer au bonheur qu'on va recevoir et donner; c'est que la confiance de l'amant suffirait à lui créer une beauté ravissante. Espérance a choisi l'étoffe et les couleurs qui plaisent à Gabrielle, il sait le parfum qu'elle préfère. Elle regardera ces broderies, cette dentelle, elle touchera ce gant, elle appuiera sa main sur le satin de cette épaule. Qui sait si, plus hardie, plus éprise, elle ne reposera pas un moment son cœur sur cette écharpe frémissante à chaque battement du cœur d'Espérance.

Car en courant le jeune homme emplit son cerveau de doux rêves. Voilà pourquoi, parti lentement, il a peu à peu pressé son cheval qui finit par dévorer l'espace pour obéir à l'involontaire ardeur du cavalier.

Nul doute, le ciel est marbré, les nuages roses s'éteignent peu à peu dans l'azur, en haut tout reluit encore, sur terre l'ombre noircit et les masses de feuillage s'arrondissent vaguement; tout présage la liberté, le silence; c'est un de ces jours comme n'en comptent point toutes les années de la vie. L'air est chauffé au degré des cœurs, une molle langueur tiédit les brises, l'eau veloutée se déroule sur les rives sans chocs, sans bruit, et les roseaux s'y plongent d'eux-mêmes pour ne point faire résistance. Il n'y a pas d'énergie, il n'y a plus de lutte dans la nature. Des yeux qui se rencontreraient, n'auraient pas la force de se fuir, des bras qui se joindraient ne se désuniraient pas, des lèvres qui auraient commencé à murmurer le mot amour ne sauraient l'achever sans mourir dans un éternel baiser.

Telles étaient les flammes qui dévoraient le cœur et brûlaient les veines d'Espérance, qu'il arriva sans s'en douter à la Chaussée. Il laissa son cheval caché dans un taillis, à trois cents pas de la maison, à gauche de la route qui monte à Luciennes par les champs et les allées de châtaigniers.

Espérance, pour aller à pied jusqu'à la maison de Gabrielle, avait choisi le côté le plus sombre de la route, et ses yeux ardens cherchaient la fenêtre de la maison, cette fenêtre que Gratienne devait tenir ouverte pour épier sa venue et l'introduire sans éveiller les chiens ou mettre sur pied les rares serviteurs de la maison d'Estrées.

Lorsqu'elle en convint à Monceaux avec Espérance, Gabrielle avait bien pensé à fixer le rendez-vous au moulin. Là, on eût été libre et seul; mais sa délicatesse lui rappela trop de souvenirs. Au moulin, venait Henri autrefois, quand il soupirait après sa timide conquête; les planches du bateau avaient craqué sous son pas, et la duchesse de Beaufort ne voulait pas évoquer un seul des échos familiers à la Gabrielle de cette époque d'innocence.

Moins sûr peut-être était le séjour de la maison. Cependant, quoi de plus sûr : la duchesse se trouvait sans suite dans cette maison modeste, au milieu de serviteurs dévoués. Certaine que le roi respecterait sa retraite, elle ne songeait qu'à parcourir une ou deux heures les allées ombragées qui avaient abrité les jeux de son enfance. Tout bruit du dehors lui parviendrait à l'instant, Espérance avait à peine besoin de se cacher. Il sortirait de bonne heure. Ceux-là même qui le verraient entrer ne concevraient aucun soupçon d'une démarche faite sans mystère. Puisque si l'on eût voulu faire mal, l'amant pouvait entrer par la porte qui donne sur les bois. D'ailleurs on verra peut-être que Gabrielle, ce jour-là, était au-dessus de toute appréhension vulgaire.

Gratienne attendait donc à la fenêtre et alla ouvrir la porte à Espérance. Rien n'indiqua aux regards vigilans de celui-ci la présence d'un espion comme tant de fois il en avait senti sur ses traces.

Un énorme chariot chargé de foins secs récoltés dans l'île et que les faneurs n'avaient pas eu le temps de rentrer, barrait la porte en attendant que le jour permît de joindre cette récolte à la provision entassée déjà dans la grange.

Cette grange, on se le rappelle peut-être, fermait sur la route comme un mur immense, la propriété de la famille d'Estrées. Elle était adossée, vers sont extrémité, à l'aile du château qui revenait sur la chaussée, en sorte qu'à l'intérieur, cette grange, l'aile dont nous parlons et le château formaient, avec le mur de clôture, un quadrilatère qui enclavait les cours, les communs et toutes les dépendances.

Gratienne guida Espérance derrière le chariot qui masquait la porte. Elle le conduisit par la grange aux appartemens de l'aile contiguë, où il trouva rêveuse et moins empressée qu'il ne s'y attendait, Gabrielle, ensevelie dans un fauteuil, devant la fenêtre ouverte.

Il espérait la voir se lever, accourir et tendre les bras. Elle tourna vers lui un visage pâle, allongea lentement sa main tremblante, qu'il saisit pour la baiser, et s'étonna de la trouver glacée.

Gratienne regarda un instant ce groupe silencieux, puis sortit en refermant la porte derrière elle.

Espérance s'était agenouillé près du fauteuil, son front avait touché la poitrine de Gabrielle dont il sentait le cœur battre avec l'irrégularité de l'effroi ou de la douleur.

— Gabrielle, dit-il, ce n'est point là une émotion d'amour. Vos yeux sont humides, je vois des traces de larmes sur vos joues.

— J'ai pleuré, en effet, répliqua-t-elle.

— Vous avez souffert..... à cause de moi peut-être !

— Oui, Espérance, à cause de vous.

Il prit les deux mains qu'il réunit dans les siennes, et comme il les approchait de ses lèvres avec un mouvement passionné, Gabrielle les retira pour s'en cacher le visage qui, au même instant, fut inondé de larmes.

— Mon Dieu ! mais qu'avez-vous ? s'écria le jeune homme ; moi qui venais ici l'âme joyeuse, un chant à la bouche ; moi qui, toute la route, remerciais Dieu du bonheur promis...

— Pauvre Espérance ! murmura Gabrielle.

Il se releva, la regarda plus attentivement, et s'assit près d'elle en essayant de se calmer pour mieux voir et mieux comprendre.

— Si c'est moi seul que vous plaignez, dit-il, tant mieux, je serai trop heureux encore. Expliquez-moi le sujet de cette compassion que je vous inspire.

— En vérité, répliqua-t-elle, en attachant sur lui un regard si tendre qu'il en frissonna d'amour. Je ne mérite pas tant de bonté, moi assez lâche pour pleurer, pour vous attrister, quand après tout je devrais peut-être me réjouir, et vous demander vos félicitations.

— Je ne vous comprend pas, ma Gabrielle.

— D'abord je vais sécher ces misérables larmes. Pardonnez-les à une trop faible créature. Oui, je veux assurer mon regard, ma voix, je veux réjouir votre cœur et raffermir le mien, en traduisant dignement la nouvelle que j'ai à vous apprendre.

— Une nouvelle...

— Qui assurément vous comblera de joie, et dont je n'ai moi-même qu'à me réjouir. J'étais folle, j'étais lâche, je le répète... Oui, Espérance, oui, ami fidèle, ami aimé, bonne nouvelle!... C'est ainsi que j'aurais dû commencer. Je vais être libre et tout à vous, mon Espérance !

— Libre !... tout à moi... s'écria-t-il avec un transport de joie si pure que sa beauté égala la radieuse image des archanges. Dites-vous une chose vraie, Gabrielle, une chose possible?...

— Oui, fit-elle, avec un sourire chargé de larmes.

— Insensé que j'étais, dit-il d'une voix sourde, elle pleurait tout-à-l'heure, elle avait pleuré, elle va pleurer encore ; et je me laisse prendre à des paroles que dément son invincible douleur ! Comment pourrez-vous être libre, Gabrielle, je ne le vois pas. Libre et heureuse, comprenons-nous bien !

Elle garda un moment le silence, comme si elle cherchait à recueillir ses idées et à chasser les nuages dont s'était voilé son front. La lutte de cette âme tendre contre une souffrance inconnue fit bondir de colère Espérance qui ajouta :

— Vous savez que votre hésitation me déchire le cœur !... Parlez, je vous en supplie, il n'est point de malheur que mon imagination ne se représente à la place de cette prétendue bonne nouvelle que vous m'annoncez avec des larmes, avec des soupirs, avec des sanglots.

La chambre dans laquelle se trouvaient les deux amans n'était éclairée que par une petite lampe dont le vent de la rivière agitait la pâle clarté. On voyait par la fenêtre ouverte passer et repasser les chauves-souris qui n'osaient entrer et quelquefois venaient se heurter jusqu'aux vitres, après avoir, dans leurs longues tournées, rasé les murailles de la grange.

— Il faut d'abord que vous m'écoutiez

avec plus de calme, mon cher Espérance, dit enfin Gabrielle, car jamais, vous allez l'avouer tout à l'heure, nous n'avons eu l'un et l'autre plus besoin de toute notre présence d'esprit ; car si je vous ai annoncé que j'allais être libre, cette liberté bien heureuse coûtera quelques efforts, quelques sacrifices à l'un de nous, peut être à tous deux. Pour bien en juger, soyez patient, écoutez-moi.

Il ne répondit pas un mot, mais on put voir à l'altération de ses traits combien était douloureuse la violence qu'il cherchait à se faire pour écouter en silence.

— Hier, reprit Gabrielle, le roi est venu dans la soirée. Je ne l'attendais pas. Il était à cheval et seul. Je fus troublée d'abord, en songeant qu'il pouvait soupçonner quelque chose du dessein qui me faisait rester à la Chaussée. Nous ne manquons ni d'ennemis, ni d'espions qui, plus d'une fois, ont su nous deviner, sinon nous perdre. Mais le roi avait l'air si affectueux, si charmé, il était pour moi si bon à la fois et si confiant, que je fus bientôt rassurée quant à ce que je craignais. Ma sécurité pourtant fut courte. Cette bienveillance me cachait bien d'autres périls que j'étais loin d'appréhender. — Calmez-vous, Espérance ! Le roi me prit par la main et me conduisit au bord de la rivière, où nous trouvâmes le bateau du meunier qui se balançait sur le sable. Nous y montâmes tous deux, moi bien surprise de la gravité mystérieuse de S. M. et, suivant la corde qui dirige cette barque, quand la poulie l'entraîne, nous abordâmes au moulin, qui se trouvait désert. Le meunier dormait sur l'herbe, au bord de l'île. Nous nous trouvions absolument seuls, comme si cette scène eût été préparée à l'avance.

Ici Gabrielle s'arrêta et prit la main d'Espérance que ce récit inquiétait et assombrissait.

— Le roi, dit-elle, conservait parmi tous ces détails de la vie familière une sorte de solennité qui m'étonnait de plus en plus. Je le suivis à l'extrémité du moulin jusqu'à un escabeau sur lequel il m'assit doucement, tandis qu'il s'asseyait lui-même sur la poutre transversale qui relie les deux bords à la tête du bateau. Qui eût reconnu le roi et la duchesse dans ces deux personnages si bizarrement installés sur quelques ais poudreux ?

— C'est ici, Gabrielle, me dit-il, que, voilà déjà longtemps, je vous ai demandé votre foi et engagé la mienne. Depuis ce temps, ma fortune a changé, mais non pas mon cœur. Je vous ai causé quelquefois du chagrin. Vous ne m'avez donné que joie et consolation. Tout récemment encore je dois à votre esprit et à votre humeur conciliante l'un de mes triomphes les plus doux, puisqu'il n'a coûté pas une goutte du sang de mes peuples. Il faut que toute cette bonne conduite se paie. Il faut que toutes vos peines s'effacent. A chaque temps son œuvre. Le moment est venu de vous prouver ma reconnaissance. Désormais, Gabrielle, nul ne vous offensera plus en ce royaume. J'y suis le premier, vous y serez la première, car je l'ai résolu, après bien des retards qu'il faut me pardonner, et j'ai voulu vous le déclarer au même lieu où, avec tant de désintéressement quand j'étais pauvre, vous jurâtes de vous consacrer à moi. Vous allez devenir ma femme !

Gabrielle s'arrêta en voyant la pâleur qui s'étendit comme une voile de mort sur le visage d'Espérance. Le coup qu'il venait de recevoir fit trembler ses yeux. Il crispa douloureusement ses mains blanches et demeura immobile, muet.

— Oh ! vous souffrez, dit Gabrielle avec une tendre générosité.

— Non, non, j'admire, répliqua-t-il. Seulement, si c'est là cette liberté que vous m'annonciez tout à l'heure...

— Mon ami, reprit Gabrielle, vous sentez bien que j'ai repoussé aussitôt un pareil honneur, moi qui le mérite si peu.

— Et pourquoi le méritez-vous si peu ? demanda Espérance.

— Parce que je n'ai plus que de l'amitié pour le roi ; parce que ses bienfaits mêmes, n'ont pu réchauffer mon cœur glacé ; parce qu'enfin je vous ai donné tout mon amour...

A ces mots prononcés avec une suavité inexprimable, Espérance, bien qu'il sentît son cœur se fondre de joie et de désespoir, garda l'expression rêveuse et grave qu'il avait prise au début de l'entretien. Il cherchait encore à se leurrer lui-même. Il luttait contre cet épouvantable orage qui menaçait d'engloutir tout son avenir.

— N'était-ce point une épreuve que le roi voulait vous faire subir ? demanda-t-il. N'essayait-il pas de tenter chez vous un orgueil bien légitime ?

— Non. Il m'a montré des lettres qu'il envoie à Rome pour décider le Saint-Père à rompre son mariage avec la reine Marguerite. La réponse, au dire de l'ambassadeur, ne saurait être contraire aux volontés du roi.

— C'était, en effet, le seul obstacle, Gabrielle; et puisque le voilà détruit, rien ne va plus s'opposer à votre fortune.

Il prononça ces paroles sans amertume, sans colère, sans affectation d'un courage qu'il n'avait plus.

— Rien? dit-elle surprise.
— Non, rien.
— Pas même moi? mon Espérance.
— Pourquoi vous opposeriez-vous aux volontés du roi? Est-ce vraisemblable? Il est le maître.
— J'ai un autre maître encore.
— Qui donc?
— Vous. Est-ce que si je consentais, vous consentiriez? J'en doute!
— Votre bonté est grande, et votre délicatesse infinie, répliqua Espérance, avec un léger tremblement dans la voix. Me consulter ainsi, moi qui suis une ombre fugitive dans votre existence; m'appeler maître, moi qui me fais gloire d'être votre esclave, c'est le comble de la générosité. Gabrielle, je vous en remercie, et n'attendais pas moins de votre cœur inépuisable. Certes, je vous aimais bien, mais, maintenant, quel nom donnerai-je au sentiment que vous m'inspirez?

Gabrielle se méprit à ces protestations. Elle crut qu'il la remerciait de s'être conservée à lui.

— Vous comprenez, dit-elle, dans quel embarras cette proposition du roi m'a jetée. Heureusement, j'ai eu la présence d'esprit de me déclarer incapable de répondre sur-le-champ. J'ai allégué l'éblouissement de cette fortune, mon indignité... Bref, j'ai demandé à réfléchir, comme si mes réflexions n'étaient pas toutes faites. Mais aujourd'hui nous voilà en face de la difficulté. Allons, cher Espérance, une bonne inspiration! Du courage, et reprenez vos fraîches couleurs. Car j'aimerais mieux m'ouvrir le cœur que de vous causer une inquiétude. Oui! que je meure avant de vous chagriner jamais!

— Bonne Gabrielle!

— Comme vous me dites cela froidement. Ne suis-je que bonne pour vous? Et, pour me témoigner si discrètement votre joie, craignez-vous d'éveiller en moi un regret des splendeurs que je sacrifie? En ce cas, Espérance, vous ne connaissez pas mon âme et vous faites bien du mal à ce pauvre cœur qui avait tant besoin d'expansion et de caresses au moment où il se faisait fête de vous donner la première preuve d'amour.

Espérance se leva et prit la main de la jeune femme.

— Je crois, dit-il avec effort, que nous ne nous sommes pas compris.

— Comment?...

— Vous voudriez deux choses, Gabrielle: d'abord l'expression plus vive de ma reconnaissance... Vous l'avez reçue aussi vive, aussi chaleureuse que j'ai pu l'arracher de mon sein. Vous voudriez aussi me voir joyeux et triomphant. Mais pourquoi? A cause du sacrifice que vous me faites, n'est-ce pas? Or, ce sacrifice je ne veux pas l'accepter.

— Vous n'acceptez pas; vous voulez que j'épouse le roi?

— Oui.

— Mais c'est notre éternelle séparation, Espérance, songez-y donc.

— Je le sais bien.

— La maîtresse du roi a pu jeter les yeux sur un homme digne d'être aimé. Fière de rester innocente et pure, elle a pu abandonner son cœur à cet amour; elle a voulu lui laisser envahir toute sa pensée, toute sa vie; mais la femme du roi, Espérance; mais la reine... Oh! la reine ne peut plus aimer, même dans l'ombre la plus profonde de son cœur.

— C'est vrai, murmura-t-il d'une voix étouffée.

— Et vous demandez, s'écria-t-elle, à ne plus être aimé de moi! Vous pourriez vous passer de mon amour! ajouta-t-elle avec un accent déchirant qui remua jusqu'aux dernières fibres du malheureux jeune homme.

— Moi, répliqua-t-il avec la noblesse d'une résolution inébranlable, j'ai arrêté mes yeux sur la femme que le roi aimait et qui un jour pouvait devenir libre; j'ai pu vivre uniquement depuis tant de jours de cette passion, de ce délire..... Mais oser adresser ces vœux brûlans, ces folles invocations, ce criminel espoir à une reine!... Oh! jamais Gabrielle!... C'est impossible...

— Voilà bien, dit-elle, en le serrant dans ses bras, pourquoi je ne serai pas reine de France, et pourquoi tout à l'heure je vous ai annoncé que j'étais libre!

En parlant ainsi elle l'étreignit avec l'ardeur de son cœur énergique, et comme ses lèvres atteignaient au col incliné d'Espérance, celui-ci se sentit brûler sous la dentelle. Ses yeux s'embrasèrent d'un feu sombre; il arracha les douces mains qui se croisaient sur son épaule, les serra dans ses doigts frémissans, et d'une voix véhémente, irrésistible:

— Il faut être reine! dit-il, votre honneur

en dépend ! votre fils l'exige ! lui qui un jour sera homme et pourra vous demander compte de ce que votre fausse générosité lui aurait fait perdre. Car vous avez un fils, Gabrielle, ne cherchons pas à l'oublier. Le roi l'idolâtre. Oterez-vous son enfant à ce pauvre prince? Priverez-vous cet enfant d'un si illustre père? Oh ! vous ne savez pas ce que souffrent les enfans qui ne trouvent point l'honneur dans leur berceau... Je le sais, moi... Ma mère, du fond de son tombeau, me jette en vain des trésors. J'aimerais mieux un de ses sourires. Son baiser ne m'a pas béni, voilà pourquoi rien ne me réussira jamais en ce monde. Quelle torture sera pour vous la tristesse de cet enfant qui vous reprochera votre opprobre et le scandale de cette rupture avec le roi quand il vous était permis de lui conserver un père et de lui conquérir une couronne.... Et moi, je souffrirais cette injustice! moi, je vous condamnerais à vivre humiliée, obscure, ensevelie, quand Dieu ne vous a faite si belle et si parfaite que pour vous asseoir sur le premier trône du monde! Moi aussi, Gabrielle, je me croirais tombé au-dessous de moi-même. L'homme que vous avez daigné aimer ne serait plus qu'un lâche égoïste, qu'un vulgaire pleureur, et quand dans la retraite avilie où j'oserais cacher cette reine, je songerais à la gloire qui l'attendait sans moi, je mourrais de honte comme un larron meurt de faim dans sa caverne sur les joyaux volés d'une couronne royale. Oh! comme il faut que je vous aime, Gabrielle, pour m'arracher le cœur en vous parlant ainsi. Soyez reine ! et continuez de m'estimer à l'égal de votre illustre époux, car s'il vous a offert son trône, c'est moi qui vous y aurai conduite par la main! Car c'est moi qui vous aurai conservé votre fils, et chaque fois que vous regarderez cet enfant, chaque fois qu'il recevra les caresses de son père, vous serez fière de m'avoir aimé, vous vous sentirez le droit de me regretter et de m'aimer toujours!

Elle ne répondit pas, ses bras tombèrent languissans, la force abandonna cette tête charmante qui pencha comme une fleur blessée.

— Oui, mon fils est au roi, soupira-t-elle après un douloureux soupir. Mais enfin! Espérance, est-ce qu'il va falloir se quitter ainsi? Espérance, je vous aime comme jamais on n'a aimé.

— Que je suis heureux ! dit d'une voix étranglée l'intrépide jeune homme.

— Espérance, continua Gabrielle les yeux noyés de larmes, et ses belles mains tordues comme une suppliante, si j'eusse été meilleure pour vous, si plus courageuse, moins égoïste, j'eusse en me donnant à vous consacré entre nous un lien éternel, vous ne me diriez pas aujourd'hui : séparons-nous ! soyez reine !... Mais j'ai joué avec cette passion ! j'ai tressé une chaîne qui n'a blessé que vous, retenu que vous... Et moi, j'échappe, et moi, qui ai eu tout le bonheur, je deviens libre ! C'est impossible, Espérance, vous m'accuseriez, vous me maudiriez, vous ne m'aimeriez plus ! Oh ! par grâce, moins d'estime, point de respect, moins d'honneur, s'il le faut !... mais toujours votre amour !

— Gabrielle, tant que mon cœur battra, tant que mes yeux verront la lumière, tant que mon esprit fera germer une pensée, je vous aimerai. C'est la condition de ma vie, comme mon sang, comme mon souffle. — Du courage !... Séparons-nous!

— Jamais ! jamais !...

— Nos amours, ma Gabrielle, n'auront pas été comme les autres, composées de joies et de transports enivrans. Le bonheur est chose trop vulgaire. Dieu nous réservait des voluptés plus nobles, plus choisies, la volupté des tourmens, celle des larmes et des regrets éternels ! Oh ! Gabrielle, voilà seulement que mes souffrances commencent, eh bien ! je vous le jure, rien pas même la mort, ne me fera déclarer que votre amour n'est pas pour moi la félicité suprême. Gabrielle, adieu ; je t'aime éperdûment, adieu ! Tu m'as donné les plus beaux jours de ma vie...

— Espérance ! j'aime mieux mourir.

— Non, non ! gardons cette douce mémoire, mais sauvons l'honneur du roi, le vôtre, celui de votre fils. Sauvons le mien ! Ah ! Gabrielle ! s'écria-t-il dans un transport d'insupportable douleur, pourquoi m'avoir dit l'offre du roi ! Je serais encore à vous, je serais encore libre, mais maintenant voyez bien que notre séparation est faite, puisque vous m'avez ôté le droit de vous prendre sans nous déshonorer tous les deux !

Comme elle se préparait à lui répondre, un bruit étrange, un craquement sinistre perça les murs et traversa comme un avertissement funèbre les ombres de la tranquille nuit.

Tous deux écoutèrent, Gabrielle s'élança vers la fenêtre, des cris lointains montaient de la plaine pareils à des gémissemens. Tout à coup le ciel rougit à leur gauche, une longue colonne de flamme et de fumée s'élança par dessus les toits de la grange, une chaleur épaisse fondit soudain comme un nuage et fit irruption dans l'appartement.

Gabrielle saisit Espérance par la main, l'amena au balcon, et lui montra le ciel livide.

— Le feu est là, ce me semble, dit le jeune homme, en désignant le toit de la grange, dont l'arête droite se profilait en noir sur un fond de pourpre.

— Le feu! le feu! cria Gratienne en se précipitant effarée dans l'appartement.

— Où donc le feu?

— Le chariot de foins s'est enflammé on ne sait comment; la flamme a glissé par une fenêtre de la grange; tout brûle. Le mur qui borde la route n'est plus qu'un long cordon de feu.

— Fuyez! Espérance, dit Gabrielle au jeune homme.

— La cour est déjà pleine de gens assemblés, répliqua-t-il, ils vont monter ici, ils frappent en bas à la porte.

— J'ai fermé cette porte à double tour, interrompit Gratienne.

— Fuyez! fuyez! monsieur Espérance, j'emmènerai madame! le feu va gagner!

— Mais il n'y a qu'un passage pour elle, pour nous, n'est-ce pas Gratienne, et c'est la cour?

— Sans doute, monsieur; mais passez d'abord, personne ne vous remarquera.

— Voir tous ces visages inconnus qui guettent... On me verra sortir d'ici, puis madame la duchesse; ma présence sera une accusation pour elle.

— Mais, Espérance, dit bravement Gabrielle, qu'importe qu'on vous voie, ne faut-il pas toujours que vous sortiez d'ici?

— C'est quelque piège qu'on nous aura tendu, murmura Espérance.

— Piège ou non, il faut fair... Tenez! on m'appelle; mes gens me cherchent... Ils ébranlent la porte du bas.

— Et voilà ici le mur qui craque derrière nous! s'écria Gratienne pâle de terreur. Ce mur touche au grenier de la grange... le feu le mine... le feu tout-à-l'heure entrera ici...

Gabrielle enveloppa Espérance de ses bras.

— Allons! dit-elle, allons!...

— Tenez, s'écria Espérance, en montrant à la duchesse la cour illuminée de reflets flamboyants, et dans laquelle un grand nombre de figures, gesticulant avec terreur, traçaient des ombres immenses qui remontaient jusque sur la prairie.

— Qu'y a-t-il?

— Là bas! derrière ce marronnier, près du puits... Attendez un nouveau jet de lumière.

— Je vois un homme dans son manteau, un homme qui semble se cacher et guetter tout à la fois.

— C'est Concino! un de nos espions! Il me savait ici, il veut m'en voir sortir.

Gabrielle frissonna.

— Avez-vous vu l'éclair de ses yeux qui dévorent cette seule issue qui nous reste.

— Monsieur, monsieur! cria Gratienne avec terreur, le mur se fend! le mur éclate! voyez!

En effet, une large brèche venait de s'ouvrir dans cette muraille, derrière laquelle apparaissait la grange pleine de feu et de fumée. Au-delà du bâtiment en flammes, reluisait la rivière, pareille à un lac de plomb bouillant.

Gabrielle et Gratienne saisirent Espérance, qui semblait fasciné par ce spectacle, elles l'entraînèrent vers la porte. Il était temps, l'escalier s'emplissait déjà des serviteurs, qui cherchaient la duchesse et Gratienne.

Mais Espérance les poussa dehors l'une et l'autre, colla ses lèvres sur les lèvres de Gabrielle, qui se retournait pour l'emmener plus vite, et alors, tirant la porte sur lui, après en avoir ôté la clé, malgré les cris des deux femmes que vingt bras dévoués entraînaient dans l'escalier, il regarda d'un côté l'espion qui attendait en bas, et de l'autre la grange toute rouge, et la liberté qui resplendissait à trente pieds au-delà du feu, dans une complète solitude.

— Oui, attendez-moi en bas, lâches coquins! dit-il avec un héroïque sourire. Ah! vous n'avez pas cru devoir garder la rivière! Ce n'est point de ce côté que vous m'attendiez! Eh bien! mort ou vif, je ne vous servirai pas de preuve contre Gabrielle, car si je survis, je vous échappe, et si je meurs, cette flamme ruisselante ne vous laissera pas même un vestige de mon cadavre.

Il leva les yeux au ciel pour recommander son âme à Dieu, roula son manteau tout autour de sa tête, mit l'épée à la main comme pour combattre l'incendie, et, rassemblant toutes ses forces, il se jeta d'un bond formidable au milieu du grenier en feu dans la direction de la fenêtre béante.

IX.

A Indienne, Indienne et demi.

Pontis, un énorme bouquet à la main, se promenait dans la petite cour de la maison du Faubourg, maison mystérieuse s'il en fût, située au centre d'un désert, et dont l'architecture compliquée à l'intérieur, faisait un véritable labyrinthe digne de la mythologie amoureuse.

La nuit était venue, et l'Indienne n'arrivait pas. Accoutumé à ses façons capricieuses qui, d'ailleurs, sont celles de toute femme qui n'a pas sa liberté, Pontis continuait son monologue commencé chez Espérance contre les défiances outrageantes de celui-ci, et les variations incompréhensibles de son humeur.

— Il a perdu même la tolérance, qui faisait son caractère un des plus parfaits que j'aie connus, s'écria le garde en arpentant pour la centième fois le petit vestibule. Lui qui jamais n'a dit du mal d'une femme, lui qui m'imposait silence quand je m'exprimais comme il convient sur le compte de cette Entragues, il se met à médire des femmes les plus honnêtes. Il soupçonne Ayoubani !...

Pontis haussa les épaules et jeta quelques gouttes d'eau sur le bouquet dont ses doigts vigoureux serraient trop énergiquement les tiges.

— Quel sot intérêt veut-il que cette naïve Indienne prenne à l'incompréhensible billet de la scélérate Henriette? Ayoubani soupçonne-t-elle seulement qu'il existe une Henriette? Elle s'est montrée jalouse, soit. Eh bien! c'est son droit. Elle a vu reluire sur moi un morceau d'or. Il n'en faut pas davantage. Les Indiennes aiment ce qui brille, cela est connu. Moi qui ne suis pas Indien, j'en ferais autant si je voyais sur la poitrine d'Ayoubani un joyau d'or... Oh! la poitrine d'Ayoubani ! s'écria Pontis avec un frémissement ou plutôt avec un hennissement fort tendre.

— Mais elle ne vient pas, et l'ombre est déjà épaisse. Espérance m'aurait-il porté malheur?

Pontis se mit alors à tourner et retourner dans la petite maison comme un homme inquiet et désœuvré, vingt fois il entrebâilla la porte pour regarder dehors s'il venait quelqu'un dans la rue.

Le bruit d'une litière sur l'inégal pavé du Faubourg retentit au loin. Cette litière tourne dans l'étroite rue où la maison était située; elle s'arrête, plus de doute, c'est Ayoubani.

Pontis ouvrit la porte précipitamment, et selon son usage, se cachant pour n'être pas aperçu du conducteur de la litière, il attira à lui l'Indienne, enveloppée dans un grand manteau qui la déguisait de la tête aux pieds.

Robuste et ardent comme on l'est à son âge, il enlève la délicate créature dans ses bras et la porte dans la maison, en une salle bien close, où les cires brûlent depuis longtemps, où les tapis sont épais, les fumées odorantes, le silence opaque.

Ayoubani se laisse, avec la gravité d'une reine, déposer respectueusement sur des carreaux de damas; elle reçoit le bouquet et l'admire; elle sourit, elle respire le parfum de chaque fleur, elle est satisfaite. Pontis croise ses jambes comme un Indou et s'assied en face d'elle avec des mines égrillardes à la fois et mélancoliques, avec des soupirs et des exclamations qui, chez ces deux amans, privés des ressources oratoires, composent le fond du dialogue.

Pontis, nous l'avons vu, est paré comme un prince à ses noces. Il espère que l'Indienne voudra bien le remarquer. A cet effet, il prend les poses les plus avantageuses. Ayoubani le laisse faire la roue comme un paon; elle sourit toujours avec finesse, et il faut que cette pantomime soit pleine de signification, car, chacun de son côté, les amans s'en contentent pendant plusieurs minutes.

Néanmoins tout s'use, même les joies de la mimique. L'homme est une créature qui se blase vite sur ses plus parfaits plaisirs. Pontis, quand il n'a plus rien à faire admirer à l'Indienne, prétend admirer celle-ci à son tour. Et nous devons dire qu'Ayoubani, en fille délicate, s'y prête avec une réciprocité galante.

Elle est belle, Ayoubani. Ses yeux sont noirs, de ce noir rouge pareil aux veines de l'ébène. On sent le feu circuler sous ses prunelles. Petite, mignonne, modelée finement et richement à la fois, comme les femmes passionnées, elle connaît ses avantages; elle en use avec une réserve méritoire; elle n'a réellement de sauvage que sa vertu.

Aussitôt que Pontis voulut exprimer les désirs que lui inspirait cette beauté parfaite, la jeune Indienne rougit avec grâce, repoussa doucement la main qui cherchait la sienne et posa un doigt sur ses lèvres. Pontis s'arrêta.

Ayoubani commença un long préambule

de gestes expressifs. Elle raconta que son tyran avait resserré ses fers. — Le tyran était ce Mogol — que purement et simplement elle appelait Mogol — mais d'une voix si charmante, si veloutée, avec un accent guttural si séduisant, qu'il n'y avait qu'une Indienne au monde pour dire Mogol de cette manière.

Pontis témoigna combien ce tyran lui déplaisait, il se leva, mit l'épée à la main, et proposa d'aller tuer le Mogol, ce qui fut parfaitement compris. On daigna l'arrêter, avec une physionomie effrayée. Mais son courage avait produit un excellent effet. Il en recueillit les fruits immédiatement : il baisa la main d'Ayoubani sans recevoir le soufflet qui ordinairement était la conséquence de ces sortes de liberté.

Ayoubani posa encore son doigt sur ses lèvres. Pontis écouta de tous ses yeux.

Voici ce que l'Indienne lui exprima en langage figuré, avec toutes les recherches de l'art du mime.

— Moi, plus jamais sortir seule, le tyran forcer toujours moi à être accompagnée.

— Bah ! s'écria Pontis.

— Accompagnée par deux personnes, deux femmes, mima Ayoubani.

— Cependant vous être venue seule, répondit Pontis. Seule ! ô bonheur !...

Pour exprimer ô bonheur! on joint les deux mains en crispant les dix doigts les uns contre les autres et l'on jette au ciel des regards brûlans.

— Non, dit Ayoubani avec une petite moue triste.

— Vous, pas seule?

— Non, les deux compagnes à moi sont dans la litière, dehors.

— Eh bien, mais il faut les y laisser, puisqu'elles y sont ! gesticula Pontis.

— Impossible !

Pontis ne songea pas à se demander pourquoi ces surveillantes restaient si tranquillement dehors au lieu de venir surveiller là où leur présence eût été nécessaire. La douleur d'Ayoubani demandait la réflexion d'une douleur immédiate. Il tâcha d'imiter la petite moue gracieuse de l'Indienne, et, disons-le, il s'en acquitta convenablement.

— Il faut les aller chercher, continua Ayoubani.

— Oh ! pourquoi ? demanda Pontis.

— Il le faut!... Mogol commande !

Mogol fut parlé.

Pontis baissa tristement la tête ; mais alors la divine Ayoubani eut une idée.

Elle se leva, étira ses membres souples avec une afféterie délicieuse. Cambrée comme une nymphe, la tête jetée en arrière, sa jambe fine tendue, elle prit la pose d'une almée qui va entrer en danse.

En même temps elle montrait du doigt le dehors et indiqua le nombre deux.

— C'est-à-dire devina Pontis, que vous allez faire venir les deux femmes et que vous danserez.

— Elles aussi, exprima Ayoubani en imitant les attitudes de deux femmes qui dansent en face l'une de l'autre.

— Très bien ! elle va faire danser ses surveillantes, comprit Pontis. Très bien !

Ayoubani voyant un sistre pendu à la tapisserie et un tambour de basque au-dessus, les détacha d'un air de triomphe.

— Et l'on fera de la musique ! je comprends, se dit Pontis.

Ayoubani courut légèrement au vestibule, siffla d'une certaine façon, et aussitôt deux femmes, enveloppées comme deux momies égyptiennes, se présentèrent à la porte que leur ouvrait Pontis d'après l'ordre de la maîtresse.

En vain sa curiosité chercha-t-elle à s'exercer sur les deux surveillantes du Mogol, un bandeau de plumes d'autruche couvrait leurs fronts, une étoffe rayée tombait de ce bandeau sur leur visage qu'elle couvrait, et par deux trous comme ceux d'un masque on voyait bien la flamme, mais non la paupière de leurs yeux.

Une profusion de verroteries, d'os bizarres, de coquillages et de coraux s'entrechoquaient plus ou moins harmonieusement à chaque mouvement de ces deux singulières créatures. Leurs pieds étaient chaussés de sandales d'écorces, leurs jambes disparaissaient sous les plis d'une lourde étoffe qu'on eût dit tressée avec des herbes marines, et, pour comble de sauvagerie, elles avaient l'une et l'autre un arc à la main et, sur le dos, un carquois plein de ces terribles flèches barbelées dont la pointe ingénieusement cruelle étonne toujours l'œil des Européens.

Pontis vit ces deux figures s'installer l'une à droite, l'autre à gauche de la porte ; elles étaient grandes, vigoureuses, et représentaient assez bien deux gardes-du-corps respectables. Le Mogol avait choisi avec intelligence.

— Voilà qui va effaroucher les amours! pensa Pontis. Mais bah ! j'ai ouï dire que les femmes sauvages sont impressionnables, qu'elles ne peuvent résister à l'entraînement de la danse et de la musique, je vais les charmer. Ce n'est pas de la force qu'il faut ici, c'est de l'adresse, et je n'en manque pas, Dieu merci!

Ayoubani qui, elle aussi, avait considéré le costume de ses compagnes, parut satisfaite de leur tenue, elle leur sourit, et offrit à l'une le sistre, à l'autre le tambour. Puis elle se mit à danser, après avoir forcé Pontis à s'asseoir à la place qu'elle occupait auparavant.

— Si l'on dit jamais devant moi du mal des Indiennes, pensa le jeune homme, je soutiendrai qu'elles sont les plus honnêtes créatures qui puissent embellir le monde. A-t-on jamais vu des Françaises donner leurs rendez-vous avec une escorte, et en passer le temps à danser devant témoins? C'est de l'innocence ou je ne m'y connais guère.

Et il regardait danser Ayoubani, et il battait la mesure des mains, des pieds et de la tête, et peu à peu il se laissait fasciner par la grâce voluptueuse des attitudes et des mouvemens de l'infatigable Indienne. Elle fut si adroite, si légère, si éloquemment belle, que Pontis reconnut toute la sagesse du Mogol dans la présence des témoins qu'il imposait aux exercices chorégraphiques d'Ayoubani.

Enfin, celle-ci s'arrêta au moment où le garde étendait amoureusement les bras pour la recevoir. Elle évita cette dangereuse guirlande qui déjà l'enserrait, et repoussant la poitrine du jeune homme qui l'avait pressée sur son cœur, elle alla s'asseoir essoufflée, riante, sur les coussins.

Pontis, malgré les duègnes du Mogol, tomba à genoux, les mains jointes, devant l'Indienne; mais celle-ci toucha d'abord ses lèvres, ce qui invitait son interlocuteur à prêter attention au dialogue prêt à s'établir.

— Est-ce joli, dit-elle par signes, ai-je bien dansé?
— Délicieux! divin!
— Voulez-vous danser aussi?
— Merci, répondit Pontis.
— Essayez.
— Non, je danserais mal après vous si gracieuse.

Ayoubani eut la bonté de ne pas insister; mais elle appuya sa petite main sur sa poitrine haletante.

— Vous m'aimez? comprit Pontis.
— Non, fit-elle, ce n'est pas cela que je veux dire.

Et elle plaça sa main sur le creux même de son estomac.

— Vous souffrez, vous avez trop chaud?
— Non, ce n'est pas encore cela.

Elle porta trois doigts à sa bouche avec le mouvement un peu trivial qui, chez tous les peuples, mimes ou non, signifie : Moi vouloir manger.

— Elle a faim, s'écria Pontis, pauvre ange! Elle a tant sauté!

Il courut au buffet dans lequel plusieurs flacons brillèrent aux feux des bougies. Pontis, homme de précaution, avait toujours sous la main quelque victuaille : il trouva des fruits, et servit devant Ayoubani une collation qui, à défaut de somptuosité, avait au moins le mérite de l'impromptu.

L'Indienne se versa à boire et but comme un oiseau pourrait le faire. Elle demanda de l'eau, et tandis que Pontis, le dos tourné, cherchait avec difficulté ce liquide très rare dans son buffet, Ayoubani fit tomber dans le verre quelques gouttes d'une liqueur contenue dans un petit flacon de cristal de roche.

Pontis apporta la carafe et voulut verser, mais Ayoubani lui tendit le verre pour qu'il le vidât en son honneur. Il obéit en souriant, elle lui en offrit un second qu'il refusa, fidèle, malgré son délire amoureux, à la promesse de tempérance qu'il avait faite à son ami.

Ayoubani mêla beaucoup d'eau à son vin et but. Puis devenue plus communicative, elle prit Pontis par les deux mains en essayant de le faire danser avec elle.

Tenir Ayoubani dans ses bras, la couvrir de baisers malgré sa résistance, puis lutter de vitesse et de légèreté avec elle, pour reprendre par intervalles le combat des étreintes et des baisers, telle fut pendant quelques rapides minutes l'occupation du jeune homme qui avait oublié l'univers et voyait au bout de cette fougueuse ivresse de la danse, l'ivresse plus douce encore de l'amour.

Il avait oublié, disons-nous, l'univers; par conséquent, il ne songeait plus aux deux surveillantes qu'il se proposait de congédier ou d'enfermer quand il en serait temps. Celles-ci, battant le tambour, égratignant le sistre, imprimaient une sorte de rage aux pas turbulens d'Ayoubani. L'Indienne s'accrochait à Pontis de ses dix doigts nerveux; elle se laissait étreindre par l'ardent jeune homme, elle le faisait tournoyer en même temps qu'elle avec une effrayante rapidité.

Cependant, son œil fixe et hardi comme celui des fées orientales surveillait chaque muscle du visage de Pontis. D'abord ce fut une exaltation étrange qui empourpra le front du jeune homme; puis une flamme vacillante qui jaillit de ses yeux, enfin il sourit, ses lèvres s'ouvrirent pour murmurer des mots sans suite, sans doute des prières d'amour, et une sorte d'extase illumina ses traits moins colorés. Alors l'Indienne le saisit plus étroitement, elle l'enleva pour aider au mouvement de ses jambes devenues lourdes, et le voyant pâlir, détendre le cercle de ses bras, s'arrêter comme frappé d'un vertige subit, elle le regarda un moment en face, et le soutint mollement tandis qu'il s'affaissait sur lui-même. Il tomba renversé parmi les coussins, râlant un soupir qui s'affaiblit peu à peu et dégénéra bientôt en un souffle imperceptible.

Ayoubani fit alors un signe à ses deux femmes qui cessèrent leur musique et s'éloignèrent précipitamment.

Aussitôt l'Indienne fondit comme un vautour sur le corps inanimé ; elle ouvrit de ses mains vigoureuses le pourpoint gonflé par cette mâle poitrine, et fouillant les étoffes avec l'avidité d'une hyène affamée, sentit et saisit la boîte d'or, dont elle coupa les cordons de soie avec ses dents.

Elle tenait ce trésor mystérieux, elle était maîtresse du secret qui avait causé, qui devait causer encore tant de malheurs.

Haletante, éperdue de curiosité, de joie, elle s'approcha d'une bougie pour mieux voir cette petite boîte et l'ouvrir.

Mais la boîte fermait à l'aide d'un secret. En vain les doigts industrieux, tenaces, en vain les ongles s'acharnèrent-ils aux glissantes parois du métal, le secret résista, Ayoubani impatiente, irritée de l'obstacle mordit la boîte sans pouvoir l'entamer ni l'ouvrir.

Un sourd gémissement la fit tressaillir, Pontis rêvait peut-être ; il se tordit comme un serpent sur les tapis, il étendit son poing vigoureux qui battit le sol avec un bruit lugubre.

— Cet homme est fort comme un taureau, dit l'Indienne ; il est capable de s'éveiller, et, s'il s'éveille, je suis morte. Pas d'imprudence. — Chez moi, avec un ciseau, avec un maillet, j'aurai bien vite raison de cette boîte maudite. Maintenant, ajouta-t-elle avec un sourire de triomphe, Henriette peut renverser Gabrielle, et Leonora tient Henriette ! — Partons !

En parlant ainsi, les yeux toujours attachés sur Pontis, qui s'était calmé, Ayoubani cherchait l'ouverture de sa robe pour y enfermer le médaillon.

Tout-à-coup deux mains saisirent la sienne, lui arrachèrent le trésor ; elle se retourna en poussant un cri sourd. Henriette était devant elle, l'œil brillant d'une infernale joie.

— Merci, dit Mlle d'Entragues avec une ironie poignante ; merci, ma bonne Leonora, ta conjuration indienne a parfaitement réussi.

A ces mots Henriette poussa un éclat de rire qui retentit comme un cri de démon, et la fausse Indienne tomba foudroyée sur un siége, ayant à ses pieds le corps du malheureux Pontis.

Ce qu'elle passa de temps à essayer de reprendre ses esprits, elle-même ne s'en rendit pas compte. Elle croyait toujours entendre siffler ce rire d'enfer à son oreille ; elle sentait toujours la brûlure de ces mains qui lui avaient tordu le poignet pour voler le billet.

Mais chez Leonora, trempée d'acier, l'impuissance de la terreur ne pouvait régner longtemps ; elle se leva, elle secoua ses membres refroidis ; elle commença de penser à la vengeance.

— Qu'étaient devenues ses femmes, ses femmes qui certainement l'avaient trahie ? Comment rejoindre Henriette ? Comment réparer cette honteuse défaite au seul penser de laquelle tout son orgueil se révoltait ?

Avant tout, il fallait sortir de la maison. Elle fit un effort, et se dirigea vers la porte.

Au même moment un bruit de pas retentit dans le vestibule. Ce n'étaient point les pas d'une femme. Ses femmes d'ailleurs ne l'auraient point attendue après ce qui s'était passé. Non, c'était un pas d'homme, d'homme agité, pressé. Leonora entendit distinctement le bruit d'un fourreau d'épée heurtant l'un des barreaux de la rampe.

Lui avait-on dressé une embûche ? Henriette, non contente de lui avoir arraché le billet, voulait-elle lui faire arracher la vie ? L'homme qui venait armé était-il un assassin chargé d'ensevelir à jamais le secret des Entragues, selon les traditions de la famille.

Pâle et glacée au bruit des pas qui se rapprochaient, Leonora souffla les bougies et se blottit derrière la porte.

L'homme accourait, elle voyait par la fente de cette porte grossir sa silhouette noire, qui tâtonnait dans les ténèbres.

— Pontis ! cria cet homme, Pontis ! réponds donc !... Où es-tu ?

— Lui ici ! murmura Leonora dont les dents claquaient d'épouvante. Oh ! si c'est lui, je suis perdue !

X.
Le doux Espérance.

Espérance avait pris un si furieux élan, que son premier bond franchit quinze pieds, son second dix, et qu'il se trouva en une seconde jeté par la secousse dans la baie de la fenêtre, sans avoir dévié d'une ligne. Il était temps, la flamme avait rongé son manteau, brûlé ses jambes, une insupportable chaleur pompait à peine son sang. L'espace appréciable de cette seconde, pendant laquelle il avait retenu sa respiration, n'eût pas été impunément doublé, mais trouvant la fenêtre, et par conséquent un air moins brûlant, il sauta dehors sur les bottes de foin à demi-embrasées, et s'alla plonger dans la rivière.

La flamme de l'incendie illuminait cette nappe d'eau; mais à l'endroit où Espérance s'y enfonça, un gros bouquet d'arbres à gauche et l'île en face empêchaient l'approche des spectateurs; tous les gens de Bougival étaient d'ailleurs accourus par la colline n'osant traverser la Chaussée rouge de feu. Le meunier, craignant les flamèches pour son moulin, avait coupé son câble et laissé le bateau dériver. Nul ne vit donc Espérance sortir de la fournaise.

Et le jeune homme, une fois dans le fleuve, coupa obliquement entre deux eaux, suivit son chemin obscur en nageur émérite, ne respira que deux fois dans sa traversée, ayant soin de choisir l'ombre, puis, parvenu à l'autre bord, acheva, sous une touffe de roseaux épais, la prière d'actions de grâces que son inaltérable sang-froid avait commencée sous l'eau.

Espérance, ayant essuyé son visage et repris haleine, monta sur la berge, et, sûr de n'être plus aperçu dans l'île absolument déserte où quelques vaches effrayées regardaient seules l'incendie d'un œil ébloui :

— A quoi bon viens-je, dit-il, de remercier la Providence pour ma vie sauvée, puisque désormais cette vie est finie? N'importe, Dieu est généreux d'avoir permis que la duchesse n'ait rien à souffrir à cause de moi. Nos ennemis sont battus cette fois encore, Henriette, Leonora, démons acharnés qui commandiez au feu de m'engloutir, je vous défie toujours. Il faut maintenant vous l'aller dire en face.

Le jeune homme jeta un dernier regard sur la grange enflammée. Malgré l'intensité de la chaleur et le volume des flammes le vieux bâtiment tenait bon. Il ressemblait à ces héroïques citadelles qui repoussent un assaut de l'ennemi. Le foin fut dévoré, mais les murs résistèrent et leur masse inébranlable finit par étouffer le feu. Espérance voyant décroître la colonne rouge, se hâta de chercher des yeux dans la prairie tandis que la lueur l'éclairait encore. Il vit sur le tapis vert une forme blanche étendue, près de laquelle s'empressaient plusieurs personnes. Ce devait être Gabrielle, la malheureuse femme pouvait croire son ami à jamais perdu. Elle semblait être inanimée. Espérance reconnut Gratienne agenouillée devant sa maîtresse.

Ce spectacle douloureux arrêta Espérance pendant quelques instans, mais lorsqu'il vit la duchesse se soulever et s'appuyer sur le bras de Gratienne, quand il eut la certitude que cette vie était sauvée comme la sienne, rien ne le retint plus. Il courut au bord de l'île parmi les saules et les haies, jusqu'en face de l'endroit où il avait laissé son cheval dans les taillis du Vertbois. Là, il se remit à la nage lentement et sans perdre de vue le rivage afin d'éviter toute rencontre en abordant. Par bonheur la route était déserte; Espérance gagna le taillis, tordit l'eau de ses vêtemens, et ayant repris possession de son cheval qui hennissait de joie, il piqua vigoureusement vers Paris, dont une heure après il franchit les portes.

Pendant la route, son esprit actif avait arrangé tout un plan. A part quelques brûlures invisibles et dont la souffrance ne regardait que lui, à part quelques mèches de cheveux roussies, Espérance comptait qu'un changement de toilette ferait disparaître toute trace de l'incendie; mais il importait de ne pas se présenter dans sa maison, aux yeux de ses gens, avec une tenue compromettante. Espérance se souvint qu'il possédait la maison du Faubourg.

— Là, dit-il, j'ai des habits, du linge, une toilette complète. Ce serait un hasard d'y rencontrer Pontis, puisqu'il fait nuit, et que son Indienne doit être partie. Cependant, tout est possible en ce monde, même l'indulgence du Mogol. Au cas où je trouverais Pontis et l'Indienne, je saurai être discret. Et d'ailleurs, non, — pas trop de discrétion, — je veux aussi savoir jusqu'à quel point l'invraisemblable Ayoubani peut être vraie.

Ainsi disposé, Espérance alla descendre droit à la maison du Faubourg.

Il entra dans la rue au moment où les deux fausses Indiennes fuyaient, où Mlle d'Entragues, d'intelligence avec l'une d'elles, pénétrait dans la maison. La litière d'Ayoubani attendait à dix pas de la porte. Le carrosse d'Henriette attendait au détour de la rue.

— Que d'équipages! pensa Espérance, dont le regard pénétrant avait tout aperçu malgré les ténèbres. Pontis, donne-t-il bal et festin ce soir?

En réfléchissant ainsi, le jeune homme mit pied à terre et s'approcha lentement, tirant après lui son cheval.

La porte de la maison était entrouverte. Espérance n'eut qu'à pousser pour faire entrer l'animal, et il cherchait un anneau pour l'attacher quand le frôlement d'une robe attira son attention et le fit regarder sous le vestibule.

Une femme fuyait si rapide que ses pieds touchaient à peine la terre. Cette femme, enveloppée de sa mante, disparut comme une ombre et courut regagner le carrosse autour duquel Espérance distingua plusieurs hommes qui aidèrent la dame à monter et l'escortèrent quand elle partit.

— Que signifie tout cela? pensa Espérance, quel désordre? Est-ce l'Indienne qui fuit de la sorte? et la litière restée là, qui attend-elle?

Absorbé par ces pensées, il avançait toujours. Cependant, pour plus de précautions, il revint fermer la porte de la rue, et, en se retournant pour gagner le vestibule, il embarrassa son épée dans les barreaux de l'escalier.

— Pontis! cria-t-il. — Pontis, où es-tu?

Partout silence, ténèbres partout. Une odeur de cire récemment éteinte, une odeur de vin fraîchement versé frappèrent son cerveau à mesure qu'il approchait en tâtonnant.

Ses mains rencontrèrent la porte de la salle, et la poussèrent. Il entra.

Mais, à peine avait-il fait deux pas, que ses pieds heurtèrent un obstacle, un meuble sans doute... Non, c'est un corps.

Il se baisse, il palpe... des habits d'homme... le satin dont Pontis était si fier. Au même instant, un souffle bruyant lui fait reconnaître son ami; Dieu merci, le drôle n'est pas mort; il n'est qu'endormi. L'odeur du vin est significative, le malheureux est, cette fois, ivre encore.

Espérance le relève avec dégoût, pour le placer sur un fauteuil. Mais un autre bruit lui fait dresser l'oreille, une porte crie...

Espérance écoute... Une respiration haletante trahit à deux pas de lui la présence d'une personne cachée. La porte se développe, une étoffe bruit, et quelque chose de léger, d'aérien fuit et glisse dans la direction du vestibule.

C'était Leonora, qui, croyant le moment propice, essayait de se sauver sans être vue.

— Oh! oh! pensa Espérance, voilà trop d'oiseaux dans cette cage. Il ne sera pas dit que je les laisserai tous s'envoler ainsi sans me montrer la couleur de leur plumage.

Aussitôt il lâche Pontis, étend la main, et en deux bonds saisit une robe. Il tient une femme, il va l'interroger.

— Speranza! grâce! grâce! s'écria l'Italienne en tombant à genoux.

— Leonora! une trahison! je m'en doutais, répond Espérance avec un affreux battement de cœur.

Et, fermant la porte, repoussant Leonora au milieu de la chambre, il murmura:

— Que venez-vous faire ici? Et pourquoi Pontis est-il étendu là?

Comme elle ne répondait rien, il enfonce d'un coup de poing fenêtre et volets. Une clarté douteuse, celle des étoiles, glisse dans la chambre sur le corps de Pontis.

Espérance voit le pourpoint ouvert, la chemise arrachée; il cherche avidement sous les plis, et poussant un cri farouche, lève son bras terrible sur Leonora toujours agenouillée:

— Misérable! tu as volé le médaillon! rends-le moi, ou tu vas mourir!

— Speranza, répond l'Italienne en se traînant avec angoisses, je ne l'ai plus!

— Tu mens!

— C'est une autre qui me l'a pris.

— Tu mens!

— C'est Henriette!

Espérance bondit de douleur, il se rappelait la fuite de la femme voilée, à son arrivée dans la maison. Il croyait tout possible de la part de ces deux démons coalisés.

— Oui, continue Leonora, je voulais avoir le billet, je te l'avoue. Mais la traîtresse me guettait, elle a fondu sur moi, elle me l'a pris. Cours, Speranza! cours! oh! reprends-lui le médaillon! tu peux encore l'atteindre.

— Leonora, si tu as menti, je te retrouverai!

— Sur le salut de mon âme, j'ai dit la vérité.

Espérance repousse l'Italienne qui embrassait ses genoux; il assure le ceinturon de son épée, rejette en arrière son manteau qui le gênait et s'élance comme un furieux hors de la maison.

Cependant Leonora l'avait suivi, tremblante de terreur et de joie, elle regarda autour d'elle, le jeune homme était déjà loin, il volait comme l'ange exterminateur. Leonora tirant sur elle la porte de la maison, remonta dans la litière et disparut.

Cependant Mlle d'Entragues s'était éloignée de la petite maison avec une rapidité désespérante pour quiconque se fût efforcé de la suivre.

Aux deux côtés de son carrosse couraient les gens armés qu'elle avait requis pour lui prêter main-forte en cette circonstance, et que, prudente autant que brave, elle n'avait pas jugé à propos d'employer tant que le besoin ne s'en ferait pas sentir.

Ces hommes au nombre de cinq étaient des soldats favoris de M. d'Auvergne, vigoureux coquins rompus à toutes les ruses d'un métier qui, à cette époque, savait continuer en pleine paix les aubaines de la guerre.

Marie Touchet, instruite de tout, parce qu'elle avait pénétré tout, s'était appliquée à assurer autant de chances que possible à l'expédition de sa fille, sans se compromettre elle-même, et elle attendait le résultat impatiemment comme on peut le croire.

C'était encore un coup de main à entreprendre, mais ce serait le dernier. Une fois le billet repris à Espérance, plus de nuages à l'horizon.

Henriette, dans le carrosse, palpait d'une main tremblante de joie la boîte d'or sur laquelle avait échoué l'adresse de Leonora. Comme l'Indienne, elle voulut ouvrir le ressort, mais après s'y être brisé les ongles, elle renonça. Le mouvement du carrosse la gênait. D'ailleurs, il faisait nuit, et ses efforts se consumaient en pure perte.

Vingt fois elle eût jeté cette boîte dans un puits, dans un égout, dans la rivière, sans le désir si naturel de se convaincre que le billet était bien renfermé dans la boîte — le vrai billet! les gens fourbes et méchans sont les plus soupçonneux et les plus méticuleux de tous, car ils savent, par expérience, qu'en toute chose il y a place pour une ruse ou une trahison.

Henriette renonça donc à ouvrir le médaillon ailleurs que chez elle, son impatience s'exerça sur le cocher, sur les chevaux. Mais Paris, en ce temps-là, n'avait pas de larges rues, de bons pavés; Paris était l'ennemi mortel des carrosses. Chaque fois qu'on y voulait prendre le trot, l'équipage affrontait la mort. Il fallut donc se contenter du pas le plus allongé que le permirent les détours et les inégalités de la route. Cependant le carrosse arriva sans obstacle,
sans accidens; la porte de l'hôtel était ouverte; Henriette s'y précipita et gravit les degrés avec la légèreté d'un oiseau.

Déjà elle avait rejoint Marie Touchet, et toutes deux causaient avec vivacité, se montrant l'une à l'autre la boîte d'or et cherchant des ciseaux ou une lame de poignard pour crever la plaque de métal si le ressort continuait à résister, quand un grand bruit retentit en bas, puis des cris, puis des pas qui pilaient l'escalier comme autant de maillets rapides. Marie Touchet courut vers la porte pour s'enquérir, et Henriette n'eut que le temps de cacher dans son sein la boîte à peine entamée par leurs vaines tentatives.

Un homme pâle, les cheveux en désordre, entra, ou plutôt se jeta dans la chambre. Il était suivi de deux valets qui gesticulaient furieusement et criaient:

— Arrêtez!

Car on voyait, à leur laide grimace, qu'ils n'avaient pu l'arrêter eux-mêmes.

— Espérance! murmura Henriette en reculant jusqu'à un fauteuil comme pour s'en faire un rempart.

— A l'aide! dit Marie Touchet instinctivement, parce qu'elle comprit tout le danger que courait sa fille.

Espérance courut se placer entre Henriette et la porte qui communiquait aux chambres voisines, et d'une voix où dominait une sourde colère:

— Vous ne m'attendiez pas, dit-il; c'est bien moi, plus vivant que jamais, et si vous voulez que ces hommes entendent ce que j'ai à vous dire, faites un signe et je vais le leur crier aux oreilles.

— Sortez! dit Marie Touchet aux serviteurs, qui reculèrent aussi surpris que courroucés.

— Je vous trouve hardi, ajouta-t-elle, de vous introduire chez moi à pareille heure, de forcer la porte comme un malfaiteur.

— Pas de phrases, madame, dit Espérance, des actions... C'est moi qui interrogerai, s'il vous plaît! Mademoiselle, où est le médaillon d'or que vous venez de voler chez moi?

Henriette, par un mouvement irréfléchi, porta la main à sa poitrine, dont les dentelles froissées, dont le désordre décelaient d'ailleurs la complicité. Puis elle chercha autour d'elle une issue et recula encore.

— Rendez-le moi, continua Espérance, et ne faites point un pas pour quitter la place, ou, par le nom du Dieu vivant, moi qui vous ai trop longtemps épargnée, je vous cloue sur ce fauteuil d'un coup d'épée!

— A l'aide! au secours! cria Henriette éperdue de rage et de terreur à l'aspect de ces yeux étincelans, de ces dents serrées, de cette pâleur qui, chez un homme aussi brave, trahissaient la fureur poussée jusqu'au délire.

Marie Touchet avait heurté la cloison voisine; on vit tout à coup arriver M. d'Entragues, effaré, à peine vêtu, une hache d'armes à la main. A la vue d'Espérance, il commença par crier:

— Quel est cet homme?

Mais la contenance et le regard de *cet homme* changèrent bientôt le cours de ses idées, il prit peur et se mit à heurter comme les deux femmes.

Les valets, que Marie Touchet avait éloignés, remontèrent à ces cris.

— Au secours! répéta Henriette folle de peur.

M. d'Entragues, étourdi, s'avança brandissant la hache.

— Qu'il n'approche pas, s'écria Espérance, ou je le tue!

Le comte resta immobile.

— Monsieur!... pitié!... calmez-vous!... dit la mère avec angoisses au jeune homme... Pitié! pas de scandale!

— Le médaillon d'or, et je pars!

— On monte!... on vient!...

— Il y périra, ma mère, ce sont nos soldats! s'écria Henriette en trépignant avec des convulsions sinistres.

En effet, on vit au fond des corridors apparaître les têtes de plusieurs hommes armés qui montaient les dernières marches de l'escalier et se répandirent dans la chambre voisine, tandis que Marie Touchet, palpitante, essayait encore de les arrêter.

Mais à peine Espérance eut-il vu reluire les épées qu'il bondit comme un lion: ce n'était plus une créature mortelle armée des faibles armes de l'humanité; jamais plus fulgurante image de la guerre et de la violence n'avait apparu aux regards des hommes, le feu jaillissait de ses yeux, son souffle grondait comme une fumée brûlante. Il commença par culbuter M. d'Entragues, dont il fit voler l'arme au travers des vitres fracassées; puis, revenant à Henriette:

— Ah! tu ne veux pas rendre le billet, dit-il écumant, eh bien, je le prendrai!

Il se jeta sur son ennemie, qu'il terrassa; lui déchira dentelles et soie pour découvrir sa poitrine, sépara les deux mains qui l'égratignaient, en arracha, sur la chair même, le médaillon qu'elles y incrustaient avec frénésie, et, maître enfin de la boîte d'or, rejeta comme une écorce vide la misérable femme, qui demeura stupide, l'œil hagard, le sein nu, haletant, déshonoré, devant son père, sa mère et les soldats que cette lutte épouvantable, que ce triomphe plus rapide que la pensée avait glacés d'une torpeur vertigineuse.

Mais Marie Touchet, réveillée enfin, c'est-à-dire rendue à ses instincts sauvages, cria d'une voix rauque, en vraie amie de Charles IX:

— Au secours! en avant! tuez-le! tuez donc!

— Le mot de famille! dit Espérance, mais aujourd'hui j'en ai l'habitude, et nous allons voir!

En même temps, il mit l'épée à la main; son bras long et vigoureux imprima un mouvement circulaire à la grande lame brillante qui, rencontrant deux soldats des plus avancés, fit deux entailles telles qu'une faux ne les aurait pu creuser plus larges et plus nettes.

Les cris des blessés firent réfléchir les autres. Leur hésitation fut mise à profit par Espérance, qui fondit tête baissée sur le groupe et le divisa plus facilement que si ces trois corps eussent été trois ombres. Une épée le toucha, il la brisa d'une parade violente comme un coup de marteau, et le choc de son pommeau abattit l'adversaire frappé dans l'estomac; les derniers se barricadèrent derrière la porte ou sur le flanc des meubles. Espérance en finit avec les valets par plusieurs coups de plat, mêlés de tailles rapides, et en trois bonds il se jeta au bas de l'escalier.

Il entendit bien encore des cris, des menaces, des hurlemens qui s'exhalaient par les fenêtres; il sentit bien qu'on cherchait à le poursuivre, et put compter les pas de ses timides persécuteurs; mais qu'importe au lion vainqueur l'inoffensive plainte du pasteur terrassé? Dans la rue, plusieurs passans, quelques gardes de nuit attirés par le bruit, tentèrent de lui barrer le passage, mais l'éclair blanc de la terrible épée les dissipa sans peine, et après certains détours que le jeune homme fit habilement dans le dédale des rues voisines, il se trouva seul, sauf et triomphant, respirant avec délices le vent frais de la nuit, et inondé des douces lueurs de la lune qui lui souriait silencieuse du haut des cieux.

XI.

Séparation.

Le lendemain, Espérance, brisé par la fatigue et le chagrin, car il n'était qu'un homme, reposait sa tête et son corps dans le silence de son appartement désert, quand l'intendant vint lui demander s'il voulait recevoir M. de Pontis, malgré la consigne inflexible que les gens de l'hôtel avaient reçue de ne laisser pénétrer personne auprès du maître.

Espérance hésita un moment, puis, fronçant le sourcil :

— Soit, dit-il, amenez-le.

L'intendant courut exécuter cet ordre.

Espérance se souleva, et se mit à marcher dans la vaste salle, en répétant entre ses dents ce fameux alphabet grec que le philosophe empereur romain récitait toujours sept fois entre un mouvement de colère et sa première parole.

Pontis entra. Espérance était calmé. Il regarda son ami librement, et s'étonna de voir, au lieu d'un grand trouble qu'il attendait, au lieu d'une physionomie altérée, certain sourire de belle humeur et certain air dégagé des plus provoquans. L'alphabet grec s'envola si loin de l'esprit d'Espérance, qu'un nouveau calmant eût été indispensable.

— Mon ami, dit Pontis avec aisance, j'ai à te faire une communication qui d'abord va te contrarier, parce que je connais toute ta susceptibilité à ce sujet ; mais un seul instant de réflexion te remettra l'esprit, et tu finiras par rire comme moi.

— Voyons un peu, répondit Espérance, cette communication qui va me faire rire.

Pontis s'arrêta un peu troublé.

— Qu'as-tu d'abord ? demanda-t-il.

— Moi ? rien. J'attends que tu parles.

C'était la difficulté. Pontis, au moment d'ouvrir l'exorde, se trouva encore moins assuré.

— Tu hésites beaucoup, ce me semble, dit Espérance d'un ton qui n'était pas encourageant.

— Voici. — Il faut que je commence par m'excuser.

— De quoi ?

— Tu avais raison, mon ami.

— Quand ?

— Hier.

— A quel propos ?

— Pour la jalousie si dangereuse des femmes. Ah ! oui, tu avais raison. Je le confesse humblement.

Espérance ne sourcilla point.

— J'attends toujours, dit-il. Car tu n'es pas venu, certainement, dans le seul but de me dire aujourd'hui que j'avais été raisonnable hier.

— Il y a l'événement qui t'a donné gain de cause, dit Pontis embarrassé.

— Quel événement. Voyons, Pontis, tâche de parler comme parlent les hommes et non comme parlent les enfans qui ont peur d'être grondés.

Pontis se redressa. Le ton l'avait blessé presque autant que le mot.

— Mon cher, dit-il, j'avais rendez-vous hier avec l'indienne Ayoubani. Elle a amené des surveillantes qui lui sont imposées par le Mogol, mais en femme d'esprit qu'elle est — elle en a jusqu'au bout des ongles — elle a occupé ces femmes avec des instrumens de musique. En sorte que nous avons passé une soirée enivrante.

— Enivrante est le mot, murmura Espérance sans se dérider.

Pontis le regarda de plus en plus troublé et ajouta :

— Ce fut un délire comme tu peux le concevoir.

— Eh bien ! mais, dit Espérance, tout cela ne me prouve pas que j'aie eu raison hier.

— Sans doute, s'il n'y avait que cela... Mais au fort de mon délire, est-ce fatigue, est-ce excès de bonheur ? je le croirais plutôt, je me suis endormi.

— Ah ! dit Espérance d'un ton sec qui fit ressembler ce monosyllabe au claquement du chien d'un mousquet qu'on arme.

— Et pendant mon sommeil, continua Pontis un peu tremblant, mais affectant de rire, la drôlesse d'Indienne a voulu voir de près le médaillon.

— Le médaillon !

— Notre médaillon.... tu sais...

— Parfaitement... Elle l'a vu ?

— La coquine l'a emporté pour me tourmenter. C'est une espièglerie de femme. Oh ! mais sois tranquille, elle n'ira pas loin avec, nous allons nous orienter, le lui reprendre, et je me réserve de la corriger de sa curiosité avec le peu d'égards que mérite un sexe aussi entêté, aussi vicieux et aussi dissimulé.

Espérance avait pris pendant ce dialogue une tige de roses, dont il arrachait les épines une à une sans le plus léger tremblement de ses doigts blancs et effilés. Pontis qui, dans ses derniers mots, avait essayé de glisser toute la persuasion dont il était capable, attendait avec anxiété le résultat de sa péroraison.

— Comme cela, dit Espérance froidement, le médaillon est volé.

— Oh! volé... escamoté, à la bonne heure.

— Je ne subtilise pas sur les mots; je veux seulement dire que tu ne l'as plus.

— Non. Mais.. je l'aurai quand je voudrai, car...

— Tu retrouveras Ayoubani, n'est-ce pas?

— Pardieu!

— Où cela?

— Mais... où j'ai l'habitude de la voir.

— Et si par hasard elle ne s'appelait pas Ayoubani?

— L'Indienne?

— Si elle n'était pas plus Indienne que nous deux?

— Par exemple!

— Si par hasard, c'est une supposition que je fais, cette femme était un instrument de nos ennemis?

— Allons donc! dit Pontis, moins rassuré encore.

— Si elle avait tendu le piége le plus grossier, le plus absurde; un vrai piége à bête, certaine qu'elle était d'y faire tomber la vanité, la jactance et l'opiniâtreté : trois bêtes stupides.

— Espérance!

— Certaine qu'elle était de triompher facilement, avec l'aide de la sensualité, de la paresse, de l'ivrognerie.

— Que signifient ces paroles?

— Que vous êtes un malheureux! que votre Indienne est une fausse Indienne, que vous avez donné dans le panneau, malgré tous mes avertissemens, malgré mes instances — que vous avez oublié promesses, sermens, honneur!.. que mon dépôt, recommandé à l'ami était dans les mains de l'insensé, de l'orgueilleux, de l'ivrogne!

— Oh!...

— Et que vous vous l'êtes laissé voler, non pas dans le sommeil voluptueux dont vous osez vous vanter, car l'Indienne ne vous a pas même fait ce triste honneur, mais dans la torpeur de l'ivresse... vice crapuleux qui chez vous noie un trop petit nombre de bonnes qualités.

— Espérance, dit Pontis pâlissant, vous m'insultez trop souvent...

— Taisez-vous! cria Espérance d'une voix de tonnerre; votre Ayoubani s'appelle Leonora Galigaï, elle est l'amie, la confidente de Mlle Henriette d'Entragues; on vous l'a dépêchée, un verre à la main, une bouteille de l'autre.

— Je jure Dieu...

— Ne jurez pas, n'ajoutez pas un blasphème à votre ignominie, ne jurez pas, vous dis-je, de peur que je ne vous appelle menteur après vous avoir appelé ivrogne! J'ai vu votre Ayoubani, je l'ai tenue dans cette main avec ses oripeaux, ses verroteries. Je vous ai tenu aussi, vous, lourd, mort, soufflant le vin.

— Je n'avais pas bu!

— Vous mentez! Les verres étaient encore demi pleins, exhalant leur odeur sur la table, aux pieds de laquelle vous étiez gisant... et voilà le sommeil honteux pendant lequel la fausse Indienne vous a dépouillé, pendant lequel le médaillon que je vous avais confié passait des doigts de Leonora dans les mains d'Henriette d'Entragues!

— Henriette... balbutia Pontis écrasé... elle a le médaillon... Oh!

Et le malheureux laissa retomber ses bras dans la prostration la plus douloureuse.

Tout à coup il se releva et fit un pas vers la porte.

— Je saurai mourir, dit-il, pour le lui arracher.

— Calmez-vous, la besogne est faite, répliqua Espérance avec un froid sourire. Dieu n'a pas voulu que je fusse trahi si lâchement; que tous les intérêts si précieux, si chers, garantis par la possession de ce billet fussent à jamais ruinés par un homme sans foi et sans courage. J'ai paru à temps, et, l'épée à la main, j'ai reconquis mon bien. J'y pouvais succomber, monsieur. Ce n'est que par miracle que j'ai échappé. Il y avait cent chances contre une, pour que ce matin, en secouant votre épais sommeil, vous apprissiez ma mort et le triomphe de mes ennemis. Dieu soit loué! si je n'ai pas d'amis, j'ai un ange gardien!

— Espérance! s'écria Pontis agité, tremblant et les mains jointes, je jure par tout ce qu'il y a de plus sacré que je n'étais pas ivre.

— Etiez-vous étendu?

— Je n'étais pas ivre, je n'avais pas bu.

— Vous l'aurez oublié.

— Pas un verre!... Je le jure sur l'honneur...

— A quoi bon tout cela, monsieur? répliqua Espérance avec une froide et imposante dignité. Vous ne me devez pas d'excuses. C'est pour vous les épargner que je viens de vous raconter le succès de mon entreprise. En reprenant le billet à Mlle d'Entragues, j'ai détruit l'effet de votre trahison. Trahison est le mot, car si elle est involontaire, si vos sens y ont seuls participé, le crime est le même, — il se dénonce par le résultat. Ne niez donc pas, ne vous justifiez donc pas. Ce serait inutile.

— Mais on ne peut se laisser soupçonner ainsi quand on est malheureux au lieu d'être coupable.

— Appelez cela du nom que vous voudrez, vous êtes le maître.

— Jamais ! dit Pontis avec égarement, je ne souffrirai que l'on m'accuse d'avoir, même par erreur des sens, attenté à l'amitié.

— Qui vous parle d'amitié, monsieur de Pontis, répliqua Espérance en se redressant, implacable et fier. Ce n'est pas de vous à moi, je suppose, que vous emploieriez ce mot. Il est devenu aussi inintelligible que la chose est impossible désormais. Déjà je vous ai averti, déjà je vous ai pardonné. La rechute brise tout lien entre nous. Je tenterais Dieu qui vient de me sauver, si je recommençais imprudemment à vous croire. L'homme qui vous a aimé n'est plus; vous l'avez tué cette nuit. Je ne vous haïrai jamais. Seulement nous n'aurons plus rien de commun ensemble. Hors de l'amitié, de ses devoirs, de ses bienfaits, vous méritez toute mon estime, car vous avez les qualités qui la commandent. Voilà tout. Saluons-nous comme il convient entre honnêtes gens. Mais de la main au chapeau ; non plus du cœur à la main. — Adieu !...

Pontis, pendant ces terribles paroles, passait successivement de la glace au feu, de la sueur au frisson. Sa pâleur, puis ses joues empourprées, tantôt le tremblement de tout son corps et tantôt son immobilité cadavérique, eussent ému de pitié quiconque se fût trouvé en face de cette scène poignante.

Par moments, on l'eût vu essayer d'assembler deux idées. Ses lèvres remuaient, sa main s'étendait pour faire un geste. Puis, frappé au cœur par l'irrésistible logique d'Espérance moins encore que par la voix de sa conscience, terrifié par le souvenir du danger que son ami avait couru, il baissait de nouveau la tête et se recueillait encore.

La colère, cette inspiration du démon, vint à son tour gonfler de poison ce cœur bourrelé par le repentir et les remords. Pontis voulut se relever, se défendre, récriminer. Il y avait dans les accusations dont on l'accablait une part d'injustice que le démon lui conseillait de repousser violemment. Peu à peu, cette noire vapeur prit de la consistance et finit par éclater comme le soufre dans une nuée maligne.

— Monsieur, répliqua Pontis, les poings serrés, la lèvre frémissante, la voix altérée ; certes, je suis coupable, mais d'imprudence seulement... coupable de sottise, de crédulité, d'opiniâtreté, c'est possible ; mais vous avez dit que je vous avais trahi étant ivre; c'est faux. Je ne suis pas un traître, et je n'ai point bu hier. Sur ces deux points au moins, je vous somme de me faire raison.

En parlant ainsi, le soldat redressait sa tête, et ses reins cambrés semblaient s'être retrempés au contact du fer qui les pressait.

Espérance le regarda tranquillement avec compassion.

— Il ne vous manquait plus, dit-il, que de me provoquer comme un pilier de taverne ou de coupe-gorges. Mauvaise idée, monsieur de Pontis, car si vous avez la bravoure et la science nécessaires pour tenir une épée, je vaux encore mieux que vous sous ce double rapport. Souvent je vous en ai fourni la preuve éclatante. J'ai de plus mon bon droit, qui suffirait à vous donner du dessous au cas où vos yeux, pendant le combat, essaieraient de soutenir le regard des miens. Mais le diable qui vous a soufflé ce mauvais conseil perdra aujourd'hui sa peine. Je ne croiserai pas le fer avec vous, et ne rendrai de mes paroles aucune autre raison que celle qui les a inspirées. Ce que j'ai dit est dit. Tant pis pour vous. Le plus sage parti à prendre est de méditer mes reproches, de les mettre à profit, et de faire bénéficier vos amis futurs de l'expérience qui nous aura coûté si cher à tous deux. Car je vous ai aimé beaucoup, monsieur de Pontis, je vous ai chéri comme un frère que Dieu m'aurait envoyé ; j'ai, selon les inégalités de ma nature, hélas ! imparfaite, tâché de me rendre aimable, et je ne crois pas qu'en ce long espace de temps qui nous a rapprochés, vous ayez eu à m'adresser un seul reproche. S'il en était autrement, si je me trompais, si vous aviez amassé quelque grief contre moi, parlez ! je vais vous en demander pardon avec une douleur sincère, car l'amitié pour moi est un pur rayon de la bonté divine, que l'homme en le reflétant souille assez déjà de ses misères, et je ne voudrais pas, au prix de ma vie, le ternir par une atteinte volontaire. Si jusqu'à ce jour je vous

23

ai offensé ou si je vous ai nui, parlez!

Pontis courbé, haletant, hagard, se releva soudain avec un signe de douloureuse dénégation, il appuya ses deux mains sur son cœur comme pour en arracher le serpent qui le mordait; puis, un flot amer, brûlant, monta jusqu'à ses yeux, et voulant cacher ce désespoir, il couvrit son visage de ses mains tremblantes, et s'enfuit hors de la chambre en étouffant des sanglots inarticulés.

Espérance resta seul.

La douleur de Pontis l'eût peut-être touché en d'autres circonstances. Mais auprès de ce qu'il souffrait lui-même, Espérance jugeait bien légères les souffrances d'autrui.

L'homme ne renonce pas, sans un combat terrible, aux plus doux rêves de sa jeunesse. Il ne veut pas vieillir ainsi en deux heures, il rappelle à lui tant qu'il peut des forces vitales; comment s'habituer à un malheur que l'on a fait soi-même? Comment ne pas se repentir d'avoir été généreux aux dépens de sa propre vie?

— Plus d'ami, plus d'amour, pensa Espérance, cela devait arriver. L'un ne m'a pas aidé à garder l'autre. J'avais deux bonheurs isolés : chose étrange, deux coups de foudre simultanés me les ont ravis. Plus rien dans cette existence si richement meublée hier encore. De quelque côté que je tourne les yeux, je ne vois que ruines, écroulemens!

Oh! Gabrielle! tendre et noble amie... j'ai du moins la ressource de te pleurer. Perdue pour moi dans toute la fleur de ta beauté, sans une tache, sans un reproche...

Il s'arrêta en proie à la tempête furieuse qui battait sa tête et son cœur.

— Soyons homme, comme disent les consolateurs, c'est-à-dire soyons brave — est-ce donc brave, un homme? est-ce raisonnable, seulement? Avoir du courage, cela ne signifie-t-il pas manquer d'âme et de mémoire?

J'ai aimé Gabrielle, j'ai aimé Pontis; l'une était au bout de toutes mes pensées, elle accompagnait chaque battement de mon cœur. Il ne s'est pas écoulé, depuis que je la connais, une minute durant laquelle son souvenir ne soit venu heurter en moi comme un marteau la fibre sonore qui me faisait retentir de la tête aux pieds, ainsi qu'un automate de bronze. Désormais la fibre est brisée; l'automate vide ne résonnera plus!

Pontis, charmant compagnon aux yeux noirs, brillans et sincères, aux dents blanches toujours affamées, brave ami qui m'aimait et dont les saillies m'ont tant de fois fait rire, lui aussi est perdu pour moi; je ne le verrai plus : c'est la faute de ce fatal amour. Moins intéressé à cacher ma vie, j'eusse fait de Pontis mon confident; il eût compris alors à quel point m'était précieux le témoignage d'un billet avec lequel je tiens en respect Henriette, et ce billet il me l'eût rendu par défiance de lui-même, et aujourd'hui je croirais encore en Pontis; et je n'eusse pas prononcé ces amères paroles qui brûlent comme un venin corrosif jusqu'aux derniers vestiges d'une amitié de dix ans!

Mais non! c'était écrit. Tout espérer, — tout perdre! voilà mon destin. Mon nom est funeste, il porté malheur à ma vie. — Espérance!... Toujours Espérance... — Pourquoi ne m'a-t-on pas tout de suite appelé Désespoir! — Oh! ma mère, ma mère! pardon!

En parlant ainsi, le jeune homme tomba agenouillé devant son prie-dieu, évoquant l'image de cette mère si tendre qui, du sein de la sérénité bien heureuse, dut jeter sur la terre un regard mélangé d'amertume en voyant ce fils adoré lutter contre l'agonie de son incurable douleur.

XII.

Entragues et intrigues.

Le roi se promenait à Saint-Germain dans le parterre. Il tenait des papiers à sa main, et paraissait les lire avec grande attention.

Mais ce prétendu travail n'était qu'un simulacre destiné à tromper l'œil de quiconque pouvait observer le roi des fenêtres du château. Henri ne lisait pas, il n'étudiait pas, il causait avec La Varenne qui, marchant sur la même ligne que lui à la gauche, et tenant les yeux modestement baissés, ne perdait pas une des paroles du roi et lui répondait sans qu'on eût jamais pu deviner un dialogue entre deux têtes ainsi séparées.

— Et tu dis que cette pauvre Henriette va mieux? dit le roi en tournant un feuillet.

— Oui, sire, elle a eu un rude assaut; j'ai bien cru qu'elle en mourrait.

— C'eût été grand dommage. Il n'y a pas une plus belle nymphe à ma cour. Et c'est le chagrin qui la mine?

— Il y a de quoi, sire; une personne qui vous aime follement et qui apprend votre prochain mariage avec une autre.

— Que m'avait-on rapporté d'une scène

épouvantable qui a réveillé une nuit tous les habitants du quartier?

— Une scène?... demanda La Varenne avec un air de naïveté, car le roi faisait allusion à la fameuse histoire du billet repris, et il importait au protecteur des Entragues de détourner complétement les idées ou les soupçons du roi.

— Oui, des cris, des menaces, un esclandre enfin. On avait aperçu le père Entragues en robe de chambre, la hache en main. On a prononcé le mot billet...

— Je sais maintenant ce que Votre Majesté veut dire. Il s'agissait d'un billet, en effet...

— D'un billet pris...

— Votre Majesté est bien informée, dit La Varenne avec une admiration de laquais; quelle police!...

— Assez bonne, La Varenne, assez bonne... Qu'était-ce donc ce billet?

— Voici la vérité, sire. Mlle d'Entragues vous écrivait avec passion, comme à son ordinaire; le père est survenu et a pris le billet. Il a voulu tuer sa fille.

— Ah! mon Dieu!

— Elle en a failli mourir de honte et de chagrin.

— C'est donc un sauvage cet Entragues?

— Sire, il défend son honneur... Les pères et les maris ont en vous une dangereuse partie... Vous qui n'avez qu'à vous montrer pour plaire!

— Et qu'est-il résulté? demanda Henri flatté au fond du cœur, bien qu'il eût trop d'esprit pour le laisser paraître.

— Oh! des événemens affreux, menace de couvent, de prison.

— Mais Henriette est brave, elle ne se défend donc point?

— Tant qu'elle peut; mais le moyen de vaincre son père!

— J'en connais qui y sont parvenues.

— Celles-là, sire, vous avaient pour soutien. Si vous tendiez seulement la main à la pauvre demoiselle, elle aurait la force de remuer le monde. Voilà d'où vient sa tristesse. Elle se sent abandonnée.

— Prends garde! dit le roi au détour de l'allée, tu t'approches trop; marche un peu derrière. Je vois là-bas des rideaux qui remuent, on nous regarde.

La Varenne noua les rubans de son soulier.

— Voilà une femme qui me donne bien du mal! reprit le roi.

— La conquête en vaut la peine, sire. Ne laissez pas mourir de douleur une fille de cette beauté. Votre Majesté ne peut savoir à quel point cette beauté est parfaite.

— Que faire?...

— Un peu d'aide.

— Le père est un brutal, et je veux la paix, assez de pères comme cela...

— Il ne demande qu'à être aveuglé. Aveuglez-le.

— Que lui faut-il?

— Oh! peu de chose; des apparences.

— Je lui en donne assez, je me tue à lui en donner.

— Avec un tant soit peu de réalité, sire.

— Voilà l'embarras.

— Qu'il est douloureux, disait hier encore la pauvre demoiselle, que le roi ne me juge pas digne de quelques sacrifices, car s'il voulait, j'aurais dès demain assez de liberté pour obéir au penchant de mon cœur.

— Eh! j'en ferai des sacrifices, mais lesquels? Il est si avide cet Entragues.

— Comme les gens pauvres, sire.

— S'il ne faut que de l'argent, on en trouvera un peu. Je travaille beaucoup pour mes peuples et, en conscience, je crois avoir le droit de me distraire honnêtement, çà et là... Je regagnerai bientôt la somme.

— Est-ce que tout, en France, n'est pas à Votre Majesté? dit le plat valet. Vous vous faites des scrupules de votre bien, sire.

— Cette pauvre fille doit bien souffrir d'être ainsi marchandée, La Varenne?

— Elle souffre le martyre. Aussi, me disait-elle, que le roi paraisse seulement vouloir me traiter en demoiselle; qu'il fasse de moi assez de cas pour me promettre...

— Quoi donc? bon Dieu!

— Une sorte de stabilité dans sa tendresse.

— C'est aisé.

— A promettre, voilà qui est vrai, sire.

— Eh bien! puisqu'elle demande une promesse...

La Varenne resta muet.

— Je ne suppose pas qu'elle attende une promesse de mariage, puisque je vais me marier avec la duchesse de Beaufort.

La Varenne se mit à rire silencieusement, et le roi prit au vol ce singulier sourire.

— Pourquoi ris-tu? dit-il.

— Parce que Votre Majesté, par des délicatesses inutiles, fait toujours le contraire de ce qu'il faudrait pour réussir vite.

— Je ne comprends pas.

— Est-ce que mon roi me permet de dire ma pensée?

— Dis.

— Ces Entragues sont vains, et, s'il faut l'avouer, avides.

— Je le crois.

— Ils tourmentent donc leur pauvre fille parce qu'elle ne donne pas assez de satisfaction à leur orgueil et à leur avarice.

— L'avarice, on peut la rassasier sans se ruiner, j'espère.

— L'orgueil aussi, sire. Un exemple : Mme la duchesse de Beaufort croit bien que le roi l'épousera, n'est-il pas vrai ?

— Certes, et elle a raison !

— Elle a raison. Bien. Cependant Votre Majesté est déjà mariée. Il faut donc que Mme la duchesse ait foi en Votre Majesté pour attendre la rupture du premier mariage. Pourquoi les Entragues, si Votre Majesté promettait d'épouser leur fille, n'y croiraient-ils pas aussi bien que Mme la duchesse ?

— D'abord je ne leur promettrai pas. Prends-tu un roi de France pour un maraud comme toi, La Varenne? Promesse est promesse, Fouquet! roi est roi!

La Varenne plia le dos.

— Il y a promesse et promesse, murmura-t-il.

— Oh! s'ils se contentent à si bon compte, dit Henri avec enjouement... l'affaire est possible.

— Mais, sire, il ne s'agit pas d'eux, encore une fois. Eux, ce sont des gens à tromper, ce sont des gens à battre... trompez-les, battez-les; vous y gagnerez des indulgences, mais la pauvre demoiselle aidez-la, sire, ou abandonnez-la tout à fait, laissez-la mourir de sa douleur, elle souffrira moins que de subir les persécutions de sa famille.

— A Dieu ne plaise qu'une si parfaite créature meure par mon inhumanité...

— Un semblant de secours, alors... Quelle ait vis-à-vis de ses persécuteurs une apparence de raison d'agir. Une promesse faite à elle, c'est son salut, c'est sa liberté, c'est le droit de voler dans les bras de son roi. Quand il s'agira plus tard de débrouiller le compte avec les parens, elle aidera Votre Majesté à leur rire au nez et à faire banqueroute. D'autant mieux que la dette ne se pourra payer, puisque Votre Majesté sera mariée ailleurs.

— Ce n'est pas absolument sot, dit Henri rêveur.

— Et ce sera éminemment charitable, sire ; sans compter les bénéfices.

— Fouquet, si tu en parles, tu vas m'ôter le mérite de la charité, répliqua le roi du ton goguenard qu'il prenait pour toutes ces affaires, qui, au fond, lui tenaient tant à cœur.

— Je puis donc aller verser un peu de baume sur les plaies de cette belle amoureuse... Oh ! sire, elle est capable d'en pâmer de joie.

— Ne m'engage pas trop !

— C'est elle, sire, qui va s'engager vite et vous verrez avec quelle ardeur...

— Va-t-en, esprit tentateur, et va-t-en promptement, car je vois Rosny qui entre dans le parterre. Qui donc l'accompagne? ma vue baisse.

— M. Zamet, sire ; et tout là-bas, sur l'esplanade, il y a M. de Crillon qui parle à un garde...

— Compagnie austère. Gare à tes oreilles, dit le roi en refeuilletant sa correspondance avec plus d'action que jamais.

La Varenne glissa comme une belette parmi les bosquets et les bordures de troène. Henri, sans affectation, se laissa approcher par Rosny, qui venait à pas comptés dans l'allée même que parcourait le roi.

Le ministre avait naturellement l'air soucieux et sévère. Il était de ceux qui effarouchent les Grâces, comme disait Platon. Mais, ce jour-là, Rosny portait sur son visage une double teinte sombre qui frappa le roi dès le premier coup d'œil.

Henri s'écria gaîment :

— Vous venez en messager funèbre, notre ami. Quoi de nouveau? L'argent de mes coffres s'est-il changé en feuilles d'arbres, comme dans le conte arabe?

— Non, sire, l'argent de Votre Majesté est de bon aloi et augmente, Dieu merci, tous les jours. Je me suis permis de venir troubler le roi pour obtenir une réponse définitive.

— Sur quoi, Rosny?

— Mais sur ce grand événement... dit le ministre avec un soupir.

— Mon mariage !... Vous y revenez toujours : vous ne vous y accoutumerez donc jamais ?

— Jamais, sire, repartit gravement le huguenot.

— Il le faudra, mon ami, sinon vous ne vous accoutumeriez pas à me voir heureux.

Rosny resta immobile.

— Je rêvais une autre alliance pour Votre Majesté, dit-il enfin. Une alliance riche et grande.

— Bah ! la richesse d'un homme, c'est sa satisfaction.

— D'un homme, oui, mais d'un roi...

— Mon ami, je vous ai répété à satiété mes argumens en faveur de ce mariage. J'ajouterai qu'aujourd'hui il est devenu nécessaire, tout le monde en parle.

— S'il n'y a que cette nécessité...

— Assez, Rosny, tu me désobliges. Tu ne peux parler contre ce mariage sans offenser la duchesse de Beaufort.

— Non, dit vivement Sully, ce n'est pas la mariée, c'est le mariage que j'attaque.

— Fais grâce à l'un et à l'autre. Ma résolution est prise. Je n'ignore pas ce que vous en direz, ce que tout le monde en dira, mais peu m'importe. Je sais aussi qu'il y a des princesses nubiles en Europe, et que la politique me pouvait faire incliner vers celle-ci ou celle-là. Mais il est trop tard. Je serai heureux sans princesse.

— Au moins, sire, ne vous mariez pas, n'enchaînez pas votre liberté.

— Allons donc, je me fais libre en me mariant. Il me faut des enfans, la duchesse m'en donne de beaux et d'aimables comme elle. Si je ne me mariais pas, je n'aurais que des bâtards inhabiles à me succéder; si je ne me mariais pas, toutes les femmes se disputeraient ma personne. Oh! ne souriez pas, Sully, on m'aime, et si vous ne croyez pas qu'on m'aime, croyez du moins que l'on convoite une part de ma couronne. Ce sont autour de moi des intrigues, des débats, des appétits qui ruinent et affaiblissent mon autorité. Dix hommes ligués contre ma puissance, dix Mayenne ayant chacun leur armée ne sauraient faire autant de mal à mon État que deux femmes se querellant à qui m'aura, moi, barbe grise, qui vous fais sourire. Je sais la force des femmes et les redoute. Je ne veux pas que leurs ambitions troublent le repos de mon peuple. Une fois que je serai marié, plus d'ambition possible autour de moi. Je me connais, il me faut des distractions, des caprices. Au sein de la plus parfaite félicité, je cherche fortune. Aujourd'hui même que Gabrielle me rend heureux comme jamais je ne l'ai été, je la trompe pour des coquines. C'est mon défaut. Reine, elle sera du moins à l'abri de mes escapades. J'aurai le bouclier qu'il me faut pour repousser les flèches de tous ces escadrons d'amazones qui visent à mon faible cœur. Souvent vous m'avez entendu développer ma politique de prince; je vous analyse aujourd'hui en homme ma situation, comprenez-la, respectez-la, donnez-moi la joie de ne me plus troubler; car votre esprit est sérieux, vos opinions sont de poids pour moi, et toute opposition de votre part me gêne.

— Sire, répliqua Sully évidemment désappointé par cette franchise de son maître, si l'homme seul parlait, je me permettrais, je crois, de répondre, et j'aurais aussi de bonnes théories à invoquer. Mais je crois comprendre que c'est principalement le roi qui m'a parlé; je m'abstiendrai donc, malgré tout mon désir, de veiller aux intérêts de cet État.

Le roi fronça le sourcil.

— Hélas! poursuivit Rosny, que le chemin de la vérité est rude! qu'il a d'épines! qu'il cause d'embarras au loyal serviteur qui voudrait y mener son maître! Mes opinions, disiez-vous, sire, ont quelque poids pour vous. Cependant, vous ne les consultez pas...

— Je sais trop ce qu'elles me diraient, Rosny.

— Peut-être condamnez-vous ainsi les vôtres, répliqua courageusement le ministre.

— D'accord, mais je suis résolu, j'aime la duchesse et ne trouverai jamais, fût-ce sur le premier trône de l'Europe, une femme qui mérite mieux mon amour par sa douceur, son incomparable beauté, son désintéressement et les bons offices que j'en ai eus. Écouter ce qu'on me dirait contre elle serait un manque de foi, car elle est inattaquable. Cependant, le monde trouverait encore moyen de l'accuser si je voulais laisser dire.

— Assurément, sire.

— Eh! que ne dirait-on pas ainsi d'une princesse? mais encore un coup, brisons là-dessus. Croyez, Rosny, que votre zèle se produira plus gracieusement à moi par le silence que par la discussion.

— Il y a certains faits qui se montreront moins souples aux volontés de votre majesté.

— Lesquels? dit Henri en dressant l'oreille.

— Votre Majesté n'oublie pas sans doute qu'il y a de par le monde une reine Marguerite.

— Ma femme, pardieu non, je ne l'oublie pas; j'ai trop de raisons pour m'en souvenir.

— Son consentement au divorce est indispensable, sire.

— Eh bien?

— La reine Marguerite refuse de donner ce consentement pour un mariage qui...

— Qui?

— Qui ne ferait point faire au roi un progrès dans sa fortune ou dans la prospérité du royaume.

— Qu'est-ce à dire? demanda Henri troublé, et depuis quand madame Marguerite se mêle-t-elle des affaires d'Etat? Qu'elle sache, entendez-vous bien, que je ne le souffrirai pas. Mais toute cette intrigue est dirigée contre la duchesse... ce sont des obstacles qu'on lui suscite... misérables obstacles...

— Que Votre Majesté aurait tort de mépriser, dit froidement Sully, car ils sont puissans : la force d'inertie gouverne le monde! Si la reine Marguerite s'obstinait à refuser, Votre Majesté ne pourrait se remarier : le Saint-Père ne passerait pas outre.

— Voilà une méchante femme! murmura le roi. Que lui a donc fait Gabrielle, à cette...

Sully interrompant :

— La reine prétend qu'elle ne veut céder sa place qu'à une femme de son rang pour le moins.

— Par la mordieu! s'écria le roi, c'est ma faute si j'entends de pareilles sottises!... Son rang! Vingt fois j'eusse dû l'en faire descendre, les occasions ne m'ont pas manqué pour cela! Bah! soyez bon, le loup vous mange. J'ai fait de la délicatesse avec cette fille de France! Je ne l'ai pas fait condamner au cloître pour ses vilenies, ses déportemens ; je n'ai pas éteint dans une oubliette humide ce vieux sang toujours en fermentation des Valois, et voilà comme on m'en récompense! Ventre-saint gris! je le ferai!

— Il y aura danger, peut-être.

— Vous me faites pitié, répliqua le roi. Je briserai vos dangers comme il faut, à coups de procès sinon à coups de botte. Et puisqu'on veut du scandale j'en ferai! La vieille Marguerite en veut à la jeune et fraîche Gabrielle, elle lui envie son printemps en fleurs, sa suave haleine, sa riante fécondité. Eh! cap de diou!... je ferai pourrir avant le temps cette fille de France dans les quatre murs d'une abbaye de pénitence.

— D'accord, sire, grommela le huguenot, mais vous ne serez pas libre pour cela.

— Mort de ma vie! je serai veuf! répliqua le roi. Allez-vous-en, vous et vos filles de France à tous les diables!... Et puisque vous marchez avec mes ennemis, attendez-vous à ce que je me défende vigoureusement contre vous.—Allez, monsieur, allez! Oh! là, Crillon, arrive un peu, toi! viens me remettre le cœur que tous ces gens m'arrachent!

Sully, mécontent, humilié, baissa la tête, et après une cérémonieuse salutation, reprit à pas lents le chemin du château. En abordant Zamet, qui l'attendait plein d'anxiété, et lui demandait des nouvelles d'une démarche dont assurément il avait reçu la confidence,

— Plus d'espoir pour votre princesse toscane, répliqua-t-il. La duchesse de Beaufort sera reine. Oh!... faites la grimace tant que vous voudrez : si vous n'avez que des grimaces pour empêcher ce malheur.

— baissez la tête, la tuile tombe!

En disant ces mots, il faussa compagnie, plus bourru qu'un sanglier.

Quelque chose d'infernalement sinistre brilla sur le sombre visage de Zamet, qui, s'éloignant d'un autre côté, murmura :

— Nous verrons!

Cependant Henri s'était accroché au bras de Crillon comme un naufragé après la planche du salut. Il respirait à longs traits.

— Ah! dit-il, mon brave, combien je suis tourmenté!

— Qui ne l'est pas, sire?

— Est-ce que tu l'es, toi?

— Parbleu!

— Sais-tu que tous ces mauvais Français refont une ligue contre moi?

— Bah!... Et pourquoi? demanda l'honnête chevalier.

— Parce que je veux épouser ma maîtresse.

— Il est de fait que c'est une sottise, répliqua Crillon.

— Hein? fit le roi.

— Mais comme la chose vous regarde, et que vous n'êtes plus en jaquette, poursuivit Crillon, comme vous vous en trouvez satisfait, épousez, harnibieu! épousez!

— A la bonne heure! s'écria Henri en embrassant le chevalier, voilà parler!

— Eh, mon Dieu, l'une ou l'autre, ajouta Crillon, ce sera toujours une mauvaise affaire. La peste soit de toutes les femmes.

— Pourquoi dis-tu cela de cet air fâché?

— Parce que... parce que je suis enragé, sire. — Voyez-vous ce garde, là bas?

— Là bas, attends donc, dit Henri en se faisant de sa main un gardevue.

— Un bon soldat, un coquin qui n'a pas son pareil, un sacripant qui vaut son pesant d'or.

— Eh bien?

— Eh bien, il vient de me donner sa démission.

— Que veux-tu?

— Je ne le veux pas! C'est votre meilleur garde!

— Comment l'appelles-tu?

— Pontis.

— Ah! oui, un vaillant. Et pourquoi quitterait-il mon service?

— Parce qu'il s'est brouillé avec son ami... pour une femme... Il est tout séché, tout jauni; il grelotte la fièvre. Pour une femme! Harnibieu! les damnés oiseaux! Mais je ne veux pas qu'il parte... Faites-moi le plaisir de le mander, sire.

— Volontiers.

— Et ordonnez-lui de demeurer aux gardes.

— Si tu y tiens.

— Absolument.

— Va donc me le chercher, j'en fais mon affaire en deux mots.

En effet, Crillon fit un signe et le garde récalcitrant fut amené au roi.

Pontis n'avait plus rien du Pontis d'autrefois. Un demi-siècle de chagrin avait éteint ses yeux, fané ses couleurs, fondu ses chairs. Il flottait dans sa casaque comme un squelette.

Il s'arrêta à trois pas du roi, qui le considéra quelque temps avec bienveillance.

— J'entends qu'on demeure à mon service, cadet, dit Henri. Mon service sera bon pour toi, je m'y engage! Je te trouverai des occasions.

Pontis voulut répondre.

— J'ordonne, dit le roi en lui frappant sur l'épaule; et en même temps il lui mit une poignée de pistoles dans la main.

A cette époque, un gentilhomme s'honorait de recevoir l'argent du roi.

Pontis se tut, et n'eût pas songé à refermer ses doigts sur les pièces, si Henri ne les lui eût fermés lui-même.

— Il est malade, ce garçon, dit-il en le regardant encore d'un air d'intérêt. Soigne-toi, cadet!

Et il partit. Crillon s'approcha de Pontis.

— Et si tu désertes, mauvaise tête, je te fais hacher en morceaux! ajouta le chevalier.

— Cela m'est bien égal, dit Pontis les yeux tout rouges.

— Allons, ne vas-tu pas pleurer, grand veau! C'est bon. Je me rends à Paris. Je causerai de tout cela avec Espérance... Harnibieu! c'est qu'il pleure tout de bon, dit Crillon attendri. Quel âne!

En achevant cette consolation, il laissa tomber à son tour sa main sur l'épaule du garde; mais le pauvre squelette n'était plus de force à supporter une pareille caresse; il plia et s'assit hébété sur le gazon.

XIII.

L'aveu.

Crillon tint sa promesse. Le soir même il descendait à Paris dans la cour du palais d'Espérance.

Le chevalier ne perdit point son temps à observer ce qui se passait autour de lui, ni les serviteurs occupés à transporter meubles et bagages, ni ce mouvement inséparable d'un déplacement prochain, ni l'aspect à la fois triste et agité de la maison, car la maison vit et porte sur sa physionomie un reflet fidèle des impressions du maître.

Crillon, laissant son cheval et ses gens dans la cour, alla droit au jardin où devait se trouver Espérance.

La soirée fraîche et nébuleuse promettait une nuit de tempête. Des tourbillons rapides roulaient dans les allées des bataillons tournoyant de feuilles mortes, qui couraient comme des soldats au cri de la trompette.

Ce beau jardin ayant épuisé toutes ses fleurs ne vivait plus que par la verdure éternelle des arbres résineux. L'eau n'y coulait plus avec le gai murmure de l'été. Les oiseaux noirs et muets campaient en se hérissant dans les cimes dépouillées.

Il n'était pas jusqu'au sable, dont les craquements retentissaient plus secs et presque sinistres sous le pied du promeneur.

Espérance foulait rêveur et incliné les feuilles jaunies par l'hiver, quand le chevalier l'aperçut et l'appela.

Le jeune homme se retourna empressé au son de cette voix amie.

— Ah! chevalier, s'écria-t-il, soyez le bien-venu. Je me disposais à vous aller voir.

Crillon resta immobile de surprise à l'aspect des ravages qu'une absence si courte avait faits sur la fraîche jeunesse de son favori. Espérance, pâli, les cheveux divisés par le vent, les joues creuses, les paupières battues, souriait avec cette grâce douloureuse de l'ombre rappelée un moment sur la terre.

— Lui aussi, s'écria le chevalier. C'est donc une épidémie! Pourquoi vous trouve-t-on fané, abattu comme ce pauvre Pontis?

Une fugitive rougeur monta au front d'Espérance; mais il ne répondit rien.

— Est-ce le chagrin de votre brouille? demanda le chevalier. Peut-être? Eh bien alors, réconciliez-vous vite.

— Impossible, monsieur.

— Comment! pour une femme, vous resteriez brouillés, ennemis ? C'est cela qui est impossible, harnibieu !

La rougeur d'Espérance était devenue une flamme dont ses yeux reflétèrent la vive lueur.

— Qui vous a dit, monsieur le chevalier, que la cause de ma rupture avec Pontis fût une femme ?

— Lui, pardieu !

— Et... l'a-t-il nommée, ajouta le jeune homme avec une anxiété qui fut remarquée de Crillon.

— Non. Pontis est galant homme. Il ne m'a donné aucun détail. Ce n'est pas que je n'éprouve une vive curiosité de savoir quelle femme en ce monde mérite que deux amis se séparent à cause d'elle. Pontis se meurt de chagrin là-bas comme vous ici. Il est temps de mettre un terme à vos douleurs. Vous maigrissez l'un et l'autre à faire pitié. Allons, vous qui n'êtes pas un bourru, un entêté, vous qui ne pouvez pas avoir tort, et qui êtes le supérieur, faites la première démarche.

Espérance se tut avec l'opiniâtreté d'une décision prise. Crillon ne put retenir un léger mouvement d'impatience :

— Je me suis engagé, poursuivit-il, à vous réconcilier tous deux : j'en ai parlé devant le roi.

Espérance tressaillit.

— A quoi bon? murmura-t-il vivement ; le roi n'a-t-il pas assez de soucis pour lui-même sans prendre les nôtres? Pourquoi parler au roi d'une brouille d'Espérance avec Pontis? Qu'importe au roi !... Quelle idée lui aurez-vous donnée ?... Que dira la cour?...

Le ton, la véhémence du jeune homme étonnèrent Crillon, tête féconde où les germes de soupçon trouvaient un aliment facile, une croissance rapide.

— Comme vous dites cela ! répliqua-t-il avec lenteur en épiant d'un œil pénétrant le visage d'Espérance, sur lequel le blanc et le vermillon se succédaient sans relâche, comme les flots de la marée pendant l'orage. — Si j'eusse pu deviner que vous vous cachiez si soigneusement du roi, ma langue n'est pas à ce point vagabonde que je n'eusse pu la retenir.

— Je ne me cache pas, monsieur, mais...

— J'ai été indiscret, interrompit Crillon, je le vois ; et qui sait si je ne vais pas être importun.

— Oh ! ne le croyez jamais.

— Les affaires de la jeunesse ne me regardent plus, et l'intérêt que j'y prends est une maladresse, n'est-ce pas? Les secrets des jeunes gens doivent être pour moi aujourd'hui comme les armes qu'un vieillard ne sait plus manier sans se blesser ou blesser les autres. En cette circonstance, du moins, j'aurai fait preuve de bonnes intentions, et c'est là-dessus qu'il faut m'absoudre.

En parlant ainsi, le chevalier se détourna, pour ne pas laisser voir à quel point le reproche d'Espérance l'avait blessé.

— Vous m'affligez, monsieur, dit tout à coup le jeune homme ému, en me supposant à votre égard une défiance qui n'existe pas.

— Voilà un siècle que vous ne m'avez vu, que vous n'avez chassé, paru à la cour. On en parle, on s'étonne.

— Je fuyais le genre humain.

— Pour une querelle avec Pontis ! C'est donc bien grave ?

— Très grave.

— Pourquoi me l'avoir caché ?

— J'allais vous voir de ce pas et vous le dire, répondit Espérance avec une voix troublée, dont l'expression fit mal au chevalier.

Les yeux de Crillon se portèrent avec plus d'attention de ce visage altéré à tous les objets environnans. Ce fut alors pour la première fois qu'il aperçut les domestiques travaillant à emballer, à démeubler avec une précipitation de mauvais augure.

— Vous alliez me voir, Espérance, où donc ?

— Chez vous, sans doute.

— On dirait plutôt que vous partez pour la Terre Sainte, pour l'Amérique, pour la Lune avec tous ces bagages, s'écria le chevalier en essayant de rire dans l'espoir de faire rire le jeune homme.

Mais celui-ci sans se dérider,

— Je pars en effet, dit-il, et le principal but de ma visite devait être de vous annoncer mon voyage.

Crillon fit un mouvement d'inquiétude; trop de symptômes depuis son arrivée lui décelaient une situation grave. Les soupçons commencèrent à se dessiner en traits plus prononcés.

— C'est une plaisanterie, n'est-ce pas? demanda-t-il en prenant les mains d'Espérance,

— Non, cher monsieur, non mon ami, c'est une réalité, je pars.

— A Venise, encore?

— Non, dit Espérance avec une mélancolie profonde. J'ai tout épuisé à Venise, je n'y trouverais plus de chagrins nouveaux, — je n'irai pas là.

— Eh, mon Dieu, où donc? vous me mettez sur les épines.

— Je ne sais pas où je vais, mon cher protecteur, mais ce sera loin et cela durera longtemps.

— Un moment, un moment, répliqua Crillon après un pénible silence pendant lequel il avait exercé toutes les facultés de son esprit et de son cœur, pour deviner le motif d'une telle résolution. Si vous eussiez été à la veille d'un combat douteux, périlleux, je suppose que vous fussiez venu à moi me demander conseil, sinon assistance.

— Monsieur!...

— Car vous n'oubliez pas, vous ne sauriez oublier, ajouta le chevalier d'une voix légèrement tremblante, que dès votre arrivée à Paris je vous ai proposé mon amitié, mon soutien; que j'ai été au-devant de vous, moi qui ne me prodigue guère.

— Ce souvenir est la seule consolation qui me reste, dit Espérance, troublé par le changement soudain qui s'était opéré dans l'accent et dans le regard du chevalier.

— La seule consolation qui vous reste! mais où en êtes-vous donc? que vous arrive-t-il donc pour que vous ayez besoin d'être consolé? Oh! toute cette discrétion cache quelque malheur; déchirons vivement le voile; il y a une plaie dessous, je veux la voir! j'en ai le droit.

— Monsieur... je ne sais trop moi-même.

— Détour, subterfuge. Vous êtes l'esprit le plus net et la volonté la plus ferme que je connaisse, malgré votre masque d'Apollon. Quand un homme trempé comme vous pince ses lèvres, c'est pour ne pas faire la grimace. Quand il fait la grimace, c'est qu'il souffre! Plus un mot qui ne soit une réponse péremptoire. Je questionne; répondez. Pourquoi êtes-vous changé, pourquoi êtes-vous caché, pourquoi êtes-vous brouillé avec Pontis? Enfin, pourquoi partez-vous? Oh! ne vous tourmentez pas ainsi les mains avec vos ongles, n'essayez pas de détourner vos yeux, de crisper votre bouche! Je suis là, je vous tiens, je vous veille. J'attends.

En disant ces mots avec toute l'autorité de son âge, de son rang, de sa renommée, Crillon arrêta Espérance au coin de l'allée près d'un banc, loin de tous les yeux, il l'assit non sans une certaine violence et se plaça à ses côtés.

— Pourquoi partez-vous? répéta-t-il.

Espérance fit un effort et dit :

— Parce que je m'ennuie à Paris, monsieur.

— C'est impossible. Vous êtes riche comme pas un de nous, en bonne santé, aimé, recherché de tout le monde, vous ne pouvez vous ennuyer.

— S'il en était autrement, partirais-je?

— Je vois que j'ai mal posé la question; vous êtes très habile et essayez encore à m'échapper. Cela me prouve combien vous avez peu d'amitié, d'estime pour moi.

— Monsieur! je viens de vous dire que je n'ai plus que vous au monde.

— Eh! mordieu! si vous m'aimez, faites que je le voie! Vous êtes bien jeune, moi bien vieux, c'est à moi de donner l'exemple du courage. Cependant si je me sentais blessé je vous crierais : au secours!

— Ah! monsieur, l'on n'a pas toujours ce bonheur de pouvoir crier quand on souffre.

Ces mots s'échappèrent avec un soupir douloureux.

— A d'autres, c'est possible, mais à moi, s'écria le chevalier, on peut tout dire; je suis Crillon, moi!

— C'est vrai. Eh bien, pourquoi le cacherais-je? vous le voyez trop bien, je suis malheureux.

— Toi, mon enfant, dit le brave guerrier avec un accent plein de tendresse. Espérance est malheureux, mais depuis quand? reprit-il avec un redoublement de défiance.

— Oh! la date ne fait rien, chevalier.

— Il n'y a pas longtemps encore tu rayonnais...

— Ce temps est passé; mais n'en parlons plus. Les chagrins sont une part de la vie. La vie nous est imposée : bonne ou mauvaise, il la faut prendre. Quand j'étais heureux, je n'ai point poussé des cris de joie, pourquoi aurais-je aujourd'hui une douleur bruyante? Non. Seulement, les accès peuvent me trouver faible, et je ne veux me donner en spectacle à personne. Voilà le motif de mon départ.

Crillon secoua tristement la tête.

— Espérance, murmura-t-il, le motif n'est pas celui-là.

— Que voulez-vous dire?

— Non, vous dis-je. Enfermé comme vous savez l'être, au besoin, indépendant comme vous l'êtes, vous ne seriez vu de personne à Paris. D'ailleurs, un voyage dans quelque terre suffirait. Mais n'oubliez pas ce que vous m'avez dit en commençant la confidence : Je vais loin et pour longtemps.

— Pour user la douleur, chevalier.

— Une douleur d'amour, peut-être, dit Crillon avec intérêt.

Espérance rougit, mais il sut se contenir et répondit :

— Je l'avoue, quand vous devriez me railler de cette faiblesse.

— Ce n'est pas moi qui y essayerai. Je sais compatir à toutes les peines. J'ai été jeune ; j'ai aimé, ajouta-t-il avec un affectueux sourire ; cependant il y a du remède aux peines d'amour.

— L'absence, n'est-ce pas ?

— Non. L'absence, au contraire, est une des tortures les plus cruelles, la plus cruelle après la mort. Mais on en guérit en se rapprochant de la femme aimée ; vous, au contraire, vous me paraissez fuir cette femme, puisque vous partez.

— Il est vrai.

— Je ne peux supposer un moment qu'elle ne vous aime pas... c'est une hypothèse absurde. Serait-ce donc qu'elle est morte ?

— Ne m'interrogez pas, je vous prie, dit Espérance, déjà vous savez plus que mon pauvre cœur n'en voulait dire... N'insistez pas.

Crillon, sans l'écouter, continua de rêver.

— Je ne connais aucune femme d'une certaine beauté ou d'un certain rang qui soit morte récemment à Paris, murmura-t-il en se parlant à lui-même. Ah ! nous oublions un genre de supplice... le mariage de celle qu'on aime. Mais je ne connais pas non plus de femme qui se marie, si ce n'est toutefois la belle Gabrielle.

Espérance devint livide et se détourna vivement, lorsque Crillon, sans intention maligne, leva sur lui ses yeux qu'il avait tenus vagues et baissés pendant sa rêverie.

— Ah ! mon Dieu ! pensa le chevalier, frappé d'une idée subite à la vue de ce trouble affreux soulevé par ses derniers mots.

— Seigneur, dit Espérance en se levant avec précipitation, la soirée s'avance, il fait froid. Vous plaît-il que je commande aux valets de rentrer les chevaux ?

— Je le veux bien, répliqua distraitement Crillon dont la main frissonnait en caressant sa moustache.

Espérance l'entraîna vers les bâtimens ; il le précédait, il le fuyait. Chacun de ses mouvemens était heurté, fébrile ; sa voix déchirait ses lèvres.

Crillon le laissa donner quelques ordres incohérens et entra dans la maison, où il le guetta pour le prendre au passage. En effet, quand le jeune homme reparut, après avoir rafraîchi son front et rétabli la sérénité sur son visage, il sentit le bras du chevalier se glisser sous son bras. Crillon se dirigeait vers la grande salle vénitienne, où il emmena et enferma avec lui le malheureux Espérance, que toutes ces préparations n'inquiétèrent pas assez.

Mais on ne se tirait pas à si bon marché des mains du brave Crillon. Ce dernier avait eu le temps de réfléchir, de confirmer tous ses soupçons, et il avait pris un parti.

— Espérance, dit-il brusquement, je sais votre secret, je connais le motif de votre départ. La femme que vous aimez ne se marie-t-elle pas ?

— En vérité, répliqua le jeune homme d'une voix éteinte, vous doublez l'horreur de mon supplice. Je pars pour fuir une pensée mortelle et vous vous obstinez à me l'infliger sans miséricorde. Eh bien, oui, j'aime une femme qui se marie, une femme qui épouse un roi. Devinez-vous ! Etes-vous satisfait ? Aurai-je au moins le bonheur de vous faire avouer que je suis le plus malheureux des hommes !

— Pauvre Espérance, reprit Crillon abattu. Vous aviez raison. Le mal est sans remède. Oh ! malheureux, malheureux Espérance, à Dieu ne plaise que j'ajoute quelque chose à votre infortune.

— Au moins vous me plaindrez, mon ami ! n'est-ce pas ?

— S'il s'agissait d'une femme ordinaire poursuivit le vieux guerrier, je ne voudrais pas éteindre en vous l'espoir. Je vous encouragerais à surmonter tous les obstacles. Vous me verriez ardent comme un jeune homme, plus ardent que vous à disputer cette femme, fût-ce à son mari. Car je vous aime, Espérance, et aucune folie ne me coûterait pour vous consoler. Mais ici, que faire ? Cette femme je ne puis que vous supplier de n'y plus penser.

— Oui, murmura vivement Espérance, c'est une image sans corps, un rêve chimérique, et vous êtes trop sage pour m'encourager dans le délire. N'en parlons plus, je vous le demande humblement.

— Cette femme, mon pauvre enfant, est aimée du roi, de mon roi, qui pour elle sacrifierait tout, même sa vie. Je ne puis vous aider contre le roi. Je ne puis songer qu'avec horreur au chagrin que lui causerait une pareille tentative.... Non.... tout à l'heure encore il me parlait d'elle.... il la défendait.... il m'ouvrait son cœur et je lui ai conseillé de tout braver pour épouser la duchesse. Je sais que je vous déchire l'âme, mon cher enfant, mais il lo faut. La route est tracée : c'est un sacrifice douloureux à faire.

— Je l'avais fait déjà, vous voyez, interrompit Espérance, puisque je vous annonçais mon départ.

Crillon se recueillit. Il joignit ses mains. La froide résignation du jeune homme, son sourire fixe, la contraction de ses lèvres annonçaient un désespoir violent, combattu par un courage capable de tuer l'homme en étouffant la douleur.

— Rien à faire, dit-il encore. Quand même il ne s'agirait pas du bonheur du roi, quand même il me serait possible de vous aider, le voudrait-elle ? repousserait-elle les conseils d'une ambition qui la porte au trône ?..... Et contre l'ambition, que peut l'amour d'une femme ?

— Oh ! que parlez-vous d'amour ? s'écria Espérance ramené à son caractère par l'accusation si injuste que formulait sans s'en douter le brave Crillon, — de l'amour entre la duchesse et moi ! Ah ! monsieur, la noble femme sait-elle seulement ma folie ? soupçonne-t-elle mon audace ?

— Quoi... vous n'avez point parlé ?

— Jamais, dit le généreux jeune homme, jamais je n'ai parlé ni même pensé devant elle. Cette passion n'a jamais eu d'écho. Gabrielle aime trop le roi, et il mérite trop bien d'être aimé. Elle s'est donnée à lui si loyalement, il l'appelle aujourd'hui si loyalement sa femme ! Que ferais-je entre eux, moi, un inconnu, un inutile, un oisif....? J'irais empoisonner leur bonheur en y versant mes coupables pensées !.... Vous dites qu'elle a de l'ambition. Quoi de plus respectable, seigneur ? ne s'agit-il pas de son honneur à recouvrer, de son fils à doter ? Mon Dieu ! mais cette passion que vous avez devinée parce que mon cœur pour vous est transparent, cette folie deviendrait un crime abominable si la duchesse en pouvait soupçonner l'existence. Je pars, vous ai-je dit; mais si je pouvais croire que quelqu'un a pénétré mon secret, je ne partirais pas, je me tuerais.

Crillon se leva, s'approcha d'Espérance, et l'enveloppa de ses bras.

— Oui, partez, dit-il, mais ne faites pas le voyage en homme qui se désole, en homme qui se presse. Tout n'est point perdu pour vos vingt ans, pour votre brave cœur. Qui sait les trésors que vous garde l'avenir. Enfant ! ne niez pas... ne vous révoltez pas.

— Oh ! faites-moi du moins la grâce, s'écria Espérance éperdu, de croire que je ne me consolerai jamais. Non, mon ami, jamais. On ne retrouve pas une pareille femme. Vous voulez bien, n'est-ce pas, que ce misérable cœur laisse saigner devant vous sa blessure ? Joie ineffable ! je puis donc parler à quelqu'un ! Me voilà frappé dans ma vie, seigneur, je n'ai plus de force, plus de courage. Mon devoir accompli, je sens que l'âme m'échappe... Il y a si longtemps que je vivais par cette fibre qui vient de se rompre. J'aimais déjà Gabrielle quand je suis parti, vous savez... Eh bien, je vais partir encore; mais je n'ai plus même de larmes. Ne me consolez pas, c'est inutile. Comment aurais-je du chagrin? comment souffrirais-je désormais? Je suis mort !

Crillon cacha dans ses mains son visage morne.

— Enfant, dit-il, vous m'écouterez, parce que chez moi c'est un cœur qui parle. Je comprends que vous n'aimiez plus Paris. Quittez-le.

— Et j'aurai encore la douleur de vous perdre, s'écria Espérance.

— Pourquoi ? dit le chevalier d'un ton calme. Vous n'aurez jamais été plus près de moi qu'à compter de ce départ, car je partirai avec vous.

— Vous, monsieur ?

— Certes. Je vieillis; le roi a fait la paix, il n'a plus besoin de moi dans le bonheur. Vous m'aurez pour compagnon : voulez-vous ?

— Mais, seigneur, dit le jeune homme en regardant Crillon avec une admiration mêlée de stupeur, d'où vient que vous me feriez un pareil sacrifice, vous que les plus illustres destinées attendent, prix des plus glorieux services; vous qui n'avez parcouru que la moitié de votre carrière d'honneurs ? comment me préférez-vous à la gloire ?

— Croyez-vous que j'aie un cœur de pierre, répondit Crillon ? Je vous dis : souffrez avec courage, mais à la condition que je vous aiderai à souffrir.

— Enfin, qu'ai-je fait pour que vous m'honoriez d'une si précieuse amitié ?.. Car vous me proposez de quitter pour moi le plus grand roi du monde, et, j'en suis sûr, vous ne me quitteriez pas pour un roi.

— C'est vrai, dit le héros embarrassé par la naïve question du jeune homme. Ne me demandez-vous pas la cause de mon attachement pour vous ? elle est toute simple. Comment ne vous aimerait-on pas ? Connaissez-vous mieux, Espérance. Vous êtes bon, vous êtes noble et vous êtes beau. Les yeux se réjouissent de vous voir, les âmes s'épanouissent au contact de votre âme. Que de rois ne vous valent pas. Ah ! je ne vous ai pas aimé comme cela du premier coup. Non, Malgré la recommandation de votre mère... car c'est votre mère qui vous a adressé à moi... Rien que pour cette raison, Espérance, vous devriez m'aimer. Tenez, il faut m'aimer beaucoup, mon enfant, et vous persuader ce que vous disiez tout-à-l'heure par délicatesse, c'est-à-dire que vous n'avez plus que moi au monde. Et si je croyais ne pas suffire à vous consoler avec le temps... si je doutais de votre amitié... si je vous voyais ingrat... Non. Embrassez-moi. Mon cœur se fond quand je vous tiens dans mes bras.

Espérance obéit. Il appuya sa tête endolorie sur cette vaillante poitrine et endormit sa douleur aux battemens d'un cœur qui n'avait jamais failli.

XIV.

La prophétie de Cassandre.

Le temps avait marché. Toutes les forces coalisées contre Gabrielle grandissaient en silence. Espérance attendait que Crillon fût prêt à partir. Le chevalier avait fait promettre à son ami la patience, la résignation, jusqu'à une occasion favorable.

Espérance mettait son point d'honneur à ne rien trahir de ses souffrances. On ne parlait autour de lui que d'un voyage fort beau, fort long, qu'il allait entreprendre avec Jean Mocquet pour l'honneur de la science, et pour la gloire d'ajouter quelques colonies au royaume.

En attendant, le jeune homme concentrait sa douleur : il s'en nourrissait. Renfermé chez lui ou feignant de s'absenter pour des chasses dans les forêts éloignées, il disparaissait peu à peu du monde et de la cour. On ne le vit qu'une ou deux fois figurer dans les joyeuses fêtes du carnaval.

Il avait évité soigneusement Pontis. Décidé à rompre avec le pauvre garde, puisque son absence devait être éternelle, il se promettait cependant de l'aller trouver la veille du départ, de l'embrasser, de lui pardonner ; car cette amitié tendre n'était pas éteinte dans le cœur d'Espérance. Il savait par des rapports fidèles la douleur de Pontis depuis leur séparation. Rien n'avait pu consoler le garde. Son caractère avait changé comme son corps. Sombre, irascible, taciturne, Pontis restait couché pendant tout le temps qu'il n'accordait pas au service, et ces deux jeunes gens, naguère si brillans, si bruyans, s'étaient éteints comme des chrysalides.

A l'intérieur, Espérance menait la même vie. Le carême touchait à sa fin, et comme le roi à cette époque habitait ordinairement Fontainebleau avec la cour, c'est de là que tous les matins arrivait au jeune homme le présent quotidien de Gabrielle. Le genre en était changé, ce n'était plus qu'une fleur morne et desséchée, touchant emblème d'une vie arrêtée dans son épanouissement. Ces témoignages de constance n'étonnaient point Espérance ; il connaissait l'âme de cette généreuse femme. Mais plus elle s'attachait à perpétuer en lui la mémoire de l'amour, plus il se croyait obligé de répondre par une magnanimité pareille.

— Le devoir de Gabrielle, se disait-il, est de me tendre incessamment la main. Le mien est de fuir Gabrielle. Chacun de nous travaille ainsi au bonheur de l'autre.

Et il persévérait dans son isolement, et il accélérait les apprêts de son départ. Le consentement de Gabrielle à cette séparation lui semblait acquis par un silence que rien n'avait rompu depuis leur dernière entrevue à la Chaussée.

Au commencement de la Semaine-Sainte tout était achevé. Le printemps venait. Les dispenses de Rome pour le divorce, et par conséquent pour le nouveau mariage du roi étaient en chemin, dans la valise du courrier royal. Espérance avait commandé ses chevaux pour le lendemain, et, d'accord avec Crillon, qui, plus tard, l'eût été rejoindre, il devait seul se mettre en route. Une dernière fois, le pauvre exilé voulut se promener dans sa maison et lui faire des adieux éternels.

Il avait été si heureux dans cette douce retraite ; elle était parsemée des reliques de son amour. Partout un souvenir de Gabrielle s'offrait à ses yeux, se heurtait à son pied, caressait sa main. L'infatigable amie avait, jour par jour, fini par emplir de sa pensée la maison tout entière, depuis le vestibule où s'épanouissaient les orangers donnés par elle, depuis les dressoirs garnis des mille caprices de sa fantaisie, jusqu'aux murailles tapissées, jusqu'aux volières peuplées d'un monde babillard, jusqu'aux herbiers gonflés de plantes, jusqu'aux panoplies hérissées d'armes, jusqu'aux médaillers riches de merveilles, jusqu'aux casiers gorgés de volumes dont chacun, fût-ce un livre de science abstraite ou un traité de théologie, représentait pour Espérance une pensée d'amour.

La biche suivait partout son maître, frottant son front velu à la main pendante qu'elle léchait de temps en temps. Et chaque pas d'Espérance, parmi tous ces monumens du passé, faisait un bruit qui amollissait son cœur.

— Hélas, se disait-il, ce départ est bien véritablement l'image de la mort. Le mourant n'emporte rien de ses richesses tant aimées. Une bague, un portrait chéri, quelque bijou, voilà tout le bagage qui peut tenir avec lui dans le sépulcre. Le reste est abandonné aux étrangers. Tout ce que vivant il aima, ce qu'il soigna de ses mains, ce qu'il adora, éphémères idoles, il le laisse après lui à des gens qui manieront grossièrement ces reliques et les profaneraient d'un équivoque sourire s'ils pouvaient deviner le prix que l'ancien maître y attacha.

Moi qui possède une telle quantité de ces richesses précieuses pour moi seul, qu'en vais-je faire ? Les traînerai-je avec moi sur des chariots, sur des vaisseaux, emballant et déballant tour à tour, ridicule voyageur, les ustensiles de ma vie d'amour ? Cependant j'ai appris à vivre au milieu de ces riens fragiles, j'en ai fait mon horizon, et ma vue souffrirait de s'en passer ! Les laisserai-je en partant, comme le mort dont je parlais tout à l'heure ? Mais alors il se trouvera des gens qui toucheront sans respect ce qu'a touché Gabrielle. — Non, j'imiterai le sage qui porte tout sur lui. Je choisirai le plus petit joyau, la plus fine dentelle, la fleur le plus récemment imprégnée de son souffle, je les enfermerai sur mon cœur, et quand mes chevaux seront sortis, mes valets congédiés, quand je serai seul à la maison, un pied levé pour en partir, je brûlerai tous mes trésors à leur place. Les métaux se fondront avec le cristal, les arbres seront dévorés, les oiseaux libérés s'enfuiront ; livres, meubles, étoffes tomberont en cendres ; la maison aussi disparaîtra dans le gouffre de feu, et peu de jours après, tout ce que j'ai touché, aimé, usé, sera effacé comme le maître dans la mémoire des hommes. J'aurai fait de tout cela un immense tombeau, où quelque peu de moi dormira inséparable d'une partie de Gabrielle.

Comme il achevait de formuler cette pensée avec un serrement de cœur et des soupirs bien permis à une telle infortune, un léger bruit le fit tressaillir ; il se retourna, Gratienne était devant lui, haletante, et s'écria joyeusement :

— Dieu merci ! le danger est passé !

Il faudrait n'avoir jamais aimé pour ne pas comprendre l'effet que produisit sa présence sur le jeune homme encore palpitant d'avoir remué les plus douloureux souvenirs. Quelle douceur il a pour l'amant, ce visage souvent trivial de la confidente ! Quel ange pourrait espérer un meilleur accueil, quand même il apparaîtrait dans toute sa beauté, dans toute sa gloire !

Gratienne, moins belle qu'un ange, était pourtant une physionomie heureuse et souriante. Bien des fois le cœur du jeune homme avait tressailli au bruit de son pas, comme si elle eût été Gabrielle, mais jamais cependant il ne l'avait trouvée bonne et belle comme en ce moment. Il poussa un cri de joie et courut à elle les bras étendus.

Gratienne lui demanda si personne n'écoutait et, sur l'assurance qu'elle en reçut, elle ajouta :

— J'apporte une lettre de madame la duchesse, mais, pour l'avoir, il faudrait me laisser seule un moment dans cette chambre.

Et elle rougit.

Espérance la regarda sans comprendre.

— Comme souvent on m'a suivie, arrêtée, volée même, quand j'allais à la petite maison, vous savez, reprit Gratienne, j'ai caché cette lettre sous mes habits. Cette fois, pour me la prendre, il eût fallu me tuer, et les ennemis de madame n'osent pas encore assassiner en plein jour, dans la rue.

Espérance remercia la courageuse fille et l'enferma. Tout en passant dans la chambre voisine, il se demandait avec un trouble inexprimable ce que pouvait renfermer cette lettre, la première que lui eût jamais écrite Gabrielle.

— Elle est assez honnête, assez brave, pensa-t-il, pour vouloir me donner un témoignage palpable de l'amour qu'elle a eu pour moi. Noble imprudente, qui jamais ne transige avec le devoir de son cœur, elle rougirait de ne pas se livrer à moi comme je me suis donné à elle !

Cette idée l'exalta un moment, mais la conséquence en fut triste.

— C'est donc un adieu qu'elle m'envoie, pensa-t-il, l'adieu éternel. C'est donc fini !.. Elle va donc m'ordonner de l'oublier à jamais !...

Gratienne r'ouvrit la porte, Espérance avait le front penché, les yeux troubles.

— Voici, dit-elle en lui offrant un petit sachet brodé de soie et imprégné d'un de ces mystérieux parfums de l'Orient, qui font rêver de femme et de fleurs.

Il l'ouvrit et prit le papier qui s'y trouvait enfermé. Gratienne s'approcha de la fenêtre et tourna le dos discrètement pour le laisser lire en toute liberté.

« Ami, disait Gabrielle, je sais que vous voulez partir, je sais qu'on en parle pour demain. Et M. de Crillon l'a dit devant moi avec une sorte de conviction qui m'épouvante. Ce n'est pas que j'y croie, mais tout m'alarme. Non, je ne croirai jamais que vous partiez sans m'avoir parlé une dernière fois. Cependant, vous êtes assez généreux pour avoir ce triste courage. Vous m'aimez assez pour vous sacrifier ainsi. J'en tremble en écrivant. Ne faites pas cela, au nom du ciel, car vous me réduiriez à un tel désespoir, que j'irais chercher au bout de la terre le suprême adieu que vous me devez.

» Il y a demain grande chasse à Fontainebleau; vous y pouvez venir. Nous serons seuls. Soit que vous arriviez secrètement, soit que vous vous montriez, je vous attends; Gratienne vous expliquera où et comment. Songez que je n'accepterai aucune excuse. Une heure après votre refus, vous me verriez arriver chez vous. »

Après avoir lu et relu, Espérance tomba dans une profonde perplexité.

Jamais l'amour loyal ne s'était exprimé plus clairement; jamais ordre plus net n'avait été donné par un maître plus légitime. Désobéir, c'était risquer de compromettre une femme dont la bravoure en ses momens d'exaltation ne connaissait pas de limites; obéir, n'était-ce pas risquer plus encore ?

Telle fut la thèse que le malheureux Espérance creusa laborieusement pendant de longues minutes qui semblaient des heures à Gratienne.

Il se disait que Gabrielle avait le droit d'exiger ce dernier adieu, — que le moyen proposé était facile; — que, sans se cacher, on arrivait à une entrevue sans danger, même sous les yeux des plus cruels ennemis de Gabrielle. D'un autre côté, quelle signification aurait une entrevue publique. A quoi bon rechercher ces poignantes douleurs qui n'ont pas le droit de se produire? Dans quel but Gabrielle ordonnait-elle à son amant de subir la torture sans pousser un soupir, sans verser une larme? Etait-elle à ce point sûre d'elle-même qu'elle voulût affronter une pareille souffrance? L'héroïsme n'était-il pas suffisant? Refuser la femme qu'on adore lorsqu'elle s'offre à nous; la supplier d'oublier l'amant pour ne songer qu'à sa fortune et à son fils, n'est-ce point assez pour satisfaire au devoir ? Fallait-il y ajouter la douleur de contempler cette femme aux bras d'un autre? Voilà pourtant le spectacle qu'Espérance allait chercher à Fontainebleau.

Dans l'autre hypothèse, c'est-à-dire en refusant l'entrevue, qu'arrivait-il? Gabrielle se compromettrait peut-être. Peut-être n'attendait-on qu'une fausse démarche d'elle pour l'accabler? Aimante, vaillante, capable de tout, elle arriverait en effet chez Espérance. Et surprise en un pareil rendez-vous elle était perdue.

— Non, lui dit la raison. Elle ne fera pas cela. D'ailleurs, il dépend de moi qu'elle ne le fasse pas. J'aime mieux mourir que d'aller froidement à Fontainebleau lui réciter devant témoins des adieux ridicules. Quant à un entretien secret, la mort est peut-être au bout. Je n'irai pas à Fontainebleau. L'égoïsme à deux m'en fait un impérieux devoir.

Mais serai-je assez sot, assez lâche pour lui dire que je n'irai pas ? Provoquerai-je par fanfaronnade une générosité insensée, dont le résultat ruinerait la noble créature? Non. Ce départ que j'avais fixé à demain, je l'effectuerai ce soir même. A peine Gratienne sera-t-elle hors d'ici, que j'en sortirai derrière elle. Au moment où elle rendra ma réponse à Gabrielle, j'aurai fait cinquante lieues ; au moment où Gabrielle m'attendra à Fontainebleau, je serai sorti de France ; au moment où elle aurait la magnanimité de me venir chercher chez moi, comme elle dit, la maison sera un monceau de cendres déjà froides; le maître sera un souffle, une ombre, une fable. Gabrielle ne trouvera plus même un prétexte pour se faire tort. Allons ! voilà comment peut agir un homme, voilà comment l'on peut sauver une femme. C'est décidé, c'est fait. — Gratienne ! dit-il.

Gratienne s'approcha, le cœur oppressé par cette longue attente qui lui semblait un mauvais témoignage de l'empressement d'Espérance à satisfaire sa maîtresse.

— Ma bonne Gratienne, tu disais vrai tout à l'heure. Les périls sont grands autour de nous ; mais nous y sommes habitués. J'irai à Fontainebleau : j'irai demain. A quelle heure Mme la duchesse préfère-t-elle m'y voir ?

— Si vous venez pour la chasse, ce sera le matin, et l'on saura, au retour, trouver l'instant de vous faire parler à madame.

— Le soir, j'aurai gagné plus de temps, pensa Espérance, et il ajouta :

— J'aime mieux le soir, Gratienne.

— Madame l'aimera mieux aussi. Après le souper, elle sera souffrante, elle se retirera, elle sera tout à fait libre.

— Mais comment pénètrerai-je au château?

— Cela me regarde. Soyez, une heure après la nuit tombée, au pied de l'escalier à vis, dans la cour ovale. L'on soupera. Nul ne vous peut remarquer à ce moment. Je vous conduirai à l'endroit choisi par madame.

— C'est convenu, dit Espérance. La nuit vient à six heures, je serai à sept au pied de l'escalier à vis.

— Bien, monsieur. Je pars joyeuse, plus légère qu'en arrivant.

— La duchesse, tu ne m'en parles pas, dit Espérance avec mélancolie... Toujours belle, toujours florissante, n'est-ce pas?

Gratienne secoua la tête.

— Si vous l'aviez vue écrire cette lettre, répliqua-t-elle, vous eussiez mis moins de temps à me rendre la réponse.

— Oh! ne crois pas que j'aie hésité, dit Espérance, remué jusqu'au fond du cœur. Ne comprends-tu pas toutes mes craintes?... Enfant! Sache que sa vie dépend d'une imprudence que je lui laisserais commettre.

— Je le sais, et c'est pour cela que mon cœur battait si fort en apportant ce billet... C'est une preuve cela! une preuve mortelle!

— Rassure-toi, dit Espérance avec une émotion qui brisait sa voix et faisait trembler sa main, la preuve ne fera mourir personne.

Il alluma une bougie d'un candélabre, et, après avoir baisé passionnément la lettre sur tous les endroits qu'avait pu toucher la main de Gabrielle, il brûla le papier, en broya les cendres dans ses doigts.

— Tu diras tout ce que tu as vu, Gratienne, reprit-il, et tu répéteras tout ce que j'aurai dit.

— Oui, monsieur.

— J'aime Gabrielle jusqu'à la mort ; retiens bien cela Gratienne.

— Oh! oui, je retiendrai cela — moi qui le pense presque aussi tendrement que vous le dites.

— Et, quoi que je fasse, Gabrielle doit se dire : Il l'a fait par amour pour moi.

— Mais que ferez-vous donc? s'écria la jeune femme épouvantée de l'accent avec lequel ces paroles venaient d'être prononcées.

— Je le dirai demain soir à la duchesse, se hâta d'ajouter Espérance honteux de s'être laissé entraîner au bonheur d'envoyer un si tendre adieu à celle qu'il ne voulait plus revoir.

Gratienne, calmée par cette réponse, sourit et se dirigea vers l'escalier. On eût dit qu'il ne pouvait se décider à la laisser partir :

— Tu vas bien souffrir cette nuit pour retourner ainsi à Fontainebleau, dit Espérance, il fait froid. La litière va lentement. Je gage qu'elle met sept heures à faire le trajet.

— Je dormirai en route, trop heureuse de rapporter demain matin une réponse qui réjouira le cœur de ma maîtresse.

Elle partait. Espérance la retint et courut au coffre de sa chambre.

— Que cherchez-vous? dit-elle.

— C'est aujourd'hui la première fois que tu m'apportes une lettre d'elle, murmura le jeune homme. J'ai le droit de te payer cette bienvenue.

Il lui mit dans la main un collier d'émeraudes dont la richesse arracha un cri d'admiration à Gratienne.

— Mais, monsieur, je n'oserai jamais porter cela! s'écria-t-elle.

— Ces émeraudes! ce sont mes couleurs, dit-il en souriant. Je m'appelle Espérance! souviens-toi de moi.

En parlant ainsi il l'embrassa. Ce baiser, ce présent, avaient, malgré les efforts d'Espérance, une solennité qui laissa Gratienne plus défiante que jamais, et elle se disposait à lui en demander l'explication, quand trois coups frappés d'une certaine façon retentirent à la porte.

— C'est l'intendant qui m'appelle, dit Espérance, il faut que ce soit pour quelque chose d'important.

Gratienne se blottit derrière un rideau, Espérance entr'ouvrit la porte pour demander de quoi il s'agissait.

— Seigneur, une femme vient d'arriver, dit tout bas l'intendant, elle veut vous parler.

— Son nom?

— Elle a refusé de le dire.

— Je n'ai affaire à aucune femme, congédiez-la.

— Elle insiste beaucoup trop, seigneur, et c'est une étrangère qui s'exprime mal et comprend mal aussi. J'ai pu saisir seulement qu'elle appelle monseigneur, Speranza.

Le jeune homme tressaillit.

— Une femme petite, brune, vive? dit-il.

— Oui, seigneur, très vive.

— Renvoyez, renvoyez vite! s'écria Es-

pérance en poussant dehors l'intendant.
Mais celui-ci s'arrêta à moitié chemin dans l'escalier, la femme qu'il allait congédier lui barrait le passage. Elle avait forcé les deux valets de garde et montait résolûment chez Espérance en dépit des instances et des efforts de trois personnes.

— Madame, dit enfin l'intendant furieux, vous avez entendu l'ordre de monseigneur?

— Dites-lui qu'il y va de sa vie! répliqua l'étrangère en continuant d'avancer.

Et, haussant la voix de façon à être entendue d'Espérance, qu'elle savait être derrière la porte, elle ajouta en toscan :

— Et d'une autre bien plus précieuse pour vous, Speranza!

Ces mots, prononcés avec une intonation funèbre, n'admettaient point de résistance. Espérance remit Gratienne à l'intendant, avec ordre de la conduire dehors par l'escalier dérobé. Et, pour accélérer le départ de celle-ci qui hésitait, faute de comprendre :

— Va donc, s'écria-t-il d'une voix sourde, sinon tu es perdue!

Et, fermant la porte, il s'élança sur le palier à la rencontre de la femme qui gravissait la dernière marche, et que sa présence arrêta aussitôt.

— Voilà une audace étrange! dit-il en italien. Avez-vous perdu le sens, Leonora, pour oser vous présenter chez moi?

— Avant de vous répondre, interrompit l'Italienne, je vais vous interroger.— Est-ce que vous avez eu l'imprudence de répondre par écrit à la duchesse?

Espérance sentit son cœur défaillir à cette terrible question.

— Si vous avez écrit, ajouta rapidement Leonora, reprenez la lettre; il en est temps encore.

— Je ne sais ce que vous voulez dire, madame, balbutia-t-il fort pâle.

— Je dis que si Gratienne porte sur elle un écrit de vous, elle, la duchesse et vous, vous êtes perdus tous trois! Rappelez-la donc, s'il en est ainsi, et brûlez votre lettre comme vous venez de brûler celle de la duchesse, dont la fumée plane encore sous cette voûte.

— Un nouveau piège, n'est-ce pas? murmura Espérance partagé entre la défiance et la terreur.

Leonora gravement :

— Depuis Villejuif j'ai suivi Gratienne, je l'ai vue entrer chez vous; il ne dépendait que de moi de la saisir, de l'empêcher d'arriver jusqu'à vous ou d'intercepter son message. Gratienne vient de sortir, nos agens sont au dehors, elle ne ferait point cent pas sans être arrêtée avec votre lettre! Voilà pourquoi je vous dis : Rappelez Gratienne, Speranza. Me comprenez-vous? Est-ce un piège?

Espérance ne trouva rien à répondre. L'argument était écrasant; son air abattu prouva qu'il était persuadé.

— Allons, tant mieux, continua Leonora, voyant qu'il restait immobile. Vous n'avez pas écrit, tant mieux. Mais j'ai d'autres choses à vous dire ; recevez-moi chez vous ou dans le jardin, comme il vous plaira. Je ne puis parler ainsi sur l'escalier.

En achevant ces mots, elle redescendit. Espérance la suivit, dompté, stupéfait.

Lorsqu'ils furent dans le jardin et que le jeune homme eut pris le temps de se remettre en garde contre la nouvelle attaque qu'il prévoyait :

— J'écoute, dit-il, non sans un étonnement bien grand de votre équivoque démarche, mais j'écoute.

— Jamais, répliqua Leonora, vous n'avez eu plus besoin de votre attention. Speranza, quel que soit votre désir de me trouver en défaut, pénétrez-vous du sens de mes paroles. Figurez-vous que c'est une prophétesse antique qui vous parle.

— Je vous savais déjà devineresse, interrompit ironiquement Espérance ; antique, je l'ignorais.

— Pour l'amour de Dieu, ne raillez pas. Depuis notre dernière entrevue vos ennemis ont fait des progrès rapides, immenses. Ils sont arrivés au but de leur ambition et touchent à celui que s'était proposé leur vengeance. Un avenir trop prochain vous fera comprendre mes paroles forcément obscures aujourd'hui. Speranza! depuis longtemps j'entends dire que vous allez partir et vous ne partez pas. De chez moi je surveille chaque jour vos indécisions, je vois faire et défaire mille fois les apprêts destinés à tromper des yeux moins clairvoyans que les miens. Aujourd'hui, plus de délai possible. Tout touche à l'événement. Speranza, partez!

Elle avait parlé avec tant de solennité, d'autorité douce, sa parole était si vibrante et si affectueuse à la fois, toute sa personne respirait une émotion si vraie ou si bien jouée, que le jeune homme en fut touché trop profondément pour le dissimuler.

— Mais je pars demain, vous le savez bien, vous qui savez tout, répondit-il. D'ailleurs, ce conseil, quel sentiment vous le dicte? Ce que j'ai vu de vous me permet de suspecter même vos services.

— C'est vrai, dit-elle tristement ; mais oubliez mes actes et n'observez que mes paroles. Souvenez-vous que j'ai commencé par vous aimer !...

— Allons donc ! l'hypocrisie est une de vos armes les plus dangereuses. Plus vous enveloppez de miel vos perfidies plus je me défie. Henriette aussi m'a aimé... Quant à Leonora, il me suffit pour l'apprécier d'avoir vu à l'œuvre Ayoubani.

— Oh! murmura l'Italienne avec colère, l'œuvre d'Ayoubani n'était pas dirigée contre vous ; Ayoubani travaillait pour elle-même... contre... Mais, à quoi bon trahirais-je mes secrets, vous ne me croyez pas.

— Non ! dit résolûment Espérance.

— Speranza ! interrompit Leonora, que cette nouvelle insulte si méritée fit bondir comme un coup de fouet, je vous ai prouvé tout à l'heure du dévouement en laissant arriver ici et sortir librement Gratienne...

— Vous ne m'avez rien prouvé du tout. Il peut entrer dans vos vues de paraître généreuse à huit heures du soir pour mieux m'égorger à minuit.

— Maudite que je suis ! s'écria-t-elle en déchirant avec fureur le mouchoir qu'elle tenait à sa main. Eh bien ! je t'ai dit tout-à-l'heure de partir, je te le répète, je t'en supplie, je t'en conjure. Chaque minute que tu passes en ce pays t'enlève une année d'existence. Speranza, tu ressembles à ces oiseaux brillans, téméraires, qui ont suspendu leur nid aux plus beaux roseaux des fleuves. Un jour l'orage s'allume, les eaux bouillonnent... Le roseau déraciné roule englouti. Pars, Espérance ; pars sans regarder en arrière... je ne puis t'en dire davantage. Dieu m'est témoin que je donnerais la moitié de mon sang pour te sauver !

— Je comprends vos allusions, dit froidement Espérance. Ce roseau menacé, c'est la duchesse, n'est-ce pas?

— Oui !

— Qu'ai-je de commun avec la duchesse?

— Il serait trop grossier de me nier, à moi, l'intérêt que tu portes à cette femme, à moi qui sais tout !.. Cette femme est perdue, te dis-je, rien au monde, rien ne pourrait plus la sauver. Fuis-la, si tu ne veux t'ensevelir sous ses ruines.

— Rien ne la sauverait, dites-vous, oh ! j'espère que si, répliqua Espérance avec une sardonique douceur, ce qui la perd, c'est sa malheureuse ambition. Est-ce qu'on ne la sauverait pas si elle renonçait au trône?

— C'est le seul moyen, je l'avoue.

— Ah ! pauvre démon, ta ruse est éventée, s'écria Espérance triomphant, tes grands mots cachaient de bien pitoyables mystères. Si tu veux m'épouvanter, trouve autre chose : voici le moment de m'ouvrir ta boîte à secrets !

— Assez ! répliqua Leonora d'une voix sourde en serrant fortement le bras d'Espérance. — J'en ai trop dit peut-être. Peu de mots, grands ou petits, vont désormais sortir de ma bouche. Je prie le Seigneur de les faire pénétrer jusqu'à ton cœur endurci. — Pars ! ne revois jamais Gabrielle ! Pars plus rapidement que la flèche. — Mais ton oreille est sourde, ton cœur est fermé, tu continues à rire. Fais donc ce que tu voudras ; cours où ta destinée t'entraîne ; seulement, à l'heure fatale rappelle-toi tout ce que je t'ai dit ; tu l'auras voulu ! Tombe et ne m'accuse pas. — Adieu !

En parlant ainsi, elle s'enveloppa dans sa mante avec un désespoir sauvage et s'enfuit à grands pas, laissant Espérance troublé, malgré son incurable défiance.

— Qu'il y ait un danger pour Gabrielle, c'est possible, se dit-il après une longue nuit de réflexions. Mais si ces monstres coalisés m'invitent à partir, c'est que ma présence pourrait porter secours à la duchesse. — Et, dans l'autre cas, si Leonora, ce que je n'admets pas, a été sincère, si réellement Gabrielle est menacée, je serais un lâche de me mettre à l'abri. L'Italienne dit oui, l'Indienne dit non.... Que dit Espérance ?

Espérance sera demain soir à Fontainebleau.

XV.

Où Pontis trouve l'occasion promise.

La journée d'attente parut mortelle à Espérance, mais trop d'intérêts étaient en jeu pour qu'il commît l'imprudence de devancer l'heure fixée par la duchesse.

Il partit vers midi de Paris, après avoir fait ses adieux à toute sa maison et distribué des gratifications à ses meilleurs serviteurs. Il ne laissait que le concierge et deux jardiniers, bien décidé à revenir vite, aussitôt après son entretien avec Gabrielle, pour exécuter le projet formé la veille de ne laisser derrière lui aucune trace de son passage.

Il devinait bien qu'on devait le suivre; mais qu'y faire? La ruse n'était pas possible avec des ennemis comme Leonora, comme Henriette. Ne pas ruser et marcher brutalement au but devenait le meilleur système.

La tactique d'Espérance se composait d'un mélange de ses deux projets. Demeurer peu de temps à Fontainebleau, s'y bien cacher et avoir déjà disparu au moment où l'on annoncerait son arrivée.

Quant à la route à suivre, pas de feinte. Il allait en Italie; Fontainebleau se trouve sur le chemin.

A sept heures du soir, il faisait nuit, le temps était sombre, chargé, froid. Tous les habitants de la ville, rentrés chez eux, soupaient et se chauffaient. On voyait briller des lueurs derrière chaque vitre, tandis que les portes commençaient à se barricader.

Espérance connaissait Fontainebleau en détail. Pas un arbre de la forêt, pas un détour du château ne lui avait échappé. Il avait tant de fois parcouru, chasseur ou promeneur privilégié, ses bois et ses galeries! Il savait aussi mieux que personne les heures de jeu, de repas, d'assemblée, et les habitudes de la maison royale.

Il se glissa sans être vu par la cour des cuisines; un grand mouvement de valets s'occupant des offices lui permit d'arriver au pied de l'escalier à vis dans la cour Ovale. Et son regard aperçut dans l'ombre la forme inquiète de Gratienne à une fenêtre du rez-de-chaussée.

Elle surveillait depuis quelques momens, et rien ne lui avait paru suspect. Elle conduisit donc Espérance avec une parfaite sécurité jusqu'à sa chambre à elle, pour lui donner les dernières instructions.

Le moment était favorable, une bruine fine et froide rayait le vague horizon des cours mal éclairées. En ces temps d'économie, les trois quarts au moins de l'immense château étaient obscurs ou inhabités, et le roi avait concentré dans un même quartier tous ses hôtes pour épargner des frais à sa cassette et de la fatigue aux gens de service.

Gratienne annonça donc à Espérance qu'elle allait le mener chez la duchesse, qui, pour plus de sûreté, l'attendait dans son appartement. Et le voyant se récrier, elle ajouta que Gabrielle, après avoir tenu conseil, était persuadée que nulle cachette dans tout le château n'était plus sacrée, mieux défendue et plus naturellement gardée par la duchesse elle-même. D'ailleurs, pour se donner une liberté plus grande, elle allait feindre de se trouver fatiguée, malade, et par conséquent devait demeurer au logis. Espérance ne fit pas d'objection, il enfonça son chapeau sur ses yeux et suivit Gratienne, le cœur moins touché de crainte que palpitant d'émotion à l'idée qu'il allait revoir Gabrielle.

Et d'ailleurs, pendant qu'il arpente avec sa conductrice les longs corridors et les salles désertes, nous pouvons montrer au lecteur, pour bien asseoir son idée, la physionomie du château et de ses habitants.

Sept heures venaient de sonner. Tout se fermait. Les immenses quartiers de chêne brûlaient dans les cheminées. Le souper du roi cuisait aux broches, et la table était mise.

La chasse ayant fini un peu tard, le roi venait seulement de se débotter. Il se faisait beau pour paraître avec avantage au milieu de ses convives. Tandis que ses valets de chambre l'habillaient galamment et parfumaient sa barbe, il s'entretenait avec Zamet, debout, respectueusement, à l'angle de la cheminée, en face du fauteuil du roi.

— Oui, disait Henri, ce que j'ai résolu, de concert avec la duchesse, sera d'un bon exemple pour les Parisiens. Ils verront que ceux de ma cour ne sont point des impies. Madame la duchesse veut aller passer à Paris les derniers jours de la semaine sainte; on la verra aux églises, en dévotion. Il est bon qu'elle prenne déjà les airs de recueillement qui conviennent aux personnes royales pour édifier le peuple.

Zamet s'inclina. Ses yeux perçans ne quittaient point le visage du roi, essayant de lui arracher la suite de sa pensée.

— Quant à moi, poursuivit Henri, j'ai beaucoup de travaux ici — je les parferai, et j'irai ensuite retrouver la duchesse, chez toi, à Paris.

— Chez moi, sire?

— Oui, loge-la. Ta maison est un paradis sur terre. Tu es mieux meublé que moi, compère Zamet, fais bonne chère à la duchesse, qui te le rendra, lorsqu'elle sera reine.

Soit caprice de la flamme, soit émotion cachée, on eût pu voir voltiger un reflet livide sur le visage du Florentin.

— Ce m'est un grand honneur, Sire, dit-il, et je ferai de mon mieux. Cependant j'avoue que j'y suis mal préparé en ce moment.

— Bah! si la chère est mauvaise, on t'excusera vu le carême. Cependant nous allons dîner aujourd'hui en gras pour la dernière fois de la semaine. J'ai dispense du pape pour un repas, et mon appétit de chasseur choisit celui que nous allons faire. Faites entrer chez moi La Varenne.

La Varenne obéit. Plusieurs seigneurs attendaient dans la salle voisine, et furent admis près du roi.

C'étaient, avec les principaux de la cour, le comte d'Auvergne, qui présenta au roi M. d'Entragues, son beau-père. Les Entragues avaient enfin reçu une invitation pour Fontainebleau. M. d'Entragues fut parfaitement accueilli du roi, malgré le fin sourire qui ne quitta point les lèvres de ce dernier pendant la présentation.

— Mais je ne vois point les dames, dit Henri en cherchant autour de lui.

— Sire, se hâta de répondre le comte d'Auvergne, ces dames, au retour de la chasse, ont eu leur carrosse versé et brisé dans le Bas-Bréau, elles voudraient obtenir de Votre Majesté quelques heures de repos.

— Elles ne dîneront pas ? s'écria Henri.

— Je crains fort que leur estomac n'ait souffert de la chute comme tout le reste, répliqua en riant le jeune homme.

— Fâcheux contre-temps, dit le roi contrarié. Les routes de cette forêt sont mauvaises, on s'y tue ; espérons que j'aurai assez d'argent bientôt pour rendre mes forêts habitables aux dames comme des jardins. Eh bien ! j'excuse les dames d'Entragues ; nous boirons à leur santé.

Et voyant que plusieurs des assistants le regardaient et cherchaient à pénétrer sa pensée, pour en faire des commentaires, peut-être même des rapports,

—Heureusement, ajouta-t-il, la présence de Mme la duchesse nous dédommagera.

Il achevait à peine, non sans avoir remarqué le nuage que ces mots avaient répandu sur le front du père Entragues, lorsque M. de Beringhen, le premier valet de chambre du roi, entra et parla bas à Sa Majesté, dont les traits prirent aussitôt une vive expression de contrariété.

— Voilà qui s'appelle du malheur, s'écria Henri. Au moment même où j'annonce la duchesse, elle m'envoie dire que la chasse l'a brisée, qu'elle souffre et ne peut assister au souper. Mais n'importe, ses désirs sont des ordres. Allez, Beringhen, lui porter tous mes compliments de condoléance, et annoncez-lui, qu'après le repas, je passerai savoir de ses nouvelles.

Chacun s'approcha du messager avec empressement pour le prier de se charger d'un pareil compliment respectueux pour la duchesse.

Pendant ce temps-là, Henri se promenait devant la cheminée en se disant :

— Voilà le martyre qui commence. C'est bien fait pour moi. Henriette ne veut pas dîner avec Gabrielle, et Gabrielle refuse de s'asseoir à la même table que Mlle d'Entragues... Celle-ci a tort ; je lui en dirai vertement ma façon de penser. Elle prend trop tôt des airs d'exigence. L'autre a raison. Pauvre chère amie, je la rassurerai, mais comment accommoder tout cela ?

Le maître d'hôtel apparut, flanqué de ses officiers.

— Allons souper, messieurs, s'écria le roi avec d'autant plus d'empressement qu'il avait besoin d'étouffer un soupir.

Tous les assistants le suivirent, soit en chuchotant, soit, les plus habiles, en analysant les causes de cette désertion des deux dames.

Tandis que toute l'assemblée défilait dans la galerie, derrière les porte-flambeaux, un garde de service assis sur une banquette, la tête ensevelie dans ses deux bras que soutenait le mousquet, demeurait là, sourd et immobile, comme une statue. Le bruit des pas, des voix, la lumière des flambeaux ne le réveillaient pas.

— J'espère qu'en voilà un qui dort, s'écria le roi de belle humeur. Ah! bonsoir, brave Crillon, c'est un de tes gardes.

— Dieu me pardonne, oui, répliqua le chevalier, en s'apprêtant à réveiller d'un coup de poing ce furieux dormeur, qui manquait si impertinemment à la consigne, mais le roi l'arrêta. Il fit approcher le page qui tenait son flambeau à six bougies, et l'ardente clarté inonda le visage du garde.

Celui-ci alors se souleva, montrant un visage ébahi, hébété, le pâle et désolé visage de Pontis qui, comprenant toute sa faute, se dressa comme un ressort.

— Je connais cette figure-là, dit le roi en riant.

Et tout le monde se mit à rire : ce qui produisit une sorte de huée sous le poids de laquelle le pauvre garçon baissa la tête avec une indicible expression de morne découragement.

— C'est le pauvre Pontis, je ne le reconnaissais pas tant il est maigre, il faut l'excuser, murmura Crillon.

— Oui, oui, répondit le roi, continue ton somme, cadet; nous ne sommes pas en face de l'ennemi.

—Plût au ciel, murmura le cadet d'un

air sombre et résolu qui frappa le roi, et lui révéla tout ce qu'il y avait encore d'énergie farouche sous cette torpeur.

Aussitôt que le cortége eut défilé, Pontis laissa tomber son bras et son mousquet, la galerie redevint obscure, le garde reprit sa place sur le banc, sans donner un seul regard aux splendeurs du festin, qui apparaissait, et se faisait sentir par odorantes bouffées jusque dans la galerie.

Le roi prit place, les convives l'imitèrent; mais en dépliant sa serviette, Henri trouva dessous un billet.

— Oh! oh! dit-il en fronçant le sourcil, il est rare qu'un billet ainsi remis annonce quelque chose d'heureux à un prince. Y a-t-il conspiration contre mon appétit? Servez toujours.

— Pas de signature, tant pis, pensa-t-il.

Il se mit à lire. Un léger frisson passa sur ses épaules et contracta imperceptiblement ses traits, mais se sentant observé il acheva sa lecture.

« Sire, disait-on, certaine dame que vous croyez seule ce soir, s'est arrangée pour avoir de la compagnie. Si Votre Majesté ne trouble pas le tête-à-tête, c'est qu'elle a trop de patience et trop peu de curiosité. »

Une demi-minute suffit pour faire éclore un monde entier de pensées dans l'esprit troublé du roi.

Ce billet faisait allusion à l'une des dames logées à Fontainebleau — Gabrielle ou Henriette, évidemment — pensa le roi. A la table où je le lis se trouve quelqu'un qui en sait ou en devine le contenu. L'auteur peut-être me regarde.

Le roi brûla tranquillement le papier et dit en souriant :

— Bonne nouvelle. — Soupons !

Il essaya, en effet, de souper ; mais son appétit avait disparu. Le bruit du festin et la volonté de paraître joyeux lui donnèrent une surexcitation à laquelle plusieurs de ses convives ne durent pas se tromper.

Rien n'était ordinairement plus naturel que la gaîté du roi. Cependant Henri parvint à sauver les apparences. Tout ce travail de sa pensée aboutit à un plan péniblement élaboré au milieu des rires.

— On veut, se disait le roi, que je monte jaloux chez la duchesse ou que je demande à voir si Mlle d'Entragues est seule chez elle. L'une de ces deux femmes rivales prépare à l'autre une rude attaque. Mais qui sera battu ? Moi !... Et je prêterai à rire, quelque parti que je prenne contre l'une ou contre l'autre.

Zamet, pendant toute la scène, causait avec ses voisins sans cesser d'observer le roi. Mais cette surveillance du Florentin était digne d'un pareil maître ; son œil adroit souple, savait ne rencontrer Henri qu'aux bons momens. Celui-ci, non moins habile, regardait tout le monde, et, s'occupant de tout, cherchait sur chaque visage un indice qui vînt confirmer ses soupçons.

Le repas dura longtemps pour le pauvre prince ainsi torturé; il ne découvrit rien, et finit par s'en tenir à sa première idée. Le billet lui venait de l'une ou de l'autre des deux dames rivales. Peut-être n'avait-il aucune valeur, peut-être signifiait-il assez de choses pour mériter un éclaircissement ? Mais Henri sentit si bien la gêne de sa position, s'il faisait une démarche décisive, qu'il se résolut à une complète immobilité.

Cependant son esprit fécond, irritable quand il s'agissait des obstacles, ne lui permettait pas de laisser sans résultat un pareil avertissement. Au moins Henri se devait-il à lui-même d'approfondir la partie essentielle du mystère.

Deux moyens s'offraient naturellement. Rendre visite à la duchesse ainsi qu'il l'avait promis. Nul ne s'en étonnerait. Rendre visite à Henriette, chacun en parlerait, ce serait un bruit, un scandale, Gabrielle ne le lui pardonnerait jamais, et encore quel profit tirer d'une visite? Trouve-t-on chez une femme celui qu'elle veut cacher, quand la femme se défie, quand l'investigateur tremble de trahir sa jalousie, quand la bienséance, la dignité, défendent qu'on interroge, qu'on ouvre les portes? Non, une visite n'amènerait aucun résultat.

Et puis... ce billet, lâche dénonciation, ne prouvait rien. Combien de fois Gabrielle et Henriette elles-mêmes avaient-elles été calomniées ? N'y a-t-il pas toujours dans un palais quelque serpent caché qui siffle quand il ne peut mordre ?

Le dénonciateur cette fois, comme tant d'autres, avait menti.

Si toutefois il n'avait pas menti, que faire ? On avouera que la discussion d'un si délicat problème n'était pas facile à conduire au milieu des propos interrompus d'un souper. Mais le roi n'en était pas à son apprentissage. Il avait mené souvent à bonne fin des négociations plus compliquées, et sous le roi Charles IX, sous la reine Catherine de Médicis, on était à bonne école.

Henri trouva son moyen en attaquant le dessert. Il se souvint que le logement des Entragues avait été marqué par Beringhen à l'extrémité d'un corridor aboutissant à l'appartement de la duchesse. Cette précaution du prudent Beringhen permettait au roi, en cas de besoin, d'être rencontré dans ce corridor sans étonner personne. Le corridor était immense, sombre et désert, puisque chaque appartement était desservi par son escalier particulier. Henri, tacticien consommé, songea que de cet endroit la surveillance était commode, sûre, et ne compromettrait personne. Il ne s'agissait plus que de trouver le surveillant. Le choix n'était pas facile.

En attendant l'inspiration, Henri s'affermit dans la résolution de ne rien faire d'éclatant, de ne pas même aller voir Gabrielle comme il eût pu le faire sans se trahir, puisque sa visite était annoncée avant la lecture du billet et justifiée par l'indisposition de la duchesse.

Il résolut aussi de ne pas parler de Mlle d'Entragues, de paraître l'oublier, elle et ses côtes meurtries au Bas-Bréau; cette neutralité absolue commencerait par bien dérouter les espions, s'il s'en trouvait à table qui eussent voulu surveiller l'effet du billet.

Henri, charmé d'avoir ainsi sauvé sa dignité, celle de la femme qu'il allait épouser, celle même de la maîtresse nouvelle, appliqua toutes ses facultés au choix du confident.

On sortait de table, et déjà, s'appuyant au bras de Crillon, le roi allait raconter ses perplexités et confier l'exécution de son projet à cet ami fidèle; mais il réfléchit que l'emploi était au dessous d'un pareil personnage, et nécessitait plus de souplesse que de chevalerie. Crillon eût été trop vigoureux et trop peu rusé; ce qu'il fallait en cette circonstance, c'était un esprit présent, un cœur résolu, un bras solide. Tout cela dans un personnage obscur et inconnu. Les yeux du roi s'arrêtèrent sur Pontis, qui, cette fois, les épaules effacées, le regard brillant, se tenait à son poste quand passa le roi pour retourner à sa chambre.

Au choc de ce regard, Henri devina qu'il tenait son homme, et s'arrêta. Se tournant alors vers les assistants :

— Nous allons jouer, messieurs, dit-il. Laissons dormir les dames malades qui ont besoin de repos. Je dis cela pour vous, comte d'Auvergne. Vous porterez le bonsoir de ma part à votre mère et à votre sœur. Bonsoir, M. d'Entragues. Et je le dis aussi pour notre bien-aimée duchesse, qui part demain de bonne heure pour faire ses dévotions à Paris : n'est-ce pas, compère Zamet ?

— A quelle heure, demain, sire?
— Vers le soir elle sera chez toi.
— Je pars donc ce soir même, sire, pour tout préparer, afin que Mme la duchesse n'ait pas trop à se plaindre de mon humble hospitalité.
— Va, compère. — Préparez vos écus, messieurs, je me sens en veine de gagner ce soir, ajouta le roi avec un sourire plus mélancolique que railleur, car malgré lui il songeait au proverbe qui attribue bonne chance au joueur malheureux en amour. — Ah ! voici mon garde réveillé ! dit alors Henri laissant passer les assistants. Continuez de marcher, messieurs, j'ai à consoler ce pauvre garçon de la bévue qu'il a faite. Allez ! je vous joins.

Et il s'approcha de Pontis.

Tous deux étaient seuls au milieu de la galerie, un page tenait de loin le flambeau. Nul ne pouvait entendre. Le roi parla bas à l'oreille du garde, dont les yeux intelligents témoignèrent plus de dévoûment que de surprise.

— Tu as compris? dit le roi.
— Parfaitement.
— Crois-tu pouvoir réussir !
— J'en réponds.
— Vigilant comme un chat, muet comme un poisson !
— Oui, sire.
— Mais si l'on te résiste, si l'on t'échappe, tu n'es guère fort?
— Qu'on ne s'y fie pas ; je suis de mauvaise humeur.
— Sois prudent ! voici une clef qui t'est indispensable. Va ! je ne me coucherai pas que tu ne m'aies rendu compte.

Le roi mit une clef dans la main de Pontis et retourna jouer dans son cabinet.

XVI.

Amour.

Gratienne, dès que le moment fut venu, conduisit Espérance dans un cabinet tendu de damas de soie violet à larges fleurs. Les meubles étaient d'ébène ou d'ivoire, quelques uns d'argent ciselé comme c'était la mode en Italie, à cette époque où l'art ne croyait pas s'avilir en présidant à toutes les utilités de la vie. Un feu de braise sans flamme brûlait dans la cheminée de marbre rouge supportée par des caryatides blanches.

La lampe d'or aux larges flancs frappés de riches sculptures, tombait du plafond, retenue par trois longues chaînes du même métal. C'était un présent de Charles-Quint à François 1er. Deux belles toiles de Raphaël et de Léonard de Vinci, chefs-d'œuvre qui valaient tout l'or de la lampe, brillaient dans leurs panneaux de cette calme et noble fraîcheur de l'immortalité.

Espérance jeta un regard distrait sur ces merveilles. Ce qu'il cherchait, c'était la tapisserie sous laquelle allait apparaître Gabrielle.

Gratienne fit sonner un timbre et partit précipitamment. Bientôt un bruit de pas rapides fit trembler l'âme du jeune homme, une lourde étoffe bruit, et la portière se leva. Gabrielle accourait, les joues pâles de joie, les yeux, ses doux yeux! noyés d'une larme chatoyante comme une perle.

Elle ouvrit ses bras en appelant Espérance et le retint longtemps sur son cœur sans qu'ils eussent, l'un ou l'autre, la force ou l'envie de prononcer un seul mot.

Cependant elle prit la main de son ami, et contempla d'un œil attendri les ravages que tant de douleurs avaient imprimés sur cette beauté sans rivale.

Lui, la laissait penser, souriait et s'inondait du bonheur de la voir. Elle fut la première à rompre ce charmant silence.

— Avant tout, dit-elle, n'ayez ni inquiétude ni réserve. Cet endroit, le plus dangereux de tous en apparence, est en réalité le seul qui soit sûr, car il est le seul où nos espions ne puissent pénétrer. Au dessus de nous est la chambre de Gratienne. Mon appartement se trouve absolument débarrassé des gens de service, qui me croient au lit et soupent. Je n'aurais à redouter qu'une visite du roi; mais il soupe lui-même et chacun de ses mouvemens me sera annoncé par Gratienne un quart d'heure avant que personne ait pu arriver ici. Si le roi montait après souper, comme il vient de le faire dire par Beringhen, vous auriez dix fois le temps de passer chez Gratienne par l'escalier qui communique à ma ruelle.

— D'ailleurs, répondit Espérance en lui pressant les mains, le roi soupe longuement après la chasse, et je ne serai probablement plus chez vous lorsqu'il aura fini.

— Cela importe peu, interrompit Gabrielle. J'ai tant de choses à vous dire que les instans nous paraîtront toujours trop courts, si longs qu'ils soient.

— Rien n'approche pour l'intérêt, de ce que j'ai à vous rapporter, ma Gabrielle. Votre rendez-vous, ne me fût-il pas arrivé hier, que je vous eusse, ce matin, fait demander audience.

— J'avais donc raison de croire que vous ne partiriez pas sans me voir. C'eût été un crime.

— Je ne veux point mentir. Peut-être l'eussé-je commis sans la gravité des avis qui me sont parvenus, Gabrielle; vos ennemis triomphent, ils n'en sont plus aux menaces. Ils s'apprêtent à frapper le coup décisif.

— Quels ennemis?... quel triomphe?... quelles menaces?.. quels coups?... dit Gabrielle avec un enjouement fébrile qui fit froid au cœur d'Espérance.

— Pour être vague, ma révélation ne doit pas moins vous éclairer sur les périls qui vous attendent. J'avoue que je ne pourrais rien préciser, mais par cela même, j'admets tous les soupçons, toutes les craintes.

— Ecoutez donc, interrompit la duchesse en s'asseyant et en attirant près d'elle sur les carreaux le jeune homme tout frissonnant de cette caressante familiarité dont jamais il n'avait vu Gabrielle aussi prodigue, vous ne savez rien, dites-vous, vous ne pourriez rien préciser; eh bien! il n'en est pas de même de moi. Je sais tout, et vous raconterai en détail tout ce vague qui vous émeut si fort. Je tremblais que vous ne vinssiez pas, vous si prudent, vous si délicat, vous qui n'êtes pas roi, pas chevalier, et qui, sous un seul de vos beaux ongles roses, renfermez plus d'honneur et de courtoisie que toute la chevalerie couronnée de l'univers! Mais ne nous égarons pas, ami; la route est longue. Ecoutez donc.

Espérance témoigna qu'il écoutait de toute son âme.

— L'ennemie qui vous effraie, dit Gabrielle en se tournant vers lui, face à face, les yeux plongeant dans ses yeux, la main lui imprimant chaque émotion avec chaque parole, cette ennemie redoutable, c'est Mlle Henriette d'Entragues; elle menace mon avenir, n'est-ce pas? elle a des vues sur le roi; elle arrive à grands pas, voilà ce que vous vouliez me dire?

— Mais oui,... et n'en faites pas si bon marché, duchesse! Oui, elle arrive au but!

Gabrielle, souriant avec mépris:

— Elle est arrivée, dit-elle. Il y a trois jours, ou plutôt il y a trois nuits, le roi l'a honorée d'une visite, et elle l'a honoré de ses bonnes grâces. Ils se sont honorés tous deux, je vous assure. — Vous frémissez; regardez-moi. Je ris de pitié. Oui, l'honneur a été réciproque, et vraiment la chose s'est loyalement passée. L'un a bien acheté, l'autre a bien vendu. Quoi de mieux en affaires? Le roi a payé cent mille écus et une promesse de mariage; la vertu farouche de la belle Entragues. C'est pour rien. Riez donc, mon ami, riez donc!...

Espérance pâlit de colère et voulut s'écrier.

— J'ai vu Sully compter l'argent, continua Gabrielle, on m'avait cachée derrière une fenêtre, en face; je me suis donné ce plaisir. Le ministre avait réuni la somme en grosses pièces, il l'avait suée cette somme, et le pauvre financier, pour tâcher d'émouvoir les entrailles du maître, eut l'idée de couvrir tout un plancher de ces écus. Une immense jonchée! ils faisaient l'effet d'un million. Le roi vint, mandé par son ministre pour délivrer la quittance, et celui-ci lui montra le parquet d'argent.

— Voilà un cher plaisir! murmura Henri. — Oui, il a dit cela... Oh! quelle que soit la torture réservée à une femme délaissée, elle est trop heureuse de pouvoir se souvenir en un pareil moment que lorsqu'on l'a prise, elle n'était pas à vendre!

— Gabrielle! dit Espérance, l'argent n'est rien..... Mais cette promesse de mariage... vous ne m'en parlez pas. C'est le point essentiel, cependant.

— A quoi bon? Et que nous importe?

— Mais d'autres droits surgissant à côté des vôtres.....

— Allons donc!... Il s'agit bien de mes droits, à présent.... Supposez-vous que je tienne à ce que Mlle d'Entragues peut prétendre?

— Mais votre fils.

— Assez sur ce sujet, Espérance, je vous prie.

— Gabrielle, il ne sera pas dit, que je me serai sacrifié, moi, qui vous aime plus que la vie, pour laisser triompher Mlle d'Entragues, quand je n'ai qu'un mot à dire pour la perdre. Plus de colère contre cette misérable, ma Gabrielle, vous lui feriez trop d'honneur; elle tombera honteusement comme le ver impur qui avait osé monter jusqu'à la fleur et qu'un souffle de vent précipite et qu'on écrase; un seul mot dit au roi, trois lignes d'une certaine écriture mises sous les yeux de Sa Majesté, et la royauté de Mlle Henriette meurt avant d'avoir éclos, la démarche est rude, périlleuse, peut-être; je la ferai demain.

— On dirait vraiment que vous cherchez à me consoler, Espérance, répliqua Gabrielle avec un vif accent de dignité blessée. M'estimez-vous assez peu pour me croire en colère? Parler au roi!... contester à Mlle d'Entragues sa promesse de mariage!... l'attaquer pour me maintenir! Oh! voilà tout au plus ce que ferait une Entragues, mais moi!... Son argent, elle l'a gagné; sa promesse, elle l'a achetée : laissons-lui tout cela, mon Espérance, et au lieu de songer à mes honneurs perdus, à ma couronne brisée, au lieu de me vanter les moyens qui vous restent pour me conserver reine, au lieu, enfin, de nous souiller l'esprit et les lèvres à parler de toutes ces fangeuses intrigues, parlons un peu, mon noble cœur, de nous, de nos serments fidèles, de nos épreuves si bravement subies, reposons-nous de tant d'infamies en serrant nos mains loyales, en savourant nos sourires les plus tendres, les plus francs. Faisons plus que de sourire, mon Espérance, rions de nos scrupules absurdes, de notre délicatesse stupide.

Oui, tandis que tu m'aimais et que tu partais en pleurant, peut-être, n'est-ce pas que tu eusses pleuré? pour me laisser pure et sans tache à un maître, à un époux, tandis que par respect pour la foi jurée, par reconnaissance, par amitié, pour tout ce qui est honnête et noble, en un mot, je te laissais mourir en me mourant d'amour, ces gens à qui tous deux nous sacrifiions notre cœur et notre sang, complotaient dans une ombre lâche leur sordide trafic. L'une vendait sa personne, l'autre une menteuse signature. Et toi, insensé, qui te précipitais dans un gouffre de flammes pour épargner un soupçon au roi, tu acceptais l'exil et la mort pour faire légitime mon fils, que ce roi, d'un trait de plume, vient de déclarer à jamais misérable et bâtard. Car enfin, que je meure aujourd'hui, demain Mlle d'Entragues revendiquera mon héritage, tu serais forcé de l'appeler ta reine! En vérité, rions, cher trésor de mon cœur, et que cette flamme de notre mépris brûle jusqu'au souvenir de ces misères comme le feu de ce baiser exhalé de mon âme va consumer en nous la duperie de l'héroïsme, le faux honneur de la générosité.

Espérance stupéfait regarda Gabrielle. Jamais il ne l'eût soupçonnée si fière et si véhémente; elle l'avait entouré de ses bras, elle l'embrassait de son regard, de son souffle, de sa lèvre.

— Amie, murmura-t-il éperdu de se sentir entraîné par cette force irrésistible, amie, prenez garde! Si tout ce que vous venez de dire n'est inspiré que par un juste ressentiment, si ce délire d'amour n'est que de l'indignation, si ce feu dont vous me dévorez n'est que celui de la colère, prenez garde! il s'éteindra trop vite, et demain vous en serez honteuse et vous me reprocherez ma faiblesse. Oh! Gabrielle, laissez-moi mourir de vous adorer. Demain peut-être je mourrais en vous maudissant.

— Espérance! s'écria-t-elle dans une éblouissante exaltation qui imprima aussitôt à sa beauté un caractère de majesté surnaturelle, Espérance, je suis ton ange de bonheur, je suis la récompense de toute ta vie perdue ; ne le vois-tu pas, ne le comprends-tu pas? J'ai lutté avec toi de vertu, de cruauté même, j'ai tordu à belles mains ton cœur dans lequel, puisque Dieu me l'envoyait, j'eusse dû en dépit de tout fondre le mien. J'ai été lâche, j'ai abusé de toi, au lieu de me lier à toi comme esclave! Es-tu de marbre, ô mon amant! comme ces dieux antiques de la jeunesse et du génie, auxquels tu ressembles? Nos larmes, nos soupirs, notre chasteté passionnée, toujours nourris de sacrifices, toujours abreuvés de souffrance, les comptes-tu pour si peu que le prix t'en paraisse immérité? Eh bien, moi, je dirai que tu ne m'aimes pas, Espérance, je dirai que tu me méconnais, que tu m'outrages. Oui, tant que je t'ai écouté en silence, m'inclinant bassement devant tes calculs héroïques qui ne profitaient qu'à moi; oui, jusqu'ici je n'ai pas été digne de ton amour, mais aujourd'hui je me relève, aujourd'hui je ne veux plus laisser parler la reine, aujourd'hui j'impose silence à la mère elle-même, c'est le tour de l'amante enfin. Pardonne-moi, oh! pardonne-moi d'avoir cru un seul moment que mon devoir consistait à fouler aux pieds un dévouement comme le tien! Et quand je t'ouvre les bras, quand je te dis : Espérance, je t'aime ardemment! Espérance, je t'adore! Espérance, tu es le feu de mes veines, la source de ma vie, je ne sens plus rien en moi qui ne t'appartienne, et puisque tu ne veux pas me consacrer ton existence, puisque tu parles de mourir, donne-moi du moins le droit de mourir avec toi!

Il voulut murmurer quelques mots, c'étaient pourtant des actions de grâces à Dieu qui a permis qu'un tel bonheur échût en partage à de pauvres créatures mortelles ; mais refus ou prières, elle étouffa tout de ses baisers, elle éteignit tout de ses larmes, Il sentit un nuage lui dérober la terre. Et, en effet, pendant de trop courts instants, ces deux âmes immatérialisées par l'amour étaient remontées au ciel.

— Sois bénie, dit Espérance, ton cœur vaut le mien; oui, tu es l'ange du bonheur. Hélas! pourquoi n'obtinrent-ils pas leur grâce tout entière? pourquoi tous deux furent-ils condamnés à redescendre dans la vie? Qu'est-ce que la grande route poudreuse, pour qui revient du paradis étoilé?

Espérance le comprit, et cette pensée amère courba son front. Déjà, rêveur, silencieux, il regrettait. Gabrielle, aussi brillante, aussi joyeuse qu'il était mélancolique, revint à lui, et l'embrassant avec une souriante candeur :

— Oh! maintenant, dit-elle, pourquoi t'affliger seul, pourquoi penser même? Ce n'est plus la peine. Songerais-tu à la marquise de Liancour, à la duchesse de Beaufort? A quoi bon, il n'y a plus ici que Gabrielle, ta femme.

— Ma femme! s'écria-t-il, enivré.

— Tu ne supposes pas, ajouta-t-elle avec un sourire céleste, que je puisse être désormais autre chose... Tout autre mariage est devenu impossible ; je te défie de me le conseiller! J'ai donc réussi, me voilà donc heureuse, me voilà donc libre! Espérance est à moi, le monde est à nous!

On entendit Gratienne heurter un meuble dans la chambre voisine. C'était le signal convenu si elle avait quelque nouvelle à donner à sa maîtresse. Les deux amans prêtèrent l'oreille. L'annonce d'une invasion de leurs ennemis ne les eût pas fait tressaillir en ce moment.

— Le roi sort de table, dit la jeune fille, mais au lieu de venir ici, il passe dans son cabinet pour jouer avec ses convives. Tout est tranquille.

— Dieu soit loué, nous pouvons achever nos confidences, s'écria Gabrielle. Cette soirée comptera pour nous, n'est-ce pas, ami? Dieu a gardé toutes les nuages dans son firmament. Pour nos cœurs ce n'est que rayons et azur. Sommes-nous heureux!

— Plus bas! l'éclat de ta voix semble insulter ces voûtes! Cependant, j'éprouve en t'écoutant cette joie ineffable qui suit la réalisation d'un rêve. Je te rêvais tout à l'heure, je te possède maintenant.

— Et à jamais. Tu ne contesteras plus?

— J'en mourrais. Te perdre, quand je ne te connaissais pas, c'était déjà plus que mes forces. Te perdre maintenant, impossible! Ne crains rien, tu ne m'entendras plus parler de devoirs, d'honneur, je ne te sacrifierai plus. Tu es mon bien, je le défendrais contre l'univers entier!

— Voilà ce qu'il fallait me dire à La Chaussée, mon Espérance. Que d'heureux jours nous avons perdus!

— D'autres nous attendent, plus purs, mieux acquis, incontestables. Le roi t'a affranchie par sa trahison. Songe, ma Gabrielle, que tu ne peux plus vivre en cette cour maudite, où mille piéges sont tendus sous tes pieds adorés.

— N'est-ce pas?

— Tout ce que ces démons méditent, tout ce qu'ils ont déjà machiné pour ta ruine, le savons-nous bien, le pourrions-nous seulement soupçonner? Il faudrait avoir leur âme pour deviner leur esprit. Je suis venu effrayé t'avertir, n'est-ce pas? eh bien! me voilà tremblant, effaré, rien ne me rassure plus. Je ne sais comment j'ai pu vivre avec cette terreur. Un baiser, ma Gabrielle, un baiser de ton âme, pour me prouver que ces monstres n'ont pas déjà fait de toi un fantôme!

— Ce serait depuis bien peu de temps, dit-elle avec un sourire enchanteur. Mais oui, Espérance, moi aussi, j'ai peur. Je ne te le cacherai plus : ton idée me soutenait; j'avais de plus la mienne. Quelque chose me répétait que, plus tu semblais t'éloigner, plus notre réunion était prochaine. Cela est si vrai, que j'ai vu sans effroi, presque complaisamment, les apprêts de ton départ. Je me disais que je te rappellerais à temps; que je te reprendrais à moi, bien à moi. Tu vois que Dieu m'a donné raison. Mais ce bonheur il ne faut plus le perdre; et puisque nous voilà ensemble, ne nous séparons plus. Espérance, ces misérables me tueront si tu ne m'emmènes pas.

— Dis un mot. Quand? comment? Parle; je suis prêt.

— J'ai tout préparé de mon côté. L'instinct m'a tenu lieu de politique. Je suis convenue avec le roi d'aller passer la semaine à Paris, chez Zamet.

— Chez Zamet! N'en fais rien, s'écria Espérance, pâlissant. C'est le nid des vipères! N'y va pas!...

— Je le sais comme toi; oui, je sais que Zamet s'entend avec les Entragues; je sais qu'il est profond comme un gouffre. Mais Zamet demeure près de chez toi; ce voisinage m'a fait passer par dessus toutes les frayeurs. Te sentir si près de moi, c'était de quoi me faire traverser un incendie : tu m'as donné l'exemple!

— Ne va pas chez Zamet, je t'en supplie, répéta Espérance, songeant avec un frisson à la prédiction sinistre de l'Italienne.

— J'avais promis pour demain, et je pars demain matin d'ici.

— C'est promis? demanda Espérance avec un cri de désespoir.

— Oh! oui, mais Gabrielle peut défaire ce que la duchesse avait résolu. As-tu un plan?

— J'en aurai mille pour que tu n'ailles pas chez Zamet.

— Tu sais donc quelque chose? dit Gabrielle avec un léger tremblement dans la voix.

— Je ne sais rien, mais je suis sûr que si tu y vas, tu y mourras!

Elle se serra frémissante sur la poitrine du jeune homme.

— Oh! mourir, murmura-t-elle, maintenant. Non! je ne veux pas mourir!

— Comment comptes-tu faire ce voyage de Fontainebleau à Paris? Avec des gardes?

— Non, mais les espions sont là! et le roi peut s'aviser de me faire accompagner. Il ne faut pas espérer de liberté avant Paris. D'ailleurs, je dois descendre la Seine en bateau, et trouver ma litière au port de Bercy.

— Il suffit. Traîne le temps en longueur de manière à n'arriver au port qu'à la nuit close.

— C'est facile.

— Emmène Gratienne.

— Toujours.

— Aussitôt que la litière aura fait deux cents pas, fais arrêter sous un prétexte, et tandis que Gratienne occupera le cocher et les valets, glisse-toi hors de la litière, je serai là avec de bons chevaux.

— Fort bien. — Gratienne continuera, n'est-ce pas, et arrivera seule chez Zamet.

— A qui elle dira que tu es allée faire visite en ville.

— Chez ma tante de Sourdis, par exemple.

— Oui, et que tu rentreras un peu tard. Cependant nous aurons gagné au large. J'ai deux chevaux capables de fournir douze lieues d'une traite. Mais... votre fils?

— Oh!... j'y ai pensé, dit tristement Gabrielle. Je voulais l'emmener. — Mais ai-je le droit d'en priver son père? Le roi aime cet enfant.

Tous deux baissèrent la tête, — un même soupir s'échappa de leurs poitrines.

— Assurément, murmura-t-elle, je commets un crime en abandonnant mon fils.

— Vous aimez mieux mourir assassinée en restant à la cour, Gabrielle; vous pensez à votre fils et vous m'oubliez déjà!

— Criminelle s'il le faut, je ne serai pas lâche, dit la duchesse en serrant la main d'Espérance, je suis à vous; c'était à moi de réfléchir avant de vous livrer ma destinée. Il est trop tard! si le roi est juste, il me rendra bientôt mon enfant.

— Soyez tranquille, Gabrielle, Mlle d'Entragues se chargera de vous le faire rendre. Ainsi, plus d'hésitation, tout est bien convenu?

— Tout.

— Demain soir nous verra réunis ou séparés à jamais, car je vous préviens d'une chose, si l'on nous arrête, je me défends! Or, se défendre contre un roi c'est deux fois provoquer la mort.

— Nous nous défendrons, Espérance, dit avec calme la duchesse. Mieux vaut succomber ensemble que de languir séparés dans une prison.

— Puisqu'il en est ainsi, repartit Espérance touché de cette fermeté, rien ne nous retient plus, et nous surmonterons tous les obstacles. Les nuits sont longues encore. Nous arriverons à Dieppe avant que nul n'ait songé à nous poursuivre. Car il faudrait pour que le roi nous fît rejoindre, qu'il eût donné des ordres dans les six heures qui suivront notre départ. Or, il ne le connaîtra peut-être que vingt heures après. Nous serons déjà hors de France.

— Dieu vous entende!

— Nous aiderons Dieu, mon amie. Il voit la pureté de mon cœur. Il sait les combats que j'ai livrés à cet amour. Il en connaît le dévoûment invincible.

— Dieu sait, Espérance, que vous êtes ma seule ambition et ma seule félicité.

— Il entend le serment que je fais devant lui, s'écria Espérance, de vous aimer tant que mon cœur battra, tant qu'un souffle effleurera mes lèvres, tant qu'une goutte de sang restera dans mes veines.

— A vous aussi toute ma vie, s'écria Gabrielle en passant ses bras au col d'Espérance qu'elle regarda si passionnément que les larmes leur vinrent aux yeux et roulèrent confondues le long de leurs joues dans le solennel baiser dont ils scellèrent ce serment.

— Mais nous voilà tout tristes, reprit le jeune homme... Pour des gens sûrs de leur bonheur, c'est de l'ingratitude.

— Est-ce bien de tristesse, croyez-vous, que mon cœur est ainsi gonflé?... Quelquefois on pleure de joie; mais est-il un moyen assuré de tarir mes larmes? Ne t'éloigne pas, serre-moi dans tes bras.

— Demain, rien ne nous interrompra plus. Mais aujourd'hui... pardonnez-moi de le rappeler, Gabrielle, l'heure s'avance.

— L'heure... Vous partez! s'écria-t-elle avec un accent qui fit impression sur Espérance.

— Il le faut.

— Non! non! restez!..... Ce n'est qu'ici, ce n'est que près de moi que vous êtes en sûreté!

— Le roi peut venir après le jeu. Ne m'exposez pas à me cacher, Gabrielle. Et puis, comment perdrais-je toute cette nuit, que je puis si utilement employer aux préparatifs de la réunion éternelle?

— Oh! mon Dieu, dit Gabrielle, rêveuse, abattue, je n'avais pas pensé que vous dussiez partir. Quelle noire nuit!...

— Elle me cachera mieux.

— Le vent gronde.

— Il étouffera le bruit de mon pas. Rappelez vos esprits, ma bien-aimée; commandez à Gratienne de me faire sortir.

— Oh! non, s'écria la jeune fille, qui avait entendu. Autant j'ai pu vous aider à votre arrivée, autant je serais suspecte en vous reconduisant. Prenez la clef de madame, elle ouvre toutes les portes du château, le roi seul a la pareille. Avec cette clef vous n'aurez besoin de personne, et c'est important à une pareille heure, car il se fait tard.

— Entendez-vous, Gabrielle, il se fait tard. A demain...

— Pour toujours!... Espérance, interrompit-elle en l'arrêtant, passez cette nuit dans la chambre de Gratienne, que je garderai près de moi, et demain au jour...

— Madame, laissez-le partir, dit Gratienne, au jour on le reconnaîtrait.

— Qu'il parte donc... Mais ainsi... Oh! ainsi ne le reconnaîtra-t-on pas malgré les ténèbres, malgré tout?... Laissez votre chapeau, Espérance, votre manteau brodé, et endossez celui de mon intendant... Ceux qui vous verront passer vous prendront pour un homme à moi.

— Oh! il est bien à vous, dit en souriant Gratienne, qui fut embrassée pour cette saillie par les deux amans à la fois.

Déjà elle avait donné au jeune homme le manteau désigné par Gabrielle; et ainsi travesti, Espérance était méconnaissable. Plus de prétexte, il fallait partir! Le cœur de la maîtresse éclata en douloureux sanglots que les baisers de l'amant ne surent pas étouffer, et dont il se troubla lui-même sans pouvoir s'en rendre compte.

— A demain! répétait Gabrielle, à demain! à demain! Quel chemin prend-il, Gratienne?

— Tout simplement le corridor, et puis

l'escalier, madame : plus il sortira naturellement, mieux il réussira.

— D'ailleurs, quel obstacle pourrais-je rencontrer ? je n'en vois pas de vraisemblable.

— Ni moi, dit Gratienne.

— Ni moi, dit Gabrielle.

— Eh bien, adieu ! à demain !

Et ils échangèrent un dernier embrassement.

Gratienne, obstinée comme un chien fidèle, le tirait vers la porte par son manteau.

Tout à coup, Gabrielle s'élança et le ressaisit encore.

— Tu m'aimes, n'est-ce pas? dit-elle...

— Est-ce qu'il faut que je te réponde ?

Elle approcha ses lèvres de l'oreille d'Espérance.

— Dis-moi que tu pars heureux ? ajouta-t-elle avec un enivrant sourire.

— Si heureux, qu'il me semble que je n'ai plus rien à attendre de cette vie.

— Moi ! moi !... mon amour !

— Par grâce, monsieur, partez ! dit Gratienne, en employant la force pour le séparer de Gabrielle, qui tomba défaillante dans ses bras.

Le corridor était noir, un silence froid régnait partout. Espérance, muni de la clef, ouvrit lui-même la porte et, après avoir écouté, observé, franchit le seuil d'un pas sûr et s'enfonça rapidement dans les ténèbres.

XVII.

La Treille de l'Orangerie.

Déjà Espérance avait dépassé le corridor et commençait à descendre l'escalier, lorsqu'il crut entendre du bruit derrière lui.

Il se retourna, et, malgré les ténèbres, vit une forme humaine se détacher de l'embrasure d'une fenêtre par laquelle filtrait l'insaisissable pâleur, non pas d'une clarté, cette nuit n'en avait pas, mais d'une obscurité moins noire.

Espérance s'étant arrêté pour voir, l'ombre marcha de son côté, puis s'arrêta aussi. Inquiet alors, il descendit précipitamment, et bientôt des pas retentirent derrière lui aux premières marches de l'escalier.

— Me suivrait-on? pensa-t-il un peu ému.

Mais comme il connaissait parfaitement Fontainebleau et ses inextricables détours, il se flatta d'avoir bientôt perdu l'espion si c'en était un. En conséquence, il doubla le pas et enfila un autre corridor qui aboutissait au pavillon de l'Orangerie.

Un pas net, prompt et sonore sur les briques du corridor lui annonça que sa piste était bien suivie.

Espérance réfléchit qu'il fallait couper au plus court, gagner une porte, et, si on osait le suivre jusqu'au dehors, en finir avec l'ennemi. Il accéléra sa course en se dirigeant vers la porte qui, de l'Orangerie, mène à la cour des Princes. Mais là son œil subtil aperçut la grille fermée, et derrière, un peloton de soldats assis dans la cour essayant d'allumer un feu que la bruine éteignait malgré tous leurs efforts.

— Pourquoi un poste là? pensa-t-il,—ce n'est pas l'habitude. Mais je n'ai pas besoin de passer absolument par la cour des Princes. Commençons par sortir d'ici.

En effet, demeurer là eût été dangereux. Il pouvait se trouver pris entre la grille et l'espion dont il entendait se rapprocher les pas au dessus de lui dans les montées.

Il se blottit dans un angle, retenant son haleine, pour laisser passer et examiner un peu son persécuteur. Son attente ne fut pas trompée. L'homme arriva courant, et passa devant lui à trois pas. Espérance avait envie de se jeter dessus et de l'étouffer ; mais il pouvait pousser un cri, les soldats pouvaient entendre. Un pareil scandale dans la maison du roi perdait sans rémission tous les intérêts si précieux qu'Espérance défendrait mieux par une adroite évasion.

A la faible lueur des tisons grésillant dans la cour, Espérance entrevit vaguement la forme de l'espion. C'était une ombre maigre, déhanchée, qui forçait l'allure de son pas et soufflait déjà comme un chien acharné sur un cerf.

Espérance s'élança hors de son coin, et plein d'une idée nouvelle, il rebroussa chemin, tandis que l'espion, collé aux grilles, se demandait par où la proie s'était échappée. Remonter l'escalier, tirer la clef que lui avait donnée Gratienne et ouvrir la porte d'un corridor à gauche, fut pour le jeune homme l'affaire d'un moment. Il se trouva ainsi dans un passage embarrassé de charpentes dont plus tard Henri IV devait faire la célèbre galerie des Cerfs.

Espérance referma la porte sur lui et se mit à rire silencieusement en songeant au désappointement de l'espion. Il savait qu'au bout de ce passage se trouve l'escalier qui conduit à la cour ovale et rien ne l'inquiéta plus. Il reprit haleine.

Tout à coup le frôlement d'une main sur

les panneaux le fait tressaillir, quelque chose ébranle la porte ; nul doute, l'espion a découvert la voie, il voudrait entrer : oui, mais ouvrir !

La serrure crie, le pêne claque, la porte s'ouvre, Espérance sent une sueur froide inonder son front, l'espion a une clef aussi.

Cette clef, qui ouvre toutes les portes de Fontainebleau, Gabrielle l'a dit, le roi seul la possède ; c'est donc le roi qui poursuit Espérance, ou du moins quelqu'un envoyé par le roi. Il y a donc des soupçons, le secret de Gabrielle est donc en danger. Allons, plus de résistance possible, il faut fuir, et fuir si vigoureusement que l'ennemi soit distancé avant dix minutes.

Espérance reprit sa course, et disparut par l'autre issue.

Mais dans la cour ovale encore des sentinelles. Plus de doute, tout est gardé ; c'est un complot. L'homme détaché sur les traces d'Espérance joue le rôle du traqueur qui pousse la proie dans des filets ou sous la balle des chasseurs. Rien n'annonce pourtant que le roi veuille faire tuer Espérance ; un seul homme n'eût pas suffi. Mais évidemment on voudrait l'arrêter, le reconnaître, le convaincre... Gabrielle serait perdue. A cette seule pensée, le sang bouillonne dans les veines de son amant.

Que faire ? A force de courir dans les corridors et d'ouvrir des portes que l'autre sait ouvrir comme lui, Espérance ne risquerait-il pas de rencontrer face à face un deuxième espion et d'être forcé alors au combat, qu'il veut éviter à tout prix pour ne point aggraver l'affaire? Il sera toujours temps d'en venir aux coups si la situation est désespérée.

Il court cherchant les issues, et déjà il a réussi, l'espion est loin, plus de bruit. Son pas qui résonnait fatalement ne se fait plus entendre. Espérance, revenu dans ce passage noir et obstrué qui plus tard s'appellera galerie des Cerfs, s'arrête, pour respirer, à la place même où, cinquante-huit ans plus tard, devait tomber Monaldeschi.

Soudain une respiration bruyante, un râle plutôt qu'une haleine retentit à son oreille ; nul doute, l'homme est là, tout près d'Espérance, il le cherche dans l'ombre épaisse. Comment a-t-il pu arriver ainsi sans bruit ? Il avance et on ne l'entend plus marcher et on sent le feu de son souffle.

— Je comprends, se dit Espérance, l'espion, impatienté de m'avertir toujours par le bruit de son pas, a marché pieds nus ; il m'entendait lui, et je ne le soupçonnais pas.

Voilà un dangereux coquin. Plus de pitié, ou je suis perdu.

Une main s'allonge à tâtons vers le jeune homme, frissonnant à ce contact. Il y répond par un coup de poing si vigoureux, que l'ennemi va mesurer la terre, et comme les demi-moyens ne sont plus de saison, Espérance ouvre une fenêtre et saute dans la terre grasse du jardin de l'Orangerie.

Un bruit sourd, mat, mêlé d'imprécations étouffées, lui annonce que l'espion a sauté aussi. Bien plus, Espérance voit briller dans le brouillard une lame d'épée. Le coup de poing a fait son effet : de la défensive on passe à l'offensive. La poursuite va se changer en lutte.

L'inconnu, épuisé, haletant, humilié de sa fatigue et du coup qu'il a reçu, s'est décidé à en appeler aux armes.

Dans ces occasions, malheur à qui se laisse prévenir. La victoire est presque toujours au premier des deux qui frappe.

Sur-le-champ Espérance conçoit un nouveau plan. A vingt pas de lui s'élève le mur couvert d'un treillage garni de vigne, dont Gabrielle lui a souvent envoyé les raisins renommés. Il escaladera ce mur, gagnera, de maille en maille, comme par échelons, les fenêtres d'un bâtiment qui donne sur la cour des Fontaines, et, une fois là, il est sauvé.

Mais il faut d'abord faire cesser la poursuite de l'ennemi ; cet étrange limier s'échauffe de plus en plus. Il gronde d'une manière effrayante, chaque fois que son pied nu glisse sur les terres détrempées par la pluie. Le moindre faux pas mettrait Espérance à la merci d'une pointe qui s'agite altérée de sang. Lui aussi, d'ailleurs, se sent bouillir de colère. Le moment est venu d'en finir. Tout en courant vers le mur, il détache son manteau. Puis, au détour d'une allée, il bondit de côté. L'autre, emporté par son élan, le dépasse : agile comme un tigre, l'amant de Gabrielle fond tête baissée sur l'espion qui cherche à le retrouver dans les ténèbres ; il le renverse, le coiffe du manteau, l'y roule, l'y entortille dix fois, et lui brise, sous les plis mêmes de l'étoffe humide, son épée, qu'il n'avait pas lâchée. Espérance complète sa victoire par quelques rudes bourrades qui arrachent à l'ennemi étouffé des rugissemens sourds, et quand il le croit empêtré dans les spirales du drap, il reprend sa course dans la direction du mur, et, s'accrochant aux treillages, commence sa hasardeuse ascension.

Mais l'autre, écumant de rage et de douleur, fend l'étoffe ou la crève du tronçon de sa lame, se relève sur les genoux, aveuglé, ivre, entend craquer le treillage sous le poids d'Espérance, veut s'élancer de ce côté, mais retombe embarrassé dans les loques fangeuses du manteau. Encore deux échelons et son ennemi touche au rebord de la fenêtre ; il y porte la main, il va échapper.

— Arrête, ou je te tue ! veut crier le vaincu ; mais, la voix manque à son gosier aride, sa rage devient du délire, il arme un pistolet et le décharge sur le mur illuminé un moment par l'éclair de la poudre.

Le fugitif s'arrête, ses mains s'ouvrent, son corps s'affaisse. Il tombe la tête inclinée comme l'oiseau de la branche, et son ennemi se précipite sur lui en murmurant, avec une joie farouche :

— Sambleus ! je finirai par te voir en face.

Il soulève le corps, approche ses yeux avides du pâle visage du blessé. Mais tout à coup son œil devient hagard, ses cheveux se hérissent, ses mains se glacent dans le sang tiède,

— Pontis, murmure une voix faible comme un souffle, comment, Pontis, c'est toi qui m'as tué !

— Espérance ! s'écrie le malheureux garde en reculant avec un accent de folle épouvante...

— Tu m'as tué !...

— Oh ! mon Dieu ! oh ! mon Dieu !... j'ai tué Espérance ; oh ! mon Dieu !... c'est mon ami que j'ai tué... ô mon Dieu !...

Et Pontis, à genoux, s'arrachait les cheveux et se tordait les mains en poussant des cris inarticulés.

— Tu ne m'avais donc pas reconnu, Pontis ?

— Il le demande ! il m'accuse d'avoir voulu le tuer... moi qui l'aimais plus que ma vie.

— Mais le roi t'a ordonné...

— De suivre et de reconnaître un homme qui sortirait...

— De chez la duchesse.

— Ou de chez Mlle d'Entragues, car il n'était pas sûr.

— Quoi ! il doutait... Tout n'est donc pas perdu, s'écria Espérance en se soulevant avec joie. On peut donc sauver encore Gabrielle. Rien ne l'accuse que ma présence... Allons, aide-moi, Pontis, il faut que je sorte d'ici, je ne veux pas qu'on me trouve, tu diras que tu m'as manqué, que j'ai fui, que tu ne m'as pas reconnu. Aide moi... j'aurai la force de franchir le mur... Ah ! ne me touche pas...

je souffre trop... je ne puis faire un pas. Pontis, desserre moi... laisse couler mon sang, j'étouffe !... je meurs.

— Ne dis pas cela ou je m'arrache le cœur à tes pieds.

— Eh bien, achève-moi ; prends-moi sur tes épaules, jette mon corps dans une citerne... Enterre-moi vivant ; mais qu'on ne me trouve pas, qu'on n'accuse pas Gabrielle. Sauve-la, sauve-la, Pontis !

— Mon pauvre ami !

Et Pontis se déchirait la chair en sanglotant :

— Pourquoi m'a-t-il épargné tout à l'heure au lieu de me tuer comme un chien !

— Ne pleure pas, ne crie pas ;... on viendrait... Dis-moi plutôt ce qu'il faut faire pour que la duchesse ne soit pas déshonorée,... pour que ce démon d'Entragues ne triomphe pas... Cherche donc... Elle rit, vois-tu, dans ces ténèbres. Oh ! pourquoi m'as-tu atteint, Pontis ?... Je m'échappais, tout était sauvé ! S'il faut que Gabrielle succombe, sois maudit !...

Et le malheureux, dévoré par la souffrance, exaspéré par le désespoir, tendait vers Pontis des mains suppliantes. Celui-ci en proie au délire s'agenouillait, se relevait, implorait Dieu, se frappait le front des deux poings, puis se reprenait convulsivement à étancher les flots de ce sang généreux qui coulait toujours.

Tout à coup il rencontra sous ses doigts tremblans la boîte d'or, cause première de leur querelle, de leur séparation — de la blessure d'Espérance.

— Ah ! s'écria-t-il inspiré par un rayon de la divine intelligence, ne me demandais-tu pas de sauver l'honneur de Gabrielle ?...

— Oui, Pontis.

— Et de nous venger du monstre d'Entragues ?

— Oh ! si tu pouvais !

— J'en réponds, je le jure.

Espérance joignit les mains avec ivresse.

— Dans ce médaillon, poursuivit Pontis, il y a une lettre d'Henriette ?

— Oui.

— Un rendez-vous qu'elle te donnait autrefois ?

— Oui.

— Sans date, sans désignation précise ?

— Oui, oui.

— Eh bien, ami, cette lettre est d'hier, c'est Mlle d'Entragues qui t'a appelé à Fontainebleau, c'est de chez elle que tu sortais tout à l'heure, quand je t'ai surpris. Gabrielle n'a plus rien à craindre. Notre ennemie mortelle est prise à son piége, elle est déshonorée !

— Ah ! je comprends, s'écria Espérance, merci Pontis, mon frère, mon bienfaiteur. Pontis, je t'aime, Pontis, je te bénis !

Et saisissant le garde à deux bras, il le couvrait de baisers, de larmes.

— Entends-tu ? dit Pontis en se relevant pour écouter.

— Oui, des voix, des pas..., le bruit du pistolet a réveillé du monde et on vient... ouvrons vite la boîte.

— Fais jouer le ressort...

— Mes doigts n'ont plus de force... Qu'il faut peu de temps à Dieu pour briser un homme ! Aide-moi à appuyer... c'est ouvert... jette la boîte... bien... Maintenant je puis mourir...

— Tu ne mourras pas... au secours !

— Chut !... je sens ta balle trop près de mon cœur. Dans cinq minutes, c'est fait de moi, mais Gabrielle est sauvée... Dieu est bon...

Il fut interrompu par une voix qui disait au fond du jardin :

— Est-ce par ici qu'on a tiré ? où êtes-vous ?

Un homme approchait, portant un fallot et se dirigeant avec hésitation vers l'endroit de la scène.

— M. de Sully, murmura Pontis à l'oreille de son ami.—Que faut-il faire ?

— Réponds-lui, dit Espérance, car je m'affaiblis.

— Par ici ! répondit Pontis d'une voix étouffée.

— Sire, par ici, dit Sully en éclairant l'allée noire à une ombre qui s'avançait derrière.

— Le roi !... C'est bien, murmura Espérance. Allons, Pontis, le moment est venu, venge-nous !

— Que personne n'entre dans le jardin ! commanda Henri à son capitaine des gardes qui l'accompagnait et resta dehors.

Et il s'approcha vivement du groupe, une épée nue sous son bras.

Pontis était debout, pâle, les cheveux collés au front par la sueur et la pluie, taché de boue, taché de sang, sinistre à voir.

— C'est toi, dit Henri troublé à cet aspect, eh bien ?

— L'homme est là, étendu, sire.

— Blessé !... tu l'as blessé ?...

— Il allait m'échapper, et Votre Majesté m'avait ordonné de le reconnaître.

— Qui est ce ?...

— C'est mon ami, mon frère, bégaya le garde en dévorant les sanglots qui déchiraient sa gorge.

Le roi frémissant se baissa vers la terre, Sully éclairait les traits livides du mourant.

— Espérance ! s'écria Henri épouvanté... C'était lui. Mais d'où sortait-il ?

— De chez Mlle d'Entragues qui lui avait donné rendez-vous, dit Pontis avec une voix claire comme un chant de victoire.

Espérance se souleva, les yeux brillans de joie.

— Un rendez-vous... d'elle ? murmura le roi.

— Lisez, sire, répliqua Pontis en lui tendant la lettre qu'il prit des mains d'Espérance.

Sully leva son flambeau, le roi lut d'une voix sombre :

« Cher Espérance, tu sais où me trouver, tu n'as oublié ni le jour, ni l'heure fixés par ton Henriette qui t'aime. Viens, sois prudent. »

Pendant cette lecture, Espérance, ranimé, suivait chaque mouvement du roi avec une rayonnante avidité. Henri remit la lettre à Sully, qui ne put réprimer un dédaigneux sourire.

— C'est bien d'elle ; vous étiez dans votre droit, même chez moi, Espérance, dit enfin le roi profondément ému. Je vous demande pardon... Mais c'est du secours qu'il vous faut. Nous allons sans bruit, sans éclat, vous transporter...

— Inutile, sire, répliqua Espérance ; j'aime mieux mourir ici.

Tout à coup l'on entendit une voix forte qui criait, à l'entrée de l'Orangerie :

— Je vous dis qu'on a tiré de ce côté. Où est le roi ?... Est-ce qu'on a tiré sur le roi ?..... Je veux passer pour voir le roi..... harnibieu !... Si...

— Crillon !... arrête... ce n'est rien, dit Henri rouge de honte en courant à la rencontre du chevalier, ce n'est rien, mon digne ami...

Et il cherchait à l'éloigner.

— Dieu soit loué, vous êtes sauf !... dit avec joie le vieux guerrier un peu surpris de ce mouvement du roi, qui le poussait en arrière... Mais, sire, on a tiré !... Je vois quelqu'un étendu là-bas... Qui est-ce donc ?

— C'est moi Espérance, dit le blessé d'une voix si touchante, que le roi cacha son visage dans ses mains, et que Crillon, tout pâle, poussa un cri en s'élançant de ce côté.

— Toi ! toi, blessé !... Oh, mon Dieu ! pauvre enfant !... A la poitrine, si près du cœur... Mais qui est donc son assassin?

— Moi! dit Pontis, tombant à deux genoux avec un élan de désespoir dont rien ne saurait peindre la navrante énergie... Moi, qui ne l'ai pas reconnu; moi, qui, pour obéir au roi, ai tué mon frère!

— N'en crois rien, Crillon, s'écria le roi, déchiré par les regrets et la honte; je voulais seulement qu'on l'arrêtât. Je n'ai pas dit qu'on lui fît violence.

Sully montra la lettre d'Henriette au chevalier.

Crillon comprit tout: l'avis mystérieux lu à table, la jalousie du roi, le noble dévouement d'Espérance. Et sa généreuse indignation monta comme un flot amer de son cœur à ses lèvres.

— Ah! sire, c'est vous, répliqua-t-il en se relevant lentement, c'est vous qui pour vos querelles de femmes faites tuer l'ami par l'ami!

— Crillon!...

— Comme eût fait le bourreau Charles IX..., poursuivit le chevalier effrayant de douleur et de colère.

— Crillon, vous m'offensez au moment où je me justifie.

Mais rien n'eût pu retenir ce torrent furieux.

— Je sers donc un roi assassin! reprit le chevalier d'une voix vibrante de rage.—J'ai donc versé tant de fois pour vous mon sang, tant de fois prodigué ma vie, pour qu'on m'en récompense en égorgeant ceux que j'aime... Sire, décidément vous m'en demandez trop?

— Mais est-ce bien Crillon qui parle... Crillon qui sacrifie son roi à un étranger?

— Un étranger, mon Espérance!

— Qu'est-il donc?

— C'est mon fils!

A ces mots arrachés au chevalier par une douleur surhumaine, le roi chancela et s'appuyant sur l'épaule de Sully ne put retenir ses larmes. Pontis tomba foudroyé la face contre terre, mais Espérance, souriant comme les anges, souleva ses bras raidis, en entoura le col du chevalier qui se penchait vers lui en suffoquant de désespoir.

— Oh! dit-il, quel malheur de mourir au moment où l'on retrouve un tel père!... Mais je suis encore trop heureux, j'aurai le temps de vous embrasser.—Père..., ajouta-t-il luttant contre la mort qui déjà l'envahissait de ses ombres violettes, mon père..., ce baiser... pour vous!

Et il appuya ses lèvres sur le visage baigné de larmes du chevalier. Puis, faisant un effort pour s'approcher de son oreille, il murmura tout bas:

— Celui-ci, pour Gabrielle...

Et il exhala le dernier souffle. Ses lèvres, entr'ouvertes, n'achevèrent pas ce suprême baiser.

Crillon resta un moment écrasé, sans comprendre. Mais quand il sentit que ce noble cœur ne battait plus, que ces yeux si doux étaient à jamais fermés, il se leva haletant, avec un rauque soupir, comme le guerrier qui s'arrache un fer mortel de la poitrine. Pontis, sans force et sans voix, gisait aux pieds de son ami.

— Soldat du roi, tu as obéi au roi, tu n'es pas coupable, lui dit le sévère guerrier. Je te pardonne au nom d'Espérance et au mien. Aide-moi à emporter d'ici le corps de mon fils.

Sully s'approcha, le roi fit un pas; Crillon les écarta tous deux d'un geste résolu.

— Pontis et moi nous suffirons, dit-il.

— Brave Crillon, s'écria Henri d'une voix oppressée, si tu savais ce qui se passe dans mon cœur...

— Je le comprends, sire; votre cœur n'est pas méchant, mais le désordre mène au crime; votre vie d'intrigues s'écarte sans cesse du droit chemin. Oui, la mort de ce jeune homme est un crime ineffaçable; je vous devais mon sang et non celui d'Espérance. J'ai pardonné à Pontis, mais à vous, jamais! c'est fini entre nous.

— Chevalier, dit Sully, épargnez notre maître.

— Votre maître, monsieur, n'est plus le mien... Adieu!

Crillon chargea dans ses bras le corps inanimé dont la tête languissante pendait sur son épaule, — le front nu, ses cheveux gris épars au vent, l'œil fixe, il s'avança d'un pas ferme jusqu'à la porte de l'Orangerie; Pontis le suivait, priant tout bas, et baisant les cheveux blonds d'Espérance.

— Voilà donc, pauvre mère, comment j'ai veillé sur ton fils, murmura le héros en regardant le ciel d'un œil suppliant, comme pour y conjurer une ombre menaçante. Mais, maintenant, tu l'as près de toi, ton Espérance, et moi, je suis seul.

On n'entendit plus qu'un long sanglot dans le silence, on n'aperçut bientôt plus rien dans la profonde nuit.

XVIII.

Le dernier rendez-vous.

Le lendemain on observa que le roi fut levé avant tout le monde au château. Lorsque les valets de chambre de service entrèrent chez lui, il était assis près de la fenêtre, regardant avec mélancolie les premières lueurs de l'aube qui bleuissaient les murs de l'Orangerie. Il se retourna précipitamment au bruit des pas.

Son premier soin fut de demander des nouvelles de Gabrielle, et il demanda en même temps si ce matin toutes choses étaient en bon ordre à Fontainebleau.

Le valet de chambre répondit étonné que tout se trouvait dans l'ordre le plus parfait.

— C'est qu'il m'a semblé entendre du bruit, ajouta le roi, sans laisser voir son visage qui peut-être eût révélé tout l'intérêt qu'il attachait à la réponse.

— Votre Majesté aura peut-être entendu le bruit d'un carrosse, dit le serviteur.

— Quand?

— Tout à l'heure. M. d'Entragues est parti ce matin pour Paris avec ces dames.

Le roi tressaillit. La coïncidence était assez significative entre ce brusque départ et les événemens de la nuit.

— Ah! ils sont partis, dit-il, bon voyage.

Et lisant sur les traits du valet de chambre que celui-ci ne savait rien autre chose de ce qui s'était passé depuis la veille, il se remit un peu et fit quelques tours de promenade dans son appartement, en proie à une préoccupation bien suspecte au serviteur curieux.

Tout à coup le roi sortit et se dirigea vers l'appartement occupé par la duchesse; il se hâtait. Il ne voulait pas qu'aucune nouvelle du dehors pénétrât chez Gabrielle avant qu'il ne fût là pour l'expliquer sinon pour l'intercepter.

Mais à sa grande surprise, la duchesse était levée; ses femmes activaient les préparatifs du départ. Gratienne multipliait ses pas et ses ordres. Cet appartement silencieux et plein de mystère une heure avant, bourdonnait comme une ruche. Henri fit signe de la main pour arrêter des empressés qui couraient prévenir Gabrielle et s'achemina vers sa chambre où il savait la trouver seule.

Gabrielle en habit de voyage, les fenêtres ouvertes, était appuyée sur la rampe de son balcon. Fraîche et belle comme jamais peut-être elle ne l'avait été, souriant au ciel, aux bois, aux eaux verdissantes, elle semblait embrasser du regard toutes les splendeurs de la nature, savourer en pensée toutes les douceurs de la vie, et renvoyait à Dieu autant d'actions de grâces qu'elle exhalait vers lui de souffles purs.

Qu'il était beau, ce matin, Fontainebleau! Le magique séjour! Les brumes de la nuit avaient fui, dispersées devant la brise. Un groupe de petits nuages vermeils formait une couronne au soleil levant. Au fond de l'horizon enflammé se développait une large banderole de pourpre sur laquelle, déjà diaprées de floraisons printanières, s'étageaient les masses onduleuses de la forêt. Plus près, dans le parc, les marronniers arrondissaient leurs dômes verts, aussi réguliers, aussi doux à l'œil que s'ils eussent été modelés et lissés par la main d'un géant. Enfin, sous le balcon, dans le parterre, les premières fleurs, humides encore, se redressaient triomphantes à la chaleur des feux naissans du jour. Tout, dans cette nature, riait et rayonnait, depuis l'édifice altier, jusqu'à l'humble brin d'herbe, comme pour effacer jusqu'au souvenir d'une si lugubre nuit.

Gabrielle se retourna en entendant marcher, et lorsqu'elle vit le roi, son visage s'assombrit aussitôt.

Cette nuance n'échappa point à Henri, mais il s'y attendait. Trompé sur le sens de la catastrophe nocturne qu'il avait réussi à cacher à tout le monde, il croyait fermement qu'Espérance n'était venu à Fontainebleau que pour Mlle d'Entragues. Il croyait par conséquent que le billet d'avis mis sous sa serviette était de Gabrielle, il croyait donc à la rancune, à la colère de celle-ci en présence d'une nouvelle infidélité.

En effet, le raisonnement était logique. Si Gabrielle avait averti le roi de faire surveiller Henriette, c'était par jalousie. Elle était donc instruite de la liaison d'Henri avec cette femme, elle avait donc à lui faire encore des reproches, à lui qui, un moment avant, l'avait osé soupçonner.

Se sentant coupable de ce soupçon, coupable d'infidélité, mortellement coupable du tragique résultat de cette intrigue, le roi arrivait chez Gabrielle dans une situation d'esprit facile à comprendre. Il voulait avant tout, empêcher la duchesse de savoir que Fontainebleau avait été ensanglanté; il voulait essayer de dissiper chez elle les chagrins d'une nouvelle déception. Il se sentait bourrelé de remords, navré de douleur, brûlé d'une recrudescence d'amour. Ce qu'il venait apporter à Gabrielle, c'était plus que l'expression de cet amour, c'était une tacite réparation.

Le nuage qui couvrit un moment le front de la duchesse confirma Henri dans ses idées. Elle boudait, elle souffrait; il approcha d'elle les bras ouverts, le regard suppliant.

Mais, combien Gabrielle était loin de le comprendre! Partie du même point, peut-être, leurs pensées avaient tellement divergé, qu'une immensité les séparait. Il croyait avoir un pardon à demander. Elle aussi se sentait coupable et demandait pardon du fond du cœur.

Sa faute avait effacé toutes celles du roi. Ame loyale, elle trouvait le talion inique. Henri eût été assez puni de perdre un pareil cœur. Quel surcroît de malheur l'attendait encore! Il allait perdre à jamais celle qui, sans amour, était pourtant la plus fidèle amie qu'il eût dans tout le royaume.

Aussi quand elle le vit arriver, elle baissa un front chargé de repentir. Quand elle le vit sourire, implorer une caresse, elle se sentit autant de remords qu'elle avait eu d'indignation la veille.

Elle que tant de bonheur attendait! elle dont la fraîche jeunesse allait refleurir encore au soleil d'une passion féconde, et qui, laissant derrière elle la trahison, menaces de mort, ruine et désespoir, allait trouver la liberté dans l'amour, c'est-à-dire le plus splendide, le plus immense horizon qu'il soit donné à l'âme d'embrasser, tant qu'elle n'a pas reconquis le ciel.

Au contraire, le roi serait abandonné, outragé, puni jusqu'à l'injustice. Déjà au déclin de l'âge, nulle femme ne l'aimerait plus sans ambition, nulle ne se souviendrait plus qu'il avait été jeune, que son amour n'avait pas toujours été ridicule, nulle enfin ne saurait payer dignement les précieuses qualités de ce grand cœur, foyer d'un soleil obscurci, dont Gabrielle avait eu les flammes, dont les autres ne verraient plus que les taches.

Voilà ce qui rendit tristes ses yeux, voilà ce qui fit palpiter en elle un reste de tendresse, et quand le roi lui tendait les bras, honteuse, repentante, elle se détourna, prête à pleurer, si des larmes n'eussent trahi son secret, et si elle n'eût songé qu'elle se devait désormais à Espérance.

Quant à ce dernier, à l'amant adoré devenu une ombre, quant à ce bonheur qu'elle croyait sentir vivre en elle et qui déjà s'était envolé pour jamais, pas un soupçon, pas une inquiétude, pas un pressentiment. Vanité! la malheureuse femme pleurait le vivant, elle espérait le mort!

Henri s'assit près d'elle, lui prit les mains, la regarda longtemps avec des yeux pleins d'amour.

— Déjà prête à partir, dit-il, ma Gabrielle? *Ma Gabrielle!* ce mot fit tressaillir la duchesse dans la bouche de celui à qui elle n'appartenait plus.

— Vous avez bien hâte de me quitter, ajouta le roi. Voilà pourtant longtemps que je ne vous ai vue.

— En effet, murmura Gabrielle qui fut frappée de cette idée, qu'un siècle tout entier avait passé en si peu d'heures.

Elle rougit, elle se détourna encore comme pour donner un ordre à Gratienne.

— Avez-vous bien reposé? Etes-vous remise de votre malaise? continua Henri. J'ai cru devoir vous laisser dormir, car mon premier mouvement hier en me mettant à table fut de venir vous voir.

Il la regardait si fixement qu'elle se sentait de plus en plus embarrassée. L'un et l'autre ils s'enfonçaient plus avant dans le chemin de leur pensée secrète.

— Oui, Gabrielle, du moment où j'ai déplié ma serviette, hier, jusqu'à ce matin, je n'ai cessé de songer à vous.

La duchesse fit un effort que le roi remarqua bien; mais il l'attribua au désir qu'elle avait de ne pas laisser soupçonner sa jalousie de la veille. Heureux lui-même de ne pas donner suite à l'explication, il se tut.

— J'ai parfaitement reposé toute la nuit, se hâta de dire Gabrielle, et me voilà prête à faire ce petit voyage. Avançons-nous, Gratienne?

— Oui, madame, dit Gratienne, qui l'oreille aux aguets allait et venait par la chambre pour porter secours au besoin à sa maîtresse.

— Bonjour, Gratienne, ma commère Gratienne! lui cria le roi toujours empressé d'entretenir des relations amicales avec un auxiliaire de cette importance. Comme tu es fraîche, toi; il ne faut pas te demander si tu as bien dormi.

— Cependant, sire, j'ai été réveillée. On chasse donc la nuit dans votre parc?

Le roi frissonna.

— Qui chasse? demanda Gabrielle sans le moindre soupçon.

— Je ne sais, mais on a tiré... plusieurs personnes ont entendu comme moi... c'était du côté...

— Un mousquet, s'écria vivement le roi,

un mousquet parti par accident au quartier des gardes.

Il se sentait pâlir. Gabrielle, heureusement, ne le regarda pas.

— J'ai voulu, reprit Henri, vous visiter dès le matin pour ne rien perdre de votre chère présence. Dites-moi, Gabrielle, savez-vous que les nouvelles de Rome sont excellentes, et que l'année ne se passera pas sans qu'on vous appelle la reine ?

— Vraiment... dit-elle avec un sourire contraint... Que de bontés pour moi !

— Ne les méritez-vous pas, et d'autres encore !... Y a-t-il en ce monde une dignité que Gabrielle ne sache rehausser par son mérite ?...

— Sire...

— La plus belle, la meilleure des femmes, et la plus pure que l'on puisse rencontrer.

— Sire, par grâce, interrompit-elle en se levant avec un visage empourpré par l'inquiétude et la confusion.

— Qu'avez-vous ?... Modeste par-dessus tout cela.

— Je ne sais, sire, pourquoi aujourd'hui Votre Majesté me comble ainsi...

— Hélas! c'est que je vais vous perdre, Gabrielle, et l'on ne sait bien le prix de ce qu'on a qu'au moment de s'en séparer.

Ces paroles si naturelles, si simples, avaient un tel rapport à la situation d'esprit de la duchesse, qu'elle se crut devinée, et de rouge qu'elle était devint plus pâle qu'un lys tranché. Puis, ne voyant sur le visage du roi que l'expression innocente d'un regret de circonstance, elle garda pour elle tout le poids de l'allusion. Elle en fut écrasée, et fondit en larmes.

— Vous pleurez, ma chère âme, dit Henri... Est-ce de me quitter ?... aurais-je ce bonheur ?

— Oui, sire, je pleure de vous quitter !... s'écria-t-elle, vaincue par sa douleur trop longtemps comprimée.

— Ne partez pas alors, répliqua Henri, aussi ému qu'elle.

— Impossible, sire, impossible.

— C'est vrai. Soyez plus raisonnable que moi. Votre vue m'inspire trop d'amour pour que mes devoirs de prince chrétien n'en souffrent pas durant les saints jours de cette semaine. Allez adorer Dieu à Paris, publiquement. Montrez au peuple sa reine. Moi, je remercierai ici la Providence qui vous a placée près de moi.

Gabrielle haletait d'impatience et de douleur à chacune de ces paroles tendres qui cherchaient à la consoler.

— Mais, continua Henri, nous n'endurerons point longtemps un pareil supplice, n'est-ce pas? vous à la ville, moi aux champs, à quinze lieues l'un de l'autre !... Quelle distance ! J'envie le sort de ce drôle de Zamet qui vous aura chez lui. Mais je plains les pauvres chevaux qui vous vont porter tant de fois mon souvenir... Et puis, attendez-moi dimanche !...

— Oui, sire, balbutia la duchesse éperdue ; car elle sentait la force l'abandonner, car son cœur allait défaillir.

— J'aurai pour me consoler de vous, à cheval le roi, notre petit César. Vous me le laissez, n'est-ce pas, ce cher enfant de notre amour ?

Ce fut le dernier coup. Gabrielle chancela. Elle voulut répondre, mais sa poitrine éclata en sanglots, elle battit l'air de ses mains suppliantes, et sans Gratienne qui la saisit éplorée, et lui pressa les bras avec des regards parlans, nul doute qu'elle n'eût laissé échapper tout son secret dans cette torture au dessus des forces d'une âme honnête et d'un cœur de mère. Mais Gratienne se hâta d'avertir que les chevaux étaient prêts !

Le roi, disposé par tant d'événemens à la mélancolie, fut bientôt à l'unisson de cette tristesse étrange qu'en un autre moment, peut-être, il eût moins comprise. Il embrassa Gabrielle en lui répétant les plus doux noms, les plus touchantes promesses. Peu à peu, attirés par le spectacle attendrissant, les serviteurs et les courtisans s'étaient approchés de la chambre et contemplaient, non sans émotion, ces deux époux enlacés, pleurant, et qui offraient le plus parfait modèle de la tendresse. Bientôt arriva l'enfant, porté dans les bras de sa nourrice.

— César... notre fils César... murmura Gabrielle. Oui, sire, je vous remercie de m'en avoir parlé... Je vous le recommande bien. Oh sire! rappelez-vous bien mes paroles, je vous recommande mon enfant.

Et lui parlant ainsi elle couvrait de baisers l'innocente créature qui souriait.

— Mais pourquoi... dit Henri le visage inondé de larmes, pourquoi me dire tout cela ?

— Jurez-moi de vous souvenir de moi... mon cher sire, sans colère, sans mauvaise pensée... jurez-moi d'aimer nos enfans. Quoi qu'il arrive...

— Gabrielle vous me percez le cœur !

— Il se faut quitter... Sire, persuadez-vous que jamais vous n'eûtes plus sincère amie.

— Je le crois! je le sais!...

— Pardonnez-moi si je vous ai offensé.

— C'est à vous, mon âme, de me pardonner! s'écria Henri vaincu et s'abandonnant à toute l'amertume de ses regrets.

— Adieu, sire... Ce mot est navrant...

— Dites au revoir, Gabrielle.

— Adieu! répéta la duchesse en promenant autour d'elle un regard obscurci par les larmes, et comme elle vit que chacun pleurait, car à tous elle avait été bonne maîtresse ou brave amie,

— Merci, dit-elle avec un de ces sourires irrésistibles qui enivrent et subjuguent. Emmène mon fils, Gratienne, sinon je n'aurai plus la force de partir.

Et pour s'arracher à cette scène, elle se dirigea vers l'escalier. Le carrosse était prêt. Une foule brillante l'entourait, prête à faire cortége jusqu'à l'endroit où la duchesse devait s'embarquer.

Le roi ne quitta pas Gabrielle. Il désigna ses meilleurs amis pour lui tenir compagnie dans le bateau. C'était une vaste barque plate, tapissée de riches tentures. La duchesse y prit place avec des dames et l'élite des courtisans qui se disputaient l'honneur de l'accompagner. Henri avait nommé un capitaine des gardes à la duchesse, et ordonné qu'on lui rendît à Paris, durant son séjour, des honneurs royaux. Chacun comprit qu'il n'y avait plus en ce bateau qu'une reine de France entourée de sa cour.

Mais Gabrielle s'effrayait déjà de l'esclavage, et cherchait un moyen de se rendre libre comme elle l'avait promis à Espérance. Au moment de prendre congé du roi, les pleurs recommencèrent, et la séparation n'eût jamais pu s'accomplir, si M. de Sully n'eût retenu son maître tandis que la barque s'éloignait lentement du rivage.

Ce furent des signaux, des adieux répétés, des bras étendus, des vœux exhalés de l'âme. Peu à peu, d'Henri à Gabrielle, la distance grandit; les yeux troublés du roi distinguèrent moins clairement sa maîtresse dans le groupe, et à la première courbe du rivage tout disparut. Ils s'appelaient encore et entendaient leurs adieux renvoyés par l'écho, mais ils ne se voyaient plus, et ne devaient jamais se revoir.

Le voyage se fit par un temps calme, sous un ciel pommelé qui moirait capricieusement d'opale la nappe riante du fleuve. Une partie des courtisans débarqua à Melun. Gabrielle avait eu l'esprit de donner à chacun de ceux-là des commissions ou des ordres, qui les retinssent loin d'elle.

Les moins gênans restèrent. Elle était sûre désormais de s'en débarrasser une fois aux barrières de Paris.

La conversation roula sur tout ce qui peut récréer une femme frivole, flatter une âme orgueilleuse. Plus d'une fois, par excès de galanterie, quelques habiles purent caresser l'oreille de Gabrielle du mot: Majesté.

Mais, plus sérieuse à mesure qu'elle approchait du but, plus sombre même, comme si elle fût entrée déjà dans la mortelle atmosphère du malheur qui l'attendait, Gabrielle écoutait distraitement les rieurs de cour, ou ne les écoutait pas du tout. Elle songeait à l'immense bruit que ferait le lendemain sa disparition. Elle frémissait à l'idée du chagrin dont le roi serait saisi. Elle eût renoncé à son projet, faussé son serment, sans l'ineffable consolation de tout sacrifier à Espérance, sans le bonheur, si puissant pour toute noble femme, d'être remerciée par celui qu'elle aime.

Comme le bateau abordait à Villeneuve-Saint-Georges, la duchesse voulut offrir des rafraîchissemens à ses dames, et dans la confusion joyeuse qui suivit cette collation improvisée, à laquelle Gabrielle ne prit aucune part, elle fut coudoyée par une étrange figure, une sorte de moine mendiant encapuchonné, qui lui glissa un papier roulé, en demandant l'aumône, et se retira si adroitement, qu'elle ne le revit plus.

Gabrielle recevait à chaque sortie bien des placets, bien des requêtes. Le fait n'était point nouveau pour elle. Elle déroula ce papier et lut:

« N'allez pas chez Zamet, et surtout n'y prenez rien, fût-ce une pêche, si on vous l'offre. »

En tout autre moment, ce terrible avis l'eût fait pâlir. Mais que lui importait Zamet et ses fruits empoisonnés? Gabrielle n'allait pas chez Zamet puisqu'elle allait dans deux heures retrouver Espérance.

Ceux qui l'observaient après cette lecture, la virent sourire tranquillement et déchirer le papier en des milliers de miettes qu'elle jeta l'une après l'autre au fil de l'eau.

— C'est égal, pensa-t-elle, il paraît que ce digne Zamet ne me réserve pas une hospitalité de frère. Ainsi, l'on compte sur une pêche pour valider la promesse de mariage de Mlle d'Entragues; en avril elles sont rares, et Zamet s'est mis en frais pour moi. J'en rirai bien demain en goûtant avec Espérance les belles pommes de Normandie.

Dès Charenton, Gabrielle se mit à regarder le rivage. Elle pensait qu'un homme impatient pourrait bien courir en avant pour apercevoir plus vite le bateau ; de ce moment elle oublia tout ce qui était resté derrière : voir Espérance, le deviner dans l'ombre du soir, tel fut l'unique but de ses regards, de sa pensée, de toute son âme.

Comme elle ne le vit pas, elle pensa qu'il était aussi prudent que tendre. Il avait promis de se trouver à Bercy, c'était là seulement qu'il attendrait encore une demi-heure.

La nuit vint, Gabrielle fit aborder encore quelques personnes de sa suite au-dessus de Bercy, et pria les autres de continuer à descendre la Seine jusqu'au Louvre. Elle voulait, disait-elle, éviter le bruit, la curiosité populaire. Tandis que la foule suivrait le cours de l'eau, espérant la voir descendre au quai de l'École, elle irait, seule, inconnue, en litière, dormir une nuit tranquille chez Zamet.

Que ne persuade pas une reine à des courtisans ? Tous furent persuadés. Gabrielle mit pied à terre devant Bercy, avec Gratienne, l'inévitable La Varenne et M. de Bassompierre. La litière attendait. Mais Espérance était si bien caché avec ses chevaux, qu'elle ne put l'apercevoir.

Elle détacha en avant les deux hommes, avec ordre à l'un de l'annoncer et de l'attendre chez Zamet, avec remercîmens à l'autre pour sa bonne compagnie, ce qui valait un congé définitif. Et, les deux cavaliers partis, elle resta seule dans la litière avec Gratienne.

C'était l'instant décisif. Les chevaux suivaient le bord de la Seine sur un quai sombre et absolument désert. On ne voyait toujours pas Espérance, mais sans nul doute il guettait derrière quelque muraille les premiers pas que Gabrielle ferait seule sur le chemin, après avoir renvoyé la litière comme elle en était convenue.

Gabrielle ordonna à Gratienne de passer chez Zamet pour lui dire que sa maîtresse avait voulu rendre visite à Mme de Sourdis et n'arriverait que plus tard rue de Lesdiguières. Gratienne partit en litière, Gabrielle resta seule à l'endroit fixé par Espérance.

Rien autour d'elle, ni maître ni chevaux. Les mille suppositions qui dévorent le cœur pendant les angoisses de l'attente, surgirent dans l'esprit de Gabrielle avec la rapidité vertigineuse des rêves de fièvre.

Dix minutes, un quart-d'heure, une demi-heure s'écoule, une heure enfin !... Oh! c'est toute une éternité de tortures.

Se serait-elle trompée hier ? A-t-elle eu cette vision ? Espérance a-t-il vraiment promis ce départ annoncé des chevaux, nommé ce quai désert ?...

Être seule ainsi, abandonnée, dans les ténèbres, cette reine ! dont la vie s'écoule goutte à goutte pendant l'interminable agonie de trois mille six cents secondes.

Elle n'y résiste plus, il faut sortir de ce doute horrible. Si Espérance s'est trompé d'heure, s'il a tardé.... oh ! tarder quand il s'agit d'un pareil intérêt. — Enfin tout est possible. Mais Gabrielle au moins le saura.

Elle court chez Espérance ; la rue de la Cerisaie n'est qu'à cent pas.

Elle arrive. Les portes sont ouvertes. C'est cela. Ses chevaux vont sortir. Non. La cour est sombre, vide. Pas une lumière, pas une créature, pas un bruit dans le palais.

Gabrielle sent battre son cœur de la première inquiétude qu'elle ait encore éprouvée. Raison de plus pour qu'elle avance. Elle avance en effet.

Au péristyle rien encore. Toujours des portes ouvertes.—Ah !... une lumière au fond des vastes corridors. Gabrielle n'écoute que son ardent courage. Elle marche.

Devant elle, est une chambre fermée de portières, par l'entrebâillement desquelles filtre un rayon lumineux : tant mieux, elle pourra voir sans être vue ce qui se passe dans cette chambre.

Deux hommes sont là. Qui sont-ils ? L'un, assis, la tête dans ses mains ; l'autre, à genoux ; près d'eux, brûlent de grands flambeaux de cire. Mais, qu'y a-t-il donc de blanc entre les deux hommes ?

Gabrielle entr'ouvre la portière pour mieux voir. A ce léger bruit, l'homme assis relève la tête, c'est Crillon ; l'homme à genoux se lève, c'est Pontis. Tous deux poussent un cri en apercevant la duchesse. Entre eux est étendu Espérance vêtu de blanc. Espérance, beau comme l'ange funèbre : est-ce qu'il dort, si pâle ? La biche inquiète le regarde, couchée à ses pieds.

Gabrielle appelle : Espérance ! du fond de ses entrailles, il ne répond pas à cette voix. Il est mort !

Elle ouvre les bras, son âme remonte jusqu'à ses lèvres ; elle tombe inanimée sur le corps de son amant.

Mais elle revint à elle, le calice n'était pas vidé jusqu'à la lie. Elle entendit le récit de la douloureuse histoire. Crillon qui la tenait dans ses bras, la remercia, comme il savait le faire, d'être venue si noblement dire adieu à celui qui l'avait tant aimée.

— Son dernier mot, ajouta le chevalier fut votre nom, madame; le baiser qu'il vous envoyait est resté sur ses lèvres.

Gabrielle se souleva vivement. Elle s'approcha d'Espérance aussi blanche aussi froide que lui, et attacha sa bouche palpitante à cette bouche insensible.

On eût dit qu'elle cherchait à lui donner sa vie ou à lui prendre sa mort.

Crillon eut peur qu'elle n'expirât ainsi, laissant dans cette maison l'honneur fatal qu'Espérance n'avait sauvé qu'au prix de tout son sang.

— Venez, ma fille, dit-il avec douleur; songez à vous, songez au roi, songez à votre fils. Vous ne pouvez demeurer ici, Espérance ne le veut pas... Où faut-il vous conduire?

Gabrielle regarda longtemps son amant sans répondre. En sa sublime folie, elle croyait toujours qu'il allait se relever et sourire. Elle l'appela encore une fois, en suppliant Dieu comme jamais personne ne l'a supplié. Mais Dieu n'aime plus assez les hommes pour leur donner deux fois la vie.

— Espérance est mort, — dit-elle enfin d'une voix calme, — conduisez-moi chez Zamet.

XIX.

Ténèbres.

Il y avait foule chez le financier. Tous les amis du roi, ce qu'on nommait déjà alors tout Paris, s'était rendu à l'hôtel de Lesdiguières pour faire la cour à Henri dans la personne de la future reine.

Un beau soleil de printemps épanouissait la verdure dans les riches jardins de Zamet, trente convives joyeux parcouraient les allées bordées de primevères et de violettes, et chacun demandait avec empressement des nouvelles de la duchesse, dont les fenêtres étaient encore fermées.

Zamet, contraint, inquiet même, répondait de son mieux : aux indifférens il disait que Mme de Beaufort, fatiguée du voyage de la veille, reposait encore; aux intimes il avouait que le sommeil de la duchesse lui semblait un peu prolongé, car midi allait sonner, et depuis la veille au soir qu'elle s'était couchée en arrivant, Gabrielle n'avait pas encore paru, ni même appelé pour son service. Seulement un courrier expédié le matin par Gratienne avait porté une lettre de la duchesse à Bezons, aux Génovéfains.

Gratienne interrogée répondait toujours la même chose : madame dort. Et elle gardait l'antichambre de sa maîtresse.

Zamet, de temps en temps, échangeait avec Leonora des regards furtifs. Celle-ci parcourait le jardin en compagnie de quelques seigneurs curieux ou galans qui réclamaient d'elle, les uns des pronostics, les autres des promesses.

— Est-on bien sûr que Mme la duchesse ne soit pas indisposée? dit timidement La Varenne, moitié à Zamet, moitié à Bassompierre.

La Varenne, sans être un aigle, savait souvent lire au travers des nuages, et depuis qu'il croyait au règne prochain de Gabrielle, il était devenu tout yeux, tout oreilles en sa faveur.

— Indisposée! s'écria Zamet fort ému, et pour quelle raison, M. de La Varenne? Pourquoi indisposée, je vous prie? Faites-moi le plaisir de m'expliquer le motif de cette supposition?

— Eh! Zamet, comme tu t'enlèves! dit Bassompierre sans y voir malice.

En effet, le Florentin était tout rouge.

— Je comprends que M. Zamet se préoccupe de ce que j'ai dit, ajouta La Varenne, craignant d'avoir déplu. Il s'agit de son hôtesse... et ce n'est pas une mince responsabilité! Quant à moi, si l'indisposition se déclarait, j'écrirais au roi tout de suite. J'ai ordre de tout écrire à S. M. concernant Mme la duchesse.

— N'est-elle pas ici dans toutes les conditions possibles de santé? interrompit Zamet. D'ailleurs nous ne l'avons pas encore vue. Jugez-en, M. de Bassompierre. Mme la duchesse est venue hier soir seule et voilée. Elle n'avait pas voulu que j'allasse à sa rencontre au bateau. Arrivée ici, elle parlait à peine. Elle s'est retirée chez elle si vivement, que je ne suis pas bien sûr qu'elle ait salué.

— Pardieu! elle était lasse, dit Bassompierre. Elle n'a pas voulu de toi au bateau pour ne pas ameuter la foule. Moi-même, elle m'a envoyé me coucher.

— Elle m'a dit bonsoir à moi, répliqua La Varenne, mais, sous son voile, je l'ai cru voir très pâle.

— Je vous assure qu'hier elle se portait comme une rose, dit Bassompierre.

— J'ose espérer, reprit Zamet, que madame la duchesse est ce matin ce qu'elle était hier, et sera demain ce qu'elle est aujourd'hui. Gratienne, d'ailleurs, n'a rien dit qui fût contraire ; elle dort, voilà tout, et nous l'attendons.

— Eh mais, notre dîner en souffrira, s'écria Bassompierre. Sais-tu bien, Zamet, qu'il est midi passé, et que tes cuisines fument déjà comme s'il était temps de se mettre à table? Aurons-nous un bon dîner?

— Si vous avez les mêmes goûts que madame la duchesse, répondit Zamet, vous trouverez la chère excellente. Je vous avoue que j'ai composé ce dîner de toutes choses qui plaisent à notre future dame.

— C'était ton devoir.

— Et le roi vous en saura gré, dit La Varenne. D'ailleurs, on peut aimer ce qu'aime madame la duchesse, elle a bon goût.

— Si je savais faire des vers ! s'écria Bassompierre, j'en ferais tout de suite, je les jetterais dans la chambre de la duchesse gravés sur un œuf d'or ; l'œuf romprait une vitre, la dormeuse se réveillerait, et nous aurions plus de chances de dîner.

Ces mots furent entendus, saisis au vol par plusieurs estomacs qui commençaient à trouver long le sommeil de la duchesse.

— Je propose, dit l'un, qu'on établisse un concert de belles voix et de gais instrumens, chantant des choses amoureuses sous le balcon.

— Un jeudi saint, des choses amoureuses!.. objecta Zamet de plus en plus décontenancé par le retard de son hôtesse. Et il allait, sur l'avis de Leonora, expédier un nouveau messager à l'appartement silencieux, lorsque Gratienne parut annonçant que sa maîtresse se préparait à descendre.

— Il est temps.—J'allais écrire au roi, dit La Varenne en s'éventant avec son chapeau.

Le front du Florentin s'éclaircit. Leonora parut moins distraite. Tous les assistans se pressèrent, hommes et femmes, pour avoir les meilleures places au bas de l'escalier, les meilleures places étaient celles qui permettaient d'obtenir le premier salut et le premier sourire de la duchesse.

Les femmes se préparaient à bien examiner la toilette de celle qui régnait déjà en France par son goût exquis, ses magnificences toujours distinguées et l'imagination qui donnait un grand caractère de poésie et d'art à chacune de ses parures.

Les hommes, bien qu'ils n'aimassent pas tous la duchesse, peut-être parce qu'elle ne le leur permettait pas assez, se rangeaient cependant volontiers sur son passage pour admirer une des plus parfaites beautés, une des plus constamment neuves que le créateur eût livrées à l'admiration humaine.

Gabrielle parut au haut des degrés ; elle était vêtue de noir. Des broderies de jais, scintillant sur le damas sombre, rehaussaient la blancheur transparente de ses mains et de son col.

Elle descendit lentement, comme ferait une statue de cire animée par un secret mécanisme. Tout en elle respirait une majesté tellement imposante, sa beauté était si sévère, que le bruit de ses habits sur les tapis donna le frisson à la plupart de ceux qui s'attendaient à réjouir leur vue de sa présence. Ce n'était pas une femme qui sort du lit, mais une reine ressuscitée qui se lève du tombeau.

Son visage était rose, ses yeux brillans; mais il ne fallut qu'un coup d'œil à chacun pour remarquer l'éclat de la fièvre dans ses étranges regards, et le rouge dont Gabrielle, pour la première fois de sa vie, avait couvert ses joues. D'ordinaire, la fraîcheur du sang, la sève de la jeunesse distribuaient sur cette peau veloutée un coloris assez vif. A quoi pouvait servir ce fard? N'était-ce qu'un caprice ? Nul ne supposa qu'il pût couvrir une pâleur livide.

Pourquoi eût-elle été pâle, cette bienheureuse femme qui bientôt allait monter au trône?

Zamet courut à elle et, lui baisant la main, tandis qu'elle saluait l'assemblée,

— Oh! madame, dit-il, on commençait ici à s'inquiéter de vous; mais vous voilà arrivée, chacun retrouvera joie et appétit. Votre santé est bonne, j'espère?

— Parfaite! dit Gabrielle d'une voix grave.

— Quand je vous le disais! s'écria Bassompierre : Madame n'a jamais été plus belle!

— Le fait est, dit La Varenne, que jamais je n'ai vu un tel éclat à Sa Maj...

— Achevez, achevez, dit Zamet avec un rire brutal, tant il cherchait à paraître sincère. Ce que vous n'osez pas encore dire aujourd'hui, tout le monde le dira demain.

Et chacun, plus ou moins servilement applaudit aux complimens de l'hôte.

— Vous plaît-il vous asseoir? on dirait que vous vous fatiguez d'être debout, madame, ajouta Zamet.

Gabrielle chancelait, en effet.

— Non, marchons, répliqua-t-elle, marchons vite.

— C'est que... le dîner est servi, madame.

— Ah! dit Gabrielle s'arrêtant tout à coup, le dîner.

— On n'attendait que vous.

— Pourquoi m'attendait-on ? C'est aujourd'hui jour saint, jour de deuil. Je jeûne aujourd'hui, Zamet.

Ces mots ainsi prononcés firent sur les assistans une impression indescriptible. Chacun regarda la duchesse, dont les sombres vêtemens accompagnaient si bien l'austère langage. Mais le plus stupéfait de tous, ce fut le Florentin. Ce mot : jeûne, le terrassa. Il s'oublia au point de chercher des yeux Leonora, qui, debout sur un des degrés, adossée au pilastre de l'escalier, surveillait avec intérêt ou plutôt avec passion toute la scène.

— Est-il donc surprenant qu'on jeûne un jour comme aujourd'hui, reprit Gabrielle. Le roi désire me voir accomplir pieusement les cérémonies imposées cette semaine par l'Eglise à toute la chrétienté. J'obéis au roi.

— Oh! j'écrirai cette bonne pensée à S. M., se dit La Varenne.

— Bon! jeûnerons-nous aussi? murmura Bassompierre. Que ne m'a-t-on prévenu ce matin, au moins! Le roi aurait dû me dire cela hier en m'envoyant avec la duchesse.

— Il va sans dire, continua Gabrielle, faisant sur elle-même un violent effort, que je ne prétends imposer mon exemple à personne. Je dirai plus : si vous vous croyiez obligés de m'imiter, vous me feriez un déplaisir sensible. Je vous prie de dîner, Zamet, et de faire dîner vos convives.

— Madame, balbutia le Florentin, sans vous que devient la fête?

— Oh! il n'y a pas de fête possible aujourd'hui, Zamet, pour moi du moins. C'est un vœu que j'ai fait. Et, s'il faut tout vous dire, pour m'excuser devant ces dames, qui m'en voudraient de les affamer, j'ai promis cette petite mortification au pape.

— En retour des bonnes nouvelles qu'il vous a envoyées de Rome? s'écria Bassompierre.

— Précisément. Vous tous qui n'êtes pas en de pareils termes de réciprocité avec le Saint-Père, dînez, dînez bien; je le réclame, je l'exige.

Et Gabrielle scella cet ordre d'un sourire héroïque.

Zamet sentit derrière lui Leonora qui lui touchait le coude. Sans se retourner, il lui rendit la pression qui témoignait de leurs mutuelles angoisses.

Gabrielle dédaigna de voir ce manège. Elle le devinait. Son âme planait trop haut pour analyser ce jeu vil de quelques misérables passions.

— Eh bien! dit-elle, d'un ton de reine, va-t-on dîner? Faut-il que je me retire, si je gêne tout le monde.

Zamet s'inclina. C'en était fait. Les assistans, plus que consolés, offrirent à la duchesse leurs complimens, et se dirigèrent par groupes vers la salle du festin.

— Mais, madame, dit Zamet au désespoir d'un incident si simple, qui renversait tant de plans, quand vous ne nous feriez que l'honneur de vous asseoir à table.

— Si vous le voulez absolument, répliqua Gabrielle, je suis prête. Sinon, je me promènerai dans les jardins, pendant que vous ferez dîner les convives, et vous viendrez me retrouver... Je vous attends.

Zamet se connaissait en nuances, il vit bien que ce consentement était un refus déclaré.

— Tout est manqué, nous avons été trahis, dit-il bas à Leonora.

— Pas encore, répliqua l'Italienne.

— Madame la duchesse a-t-elle besoin de mes services, dit La Varenne humblement.

— Non, La Varenne, dînez comme les autres.

— Madame a l'humeur triste, ce semble, veut-elle que je l'écrive au roi?

— Au roi! pourquoi? s'écria la duchesse.

— Pour réjouir le cœur de Sa Majesté par l'assurance que sa reine le regrette.

— Ah!.. fort bien; écrivez cela au roi si vous voulez, mon ami.

En parlant ainsi, Gabrielle s'avançait peu à peu dans le jardin, et s'assit, ou plutôt tomba sur un banc de gazon près des serres, les yeux tournés vers la maison d'Espérance, dont on voyait le faîte à travers les feuillages encore clairsemés.

Aussitôt qu'elle se trouva seule, elle dit à Gratienne d'une voix brève, saccadée :

— A-t-on réponse de Bezons?

— Pas encore, madame.

— Vois si le courrier arrive...

— Oui, madame.

— Comme il me fait attendre! comme il me fait souffrir! murmura la duchesse... Ah! frère Robert, je vous croyais plus dévoué. . Ayez donc pitié d'une pauvre femme, frère Robert. — Et toi, mon doux ami, mon Espérance, ajouta-t-elle en contemplant la maison voisine avec une expression douloureuse, pardonne-moi de tant tarder. Si je ne suis pas déjà au rendez-vous, ce n'est pas que j'aie peur. Ce n'est pas que mon âme ne s'élance ardemment vers la tienne. Tu le crois, n'est-ce pas, tu le vois du ciel où tu m'attends avec confiance. Mais si j'eusse accepté le repas de Zamet, peut-être serais-je déjà morte, et c'est trop tôt. Avant de partir pour ce voyage, j'ai quelque chose à demander à frère Robert, à notre ami, à celui qui le premier peut-être a deviné notre amour. Tu sais ce que je veux de lui, n'est-ce pas, Espérance? on sait tout là-haut! Sois patient. Aussitôt que j'aurai la réponse du bon frère, les serres de Zamet ne sont pas loin, je ne tarderai plus, sois tranquille!

Gratienne s'était rapprochée pendant cette funèbre invocation. Gabrielle ne l'entendit pas, et dans un transport de douleur, d'impatience :

— Ah! frère Robert! s'écria-t-elle, abrégez mon agonie!

— Plaît-il? demanda Gratienne, que ce monologue inintelligible achevait d'épouvanter, que parlez-vous d'agonie?

— Ai-je prononcé ce mot, Gratienne?

— Mais, au nom du ciel, chère maîtresse, pleurez un peu, pleurez donc, vos yeux secs me font peur.

— Tais-toi... on vient.

C'était Zamet qui, après avoir installé ses convives, accourait pour prouver à la duchesse qu'il ne la négligeait pas.

— Madame, dit-il, on ne jeûne pas plus loin que midi. Il est une heure et demie, prenez garde de nuire à votre santé ; le roi vous le reprocherait et à moi aussi.

— Croyez-vous? dit-elle.

— J'en réponds, s'écria-t-il vivement, croyant qu'elle chancelait dans sa résolution. Acceptez...

— Rien encore, Zamet, plus tard... Oh! je vous demanderai à dîner, n'ayez pas d'inquiétude. Les préparatifs que vous avez faits pour moi ne seront pas perdus.

Il tressaillit. Il pâlit. Il lui fit pitié.

— Voulez-vous me montrer vos serres, reprit-elle, on les dit magnifiques cette année... en fruits, surtout.

— Les raisins ont manqué, madame.

— Avez-vous beaucoup de pêches?

Zamet devint livide. Cet éternel sourire de candeur l'écrasait.

Gabrielle entra dans la serre, où il la suivit. Elle alla droit aux pêchers.

— Tiens! je n'en vois qu'une à l'arbre : avez-vous déjà cueilli les autres?

— Il n'y en a eu qu'une cette année, madame, balbutia le Florentin.

— Par exemple, elle est magnifique. Jamais je n'en ai vu d'aussi belle... Dire que sans le jeûne je pourrais manger cette belle pêche!

La sueur perlait au front de Zamet.

— Car vous ne me la refuseriez pas, je gage, poursuivit Gabrielle toujours souriant, tandis que le coupable, éperdu, commençait à perdre contenance.

— Le courrier! s'écria Gratienne, qui courut à la rencontre de cet homme et lui prit des mains la réponse de Bezons, qu'elle savait attendue si impatiemment par sa maîtresse.

Gabrielle saisit vivement le papier et lut. Ses yeux charmans rayonnèrent en regardant le ciel. Ils reflétaient l'aurore de la délivrance.

— Est-ce encore une bonne nouvelle? demanda Zamet, qui s'était remis en voyant Leonora guetter derrière une vitre, à l'abri d'un large cactus.

— Excellente. C'est une partie de plaisir en même temps qu'une œuvre pieuse. Un ami me donne rendez-vous pendant l'office des Ténèbres à l'église du Petit St-Antoine.

— Mais c'est dans une heure au plus, madame.

— A peu près.

— Mais c'est un triste rendez-vous...

— On dit la musique merveilleuse.

— Il est vrai qu'elle est incomparable; tout Paris s'y précipite, et vous n'aurez pas de place.

— Gratienne, envoie retenir pour moi une des petites chapelles latérales et fais avancer ma litière.

Zamet regardait et écoutait avec stupéfaction Gabrielle, dont les actions et les discours depuis son arrivée n'étaient plus intelligibles pour lui. Tous deux se trouvaient seuls dans la serre, sous le regard fauve de Leonora invisible.

— Permettez-moi, dit-il, madame, de trouver votre humeur étrange.

— Capricieuse, même. Ainsi, je refusais de manger tout à l'heure, n'est-ce pas?

— Et maintenant, vous acceptez...

— Oui...

— Je vais donner des ordres pour qu'on vous serve.

Elle l'arrêta.

— Non... c'est inutile, j'ai ici même ce qu'il me faut.

Elle étendit la main vers le pêcher.

— Ce fruit?... bégaya Zamet.

— Il est unique. Dans toute la France on n'en trouverait pas un pareil. Il est certain que vous me le destiniez. Pourquoi, puisque vous m'attendiez à dîner, ne l'aviez-vous pas cueilli pour la table?

— Madame... les fruits vous plaisent mieux sur l'arbre.

Gabrielle arracha la pêche, qu'un fil caché retenait à la branche. Elle la considéra quelques instans dans un muet recueillement.

— Vous me connaissez bien, dit-elle, vous saviez que je ne résisterais pas au plaisir de la cueillir. Zamet, c'est un piège. Je gage que si je n'eusse pensé à la prendre, vous me l'eussiez apportée vous-même.

— Mais pourquoi me dites-vous cela, madame? dit le Florentin plus tremblant à mesure que la duchesse devenait plus expansive.

Gabrielle ouvrit la pêche, et froidement, sans hâte, sans frisson, en mordit et mangea la moitié. Un éclair traversa la vitre. C'était le rayon échappé des yeux de Leonora.

— Voulez-vous l'autre, Zamet? dit la duchesse avec une ironie de glace.

— En vérité, madame! s'écria Zamet, que sa conscience révoltée changeait en spectre... On dirait, à vous entendre...

— Que dirait-on, Zamet? répliqua fièrement la duchesse. Que ce fruit a été préparé pour moi, qu'il est empoisonné?... que vous voulez faire une reine de France et que Gabrielle va mourir?... Eh bien, qu'importe si Gabrielle, au lieu de se plaindre, vous pardonne et vous remercie? Voyez, nul ne m'a suivie; j'ai écarté tous les témoins, jusqu'à Gratienne! J'ai refusé de m'asseoir à votre table — n'ayez pas peur, on ne vous soupçonnera pas, et je ne veux pas vous perdre, ni vous ni vos complices.

Il chancela et faillit tomber à la renverse.

— Je ne vous demande qu'un service, le dernier, dites-moi seulement si je souffrirai longtemps, ajouta Gabrielle.

— Madame... madame... épargnez un malheureux!...

— Répondez oui ou non, je suis pressée! Répondez, vous dis-je, ayez du moins ce courage!... Souffrirai-je longtemps sur cette terre?...

Il joignit les mains, tomba agenouillé, et ses lèvres, en cherchant la robe de cet ange, murmurèrent :

— Non!

— Tu entends, murmura-t-elle, mon Espérance. — Zamet, je vous remercie, et je vous pardonne.

En disant ces mots, elle sortit laissant cet homme noyé de remords et criant au milieu de ses sanglots :

— Ce n'est pas moi, ce n'est pas moi!...

L'Italienne avait pris la fuite, poursuivie par la crainte de Dieu.

Gabrielle passa outre et regagna sa litière. Les rires et les propos joyeux des convives provoquaient en vain son oreille, déjà elle n'entendait plus qu'une voix venant du ciel.

Tout le reste appartient à l'histoire. La duchesse alla dans une chapelle réservée entendre l'office des Ténèbres au Petit-Saint-Antoine. Là étaient rassemblés bien des grands, bien des puissans, bien des impies qui se disaient chrétiens. Mlle d'Entragues était venue y suivre les progrès du poison sur le visage de sa rivale.

Le peuple qui vit Gabrielle agenouillée, pâle et priant avec ferveur, la bénit et sans doute pria aussi pour elle, douce maîtresse qui jamais n'avait fait de mal et n'avait d'ennemis que ceux du roi.

On remarqua près de la duchesse dans ce coin sombre de l'église un religieux génovéfain qui vint lui parler longtemps et plus d'une fois pendant cet entretien se frappa la poitrine et baisa la terre dans un morne désespoir.

Sans doute elle lui avouait comment elle avait voulu mourir, malgré tant d'avertissemens qui eussent sauvé sa vie. Sans doute elle lui confiait ses fautes et implorait le pardon que Dieu ne refuse jamais aux mourans qui le supplient d'effacer leurs souillures.

Quant à la demande qu'elle avait à lui faire, elle fut bien touchante et bien digne de l'âme généreuse qui allait quitter ce corps parfait. Car en l'écoutant, le visage austère du moine se mouilla plus d'une fois de larmes.

Tandis que la sombre musique résonnait sous les voûtes, que les voix graves et gémissantes tour à tour des chanteurs semaient dans l'air leurs funèbres harmonies :

— Frère, dit Gabrielle au moine agenouillé près d'elle, peut-être Dieu ne m'aime-t-il plus? ma mort ne suffira peut-être pas à racheter ma vie, bien que j'aie tâché de ne faire en mourant ni bruit ni scandale. Peut-être n'irai-je point au ciel où est déjà mon Espérance, et alors je ne le reverrai donc plus jamais! O mon seul appui, ne permettez pas que je sois séparée pour toujours de celui que j'aimerai encore au-delà de la mort. Quand le roi m'aura oubliée, quand tout le monde aura désappris le chemin de ma tombe, et que mon fils lui-même ne saura plus lire mon nom sous l'herbe épaissie, je serai donc toute seule! Oh! je vous en conjure, frère Robert, réunissez-moi à Espérance... mêlez la cendre de nos deux cœurs !

Elle n'acheva pas. Un frisson la prit. On

l'emporta sans connaissance dans sa litière, et de là chez Mme de Sourdis.

— C'est moi qui serai reine, se dit Henriette en la voyant passer presque cadavre.

Zamet n'avait pas menti, le lendemain elle ne souffrait plus. La Varenne annonça au roi dans la même lettre qu'elle était malade et qu'elle était morte.

Il faut rendre à Henri cette justice, qu'il la pleura beaucoup d'abord. Mais l'éloquence de Sully parvint enfin à le consoler. Il avait pleuré quinze jours.

XX.

Épilogue.

Un an s'était écoulé. La cour de France était joyeuse, animée. Jamais on n'y avait entendu plus de bruits galans, vu plus de magnificences ; jamais les courtisans ne s'étaient plus divertis.

Ces notables améliorations, la France les devait à Mlle d'Entragues, reine des fêtes, des amours, reine du cœur de Henri IV et souveraine maîtresse, déclarée autant qu'une pareille femme sait faire déclarer ses droits.

Le roi, comme ces galans entre deux âges qui croient rajeunir parce qu'ils essaient de recommencer la vie, bondissait, papillonnait de voluptés en voluptés. Il riait bruyamment et distillait l'esprit. C'était la mode à la cour depuis que la favorite était la femme la plus spirituelle de France.

On se querellait, on se raccommodait, on mettait tout le monde dans la confidence, — le temps était passé des discrétions, des mystères, des chastetés du cœur. Tous ces gens-là, évidemment, cherchaient à étourdir quelqu'un ou à s'étourdir eux-mêmes.

Peut-être au milieu de ces turbulens eût-on distingué quelques songeurs. Peut-être les plus bruyans étaient-ils ceux qui songeaient le plus.

Toujours est-il qu'au commencement d'avril 1600, un grand carrosse escorté par des gardes et des cavaliers empanachés partit paisiblement pour Paris du château de St-Germain.

Dans ce carrosse étaient le roi, Mlle d'Entragues, Marie Touchet et Bassompierre.

Bassompierre, jeune, affamé, peu scrupuleux, se mettait volontiers de tous les écots, pourvu qu'il y eût à rire et à faire du bénéfice.

Marie Touchet, fardée et luisante, se tenait si roide que son front atteignait la voûte du carrosse. Elle aimait à se figurer que tous les passans la prenaient pour sa fille, et ce lui était une sensible joie.

Le roi, moitié gai, moitié gêné, lui disait cent gaillardises. Évidemment il cherchait à faire naître une conversation pour en détourner une autre.

Quant à Henriette, son attitude n'était pas équivoque : elle boudait.

Si l'on veut savoir pourquoi, peut-être pourrons-nous aider le lecteur.

Depuis quelque temps Henriette avait repris sa place dans les habitudes royales. Beaucoup par son astuce, beaucoup par faiblesse du roi, les choses s'étaient renouées comme si jamais elles n'eussent eu de raison pour se dénouer.

Jamais Henriette n'avait fait allusion aux événemens, à la tempête dont sa rivale avait été victime, jamais le roi, qui pourtant eût eu beaucoup à dire, beaucoup à questionner, n'avait rien dit, rien demandé à Henriette sur certain rendez-vous donné par elle à Fontainebleau et sur les catastrophes qui l'avaient suivi.

Il résultait de cette réserve réciproque, que Mlle d'Entragues était à cent lieues de supposer que le roi ne la regardât pas comme la candeur personnifiée. — Il résultait que le roi acceptait ce rôle d'amant crédule avec tous ses bénéfices, c'est-à-dire qu'il vivait sur l'apparence, savourait l'extérieur, et gardait sa pensée et son cœur absolument libres.

Les Entragues étaient persuadés entre eux que jamais Henri n'avait été aussi étroitement garrotté. Toute la cour le pensait comme eux, et en riait. Mais la France n'en riait pas.

Quand on voyait Mlle d'Entragues railler, vexer, châtier même au besoin ce roi révéré par toute l'Europe, on se disait avec effroi qu'un vieillard courbé sous un pareil joug, n'aurait jamais la force de le secouer. Le fait est que souvent toute la nichée des Entragues, fière de son intrusion dans l'aire royale, se demandait malignement :

—Comment nous chasserait-il, même s'il le voulait ?

Toutefois, c'était peu de régner de fait. Le nom de reine est tout pour une ambitieuse. Henriette songeait à la promesse signée du roi. « Qui, à terme, ne doit pas, » dit le proverbe. Mais Henri, n'ayant pas fixé de terme dans son engagement, devait. Chaque jour était pour lui l'échéance.

Quelquefois les Entragues s'admiraient

d'avoir été si délicats. Un an passé! sans sommations faites au roi d'avoir à exécuter la promesse souscrite! Un an! Les convenances les plus sévères se fussent contentées de trois mois de deuil.

Aussi, dans leurs conciliabules fréquens, le père, le frère, la mère et la fille s'exhortaient-ils mutuellement à stimuler l'insouciance du débiteur.

Certains hommes ne paient que contraints. Henri, il faut bien le dire, payait peu et narguait les recors.

Henriette mit toute son adresse à pressentir le roi sur ses dispositions. L'adresse n'ayant pas réussi, elle employa le canon.

Un jour elle raconta que des bruits circulaient en Europe sur certain mariage royal...

Le roi l'interrompit en goguenardant.

— Laissez circuler, dit-il, et il partit pour la chasse.

Une autre fois, Henriette se plaignit d'avoir été insultée par des croquans qui l'avaient appelée la maîtresse du roi. Elle en pleurait de honte.

— Vous avez tort de pleurer, ma mie, répliqua Henri, n'est pas mon maître qui veut.

Et il partit pour le conseil.

Enfin, Henriette ayant tenu conseil aussi, dit au roi dans un de ces bons momens que Virgile appelle les *molles habitus et tempora* d'Enée :

— Je crois, cher sire, que nous avons quelque petite affaire de procureur à régler ensemble. Voudriez-vous que je vous envoyasse mon père ?

Henri accepta, rit beaucoup de la proposition, appela M. d'Entragues cher beau-père, et partit pour une revue.

M. d'Entragues fourbit sa chicane tout à neuf, prépara des harangues, tendit ses traquenards et attendit l'audience ; mais Henri n'eut jamais le temps. En vain Henriette rafraîchit-elle cette mémoire ingrate ; l'affaire ne fut pas évoquée.

Henriette maugréa, se fâcha et bouda. Henri ne parut pas s'en apercevoir d'abord. Puis, comme ces mines longues le gênaient, l'empêchaient de dîner heureux et de digérer en paix, il essaya de composer. On lui fit entrevoir un bout d'ultimatum. Il fit l'aveugle. On bouda plus que jamais.

C'est là, sur cette case difficile de l'échiquier, que nous venons de retrouver les adversaires après toute une longue année d'absence.

Henri, ennuyé, revenait à Paris. Henriette et sa mère y étaient appelées par un intérêt capital. M. d'Entragues le père, voulant contraindre le roi à une explication, sinon par corps, puisqu'il était insaisissable, du moins par procuration, avait demandé audience à M. de Sully, et, pour mieux expliquer la situation au ministre, devait conduire Henriette à l'Arsenal.

Henriette, tout en boudant, faisait rage pour donner de la jalousie à Henri. Elle agaçait Bassompierre. Ce pauvre roi souffrait et avait trop d'esprit pour le laisser voir. Bassompierre aussi avait trop d'esprit pour faire longtemps souffrir le roi. Cependant il craignait d'offenser la vindicative favorite, de sorte que ce voyage en carrosse était insupportable aux quatre voyageurs.

Tel est l'exposé de la narration. Nous avons décrit le lieu de la scène, l'attitude des personnages. A Neuilly, le roi trouva ses chevaux qui l'attendaient, on ne sait pourquoi. Il sortit du carrosse, emmenant Bassompierre sans donner aucune raison satisfaisante, ce qui acheva de porter la colère d'Henriette jusqu'à l'exaspération. Ce nuage creva sitôt que les deux dames furent seules, tête-à-tête dans le grand carrosse.

Marie Touchet compara cette étrange conduite du roi avec les plus mauvais jours de Charles IX.

— Au moins, dit-elle, mon roi avait un avantage, il entrait en fureur. C'est une ressource immense pour les pauvres femmes. Votre roi à vous, ma fille, n'est pas maniable, il ne se fâche jamais, il rit toujours, c'est odieux.

— Odieux ! répéta Henriette.

— Jamais d'explication possible avec lui.

— Si nous n'en avons pas avec lui, ma mère, nous en allons avoir avec M. de Sully. Va-t-il être stupéfait, le ministre ! va-t-il rentrer sous terre à la vue de l'engagement qui lie son maître ; car je gage que le roi a eu la poltronnerie de ne l'avouer à personne ! Allons-nous en finir avec les ricanemens, les subterfuges et les mystères de Sa Majesté très rusée.

— J'espère, dit pesamment Marie Touchet, que vous vous souviendrez de l'insistance que je mis à exiger cette promesse du roi. Elle nous sauve aujourd'hui, je l'avais prévu ! Prévoir c'est pouvoir !

— Vous êtes Minerve en personne, madame, dit Henriette.

On arriva chez M. d'Entragues. Là, on recorda la leçon. M. de Sully avait envoyé l'audience requise. Le père tira du plus sûr de ses coffres la promesse royale. On la lut, on la relut, on en analysa tous les sens. On se convainquit pour la millième fois que le titre était inattaquable, invincible, écrasant. Marie Touchet se mit au bain et la future reine partit avec son père pour l'Arsenal.

Sully travaillait dans son grand cabinet dont les fenêtres regardent la rivière en face l'île d'Entragues. Il faisait ce jour-là grand soleil sur les papiers du ministre. Ce joyeux rayon lui avait échauffé les idées ; il grognait et chantonnait tout en prenant ses notes, comme c'était sa coutume dans ses jours de belle humeur.

Il avait dû avertir les huissiers de l'illustre visite qu'il attendait, car M. d'Entragues et sa fille furent introduits avec empressement dès leur arrivée. Nul ne jouissait de ce privilége chez Sully, le plus jaloux homme d'Etat qui ait jamais pratiqué la science de faire respecter le pouvoir.

A la vue d'Henriette, il prit un air presque galant et offrit un siége. M. d'Entragues s'assit près de sa fille. Sully demeura debout.

— Quel heureux hasard vous amène, dit-il, au milieu de mes gros canons ?

— Un motif des plus sérieux, monsieur, et mon père va vous l'exposer, répondit Henriette du ton qu'une reine eût pris en son lit de justice.

— J'écoute, madame, dit Sully impassible. Mais seriez-vous assez bonne pour me permettre de cacheter cette lettre que le roi m'ordonne d'écrire au brave Crillon, en Provence.

— Faites, monsieur, de grâce, dit le père Entragues.

Sully fit fondre la cire, sans regarder personne en face.

— C'est, dit-il, pour le complimenter, à propos d'un anniversaire bien triste... la mort d'un charmant jeune homme... Eh ! ne l'avez-vous pas connu... tout le monde le connaissait... Espérance... un être parfait. Ce sont ceux-là qui nous quittent !

Tout en parlant, le ministre cachetait la lettre, il ne put voir l'expression de sombre défiance qui passa comme un nuage sinistre sur les traits d'Henriette.

— Quoi, il y a déjà un an, s'écria le père Entragues, il y a donc aussi un an que la duchesse de Beaufort est morte. Comme le temps passe !

— Me voici tout à vous, dit Sully, qui venait de faire expédier la lettre.. Et il s'assit en face de ses hôtes.

— Monsieur, dit le plaignant, nous venons à vous, qui êtes la droiture et la fermeté, pour vous faire part d'une situation difficile où le roi a mis notre famille.

— Bah !... comment cela, répliqua Sully.

— Le roi fait à Mlle d'Entragues un honneur bien grand, puisqu'il a daigné la choisir pour compagne, mais cet honneur souffre quelque atteinte en ce moment.

— Je ne saisis pas bien, dit Sully, en approchant son siége.

— Le sujet est délicat, et je crains de m'expliquer trop clairement.

— Vous avez tort, mon père, interrompit Henriette avec impatience. Les demi-explications ressembleraient trop à ce dont nous venons nous plaindre. C'est des demi-explications que nous voulons sortir, et, pour en sortir, nous réclamons une main vigoureuse. Monsieur, le roi me traite en maîtresse, et je ne suis pas sa maîtresse.

— Bah ! s'écria encore Sully avec une candeur qui eût fait la réputation d'un acteur comique ; quoi ! vous n'êtes pas la maîtresse du roi ? Eh bien, il faut que vous me le disiez pour que je le croie.

— Je suis sa femme, monsieur !

— Oh ! oh ! dit le ministre, dont la fausse bonhomie ne pouvait réussir à vaincre un malicieux sourire. Voilà qui me surprend plus fortement encore.

— Voici la promesse de mariage, monsieur, dit Entragues, écrite et signée par le roi. Je la crois en bonne forme. Et vous ?

On comptait sur l'effet de ce coup de tonnerre. Mais Sully le supporta mieux qu'on n'eût cru.

— Une promesse de mariage ! répondit-il, c'est prodigieux !

— Vous ne supposez pas, dit Henriette avec une hauteur dédaigneuse, que j'eusse accepté sans cette promesse, la qualité de maîtresse du roi ! J'ai trouvé la honte au vestibule, mais l'honneur viendra !

— Comment le roi vous a signé une promesse de mariage, répéta encore Sully, les yeux fixés sur le papier précieux que M. d'Entragues lui tendait sans s'en dessaisir. Oui, ma foi ! cela ressemble bien à la signature du roi.

— Comment ! ressemble ! s'écria le père ; douteriez-vous de l'authenticité ?

— Non pas, non pas... non pas.

— C'est que vous manifestez un étonnement plus qu'étrange, interrompit Henriette, et je ne me rends pas bien compte des motifs d'un saisissement pareil. Me jugeriez-vous à ce point indigne ?

— Ah ! madame, vous me comprenez mal. Vous réunissez en vous tous les mérites ; vous êtes, comme dit le saint roi-prophète, un vase de perfections. Mais...

— Mais ?

— Mais je m'étonne encore que le roi ait signé cette promesse. C'est mal.

— Que voulez-vous dire, monsieur ?

Sully se mit à hésiter avec délices. Il jouait avec la proie.

— Le roi ne devait pas... le roi eût dû réfléchir... le roi a commis là un véritable manque de foi, dit-il.

— Envers qui donc, monsieur ? demanda Henriette fort intriguée.

— Mais envers vous, madame. Comment! vous avez dans les mains un pareil engagement, le roi le sait, et il va...

— Il va ?...

— Vous ne me croiriez jamais si je vous le disais sans être appuyé d'un témoignage... Ah! s'écria-t-il en se frappant le front, j'oubliais que j'ai justement là, dans l'antichambre, le témoin le meilleur, le témoin essentiel...

Sully sonna une clochette.

— Faites entrer la dame qui attend ici près, dit-il à l'huissier.

Henriette et M. d'Entragues se regardaient sans rien comprendre à toutes ces fluctuations d'un homme si net de sa nature. Ils entendirent le frôlement d'une robe aux panneaux du corridor, et l'Italienne Leonora apparut dans une parure aussi brillante que fièrement portée. Leonora chez Sully! Leonora grande dame! Henriette en poussa un cri de surprise, elle en eut le frisson.

L'Italienne regarda froidement, et sans paraître la connaître, celle qui, l'an passé, la protégeait, la payait et la chassait selon son caprice.

— Que désire monsieur de Sully de sa servante? dit-elle en français avec un accent toscan des plus marqués.

— Signora de Galigaï, voudriez-vous avoir l'obligeance de nous dire quel jour vous avez expédié l'acte à Florence ?

— Le jour même où il a été signé, avant-hier, seigneur, dit Leonora les yeux fixés sur Henriette, que ce regard provocateur faisait pâlir.

— De quel acte s'agit-il donc? demanda M. d'Entragues.

— De l'acte de mariage, seigneur.

— De qui, s'écria Henriette le cœur défaillant ?

Leonora d'une voix ferme :

— Du roi, dit-elle, avec ma maîtresse la princesse Marie de Médicis, fille du grand-duc de Toscane.

— Le roi est marié, s'écria M. d'Entragues.

— Parfaitement, répondit Sully. Grande affaire pour la France !

Mlle d'Entragues tomba dans les bras de son père. Mais la rage lui rendit bientôt des forces. Elle se releva tremblante, farouche. Le père, au contraire, se laissa choir dans un fauteuil, écrasé sous sa montagne de chimères.

— C'est une lâche trahison, murmura Henriette, dont je sommerai le roi de me faire raison devant le monde entier ?

— Raison ? dit Sully avec un singulier sourire, voulez-vous que je vous en donne une, d'abord ?

Et il alla ouvrir, avec une petite clef, son tiroir, d'où il sortit un papier taché de quelques gouttes de sang.

C'était la lettre d'Henriette à Espérance, la lettre remise au roi à Fontainebleau, et que Sully avait réservée pour une occasion suprême.

La malheureuse Entragues faillit mourir de honte et de terreur en la reconnaissant.

— Trouvez-vous la raison valable ? dit le ministre, qui ne prenait plus la peine de dissimuler l'ironie.

Henriette s'appuya, la sueur au front, sur le marbre de la cheminée.

— Ecoutez, reprit Sully à demi-voix, j'ai une proposition à vous faire. Le mariage du roi annule votre promesse. C'est un papier qui ne vaut plus rien. Cependant je vous l'achète.

Elle leva la tête.

— Et je la paie avec votre billet... Est-ce accepté ?

Henriette réfléchit un moment. L'horrible surprise avait décomposé ses traits. On eût dit une statue d'argile. Mais réveillée par le sourire triomphant de Leonora, qui semblait la défier, fascinée par la vue de ce sang qui lui rappelait tant d'affreux souvenirs, tant de crimes inutiles.

— Eh bien ! j'accepte ! dit-elle.

Sully prit la promesse et lui donna le billet; il brûla l'une tranquillement, elle mit l'autre en mille pièces avec une ardeur qui tenait du délire.

— Oh ! disait-elle en grinçant des dents à chaque fragment que broyaient ses ongles, je te paie bien cher, lettre infernale ! mais enfin tu n'existeras donc plus ! — Quant au roi... quant à la vengeance, eh bien ! nous verrons plus tard !

Elle prit le bras de son père, qui regardait sans voir, d'un œil hébété. Elle l'arracha de son fauteuil, et partit, n'osant pas regarder Leonora, qui riait silencieusement, et Sully qui prodiguait les révérences.

———

La reine Marie de Médicis fit peu de temps après son entrée à Paris. Elle venait de Lyon, où, deux mois avant, le roi impatient était allé la voir et l'épouser.

Tout le peuple de la grande ville s'empressait dans la rue St-Antoine, aux environs de la Bastille, sur le chemin que devait parcourir le cortége de la nouvelle reine.

Aussitôt que le mariage du roi eut été publié, consommé, et que le bruit se fut répandu, même, que déjà cette union promettait des fruits, Crillon, qui s'était retiré dans ses terres en Provence, reçut des Génovéfains une lettre ainsi conçue :

« Monsieur et cher seigneur, la volonté dernière de madame la duchesse fut d'être inhumée en notre église de Bezons. Mais vous le savez, elle manifesta encore un autre vœu qui devait recevoir son exécution du jour où la dite dame serait oubliée du monde.

» Je crois que ce jour est arrivé—nul déjà, ne prononce plus son nom, elle est oubliée; mais moi qui n'oublie pas, je vous rappelle la promesse faite à cette illustre dame, et vous attends à Paris pour m'aider à la réaliser. J'ai prévenu M. le chevalier de Pontis, qui a demandé un congé à cet effet, et attend vos ordres.   Frère ROBERT. »

Crillon ne se fit pas attendre. Il trouva Pontis au rendez-vous, rue de la Cerisaie, à l'endroit où s'élevait, l'année précédente, la maison d'Espérance.

L'édifice avait disparu. Plus une pierre : rien n'en rappelait le souvenir. L'homme inconnu qui avait fait bâtir ce palais pour Espérance était venu le faire raser après sa mort. Quant au jardin, désert et magnifique dans sa liberté sauvage, il était devenu lieu d'asile pour des milliers d'oiseaux qui fourrageaient les massifs, jouissaient seuls des fleurs, et nichaient dans les rosiers changés en buissons touffus.

Au premier coup d'œil que le Génovéfain jeta sur ces deux hommes, il s'aperçut bien qu'eux non plus n'étaient pas de ceux qui oublient.

Pontis, vieilli de dix ans, avait les yeux éteints, les traits ravagés. Crillon, jusque-là respecté par les fatigues, par les blessures, par la gloire, s'était voûté tout-à-coup comme un vieillard.

Quand le malheureux garde s'approcha du général et courba le genou devant lui avec une respectueuse douleur, Crillon le releva, lui serra la main, mais frère Robert remarqua qu'il ne l'embrassait pas. Crillon, voyant ce jardin plein de parfums et d'ombre :

— En partant d'ici, dit-il, notre Espérance va donc perdre toutes ces fraîches fleurs ?

— Il en aura de plus belles, dit frère Robert, que depuis un an je cultive là-bas en l'attendant.

Sous les sapins, près de la fontaine, reposait le corps d'Espérance. Frère Robert, Crillon et Pontis l'enlevèrent pendant la nuit, en attendant une litière qui devait l'emporter le lendemain à Bezons.

Comme une roue s'était brisée et qu'il fallait y faire travailler l'ouvrier, la litière ne put partir de Paris que vers deux heures. Elle traversait la place Saint-Antoine au moment où débouchait du faubourg, aux acclamations d'un peuple enivré de joie, le carrosse tout doré du roi et de la reine.

Dans l'escorte, le comte d'Auvergne grimaçait l'enthousiasme, Leonora et Concino, splendides tous deux, rayonnaient d'orgueil. Le char de triomphe dut s'arrêter un moment pour laisser passer le char funèbre.

C'était la joie de la vie, rencontrant la joie de la mort.

Henri menait sa femme coucher au Louvre ; Espérance allait dormir à Bezons, près de sa fiancée.

FIN.

NOTA. *Toute réproduction et traduction de cet ouvrage sont formellement interdites.*

www.ingramcontent.com/pod-product-compliance
Lightning Source LLC
Chambersburg PA
CBHW052043230426
43671CB00011B/1766